W0249160

DICTIONNAIRE DE L'ÉCONOMIE

A-Z

DICTIONNAIRE DE L'ÉCONOMIE

sous la direction de Pierre Bezbakh et Sophie Gherardi

A Z

Préface de Jean-Marie Colombani

LAROUSSE

Le Monde

RESPONSABLE ÉDITORIAL
Jules Chancel

ÉDITION
Dulce Gamonal

CONCEPTION DE LA MAQUETTE
Jean-Yves Grall

MAQUETTE DE COUVERTURE
ID Volume

RÉALISATION DE LA MISE EN PAGE
MCP

SUIVI DE LA MISE EN PAGE
Guy Calka

DOCUMENTATION
Nadine Solé

RÉALISATION DES GRAPHIQUES
Atelier Gilles Alkan

RECHERCHE ICONOGRAPHIQUE
Natalie Saint-Martin

LECTURE-CORRECTION
Service de lecture-correction Larousse-Bordas

FABRICATION
Nicolas Perrier

Distributeur exclusif au Canada : « Messageries ADP, 1751 Richardson, Montréal (Québec) ».
ISBN : 2-03-505142-8

Préface

En décidant dant de vous proposer un *Dictionnaire de l'économie* et en s'adressant pour cela à l'éditeur de référence en matière de dictionnaires, Larousse, *le Monde* a voulu entrer dans le nouveau siècle en accordant à l'économie la place qui est la sienne, la première. Qui ne voit en effet qu'aujourd'hui, et pour quelques solides années devant nous, on ne peut être vraiment et complètement informé qu'en ayant une aussi bonne maîtrise que possible des principales données économiques.

Bien sûr l'économie n'est pas tout et ne saurait à elle seule rendre compte de la vie de nos sociétés. Et il lui arrive de se tromper. Déjà, dans les années 1960, nous avions vécu un véritable engouement pour une économie technicienne et technocratique. C'était la période où s'installait la prospective et les études de futurologie, dans la foulée d'une planification qui était à la mode partout : à l'Est, avec la planification du type soviétique qui s'exportait vers les pays dits « en voie de développement », nouvellement indépendants ; à l'Ouest, avec les grands groupes industriels américains qui se dotaient de stratégies à long terme ; en France, avec le rôle éminent joué par le Commissariat au Plan et la « planification à la française ». Il fallait alors être capable de faire une place de plus en plus grande à l'économétrie, et les étudiants étaient priés de se familiariser avec le fameux modèle « fifi » – le modèle phyisico-financier – de l'économie française. Nous approchions de mai 1968 et de l'apogée des Trente Glorieuses qui ont caractérisé la période de reconstruction de l'Europe après l'effroyable chaos de la Seconde Guerre mondiale.

Et c'est à la même époque que le Club de Rome, qui était à la vie de l'économie mondiale ce qu'est devenu aujourd'hui le fameux forum de Davos, prédisait que la croissance toucherait à sa fin. Vint ensuite le choc pétrolier de 1973 et les années de crise qui s'en suivirent pendant le dernier quart de siècle, avec le retour d'un chômage massif dans les pays développés. La réflexion prit un tour pessimiste, les économistes cherchèrent à nous familiariser avec le concept de « stagflation », ce mélange d'inflation et de stagnation qui allait de pair avec le « stop and go », c'est-à-dire cette alternance de politique de relance et de politique restrictive qui gouvernait la conduite de nos économies. Mais on voit déjà que plus on avançait, plus le besoin devenait impératif de maîtriser les concepts et recettes divers qui chaque jour davantage structuraient les débats de nos sociétés.

Cette situation de crise suscita une remise en cause radicale de l'économie politique, telle qu'elle fonctionnait à partir du milieu des années 1970, et bien évidemment la recherche de remèdes globaux. On chercha de nouveaux systèmes. Autour de deux types de critiques qui prirent naissance et se développèrent ensuite : l'une, antiproductiviste et qui devait nourrir l'essentiel de la critique environnementaliste de l'économie, pour conduire aujourd'hui à l'idée d'un autre développement ; l'autre, directement armée par une école de pensée formée à l'université de Chicago, contre le consensus keynésien qui avait permis les années de prospérité des Trente

Glorieuses. Ce fut alors la grande vogue de l'ultralibéralisme et du monétarisme qui culminèrent avec la présidence de Ronald Reagan aux États-Unis de 1980 à 1988 et avec les onze années du règne de Margaret Thatcher en Grande-Bretagne.

La période qui s'ouvre est différente : elle est dominée par la sortie de la crise – et donc le retour de la croissance un peu partout dans le monde – et par l'engouement pour la « nouvelle économie », autour de la révolution technologique qui s'installe et qui bouleverse, avec l'Internet, l'univers de la communication. L'optimisme est donc de retour avec l'idée que l'économie mondiale a renoué avec un cycle long de croissance. En même temps que continuent de s'affirmer les critiques plus radicales, concentrées autour de préoccupations d'ordre écologique, liées notamment aux thèses scientifiques du réchauffement de la planète, lui-même induit par la production de gaz carbonique, et d'autre part articulées autour d'analyses qui prédisent un prochain krach boursier planétaire. Les économistes hésitent donc, à moins qu'ils ne fassent la synthèse entre un optimisme de long terme et un pessimisme de court terme, illustrant à leur manière le trouble des esprits caractéristique de la période que nous vivons, qui est celle d'une formidable mutation.

Comme au tournant du siècle précédent, nous traversons le passage d'un système de production à un autre : nous connaissions les données fondamentales des sociétés industrielles, nous ne faisons qu'entrevoir les caractéristiques des sociétés de communication qui s'ébauchent. De même allons-nous d'un équilibre géopolitique à un autre : celui de la guerre froide avait ses points de repère, sa règle du jeu, la dissuasion nucléaire ; celui qui s'ébauche nous est encore parfaitement inconnu, même s'il est dominé par la surpuissance américaine. C'est donc par définition une époque où celles et ceux qui veulent être acteurs plus que spectateurs de leur destin ont besoin de points de repère pour tenter de mieux décrypter une réalité devenue infiniment plus complexe et plus difficile à saisir qu'elle ne le fut jamais dans l'histoire.

Apporter un outil de connaissance, proposer des grilles d'interprétation possible, tel est l'objectif que *le Monde* a poursuivi avec Larousse en mettant sur pied cette collaboration destinée à mieux vous informer sur l'économie. Sachant qu'il y faut des connaissances techniques, une bonne capacité à obtenir et interpréter des informations – ce en quoi l'apport d'un quotidien comme *le Monde* est irremplaçable –, conscients aussi que l'économie est souvent une affaire de point de vue et parfois – plus souvent qu'on ne le croit – de convictions idéologiques, nous nous sommes efforcés de vous présenter un ouvrage exhaustif.

C'est donc l'économie dans toutes ses dimensions que nous vous proposons : historique, nationale, internationale, du point de vue des institutions, des entreprises, de la théorie, de la pratique, le tout illustré, relié à des analyses de conjoncture, expliqué par des statistiques et mis en perspective. Pour y parvenir, et constituer les 750 entrées et 31 dossiers qu'offre ce dictionnaire, nous avons mobilisé une équipe pluridisciplinaire de journalistes du *Monde* et de professeurs d'économie des universités françaises. Cette équipe de 41 auteurs vous offre une présentation vivante et accessible qui vous permettra d'être mieux en prise sur la réalité de notre époque et donc davantage citoyenne et citoyen.

Jean-Marie Colombani

Mode d'emploi

Le *Dictionnaire de l'économie* se compose de cinq parties :

- **questions générales**
- **le dictionnaire**
- **l'économie pratique**
- **les statistiques**
- **l'index**

• **Les questions générales** constituent une sorte d'introduction à l'ouvrage en proposant une réflexion rapide sur les grands thèmes de l'économie contemporaine : poids de la technologie, rôle des marchés, rôle de l'État, mondialisation, etc. Le lecteur peut y trouver le fil lui permettant de s'orienter dans sa consultation de l'ouvrage.

• **Le dictionnaire** lui-même est composé d'entrées et de dossiers. Les entrées sont constituées d'une courte définition, d'un développement, éventuellement d'encadrés sur tel ou tel point particulier, et, en fin d'entrée, de renvois à d'autres entrées proches du thème consulté. Les mots suivis d'un astérisque (*) font eux-mêmes l'objet d'une entrée. Certains mots, sigles ou noms propres figurent en gras. Ils sont destinés à attirer l'attention du lecteur et sont indexés comme les entrées et dossiers en fin d'ouvrage. Les dossiers, que l'on retrouve à leur place alphabétique, sont consacrés à des notions jugées particulièrement importantes dans la vie économique contemporaine ; ils sont traités davantage à la façon de grands articles de presse, en insistant souvent sur l'évolution historique comme sur l'actualité du thème. Les schémas visualisent ou complètent les développements écrits. Ils permettent de mettre en perspective les chiffres et les évolutions sur le temps.

• **L'économie pratique** concerne la vie quotidienne sous l'angle économique : crédit, contrat de travail, salaire, fiscalité, épargne, chômage, retraite et succession. Elle rappelle les formalités et les termes usuels des domaines concernés ; elle complète les développements plus historiques ou théoriques du dictionnaire.

• **Les statistiques,** issues de la base de données Larousse, fournissent les chiffres et indications essentielles sur les 192 pays du monde.

• Enfin, **l'index** permet de retrouver, à leurs pages d'apparition, toutes les entrées de l'ouvrage ainsi que les noms et notions utiles mais ne faisant pas l'objet d'une entrée particulière.

Collaborateurs

(Les biographies des auteurs sont suivies des initiales avec lesquelles les notices et dossiers sont signés.)

Pierre Bezbakh, maître de conférences à l'université Paris IX-Dauphine, auteur de *Inflation et désinflation*, coll. « Repères », La Découverte, 1995, et de *Histoire de France des origines à nos jours* (2 vol.), Larousse, 1997. (P. B.)

Sophie Gherardi, journaliste au *Monde* et au *Monde des débats*. (S. G.)

Wladimir Andreef, professeur de sciences économiques à l'université Paris I-Panthéon-Sorbonne, auteur de *la Crise des économie socialistes*, Presses universitaires de Grenoble, 1996, des *Multinationales globales*, coll. « Repères », La Découverte, 1996, et de *l'Économie du sport*, coll. « Que sais-je ? », PUF, 1997. (W. A.)

Marie-Florence Bennes, sinologue. (M.-F. B.)

Philippe Bernard, journaliste au *Monde*, séquence Société, auteur de *l'Immigration, les enjeux de l'intégration*, Marabout/Le Monde éditions, 1998. (P. Ber.)

Jean-Michel Bezat, journaliste au *Monde*, séquence Société. (J.-M. B.)

Bernard Chavance, professeur de sciences économiques à l'université Paris VII-Denis Diderot, auteur de *Marx et le capitalisme* (dir. d'ouvrage), Nathan, 1996, et de *Capitalisme et socialisme en perspective,* La Découverte, 1999. (B. C.)

Lucas Delattre, journaliste au *Monde*, séquence International. (L. D.)

Jean-Claude Drouin, professeur de sciences économiques à l'Institut supérieur d'électronique de Paris, auteur des *Grands Auteurs de la science économique,* coll. « Major », PUF, 1996, des *Grandes Notions de l'économie,* coll. « Major », PUF, 1997 et de *Tous économistes. Guide d'introduction à l'économie,* coll. « Major », PUF, 1999. (J.-C. D.)

Najat El Mekkaoui-De Freitas, maître de conférences à l'université Paris IX-Dauphine, auteur de *Fonds de pension et marchés financiers,* L'Harmattan, 1999, et coresponsable de *Fonds de pension. Aspects économiques et financiers,* Economica, 2000. (N. E.-M.)

François Etner, professeur de sciences économiques à l'université Paris IX-Dauphine, auteur de *Histoire de la pensée économique*, Economica, 2000, de *Microéconomie,* 2e éd., PUF, 1999, et de *Histoire du calcul économique en France,* Economica, 1987. (F. E.)

Alain Faujas, journaliste au *Monde*, supplément Économie, auteur de *Trigano, l'aventure du Club,* Flammarion, 1994. (A. F.)

Sophie Fay, journaliste au *Monde*, séquence Entreprises. (S. F.)

Jean-Marc Fontaine, maître de conférences à l'Institut d'étude du développement économique et social (IEDES) de l'université Paris I-Panthéon-Sorbonne, auteur de *Mécanismes et politiques de développement. Du Big-Push à l'ajustement structurel,* éditions Cujas, 1995, et de *Restoring Demand in the World Economy* (en collaboration avec Joseph Halevi), Edward Elgar, Londres, 1998. (J.-M. F.)

Pascal Galinier, journaliste au *Monde*, séquence Finances et marchés. (P. G.)

Dominique Gallois, journaliste au *Monde*, séquence Entreprises, auteur de *la Bourse,* Marabout/Le Monde éditions, 1995. (D. G.)

François Grosrichard, journaliste au *Monde*, séquence Société. (F. G.)

Bernard Guillochon, professeur de sciences économiques à l'université Paris IX-Dauphine, auteur de *Économie internationale,* Dunod, 1998. (B. G.)

Guy Herzlich, journaliste au *Monde des débats,* auteur de *la Population mondiale,* Marabout/Le Monde éditions, 1995. (G. H.)

Erik Izraelewicz, rédacteur en chef des *Échos,* auteur de *Ce monde qui nous attend,* Grasset, 1997, et du *Capitalisme zinzin,* Grasset, 1999. (E. I.)

Annie Kahn, journaliste au *Monde*, supplément Économie. (A. K.)

Hervé Kempf, journaliste au *Monde*, séquence International, auteur de *l'Économie à l'épreuve de l'écologie*, Hatier, 1994, et de *la Révolution biolithique,* Albin Michel, 1998. (H. K.)

Mario Lanzarotti, maître de conférences à l'université Paris I-Panthéon-Sorbonne, auteur de *la Corée du Sud. Une sortie du sous-développement*, PUF, 1992. (M. L.)

Bruno Lautier, professeur de sociologie à l'Institut d'étude du développement économique et social (IEDES), université Paris I-Panthéon Sorbonne, auteur de *l'Économie informelle dans le tiers-monde,* coll. « Repères », La Découverte, 1994, et, avec Robert Cabanes, de *Profils d'entreprises au Sud*, Karthala, 1996. (B. L.)

Anne Lavigne, professeur d'économie à l'université d'Orléans, auteur en collaboration avec Jean-Paul Pollin de *la Théorie de la monnaie*, La Découverte, 1997. (A. L.)

Françoise Lazare, journaliste au *Monde*, séquence Aujourd'hui. (F. L.)

Alain Lebaube, journaliste au *Monde*, éditorialiste, auteur de *l'Emploi en miettes*, Hachette éducation, 1987, et de *Travail, toujours moins*, Marabout/Le Monde éditions, 1997. (A. Le.)

Edwin Le Heron, maître de conférences à l'Institut d'études politiques de Bordeaux, coauteur de *Histoire de la pensée et de l'analyse économiques*, Cujas, 1994. (E. L. H.)

Pierre Lévy, maître de conférences à l'université Paris IX-Dauphine (P. L.)

Virginie Malingre, journaliste au *Monde*, séquence France. (V. M.)

Jean-Michel Normand, journaliste au *Monde*, séquence Aujourd'hui. (J.-M. N.)

Marc Raffinot, maître de conférences à l'université Paris IX-Dauphine, auteur de *les Dettes des tiers-mondes*, coll. « Repères », La Découverte, 1993, et de *Dette et pauvreté* (codirection d'ouvrage avec Jean-Yves Mosseron), Economica, 1998. (M. R.)

Alain Rallet, professeur de sciences économiques à l'université de Bourgogne et à l'université Paris IX-Dauphine, auteur de *Économie industrielle et économie spatiale*, Economica, 1995, et de *Technologies de l'information et de la communication et performances économiques*, éditions du Commissariat général du Plan, 1999. (A. R.)

Jacques Richard, professeur de sciences de gestion à l'université Paris IX-Dauphine, auteur de *Comptabilité et pratiques comptables*, Dalloz, 1996, de *Comptabilité générale, une optique internationale* (en collaboration avec C. Collette), Dunod, 1996, et d'*Analyse financière et gestion des groupes* (en collaboration), Economica, 2000. (J. R.)

Anne-Marie Rocco, journaliste au *Monde*, séquence Entreprises, auteur de *l'Incroyable Histoire de George Soros*, Assouline, 1999. (A.-M. R.)

Jean-Marc Siroën, professeur de sciences économiques à l'université Paris IX-Dauphine, auteur de *l'Économie mondiale*, coll. « Cursus », Armand Colin (2 tomes, 1993 et 1994), de *Maîtriser le libre-échange* (avec G. Lafay), coll. « Poche », Economica, 1994, et de la *Régionalisation de l'économie mondiale*, Col. « Repères », La Découverte, 2000. (J.-M. S.)

Michel Sollogoub, professeur de sciences économiques à l'université Paris I-Panthéon-Sorbonne. (M. S.)

Philippe Steiner, maître de conférences à l'université Paris IX-Dauphine, auteur de *Essai sur les rationalisations de la pensée économique* (1750-1850), PUF, 1998, de *la « Science nouvelle » de l'économie politique*, PUF, 1998, et de *la Sociologie économique*, La Découverte, 1999. (P. S.)

Pascal Ughetto, chercheur à l'IRIS (CNRS-Paris IX-Dauphine). (P. U.)

Françoise Vaysse, journaliste au *Moniteur des travaux publics et du bâtiment.* (F. V.)

Alain Vernholes, ancien journaliste au *Monde*, chroniqueur à *la Croix*. (A. V.)

Sommaire

QUESTIONS GÉNÉRALES

La technologie, créatrice ou dévoreuse d'emplois ?

La question de savoir si la technologie crée ou supprime globalement des emplois semble ne jamais devoir être tranchée. Difficile en effet d'estimer ce que serait le monde (et celui du travail en particulier) si l'utilisation des technologies ne s'était pas développée comme elle l'a fait ces dernières décennies. Il est évident que certains gains de productivité n'auraient pas vu le jour dans l'industrie et les services ; les robots seraient moins utilisés dans les chaînes de fabrication automobile, au profit de la main-d'œuvre humaine, et on continuerait d'aller retirer de l'argent en s'adressant à un employé d'une agence bancaire plutôt qu'en introduisant sa carte de crédit dans un distributeur automatique de billets.

Mais, parallèlement, le coût de certains biens n'aurait pas pu décroître aussi vite ; il en est ainsi en particulier des ordinateurs. L'automatisation de leur fabrication et surtout de celle des circuits intégrés toujours plus puissants qui en sont le cœur ont mis ce produit à la portée des ménages. Ce nouveau marché a été créateur d'emplois directs mais aussi indirects.

Comme l'analyse Marc Giget, fondateur de la société de conseil Euroconsult et titulaire de la chaire économie et innovation au Conservatoire national des arts et métiers, si la production de puces électroniques n'a créé que 30 000 emplois aux États-Unis de 1993 à 1998, elle a en revanche engendré une augmentation de la production d'ordinateurs à l'origine de 70 000 créations d'emplois, et surtout un développement exponentiel de l'édition de logiciels qui a suscité près de 600 000 nouveaux emplois. Car la programmation est un secteur nécessitant une forte main-d'œuvre. L'informatique et les télécommunications ont aussi permis le développement de nouveaux médias (CD-ROM, sites Internet, chaînes de télévision câblées, par satellite, etc.) ; 170 000 nouveaux emplois ont ainsi été créés dans les médias durant la même période aux États-Unis. Car, même s'il ne faut parfois qu'un seul journaliste pour produire une émission sur Internet, la multiplication des chaînes a eu un effet globalement positif.

Autre exemple : celui des centres d'appels téléphoniques. Ce nouveau service a entraîné la création de 1 million d'emplois en Europe, selon la société d'études Dataquest.

Globalement, le développement spectaculaire des technologies de l'information et de la communication, depuis le début des années 1980, a contribué positivement à la croissance, affirment désormais la plupart des économistes.

Un phénomène difficile à estimer : s'agit-il de simples mouvements conjoncturels ou de profondes mutations de la société ?

Quelques économistes de renom, comme Robert Solow*, étaient très sceptiques quant à la productivité de tels investissements au niveau macroéconomique. « On voit les ordinateurs partout sauf dans les statistiques de productivité », avait ainsi écrit ce lauréat du prix Nobel dans le *New York Times* en juillet 1987. Cette divergence de vues semble être arrivée à son terme, et la contribution positive des technologies à la croissance, faire désormais l'unanimité, que ce soit au niveau des entreprises, des secteurs d'activité ou des pays. Daniel Sichel, un pilier du clan des sceptiques, publie dans le numéro d'avril 1999 de *Business Economics* un article qui marque un revirement. Sous le titre laconique *Ordinateurs et croissance économique : une mise à jour,* il reconnaît, chiffres et équations à l'appui, qu'aux États-Unis la contribution des ordinateurs à la croissance ne fait désormais plus de doute. Il émet deux hypothèses expliquant cette apparition tardive dans les statistiques. La première est celle formulée au début de la décennie par un autre économiste américain, Paul David : un certain laps de temps est nécessaire pour transformer une nouvelle technologie en produits et services réellement productifs. N'a-t-il pas fallu plusieurs dizaines d'années pour que l'invention de l'électricité soit mise à profit dans l'industrie ? « Des technologies radicalement nouvelles se diffusent graduellement, parce qu'il faut un certain temps pour que les entreprises apprennent à se servir efficacement de ces nouvelles ressources. » La seconde hypothèse, plus conjoncturelle, est liée à la concomitance de deux phénomènes : d'une part, l'accélération de la baisse des prix des ordinateurs et, d'autre part, la croissance économique globale.

Des effets contrastés et inégaux : la « nouvelle économie » est d'abord celle des pays riches

Le président des États-Unis Bill Clinton n'avait pas attendu ces explications théoriques pour promouvoir avec vigueur les « autoroutes de l'information ». Mais ces nouvelles constatations ne pourront que renforcer l'impulsion donnée en France par Lionel Jospin pour accélérer l'entrée de la France dans la « société de l'information ». Car si, comme l'explique Marc Giget, « pendant les Trente Glorieuses, la croissance n'était pas ou peu liée à la technologie », il n'en est plus de même aujourd'hui, quand l'essentiel des besoins de base des consommateurs sont satisfaits. La croissance doit se trouver ailleurs, dans l'offre de nouveaux biens et services.

Pour l'instant, les technologies de l'information (ordinateurs, téléphones portables et services informatiques et de télécommunications, essentiellement) ne contribuent en France que pour environ 15 % à la croissance du produit intérieur brut (PIB*). La France n'est toutefois pas tout à fait en queue du peloton. Dans son

Robot sur une chaîne de montage automobile (publicité Citroën).
Si la production de puces électroniques n'a créé que 30 000 emplois aux États-Unis de 1993 à 1998, elle a en revanche engendré une augmentation de la production d'ordinateurs à l'origine de 70 000 créations d'emplois, et surtout un développement exponentiel de l'édition de logiciels qui a suscité près de 600 000 nouveaux emplois. Des chiffres à comparer avec ceux relatifs aux baisses d'effectifs dans l'industrie automobile.

ouvrage *Technologie, productivité et création d'emplois,* l'OCDE estime que, globalement, « les industries de haute technologie, dans le secteur manufacturier comme dans les services, ont été directement à l'origine d'un quart à un tiers de la croissance totale de la production des entreprises entre 1980 et 1995. Pour les pays du G7*, leur contribution a été la plus élevée au Japon, puis au Canada, en Allemagne, au Royaume-Uni et aux États-Unis ; l'Italie arrivant en dernière position ».

Or, qui dit croissance du PIB, dit aussi effet favorable sur l'emploi*. La bonne santé économique que connaissent les États-Unis en cette fin de XXe siècle, avec un très faible taux de chômage*, serait en grande partie due à l'utilisation généralisée des nouvelles technologies, qui ont réellement amélioré la compétitivité des entreprises américaines, et non pas aux seuls « emplois McDo » comme on l'a longtemps dit.

Si le solde est positif, toutes les catégories d'emplois ne sont pas logées à la même enseigne. Dans son rapport cité précédemment, l'OCDE analyse statistiquement ce phénomène. L'innovation technologique provoque des réductions de salaires et d'emplois pour les travailleurs non qualifiés, et suscite en revanche des augmentations de salaires et des créations d'emplois pour les « travailleurs du savoir ». Les évolutions varient aussi selon les secteurs, avec une évolution positive des emplois dans les services utilisateurs de technologie en particulier. A. K.

➔ *Information, technologie*

L' État peut-il encore contrôler l'économie nationale ?

L'époque semble désormais révolue où les responsables politiques prenaient toutes les décisions en matière économique (dans le cas des pays socialistes à économies planifiées), ou intervenaient régulièrement dans la vie économique à travers leur politique budgétaire, monétaire ou industrielle (comme en France durant les Trente Glorieuses*). Cette remise en cause du dirigisme économique s'explique par la mondialisation, qui rend plus difficile l'action des autorités économiques, et par la victoire des idées libérales, accusant l'État d'être responsable des difficultés économiques du dernier quart de siècle.

Si certains aspects de cette évolution paraissent irréversibles, les moyens d'action des États sont pourtant loin d'avoir disparu.

La chute du modèle soviétique comme la critique libérale du « trop d'État » ou les traités d'intégration économique régionale impliquent la remise en cause du dirigisme

La forme la plus achevée de contrôle d'une économie nationale fut celle que connut l'Union soviétique à partir des années 1930, période durant laquelle Staline choisit de collectiviser l'ensemble des terres et des entreprises industrielles et commerciales, et d'imposer autoritairement les décisions du bureau central de la planification (Gosplan). La France, de son côté, adopta après la Seconde Guerre mondiale une planification indicative sans contrainte ni sanction, fixant des objectifs souhaitables aux secteurs privé et public, que l'État aidait à réaliser grâce à ses propres investissements, aux moyens de financement fournis par les établissements bancaires qu'il contrôlait et à l'importance des flux de revenus transitant par ses caisses.

Mais l'échec du « modèle soviétique » eut pour effet de discréditer l'interventionnisme étatique et de renforcer les arguments de ceux qui, dans les pays occidentaux, critiquaient le « **trop d'État** ». En France, la gauche elle-même, arrivée au pouvoir, après avoir étendu la sphère publique en 1981-1982, choisit d'accepter les contraintes du marché, poursuivit les privatisations* initiées par la droite et accepta les dispositions libérales des traités européens (visant à réduire les dépenses publiques, à priver les États du pouvoir de battre monnaie, et leur interdisant de perturber le jeu de la concurrence). Ces décisions s'expliquent par des raisons idéologiques, mais aussi parce que les différentes économies sont devenues de plus en plus interdépendantes : une relance* dans un pays (comme en France en 1981) peut bénéficier surtout à ses voisins, et des décisions publiques contraignantes risquent de provoquer une fuite des capitaux et un effondrement de la monnaie du pays.

Tony Blair, Lionel Jospin et Gerhard Schröder lors d'un meeting de la gauche européenne à Paris, en 1999. Avec des nuances importantes, ils s'interrogent chacun sur le rôle que doit avoir l'État dans une économie capitaliste moderne.

Ces choix libéraux sont le résultat d'une longue évolution : la signature du traité de Rome, en 1957, avait constitué la première grande étape en amenant six pays européens à supprimer entre eux leurs barrières douanières ; ils furent rejoints par neuf autres pays, qui établirent aussi la libre circulation des hommes et des capitaux, et décidèrent de créer une monnaie unique échappant au pouvoir des États.

En dehors de l'Europe, l'évolution va dans le même sens. Les accords de libre-échange américains (ALENA* au nord, Mercosur* au sud), l'ASEAN* en Asie, la création de l'Organisation mondiale du commerce, visant à diminuer les tarifs douaniers, les quotas à l'importation, et à limiter les « distorsions » à la libre concurrence, réduisent les moyens dont disposent les États pour contrôler leur propre économie.

De plus, les nouvelles techniques de communication* permettent de transférer en un instant des sommes considérables d'un pays à l'autre en dehors de tout contrôle étatique.

Mais le contrôle de l'État n'a pas disparu, même s'il change progressivement de nature et d'échelle

Cependant, si le contrôle étatique est plus limité, il subsiste et ne peut disparaître qu'avec l'État lui-même.

En effet, l'existence de l'État implique celle d'un ensemble d'institutions (administrations, ministères, services publics...), dont le poids économique, même réduit, compte dans le fonctionnement de l'économie globale. Dans un pays comme les États-Unis où l'État se veut peu interventionniste, le total des prélèvements obligatoires (servant à financer le budget de l'État et les prestations sociales) représentait près de 30 % du PIB en 1996. De plus, la Banque fédérale américaine, indépendante du pouvoir politique, lui doit cependant des comptes, car il est précisé dans ses statuts qu'elle doit assurer la croissance économique du pays.

Dans les pays de l'Union européenne, le contrôle économique des États nationaux peut s'exercer encore de plusieurs façons : ils restent maîtres du poids de leur fiscalité, de la structure de leurs dépenses publiques, de leur législation sociale et de leur droit du travail (la France n'a pas hésité à s'engager seule dans la réduction du temps de travail...) ; dans le cas de risques graves pour l'économie nationale ou la santé publique, les États prennent des décisions unilatérales de sauvegarde (comme dans le cas de la « vache folle » ou du « poulet à la dioxine »).

S'il se produit un transfert de compétence des États nationaux vers des institutions communautaires, et que se constitue un pouvoir central européen, celui-ci exercera un contrôle sur l'économie européenne, à travers l'harmonisation imposée des politiques fiscale, sociale, écologique..., du droit des sociétés, des droits de succession... Un tel pouvoir peut même, s'il en a la volonté, reprendre en main la politique monétaire en imposant ses vues à la Banque centrale européenne, mener une politique économique

active pour relancer la croissance ou réduire les inégalités régionales au sein de l'Europe, ou encore pour interdire l'importation en Europe de produits jugés dangereux (aliments transgéniques) ou fabriqués dans des conditions inacceptables (travail des enfants en Asie).
Le refus de divers pays européens d'accepter l'AMI* (Accord multilatéral sur les investissements), qui aurait interdit aux États de contrôler certains mouvements de capitaux internationaux, montre que les États n'entendent pas se priver de toutes leurs armes. P. B.

➔ *État, libéralisme économique, politique économique, politique monétaire*

Une croissance forte est-elle encore possible ?

Les taux de croissance relativement faibles (de l'ordre de 2 à 3 % par an) que l'on observe dans la plupart des grands pays industriels depuis le milieu des années 1970 laissent à penser que la croissance forte caractérisant la période des Trente Glorieuses appartient désormais au passé. Mais les rythmes très différents de la croissance depuis les origines de la révolution industrielle montrent que cette opinion peut être trompeuse.

Comment apprécier la croissance* ?

La croissance peut être définie et mesurée par les variations du produit intérieur brut* d'un pays, c'est-à-dire de l'ensemble des biens et services marchands et non marchands produits durant une période donnée. Mais la notion de croissance forte n'a pas de base objective, car il n'existe aucun taux habituel ou ordinaire de croissance.
L'histoire du capitalisme* industriel est en effet marquée par une succession de périodes ayant des taux de croissance très différents. Au XIXe siècle, ce taux a été de l'ordre de 2 % par an en moyenne, avec des phases de croissance encore plus lente (années 1830-1850, 1870-1890), mais aussi avec des phases de croissance plus forte (1850-1870, 1895-1914), les unes et les autres étant marquées par des petits cycles* d'expansion* et de récession*. Durant l'entre-deux-guerres s'opposent trois périodes très différentes : forte croissance durant les années 1920, crise* de 1929 à 1933-1935, suivie d'une difficile reprise. Après la Seconde Guerre mondiale, la période dite des Trente Glorieuses* (1945-1974), marquée par des taux de croissance « forts » de 5 % par an (et même plus élevés en Allemagne* et au Japon*), laissa la place à partir de 1975 à une période de croissance deux fois plus faible, accompagnée d'années de récession. On peut donc penser que des phases de croissance forte et faible se succéderont à nouveau dans l'avenir.
D'autre part, la croissance dépend de ce que l'on retient dans la définition du produit national : celle-ci comprend une composante non marchande correspondant à la valeur des services rendus par les administrations (éducation, défense, police, justice...). Mais cette définition ne comprend pas le secteur agricole traditionnel, tourné vers la satisfaction de besoins locaux, ni le secteur dit informel, où des habitants s'organisent pour survivre en dehors des circuits marchands, ni encore les activités non rémunérées effectuées à domicile (entretien de la maison, éducation des enfants, travail de recherche sur ordinateur...). Un pays où ces activités prennent de l'ampleur par rapport à son secteur marchand voit donc son taux de croissance se réduire. La comparaison entre taux de croissance d'économies structurellement très différentes est donc d'une pertinence limitée.

Pourquoi une croissance faible depuis 1975 ?

Ce ralentissement de la croissance a plusieurs causes, toujours présentes, qui rendent improbable le retour rapide d'une croissance forte.

Jeff Bezos, le dynamique fondateur d'Amazon.com, première librairie en ligne.
La « nouvelle économie », mélange de petites entreprises performantes, de technologies informatiques et de libéralisme affirmé, va-t-elle générer un nouveau modèle de développement économique durable ?

• La concurrence accrue entre « vieux » et « nouveaux » pays industriels, à la recherche de devises procurées par les exportations pour payer la facture pétrolière, s'est brutalement tendue après les fortes hausses des prix de l'énergie de 1974 à 1979, et l'enchérissement du dollar (servant à payer le pétrole) entre 1980 et 1985. Ces contraintes nouvelles ont réduit la part du marché mondial contrôlé auparavant par les pays riches, et donc le rythme de leurs ventes et de leur croissance.
• La baisse de la rentabilité* des investissements* (liée à cette contraction des débouchés, mais aussi à la hausse des coûts salariaux et des frais financiers) a dissuadé les entreprises d'accroître leur capacité de production, ce qui a donc réduit les investissements et le taux de croissance.
• Les nouvelles politiques économiques mises en œuvre par les gouvernements ne visaient plus à stimuler l'activité et la croissance pour tendre vers le plein-emploi, mais au contraire à ralentir l'augmentation de la demande intérieure pour lutter à la fois contre l'inflation et le déficit du commerce extérieur. Elles ont principalement consisté à réduire la hausse des salaires et de la masse monétaire, puis à diminuer le déficit du budget de l'État.
• La nouvelle stratégie des entreprises consiste à rechercher surtout le profit financier et à absorber les concurrents, et moins, comme à l'époque du fordisme*, à viser le profit industriel provenant de l'augmentation du volume de la production.

Pourquoi une croissance forte reste-t-elle possible ?

Une reprise de la croissance à un taux plus élevé que celui du dernier quart de siècle reste possible pour deux types de raisons apparemment opposées.
• D'une part, les États-Unis ont retrouvé durant les années 1990 un taux de croissance relativement fort, de l'ordre de 4 % à 5 % en 1997 et 1998 (soit près du double de plus que celui de la zone euro) ; cela provient, semble-t-il, de la baisse des prélèvements publics, du rétablissement du profit des entreprises, de l'émergence de nouveaux produits et de nouvelles activités (comme l'informatique*). Si les pays européens s'engageaient dans la même voie, ils pourraient à leur tour retrouver le chemin d'une croissance plus forte.
• Mais si la croissance et le plein-emploi ne se rétablissent pas spontanément en Europe, comme le redoutent les adversaires du libéralisme économique, les États membres de l'UEM seront amenés à prendre des dispositions visant à relancer l'activité.
Ils pourront s'appuyer sur la nouvelle Banque centrale européenne pour financer de grands programmes d'investissement (infrastructures routières, ferroviaires et portuaires, conquête de l'espace, protection de l'environnement) sans redouter les effets pervers que provoquaient auparavant des relances isolées (comme ce fut le cas en France en 1981-1982).
Une Europe ainsi relancée pourrait être un puissant facteur d'accélération de la croissance mondiale. P. B.

➔ *Cycle économique, expansion, Trente Glorieuses*

Quelles solutions contre le chômage ?

Les propositions et les idées concernent autant la politique économique globale que des réformes plus structurelles portant sur le fonctionnement du marché du travail.

Favoriser la croissance

La montée du chômage* est d'abord due à un ralentissement de la croissance*. Une croissance économique suffisante est une condition nécessaire pour faire baisser durablement le niveau du chômage. On a pu soutenir que la cause principale du chômage en Europe était à rechercher plutôt dans la faiblesse de la conjoncture économique globale que dans la rigidité des marchés du travail* européens.

Accroître le contenu en emplois de la croissance

Cette croissance doit être riche en emplois. La montée de la demande doit entraîner plus de créations d'emplois que dans le passé. À cette fin, les freins à l'emploi doivent être progressivement levés : coût du travail excessif surtout pour les faibles niveaux de qualification, diminution des coûts de création d'entreprise, simplification des conditions d'embauche et de licenciement.

Baisser le coût relatif du travail peu qualifié

La baisse des niveaux relatifs de coût du travail pour les travailleurs les moins qualifiés doit être substantielle et durable pour être efficace. Les modalités de cette baisse peuvent prendre plusieurs formes : des taux adaptés de cotisations patronales, ou des modulations des rémunérations minimales.

Améliorer le fonctionnement du marché du travail

Il faudrait s'assurer d'abord du caractère incitatif du système d'indemnisation du chômage pour éviter que se constituent des « trappes à chômage ». Ces problèmes surgissent lorsque les chômeurs modifient leurs comportements de recherche d'emploi du fait des caractéristiques de ce système qui, s'il est mal conçu ou mal géré, peut générer une persistance du chômage ; s'il contribue à allonger la durée de la recherche d'emploi, les travailleurs au chômage depuis longtemps, surtout au-delà d'une année, voient le coût de leur réinsertion sur le marché du travail augmenter. Beaucoup de pays occidentaux, dont la France, ont largement amendé leur système depuis les années 1970 pour prendre en compte ces effets pervers. Des évaluations précises de ces procédures doivent être effectuées. On peut ainsi s'inspirer des expériences pratiquées aux États-Unis de modulation des cotisations patronales à l'assurance-chômage en fonction du nombre de licenciements effectués par l'entreprise au cours des années récentes. Ce système présente des avantages avérés dans le contexte américain. Son étude a été recommandée par E. Malinvaud*. Ce dispositif contribue à responsabiliser les entreprises en matière de licenciements, mais les conduit aussi à modérer leurs recrutements.

Améliorer les possibilités d'information, de placement et de mobilité

Cette mesure vise à diminuer le coût de recherche d'emploi pour les travailleurs. Le développement de l'efficacité des services des agences pour l'emploi peut notamment se traduire par une diminution du nombre de dossiers à traiter par chaque agent, comme c'est le cas en Suède.

Des mesures spécifiques doivent aussi viser à diminuer les coûts de la mobilité géographique des travailleurs, mobilité qui facilite l'adaptation de l'offre à la demande de travail.

Développer des politiques actives

Sont généralement classées parmi les politiques actives en faveur de l'emploi les mesures visant à former les chômeurs jeunes ou adultes, les travailleurs menacés de perdre leur emploi, les subventions à l'emploi dans le secteur privé et la création d'emplois permanents ou temporaires dans le secteur public, les aides aux chômeurs créateurs d'entreprise. En France, ces mesures actives représentaient près de 1,4 % du PIB en 1998 et les nouveaux participants à ces mesures constituaient 10,1 % de la population active en 1997. Les mesures passives consistent à indemniser le chômage et à favoriser des retraites anticipées.
Dans une période de changements technologiques rapides, l'adaptation de la main-d'œuvre aux nouvelles techniques de communication, de production et de création permet de limiter le chômage d'inadaptation structurelle. Une politique active de formation est donc fortement recommandée tant au niveau des chômeurs de longue durée que pour les jeunes en situation difficile.

Modifier les systèmes de négociation des salaires

On a montré que les niveaux auxquels se négocient les salaires exercent une influence sur la vitesse à laquelle évoluent les rémunérations vers le niveau compatible avec les grandeurs d'équilibre. Les deux situations extrêmes, la négociation au niveau local et la négociation centralisée, incitent les parties à prendre en considération les contraintes économiques, au niveau des marchés de l'entreprise ou au niveau macroéconomique, qui pèsent sur les acteurs en présence. Le niveau intermédiaire de la branche conduit à des résultats moins attrayants. Réformer le système de négociations collectives peut donc constituer un moyen pour atteindre dans les meilleures conditions les configurations de salaires correspondant au NAIRU* (taux de chômage n'accélérant pas l'inflation) de long terme.

Réduire le temps de travail et inciter au départ à la retraite

Partant de la logique en vertu de laquelle il faut partager l'emploi entre les travailleurs et accompagner ce partage par une redistribution des cartes dans une réorganisation négociée des conditions de travail et de rémunération, le gouvernement de Lionel Jospin a préconisé le passage aux 35 heures hebdomadaires comme moyen de lutte contre le chômage. Les dispositions de la loi, qui s'applique aux entreprises de plus de 20 salariés depuis le 1er février 2000, incluent des incitations financières sous forme de réductions de cotisations patronales à condition que la réduction négociée soit d'au moins 10 %, permettant d'atteindre 35 heures ou moins et d'embaucher ou de préserver au moins 6 % des emplois. Il est encore trop tôt pour juger des effets de cette loi sur l'emploi, d'autant que sa mise en application coïncide avec une reprise de l'activité économique qui vient compliquer la mesure de ses effets propres. Les économistes sont généralement réservés sur l'efficacité de ce genre de dispositifs sur le niveau durable du chômage.
Leur attitude est la même en ce qui concerne les mesures visant à inciter les travailleurs à partir plus tôt à la retraite. L'observation empirique montre qu'il n'y a aucune corrélation du niveau de chômage avec l'âge de la retraite, pas plus d'ailleurs qu'avec le nombre d'heures travaillées annuellement. Si une relation existe entre ces grandeurs, elle est plutôt inverse, comme aux États-Unis ou au Japon où les travailleurs ont des durées de travail plus longues et partent plus tardivement à la retraite alors que les taux de chômage y sont plus faibles. L'analyse économique ne permet pas non plus d'avancer d'arguments convaincants permettant de défendre ce point de vue. M. S.

➔ *Chômage, emploi, réduction du temps de travail*

Peut-on baisser les impôts ?

La France est l'une des nations développées où la charge fiscale est la plus importante. Le taux de prélèvements obligatoires, qui réunit les divers impôts, les taxes et les cotisations sociales, a représenté plus de 45 % du PIB* en 1999. C'est presque la moitié du revenu national des Français qui transite par le budget de l'État*. Certes, les prélèvements obligatoires sont plus élevés dans certains pays comme la Belgique ou les pays de l'Europe du Nord (Suède, Danemark, Norvège), mais nous sommes loin devant les États-Unis, l'Allemagne, l'Espagne ou la Grande-Bretagne. Adam Smith*, le père de l'économie libérale et de l'économie politique, écrivait dans la *Recherche sur la nature et les causes de la richesse des nations,* en 1776, qu'une imposition trop élevée pouvait entraver l'industrie du peuple et le détourner de s'adonner à certaines branches de commerce ou de travail. Des contributions fiscales démesurées peuvent briser la dynamique économique, la croissance, l'emploi et la consommation. En un mot, l'impôt peut devenir antiéconomique.

Une tendance de fond contre l'intervention de l'État initiée dans les années 1980 par les dirigeants américains et britanniques

La fin des années 1970 est marquée par l'avènement de l'économie de l'offre, une école américaine d'influence néolibérale qui remet en cause l'intervention de l'État et les effets pervers de la pression fiscale. Les travaux des économistes de l'offre, tel **Arthur Laffer**, influenceront les politiques de baisse de la fiscalité adoptées, au début des années 1980, aux États-Unis sous les mandats de **Ronald Reagan** et en Grande-Bretagne lors de l'installation de **Margaret Thatcher** au 10 Downing Street. La France, quant à elle, est restée à l'écart de la vague libérale et de la contestation fiscale. Bien que la plupart des hommes politiques, qu'ils soient de droite ou de gauche, promettent de réduire le poids de la fiscalité qui pèse sur les Français, les prélèvements obligatoires ne diminuent pas.

Certes, il est tout à fait possible de réduire la fiscalité directe et indirecte et le poids des cotisations sociales qui frappent les salariés et les entreprises. Seulement, la baisse des prélèvements se répercuterait inéluctablement sur le niveau des dépenses publiques et des dépenses sociales. Or, ces dépenses apparaissent incompressibles dans la mesure où il semble impensable de revenir sur les **acquis sociaux** dont bénéficient les Français. Peut-on raisonnablement réduire certaines dépenses publiques et réintroduire dans l'espace du marché certains biens, certains services jusqu'à présent délivrés gratuitement aux ménages ? Rien n'est moins évident car les mentalités françaises – ce que les sociologues appellent les « représentations collectives » – semblent en contradiction avec les vertus d'un libéralisme à la française qui reste d'ailleurs à inventer.

Une résistance très forte à la remise en cause des acquis sociaux et une difficulté à théoriser une réelle prise en charge de la protection sociale par le secteur privé

Un grand nombre de dépenses publiques ne peuvent être réduites tant la collectivité nationale les considère comme un dû. C'est le mécanisme de l'effet de cliquet*. Ainsi en est-il des dépenses d'éducation, des dépenses liées à la protection sociale comme l'assurance-maladie ou les politiques d'aide à la famille. L'éducation nationale est le premier budget de l'État et l'enseignement public est gratuit de la maternelle jusqu'au troisième cycle universitaire. Les parents d'élèves accepteraient-ils de payer la totalité des frais de scolarité de leurs enfants ? Peut-on réduire les transferts sociaux destinés aux familles sans générer des protestations indignées ? Les familles sont à l'origine d'importants groupes de pression pouvant, par l'impact qu'elles ont sur l'opinion, faire reculer tout projet qui pourrait restreindre les aides accordées aux familles nombreuses. Quel leader politique ou quel parti politique pourraient se mettre à dos les familles, cellule de base de la société française ? Est-il possible de réduire les indemnités de chômage sans accroître la fracture sociale entre ceux qui ont un emploi et ceux qui n'en ont plus ? Peut-on diminuer le nombre de fonctionnaires quand on sait que ces derniers bénéficient d'une totale sécurité d'emploi liée à leur statut ? Par ailleurs, les personnels de la fonction publique ont des syndicats puissants. Quel gouvernement se risquerait à un bras de fer avec les syndicats de fonctionnaires ? Sans compter que la fonction publique est un excellent débouché pour les jeunes diplômés, qui, sans elle, risqueraient de ne pas trouver d'emploi dans le secteur privé.

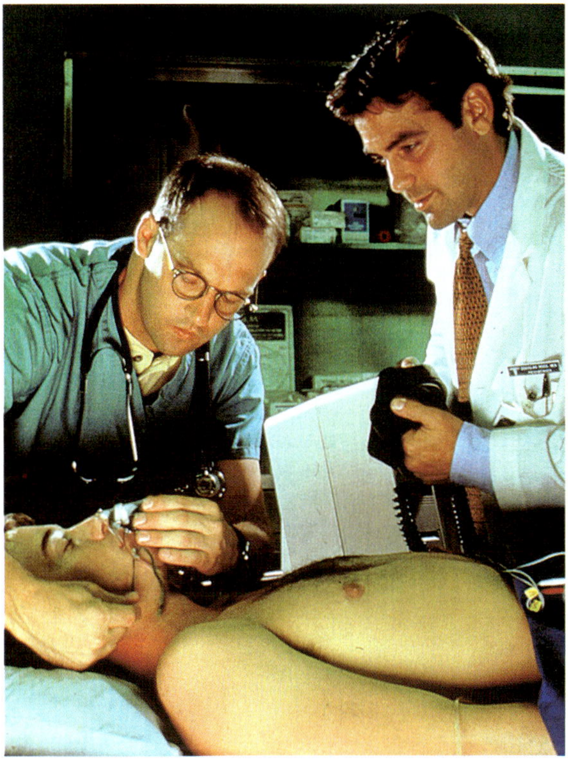

Scène de la série télévisée *Urgences*.
Cette série américaine insiste sur la difficulté que rencontre la médecine d'hôpital à trouver les financements nécessaires à son exercice. Au-delà des discours sur la nécessaire baisse de la pression fiscale, les opinions publiques restent largement attachées à une médecine – comme à une éducation – de qualité et gratuite, ce qui ne va pas dans le sens d'une baisse généralisée des impôts.

Non seulement les dépenses publiques et les dépenses de santé ne peuvent baisser, mais on assiste à une croissance de la demande de transferts sociaux et de biens collectifs*. On peut remarquer une sorte de cercle vicieux où l'existence de services publics déjà existants entraîne de nouvelles demandes de biens publics. La volonté gouvernementale de mener 80 % d'une génération au niveau du baccalauréat amène inévitablement à la création de nouvelles installations scolaires et universitaires, à la nomination de nouveaux enseignants. L'insuffisance des infrastructures d'enseignement en matériels et en effectifs pédagogiques conduit les élèves et les étudiants à réclamer l'ouverture de nouvelles classes et la nomination de professeurs. Comment sortir de ce cercle vicieux sans dégager de nouveaux crédits ? Parallèlement, les difficultés entraînées par l'extension du chômage, l'émergence d'une nouvelle pauvreté, les problèmes des banlieues ou l'insécurité dans les transports en commun génèrent des revendications de la population à l'endroit des décideurs. On assiste alors à une augmentation de la prise en charge étatique et, par conséquent, à de nouvelles dépenses des administrations publiques. Comment peut-on alors penser réduire les impôts ? Les autorités politiques ne peuvent, dans un système démocratique, faire abstraction des desiderata des citoyens-électeurs sous peine de perdre leur mandat électif. Comme le montrent les économistes américains de l'école du **public choice**, tels James Buchanan* et Gordon Tullock*, les hommes politiques cherchent surtout à être élus ou réélus ; ils promettent de façon contradictoire à la fois de diminuer les impôts et de répondre aux besoins sans cesse croissants des citoyens. En outre, la classe politique ne peut exister sans soutiens et les groupes qui acceptent de cautionner tel ou tel groupement politique s'attendent à bénéficier, en retour, de la manne publique. Le vrai problème est moins la baisse des impôts que la réduction des dépenses publiques et de l'intervention de l'État. Il s'agit là d'une question essentiellement politique.

J.-C. D.

➔ *Bien collectif, (J.) Buchanan, PIB, (G.) Tullock*

Les inégalités vont-elles s'aggraver ?

La forte croissance* économique rencontrée durant les Trente Glorieuses* a permis de réduire les inégalités dans les pays industrialisés. La mise en place du système fordiste fondé sur la production et la consommation de masse, l'institutionnalisation de l'État providence* au lendemain de la Seconde Guerre mondiale, la réalisation du plein-emploi, la volonté politique de réduire les écarts entre les individus et les groupes semblaient autoriser l'avènement d'une société qui, progressivement, ajoutait la démocratie économique à la démocratie politique. La récession du milieu des années 1970 allait se traduire par un renversement de tendance, avec la baisse du taux de croissance et l'augmentation de l'inflation et du chômage.

Vingt-cinq ans après le premier choc pétrolier, on constate une aggravation des inégalités dans les pays occidentaux. Aux États-Unis, première puissance économique mondiale, les écarts de revenus actuellement observés sont les plus importants depuis 1945. Au bas de la hiérarchie des revenus, les 10 % d'Américains les moins favorisés ont un revenu inférieur à celui qui était le leur en 1977. À l'inverse, les 10 % les plus favorisés ont vu leurs revenus exploser de 115 % depuis la même date. Les États-Unis* sont aussi le pays occidental où la pauvreté est la plus répandue. Cette recrudescence des inégalités dans les pays riches va-t-elle s'aggraver ? Il semblerait que le « laisser-faire » de l'économie de marché*, associé à l'évolution du progrès technique, dans une perspective de mondialisation des économies, exacerbe les inégalités entre les individus.

Distribution de vivres aux Restaurants du cœur.
La disparition du contre-modèle soviétique, la libéralisation croissante des économies ainsi que l'évolution technologique poussent à l'élimination accélérée des travailleurs sans qualification comme à la concentration de plus en plus forte des patrimoines.

L'effondrement du système communiste comme l'évolution récente du système capitaliste accentuent une tendance favorable au creusement des hiérarchies

Il revient à **Jean-Jacques Rousseau**, dans son *Discours sur l'origine et les fondements de l'inégalité parmi les hommes* (1755), d'avoir montré que les inégalités sont largement imputables au jeu des marchés. Cependant, Rousseau souligne que l'autorité publique se doit de lutter contre les inégalités de façon à maintenir le « contrat social ». Or, les deux dernières décennies du siècle précédent auront été marquées, contrairement aux Trente Glorieuses, par un retour à l'économie dite de marché comme mode de régulation de l'activité économique et, en même temps, par un effacement du rôle de l'État. Amorcée, d'abord aux États-Unis puis en Grande-Bretagne, dans les années 1980, la solution libérale a étendu son emprise sur l'économie mondiale dans un cortège de privatisations et de déréglementations de toutes sortes. La disparition du système communiste, la transition des pays de l'Europe de l'Est, l'ouverture de la Chine, l'apparition des pays émergents accroissent la prépondérance, sans alternative possible, de l'économie mondiale de marché.

Une autre origine de l'accroissement des inégalités repose sur le progrès technique. Celui-ci, sous les diverses formes de l'innovation* telles que Schumpeter* les décrit, transforme sans cesse « de l'intérieur » les structures du système capitaliste, appréhendé comme un système économique par nature en déséquilibre. Cette révolution permanente détruit sans cesse les structures existantes, notamment le système des emplois. Certaines activités nouvelles naissent, mais d'autres, les plus anciennes, disparaissent. Le progrès technique exclurait le travail faiblement qualifié et valoriserait les compétences professionnelles sous forme de salaires élevés. Il s'agit d'une logique de marché : ce qui est rare est cher, ce qui est abondant, bon marché, et ce qui est devenu inutile n'a plus de prix. De cette façon, un grand nombre de laissés-pour-compte du progrès tombent dans la précarité. Il ne semble pas nécessaire d'aller chercher plus loin les origines de l'exclusion sociale.

L'association du progrès technique au processus de la mondialisation accentue les inégalités. Une nouvelle division internationale du travail s'est établie en fonction des dotations en capital humain* dont sont pourvues les différentes nations. La main-d'œuvre peu qualifiée des pays riches subit de plein fouet la concurrence des travailleurs des pays à bas salaires. Inévitablement, les rémunérations de ces catégories de travailleurs ne peuvent que diminuer et, dans la mesure où il existe un salaire minimum comme le SMIC* en France, les activités de main-d'œuvre font l'objet de stratégies de délocalisation* dans les pays émergents.

La remise en cause du rôle redistributif de l'État pose la question du système de protection sociale que souhaitent les populations

Parallèlement, on assiste à une remise en cause des mécanismes à l'origine de l'État providence*. La protection sociale a été conçue pour pouvoir fonctionner en période de plein-emploi, dans la mesure où son financement repose sur des cotisations perçues sur les revenus d'activité. En effet, le second rapport Beveridge, *Full Employment in a Free Society* (1944), insiste sur la nécessité du plein-emploi, indispensable pour que l'État providence puisse exister. La croissance du chômage remet en question l'existence même de celui-ci. L'État semble paralysé face à des transformations sur lesquelles il ne peut avoir de prise directe. Le système d'enseignement, ce fief apparemment imprenable de la méritocratie républicaine, se heurte aux dures conditions des marchés de l'emploi et des stratégies des entreprises entraînées dans la mondialisation des économies. La réussite scolaire, professionnelle et sociale repose sur un cumul de ressources, dont l'obtention n'est pas à la portée de tout le monde. L'héritage reprend ses droits comme au temps de l'Ancien Régime, ainsi que le démontre le sociologue **Pierre Bourdieu**. Bien que l'enseignement soit le même pour tous, la rentabilité de la scolarisation sera relative aux ressources familiales en capital économique, en capital culturel et en capital social. Le jeu des relations diverses et variées constitue l'une des clés de voûte de la réussite. L'école, en dépit de la bonne volonté des enseignants, non seulement ne réduit pas les inégalités mais les accroît en faisant abstraction des conditions objectives de la scolarisation.

Les effets pervers du progrès technique, la conjonction de l'effacement de l'État et de la prééminence d'une économie mondiale de marché ne peuvent qu'aggraver les inégalités. Il semble néanmoins souhaitable que les États, dans le cadre de processus d'intégration économique comme l'Union européenne, puissent édicter des règles qui garantissent au plus grand nombre des conditions satisfaisantes d'existence. J.-C. D.

➔ *Capital humain, croissance, délocalisation, État providence, innovation, marché (économie de), (J. A.) Schumpeter*

L'euro, un concurrent pour le dollar ?

La nouvelle monnaie européenne va-t-elle supplanter le dollar dans le rôle d'ancre du système monétaire international, ou donner naissance, avec le dollar, à un système bicéphale nouveau ? En janvier 2000, après un an d'existence, l'euro avait réussi son implantation dans le paysage monétaire mais s'était érodé de près de 20 % par rapport au dollar, les deux monnaies étant désormais à parité : 1 euro = 1 dollar. Le match ne fait que commencer.

Après la Première Guerre mondiale, le dollar s'est progressivement imposé comme devise de référence dans le système monétaire international (SMI). Aujourd'hui, l'introduction d'une nouvelle monnaie, l'euro*, dans la quasi-totalité de l'Union européenne, crée un nouvel ensemble monétaire (l'Euroland-11) au moins aussi important, par sa taille, que celui des États-Unis.

Autant il paraît peu vraisemblable que l'on revienne aujourd'hui à un système organisé comme l'était celui de l'étalon-or*, autant la suprématie du dollar*, déjà déclinante depuis quelques années, pourrait maintenant s'estomper un peu plus vite.

Qu'était le dollar au sommet de sa gloire ? Vers la fin des années 1950, il était pratiquement la seule monnaie au monde à être convertible en or à prix fixe (35 dollars l'once). Il avait servi de référence pour le paiement des réparations de guerre, la reconstruction de l'Europe dans le cadre du plan Marshall*, etc. Il était utilisé dans le monde entier pour régler de nombreuses transactions, comme celles de pétrole. Il servait aussi de base pour les réserves officielles de change de nombreuses banques centrales. On le disait fréquemment « *as good as gold* », c'est-à-dire aussi fiable que le métal précieux. Pour le grand public, enfin, il était symbole de richesse et de réussite. L'Europe, elle, était appauvrie, désunie par la guerre, divisée en deux par les régimes communistes.

Mais le continent s'enrichissait au fil des ans, l'Europe s'unifiait et peaufinait son rêve d'unification monétaire, exprimé pour la première fois dans le rapport Werner, en 1969, concrétisé avec le lancement de l'euro, en 1999. Aujourd'hui, les États-Unis représenteraient 23 % de la production économique mondiale, l'Euroland-11, 16 %, et le Japon, 8 % seulement.

En 1971, avec la dévaluation de fait du dollar, la devise américaine remplace l'or comme étalon international

Entre-temps, le système de changes fixes*, dit de Bretton Woods*, a disparu (inconvertibilité du dollar par rapport à l'or en 1971, et naissance de fait de taux de change flexibles). Ayant besoin d'une « ancre » monétaire qui leur serve de référence, beaucoup de monnaies se sont rattachées au dollar de façon informelle, surtout en Asie. Mais plusieurs autres devises ont choisi de se rapprocher du mark, symbole de stabilité en Europe. À l'extrême, certains pays

ont choisi le directoire monétaire (« currency board » en anglais), organisation monétaire bilatérale contraignante, qui permet l'émission de monnaie à la condition de posséder la somme voulue dans les réserves officielles. Le peso argentin s'est soudé au dollar, la marka bosniaque, à la monnaie allemande.
De nombreux économistes ont reproché aux États-Unis de pratiquer le « ***benign neglect*** », une indifférence bienveillante vis-à-vis de leur taux de change extérieur. Indifférence, par exemple, au fait que, en période de hausse du dollar, les tee-shirts exportés par la Thaïlande devenaient trop chers sur les marchés mondiaux (puisque le baht était lié au dollar), et surtout que les achats de pétrole, payables en dollars, devenaient soudain prohibitifs. Les États-Unis se soucient d'autant moins du taux de change du dollar que leur économie est longtemps restée très peu ouverte sur le reste du monde (leurs échanges avec l'étranger représentent environ 10 % de leur produit intérieur brut, contre plus de 20 % en France).

L'euro conforté par les échanges intrazone

Encore jeune, l'euro ne souffre pas encore de ces critiques. Mais il est déjà concevable que l'Europe aussi fera du *benign neglect,* puisque la fraction des échanges intérieurs à l'UE est très grande (plus de 60 % des transactions internationales d'un pays comme la France sont réalisées avec des pays de l'UE).
« **La mauvaise monnaie chasse la bonne.** » L'expression, utilisée pour la première fois au XVIe siècle par le financier britannique sir Thomas Gresham, est encore d'actualité. La « loi de Gresham » stipule que, lorsque deux monnaies circulent parallèlement, les utilisateurs ont tendance à utiliser celle dont la valeur leur paraît moindre, et à conserver à l'abri chez eux la plus précieuse. L'expérience du bimétallisme or-argent a d'ailleurs montré que, au bout d'un certain nombre d'années, c'est l'or qui s'est imposé comme étalon monétaire, pas l'argent.
Aujourd'hui, le dollar n'est plus convertible en or ; il est coûteux pour le monde en développement et peu stable pour le monde industriel. Il représentait néanmoins fin 1997 près de 60 % des réserves de change mondiales (et moins de 30 % des échanges commerciaux), contre 20 % pour les pays de la zone euro.
Il est certain qu'il faudra de nombreuses années pour que l'euro s'impose ailleurs que sur les marchés financiers, c'est-à-dire dans les transactions internationales ou les réserves des banques centrales. Les États-Unis revendiquent toujours un rôle prépondérant dans le système monétaire international. L'Euroland a encore du mal à parler d'une seule voix.
Le problème n'est pas tant que l'euro détrône le dollar mais que, puisque le monde paraît s'être orienté vers un système qui rappelle le bimétallisme d'antan, ce système soit suffisamment stable pour permettre à tous de prospérer. Y parviendra-t-on sans la construction formelle, et officielle, d'un nouveau SMI ? F. L.

➔ *Dollar, euro, Union européenne, SMI*

Le libre-échange, jusqu'où ?

Depuis la Seconde Guerre mondiale, le libre-échange s'est développé entre les pays industriels. Dans les années 1990, les pays en développement et les ex-pays socialistes ont rejoint ce mouvement en adhérant à l'OMC*. Le commerce mondial augmente environ deux fois plus vite que les PNB* nationaux. Ce mouvement est-il appelé à se poursuivre au même rythme ?
Si la grande libéralisation des échanges est incontestable, le processus est encore loin d'être achevé.
• En effet, plusieurs secteurs restent soumis à des protections fortes. Il n'est pas rare que les droits de douane* sur certains produits agricoles (produits laitiers, céréales) dépassent 300 %. La libéralisation du secteur textile est lente. Il n'a jamais été question de soumettre l'industrie d'armement aux lois du libre-échange.

• Si l'accord de Marrakech (1994) a soumis les services aux règles du jeu de l'OMC* (GATT, jusqu'en 1995) et si certains d'entre eux (télécommunications, services financiers) ont fait l'objet d'accords, beaucoup restent encore fermés à la concurrence internationale.
• La protection peut utiliser des instruments non tarifaires (tracasseries administratives, procédures antidumping, normes restrictives, restrictions quantitatives, etc.).

Les négociations commerciales multilatérales organisées par l'OMC ont pour objet de réduire ces différents obstacles au commerce. Mais ne risquent-elles pas de se heurter à un seuil incompressible de protection ? Le libre-échange intégral est-il une utopie qui a peu de chances de se réaliser dans une perspective humaine ?

Au nom d'une ouverture de leur économie au monde ambiant, les États peuvent-ils renoncer aux ressources douanières et remettre en cause leur système fiscal ?

Les avantages économiques du libre-échange sont connus : meilleure allocation des ressources, accès aux meilleures techniques, stimulation d'une croissance économique « tirée » par les exportations*. Mais ces gains exigent aussi une forme de flexibilité pour favoriser l'adaptation des économies. Dans les années 1980-1990, certaines fonctions du protectionnisme* ont été négligées. En effet, les droits de douane* ont longtemps représenté la principale ressource fiscale des États, comme c'est encore le cas dans certains pays en développement. Ouvrir l'économie au commerce extérieur revient alors à abandonner des ressources qui devront être compensées par des recettes fiscales basées sur la production et les revenus internes. Ce passage à une fiscalité « moderne » exige la mise en place d'une administration fiscale fiable, contrôlée par un État légitime et crédible. Dans les années 1990, une des causes fondamentales des difficultés de la Russie a été son incapacité à collecter les impôts.

La crise asiatique de 1997 a rappelé que la dégradation de la balance commerciale* peut conduire les investisseurs à retirer leurs capitaux d'un pays et à amplifier la crise financière. Un pays peut alors être tenté d'élever ses barrières protectionnistes pour redresser ses comptes extérieurs. D'un point de vue macroéconomique, l'augmentation des droits de douane (éventuellement « restitués » pour subventionner les exportations) a les mêmes effets sur le commerce extérieur que la dévaluation* de la monnaie. L'attachement de certains pays en développement à un taux de change fixe pourrait donc les conduire à réhabiliter les tarifs douaniers comme instrument d'ajustement macroéconomique. En 1999, l'Argentine a ainsi relevé ses barrières douanières pour atténuer les effets de la dévaluation du peso brésilien.

La poursuite du libre-échange se heurte également à un certain nombre de difficultés techniques. L'OMC, qui ne vise que l'action des États, peut-elle avoir une action sur les comportements anticoncurrentiels des entreprises privées ? Pour le gouvernement des États-Unis, porte-parole de Kodak à l'OMC, la politique commerciale de Fuji vaut bien une politique protectionniste qui serait endossée par le gouvernement japonais. Comment distinguer, en effet, les obstacles mis volontairement en place par les États pour entraver la concurrence internationale des obstacles « naturels », relatifs aux goûts, aux comportements, à la langue... Au Japon, la baisse des tarifs douaniers sur les importations de riz thaïlandais n'a pas détourné le consommateur du riz japonais auquel il est attaché depuis des siècles.

Une réticence croissante des opinions publiques : à la défense des emplois locaux s'ajoute celle d'une forme d'organisation des sociétés nationales

Mais la limite sans doute la plus importante au libre-échange est d'ordre politique. L'opinion publique reste très réservée vis-à-vis de la mondialisation*. Elle ne l'accepte que si elle est convaincue de sa réelle réciprocité. Elle peut se résigner à importer plus à condition que ses entreprises nationales puissent exporter davantage. Cette conception agressive du libre-échange conduit chacun à limiter ses propositions d'ouverture. Il s'agit de conserver du « grain à moudre » dans la perspective des futures négociations. Comment un pays qui aurait tout ouvert pourrait-il obtenir l'ouverture des autres ? L'opinion publique reste d'autant plus attentive que la libéralisation des échanges atteint aujourd'hui son noyau dur : celui des secteurs traditionnels, comme l'agriculture, ou celui des barrières non tarifaires, comme les normes sanitaires. Il ne s'agit plus uniquement de sauvegarder les emplois dans les secteurs concurrencés par les importations ou de préserver les secteurs stratégiques, mais également de défendre la souveraineté nationale en matière de réglementation (sociale, environnementale, sanitaire), de consommation de biens alimentaires (bœuf aux hormones, OGM) ou culturels. La mobilisation des ONG* a ainsi contribué au rejet de l'AMI*, qui visait à étendre les règles du libre-échange aux investissements, ou à l'échec de la conférence organisée par l'OMC à Seattle, à la fin de 1999. J.-M. S.

➔ *Libre-échange, mondialisation, OMC*

Le modèle anglo-saxon va-t-il s'imposer partout ?

L'idée qu'il existe un « modèle anglo-saxon » d'organisation économique date tout au plus d'une vingtaine d'années. Elle a été théorisée par **Michel Albert** dans *Capitalisme contre capitalisme* (1991). Celui-ci voyait aux prises deux systèmes : d'un côté, le capitalisme rhénan, typique de l'Allemagne* et du Japon*, alliant des banques fortes solidaires de grands groupes industriels, une protection sociale généreuse appuyée sur une cogestion patronat-syndicats, et un État régulateur ; de l'autre, le capitalisme anglo-saxon, propre à la Grande-Bretagne* et aux États-Unis*, où domine la figure de l'actionnaire plutôt que celles du producteur ou du salarié syndiqué, où le financement de l'économie se fait par les marchés, où l'État se tient en retrait, où les salariés sont peu protégés et où la loi du profit maximal encourage une gestion à court terme.

Il convient sans doute de parler de modèle « néo-américain » plutôt que de modèle anglo-saxon pour désigner ce capitalisme moderne de marché. En effet, les économies des pays anglo-saxons n'ont pendant longtemps pas eu grand-chose en commun – avant de converger comme toutes les autres dans la période récente. Il y a un quart de siècle, la Grande-Bretagne était une économie industrielle vieillissante, dotée d'un secteur public très important et gouvernée sur de longues périodes par les travaillistes, émanation d'une des plus puissantes organisations syndicales du monde, le Trade Union Congress. Les États-Unis étaient une économie en déclin relatif, affligée d'une productivité basse, enserrée dans une foule de réglementations même si l'État y jouait un rôle moindre qu'en Europe dans le domaine civil (mais il ne faut pas oublier l'énorme secteur de la défense*), et grevée de déficits colossaux sur le plan budgétaire et commercial. Le Canada* était un État providence* caractérisé, riche de ses matières premières et des usines de sous-traitance pour son grand voisin. L'Australie et la Nouvelle-Zélande, pays peu peuplés, copiaient l'organisation travailliste fortement réglementée à l'anglaise ; leurs secteurs productifs étaient encore très liés aux exportations de matières premières agricoles ou minières.

En somme, tous ces pays anglo-saxons avaient en commun une langue, des pans d'histoire et une culture imprégnée des valeurs du protestantisme. Mais, sur le plan économique, ils ne pouvaient guère représenter un modèle commun.

Une remise en cause du rôle de l'État : une affaire politique autant qu'économique

Le point de départ de ce qu'on a ensuite appelé le « modèle anglo-saxon » est politique : c'est l'élection en 1979, en Grande-Bretagne, d'un Premier ministre conservateur, la première femme de l'histoire à ce poste, **Margaret Thatcher**. L'année suivante, aux États-Unis, un ancien acteur d'Hollywood devenu gouverneur républicain de Californie, **Ronald Reagan**, est élu président. Et, pour la première fois depuis longtemps, un discours commun se fait entendre de part et d'autre de l'Atlantique : musclé et agressif chez la Dame de fer, charmeur et persuasif chez Ronald Reagan, il dit en substance que l'État doit se retirer de la sphère économique et laisser agir les forces du marché. Moins d'impôts, moins de fonctionnaires, moins de subventions, moins de règlements, moins de barrières à l'entrée des professions et des marchés. Ce libéralisme dur (Margaret Thatcher mate la grève des mineurs anglais, et Ronald Reagan, celle des contrôleurs aériens américains) a induit un changement très profond des mentalités, non seulement dans les pays concernés, mais dans le monde entier.

Au cours de la décennie 1980, le « modèle anglo-saxon » se cherche encore. La Grande-Bretagne donne le signal des grandes privatisations d'entreprises publiques. La privatisation* devient la nouvelle norme de bonne gestion, préconisée dans les pays endettés du tiers-monde* comme dans les pays industriels avancés (Allemagne, France ou Italie) : non seulement elle facilite le rééquilibrage des budgets, mais elle fait entrer partout les règles du management privé. Les États-Unis contribuent d'une autre manière au changement : ils relèvent très fortement les taux d'intérêt, décrètent la lutte à outrance contre l'inflation* et déréglementent les activités financières. La financiarisation est en marche. Au moyen des « effets de levier » (on peut disposer de capitaux importants pour une mise de départ faible), des fortunes colossales se créent en Bourse. La presse financière anglo-saxonne lue partout dans le monde *(Financial Times, Wall Street Journal, The Economist, Business Week)* donne le *la* : tout ce qui va dans le sens du libéralisme est applaudi, toutes les « résistances » nationales ou étatiques sont critiquées. Les restructurations industrielles sévères accélèrent le passage à une économie de plus en plus tertiarisée, fondée sur la communication et le divertissement, mais aussi sur la santé* et l'éducation*. L'informatique* grand public prend son essor. La décennie 1990, après l'effondrement de l' « antimodèle » soviétique, va démultiplier toutes ces tendances.

Les modèles sont tributaires de la conjoncture et de l'opinion des électeurs

En 1999, dans *le Capitalisme zinzin,* **Érik Izraelewicz** revient sur la comparaison de Michel Albert. Pour lui, aucun doute, dans la confrontation entre l'économie du marché roi et l'économie sociale de marché, c'est la première qui l'a emporté : « Les pays du capitalisme anglo-saxon affichent, sur la dernière décennie, des performances économiques supérieures à celles que peuvent mettre en avant les peuples du monde rhénan. En dépit des crises et des krachs, les États-Unis ont considérablement accru leurs richesses et leur capacité à en générer de nouvelles. Ils ont produit, investi et créé des emplois en très grand nombre. Au contraire, l'Allemagne et le Japon n'ont pu trouver en leur sein les moyens d'un nouveau dynamisme. Ils ont quasiment stagné sur l'ensemble de la période. » Quant à la France, elle a suivi sans le clamer trop fort les recettes prescrites par ses amis et néanmoins adversaires anglo-saxons : privatisations massives, financement par les marchés, insertion dans l'économie mondiale. À un détail près : elle n'a pas constitué de réserves de capitaux et ses entreprises phares ont été en grande partie rachetées en Bourse* par les fonds de pension* anglo-saxons (ou japonais) qui imposent leur propre style de management, plus transparent mais plus exigeant en termes de rentabilité du capital.

Restaurant McDonald's à Shanghai. Le modèle anglo-saxon consiste d'abord en une financiarisation (accroissement du rôle de la Bourse) et en un désengagement de l'État de la vie économique. C'est aussi une langue et un modèle culturel.

Alors, le « modèle anglo-saxon » va-t-il s'imposer partout ? L'expérience montre que les modèles s'usent vite. Celui-là, actuellement le plus efficace et fort du soutien politique des électeurs, est à la merci, comme bien d'autres, d'un retournement de conjoncture ou d'un changement d'ère politique. Ce qui est certain, c'est que la mondialisation commerciale et technologique bouscule les habitudes dans tous les pays, y compris les pays anglo-saxons. Au cours de la première véritable manifestation d'opposition mondiale, à Seattle, lors de la conférence de l'Organisation mondiale du commerce (OMC*) à la fin de l'année 1999, les Américains n'étaient pas les derniers à manifester... S. G.

➔ *Bourse, fonds de pension, libéralisme économique, mondialisation, thatchérisme*

Peut-on contrôler les marchés ?

Les marchés de l'argent ont connu au cours des vingt dernières années du XXe siècle un développement inouï. Chaque jour par exemple, ce sont, sur les marchés des changes, quelque 1 500 milliards de dollars, c'est-à-dire l'équivalent de la production annuelle française, qui changent de mains. Cette explosion des marchés financiers partout dans le monde a contribué à accroître leur influence sur l'ensemble de la vie économique des nations ; elle a aussi débouché sur une multiplication des accidents de parcours. Compte tenu de leur poids considérable et de leur fonctionnement très incertain, l'opinion publique mais aussi un nombre croissant de professionnels se demandent s'il ne serait pas possible, voire souhaitable, de contrôler, d'une manière ou d'une autre, ces marchés fous.

Face aux guichets, ceux de l'État ou ceux des banques, les marchés l'ont emporté. Ils sont devenus, en ce début du XXIe siècle, le mode de financement dominant dans la très grande majorité des pays. Les technologies de l'information ont aidé à leur développement. Le marché, que ce soit celui des devises (le marché des changes), celui de la monnaie (le marché monétaire) ou celui des titres (la Bourse), est désormais accessible en permanence à tous et à un coût très faible. Il fonctionne en continu, 24 heures sur 24. Qu'il soit à New York, à Paris ou à Hongkong, l'épargnant peut ainsi, à partir de son écran, à midi ou à minuit, aller faire ses courses sur n'importe quelle « place » financière de la planète et y acheter, selon ses besoins, des devises, des obligations ou des actions.

Par nature, les marchés sont imprévisibles et fondés sur des réactions collectives parfois irrationnelles

Tous les marchés de capitaux, nationaux ou internationaux, ont ainsi enregistré une véritable explosion de leur activité : chaque année, de nouveaux records ont été battus aussi bien pour la valeur totale des actifs échangés que pour le nombre et le montant des transactions réalisées. Plus volumineux, ces marchés de l'argent sont aussi plus influents... et plus dangereux. Ils font et défont la vie des nations et des entreprises. Ils orientent les capitaux, qu'ils charrient vers ceux qui acceptent de répondre à leurs critères – ils favorisent les États, les sociétés et les individus qui assurent le meilleur rapport entre sécurité et rentabilité et qui le font dans la plus grande transparence. Dès qu'un emprunteur trahit – qu'il menace de ne pas respecter les engagements qu'il a pris –, les marchés s'en méfient et s'en défient. Bien des hommes politiques, mais aussi certains chefs d'entreprise dénoncent volontiers leur dictature.

Devenus puissants, ces marchés sont aussi imprévisibles. Ils génèrent des comportements moutonniers – on parle du « panurgisme » des marchés et du « mimétisme » qui anime leurs opérateurs. Leur fonctionnement favorise constamment l'éclosion puis l'explosion de bulles spéculatives. Les intervenants sur ces marchés s'enthousiasment un jour, tous ensemble, pour une devise, un État ou une entreprise. Le lendemain, une information les déçoit et, tous ensemble, ils désertent la star, provoquant des variations de cours spectaculaires qui ne sont pas toujours rationnelles.

La crainte du risque systémique, c'est-à-dire d'une crise locale qui se diffuse sur l'ensemble de la planète

De fait, les mini-krachs se sont multipliés au cours des dernières années du siècle. Ils ont affecté certains pays : crises monétaires du Mexique en 1994-1995, de Thaïlande en 1997, de Russie et du Brésil en 1998. Ils ont touché des institutions financières puissantes – la vénérable banque d'affaires anglaise Barings a dû se vendre en 1997, le fonds spéculatif américain LTCM a fait l'objet d'une opération de sauvetage dramatique en 1998, etc. Ils ont ébranlé des places financières importantes : les krachs boursiers de New York de 1987 et 1998 ont laissé des traces. La puissance et l'instabilité des marchés conduisent ainsi à s'interroger sur les risques qu'ils font désormais encourir à l'ensemble de l'économie. Un krach ne finira-t-il pas par conduire, un jour ou l'autre, à une récession semblable à celle qui avait suivi, dans les années 1930, l'effondrement de Wall Street* en 1929 ? Le spectre de la crise de 1929 ressurgit régulièrement.

Peut-on alors contrôler les marchés financiers ? D'ores et déjà, un certain nombre de règles de prudence (des règles prudentielles, disent les professionnels) s'imposent aux intervenants. Elles sont définies par des autorités de marché – nationales ou internationales. Ce sont généralement elles aussi qui veillent à leur respect. La Banque des règlements internationaux (BRI), la banque des banques centrales, oblige par exemple les établissements de crédit qui opèrent sur les marchés internationaux à respecter un certain nombre de ratios. Le Fonds monétaire international (FMI*) veille, pour sa part, à la bonne gestion des États emprunteurs.

Ces gendarmes, dans leur diversité, ont réussi jusqu'à présent à éviter que ces accidents financiers ponctuels ne conduisent à une crise économique générale. Leur grande crainte est en réalité le « **risque systémique** », c'est-à-dire une crise très localisée au départ qui diffuserait, comme dans un jeu de dominos, ses effets sur l'ensemble du système financier mondial et, au-delà, affecterait l'économie dite réelle (par opposition à l'économie financière) – celle des usines, des ateliers et des bureaux. Cette menace alimente, depuis le milieu des années 1990, un vaste débat sur la nécessité de créer une nouvelle « architecture financière mondiale », selon l'expression lancée par le président américain Bill Clinton.

Abordé avec régularité au sein du G7*, le groupe des sept pays les plus industrialisés, ce débat n'avait guère progressé à la fin des années 1990. Soutenue par certaines organisations non gouvernementales (ONG*), l'idée de glisser « un peu de sable dans les rouages » du marché et d'y introduire, comme le proposait l'économiste américain James Tobin dans les années 1970, une taxe, même très faible, sur toutes les transactions, y rencontre peu d'échos ; celle de « contrôler » les marchés, pas davantage. Au début du XXIe siècle, les grands argentiers de la planète semblaient se satisfaire d'un renforcement des moyens de surveillance à la disposition des grandes organisations internationales existantes. É. I.

➔ *Mondialisation, SMI*

Peut-on sortir du sous-développement ?

Sortir du sous-développement est, a priori, une rude tâche. Les pays du tiers-monde* sont, par définition, des pays dont le système économique, social et politique ne correspond pas à la logique du développement capitaliste industriel. Le développement* est donc nécessairement une rupture avec un ordre existant. Or, le plus fréquemment, ces pays ont été façonnés par un système colonial qui leur a légué de profonds déséquilibres : déséquilibre démographique par l'introduction d'innovations sanitaires entraînant la diminution de la mortalité, sans politiques d'accompagnement de contrôle de la natalité ; antagonismes ethniques ou sociaux sous-jacents aux affrontements politiques ; spécialisation dans les productions primaires défavorisées par l'évolution des termes de l'échange et faiblesse des capacités techniques locales ; sous-éducation généralisée et absence de cadres techniques et administratifs, etc. Si l'on ajoute à ce tableau l'existence de relations internationales déséquilibrées, on conçoit que le problème ait pu prêter à certain pessimisme.

L'expérience du monde industrialisé : au-delà des différences historiques et culturelles, les leçons du passé peuvent servir

Toutefois, si l'on écarte la Grande-Bretagne* – premier pôle d'émergence du capitalisme industriel –, tous les pays aujourd'hui développés ont accusé à un moment ou à un autre un retard qui les faisait apparaître comme « sous-développées ». Ce fut le cas de la France par rapport à l'Angleterre puis, dans un deuxième temps, celui de pays comme l'Allemagne et le Japon. Or, ces pays, parfois qualifiés de « capitalismes tardifs », ont réussi depuis des rattrapages incontestables, dont l'analyse permet de dessiner les premiers linéaments d'une stratégie de développement. Centralisation, impulsion de l'État, développement des secteurs « intermédiaires » et de l'industrie lourde, relation quasi osmotique entre le système bancaire et l'industrie par prise de participation directe, protectionnisme, politique industrielle active sont autant de traits qui ont permis à ces pays de profiter des « avantages de leur retard ». Ainsi, par exemple, le fait de devoir créer des secteurs industriels ex nihilo offrait la possibilité de bâtir des usines sans avoir à supporter l'amortissement de structures obsolètes, ou encore d'imiter les techniques inventées ailleurs. Le retard offrait donc des occasions de rattrapage, mais supposait des architectures institutionnelles particulières. Les expériences de réussite les plus frappantes, comme celles de Taïwan ou de la Corée du Sud, reproduisent certaines des caractéristiques majeures des rattrapages des « premiers » capitalismes tardifs : banques de financement à long terme, initiative de l'État, concentration industrielle, mise en œuvre de politiques volontaristes de science et technologie, etc.

De l'État prédateur à l'État dynamiseur : une administration forte peut mettre en valeur des atouts jusqu'alors insuffisamment exploités

Existe-t-il alors un modèle – ou une stratégie – qui assure la sortie du sous-développement ? Est-il transposable à l'ensemble des pays du tiers-monde ? Notons d'abord que, si le potentiel de rattrapage existe toujours, il est freiné par de nombreux facteurs. Le déséquilibre démographique au Sud alourdit l'investissement nécessaire au décollage ; la forte diminution des coûts de transport prive ces pays de la protection naturelle dont les capitalismes tardifs avaient bénéficié ; l'acquisition des techniques avancées est plus malaisée : la technologie se négocie chèrement, et son transfert requiert un niveau de formation élevé. Notons ensuite qu'aucun « modèle » ne produit de résultats automatiques. Les pays qui se sont développés réunissaient un certain nombre de préalables infrastructurels – agriculture modernisée, distribution des revenus relativement égalitaire, transition démographique achevée – et politiques – identité nationale affirmée, vision claire de l'avenir et cohérence des politiques de long terme, particulièrement dans les domaines industriel et éducatif. C'est dire qu'à côté de l'« état des choses » (inégalités en Amérique latine*, archaïsme agricole en Afrique*), la nature de l'État a été ici déterminante. Les États coréen et taïwanais ont su imposer au secteur industriel une discipline qui l'a obligé, fréquemment contre son intérêt à court terme, à se lancer dans des opérations lourdes, risquées, coûteuses et à rentabilité lointaine, comme, par exemple, la sidérurgie en Corée. À l'inverse, dans d'autres pays, l'État a souvent joué le jeu d'intérêts corporatistes à court terme, à tel point que l'« État prédateur » est devenu un de ces lancinants poncifs contemporains. Pour résumer les choses d'une phrase, on dira que l'intervention de l'État a été et reste totalement essentielle, mais que, dévoyée, elle a pu, et peut encore, causer des catastrophes.

La troisième chose à noter est que les modèles qui avaient donné de bons résultats dans les années 1950 à 1970 – on a longtemps parlé, par exemple, du « miracle ivoirien » – ont été remis en cause par les mutations intervenues à l'échelle mondiale : montée de la dette du tiers-monde et ralentissement de la croissance mondiale dans les années 1970 et 1980. Un monde plus compétitif, où les cours des matières premières* s'effondrent et où le financement international se tarit, requiert une plus grande adaptabilité qu'un monde où le commerce croît régulièrement d'année en année, où les cours des produits de base se maintiennent à peu près et où l'aide publique finance une bonne part des déficits.

Existe-t-il un modèle asiatique ?

Les modèles « fondateurs » ont donc nécessité une sérieuse mise à jour et tous les pays n'ont pas su prendre le tournant. Or c'est l'époque où se sont généralisées les politiques d'« ajustement structurel » dont tout le monde s'accorde aujourd'hui à dire qu'elles ont souvent exercé des effets décevants. Au sortir de la « décennie perdue pour le développement » 1980-1990, le fossé s'est donc creusé entre les différents continents. Seul le groupe asiatique semble se détacher. D'où l'idée qu'il existerait un « modèle asiatique » de développement, axé sur

Village traditionnel en Côte d'Ivoire.
Si les leçons du passé peuvent servir, les modèles de développement du tiers-monde se sont succédé sans qu'une solution applicable partout se dégage. La prise en compte du long terme, la mise en œuvre de politiques volontaristes, l'accent mis sur la science et la technologie figurent parmi les méthodes le plus souvent préconisées.

l'exportation de produits manufacturés et l'ouverture à l'investissement international, avec un État intervenant moins mais accompagnant les initiatives du secteur privé. Ce modèle, qui a inspiré de nombreux pays, constitue-t-il un nouveau modèle de développement ?
Il faut d'abord s'assurer qu'il est durable. Les crises financières qui ont émaillé la décennie (crise mexicaine en 1994, crise asiatique en 1997, crise brésilienne en 1999) incitent à la prudence : nous n'avons pas connu de déflagration financière mondiale, mais nous sommes passés près du désastre. La gestion des tensions financières oblige les gouvernements à une gymnastique périlleuse à laquelle ils ont, pour l'heure, survécu, mais les déséquilibres, et les dangers, persistent. Il faut ensuite reconnaître que ce modèle n'est applicable que dans un nombre finalement assez restreint de pays. Hormis les pays classés comme « émergents » – une vingtaine dans le tiers-monde –, ils sont nombreux, notamment en Afrique, à ne pouvoir compter ni sur l'investissement privé international ni sur l'exportation massive de produits manufacturés. Une autre voie reste donc à découvrir. J.-M. F. et M. L.

➔ *Afrique, Amérique latine, Chine, Corée du Sud, Inde, take-off, tiers-monde*

Faut-il annuler la dette du tiers-monde ?

Des voix de plus en plus nombreuses réclament – tant dans le monde en développement que dans les pays riches – une annulation pure et simple de la dette du tiers-monde*. Celle-ci atteint aujourd'hui 2 000 milliards de dollars environ et le poids du remboursement empêche de nombreux pays d'investir dans l'avenir en améliorant l'éducation, la santé et les conditions de vie de leurs citoyens. Mais une annulation globale de la dette manquerait son but si les comportements des pays bénéficiaires ne changent pas – corruption, gaspillages, dépenses militaires excessives – et surtout si les pays riches n'apportent pas plus de capitaux frais.
Le tiers-monde est de plus en plus disparate mais, globalement, la pauvreté gagne du terrain. Pour qu'un véritable développement économique démarre enfin, faut-il que les pays riches s'engagent à annuler complètement la dette extérieure des pays lourdement endettés ? Au changement de siècle, beaucoup militent pour l'annulation, y compris le président américain **Bill Clinton**, qui s'est déclaré prêt à annuler la dette de certains États envers les États-Unis, afin que les remboursements cessent d' « engloutir les ressources nécessaires pour répondre aux besoins les plus fondamentaux : une eau propre, un abri, la santé et l'éducation ». Un pays comme le Mozambique consacre 3 % de ses dépenses budgétaires à la santé, et 33 % au remboursement de la dette...
D'autres rétorquent généralement que l'annulation des 2 000 milliards de dollars de dette du tiers-monde ne garantirait en rien l'enclenchement d'un processus de développement vertueux. Surtout sans apport d'argent frais.
Une annulation totale paraît aujourd'hui justifiée pour plusieurs raisons :
1. La question de la dette est à l'ordre du jour depuis près de dix-huit ans et l'écart entre monde développé et monde en développement ne cesse de se creuser.
2. Les crises financières du monde émergent se propagent aujourd'hui très vite et menacent le monde entier.
3. La prospérité du monde industriel rend l'annulation moins coûteuse.

La question du remboursement est autant liée au poids de la dette qu'à l'amélioration de la gestion des économies concernées

La crise de la dette a éclaté en août 1982, lorsque le Mexique a fait brutalement part de son incapacité à assurer les remboursements de sa dette extérieure. Les taux d'intérêt mondiaux venaient de s'orienter nettement à la hausse. Les uns après les autres, de nombreux pays du

monde en développement se sont déclarés dans la même situation que le Mexique.
Près de vingt ans plus tard, plusieurs pays, parmi les plus pauvres du monde, en Afrique surtout, doivent toujours consacrer à la dette des sommes bien plus considérables que celles allouées à la santé ou à l'éducation de leur population. Ils ne font souvent qu'emprunter de nouveau afin d'être en mesure de rembourser les emprunts précédents. Dans la mesure où, aujourd'hui, ni les banques des pays industriels ni leurs gouvernements ne voient leur solvabilité dépendre de la dette du tiers-monde, dans la mesure aussi où les gestions économiques des États endettés se sont nettement assainies, le monde industriel devrait pouvoir annuler la dette assez facilement.
La crise de la dette concerne quatre catégories d'acteurs : les pays débiteurs, lourdement endettés, les pays créanciers, qui ont prêté une partie des fonds (la dette publique), les banques créancières de ces pays, qui ont suivi leurs gouvernements, et les institutions financières internationales, qui ont accompagné (parfois initié) le mouvement.

D'un laxisme intéressé à une politique de rééchelonnement

Dans les années 1970, les États créanciers occidentaux avaient confiance dans un développement rapide du tiers-monde. Ils se montraient aussi généreux envers leurs anciennes colonies. Les banques créancières avaient trouvé dans le tiers-monde des clients très rémunérateurs, grâce aux taux d'intérêt nominaux élevés pratiqués à l'époque, souvent par de jeunes banquiers n'ayant jamais mis les pieds en Afrique ni en Amérique latine. Les institutions internationales surveillaient surtout l'industrialisation des pays, leurs recettes d'exportations, et ne s'inquiétaient pas encore du remboursement des dettes.
À partir du moment où le Mexique a déclaré son incapacité à rembourser, en 1982, la crise de la dette a perduré. Au départ, l'idée que tout crédit doit être remboursé était dominante mais, au fil des années, toutes les catégories de créanciers ont consenti des remises de dette.
En 1985 pour la première fois, le plan Baker, du nom du secrétaire au Trésor américain James Baker, conçoit qu'un réaménagement des créances est nécessaire. Mais il faut attendre le secrétaire américain suivant, **Nicholas Brady**, pour que se mette en place un véritable plan, dans lequel les anciennes créances sont transformées en de nouvelles obligations, négociables sur les marchés, et dont la valeur est moindre.
Ce programme commence à fonctionner, surtout pour les États les plus prometteurs, qui voient la valeur de leurs titres sur les marchés augmenter nettement. C'est bien sûr le cas des nations de l'Asie du Sud-Est ou de certains pays latino-américains, comme le Mexique ou le Chili. Les plus pauvres, en revanche, ne parviennent toujours pas à enclencher un processus de développement. Loin d'accumuler des exportations, ils se contentent d'essayer de nourrir leurs populations. Souvent, les chefs d'État poursuivent leurs dépenses somptuaires, que ce soit en Côte d'Ivoire ou au Zaïre. Au fil des ans, la question de la dette est traitée principalement au niveau international, lors des sommets annuels du G 7*. En 1999, au sommet de Cologne, les pays riches ont décidé que la dette des 41 États les plus pauvres et les plus endettés du monde serait annulée à hauteur de 80 %. Pour la première fois, certains pays (Équateur, Pakistan...) ont cessé d'honorer leurs obligations « Brady ».
Plus encore que l'annulation, même totale, des dettes, c'est l'enclenchement de processus de développement qui permettrait aux uns et aux autres de sortir de leur pauvreté et de leur dépendance financière. C'est pourquoi les institutions financières internationales insistent tant sur la nécessité d'une **bonne « gouvernance »** (gestion) des États. Et le développement requiert de l'argent pour construire des usines, acheminer les personnes et les biens... La seule région qui, dans son ensemble, est parvenue à sortir du sous-développement est l'Asie, où les taux de l'épargne de la population sont très élevés. Nombreux sont ceux qui redoutent aujourd'hui que la réduction de la dette soit un prétexte de plus pour diminuer l'aide publique. F. L.

➔ *Club de Londres, Club de Paris, dette, développement, FMI, tiers-monde*

L'initiative PPTE

Quarante et un PPTE (41 pays pauvres très endettés, dont 32 en Afrique) ont été sélectionnés par le FMI et la Banque mondiale* selon les critères suivants : pays dont le PNB* par habitant était, en 1993, inférieur à 695 dollars (soit moins de 2 dollars par jour), dont le ratio* dette extérieure/exportations annuelles est supérieur à 220 % et dont le service de la dette (remboursements annuels/exportations) excède 20 à 25 %.
Avec l'initiative PPTE, ces 41 pays doivent bénéficier d'une annulation des remboursements de dette pouvant aller jusqu'à 80 % de la « ***net present value*** » (la valeur actualisée nette, méthode de comptabilisation calculant la dette aux taux d'intérêt de marché, et non à ceux, réduits, souvent offerts aux pays pauvres). Au total, l'initiative PPTE devrait se traduire pour les créanciers par un manque à gagner de 70 milliards de dollars environ.

L'environnement, une nouvelle dimension de l'économie mondiale ?

L'environnement n'a pas de frontières. C'est l'un des aspects de la mondialisation. Les vents, les courants, les rivières disséminent les polluants. La maîtrise de l'amont d'un fleuve commande les disponibilités d'eau en aval. La destruction d'un patrimoine local affecte la richesse génétique de la Terre. De ce fait, les objectifs de protection de la nature entrent en conflit avec les règles du commerce international. Et l'apparition de phénomènes écologiques de dimension planétaire oblige à une gestion commune. On assiste à l'irruption de l'écologie dans le champ des rapports internationaux, au double niveau diplomatique et économique.

L'environnement devrait susciter à terme une diplomatie et une régulation économique nouvelles, limitant l'autonomie des États et des entreprises

L'environnement affecte de façon croissante la doctrine libre-échangiste. L'Organisation mondiale du commerce (OMC*) est contestée par le mouvement écologiste international pour qui le renforcement du libre-échange accroît les pressions sur l'environnement. De plus, si les propositions de l'OMC étaient adoptées, elles ne permettraient pas aux États de prendre des mesures pour protéger leurs ressources biologiques. Par ailleurs, un pays ne pourrait plus instaurer de taxes à l'importation pour protéger ses industries adoptant des mesures antipollution sévères. De même, aucun pays ne pourrait adopter de normes sur l'alimentation plus sévères que celles adoptées par le *Codex alimentarius* qui sert de référence à l'OMC. Enfin, l'extension de la propriété intellectuelle jusqu'à rendre le vivant brevetable enlèverait aux différents pays la maîtrise de leurs ressources génétiques. L'avenir et le rôle de l'OMC vont donc être largement affectés par la façon dont cette organisation saura, ou non, intégrer les questions environnementales.
Mais les questions d'écologie ont d'ores et déjà nourri une diplomatie autonome dont les conséquences sur l'économie sont de plus en plus nettes. Le cas de l'ozone en est le meilleur exemple actuel. L'ozone est un gaz rare qui forme dans la stratosphère une « couche » dont le rôle dans le maintien de la vie sur terre est important, puisqu'il filtre les rayons solaires les plus agressifs. En 1974, deux scientifiques, Rowland et Molina, avançaient l'idée que les chlorofluorocarbures (CFC) pourraient détruire l'ozone stratosphérique. En 1985, un scientifique anglais, Joe Farman, publia dans la revue *Nature* un article montrant que, tous les printemps, la concentration d'ozone au-dessus de l'Antarctique baissait fortement. Le phénomène était récent et s'aggravait. Ce double constat a accéléré les négociations internationales, qui ont conduit en 1987 au protocole de Montréal, fixant un calendrier pour le bannissement progressif des CFC et de composés voisins. Il s'agit

du cas le plus important où une industrie ait dû abandonner son activité en fonction d'un problème écologique.

La bataille de l'ozone est un cas simple : un produit clairement identifié sur lequel on peut agir directement, indépendamment de toute autre considération économique. L'ozone a constitué, pour la diplomatie internationale, un galop d'essai. L'accroissement de l'effet de serre porte plus loin. Il s'agit de la plus rapide et plus puissante transformation de la nature qu'ait opérée l'humanité depuis ses origines. Ce problème écologique concerne l'ensemble des pays du monde et ses répercussions économiques seront lourdes.

Depuis la révolution industrielle*, l'humanité a augmenté la concentration de certains gaz (CO_2, méthane, CFC, NOx) dans l'atmosphère. Ces gaz accroissent l'effet de serre en renvoyant vers la Terre davantage de rayonnements, ce qui entraîne une élévation régulière de la température. D'après le Groupe intergouvernemental d'experts des Nations unies (IPCC), si le rythme actuel d'émission de ces gaz se maintient, la température moyenne du globe augmentera au cours du XXIe siècle de près de 3° C. Les conséquences de ce changement climatique sont jugées importantes : élévation du niveau des mers (quelque 60 cm en un siècle), recul de la production agricole dans les régions les plus productrices, perte de forêts, déplacement des zones climatiques vers les pôles, réduction de la diversité génétique, changement dans la répartition des ressources en eau, multiplication des tempêtes, etc.

L'affrontement euro-américain sur l'environnement : un débat de fond sur un enjeu essentiel

En décembre 1997, à Kyoto, la communauté internationale signait un « protocole » par lequel les principaux pays développés s'engageaient à réduire leurs émissions de gaz à effet de serre de 5,2 % en 2010 par rapport à 1990. Modeste en apparence, le chiffre est difficile à respecter et l'application du protocole de Kyoto se traduit par un bras de fer entre les principaux acteurs économiques mondiaux. Pour les États-Unis, le marché est le meilleur moyen de respecter cet objectif : il conviendrait selon eux d'organiser une Bourse des « permis d'émission » permettant à un État pollueur de remplir ses engagements en achetant des droits d'émission auprès de pays beaucoup moins émetteurs. L'efficacité économique motive cette approche : le coût de la réduction de l'émission d'une tonne de CO_2 dans un pays peu développé est en effet beaucoup moins élevé que dans un pays très industrialisé.

Au contraire, l'Europe veut que le marché ne soit utilisable que pour une partie de l'effort à fournir par les États, l'autre partie étant assurée par des efforts domestiques. La motivation de cette attitude est fondée sur l'idée que la clé de la lutte contre le changement climatique dépend de la modification des modes de consommation.

Le débat entre Europe et États-Unis sur la façon de parer au changement climatique est essentiel. Il met en effet en scène deux défis majeurs de l'économie moderne : la limitation des consommations matérielles dans les économies les plus développées et l'ampleur du transfert de

Barge contenant des tonnes de déchets dans le port de New York. De plus en plus, les politiques économiques doivent intégrer la dimension de l'environnement. L'OMC prend peu à peu conscience que le libre-échange ne doit pas empêcher les États de protéger leurs ressources biologiques.

technologies à opérer entre les pays riches et les pays pauvres. À ce titre, l'environnement devient bien un déterminant fondamental de l'évolution de l'économie mondiale. H. K.

➔ *Environnement*

Un gouvernement économique mondial est-il concevable ?

Au cours des dernières années du XXe siècle, l'économie s'est mondialisée, mais les institutions politiques n'ont pas suivi. De plus en plus, avec les nouvelles technologies, le mariage de l'informatique et des télécommunications notamment, l'activité de production de l'homme se développe dans un cadre global, celui d'un marché planétaire, celui d'un espace dans lequel frontières et distances ont disparu. Les institutions de régulation n'ont pas évolué au même rythme : les États-nations ou les organisations internationales créées au lendemain de la Seconde Guerre mondiale continuent à travailler comme autrefois.

Vers un Conseil de sécurité économique à côté du Conseil de sécurité de l'ONU ?

Face aux crises récurrentes qui affectent désormais la planète, certaines voix plaident en faveur d'un gouvernement économique mondial. L'ancien président de la Commission européenne, le Français **Jacques Delors**, préconise par exemple, à côté du Conseil de sécurité de l'ONU (l'Organisation des Nations unies), la création d'un « Conseil de sécurité économique ». D'autres estiment que, compte tenu de l'interdépendance croissante entre les nations, un « droit d'ingérence économique » devrait être institué. Comme en témoigne l'échec de la conférence de l'Organisation mondiale du commerce (OMC) de novembre 1999, à Seattle (États-Unis), si la nécessité de créer un nouveau cadre de régulation pour cette « économie-monde » est reconnue par tous, sa conception donne lieu à de vifs désaccords. L'idée d'un « gouvernement mondial » n'est encore, au début du XXIe siècle, qu'une utopie.

Les crises de la première moitié du XXe siècle (le krach de 1929 et les deux grands conflits mondiaux notamment), qui étaient déjà à certains égards des crises d'une mondialisation mal maîtrisée, avaient débouché au lendemain de la Seconde Guerre mondiale sur la mise en place, par les États-nations, d'un ensemble d'organisations internationales chargées d'assurer une certaine stabilité de l'économie mondiale. Autour de l'Organisation des Nations unies et avec les accords de Bretton Woods*, un certain nombre d'institutions spécialisées avaient été créées.

Chacune d'entre elles avait été chargée de coordonner l'activité internationale dans un secteur particulier : celui par exemple de la santé (avec l'Organisation mondiale de la santé ou OMS), de l'alimentation (avec l'Organisation pour l'alimentation et l'agriculture, ou FAO), du travail (avec l'Organisation internationale du travail, ou OIT) ou du développement (avec le Programme des Nations unies pour le développement, ou PNUD), etc.

Dans le domaine financier, ce réseau était organisé autour du Fonds monétaire international (FMI), responsable de la stabilité monétaire mondiale, et de la Banque mondiale, plus particulièrement mobilisée autour de l'aide aux pays en développement. Un accord général sur les tarifs douaniers et le commerce (le GATT) organisait les échanges.

Créé pour favoriser le fonctionnement d'une économie encore très fragmentée, ce cadre ne correspond plus à une économie globale en voie d'intégration. Les crises – monétaires, sanitaires ou environnementales – qui secouent le monde à la fin du XXe siècle en révèlent à chaque fois l'inadéquation. Conformément à la théorie du chaos, un petit mouvement d'ailes de papillon dans un endroit perdu de la planète provoque, partout, de grands effets. Une grève des transporteurs routiers en France ne bloque plus seulement l'activité économique du pays ;

elle handicape le travail des producteurs italiens et espagnols de fruits et légumes, et gêne les consommateurs britanniques. La « vache folle » anglaise devient immédiatement un problème européen, voire mondial. L'incapacité du gouvernement thaïlandais à gérer ses finances, si elle conduit d'abord à la chute de la monnaie du pays, le baht, déclenche dans le même temps une cascade de crises monétaires (en Asie du Sud-Est, en Russie puis au Brésil) et freine brusquement la croissance mondiale.

Le rôle des États-nations sera-t-il remis en cause au profit d'une régulation internationale ?

Au début du XXIe siècle, l'activité économique s'insère dans des espaces globaux : les échanges de produits alimentaires se font sur un marché totalement mondial ; les échanges d'informations se réalisent au sein d'un réseau universel, Internet, etc. Dans ces espaces sans frontières, les États-nations n'ont plus guère d'influence. Ils subsistent certes – leur nombre ne fait même que croître : il y en avait 46 au début du XXe siècle, il y en a plus de 200 désormais, dont de nombreux micro-États. Ils continuent certes à assurer une part de la régulation économique de leur territoire, mais ils sont incapables d'imposer, seuls, une régulation économique dans ces espaces qui les dominent.

Trop spécialisés, les organismes internationaux créés au lendemain de la Seconde Guerre mondiale ne répondent pas davantage aux exigences de cette économie-monde ; certains domaines leur échappent (Internet*, par exemple). Ils sont incapables de prendre en compte l'interdépendance entre les pays mais aussi l'interdépendance entre les différents problèmes. D'après ses statuts, le FMI traite, par exemple, des difficultés financières de ses États membres ; or, les conflits récents ont montré que les questions qu'il doit aborder ne sont jamais uniquement financières, elles sont aussi politiques et sociales. L'OMC* prétend définir les règles du jeu des échanges : l'échec de Seattle a révélé que, derrière les échanges, il y a les droits des travailleurs, les problèmes de défense de l'environnement* ou ceux liés à la culture*.

Avec la multiplication des interdépendances, la nécessité d'un gouvernement économique mondial se fait donc de plus en plus ressentir. Celle-ci se heurte néanmoins à la souveraineté des nations. Organiser la gestion des interdépendances : face à ce défi, les Européens ont d'une certaine manière innové. Avec l'Union européenne*, les Quinze partagent un nombre croissant de domaines de leurs souverainetés nationales (la monnaie*, le droit de la concurrence, etc.). Devant intégrer de nouveaux acteurs (des représentants de la société civile, des grandes entreprises, etc.), le gouvernement du monde n'aura que peu de chose en commun avec le gouvernement des nations. La réflexion porte d'ailleurs de plus en plus non pas sur la création d'un « gouver- nement mondial », mais sur l'invention d'une « gouvernance globale ». É. I.

➔ *FMI, OMC*

DICTIONNAIRE

a

DOSSIER

Agriculture p. 53

Accumulation (du capital)

Processus de transformation de l'épargne en nouveaux moyens de production ou en actifs financiers.

Il y a accumulation de capital quand les nouveaux investissements sont supérieurs à ceux détruits durant la période par leur usage productif. On peut parler aussi d'accumulation de capital financier quand l'épargne des agents placée en Bourse* s'accroît et fait augmenter la valeur des titres cotés.
Le terme d'accumulation du capital tient une place centrale dans la théorie marxiste. Selon Marx*, une phase d'accumulation primitive du capital se produisit durant la période de transition entre le féodalisme* et le capitalisme industriel (XVIe-XVIIIe siècle) : la nouvelle bourgeoisie marchande s'enrichit par le commerce international, tandis que les petits paysans et artisans, progressivement ruinés, se transformaient en prolétaires. L'accumulation « proprement dite » du capital commença avec la révolution industrielle*, moment où les capitaux détenus par la bourgeoisie furent investis dans des machines et dans l'emploi sur une grande échelle du travail salarié. Dès lors, la valeur des marchandises produites ne cessa de s'accroître, la vente de ces marchandises procura aux capitalistes une masse de profit toujours croissante, transformée en capital productif et en force de travail toujours plus importants ; l'accumulation serait donc une nécessité pour le capitalisme, condamné à une perpétuelle course en avant. P. B.

➔ *Capitalisme*

Actes de navigation

Mesures protectionnistes prises au XVIIe siècle par l'Angleterre pour s'assurer le contrôle total de ses échanges internationaux.

Devenue « maîtresse des mers » au XVIIIe siècle, l'Angleterre réalisa de grands profits commerciaux, importa des matières premières essentielles et exporta vers le reste du monde une partie de sa production manufacturière.

Elle construisit d'abord au XVIe siècle une flotte militaire et marchande. Puis en 1651, Cromwell promulgua le premier Acte de navigation : le transport maritime devait être effectué par des bateaux anglais ou par des navires appartenant au pays d'où venaient les marchandises. En 1660, il fut exigé que l'équipage des navires anglais comportât trois quarts de marins britanniques. Puis, en 1663, le Staple Act imposa le « pacte colonial » aux possessions anglaises (d'Amérique en particulier), leur faisant obligation de ne commercer qu'avec la métropole et de n'utiliser pour le transport que la flotte anglaise. Ces Actes de navigation provoquèrent plusieurs guerres avec les Hollandais et poussèrent les colonies américaines à la révolte. P. B.

➔ *Grande-Bretagne, mercantilisme, protectionnisme*

Actif (en comptabilité)

Évaluation du patrimoine (à l'exception des dettes) ou de l'ensemble des moyens d'action d'une entreprise. J. R.

➔ *Bilan, comptabilité, compte*

Actionnaire

Personne ou entité détenant des actions, c'est-à-dire des parts du capital d'une entreprise. Chaque titre est un droit de propriété. Il permet de recevoir une partie du bénéfice de la société en proportion de la part du capital détenue. Cette part versée est appelée dividende. Une action donne le droit d'être informé sur l'activité de l'entreprise, de participer aux assemblées générales et d'y voter les résolutions.

Si le capital d'une firme est composé de 100 actions, l'actionnaire qui détient 10 % du capital recevra comme dividende 10 % du bénéfice distribué. Le nombre d'actionnaires directs, appelés également « petits porteurs » par opposition aux grands gestionnaires de fonds français ou étrangers, s'est stabilisé en France à 5,2 millions depuis quelques années,

Les Français hésitent encore à devenir actionnaires

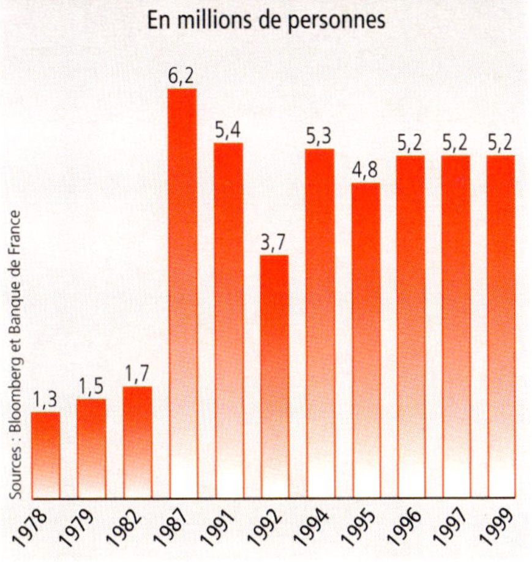

selon l'enquête effectuée en 1999 par la Sofres. Il y a désormais en France 700 000 salariés qui sont actionnaires de leur entreprise, ce qui remet en cause la division traditionnelle entre capital et travail. Le phénomène s'est accentué avec les privatisations des grandes entreprises publiques, lancées en 1986 et amplifiées dans la seconde moitié des années 1990 (par exemple Renault, France Télécom, Air France, ou les grandes banques comme la BNP). Associer le personnel au capital permet de renforcer la cohésion d'une entreprise en proposant un complément de rémunération appréciable et des avantages fiscaux. Les actionnaires indirects sont les épargnants qui n'investissent pas directement dans les sociétés, mais qui préfèrent investir en Bourse* par l'intermédiaire des organismes de placement collectif en valeurs mobilières (OPCVM*).

La présence des Anglo-Saxons

Les principaux actionnaires des entreprises françaises, désormais, sont étrangers (à hauteur de 40 % du total). Ils sont présents dans le capital des firmes par le biais des fonds de pension britanniques et américains. Ces organismes gèrent l'épargne que versent les salariés en prévision de leur retraite*. Les investisseurs internationaux détiennent le tiers de la capitalisation boursière (somme des **capitalisations boursières** des sociétés qui y sont cotées) de la place de Paris, et parfois plus de la moitié du capital des grandes entreprises cotées.

Actionnaires
Réunion d'actionnaires du groupe Accor. De plus en plus, les « petits porteurs » entendent être mieux informés et mieux traités par les entreprises dans lesquelles ils ont investi leurs économies.

Qui sont les actionnaires français ?

En 1979, 1,5 million de Français détenaient directement des actions en Bourse. Vingt ans plus tard, ils étaient 5,2 millions. Le sommet a été atteint lors des grandes privatisations de 1986-1987, le nombre total d'actionnaires directs étant alors de 6,2 millions.
La Bourse de Paris, qui a annoncé avant celle de New York son intention de se faire coter elle-même en Bourse, organise depuis 1997 une « école de la Bourse ». Cette école propose des cycles d'initiation aux mécanismes boursiers, de quatorze heures ; ses cours ne désemplissent pas.

En quelques années, le poids des actionnaires dans la vie des entreprises est devenu primordial : en effet, s'ils jugent insuffisants la progression des cours de Bourse ou le montant du dividende, ils s'en vont brutalement en vendant leurs actions, ce qui peut faire chuter les cours d'une société et la fragiliser. Une mésaventure de ce genre est arrivée en 1998 à Alcatel. Depuis, à chaque présentation des comptes, les dirigeants de sociétés insistent sur la « **création de valeur** » – expression transposée de l'anglais ***shareholder value*** – destinée à montrer aux actionnaires que les bénéfices montent et qu'ils en recevront une part importante.
Signe du pouvoir accru des actionnaires, la Bourse a intégré une nouvelle notion, le ***corporate governance***, ou gouvernement d'entreprise*, qui définit les rapports entre les dirigeants d'une société, son conseil d'administration et les actionnaires. D. G.

➔ *Bourse, dividende, fonds de pension*

Actualisation

Calcul visant à déterminer l'équivalent actuel (ou valeur actualisée) d'une somme à percevoir ultérieurement.

Supposons que, le 1/1/2000, un investisseur envisage d'acheter une entreprise ; admettons, pour simplifier, que la durée de vie prévisionnelle de cette entreprise soit de un an et qu'à la fin de l'année 2000 la valeur estimée des actifs de cette entreprise (y compris des bénéfices espérés) soit de

1 100. Chercher la valeur actualisée de l'entreprise au 1/1/2000, c'est chercher le prix maximal qu'acceptera de débourser à cette date notre investisseur s'il veut gagner la rentabilité moyenne des actifs attendue sur le marché. Supposons qu'en 2000 celle-ci soit de 10 % ; dans ce cas, la valeur (actualisée) que l'investisseur acceptera de débourser sera au maximum de 1 000, car, si l'entreprise fonctionne normalement, il gagnera 100 [1 100-1 000], ce qui représente bien 10 % de sa mise initiale.

Lorsque ce calcul porte sur des périodes longues, il est aléatoire car il est très difficile d'estimer à l'avance les bénéfices attendus d'une entreprise donnée et l'évolution du taux de rentabilité moyen de l'économie ; c'est pourtant de cette façon que sont évaluées les entreprises lors des transactions portant sur leur achat. En théorie, la valeur boursière devrait correspondre à la valeur actualisée. J. R.

AELE
(Association européenne de libre-échange)

Organisation basée à Genève, créée en 1959 par des pays européens n'ayant pas souhaité adhérer à la Communauté économique européenne : Grande-Bretagne, Suisse, Autriche, Danemark, Suède, Norvège, Portugal.

L'AELE est demeurée une simple zone de libre-échange*, supprimant, par exemple, les droits de douane sur les produits industriels à partir de 1967. Au fil de l'extension de la CEE, l'AELE s'est vidée. Elle ne comprend plus que la Suisse, la Norvège, l'Islande et le Liechtenstein. Ensemble, l'Union européenne et l'AELE (sauf la Suisse) forment depuis 1994 l'**EEE** (Espace économique européen), zone de libre-échange dont sont exclus principalement les produits de l'agriculture et de la pêche. F. L.

➔ *Libre-échange, Union européenne*

Aéronautique

Industrie produisant des avions civils et militaires (ou, plus marginalement, des hélicoptères ou des fusées).

L'aéronautique, née voici un siècle, est une industrie qui assemble des avions. Avec des performances sans cesse améliorées, l'avion de combat comme l'appareil commercial sont devenus de plus en plus sophistiqués. Pour voler par tous les temps, pendant quatorze heures d'affilée, à près de 1 000 km/h (2 300 km/h pour le Concorde), à une altitude de 12 000 à 15 000 m et par une température de 60 sous zéro, les constructeurs ont utilisé l'électronique et des matériaux composites comme le carbone, qui résiste à la température de plus de 1 000 degrés Celsius des moteurs à réaction ; l'aluminium léger a permis aux avions d'emporter plus de munitions ou de passagers sur de plus longues distances.

Seuls les grands constructeurs peuvent fabriquer ces avions coûteux : 45,6 millions de dollars (46,5 millions d'euros 1999) pour le chasseur Rafale de Dassault ; 50 millions de dollars (51 millions d'euros) pour un biréacteur Airbus A-320 ; 170 millions de dollars (173 millions d'euros) pour le plus grand avion du monde, le quadriréacteur Boeing 747.

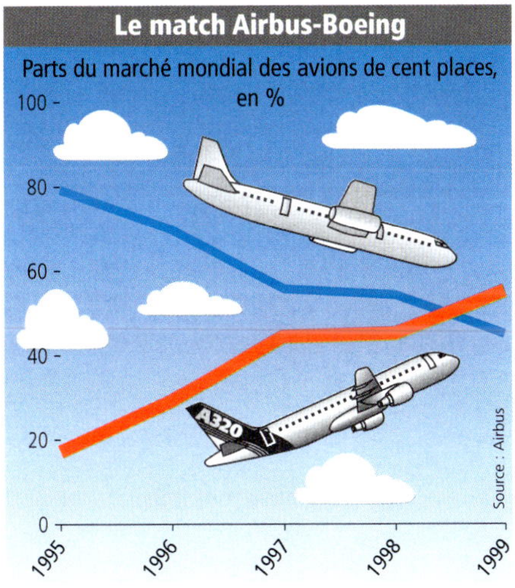

L'impératif de la concentration

L'industrie aéronautique a atteint un haut degré de concentration. Allemands, Britanniques, Espagnols et Français ont mis leurs usines en commun pour construire des Airbus et relever le défi de l'américain Boeing, longtemps dominant sur le marché mondial des avions de plus de cent places : en 1998, pour la première fois, les carnets de commandes d'Airbus sont plus fournis que ceux de Boeing. Côté militaire, les États-Unis ne comptent plus que deux constructeurs

Aéronautique Américains et Européens se livrent une concurrence acharnée dans le domaine de l'aéronautique civile et militaire. Depuis 1998, Airbus dépasse Boeing sur le marché des avions de cent places.

d'avions de combat. Britanniques, Allemands, Espagnols et Italiens se sont associés pour produire l'intercepteur Eurofighter. Il n'y a plus que trois motoristes dans le monde (General Electric, Pratt et Whitney, Rolls-Royce) capables de produire des réacteurs de toutes puissances. L'aéronautique est source d'importantes retombées technologiques. Les avionneurs sous-traitent une grande partie des éléments d'un avion, diffusant les innovations et multipliant les emplois de haut niveau : les partenaires d'Airbus emploient 37000 personnes, et leurs sous-traitants, trois fois plus. A. F.

➔ *Défense, technologie, transports*

Le troisième groupe mondial de l'aéronautique sera franco-allemand

Surmonter les rivalités nationales pour parvenir à une solution industrielle européenne n'est pas si fréquent, surtout dans un secteur comme la défense. Le français Aerospatiale Matra et l'allemand DaimlerChrysler Aerospace (DASA) ont néanmoins décidé, le 14 octobre 1999, de fusionner dans une nouvelle société commune, baptisée European Aeronautic, Defense and Space Company (EADS). Avec quelque 20 milliards d'euros (131 milliards de francs) de chiffre d'affaires attendus en 1999, le nouvel ensemble se situe à la troisième place mondiale du secteur aéronautique et de défense, derrière les américains Boeing et Lockheed Martin et devant le britannique British Aerospace. EADS détient 75,8 % du consortium Airbus, 23,9 % de la fusée Ariane, 45,9 % de Dassault Aviation, 30,3 % d'Eurofighter (avions de combat) et 75 % d'Astrium (satellites) et de la future société commune dans les missiles. Son capital sera détenu à 30 % par DaimlerChrysler, 30 % par les différents partenaires français, les 40 % restants étant placés en Bourse. L'État français, qui détient 47 % d'Aerospatiale Matra, réduira sa part à 15 % dans la nouvelle société.

Afrique

L'Afrique est loin de former un ensemble économique homogène. Elle est traversée au niveau du Sahara par une véritable cassure, qui est très marquée sur les plans physique (le Sahel), économique (PIB par habitant), mais aussi démographique. Alors que la transition démographique est entamée en Afrique du Nord, du moins dans les villes, les premiers signes d'une baisse de la fécondité en Afrique subsaharienne n'apparaissent qu'à la fin des années 1990.

L'Afrique du Nord

L'Afrique du Nord au sens large (cinq pays, Égypte comprise) forme un ensemble disparate de 119 millions d'habitants en 1996. Des stratégies de développement très diverses y ont été mises en œuvre. L'Algérie développait dans les années 1970 une stratégie fondée sur les industries lourdes, des taux d'investissement exceptionnels et une gestion de l'économie étatique et planifiée. Les deux autres pays du Maghreb ont connu des pratiques moins dirigistes.

 Afrique

L'Afrique économique

Populations en millions d'habitants, PNB/habitant en dollars, principales ressources

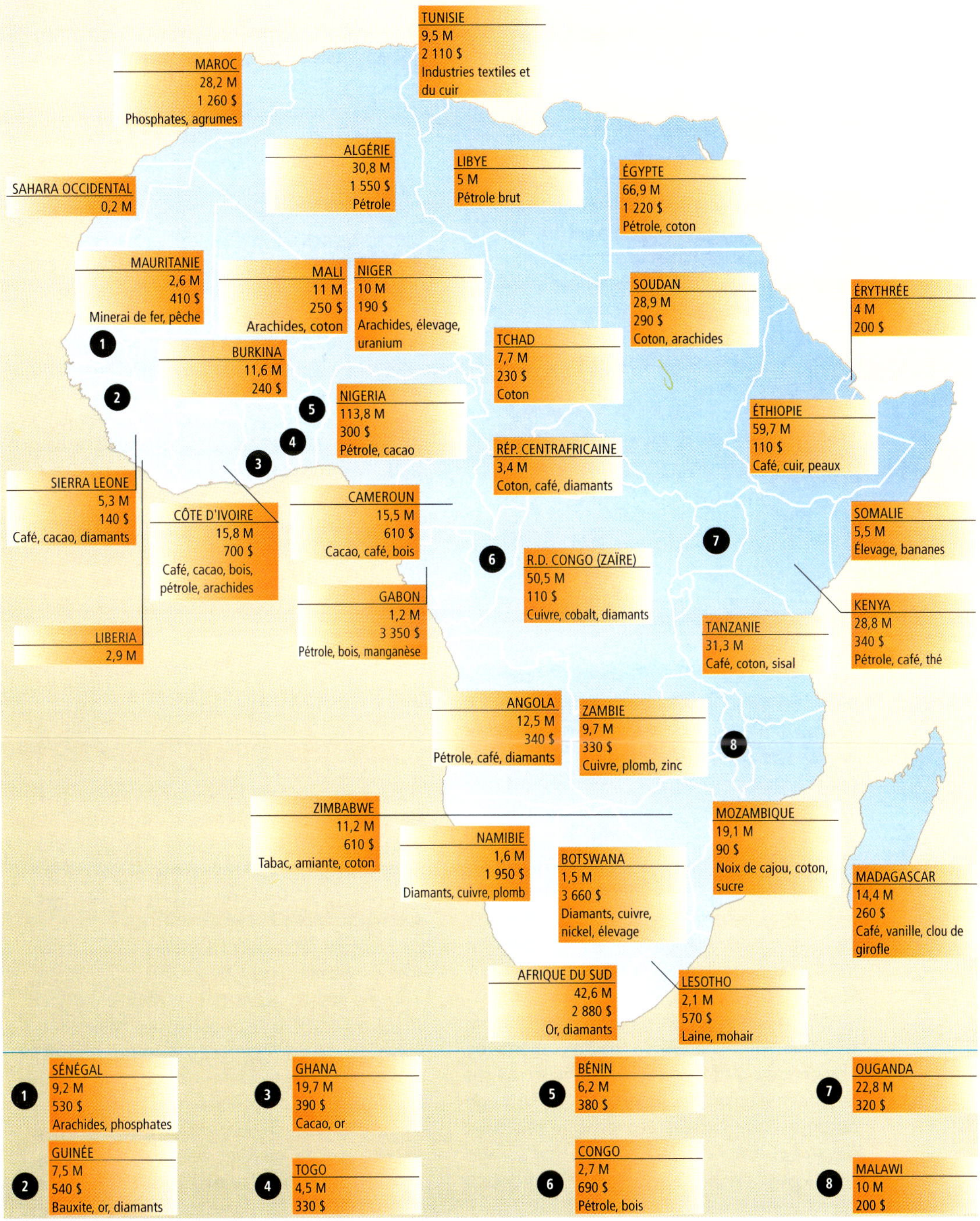

Quatre décennies après les indépendances, le « miracle économique tunisien » (croissance moyenne de 4,1 % entre 1990 et 1996) contraste fortement avec la crise prolongée que traverse l'économie algérienne (0,6 % pour la même période). Après une décennie 1980 de croissance rapide (4,2 %), le Maroc connaît une phase de croissance ralentie (2,1 % entre 1990 et 1996), du fait de l'instabilité des performances de l'agriculture. Ces différences ainsi que les tensions politiques expliquent que les tentatives d'unification économique (Union du Maghreb arabe, ou **UMA**) tardent à se concrétiser. Les accords passés avec l'Union européenne renforceront l'intégration de l'ensemble nord-africain à une économie méditerranéenne orientée vers le Nord. En revanche, l'Égypte, qui compte à elle seule 59 millions d'habitants, est plutôt tournée vers le Moyen-Orient. Sa position géostratégique lui permet de recevoir des capitaux en abondance, notamment des pays du Golfe et des États-Unis, et de bénéficier de traitements très favorables en matière d'endettement de la part des États occidentaux.

L'Afrique au sud du Sahara

Au sud du Sahara se situe un ensemble important par sa superficie et sa population (600 millions d'habitants en 1996), mais extrêmement fragmenté (46 États) et très peu dense (25 habitants seulement au km²). En raison du très faible niveau de revenu moyen, de l'ordre de 500 dollars par habitant en 1996 (soit environ 1 500 dollars en termes de parité de pouvoir d'achat), le poids économique de l'Afrique subsaharienne est très petit : le PIB des 46 pays est égal à celui de l'Argentine, soit encore approximativement celui de la Belgique. Le PIB de la seule Afrique du Sud représentant 45 % du total, les 45 autres pays de l'Afrique subsaharienne se partagent un PIB équivalent à celui de la Thaïlande. Cette balkanisation africaine est en soi un obstacle considérable au développement, encore accru par la fragmentation interne des États, notamment sur le plan ethnique. C'est pourquoi les efforts de construction d'espaces économiques ou financiers se sont multipliés : **Union économique et monétaire ouest-africaine, Communauté économique et monétaire d'Afrique centrale, Conférence sur la coordination du développement de l'Afrique australe, Communauté économique des pays des Grands Lacs**, etc., mais avec des succès limités jusqu'à présent en raison des spécialisations trop proches de ces économies.

Les obstacles au développement en Afrique subsaharienne

La croissance de la plupart de ces pays est faible : 2,7 % par an de 1965 à 1996, soit – 0,2 % par an et par habitant en tenant compte de la croissance démographique. La comparaison avec l'Asie fait ressortir cette lenteur. Ainsi, en 1960, le PIB par habitant de la Corée du Sud était inférieur à celui du Cameroun ; en 1996, il lui est 17 fois supérieur (7,5 fois en termes de pouvoir d'achat). Il existe cependant de très fortes disparités en Afrique subsaharienne : le Botswana, par exemple, est le pays du monde qui a connu la plus forte croissance de son PIB par habitant depuis les années 1960 (13 % par an). Il n'est pas sûr cependant que les données disponibles reflètent correctement la réalité, parce qu'une part croissante et dynamique du revenu national en Afrique résulte d'activités informelles fort difficiles à chiffrer. En particulier, la faible croissance qu'indiquent les données officielles sur les productions agricoles devrait se traduire par une croissance rapide des importations alimentaires, ce qui n'est pas le cas.

Plus grave est le fait que très peu de ces pays aient connu un véritable bouleversement structurel. La plupart d'entre eux conservent les traits des économies « sous-développées » des années 1960 : dominance du secteur primaire (70 % de la population est encore rurale en 1990), exportations concentrées sur un très petit nombre de matières premières, hypertrophie du secteur tertiaire, notamment du commerce et de l'administration. Cela rend la situation économique fragile, dépendante des fortes fluctuations des cours des matières premières, dont le pouvoir d'achat se réduit à long terme. Les tentatives de régulation ont pratiquement toutes échoué, et le système de stabilisation des recettes d'exportations (STABEX) mis en place en 1975 par l'Union européenne est de plus en plus contesté.

L'abondance des matières premières constitue une richesse potentielle pour de nombreux pays. Mais la mauvaise gestion des recettes, notamment le gaspillage lors des périodes de booms des matières premières, et les convoitises suscitées par certaines d'entre elles ont généralement transformé cet avantage en une sorte de malédiction. Toutefois, certains pays ont su gérer efficacement les recettes tirées de l'exportation de matières premières (Botswana, Maurice). D'une manière plus générale, beaucoup de pays africains ont connu des stratégies de déve-

loppement très dirigistes, fortement protectionnistes, se revendiquant pour certains d'entre eux de diverses formes de « socialismes africains » (Ghana, Tanzanie, Congo, Mali, Bénin). Ces tentatives étaient contradictoires avec la forte dépendance de ces économies par rapport au commerce et au financement extérieur, ainsi qu'avec les capacités réelles de gestion de l'économie. En conséquence, elles ont eu tendance à favoriser de petites élites, à généraliser la corruption et à exercer une pression décourageante sur les filières exportatrices (économie de rente). Elles ont généralement débouché sur des crises des finances publiques.

Des stratégies économiques qui oublient le social

Les secteurs sociaux ont souvent été les parents pauvres de ces stratégies, avant d'être soumis aux restrictions de l'ajustement structurel* – dans un contexte de forte croissance démographique qui sape les efforts de développement. Malgré une lente amélioration de la plupart des indicateurs sociaux (le taux de mortalité infantile, par exemple, se réduit de 137 ‰ en 1970 à 105 en 1997), l'Afrique a pris un retard important en matière d'éducation et de santé – ce qui explique en partie la faiblesse de la croissance : le taux d'alphabétisation des adultes ne dépasse pas 59 %, contre 71 % en moyenne pour les pays en développement, et l'espérance de vie se situe à 49 ans en 1997, contre 64,4 pour les pays en développement en général. Depuis le début des années 1990, les institutions internationales mettent l'accent sur la lutte contre la pauvreté et le développement des secteurs sociaux, ce qui permettra sans doute une certaine amélioration de la situation. Cependant, malgré les efforts entrepris, l'épidémie de sida progresse et se traduit par des baisses sensibles de l'espérance de vie, notamment en Afrique centrale.

Ces économies fragmentées et peu dynamiques n'attirent que très peu de capitaux étrangers privés. Les investissements directs privés reçus en 1996 ne représentent que 0,6 % du total mondial, dont presque la moitié pour le seul Nigeria. En matière de financement extérieur, l'Afrique subsaharienne dépend presque totalement des organismes publics nationaux ou des institutions financières internationales, qui accordent dons et prêts à des conditions très favorables, mais en quantité réduite. Malgré des aspects positifs dans les situations d'urgence, l'aide internationale s'est en général montrée incapable de lutter contre la pauvreté et d'enclencher de véritables processus de développement. La dette extérieure pèse encore très lourd pour certains pays, notamment le Mozambique ou la Guinée-Bissau, mais les réductions de dette se multiplient, ce qui allège progressivement le fardeau.

Une « économie africaine » ?

L'Afrique apparaît comme un continent où se justifie une approche spécifique des comportements économiques. L'importance des situations d'autoconsommation, l'absence fréquente de propriété privée de la terre, le rôle décisif joué par la pression communautaire sur les choix individuels poussent à revoir, ou du moins à préciser, les approches traditionnelles de la rationalité des agents. Ces éléments peuvent être considérés comme des survivances de sociétés traditionnelles structurées par des relations de parenté qui freinent l'accumulation du capital. Mais l'Asie a montré que beaucoup de ces éléments peuvent, dans certaines circonstances, être aussi des vecteurs de croissance économique et de modernité (diasporas commerçantes, leadership exprimant un consensus au sein du groupe, etc.).

Tout cela fait de l'Afrique, et notamment de l'Afrique subsaharienne, une région à part. La faiblesse de la croissance s'explique certes par des causes classiques, comme la faiblesse du taux d'épargne (18 % en 1996, contre 38 % en Asie de l'Est), mais les analyses économétriques qui se sont multipliées ces dernières années mettent toujours en lumière une spécificité africaine, toutes choses égales par ailleurs.

L'Afrique subsaharienne est souvent présentée comme une région en voie de marginalisation, exclue de la mondialisation. Effectivement, sa part dans le commerce mondial se réduit : en 1996, elle ne dépasse pas 1,4 % du commerce mondial. Certains facteurs permettent cependant d'envisager une inflexion des tendances passées.

En Afrique de l'Ouest, notamment, le développement est handicapé par l'importance des coûts de transaction liés à la très faible densité de la population rurale. La poursuite de l'urbanisation peut réduire ces coûts et favoriser ainsi le décollage économique, à condition toutefois que la gestion des villes s'améliore.

Par ailleurs, les politiques d'ajustement structurel menées dans presque tous les pays depuis le début des années 1980 modifient (très) progressivement les modes de fonctionnement des économies, en

Des pôles de développement régionaux ?

Au sein de cet ensemble formé de très petites économies (35 pays ont moins de 10 millions d'habitants, et 36 ont un PIB inférieur à 7 milliards de dollars en 1996), il en émerge cependant quelques-unes qui pourraient jouer un rôle de leader régional. Le Nigeria, avec environ 115 millions d'habitants en 1996 (augmentant au rythme de 3 % par an), est certainement l'un d'entre eux, malgré ses performances économiques très limitées et ses très fortes inégalités de revenu. Ses richesses pétrolières et la taille du marché intérieur attirent les investissements étrangers, malgré la désorganisation des services publics et les détournements de fonds. L'Afrique du Sud, par son niveau de revenu et d'industrialisation, tranche également sur la situation des autres pays africains. Ce pays de 38 millions d'habitants, semi-industrialisé, intégré aux marchés mondiaux, y compris au marché des capitaux, semble en voie de constituer un pôle de développement susceptible d'entraîner dans son sillage les pays limitrophes.

réduisant notamment l'omniprésence des appareils d'État. Cela peut faciliter le développement des initiatives privées, qui restent limitées dans le domaine industriel. Le domaine des services marchands est plus prometteur et moins consommateur de capital. Enfin, à long terme, le coût de la main-d'œuvre progresse en Asie, ce qui peut se traduire un jour par une délocalisation vers l'Afrique de certaines activités fortement consommatrices de main-d'œuvre. M. R.

➔ *Nord-Sud, tiers-monde*

Aftalion (Albert)

Économiste français (1874-1956) qui étudia les cycles et les crises économiques.

Il acquiert une réputation internationale grâce à son livre *les Crises périodiques de surproduction*, paru en 1913. Dans cet ouvrage, il propose une explication originale des fluctuations combinées de l'activité, de la demande* et des prix*. En période de prospérité, une demande supérieure à l'offre conduit d'abord à une hausse des prix. Les commandes de biens d'équipement qui sont alors passées, tout en transmettant une accélération de la demande à ce secteur*, ne permettent qu'après un certain délai la hausse de la production des biens de consommation, qui, par des erreurs de prévisions, devient excessive. Une surproduction* se développe, accompagnée d'une baisse des prix. Aftalion élargit cette analyse en 1927, dans *Monnaie, prix et change*, par une théorie psychologique de la monnaie*. P. L.

➔ *Débouchés, inflation, investissement*

Agent

Sujet économique en général, ou regroupement d'unités économiques exerçant une activité identique.

Les principaux agents économiques sont les ménages*, qui achètent des biens de consommation et des services, les entreprises* (sociétés non financières et entrepreneurs individuels) qui produisent ces biens ainsi que des outils de production, l'État*, qui prélève l'impôt* et redistribue les revenus, et les institutions financières, qui collectent l'épargne, prêtent aux autres agents et créent de la monnaie.
Ces différentes catégories d'agents jouent un rôle spécifique et sont animées par une rationalité propre : en théorie, les ménages cherchent à maximiser leur satisfaction sous la contrainte de leur budget ; les entreprises cherchent à maximiser leur profit* en minimisant leurs coûts ; l'État veille à assurer le bien-être* collectif ; les institutions financières assurent le financement de l'économie.
Le terme agent est aussi utilisé dans le langage courant pour désigner un intermédiaire facilitant diverses transactions (agent de change, agent immobilier...) P. B.

➔ *Comptabilité nationale*

Agent de change

Officier ministériel chargé de la négociation des valeurs mobilières.

Les agents de change avaient le monopole des transactions en Bourse*. Ils ont disparu en 1988 à

la suite de la modernisation de la place financière française. Ces maisons familiales, où le titre d'agent de change se transmettait de père en fils, n'avaient plus les moyens de se développer. Elles ont été contraintes de s'associer à des établissements financiers. À la soixantaine de charges d'agents de change qui existaient en France ont succédé des sociétés de Bourse. D. G.

➔ *Bourse, traders*

Agio

Au sens restreint, gain (aggio en italien, signifiant plus-value) prélevé par un banquier qui achète un effet de commerce : au sens large, ensemble des intérêts et des commissions prélevés par une institution financière.*

Soit un effet de commerce (papier matérialisant un paiement différé dans le temps) de 1 100, payable dans un an. Le commerçant propriétaire de cet effet a besoin d'argent immédiatement ; il peut céder l'effet à une banque et recevoir la valeur actualisée, compte tenu du taux de crédit moyen en vigueur. Si ce taux (annuel) est de 10 %, la valeur actualisée reçue par le commerçant sera égale à 1 000 et l'agio perçu par le banquier s'élèvera à 100 (sans compter les commissions diverses qui peuvent s'y ajouter). J. R.

➔ *Actualisation*

Aglietta (Michel)

Économiste français (né en 1938) qui a renouvelé l'étude des phénomènes monétaires et financiers.

Professeur à l'université de Paris-X-Nanterre, il est l'auteur de *Régulation et crise du capitalisme* (1976), de *Macroéconomie financière* (1995) et, avec A. Orléan, de *la Violence de la monnaie* (1984). P. B.

➔ *Régulation*

Agrégat

Grandeur comptable nécessaire au calcul, à la prévision et à l'élaboration des politiques économiques.

Les agrégats (du latin *aggregare*, de *grex, gregis*, « troupeau, troupe ») reposent sur la réunion de données statistiques constituées en un tout ayant une signification économique. Il existe un grand nombre d'agrégats définis notamment par la comptabilité nationale*, le plus connu d'entre eux étant sans doute le produit intérieur brut (PIB*), qui exprime la valeur de la production annuelle nouvelle sur le territoire national. Sa variation mesure le taux de croissance des économies nationales. Dans le domaine monétaire, la Banque de France* a élaboré des agrégats monétaires* et des agrégats de placement. Ainsi, l'agrégat **P1** correspond aux dépôts sur des comptes à terme, **P2** aux placements en obligations, et **P3** aux placements en actions.
Les agrégats sont utiles à la connaissance des principales grandeurs qui caractérisent une économie nationale ou l'économie mondiale. Ils apparaissent indispensables pour effectuer des comparaisons internationales et élaborer des stratégies de politique économique*. J.-C. D.

➔ *Agrégats monétaires, comptabilité nationale, PIB, politique économique*

Agrégats monétaires

Appellation donnée aux différentes formes de la monnaie (pièces, billets, dépôts bancaires...) en fonction de leur disponibilité (liquidité). Depuis l'instauration d'une politique monétaire unique dans la zone euro, la comptabilisation des agrégats monétaires nationaux (M1, M2, M3, M4) effectuée jusqu'en 1999 par la Banque de France n'est plus justifiée. La Banque centrale européenne (BCE) s'en charge, pour l'ensemble de la zone. Elle mesure surtout l'agrégat large M3, indispensable à la prévision de l'inflation.

La masse monétaire de la France

Les quatre agrégats M1, M2, M3, M4, en % du total et en milliards d'euros à 6,559 F, 1998

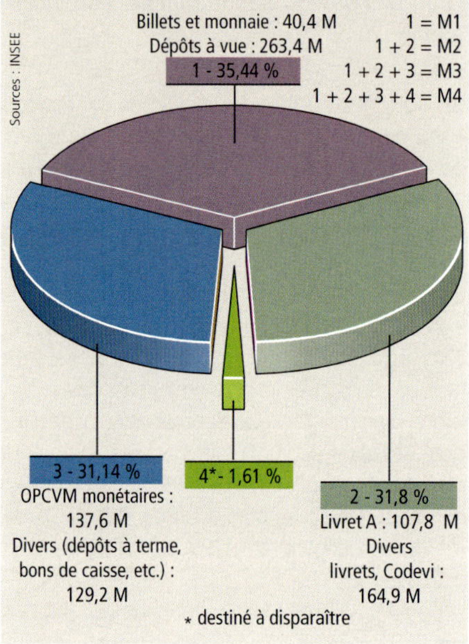

Une pièce dans un porte-monnaie, un livret A ouvert par un particulier, un règlement à percevoir par un entrepreneur sont différentes formes de monnaie, qu'il faut parfois distinguer. En se basant sur les pratiques internationales, la BCE identifie les agrégats suivants :

• **M1** : agrégat étroit, qui comprend la monnaie fiduciaire (billets et pièces) ainsi que les dépôts à vue (le salaire versé sur un compte-chèques, par exemple) qui peuvent être immédiatement utilisés pour des paiements (monnaie scripturale).

• **M2** : agrégat intermédiaire, formé de M1, auquel s'ajoutent des dépôts de nature liquide (livret A, etc.).

• **M3** : agrégat large, formé de M1 et M2, auxquels sont ajoutés divers instruments financiers liquides émis par les établissements financiers pour une durée inférieure à deux ans. Les billets et pièces en circulation représentent 7 % à peine de M3. M3 étant l'agrégat le plus large, considéré comme le plus stable, il sert de référence pour mesurer la vitesse de la croissance de la masse monétaire. La BCE estime que M3 devrait augmenter entre 3 % et 5 % par an, et de nombreux responsables et analystes redoutent qu'une croissance trop rapide conduise à une reprise de l'inflation. La BCE peut alors relever ses taux directeurs, notamment celui des opérations principales de refinancement (REFI). F. L.

➔ *Euro, marché monétaire, monnaie*

Agriculture

Voir dossier p. 53

Aide au développement

Ensemble des actions par lesquelles des pays industrialisés (seuls ou groupés) ou des personnes (physiques ou morales) basées dans ces pays contribuent au développement de pays du tiers-monde.

L'aide peut être bilatérale (de la France vers un pays africain, par exemple) ou multilatérale (provenant d'une organisation internationale comme la Banque mondiale* ou l'Union européenne*). Elle peut être publique (provenir d'un organisme public ou parapublic) ou privée (provenir d'une ONG* ou d'une firme privée).

La forme principale de l'aide n'est pas le don, mais le prêt. En général, ces prêts sont bonifiés, c'est-à-dire que les taux d'intérêt pratiqués sont inférieurs aux taux du marché (élevés dans le cas des pays « à risque »). Ces prêts, dans le cas de l'aide publique française, servent d'abord à équilibrer les budgets nationaux, et ensuite seulement à financer des investissements ou des projets de développement. L'aide provenant des ONG est par contre sans contrepartie. L'efficacité de l'aide publique est de plus en plus contestée (corruption, investissements somptuaires ou peu productifs, dépenses d'armement...), ce qui se traduit par la montée de la part des ONG.

L'aide publique française au développement représente 0,45 % du PNB (contre 0,22 % pour la moyenne des pays de l'OCDE*, et 0,08 % pour les États-Unis). La moitié environ va à l'Afrique subsaharienne. B. L.

➔ *Banque mondiale, développement*

Dossier

L'agriculture emploie encore la majorité des actifs dans le monde en développement, alors que les agricultures très productives des pays développés occupent désormais moins de 5 % de la population. Aborder la question de l'agriculture en France, c'est découvrir des paradoxes. La population active qui s'adonne à ces métiers, dont certains sont ancestraux – par exemple le travail de la vigne, la culture du blé et l'élevage –, continue à baisser.

Agriculture

L'agriculture est l'une des premières activités économiques auxquelles se soient livrés les hommes, quand ils ont commencé à cultiver la terre et à élever du bétail. C'est une activité économique essentielle parce que nourricière, pratiquée partout sur la planète, mais dont le poids dans le produit national brut (PNB*) de chaque État* tend à décroître.

En France, le rythme de disparition des exploitations agricoles est encore, en cette fin de siècle, de 3 à 4 % par an (il restait 680 000 exploitations en 1997, contre plus d'un million dix ans avant), le chiffre des personnes qui s'installent (avec des incitations financières substantielles) tournant seulement autour de 8 000 à 9 000 par an, voire moins en 1999. Un chiffre faible qui inquiète les gouvernements, d'autant que se multiplient les installations « spontanées » sans passer par les procédures officielles. Quand on est sans emploi en ville ou qu'on veut rompre avec le rythme de la vie et du travail dans les grandes métropoles on peut, avec sa famille, avoir envie d'aller tenter sa chance comme éleveur ou comme maraîcher dans une commune périphérique d'une grande agglomération ou sur un plateau des contreforts du Massif central. En Grande-Bretagne, la population agricole dépasse à peine 1 % de la population active totale. Elle représente encore 3,5 % en France, contre 12,9 au début des années 1970.

Cette réduction de la part de l'activité agricole s'est traduite par une stabilisation puis une baisse, à partir de 1983, du prix des terres. Un hectare de champ labourable valait 21 000 francs en 1997, contre 22 300 en 1980 (en francs constants). Seule la valeur des terrains à vigne d'appellation contrôlée (AOC) a sensiblement augmenté depuis deux décennies.

L'agriculture ne se cantonne plus à la culture et à l'élevage

Pourtant, si l'acte lui-même de produire du blé, d'élever des animaux ou de récolter des fruits perd de son importance par rapport à d'autres activités de l'industrie ou des services, le secteur agricole pris globalement déborde sur des domaines de plus en plus nombreux. Les

En 25 ans, 3 fois moins d'agriculteurs

La population active agricole française, en milliers

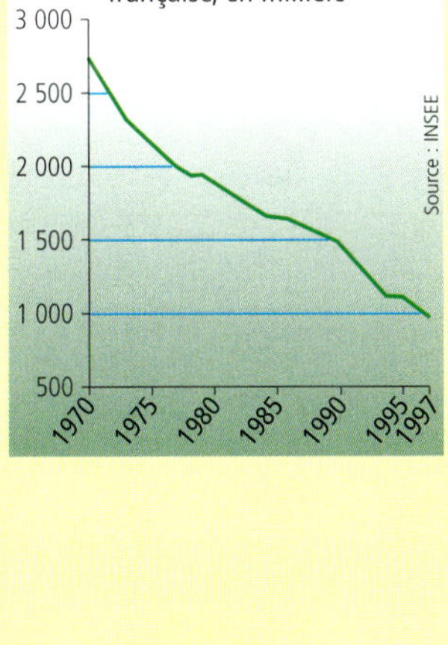

L'affaire de la « vache folle »

Apparue en 1996, la crise de la « vache folle » n'était toujours pas résorbée en Europe à la fin de 1999. L'encéphalopathie spongiforme bovine (ESB) est une maladie mortelle, liée à la consommation de farines animales contaminées, et transmissible à l'homme. Décelée d'abord en Grande-Bretagne, elle a suscité d'importantes mesures sanitaires et un embargo total sur la viande de bœuf britannique et les produits dérivés. L'embargo a été levé par les autorités européennes à l'automne 1999, mais la France a refusé de les suivre.
En France, 19 cas d'ESB ont été mis en évidence sur les neuf premiers mois de 1999 (soit 60 cas depuis 1996). Le dernier cas concernait une vache laitière du Maine-et-Loire née en 1994. Conformément à la réglementation, l'ensemble du troupeau (164 bêtes) a été abattu, puis incinéré, ainsi que, par précaution, le troupeau de 91 têtes où l'animal était né. En dépit de l'interdiction, édictée en 1990 et renforcée en 1996, de nourrir les bovins avec des produits à risque, des cas d'ESB peuvent survenir jusqu'à fin 2001 puisque l'incubation est de cinq ans.

industries agroalimentaires (**IAA**), par exemple, sont dynamiques et créatrices d'emplois, entre autres dans l'Ouest ou le Nord-Picardie : 591 000 emplois salariés et non salariés en 1997 ; 594 000 en 1998. Ce sont des géants (Danone, Nestlé, des coopératives bretonnes ou auvergnates, les multinationales américaines de la banane…) qui dominent les approvisionnements, les transformations et le négoce. En France, cette industrie (numéro 1 européen) a dégagé en 1998 un chiffre d'affaires de 803 milliards de francs.

Les grands groupes de distribution, pour leur part, imposent le plus souvent leurs prix et leurs conditions aux producteurs agricoles – pas toujours bien organisés, donc commercialement fragiles –, notamment dans les secteurs du lait, de la viande, des fruits et légumes. Une grave crise a mobilisé de nombreux syndicats agricoles pendant l'été 1999, les producteurs reprochant aux grandes enseignes de la distribution de leur acheter les concombres, les tomates, les melons ou les prunes à des prix très inférieurs à leurs coûts de revient. La crise et les manifestations ont obligé les pouvoirs publics à instaurer pour trois mois, au stade du détail, un système de double affichage des prix (celui de la production et celui de la vente finale) afin que le consommateur sache sur quels maillons de la filière se concentraient le plus les marges et la valeur ajoutée.

Les préoccupations de santé publique – on l'a vu avec la crise de la vache folle en 1996, les fromages infectés par la listéria, la salmonelle dans d'autres aliments, les farines animales contaminées par la dioxine, voire les boues des stations d'épuration – mettent aussi l'opinion en émoi, réveillant les grandes peurs alimentaires. Là aussi, les agriculteurs sont concernés alors que, souvent, les processus techniques ou administratifs leur échappent.

Enfin, l'agriculture est l'enjeu d'immenses batailles commerciales internationales entre les pays (dont la France et l'Allemagne) qui subventionnent leurs producteurs et ceux (par exemple l'Argentine et l'Australie) qui laissent le marché décider. Batailles commerciales mais aussi financières, vu l'importance des sommes en jeu et leur répartition entre différentes catégories d'exploitations, comme celles qui ont abouti fin mars 1999 à l'accord de Berlin sur la réforme de la

Les six grands de l'agriculture mondiale

Les six principaux pays exportateurs et importateurs, en % du total mondial

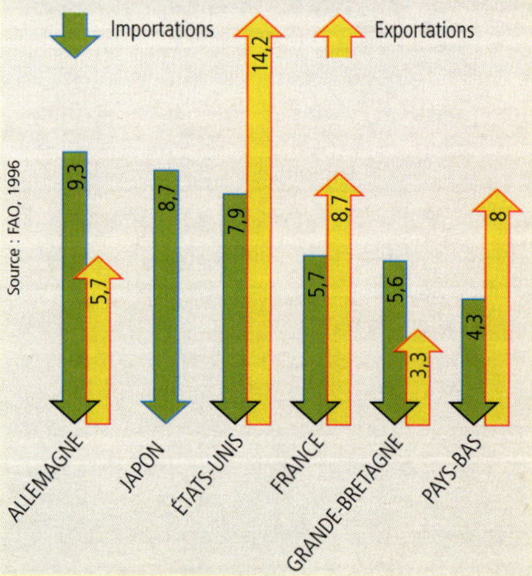

politique agricole commune (PAC*). D'une certaine façon, donc, l'agriculture des temps modernes échappe un peu aux agriculteurs eux-mêmes, quand on évoque la santé, la science et les manipulations génétiques des plantes, ou l'environnement. La France garde pourtant une place de leader en Europe et dans le monde : pour les produits de qualité, classés sous les rubriques d'appellation d'origine contrôlée (**AOC**), des labels ou des produits certifiés qui intéressent surtout les vins et alcools, les fromages et le beurre ainsi que plusieurs volailles, elle est de loin numéro 1 mondial. Globalement, depuis une vingtaine d'années, les départements

José Bové et la « malbouffe »

Au cœur de l'été 1999, un agriculteur de l'Aveyron de quarante-six ans, cheveux ras et moustache abondante, a tenu la vedette. Éleveur de brebis sur le causse du Larzac, **José Bové** – l'un des fondateurs de la Confédération paysanne – prend la tête du combat contre la mondialisation, la « dictature » des grandes firmes multinationales et la « malbouffe ». Avec d'autres, il a lancé les mois précédents des actions contre les OGM (organismes génétiquement modifiés). Mais, à la mi-août, il détériore avec ses amis le restaurant MacDonald's de Millau, symbole selon lui de l'alignement passif de la France et de l'Europe sur le modèle alimentaire américain. Prison, condamnation, libération...

Il a déjà eu l'occasion, en 1976, de lutter contre l'extension du camp militaire du Larzac ou, en 1995, de s'opposer aux essais nucléaires en Polynésie. À l'automne 1999, il lance une véritable croisade pour mettre en garde les consommateurs européens et français contre les négociations de l'**OMC*** (Organisation mondiale du commerce) qui s'ouvrent à Seattle fin novembre. Le 21 octobre, il obtient une mini-consécration en étant reçu, avec d'autres syndicalistes, à la table ronde que président Lionel Jospin, Premier ministre, et Jean Glavany, ministre de l'Agriculture et de la Pêche. Et, en janvier 2000, il se « paiera le luxe » d'aller à **Davos*** (Suisse) troubler le symposium célèbre où se rencontrent chefs d'État, hommes d'affaires et « penseurs » de l'économie mondiale.

Agriculture
José Bové (à g.) offrant du roquefort à Mike Moore, président de l'OMC. Agriculteur mais fils de chercheurs, élevé en partie aux États-Unis, il a su trouver un discours critique efficace : un mélange de contestation écologique et politique, stigmatisant aussi bien les manipulations génétiques que la négation des terroirs par la mondialisation économique.

situés à l'ouest d'une ligne Caen-Bordeaux ont renforcé leur suprématie, tant en termes d'emplois et de production que de surfaces consacrées à l'agriculture et à l'élevage. Le Nord, la Picardie et la Champagne sont aussi très bien placées dans ce classement, mais à l'est d'une diagonale Charleville-Toulouse, le poids relatif des activités agricoles, mis à part des pôles de résistance ici ou là (lait et viande d'Auvergne ou du Charolais, fruits de la vallée du Rhône), a plutôt décliné.

Au croisement de l'économie, de la politique et de l'écologie

En simplifiant, on peut dire que la Bretagne est le principal bassin européen de production de porcs et, en y adjoignant les Pays de la Loire, de volailles. Le nord du Bassin parisien et le Centre forment la principale concentration pour les betteraves et, si l'on ajoute à ces deux dernières zones la Bretagne, on est en présence de la plus forte production européenne de pommes de terre. Le blé se concentre dans le Bassin parisien, mais on voit peu à peu des terres affectées traditionnellement aux céréales qui se convertissent aux fruits (pommes) ou aux légumes pour l'industrie de la conserve (en Picardie ou en Champagne). La polyculture caractérise l'Alsace (céréales, élevage, tabac, maïs), la Bourgogne (viticulture, élevage bovin, oléagineux, céréales, betteraves, oignons) alors que les vallées (Rhône, Garonne, Val de Loire) se spécialisent dans les vergers et le maraîchage. La Dordogne et le Lot-et-Garonne produisent à eux seuls plus des trois quarts des fraises.

Diverse, l'agriculture française continue à représenter une activité économique essentielle. Les enjeux sont financiers, du fait de l'importance des sommes publiques engagées pour ce secteur et du très fort excédent du commerce extérieur qu'il dégage. Ils sont aussi politiques, avec des syndicats et des organisations professionnelles très actifs, des lobbys qui savent se faire entendre au gouvernement, au Parlement et à Bruxelles. Ils sont enfin liés à l'environnement : 80 % du territoire français est rural, et les forêts, publiques et privées, représentent un capital économique et un patrimoine collectif précieux. De ce point de vue, les dégâts causés par les tempêtes de décembre 1999 constituent un véritable drame national.

L'agriculture doit de plus en plus prendre en compte les préoccupations de l'ensemble des Français, comme la pollution des eaux ou la préservation des paysages. Une très large part des décisions qui concernent son avenir sont prises depuis plus de trois décennies essentiellement à Bruxelles, dans le cadre de l'« Europe verte », mais les gouvernements successifs sont cependant obligés, périodiquement, de prendre des dispositions pour recadrer l'organisation des activités agricoles, avec les « lois d'orientation agricole ».

La loi d'orientation agricole du 9 juillet 1999 est la dernière en date. Elle harmonise les dispositions nationales sur la qualité des produits (labels, appellations contrôlées, indicateurs géographiques de provenance) avec la réglementation européenne, insiste sur l'importance de la sécurité alimentaire en érigeant en quasi-dogme le principe de précaution, notamment au sujet des organismes génétiquement modifiés (**OGM**), et renforce le rôle des organisations de producteurs. Elle introduit surtout une innovation : les contrats territoriaux d'exploitation (**CTE**), conclus pour cinq ans entre l'administration et les exploitants qui le souhaitent. Ces CTE comprendront deux parties, assorties d'aides financières publiques : une partie économique (performances, productivité, exportation, emploi) et une partie sociale et environnementale prenant en compte la fonction d'« intérêt collectif » que remplit l'agriculteur (mise en valeur du paysage, protection des sols et des rivières, entretien du patrimoine rural) ; celle-ci devra, en tant que telle, être rémunérée. Quelque 50 000 contrats devaient être signés en 2000 avec, à la clé, un financement public (national et européen) d'environ 2 milliards de francs.

F. G.

➔ *OMC, PAC, Union européenne*

Ajustement structurel

Politique visant à obtenir un assainissement durable de la situation économique d'un pays (rééquilibrage de la balance des paiements, des comptes publics, réduction de l'inflation...), généralement en échange de nouveaux crédits internationaux.

Lorsqu'un pays emprunte au FMI*, il doit souvent s'engager à réduire sa demande intérieure, donc à diminuer les salaires et à réduire les approvisionnements afin de rééquilibrer (ajuster) ses comptes. De tels plans d'austérité sont souvent très mal perçus par la population locale. Ainsi, en 1989, de violentes émeutes ont éclaté au Venezuela, provoquant des centaines de morts.
Cette conditionnalité (pas d'argent sans réformes) doit, à terme, permettre de réaliser une croissance économique de « bonne qualité », selon le jargon du FMI. L'ajustement structurel est souvent devenu le symbole de l'emprise des pays riches sur le monde en développement. Certains emprunteurs, comme la Russie, sont parfois tentés de promettre des résultats qu'ils savent ne pouvoir réaliser. F. L.

➔ *FMI*

Alchian (Armen A.)

Économiste américain (né en 1914), figurant parmi les auteurs qui ont fait progresser l'analyse microéconomique contemporaine.

En 1950, il a justifié l'hypothèse qui, dans la théorie néoclassique*, attribue aux entreprises un objectif de maximisation du profit : selon lui, si, dans la réalité, toutes les firmes n'adoptent pas un tel comportement, seules survivent celles qui le font. Avec H. Demsetz, il est également à l'origine d'une contribution à la théorie économique de la firme, présentant l'entreprise comme un ensemble de contrats entre les différentes parties prenantes de la production (*Economic Forces at Work*, 1977). P. U.

ALENA
(Accord de libre-échange nord-américain)

Zone de libre-échange réunissant depuis 1992 les États-Unis, le Canada et le Mexique. Les droits de douane entre les trois États sont alignés et progressivement abaissés.

L'existence de l'ALENA (en anglais **NAFTA**) a dopé les échanges commerciaux, surtout entre les États-Unis et le Mexique. Les opposants à l'association font valoir que la dépendance du Mexique à l'égard des États-Unis s'est encore accrue (près de 90 % des exportations mexicaines vont vers le voisin nord-américain). D'autres insistent sur les fermetures d'usines américaines, les industriels américains choisissant de délocaliser leur production au Mexique (les coûts de production y sont moindres). D'autres, enfin, rappellent que le travail illégal de Mexicains aux États-Unis, dans les « maquiladoras », concerne plusieurs millions de personnes. Les salaires des ramasseurs de fruits mexicains étant nettement inférieurs à ceux pratiqués du côté américain de la frontière, le travail illégal est encouragé.
Il est pourtant admis que l'existence de l'ALENA a aidé le Mexique à surmonter plus facilement la grave crise économique et financière dont le pays a été victime en 1994.
En 2005 doit théoriquement être créée une vaste zone américaine de libre-échange, qui doit réunir 34 États de toute l'Amérique, dont ceux de l'ALENA et du Mercosur*. F. L.

(V. ill. p. suiv.)

➔ *Libre-échange, Mercosur*

Allais (Maurice)

Économiste français (né en 1911), prix Nobel d'économie en 1988 pour « ses travaux de pionnier sur la théorie des marchés et l'utilisation efficace des ressources ».

Diplômé de l'École polytechnique-Mines 1936, puis professeur aux Mines, où il influença plusieurs générations d'économistes, il incarne la tradition nationale des ingénieurs économistes. L'orientation appliquée de ses travaux l'éloigne de l'économie

mathématique pure. M. Allais a été un précurseur méconnu de différentes analyses développées par la suite.

Son premier grand ouvrage, *À la recherche d'une discipline économique,* publié en 1943, expose les bases de l'approche la plus moderne de l'équilibre* général et de l'optimum*, sur laquelle il revient en 1981 avec sa *Théorie générale des surplus*. Dans *Économie et intérêt* (1947), il se consacre à la théorie du capital et de la dynamique* monétaire. En 1952, il remet en cause, par l'exemple (le paradoxe d'Allais), les bases de la théorie des choix individuels face au risque. P. L.

➔ *(A. A.) Cournot, incertitude, (E.) Malinvaud, marché (économie de), mathématiques, (V.) Pareto, (L.) Walras*

Allemagne

L'Allemagne est aujourd'hui la troisième puissance économique du monde, avec une monnaie forte et un excédent structurel de son commerce extérieur. Elle puise l'origine de sa réussite dans le dynamisme de ses anciennes cités marchandes, et dans la phase d'industrialisation prussienne prolongée à la fin du XIXe siècle par la politique active des dirigeants de la nouvelle Allemagne unifiée. Au XXe siècle, elle s'affirme comme la première nation industrielle d'Europe, qui cherche d'abord à conquérir par les armes un espace vital, avant de retrouver la voie d'un développement économique pacifique dans le cadre d'une Europe réconciliée.

L'Allemagne féodale

Dès les Xe-XIe siècles, de nombreuses cités allemandes relevant du Saint Empire romain germanique (partie orientale de l'ancien empire de Charlemagne) s'enrichirent grâce à leur artisanat local, à l'extraction des mines avoisinantes et au grand commerce international.

Au nord, la puissante Hanse* teutonique, fondée en 1241, joua un rôle particulier dans l'animation économique autour de la Baltique. Au sud, Augsbourg occupa une place privilégiée dans les rapports entre

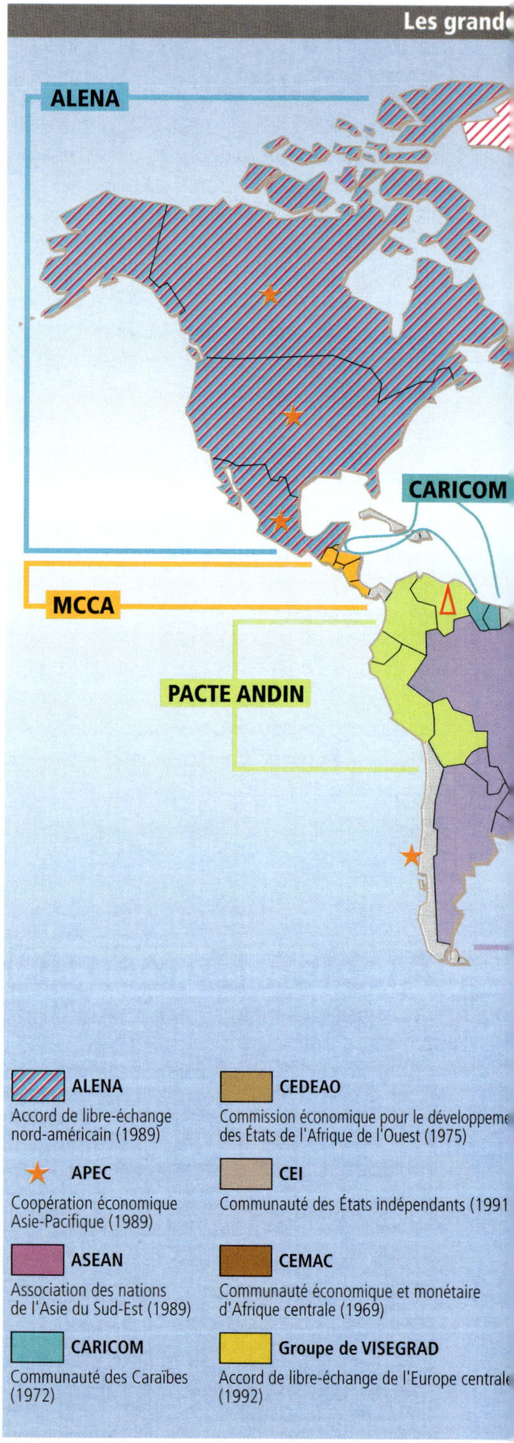

…nions économiques dans le monde

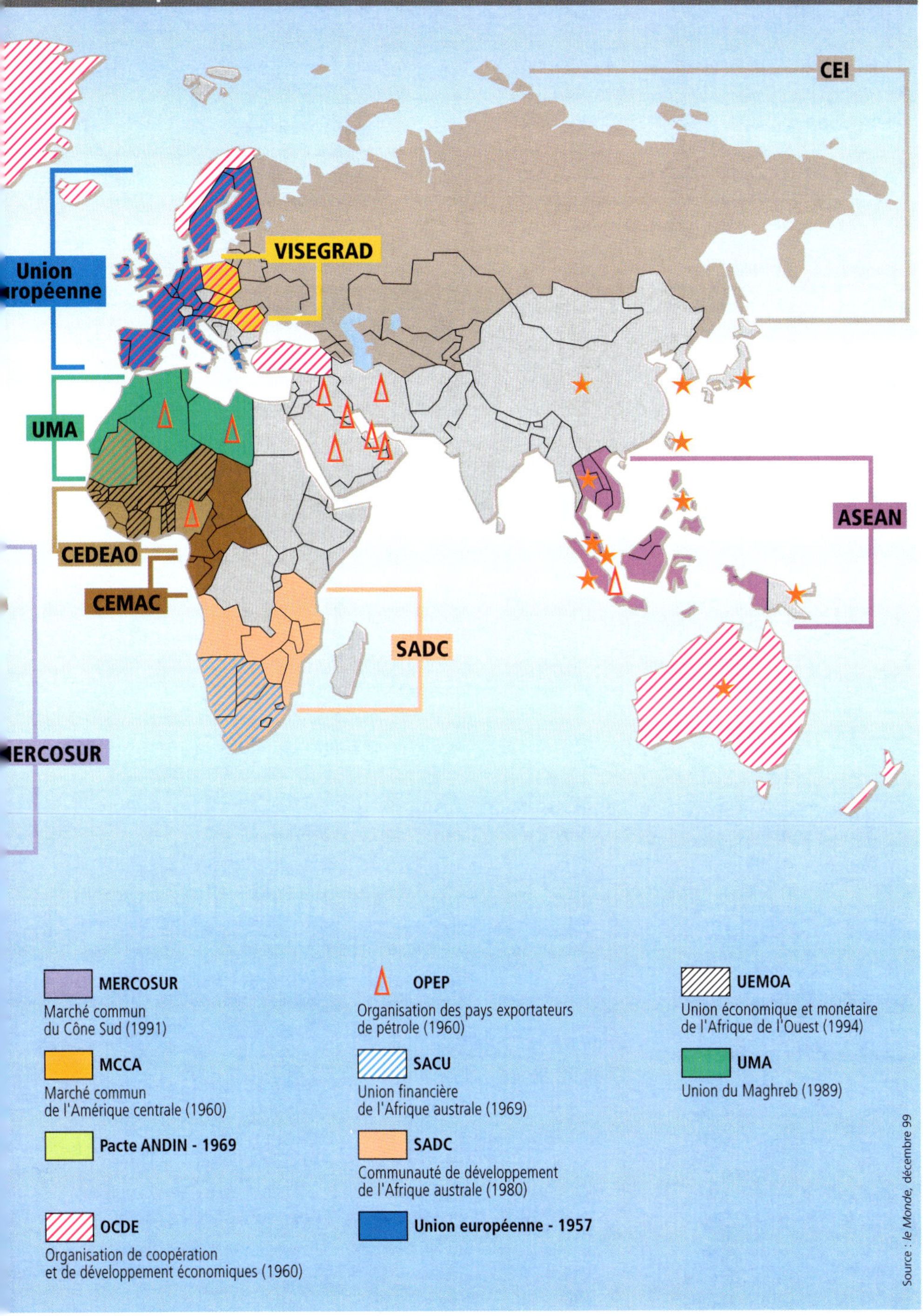

les provinces allemandes, autrichiennes et italiennes du Saint Empire.

La crise des États allemands (XVIe-XVIIe siècle)

Mais, durant les XVIe et XVIIe siècles, l'Allemagne fut déchirée par les guerres, dont la guerre de Trente Ans (1618-1648), qui causa la mort d'environ dix millions de personnes (en raison des combats, des massacres, des famines et des épidémies) et provoqua un recul économique profond dans le monde germanique.

La Prusse, fer de lance de l'essor allemand

À la fin du XVIIe siècle, un renouveau économique se produisit dans le duché de Prusse, à l'instigation du Grand Électeur Frédéric-Guillaume, qui mena de grands travaux agricoles, favorisa l'essor des villes, créa des impôts permanents, attira une main-d'œuvre étrangère protestante et mit sur pied une puissante armée.

En 1815, le congrès de Vienne institua la Confédération germanique, qui entérinait l'éclatement du Saint Empire en créant 39 États autonomes, parmi lesquels l'Autriche et la Prusse. Celle-ci s'efforça de fédérer autour d'elle (et contre l'Autriche) les États de l'Allemagne du Nord. Elle créa en 1833 le « **Zollverein** », zone de libre-échange protégée de la concurrence extérieure par un tarif douanier protectionniste. En 1842, le Zollverein regroupait 25 États et représentait un marché de 26 millions de personnes. Il permit à l'industrie prussienne de trouver des débouchés importants et de se développer rapidement. Grâce à la puissance des canons Krupp, la Prusse put écraser l'Autriche en 1866 et la France en 1870. Ces victoires permirent à Guillaume Ier de Prusse de se proclamer empereur d'Allemagne. La politique pangermanique du chancelier **Bismarck** avait atteint son but : l'unification des États allemands, sous l'égide prussienne.

L'essor de l'Allemagne industrielle

La production industrielle allemande s'éleva rapidement à la fin du XIXe siècle ; elle représentait environ 16 % de la production mondiale au début du XXe siècle (contre 15 % environ pour la Grande-Bretagne et 6,5 % pour la France), faisant de l'Allemagne la deuxième puissance industrielle du monde.

Ce développement s'explique par le dynamisme de grandes entreprises modernes, telles I.G. Farben et Hoescht (chimie industrielle et pharmacie), regroupées en « konzern* » et bénéficiant souvent de commandes publiques (industries d'armement...). Il provient aussi de la créativité de grands capitaines d'industrie : la famille Krupp (armement lourd, chimie, métallurgie...), August Thyssen (aciérie), Bayer (chimie, pharmacie), les frères Siemens (mines, acier, verrerie, électricité, télégraphie...), Daimler (co-inventeur du moteur à essence) et Benz pour l'automobile...

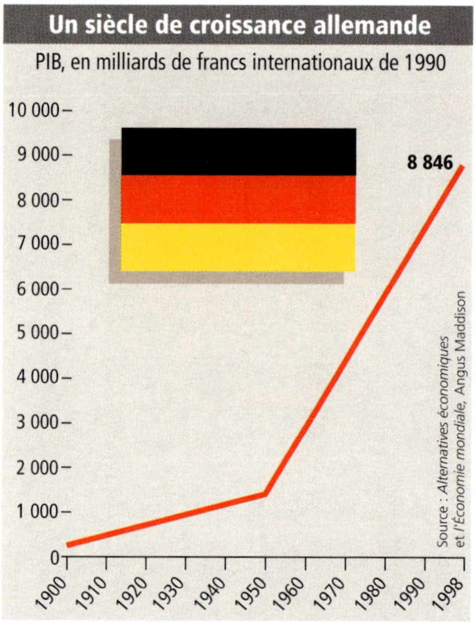

L'entre-deux-guerres

En 1918, l'Allemagne comptait environ 1,8 million de morts et autant de blessés ; l'effort financier dû à la guerre et aux réparations provoqua une forte inflation et un endettement important de l'État.

Aussi, une spéculation contre le mark se déclencha au début des années 1920 et dégénéra en une dramatique hyperinflation* : fin 1923, le mark-or, qui valait 2 marks-papier en 1919, s'échangeait contre 1 000 milliards de marks-papier ! La situation financière se rétablit cependant en 1924 et la croissance put reprendre. Mais l'Allemagne fut bientôt profondément touchée par la crise de 1929. La baisse de l'activité et des exportations s'accompagna d'une montée du chômage (6 millions de personnes en 1932), tandis que resurgissaient les problèmes financiers (dûs en partie au rapatriement des capitaux étrangers).

Cela contribua à l'arrivée au pouvoir, en janvier 1933, de Hitler, qui mena une politique volontariste de relance de l'activité et de l'emploi, grâce en particulier à des dépenses publiques dans les domaines de l'armement et des infrastructures (construction d'autoroutes...). Hitler obligea les grands groupes industriels à s'organiser (loi de cartellisation obligatoire, juillet 1933), supprima les syndicats ouvriers et contrôla les salaires, afin de rétablir les profits des entreprises. Il chercha également à procurer à l'Allemagne son espace vital *(Lebensraum)* en étendant son emprise sur les pays limitrophes et en fournissant des marchés, des matières premières et des réserves métalliques.

En 1939, sous l'impulsion du ministre de l'Économie **Hjalmar Schacht**, l'Allemagne était totalement sortie de la crise et disposait d'un potentiel industriel et militaire considérable.

La nouvelle Allemagne démocratique

En 1945, l'Allemagne, meurtrie, en partie détruite et divisée, engagea un processus de reconstruction qui porta ses fruits d'une manière spectaculaire. La capacité de production industrielle fut rétablie et les entreprises furent modernisées ; l'inflation une fois maîtrisée, le solde du commerce extérieur devint bientôt positif et le mark* s'affirma comme une monnaie forte. Cette réussite s'explique par l'héritage industriel du pays, mais aussi par le consensus social basé sur la reconnaissance des droits syndicaux (pouvant aller jusqu'à la cogestion des entreprises), sur la prévention des conflits sociaux et sur le rôle protecteur de l'État, qui renforça l'efficacité du système et permit l'élévation du niveau de vie de toutes les catégories de salariés.

Ces traits ont amené à parler de « modèle rhénan » pour définir l'originalité allemande, conciliant l'économie de marché, la négociation collective et la

Allemagne

Alfred Krupp (au centre) et sa famille dans leur fief d'Essen au cours des années 1930. Fondée à la fin du XVIIIe siècle, la firme, qui assit son empire sur l'armement lourd, la métallurgie et la chimie, fut avec des groupes comme Thyssen, Siemens ou Daimler à l'origine de la puissance industrielle allemande.

L'ex-RDA

La République démocratique allemande naquit officiellement le 7 octobre 1949, après quatre ans et demi d'occupation soviétique. Cette partie est de l'ancien IIIe Reich, représentant environ un tiers de sa superficie, resta l'un des pays du bloc de l'Est le plus industrialisé, malgré le démantèlement d'usines opéré par l'URSS. Mais au moment de la réunification de 1990 (faisant suite à la chute du « mur de Berlin »), l'important écart de développement entre les deux Allemagnes posa divers problèmes : un transfert financier important s'opéra de l'Ouest vers l'Est (passant de 106 milliards de marks en 1990 à 141 milliards en 1998), qui pesa sur les finances publiques du pays ; le taux de chômage élevé à l'Est (touchant 20 % de la population) accrut le poids de la question sociale ; l'adoption d'une monnaie unique dans tout le pays posa la question de la crédibilité du mark, ce qui n'eut cependant pas un effet aussi grave que celui que l'on redoutait.

Cette réunification a ressoudé la nation allemande et créé un vaste marché de 80 millions de personnes. Mais les disparités internes (faible productivité des entreprises et insuffisance des équipements collectifs à l'Est, écarts importants de salaires entre Est et Ouest) restent préoccupantes et peuvent déboucher sur de vives tensions sociales si la croissance ne redevient pas forte et créatrice d'emplois.

redistribution des revenus par l'État (« **économie sociale de marché** » prônée par **Ludwig Erhard**). Dans ce cadre, l'État assure une gestion orthodoxe de l'économie, en particulier sur le plan monétaire (la défense de la valeur du mark étant considérée comme une priorité).

Cependant, si l'Allemagne a su résister aux effets de la crise* des années 1970, en ce qui concerne l'inflation et le commerce extérieur, elle a dû faire face durant les années 1990 aux conséquences de sa réunification. La dette intérieure nette de l'État, inférieure à 20 % du produit intérieur brut en 1990, approchait les 50 % dix ans plus tard, et le taux de chômage dépassait les 11 % de la population active en 1998. De plus, le vieillissement de la population pose le grave problème du financement des retraites.

L'Allemagne conserve toutefois une position économique solide en raison de la qualité et de la diversité de sa production industrielle (elle est le second pays exportateur du monde), des hauts rendements de son agriculture et de la complémentarité qui se fait jour entre les divers pays de l'Union économique et monétaire européenne.

P. B.

➔ *Hyperinflation, konzern, mark*

Allemagne

Ludwig Erhard, chancelier d'Allemagne de 1963 à 1966. Longtemps ministre des Finances, il fut le théoricien de l'« économie sociale de marché », clef de la prospérité allemande de l'après-guerre et de ce qu'on a appelé plus tard le « capitalisme rhénan », fondé sur une industrie puissante et sur une négociation permanente entre patronat et syndicats.

Vers la fin du « modèle rhénan » ?

Le modèle rhénan, c'est l'économie sociale de marché, souvent présentée comme le résultat d'une collaboration efficace entre patronat et syndicats. Mais ce modèle s'expliquait aussi par le système de la « **Hausbank** » (banque maison), c'est-à-dire une banque à la fois prêteuse, actionnaire et contrôleuse des entreprises. Dominées par les « trois vieilles » (Deutsche Bank, Dresdner Bank et Commerzbank), les banques allemandes avaient organisé entre elles et les entreprises tout un système de participations croisées assurant la continuité des affaires.

Depuis le début des années 1990, ce système commence à être remis en cause :

- une nouvelle génération de dirigeants d'entreprise, très favorables au modèle anglo-saxon, arrive aux affaires ;
- les banques sont contraintes d'abandonner peu à peu leurs liens privilégiés avec les entreprises. Ainsi, en novembre 1999, le géant du bâtiment Holzmann, en pleine déconfiture, n'a pu que constater le retrait de ses soutiens bancaires, jusqu'alors indéfectibles (même si le gouvernement s'est résolu à intervenir en catastrophe pour sauver le groupe) ;
- les épargnants allemands, traditionnellement réfractaires à la Bourse comme leurs voisins français, manifestent un intérêt soudain pour les placements en actions.

Toutefois, le poids de la Bourse dans le financement des entreprises reste encore faible par rapport à celui des banques. Ainsi, en 1998, la capitalisation de l'ensemble des valeurs cotées en Allemagne ne représentait que 54 % du PIB, contre 127 % aux États-Unis... et 65 % en France.

Allemagne

Population : 82 220 000 hab.

PNB (1998) : 2 083 milliards de $

PNB/hab. : 28 280 $

Structure de la population active : agriculture 3,2 %, mines et industrie 36,5 %, services 60,2 %

Dette brute : 63,1 % du PIB

Taux de chômage : 11,2 %

Une économie haut de gamme

Parts des gammes de produits dans l'exportation, en %, 1990-1995

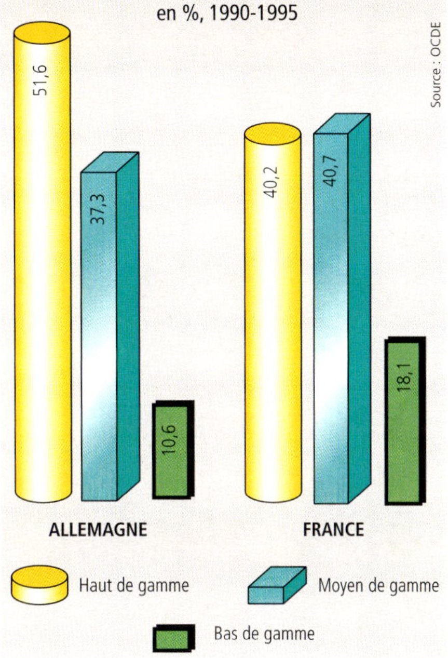

Amérique latine

Appellation géographique désignant tous les États de langue latine (espagnole ou portugaise, pour le Brésil) situés dans la partie méridionale du continent américain, au sud de l'isthme de Panamá, ainsi que les pays de l'Amérique centrale et, enfin, le Mexique.

Les États de l'Amérique latine ont été conquis par l'Espagne et le Portugal au XVIe siècle et s'en sont affranchis au début du XIXe. Des régimes autoritaires et instables, souvent appuyés sur des oligarchies foncières, ont longtemps caractérisé les sociétés latino-américaines, dont certaines sont en proie à des guérillas endémiques. Néanmoins, un tournant démocratique a été pris à partir des années 1980 dans l'ensemble de la région.

Depuis la chute des dictatures, les économies de l'Amérique latine ont porté tous les espoirs et subi tous les maux du tiers-monde*. Presque toutes ont connu dans les années 1960 un fort développe-

Amérique latine
Favela à Rio. La juxtaposition de bidonvilles et de bâtiments ultramodernes marque l'urbanisme des cités d'Amérique latine et traduit la forte inégalité sociale qui accompagne le développement économique du continent.

ment industriel et une croissance économique parfois rapide, fondés sur un certain protectionnisme. Mais ces États, situés dans l'« arrière-cour » des États-Unis, sont restés très dépendants de l'économie nord-américaine. Étranglés il y a vingt ans par la crise de la dette internationale, devenus le laboratoire mondial des privatisations, ils ont ensuite figuré parmi les premières victimes des secousses financières du monde dit émergent ; ce fut d'abord le cas du Mexique (1994), puis de la région tout entière (par contagion de la crise asiatique de 1997-1998). Le Brésil compte la plus forte dette publique du monde émergent (250 milliards de dollars environ).

L'Amérique latine a pourtant beaucoup changé depuis la « décennie perdue », celle de la crise de la dette des années 1980. La forte croissance du Chili et l'accession du Mexique parmi les pays riches de l'OCDE, en 1994, en sont témoins. La région a attiré 60 milliards de dollars d'investissements étrangers en 1999, soit 40 % du total mondial. Les pays plus pauvres sont l'objet d'une attention particulière, comme la Bolivie.

Les obstacles au développement

Parmi les obstacles à un développement économique harmonieux en Amérique latine, on peut citer :

- la dépendance à l'égard du capital étranger, pourtant nécessaire pour financer la modernisation des pays. Tout phénomène de défiance vis-à-vis du monde émergent se traduit immédiatement par un retrait des fonds placés en Amérique latine ;

Tequila et samba

Les fortes répercussions sur le reste du monde émergent de la crise financière mexicaine, en 1994, avaient été ironiquement qualifiées d'« effet Tequila », par référence à l'eau-de-vie produite dans la petite ville mexicaine de Tequila. Michel Camdessus, alors directeur général du Fonds monétaire international (FMI*), avait déclaré qu'il s'agissait de la première crise du XXIe siècle. Qu'y avait-il pourtant de si différent en 1994 par rapport à d'autres crises financières, celle de la dette en 1982 ou le krach boursier de Wall Street* en 1987 ?

La dette contractée par le Mexique était énorme (près de 100 milliards de dollars), mais elle avait changé de nature, n'étant plus à long ou moyen terme, mais à court terme. Sur le marché financier de Mexico, les Tesobonos (bons du Trésor) avaient attiré les investisseurs étrangers grâce à des taux d'intérêt élevés. Mais, du jour où, en 1994, la monnaie a été dévaluée (le maintien d'une étroite parité entre le peso et le dollar étant devenu trop onéreux), ces étrangers se sont retirés du Mexique, et, de là, de l'Amérique latine et du monde émergent tout entier.

La dévaluation forcée du real brésilien (provoquée par la chute des réserves de change), début 1999, qui était largement une conséquence de la crise financière asiatique de 1997, a été surnommée Samba, du nom de la danse latine. Les difficultés économiques du Brésil ont laissé l'Argentine encore plus isolée avec son taux de change fixe entre peso argentin et dollar : ses produits restent au même prix (1 dollar pour 1 peso) tandis que ceux du Brésil ont subitement diminué de plus d'un tiers. Après avoir atteint 18 milliards de dollars en 1997, le commerce bilatéral a chuté à 13 milliards en 1999.

Ces choix monétaires distincts rendent l'unification de la région encore plus délicate.

 Amérique latine

Le poids de l'Amérique latine dans le monde

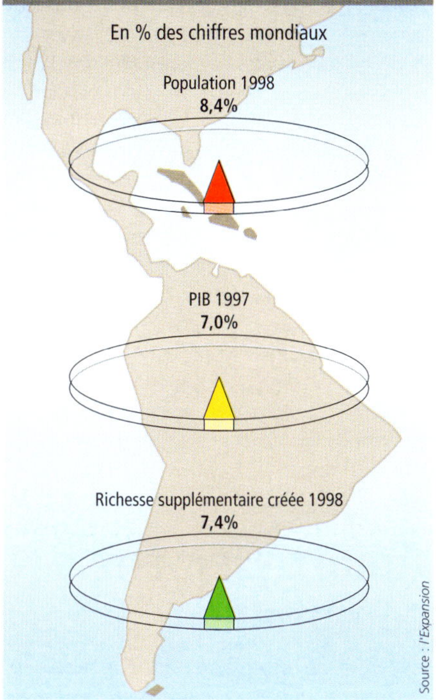

• la vulnérabilité envers les prix des matières premières*. Le Chili, par exemple, tire du seul cuivre 40 % de ses recettes d'exportations. Le Mexique, le Venezuela, la Colombie et l'Équateur sont exportateurs de pétrole, donc très dépendants de son cours. À l'inverse, le Brésil souffre d'une crise énergétique chronique. À côté de bassins industriels performants, des petits planteurs de café, de canne à sucre ou de banane forment des couches sociales fragiles ;

• le caractère très inégalitaire des sociétés latino-américaines et l'existence de poches de grande pauvreté : les images des bidonvilles de Rio de Janeiro, de Bogotá ou de Caracas sont dans tous les esprits. Le Chili est l'un des sept pays les plus inégalitaires du monde : les 10 % des Chiliens les plus riches reçoivent des revenus trente fois supérieurs à ceux des 10 % les plus défavorisés (cet écart dit « interdécile » s'élève à cinq en France). Les révoltes de paysans sans terre, conflits qui semblent d'un autre âge, sont fréquentes au Brésil ;

• les difficultés politiques liées au rapprochement des États, malgré l'émergence de blocs commerciaux (ALENA*, Mercosur*, Pacte andin). Ainsi, le pouvoir exercé par les États-Unis sur l'ALENA est tout à fait tolérable pour le Mexique, alors que le Brésil, principal pilier du Mercosur, se méfie beaucoup des États-Unis. Les régimes de changes sont également disparates, du flottement total à la dollarisation des monnaies. Rien d'étonnant à ce que le projet américain d'un grand bloc commercial « de l'Alaska à la Terre de Feu » d'ici à 2005 soit encore embryonnaire. De plus, les démocraties sont encore fragiles.

La CECA du « cône sud » ?

L'aventure de l'unification européenne est née grâce à l'énergie. En 1952 était créée la CECA (Communauté européenne du charbon et de l'acier), sur la base de laquelle allaient naître, en 1957, la CEE (Communauté économique européenne)... puis l'euro en 1999.

Un scénario similaire est-il en train d'être écrit en Amérique latine ? L'énergie joue un rôle pivot dans la dynamique régionale. Le Brésil (véritable géant représentant près de 80 % de la production du Mercosur*) souffre d'un déficit énergétique important. L'Argentine, au contraire, est riche en pétrole et en gaz naturel (de même que le Venezuela ou le Mexique). De grands projets comme le barrage hydroélectrique d'Itaipú ou la première tranche du gazoduc de Bolivie vers le Brésil (entrée en service en 1999) voient le jour.

Le rapprochement des économies du « cône sud » engendré par la création du Mercosur, en 1995, offre une perspective de croissance régionale solide. Autour du Brésil, les différents pays du marché commun ont des complémentarités qui doivent permettre à leurs économies de profiter les unes des autres. Et les importants travaux ferroviaires en cours doivent permettre une meilleure circulation des biens dans la zone.

Il faut aussi noter l'importance de la culture et du trafic de la drogue*, les revenus de la cocaïne atteignant parfois 10 % de la production nationale. Certains États, comme le Pérou ou la Bolivie, ont réduit leur production, mais c'est loin d'être le cas en Colombie, par exemple. La région andine produit environ 700 tonnes de cocaïne par an ; elle alimente ainsi les consommations illégales dans le monde industriel, encourage les enrichissements illicites et les fuites de capitaux. F. L.

➔ *ALENA, dette, Mercosur*

AMI
(Accord multilatéral sur l'investissement)

Projet d'accord visant à libéraliser les mouvements de capitaux dans le monde.

En mai 1995, des négociations furent lancées entre 29 pays, sous l'égide de l'OCDE* (Organisation de coopération et de développement économiques), pour faciliter les investissements directs. L'objectif était de parvenir à la signature d'un accord, baptisé AMI, qui permettrait d'établir un code de libéralisation des mouvements de capitaux entre pays et un dispositif de règlement des différends entre investisseurs et États d'accueil. Il existe en effet encore beaucoup de barrières aux entrées de capitaux : prises de participation limitées, obligations de contenu local, obligation pour les filiales étrangères d'exporter une quantité minimale de leur production. Durant les négociations, beaucoup d'obstacles surgirent. Les pays européens souhaitaient que les dispositions nouvelles ne s'appliquent pas aux industries de la culture* que l'Organisation mondiale du commerce (OMC*) leur permet de protéger. Ils demandaient en revanche que les États-Unis suppriment leurs mesures de rétorsion à l'égard des firmes qui veulent investir à Cuba, en Libye et en Iran (loi D'Amato et Helms-Burton). Faute de consensus, l'accord fut reporté sine die en février 1998. B. G.

Amin (Samir)

Économiste égyptien, né en 1931. Marxiste hétérodoxe, c'est un des principaux théoriciens de l'économie du développement des années 1970-1980.

Transposant les analyses marxistes à l'échelle internationale, il développe une vision du monde hiérarchisé entre « centres » capitalistes dominants et « périphéries* » dominées. Dans cette optique, le sous-développement des périphéries fait partie intégrante du processus d'accumulation mondiale, qui privilégie le développement des « centres ». Parmi les mécanismes assurant cette domination, l'échange inégal* occupe une place centrale, en favorisant un transfert vers le centre des richesses produites dans les périphéries. La concentration des centres de décision financière dans les pays du centre prive également les périphéries de leur pouvoir de décision et entrave l'émergence de bourgeoisies industrielles dans les périphéries. Par ses analyses, S. Amin a été logiquement amené à recommander une déconnexion des périphéries par rapport au centre. Son ouvrage principal, *l'Accumulation à l'échelle mondiale,* a été publié en 1970. J.-M. F.

➔ *Dépendance, échange inégal, périphérie*

Amortissement comptable

*Processus de disparition (« **mise à mort** ») de la valeur d'un bien et, par extension, mesure de ce processus.*

Selon le type de comptabilité* utilisé, on peut distinguer, notamment, l'amortissement économique, fiscal et financier.

Soit une machine achetée 1 000, utilisée régulièrement chaque année et jugée inutilisable (en raison de la dégradation physique ou à cause du progrès technologique) au bout de cinq ans.

La comptabilité économique mesurera la perte de valeur annuelle de la machine en divisant sa valeur par 5, ce qui reflète au mieux la régularité de la perte de valeur.

Si, par contre, l'objectif est d'établir une comptabilité fiscale, on pourra utiliser un autre amortissement sans relation avec l'usure économique ; il est fréquent par exemple que le fisc autorise pour certains biens un type d'amortissement dit « dégressif » qui est plus élevé que l'amortissement économique en début de période et plus faible à la fin, ce qui réduit durant les premières années le bénéfice imposable de l'entreprise.

La notion d'amortissement est indispensable pour déterminer le résultat annuel, en affectant ce résultat de la perte de valeur progressive de biens de longue durée : en langage comptable, cette perte de valeur périodique s'appelle « dotation aux amortissements » ; le cumul des amortissements annuel (dit amortissement global) sert à déterminer au bilan* la valeur nette des actifs (actif net = actif brut moins amortissements). D'une manière générale, la mesure de l'amortissement pose de redoutables problèmes aux économistes et aux comptables car elle dépend de facteurs incertains (valeur du bien en période d'inflation*, durée prévisionnelle de vie des biens utilisés, mode prévisionnel d'utilisation). J. R.

➔ *Bilan, comptabilité*

Amsterdam (traité d')

Accord européen, signé le 2 octobre 1997, qui complète le traité de Maastricht créant l'Union européenne*. Le traité d'Amsterdam renforce la coopération européenne dans des domaines politiques afin notamment de permettre l'élargissement de l'Union aux pays de l'Europe centrale et orientale.*

Le traité est articulé autour de six grandes séries de mesures communes.

• Un rappel des principes démocratiques sur lesquels l'Union européenne est fondée (libertés publiques, respect des droits de l'homme, défense des minorités).

• Le développement d'un espace de libre circulation sans contrôle aux frontières pour l'ensemble des pays de l'Union. Le traité inclut la convention de Schengen, qui avait été signée en juin 1990 entre la France, l'Allemagne et les trois pays du Benelux. Un renforcement de la coopération en matière policière (Europol) et judiciaire dans les domaines civil et pénal.

• La promotion d'une coordination des politiques de l'emploi entre les États membres. Le traité consacre la promotion d'un niveau d'emploi élevé comme un des objectifs de l'Union. Un Comité de l'emploi à caractère consultatif a été institué afin de développer la coopération entre les États.

• La définition par le Conseil européen, qui réunit les chefs d'État et de gouvernement, des orientations de la politique étrangère et de sécurité commune (**PESC**). Il est prévu de définir progressivement une politique de défense commune.

• Une réorganisation des institutions de l'Union dans la perspective de son élargissement aux pays de l'Europe centrale.

• Une coopération renforcée entre les États qui souhaitent aller plus avant dans le processus d'intégration européen. J. -C. D.

➔ *Maastricht, Union européenne*

Annuité

Fraction annuelle d'une somme globale à encaisser, à payer ou à consommer.

L'annuité d'un emprunt* est le montant annuel à payer au titre de cet emprunt (remboursement et intérêts*). L'annuité d'amortissement d'une immobilisation est la dotation annuelle aux amortissements* de cette immobilisation. J. R.

Anticipation

Appréciation de l'avenir qui affecte le comportement des agents.*

Les anticipations sont appelées « extrapolatives » (quand elles prolongent le passé), « adaptatives » (quand elles prennent en compte les « erreurs » de prévision du passé), « rationnelles » (quand elles intègrent toute l'information disponible, passée et présente, et reposent sur une appréciation « correcte » de l'avenir). Elles jouent un rôle essentiel dans la spéculation* économique, et en particulier lors des bulles financières*.

Les anticipations sont envisagées très différemment selon les théories économiques. Dans les approches où le comportement des agents est déterminé par des contraintes objectives qui s'imposent à eux, les

anticipations occupent une place négligeable. Ainsi, pour Ricardo* ou Marx*, les salariés et les capitalistes subissent les effets des lois d'évolution du système économique*. Par contre, pour certains auteurs (Keynes* en particulier), les revenus espérés, l'« état de confiance » dans l'avenir expliquent en grande partie le montant des investissements*, des placements* financiers, mais aussi la demande de consommation. P. B.

➔ *Spéculation*

Anticipations rationnelles

Hypothèse de comportement, proposée par John Muth en 1961, selon laquelle les agents* utilisent toute l'information* disponible, passée et présente, pour former leurs anticipations*.*

C'est une extension de l'hypothèse de rationalité* des agents à la formation des anticipations par une utilisation optimale de toutes les informations, y compris les annonces de politique économique*. Ainsi, un plan de relance budgétaire pousse les agents à épargner davantage pour faire face aux impôts futurs prévisibles, ce qui annule tout effet de relance* puisque les hausses de revenus ne génèrent pas de dépenses additionnelles.

Les erreurs d'anticipation sont possibles en cas d'imperfection de l'information, donc de façon non systématique selon la formule « **on ne peut tromper tout le monde tout le temps** », à la différence des anticipations adaptatives fondées sur la seule observation du passé. Cette hypothèse a été utilisée par Robert Lucas et la nouvelle école classique* pour critiquer les modèles fondés sur des comportements passifs et pour souligner l'inefficacité des politiques interventionnistes de l'État. P. L.

➔ *Anticipation, Chicago, keynésianisme, libéralisme économique*

Appel d'offre

Procédure consistant à mettre en concurrence les candidats à un marché (par exemple la construction d'une route) afin de choisir celui dont la proposition (l'offre) est jugée la meilleure.

Le donneur d'ordre (celui qui veut faire réaliser un travail) formule les conditions du marché dans un document écrit, appelé « **cahier des charges** ». Il départage les « offres » remises ensuite par les candidats en fonction de leurs qualités techniques et du prix demandé. Lorsque ce dernier joue un rôle prépondérant, on dit que c'est le « **mieux-disant** » – celui qui présente le devis le moins élevé – qui l'emporte. A.-M. R.

Arbitrage

Choix économique entre deux décisions alternatives, ou opérations financières spéculatives.

Le terme arbitrage s'emploie dans le langage courant pour désigner un simple choix entre, par exemple, l'épargne* et la consommation*, le travail ou le loisir. Il est également employé dans le cas de décisions gouvernementales concernant l'affectation de crédits à divers ministères (au moment des « arbitrages budgétaires »), ou de choix de politique économique privilégiant la lutte contre le chômage* ou contre l'inflation*.

Ce terme a également un sens plus précis en théorie financière. Il évoque une opération consistant à emprunter une somme à un certain taux d'intérêt* et à le prêter à un taux plus élevé, ou à acheter un titre* sur un marché boursier et à le revendre sur un autre marché où son cours est supérieur.

Mais cette opération ne peut être que de courte période, car la circulation de l'information tend à égaliser les taux d'intérêt comme le prix des actifs financiers. P. B.

➔ *Crédit, épargne*

Aristote

Philosophe grec de l'Antiquité (384-322 av. J.-C.), qui fut l'un des premiers à s'interroger sur l'origine de la valeur des choses et sur la meilleure organisation de la société.*

Aristote désigna par le mot « **chrématistique** » l'activité qui consiste à acquérir des biens ou des richesses. Il considéra celle-ci comme légitime quand elle sert à satisfaire des besoins humains, mais condamnable si elle a pour but d'accumuler de l'argent pour lui-même : ainsi, dans le cas du commerce ou du prêt à intérêt, le marchand professionnel ne connaît pas de limite dans la quête du profit et perd vite toute vertu ; de même, le travail salarié est inhumain et réservé aux esclaves. L'homme sage et cultivé doit donc se consacrer aux tâches nobles et humaines, telles que la réflexion, la politique ou la guerre.
Aristote imagina aussi les notions de valeur-travail et de valeur-utilité qui opposeront les économistes modernes : l'échange des produits revient à un échange de travail de nature différente, mais cet échange se fait en fonction du besoin que chacun éprouve pour le bien qu'il veut acquérir. P. B.

➔ *Valeur*

Arrow (Kenneth J.)

Économiste américain (né en 1921), qui a reçu le prix Nobel en 1972 avec J. Hicks pour « leurs contributions fondamentales à la théorie générale de l'équilibre économique et à la théorie du bien-être ».*

Figure majeure de l'économie mathématique*, il a joué un rôle essentiel en démontrant avec Gérard Debreu* l'existence de l'équilibre* général en économie, ainsi que les conditions nécessaires pour y parvenir. Les limites d'organisation et d'information* du marché* l'ont conduit à souligner l'importance d'institutions alternatives, les organisations (les entreprises) et l'État. Par son théorème d'impossibilité, il a cependant remis en cause l'élaboration démocratique de choix collectifs (équipements, fiscalité, etc.) qui respecteraient les préférences individuelles. Par ailleurs, il a permis de mieux comprendre les conséquences pour l'activité économique de l'aversion au risque des agents, ainsi que l'importance des phénomènes d'apprentissage (formation par la pratique professionnelle) dans l'explication de la croissance*. P. L.

➔ *Bien-être, contrat, école néoclassique, optimum, (V.) Pareto, science économique, (L.) Walras*

Artisanat

Ensemble des petites entreprises exerçant des activités de production, de transformation, de réparation ou de prestations de services, et qui n'emploient pas plus de dix salariés.

Le Centre-Sud, haut lieu de l'artisanat

Nombre d'artisans pour 10 000 habitants, 1998

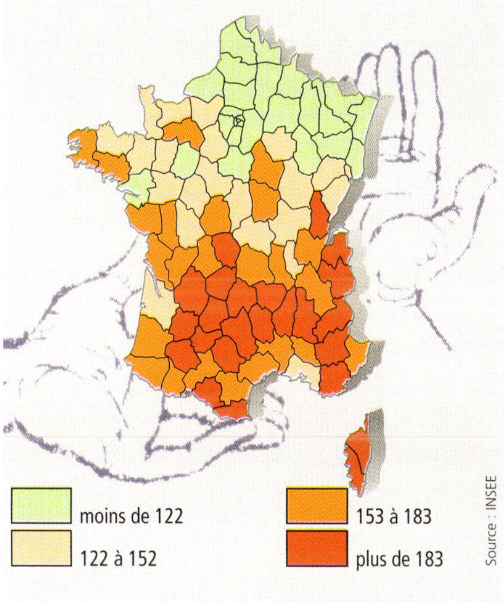

La « première entreprise de France », selon le slogan publicitaire du secteur, représente 820 000 entreprises artisanales, inscrites en 1998 au Répertoire des métiers, et fait travailler plus de 2,3 millions de personnes (dont 1,44 million de salariés proprement dits et un peu plus de 100 000 apprentis), soit 10 % de la population active. Son chiffre d'affaires avait totalisé 837 milliards de francs en 1996, soit environ 6 % du PIB de la France. Les artisans du bâtiment sont les plus nombreux (maçons, plombiers, électriciens, menuisiers, etc., 35 %), devant ceux de l'alimentation (boulangers, bouchers, etc., 13 %), ceux de la réparation (garages, électroménager, etc., 11 %), et des services (blanchisseurs, coiffeurs, taxis, chauffeurs routiers, etc., 9 %).

À l'instar du petit commerce* face à la grande distribution, l'artisanat est souvent opposé à la grande industrie. En fait, les artisans sont tout autant les concurrents que les sous-traitants des entreprises – industrielles, hôtelières, de transport ou du bâtiment. Dans certains domaines, comme la coiffure, les taxis, la boucherie, la boulangerie, les artisans sont encore largement prépondérants en parts de marché. Globalement, la part des artisans a tendance à progresser dans les secteurs en expansion, comme les services, et régresse dans les secteurs en crise, comme le textile-habillement ou le meuble.

Indépendance, proximité, qualification

Se mettre « à son compte » demeure une aspiration majeure dans les métiers artisanaux. Même si, juridiquement, les entreprises unipersonnelles (43 % du total) cèdent progressivement le pas aux **SARL** (sociétés à responsabilité limitée), employant en moyenne quatre salariés. Entre 1993 et 1998, l'emploi salarié n'a ainsi baissé que de 0,6 % dans l'artisanat, alors qu'il était en chute de plus de 7 % dans l'ensemble des entreprises de taille plus grosse des secteurs d'activité concernés. La notion de « proximité » est indissociable de celle d'artisanat. En 1996, les exportations réalisées par l'ensemble des entreprises artisanales ne représentaient que 15 milliards de francs (soit moins de 6 % du CA* total). Un tiers environ des artisans sont installés dans les communes rurales, mais les disparités de situation sont grandes selon les secteurs. Certaines activités sont essentiellement rurales (la scierie à 80 %), d'autres presque uniquement urbaines (le tertiaire en général : coiffeurs, taxis, etc.).

Héritée du compagnonnage du Moyen Âge, la pratique de l'artisanat – dont l'étymologie est la même que celle de l'« art » – comporte une dimension de tradition, de qualité, de travail manuel. D'où l'acception d'« artisanat d'art », qui recouvre des disciplines telles que le travail des métaux ou du verre, le cuir, le meuble, la restauration d'objets anciens, et qui apparaît comme la partie « noble » de l'artisanat. D'où aussi l'usage de l'apprentissage comme filière de formation aux 250 métiers répertoriés, pour les jeunes de 16 à 25 ans. La loi subordonne l'exercice de la plupart des activités artisanales à une qualification professionnelle, dûment établie au travers de diplômes tels que le CAP ou le BEP. P. G.

➔ *Commerce, entreprise*

ASEAN

(Association of Southeast Asian Nations ; en français, ANASE, Association des nations de l'Asie du Sud-Est).

Association commerciale, fondée en 1967, et unissant Brunei, l'Indonésie, la Malaisie, les Philippines, Singapour et la Thaïlande.

Les droits de douane pratiqués entre ces pays sont harmonisés, mais de fait, le nombre des produits exclus de la liste est très élevé. Le commerce interne à cette région, l'une des plus dynamiques du monde, est relativement peu développé. F. L.

ASSEDIC

(Association pour l'emploi dans l'industrie et le commerce)

Réseau local du régime d'assurance chômage.

Les quelque cinquante ASSEDIC sont réparties sur le territoire national et fédérées par l'**UNEDIC*** (Union nationale pour l'emploi dans l'industrie et le commerce). Elles versent des indemnités de chômage aux salariés du secteur privé à la recherche d'un emploi et pouvant justifier d'une durée de cotisation suffisante. Le système d'indemnisation géré par l'UNEDIC a été créé par l'accord paritaire du 31 décembre 1958 conclu entre les partenaires sociaux.

À un salarié de quarante ans ayant perçu un dernier salaire mensuel de 15 000 F, l'ASSEDIC versera pendant deux ans et demi une allocation unique dégressive (**AUD**), qui passera de 6 800 F durant les neuf premiers mois à 3 200 F pendant les trois derniers mois. Par la suite, un régime de solidarité

financé par l'État accordera une allocation d'environ 800 F.

Instaurée en période de plein-emploi, l'assurance chômage est prisonnière d'un cercle vicieux : la progression du chômage augmente ses dépenses mais réduit ses recettes. En quarante ans, le nombre de personnes indemnisées est passé de 30 000 à près de 2,4 millions et le total des prestations versées durant toute cette période est évalué à 2 000 milliards de francs (136 milliards pour l'année 1998). Pour assurer le financement de l'UNEDIC, le taux de cotisation a été multiplié par six et l'État a contribué à prendre en charge certaines dépenses. En parallèle, les indemnités ont été plafonnées et leur versement a été limité dans le temps. L'ouverture des droits est de plus en plus étroitement soumise à la durée de cotisation, c'est-à-dire à la durée d'activité préalable au licenciement. Les partenaires sociaux se sont également efforcés d'impulser une politique d'indemnisation plus active, orientée vers la reprise d'activité. Un allocataire peut demander à son ASSEDIC de prendre en charge un stage de formation. J.-M. N.

➔ *Chômage, pauvreté, protection sociale*

Assiette

Base de calcul des impôts, des taxes et des droits divers.

L'assiette est déterminée par la matière imposable, c'est-à-dire le revenu pour l'impôt sur le revenu, les bénéfices pour l'impôt sur les sociétés, ou encore le capital pour les droits de succession. Mais l'administration fiscale doit aussi constater le fait générateur de l'impôt – par exemple une succession, une livraison de marchandises ou encore l'occupation d'un lieu – pour que l'assiette soit définie. V. M.

➔ *Fiscalité*

Assignats

Titres émis par les gouvernements révolutionnaires français à partir de 1789 et gagés sur les biens nationaux.

Ces titres, servant à payer les dépenses de l'État, permettaient à leurs détenteurs d'acquérir des biens appartenant au clergé et aux nobles immigrés. Ils furent utilisés ensuite comme du papier-monnaie, mais perdront rapidement de leur valeur en raison de leur émission excessive.

Fin 1789, l'Assemblée nationale avait en effet refusé de recourir à de nouveaux impôts pour résoudre le déficit structurel du budget de l'État. Elle imagina d'émettre des « assignats », sorte d'obligations gagées sur les biens du clergé, mis « à la disposition de la nation » (décembre 1789). En avril 1790, ces assignats furent transformés en véritable monnaie de papier qui devait théoriquement être retirée de la circulation au fur et à mesure de son emploi pour l'achat des biens nationaux. Mais, malgré son cours forcé et après plusieurs nouvelles émissions, la perte de confiance dans cette monnaie de papier fut telle que l'assignat ne représentait en octobre 1795 que le centième de sa valeur initiale.

Cette création excessive de monnaie dans le contexte d'une économie de guerre explique la forte inflation* des années 1790-1793 (la plupart des prix étant multipliés par cinq). P. B.

(V. ill. p. suiv.)

➔ *(Ch. A. de) Calonne, France, inflation*

Association

Groupement de personnes réunies dans un dessein commun, non lucratif.

Appartenant au secteur de l'économie sociale, les associations auraient été en France au nombre de 730 000 à la fin des années 1990. Il s'agit d'une estimation, car si les nouvelles associations (de l'ordre de 60 000 par an) doivent se déclarer en vertu de la loi de 1901, le chiffre de celles qui disparaissent n'est pas connu.

Ces dernières années, en réponse à la crise du lien social, le milieu associatif a été particulièrement dynamique. Il emploie 1,2 million de personnes (4,5 % de la population active), dont 70 % de femmes ; ces salariés représentent l'équivalent de 800 000 emplois à temps plein. Toutefois, le salariat est concentré dans 120 000 associations et, parmi elles, 21 000 emploient 80 % des salariés. Le premier domaine d'activité est le secteur social

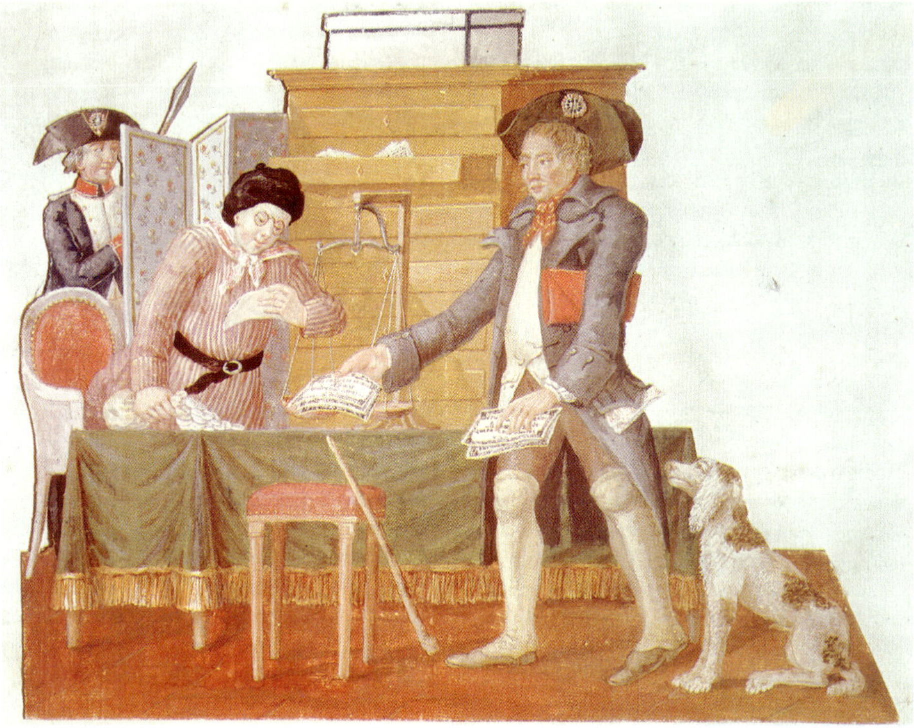

Assignats
Sous le contrôle de la force publique, un habitant des campagnes échange son argent contre des assignats. La perte de valeur de cette monnaie de papier au cours forcé entraîna rapidement une forte inflation dans le pays.

(500 000 personnes), suivi de celui de l'éducation* (167 000), mais ce sont les activités sportives (24,5 %), la culture*, le tourisme* et les loisirs (23 %) qui sont les plus gros secteurs d'intervention.
Sans but lucratif, faisant appel par nature au bénévolat, qui pèse d'un poids encore plus lourd que l'emploi généré, les associations, dans leur ensemble, gèrent 220 milliards de francs (33 milliards d'euros), les ressources provenant pour 40 % de dons, de cotisations et de recettes privées, pour 42 % de subventions publiques (État, collectivités locales), et pour 18 % de remboursements de fonds sociaux. Selon une étude américaine, les associations rassemblent 18,8 millions de salariés à temps plein dans 22 pays industrialisés et pesaient 1 100 milliards de dollars en 1995. A. L.

➔ *Économie sociale*

Assurance

Contrat par lequel une société d'assurances s'engage à dédommager un assuré lors de la réalisation d'un certain risque, ou sinistre, en échange du versement d'une cotisation, la prime d'assurance.

La prime à payer est déterminée par l'assureur en fonction de la fréquence statistique du risque et du coût moyen du dommage, ainsi que des caractéristiques de chaque assuré. L'assurance repose sur le principe d'une mutualisation des risques entre tous les assurés auprès d'une même compagnie, mais aussi entre les différentes compagnies, qui peuvent se réassurer entre elles ou auprès de groupes spécialisés. Les premières opérations d'assurance sont apparues au Moyen Âge, dans le commerce maritime, et l'assurance-incendie a commencé à se déve-

lopper après le grand incendie de Londres en 1666. Les opérations d'assurance se répartissent en deux grandes catégories : les assurances de dommages et les assurances de personnes.

• La branche dommage, qui comprend notamment les contrats obligatoires comme l'assurance automobile ou l'assurance habitation, regroupe l'assurance de biens (assurance du mobilier, de dommages causés au véhicule...) et l'assurance de responsabilités (responsabilité civile familiale, responsabilité civile du conducteur).

• Les assurances de la personne couvrent les risques inhérents à la vie humaine : l'assuré ou le bénéficiaire de ce type d'assurance peut par exemple recevoir des prestations en cas de décès, d'invalidité, de maladie (en complément de la Sécurité sociale*), ou pour sa retraite (en complément des régimes obligatoires). On peut s'assurer en s'adressant directement à une compagnie, à l'un de ses agents généraux, à un courtier d'assurances ou encore à une banque.

Un agent important de l'économie

L'assurance est une activité très réglementée, notamment par le Code des assurances. Les assureurs doivent respecter des règles de gestion strictes, en pratiquant une tarification adaptée et en se dotant des réserves comptables nécessaires pour pouvoir tenir tous leurs engagements contractuels. Ils ne peuvent exercer leur activité qu'avec l'agrément du ministère de l'Économie et sont contrôlés par un organisme d'État, la Commission de contrôle des assurances.

En 1998, le chiffre d'affaires de l'assurance française s'est élevé à 1 020 milliards de francs (155,6 milliards d'euros), soit 21 % du marché européen. La France se classe ainsi au cinquième rang mondial, derrière les États-Unis, le Japon, le Royaume-Uni et l'Allemagne. En France,

L'assurance, un grand acteur du marché financier

Ressources et charges en milliards de francs, 1997

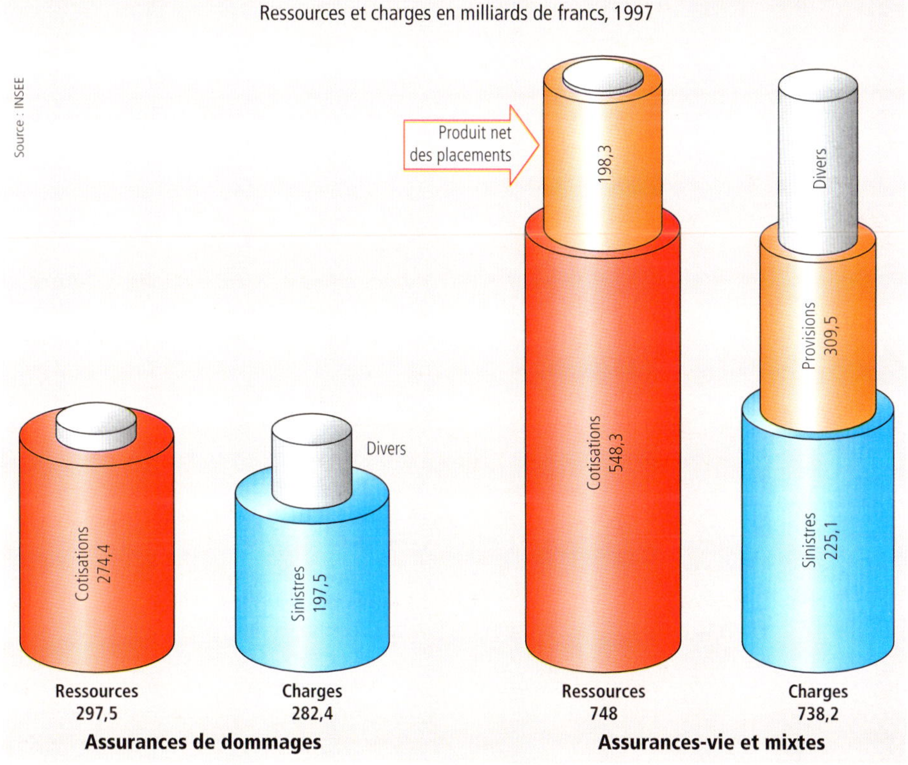

Tout peut s'assurer (ou presque)

Que faire si le danseur étoile d'une compagnie de ballet doit renoncer au rôle-titre, si le doubleur attitré de la voix d'un acteur est enroué et retarde la production d'un film, si des travaux imposant la fermeture d'une rue commerçante se prolongent plus que prévu, si un cheval champion du trot se blesse avant la course ? Ces incidents peuvent coûter très cher. Ceux qui y sont exposés peuvent donc contacter des services spéciaux auprès des compagnies ou des courtiers d'assurance afin de se prémunir et de toucher une indemnité au cas où le risque se matérialiserait. Dans certains pays (mais pas en France), il est même possible de souscrire une garantie « kidnapping » confidentielle pour couvrir le paiement éventuel d'une rançon !

240 000 personnes (soit 1 % de la population active) travaillent pour ce secteur dans 539 entreprises, sociétés anonymes, mutuelles ou filiales de banques. L'encours des placements des assureurs – les actifs destinés à couvrir leurs engagements vis-à-vis des assurés – atteignait 4 268 milliards de francs (650,7 milliards d'euros) à la fin de 1998. Ces placements se composent de 68,9 % d'obligations*, de 18,6 % d'actions, de 5,2 % d'immobilier et de 7,3 % d'autres actifs, et jouent donc un rôle important dans le financement de l'économie. S. F.

➔ *Sécurité sociale*

Atomicité

Situation dans laquelle chaque offreur ou demandeur de biens ou de services ne représente qu'une infime partie du marché (il n'est qu'un atome).

Quand l'offre* et la demande* d'un bien (fruits et légumes, poisson...) ou d'un service (travail d'un certain type) sont « atomistiques », le prix qui s'établit sur le marché* considéré n'est pas sensible à la modification de la quantité offerte ou demandée par un agent, puisque cette quantité est infiniment petite.

L'offreur et le demandeur sont « preneurs » du prix, en ce sens qu'ils le subissent sans pouvoir l'influencer. L'atomicité est l'une des conditions de la concurrence* « pure et parfaite ». P. B.

➔ *Concurrence, marché, prix*

Audit

Selon une définition largement acceptée, l'audit financier légal est une mission d'analyse des états financiers d'une entreprise faite par un professionnel indépendant.

Il existe actuellement une profusion d'audits témoignant d'un véritable phénomène de société et que l'on peut classer selon trois critères :

• selon la situation de l'auditeur par rapport à l'institution auditée, on peut distinguer l'audit externe, mené par un professionnel extérieur à l'institution, et l'audit interne, mené par un service interne de l'entreprise, généralement rattaché à la direction générale ;

• selon le statut de l'auditeur, on peut distinguer l'audit contractuel, dont les objectifs sont déterminés librement par le mandataire, de l'audit « légal », dont le cadre, les moyens et les objectifs sont définis soit par des lois (cas fréquent dans les pays européens continentaux), soit par des règlements (standards) émanant d'organismes privés (cas fréquent dans les pays anglo-saxons) ;

• selon les objectifs assignés à l'audit, on peut opposer l'audit financier – qui conduit à la certification des comptes légaux (publiés obligatoirement) – à l'audit de gestion et à l'audit opérationnel, qui visent à formuler un jugement sur l'action des dirigeants et les performances de l'entreprise. J. R.

Autarcie

Terme désignant une organisation économique repliée sur elle-même et vivant de ses ressources propres.

Les exemples de sociétés autarciques appartiennent au passé. Ce fut ainsi le cas de sociétés dites primitives, vivant de chasse et de pêche, ou d'une agricul-

ture de subsistance. L'époque mérovingienne (VIe-VIIIe siècle) fut aussi largement autarcique : l'essentiel de l'activité se faisait dans le cadre de grands domaines, laïques ou ecclésiastiques. Le commerce avec les villes ou les contrées lointaines était alors marginal.

Au XXe siècle, divers pays cherchèrent à se développer en dépendant le moins possible des échanges internationaux : l'URSS stalinienne voulut construire le « socialisme dans un seul pays », à l'abri des pressions « impérialistes ». Dans l'Allemagne hitlérienne ou dans l'Italie fasciste, les préoccupations étaient surtout d'ordre nationaliste. P. B.

➔ *Allemagne, France, Italie*

Autofinancement

Financement des investissements* effectués par un agent économique grâce à son épargne* propre.*

Quand une entreprise achète des machines, elle peut soit recourir à un financement externe (en empruntant de l'argent ou en émettant des actions ou des obligations*), soit puiser dans son épargne propre (c'est-à-dire ce qui lui reste du produit de la vente de ses marchandises, après avoir payé tous ses frais et distribué des dividendes à ses actionnaires*). Si elle investit par exemple pour un montant de 100 millions de francs, et qu'elle a utilisé pour cela 80 millions provenant de son épargne, son taux d'autofinancement (épargne/investissement) est égal à 80 %.

Durant les années 1990, le taux d'autofinancement des entreprises françaises fut à plusieurs reprises supérieur à 100 %, ce qui signifie qu'elles n'empruntèrent pas pour investir et n'auront pas dans l'avenir à payer des frais financiers à leurs prêteurs. Mais une telle situation peut provenir d'une baisse des investissements des entreprises hypothéquant leur croissance future, comme cela fut le cas en France durant ces années-là. A contrario, un taux d'investissement inférieur à 100 %, comme celui des entreprises françaises durant la période des Trente Glorieuses*, s'expliquait par leur investissement important (supérieur à leur épargne), qui leur permit de se moderniser et qui exprimait leur confiance dans l'avenir. P. B.

Autogestion

Système de pouvoir confiant la responsabilité des entreprises aux travailleurs eux-mêmes.

L'idée d'autogestion s'oppose à la fois au capitalisme* privé et à l'économie étatique dirigée autoritairement. Elle fut défendue au XIXe siècle par les socialistes pré-marxistes (et connut quelques applications concrètes, comme l'entreprise Godin, devenue propriété du personnel en 1888) et, plus récemment, par le Parti socialiste unifié (PSU) de **Michel Rocard** en 1968. Un des rares exemples concrets d'autogestion ouvrière est l'occupation en 1974 de l'usine Lip de Besançon par les ouvriers tentant de la gérer d'une façon autonome. Cette expérience ne résista pas aux problèmes liés à l'illégalité de cette pratique et à ceux du financement* de l'activité de l'entreprise.

Dans les pays de l'Est, les « conseils d'ouvriers et de paysans » créés en 1917 en Russie n'eurent jamais de pouvoir effectif, qui revint à l'État ou au Parti communiste. Les « communes populaires » chinoises ne purent non plus exercer un réel pouvoir face à celui de l'appareil d'État. L'expérience yougoslave fut limitée par le faible niveau de développement du pays, rendant les entreprises tributaires des commandes et des aides publiques. P. B.

Automatisation

Processus par lequel des tâches sont réalisées par des machines et reliées dans une séquence continue d'opérations.

L'automatisation est de nos jours fondée sur l'utilisation de la microélectronique dans le travail de production (**productique**) et de bureau (**Bureautique**). En 1995, en France, l'informatisation touche davantage les bureaux (61 % des employés) que les ateliers de fabrication (33 % du personnel).

Elle est motivée par la baisse des coûts de production mais aussi par la nécessité de diversifier les produits commercialisés et d'améliorer leur qualité. Ses effets sur l'emploi et la structure des qualifications sont controversés. A. R.

➔ *Informatique, plein-emploi, progrès technique*

Automobile

Bien de consommation emblématique du XXe siècle, l'automobile occupe une place essentielle dans le domaine économique et social mais aussi dans la vie de la cité.

En 1975, déjà, 64 % des ménages français possédaient au moins une automobile. La proportion a atteint 79,4 % en 1998. Près d'un tiers disposent de deux voitures ou plus. Le budget automobile (achat et entretien) des Français représente environ 13 % de l'ensemble de leurs dépenses, soit environ 600 milliards de francs par an, dont 170 milliards consacrés à l'achat de véhicules neufs. L'usage de la voiture est largement lié à l'âge du chef de ménage, à la catégorie socioprofessionnelle, à la taille du ménage et au lieu de résidence.

Le taux d'équipement est plus important à la campagne et dans les zones périurbaines que dans les villes. Les jeunes ménages et les retraités sont proportionnellement un peu moins motorisés que la moyenne.

L'industrie automobile française (près de 4 millions de voitures produites chaque année, soit quelque 8 % de la production mondiale) représente 10 % de la valeur ajoutée* de l'industrie manufacturière nationale. génère directement environ 750 000 emplois, et l'usage de l'automobile (réparation, entretien, carbu-

Le symbole automobile

La présence de constructeurs automobiles dans un pays est le reflet de son niveau d'industrialisation. Après la Première Guerre mondiale, la Ford T – première voiture produite à la chaîne – fut l'emblème du rayonnement mondial de l'économie américaine. Cette symbolique engendre souvent un phénomène d'identification entre une marque et un pays. « **Ce qui est bon pour General Motors est bon pour l'Amérique** » : la formule connut un certain succès jusqu'à ce que les consommateurs américains plébiscitent les modèles japonais, plus économiques et plus fiables. Au plan social, les firmes automobiles ont longtemps fait figure de laboratoire (la cinquième semaine de congés payés chez Renault, les 35 heures chez Volkswagen). « **Lorsque Renault tousse, c'est la France qui s'enrhume** », avait-on coutume de dire lorsque les conflits sociaux engagés chez le constructeur menaçaient de faire tache d'huile. Progressivement, le patriotisme automobile s'est atténué. Désormais, c'est la culture d'origine d'une marque qui prime sur la nationalité de ses capitaux. Ainsi, Jaguar et Rover, respectivement contrôlés par Ford et BMW, restent malgré tout des « marques anglaises ».

Automobile
Yoshikazu Hanawa et Louis Schweitzer scellent le 27 mars 1999 le rapprochement entre Nissan et Renault. L'industrie automobile est entraînée elle aussi dans un vaste mouvement de concentration, où la culture d'origine des marques prime sur la nationalité de leurs capitaux.

rant, services) représente 571 000 emplois. Si l'on ajoute les entreprises des transports et des infrastructures routières, il occupe 2,7 millions de personnes, soit 12 % de la population active.

L'espace urbain, qui s'est longtemps adapté à l'automobile, atteint un point de saturation. Désormais, c'est la voiture qui devra s'adapter. La réglementation relative aux émissions polluantes a été considérablement durcie à partir des années 1980. Entre 1970 et 1995, souligne le Comité des constructeurs français d'automobiles (CCFA), les voitures produites ont vu leurs émissions d'oxyde de carbone divisées par douze, celles d'oxyde d'azote par huit et celles de particules par cinq. Les constructeurs, soumis aux normes imposées par l'Union européenne*, continuent d'améliorer la dépollution des moteurs et d'innover pour mettre au point des technologies « propres » (pile à combustible, véhicules à propulsion hybride). J.-M. N.

➔ *Consommation, industrie, transports*

38 millions de voitures neuves par an

Production de voitures particulières par zones géographiques en 1998, en milliers d'unités

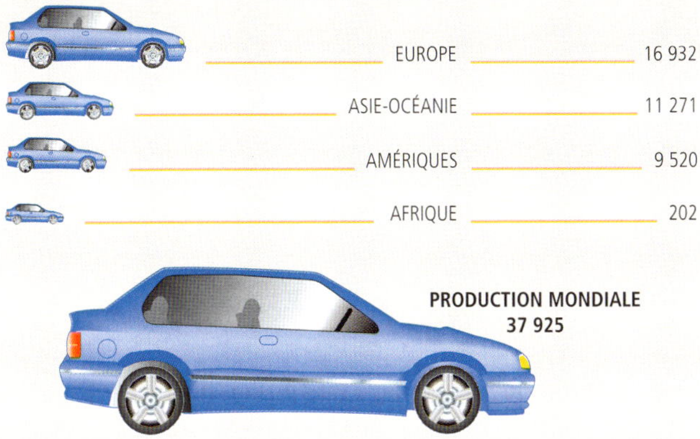

Principaux pays exportateurs de voitures particulières, en % du total, 1998

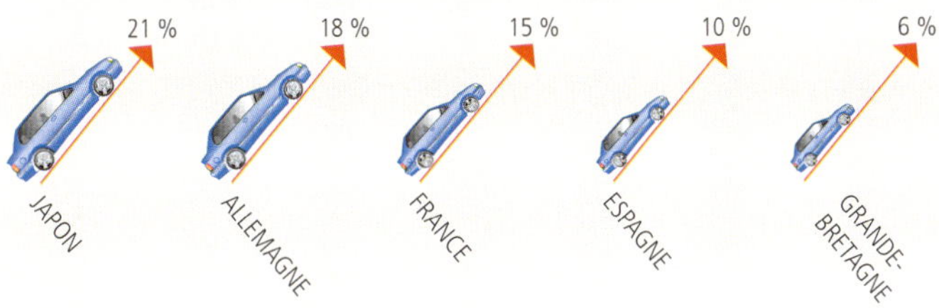

Les Français roulent français

Immatriculations des voitures particulières en France selon le constructeur (1998)

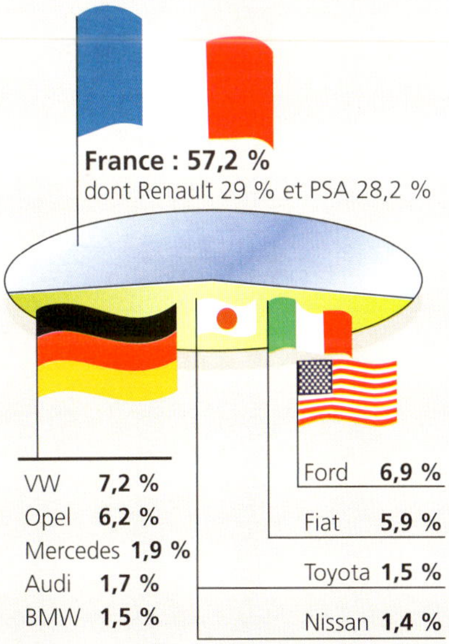

Avantages et coûts comparatifs

Les nations ont intérêt à se spécialiser dans les activités où elles sont relativement les plus efficaces ou, à défaut, relativement les moins inefficaces : elle se spécialisent ainsi dans les activités où leur coût relatif de production est plus faible qu'ailleurs.

Formulée par Ricardo* en 1817, cette loi implique que le coût de production est exprimé en termes de quan-

tité de travail. Supposons que la production d'une automobile exige 10 heures au Japon et 21 en — Indonésie. La production d'un lot de chemises exige 5 heures au Japon et 7 en Indonésie. Le Japon est plus efficace dans les deux productions car il utilise moins de travail. Le principe des avantages comparatifs montre que l'intérêt du Japon est néanmoins de consacrer ses ressources au secteur le plus efficace (l'automobile), quitte à abandonner la production de chemises à l'Indonésie. Le coût des automobiles exprimé en termes de chemises (coût relatif) est ainsi plus faible au Japon (10/5 = 2) qu'en Indonésie (21/7 = 3).
L'avantage comparatif se transformera en avantage compétitif avec la prise en compte des salaires nominaux, exprimés aux taux de change courants ; ils devront être plus faibles en Indonésie pour compenser la moindre efficacité de la production. C'est d'ailleurs cette différence dans la rémunération des facteurs* de production qui permettra aux chemises indonésiennes d'être moins chères que les chemises japonaises.
Le principe des avantages comparatifs est à la base de la théorie du commerce international. Il justifie le libre-échange* en montrant que tous les pays sont susceptibles de gagner au commerce international même lorsqu'ils sont, en termes absolus, moins efficaces que d'autres pays. J.-M. S.

➔ *Compétitivité, division internationale du travail, Heckscher-Ohlin-Samuelson (théorème de), libre-échange, protectionnisme*

Avoir fiscal

Crédit d'impôt équivalant à la moitié des dividendes, destiné à compenser l'impôt sur les sociétés déjà payé.

Ajouté aux dividendes dans la déclaration de revenus, il se déduit de l'impôt à payer. L'avoir fiscal entre dans le calcul du rendement global d'une action. D. G.

➔ *Actionnaire, dividende, impôt, rendement*

Babeuf (François Noël, dit Gracchus)

Révolutionnaire français (1760-1797), qui préconisa une sorte de communisme agraire.

Influencé par Rousseau, Morelly et Mably, François Noël Babeuf dénonça la propriété privée de la terre, à l'origine, selon lui, des profondes inégalités que connaissait la France à la fin du XVIIIe siècle. Babeuf voulait confisquer les domaines seigneuriaux et les redistribuer en lopins de terre permettant à chaque homme de vivre décemment, mais qui reviendraient à la collectivité après sa mort. Déçu par le conservatisme du Directoire, il organisa la « conjuration des Égaux », qui échoua en 1796. Babeuf fut exécuté en mai 1797. P. B.

DOSSIERS

Banque p. 82

Bourse p. 97

Balance commerciale

Document comptable qui enregistre les exportations et les importations d'un pays.

La balance commerciale ne prend en compte que les biens, les services étant exclus. Elle est établie sur la base des statistiques douanières. Il y a excédent si la valeur des exportations l'emporte sur la valeur des importations, et déficit dans l'autre cas. Le niveau des exportations dépend de la demande étrangère, elle-même liée au dynamisme de la croissance des pays clients, aux prix pratiqués par les entreprises du pays qui exporte et à la capacité de celui-ci à s'adapter aux évolutions technologiques. Plus la croissance étrangère est soutenue, plus le pays profite des opportunités d'exportation. Il vend d'autant mieux que ses prix en monnaie étrangère sont bas, ce qui arrive si son taux d'inflation* est inférieur à celui des pays importateurs et si sa monnaie ne s'apprécie pas sur le marché des changes. Il peut également se positionner sur des secteurs dans lesquels le prix n'est pas le seul élément de compétitivité. Il profite alors de sa capacité d'innovation* et de différenciation en créant des biens nouveaux ou en multipliant les gammes de biens existants.
Le niveau des importations est influencé par la croissance du produit national du pays importateur et par

le prix relatif des biens importés par rapport aux biens du pays. Plus le produit national brut (PNB*) croît rapidement, plus les importations augmentent car les consommateurs du pays disposent de plus de revenus et les entreprises ont des besoins accrus en matières premières et en produits semi-finis. La hausse du prix des biens importés freine les importations. Cela arrive notamment lorsque la monnaie du pays se déprécie et si l'inflation est plus forte à l'étranger que dans le pays. Le déficit commercial des États-Unis*, permanent dans les décennies 1980 et 1990, provient essentiellement de la perte de compétitivité de certaines industries américaines et du dynamisme de la croissance de leur PNB, qui alimente une demande soutenue d'importation. Ce déficit est de l'ordre de 3 000 milliards de dollars en 2000, chiffre considérable et préoccupant. B. G.

➔ *Balance des paiements, dépréciation, exportation, importation, inflation*

Balance des paiements

Compte recensant toutes les transactions des résidents du pays avec les non-résidents, que ces transactions portent sur des marchandises, des services, des titres ou des monnaies.

Toutes les ventes ou cessions sont mises dans la colonne des crédits alors que tous les achats ou acquisitions sont enregistrés en débits. On trouve donc dans les crédits les exportations du pays mais aussi les ventes de titres (c'est-à-dire les entrées de capitaux dans le pays) et les remises de monnaies dues aux paiements que les résidents effectuent pour régler leurs achats à l'étranger. Symétriquement, en débit figurent les importations, les achats de titres (sorties de capitaux) et les acquisitions de monnaies résultant des ventes de toute nature (marchandises, services et titres) du pays à l'extérieur.

Une balance excédentaire pour la France

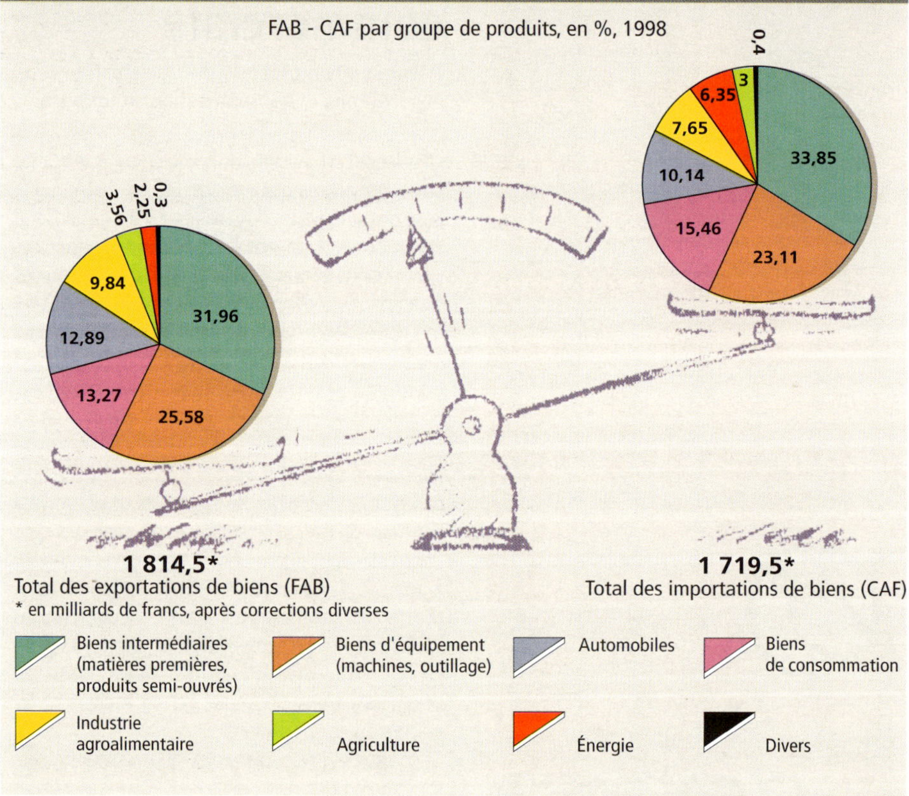

Cette règle d'enregistrement permet d'obtenir une valeur globale des crédits égale à la valeur globale des débits. En effet, comme toute transaction possède une contrepartie inscrite pour la même valeur dans l'autre colonne, la balance des paiements est un document comptablement équilibré, aux erreurs et omissions près. Par exemple, si le pays exporte des marchandises pour une valeur de 1 million de dollars et si le paiement est fait, en dollars, par versement sur un compte bancaire, l'opération donne lieu à deux écritures de même valeur (1 million de dollars) : une en crédits dans le poste « marchandises » et une en débits dans le poste « devises ».

La balance des paiements est divisée en trois comptes :

- le **compte des transactions courantes**, qui enregistre les opérations sur biens* et services*,
- le **compte de capital**, qui recense les dons en capital (par exemple, les remises de dettes),
- le **compte financier**, qui reprend toutes les transactions sur titres et monnaies.

Un pays qui possède un déficit courant (appelé souvent improprement « déficit de la balance des paiements ») finance ce déficit par des prêts de l'étranger, par des ventes de capitaux (ventes d'usines ou d'immeubles aux non-résidents) et par des paiements en devises étrangères ou dans sa propre monnaie si celle-ci a le statut de monnaie internationale. L'ensemble de ces opérations financières compensatrices apparaît dans le compte financier. L'accumulation de déficits courants à travers le temps implique un endettement croissant du pays, qui menace sa prospérité et son indépendance. À l'inverse, l'excédent courant, s'il perdure, donne au pays un statut de prêteur international ; il investit à l'étranger et accumule des devises. Depuis 1982, les États-Unis possèdent un déficit courant permanent, qui s'élève, certaines années, à 3 % du PIB américain. Ce déficit, dû à la forte croissance américaine (qui induit des importations) et à la perte de compétitivité dans certains secteurs industriels, est principalement financé par des investissements financiers du reste du monde (sous forme d'actions, d'obligations et d'emprunts d'État). B. G.

➔ *Balance commerciale, excédent commercial, exportation, importation, investissement*

Banque

Voir dossier p. 82

Banque d'affaires

Voir dossier p. 82

Banque centrale

Institution qui gère la monnaie d'un pays. Les banques centrales émettent les billets de banque (d'où leur nom d'instituts d'émission), mettent en œuvre la politique monétaire, conservent les réserves de change du pays, et, souvent, surveillent le système financier.

La première banque centrale fondée en Europe a été celle de Suède, en 1669, suivie en 1694 par celle d'Angleterre (Bank of England), qui a souvent servi de référence pour la création de nouveaux établissements.

En plus de fabriquer des billets de banque, les banques centrales créent de la « monnaie de banque centrale » en injectant des liquidités dans l'économie par le biais du refinancement des banques. Elles relèvent ou abaissent les « **taux directeurs** » (taux par lesquels la banque centrale intervient pour atteindre les objectifs de la politique monétaire* ; ces taux déterminent les conditions de refinancement* des banques et, par voie de conséquence, le coût des crédits qu'elles accordent à leurs clients), à l'occasion des opérations d'« **open market** » (intervention de la banque centrale sur le marché monétaire à travers l'achat ou la vente de titres) effectuées à leur initiative, ou à travers leurs facilités permanentes ouvertes à l'initiative de banques ayant besoin de fonds.

Cette action sur les taux d'intérêt, éventuellement complétée par l'imposition de réserves obligatoires d'argent, permet à la banque centrale d'influer sur le niveau de l'activité économique, ainsi que sur celui de l'inflation.

Depuis près de vingt ans, la plupart des banques centrales ont placé la stabilité des prix en tête de leurs objectifs. Elles ont aussi acquis davantage d'indépendance vis-à-vis du gouvernement de leur pays : plus question qu'elles obéissent à l'injonction du gouvernement d'imprimer de l'argent pour boucher le déficit budgétaire ou rembourser la dette publique, au risque de réveiller l'inflation*. F. L.

➔ *Agrégats monétaires, Banque de France, euro, monnaie*

Dossier

Depuis une quinzaine d'années, le statut de la banque, en France comme en Allemagne ou au Japon, et sa place dans l'économie se sont modifiés du fait du rôle croissant des marchés financiers. En France, en particulier, le rôle des institutions bancaires, très liées à l'État, a été très largement remis en cause depuis le milieu des années 1980.

Banque

La banque est une entreprise qui reçoit les fonds du public, sous forme de dépôts ou d'épargne. Elle réemploie l'argent des déposants en distribuant des crédits et en effectuant diverses opérations financières. Elle gère et met à la disposition de ses clients des moyens de paiement (chèque, carte bancaire, virement...). Elle sert aussi d'intermédiaire sur les marchés financiers, entre les émetteurs d'actions et d'obligations (entreprises, État, collectivités locales) et les investisseurs (épargnants, fonds communs de placement ou sicav, caisses de retraite, compagnies d'assurances). Elle crée de la monnaie par les crédits qu'elle octroie, et en « achetant » ceux que s'accordent entre eux les agents non financiers (traites, effets de commerce, etc.).

Il existe plusieurs types de banques. On distingue souvent les **banques de dépôt**, qui gèrent les comptes des particuliers et des entreprises, et les **banques d'affaires** (en anglais *investment bank*), qui interviennent sur les marchés financiers, conseillent les grandes entreprises pour leurs opérations de fusions et d'acquisitions, et prennent des participations dans le capital de certains groupes. Aux États-Unis, une loi de 1933, le Glass Steagall Act, a longtemps établi une distinction très stricte entre ces deux types d'activités, qui ne peuvent être exercées par les mêmes établissements. La frontière a toutefois été interprétée de plus en plus souplement par les autorités et, finalement, la loi a été réformée à la fin de 1999.
En France, comme dans le reste de l'Europe, un même établissement peut exercer à la fois des activités de banque d'affaires et de banque commerciale, pourvu qu'il ait les capitaux propres nécessaires. C'est le principe de la **banque universelle**.
La réglementation française fait la distinction entre plusieurs catégories d'établissements de crédit : les banques **AFB** (adhérentes de l'Association française des banques), les **banques mutualistes et coopératives** ainsi que les **caisses d'épargne**, et les **sociétés financières**. Les banques AFB (BNP-Paribas, Société générale, Crédit Lyonnais, CIC, CCF...) sont des sociétés anonymes. La plupart d'entre elles avaient été nationalisées par l'État soit en 1945, soit en 1982, dans le cadre de politiques de gauche visant à contrôler le financement de l'économie mais, depuis la vague de privatisations lancée en 1986, les plus importantes ont été introduites en Bourse. À la fin de 1998, elles étaient au nombre de 382, sur un total de 1 237 établissements de crédit. Ce total comprend 124 établissements mutualistes ou coopératifs, qui appartiennent à quatre grands réseaux (Crédit agricole, Crédit mutuel, Banques populaires, Crédit Coopératif), et 34 caisses d'épargne, qui, depuis la loi du 17 juin 1999, ont également le statut de banque coopérative.
La France compte 25 428 guichets bancaires. Les banques AFB collectent 38,4 % des dépôts et accordent 43,5 % des crédits ; les banques mutualistes, 39,6 % des dépôts et 29,1 % des crédits, et les caisses d'épargne, 20,5 % des dépôts et 7,4 % des crédits. Le secteur bancaire employait environ 353 000 personnes en 1999.

La banque : un secteur en forte concentration

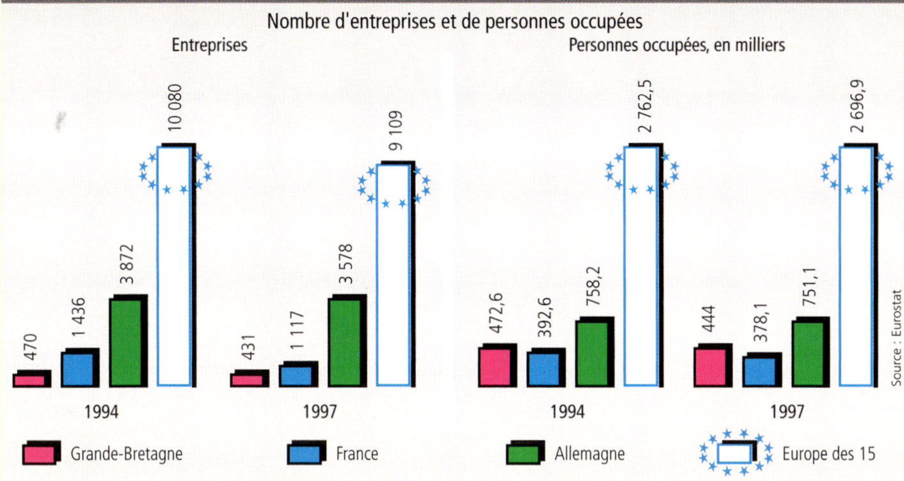

L'obligation du contrôle : le développement de « règles prudentielles », obligeant les banques à respecter une gestion scrupuleuse du risque, constitue une nécessité

Les banques ne sont pas tout à fait des entreprises comme les autres. Leur activité de transformation des dépôts en crédits fait d'elles le principal chaînon du processus de création de monnaie. Leur activité de gestion des moyens de paiement et de financement des entreprises et des particuliers les place au cœur de l'activité économique : c'est pourquoi elles sont un enjeu stratégique.

En outre, l'activité bancaire repose sur la confiance des déposants. Si une banque fait faillite, la solidité de toutes les autres banques risque d'être mise en doute par leurs clients. Or, si ces derniers décident tous au même moment de récupérer leurs liquidités, ils peuvent entraîner la défaillance d'autres établissements financiers, déclenchant ce que redoutent les responsables financiers partout dans le monde : une « **crise systémique** ». Dans ce cas extrême, tout le secteur bancaire chancelle, paralysant l'économie. Comme l'ont montré les crises asiatique et russe de 1997-1998, les systèmes financiers sont aujourd'hui tellement interdépendants qu'une crise dans un pays ou une région peut menacer la prospérité économique mondiale.

Pour toutes ces raisons, dans tous les pays, les banques sont soumises à une réglementation et à un contrôle étroits. Les grands principes de cette supervision sont arrêtés par le **Comité de Bâle**, qui, depuis 1975, réunit les dix principales puissances économiques mondiales (G10) dans le cadre de la Banque des règlements internationaux. En France, les conditions d'exercice de l'activité bancaire sont définies par la loi bancaire de 1984 et ont été modifiées et précisées par la loi relative à l'épargne et à la sécurité financière du 17 juin 1999. Cette loi a créé un fonds de garantie des dépôts (pour rembourser les épargnants en cas de faillite bancaire), alimenté par les cotisations des banques. L'activité bancaire est également encadrée par plusieurs directives européennes.

En France, il existe trois instances collégiales de supervision : le **Comité de la réglementation bancaire**, le **Comité des établissements de crédit et des entreprises d'investissement (CECEI)** et la **Commission bancaire**. Ceux-ci sont compétents pour fixer les règles de fonctionnement des banques, pour délivrer les agréments et les autorisations individuelles indispensables à toute entreprise souhaitant développer une activité de banque, pour surveiller la situation financière des établissements et pour sanctionner les manquements éventuels. Les inspecteurs de la Commission bancaire se rendent ainsi régulièrement dans les banques pour s'assurer qu'elles maîtrisent les risques qu'elles prennent en accordant des crédits ou en intervenant sur les marchés financiers. Le CECEI est plus particulièrement chargé de délivrer les agréments sans lesquels aucune entreprise

La banque d'hier et celle d'aujourd'hui

Jusqu'aux années 1980, la banque constitue le pivot du financement de l'économie française, sous le contrôle étroit de l'État. Les entreprises, qui répugnent alors à recourir aux marchés financiers, s'adressent largement aux banques pour leurs besoins de financement. Celles-ci transforment les dépôts à court terme de leurs clients de base en prêts à long terme pour les entreprises et pour l'État. C'est le « **capitalisme de guichet** ».

En 1984 commence le grand changement. Une loi accroît la concurrence entre les banques en assouplissant les critères d'allocation des prêts aux clients. La disparition totale du contrôle des changes en 1990 permet également aux agents de chercher ailleurs des sources de financement. Par ailleurs, la série de mesures destinées à accroître le rôle de la Bourse* tend à restreindre également le rôle des établissements bancaires dans le financement de l'économie. Ceux-ci perdent progressivement les traditionnelles complicités qu'ils entretenaient avec leurs entreprises clientes au travers de participations croisées (par exemple, la BNP actionnaire de Elf, et Elf, de la BNP). Les anciennes lignes de partage entre banques se perdent et la concurrence s'avive de plus en plus. En témoigne l'homérique bataille de 1999 entre la BNP et la Société générale. Des évolutions similaires se sont produites en Allemagne, en Italie et au Japon.

ne peut exercer d'activité bancaire, et notamment recevoir des dépôts. Il peut s'opposer à la nomination d'un dirigeant de banque s'il le juge inapte. Il peut également interdire à une entreprise ou à un investisseur de prendre une participation importante dans une banque s'il estime que cela peut troubler le bon fonctionnement du système. Ainsi, en août 1999, le CECEI est intervenu dans la bataille boursière qui a opposé pendant sept mois la BNP, partisane d'un mariage à trois, à la Société générale et à Paribas, qui souhaitaient fusionner à deux : il a autorisé la BNP à prendre le contrôle de Paribas mais a refusé qu'elle détienne une participation minoritaire dans la Société générale.

Au niveau de la zone euro, la Banque centrale européenne (BCE) n'a pas de compétences directes en matière de contrôle bancaire, mais une coopération entre les autorités nationales de supervision bancaire est organisée à travers le Comité de surveillance bancaire, dont les travaux sont suivis par le conseil des gouverneurs de la BCE.

Banque
Michel Pébereau (à g.), président de la BNP, et Daniel Bouton, président de la Société générale. Leur affrontement tout au long de l'année 1999 a marqué en France la forte tendance à la concentration qui touche, dans le monde entier, le secteur bancaire. La création de l'euro, la même année, a encore accéléré le mouvement en Europe.

Le temps des mastodontes : l'intégration européenne comme la concurrence mondiale poussent aux regroupements

En France comme dans le reste de l'Europe ou aux États-Unis, le secteur bancaire est touché par des opérations de concentration spectaculaires. Dans la zone euro en particulier, l'avènement de la monnaie unique accélère le rapprochement d'établissements. En 1999, en France, la BNP et Paribas ont ainsi fusionné à l'issue d'une dure bataille boursière. Le Crédit foncier de France a été adossé aux Caisses d'épargne. Au Japon, les banques Industrial Bank of Japan, Dai-Ichi Kangyo et Fuji, d'une part, et Sumitomo et Sakura, d'autre part, se sont rapprochées pour donner naissance aux deux premiers établissements du monde en termes de bilan. En Espagne, les quatre premières banques du pays ont fusionné deux à deux pour former les groupes BSCH et BBVA. En 1998, en France, le groupe CIC a été repris par le Crédit mutuel. La même année, aux États-Unis, deux géants bancaires sont nés : une nouvelle Bank of America, fusionnée avec Nationsbank, et Citigroup, né de la fusion du groupe financier Travelers (assurance et banque d'affaires) avec la Citibank.

Les autorités de supervision bancaire suivent ce mouvement de très près. La dimension accrue des groupes, le caractère de plus en plus diversifié de leurs activités, l'hétérogénéité de leur actionnariat et la mondialisation des circuits financiers – et donc des crises – exigent une vigilance de plus en plus forte de leur part.

La taille des banques peut être mesurée en fonction de plusieurs critères. Le montant de leurs capitaux propres et la capitalisation boursière (pour les établissements cotés en Bourse) sont un bon indicateur de puissance. Le total de bilan, c'est-à-dire le montant des actifs d'une banque, reflète son poids dans l'économie.. S. F.

Les principales banques françaises

	Rang	Montant des fonds propres, en milliards de francs (*)
Crédit agricole	1	144,6
BNP + Paribas	2	128,3
Société générale	3	69,1
Crédit mutuel + CIC	4	63,8
Caisse d'épargne	5	56,9
Banques populaires + Natexis	6	41
Crédit Lyonnais	7	33,8
CCF (hors SMC)	8	19,5

** Capitaux propres (part du groupe) y compris fonds pour risques bancaires généraux et après distributions, en 1998. Source :* les Échos

Les dix premières banques mondiales

	Pays d'origine	Rang	Total des actifs en milliards de dollars
Fuji/IBJ/DKB*	Japon	1	1481
Deutsche/Dresdner	Allemagne	2	1200
Sumitomo/Sakura	Japon	3	968,33
Bank of Tokyo/Mitsubishi	Japon	4	691,04
Citigroup Inc.	États-Unis	5	668,64
Bank of America	États-Unis	6	617,68
UBS AG	Suisse	7	564,16
HSBC Holdings	Grande-Bretagne	8	493,13
Sanwa Bank	Japon	9	469,06
Hypo Vereinsbank	Allemagne	10	442,12

** Fusion prévue pour 2002. Source : Routers Securities 3000*

Banque de France

Institut d'émission de la France. Depuis sa création, en 1800, et jusqu'en 1999, la Banque de France a défini et mis en œuvre la politique monétaire du pays et géré la parité (taux de change) du franc, détenu les réserves de change (or et devises) de l'État. Formellement indépendante du gouvernement français depuis 1993, la Banque de France fait partie depuis 1998 du ***SEBC*** *(système européen de banques centrales), basé à Francfort. Elle participe à la mise en œuvre de la politique monétaire unique européenne.*

Le besoin de posséder, comme la Grande-Bretagne, un institut d'émission, s'était fait sentir en France peu avant la révolution de 1789. En raison des événements politiques, le projet fut cependant repoussé. Des assignats furent émis, inconvertibles mais gagés sur les ventes futures de biens nouvellement nationalisés. Dans le contexte révolutionnaire, les assignats entraînèrent une hyperinflation, une quasi-banqueroute de l'État.

La Banque de France fut créée par **Bonaparte** pendant le Consulat, sous la forme d'une institution privée ayant une mission de service public. Les deux cents plus forts actionnaires, qui participaient à l'assemblée générale de la Banque, ont donné naissance à l'expression « deux cents familles », qui désigne des personnages nantis et proches du pouvoir.

La Banque de France n'a été véritablement nationalisée qu'en 1945. Jusqu'à la mise en circulation de l'euro, en 2002, elle est la seule institution dont les billets ont cours légal, c'est-à-dire qu'ils doivent être acceptés par tous sur le territoire français. Il existait en 1998 environ 1,3 milliard de billets, imprimés par la Banque à Chamalières, dans le Puy-de-Dôme. De 1945 à 1993, la Banque de France, aux ordres du ministre des Finances, joue un rôle décisif de « banque des banques » en refinançant les banques de second rang ayant besoin de liquidités, et en les autorisant à accorder plus ou moins de crédits. La banque centrale prenait ses décisions en fonction de son appréciation des besoins de l'économie en moyens de paiement et en fonction du taux d'inflation par rapport à la valeur du franc dont elle était la gardienne.

Indépendance et intégration européenne

Avec la naissance de l'euro, la Banque de France, membre du système européen de banques centrales (SEBC), devient un participant à la politique monétaire définie à Francfort. La Banque applique aux établissements nationaux les taux d'intérêt directeurs européens. Au titre de gouverneur de la Banque de France, **Jean-Claude Trichet** participe tous les quinze jours à Francfort au Conseil des gouverneurs de la Banque centrale européenne (BCE).

Banque de France
Les splendeurs de la Banque de France. Fondée en 1800 par Bonaparte, la Banque centrale française a vu son rôle changer avec la montée en puissance de la Banque centrale européenne (BCE) : elle continue cependant de suivre de près la conjoncture française, de contrôler le secteur bancaire national et de diriger la commission de surendettement des ménages.

La Banque de France, qui possède 16,83 % du capital de la BCE, reste l'interlocuteur naturel des établissements de crédit implantés en France. Avec ses 211 succursales réparties sur le territoire français, elle est en mesure de fournir à la BCE diverses statistiques sur le système de paiement de la France, ainsi que des notes sur la conjoncture nationale. La Banque conserve aussi la partie des réserves de change qui n'a pas été transférée à Francfort. Elle participe également à plusieurs instances internationales, dont le Fonds monétaire international, la Banque mondiale, le G7.

La Banque de France continue aussi à établir la balance des paiements de la France et participe à celle de la zone euro. Elle se place aussi, sur la place financière de Paris, en tutelle du système financier et de la profession bancaire. C'est à ce titre que Jean-Claude Trichet est intervenu, à l'été 1999, dans le projet de fusion avorté BNP-Paribas-Société générale (le gouverneur de la Banque de France est le président du Comité des établissements de crédit et des entreprises d'investissement).

Dans son rôle de banquier de l'État, la Banque de France s'occupe également de la paie des fonctionnaires, de l'établissement de la balance des paiements, de la gestion de la dette publique. Elle tient aussi à jour un fichier recensant 2,7 millions d'entreprises, ou encore un autre concernant les incidents de paiement (d'où l'expression « être fiché à la Banque de France »). Depuis 1990, elle assure également le secrétariat des commissions de surendettement des ménages. F. L.

➔ *Banque centrale, euro, franc, monnaie*

Banque mondiale

Institution créée en 1944 à Bretton Woods, en même temps que le FMI* (Fonds monétaire international). Spécialisée dans le financement du développement du tiers-monde, elle compte 182 membres et est basée à Washington.*

Alors que le FMI est spécialiste de la monnaie*, notion relativement abstraite, il revient à la Banque mondiale, son « institution jumelle », de chapeauter la réduction de la pauvreté dans le tiers-monde*. Elle emprunte sur les marchés financiers (utilisant sa prestigieuse signature AAA) pour prêter aux pays pauvres des sommes qui aideront à la construction d'infrastructures, à l'amélioration des systèmes de santé, à l'alphabétisation... Au total, la Banque emprunte 30 milliards de dollars par an environ, ce qui fait d'elle l'un des principaux acteurs des marchés financiers mondiaux.

Outre la **BIRD** (Banque internationale pour la reconstruction et le développement, fondée en 1945, réorientée depuis vers le financement des réformes préconisées par le FMI* aux pays concernés), la Banque mondiale a créé en 1960 l'**AID** (Association internationale pour le développement), qui consent aux pays les plus pauvres des prêts à taux d'intérêt très faible et à remboursements très longs, par exemple 2 % sur trente ans. Logiquement, la Chine* est le premier client de l'AID (car le plus vaste). La Corée du Sud*, elle, a emprunté d'abord à l'AID, puis à la Banque mondiale (formellement la BIRD, qui prête à des taux d'intérêt proches de ceux du marché), avant d'adhérer au « club » des pays industriels de l'OCDE* en 1996.

Comme elle ne peut prêter qu'au secteur public, la Banque mondiale a créé en 1956 la **SFI** (Société financière internationale) afin d'aider le secteur privé, puis est née l'**AMGI** (Agence multilatérale de garantie des investissements), sorte de compagnie d'assurances chargée d'apporter sa garantie aux projets de la Banque. F. L.

➔ *Bretton Woods, FMI, OCDE, pauvreté, pays en voie de développement, tiers-monde*

Banqueroute

Situation d'une institution financière ou d'un particulier dans l'incapacité de rembourser ses dettes.

Ce terme provient de l'italien *banca rotta*, ou « banc rompu », qui fait allusion à la coutume médiévale consistant à briser le banc sur lequel était assis le banquier en faillite*.

On l'employa surtout par la suite à propos des États ne pouvant rembourser leurs créanciers ou suspendant les paiements des rentes versées aux porteurs de titres publics. C'est ainsi que l'État espagnol, à l'époque de Philippe II (1556-1598), se déclara à trois reprises en banqueroute (1557, 1575, 1576), après avoir beaucoup emprunté pour financer les guerres contre la France et les Flamands.

On parle également de banqueroute à propos de pratiques frauduleuses de personnes physiques ou morales les mettant en situation de cessation de paiement. P. B.

Barre (Raymond)

Économiste français (né en 1924). Premier ministre de 1976 à 1981.

Il fut l'un des premiers responsables politiques à faire de la lutte contre l'inflation son objectif prioritaire, après le « choc pétrolier » de 1974. Il chercha à réduire la croissance des revenus, jugée excessive (et responsable, selon lui, d'une demande trop forte et du déficit du commerce extérieur), et s'efforça de maintenir la valeur du franc. Nommé « meilleur économiste de France » par le président Giscard d'Estaing, R. Barre se vit reprocher par l'opposition de gauche son penchant pour l'austérité et son manque de détermination à lutter contre le chômage. Après 1983, la politique du gouvernement socialiste fut souvent qualifiée de « barrisme de gauche ». P. B.

Barrières non tarifaires

Obstacles aux importations autres que les droits de douane.

Il existe aujourd'hui une très grande variété de BNT : restrictions quantitatives, normes, subventions, mesures de représailles à l'encontre de pays qui limitent les exportations de leurs partenaires. Bien qu'interdites par l'Organisation mondiale du commerce (OMC*), les BNT sont très largement utilisées, surtout par les pays les plus développés. Ceux-ci protègent les secteurs concurrencés par les pays à bas salaires (textile, cuir, acier) ou s'isolent de la concurrence des autres pays industrialisés (automobiles, électronique). En 1993, selon l'OCDE (Organisation de coopération et de développement économiques), 17 % des importations des États-Unis* sont protégés par des BNT, contre 11,1 % pour l'Union européenne* et 4,4 % pour le Canada*. Les accords de restrictions volontaires à l'exportation (RVE), imposées par les pays importateurs mais formellement acceptées par les firmes exportatrices (ce qui explique le terme « volontaires »), constituent un des types de BNT les plus utilisés à la fin du XXe siècle. B. G.

➔ *Commerce international, droits de douane, OMC*

Bassin d'emploi

Concentration de population susceptible de fournir de la main-d'œuvre dans un périmètre assez large autour d'une activité industrielle, d'une agglomération ou même d'une très grosse entreprise.

Le mot bassin a pris le sens de zone de recrutement par analogie avec l'expression géographique désignant la région drainée par un fleuve et ses affluents. L'Île-de-France, avec près de 10 millions d'habitants, est le plus grand bassin d'emploi en France. En Californie, la conurbation San Francisco-Oakland représente le bassin d'emploi de la Silicon Valley*. S. G.

Bastiat (Frédéric)

Économiste français (1801-1850), défenseur résolu du libéralisme.*

Frédéric Bastiat fit œuvre de théoricien et de polémiste en s'attaquant au protectionnisme* et aux socialistes qui critiquaient la propriété privée et la libre concurrence. Il écrivit en particulier contre eux un pamphlet intitulé *Pétition des marchands de suif contre la concurrence du soleil,* et *Harmonies économiques* (1850).
Selon Bastiat, le libre-échange est profitable à tous, car il permet d'augmenter la production et les rendements, mais aussi de « s'épargner de l'effort » en achetant des biens ou des services produits par autrui, en échange de ce que l'on sait le mieux produire. L'État doit veiller à ne pas décourager les producteurs par une fiscalité excessive, et il doit être contrôlé par le vote des électeurs, comme s'il existait un « marché politique ». Ces idées annoncent celles d'auteurs libéraux contemporains comme J. Buchanan* et G. Tullock*. P. B.

➔ *Libre-échange*

Bâtiment

Toute construction durable destinée à l'habitation ou à une activité économique. Par extension, ensemble des industries et des professions qui participent à la construction ou à l'entretien de ces ouvrages.

En France, selon les statistiques du ministère de l'Équipement, des Transports et du Logement, la production du bâtiment s'élevait en 1998 à 463 milliards de francs, se ventilant essentiellement entre 261 milliards pour le logement et 197 milliards dans les bâtiments non résidentiels (dont 5 milliards sur ouvrages de génie civil). La construction neuve n'est plus majoritaire puisqu'elle ne représente dans ce chiffre d'affaires total que 195 milliards de francs, contre 263 milliards pour les activités d'entretien-amélioration du parc existant.

Au total 285 100 logements ont été mis en chantier en 1998, dont 168 000 maisons individuelles – le secteur le plus important et le plus dynamique – et 117 100 logements collectifs. Hors logement, 32 110 000 m^2 ont été mis en chantier, dont un peu plus de 9 millions de m^2 pour les bâtiments industriels et de stockage, près de 2,5 millions pour les commerces, un peu plus de 2,5 millions pour les bureaux et 12 millions de m^2 pour les bâtiments agricoles.

Une activité de main-d'œuvre.

Le secteur emploie 795 000 salariés, qui travaillent dans 266 000 entreprises (source : Fédération française du bâtiment). Si 250 000 de ces entreprises comptent de 0 à 10 salariés et réalisent 43 % du chiffre d'affaires de la profession, les plus gros groupes français – connus sous le terme de « majors » – ont une dimension internationale. Viennent en tête : Bouygues (97 milliards de francs de chiffre d'affaires BTP), SGE (52 milliards), groupe GTM (48 milliards), Eiffage (33 milliards).

Le bâtiment est une industrie à forte intensité de main-d'œuvre. L'emploi salarié est composé ainsi : 76,4 % d'ouvriers, 14,6 % de techniciens et d'agents de maîtrise et 9 % de cadres. La plus grosse partie (60,4 %)

Bâtiment
Travailler dans le bâtiment, c'est ignorer le vertige. En France, le secteur emploie près de 800 000 personnes, avec des groupes aux dimensions internationales comme Bouygues, SGE, GTM ou Eiffage.

Quand le bâtiment ne va pas...

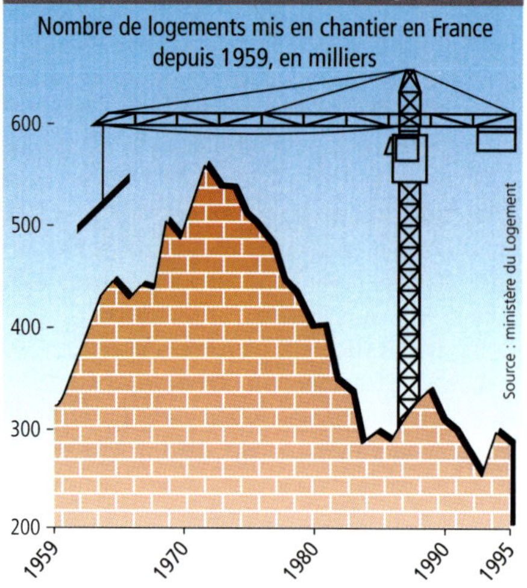

d'entre eux travaille dans le second œuvre, le reste allant dans le gros œuvre. F. V.

➜ *Immobilier*

BCE
(Banque centrale européenne)
Voir **Union européenne**

BEI
(Banque européenne d'investissement)

Institution bancaire de l'Union européenne (UE), basée à Luxembourg.

La BEI accorde des prêts à des entités européennes pour des projets visant à favoriser l'intégration économique et le développement de l'Union : la modernisation du sud de l'Italie, par exemple. Elle prête aussi à certains États associés à l'UE, en Afrique principalement, ou encore pour la reconstruction des Balkans. La BEI est en mesure de consentir ces crédits à bas taux d'intérêt grâce à son excellente réputation sur le marché international des capitaux, où elle est l'un des principaux emprunteurs. F. L.

➜ *Union européenne*

Bénéfice

Gain réalisé par un agent à la suite d'une opération économique ayant nécessité une dépense initiale.*

Un bénéfice apparaît quand les sommes gagnées par un agent sont supérieures à l'ensemble des frais qu'il a supportés. Le terme de bénéfice est plus général que celui de profit, qui s'applique aux seules entreprises. Un ménage peut en effet réaliser un bénéfice à la suite de placements immobiliers ou financiers. P. B.

Benelux

Union économique regroupant la Belgique, les Pays-Bas (Nederland) et le Luxembourg.

Le rapprochement entre les trois pays s'effectua avant même la fin de la Seconde Guerre mondiale : en 1943 et 1944, ils signaient à Londres un accord monétaire puis un accord douanier.

Mais le Benelux proprement dit ne vit le jour que le 1er janvier 1948, en application du protocole de La Haye de mars 1947, supprimant les droits de douane entre ces pays et fixant un tarif extérieur commun vis-à-vis des autres nations.

En 1949 fut instituée la liberté totale du commerce concernant les produits qui provenaient des trois pays, et en 1954 fut instauré le libre mouvement des capitaux. En 1958, un nouveau traité approfondissait le rapprochement économique des trois pays. Ceux-ci envisageaient de coordonner leurs politiques économique, financière et sociale et se dotaient d'un conseil des ministres, d'un conseil économique et social, d'un conseil interparlementaire et d'un secrétariat général siégeant à Bruxelles.

Mais la signature du traité de Rome, en 1957, regroupant le nouveau Benelux, la France, l'Allemagne et l'Italie au sein de la Communauté économique européenne, qui étendra les dispositions de libre-échange à l'ensemble de ces pays et mettra en place de nouvelles institutions, tendra à dissoudre rapidement cette union à trois dans le plus vaste ensemble européen.

Au milieu des années 1990, les Pays-Bas ont le treizième produit national brut du monde (avec environ 400 milliards de dollars en 1996), et la Belgique occupe la vingtième place (avec un PNB de l'ordre de

266 milliards en 1996). Le Luxembourg, qui ne compte qu'environ 415 000 habitants, dispose du PNB par habitant le plus élevé du monde (environ 45 300 dollars par habitant), la Belgique occupant le 13e rang en 1996 (environ 26 400 dollars par habitant), et les Pays Bas, le 15e rang (avec près de 26 000 dollars par habitant). P. B.

Bentham (Jeremy)

Philosophe et réformateur britannique (1748-1832), fondateur de l'utilitarisme moderne.

Selon Bentham, la peine et le plaisir règnent en maîtres sur le comportement de tout individu, qui cherche à éviter la première et à obtenir le second. Le législateur lui-même est soumis à ce phénomène, tout en ayant la charge d'élaborer des lois assurant le plus grand bonheur du plus grand nombre. De tels raisonnements supposent que l'on puisse mesurer les sensations d'un même individu et, surtout, les sensations de différents individus pour que le calcul des peines et des plaisirs puisse avoir un sens. P. S.

➔ *Utilitarisme, utilité*

BERD
(Banque européenne pour la reconstruction et le développement de l'Europe de l'Est)

Organisme ayant pour objectif d'assister l'Europe centrale et orientale, anciennement communiste, dans sa transition vers l'économie de marché. Opérationnelle depuis 1991, la BERD a son siège à Londres.

C'est à la fois une banque régionale classique de développement et une banque d'affaires publique. Elle prête de l'argent aux grands secteurs, publics, de l'économie (nouvelles télécommunications, par exemple), mais ces derniers ne peuvent absorber plus de 40 % des crédits de la BERD. Le restant doit être consacré à la promotion des entreprises privées, souvent nouvellement créées.

La BERD regroupe 58 pays membres, et l'Union européenne* est majoritaire au capital. Il y a 26 « pays d'opération » (emprunteurs), à la fin du XXe siècle, après la fusion des deux Allemagnes (disparition de la RDA), la transformation de l'Union soviétique en 15 pays indépendants et l'éclatement de l'ancienne Yougoslavie.

La BERD est confrontée à l'hétérogénéité croissante de la région : plusieurs pays de l'Europe centrale sont déjà proches de l'adhésion à l'Union européenne, tandis que certaines régions des Balkans (dans l'ex-Yougoslavie), du Caucase ou de l'Asie centrale (dans l'ex-URSS) sont parmi les plus pauvres du monde. La BERD s'occupe autant de moderniser les banques de Slovénie (ex-Yougoslavie) que de produire de l'eau minérale au Tadjikistan (Asie centrale, dans l'ex-URSS) ou bien de fermer la centrale nucléaire de Tchernobyl, en Ukraine. F. L.

➔ *Pays de l'Est*

Bertrand (Joseph)

Mathématicien français (1822-1900), dont le nom est associé à la théorie de la concurrence imparfaite.

Sa contribution à l'économie s'est limitée à un commentaire sur les recherches de Cournot* et de Walras* dans *le Journal des savants* en 1883. On a pris l'habitude d'opposer son approche du duopole*, dans laquelle les deux offreurs d'un marché cherchent à maximiser leur profit en jouant sur les prix, à celle de Cournot, dans laquelle ils le font en jouant sur les quantités produites. P. U.

Besoin de financement

Excès d'investissement par rapport à l'épargne* d'un agent économique.*

En comptabilité nationale*, le besoin de financement est le solde (négatif) du compte de capital de chaque catégorie d'agent. Quand le montant des investisse-

ments effectués par un agent est supérieur à celui de son épargne, il a recours à un financement extérieur, en empruntant auprès d'un établissement financier. Cela correspondait au cas général des entreprises françaises jusqu'en 1992. Dans le cas inverse, on parle de capacité de financement*. P. B.

Bien

Moyen matériel servant à satisfaire un besoin ou participant au processus de production.

Les **biens de consommation finale** (biens alimentaires, vêtements, appareils domestiques...) sont considérés comme détruits à l'occasion de leur usage, même s'ils sont semi-durables ou durables (réfrigérateur, automobile, bijoux...). Il en est de même des **biens de consommation intermédiaire** (matières premières telles que le charbon, l'électricité...). Mais ceux-ci, au lieu de satisfaire un besoin immédiat, participent à la fabrication d'autres biens.
Les **biens intermédiaires** sont des produits qui se retrouvent tels quels dans un autre produit fini (pneumatiques achetés par une firme automobile pour équiper ses véhicules).
Les **biens de production** sont ceux qui servent à produire d'autres biens durant plusieurs périodes de production (machines, ordinateur...). On parle aussi à leur propos de **biens d'équipement**. P. B.

➔ *Comptabilité nationale, consommation, investissement*

Bien collectif

Bien dont les caractéristiques permettent son utilisation simultanée par plusieurs agents économiques.

Cette catégorie comprend de nombreux services rendus par la police, la justice, la défense nationale, l'éclairage public, les infrastructures de transport (routes), de loisirs (stades, radio, télévision), de culture (musées) ou d'éducation* (crèches, écoles).
Ces biens collectifs posent un problème spécifique dans une économie de marché* car, à l'inverse des biens privatifs, il n'est pas possible aux consommateurs de se les approprier de façon exclusive en en payant le prix. En outre, certains agents risquent de développer un comportement de « passager clandestin » pour en bénéficier gratuitement (regarder la télévision sans payer la redevance). La logique marchande étant inopérante, il revient à l'État de s'y substituer en résolvant un double problème : quelle quantité produire ? comment la financer (par l'impôt) ? Dans le cas de biens collectifs dits « impurs » (routes, musées, écoles), l'accès peut être limité par un système de péage dont la tarification pose néanmoins d'autres problèmes.
Pour les tenants de l'économie du bien-être*, qui ont analysé cette question, l'existence de biens collectifs justifie le développement de la sphère économique publique, au grand dam des ultralibéraux. Ceux-ci dénoncent une certaine dérive – les consommateurs n'étant alors plus les payeurs, des demandes catégorielles excessives poussent au surdimensionnement de ce secteur d'activité – et recommandent la privatisation*. P. L.

➔ *Économie mixte, non marchand, propriété, secteur public, service public*

Bien-être (économie du)

Branche de l'école néoclassique qui s'intéresse aux conditions conduisant une économie de marché* au maximum de bien-être pour la collectivité.*

Elle cherche à montrer la supériorité du libéralisme* tout en légitimant certaines interventions de l'État*. En effet, l'efficience* de l'organisation marchande de la société, assurant qu'un équilibre de marchés corresponde effectivement à une satisfaction maximale de tous les agents, n'est obtenue, selon les tenants de l'économie du bien-être, que si certaines conditions sont remplies.
Par contre, le marché est défaillant lorsque existent des biens collectifs* ou certaines situations de monopole*, ou encore des effets externes (quand l'activité d'un agent nuit à autrui, comme avec la pollution). Le marché n'est alors plus efficace, ce qui rend nécessaire l'intervention de l'État pour pallier ces défaillances.
Par ailleurs, la prise en compte des problèmes d'inégalités et de justice sociale nécessite que l'État rem-

Le bien-être par la consommation

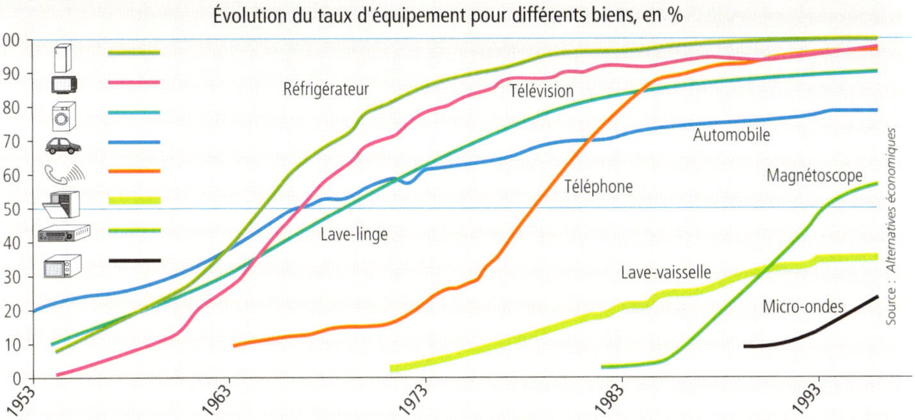

plisse une fonction de redistribution* sans que celle-ci perturbe le libre jeu du marché.
Si les partisans de cette approche admettent que les choix collectifs faits par l'État peuvent poser, du fait de leur ampleur, des problèmes politiques quant à leur légitimité démocratique, ils estiment néanmoins que l'État est un utile complément du marché, ce qui leur attire la critique des libéraux contemporains. Une autre approche insiste sur la recherche des meilleurs moyens de parvenir à la satisfaction maximale des citoyens d'un pays. Il s'agit alors de réduire les inégalités, en partant de la supposition que la hausse de satisfaction des plus pauvres est plus forte que la baisse de satisfaction des plus riches. P. L.

➔ *Chicago, économie mixte, environnement, nationalisation, non marchand, (A. C.) Pigou, protection sociale, transferts sociaux*

Bilan

Document comptable présentant à l'actif (partie gauche) l'utilisation des capitaux d'une entreprise et au passif (partie droite) l'origine de ces capitaux.

Supposons qu'une entreprise au 31/12/N possède des immobilisations (terrains, constructions, machines...) évaluées à 1 000 (après amortissement*), des stocks de matières premières* à 100, des stocks de produits en cours à 150, des stocks de produits finis à 250, des créances sur des clients à 150 et des disponibilités (comptes bancaires, CCP, caisse) à 50. Supposons que ces emplois aient été financés pour 600 par capital (émission d'actions), pour 300 par des réserves, pour 100 par le résultat de l'exercice, pour 300 par des crédits de fournisseurs et pour 400 par des crédits bancaires. Le bilan sera le suivant :

Bilan au 31/12/N

Actif (emploi des capitaux)			Passif (origine des capitaux)		
Immobilisations nettes		1 000	**Capitaux propres**		1 000
Capitaux circulants		700	Capital	600	
Stocks de matières	100		Réserves	300	
Stocks de produits en cours	150		Résultat	100	
Stocks de produits finis	250		**Dettes**		700
Créances clients	150		Dettes fournisseurs	300	
Disponibilités	50		Dettes bancaires	400	
Total de l'actif	1 700		Total du passif		1 700

L'actif – ou ensemble des comptes d'actif – énumère les éléments dont dispose une entreprise pour agir. Le passif – ou ensemble des comptes de passif – décompose les ressources qui ont permis de financer ces actifs ; ces ressources sont aussi des dettes à l'égard des propriétaires et des créanciers à rembourser à plus ou moins long terme (le mot « passif » vient du grec *patein,* souffrir... le poids des dettes). Ces généralités masquent une grande diversité des types de bilan.
La conception traditionnelle du bilan en France est fortement marquée par les influences fiscale (évaluation des amortissements, par exemple) et juridique (limitation des actifs aux biens acquis en toute propriété et refus de prise en compte des biens loués) ; la conception anglo-saxonne est de type économique (refus de prise en compte des amortissements fiscaux, inscription de certains biens loués). J. R.

➔ *Comptabilité, compte*

Billet

Instrument de paiement émis par un institut d'émission, en général la banque centrale du pays où il a cours. Avec les pièces, les billets constituent la monnaie fiduciaire*.*

Historiquement, le billet de banque a été conçu comme une amélioration pratique du système de monnaie métallique : il était émis par une banque en contrepartie d'un dépôt de métal (or, argent) fait dans ses caisses. La généralisation du papier-monnaie, prélude à une dématérialisation croissante des moyens de paiement, remonte à la fin du XIXe siècle. S. F.

➔ *Monnaie, moyens de paiement*

Billet à ordre

Effet de commerce faisant intervenir deux personnes et par lequel l'une d'entre elles (le souscripteur) s'engage à payer à une autre (le bénéficiaire) une somme déterminée, à une date déterminée. J. R.

➔ *Effet de commerce*

Bimétallisme

Voir **Monométallisme**

BIRD

Voir **Banque mondiale**

Blanc (Louis)

Théoricien français du socialisme (1811-1882), membre du gouvernement provisoire de la IIe République (février-mars 1848).

Influencé par Robert Owen*, Saint-Simon* et Fourier, il devint célèbre en publiant en 1839 *l'Organisation du travail,* où il dénonçait le libéralisme économique* et la concurrence, conduisant à la baisse des salaires et au chômage*.
L'alternative résidait selon lui dans des sociétés ouvrières de production, ou « ateliers sociaux », aidés financièrement par l'État : les salaires y seraient égaux, les bénéfices seraient affectés à l'investissement, à l'augmentation des salaires et à l'aide aux malades, et les dirigeants en seraient élus. L'État devrait aussi contrôler les chemins de fer, les banques et les grandes usines. Mais il ne devrait pas exercer une tutelle absolue sur l'économie, car cela étoufferait la liberté individuelle à laquelle Louis Blanc restait très attaché : il fut en un certain sens un précurseur de l'idée d'économie mixte.
Membre du gouvernement provisoire de février 1848, il dirigea la « Commission du gouvernement pour les travailleurs ». Mais il proposa sans succès des nationalisations et la création d'un « ministère du Progrès ». Il put seulement constituer des « Ateliers nationaux », employant des chômeurs à des tâches de voirie et de terrassement, bien loin de ses projets. C'est pourtant la dissolution de ces ateliers qui provoqua l'insurrection parisienne de juin 1848. Louis Blanc fut lui-même inculpé et se réfugia en Angleterre. P. B.

Blaug (Mark)

Économiste britannique, d'origine néerlandaise (né en 1927), reconnu comme l'un des principaux historiens de la pensée économique.

Son ouvrage *la Pensée économique : origine et développement* (1962) constitue une référence majeure pour l'histoire des idées en économie. P. U.

Blocus

Opération consistant à interdire toute relation économique avec un pays.

L'un des blocus les plus célèbres est le « Blocus continental » décrété par **Napoléon** en 1806 à l'égard de la Grande-Bretagne engagée dans la révolution industrielle. Il interdisait l'entrée sur le continent européen des produits anglais et favorisait au contraire la vente des produits français dans les pays d'Europe soumis militairement à la France.
De nos jours, les États-Unis continuent d'imposer un blocus à Cuba, depuis la prise du pouvoir par **Fidel Castro**, rendant impossibles les exportations de canne à sucre vers le continent nord-américain. Une forme de blocus frappe également l'Irak de **Saddam Hussein** depuis la guerre du Golfe de 1991, freinant ses exportations de pétrole, bien que l'embargo* ait été en partie levé après l'accord « nourriture contre pétrole » de 1997. P. B.

Blue Chips

Expression des boursiers américains pour désigner les actions des grosses sociétés bénéficiant d'une forte réputation. P. B.

Bodin (Jean)

Magistrat, économiste et philosophe français (1530-1586), qui fut l'un des premiers théoriciens de l'inflation.*

Pour expliquer la forte hausse des prix qui marquait son époque, il rédigea en 1566 sa *Response aux paradoxes de monsieur de Malestroit,* dans laquelle il attribuait « la grande cherté de toute chose » à l'arrivée massive en Espagne d'or et d'argent provenant des colonies d'Amérique, et non, comme le faisait Malestroit, à la baisse de la quantité de métal précieux contenue dans les pièces en circulation.
Cette monnaie abondante, circulant dans une Europe déchirée par les guerres entre États et les troubles intérieurs, provoquait une augmentation de la demande alors que la production stagnait.
Jean Bodin apparaît ainsi comme le précurseur de la « théorie quantitative de la monnaie* ». Mais il évoqua aussi l'effet inflationniste de la consommation somptuaire des princes, du comportement spéculatif des financiers et des gros producteurs agricoles (qui stockaient les denrées en attendant la hausse de leur prix, qu'ils contribuaient à provoquer).
Il publia également en 1576 un gros ouvrage de réflexion politique, intitulé *la République*. P. B.

➔ *Monétarisme*

Böhm-Bawerk (Eugen von)

Économiste autrichien (1851-1914), qui a développé une théorie de l'intérêt et de l'investissement.

Selon lui, l'intérêt rémunère le désagrément qu'occasionne, pour un agent économique, le fait de renoncer à consommer aujourd'hui. L'investissement se présente comme un « détour de production » : du temps est d'abord consacré à développer des moyens de production, qui permettront ensuite de faciliter la production des biens (*Théorie positive du capital,* 1888). P. U.

Boisguilbert (Pierre Le Pesant de)

Économiste français (1646-1714), fondateur de la pensée économique libérale.

Lieutenant de police en Normandie, Boisguilbert rédige de nombreux mémoires et pamphlets destinés à expliquer le fonctionnement des marchés, notamment celui du blé. Puisant dans les écrits jansénistes, Boisguilbert défend l'idée que l'intérêt particulier dirige les comportements individuels, mais que cela seul ne peut satisfaire l'intérêt général de la société. Il faut pour obtenir un tel résultat que l'administration ne perturbe pas (par des prix administrés, des mani-

pulations monétaires, etc.) les « prix de proportion » établis par les agents eux-mêmes. Volontiers considéré comme un faiseur de projet exalté, Boisguilbert est à l'origine de la pensée économique libérale française, et son œuvre, goûtée par son contemporain le maréchal de Vauban, influencera l'économie politique française tout au long du XVIIIe siècle. P. S.

➔ *Main invisible, physiocratie, (A.) Smith*

Bons du Trésor

Titres financiers à court ou moyen terme (généralement de quelques jours jusqu'à cinq ans), émis par le Trésor public, et achetés par les banques, les établissements financiers ou les compagnies d'assurances, pour leur propre compte ou celui de tiers.*

Les bons du Trésor américains sont peu rémunérés mais très fiables, c'est pourquoi ils attirent les investisseurs internationaux, qui financent ainsi la dette américaine.
En France, le Trésor est une direction du ministère de l'Économie et des Finances qui exerce les fonctions de banquier pour le compte de l'État. La Banque de France n'a pas le droit, de par ses statuts, de prêter de l'argent à l'État, mais elle gère les adjudications (ventes au profit des établissements offrant le meilleur prix) de bons du Trésor et la tenue des comptes qui y sont liés. Pour les durées supérieures à sept ans, l'État émet des **OAT** (obligations assimilables du Trésor), dont la maturité (l'échéance ou la durée) peut atteindre trente ans. F. L.

➔ *Marché monétaire, obligation, Trésor public*

Bourse

Voir dossier p. 97

Bouvier (Jean)

Historien et économiste français (1920-1987), auteur de plusieurs ouvrages de référence sur l'histoire des banques françaises au XIXe siècle.

Il publia en particulier en 1960 *Études sur le krach de l'Union générale (1878-1885),* en 1961 *le Crédit Lyonnais de 1863 à 1882,* en 1973 *Un siècle de banque française,* et en 1965, avec F. Furet et M. Gillet, *le Mouvement du profit en France au XIXe siècle*, l'une des rares études consacrées à ce sujet. P. B.

Boyer (Robert)

Économiste français (né en 1943), principal représentant de la théorie de la régulation.*

Directeur de recherche au CNRS, Robert Boyer a étudié les transformations structurelles et institutionnelles du capitalisme sur longue période. Il est en particulier l'auteur d'un ouvrage intitulé *la Théorie de la régulation : une analyse critique* (1986). Il a écrit avec **J. Mistral** *Accumulation, inflation, crise* (1978), et a participé avec **A. Lipietz** et **J.-P. Benassy** à la rédaction de *Approche de l'inflation, l'exemple français* (1978). P. B.

La crise du fordisme

« Comme la crise de la productivité et la déstabilisation du régime international se renforcent l'une l'autre, nombre de formes institutionnelles nationales sont remises en cause, dès la fin des années soixante-dix par les gouvernements conservateurs, et dans les années quatre-vingt par les gouvernements sociaux-démocrates ou socialistes. Le *compromis capital/travail* est le premier affecté par les pressions de la concurrence internationale, comme par la recomposition de la division du travail que permettent les nouvelles technologies de l'information. (...) En Europe, un chômage important et durable fragilise le pouvoir de négociation des syndicats qui doivent consentir de nombreuses concessions en matière d'indexation des salaires, d'avantages sociaux et d'intensité du travail. En Amérique du Nord, les inégalités s'accentuent selon que les salariés sont plus ou moins qualifiés et porteurs des compétences que requièrent les méthodes d'organisation alternative au fordisme. »
(Robert Boyer, *Nouveau manuel de Sciences économiques et sociales*, La Découverte, 1995.)

Dossier

La Bourse des valeurs (en anglais Stock Exchange) joue désormais un rôle primordial dans le financement de l'économie. Elle permet à des entreprises de trouver les moyens de leur développement sans perdre leur indépendance, en offrant sur le marché soit des parts de leur capital (actions), soit des parts d'emprunt (obligations).

Bourse

La Bourse est un marché financier où se confrontent, via des intermédiaires, une offre et une demande. À la différence des marchés traditionnels, les biens à échanger ne sont pas présents physiquement : ce sont des contrats ou des titres largement dématérialisés qui sont cotés.

L'accès à ce marché évite aux entreprises d'avoir à faire appel à un unique partenaire, par exemple un banquier. Plus un marché est large, mieux il fonctionne : plus il y a d'entreprises cotées et plus les investisseurs ont de choix, plus il y a d'investisseurs et plus les entreprises ont de chances de trouver des fonds ; davantage d'acteurs signifie pour tous la liberté d'entrer et de sortir à tout moment.
La nouveauté des vingt dernières années, c'est que des millions de ménages de par le monde comptent, soit directement, soit via des placements collectifs, sur les gains en Bourse pour compléter leurs revenus et préparer leur retraite. La Bourse ne finance plus seulement les entreprises...
Si la Bourse est devenue au XXe siècle synonyme de capitalisme financier et de mondialisation, ses mécanismes sont très anciens. C'est sans doute aux Romains qu'on doit l'invention du marché boursier. Dans la Rome antique, les publicains, qui avaient obtenu de l'État l'exclusivité des adjudications pour la collecte des impôts, la construction des temples et des grandes voies, la fourniture aux armées, avaient constitué d'importantes sociétés en commandite par actions, dont les parts se négociaient dans des basiliques spécialement construites à cet effet. La vente de ces actions s'effectuait alors par l'intermédiaire des *argentarii,* sorte de notaires et d'agents de change.

« À l'usage des marchands de tous les pays et de toutes les langues »

L'effondrement de l'Empire romain entraînera celui du système boursier. Pendant près de cinq cents ans, le principe en sera oublié avant d'être redécouvert par des Italiens au cours du Moyen Âge. Les actions et obligations seront progressivement et prudemment réutilisées. Au début de l'an mille, armateurs et

Les géants mondiaux

Les dix premières Bourses mondiales en termes de capitalisation en 1999, en milliards de dollars

Source : FIBV

NYSE*	10 578,1
Tokyo	3 771,3
NASDAQ	3 356,8
Londres	2 603,2
Paris	1 224,8
Allemagne	1 187,2
Suisse	664,6
Toronto	635,8
Amsterdam	613,6
Italie	560,5

* *New York Stock Exchange à Wall Street*

commerçants vénitiens s'associaient le temps d'un voyage, la société étant dissoute au retour du navire. Deux siècles plus tard, la ville de Gênes décidait d'émettre des emprunts garantis sur les ressources de l'impôt sur le sel. Il faudra néanmoins attendre le XIVe siècle pour trouver un centre regroupant tous les échanges, non en Italie mais en Flandre. Le nom de « Bourse » tire son origine d'une famille de Bruges, les Van den Börse : c'est au pied de leur hôtel particulier que les négociants se réunissaient pour commercer. La Bourse d'Anvers, dont le fronton porte l'inscription « À l'usage des marchands de tous les pays et de toutes les langues », devient le centre financier de l'empire de Charles Quint au XVIe siècle. Les commerçants s'y réunissent pour négocier des lettres de change ou des marchandises qui seront livrées plus tard.

En France, c'est en 1141 que, par lettres patentes, Louis VII implante le change sur le Grand-Pont à Paris, devenu le Pont-au-Change. Les changeurs travaillent à ciel ouvert sur des petits bancs de bois, d'où le nom de banque. La toute première société par actions fut créée en 1250 par des habitants de Toulouse, sous l'appellation de « la société des moulins du Bazacle et du château de Toulouse ». Au départ, les actions étaient au nombre de 93 et s'appelaient des « uchaux ». Cette firme possède le record de longévité, étant restée cotée jusqu'en 1946. Avec le début du capitalisme au XVIe siècle et la multiplication des sociétés, la nécessité d'une véritable Bourse apparut. La première vit le jour à Lyon en 1540. En juin 1572, un édit de Charles IX crée les « offices de courratiers », ancêtres des agents de change. La Bourse de Paris démé-

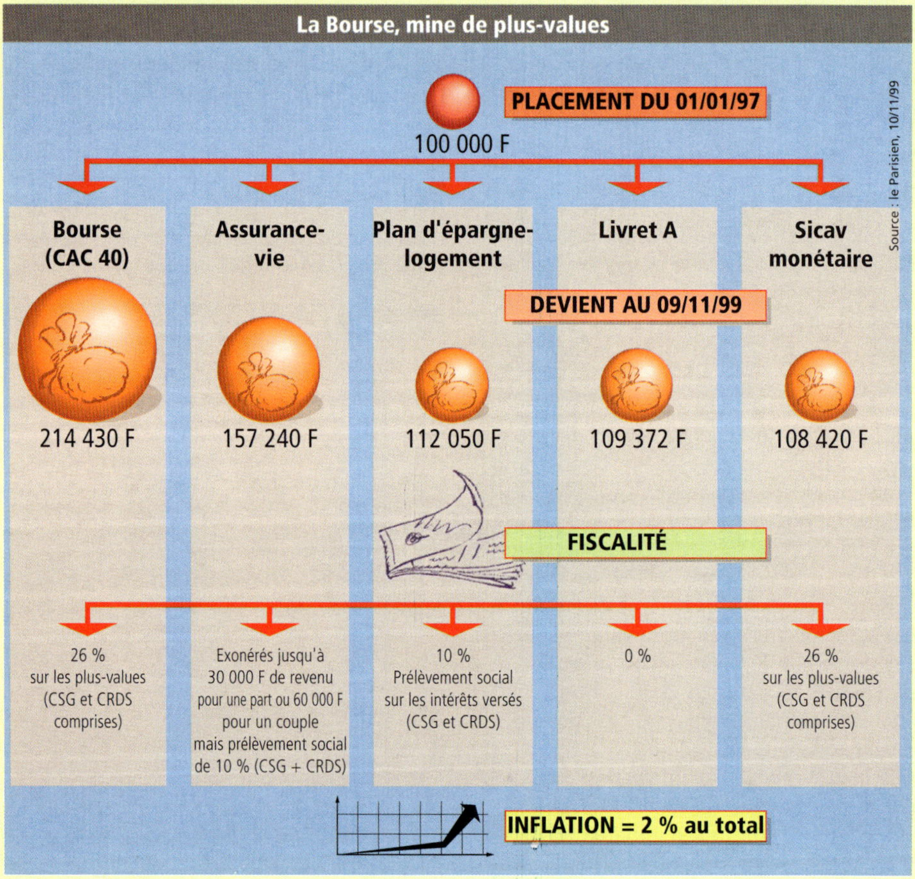

nage de nombreuses fois : du Pont-au-Change au Palais de Justice, à l'ombre de la Sainte-Chapelle, puis à l'hôtel de Soissons, rue Quincampoix, place Vendôme, rue Vivienne, dans l'ancien palais Mazarin, au Louvre, à Notre-Dame-des-Victoires alors désaffectée...

Le 3 novembre 1826, elle s'installe enfin dans un palais que Napoléon Ier avait commandé vingt ans auparavant à l'architecte Brongniart. Agrandi ensuite, le palais est entouré de 82 colonnes à chapiteau corinthien et orné à l'extérieur de quatre statues représentant la Justice, le Commerce, l'Industrie et l'Agriculture. Au début des années 1990, le palais Brongniart s'est progressivement et définitivement vidé, le marché à la criée étant détrôné par les transactions électroniques. Il est désormais désert. Les transactions se font par l'intermédiaire d'écrans.

Wall Street : du platane à l'électronique

Au XVIIIe siècle, alors que l'Angleterre dominait le monde et occupait la première place en matière commerciale et financière, un événement passa complètement inaperçu. Le 17 mai 1792, 24 petits investisseurs américains qui avaient coutume de se retrouver sous un platane *(buttonwood)* au bas de New York jetèrent les bases de ce qui allait devenir et rester la première Bourse du monde. En signant le **Buttonwood Agreement**, ils se mettaient d'accord sur les taux de commissions fixes liées à l'échange de titres. Le marché se développa et s'installa en 1903 à Wall Street, littéralement « la rue du mur », qui tire son nom d'une fortification édifiée par Peter Stuyvesant, le fondateur de la ville. Deux siècles plus tard, Wall Street célébrait cet anniversaire avec faste. « Nous sommes passés en deux cents ans du courtage sous un platane aux transactions électroniques », soulignait avec fierté James Brady, le secrétaire d'État au Trésor. Le New York Stock Exchange était porté au rang de symbole du système de libre-échange. Avec plus de 3 000 sociétés cotées et une capitalisation boursière de près de 10 600 milliards de

Bourse

Traders à la Bourse de Londres. La Bourse du XXIe siècle devrait être de plus en plus fondée sur l'implication directe des actionnaires à travers Internet.

Comment une entreprise se finance en Bourse ?

Deux partenaires souhaitent développer leur entreprise de logiciels mais n'ont pas suffisamment d'argent, et leur banquier juge l'opération trop risquée.

Ils décident alors de se rendre en Bourse (aux États-Unis au **Nasdaq***, en France au second marché) et de faire coter leur entreprise.

Ayant 100 actions, ils en mettront 40 sur le marché, qui seront acquises par de nombreuses personnes. Les fondateurs obtiennent les fonds nécessaires pour poursuivre leur aventure, mais gardent le contrôle de leur affaire, ayant encore plus de 50 % du capital.

Ils devront néanmoins informer les actionnaires de l'évolution des performances et leur verser une partie des bénéfices (divisés en autant de parts que d'actions, d'où le nom de dividende).

L'évolution du cours de Bourse illustrera la capacité ou non de l'entreprise à se développer. Plus tard, si la croissance se poursuit, les fondateurs pourront encore « ouvrir leur capital » ou émettre des obligations, qui sont des emprunts (des personnes prêtent de l'argent à l'entreprise pour un temps déterminé et touchent chaque année des intérêts). Actions et obligations sont cotées en Bourse et peuvent être achetées ou vendues à tout moment. C'est d'ailleurs la limite de l'indé-pendance : une entreprise qui a une large part de son capital sur le marché peut être rachetée par une autre à la Bourse, selon la technique de l'offre publique d'achat (**OPA***).

dollars (en 1998), le NYSE est la première place du monde, d'une taille dix fois supérieure à celle de Paris. Les records accumulés par son indice, le Dow Jones, ont été tels que personne ne veut plus songer aux grands krachs d'octobre 1929 et d'octobre 1987. La réglementation imposée par la **SEC** (Securities and Exchange Committee), la politique de taux d'intérêt toute en finesse de la Réserve fédérale et les « coupe-circuit » informatiques devant empêcher toute contagion de la panique ont persuadé beaucoup d'Américains qu'on peut gagner éternellement à la Bourse – ce qu'une déjà longue histoire dément.

L'euphorie était d'autant plus forte que, après la chute du mur de Berlin en novembre 1989, la première démarche des ex-pays communistes a été d'ouvrir une Bourse. Une manière pour la Hongrie, la Pologne, la République tchèque, la Lituanie et bien d'autres d'affirmer leur volonté de changement.

Simultanément, au début des années 1990, la Chine s'ouvrait aux marchés boursiers, mais différemment. Si les privatisations* ont été l'un des moteurs du développement des Bourses de l'Europe de l'Est, l'expérience chinoise, limitée à quelques villes comme Shanghai ou Shenzhen, près de Hongkong, visait à attirer des capitaux locaux et surtout étrangers pour financer la réussite du « socialisme de marché ».

À l'ère d'Internet

À la fin du XXe siècle, les États-Unis restent le premier pays au monde pour l'importance boursière. L'Europe, après le lancement de sa monnaie unique, tente de fédérer l'ensemble de ses places financières et de proposer des cotations unifiées. Les progrès technologiques modifient considérablement l'environnement. Le développement d'Internet* contribue à la multiplication des transactions sur le Web. Outre-Atlantique, le nombre des transactions boursières explose, offrant aux investisseurs de nouvelles possibilités de gérer eux-mêmes leur portefeuille sans recourir aux services des courtiers* et gestionnaires traditionnels. En 1996, il n'y avait aux États-Unis que dix-huit sites boursiers, qui géraient un total de 1,5 million de comptes représentant 111 milliards de dollars d'actifs. Fin 1998, leur nombre était passé à 80 avec 5,3 millions de comptes totalisant 233 milliards de dollars d'actifs.

En France, le courtage boursier en ligne a débuté en 1999 et a vite pris de l'ampleur. Selon un sondage effectué auprès d'épargnants détenant des actions, 22 % disaient avoir déjà utilisé Internet, 14 % avaient un accès sur leur lieu de travail et 10 % y accédaient au travail et/ou chez eux. Signe ultime de l'importance du marché boursier : à la fin 1999, le New York Stock Exchange, l'organisme qui gère la Bourse de New York, a annoncé son intention de se faire coter à Wall Street.. D. G.

➔ *Actionnaire, Internet, Nasdaq, OPA, Wall Street*

Branche

Regroupement d'unités de production fabriquant le même bien ou proposant le même type de service.

Au sens strict, une branche ne regroupe que des entreprises ou des parties d'entreprises offrant un produit bien précis (de la viande, des automobiles, des produits chimiques...). Une entreprise industrielle produisant à la fois des téléviseurs et du matériel d'armement (Thomson, par exemple) participe donc à plusieurs branches d'activité.

Au sens large, on parle aussi de « branche agricole » ou de « branche industrielle », bien que chacune de ces branches regroupe des entreprises fabriquant des biens très divers. Par exemple, la branche « industries manufacturières » regroupe les entreprises produisant des « biens intermédiaires », des « biens d'équipement profession-nel », des « biens d'équipement ménager », des « automobiles et autres matériels de transport terrestre », des « biens de consommation cou-rante ». Il est alors préférable de parler de « secteur d'activité ». P. B.

➔ *Comptabilité nationale, secteur*

La production par branches : la France produisait en 1998 pour un total de 14 540 milliards de francs

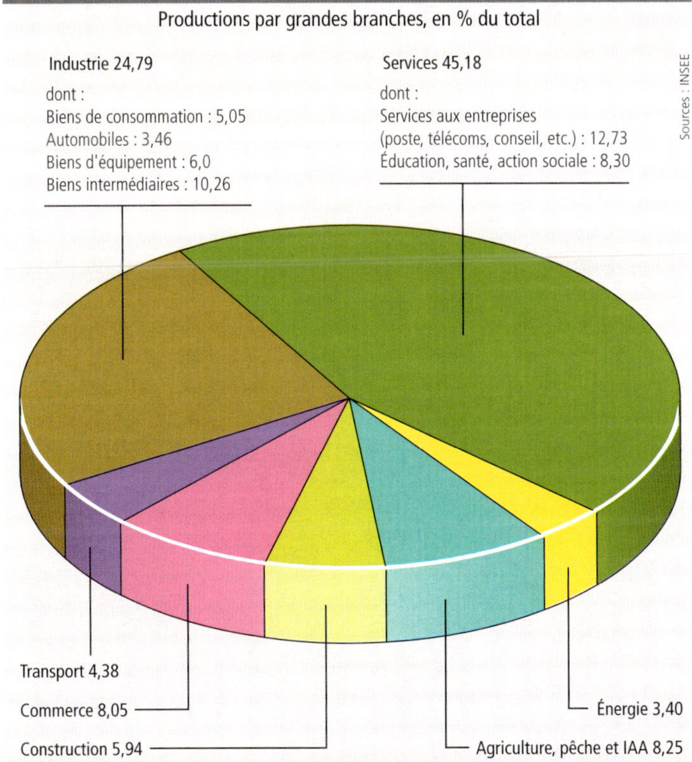

Sources : INSEE

Braudel (Fernand)

Historien français (1902-1985), inventeur du concept d'« économie monde ».

Il rejoignit en 1946 le groupe d'historiens animant la revue des *Annales*, fondée par **Lucien Febvre** et **Marc Bloch** avant la guerre, et à l'origine du renouveau de la réflexion historique française. Professeur au Collège de France, il publia en 1949 *la Méditerranée et le Monde méditerranéen à l'époque de Philippe II*, où il mêle d'une façon originale et magistrale l'étude des phénomènes politiques, des faits économiques et de la géographie.

Dans son œuvre majeure, *Civilisation matérielle, économie et capitalisme (XVe-XVIIIe siècle)* [1979], il forgea le concept d'« économie monde », qui désigne un ensemble cohérent organisé autour d'un pôle dominant, intégrant autour de lui des régions proches ou lointaines (comme le firent en particulier les Hollandais, puis les Britanniques).

Une idée proche se retrouve chez des économistes dits « tiers-mondistes », tel Samir Amin* opposant le centre développé de l'économie mondiale et la périphérie sous-développée. Dans la même perspective, **Immanuel**

Braudel
L'historien français Fernand Braudel (1902-1985) a toujours mêlé dans son travail la politique, l'économie et la géographie. Bien avant que l'on parle de « mondialisation », il a forgé le concept d'« économie monde », désignant le rapport entre un centre dominant et une périphérie.

Wallerstein prolongera la vision braudélienne de l'histoire *(le Capitalisme historique)*. P. B.

Bretton Woods

Conférence de 1944 ayant abouti à la mise en place du système monétaire international (SMI), à l'œuvre entre 1945 et 1971.*

Le SMI défini en 1944 permettait le maintien de taux de change fixes pour tous les pays, grâce à la convertibilité en or du dollar (35 dollars l'once). Le système de Bretton Woods n'a pas, jusqu'à ce jour, été remplacé par un nouveau SMI formel, mais a laissé place à des taux de change flottants et à certains regroupements régionaux. Lui ont survécu les deux institutions internationales créées à Bretton Woods, le Fonds monétaire international (FMI*), et la Banque mondiale, consacrée d'abord à la reconstruction des pays dévastés par la guerre et, par la suite, au développement du tiers-monde*, qui ont gagné en importance avec la mondialisation*.
Avant même que l'Europe soit entièrement libérée du régime nazi, les Alliés s'interrogèrent sur la forme que prendraient les futures relations économiques internationales. Les États-Unis organisèrent en juillet 1944 une conférence internationale à Bretton Woods, village côtier du New Hampshire, afin de tracer les contours du futur système monétaire international. Les échanges internationaux s'étaient complètement désagrégés, en raison du conflit mondial bien sûr, mais aussi parce que la crise économique des années 1930 avait conduit presque tous les pays à dévaluer leur monnaie (quittant de fait l'étalon-or) et à mener des politiques commerciales protectionnistes.

Le dollar comme pivot de l'économie mondiale
À Bretton Woods se rencontrèrent et s'affrontèrent notamment deux économistes, le Britannique **John Maynard Keynes*** et l'Américain **Harry White** (ancien secrétaire au Trésor du gouvernement américain). Tous deux travaillaient depuis plusieurs années, chacun de leur côté, sur la conception d'un SMI formel. Keynes avait imaginé qu'une monnaie mondiale, appelée bancor, pourrait être créée et utilisée par tous. Une institution, l'International Clearing Union, verrait le jour et serait chargée d'aider les pays à rester en phase avec le bancor. White, lui, ne souhaitait pas la naissance du bancor. Finalement, il fut décidé que les monnaies seraient convertibles en dollar, lui-même convertible en or* et pourraient fluctuer de 1 % seulement de part et d'autre du cours pivot. En cas de fluctuations plus importantes dues à des déficits de balance des paiements courants, un Fonds monétaire international pourrait être appelé à la rescousse.
Le dollar, bien que sorti du système de l'étalon-or en 1931, était la moins fragile, et la plus utilisée, des monnaies mondiales. Les États-Unis profitèrent de Bretton Woods, où 44 nations étaient représentées, pour placer leur monnaie au cœur du système, en déclarant une convertibilité* immédiate de 35 dollars l'once (en France, il a fallu attendre 1958). C'est ainsi que le dollar est devenu non seulement une monnaie nationale mais aussi une référence internationale. Jusqu'à ce que, en 1971, les autorités monétaires américaines constatent que ce système leur coûtait trop cher, et que le président **Richard Nixon** annonce la fin de la convertibilité du dollar en or. F. L.

➔ *Dollar, or, SMI*

Bretton Woods
La conférence de Bretton Woods (New Hampshire, États-Unis), en juillet 1944. Destinée à fonder un nouveau système monétaire international, cette réunion eut pour conséquence d'installer le dollar au centre de la vie économique mondiale et de permettre la création du FMI.

BRI
(Banque des règlements internationaux)

La « banque centrale des banques centrales » a été créée, dès 1930, pour gérer les réparations de guerre de l'Allemagne déterminées lors du traité de Versailles (1919). La BRI, institution internationale, est située à Bâle (Suisse). Toutes les banques centrales du monde en sont membres.

Le « **Comité de Bâle** » de la BRI (les gouverneurs de banques centrales*) a publié en 1988 le « ratio Cooke* », norme internationale de solvabilité définissant une proportion minimale de fonds propres par rapport aux crédits que les banques consentent. Celles-ci doivent avoir à portée de main (en capital) 8 % au moins des sommes qui leur sont dues, afin de survivre à d'éventuels défauts de remboursements en masse. F. L.

➔ *Banque centrale, ratio Cooke*

Buchanan (James)

Économiste américain (né en 1919), prix Nobel en 1986, fondateur avec Gordon Tullock* de l'école du Public Choice, qui étudie le processus par lequel la puissance publique effectue les choix qui concernent la collectivité.*

Proposant une analyse microéconomique des décisions politiques, Buchanan développe une analyse positive du comportement* des acteurs de la vie publique, le processus politique étant un marché* imparfait. Selon lui, le fait que les hommes politiques et les fonctionnaires poursuivent leur intérêt personnel conduit à des défaillances de l'État* génératrices de déficits publics. Il propose aussi une étude comparative des « constitutions » qui définissent les règles du jeu politique, les meilleures étant celles où prévaut la règle de l'unanimité ou, à défaut, de la majorité qualifiée. Il complète ainsi la théorie des droits de propriété* en montrant que l'environnement légal conditionne aussi l'efficacité de la sphère publique. P. L.

➔ *Bien-être, finances publiques, secteur public*

Budget (en comptabilité d'entreprise)

En gestion, la notion de budget désigne des prévisions chiffrées à court terme (à moins d'un an), généralement établies dans le cadre d'un plan à moyen ou à long terme.*

Le budget d'une entreprise* comprend généralement quatre sous-ensembles :

• les **budgets d'exploitation** (budgets des ventes et de production principalement), qui regroupent les charges et produits (essentiellement les ventes) prévisionnels ;

• les **budgets d'investissements**, qui prévoient les coûts et les recettes liés aux acquisitions et aux cessions d'actifs ;

• les **budgets d'opérations financières**, qui comprennent les fonds reçus (augmentations de capital*, emprunts, etc.) et les remboursements de fonds ;

• les **budgets de trésorerie**, qui déterminent l'impact sur la trésorerie de tous les budgets précédents.

L'établissement des budgets est une tâche longue, fastidieuse et paperassière ; leur qualité et leur intérêt dépendent moins de leur précision que de leur réalisme eu égard aux plans et aux révisions de plan de l'entreprise. J. R.

➔ *Entreprise, investissement, trésorerie*

Budget de l'État

Le mot budget vient de l'anglais « budjet », qui lui-même vient de l'ancien français « bouge » ou « bougette », petit sac. Le « budjet » était au XIIIe siècle le sac du roi renfermant l'argent nécessaire aux dépenses publiques. Le terme apparaît plus tard en France, au XIXe siècle. Aujourd'hui, le budget de l'État est incarné par la loi de finances, adoptée chaque année par le Parlement, qui chiffre les dépenses et les recettes prévisionnelles de l'État pour un an.

La Déclaration des droits de l'homme et du citoyen du 26 août 1789 en a fixé les grands principes. Elle stipule que tous les citoyens doivent participer à l'entretien de la force publique et aux dépenses d'administration à raison de leurs facultés contributives et qu'ils ont le droit de constater, de suivre l'emploi et de déterminer les modalités de fixation de cette contribution publique librement consentie. L'ordonnance du 2 janvier 1959 a encadré l'élaboration des lois de finances qui ont pour objet de « déterminer la nature, le montant et l'affectation des ressources et des charges de l'État, compte tenu d'un équilibre économique et financier qu'elles définissent » (article premier).

Le Conseil des ministres adopte un projet de loi de finances pour l'année à venir vers la mi-septembre, lequel est ensuite présenté au Parlement, qui doit l'adopter avant la fin décembre. Le vote par les deux assemblées consacre la loi de finances initiale. Il vaut autorisation de dépenses et de recettes pour le gouvernement, qui ne peut, normalement, dépenser autrement que ce qui est prévu par la loi de finances. En cours d'année, une ou plusieurs lois de finances rectificatives – ou collectifs – peuvent donc être présentées au Parlement si des modifications s'imposent. Lorsque les comptes de l'année sont définitivement arrêtés, le gouvernement présente au Parlement un projet de loi de règlement, qui détaille l'exécution de la loi de finances et les écarts entre ce qui s'est réellement passé et ce qui était prévu.

Ce processus se répète tous les ans, puisque le principe de base des finances publiques est l'annualité budgétaire : le gouvernement ne doit pas se soumettre au contrôle parlementaire à des intervalles trop éloignés. Cela dit, il arrive que le gouvernement demande au Parlement d'autoriser des dépenses étalées sur plusieurs années, pour certains programmes d'investissement par exemple. Le Parlement procède alors à des **autorisations de programme** fractionnées en plusieurs annuités. Qui plus est, le Parlement n'a finalement un contrôle sur le budget de l'État qu'assez marginal. Car, pour simplifier la procédure budgétaire, il ne discute que des mesures nouvelles, ce qu'on appelle les « services votés » étant reconduits en l'état d'une année sur l'autre. Une mesure acquise peut donc être reconduite d'une année sur l'autre sans jamais être rediscutée.

Les dettes d'aujourd'hui constituent les charges de demain

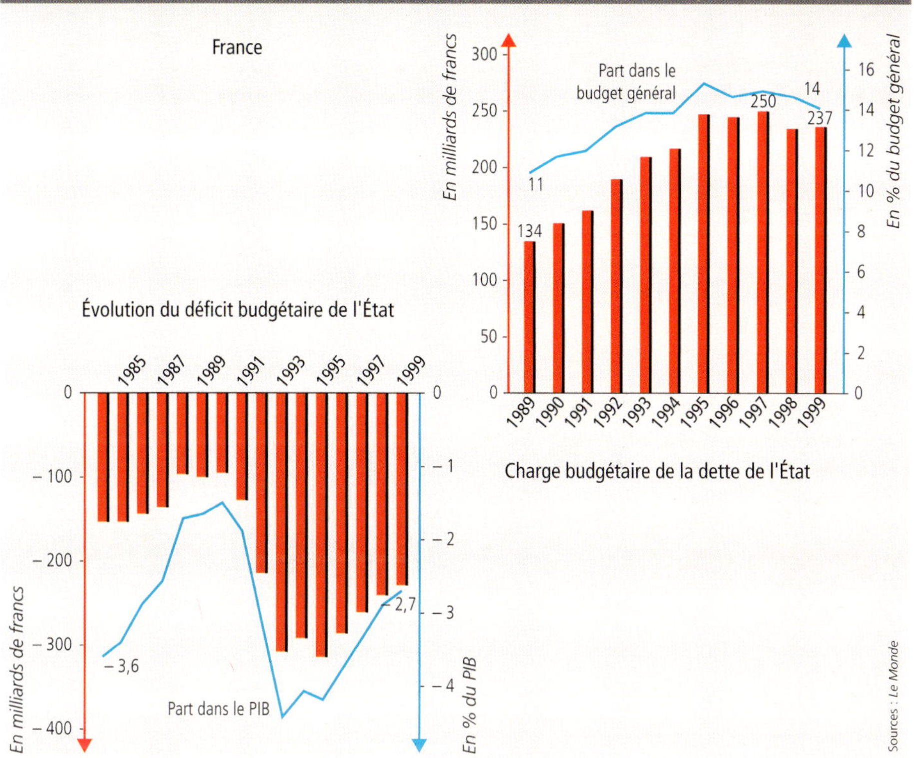

Une autonomie limitée

Avec la création de l'euro, les budgets des États qui ont adopté la monnaie européenne sont encadrés. En effet, les pays signataires du Pacte de stabilité, ceux-là même qui avaient rempli les critères de Maastricht* nécessaires à l'entrée dans l'euro, présentent, depuis 1999, des programmes pluriannuels de finances publiques dans lesquels ils se donnent des objectifs sur trois ans en matière de déficits publics (devant rester inférieurs à 3 % du PIB), de dette, ou encore de prélèvements obligatoires. Ils sont élaborés dans un cadre plus large que le budget de l'État, puisqu'ils intègrent également les finances de la Sécurité sociale*, mais aussi celles des collectivités locales. Ces programmes sont revus chaque année.

Le budget de l'État (quelque 1 700 milliards de francs en 2000) représente chaque année environ 20 % du produit intérieur brut (PIB*) en France. Il détermine donc le montant de l'impôt et l'importance des services collectifs ainsi financés. Et, surtout, il traduit les priorités du gouvernement. L'effort en faveur de l'éducation, de l'emploi, ou encore de la recherche, les choix en termes de nouvelles infrastructures ou les modifications fiscales en faveur de la redistribution peuvent être autant d'éléments qui les illustrent. V. M.

➔ *État, finances publiques, politique économique*

Budget des ménages

Structure des dépenses de consommation des unités élémentaires de population (couple, personne seule, communautés diverses).

Comme tout agent économique, le ménage a un budget dans lequel il inscrit d'un côté l'ensemble de ses dépenses et, de l'autre, la totalité de ses recettes. Lorsqu'il parle du « budget des ménages », le comptable national s'intéresse à la colonne « dépenses », c'est-à-dire à l'ensemble des éléments qui constitue leur consommation. En 1998, sur une consommation totale de 1 000 francs, 787 francs sont directement à la charge de la famille ; les 213 francs restants sont pris en charge par la collectivité et correspondent à une consommation financée par les impôts et les cotisations sociales.

Dans les pays développés, la structure du budget des ménages s'est profondément transformée avec le temps. L'enrichissement inégal de la population, son vieillissement et les produits nouveaux proposés à la consommation, moins chers et de meilleure qualité, ont fortement affecté le poids relatif de chacun des postes. Partout, l'alimentation, l'habillement et l'équipement du logement ont vu leur importance diminuer. Ces postes représentaient respectivement 26 %, 9,6 % et 10,2 % de la consommation des ménages en France en 1970 ; ils ne pèsent plus que 18,4 % (alcools et tabac inclus), 5,3 % et 6,5 % en 1998.

La douceur du foyer

Consommation des ménages en 1998

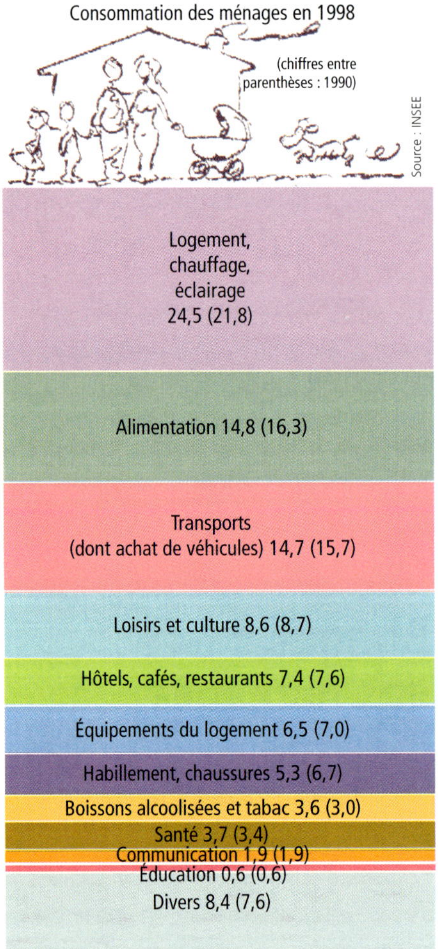

Priorité au logement et à la santé

Les dépenses consacrées au logement, à la santé*, aux transports*, à la communication*, à la culture* et aux loisirs ont connu en revanche une progression spectaculaire. Les sommes utilisées par les ménages pour leurs dépenses de « logement, chauffage et éclairage » constituaient 15,3 % de leur budget en 1970 ; elles sont passées à 24,5 % en 1998. Celles orientées vers les transports et les communications sont passées, pendant la même période, de 13,4 % à 16,6 %.

Même si, en Europe, la structure du budget des ménages a tendance à converger vers un modèle identique, des particularités subsistent : en Irlande et au Portugal, la part consacrée à l'alimentation reste élevée (respectivement 31 % et 28 %) ; dans les pays nordiques, le poids des dépenses destinées au « logement, chauffage et éclairage » est important (33 % en Suède et 27 % au Danemark). Les systèmes de santé étant différents selon les pays, le poids des dépenses de santé dans le budget des ménages varie de 2 % à 16 %. É. I.

➔ *Consommation*

Bulle financière

Augmentation excessive du cours des titres cotés sur les marchés boursiers, amenant nécessairement un brutal retournement (« éclatement de la bulle »).*

Le cours des actions des entreprises cotées en Bourse* dépend (en théorie) de leur santé économique, de leur perspective de développement et du montant des dividendes distribués. Mais il dépend aussi de l'offre et de la demande de chaque titre. Ainsi, si la confiance des épargnants dans la valeur future des titres est grande, et si les agents* redoutent les immobilisations longues, l'attrait des actions et des obligations* revendables à tout moment

 Bulle financière

provoque un excès du nombre de titres demandés par rapport aux quantités offertes. La hausse des cours qui en résulte attire de nouveaux acheteurs qui contribuent à entretenir la hausse des cours.

Dégonflement ou crise

Le comportement de ces agents est purement spéculatif : ils n'achètent des titres que dans l'espoir de réaliser des gains financiers rapides en les revendant. De ce fait, la « bulle spéculative » doit tôt ou tard éclater : en effet, quand les détenteurs de titres décident de les revendre pour « réaliser leur bénéfice », ils contribuent à faire baisser le cours des titres et à provoquer des ventes accélérées (la baisse appelle la baisse). Si ces ventes sont compensées par des achats importants, la bulle spéculative se « dégonflera » progressivement et l'on assistera à une simple « correction » de la valeur excessive des titres par rapport à leur cours « normal » (le *Price Earning Ratio*). Mais si les acheteurs font défaut, la bulle peut éclater : le cours des titres s'effondre et les porteurs se trouvent brutalement ruinés.

Cela peut avoir de grands effets sur l'économie réelle (comme en 1929). Mais le krach* boursier de 1987 a montré que l'éclatement de la bulle ne débouchait pas nécessairement sur une crise économique* générale. P. B.

Les sommets de Wall Street

Entre novembre 1994 et juillet 1998, la valeur des titres cotés à la Bourse de Wall Street est passée de 4 600 à 11 600 milliards de dollars. La capitalisation de l'ensemble des sociétés cotées représente ainsi 120 % du produit national brut américain. Selon **Alan Greenspan**, président de la banque centrale américaine (la FED), cette « exubérance irrationnelle » des marchés est l'expression même d'une bulle financière spéculative.

➔ *Bourse, krach, spéculation*

C

DOSSIERS

CA
(chiffre d'affaires)

Total des ventes d'une entreprise, calculé ou non hors taxes.

Ce chiffre est souvent utilisé pour présenter le bilan des entreprises dans la presse. Le montant de la valeur ajoutée*, du résultat net (solde ressources/charges) ou de la **capitalisation boursière** (produit du nombre des actions* d'une société par leur cours en Bourse) constituent cependant des indices plus révélateurs de la situation réelle d'une entreprise. P. B.

➔ *Entreprise*

Cabet (Étienne)

Socialiste utopiste français (1788-1856), qui préconisa un « communisme pacifique ».

Ayant dû se réfugier en Grande-Bretagne en raison des propos républicains tenus dans son journal *le Populaire,* il tira de la lecture de Robert Owen* et de l'*Utopie* de **Thomas More** l'inspiration de son *Voyage en Icarie,* publié en 1840. Dans ce récit utopique, il décrivait un monde sans propriété privée, où tous les hommes pouvaient bénéficier des bienfaits de l'industrie moderne. De même, dans *Mon credo communiste* (1842), il proposait de créer des colonies égalitaires respectant le message chrétien de fraternité entre les hommes, où chacun recevrait une éducation et pourrait travailler en fonction de ses capacités. Pour y parvenir, Cabet refusait la violence, afin que « le peuple ne se transforme pas en oppresseur », et prônait plutôt d'utiliser la persuasion et des moyens démocratiques.
Mais ses tentatives de créer des « Icaries » communistes aux États-Unis, à la fin des années 1840, échouèrent. Cabet fut même rejeté par ses compagnons, qui le traînèrent devant les tribunaux. P. B.

➔ *(K.) Marx*

CAC 40

Indice boursier de la place parisienne (acronyme de cotation assistée en continu).

Il synthétise l'évolution des cours des quarante valeurs françaises qui font l'objet du plus grand nombre de transactions. C'est le baromètre du marché des actions*, indiquant la tendance à la hausse, à la baisse ou stable. Sa base de départ a été fixée à 1 000 points le 31 décembre 1987. Douze ans plus tard, il frôlait les 6 000 points. Un indice est composé d'un nombre fixe de sociétés cotées représentant différents secteurs. Les quatre premières sociétés du CAC 40 sont TotalFina Elf, France Télécom, Carrefour Promodès et Axa. Leur poids varie de 12 à 5 % dans la composition de l'indice.

Chaque place financière a son indice de référence : New York a le Dow Jones*, Tokyo le Nikkei*, Londres le **FT 100** et Francfort le **DAX 30**. De nouveaux indices sont apparus dans la zone euro. Le plus prisé d'entre eux est le **Dow Jones Euro Stoxx 50**, regroupant les cinquante valeurs européennes les plus représentatives des onze pays qui participent à l'euro*. D. G.

➔ *Bourse, Dow Jones*

Cadre

Salarié dont le statut, déterminé par les conventions collectives, correspond à un niveau de responsabilité ou de qualification intermédiaire ou élevé. L'appartenance à l'AGIRC, le régime de retraite complémentaire des cadres, définit également l'appartenance à cette catégorie.

Dans une entreprise, le directeur général comme le directeur financier sont des cadres, de même qu'un ingénieur mais aussi certaines assistantes de direction. Groupe social le plus dynamique depuis les années 1950 par la croissance de ses effectifs, les cadres constituent une catégorie assez difficile à définir. Au point que l'on s'interroge régulièrement sur l'opportunité de maintenir une telle distinction statutaire. Officiellement consacrée après la Seconde Guerre mondiale par les accords conclus entre les partenaires sociaux, cette dernière définissait à l'origine le cadre comme un salarié exerçant une fonction d'autorité. On y associe également des avantages particuliers en matière d'indemnisation en cas de maladie, par exemple. Il s'agit là d'une spécificité française. Les *managers* anglo-saxons, les *leitenden Angestellten* allemands ou les *dirigenti* italiens sont définis de manière plus stricte par les fonctions de direction qu'ils exercent à la tête de la société.

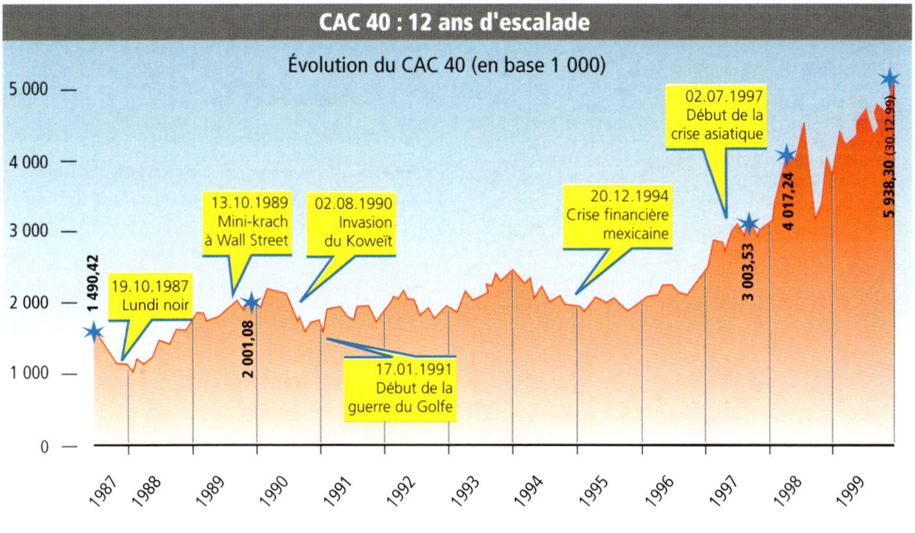

Un prestige et un statut remis en cause

Si cette logique correspond à une culture taylorienne* de l'entreprise hiérarchisée, elle freine le passage à une nouvelle organisation du travail, où la frontière entre ceux qui commandent et ceux qui exécutent tend à s'atténuer. Jouissant d'un certain prestige, les cadres constituent en outre une population très hétérogène, où les « professions intellectuelles » n'exerçant pas de fonction hiérarchique sont devenues prépondérantes. Au sein de « l'encadrement », les ambiguïtés d'un statut certes valorisant mais aussi très contraignant sont à l'origine d'un certain malaise. Confrontés – comme les autres catégories de salariés – à la difficulté de trouver un premier emploi, les jeunes cadres ont réalisé que le diplôme n'était pas toujours un sésame et les plus expérimentés d'entre eux ont découvert qu'ils n'étaient pas à l'abri du chômage de longue durée.

Alors que le régime de retraite de l'**AGIRC** (Association générale des institutions de retraite complémentaire) doit faire face à de graves difficultés pour assurer son avenir, les négociations autour de la mise en place des 35 heures ont mis en exergue les tensions apparues autour de la notion, non reconnue juridiquement, de temps de travail « forfaitaire ». Considérée comme la contrepartie d'un statut social enviable, cette pratique consiste bien souvent à ignorer la notion d'heures supplémentaires et, de facto, à ne pas comptabiliser son temps de présence. J.-M. N.

➔ *Patronat, protection sociale, qualification*

CAF
(coût assurance fret)

Prix des importations intégrant le coût du transport, les frais d'assurance et de fret.

La valeur des importations de marchandises est mesurée le plus souvent « CAF », c'est-à-dire en ajoutant au prix de production à la sortie de l'usine étrangère les marges commerciales, les frais d'assurance et de transport du lieu de production à la frontière du pays importateur. Cela permet d'apprécier le prix réel supporté par les consommateurs de ces marchandises importées. P. B.

Caisse des dépôts et consignations

Institution financière publique française, créée en 1816 pour gérer des fonds privés que la loi oblige à déposer auprès des pouvoirs publics – par exemple les dépôts des notaires –, en les protégeant de toute utilisation indue par l'État.

La CDC, dont l'indépendance est garantie par la loi, exerce des missions d'intérêt général (gestion des fonds collectés sur les livrets A par les Caisses d'épargne et La Poste, financement du logement social et de la politique de la ville, gestion de régimes de retraite publics, appui au développement local, renforcement des fonds propres des PME). Elle développe également des activités bancaires et financières concurrentielles. Elle est actionnaire de la Caisse nationale des caisses d'épargne et de la Caisse nationale de prévoyance. Avec plus de 30 000 collaborateurs, la CDC gère 1 194 milliards de francs (182,02 milliards d'euros) d'actifs pour le compte de tiers, ce qui la situe parmi les cinq premiers investisseurs institutionnels européens. Ses fonds propres s'élevaient à 66,2 milliards de francs (10,1 milliards d'euros) à la fin de 1998. S. F.

➔ *Banque*

Calonne (Charles Alexandre de)

Contrôleur général des Finances de Louis XVI, Calonne (1734-1802) tenta de redresser les finances royales et favorisa le libre-échange.

Au XVIIIe siècle, le budget de l'État était toujours en déficit : les dépenses de la monarchie excédaient chaque année le produit d'une fiscalité archaïque, pesant uniquement sur le tiers état (bourgeois, artisans, paysans). De plus, les fermiers généraux, qui collectaient les impôts, se payaient largement au passage. Calonne voulut s'attaquer à ce système et proposa de vendre une partie du domaine royal, de créer un impôt nouveau (la subvention territoriale),

proportionnelle aux revenus fonciers, et de créer une banque d'État. Mais l'opposition fut telle qu'il fut renvoyé en mai 1787.

Calonne avait par ailleurs réduit les douanes intérieures, qui freinaient la circulation des marchandises, et signé en 1786 avec la Grande-Bretagne un traité de libre-échange. Il espérait favoriser ainsi un essor des exportations françaises de produits agricoles et une mécanisation de l'industrie française soumise à la concurrence anglaise. Les résultats furent cependant décevants, car la France connut plusieurs années de mauvaises récoltes alors que les importations de produits anglais causaient bien des difficultés aux petits artisans français.

L'échec de Calonne explique en partie la révolution de 1789. P. B.

Cambiste

Personne qui effectue des opérations de change entre les monnaies de différents pays.*

Les cambistes travaillent dans les salles de marché des banques. Les transactions sont entièrement électroniques. Leur volume est considérable : en 1998, il atteignait 1 500 milliards de dollars (1 400 milliards d'euros), dépassant le produit intérieur brut (PIB*) annuel de la France. Le dollar* intervient pour la moitié des transactions. La place de Londres est la plus importante pour les transactions monétaires (32 %), devant les États-Unis (18 %). D. G.

Canada

Avec presque 10 millions de kilomètres carrés qui en font le deuxième pays du monde en termes de superficie (après la Fédération de Russie), le Canada ne compte qu'à peine plus de 31 millions d'habitants. Encore cette population est-elle pour l'essentiel regroupée le long de la frontière commune avec les États-Unis.

Le Canada est un État fédéral, démocratique et parlementaire. Il compte dix provinces et deux territoires ayant chacun une capitale : Alberta, Colombie-Britannique, Île-du-Prince-Édouard, Manitoba, Nouveau-Brunswick, Nouvelle-Écosse, Ontario, Québec, Saskatchewan, Terre-Neuve, Yukon et Territoires du Nord-Ouest. Ces derniers ont été divisés en deux au cours de l'année 1999 pour donner naissance au Nunavut, territoire des Inuit, qui furent avec les Amérindiens les premiers habitants du Canada.

Les ressources du pays sont extrêmement variées, allant de vastes forêts aux plaines à blé, en passant par les mines de charbon, de cuivre, de fer, de nickel, d'or, d'uranium… Le pétrole et le gaz, ainsi que d'immenses réserves en eau, donnent au pays un niveau de vie élevé par habitant, le sixième du monde.

Cette richesse pressentie explique les longues rivalités qui opposèrent les puissances européennes en Amérique du Nord dès le XVIe siècle et qui s'achevèrent en 1759 par la victoire, devant Québec, de l'Angleterre sur la France.

De l'ancien affrontement militaire franco-anglais datent les revendications du Québec, qui continue de se vouloir société francophone de culture distincte, soit en restant au sein de la fédération canadienne majoritairement anglophone, soit en faisant sécession. Aucune des deux solutions opposées (« fédéraliste » ou « souverainiste ») n'a jusqu'à présent pu régler un problème qui, au fil des référendums, empoisonne régulièrement la vie politique. Il est possible que la relative autonomie dont bénéficie le Québec, ses succès économiques, les différentes dispositions qui donnent à la langue française un statut prééminent et officiel (loi 101 de 1977), ainsi que l'incapacité du Parti québécois à convaincre définitivement la population des bienfaits de l'indépendance, finissent par sauvegarder l'unité d'un pays déjà largement engagé dans des accords continentaux, comme celui qui le lie depuis 1988 aux États-Unis, accord de libre-échange étendu en 1993 au Mexique (ALENA*). A. V.

➔ *ALENA, États-Unis, G7*

Canada

Population : 31 147 000 hab.
PNB (1998) : 587,93 milliards de $
PNB/hab. : 19 640 $
Structure de la population active : agriculture 3,9 %, mines et industrie 23,2 %, services 73 %
Dette brute : 89,8 % du PIB
Taux de chômage : 8,3 %

Cantillon (Richard)

Économiste franco-irlandais (1680-1734), qui a développé une théorie monétaire assez complète au début du XVIIIe siècle.

D'origine irlandaise, mais établi à Paris, Richard Cantillon écrivit un *Essai sur la nature du commerce en général,* publié en 1755. Attribuant l'origine de la valeur* des choses à la terre, qui fournit les substances, et au travail, qui permet de les produire, il inspira les physiocrates* français et les classiques* anglais.
Il analysa également, avant Ricardo*, les mécanismes d'entrée et de sortie d'or en règlement du solde des échanges extérieurs de marchandises : un excédent commercial provoque une entrée d'or qui tend à faire augmenter les prix intérieurs, mais dans une proportion qui dépend du rythme des dépenses de ces revenus supplémentaires. Cependant, si les prix intérieurs montent, les exportations vont devenir plus difficiles et l'on tendra vers un retour à l'équilibre de la balance commerciale, ou même vers un déficit qui provoquera une sortie d'or et un processus inverse de baisse des prix et d'augmentation des exportations. P. B.

➔ *Monnaie, (D.) Ricardo, valeur*

Capacité de financement

Excédent de l'épargne d'un agent économique sur ses investissements* en machines.*

En comptabilité nationale*, la capacité de financement d'une catégorie d'agents économiques est le solde (positif) de son compte de capital. Quand les agents* disposent d'une capacité de financement, ils affectent cet excédent à l'achat de titres* sur le marché boursier ou à des placements hors de l'économie nationale.
D'une façon générale, les ménages, pris dans leur totalité, ont une capacité de financement. Depuis 1993, c'est aussi le cas des entreprises françaises en raison de l'augmentation de leur épargne et de la stagnation de leurs investissements. P. B.

Capital

Somme d'argent détenue par un agent économique, ou instrument de production.

Au sens courant, le capital désigne :
• une somme d'argent accumulée grâce à un effort d'épargne (« se constituer un capital »), placée, par exemple, en valeurs mobilières ou immobilières ;
• un facteur de production (les machines), associé au travail et aux matières premières pour fabriquer diverses marchandises ;
• le « **capital fixe** », soit des biens durables utilisables durant plusieurs périodes de production. La comptabilité nationale française utilise le terme de « formation brute de capital fixe » pour désigner les achats de machines par les entreprises, mais aussi de logements par les ménages ;
• le « **capital circulant** », soit les matières premières qui ne servent que durant une seule période de production.

Dans la théorie de Marx*, le capital désigne :
• un rapport social de production liant la bourgeoisie au prolétariat, et matérialisé par le versement d'un salaire par le propriétaire des moyens de production aux ouvriers qu'il utilise ;
• une somme d'argent avancée par les capitalistes (le « capital-argent »), qui se transforme en marchandises (moyens de production et force de travail) servant à produire d'autres marchandises (les produits finis), vendues contre un nouveau capital argent ;
• les formes prises par l'argent avancé. La partie transformée en moyens matériels de production (machines et matières premières) est appelée « **capital constant** » car la valeur de ces moyens de production se retrouve à l'identique dans celle des marchandises produites ; celle qui sert à rémunérer la force de travail est appelée « **capital**

variable », car c'est elle qui permet de produire un surcroît de valeur (ou plus-value*) approprié par les capitalistes. P. B.

➔ *Capitalisme, classe sociale, marxisme*

Capital humain

Approche développée par ***Gary Becker*** *(prix Nobel* 1992), dans la lignée des travaux de l'école de Chicago*, appréhendant l'individu comme un capital*.*

Les individus feraient des choix en matière d'éducation* et de formation en comparant les coûts à supporter (directement et par l'absence de revenus) et les revenus futurs qu'ils peuvent escompter en contrepartie de cet investissement* qui augmente leur productivité*.
Par cette extension de la théorie du capital aux êtres humains, on vise à rendre compte des dépenses de santé* (par l'entretien de la capacité de production) ou d'éducation (par la recherche de revenus futurs plus élevés), mais aussi de l'émigration, comme déplacement d'un capital pour en maximiser le rendement, ou du chômage*, comme temps de recherche des meilleures opportunités d'emploi.
Cette théorie vise dans le même temps à justifier certaines inégalités* comme les disparités de revenus entre différents métiers (qui s'expliqueraient par les différences d'investissement en éducation qu'ils nécessitent) ou les écarts de niveau d'éducation entre classes sociales (qui résulteraient du fait que chacune d'elles ne peut consacrer autant à la formation).
Cette approche vise à appliquer la comparaison « coûts-avantages » financiers à des phénomènes domestiques (le mariage et le divorce, la fertilité, l'éducation, le partage des tâches) ne relevant pas jusque-là de l'économie. P. L.

➔ *Croissance endogène*

Capitalisation

La capitalisation boursière d'une société s'obtient en multipliant le cours de son action par le nombre d'actions existantes. Elle donne une bonne indication de la valeur d'une entreprise.*

À la fin de 1999, à la Bourse de Paris, ce sont les groupes Elf TotalFina et France Télécom qui affichaient les capitalisations les plus élevées.
La capitalisation est aussi une technique financière consistant à intégrer dans le capital le revenu que celui-ci génère. Cette technique, selon laquelle les intérêts du placement ne sont pas versés mais incorporés à la créance, est très utilisée en matière de retraite*. C'est aussi une technique de calcul financier qui permet de connaître la valeur d'un bien qui génère des revenus sur une période donnée. Par exemple, une obligation de 100 F qui rapporte un taux d'intérêt réel de 5 % pendant sept ans a une valeur capitalisée de $100 \times (1 + 0{,}05)^7 = 140{,}7$. S. F.

➔ *Retraite*

Capitalisation (système par)

Technique de financement des systèmes de retraite et de prévoyance (assurance-vie).*

Selon cette technique, le montant de la pension (ou le capital garanti) versée aux cotisants au moment de la retraite est directement proportionnel au montant des sommes versées pendant leur période active. En matière de retraite, le système par capitalisation s'oppose au système par répartition*. Il est pratiqué, notamment, par les fonds de pension*. S. G.

➔ *Fonds de pension, répartition, retraite*

Capitalisme

Système économique reposant sur l'avance d'une somme d'argent (le capital) dont les détenteurs cherchent à retirer un profit.*

Le capitalisme est dit :
• **commercial** (ou **marchand**) quand les capitaux sont utilisés pour acheter des marchandises déjà produites qui seront ensuite revendues plus cher ;
• **financier** quand les capitaux sont prêtés contre le versement d'un intérêt par les emprunteurs, ou quand ils servent à acheter des titres représentant une part de la propriété d'une entreprise (des

Capitalisme
John D. Rockefeller et son fils en 1925. Fondateur en 1870 de la Standard Oil Company, il reste comme le symbole du capitalisme entrepreneurial. Condamné en 1892 pour pratiques monopolistiques, il luttera pendant vingt années pour éviter l'éclatement de son groupe. Un siècle plus tard, Bill Gates, symbole d'une autre forme de capitalisme, connaîtra un sort comparable.

actions), afin de réaliser une plus-value* boursière ou de toucher des dividendes* ;

• **industriel** quand les capitaux engagés sont utilisés pour acheter du matériel de production (machines, matières premières) et une certaine quantité de travail qui lui est associée, afin de produire des marchandises dont la vente permet de rembourser les sommes avancées et de dégager un profit*.

On peut parler également de capitalisme agricole quand des capitaux servent à l'achat ou à la location de terres, de semences et d'engrais..., et à rémunérer des salariés agricoles.

Les premières manifestations du capitalisme

À l'époque romaine, de grands marchands avançaient des sommes importantes pour acheter des denrées alimentaires, des armes ou des vêtements qu'ils revendaient ensuite aux responsables de l'approvisionnement des villes ou de l'armée. D'autre part, la classe dite « équestre » était composée de financiers qui étaient chargés de récolter les impôts et qui s'enrichissaient par le jeu de manipulations monétaires. De plus, des fabricants d'armes, d'amphores, de matériaux de construction, de vêtements... investissaient des capitaux parfois avancés par des banques dans l'achat d'esclaves et de matières premières.

À l'époque féodale, et surtout au XIIIe siècle durant lequel les échanges marchands furent particulièrement intenses, de grandes « maisons » – souvent italiennes (florentines et siennoises) – constituèrent des réseaux commerciaux de nature capitaliste : ils achetaient des marchandises revendues dans leurs comptoirs français, flamands, allemands..., engageaient des employés rémunérés et prêtaient de l'argent aux seigneurs et aux souverains en quête de liquidités. Parallèlement se constituèrent des sociétés de commerce dans lesquelles des « capitalistes » risquaient leur argent en achetant des parts leur permettant de se partager les bénéfices*.

Aux XVe-XVIe siècles, ce capitalisme marchand prit une dimension nouvelle : les Médicis* en Italie, Jacques Cœur* en France, les Fugger* en Allemagne réalisèrent d'énormes fortunes grâce au commerce international et en fournissant les cours européennes.

Durant les XVIIe et XVIIIe siècles, le capitalisme marchand prit une extension nouvelle avec l'essor des échanges entre l'Europe, l'Amérique et l'Orient. Les compagnies

 Capitalisme

hollandaises (dont la Compagnie des Indes orientales) développèrent le commerce vers l'Asie. Elles constituèrent un véritable empire colonial et bénéficièrent de l'apport de capitaux réunis à la Bourse d'Anvers, puis à celle d'Amsterdam. Les Anglais réussirent à supplanter les transporteurs hollandais vers la fin du XVIIe siècle, et contrôlèrent le commerce triangulaire* entre les ports britanniques, les côtes africaines et l'Amérique. Ce capitalisme commercial fut à l'origine du capitalisme industriel, car il avait permis d'amasser d'importants moyens de financement, d'importer des matières premières industrielles (coton) et de développer l'esprit capitaliste.

Les premières étapes du capitalisme industriel

Durant les années 1770-1780, un nouveau capitalisme commença à se constituer. Les détenteurs de capitaux ne se contentèrent plus d'acheter et de revendre des marchandises, d'acheter des matières premières (laine ou coton) et de les faire transformer par des petits artisans urbains ou des paysans travaillant à domicile *(domestic system)*. Ils commencèrent à utiliser des métiers mécaniques et une main-d'œuvre salariée à temps plein dans de grands ateliers permettant de produire plus et à moindre coût. Cette pratique se généralisa durant le XIXe siècle en englobant l'essentiel des activités : textile, extraction minière, métallurgie, construction du matériel ferroviaire, chimie, puis, au début du XXe siècle, automobile, appareils électriques, aviation... La nécessité de disposer de capitaux importants pour investir dans ces divers domaines eut deux conséquences : l'exclusion des petits producteurs indépendants, qui ne pouvaient trouver les sources de financement ni résister à la concurrence des entreprises modernes ; la création d'un système bancaire et de Bourses de valeurs assurant la collecte de capitaux pour financer les nouvelles entreprises et permettant aux acheteurs d'actions de recevoir une partie des profits. Le capitalisme industriel est donc nécessairement aussi marchand et financier.

Durant le XIXe siècle, le capitalisme fut marqué par plusieurs traits majeurs : une grande instabilité de l'activité (il connut de nombreux cycles*) ; une flexibilité des salaires et des profits (fonction des aléas conjoncturels) ; une forte concurrence entre les entreprises (à cause de leur petite taille et de l'évolution rapide des techniques) ; une tendance à la baisse des prix sur longue période ; la dureté des conditions de vie de la classe ouvrière (bas salaires, longueur de la journée de travail, pénibilité des tâches, absence de droit syndical et de législation sociale, insalubrité de l'habitat).

Le capitalisme du XXe siècle

Ce capitalisme concurrentiel se transforma dès la fin du XIXe siècle en raison de la concentration* de l'appareil productif, particulièrement visible aux États-Unis, en Allemagne et au Japon. De grandes firmes se constituèrent dans les secteurs industriels les plus avancés (sidérurgie, chimie, automobile, pétrole...) ; elles absorbèrent leurs concurrents ou passèrent entre elles des accords pour limiter la concurrence, qui obligeait les entreprises à baisser leurs prix et menaçait les profits. Parallèlement, l'organisation de la classe ouvrière, la reconnaissance de ses droits et le progrès des institutions démocratiques débouchèrent sur une stabilisation des salaires nominaux et sur une amélioration des conditions de travail. Cette rigidité* des coûts salariaux explique en grande partie les tendances à l'inflation* qui se manifestèrent durant le XXe siècle.

Enfin, l'État joua un rôle plus direct dans la vie économique. Au XIXe siècle, il se contentait d'assurer l'ordre public, de défendre la propriété privée et la valeur de

Les trois esprits capitalistes

Dans leur ouvrage *le Nouvel Esprit du capitalisme* (1999), Ève Chiapello et Luc Boltanski estiment que le capitalisme a connu trois formes d'esprit :

- la première, qui remonte au XIXe siècle, se fonde sur la volonté d'entreprendre, les découvertes scientifiques et les inventions. C'est la morale du bourgeois entrepreneur, avec sa morale du patrimoine, de la famille, de l'épargne et d'une gestion paternaliste du personnel ;
- la deuxième remonte aux années 1930 et accompagne l'apparition de la grande entreprise. C'est l'esprit de la technostructure, qui se caractérise par une gestion sociale du personnel (carrière à vie, avantages sociaux divers), elle-même concomitante d'un développement de l'État providence* ;
- la troisième apparaît avec les années 1990 : c'est la morale du « chef de projet », qui coordonne des unités de travail et de production destinées à une existence courte. Cette nouvelle phase correspond à la flexibilité* croissante du travail et à l'accélération des processus d'innovation.

la monnaie, et de promouvoir les intérêts du pays. Au XXe siècle, l'État intervint plus directement : soit à travers son budget (dépenses de redistribution* des revenus vers les plus pauvres, soutien de la demande globale et donc de l'activité et de l'emploi) ; soit avec une politique industrielle* favorisant certains secteurs essentiels ; soit, enfin, en s'appuyant sur un secteur public* plus ou moins important selon les pays.

Le capitalisme du XXe siècle (surtout après 1945) fut donc régulé par l'État, qui chercha à faire prévaloir l'intérêt général à long terme et à concilier les intérêts des capitalistes et ceux des salariés, lesquels bénéficièrent d'une élévation importante de leur niveau de vie, en particulier durant les Trente Glorieuses*.

Vers un nouveau capitalisme ?

Mais, à la fin du XXe siècle, la mondialisation* et la montée du libéralisme*, qui se traduisent par l'ouverture des frontières et la constitution de grandes zones de libre-échange (Union économique européenne, ALENA*, OMC*...), remettent en cause ce type de capitalisme national. Il semble que se constitue un nouveau capitalisme où la recherche du profit élevé à court terme, permis par la constitution de grands groupes financiers à vocation mondialiste et par le déplacement incessant des capitaux, se substitue à des stratégies industrielles qui visaient davantage le long terme et participaient à des politiques de développement nationales.

Les contours précis de ce nouveau capitalisme sont encore difficiles à saisir : certains parlent de « nouvelle économie* », en insistant sur le rôle entraînant des nouvelles technologies (électronique, automatisation...), sur une nouvelle capacité d'adaptation des entreprises et des salariés, et sur le rôle central des marchés financiers ; d'autres s'inquiètent de la « déréglementation* » et du récul de l'État providence*, et s'attendent au retour d'une crise* de grande ampleur.

P. B.

➔ *Accumulation, Bourse, capital, entreprise, Marx (K.), mondialisation, nouvelle économie, plus-value*

Capital-risque

Fonds investis en capital dans une entreprise* innovante, qui représentent un placement risqué, mais laissent espérer une forte rentabilité en cas de succès.*

Capital-risque : un pari essentiel sur l'avenir

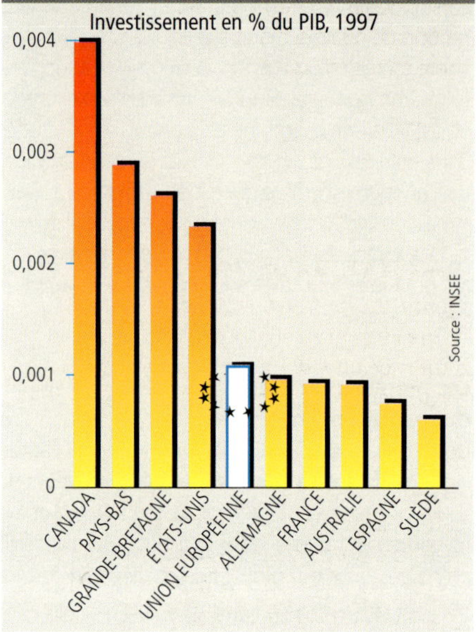

Cet argent provient de tous types d'investisseurs, qui le placent en direct ou le confient à des sociétés spécialisées. Ces sociétés, dites « de capital-risque », lèvent des fonds, sélectionnent les projets dans lesquels elles vont prendre des participations et aident les jeunes sociétés à se développer avec le maximum de chances de succès. Les sociétés de capital-risque sont souvent représentées au conseil d'administration des firmes dans lesquelles elles investissent.

Les gestionnaires de capital-risque doivent bien connaître les secteurs sur lesquels ils misent, ce qui explique que les fonds soient souvent spécialisés : dans les biotechnologies, l'informatique ou le multimédia, par exemple.

Le capital-risque a démarré dans les années 1970 aux États-Unis, où il a joué un rôle majeur pour la création de firmes de nouvelles technologies. Il a émergé en France dix ans plus tard, mais a essuyé une grave crise au début des années 1990, avant de repartir à la hausse en 1996. Différentes mesures fiscales favorisant l'investissement dans des sociétés innovantes et la création du Nouveau Marché accélèrent le mouvement. Selon le ministère de l'Économie et des Finances, 3 milliards de francs (0,5 milliard d'euros) auront été investis en capital-risque en France en 1999.

Une société de capital-risque se désengage au bout de quelques années, soit en vendant ses parts à un

autre investisseur, telle une entreprise de capital-développement (qui a pour mission d'entrer dans le capital de firmes plus matures), soit en mettant sa participation sur le marché à l'occasion d'une première entrée en Bourse. A. K.

➔ *Start-up*

Capitaux propres

Capitaux investis par les propriétaires d'une entreprise (porteurs de parts d'une société), donnant droit au pouvoir de diriger et à une rémunération en fonction du résultat, mais impliquant une prise de risque à long terme.*

Cette définition trouve un reflet dans la structure du bilan* des entreprises puisqu'au passif il est classique d'« opposer » les capitaux propres investis par les propriétaires aux dettes investies par les prêteurs ou créanciers.

Il est d'usage de distinguer au sein des capitaux propres, d'une part, le capital qu'on qualifie de mise « externe » correspondant à un sacrifice des propriétaires (qui prélèvent sur leurs fonds personnels soit lors de la création d'une entreprise, soit postérieurement, lors d'une augmentation de capital) et, d'autre part, les réserves* et le résultat de l'exercice qui apparaissent suite à la vente des marchandises.

En droit, les titulaires de ces capitaux assument collectivement la gestion de l'entreprise ; ils sont les seuls à pouvoir le faire, contrairement aux prêteurs, qui ne participent pas aux organes de décision légaux.

Ces capitaux sont les seuls à supporter le risque de l'entreprise. En principe, en cas de difficulté de l'entreprise, les créanciers (y compris le personnel) doivent être payés d'abord et c'est seulement s'il reste un solde que les propriétaires peuvent récupérer leur mise.

Ce risque justifie, du point de vue de la logique capitaliste, le droit à une rémunération variable et sans limite des détenteurs de ces capitaux. L'expérience des faillites* montre cependant que le risque est largement partagé par les créanciers et les salariés. J. R.

➔ *Capital, fonds propres*

Carré magique

Le « carré magique » est obtenu lorsque les quatre objectifs principaux de la politique économique sont atteints : croissance, plein-emploi, stabilité des prix et équilibre extérieur. Un schéma permet de visualiser le respect de ces objectifs.

Carré magique : la situation de la France, 1999

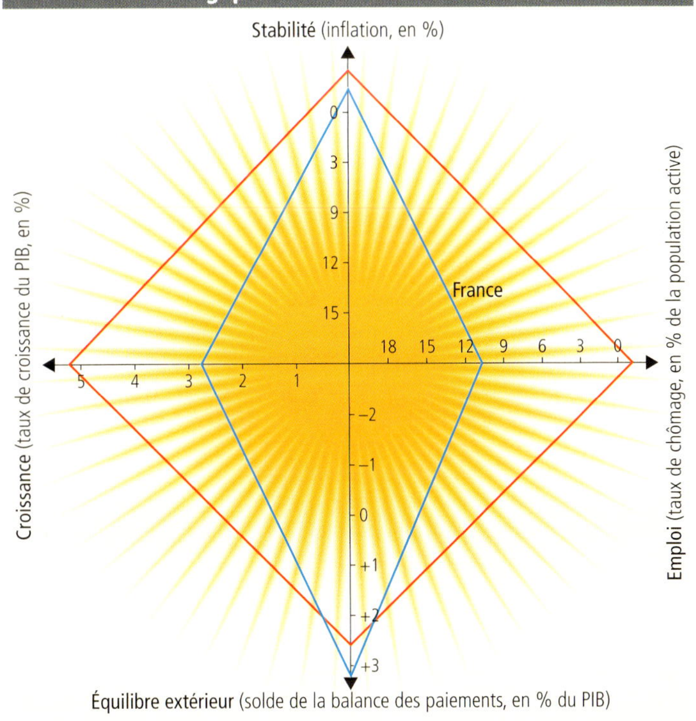

Cette expression, due à l'économiste britannique Nicolas Kaldor*, montre une forte confiance en une politique économique* volontariste. Toutefois, les définitions optimales des quatre objectifs divergent selon les économistes. Pour les keynésiens, l'équilibre extérieur est plutôt entendu comme un excédent des échanges commerciaux quand d'autres privilégient l'équilibre de la balance des paiements* ou la stabilité du taux de change*. De même, l'objectif d'inflation* n'est généralement pas de 0 % (plutôt 2 % aujourd'hui en Europe et 3 % aux États-Unis).
Enfin, certains insistent sur l'aspect conflictuel de certains objectifs, en particulier le plein-emploi et la stabilité des prix* (courbe de Phillips*). Selon le modèle économique utilisé, ces objectifs ultimes ne sont pas mis au même niveau et une hiérarchie s'instaure entre eux. E. L. H.

➔ *Policy mix, Trente Glorieuses*

Carte de paiement

Voir **Moyens de paiement**

Cartel

Entente organisée entre des entreprises juridiquement indépendantes pour limiter la concurrence.*

Le cartel est une forme d'entente permanente ayant pour objectif de s'accorder sur les prix ou de se partager les marchés selon des zones géographiques ou des quotas de production.
Il peut être **horizontal** (deux compagnies qui se partagent une même ligne aérienne selon un accord préalable) ou **vertical** (entre fournisseurs et producteurs ou entre producteurs et vendeurs). Les contrats de distribution exclusive qui lient les constructeurs automobiles et leurs concessionnaires en Europe peuvent être ainsi interprétés comme des cartels verticaux. Ce cartel est aujourd'hui attaqué par la grande distribution.
Le cartel peut aussi s'étendre à des pays, comme dans le cas des pays producteurs de pétrole membres de l'OPEP*, qui s'entendent pour peser sur le cours mondial du pétrole en faisant varier leur niveau de production.
Le cartel doit être distingué d'autres formes d'ententes qui n'ont pas pour but de limiter la concurrence mais au contraire de mieux l'affronter, comme c'est le cas par exemple de certains accords technologiques (mise au point d'une nouvelle technologie de moteur automobile). La législation (antitrust aux États-Unis, droit de la concurrence en Europe) interdit la formation de cartels, qui sont une forme d'entente illicite, et confie à des organismes comme le Conseil de la concurrence, en France, le soin de surveiller les tentatives de cartellisation des marchés. Le risque de cartellisation est d'autant plus grand que le nombre de vendeurs sur le marché est faible car l'entente est alors plus facile.
Par extension, le mot est aujourd'hui utilisé pour désigner des organisations de trafiquants (les cartels de Medellín, de Cali, etc.) intervenant sur le « marché de la drogue ». A. R.

➔ *Concentration, konzern, marché, monopole, oligopole, trust*

Cash-flow

Approximation du flux de trésorerie généré par l'exploitation de l'entreprise*.*

Habituellement, on le mesure chaque année de deux façons : en déduisant les charges décaissables (à payer) des produits encaissables (principalement les ventes livrées), ou en ajoutant les dotations aux amortissements au résultat de l'exercice.
Soit le compte de résultat d'une entreprise :

Ventes (encaissables)	1 000
Charges décaissables hors amortissements (y compris impôt)	– 650
Dotations aux amortissements	– 150
Résultat net de l'exercice	200

Le cash-flow est égal à 350. Selon le calcul soustractif, il est égal à 1 000 (ventes) moins 650 (charges décaissables) ; selon le calcul additif, il est égal à 200 (résultat) plus 150 (dotations aux amortissements).
Le cash-flow ne se confond donc pas avec le résultat net de l'exercice ; une entreprise bénéficiaire encaisse non seulement le résultat net mais également l'équivalent monétaire des dotations aux amortissements. Ces dernières, qui constituent des charges dites non

décaissables, ne donnent pas lieu à décaissement automatique dans la période où elles surviennent : ce décaissement sera effectué lors du remplacement des moyens de production usagés. Cependant, l'aisance de trésorerie que procure l'équivalent monétaire des amortissements n'est que momentanée : il faudra bien un jour ou l'autre remplacer les immobilisations ou disparaître ; à long terme, le cash-flow est donc équivalent au résultat.
Le cash-flow ne constitue qu'une mesure approximative du véritable flux de trésorerie d'exploitation, car il faut tenir compte des crédits accordés aux clients et par les fournisseurs ainsi que des achats stockés non consommés. J. R.

➔ *Trésorerie*

Cavalerie

Émission (frauduleuse) d'un effet de commerce établi entre des personnes qui ne se doivent rien, ou qui ne correspond pas à une véritable opération commerciale.

Supposons deux commerçants tous deux en difficultés financières ; ils peuvent se rendre mutuellement « service » en tirant l'un sur l'autre des effets de cavalerie et les escompter* auprès de leur banque, c'est-à-dire demander à ces banques de leur acheter ces fausses reconnaissances de dettes. J. R.

➔ *Escompte*

CDD
(contrat à durée déterminée)

Contrat de travail par lequel un employeur embauche un salarié pour une durée déterminée, par exemple pour une période de six mois.

Les contrats de travail à durée déterminée ne peuvent avoir pour objet ni pour effet de pourvoir durablement un emploi lié à l'activité normale et permanente de l'entreprise. Le terme du contrat doit être précisé dans le contrat de travail. En France, la durée maximale d'un CDD est de 18 mois, renouvellement compris. Une indemnité de précarité* est due en fin de contrat par l'employeur au salarié (sauf en ce qui concerne les emplois saisonniers). Elle est fixée à la hauteur de 6 % de la rémunération globale perçue par le salarié.
Les CDD font partie des formes particulières d'emploi au même titre que le travail intérimaire ou le travail à temps partiel. Les CDD sont l'un des instruments de la flexibilité*. Il s'agit pour les entreprises d'adapter la structure des effectifs salariés aux impératifs de la conjoncture économique. Cependant, l'existence de contrats à durée déterminée accentue la précarité face à l'emploi. Certains économistes évoquent à cet égard l'existence d'un dualisme* du marché du travail entre des emplois traditionnels (CDI) et des emplois qualifiés d'atypiques (CDD, intérim, temps partiel). J.-C. D.

➔ *CDI, flexibilité*

CDI
(contrat à durée indéterminée)

Contrat de travail par lequel un employeur embauche un salarié sans limitation de durée dans le temps.

Selon le droit du travail, le contrat à durée indéterminée est la forme normale du contrat de travail. L'instauration des CDI relève d'une construction juridique qui apparaît surtout après la Seconde Guerre mondiale avec la mise en place de l'État providence*. Il s'agissait à l'époque pour les syndicats* et les autorités politiques de protéger les travailleurs et de réaliser les conditions du plein-emploi. À la durée indéterminée du contrat s'ajoutent l'unicité de l'employeur et le temps plein (durée hebdomadaire légale du travail). La stabilité de l'emploi constitue dès lors un élément central du contrat de travail, qui peut cependant être rompu par l'une des deux parties : le salarié peut démissionner, l'employeur peut licencier le salarié. Les modalités de la cessation du contrat de travail sont définies par le droit du travail.
Les emplois associés à un contrat de travail à durée indéterminée font partie des emplois dits **typiques** et s'opposent aux formes particulières d'emploi (CDD*, travail intérimaire, emplois à temps partiel), qualifiées d'**emplois atypiques**. J.-C. D.

➔ *CDD, État providence, flexibilité*

CEE

Voir **Union européenne**

Cercle vertueux

Phénomène obtenu lorsque l'amélioration d'une variable entraîne celle d'autres variables dans une boucle qui permet une nouvelle amélioration de la variable initiale.

On est en situation de cercle vertueux quand la hausse de la demande entraîne celle de l'investissement et de la production, et, par voie de conséquence, celle des revenus, donc de la consommation, ce qui assure une nouvelle hausse de la demande. À l'opposé, une politique de réduction de la demande risque de conduire à une moindre croissance de la production, et donc à une hausse des coûts unitaires de production, ce qui entraîne une perte de compétitivité et une nouvelle contraction des marchés. L'économie est alors entraînée dans un « cercle vicieux » de désindustrialisation. E. L. H.

CFA (franc)

Unité monétaire en vigueur dans la Communauté financière africaine, dont les membres forment, avec la France, la zone franc.

Le franc CFA est commun à huit pays de l'Afrique occidentale (Côte d'Ivoire, Guinée Bissau, Bénin, Togo, Sénégal, Burkina, Mali, Niger) et six pays de l'Afrique centrale (république du Congo, Cameroun, Tchad, Guinée équatoriale, Centrafrique, Gabon). La zone franc et le franc CFA ont été maintenus en vie malgré la décolonisation de l'Afrique francophone au début des années 1960. Seule l'appellation Colonies françaises d'Afrique a été pudiquement modifiée. Après le passage à l'euro, la France continuera d'assurer la convertibilité du franc CFA. Celui-ci possède une valeur fixe face au franc français, restée inchangée entre 1948 et 1994, au taux de 0,02 franc français pour 1 franc CFA. Avec ce cours fixe, le franc CFA s'est progressivement surévalué, pénalisant les exportations des pays africains concernés et handicapant leur croissance. En 1994, sous la pression du FMI, le franc CFA a donc été dévalué de 50 %. F. L.

➔ *Afrique, zone monétaire*

CFA
Billet de 2 000 francs CFA. Le franc CFA marque l'existence de la zone franc en Afrique francophone. Possédant une valeur fixe par rapport au franc français, le franc CFA s'est progressivement surévalué, ce qui a pénalisé les exportations des pays africains. Il a donc été dévalué de 50 % au milieu des années 1990.

Chaebols

Voir **Corée du Sud**

Change

Opération qui consiste à convertir la monnaie d'un pays dans une autre monnaie.

Les opérations se réalisent sur le marché des changes*. Le prix ou le cours qui se fixe est le taux de change*. Celui-ci représente la quantité d'une monnaie exigée pour obtenir une unité d'une autre monnaie, par exemple 1,04 dollar pour 1 euro ou 125 yens pour 1 dollar. Sur le marché des changes, les opérations d'achat et de vente peuvent se réaliser **au comptant** : dans ce cas, elles sont dénouées quasi instantanément. Dans un achat ou une **vente à terme**, l'opération est réalisée à une échéance convenue d'avance (un mois, trois mois, etc.). Une monnaie a donc plusieurs cours selon le terme auquel il est fait référence.

Le taux de change est fixé en fonction de l'offre et de la demande de chacune des monnaies. Il dépend donc des besoins nés des opérations commerciales (exportations et importations), du tourisme et des investissements étrangers. Mais, à court terme, les principaux mouvements sur les taux de change sont la conséquence des déplacements de capitaux financiers liés aux anticipations des investisseurs sur l'évolution des marchés financiers et sur le taux de change. Si, par exemple, les investisseurs anticipent la baisse des taux d'intérêt* au Japon et la hausse des valeurs boursières dans ce pays, le yen devrait tendre à s'apprécier.

Les gouvernements et les banques centrales* peuvent également intervenir sur le marché des changes pour en influencer le cours. Si le gouvernement japonais estime que le cours du yen est trop élevé par rapport au dollar, la Banque du Japon peut vendre des yens pour acheter des dollars.

Dans un système de change fixe*, les autorités publiques s'engagent à maintenir le cours de la monnaie, la parité, à un certain niveau qui s'exprime par rapport à l'or, à une ou plusieurs monnaies, à un panier de monnaies. Néanmoins, le gouvernement peut fixer une certaine marge de fluctuation entre la parité et le cours de la monnaie.

Ainsi, dans le système mis en place à Bretton Woods* (1944), la parité du dollar* était fixée par rapport à l'or (35 $ l'once), et celle des autres monnaies du système, par rapport à l'or ou au dollar. La marge de fluctuation, c'est-à-dire l'écart entre la parité et le cours sur le marché des changes, était de ± 1 %. Dans le système monétaire européen (1979-1993), les monnaies du système ne pouvaient s'écarter que de ± 2,25 % les unes par rapport aux autres.

Lorsque, sur le marché des changes, le cours de la monnaie risque de descendre sous le « plancher » de sa marge de fluctuation, le pays doit défendre sa monnaie en augmentant ses taux d'intérêt* pour rendre celle-ci plus attractive et en intervenant sur le marché des changes*. Lorsque cette défense est insuffisante, le pays peut décider une dévaluation* de sa monnaie ou encore laisser flotter sa monnaie en laissant le marché des changes en fixer le cours.

En effet, les pays qui choisissent le flottement n'affichent aucune parité. La seule référence est alors le cours de la monnaie tel qu'il est fixé sur le marché des changes. Le flottement est dit « pur » si les autorités nationales (Trésor, Banque centrale) n'interviennent pas sur le marché des changes pour en influencer le cours. Il est « impur » si ces mêmes autorités se laissent la possibilité d'intervenir.

Le système monétaire international est aujourd'hui caractérisé par la variété des régimes de change

Certains pays (Hongkong, Argentine) appliquent un système dur de change fixe, dit de ***currency board***, qui tend à faire de la monnaie nationale une simple représentation de la monnaie d'ancrage (souvent le dollar). D'autres appliquent un système de **parité glissante**, c'est-à-dire un système de change fixe avec une parité révisée périodiquement. Les relations entre les grandes monnaies – dollar*, yen*, euro – sont ainsi régies par un système de flottement impur. Si le yen fluctue par rapport aux autres monnaies, des interventions concertées entre les banques centrales* du G7* sont néanmoins possibles.

À long terme, les économistes considèrent souvent que le taux de change tend à converger vers son niveau d'équilibre, mais, à court terme, les cours apparaissent souvent sous- ou surévalués par rapport à leur« bon » niveau. La définition même du taux de change d'équilibre se heurte à de nombreuses difficultés méthodologiques. Lorsque les capitaux sont peu mobiles, les taux de change doivent viser à ajuster les balances des paiements* et à corriger les écarts d'inflation (théorie de la parité des pouvoirs d'achat*) qui sont à l'origine des déséquilibres. Lorsque les capitaux sont mobiles, les taux de change réagissent aux taux d'intérêt (théorie de la parité des taux d'intérêt) et donc à la politique monétaire* et aux choix de portefeuille des agents. Enfin, le taux de change peut aussi viser à corriger les déséquilibres macroéconomiques et les décalages de conjoncture*. Sur ce critère, le yen* devrait être sous-évalué par rapport au dollar lorsque la conjoncture japonaise est moins favorable que la conjoncture américaine. J.-M. S.

➔ *Changes fixes, changes flottants, convertibilité, devises, SMI*

Changes fixes

Régime de convertibilité entre les monnaies de différents pays à une parité déterminée d'avance.

Un régime de taux de changes fixes, dit de l'étalon-or*, s'est généralisé entre les principales devises du

monde à la fin du XIXe siècle : chacune d'elles avait un poids fixe d'or. Entre 1945 et 1971, les monnaies s'échangeaient en dollars à cours fixes. F. L.

➔ *Changes flottants*

Changes flottants

Régime de convertibilité entre les devises de différents pays à une parité non déterminée à l'avance, le cours fluctuant en fonction de la demande sur le marché des changes.

Les changes flottants ont été la règle dans le monde à partir de 1971, à moins d'arrangements régionaux (création du système monétaire européen puis de l'euro* dans l'Union européenne*) ou bilatéraux (qui rattachent certaines devises fragiles à des monnaies de référence, comme le mark bosniaque au mark allemand). F. L.

➔ *Changes fixes*

Charbon

La plus abondante et la plus anciennement utilisée des sources d'énergie fossiles.

Les machines à vapeur*, fonctionnant au charbon, ont été l'un des éléments déterminants de la révolution industrielle et des transports au XIXe siècle. Aujourd'hui encore, la houille représente 70 % des réserves énergétiques de la planète, soit 230 années de consommation mondiale au rythme actuel, contre 45 ans pour le pétrole et 65 ans pour le gaz. Actuellement, le charbon représente 23 % de la consommation mondiale d'énergie, derrière le pétrole* (36 %) ; il devance le gaz (19 %) ou le nucléaire (5 %). En 1998, la production mondiale de houille s'est élevée à 3 659 millions de tonnes, la baisse de 2 % par rapport à 1997 étant due au recul de l'extraction du principal producteur, la Chine, qui assure un tiers de la production mondiale, et au déclin des mines en Europe. Outre la Chine, les principaux producteurs sont les États-Unis, l'Inde, l'Australie, l'Afrique du Sud et la Russie.

L'enjeu de la pollution

Les coûts de production sont différents selon les types d'exploitation : le charbon extrait des mines à ciel ouvert coûte deux fois moins cher que celui des mines souterraines. Cette différence explique en partie la fin des gisements européens, souvent situés en profondeur. En France, la fermeture des dernières mines encore en exploitation est prévue pour 2005. Malgré l'abondance des réserves, le charbon est pénalisé par son caractère polluant. Quand il brûle, il rejette du dioxyde de carbone dans l'atmosphère (CO_2). Son développement pourrait être freiné dans les pays qui décideraient d'imposer une taxe sur les émissions de carbone afin de réduire les émissions de gaz à effet de serre à l'origine du réchauffement de la planète. Cette taxe augmenterait alors le coût du charbon et le rendrait moins compétitif face aux énergies moins polluantes sur son principal marché, celui des centrales électriques. D. G.

➔ *Matière première, révolution industrielle, secteur primaire*

Charbon : la Chine, premier producteur et sixième exportateur (1998)

Les six premiers producteurs (en millions de tonnes métriques)		Les six premiers exportateurs (en millions de tonnes)	
Chine	1 235,6	Australie	166,1
États-Unis	928,7	États-Unis	69,9
Inde	303,1	Afrique du Sud	67,1
Afrique du Sud	228,8	Indonésie	45,6
Russie	148,6	Canada	34,2
Pologne	116,0	Chine	32,3

Source : IEM

Charges sociales

Ensemble des cotisations sociales des employeurs, des ménages et des administrations. Liées aux salaires mais ne représentant pas la contrepartie d'un travail fourni, elles servent notamment à financer l'assurance-maladie, les accidents du travail, les prestations familiales, les retraites et les indemnités de chômage.

Les charges sociales prennent la forme, pour les employeurs et les salariés, des cotisations sociales versées, mais aussi des congés payés. Elles sont prélevées à la source sur le salaire brut (ou le traitement brut pour les fonctionnaires) et alimentent – à travers les URSSAF*, les ASSEDIC* ou les organismes collecteurs du 1 % logement ou des fonds de la formation professionnelle – les organismes redistribuant ces prélèvements. Elles se décomposent entre charges salariales (environ 20 % du salaire brut) et charges patronales (environ 40 %).

Le terme même de « charges » indique qu'elles représentent un poids, puisqu'il s'agit d'un prélèvement opéré sur la richesse créée au sein des entreprises, puis redistribuée. Les syndicats* estiment, pour leur part, que ces charges constituent un salaire différé, qui appartient aux salariés. Ces charges n'ont cessé d'augmenter depuis cinquante ans pour financer les dépenses de protection sociale, même si, depuis vingt ans, les hausses ont surtout été supportées par les salariés. Le problème de la réduction des charges sociales s'est peu à peu imposé comme une des données essentielles du débat économique. Politiques, entrepreneurs et économistes sont nombreux à penser que la lourdeur des charges sociales – surtout sur les bas salaires – bride les créations d'emplois, encourage le travail clandestin et pousse même les entreprises à licencier.

Trois raisons complémentaires expliquent que ce débat ait pris de l'ampleur au cours des années 1990 :

• l'accroissement des **déficits sociaux*** a conduit les gouvernements à aller chercher ailleurs que dans les revenus du travail les recettes supplémentaires dont l'État providence* avait besoin, ce qui a notamment conduit à la création en 1991 d'un nouvel impôt, la CSG* ;

• l'**ouverture des marchés** a contraint de nombreuses entreprises à faire des efforts de compétitivité et à freiner leurs coûts salariaux ;

• les **pouvoirs publics** ont voulu encourager la création de postes de travail à faible productivité, notamment dans les services. Au cours de la décennie écoulée, les gouvernements de gauche ou de droite ont multiplié les exonérations de charges sociales pour favoriser l'embauche d'un premier salarié, le dévelop-

Qui paie la facture sociale ?

En % du total, 1998

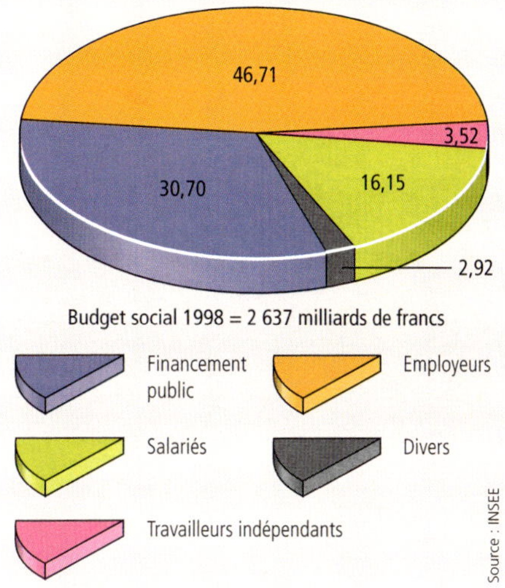

Deux cas de figure

• L'ouvrier : Bernard F., employé dans une entreprise de restauration collective, est payé sur la base d'un SMIC (6 881,68 francs pour 169 heures de travail dans le mois) ; il paie 1 445,84 francs de charges salariales, ce qui ramène son salaire net mensuel à 5 435,84 francs. De son côté, son employeur verse 1 878,01 francs de charges patronales. Les charges sociales s'élèvent, au total, à 3 323,85 francs. Le coût d'un SMIC pour l'entreprise est de 8 759,69 francs (au 1er janvier 2000).

• Le cadre : Luc M., cadre dans une entreprise du secteur de la métallurgie, est payé 20 000 francs brut par mois (pour 169 heures théoriques dans le mois) ; il paie 4 122,59 francs de charges salariales, ce qui ramène son salaire net mensuel à 15 877,41 francs. De son côté, son employeur verse 9 090,59 francs de charges patronales. Les charges sociales s'élèvent, au total, à 13 213,18 francs. Le coût total de son salaire est de 29 090,59 francs.

pement du travail à temps partiel et, depuis la loi Aubry, le passage aux 35 heures. J.-M. B.

➔ *CSG, déficits sociaux, prélèvements obligatoires, protection sociale*

Chemin de fer

Moyen de transport qui constitua au XIXe siècle l'un des facteurs principaux du développement industriel et qui bouleversa les relations économiques nationales et internationales.

La première locomotive à vapeur fut expérimentée en 1804 par l'Écossais **Richard Trevithick**. Puis **George Stephenson** réalisa en 1825 le premier transport de voyageurs entre Stockton et Darlington, à 20 km/h. En 1830, il inaugura la ligne Manchester-Liverpool et utilisa la nouvelle chaudière du Français **Marc Seguin**. Ce dernier avait entrepris en 1826 la construction d'une ligne de chemin de fer entre Saint-Étienne et Lyon, tandis que les frères Pereire finançaient la ligne Saint-Germain-en-Laye-Paris, inaugurée en 1835. Le réseau de voies ferrées allait connaître un développement considérable jusqu'en 1914 : 23 500 kilomètres étaient construits en Europe dès 1850 et près de 360 000 en 1913. Aux

L'irrésistible développement des réseaux ferrés

1850 et 1913, en kilomètres

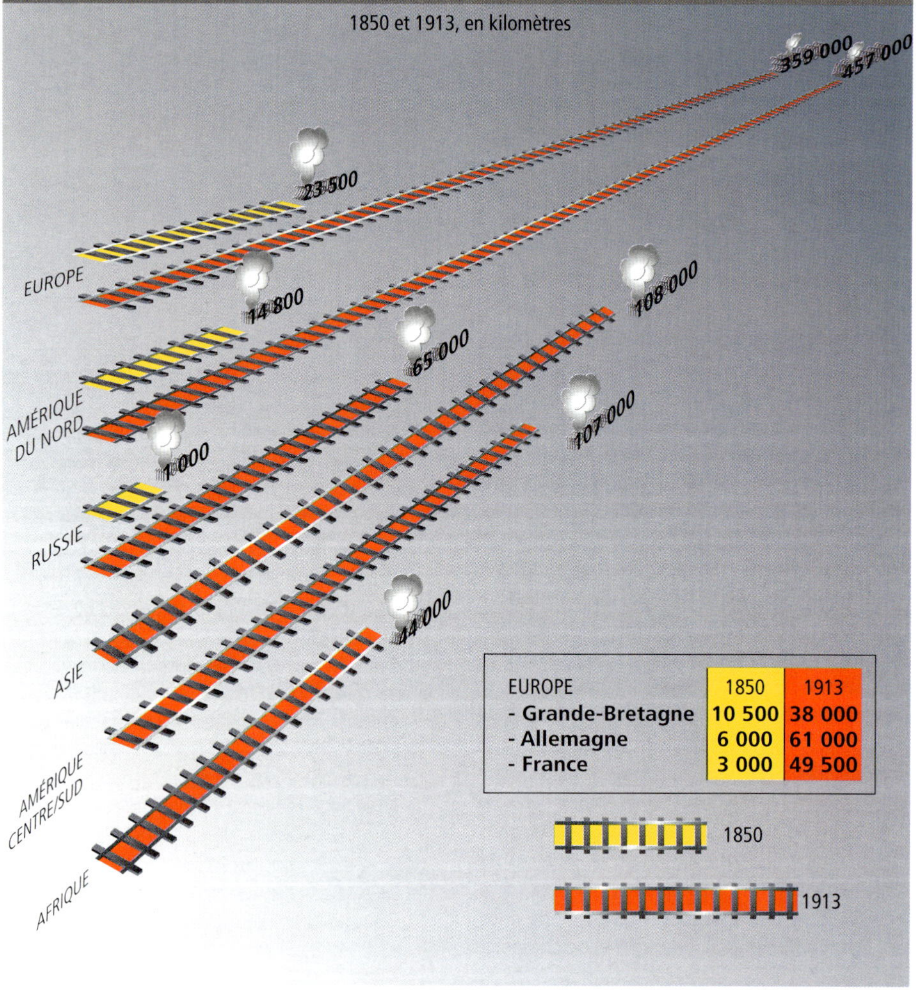

EUROPE	1850	1913
- Grande-Bretagne	10 500	38 000
- Allemagne	6 000	61 000
- France	3 000	49 500

Le rail en France à la fin du XXe siècle

En 1998, le réseau ferré français comptait 31 850 km (dont 14 161 km de lignes électrifiées) et a transporté 823 millions de voyageurs (dont 519 millions en Île-de-France), contre 406 millions en 1901. La SNCF employait 173 900 agents, disposait de 4 487 gares et de 6 942 locomotives, dont 341 rames TGV. Le TGV reliera au début du XXIe siècle Paris à Turin, via Lyon et Chambéry, et Paris à Figueras, en Espagne, via Lyon, Avignon et Montpellier. Un train pendulaire est envisagé pour relier Paris à Toulouse, Paris à Clermont-Ferrand, Bordeaux à Marseille.

États-Unis, la longueur du réseau passa de 14 800 km en 1850 à 457 000 km en 1913.
L'édification de ces lignes joua un rôle économique direct par la demande de produits les plus divers qu'elle suscita (extraction du charbon, production de fonte, de fer et d'acier pour fabriquer locomotives, wagons, rails, poutrelles métalliques...), par la construction de ponts, le creusement de tunnels, la pose des rails..., toutes activités nécessitant une main-d'œuvre salariée considérable. De plus, le besoin de capitaux émanant des sociétés privées qui construisirent ce réseau entraîna la création de banques destinées à collecter l'épargne du grand public. Le développement des chemins de fer constitua également une véritable « révolution des transports » en permettant d'acheminer rapidement sur de longues distances voyageurs et produits pondéreux (dont le charbon ou l'acier), et d'approvisionner les grandes villes en produits alimentaires frais.
Le financement de la construction de ces vastes réseaux fut aussi l'occasion de grands flux internationaux de capitaux, les Britanniques investissant largement en Amérique du Nord, et les Français dans l'Europe du Sud et en Russie (ce fut la raison principale des fameux « emprunts russes »). P. B.

➔ *Transports*

Chèque

Document normalisé qui permet au titulaire d'un compte bancaire de donner à sa banque l'ordre de payer une certaine somme à un bénéficiaire dont il indique le nom.

Le chèque n'est pas une monnaie mais un moyen de paiement. Le paiement s'effectue généralement par inscription de la somme indiquée sur le chèque au crédit du compte bancaire ou postal du bénéficiaire, ou tireur. En France, le chèque est le moyen de paiement le plus utilisé, beaucoup plus fréquemment que dans les autres pays de la zone euro. Près

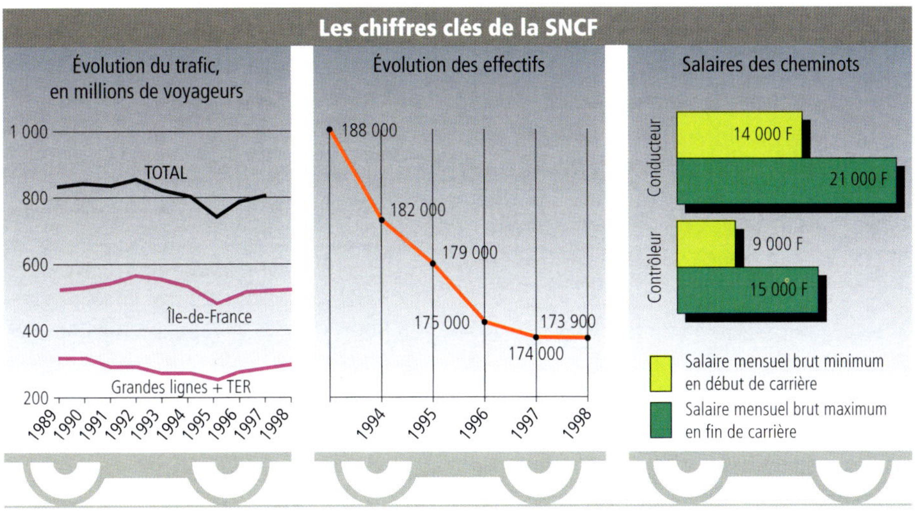

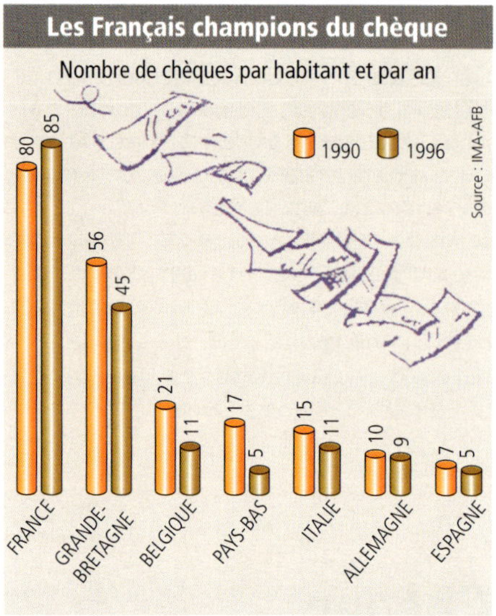

de 5 milliards de chèques sont émis chaque année. Ce succès du chèque s'explique par sa facilité d'utilisation et par le fait qu'il a été longtemps gratuit.

Si un compte n'est pas alimenté lors de l'émission d'un chèque, ce chèque est dit « sans provision » – ou plus familièrement « en bois » – et le paiement ne peut être effectué. Pour supprimer ce risque lors d'une transaction d'un montant élevé, le payeur peut acheter un chèque de banque, qui sera directement émis par sa banque au nom du bénéficiaire.

Un **chèque en blanc** est un chèque sur lequel le nom du bénéficiaire ou la somme à payer ne sont pas inscrits.

Un **chèque de voyage** est un titre d'un montant fixe en francs ou en devises, émis et garanti par une banque ou une société spécialisée. Il permet de retirer de l'argent à un des guichets de la banque émettrice ou de ses correspondants et de régler des dépenses, et il fait généralement l'objet d'une assurance contre la perte ou le vol.

Il existe également en France des **chèques emploi-service**, qui sont destinés à simplifier le règlement des sommes dues aux employés à domicile. S. F.

➔ *Moyens de paiement*

Chevalier blanc

Allié dans une opération de rachat d'entreprise.

C'est une société qui en aide une autre à résister à une tentative d'achat inamicale. Dans le langage très guerrier des boursiers, une entreprise « attaquée » sur le marché va « se défendre » en cherchant un allié appelé « chevalier blanc ». Ce défenseur fait une surenchère sur l'offre de l'assaillant. En cas de succès – si les actionnaires de la société attaquée lui apportent leurs titres –, c'est souvent lui qui en prend le contrôle. Au printemps 1999, **François Pinault** (Yves Saint Laurent) a soustrait le maroquinier italien Gucci aux appétits de **Bernard Arnault**, le patron de LVMH (Dior et Chritian Lacroix). D. G.

➔ *OPA*

Chicago (école de)

Courant de pensée, constitué après la Seconde Guerre mondiale à l'université de Chicago, qui regroupe les défenseurs d'un libéralisme total n'admettant aucune intervention de l'État*.*

Haut lieu du libéralisme dès avant la guerre, avec **Franck Night**, Chicago a été le point de ralliement d'économistes souvent « nobélisés » (**Milton Friedman*** en 1976, **Theodore Schultz** en 1979, **George Stigler** en 1982, James Buchanan* en 1986, **Ronald Coase** en 1991, **Gary Becker** en 1992, **Robert Fogel** et Douglass North* en 1993, **Robert Lucas** en 1995).

Ces économistes ont en commun un objectif, la remise en cause de l'intervention publique dans l'activité économique hormis pour ses fonctions régaliennes (maintien de l'ordre, etc.), et une stratégie, l'application à tous les phénomènes étudiés de l'analyse microéconomique*. Ils partagent aussi une méthodologie du « comme si » selon laquelle la pertinence d'un modèle se juge non pas sur le réalisme de ses hypothèses mais sur sa capacité à générer des résultats conformes à la réalité.

Avec Friedman et le monétarisme*, relayé par Lucas et la Nouvelle École classique*, c'est l'interventionnisme keynésien de l'après-guerre qui est remis en cause par un réexamen de ses fondements microéconomiques, pour montrer que l'État ne doit pas chercher à modifier le niveau d'activité.

Avec Buchanan, Coase et d'autres, c'est l'ensemble des interventions publiques justifiées par l'économie

du bien-être* qui est rejeté. Par leur approche du Public Choice, ils entendent démontrer que l'intervention de l'État est toujours moins efficace que le libre jeu du marché. P. L.

➔ *Capital humain, économie mixte, keynésianisme, microéconomie, synthèse néoclassique, Trente Glorieuses*

Chimie

Industrie qui crée des matières artificielles élaborées à partir des molécules naturelles.

Les industriels de la chimie se plaisent à insister sur l'importance méconnue de leur activité dans la vie quotidienne. « Quoi que vous ayez l'intention de faire au travail ou pendant vos loisirs, vous allez utiliser de nombreux produits créés par l'industrie chimique », soulignent-ils dans leur brochure. Ils évoquent le fauteuil sur lequel vous êtes assis, rempli de mousse ininflammable, recouvert d'un tissu teint avec des produits garantissant la pérennité des couleurs et pourvu d'un revêtement pour résister aux taches. Sans parler de la moquette, de la peinture des murs, des matériaux plastiques, des magnétoscopes, des écrans de télévision. Sont également évoquées l'alimentation et la pharmacie.

Depuis ses origines au XIXe siècle, l'industrie chimique européenne a toujours été le leader mondial, représentant le tiers de la production globale, devant les États-Unis (26 %) et le Japon (15 %). L'industrie chimique française se situe au quatrième rang dans le monde après les États-Unis, le Japon et l'Allemagne. Elle se décompose en grandes familles de produits comme la chimie minérale (acide sulfurique, chlore, ammoniac et engrais), la chimie organique (éthylène, butadiène, benzène, matières plastiques), la parachimie (explosifs, peintures, encre d'imprimerie, produits phytosanitaires pour les plantes). On parle également de pétrochimie, nom donné aux dérivés du pétrole et du gaz naturel. D. G.

Chine

« La Chine, première économie mondiale en 2015 » : telle est, du moins, la prévision avancée par une étude de l'Organisation de coopération et de développement économiques (OCDE). Il est vrai que, en à peine une vingtaine d'années, ce pays, qui compte près de 1,3 milliard d'habitants (soit un cinquième de l'humanité), a connu un développement fulgurant.*

Une histoire en dents de scie a préludé à cette renaissance économique. La Chine a été unifiée pour la première fois en 221 av. J.-C. par Qin Shi Huangdi. Par la suite, cet immense territoire a été plusieurs fois morcelé, mais il a toujours fini par retrouver son unité et son organisation centralisée. La Chine a maîtrisé très vite les méthodes de l'irrigation permettant la riziculture. Ayant inventé le papier, elle a eu très tôt

Chine
Petit haut-fourneau de campagne dans la Chine de la fin des années 1950. La construction de milliers d'équipements de ce type a correspondu à la politique dite du « Grand Bond en avant ». Le projet consistait à mobiliser au plus près du terrain l'ensemble de la population. Le Grand Bond en avant, associé à une sécheresse particulièrement sévère, provoqua la famine et la mort de millions de personnes.

Chine
Deng Xiaoping recevant Margaret Thatcher (de dos) dans les années 1980. Arrivé au pouvoir à la fin des années 1970, le « petit timonier » voulut conjuguer la libéralisation économique de son pays et le maintien de la direction autoritaire du Parti communiste.

aussi l'idée de la monnaie scripturale : les premiers billets à ordre, « monnaie volante » *(feiqian),* sont mis en circulation au IXe siècle de notre ère et le papier-monnaie deviendra le principal moyen de paiement aux XIIe-XIIIe siècles, six cents ans avant qu'il se généralise en Occident.

L'économie chinoise connaît des périodes de progrès, suivies de longues phases d'anarchie. Après les déchirements de l'époque des Mongols Yuan (1271-1368) vient l'âge d'or des Ming (1368-1644), qui rétablissent les communications et favorisent l'introduction de nouvelles cultures alimentaires (arachide, patate douce, sorgho) et industrielles (coton). Les Ming succombent aux envahisseurs mandchous, qui fondent la dernière dynastie de l'Empire, les Qing (1644-1911). L'amélioration des conditions de vie des paysans, due à l'élan économique, à la diversification des cultures et à l'allégement des impôts, provoque un accroissement de la population (200 millions d'individus en 1762). La situation se détériore au XIXe siècle, avec les guerres de l'Opium (1839-1842 et 1857-1860), les insurrections anti-étrangères et la première guerre sino-japonaise (1894-1895). Les Occidentaux s'emparent des secteurs économiques rentables. En 1912, lorsque Sun Yat-sen proclame la première république chinoise, l'économie est moribonde. Le parti nationaliste, dirigé par Tchang Kaï-chek, basé dans les centres urbains et bénéficiant du soutien de financiers, ne résistera pas à la déferlante communiste menée du fin fond des campagnes par Mao Zedong. La République populaire de Chine est proclamée le 1er octobre 1949.

Du modèle soviétique à l'« économie socialiste de marché »

La première tâche à laquelle s'attelle le nouveau gouvernement est, sur le modèle soviétique, l'application d'un système de planification marqué par la centralisation étatique et l'indépendance vis-à-vis de l'extérieur. Dans un premier temps, l'accent est mis sur la réforme agraire et la redistribution aux paysans pauvres des terres confisquées, puis sur le rendement industriel – principalement l'industrie lourde. Le premier plan quinquennal, commencé en 1953, s'achève en 1958 avec la création de « coopératives » de production, dont dépendent désormais les paysans. La collectivisation s'intensifie et s'emballe dès le début du second plan quinquennal, avec la création des communes populaires. Les années du « Grand Bond en avant » (1958-1962) sont marquées, outre les mesures économiques désastreuses, par la sécheresse : la famine provoque des millions de morts et replonge la Chine au fond du gouffre. Le pays se remet à peine lorsque **Mao Zedong** déclenche en 1966 la « Révolution culturelle », qui prend fin à sa mort en 1976. Les campagnes sont plus épargnées que les villes, la production céréalière progresse, mais la Chine est à nouveau complètement isolée et, de fait, manque le décollage technologique. Malgré tout, de 1952 à 1978, le revenu par habitant a progressé de 80 %.

Dès 1978, **Deng Xiaoping** lance le défi de redresser l'économie du pays et de rattraper le retard pris sur les grandes puissances en instaurant un système d'« économie socialiste de marché ». Décollectivisation, suppression des communes populaires et reprise des marchés libres sont les premières mesures prises en faveur des paysans. En janvier 1979, face à la progression démographique alarmante (970 millions de Chinois, 1 milliard en 1985, contre 582 millions en 1953), est décrétée la « politique de l'enfant unique ». Décentralisation, modernisation et ouverture contrôlée vers l'extérieur viennent ensuite, qui se

 Chine

Les chiffres clés de la Chine

Importations, en milliards de $, 1998
Total : 140,17

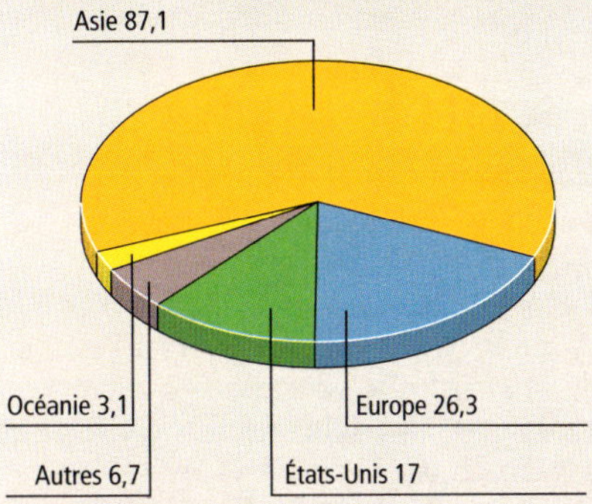

Principales importations (en milliards de $) :

Machines et équipements de transport	56,8
Chimie	20,2
Textile	11,1

Exportations, en milliards de $, 1998
Total : 183,76

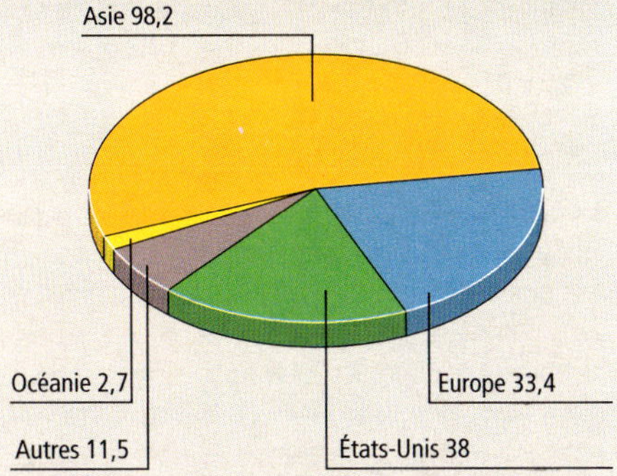

Principales exportations (en milliards de $) :

Machines et équipements de transport	50,2
Textile et vêtements	40,5
Chaussures, chapeaux, parapluies	10,3

La sixième puissance économique
PIB en milliards de yuans
(930 milliards de dollars en 1999)

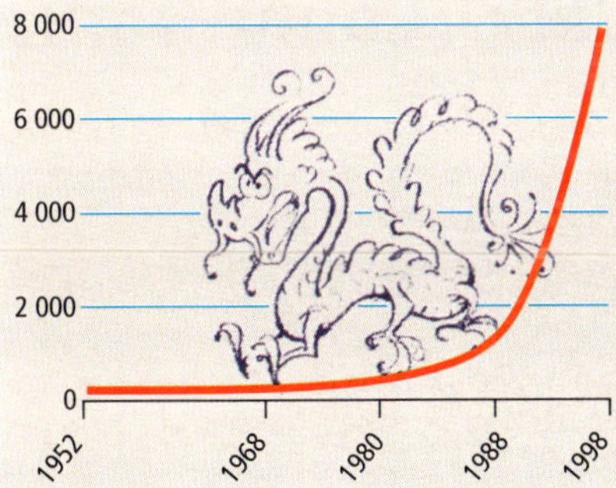

La cible des investissements étrangers
IDE (investissements directs à l'étranger)
en milliards de dollars

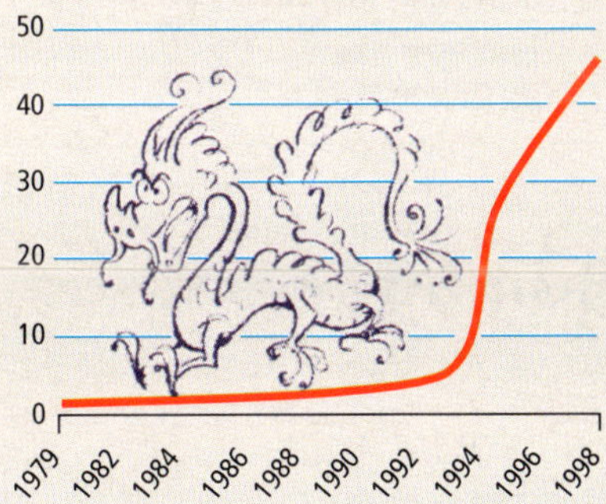

Source : *le Monde*

concrétisent, en 1979, par l'ouverture aux investisseurs étrangers, l'autorisation de créer des entreprises mixtes sino-étrangères et la création, en mai 1980, de quatre zones économiques spéciales (ZES). Les investissements directs étrangers (IDE) dopent l'économie chinoise. En 1986, la Chine entreprend des négociations en vue d'adhérer à l'Organisation mondiale du commerce (OMC), qu'elle devrait rejoindre au début du millénaire (bien qu'elle ne représente encore que 3 % du commerce mondial, la Chine exporte déjà en 1998 pour 98,2 milliards de dollars vers l'Asie, 38 milliards vers les États-Unis, 33,4 milliards vers l'Europe et 14,2 milliards vers le reste du monde).

Une formidable expansion économique fragilisée par une grande instabilité sociale

La répression du mouvement démocratique étudiant, marquée par le massacre de Tian'anmen en 1989, freine les relations de la Chine avec l'Occident. Deng Xiaoping gèle les réformes jusqu'en janvier 1992. En octobre 1992 le passage à l'« économie socialiste de marché » est accéléré. Dès 1993, on retrouve une forte accélération des investissements directs étrangers, encouragés par des réformes fiscales et monétaires et la libéralisation du contrôle des changes (janvier 1994). En mars 1996 débute la réforme des grandes entreprises du secteur public déficitaires, qui aura pour conséquence des millions de sans-emploi. À la mort de Deng Xiaoping, en février 1997, le Parti communiste chinois confirme sa volonté de poursuivre la politique de réforme économique, et en particulier celle des entreprises d'État. Le flux de travailleurs migrants, démunis, venus des campagnes vers les centres urbains ne cesse de s'accroître. L'instabilité sociale et la différence de revenus entre les régions côtières et intérieures rendent précaire l'équilibre économique, fragilisé par la crise asiatique de l'été 1997. Néanmoins, la Chine tient bon et refuse de dévaluer le yuan pour restaurer sa compétitivité face aux autres pays exportateurs d'Asie – s'imposant ainsi comme une puissance économique « responsable ». M.-F. B.

Chine

Population : 1 277 558 000 hab.
PNB (1997) : 886,05 milliards de $
PNB/hab. : 860 $
Structure de la population active : agriculture 49,1 %, mines et industrie 19,5 %, services 31,3 %
Taux de chômage : 3%

Chômage

Voir dossier p. 131

Chômage (taux naturel de)

Terme proposé par Milton Friedman pour désigner le chômage* inévitable.*

Selon Friedman, le chômage existe même dans une économie en équilibre*, compte tenu des imperfections de marché (inadéquation entre les qualifications demandées par les employeurs et celles proposées par les employés, coût de la mobilité des travailleurs...). Le plein-emploi* absolu est impossible, sauf au prix d'une accélération de l'inflation*. Friedman a utilisé ce terme dans sa critique de la courbe de Phillips* pour plaider l'abandon du plein-emploi comme objectif de politique économique*. P. L.

➔ *Keynésianisme, NAIRU, synthèse néoclassique*

Circuit

Flux monétaires entre des groupes d'agents économiques.

La théorie économique a le plus souvent pour objet un ensemble de marchés interdépendants, dans lesquels les individus agissent selon les informations véhiculées par les prix formés sur ces marchés. L'approche en termes de circuit met au contraire l'accent sur les relations monétaires existant entre des groupes d'agents mutuellement liés par des flux de dépenses ; par exemple, les salaires sont un coût pour les employeurs, mais aussi un pouvoir d'achat avec lequel les salariés achètent les biens produits. P. S.

➔ *(J. M.) Keynes, marché, (F.) Quesnay, (J. A.) Schumpeter*

Clark (Colin Grant)

Économiste anglais (né en 1905), qui rendit célèbre la distinction des trois grands secteurs d'activité économique (primaire, secondaire* et tertiaire*).*

Colin Clark enseigna l'économie en Grande-Bretagne et en Australie durant l'entre-deux-guerres, et dirigea l'Institut de recherche en économie agricole d'Oxford. Il étudia, plus particulièrement sur le plan statistique, la répartition du revenu national et sa relation avec l'évolution des grands secteurs d'activité, qui occupent une place différente suivant le stade d'évolution des sociétés. Ainsi, quand la société se développe, la part du secteur primaire (agriculture, mines...) tend à diminuer au profit de celles du secteur secondaire (industrie et transformation des matières premières) et du secteur tertiaire (services, administrations), ce dernier représentant environ les trois quarts de l'activité dans les pays les plus avancés. Les principaux ouvrages de C. G. Clark sont *The National Income* (1924-1931) et *The Conditions of Economic Progress* (1940). P. B.

➔ *Secteur primaire, secteur secondaire, secteur tertiaire*

Avec les relèvements successifs des prix du pétrole en 1974 et 1979, les pays occidentaux voient leurs taux de chômage augmenter substantiellement dans la première moitié des années 1980, puis à partir des années 1990-1991. Toutefois, la différence est nette entre les pays de l'Europe continentale, avec des taux de chômage qui se maintiennent à des niveaux élevés, surtout en France et en Europe du Sud, et les pays de l'Amérique du Nord et le Royaume-Uni, où la situation est souvent caractérisée, à la fin des années 1990, comme proche du plein-emploi, mais avec des inégalités salariales importantes.

Chômage

Décrivant initialement le fait de ne pas travailler à l'occasion d'une fête rituelle, le chômage est une réalité et une notion récentes. Entré dans l'histoire économique avec les conséquences de la grande crise de 1929, il est devenu un problème central de la politique économique à partir du milieu des années 1970, qui a marqué la fin des Trente Glorieuses* (années 1945-1975). Cette période avait été caractérisée par une forte croissance, de l'ordre de 4 à 5 % par an, et un faible taux de chômage, le plus souvent inférieur à 2,5 % en Europe.

Le **taux de chômage** est le rapport du nombre des chômeurs au nombre des actifs (ou population active), lui-même égal à la somme du nombre des actifs occupés et des chômeurs.
Ce taux diffère selon les catégories de travailleurs. En règle générale, il est plus élevé pour les jeunes, les femmes, les moins diplômés et les moins qualifiés des travailleurs. Toutefois, les raisons de ces différences sont diverses : recherche d'un emploi approprié par essais et erreurs de la part des jeunes, qui sont plus vulnérables (incidence du chômage, c'est-à-dire fréquence, plus forte) et plus employables (durées des épisodes de chômage plus courtes) que les femmes ou les travailleurs plus âgés et peu diplômés pour lesquels l'incidence du chômage est plus faible mais les durées sont bien plus longues.

En France, en 1998, un peu plus de 40 % des chômeurs étaient au chômage depuis plus de un an ; l'ancienneté de chômage était de 16 mois en moyenne. Le chômage de longue durée frappe moins les jeunes que les travailleurs plus âgés. Les durées de chômage sont supérieures en Europe à celles observées en Amérique du Nord (13,4 semaines d'ancienneté moyenne de chômage aux États-Unis).

Selon les théories, le chômage est la conséquence d'une mauvaise politique économique ou la simple adaptation aux évolutions de l'économie

Pour expliquer le chômage, on distingue habituellement deux grandes catégories de chômage : le chômage dû à une insuffisance de la

Chômage : vers la fin de l'escalade ?

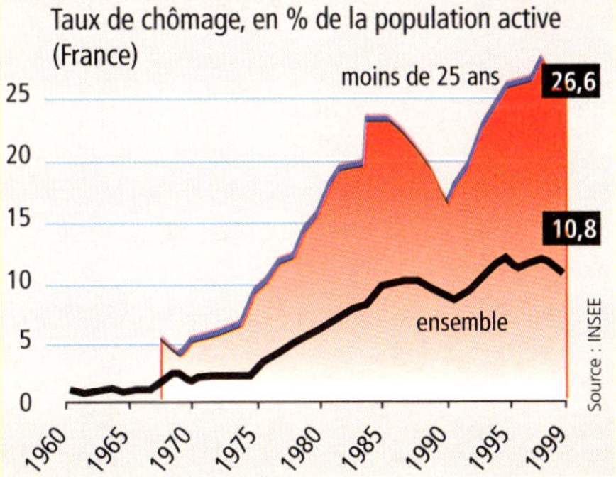

Chômage
Scène du film *The Full Monty,* dans lequel un groupe de chômeurs anglais montent un numéro de music-hall et de nu intégral. Une illustration tragi-comique de la situation de millions de travailleurs européens privés d'emploi.

demande globale (chômage conjoncturel ou cyclique) et le chômage résultant des caractéristiques de fonctionnement du marché du travail (chômage d'équilibre, structurel ou frictionnel).

Chômage dû à une insuffisance de la demande globale

Pour Keynes*, la cause principale du chômage doit être recherchée dans l'insuffisance de la demande globale, combinée avec une rigidité des salaires à la baisse. Si les salaires étaient flexibles, une diminution de la demande globale se traduirait par une baisse des salaires, sans qu'apparaisse une situation de chômage. Toute la question de la macroéconomie est précisément d'expliquer pourquoi des variations de la demande se traduisent par des variations de l'emploi et du chômage plutôt que par de simples variations des prix (selon R. Solow*, prix Nobel d'économie).
L'existence de syndicats puissants négociant des contrats de fixation des salaires sur plusieurs années, la réglementation tendant à la mise en place d'un salaire minimum, ainsi que le désir de chaque catégorie de travailleurs de conserver le niveau de son salaire sont les éléments premiers auxquels Keynes faisait référence.
Avec le déclin de l'importance des syndicats, d'autres explications ont été fournies : l'entreprise peut perdre ses travailleurs les plus productifs si elle se lance dans une réduction forte des salaires. De plus, les travailleurs de l'entreprise, les « **insiders** », ayant acquis un savoir-faire qui lui est spécifique, les travailleurs situés à l'extérieur de l'entreprise, les « **outsiders** », ne leur sont pas directement substituables : l'entreprise qui désirerait embaucher des outsiders à des salaires plus faibles devrait supporter des coûts de recrutement et de formation.

Chômage résultant du fonctionnement du marché du travail

• Le **chômage d'équilibre** est celui qu'il ne serait pas possible de réduire sans entraîner une surchauffe de l'économie se traduisant par

Mesure et définitions

Deux méthodes complémentaires de mesure du chômage : la méthode statistique et la méthode administrative.

• La **méthode statistique** permet par voie d'enquête d'obtenir un chiffre conforme à la définition internationale : au sens du BIT (Bureau international du travail), est chômeur tout individu en âge de travailler qui est sans emploi, qui est disponible pour occuper un emploi pendant la période de référence et qui recherche un emploi. Être sans emploi, au sens de la résolution du BIT de 1982, c'est ne pas travailler, ne serait-ce qu'une heure, pendant la période (généralement une semaine) de référence. Pour être à la recherche d'un emploi, il faut avoir effectué des démarches effectives en vue de trouver un emploi (s'être rendu dans une agence, avoir répondu à des petites annonces, avoir démarché des entreprises, etc.). De plus, pour le **BIT**, une personne disponible ayant trouvé un emploi qui commence plus tard est considérée comme au chômage. Le nombre de chômeurs, d'actifs occupés et d'inactifs au sens du BIT est déterminé par voie d'enquête annuelle.

En France, l'**INSEE*** procède à une enquête annuelle sur l'emploi à l'aide d'un sondage en mars de chaque année. Les résultats de cette enquête permettent de déterminer sur une base internationalement comparable le nombre de chômeurs ainsi que les taux de chômage (rapport du nombre de chômeurs au nombre d'actifs, composé lui-même du nombre d'actifs occupés et des chômeurs) ou les parts de chômage (nombre de chômeurs rapporté à la population totale).

• La **méthode administrative** évalue le nombre de chômeurs en notant le nombre de demandeurs d'emploi inscrits en fin de mois (DEFM) sur les registres des agences chargées de l'emploi.

En France, l'ANPE recense les demandes d'emploi en fin de mois (DEFM) de différentes catégories, les principales étant les « DEFM de catégorie 1 » : ce sont les personnes inscrites à l'ANPE déclarant être à la recherche d'un emploi à temps plein et à durée indéterminée et n'ayant pas exercé une activité réduite de plus de 78 heures dans le mois (pour mémoire, un mi-temps correspond en principe à 84,5 heures par mois).

Les autres catégories de demandeurs d'emploi inscrits à l'ANPE recherchent des emplois à temps partiel, ou saisonniers, ou à durée déterminée, ou encore (catégorie 6) exercent une activité réduite de plus de 78 heures par mois.

une hausse du taux d'inflation. Le taux de chômage correspondant s'appelle aussi le NAIRU* (Non Accelerating Inflation Rate of Unemployment).

• Le **chômage structurel** est la conséquence de l'inadaptation des caractéristiques des chômeurs à la nature des postes qui leur sont proposés dans l'économie. Les modifications de la structure de la demande de biens et les changements technologiques entraînent des changements dans la localisation géographique, la nature des qualifications et les secteurs d'activité des postes créés par les entreprises. Lorsque ceux-ci ne correspondent pas aux caractéristiques des travailleurs, le chômage structurel apparaît par inadaptation de l'offre à la demande de travail.

• Le **chômage frictionnel** décrit la situation où, dans une économie dynamique, les travailleurs sont appelés à changer fréquemment d'emploi. Les restructurations d'entreprises conduisent à des licenciements ; les travailleurs poursuivent des objectifs de carrière, ce qui les amène à être mobiles. De tels changements conduisent ces travailleurs à passer par le chômage, appelé alors chômage frictionnel. La recherche d'emploi à laquelle se livrent les travailleurs est plus ou moins longue selon les structures du marché du travail existantes. Les institutions régulant le marché du travail influencent par conséquent le niveau du chômage : nature des contrats de travail, règles d'embauche et de licenciement, modalités d'indemnisation du chômage, efficacité des agences de placement, réseaux d'information, etc.

Le diplôme protège du chômage

En % de la population active au 1er semestre 1999 (France)

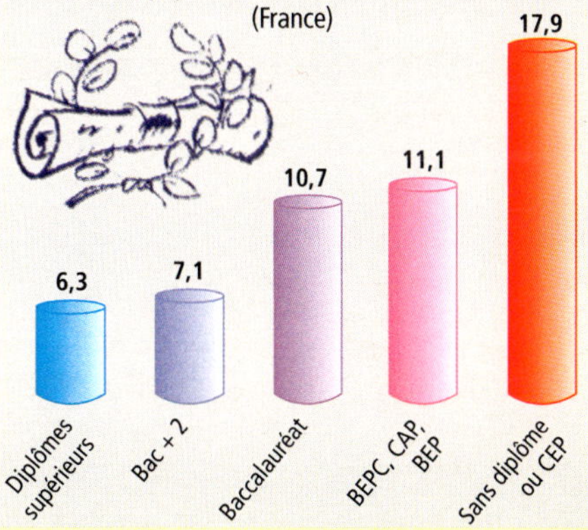

Le chômage : fléau moderne

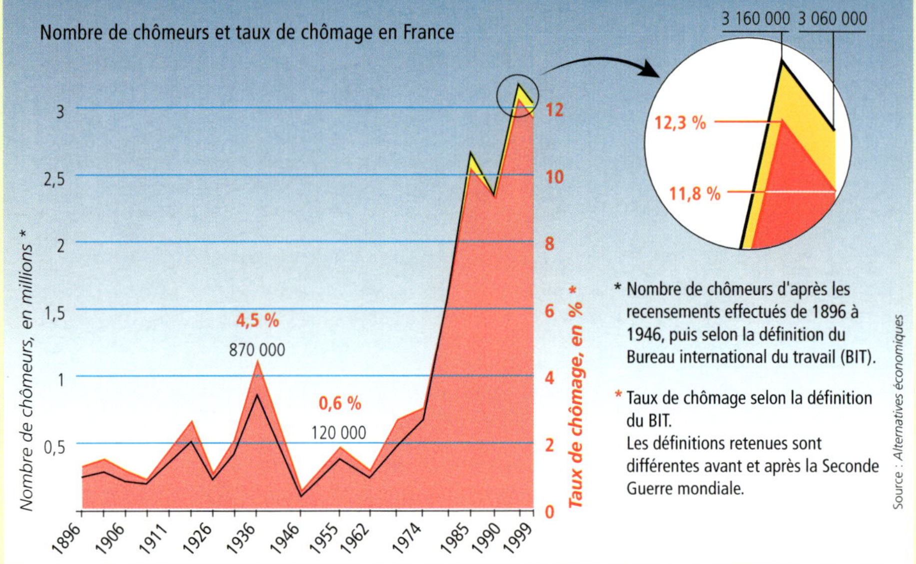

Les travailleurs développent une stratégie pour trouver un emploi. Celle-ci dépend du coût de la recherche d'emploi et des opportunités qui s'ouvrent à eux ainsi que des avantages et des inconvénients des différents emplois qu'ils trouvent. Une stratégie consistera alors à déterminer un salaire et des caractéristiques de l'emploi minimales (appelées « de réserve » par les économistes). Le travailleur acceptera le premier emploi qui satisfera ces exigences minimales : au cours de sa recherche, il pourra donc refuser quelques emplois. En ce sens, le chômage sera « volontaire ». Dans cette optique, une indemnisation généreuse du chômage peut avoir des effets pervers : en diminuant le coût de la recherche, elle a tendance à relever les exigences minimales du chômeur en quête d'emploi et donc à allonger sa recherche, ce qui augmente le taux de chômage. M. S.

➔ *Emploi, marché du travail, mobilité sociale, NAIRU, Quelles solutions contre le chômage ?*

Classe sociale

Regroupement d'individus ayant des intérêts économiques communs.

Pour les marxistes, toute société est constituée de classes sociales aux intérêts antagonistes, dont la lutte est le moteur de l'histoire. L'appartenance à une classe sociale est liée à l'existence d'un droit de propriété, qui détermine la place de chacun dans le système productif et l'importance de ses revenus. Ainsi, durant l'Antiquité, s'opposaient les maîtres (propriétaires du sol et des esclaves) et ces mêmes esclaves. À l'époque du féodalisme*, les seigneurs imposaient aux serfs qui travaillaient dans leurs domaines un ensemble de redevances, en travail gratuit (les corvées), en nature (part des récoltes) ou en argent. Dans la société capitaliste, la **classe *bourgeoise*** (ou capitaliste), propriétaire des moyens de production (usines) et d'échange (entreprises commerciales), exploite la **classe *prolétarienne***, constituée de l'ensemble des travailleurs, qui ne sont propriétaires que de leur force de travail et qui sont contraints, pour survivre, de la louer aux capitalistes moyennant le paiement d'un salaire.

Concept politique et réalité sociologique

Mais, selon Karl Marx, une classe « en soi », c'est-à-dire déterminée par ces conditions juridiques et matérielles, ne devient une classe « pour soi », jouant un rôle actif, que lorsque ses membres ont pris conscience de leur appartenance de classe. Ainsi, pour que la classe ouvrière devienne révolutionnaire, les ouvriers doivent d'abord comprendre que leurs intérêts ne seront vraiment pris en compte que s'ils s'approprient l'ensemble des pouvoirs.

Le concept de classe sociale est aussi utilisé par des économistes ou des sociologues dans un sens de classification non conflictuelle. C'est ainsi que F. Quesnay* parle de « classe productrice » à propos des agriculteurs et de « classe stérile » à propos des artisans, ou que D. Ricardo* distingue trois classes dans la société (les propriétaires fonciers, les capitalistes et les ouvriers), du fait que leurs revenus n'ont pas la même origine. P. B.

➔ *Capitalisme, (K.) Marx*

Classiques (économistes)

Voir **École classique**

Clause de la nation la plus favorisée (NPF)

Clause relative aux accords commerciaux internationaux, par laquelle un pays s'engage à appliquer à l'ensemble des pays les modalités d'accès à son marché intérieur les plus favorables parmi celles qui sont proposées.

Ce traitement de la nation la plus favorisée (**NPF**) s'applique automatiquement aux pays membres de l'Organisation mondiale du commerce (OMC*) pour les biens et les services. Si, par exemple, le Japon décidait d'abolir les droits de douane* au profit du blé importé d'Argentine, il devrait également libérer l'importation de blé français, américain, etc.

Cette clause, déjà stipulée dans les accords de libre-échange* du XIXe siècle, permet d'assurer aux pays exportateurs que les avantages dont ils bénéficient ne seront pas remis en cause par des concessions préférentielles en faveur de pays tiers.

Néanmoins, dans certains cas, cette clause peut favoriser des comportements de « **passagers clandestins** », c'est-à-dire de pays qui, grâce à la clause NPF, bénéficieraient de l'ouverture des pays membres sans réciprocité.

L'OMC prévoit un certain nombre d'exceptions à la clause NPF pour les regroupements régionaux ou en faveur des pays en développement. J.-M. S.

Clignotant

Indicateur économique servant à guider l'intervention des pouvoirs publics.*

L'un des indicateurs les plus surveillés par les responsables de la politique économique est le taux d'inflation. Quand celui-ci dépasse une valeur jugée maximale, l'État décide d'intervenir plus directement dans l'économie pour corriger son évolution spontanée. Il peut alors réduire la masse monétaire, augmenter les taux d'intérêt, contrôler les hausses de salaires...

Les autres principaux clignotants sont le taux de chômage*, le solde des échanges extérieurs, et celui du budget de l'État. Quand les taux d'inflation* et de chômage deviennent positifs, et quand les soldes extérieurs et budgétaires deviennent négatifs, on dit que

« les clignotants s'allument » et indiquent un danger pour l'économie. Ils attirent l'attention de l'État, amené à prendre des mesures avant que les indicateurs « ne passent au rouge », c'est-à-dire que les déséquilibres ne se creusent d'une façon excessive. P. B.

Cliquet (effet de)

Absence de baisse de la consommation alors que le revenu diminue.

Lorsque le revenu augmente, on tend à consommer davantage et, simultanément, à épargner davantage par crainte des mauvais jours. Quand arrivent ces mauvais jours, par exemple si l'on perd son emploi, le revenu total diminue et, pourtant, on ne diminue pas immédiatement son niveau de consommation ; on puise dans son épargne pour continuer de jouir du même train de vie qu'avant. L'effet de cliquet révèle donc une asymétrie de comportement*, selon que le revenu augmente ou diminue. Bien entendu, si les mauvais jours duraient plus longtemps que prévu, on finirait par diminuer sa consommation.
On constate ainsi que la consommation globale en France n'a pas fléchi quand le chômage de masse est apparu en 1974, ni lors des fortes baisses des valeurs boursières de 1987. F. E.

➔ *Consommation, revenu*

Club de Londres

Organisme regroupant des établissements bancaires de nationalités diverses qui ont choisi de gérer en commun un problème ponctuel de dette internationale.

Il est le pendant bancaire du Club de Paris*. L'établissement américain Citibank, par exemple, dirige le travail effectué par le Club avec le Mexique, tandis que la BNP dirige celui mené avec la Côte d'Ivoire. Certaines régions, comme l'Afrique, ont surtout emprunté à des pays (dette bilatérale) ou à des institutions (dette multilatérale). D'autres, comme l'Amérique latine, ont surtout emprunté auprès des banques (dette bancaire). F. L.

➔ *Club de Paris, dette*

Club de Paris

Organisme chargé de gérer la dette des pays pauvres, créé en 1956, bien avant l'explosion de la crise de la dette au début des années 1980.

Le Club regroupe les États créanciers, qui se réunissent à Paris afin de réexaminer l'endettement de tel ou tel pays qui ne parvient pas à honorer ses échéances ; ils allongent généralement les durées de remboursement.
Certaines situations sont simples : au Club de Paris, la France est toujours créancière (prêteuse), et le Sénégal, toujours débiteur (emprunteur). Mais la Russie peut être soit l'un, soit l'autre. Elle est créancière de l'Angola, entre autres États anciennement communistes ; elle se présente aussi au Club de Paris en tant que débitrice, ne parvenant plus à honorer sa propre dette extérieure.
Le Club de Paris est donc un organisme à géométrie variable : ses membres (généralement une vingtaine) varient en fonction du pays concerné, et ses réunions sont ponctuelles. Rien n'empêche l'un ou l'autre de ses membres de consentir des annulations de dette bilatérales : la France a par exemple annulé l'ensemble de la dette de l'Amérique centrale à son égard en 1998, après le passage de l'ouragan Mitch. F. L.

➔ *Club de Londres, dette*

COB
(Commission des opérations de Bourse)

Institution chargée en France de la supervision des marchés où s'échangent des titres ou valeurs mobilières (actions et obligations principalement). On la surnomme « le gendarme de la Bourse ».

Pour que le marché attire les investisseurs, ils doivent savoir qu'ils n'y seront pas grugés et que certaines règles y sont respectées. La COB traque donc un certain nombre d'infractions. Par exemple, quiconque sait qu'une entreprise va être vendue et achète des titres avant que l'information soit rendue publique, pour les revendre ensuite quand les cours auront monté, commet un « délit d'initié* », passible de poursuites.

La COB a été créée le 28 septembre 1967 avec pour mission de veiller à la protection de l'épargne investie en valeurs mobilières. Elle est compétente dès qu'il y a appel public à l'épargne. Elle doit s'assurer que l'information fournie aux investisseurs est exacte et complète, et doit veiller au bon fonctionnement des marchés de valeurs mobilières, des produits financiers cotés et des contrats à terme. Ses pouvoirs se sont renforcés au fil des ans, principalement à partir de 1990, après une série de scandales financiers. La loi lui a accordé son autonomie financière, son indépendance politique et un réel pouvoir d'investigation et de sanction.

Une institution aux pouvoirs grandissants

Au départ, la COB était conçue comme une simple autorité morale, sans pouvoir de sanction directe. Très vite, le premier président de la COB devait en mesurer les limites. Rendant visite à son homologue américain de la **SEC** (Securities Exchange Commission), chargé de surveiller les marchés outre-Atlantique, il eut bien du mal à lui expliquer le rôle de cette

Les cinq contrôleurs de la Bourse

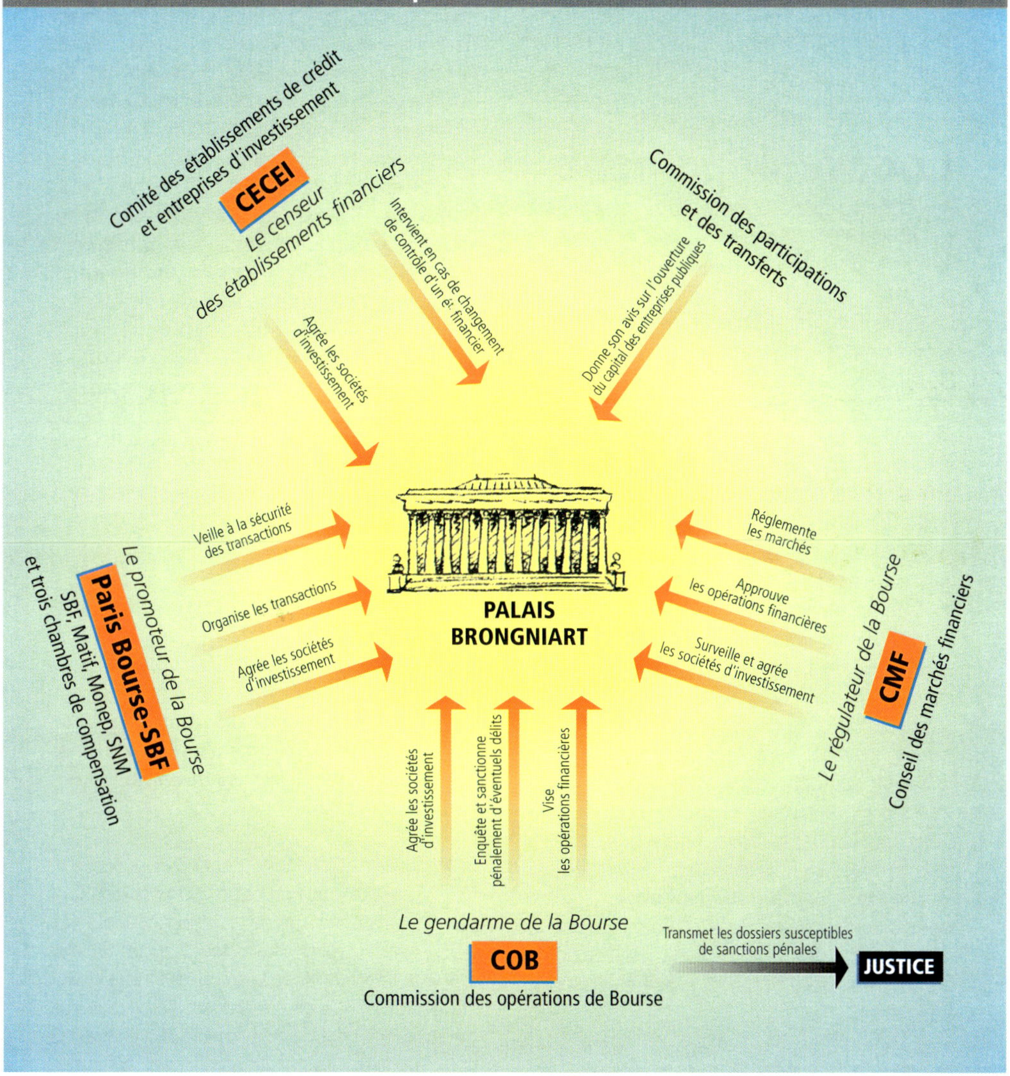

institution en France. D'entrée de jeu, l'Américain avait planté le décor : « Depuis le 1er janvier, j'ai déjà envoyé treize personnes en prison, et vous ? » La SEC, fondée en 1934 sous Roosevelt dans le cadre du Securities Exchange Act, fut créée pour restaurer la confiance du pays dans les marchés financiers, fortement éprouvés après le krach de 1929. C'est un organisme totalement indépendant qui contrôle les professionnels et les marchés. Elle dispose de pouvoirs d'enquête, de poursuite et de sanctions disciplinaires. Sa réputation de « shérif des marchés » et son efficacité font d'elle une référence en matière boursière. D. G.

➔ *Bourse, initié, spéculation*

Codéveloppement

Approche du développement qui met l'accent sur l'interdépendance Nord-Sud et sur la nécessité d'une coopération.*

Ce terme a été abondamment utilisé lors du débat pour un nouvel ordre économique international (1975-1985). Le codéveloppement est alors conçu comme une politique de concertation (certains parlent même de coplanification, de coproduction) entre les pays du Nord et du Sud, visant une régulation des relations internationales, fondée sur une solidarité « éthique ». Les pays du Nord ont par ailleurs intérêt à cette concertation pour réduire les inégalités internationales, engendrées par le libre jeu des marchés, qui aggravent la crise mondiale.
À la fin des années 1990, le codéveloppement revient à l'ordre du jour dans le contexte de la mondialisation. Il garde deux attributs de son ancienne acception : le constat des interdépendances et la nécessité de régulations. Mais le concept est élargi à une dimension nouvelle : ces interdépendances ne sont pas fondées seulement sur la circulation des marchandises ou des capitaux, mais aussi sur celle des personnes. La régulation dans ce domaine doit rompre avec la politique d'« immigration zéro » des pays du Nord, jugée injuste et inefficace. Elle doit, au contraire, aider les migrants à être des acteurs du développement de leur pays d'origine, en organisant leur mobilité. B. L.

➔ *Aide au développement*

Cœur (Jacques)

Marchand, banquier et conseiller du roi Charles VII, qui accumula une fortune considérable au milieu du XVe siècle.

Fils d'un marchand de Bourges, J. Cœur (1395-1456) y fréquenta la cour à la fin de la guerre de Cent Ans. Il entreprit en 1432 un voyage au Proche-Orient, où il découvrit la richesse des marchés égyptiens et syriens. Il constitua alors une flotte pour commercer avec le Levant : il exporta des draps, des armes, des métaux..., et importa des épices, des parfums, du coton, de la soie..., revendus avec un énorme bénéfice aux gens de cour, aux grands officiers et aux notables des nombreuses villes où il avait ouvert un comptoir. J. Cœur devint en 1440 argentier de Charles VII, fut anobli en 1441 et entra en 1442 au Conseil du roi. Il entreprit diverses réformes : suppression de péages intérieurs, assainissement monétaire, création d'un corps d'armée permanent... Mais son ascension sociale, ses acquisitions foncières, la construction de son palais à Bourges, les prêts qu'il accorda aux grands du royaume lui attirèrent de nombreux ennemis. Accusé de diverses malversations, il fut emprisonné en 1451 et ses biens furent saisis.
Le destin de J. Cœur illustre la dépendance des marchands de cette époque à l'égard du pouvoir royal et du pouvoir religieux, dont les commandes et la protection leur étaient nécessaires. P. B.

COFACE
(Compagnie française d'assurances du commerce extérieur)

Société d'assurances ayant vocation à garantir les sociétés françaises exportatrices contre des risques commerciaux ou politiques liés à leur activité.

Fonctionnant depuis 1946, au départ publique, la COFACE est devenue privée en 1994 à la suite de la privatisation de plusieurs de ses actionnaires (dont les AGF, Assurances générales de France). Le titre COFACE a été introduit à la Bourse de Paris en janvier 2000. La COFACE exerce une activité d'assurance-crédit pour le commerce extérieur, c'est-à-dire que, pour un faible coût, elle garantit les entreprises

exportatrices (environ 60 000 clients agissant dans plus de 70 pays) contre certains risques, surtout celui des impayés. Sans cette garantie, les banques hésitent souvent à prêter à l'exportateur.
Les polices d'assurance de la COFACE varient en fonction de la durée de l'opération, du secteur d'activité ou du pays concerné : les primes requises pour vendre du matériel de haute technologie à la Russie sont plus onéreuses que celles concernant du prêt-à-porter pour Singapour. D'où les activités d'évaluation du « **risque pays** » (information commerciale et financière) menées par la COFACE.
Le risque peut simplement être commercial, à court terme : les importateurs de Russie ou de Singapour ne paient pas.
À plus long terme (par exemple la construction d'un barrage), l'exportateur risque que le pays soit victime d'un tremblement de terre, d'une révolution politique, de la décision soudaine de construire une centrale nucléaire plutôt qu'un barrage, d'une chute brutale du taux de change. Ces risques, appelés catastrophiques, politiques ou bien de non-paiement, sont couverts jusqu'à dix ans. Dans le cas du barrage, la COFACE gère une garantie publique pour le compte de l'État français. F. L.

➔ *Assurance, commerce international*

Cogestion

Partage du pouvoir de décision entre les dirigeants et les employés d'une organisation.

La cogestion constitue une forme à mi-chemin entre la simple participation à la gestion et l'autogestion, dans laquelle la direction de l'organisation est formellement soumise à un contrôle de l'ensemble de ses membres, directement ou indirectement, par l'intermédiaire d'un conseil élu par la base.
Le système allemand original de la *Mittbestimmung* (cogestion), lié à la notion d'économie sociale de marché, associe les représentants élus des salariés dans le conseil d'entreprise à certaines décisions sociales, économiques ou touchant l'emploi. La négociation collective est par contre effectuée essentiellement au niveau de la branche, sous la conduite des syndicats, qui y sont davantage en position de force que dans l'entreprise. En France, où le patronat est traditionnellement opposé à l'intervention des salariés dans la gestion, le comité d'entreprise élu n'a de rôle significatif que dans le domaine des activités sociales et culturelles. B. C.

➔ *Allemagne, syndicat*

Colbertisme

Politique industrialiste et dirigiste menée par* ***Jean-Baptiste Colbert*** *(1619-1683), contrôleur général des Finances de Louis XIV.*

Venu aux affaires en 1661, Colbert chercha à attirer l'or et l'argent grâce à un solde positif des échanges extérieurs, conformément à la pensée mercantiliste*. Pour développer les exportations industrielles, il aida les manufactures* existantes et en créa de nouvelles, dont certaines résisteront au temps, comme celles des Gobelins, de Sèvres, de Saint-Étienne... ou la Compagnie de Saint-Gobain. L'État accordait aux manufactures des monopoles, des privilèges fiscaux, et attirait les meilleurs ouvriers étrangers. Des tarifs douaniers élevés protégeaient la production nationale, et le Conseil du commerce, créé en 1664, organisait et coordonnait la production. Des inspecteurs contrôlaient les procédés de fabrication et la qualité des produits.
Parallèlement, Colbert s'attaqua aux corporations artisanales pour réduire les coûts salariaux, créa des compagnies commerciales (Compagnie des Indes orientales), chercha à développer la réflexion scientifique...
Cette politique permit un essor industriel en France*. Mais, après la mort de Colbert (1683), les guerres menées par Louis XIV et les dépenses de cour remirent en cause l'aide de l'État à l'économie, et l'excès de réglementation s'avéra paralysant. La France connut alors des temps difficiles. P. B.

➔ *État, France*

Collectivisme

Doctrine fondée sur la socialisation des moyens de production.

Le terme de collectivisme a recouvert différentes conceptions sociales au XIXe siècle et dans la première moitié du XXe, selon l'approche de l'entité collective considérée comme essentielle. Les visions coopérative ou associative de la société, de tradition anarchiste ou

proudhonienne, de même que les mouvements socialistes et communistes, insistant sur l'étatisation de la propriété et la planification économique, ont été également qualifiés de collectivistes. En soulignant combien la situation individuelle est conditionnée par le cadre collectif et en prônant une réforme sociale de ce dernier, le collectivisme contraste avec l'individualisme, qui insiste surtout sur les intérêts et les droits de l'individu. B. C.

➔ *Marxisme*

Colonialisme

Doctrine visant à justifier la conquête et l'occupation de territoires par un État étranger, ou politique visant à constituer un ensemble de terres de peuplement soumises au pouvoir d'une métropole.

Colonialisme
Publicité pour la poudre chocolatée Banania. « Une colonie, c'est un débouché », disait Jules Ferry. Le colonialisme fut aussi un accès direct aux matières premières et au réservoir de main-d'œuvre et d'hommes de troupe, notamment les tirailleurs sénégalais.

Le grand essor de la colonisation moderne eut lieu au XIXe siècle, quand la France et la Grande-Bretagne conquirent un vaste empire colonial en Afrique et en Asie. En 1930, l'empire colonial britannique comptait environ 35 millions de kilomètres carrés et plus de 400 millions d'habitants. La France s'engagea elle aussi dans une politique coloniale active à partir des années 1880, alors qu'elle n'avait guère colonisé jusque-là que l'Algérie (à partir de 1830) et le Sénégal. Mais, sous l'impulsion de **Jules Ferry**, elle entreprit la conquête de l'Afrique équatoriale et la colonisation de l'Indochine.

Durant les années 1930, la France et la Grande-Bretagne développèrent les liens avec leurs colonies pour limiter les effets de la crise économique. La Grande-Bretagne créa ainsi une zone de libre-échange avec les grands pays du Commonwealth (Canada, Australie, Nouvelle-Zélande...), protégée par un relè-vement des droits de douane pratiqués à l'égard du reste du monde. Mais cela eut aussi pour effet de développer parmi les élites locales le désir d'indépendance, qui s'exprima surtout après la Seconde Guerre mondiale : le mouvement de décolonisation fut généralement pacifique dans le cas de l'Empire britannique, mais il fut marqué par des conflits meurtriers dans le cas de la France (guerre d'Indochine, se terminant en 1954, et guerre d'Algérie, s'achevant en 1962). P. B.

➔ *Commerce triangulaire*

La justification du colonialisme

« Une colonie, c'est un débouché », disait Jules Ferry qui précisait que « la politique coloniale est la fille de la politique industrielle ». Cette opinion était partagée par les Anglais Disraeli et Chamberlain. Les colonies fournissaient également des matières premières et des positions stratégiques partout dans le monde.

Les défenseurs du colonalisme mettaient également en avant des arguments moraux : il s'agissait d'apporter la civilisation à des êtres « barbares », de christianiser des populations païennes, mais aussi de découvrir et d'étudier des régions inconnues des Européens.

> **Les grandes dates de la décolonisation britannique**
>
> **1931** : l'Empire britannique devient le Commonwealth.
> **1947** : indépendance de l'Inde et création du Pakistan.
> **1960** : indépendance du Nigeria et de Chypre.
> **1961** : l'Afrique du Sud quitte le Commonwealth (qu'elle réintégrera en 1994) et proclame la république.
> **1962-1964** : indépendance de l'Ouganda, du Kenya, de la Gambie, de la Zambie...
> **1968** : rupture avec la Rhodésie.

Commerce

Activité d'achat et de vente de produits et de services. Par extension, ensemble des entreprises se consacrant à cette activité de façon principale.

Le commerce est l'une des plus anciennes activités de l'humanité, puisqu'il existait déjà sous forme de troc* dans les sociétés primitives. Aujourd'hui, le commerce est au cœur de la « société marchande ». La création de l'Organisation mondiale du commerce (OMC*) vise à favoriser l'essor des échanges commerciaux entre pays et en même temps à les réguler, ces échanges étant devenus une composante à part entière de la diplomatie.

D'un point de vue microéconomique, on distingue deux grands types d'entreprises de commerce : celles qui font du **commerce « de gros »** et celles qui font du **commerce « de détail »**. Les premières mettent en relation des entreprises de production et des entreprises de distribution au consommateur final du produit (particuliers ou entreprises). Au nombre de 120 000 en France, ces grossistes, plus ou moins nombreux selon les secteurs, sont souvent mis en cause, lors de conflits entre agriculteurs et grande distribution, par exemple, accusés qu'ils sont de prendre trop de marge entre le producteur et le distributeur final.

Le commerce « de détail » regroupe l'ensemble des entreprises ou des artisans assurant la vente des produits et services au consommateur final. Elles sont au nombre de 373 000 en France (hors concessionnaires automobiles) et emploient 1,3 million de salariés.

Ce secteur est devenu prépondérant depuis quarante ans, avec l'avènement de la grande distribution* et le dépérissement du « petit commerce ». Hypermarchés et supermarchés représentent aujourd'hui 40 % des ventes de détail en France.

La révolution de l'électronique

Entre ces deux définitions existent une infinité de variations, du grossiste qui se met à vendre au détail

Le commerce, un gisement d'emplois

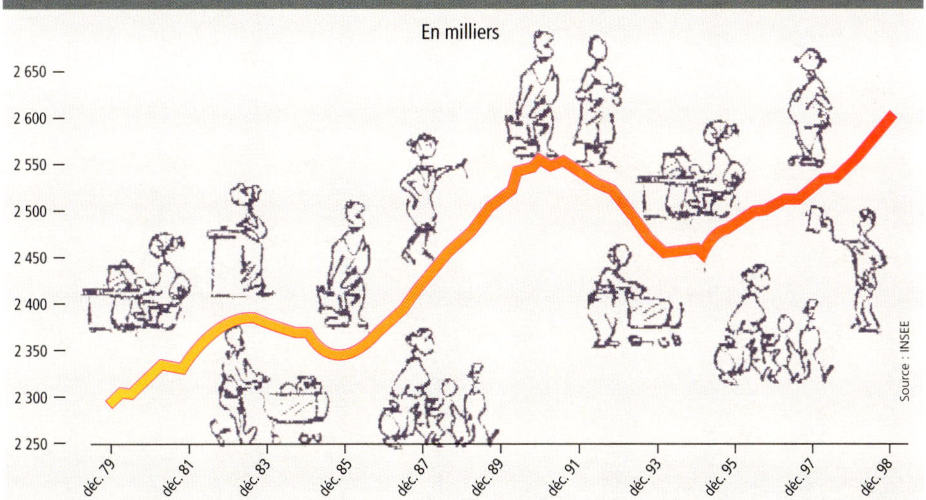

(Promodès) au détaillant qui s'approvisionne directement, en exclusivité ou non, chez le fabricant (hypermarchés, concessionnaires automobiles), en passant par les fabricants-commerçants, qui se chargent eux-mêmes de la commercialisation de leurs produits, au travers de leur propre réseau de magasins, un cas de plus en plus répandu dans le textile ou le luxe (GAP, Vuitton, Gucci, etc.).
« Commerçant » ou « commercial » ? Le premier est un professionnel du commerce qui se consacre essentiellement à la vente de produits et de services. Le second terme couvre souvent l'ensemble des opérations permettant d'assurer le développement qualitatif et quantitatif de cette vente. Le directeur commercial d'une entreprise a dans son champ de responsabilités non seulement la vente, mais aussi le marketing* – qui permet de donner un « contenu » aux produits et aux marques de l'entreprise et de mieux en appréhender le marché –, la publicité* et parfois l'après-vente. Celle-ci est de plus en plus considérée comme une activité de relation avec la clientèle, qui va contribuer à sa fidélisation en vue de futures ventes.
Dernier avatar du commerce : le « commerce électronique ». Ce terme recouvre l'ensemble des opérations de commercialisation de produits et de services par le réseau Internet. C'est probablement une révolution de l'ampleur de l'apparition des grandes surfaces au tournant des années 1950 et 1960. P. G.

➔ *Distribution, Internet, marketing*

Commerce international

Voir dossier p. 143

Commerce triangulaire

Système d'échange entre l'Europe, les côtes africaines et l'Amérique, portant essentiellement sur le transport des esclaves et des denrées tropicales.

Ce commerce prit de l'ampleur au XVIIIe siècle avec l'essor de l'économie de plantation. De Londres, Bristol et Liverpool, de Bordeaux, Nantes ou La Rochelle partaient des navires qui allaient échanger le long du golfe de Guinée des armes ou de la pacotille contre des esclaves (le « bois d'ébène »). Plusieurs millions d'Africains furent entassés dans les cales des bateaux négriers, pour être vendus aux Antilles ou aux Amériques, où ils travaillaient dans les plantations de canne à sucre, de café, de tabac et de coton. Ces produits primaires étaient ensuite exportés vers l'Europe.
Ce type de commerce très lucratif se poursuivit jusqu'à l'interdiction de la traite des Noirs dans l'Empire britannique (1807) et l'abolition de l'esclavage aux États-Unis (1863). P. B.

➔ *Esclavage, États-Unis, Grande-Bretagne*

Commerce triangulaire
Esclaves à fond de cale. Au XVIIIe siècle, des bateaux partaient des ports européens chargés d'armes et de verroterie pour le golfe de Guinée. Là, ils échangeaient ces marchandises contre des esclaves, qui étaient ensuite acheminés vers les Antilles et les Amériques.

La théorie du commerce international souligne le caractère bénéfique de l'échange, dès lors que celui-ci est fondé sur les coûts ou sur les dotations en travail et en capital. Mais les spécialisations actuelles dépendent aussi d'autres facteurs comme la capacité d'innovation, la taille des firmes ou la diversification des biens. Les déséquilibres commerciaux sectoriels des grands pays développés dans la période contemporaine révèlent les difficultés des économies américaine et européenne à résister à la pression asiatique sur certains marchés, en particulier celui de l'automobile et des produits électroniques.

Commerce international

Le commerce international est le commerce entre nations, par opposition au commerce intérieur, qui concerne les résidents d'un même pays. Toutes les régions du monde ne participent pas de la même façon au développement du commerce international. Les pays les plus riches et les économies en croissance rapide (souvent asiatiques) sont à l'origine des quatre cinquièmes des échanges, tandis que les pays les moins avancés exportent peu. Les zones les plus dynamiques, en particulier l'Europe occidentale, commercent beaucoup avec elles-mêmes, l'échange intrarégional représentant la moitié du commerce mondial dans les années 1990.

Le commerce international de marchandises en volume (à prix constants) croît plus vite que la production mondiale : en cinquante ans, il a été multiplié par trente alors que la production mondiale a été multipliée par dix. Il y a donc ouverture croissante des économies, même si certaines d'entre elles mettent des barrières à certains moments pour limiter les importations. C'est le cas, par exemple, du textile, secteur protégé par les pays les plus riches. La part des différents produits dans les exportations totales dépend du poids des branches qui constituent le pôle de développement du système économique mondial. À la fin du XXe siècle, 30 % des exportations mondiales sont constitués de biens d'équipement, de produits de la filière électronique et de matériel aéronautique, contre 10 % pour le textile, la métallurgie et la sidérurgie, secteurs dominants au XIXe siècle.

Le poids des zones et des pays : cinq nations contrôlent 40 % des flux

Dans les années 1980 et 1990, les plus grands exportateurs sont les pays les plus industrialisés, mais certains pays émergents, en Asie et en Amérique latine, connaissent une nette amélioration de leur position. Les premiers exportateurs de marchandises sont les États-Unis, devant l'Allemagne, le Japon, la France et le Royaume-Uni. À eux cinq, ces pays contrôlent 40,7 % des flux exportés de biens en 1998, alors que l'ensemble constitué de l'Amérique latine, de l'Afrique et de l'Asie hors Japon couvre seulement le quart des exportations mondiales. Cette prépondérance des pays les plus industrialisés est liée à leur taille, à leur avance technologique et, parfois, à leurs dotations naturelles. Ces cinq premiers exportateurs sont aussi les cinq premiers importateurs, avec 41,3 % des importations totales de 1998.

Dans une vision régionale des courants d'exportation, on observe que l'Europe occidentale reste la première puissance commerciale avec 44,7 % des exportations mondiales en 1998, sa part ayant décliné régulièrement depuis 1990 puisqu'elle valait alors 48 %. Viennent ensuite l'Asie, dont la part croît nettement (22 % en 1990 et 24,8 % en 1998), puis l'Amérique du Nord – États-Unis et Canada (15,5 % et 17,2 %) – et l'Amérique latine* (4,2 % et 5,2 %). Les pays d'Europe centrale et orientale (PECO*), le Moyen-Orient et l'Afrique* gardent une place modeste (entre 2% et 4% pour chacun d'entre eux).

Le commerce intrarégional et interrégional : produits semblables et produits complémentaires

Une partie très importante des flux est intrarégionale : le commerce de l'ensemble des sept grandes zones avec elles-mêmes représente en effet 50,2 % du commerce mondial en 1997. Mais cette tendance à la régionalisation des échanges, perceptible depuis les années 1970, concerne beaucoup plus les zones développées ou en forte croissance que les autres parties du monde : 67 % pour l'Europe occidentale, 50,7 % pour l'Asie, 36,2 % pour l'Amérique du Nord, alors que toutes les autres zones exportent moins de 20 % de leurs exportations totales vers elles-mêmes.

Cela est lié à la nature du commerce intrarégional, qui porte souvent sur des biens semblables à ceux produits localement (**commerce intrabranche**), tandis que le commerce interrégional est plutôt un commerce de complémentarité (**commerce interbranche**). Ainsi, une très grosse part des exportations des pays européens vers les autres pays européens concerne des biens manufacturés proches, en termes de services rendus, des biens produits par les pays importateurs : chaque partenaire exporte et importe des biens du même type (automobiles, chimie, électronique). Le **CEPII** (Centre d'études prospectives et d'informations internationales) estime que, en 1996, 47,3 % du commerce de l'Union européenne* est un commerce intrabranche. En revanche, le commerce entre pays à niveaux de développement différents, comme l'Europe et l'Afrique, concerne des biens complémentaires, les pays africains exportant des biens primaires ou manufacturés peu élaborés et important d'Europe des produits plus sophistiqués. L'échange intrabranche, ou de différenciation, dépend des modes de consommation de pays à niveaux de vie élevés et proches, tandis que le commerce interbranche dépend des structures productives des pays.

La théorie de l'échange international : la spécialisation, l'innovation, la diversification

Qu'il soit interbranche ou intrabranche, l'échange de biens est censé apporter un surplus de revenu réel aux pays partenaires par rapport à l'autarcie. Selon le principe des avantages comparatifs, énoncé par l'économiste David Ricardo* au XIXe siècle, dès lors que deux pays possèdent des coûts relatifs en travail différents, l'échange leur apporte un gain, même si l'un d'entre eux possède des coûts absolus plus élevés que son partenaire dans tous les secteurs. Heckscher et Ohlin étendent le principe ricardien au cas où existent plusieurs facteurs (travail et capital, par exemple) que l'on peut combiner dans des proportions variables selon les techniques choisies. D'après le théorème d'Heckscher-Ohlin*, chaque pays doit exporter les biens qui utilisent relativement plus le facteur dont il est relativement le mieux pourvu et importer les autres biens. L'application de cette règle conduit les pays à s'orienter vers des spécialisations conformes aux dotations possédées au moment où ils s'ouvrent à l'échange. Les pays peu développés doivent exporter des produits primaires, les pays en phase d'industrialisation se spécialisant dans des biens manufacturés peu sophistiqués et les nations technologiquement avancées investissant les créneaux les plus utilisateurs de main-d'œuvre qualifiée. Le caractère statique de la thèse, qui n'explique guère pourquoi et comment les spécialisations doivent évoluer à travers le temps, justifie les efforts des économistes pour faire appel à d'autres déterminants que les dotations factorielles : l'innovation*, la recherche d'économies d'échelle et la différenciation des biens. Une partie importante des exportations mondiales provient en effet de pays dont le système économique organise la production de biens innovants et dans lesquels les unités de production peuvent, par leur taille, abaisser fortement leurs coûts et multiplier les gammes. Les avantages de l'échange, en termes de prix et en termes de variété de biens offerts, justifient à eux seuls un commerce fondé sur l'innovation, les effets de taille ou la multiplication des types de biens offerts et pas seulement sur les dotations factorielles.

Les spécialisations des pays et des zones : des situations contrastées

Dans la période contemporaine, les spécialisations des pays développés très engagés dans le commerce mondial reflètent les écarts entre les efforts d'innovation et/ou les difficultés de certains à s'adapter aux nouvelles formes de concurrence.

Ainsi, dans la décennie 1988-1998, les États-Unis* ne parviennent à dégager des excédents que dans l'agroalimentaire, la chimie et la mécanique (où se trouve l'aéronautique). Partout ailleurs, ils affichent des déficits, en particulier dans des secteurs industriels traditionnels (textile, bois) et dans des branches où la concurrence asiatique est intense (automobile, électronique). Le déficit commercial américain, permanent à partir de 1975, est en partie compensé par l'excédent réalisé sur les services commerciaux (transports, tourisme, services financiers, audiovisuel). À l'inverse, le Japon est importateur net de services mais présente des soldes positifs et élevés (plus de 10 % du commerce mondial) dans toutes les branches de biens manufacturés de haute et moyenne technologie, sauf la chimie. Ces excédents sont principalement réalisés sur les marchés américain et européen.

L'Europe possède des spécialisations en moyenne plus diversifiées que le Japon ou même que les États-Unis, mais l'ampleur des engagements dans les filières excédentaires est variable selon les pays. La France bénéficie d'un excédent agroalimentaire confortable, possède quelques spécialisations industrielles peu marquées (chimie, véhicules, mécanique, matériel électrique) et présente de nombreux déficits peu élevés dans des secteurs traditionnels ou en électronique.

L'Allemagne possède les mêmes avantages que la France (mis à part l'agriculture, qui est déficitaire), mais ses excédents sont beaucoup plus élevés, ce qui explique le poids de ce pays dans le commerce mondial. Le modèle de spécialisation italien est un peu différent de celui de la France et de l'Allemagne, dans la mesure où le textile figure, en tant que branche excédentaire, à côté de la chimie, de la mécanique, des véhicules et du matériel électrique. La Grande-Bretagne se différencie nettement des trois autres, par ses spécialisations en énergie (ressources de la mer du Nord) et en électronique, et par ses déficits dans les branches des véhicules et du matériel électrique. Les pays d'Amérique latine ont des spécialisations encore très liées à leurs avantages naturels (énergie et métaux non ferreux au Mexique, agroalimentaire, bois et métaux non ferreux au Brésil), mais présentent des excédents dans quelques secteurs industriels, tels que les véhicules et le matériel électrique au Mexique et la sidérurgie au Brésil. Les NPI d'Asie (Corée, Hongkong, Singapour, Taïwan) sont très engagés dans le textile et l'électronique, et commencent à obtenir des excédents dans la filière des véhicules et du matériel électrique. La Chine* présente un profil de spécialisation proche de celui des NPI d'Asie, mais, contrairement à eux, elle dégage des excédents en agroalimentaire et dans la filière bois. L'Afrique subsaharienne, spécialisée en biens primaires (énergie, produits agroalimentaires et métaux non ferreux), est déficitaire dans tous les secteurs de produits manufacturés, sauf la sidérurgie, ce qui reflète son retard dans le processus d'industrialisation. B. G.

➔ *Balance commerciale, échange inégal, excédent commercial*

Le comm

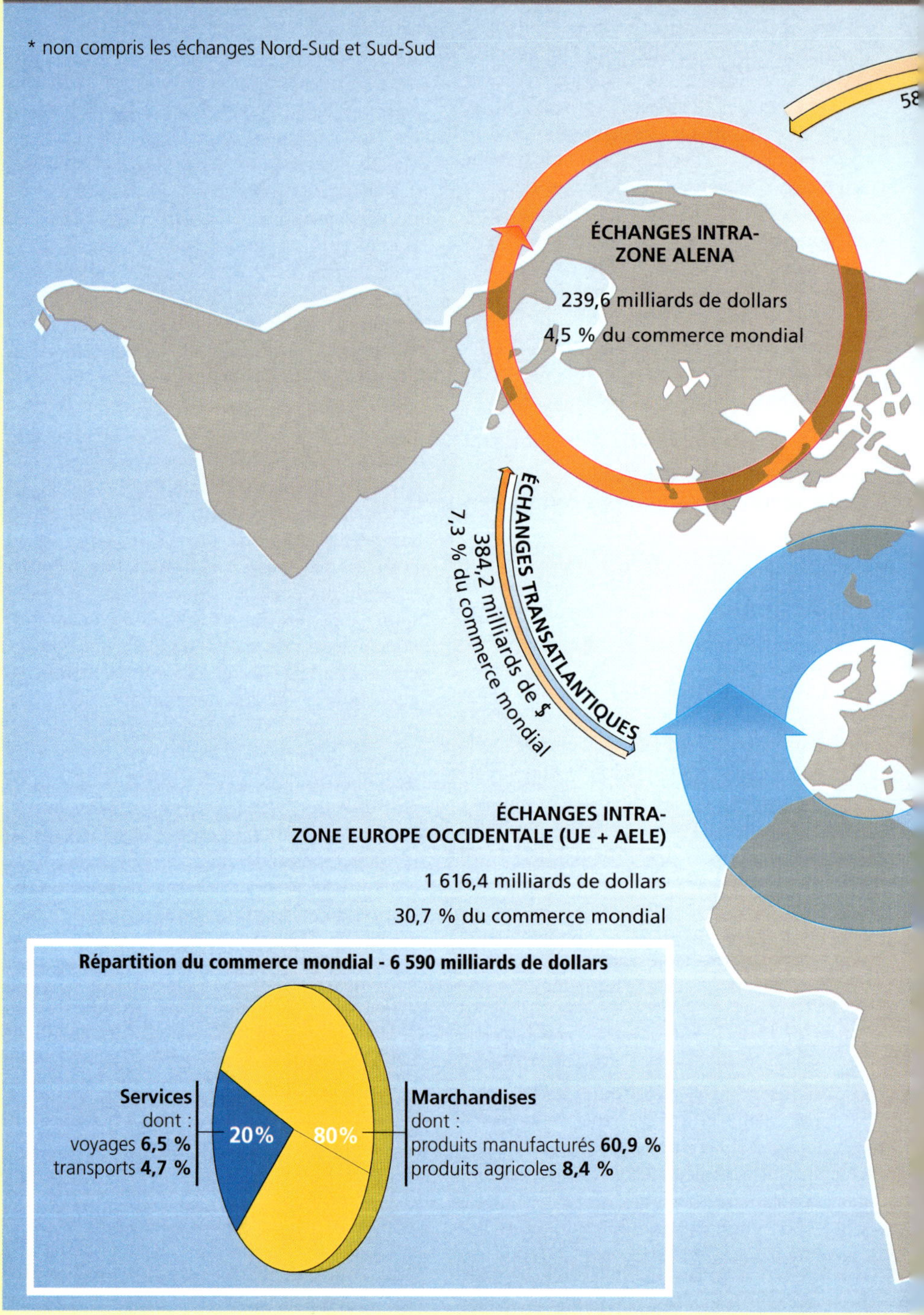
* non compris les échanges Nord-Sud et Sud-Sud
58
ÉCHANGES INTRA-ZONE ALENA
239,6 milliards de dollars
4,5 % du commerce mondial
ÉCHANGES TRANSATLANTIQUES
384,2 milliards de $
7,3 % du commerce mondial
ÉCHANGES INTRA-ZONE EUROPE OCCIDENTALE (UE + AELE)
1 616,4 milliards de dollars
30,7 % du commerce mondial
Répartition du commerce mondial - 6 590 milliards de dollars
Services
dont :
voyages 6,5 %
transports 4,7 %
20%
80%
Marchandises
dont :
produits manufacturés 60,9 %
produits agricoles 8,4 %

ndial en 1998*

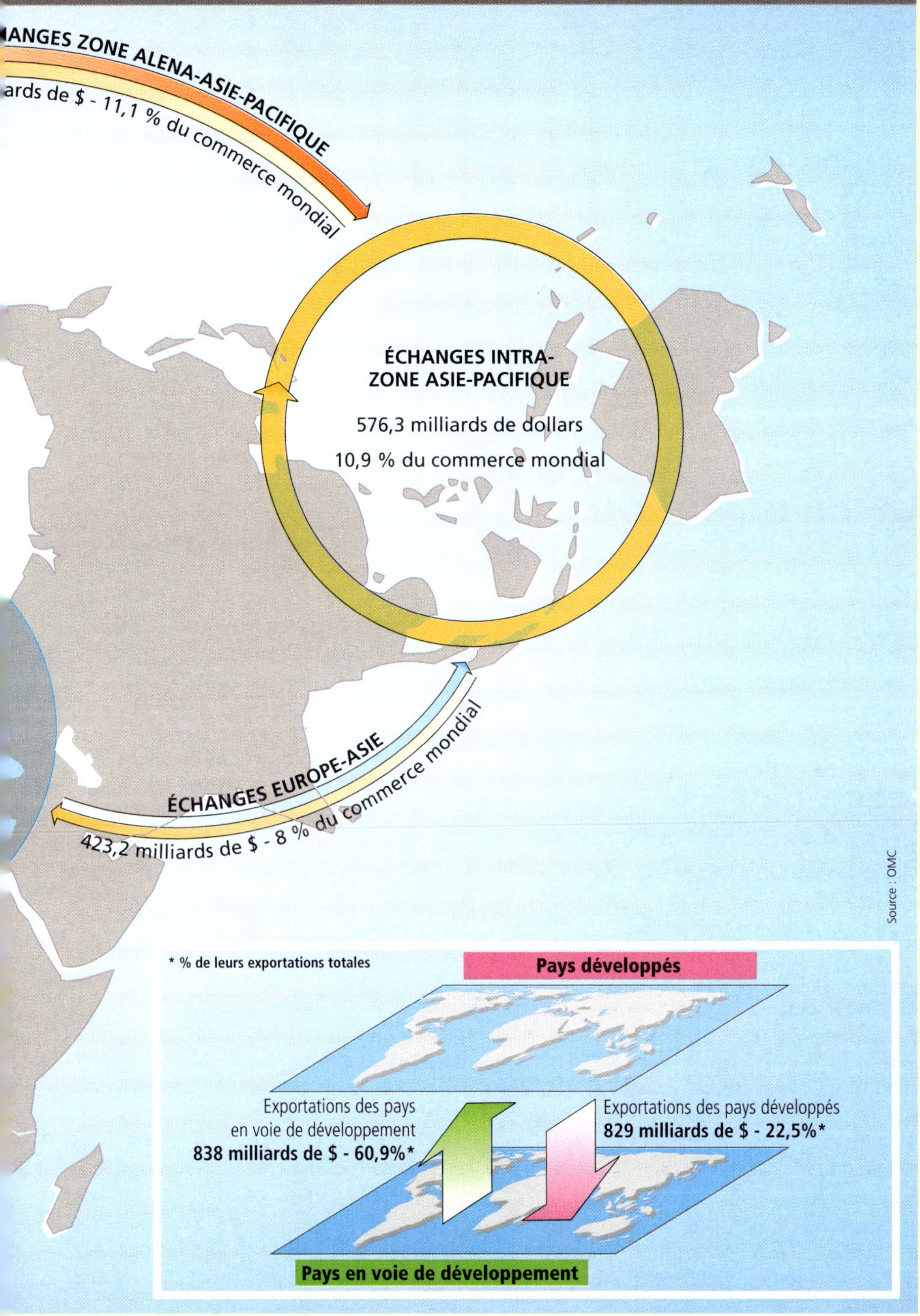

Commons (John R.)

Économiste américain (1862-1945), l'un des principaux représentants du courant institutionnaliste dans la première moitié du XXe siècle.

Comme Veblen*, il a insisté sur la nécessité d'intégrer les institutions dans l'analyse économique, alors que la théorie néoclassique* supposait uniquement, à l'époque, des relations marchandes entre agents économiques en dehors de tout cadre institutionnel. Traitant principalement des questions du travail et des relations professionnelles, il a défendu l'idée d'un « capitalisme raisonnable », dans lequel des règles et des institutions encadreraient les rapports de pouvoir (*Legal Foundations of Capitalism*, 1924). P. U.

Communication

Échange de signes et d'informations, mais aussi mise en relation d'un endroit avec un autre. Le terme, qui a d'abord désigné surtout les réseaux de transport, s'applique désormais à toutes les activités liées à l'élaboration et à la transmission d'informations. Au XXe siècle, les innovations technologiques (radio, télévision, réseaux informatiques) et l'accroissement des besoins en matière d'échange d'informations, ont multiplié les modes de communication, donnant naissance à de multiples marchés, qui recouvrent des secteurs aussi divers que la publicité, la presse, les opérateurs de télévision, et bien sûr Internet.

On peut distinguer d'une part le marché des infrastructures et des opérateurs de communication, et d'autre part celui des services et fournisseurs de contenus.

Une infrastructure de communication permet d'assurer la liaison entre deux lieux ou entre deux personnes. Ces infrastructures étaient pour la plupart gérées en France par des monopoles d'État ou des quasi-monopoles : SNCF, pour la communication ferroviaire, Air France pour la communication aérienne, les PTT pour les communications téléphoniques et postales, TDF pour la télévision, etc. Sous l'effet de la mondialisation et des règlements internationaux (communautaires en particulier), ces monopoles ont dû s'ouvrir à la concurrence. De nombreuses nouvelles infrastructures de communication et de nouveaux opérateurs ont donc vu le jour, d'autant que l'innovation technologique permettait de les construire à moindre coût.

Dans le domaine des télécommunications, en particulier, le réseau de téléphonie filaire de France Télécom est désormais en concurrence avec d'autres opérateurs filaires, mais aussi avec les opérateurs de téléphonie mobile, et les opérateurs qui assurent des transmissions téléphoniques via le réseau Internet. Au troisième trimestre 1999, soit un an et demi après la déréglementation du marché des télécommunications en France, 40 opérateurs étaient présents sur le marché français. Cette concurrence a provoqué une baisse généralisée des prix. Un organisme International, l'UIT (Union internationale des télécommunications), a pour mission d'harmoniser, de normaliser les différents équipements produits dans le monde pour qu'ils puissent communiquer entre eux. Cet organisme est une institution spécialisée des Nations unies. Son siège est à Genève.

Un potentiel de développement technique et économique considérable

En 1998, le marché des services de télécommunications a représenté, selon l'Idate (Institut de l'audiovisuel et des télécommunications en Europe), un chiffre d'affaires de 806,7 milliards d'euros, dont 258,1 en Amérique du Nord et 215,7 en Europe.

Le marché des téléphones mobiles est l'un de ceux qui connaissent le plus fort développement. La France comptait 11,16 millions d'abonnés au téléphone mobile en 1998, soit 93 % de plus qu'en 1997 ! Mais ce sont les pays asiatiques qui ont actuellement les plus forts taux d'équipement. La zone Asie-Pacifique regroupe 33 % du nombre d'abonnés au téléphone cellulaire dans le monde, soit trois points de plus que l'Europe de l'Ouest, qui devance elle-même de six points l'Amérique du Nord (qui a pris du retard faute de s'être dotée d'un standard commun).

Le premier opérateur mondial de téléphonie mobile est le japonais DoCoMo, avec 22,3 millions d'abonnés, et le second China Telecom avec 17 millions d'abonnés. En revanche, deux scandinaves, le suédois Ericsson et le finlandais Nokia, sont en tête du marché des constructeurs d'infrastructures, le canadien Nortel arrivant en troisième position.

Cette technologie devrait continuer de connaître de très fort taux de croissance grâce aux nombreuses applications nouvelles qui ne manqueront pas de se développer dans les années à venir. Outre la transmission de la voix, la téléphonie mobile sera de plus en plus utilisée pour transmettre des données, des messages électroniques, se raccorder à Internet.

La communication désigne également une fonction de l'entreprise, souvent remplie par la direction de la communication. Celle-ci assure généralement à la fois la communication externe et la communication interne. La communication externe a pour objectif d'informer mais aussi de construire l'image de l'entreprise. Elle a donc en charge la publicité et autres formes de promotion, l'élaboration de l'information et sa transmission à la presse, à la communauté financière (s'il s'agit d'une entreprise cotée en Bourse) et aux groupes de pression pouvant avoir une influence sur l'entreprise. La communication interne informe le personnel de l'entreprise de l'évolution de celle-ci. A. K.

➔ *Informatique, Internet*

Communication Jean-Marie Messier, P-DG de Vivendi, Arnaud Lagardère, cogérant du groupe du même nom (Matra-Hachette), Pierre Lescure, P-DG de Canal +, et Jean-Luc Lagardère se serrent la main, en janvier 2000, après le rachat par le groupe Lagardère de 34 % du capital du bouquet numérique CanalSatellite. De nombreux grands dirigeants de l'industrie s'investissent de plus en plus dans la communication, dont les perspectives de rentabilité semblent très prometteuses.

Compensation

Dénombrement des dettes et des créances apparues lors d'opérations commerciales ou financières entre deux ou plusieurs parties pendant une période donnée, afin de déterminer le montant du solde final qui donne lieu à règlement.

Supposons que, à la suite d'opérations commerciales impliquant trois commerçants A, B et C, A doive à B 100, B doive à C 100 et C doive à A 100. Il y a deux façons d'effectuer le règlement des dettes et des créances réciproques :

- soit A règle B, puis B règle C et C règle A avec un transfert, à chaque fois, d'une somme d'argent égale à 100 ;
- soit A, B et C décident ensemble de « compenser » leurs obligations, c'est-à-dire d'annuler leurs dettes réciproques.

La technique de la compensation s'est surtout développée dans le cadre des chambres de compensation interbanques : les banquiers de la City de Londres ont inauguré cette technique au XIXe siècle en se réunissant pour annuler leurs obligations réciproques plutôt que d'opérer des transferts d'argent longs et risqués. J. R.

Compétitivité

Capacité des firmes de vendre leur production sur des marchés ouverts à la concurrence internationale, tout en proposant un prix qui couvre au minimum l'ensemble des coûts* supportés pour réaliser cette vente.*

La compétitivité prix est liée à la contrainte des firmes de proposer un prix au plus égal au prix pratiqué sur le marché considéré et qui est lui-même influencé par l'intensité de la demande. Elle dépend des coûts de la firme, c'est-à-dire de la rémunération et de la productivité des facteurs* de production qu'elle utilise : travail, capital mais également infrastructures publiques. Elle est également déterminée par le taux de change*. La compétitivité hors prix dépend de la capacité des firmes d'influencer les conditions du marché en modifiant la qualité du bien ou en en modifiant les caractéristiques.

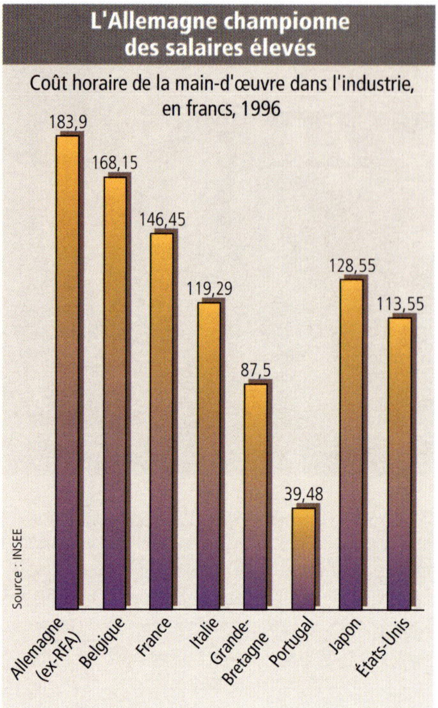

Il n'existe pas de consensus parmi les économistes pour cerner les limites du concept de compétitivité. Pour certains, comme **Paul Krugman**, il ne peut être appliqué qu'aux entreprises et il n'est pas transposable aux nations. Le commerce extérieur dépend de facteurs macroéconomiques qui échappent aux entreprises. Pour d'autres, la compétitivité des nations est liée à leur capacité d'accroître leur part sur les marchés mondiaux tout en maintenant l'équilibre de leur balance commerciale. J.-M. S.

➔ *Exportation, importation*

Complexe militaro-industriel

Groupe d'intérêt constitué par la hiérarchie militaire et les industriels de l'armement au sein d'un même pays (à l'origine, aux États-Unis).

Inventé dans les années 1960, alors que la guerre du Viêt Nam bat son plein, ce terme met en évidence l'existence d'une coordination entre les responsables de la défense des États-Unis et les industriels de l'armement, bien que les premiers soient des fonctionnaires chargés de veiller aux intérêts de l'État, et les seconds, des représentants du secteur privé, ayant pour objectif de réaliser des bénéfices. Les organisations publiques et privées liées à la guerre apparaissent alors comme une entité autonome et défendant des intérêts communs : par exemple, la mise au point d'armes toujours plus sophistiquées, supposées améliorer l'efficacité de l'armée tout en profitant aux entreprises qui les produisent. Certains ont été jusqu'à soupçonner la hiérarchie militaire et l'industrie d'œuvrer ensemble pour la poursuite du conflit vietnamien, de façon occulte et hors de tout contrôle des institutions démocratiques.
Par extension, on qualifie de complexe militaro-industriel tout ensemble fort constitué par une armée et ses fournisseurs (par exemple, dans l'ex-URSS). Mais celui des États-Unis, qui possèdent le plus important budget militaire du monde, reste le plus puissant. Ce pays est le premier exportateur d'armement, et ses deux principaux industriels, Boeing-McDonnell-Douglas et Lockheed Martin, occupent les deux premières places du classement mondial. A.-M. R.

➔ *Défense, (J. K.) Galbraith*

Comportement

Type de réactions et de décisions d'un agent économique (consommateur, entreprise, gouvernement) en fonction de celles des autres agents ou des événements qui s'imposent à lui.

Le prix d'un ordinateur portable est pour chaque individu un paramètre dont la valeur dépend de décisions qui lui échappent tout à fait : la stratégie commerciale des entreprises informatiques, le fait que les employés de bureau ou les étudiants soient ou non obligés de s'équiper en ordinateurs portables, etc. Le comportement individuel consiste ici à décider à partir de quel prix on va acheter un ordinateur portable, compte tenu des autres biens que l'on peut acheter et de son revenu disponible.
Le comportement des entreprises est dominé par la recherche du profit* maximum. Un fabricant d'ordinateurs portables ne peut pas décider seul du prix et

de la qualité de son produit, il doit tenir compte de ce que font ses concurrents et du désir de la clientèle.

Le gouvernement a, lui aussi, un comportement économique. Il doit respecter une contrainte budgétaire*, mais ses choix restent importants : augmenter les impôts (et lesquels ?) ou les emprunts ; augmenter la dépense publique ou les salaires des fonctionnaires, etc.

Le comportement de chacun tient compte du prix* qui résulte du marché et, en retour, ce prix dépend de l'ensemble des comportements des intervenants du marché. F. E.

➔ *Contrainte budgétaire, prix*

Comptabilité

Ensemble de techniques servant à déterminer et contrôler les résultats d'un agent (entreprise, ménage, administration), à guider ses actes en fonction de son environnement et des objectifs qu'il se fixe.

Avant 1200 environ et la découverte de la comptabilité en partie double*, on ne connaissait qu'une comptabilité « de caisse », héritée des Romains, qui n'enregistrait que les flux monétaires (entrées et sorties d'argent) et ne pouvait donc donner qu'un résultat à la fin de la durée de vie de l'investissement, voire de l'entreprise (par sommation des recettes et des dépenses).

De nos jours, on utilise principalement les techniques dites de la comptabilité en partie double, plus adaptées aux objectifs de la gestion* des entreprises. On peut distinguer quatre types principaux de comptabilités en partie double : « économique », « juridique », « fiscale » et « actuarielle ».

• La comptabilité « économique » – les Anglo-Saxons l'appellent « financière », les Allemands, « dynamique », les Français, souvent « analytique » – a pour objet la mesure de la performance de l'entreprise (institution), plus particulièrement de sa rentabilité*. Elle remplit cet objectif en comparant les actifs (évalués à leur coût d'acquisition ou de production) au résultat (produits moins charges).

• La comptabilité juridique – les Français l'appellent parfois « patrimoniale », les Allemands, « statique » (car elle repose sur une fiction de cessation d'activité) – a pour objet la mesure de la valeur de revente des actifs sur le marché, de façon à vérifier la capacité de l'entreprise à rembourser ses dettes et/ou son capital ; une forme « prudente » de ce type de comptabilité, utilisée dans l'optique d'une prévention des difficultés, consiste à retenir un système d'évaluation qui prend en compte les pertes potentielles et fait abstraction des profits potentiels.

• La comptabilité fiscale a pour objet la détermination du résultat imposable (et donc de l'impôt). Elle applique les règles d'évaluation dictées par l'administration fiscale : celles-ci, notamment les règles concernant les amortissements*, ne sont généralement pas les mêmes que les règles d'évaluation économiques. Le résultat donné par ce type de comptabilité peut donc, pour une période donnée, différer fortement de celui des deux précédentes comptabilités.

• La comptabilité **actuarielle** (ou boursière) a pour objet la détermination de la valeur actualisée* de l'entreprise, c'est-à-dire de sa valeur boursière théorique.

Dans les pays anglo-saxons où la régulation boursière domine (États-Unis, Grande-Bretagne), la législation privilégie une variante de comptabilité économique pour permettre aux investisseurs de mesurer les performances des entreprises. La comptabilité « boursière » est également très développée. Par contre, la comptabilité fiscale est considérée comme secondaire, comme un calcul annexe ; quant à l'optique juridique, elle est quasiment inexistante.

En France, c'est traditionnellement une forme de comptabilité fiscale (appelée « comptabilité générale ») qui fait l'objet essentiel de la réglementation comptable, intégrant des critères macroéconomiques* (mise en évidence, par exemple, de la valeur ajoutée*). La comptabilité économique, appelée comptabilité « analytique », n'est pas réglementée en France : elle est tenue secrètement par les entreprises selon des principes qui varient d'une entreprise à l'autre.

En Allemagne, c'est jusqu'à présent l'optique juridique qui domine avec la volonté de protéger les intérêts des créanciers (notamment du système bancaire) et de favoriser l'autofinancement des entreprises par une sous-estimation des bénéfices distribuables et la création de réserves cachées (les fameuses *stille Reserven*).

La comptabilité n'est donc pas une technique neutre et ne concerne pas seulement les comptables : elle révèle les mentalités sociales et les objectifs assignés aux entreprises. J. R.

Comptabilité nationale

Représentation chiffrée de l'économie nationale, reposant sur des définitions spécifiques des acteurs de la vie économique et sur des comptes retraçant les différents aspects de leur activité.

La comptabilité nationale (CN) est née des besoins de mieux connaître la réalité économique et de pouvoir agir sur elle, dans le contexte de l'intervention accrue de l'État postérieure à la Seconde Guerre mondiale. En France, l'élaboration des concepts de la comptabilité nationale doit beaucoup aux travaux de **Claude Gruson**, effectués dans le cadre d'une commission des comptes de la nation qu'il anima au sein du ministère de l'Économie et des Finances.

• La comptabilité nationale définit des catégories d'agents* (appelés « secteurs institutionnels »), qui regroupent des unités économiques ayant la même activité principale : les **entreprises** (ou **sociétés**) **non financières** produisent des biens et services marchands ; les **sociétés financières** collectent l'épargne, la transforment en moyens de financement et émettent de la monnaie ; les **entreprises d'assurance** (rattachées depuis 1999 aux précédentes) transforment les risques individuels en risques collectifs ; les **administrations publiques** (État, collectivités locales, assurances sociales...) fournissent à la collectivité des services non marchands* ; les **ménages*** consomment des biens et des services offerts par les autres agents (et ne sont pas considérés comme producteurs, sauf s'ils sont « entrepreneurs individuels » ou s'ils louent des logements).

• Les agents effectuent différentes opérations : des **opérations sur biens et services** (production*, consommation*, investissement*), des **opérations de répartition** (versement de salaires*, de dividendes*, de prestations sociales*, d'impôt*...) ou des **opérations financières** (prêts et emprunts, achats d'actions* et d'obligations*...). Ces opérations relient entre eux les différents agents, pour constituer un circuit économique, car toute dépense pour l'un d'entre eux est un revenu pour un autre.

• La comptabilité nationale française enregistre les flux de revenus qui s'établissent annuellement à l'occasion de ces opérations, à l'aide de différents comptes (de production, d'exploitation, d'affectation des revenus primaires, de distribution secondaire du revenu, d'utilisation de revenu, de capital et financier). Ces comptes présentent en Ressource (partie droite de chaque compte), ce qui correspond à une entrée de revenu, et en Emploi (partie gauche des comptes), ce qui représente une sortie. Par exemple, dans le compte de production, sont inscrits en Ressource la valeur de la production, et en Emploi les consommations intermédiaires (achats de matières premières). En déduisant la somme des emplois de la somme des ressources, ces comptes font apparaître des soldes économiquement significatifs : par exemple, le solde de ce même compte de production est appelé valeur ajoutée*, et la somme des valeurs ajoutées de tous les agents (augmentée de la TVA*) est égale au produit intérieur brut (PIB*) du pays. Le solde du compte d'utilisation de revenu est l'épargne, qui mesure les revenus dont chaque catégorie d'agents dispose après avoir payé toutes les dépenses liées à son activité principale ; elle pourra être utilisée pour effectuer des investissements* ou des placements* financiers.

• Les flux économiques sont regroupés dans de grands tableaux de synthèse qui montrent les points de départ et d'arrivée de ces flux, c'est-à-dire quel agent dépense et quel agent bénéficie de ces dépenses (**tableau économique d'ensemble**), qui prête et qui emprunte et de quelle façon (**tableau des opérations financières**), comment la production a été réalisée et quel a été son usage (**tableau d'entrées-sorties**).
Les données collectées par les comptables nationaux sont publiées chaque année par l'INSEE* dans ses *Rapports sur les comptes de la nation,* ainsi que dans diverses revues, telles *Économie et statistiques* ou *INSEE-Résultats*.
Il existe désormais un système européen des comptes, ce qui a obligé en 1999 les comptables nationaux français à modifier légèrement leurs instruments de mesure. P. B.

➔ *Agrégat, PIB, PNB*

Compte

Instrument permettant de connaître l'existant, les augmentations et les diminutions d'un poste du bilan d'une entreprise.

Plutôt que de parler tout simplement de côté positif ou de côté négatif d'un compte, on emploie les termes de débit et de crédit.
Par convention, le côté gauche d'un compte est toujours (quel que soit le type de compte) appelé « débit » tandis que le côté droit est appelé « crédit ».
Comme les comptes d'actif sont augmentés à gauche et diminués à droite, tandis que les comptes de passif sont augmentés à droite et diminués à gauche, le débit et le crédit d'un compte ont une signification différente selon le type de compte : débiter un compte d'actif, c'est l'augmenter, tandis que débiter un compte de passif, c'est le diminuer ; créditer un compte d'actif, c'est le diminuer, tandis que créditer un compte de passif, c'est l'augmenter.
Une société se constitue avec son capital de 1 000 et souscrit un emprunt de 500, les fonds correspondants étant immédiatement versés à un compte ouvert en banque. Le comptable va ouvrir deux comptes de passif pour enregistrer les dettes (ressources) dues aux propriétaires (compte capital) et aux prêteurs (emprunt), et un compte d'actif (banque) pour enregistrer les fonds (emplois) monétaires reçus, selon les modalités suivantes :

Banque (compte d'actif)

débit (+)	crédit (–)
1 500	

Capital (compte de passif)

débit (–)	crédit (+)
	1 000

Emprunt (compte de passif)

débit (–)	crédit (+)
	500

Le comptable a débité (augmenté) le compte d'actif banque et en même temps crédité (augmenté) les comptes de passif capital et emprunt.
Connaissant les augmentations et les diminutions d'un compte, le comptable peut à tout moment déterminer son « solde » (on dit qu'il le solde). J. R.

Concentration

Processus de regroupement d'entreprises visant à améliorer leur efficacité ou à limiter les effets de la concurrence.

La concentration peut concerner des activités industrielles, commerciales ou financières. Elle peut prendre plusieurs formes : fusion d'entreprises, absorption de petites entreprises par une entreprise dominante, entente entre firmes visant à éliminer les concurrentes ou à empêcher l'arrivée de rivales.
La concentration peut être verticale (contrôle par un même groupe de stades successifs d'une même filière de production) ou horizontale (regroupement d'unités de production fabriquant le même bien). P. B.

➔ *Cartel, holding, konzern, trust*

Concurrence

État d'un marché caractérisé par la liberté pour chacun de s'y installer, de vendre le produit au prix qu'il veut, de le produire avec les procédés qu'il veut.

Si une activité comme la location de skis permet des bénéfices plus importants qu'ailleurs, plusieurs personnes, délaissant leurs anciennes activités, vont s'installer dans cette branche, et proposer des prix un peu moins chers que ceux qui existaient déjà sur le marché, pour capter une partie de la clientèle. Cette dynamique incessante est la caractéristique de la concurrence.
Le contraire de la concurrence consiste, par exemple, à interdire aux autres de s'installer en obtenant qu'on ne leur loue pas de locaux, que les fournisseurs ne leur vendent des skis que très cher, que les banques refusent de leur prêter à de bonnes conditions, etc. Toutes ces pratiques sont interdites par la loi et il existe plusieurs organismes gouvernementaux comme le Conseil de la concurrence que l'on peut saisir à l'occasion. Le fait pour une grande surface d'obtenir, pour une opération promotionnelle, qu'un grossiste lui cède des produits à très bas prix constitue ainsi une pratique discriminatoire et interdite comme telle par les ordonnances de décembre 1986.

Des nécessités contradictoires

La concurrence implique des entreprises de taille assez petite pour qu'aucune d'elles ne puisse bénéficier d'avantages particuliers, et ne puisse manipuler ni le prix des facteurs qu'elle utilise ni le prix de son produit. Les prix seraient donnés pour chacune des entreprises, autrement dit donnés par le marché ; c'est ce que l'on constate dans les achats de matériels électroménagers, quand le vendeur explique qu'il consentira le prix affiché par n'importe lequel de ses concurrents.

La concurrence peut toutefois déboucher sur des effets contraires à ceux recherchés. Si une entreprise dépense beaucoup d'énergie et d'argent pour aboutir à une innovation*, la concurrence permet aux autres de l'imiter sans rien avoir à débourser, annulant toute incitation à améliorer les choses. Les brevets permettent certes de profiter seul d'une idée propre, mais toutes les améliorations ne sont pas brevetables. En outre, on constate que ce sont les plus grandes entreprises qui ont les dépenses de recherche les plus importantes ; il ne serait donc pas judicieux de les empêcher de jouir de quelques avantages liés à leur taille.

Si une seule entreprise dominait une branche au point de pouvoir y réaliser des profits très élevés, elle pourrait craindre de susciter des vocations qui s'avéreraient dangereuses à terme. Adopter un comportement plus conforme à celui de la concurrence serait alors pour elle plus sage à long terme. Microsoft est ainsi une entreprise qui domine le monde des systèmes informatiques mais, du seul fait que des esprits entreprenants sont à l'affût, elle ne peut pas abuser de sa position dominante pour imposer des prix élevés ou diminuer ses efforts de recherche. Tels sont du moins les arguments avancés par cette firme lors des procès qu'on lui intente pour sa position dominante. F. E.

➔ *Marché, monopole, prix*

Conjoncture

État de l'économie à un moment donné.

La conjoncture renvoie au court terme. Les analyses sont mensuelles, trimestrielles ou annuelles. Les tendances longues ne sont pas étudiées. Si le conjoncturiste ne cherche qu'à expliquer de façon neutre l'instant présent, les responsables de l'économie lui demandent pourtant de prévoir son évolution et de proposer des moyens de l'infléchir. Il dispose pour cela de modèles théoriques. Mais, confrontée à une forte incertitude, la prévision reste un art difficile.

Les méthodes statistiques et comptables sont aujourd'hui sophistiquées. Les comptes nationaux fournissent des statistiques fréquentes : mensuelles et trimestrielles. De même, des enquêtes conjoncturelles d'opinion sont menées. Enfin, des indicateurs* ont été définis pour une vision rapide de la situation.

Une analyse de conjoncture aborde l'évolution des variables macroéconomiques* nationales et internationales, mais aussi le comportement des agents. On traite ainsi l'offre* globale (production en prix, en volume et par secteur, importations, marché du travail*), la demande* globale (consommation, investissements privé et public, stocks, exportations, revenus), la monnaie, la balance des paiements*, etc. E. L. H.

➔ *Carré magique, INSEE*

Consommation

Acte économique qui consiste à satisfaire un besoin humain par l'usage d'un bien ou d'un service.

Faire ses courses, consulter son dentiste, louer une villa au bord de la mer pour les vacances constituent autant d'actes de consommation. Les économistes distinguent deux formes de consommation : une **consommation marchande** et une **consommation non marchande**. La consommation marchande se déroule dans le cadre du secteur privé de l'économie. Les ménages achètent les biens et les services produits par des entreprises privées et proposés à un prix de marché qui incorpore le bénéfice de l'entreprise. Parallèlement, l'intervention croissante de l'État a été à l'origine du développement d'une consommation de type non marchand. Cette dernière est liée à la production de biens et services collectifs qui sont soit distribués à titre gratuit aux ménages, par exemple l'enseignement public en France, soit vendus à un prix égal ou inférieur aux coûts de production. Les différentes infrastructures culturelles (musées, monuments publics, théâtres subventionnés) relèvent de cette dernière catégorie.

Vos emplettes font nos emplois

Consommation et création d'emplois en France, en % de la variation annuelle

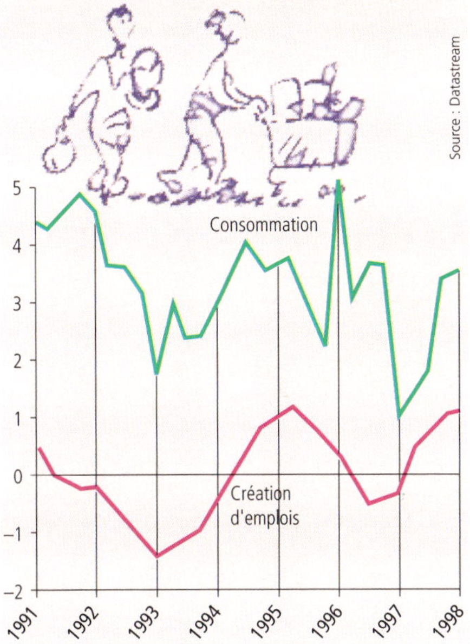

Les comportements de consommation découlent des structures économiques et sociales où ils prennent forme. Certaines aspirations de nature universelle (alimentation, logement, vêtement) sont satisfaites en fonction du niveau de développement atteint par l'économie nationale. Ainsi, dans de nombreux pays en développement, notamment en Afrique subsaharienne, la ration alimentaire est en dessous du seuil nécessaire à la reproduction de la force de travail. Parallèlement, à l'intérieur d'une même formation sociale, on constate des inégalités de consommation entre les différents groupes sociaux en fonction des ressources attachées à leurs conditions d'existence (patrimoine*, revenus).

De la nécessité à l'ostentation

L'analyse économique montre que la consommation obéit à différents paramètres, notamment le niveau de revenu. La « **loi d'Engel** » (de Ernst Engel, économiste allemand du XIXe siècle) montre que le budget consacré aux dépenses alimentaires tend à diminuer au fur et à mesure de l'augmentation du revenu. Au début du XVIIIe siècle, près de 70 % du revenu des Français étaient consacrés à l'achat de

Consommation
Hippies des années 1960-1970. Ils fustigeaient la « société de consommation » et le fait de « perdre sa vie à la gagner ». Trente ans plus tard, les jeunes pensent plutôt à gagner de l'argent et à consommer, des produits de marque de préférence.

céréales. Aujourd'hui, le poste « Produits alimentaires, boissons » ne représente plus qu'environ 18 % du budget des ménages.

Pour Keynes*, lorsque le revenu augmente, la consommation s'accroît mais d'une façon moins soutenue que le revenu : les agents économiques amplifient alors leur épargne. Keynes a recours à la notion de propension à consommer* pour définir le rapport qui s'établit entre la consommation et l'épargne.

La consommation est aussi le produit des structures sociales. L'économiste américain Thorstein Veblen* souligne l'existence de l'effet d'ostentation dans les comportements de consommation de certains agents économiques qui souhaitent, par le niveau volontairement élevé de leurs dépenses, démontrer l'importance de leur pouvoir d'achat et ainsi leur position hiérarchique à l'intérieur du corps social. J.-C. D.

➔ *Bien collectif, (J. M.) Keynes, propension à consommer, (T. B.) Veblen*

Consommation intermédiaire

Ensemble des biens et services marchands consommés afin de produire d'autres biens.

La consommation intermédiaire comprend les matières premières de toute nature achetées par un agent (à l'exception des machines), dont la valeur se retrouve dans les biens qu'il produit (par exemple achat de tôle, de pièces détachées, d'énergie électrique par un constructeur d'automobiles). Elle est déduite de la valeur de sa production pour mesurer sa valeur ajoutée*. P. B.

➔ *Comptabilité nationale*

Consortium

Groupement d'entreprises sous une direction unique pour réaliser une opération industrielle, bancaire ou commerciale.

L'Agence spatiale européenne a ainsi confié la production et l'exploitation des lanceurs sur le marché mondial à un consortium européen, Arianespace. Ce consortium est détenu par 53 actionnaires, répartis dans 12 pays européens, la France détenant 57 % et l'Allemagne 18,5 %. Il regroupe 41 constructeurs et organismes aéronautiques, 11 banques et une agence spatiale. A. R.

➔ *Concentration, holding, trust*

Contrainte budgétaire

Égalité comptable entre le revenu d'un individu et l'ensemble de ses affectations pendant une période donnée.

Exemple : j'ai gagné R = 26 500 F le mois dernier ; j'ai dépensé N = 3 000 F pour me nourrir, C = 9 000 F pour d'autres consommations ; j'ai payé I = 7 000 F d'impôts ; avec le reste, A = 7 500 F, j'ai acheté des actions ; la contrainte budgétaire s'écrit ici : $R - I = N + C + A$.

Cette présentation permet d'interpréter les décisions d'un individu comme contraintes par le fait de ne pas pouvoir dépenser plus qu'il ne gagne, tout en étant libre d'affecter tant à un poste de dépense et tant à tel autre. On en déduit que tout n'est pas possible simultanément. La notion de contrainte budgétaire vaut pour un ou plusieurs individus, mais aussi pour l'État. Dans ce dernier cas, on exprime le fait que les rentrées, essentiellement fiscales ou venant des emprunts publics, sont affectées à telles ou telles dépenses : rembourser les emprunts précédents, payer des fonctionnaires, construire des universités, etc. F. E.

➔ *Budget des ménages, consommation, revenu*

Contrainte extérieure

Contrainte imposée à la politique économique par l'ouverture de l'économie aux échanges commerciaux. Elle est liée à la nécessité de disposer d'une quantité suffisante de devises pour financer un éventuel déficit extérieur ou pour rembourser la dette extérieure.

La mondialisation* rend la production du monde accessible alors même que les ressources de chaque pays sont limitées par sa production ou ses rentes (revenus pétroliers, revenus des placements, etc.). Certes, une nation peut financer un déficit extérieur par un prélèvement sur ses réserves en devises*, mais celles-ci peuvent s'épuiser. Elle peut également recourir à l'endettement extérieur, mais, comme pour les particuliers, son montant est limité par des contraintes de solvabilité. La politique économique* doit donc s'ajuster à la contrainte extérieure. Une politique budgétaire* trop expansionniste stimule la demande, et donc les importations*, au détriment des exportations*. Une politique monétaire* trop laxiste favorise l'inflation, et donc la dépréciation du taux de change*. L'intensité de la contrainte extérieure est d'abord liée au degré d'ouverture de l'économie (rapport du commerce extérieur au PNB*). Si le taux de change* est flexible, sa dépréciation permet de corriger les effets d'une politique expansionniste. La libre circulation des capitaux rend plus facile le financement des déséquilibres temporaires. Les États-Unis, qui émettent la monnaie internationale, peuvent ainsi s'affranchir de cette contrainte. J.-M. S.

➔ *Balance commerciale, balance des paiements*

Contrat

Accord entre différents agents stipulant leurs obligations respectives sur la cession, l'appropriation ou la (non-)réalisation de certaines choses.

La théorie des contrats, développée à partir des années 1960, présente ces accords comme le moyen choisi par les individus pour coordonner leurs actions, au-delà de l'ajustement de l'offre et de la demande par les prix. Chaque individu étant mû par son intérêt personnel et le futur étant imprévisible, il est nécessaire de stipuler les droits et les devoirs des cocontractants. Selon la possibilité de prévoir au contrat toutes les éventualités possibles ou non, on distingue une approche des contrats complets, développée autour du « **modèle d'agence** », et une approche des contrats incomplets, qui débouche sur une théorie des institutions.

• La **théorie des contrats complets** étudie les contrats bilatéraux entre un individu, le principal ou mandant, et un autre individu, l'agent ou mandataire, à qui le premier délègue certaines de ses ressources. Dans un univers d'asymétrie d'informations* (le salarié connaît mieux sa productivité que l'employeur, le conducteur connaît mieux son risque d'accident que l'assureur), le contrat doit être rédigé pour inciter l'agent (le salarié, l'assuré) à agir au mieux des intérêts du principal (l'employeur, l'assureur). Celui-ci doit éviter l'**antisélection** (la rétention des plus mauvais assurés pour une assurance, ce qui est obtenu par une différenciation des primes via les clauses bonus-malus) et le **risque moral** (le comportement déviant de l'agent, d'où le système de franchise dans l'assurance pour réduire la prise de risques).

• Dans la **théorie des contrats incomplets**, il est matériellement impossible d'établir des contrats dont les clauses prévoient toutes les situations futures possibles, et le coût de surveillance de leur exécution est exorbitant. Cela explique l'émergence d'organisations comme les firmes, fondées sur des règles (le principe hiérarchique par exemple) qui permettent de résoudre à moindres frais les problèmes qui peuvent survenir (réorganisation de la production par les dirigeants). P. L.

➔ *(K.) Arrow, entreprise, libéralisme, main invisible, propriété, (O. E.) Williamson*

Convention collective

Accord passé entre syndicats et patronat au niveau d'une branche d'activité et concernant les conditions de travail.

Ces accords, passés au niveau de la branche (par exemple, l'édition), s'imposent aux entreprises de cette branche. Ils doivent être signés par les **syndicats représentatifs** (c'est-à-dire répondant à un certain nombre de critères, comme le nombre de voix recueillies aux élections professionnelles). Ils peuvent être signés pour une durée déterminée (en général trois ans en Allemagne ou aux États-Unis) ou indéterminée (c'est le cas en France). Les conventions collectives ne peuvent contenir de dispositions moins favorables que celles du Code du travail. Elles

constituent le plus souvent un document de référence sociale (grilles de salaires, avantages sociaux divers, etc.) essentiel pour les professions. S. G.

➔ *Syndicat*

Convertibilité

Caractéristique d'une monnaie qui peut être échangée contre n'importe quelle autre devise.

La convertibilité peut être assurée par les autorités monétaires d'un pays à une parité déterminée (régime de change fixe*). Mais, aujourd'hui, la convertibilité est plus fréquemment assurée par le marché des changes*.

Une convertibilité totale implique la levée des contrôles des changes. La **convertibilité interne** est réservée aux résidents et la **convertibilité externe** concerne les non-résidents. La convertibilité est partielle si elle est limitée à certains montants ou réservée à certaines opérations, par exemple les opérations commerciales.

Aujourd'hui, les grandes monnaies des pays industriels sont convertibles. Celles d'un certain nombre de pays en développement restent partiellement ou totalement inconvertibles. L'absence de convertibilité entrave les échanges. Elle contraint les opérateurs à recourir à des montages complexes, voire à des opérations de troc*. Elle dissuade également l'entrée de capitaux car les investisseurs n'ont pas la garantie qu'ils pourront convertir leurs actifs libellés en monnaie nationale. Si l'inconvertibilité abrite la monnaie des attaques spéculatives (cas du yuan chinois lors de la crise financière asiatique de 1998), elle peut aussi conduire à maintenir des taux de change* aberrants. J.-M. S.

➔ *Convertibilité-or, devises, étalon-or*

Convertibilité-or

Régime monétaire par lequel les autorités monétaires (Banque centrale, Trésor) s'engagent à convertir la monnaie nationale en or à une parité fixée à l'avance.

Ainsi, le taux de conversion du franc germinal (1803-1914) était de 290 mg d'or fin. Jusqu'en 1878, le franc était d'ailleurs également convertible en argent au taux de 4,5 g (régime de **bimétallisme**).

La convertibilité peut être réservée à certaines institutions, nationales ou étrangères.

Ainsi, dans les règles du système de Bretton Woods*, la France, dans les années 1960, a demandé aux États-Unis de convertir en or une partie des dollars* qu'elle détenait, au taux historique de 35 $ l'once d'or.

Dans la mesure où plusieurs pays pratiquent la convertibilité-or*, le métal jaune apparaît comme une forme particulière de monnaie commune, utilisable pour régler les échanges internationaux ; elle est donc indissociable d'un régime monétaire fondé sur l'étalon-or*.

Le recours à la convertibilité-or visait à donner une plus grande crédibilité à la monnaie fiduciaire* (billets, pièces), d'utilisation plus aisée et moins coûteuse.

Dans la mesure où des demandes massives de conversion étaient considérées comme improbables, les autorités monétaires n'étaient pas toujours tenues de respecter une couverture à 100 % de la masse monétaire en circulation, ce qui permettait d'introduire une certaine souplesse dans la politique monétaire*.

Si, aujourd'hui, l'or* a perdu ses attributs monétaires, certains systèmes en reproduisent les mécanismes en substituant les devises, le dollar* notamment, aux métaux précieux comme instrument de réserves* et comme base de la convertibilité*. J.-M. S.

➔ *Change*

Cooke

Voir **Ratio Cooke**

Coopération

Voir **Économie sociale**

Corée du Sud

Les succès économiques de la Corée du Sud ont fait de ce pays un cas à part dans le monde en développement. Issu en tant qu'entité politique d'une guerre civile (1950-1953), le pays figurait à ses débuts parmi les plus pauvres du monde. Or, après trois décennies de croissance rapide, il a comblé en partie son retard, le revenu par habitant s'étant multiplié par plus de dix. L'économie coréenne a toutefois connu en 1998 une situation de crise.

Le rattrapage réussi par la Corée du Sud repose sur un réel processus d'accumulation de capacités technologiques nationales. La production est dominée par des activités complexes ou lourdes, souvent tournées vers l'exportation. Parmi les grandes exportations coréennes, il y a des composants électroniques sophistiqués, des produits électroniques pour le grand public, des bateaux et des automobiles. Ces productions sont le fait de grands groupes économiques nationaux, les « **chaebols** », qui développent des produits et les commercialisent sous leurs propres marques.

Les progrès coréens ont été favorisés par des politiques dirigistes inspirées du Japon*. La phase de croissance rapide a été celle d'un État militaire qui, soucieux des problèmes de sécurité posés par la Corée du Nord, voyait dans le développement industriel une clé de la défense nationale. Autoritaire mais rejoignant des aspirations populaires de sécurité et de progrès, cet État a imposé ses choix aux entrepreneurs et une dure discipline aux salariés. Il a fixé des priorités d'investissement et d'exportation, que le secteur privé a dû mettre en œuvre, à l'aide cependant d'incitations diverses. Un outil puissant de l'État a été le contrôle de l'accès au crédit national et international. Les salariés pour leur part ont dû supporter des conditions de travail pénibles et la répression des luttes sociales.

Les limites d'un modèle étatiste-capitaliste

L'efficacité du dirigisme était pour partie due au réalisme des choix de l'État et à l'existence d'échanges institutionnalisés avec le secteur privé. De plus, les faveurs accordées aux entreprises étaient liées à des objectifs précis et contrôlés. Or, ce système a été éprouvé par son succès. Les groupes économiques sont devenus autonomes, capables de se financer directement sur le marché international. La classe ouvrière, plus nombreuse et expérimentée, a fini par faire sauter le carcan étatique. Une forte mobilisation sociale en 1987 a ainsi eu raison du régime militaire et du dirigisme. Depuis, tout en gardant des niveaux honorables, la croissance par habitant a montré une tendance régulière à la baisse.

Vingt ans de miracle au « Pays du matin calme »

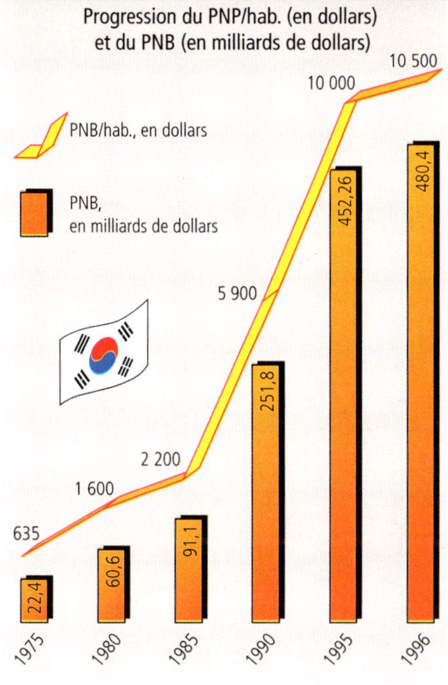

Le déclin des « chaebols »

Ces groupes économiques privés, souvent familiaux, ont été au centre des succès industriels de la Corée du Sud. Hyundai, Samsung, Daewoo et d'autres ont atteint une dimension mondiale, faisant dans certains domaines jeu égal avec les firmes des pays avancés.

Ces conglomérats ont toutefois des méthodes de gestion singulières et manquent souvent de transparence. Ils privilégient l'expansion rapide et la pénétration des marchés plus rentables, de sorte qu'ils sont présents dans un grand nombre d'activités et très endettés. Atteints très lourdement par la crise financière régionale de 1987, les chaebols sont maintenant contraints à la restructuration.

La libéralisation financière intervenue par la suite a ouvert la voie à un capitalisme dit de copinage. Des banques privées mal régulées se sont endettées à l'étranger pour accorder des crédits hasardeux à leurs clients locaux. Elles ont souvent financé le surinvestissement des chaebols, eux-mêmes libérés des plans de rationalisation utilisés autrefois par l'État contre l'excès de capacités de production – d'où l'accumulation de mauvais crédits et la fragilité financière de la Corée du Sud. Le retrait des capitaux à la fin de l'année 1997, dans le cadre d'une crise régionale, a précipité l'économie coréenne dans la récession.

Ce choc est venu aggraver une situation déjà difficile en raison de l'épuisement des modalités de croissance du passé. M. L.

➔ *Dragons*

Corée du Sud

Population : 46 844 000 hab.

PNB (1997) : 437,31 milliards de $

PNB/hab. : 10 550 $

Structure de la population active : agriculture 11 %, mines et industrie 31,3 %, services 57,7 %

Dette brute : 11 % du PIB

Taux de chômage : 6,8 %

Corn Laws

Lois sur le blé protégeant l'agriculture anglaise par de forts tarifs douaniers.

Les Corn Laws constituent l'un des éléments de la politique mercantiliste* et protectionniste* anglaise mise en place au XVIIe siècle.

C'est en 1663 et en 1673 que furent instituées les premières Corn Laws, interdisant ou taxant lourdement les importations de céréales quand leurs prix baissaient en dessous d'un certain niveau. Elles prévoyaient même des subventions à l'exportation dans ce cas de figure. Elles réduisaient au contraire les tarifs douaniers en cas de prix élevé (signe de production insuffisante), ce qui préservait l'approvisionnement des populations.

Relevés en 1815, ces tarifs protectionnistes furent combattus par l'Anti Corn Law League, reprenant les idées libérales de D. Ricardo*. Celle-ci obtint gain de cause quand le Premier ministre **Robert Peel**, ayant opté pour le libre-échange, démantela ces droits de douane en 1846, puis les abolit totalement en 1849. P. B.

➔ *Libre-échange, (D.) Ricardo*

Corruption

Voir dossier p. 161

Cotation

Fixation des cours de Bourse en fonction de l'offre et de la demande.

Le prix des actions évolue au fil de la séance, selon les ordres d'achat et de vente. On arrête le compte à un certain moment, appelé « **fixing** ». Les valeurs ainsi obtenues forment la cote boursière publiée dans les journaux.

À Paris, le fixing de clôture, instauré depuis 1998, permet de corriger les variations subites de dernière minute. D. G.

➔ *Bourse*

Cotisation

Somme versée par chacun pour contribuer à une dépense commune.

Le terme désigne notamment les prélèvements effectués sur les fiches de paie pour financer la Sécurité sociale (payés pour partie par les salariés et pour partie par les employeurs). S. G.

➔ *Charges sociales, Sécurité sociale*

« La corruption détourne l'argent vers les plus riches, accroît le coût de toutes les activités, provoque de graves distorsions dans l'utilisation des ressources collectives et fait fuir les investissements étrangers », explique la Banque mondiale. La corruption a cessé d'être considérée comme une « huile dans les rouages » permettant aux pays pauvres d'accéder à un meilleur niveau de vie.*

Corruption

La corruption consiste à « faire de l'argent avec du pouvoir », selon l'expression d'un magistrat français. Elle apparaît dès lors qu'on sollicite ou qu'on propose une commission illicite ou un autre avantage indu affectant l'exercice normal d'une fonction. Elle concerne aussi bien le fait de donner une commission (corruption active) que celui d'en recevoir une (corruption passive). Enveloppes, dessous-de-table et bakchichs ne sont qu'une petite partie d'un vaste ensemble qui englobe aussi le trafic d'influence à haut niveau, la « vente » de décisions, la manipulation de règlements publics, le détournement des marchés...

On reconnaît désormais que le phénomène peut avoir une dimension meurtrière. Certaines catastrophes dites « naturelles » – comme les inondations en Chine pendant l'été 1998 ou le tremblement de terre en Turquie en août 1999 – auraient pu être mieux maîtrisées dans un contexte de transparence et d'intégrité : dans les deux cas, des fonctionnaires véreux n'ont pas fait respecter les règles élémentaires de la sécurité publique.
Universellement répandue dans les pays émergents et les pays en développement, la corruption permet l'enrichissement de quelques-uns au détriment du plus grand nombre. En Russie, il en coûte de 3 000 à 5 000 dollars pour être dispensé du service militaire. Les pots-de-vin peuvent absorber l'équivalent de 10 % des bénéfices annuels d'une entreprise dans les pays de l'Est, d'après la Banque européenne pour la reconstruction et le développement (BERD*), qui voit dans la généralisation de ces pratiques l'un des principaux obstacles au développement des pays de l'ex-bloc communiste.

Une prise de conscience de plus en plus forte du phénomène

Même si l'existence de contre-pouvoirs et de médias indépendants ylimite l'ampleur des dégâts, la corruption touche aussi les pays développés, où les partis politiques se finançaient encore à la fin du XXe siècle par des commissions sur les contrats de construction ou les commandes d'armements venues de l'étranger. En Italie, en France, au Japon et en Allemagne, des opérations « mains propres » spectaculaires ont eu lieu tout au long des années 1980, se soldant par la démission de dizaines de politiciens corrompus, la remise en question de pratiques jusqu'ici communément acquises, voire – comme en Italie – par la ruine de tout un système politique hérité de l'après-guerre.
En mars 1999, la démission collective (pour fraude, népotisme et mauvaise gestion) de la Commission européenne, dirigée par Jacques Santer, a illustré une profonde évolution des mœurs politiques dans les pays développés. Ceux-ci acceptent de moins en moins la confusion des intérêts, l'absence de contrôle politique et administratif... À l'inverse, l'impartialité de l'État, la transparence et la responsabilité dans la gestion des affaires publiques, en un mot la « bonne gouvernance »,

Une estimation difficile

Dans un monde bouleversé par les changements intervenus à la suite de la guerre froide, la corruption profite de l'effacement des frontières et brasse des capitaux énormes. Même si le caractère secret de la corruption rend impossible l'estimation de sa véritable ampleur et de son incidence sur les économies et les sociétés, les sommes en jeu sont importantes : une centaine de milliards de dollars sur la base théorique d'une « commission » de 5 % appliquée à l'ensemble des contrats conclus de par le monde. Des gains certes inférieurs à ceux qui sont tirés des autres sources d'« argent sale », mais qui justifient que les experts de l'ONU (division « préven-tion du crime et justice criminelle ») parlent d'un problème « à caractère systémique ».

sont devenues des préoccupations prioritaires de la vie démocratique.

Une approche étatiste et une approche libérale

Cette prise de conscience est liée à la montée en puissance du crime organisé à l'échelle internationale. Certains pensent que la corruption est encouragée par la montée en puissance du marché qui s'accompagne d'un recul du sens du bien public. « La dérégulation juridique et économique, depuis vingt ans, a changé les règles du jeu. La corruption est toujours forte dans ces périodes de changement, comme dans les années 1880-1890 ou les années 1930 en France », souligne **Yves Mény**, professeur à l'Institut universitaire européen de Florence et auteur de *la Corruption de la République* (Fayard, 1992). Comme l'a montré l'exemple de l'Indonésie sous Suharto, la corruption est reine dès lors qu'est méprisé l'État de droit et que se généralisent les « copinages » de tous ordres.

Une analyse rigoureusement inverse, d'inspiration libérale, consiste à présenter la corruption comme le résultat d'un État trop puissant qui finit par déresponsabiliser les acteurs et par favoriser la connivence entre responsables publics et dirigeants du privé. « La corruption peut survenir s'il existe une rente, due en général à la réglementation publique, et que des fonctionnaires ont tout loisir pour en répartir les bénéfices », analyse **Paolo Mauro**, économiste au FMI*. « Tu me paies et je ferme un œil » : cette formule de base du « pacte de corruption » le plus classique se présente souvent dans les attributions de permis de construire, l'octroi d'autorisations pour l'extraction de ressources naturelles, le choix de tel ou tel bénéficiaire dans un contexte de contingentement d'importations ou de subventions industrielles...

Des moyens de lutte aux effets limités

Qu'on soit d'accord ou non sur l'origine du phénomène, l'objectif d'assainissement devient mondial. Jamais les États et les organisations internationales n'ont dépensé autant d'énergie pour dénoncer le fléau de la corruption et tenter de la combattre partout dans le monde. Le Fonds monétaire international, la Banque mondiale, l'OCDE*, l'ONU, le Conseil de l'Europe mobilisent aujourd'hui leurs forces pour imaginer des contre-offensives. Une ONG basée à Berlin, **Transparency International**, établit chaque année un indice de corruption allant du pays le moins touché (pour 1999, le Danemark) à celui qui l'est le plus (le Cameroun). La France, les États-Unis et le Japon se trouvent en milieu de liste.

Un « programme d'action contre la corruption » a été adopté par le Comité des ministres du Conseil de l'Europe en novembre 1996. Une convention de l'OCDE condamnant la corruption d'agents publics étrangers est entrée en vigueur en février 1999. Ratifiée par la France avec quelques mois de retard (en décembre), elle doit encore démontrer son efficacité. Outre qu'elle abolit des pratiques d'un autre âge comme la déductibilité fiscale des pots-de-vin, son mérite est d'introduire en matière de corruption un mécanisme de pression réciproque entre pays partenaires.

Dans les pays en développement, la Banque mondiale multiplie les programmes de lutte anticorruption. Il s'agit de « cours et travaux pratiques » proposés aux dirigeants politiques et aux responsables économiques des pays

Corruption

Le juge Antonio Di Pietro pendant le procès Enimont. Instigateur de l'opération « mains propres », il incarna la lutte contre la corruption en Italie comme dans le reste de l'Europe. Près de dix ans après, on s'interroge sur l'impact réel de cette campagne judiciaire.

concernés. Des stages ont lieu au siège de la Banque, à Washington. Le suivi des actions prend la forme de vidéoconférences hebdomadaires, de visites d'experts sur le terrain... Quant au FMI, même s'il conditionne l'octroi de certains de ses prêts à l'engagement, pris par les pays bénéficiaires, de lutter contre la corruption (par exemple en Argentine et au Kenya), il n'a jamais cessé d'aider la Russie corrompue. Cette question a contribué à accélérer le départ du président de l'institution, **Michel Camdessus**.

L'efficacité des stratégies de lutte anticorruption est toute relative. Le phénomène commence seulement à être considéré comme un délit, et seuls les États disposent, en matière de criminalité financière, d'instruments judiciaires adaptés. Sur le plan international, on assiste à de nombreux efforts de prévention sans que personne sache encore comment mieux contrôler les centres financiers off shore* où viennent se placer, entre autres, les revenus de la corruption. L. D.

Cotisations sociales

Versements effectués par les employeurs, les salariés et les travailleurs individuels aux organismes de Sécurité sociale.*

Ce sont les cotisations qui ouvrent droit aux prestations sociales* (en cas de maladie, maternité, chômage*, invalidité, départ à la retraite*). Appelées aussi charges sociales, elles sont incluses dans le salaire brut – qui représente le coût réel du travail pour l'employeur – mais déduites du salaire net.
Leur recouvrement est assuré par les Unions de recouvrement de la Sécurité sociale et des allocations familiales (URSSAF).
Le taux de la cotisation varie selon la nature du besoin social ou du risque à couvrir. S. G.

➔ *Charges sociales, protection sociale*

Le poids des charges

Part des cotisations sociales et des impôts dans les prélèvements obligatoires, en %

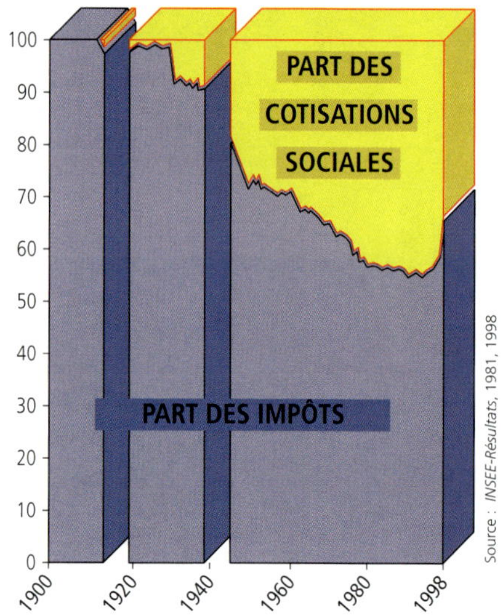

Les cotisations pèsent lourd chez les sœurs latines

Poids moyen des cotisations sur un salaire annuel brut d'environ 280 000 francs, en %

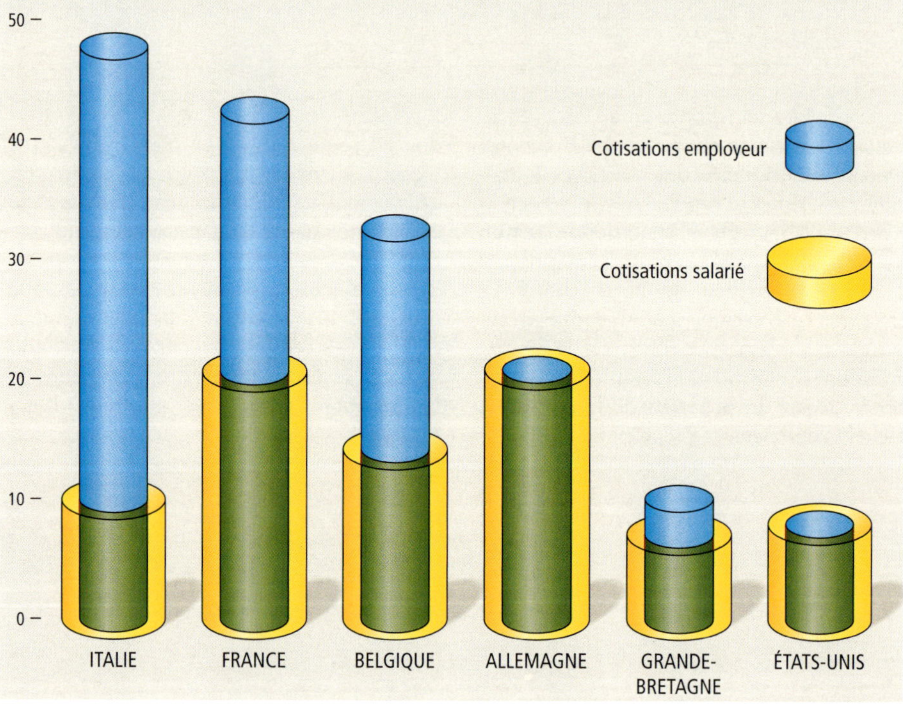

Coton

Matière première végétale servant à la fabrication de textiles, le coton est constitué par les filaments soyeux qui entourent les graines du cotonnier. Son importance économique est considérable pour certains pays producteurs (africains, asiatiques) aux ressources peu diversifiées.

Déjà connu en Inde au IVe millénaire av. J.-C., le coton a longtemps été la fibre la plus utilisée dans le monde pour la fabrication de textiles destinés, notamment, à l'habillement. Historiquement, la production de cotonnades est une activité caractéristique des premières phases d'industrialisation – de l'Angleterre du XVIIIe siècle à des pays comme le Maroc ou l'île Maurice aujourd'hui.

Le développement de fibres synthétiques (rayonne, acétate) a relégué le coton au second rang vers le milieu des années 1970, mais il représente encore près de la moitié de la consommation mondiale de fibres (46 % en 1997). L'utilisation du coton régresse dans les pays industrialisés, mais continue de se développer dans le sous-continent indien et en Chine.

Une consommation en baisse

Sensible au froid, le coton est cultivé, à plus de 90 %, dans des régions chaudes de l'hémisphère Nord. Les principaux pays producteurs sont la Chine, les États-Unis et l'Inde, loin devant le Pakistan, l'Ouzbékistan et la Turquie. Cependant, des producteurs moins importants, comme le Mali, le Bénin ou la Côte d'Ivoire, dont l'économie repose en grande partie sur l'exportation de matières premières, jouent un rôle actif sur les marchés mondiaux.

Le déclin de la consommation mondiale de coton entraîne une baisse des cours, qui s'est avérée particulièrement forte lors de la campagne 1998-1999 (– 22 % à – 25 %) en raison de la hausse massive des exportations en provenance de Chine, jusque-là importatrice nette. Le prix du coton est fixé en fonction de l'offre et de la demande, sur les différentes places où il se négocie (New York, La Nouvelle-Orléans, Alexandrie, Hongkong, Liverpool...), et peut faire l'objet de spéculations comme toutes les matières premières*. A.-M. R.

➔ *Matière première, spéculation, textile/habillement*

Cournot (Antoine Augustin)

Mathématicien, probabiliste et philosophe français (1801-1877).

Il s'intéressa à l'économie dans son œuvre principale, les *Recherches sur les principes mathématiques de la théorie des richesses*, publiée en 1838. Ce livre était le premier à utiliser les mathématiques* pour traduire l'ensemble des idées qu'il s'agissait d'exposer. Mais il n'a exercé aucune influence avant que les marginalistes, une génération plus tard, y découvrent les fondements de l'analyse microéconomique*.

On parle aujourd'hui de « duopole de Cournot » pour honorer son premier analyste et, plus généralement, d'« **équilibre de Cournot** » : il s'agit d'une situation dans laquelle chaque entreprise adopte la stratégie qui lui permettra de maximiser son profit*, en sachant que toutes les autres se comporteront de la même façon. F. E.

➔ *Duopole, équilibre, marginalisme, microéconomie, jeux*

Cours

Valeur à un instant donné d'un bien vendu sur un marché.

Les cours* évoluent en permanence, en fonction des ordres d'achat et de vente. Le terme s'applique aux matières premières* (sucre, viande de porc ou pétrole), aux titres (cours de Bourse) ou aux monnaies (cours des changes*).

Les cours des actions d'une société cotée en Bourse* dépendent, bien sûr, de la qualité de la firme concernée, de ses performances ou contre-performances, mais aussi de l'environnement dans lequel elle évolue. Le climat économique et politique a de ce fait une grande importance. Les yeux des analystes financiers sont rivés sur plusieurs indicateurs* comme l'inflation*, le chômage*, le taux de croissance et l'évolution des taux d'intérêt ; leur tâche est d'anticiper en permanence.

La recherche d'une prévision scientifique

Le cours de l'action est donc un pari sur l'avenir. Les réactions sont parfois choquantes. Lorsqu'une entre-

prise annonce un programme de suppressions d'emplois, les marchés accueillent favorablement la nouvelle et on assiste à une hausse des cours. En effet, les investisseurs anticipent les économies que procureront ces réductions d'effectifs. Parfois, lorsqu'une société annonce des bénéfices très élevés, les cours ne bougent pas. Cette nouvelle était anticipée depuis plusieurs semaines par les analystes. « C'est dans les cours », entend-on alors chez les opérateurs des marchés. L'évolution de la Bourse déroute. Au début des années 1990, alors que l'économie américaine était en pleine récession, Wall Street* bondissait de record en record. Les courtiers vivaient dans le futur : avec deux ans d'avance, ils jouaient la reprise. Les indices boursiers sont la synthèse de l'évolution des cours des principales valeurs. Certains analystes, dits **chartistes**, cherchent à donner un caractère scientifique à ces évolutions en étudiant leurs représentations graphiques (en anglais *charts*), censées révéler des régularités statistiques. D. G.

➔ *Bourse*

Courtier

Intermédiaire qui achète et vend des titres pour le compte de clients.

Trois types d'acteurs interviennent sur les marchés : les traders* (courtiers), les analystes et les employés du back-office. Les premiers passent leur journée à acheter et à vendre pour leurs clients : le regard en permanence fixé sur les écrans de cotation et sans cesse au téléphone, ils sont à l'affût de la moindre rumeur et se fondent sur les conseils donnés par les **analystes financiers**. Ces derniers étudient les entreprises cotées, rencontrent les dirigeants, épluchent la presse et se font un jugement sur telle ou telle valeur. Enfin, informatisation oblige, un nouveau métier s'est développé, celui du **back-office**. Tout un personnel qualifié et hautement diplômé intervient en soutien logistique pour régulariser les transactions.
Dans le palmarès mondial des firmes de courtage, la palme revient aux Américains, suivis par les Japonais. Avec le développement d'Internet, une véritable industrie du courtage boursier en ligne est en train de naître en Europe, suivant ainsi le modèle américain où la Bourse sur le Web a pris un essor considérable. D. G.

➔ *Bourse*

Coût

Dépense qu'il faut engager pour rémunérer les facteurs (travail, capital, matières premières...) nécessaires à une production.

Plus le niveau de la production augmente et plus le coût associé augmente. Mais cette relation n'est pas proportionnelle, ce qui justifie les trois définitions suivantes :
• le **coût moyen** représente le coût total rapporté au volume de la production, ce que les commerçants appellent plutôt prix de revient ;
• le **coût marginal** représente l'accroissement du coût quand la production augmente, à la limite d'une seule unité. Il permet de savoir s'il convient ou non d'augmenter la quantité produite. Si, par exemple, le coût d'une chemise supplémentaire est égal à 140 F alors que cette chemise est vendue 130 F, il est clair qu'il ne faut pas augmenter la production. On montre ainsi que, quand une entreprise maximise son profit, elle égalise en général le coût marginal au prix de vente de son produit, car elle fait un profit sur toutes les unités précédentes, dont le prix était supérieur au coût marginal (en d'autres termes, l'augmentation de sa production lui a permis d'abaisser ses coûts unitaires) ;
• le **coût fixe** représente la partie du coût qui ne dépend pas du niveau de la production. Ainsi, une entreprise, quelle que soit sa production, doit payer la location de ses bureaux, de ses usines, de son personnel de gardiennage, etc., l'ensemble constituant ses coûts fixes. Par analogie, un abonné au téléphone qualifiera sa dépense d'abonnement de coût fixe ; les autres dépenses, qui varient avec le nombre de communications, sont des **coûts variables**. F. E.

➔ *Capital, emploi, prix, production*

Crédit

Opération financière par laquelle un agent prête une somme d'argent à un autre. Somme d'argent ainsi prêtée.

Octroyer un crédit signifie prêter une somme d'argent. Le prêteur est le créancier, l'emprunteur est le débiteur. Lorsque le prêteur est un établissement financier, on parle de crédit bancaire. Lorsqu'un fournisseur accorde un délai de paiement à une entreprise

cliente, on parle de crédit interentreprises ou de crédit commercial.

Il existe de multiples formes de crédit bancaire, selon que l'emprunteur est un ménage ou une entreprise. Pour les ménages, on distingue les crédits immobiliers et les crédits à la consommation*. En général, les contrats de crédit bancaire comportent les clauses suivantes : le montant du crédit, la durée (6 mois, 1 an, 20 ans, permanent, etc.), le taux effectif global (incluant des frais commerciaux et d'assurance, par exemple 6,5 %), les modalités de remboursement (montant des mensualités), les garanties apportées (surtout pour les crédits immobiliers)... Pour les crédits à la consommation, il existe plusieurs formules : prêts personnels, crédits permanents ou **crédit revolving** (réserve d'argent mise à la disposition du client par sa banque ; les intérêts s'appliquent sur les sommes effectivement empruntées jusqu'au remboursement dont le délai est laissé à la discrétion du client), découverts autorisés... Ces deux dernières formules sont des options de crédit : si la banque accorde un crédit revolving de 1 000 euros, le client n'est pas obligé d'utiliser ce crédit en totalité ; il puise à sa guise dans la limite de 1 000 euros et rembourse quand bon lui semble, sans échéancier précis. Parce que ces formules sont simples et souples d'utilisation, leur taux effectif global est en général supérieur à celui des prêts personnels.

Les entreprises ont des formules de prêts adaptées à leurs projets. Elles ont accès aux découverts et aux facilités de caisse. Elles obtiennent également des crédits à court terme via l'escompte commercial, ainsi que des crédits à moyen et long terme (plus de deux ans) pour financer leurs investissements.

Crédit des banques aux ménages

Par objet de financement, en % du total, juin 1999

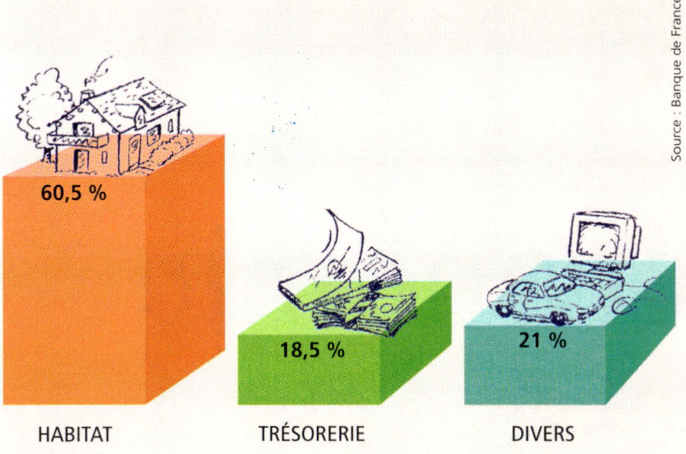

Une activité marquée par le risque

Le crédit joue un rôle crucial dans la création monétaire. En octroyant des crédits aux agents non financiers, les banques* créent la monnaie*. L'adage « **les crédits font les dépôts** » signifie que les banques n'ont pas besoin de dépôts pour faire crédit, mais que l'octroi de crédit entraîne la mise à disposition de moyens de paiement, sous la forme de dépôts en compte courant.

L'octroi de crédit est une activité risquée. En effet, malgré les garanties qu'elles prennent, les banques ne sont pas sûres d'être remboursées. Pour éviter cette situation, elles ont élaboré des techniques de sélection de la clientèle, appelées « credit scoring ». Ces techniques n'étant pas infaillibles, elles renoncent parfois à prêter parce qu'elles anticipent des pertes sur les crédits demandés par la clientèle. Cette situation est qualifiée de « rationnement du crédit ». Ainsi, au début des années 1990, les banques françaises, échaudées par les pertes subies à la fin des années 1980, ont rationné le crédit aux ménages, et surtout aux entreprises, amplifiant la récession* économique dans laquelle la France était plongée. A. L.

➔ *Banque, consommation, entreprise, monnaie*

Crédit (sens comptable)

Côté droit d'un compte d'agent économique. J. R.

➔ *Bilan, comptabilité, compte*

Dossier

Le terme de crise s'applique à des phénomènes très différents ayant cependant en commun le fait que les secteurs économiques touchés, ou l'économie globale, ne peuvent sortir de leur difficulté sans se transformer.

Crise économique

Blocage des mécanismes habituels de fonctionnement ou d'adaptation de l'économie, se produisant dans un secteur d'activité ou touchant un système économique dans son ensemble.

La crise constitue une étape de l'histoire économique, car elle conduit à une remise en cause des mécanismes existants et peut déboucher dans certains cas sur un changement de société.

Les différents types de crise : de la simple adaptation à un bouleversement total

La **crise agricole** désigne des périodes de pénurie alimentaire (comme en 1788-1789, en 1845-1847...) qui entraînent des hausses de prix fortes et brutales, ou au contraire une tendance de la production à augmenter plus que la demande, ce qui provoque une baisse progressive des prix. Et, si les agriculteurs augmentent leur production pour compenser la baisse de leur revenu, ils contribuent à accentuer la baisse des prix.

Une **crise boursière** se produit quand des ventes importantes d'actions ou d'obligations ne sont pas compensées par des achats équivalents. Cela provoque une baisse brutale du prix de ces titres, incitant de nombreux porteurs à rejoindre le camp des vendeurs, ce qui amplifie la baisse. Une telle situation s'est rencontrée en 1929, en 1987, et au moment des « crises asiatiques » de la fin des années 1990, conduisant les responsables à suspendre les cotations en attendant que l'optimisme revienne.

Une **crise monétaire** relève d'un processus de même type : une dépréciation* de la monnaie d'un pays (due à des difficultés pour payer les importations) peut provoquer une perte de confiance dans cette monnaie et sa conversion massive en devise étrangère (crise mexicaine ou brésilienne). Cela accentue la dépréciation de la monnaie et l'insolvabilité du pays. Même une aide financière internationale ne suffit pas nécessairement à rétablir la confiance (crise russe), car elle peut au contraire être interprétée comme une marque de faiblesse.

Le terme de crise s'applique également aux difficultés insurmontables rencontrées par des secteurs en déclin (comme le textile ou les charbonnages au XXe siècle) : dans ce cas, la baisse des prix ne suffit pas à relancer suffisamment la demande.

Il désigne également le dérèglement (provisoire ou profond) d'un système économique. Les nombreuses petites crises du XIXe siècle apparaissent comme de simples phases de retournement des cycles économiques*. Par contre, les difficultés rencontrées par la société féodale au XIVe siècle, par l'économie française à la fin du XVIIIe siècle ou par la Russie soviétique durant les années 1980 débouchèrent sur un changement de société. Les crises que

Crise économique
Octobre 1929. La foule des actionnaires et des petits épargnants attend des nouvelles du krach devant la Bourse de New York.

connaissent les économies capitalistes développées au XXe siècle (1929, 1974-1979, 1987) occupent une position intermédiaire : elles ont transformé l'organisation du capitalisme mondial sans pour autant le remettre en cause.

La crise de 1929 : le passage d'une économie libérale à une économie administrée

Elle présente les caractéristiques des petites crises du XIXe siècle (baisse de l'activité et de l'emploi, des prix et des revenus). Mais elle fut plus profonde, plus longue (la production de 1929 ne sera retrouvé que dix ans plus tard), et elle s'étendit à tous les secteurs d'activité et à tous les pays.
Elle débuta le 24 octobre, à la Bourse new-yorkaise de Wall Street*, par des ventes massives de titres, qui se prolongèrent durant les jours suivants (30 millions de titres furent vendus en une semaine). Le mouvement se poursuivit pendant les mois suivants et les titres cotés avaient perdu environ 50 % de leur valeur à la fin de l'année. La baisse se poursuivit jusqu'en 1932. Ces pertes boursières diminuèrent le patrimoine et les revenus attendus de millions d'Américains de toute condition. Ceux qui s'étaient endettés pour acheter des actions ne purent rembourser leur dette, et de nombreuses banques firent faillite, entraînant une contraction du crédit. La demande globale diminua donc sensiblement, obligeant les entreprises à baisser leurs prix pour tenter de vendre leurs produits : les prix de gros baissèrent de moitié entre 1929 et 1932.
Cela provoqua une baisse des profits des entreprises, qui réduisirent leurs investissements et leurs effectifs. Ce faisant, la diminution des revenus, de la demande globale, des prix et de l'activité s'amplifia : le chômage toucha environ 12,8 millions d'Américains en 1933, soit

Le krach de 1929 : de la bulle à la crise

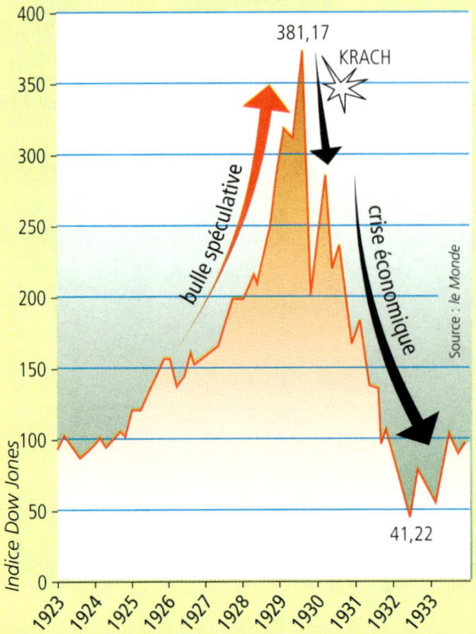

25 % de la population active, et la production industrielle diminua d'environ 20 % entre 1929 et 1932.

Les autres pays furent également touchés par la crise, en raison du rapatriement des capitaux américains placés à l'étranger et de la contraction des échanges internationaux : entre 1929 et 1932, la production industrielle baissa d'environ 16 % en Allemagne, 10 % en France, 6,5 % en Grande-Bretagne... Les pays du tiers-monde furent encore plus gravement affectés par la dépression, car la baisse des prix des matières premières (de l'ordre de 50 %) fut plus forte que celle des produits industriels.

La crise eut des conséquences considérables sur les sociétés occidentales. Elle explique la montée du militarisme allemand et japonais, qui conduisit à la Seconde Guerre mondiale, et elle entraîna une intervention plus directe de l'État dans l'économie : politiques de grands travaux (New Deal* aux États-Unis), développement des droits protégeant les salariés, politiques monétaires et de changes plus actives, devenant systématiques après la guerre.

La crise des années 1970-1980 : elle conduit paradoxalement au recul de l'État providence*

À la suite des chocs pétroliers de 1974 et de 1979 (doublement, puis quadruplement du prix du pétrole) se produisit une rupture avec la période des Trente Glorieuses*.

Certes, l'économie mondiale ne connut ni effondrement de l'activité ni baisse des prix. Mais, après la récession* de 1975, elle entra dans une phase de stagflation* (forte hausse des prix associée à une faible croissance) qui surprit les responsables économiques dans la mesure où l'on pensait jusque-là que l'inflation ne se produisait qu'en cas de forte croissance et de plein-emploi. Durant les années 1980, la désinflation* s'amorça, mais la croissance resta faible (2 à 3 % de taux de croissance annuelle, contre 5 % durant les Trente Glorieuses), et le chômage progressa pour dépasser les 10 % de la population active dans la plupart des pays développés. De plus, ceux-ci connurent un déficit important de leur commerce extérieur (sauf l'Allemagne* et le Japon*), et un accroissement substantiel du déficit des finances publiques (les différents États tentant de soutenir une activité trop faible par de fortes dépenses publiques). La crise résida dans le fait que les mécanismes de la croissance économique ne fonctionnaient plus comme auparavant : la hausse des salaires ne poussait plus les entreprises à produire davantage car la concurrence mondiale se faisait plus vive et la demande se tournait vers les produits importés. Les gains de productivité, qui jusque-là permettaient d'amortir la hausse des salaires, devenaient insuffisants et conduisaient à réduire l'emploi. Les politiques de relance appliquant les idées de J. M. Keynes* s'avéraient inefficaces.

Cela conduisit les gouvernants à changer de politique économique et à restaurer les mécanismes du marché : baisse des prélèvements fiscaux et des dépenses publiques aux États-Unis* et en Grande-Bretagne*, privatisation en France, dispositions libérales du traité de Maastricht en Europe (indépendance des autorités monétaires, normes de réduction des déficits publics...). Ainsi, cette crise aboutit à l'effet inverse de celle de 1929.

La crise financière de 1987

En octobre 1987 se produisit un krach* boursier qui fit craindre le retour de la crise de 1929 : après une hausse de 40 % entre janvier et début octobre, l'indice Dow Jones* (représentant la valeur moyenne des titres cotés à Wall Street*), baissa à partir du 14 octobre et chuta de plus de 22 % le 19 octobre, pour revenir à la fin de l'année à son niveau de janvier. Ce serait l'annonce du déficit commercial américain, le 14 octobre, faisant craindre une baisse du dollar et une hausse des taux d'intérêt*, qui aurait provoqué la vente des titres. Celle-ci fut accélérée par des ordres de vente automatiques programmés sur ordinateur quand les actions baissent en dessous d'un certain seuil.

Cette crise toucha également les autres grandes places financières du monde : plus de 34 % de baisse à Paris entre le 19 octobre et le 10 novembre, baisse de 33 % à Hongkong, de 26 % à Francfort, de 40 % à Londres...

Mais, à la différence de 1929, cette crise resta cantonnée au marché boursier et la confiance revint au début de l'année suivante, les agents ne croyant pas à l'existence d'une crise durable. Les pertes enregistrées durant ce dernier trimestre 1987 n'eurent finalement comme effet que de compenser les fortes hausses des mois précédents.

Les défenseurs de l'économie de marché y virent la confirmation de l'existence de mécanismes de correction automatique des cours : une baisse des prix succède nécessairement à une hausse injustifiée, et une remontée suit obligatoirement une baisse excessive.

Certains expliquent par ce néolibéralisme l'amélioration de la fin des années 1990 : l'inflation est redevenue faible dans tous les pays ; les États-Unis ont retrouvé une croissance forte et le plein-emploi ; le chômage régresse en Europe ; la France* connaît un fort excédent de son commerce extérieur ; la confiance semble revenir partout. Pourtant, le chômage touche encore plus de 10 % de la population active en Europe, le type de croissance qui a cours dans les années récentes s'accompagne d'une augmentation des inégalités de revenus et de l'exclusion sociale, et le désengagement de l'État est porteur de difficultés à venir dans divers pays (dégradation des équipements collectifs et des services publics, recul de la recherche et de la formation, de la protection sanitaire et sociale...).

La « sortie de crise » reste donc partielle et correspond à une phase de mutation de l'économie mondiale qui n'est pas achevée à la fin des années 1990. P. B.

➔ *Cycle économique, (J. M.) Keynes, New Deal, stagflation*

Croissance

Augmentation de la quantité de biens et de services produite dans un secteur d'activité ou sur le plan national.

On mesure généralement la croissance d'un secteur d'activité par le pourcentage d'augmentation du nombre d'unités de biens produites (millions d'automobiles supplémentaires divisés par le nombre d'unités produites durant la période précédente), et la croissance de l'activité économique nationale par le taux de variation du produit intérieur brut* (qui mesure la valeur de l'ensemble des biens et services produits durant une période).
La croissance désigne donc un processus essentiellement quantitatif, qui se distingue de la notion de progrès économique impliquant un jugement de valeur sur la nature ou les effets de l'évolution économique. On peut en effet considérer qu'il y a croissance sans progrès si elle est très inégalitaire sur le plan social, ou si elle ne repose que sur l'essor de certaines branches (industries d'armement, extractions minières destinées à l'exportation...) qui n'améliorent pas directement le sort des populations. Inversement, il peut y avoir progrès sans croissance si les richesses produites changent de nature, ou si elles sont distribuées plus équitablement.
La croissance se distingue également du développement* économique. Elle se produit en effet dans le cadre d'une structure* économique donnée, alors que le développement évoque une transformation des infrastructures, une diversification de la production et une amélioration de la qualité de vie et de l'éducation. P. B.

➔ *Développement, Une croissance forte est-elle encore possible ?*

Croissance endogène

Approche issue de la nouvelle école classique pour expliquer la dynamique* interne au système économique, génératrice du progrès technique*.*

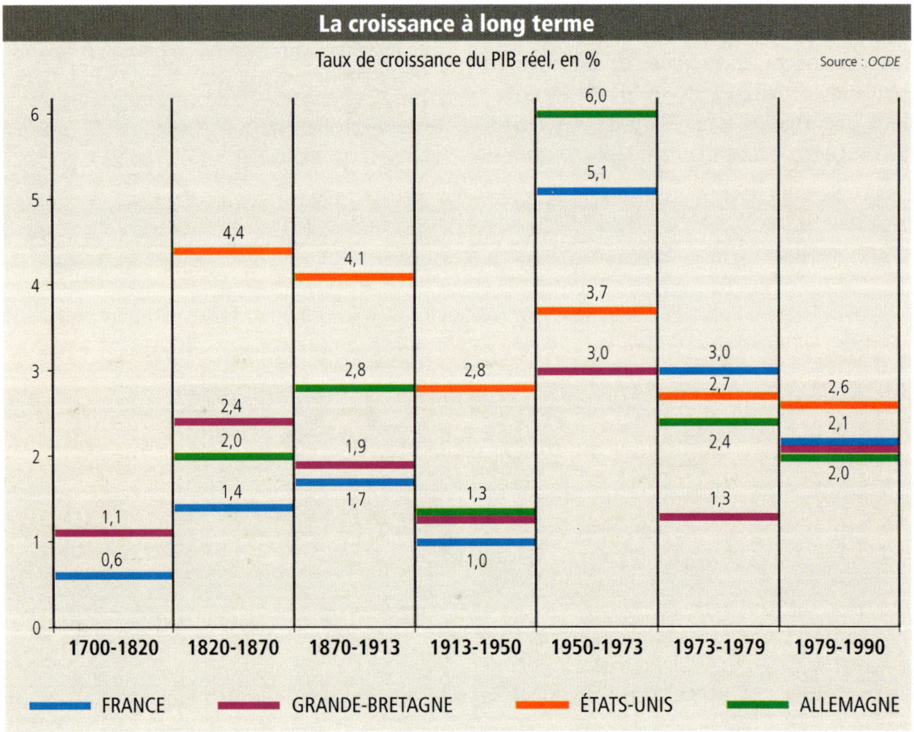

Le **progrès technique** est en effet la source de la croissance*, qui reste inexpliquée dans le modèle néoclassique* de Robert Solow*. **Paul Romer**, formé à Chicago*, a utilisé le premier une idée d'Alfred Marshall* selon laquelle l'accumulation du capital* produit des effets bénéfiques au-delà de l'entreprise concernée (des effets externes*). Trois modalités rendant possible une croissance économique autoentretenue sont envisagées :

- pour Romer, la connaissance technologique constitue une forme de capital accumulable profitant à tous par le biais de l'apprentissage, d'où l'importance de l'activité de recherche et développement* ;

- pour **Robert Barro**, ce sont les investissements publics en infrastructures (réseaux* de toute sorte notamment) qui permettent la croissance du potentiel productif des firmes ;

- pour **Robert Lucas**, l'accumulation du capital humain* est la source de la croissance car la formation d'un individu améliore ses compétences et le potentiel de toute une équipe.

Cette théorie de la croissance permet d'expliquer le développement* inégal des pays et leur non-convergence par un faible écart de taux d'investissement* à travers lequel le progrès technique produit ses effets bénéfiques. Elle donne aussi un nouveau rôle à l'État* pour porter la croissance à son maximum par le financement de l'éducation*, de la recherche-développement et d'infrastructures collectives. P. L.

➔ *Endogène, nouvelle école classique, politique économique, (W. W.) Rostow, technologie, transports*

CSG
(contribution sociale généralisée)

Prélèvement proportionnel sur la quasi-totalité des revenus des ménages (travail, retraite, patrimoine, capital), dont le produit est versé à la Sécurité sociale.*

Introduite en février 1991, la CSG est un impôt prélevé directement sur les feuilles de paie, mais aussi sur les retraites, certaines allocations chômage, les revenus de l'épargne et du patrimoine, et les gains aux jeux.

Au fil des ans, c'est devenu le premier impôt direct, puisqu'il a rapporté 316 milliards de francs en 1998 (contre 304 milliards de francs pour l'impôt sur le revenu). Son taux, voté par le Parlement, est passé de 1,1 % en 1991 à 7,5 % en 1998. Une partie seulement de la CSG (5,1 %) est déductible de l'impôt sur le revenu.

Le produit de la CSG est affecté aux trois branches de la Sécurité sociale : 1,1 % va aux caisses d'allocations familiales ; 1,3 % alimente le Fonds de solidarité vieillesse (FSV), qui prend en charge des pensions pour lesquelles les retraités n'ont pas cotisé (minimum vieillesse, droits à retraite des chômeurs, jeunes sous les drapeaux...) ; 5,1 % financent l'assurance-maladie.

En 1996, le gouvernement d'Alain Juppé a instauré la contribution au remboursement de la dette sociale (**CRDS**). Ce prélèvement de 0,5 % sur tous les revenus doit alimenter la Caisse d'amortissement de la dette sociale (CADES), créée pour éponger les déficits accumulés par la Sécurité sociale entre 1992 et 1998 (plus de 300 milliards de francs). Les Français devront payer la CRDS jusqu'en 2014. J.-M. B.

➔ *Déficits sociaux, fiscalité*

La CSG et les prélèvements sociaux spéciaux

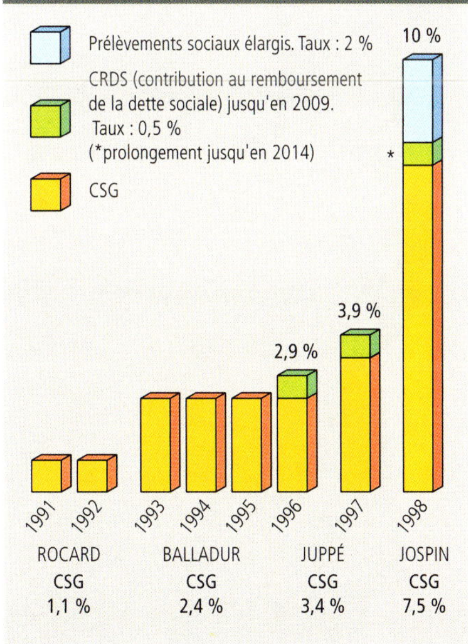

Culture (économie de la)

La culture, formée par un ensemble de savoirs et de pratiques très diversifiés d'une société à l'autre, est devenue dans le monde mo derne un enjeu économique majeur.

Le secteur culturel emploie aujourd'hui en Europe davantage de monde que toute la filière agroalimentaire. On regroupe sous le terme d'économie de la culture (voire d'« industries culturelles ») une grande variété d'activités : arts plastiques et musées, spectacles vivants (théâtre, ballet, concerts, cirque), édition, patrimoine, édition phonographique (disques et cassettes), cinéma, télévision et multimédia.

Culture
Jack Valenti, le représentant du cinéma américain, en compagnie d'Arnold Schwarzenegger. Largement dominants sur le marché mondial, les films d'Hollywood constituent aussi une vitrine de l'*American way of life* et des produits « made in USA ».

Ces activités (ainsi que la formation qui s'y rattache) sont importantes à un échelon à la fois local (le moindre bourg dispose d'une bibliothèque et d'écoles de danse et de musique), national et international. Selon les domaines et les pays, le secteur privé tient une place plus ou moins importante dans l'économie de la culture, mais les pouvoirs publics ne sont nulle part absents.

Le rôle politique de la culture dans le rayonnement d'un pays a été compris en France dès Louis XIV (et réaffirmé en 1999 à la conférence de l'OMC* à Seattle) ; la Grande-Bretagne au XIXe siècle et les États-Unis d'Amérique au XXe en ont aussi fait un instrument privilégié de leur puissance. Mais c'est surtout après la Seconde Guerre mondiale que la dimension proprement économique de la culture s'est affirmée.

Un secteur où prédominent les États-Unis

Les États-Unis, en exigeant que la France ouvre son marché cinématographique aux productions d'Hollywood (**accords Blum-Byrnes** de 1946) en échange d'aides à la reconstruction, ont montré qu'ils avaient compris l'enjeu. Cinquante ans plus tard, le marché des images représente 45 milliards de dollars (292,5 milliards de francs) pour le cinéma et 170 milliards de dollars (1 105 milliards de francs) pour l'audiovisuel, dont les États-Unis maîtrisent 60 % des échanges. Selon le *Rapport mondial sur la culture* de l'Unesco (1998), l'Europe consommait 650 000 heures de programmes télévisés en 1993, chiffre qui est passé à 3 250 000 heures en 2000 : l'augmentation a largement bénéficié aux exportations américaines. Résultat, la culture au sens large représente 6 % du PIB aux États-Unis et seulement 3,1 % en France.

L'Europe bénéficie d'un patrimoine culturel ancien qui lui permet de tenir son rang dans la plupart des activités traditionnelles (musique classique et opéra,

arts plastiques, architecture), mais elle est devancée quand il s'agit de productions standardisées diffusées mondialement par de très grosses sociétés telles que Disney pour le divertissement ou Sony Music pour le disque. Avec 7 % de la population mondiale, l'UE exporte 37,5 % des produits culturels mondiaux et en importe 43,6 %.
L'Amérique latine, avec 9 % de la population mondiale, n'assure quant à elle que 0,8 % des exportations mondiales. S. G.

Les Américains, maîtres du grand écran

Panorama du cinéma dans quelques pays, 1997

	UE	Fr.	Ital.	All.	G.-B.	E.-U.	Japon
Longs métrages, produits	645	163	87	61	115	570*	249
Spectacles, en millions	748,0	149	102,8	143,1	138,9	1310	153
Fréquentation moyenne par habitant	2,0	2,5	1,8	1,7	2,4	4,9	1,2
Part du cinéma national, en % des recettes	22,0	34,5	32,9	16,7	22,9	97,0	30,2
Part du cinéma américain, en % des recettes	64,0	53,8	46,7	70,5	73,5	97,0	66,0

* 1996

Source : INSEE

➔ *AMI, commerce international, information/médias, secteur tertiaire*

Cycle économique

Alternance d'une phase d'expansion et d'une phase de dépression* de l'activité économique.*

Le XIXe siècle et la première moitié du XXe furent marqués par une succession de périodes d'essor économique, suivies de phases de recul de l'activité et de baisse des prix, d'ampleur et de durée inégales. Différents théoriciens en déduisirent une périodicité nécessaire des cycles, liée aux mouvements mêmes de la vie économique : **Joseph Kitchin** étudia des cycles ultracourts (périodicité moyenne de trois ans et demi), Clément Juglar*, les cycles courts ou majeurs (environ huit ans), et Nikolaï Kondratiev*, les cycles les plus longs.
La croissance longue et régulière des années 1945-1974 sembla infirmer ces observations, mais les à-coups de la croissance depuis 1975 réhabilitent la vision cyclique de l'histoire économique : les Trente Glorieuses correspondaient à une phase A d'un cycle de Kondratiev, et les difficultés du dernier quart du siècle, à une phase B.

Deux explications du cycle s'opposent.

• Selon la première, quand se produit un accroissement de la production, de l'emploi et des investissements (phase A du cycle), les coûts de production augmentent (car la compétition pour obtenir le travail, les matières premières ou les moyens de financement se fait plus vive).
Or, parallèlement, l'accroissement de la production conduit à une baisse des prix des produits en raison de la concurrence accrue entre les producteurs. Il s'ensuit une baisse des profits, conduisant les chefs d'entreprise à réduire la production, et donc l'emploi et les investissements : on entre dans la phase B du cycle. Mais, une fois la baisse des coûts suffisamment forte, les entreprises sont incitées à relancer la production (retour de la phase A).

• Selon la seconde explication, la fin de la phase A provient du fait que les salaires, et donc la demande des biens de consommation, augmentent moins vite que la production. C'est cette surproduction qui engendre une baisse des prix, des profits et de l'activité (phase B).
La reprise n'intervient que si l'État relance l'économie par ses dépenses, si les exportations prennent le relais de la demande intérieure ou encore si la baisse des prix, plus forte que celle des salaires, provoque une augmentation du pouvoir d'achat et de la demande. P. B.

(V. ill. p. suiv.)

➔ *(C.) Juglar, (N.) Kondratiev*

Les cycles de Kondratiev : hausse des prix et croissance, puis baisse des prix et dépression

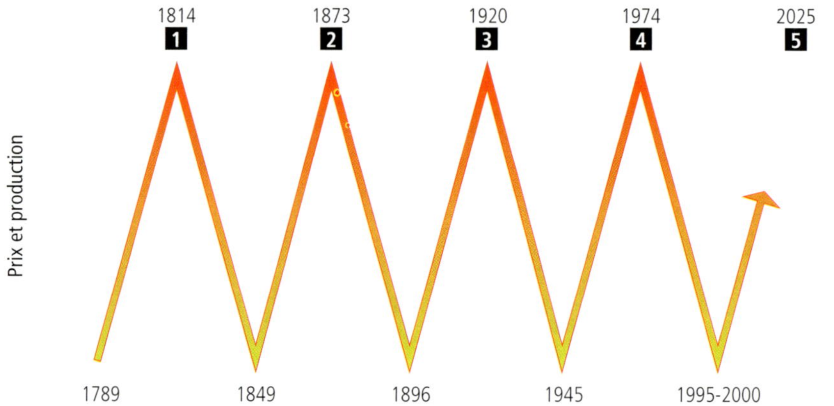

Source : J.-C. Drouin, *Tous économistes*, PUF

Secteurs moteurs	Textile, charbon	Sidérurgie, chemins de fer	Automobile, électricité	Pétrole, chimie, aéronautique	Informatique, biotechnologie
Pays leader	Grande-Bretagne	Allemagne	États-Unis	États-Unis	Japon, Europe, États-Unis

DOSSIER

Déficits sociaux p. 187

Davos (rencontre de)

Rencontre annuelle réunissant en Suisse, depuis 1971, de manière informelle, les principales figures de l'économie, voire de la politique, venues du monde entier.

Tenues sous l'auspice du Forum économique mondial, institution privée basée en Suisse, les rencontres de Davos sont devenues célèbres grâce à la franchise des discussions et à l'éclectisme des personnalités réunies (le Premier ministre de la Russie ou celui de la Chine, ou encore le président des États-Unis y côtoient tel magnat des médias, tel grand industriel). « Davos » a fini par devenir le symbole de la mondialisation* : les journalistes s'y précipitent et les critiques fustigent ce rassemblement à huis clos des puissants.

Les rencontres de Davos sont bien moins formelles que les réunions annuelles de l'ONU ou du FMI, par exemple. F. L.

(V. ill. p. suiv.)

➔ *Libéralisme économique, mondialisation*

Débit (en comptabilité d'entreprise)

Côté gauche d'un compte d'agent économique. J. R.

➔ *Bilan, comptabilité, compte*

Débouchés

Demande solvable permettant de vendre des marchandises.

« Une colonie, c'est un débouché », disait **Jules Ferry** pour justifier les conquêtes coloniales de la France dans les années 1880. Cette opinion rejoint celle des économistes pour lesquels l'essor du capitalisme* nécessite l'ouverture permanente de nou-

Davos

Un policier et son chien veillent sur le forum de Davos. Chaque année, en février, les grands acteurs de la vie économique internationale se réunissent dans cette station suisse pour faire le point sur l'état du monde... et de la mondialisation.

veaux marchés extérieurs aux économies capitalistes afin de faire face à la « saturation » de la demande intérieure. Ce besoin s'expliquerait par l'excès d'une production sans cesse croissante par rapport à la capacité de consommation de la grande masse des salariés. Mais de nouveaux débouchés peuvent aussi provenir des dépenses effectuées par l'État*, ou du crédit bancaire qui permet aux agents de dépenser plus que leur revenu courant. Malthus*, Sismondi*, **Rosa Luxemburg** et Keynes* font partie des économistes qui mirent l'accent sur ce problème des débouchés.

Pour d'autres, le problème des débouchés ne se pose pas, car toute nouvelle production génère des nouveaux revenus d'une valeur équivalente : si un produit vaut 100 francs, c'est parce que l'on a distribué 100 francs sous forme de salaires, de profit, d'achat de matières premières... Comme le disait Jean-Baptiste Say* dans sa célèbre « loi des débouchés », l'offre crée sa propre demande* et le risque de surproduction n'existe pas à l'échelle d'une économie globale. C'est le point de vue partagé par les économistes libéraux, qui considèrent que le capitalisme peut se développer sans limites. P. B.

➔ *Colonialisme, demande, impérialisme*

Debreu (Gerard)

Économiste mathématicien américain d'origine française (né en 1921), prix Nobel d'économie en 1983.*

Influencé par M. Allais*, Debreu a été récompensé « pour l'introduction de nouvelles méthodes d'analyse dans la théorie économique et pour une reformulation rigoureuse de la théorie de l'équilibre général ». Représentant avec K. Arrow* l'économie mathématique*, il a porté avec lui la théorie néoclassique* à son plus haut degré d'abstraction, dans la tradition de Walras* et Pareto*. Farouche partisan de la rigueur donnée par la formalisation mathématique, il a approfondi la théorie de l'équilibre général envisagé par Léon Walras, et a déterminé mathématiquement un système de prix* apte à équilibrer simultanément l'ensemble des marchés de l'économie. En cela il se sépare de Arrow, qui a étudié les situations dans lesquelles cet équilibre général n'existe pas. Ses travaux sont synthétisés dans son ouvrage *Théorie de la valeur,* publié en 1959. Debreu opta pour la nationalité américaine en 1975. P. L.

➔ *Marché (économie de), optimum, science économique*

Décloisonnement

Caractéristique d'un système bancaire où les banques sont en concurrence sur tous les marchés.

Pour reconstruire l'économie française après la Seconde Guerre mondiale, les pouvoirs publics ont institué des réseaux bancaires spécialisés dans le financement de secteurs jugés prioritaires. Ainsi le réseau de la Caisse nationale de crédit agricole s'est-il spécialisé dans le financement de l'agriculture, le Crédit foncier dans le financement du logement, la Caisse des dépôts et consignations, dans celui des collectivités locales... Par ailleurs, il existait un cloisonnement réglementaire entre les **banques de dépôts** (clientèle des particuliers et financement à court terme) et les **banques d'affaires** (clientèle des entreprises et financement à long terme). Bref, les réseaux bancaires étaient cloisonnés, subventionnés par l'État, et la concurrence entre eux était quasi inexistante.
Sous l'impulsion de la concurrence internationale, les pouvoirs publics ont décloisonné ces réseaux. Depuis la loi bancaire de 1984 consacrant la notion de banque universelle, il ne subsiste plus que quelques privilèges accordés à certains réseaux. Pour le reste, la concurrence interbancaire joue totalement. A. L.

➔ *Banque*

Défense

Ensemble des activités liées à la chose militaire.

Le terme recouvre d'une part la défense nationale, l'une des principales missions des États, qui consiste à garantir la sécurité du territoire contre les agressions extérieures et, le cas échéant, à défendre au-delà des frontières les intérêts du pays ou de la communauté internationale ; et, d'autre part, les industries de la défense qui fabriquent et commercialisent l'armement – terrestre, naval ou aérien – ainsi que les produits, services et technologies associés.
Si vis pacem, para bellum (si tu veux la paix, prépare la guerre), disaient les Anciens. La plupart des sociétés humaines ont en effet consacré une part

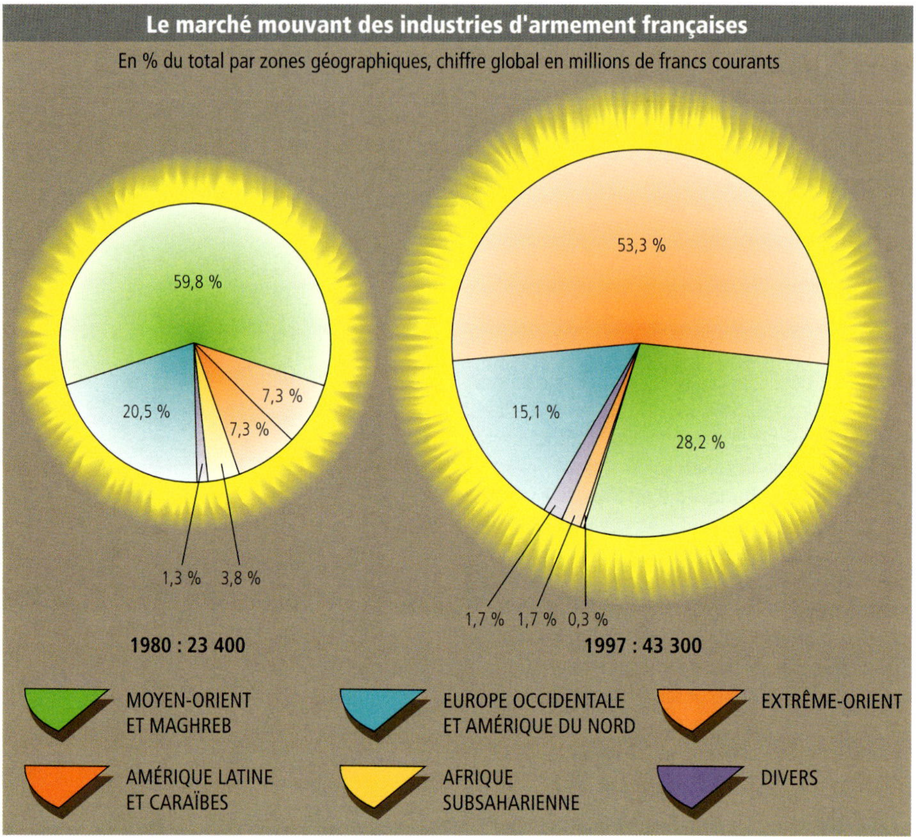

importante de leurs richesses à préparer la guerre – et à la faire. La recherche de financements pour les opérations militaires est un souci permanent des autorités politiques, de Rome à la Chine impériale, des seigneurs féodaux aux dirigeants du Pentagone (le ministère de la Défense des États-Unis). Historiquement, la justification de l'impôt a d'abord été de fournir à l'État de l'argent – qu'on n'appelle pas pour rien le nerf de la guerre.

L'époque contemporaine a vu se transformer considérablement les données économiques de la défense. La Première puis la Seconde Guerre mondiale ont entraîné des destructions matérielles et humaines sans commune mesure avec celles que pouvaient causer les conflits avant l'ère industrielle. Avec les bombes atomiques américaines larguées sur Hiroshima et Nagasaki (6 et 9 août 1945), la peur d'un anéantissement de la planète a transformé la nature des affrontements entre puissances. Se doter de l'arme nucléaire est devenu une obsession pour tous les pays qui en étaient capables technologiquement et politiquement, tandis que les autres cherchaient à assurer leur sécurité à l'abri du « parapluie » nucléaire américain. La guerre froide entre les États-Unis et l'Union soviétique a été marquée par une course aux armements de plus en plus ruineuse, qui a fini par avoir raison de l'économie communiste, moins puissante et moins adaptable.

Une nouvelle donne pour les industries de défense

À partir de 1990, l'effondrement du bloc soviétique apporte ce qu'on a appelé les « dividendes de la paix » : tous les pays commencent à réduire leurs dépenses militaires, fermant des casernes, réduisant les effectifs, renonçant à des programmes jugés trop coûteux (en France, plus de

1 000 sites militaires auront été fermés et 100 000 emplois militaires supprimés en 2000). La baisse des crédits militaires totalise 22 % pour l'ensemble des pays européens entre 1992 et 1999.
La situation est toutefois en train de changer : la guerre du Golfe (1991) et celle du Kosovo (1999), deux opérations décidées et exécutées au nom de la communauté internationale contre des États jugés délinquants (l'Irak et la Serbie), ont montré à quel point les Européens dépendaient des Américains pour la logistique des opérations militaires modernes. L'écart risque de se creuser du fait que les États-Unis, eux, ont recommencé à accroître leur budget de la défense (267,8 milliards de dollars en 2000, soit 6,9 % de plus qu'en 1999).
Les Européens, à la fin de l'année 1999, ont décidé de jeter les bases d'une défense commune autonome, qui pourra s'appuyer sur des industries profondément restructurées. Faisant écho aux fusions américaines (Lockheed avec Martin Marietta puis Loral, Hughes avec Raytheon, Boeing avec McDonnell-Douglas), des regroupements européens massifs ont eu lieu dans les missiles, les satellites, l'aéronautique (Aerospatiale Matra plus Daimler Chrysler Aerospace), mais nul n'écarte les rapprochements ponctuels avec les puissantes industries de défense américaines.

S. G.

➔ *Aéronautique*

Défense
Démonstration de matériel militaire au Salon du Bourget. Figurant régulièrement parmi les cinq premiers exportateurs mondiaux, la France cherche toujours à renouveler sa clientèle pour ses matériels militaires.

Le coût des interventions extérieures

En 1999, année marquée par la guerre au Kosovo, les interventions militaires hors de ses frontières ont coûté à la France 4,6 milliards de francs, plus de deux fois le montant de 1998. La présence de 3 980 soldats français en Bosnie (réduits à 2 600 en 2000), de 4 000 au Kosovo et de 850 en Macédoine coûte 2,9 milliards de francs. Le 1,7 milliard restant correspond pour une large part aux opérations menées sous l'égide de l'ONU (Timor-Oriental, Liban, Sahara occidental, Angola, Sierra Leone et Congo).

Déficit

Excédent des dépenses sur les recettes.

Un agent économique enregistre un déficit s'il dépense plus qu'il ne gagne, si ses décaissements sont supérieurs à ses encaissements. Un pays a un déficit commercial vis-à-vis des autres pays du monde s'il importe plus qu'il n'exporte ; un État a un déficit public si ses recettes fiscales ne suffisent pas pour financer ses dépenses ; une entreprise est en déficit d'exploitation (en perte) si son chiffre d'affaires ne lui permet pas de couvrir l'ensemble de ses charges. Être en déficit se dit aussi « être dans le rouge ».
Le déficit est un solde, négatif, résultant d'un écart entre des flux d'argent ; il s'oppose au surplus, encore appelé excédent, le solde positif correspondant. Pour en apprécier l'importance, un déficit est souvent mis en relation avec d'autres indicateurs*. On compare ainsi le déficit des administrations publiques avec le produit intérieur brut (PIB*). Pour financer un déficit, l'agent doit contracter une dette, un montant d'argent qui doit, à terme, être remboursé : il s'agit d'un stock. Un

pays qui souffre d'un déficit d'épargne est, par extension, un pays dont les habitants ne mettent pas suffisamment d'argent de côté. É. I.

➔ *Comptabilité nationale*

Déficits sociaux

Voir dossier p. 187

Déflation

Baisse du niveau général des prix, généralement associée à une contraction de l'activité économique.

La déflation s'oppose à l'inflation* en tant que phénomène durable de réduction des prix, lié à une politique de diminution de la monnaie en circulation. Généralement, la déflation suit une crise de surproduction* (comme en 1929) qui oblige les entreprises à baisser leurs prix pour tenter de vendre leurs produits, mais aussi à réduire l'emploi et à baisser les salaires : la baisse de la demande* qui s'ensuit provoque alors de nouvelles baisses de prix*.

La déflation pose un grave problème de financement. Le taux d'intérêt des emprunts* ne pouvant être que positif, leur coût réel (égal au taux d'intérêt courant diminué du taux d'inflation) augmente au fur et à mesure que les prix baissent : si le taux d'intérêt est égal à 5 % et si le taux d'inflation est de 2 %, le coût réel de l'emprunt est égal à 3 % ; mais, si les prix baissent de 1 %, le coût réel de l'emprunt sera alors égal à 6 %.

On parle parfois de « **déflation réelle** » pour évoquer la baisse du niveau d'activité d'un pays qui peut cependant être accompagnée d'une hausse des prix, comme cela se produit dans des pays du tiers-monde ou dans des pays de l'Est. Ces pays sont victimes d'une concurrence extérieure forte qui rend difficile le maintien en activité de secteurs peu compétitifs, mais, parallèlement, la dépréciation de leur monnaie provoque une forte inflation importée. P. B.

➔ *Dépression, désinflation*

Délocalisation

La délocalisation est l'opération par laquelle une entreprise transfère à l'étranger l'ensemble ou une partie de ses activités afin de diminuer les coûts de production des biens destinés aux marchés d'origine.

La délocalisation se réalise par l'installation d'une unité dans un autre pays, par la prise de contrôle de sociétés étrangères ou par des contrats de sous-traitance. La production délocalisée est destinée à être réexportée vers le marché national ou vers les marchés d'exportation habituels.

Si les délocalisations peuvent impliquer des investissements directs, tous les investissements directs ne sont pas associés à une délocalisation. L'implantation d'une filiale à l'étranger, destinée à satisfaire la demande locale, ne peut être considérée comme une délocalisation sauf si elle se substitue massivement aux exportations*.

Les délocalisations ont suscité un certain nombre d'inquiétudes, notamment aux Etats-Unis, après la mise en place d'une zone de libre-échange* avec le Mexique, et en France. Certains craignaient que les écarts de coûts salariaux à l'origine des délocalisations ne pèsent sur l'emploi et le niveau de vie des travailleurs les moins qualifiés. En proposant des coûts salariaux plus faibles, les délocalisations visées sont celles qui se réalisent du Nord vers le Sud. Les pays en développement attireraient la production des pays industriels dont la compétitivité* est menacée . Les délocalisations concernent donc surtout les secteurs intensifs en main-d'œuvre peu qualifiée comme le textile.

Une menace sur les emplois qu'il ne faut pas surestimer

La délocalisation est une conséquence de la division internationale du travail*. Elle est accélérée par la mobilité des capitaux financiers et par des techniques de production qui permettent d'accélérer le processus. Si les délocalisations pèsent directement sur l'emploi des secteurs concernés, elles conduisent à augmenter la production et la consommation du Sud, et donc indirectement les exportations* du Nord. De plus, la baisse du coût* attendu des produits importés libère un pouvoir d'achat* qui profite à la production nationale. Même si, en théorie, l'effet négatif des délocalisations sur l'emploi peut être compensé par

des créations d'emplois dans d'autres secteurs, certains travailleurs peu qualifiés sont perdants.
Néanmoins, l'ampleur du phénomène de délocalisation ne doit pas être exagérée. Des coûts salariaux plus bas dans les pays du Sud ont pour contrepartie une productivité* plus faible, des infrastructures défaillantes, des difficultés de coordination industrielle, l'insuffisance de l'encadrement, l'incertitude sur la stabilité économique et politique du pays. La proximité entre les lieux de production et de consommation reste un avantage important pour les entreprises, qui peut conduire parfois à une relocalisation dans le pays d'origine. J.-M. S.

➜ *Mondialisation*

Demande

Quantité de biens ou de services que des agents économiques cherchent à acquérir pour satisfaire leurs besoins ou pour produire d'autres biens ou services.

Acquérir un bien représente un arbitrage entre ce qu'on y gagne et ce qu'on y perd. On gagne du plaisir, peu en importe la raison. On y perd de l'argent qu'il va falloir céder en échange, et donc la possibilité d'obtenir d'autres biens, d'autres plaisirs auxquels il va falloir renoncer. La bonne décision concernant l'achat de tel produit dépendent ainsi du prix du bien en question et des prix des autres biens, du revenu dont on dispose et de la difficulté que l'on a de le gagner. La décision d'acheter telle voiture dépend de son prix, du prix de ses concurrentes et des ressources disponibles.
La **demande globale d'un produit** concerne par exemple la quantité totale de voitures de tel type achetée par an. Elle s'explique par les deux prix évoqués plus haut, mais aussi par le revenu national, la répartition de la population selon l'âge ou la taille de la famille, etc.
La **demande de travail** désigne de même le nombre d'heures dont une entreprise souhaite disposer en fonction du taux de salaire horaire (le langage courant dit plutôt que l'entreprise « offre » des emplois). La demande de travail diminue toujours quand le salaire correspondant augmente ; certains en déduisent qu'il convient de diminuer les salaires pour inciter à embaucher et diminuer ainsi le chômage.
Les demandes s'expriment normalement en quantités : tel individu veut acheter 40 balles de tennis par an ; mais on peut exprimer cela aussi en monnaie, avec ici une demande de 70 euros pour les balles. En additionnant les demandes monétaires pour tous les biens, émises par tous les agents économiques, on obtient une **demande globale en monnaie**. Les économistes keynésiens pensent que la demande globale ainsi définie peut s'avérer insuffisante pour permettre le plein-emploi ; ils préconisent alors des politiques de stimulation de la demande pour améliorer la situation. F. E.

➜ *Consommation, élasticité, prix, revenu, substituables*

Démographie

Science de la mesure de la population, de ses variations et de leurs facteurs.

La démographie est une « arithmétique de la vie et de la mort » ; naissances et décès sont les principaux objets d'observation. On fait généralement remonter le début de cette lecture scientifique aux observations sur la mortalité adressées en 1661 par le Britannique **John Graunt** (1620-1674) à la Royal Society. Les premières données utilisées par la

Démographie
Affiche de propagande antinataliste en Inde. Avec un taux de fécondité de 3,3, la population indienne devrait dépasser dans quelques années la population chinoise, dont le taux est passé à 1,8. Le taux de fécondité le plus élevé de la planète est celui de l'Éthiopie : 7,0.

La démographie mondiale : l'enjeu du taux de fécondité

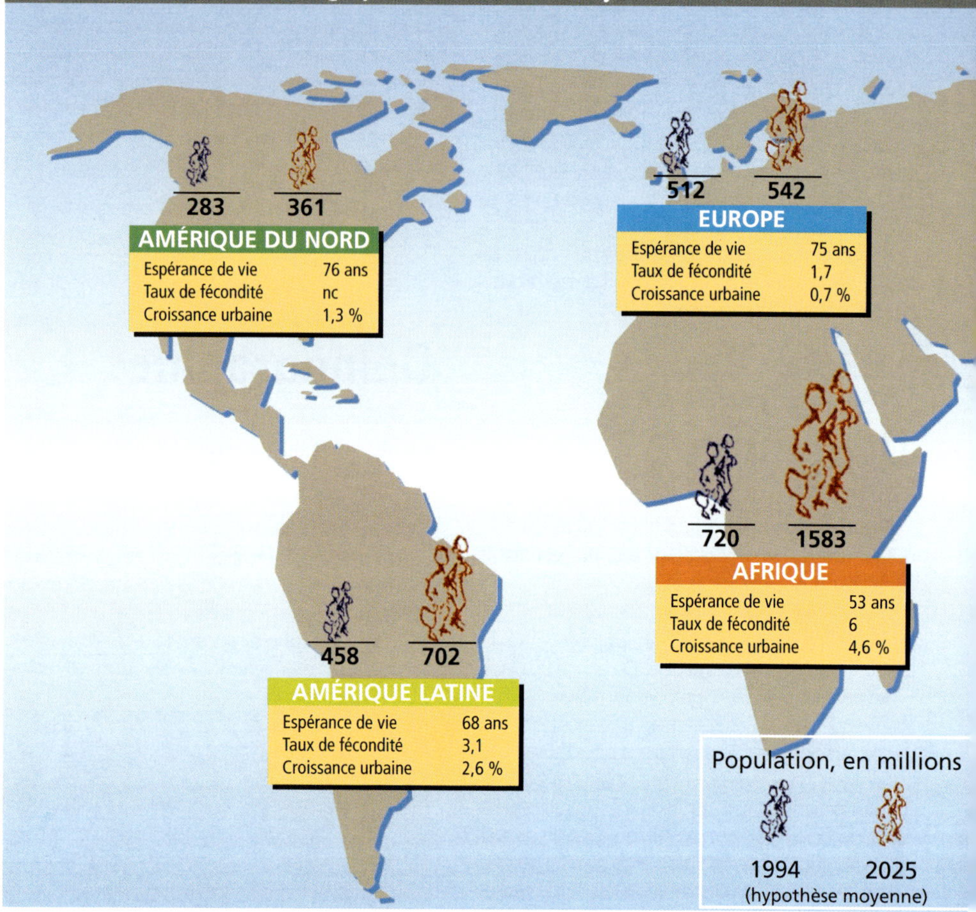

démographie sont fournies par les recensements que les États développés ont effectués, à la suite de la Suède – qui est le premier pays à le faire, en 1749 – et par l'état civil, qui se met en place à partir des registres paroissiaux.

Mais la population change, augmente, diminue, et c'est l'analyse des mouvements qui a donné lieu à un corps de méthodes et de savoirs. La différence entre le nombre des naissances et celui des décès sur une année offre déjà l'« accroissement naturel » d'une population. Plus encore que le nombre des naissances et le taux de natalité (naissances/population globale), la **fécondité** – le nombre d'enfants par femme en âge d'en avoir – renseigne sur les possibilités de reproduction ou d'agrandissement d'une population. La somme des taux de fécondité par âge (nombre d'enfants mis au monde par les femmes d'un âge donné rapporté au nombre de celles-ci) fournit la fécondité du moment : l'indicateur conjoncturel de fécondité. Mais celui-ci peut diminuer ou augmenter une année, selon que les femmes retardent ou avancent des naissances – sans qu'elles aient au total plus d'enfants. Il faut donc mesurer aussi la **descendance finale**, c'est-à-dire le nombre total d'enfants qu'auront (en moyenne) les femmes d'une génération.

La population d'un pays peut s'accroître aussi par l'allongement de la durée de vie de ses habitants : c'est le cas aujourd'hui de beaucoup de pays européens. Cet allongement peut se mesurer par l'espérance de vie à la naissance, qui correspond à la durée moyenne de vie d'une génération selon les taux de mortalité d'une année donnée.

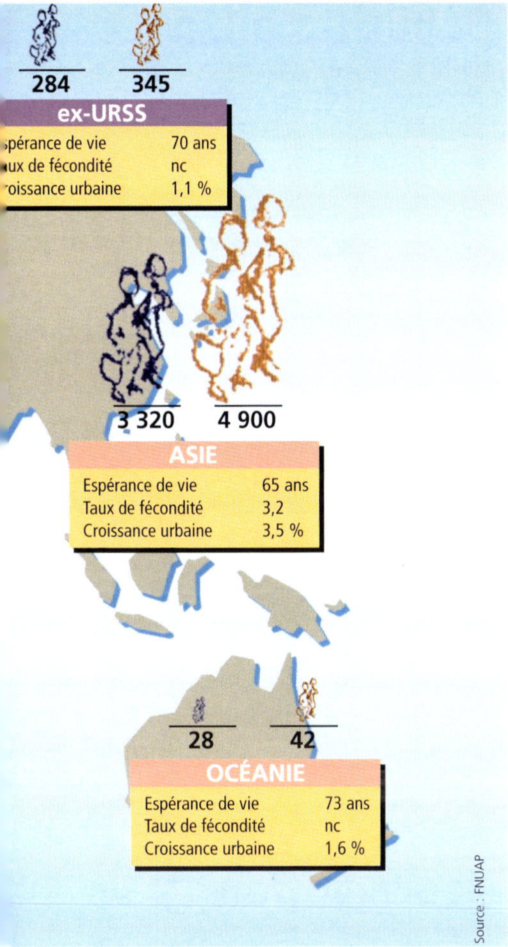

Enfin la démographie s'intéresse aussi aux différences liées à l'âge ou aux facteurs sociaux (par exemple, espérance de vie selon les catégories socioprofessionnelles, naissances hors mariage, etc.), à l'évolution des causes de décès, aux facteurs de la fécondité (usage de la contraception ou recours à l'avortement). Ces éléments permettent une connaissance plus fine de la dynamique de la population. G. H.

➔ *Développement, population, retraite*

Démonétiser

Ôter la valeur légale d'une monnaie, dont l'usage disparaît, notamment parce que le public n'a plus confiance dans sa valeur.

Sans monnaie (fondamentale pour les échanges dans l'économie), un pays est démonétisé, et le troc* – l'échange direct de biens – s'y généralise. Mais les deux autres fonctions de la monnaie (compte et réserve) ne peuvent être remplies. Les économies victimes d'hyperinflation* se démonétisent facilement, car la monnaie ne vaut plus rien. Ce fut le cas par exemple au Zaïre. D'autres pays, comme l'Albanie, dans lesquels la production locale a pratiquement disparu à certaines époques, remplacée par l'aide internationale et la contrebande, subissent parfois une démonétisation complète. F. L.

➔ *Monnaie, troc*

Dépendance (école de la)

Terme générique qualifiant une série d'écoles de pensée sur le développement qui caractérisent les économies du tiers-monde comme dépendantes des économies du centre.

La pensée « dépendantiste » naît sur le continent latino-américain au lendemain de la Seconde Guerre mondiale, et se développe au sein de la **CEPAL** (Commission économique pour l'Amérique latine des Nations unies, fondée par **Raul Prebisch**) avant d'essaimer rapidement dans l'ensemble des pays du tiers-monde*. Rejetant les conceptions, basées sur l'« avantage comparatif* », selon lesquelles tous les pays ont systématiquement intérêt à s'ouvrir au commerce international et aux capitaux étrangers, cette école met l'accent sur les effets de domination qui s'exercent dans l'économie mondiale, constituant autant d'obstacles au développement. La dégradation des termes de l'échange* joue un rôle central dans ces analyses, tant pour ses effets d'appauvrissement immédiat que pour ses effets de long terme : tendance permanente au déficit de la balance des paiements, aggravée par la nécessité d'importer les biens de production nécessaires au développement industriel ; dépendance financière ; apparition d'« économies d'enclaves » autour d'un secteur exportateur spécialisé, déconnecté du reste de l'économie, dominé par une firme multinationale ; renforcement des caractères dualistes* de l'économie ; dépendance technologique, etc. D'où la nécessité d'adopter des stratégies basées, au minimum, sur un contrôle des relations économiques avec le reste du monde, voire sur une « déconnexion » d'avec les pays du centre, préconisée notamment par Samir Amin*. L'adoption d'un schéma d'industrialisation par substitution d'importations – qui vise à remplacer progressivement les biens industriels importés par des biens produits localement – est une des recommandations centrales de cette stratégie. J.-M. F.

➔ *(S.) Amin, échange inégal, périphérie, termes de l'échange*

Dépense publique

Voir dossier État p. 253

Dépôt

Somme d'argent placée sur un compte en banque.

Les **dépôts à vue**, appelés aussi dépôts en compte courant ou dépôts sur compte chèques, sont des liquidités disponibles à tout moment et inscrites sur un compte bancaire. Les dépôts s'opèrent en pièces, billets, ou par transfert d'un autre compte. Ils sont mobilisables par chèques, cartes bancaires ou virements, et leur rémunération est interdite en France depuis 1967.
La clientèle bancaire dispose d'autres formes de dépôts. Les **dépôts à terme**, le plus souvent utilisés par les entreprises, sont bloqués en compte jusqu'à un terme fixé à la date du dépôt (3 mois, 6 mois, 1 an ou n'importe quelle autre échéance contractuelle). En contrepartie, ils sont rémunérés.
Enfin, les particuliers ont la possibilité d'ouvrir des **comptes de dépôts sur livrets** (comme les comptes d'épargne logement), dont la rémunération est réglementée et qui ne sont pas mobilisables par chèques ou cartes bancaires. A. L.

➔ *Agrégats monétaires, liquidité*

Dépôt de bilan

Saisine (obligatoire) d'un tribunal par un commerçant (ou ses créanciers) dans un délai de quinze jours après la constatation de la cessation de ses paiements.

Le dépôt de bilan ainsi déclaré a pour effet d'ouvrir une procédure judiciaire aboutissant à la mise en état de redressement judiciaire ou, le plus souvent, à la **liquidation judiciaire** (ancienne faillite) de ce commerçant. La liquidation est prononcée quand le tribunal saisi estime que les chances de redressement de l'entreprise sont trop faibles pour être tentés.
La cessation de paiements n'est pas forcément synonyme d'insolvabilité (non-couverture de l'actif par le passif) ; elle n'est pas non plus une simple difficulté passagère de trésorerie. Elle correspond à un arrêt des paiements sans espoir de les reprendre à bref délai sans expédients (moyens illicites ou ruineux). En théorie, il n'est pas exclu qu'une seule dette en souffrance constitue une cessation de paiements ; en pratique, on attend l'accumulation des dettes... un certain temps. J. R.

➔ *Faillite*

Dépréciation

Perte de valeur d'un bien économique.

Dans le cas d'une maison, d'un terrain ou d'un autre bien durable, la dépréciation peut provenir de son vieillissement ou de dégradations (intempéries, appauvrissement du sol...).
Dans le cas de la monnaie*, on parle de dépréciation dans deux situations : s'il se produit une hausse des prix des biens exprimés en cette monnaie, qui réduit son pouvoir d'achat* (érosion monétaire*) ; si le taux de change d'une monnaie par rapport à une devise étrangère s'affaiblit (quand, par exemple, un franc qui valait un cinquième de dollar n'en vaut plus qu'un sixième, parce que des francs sont convertis en dollars pour acheter du pétrole). P. B.

➔ *Monnaie*

Après la forte dégradation du début des années 1990, le retour à la croissance de la fin de la décennie a assaini la situation des comptes sociaux en France. Il n'empêche que les problèmes de fond restent posés.

Déficits sociaux

Les déficits sociaux désignent le solde (généralement négatif) des recettes et des dépenses des grands régimes de protection sociale : assurance-maladie, assurance-vieillesse, caisses de retraite complémentaire, caisses d'allocations familiales, UNEDIC (assurance-chômage).

Le « trou » de la Sécurité sociale* est, depuis le milieu des années 1970, l'un des thèmes récurrents de l'actualité économique. Mais les déficits ont pris une ampleur inquiétante au cours des années 1990, avant de revenir, sous l'effet des plans de redressement et de la reprise économique, à une situation proche de l'équilibre : fin 1999, le déficit du régime général des salariés du privé (assurance-maladie et accidents du travail, assurance-vieillesse, allocations familiales) a été ramené à un peu plus de 4 milliards de francs, un quasi-équilibre au regard de l'importance de son budget (1 326 milliards de francs en 1999). L'assurance-maladie aura un solde négatif de 12 milliards de francs. En revanche, la Caisse nationale d'assurance-vieillesse (**CNAV**) affiche un excédent de 4,4 milliards de francs, et celle des allocations familiales (**CNAF**), de 3,2 milliards de francs. Quant à la sous-branche des accidents du travail, elle sera excédentaire de 500 millions de francs. L'UNEDIC (assurance-chômage) devrait enregistrer, en 1999, un déficit de 3 milliards de francs.

La situation des caisses de **retraite complémentaire**, créées par des accords passés entre le patronat et les syndicats, est plus contrastée. L'Association des régimes de retraite complémentaire (ARRCO), qui couvre les 15 millions de salariés du privé et 9 millions de retraités, affiche un excédent de 7 milliards de francs en 1999 et prévoit des excédents jusqu'en 2010.

Les comptes du régime de retraite complémentaire des cadres, l'AGIRC (3 millions de cotisants, 1,7 million de retraités), sont plus dégradés : son déficit a atteint 4,7 milliards de francs en 1998 (après 6,1 milliards en 1997), puis a été ramené à 857 millions de francs grâce à des placements financiers. Les perspectives oscillent, en 2020, entre – 22 milliards et – 31 milliards de francs, suivant la situation de l'emploi.

La grande dégradation du début des années 1990

L'assurance-chômage comme le régime général de la « Sécu », qui pourrait être excédentaire de 5 milliards de francs à la fin de l'année 2000, reviennent de loin. Leurs ressources, largement assises sur les salaires, ont été amputées par la récession de 1992-1993. C'est notamment le cas pour l'UNEDIC, qui a vu ses recettes chuter (moins d'emplois, donc moins de salaires et de cotisations) et ses dépenses s'envoler (plus de chômeurs à indemniser). En 1993, elle est au bord de la faillite et doit souscrire auprès des banques un emprunt de 22 milliards de francs, garanti par l'État, pour pouvoir payer les chômeurs, ce qui lui a permis de sortir du rouge temporairement. Depuis 1997, son déficit oscille entre 2 et 3 milliards par an (sur un montant de 126 milliards de prestations versées en 1999).

Le ralentissement économique du début des années 1990 a rendu la situation du régime général des salariés tout aussi critique. De 15,3 milliards de francs de besoins de finance-

La « Sécu » sous perfusion

Les plans de redressement jalonnent l'histoire de la Sécurité sociale. Depuis le milieu des années 1970, ils se sont succédé au rythme d'environ un tous les dix-huit mois.

- Le **plan Barre** (1976) supprime le remboursement des médicaments dits « de confort ».
- Les **plans Veil** (1977 et 1978) imposent une cotisation d'assurance-maladie pour les retraités et créent un forfait hospitalier à la charge des malades.
- Les **plans Barrot** (1979 et 1980) relèvent la cotisation vieillesse, déplafonnent quatre points de cotisation maladie, bloquent honoraires médicaux et budgets hospitaliers, instaurent une contribution exceptionnelle pour les pharmaciens.
- Le **plan Questiaux** (1981) double la taxe sur les assurances automobile et instaure une cotisation de 1 % sur les allocations chômage supérieures au SMIC.
- Le **plan Bérégovoy** (1982), l'un des plus ambitieux, instaure le budget global (enveloppe financière annuelle) dans les hôpitaux publics, taxe le tabac et l'alcool, crée une taxe sur la publicité pharmaceutique. Il étend aussi le forfait hospitalier.
- Le **plan Delors** (1983) instaure un prélèvement exceptionnel de 1 % sur tous les revenus imposables, ouvrant ainsi la voie à la CSG.
- Les **plans Séguin** (1986-1987), parmi les plus drastiques, suppriment le remboursement des soins à 100 % autres que ceux qui sont liés à la maladie ayant donné droit à l'exonération totale du ticket modérateur. À cela s'ajoute l'indexation des retraites sur les prix et un prélèvement exceptionnel de 0,4 % sur les revenus.
- Les **plans Evin** (1988 et 1990) déremboursent les antiasthéniques, augmentent la taxe sur la publicité pharmaceutique et, surtout, en 1990, jettent les bases des accords d'encadrement de l'activité de certaines professions, comme les biologistes et les radiologues.

La situation restera à peu près saine jusqu'en 1985 et supportable jusqu'en 1990. En 1991, **Michel Rocard** crée la CSG*, mais baisse d'autres cotisations pour que la réforme se fasse à prélèvements constants.

- Le **plan Bianco** (1991) prévoit une hausse de 0,9 % de la cotisation maladie des salariés et un encadrement des dépenses des cliniques et des infirmières libérales. Le forfait hospitalier passe de 33 à 50 francs par jour.
- Le **plan Veil** (1993) augmente la CSG de 1,3 point (elle passe à 2,4 points) et réduit de 5 points la prise en charge des soins de ville : la consultation d'un généraliste n'est plus remboursée qu'à 70 % et les médicaments à 65 % ou 35 %. Le forfait hospitalier passe à 55 francs. Par ailleurs, **Edouard Balladur** engage une réforme des retraites (voir ci-contre).
- Le **plan Juppé**, de loin le plus ambitieux, engage une réforme institutionnelle profonde de la Sécurité sociale (voir page suivante).
- S'il n'y a pas à proprement parler de « plans Aubry », la ministre de l'Emploi et de la Solidarité a égrené, de 1997 à 1999, des mesures importantes. Elle crée un fonds de réserves afin de limiter les hausses de cotisations nécessaires à l'équilibre des caisses de retraite à partir de 2005 ; début 2001, ce fonds pourrait gérer entre 15 et 20 milliards de francs. Elle a renforcé les pouvoirs de la CNAM (Caisse nationale d'assurance maladie) en lui confiant le soin de sanctionner les médecins dont l'activité dérape. Elle a décidé de ne plus rembourser que les médicaments dont l'efficacité thérapeutique est avérée. Elle a poursuivi la refonte de la carte sanitaire en favorisant la mise en réseau des hôpitaux, chaque établissement ne pouvant plus tout faire. Enfin elle a réduit les avantages familiaux en abaissant le plafond du quotient familial, pénalisant ainsi les hauts revenus.

ment en 1992, on est passé à 56,4 milliards en 1993, à 54,8 milliards en 1994, puis à 67,3 milliards en 1995, avant que le redressement s'amorce : – 53,2 milliards en 1996, – 33,8 milliards en 1997 et – 16,4 milliards en 1998.

En 1995, dans le cadre de son plan de réforme de la Sécurité sociale, Alain Juppé a décidé la création d'une caisse spéciale (Caisse d'amortissement de la dette sociale) – alimentée par un prélèvement nouveau (la contribution au remboursement de la dette sociale) représentant 0,5 % de la quasi-totalité des revenus – afin de financer, entre 1996 et 2014, les déficits accumulés entre 1992 et 1998.

La reprise de la croissance, en 1997, laisse espérer un retour à l'équilibre des comptes sociaux à la fin de l'année 2000. Mais la « Sécu » est un chantier permanent, tant l'équilibre financier reste fragile.

La question de l'assiette

Dans l'ensemble des pays développés, le débat sur le mode de financement de la protection sociale a été très vif dans les années 1990. En France, la question a surtout été de savoir s'il existe un socle plus solide que les seuls salaires pour asseoir durablement ce financement. L'assiette a déjà été élargie, au profit des

Le plan Juppé

Que reste-t-il du plan de réforme de la Sécurité sociale qu'**Alain Juppé** a présenté à l'Assemblée nationale le 15 novembre 1995 ? Le Premier ministre déclarait alors que, cinquante ans après sa création par l'ordonnance du 4 octobre 1945, il entreprenait une véritable « refondation » de la Sécurité sociale. Élaboré par un groupe très restreint d'experts, arbitré dans ses grandes lignes par **Jacques Chirac** et Alain Juppé, ce plan fut rejeté par les syndicats de la fonction publique, qui s'opposèrent à toute réforme des régimes de retraite des fonctionnaires et des salariés des entreprises publiques. Sous la pression de la rue (grèves et manifestations de novembre-décembre 1995), il fut abandonné.

En butte à l'hostilité du mouvement familial, M. Juppé renonça aussi à son projet de soumettre les allocations familiales à des conditions de ressources (mesure appliquée au cours de l'année 1998 par M. Jospin) ou de les intégrer dans les revenus imposables. La réforme des cotisations patronales, visant à en diversifier l'assiette, ne vit pas le jour, pas plus qu'un « régime universel d'assurance-maladie » censé verser des prestations identiques à tous, en lieu et place des dix-neuf régimes existants. Le plan prévoyait également la mise en place d'un système d'épargne-retraite : voté en février 1997, il est resté lettre morte puisque la gauche, revenue au pouvoir en juin 1997, en a gelé les décrets d'application. Enfin, faute de moyens, M. Juppé a dû reporter la création d'une véritable prestation pour les personnes âgées dépendantes.

Le plan Juppé n'en marque pas moins, notamment pour l'assurance-maladie, un tournant considérable car, pour la première fois, une majorité de droite met les acteurs du système de santé – et les médecins libéraux en particulier – devant leurs responsabilités. Sa mise en œuvre a nécessité cinq ordonnances, plusieurs lois et, au préalable, une réforme de la Constitution, afin d'autoriser le Parlement à adopter chaque année une loi de financement de la Sécurité sociale. À l'automne, le Parlement vote un objectif de dépenses de Sécurité sociale (autour de 1 700 milliards en 2000), et notamment pour l'assurance-maladie (658 milliards). Pour élargir le financement de la Sécurité sociale, le plan prévoit une hausse de la cotisation maladie des retraités et des chômeurs indemnisés au-dessus du SMIC, et le basculement de la cotisation maladie des salariés sur la CSG, dont une première étape sera franchie en janvier 1997.

M. Juppé décide aussi d'instaurer un mécanisme de sanctions financières contre les médecins libéraux en cas de dépassement de l'objectif de dépenses médicales voté par le Parlement, de resserrer le contrôle de l'État sur les caisses de la Sécurité sociale, de renforcer le poids du patronat dans leurs conseils d'administration, où il aura, comme entre 1967 et 1983, autant de sièges que les salariés. Il crée vingt-quatre agences régionales de l'hospitalisation, dirigées par des « préfets sanitaires » nommés en Conseil des ministres. Elles ont pour mission de répartir les crédits entre les établissements de soins et de restructurer le secteur (fermetures, reconversions, coopération entre établissements...).

salariés : le gouvernement d'Alain Juppé et surtout celui de **Lionel Jospin** ont remplacé la cotisation maladie des salariés par la contribution sociale généralisée (CSG*), qui touche aussi les revenus du patrimoine et du capital.

Le souci de trouver un financement à la fois plus pérenne et plus favorable à l'emploi (notamment des non-qualifiés) a aussi relancé le débat sur les cotisations patronales, qui assurent la plus grosse part des recettes des régimes sociaux : les entreprises à forte valeur ajoutée mais à faible main-d'œuvre ne doivent-elles pas contribuer davantage au financement de la protection sociale ? Certains experts redoutent qu'une telle réforme ne pénalise le développement des entreprises dans les secteurs de haute technologie (biotechnologies, informatique, télécommunications...).

En juin 1998, Edmond Malinvaud*, grande figure de l'économie française, affirmait dans un rapport que l'assiette des salaires restait pertinente. « Selon toute vraisemblance, la masse salariale augmentera à l'avenir au moins aussi vite en tendance que la valeur ajoutée, et cela de façon moins cyclique », et il est probable que le taux de chômage « diminuera très significativement ». En aura-t-on alors fini avec le fameux « trou » de la Sécurité sociale ? Chaque branche, notamment la maladie et la vieillesse, a des problèmes et des remèdes différents.

• **Assurance-maladie.** Il semble difficile d'ouvrir des perspectives sur la prise en charge d'autres risques sociaux, comme la dépendance des personnes âgées, tant que la progression des dépenses de santé ne sera pas médicalement justifiée. Près de 100 milliards de francs de dépenses ne seraient pas justifiés d'un strict point de vue médical, affirme **Gilles Johanet**, directeur de la Caisse nationale d'assurance-maladie des travailleurs salariés (**CNAMTS**). Avec le « plan stratégique » de la CNAMTS, voté le 12 juillet 1999 par son conseil d'administration, M. Johanet estime possible de réaliser 62 milliards de francs d'économies par an (dont 32 milliards sur l'hôpital), soit près de 10 % du total des dépenses.

Cela passe par une série de mesures fortes, que le gouvernement a l'intention de n'agréer qu'au compte-gouttes : recertification des médecins tous les sept ans sur la base d'une évaluation de leur pratique ; conventionnement par la « Sécu », dans les départements, des seuls praticiens nécessaires pour répondre aux besoins sanitaires ; système de reversements d'honoraires de médecins aux caisses en cas de dérapage des dépenses médicales ; présentation obligatoire du carnet de santé par les assurés ; majoration de dix points du remboursement pour les malades acceptant une formule d'abonnement chez un généraliste, seul habilité à l'orienter vers un spécialiste ; versement des crédits aux hôpitaux et aux cliniques suivant le coût de chaque maladie...

Les dépenses médicales sont d'autant plus difficiles à maîtriser que leur évolution dépend beaucoup des comportements des assurés et des médecins. Or, en médecine libérale du moins, il n'existe jusqu'à présent aucun mécanisme efficace pour freiner la consommation des assurés sociaux ou limiter la prescription des médecins.

• **Retraites.** L'avenir des retraites* est l'un des sujets les plus lourds pour un gouvernement. « Songez que, pour dix actifs, nous avons actuellement quatre retraités, mais qu'il y en aura vraisemblablement sept en 2040 », déclarait Jacques Chirac, le 10 septembre 1999. Depuis juin 1997, le chef de l'État ne perd jamais une occasion de demander au gouvernement d'agir, non sans lui rappeler que la réforme d'Édouard Balladur en 1993 (allongement à quarante années de la durée de cotisation, calcul des pensions sur les vingt-cinq meilleures années au lieu des dix meilleures, indexation des pensions sur les prix) a concerné les salariés du privé. Aussi estime-t-il que, au nom de l'équité entre les actifs, il faut réformer en priorité les régimes spéciaux (fonctionnaires, SNCF, RATP, EDF-GDF...).

Selon le rapport sur *l'Avenir de nos retraites* (La Documentation française, 1999), commandé par Lionel Jospin au commissaire au Plan **Jean-Michel Charpin**, les dépenses de retraite (près de 1 000 milliards de francs) tripleront d'ici à 2040, alors que la masse salariale sur laquelle sont assises les cotisations ne fera que doubler. Leur poids passera de 11,6 % à 16 % du PIB. Un retour au plein-emploi et une augmentation de la population active sauveraient-ils le système par répartition ? Le rapport répond sans ambiguïté : « Une hausse supplémentaire de la population active occupée aurait un effet minime sur les comptes des régimes. »

Cette approche pessimiste, en partie partagée par Lionel Jospin, est contestée par des économistes qui – notamment à gauche – estiment que, s'il y a bien un déséquilibre entre le nombre des cotisants et celui des retraités, la croissance économique, les hausses de cotisations qu'elle rend possibles ainsi que les gains de productivité permettront de résoudre l'équation financière des retraites. J.-M. B.

➔ *Protection sociale, retraite, santé, Sécurité sociale*

Dépression

Période de baisse importante de l'activité économique, généralement associée à celles des prix et de l'emploi.

Le sens de dépression économique est proche de celui de récession* et de crise*. Mais, alors que le terme de récession évoque un léger ralentissement de la croissance et que celui de crise intègre l'idée d'un dysfonctionnement du système économique, la dépression désigne une chute importante de la production qui ne constitue qu'un élément de la crise et ne remet pas nécessairement en cause le système économique lui-même (quand, en particulier, la dépression ne correspond qu'à une phase d'un cycle économique*). P. B.

➔ *Crise économique, cycle économique, récession*

Déréglementation

Processus de démantèlement des réglementations nationales en vue de redonner aux mécanismes du marché leur rôle de régulateur de l'activité économique.*

La fin des années 1970 a été marquée par tout un ensemble de mesures de libéralisation des économies des pays de l'OCDE. Ce sont les États-Unis* qui inaugurèrent cette vague de retour aux mécanismes spontanés du marché par la suppression des réglementations étatiques, notamment celles relatives au transport aérien. En 1978, le Congrès américain vote le Airline Deregulation Act abrogeant les réglementations fédérales qui encadraient le transport aérien à l'intérieur des États-Unis.
La Grande-Bretagne* connaît dès 1979 un regain de libéralisme sous l'impulsion du Premier ministre conservateur **Margaret Thatcher**. La déréglementation et l'affaiblissement des syndicats* apparaissent comme les deux moyens permettant d'attirer les capitaux, de moderniser l'économie britannique et de renouer avec la croissance. Ainsi, le contrôle des prix, des salaires et des profits est supprimé au profit des ajustements spontanés de la concurrence sur le marché*.
En France, la déréglementation s'amorce avec la cohabitation de 1986. L'ordonnance de 1945 relative au blocage des prix est abrogée. Les prix des biens et des services sont librement déterminés par le jeu de la concurrence. L'autorisation administrative de licenciement est également supprimée en 1986.
La déréglementation ne touche pas que la production des biens réels, elle atteint également la sphère financière. À ce titre, la déréglementation est l'un des instruments de la globalisation financière. L'objectif visé est de permettre la libre circulation des capitaux à l'échelle planétaire. Au début des années 1980, sous la pression des États-Unis, le marché financier japonais s'est ouvert aux opérateurs internationaux. En Europe, le Livre blanc sur le Marché unique ne prévoyait pas moins de 300 mesures pour libéraliser l'économie européenne, dont la déréglementation et l'intégration financière. C'est ainsi que le contrôle des changes, qui empêchait la sortie des capitaux, a été supprimé en France en 1984.
Les stratégies de déréglementation s'inspirent des perspectives théoriques développées par les économistes néolibéraux, qui, reprenant les enseignements des classiques*, associent l'enrichissement de la collectivité à la régulation par le marché et à l'État minimal. Une libéralisation des économies à outrance, notamment des circuits financiers, peut créer des effets pervers, comme en témoigne la crise asiatique due en grande partie à la libéralisation du système du crédit dans cette partie du monde. J.-C. D.

➔ *Thatchérisme*

Déséquilibre

Situation caractérisée habituellement par un écart provisoire ou durable entre l'offre et la demande.

Les situations qui s'imposent habituellement sont des situations d'équilibre ; dans un environnement concurrentiel, cela signifie en particulier une égalité des offres et des demandes sur tous les marchés. Une situation durablement en état de déséquilibre impliquerait donc que certains mécanismes d'ajustements seraient contrariés ou que les règles de la concurrence* ne seraient pas suffisamment respectées.
Le principal signe de déséquilibre des économies européennes est leur chômage durable. Il s'agit en effet d'un déséquilibre entre une forte offre et une faible demande de travail. Pour comprendre les mécanismes qui en sont la cause, des économistes comme

Edmond Malinvaud* dans les années 1970 ont proposé de nouvelles définitions des notions d'offre et de demande, en tenant compte de la rigidité des prix et des salaires ; en particulier, la baisse des salaires ne peut plus intervenir pour augmenter l'offre d'emplois en cas de chômage. On a appelé théorie du déséquilibre la vision générale qui en résultait. F. E.

➔ *Chômage, demande, équilibre, (E.) Malinvaud, microéconomie, offre*

Désinflation

Diminution progressive du taux d'inflation.*

La désinflation se distingue de la déflation* car elle désigne un mouvement de ralentissement de la hausse des prix, et non de baisse des prix.

Les pays occidentaux ont connu entre le début des années 1980 et le milieu des années 1990 une désinflation spectaculaire, la France* étant l'un de ceux où elle fut le plus marquée. Compris entre 12 et 20 %, selon les pays, autour de 1980, le taux d'inflation baisse progressivement pour descendre en dessous de 3 % quinze ans plus tard.

Cela s'explique par la mise en œuvre de politiques dites de « désinflation compétitive », visant à réduire la croissance des coûts salariaux, à limiter également celle de la masse monétaire et à accepter les contraintes de la concurrence internationale. Mais la baisse des prix des produits énergétiques (dont la double hausse de 1973-1974 et de 1979 avait provoqué une accélération de l'inflation mondiale) a aussi contribué à cette désinflation.

La limite d'un processus de désinflation est le taux d'« inflation zéro », considéré comme un objectif souhaitable par beaucoup d'économistes, et devant guider les choix des responsables de la Banque centrale européenne, en charge de l'émission de l'euro. Pourtant, l'histoire économique nous offre une succession de phases d'inflation, de désinflation et de déflation, laissant rarement la place à cet « équilibre des prix ». P. B.

➔ *Inflation*

La désinflation en chiffres

Le taux d'inflation, qui était en France de l'ordre de 14 % en 1980-1981, se réduisit de façon régulière dès 1984-1985, pour se stabiliser autour de 3 % au début des années 1990 ; il se réduisit à nouveau et descendit sous les 1 % à la fin de cette deuxième décennie. Il en fut de même en Grande-Bretagne (14,4 % de hausses des prix en 1979-1981, 6 % environ en 1986-1990, moins de 3 % en 1995), en Italie (près de 20 % en 1981, 6,5 % en 1991, moins de 4 % en 1994), aux États-Unis (11,7 % en 1979-1981, 4,3 % en 1981-1985, 2,6 % en 1994)...

Un demi-siècle d'inflation et de désinflation

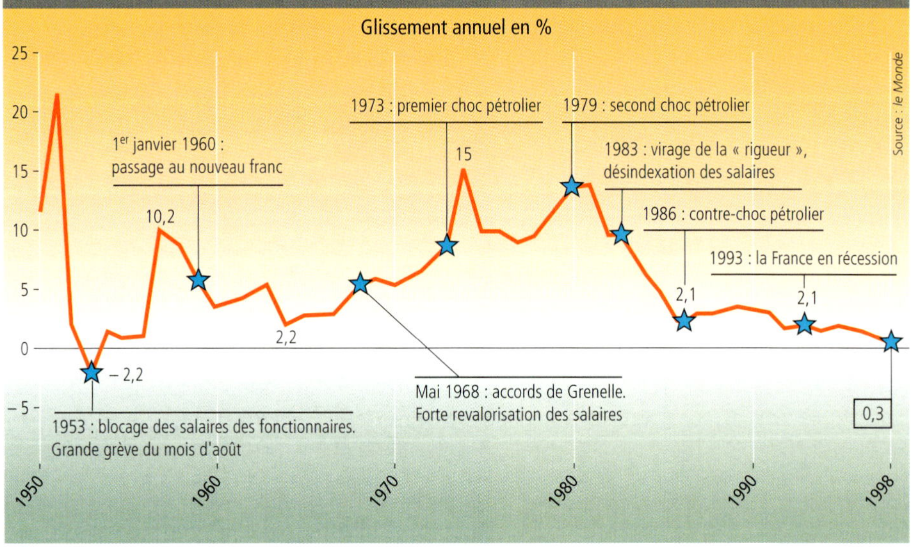

Désintermédiation

Caractéristique d'un système financier dans lequel les emprunteurs et les épargnants se détournent des banques et des autres intermédiaires financiers pour gérer leur argent.

La désintermédiation s'oppose à l'intermédiation, c'est-à-dire à une configuration du système financier dans laquelle les banques, les assurances et les organismes de placement collectif en valeurs mobilières (OPCVM*) servent d'intermédiaires entre les épargnants ayant une capacité de financement et les emprunteurs ayant un besoin de financement. A contrario, lorsque les agents trouvent des financements directs (par exemple, pour une entreprise, en émettant de nouvelles actions sur le marché boursier) ou placent leur épargne sur les marchés financiers, il y a désintermédiation.

Au milieu des années 1980, les taux d'intermédiation de l'économie française ont chuté. Certes, les intermédiaires financiers n'ont pas disparu, mais leur rôle a changé : ils ne se contentent plus de collecter l'épargne et d'octroyer du crédit, ils interviennent aussi sur les marchés financiers (la Bourse*) en achetant des titres émis par les entreprises. Plutôt que de désintermédiation, certains auteurs préfèrent qualifier le phénomène de marchéisation ou de mobiliérisation de l'économie. A. L.

➔ *Banque*

Les banques perdent leur rôle traditionnel de financement des entreprises

Taux d'intermédiation financière (crédits bancaires rapportés au financement des entreprises), en %

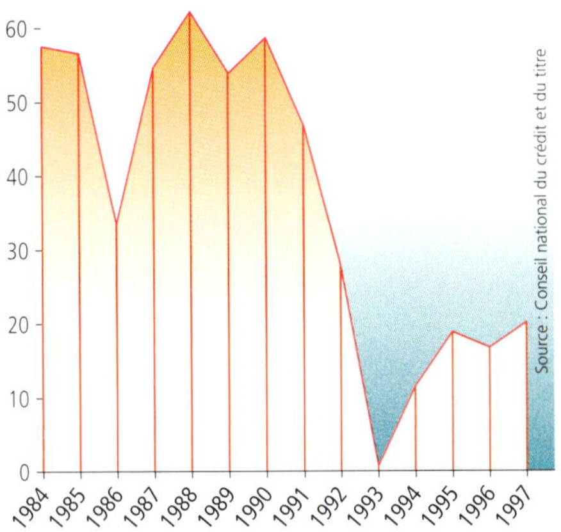

Dette

Résultat d'un emprunt, en nature ou en argent, effectué par un débiteur auprès d'un créancier.

Celui qui contracte une dette s'engage à la rembourser selon des modalités convenues d'avance, notamment le délai et le taux d'intérêt. Payer ses dettes est une obligation morale et juridique – la prison pour dettes a existé en Angleterre jusqu'à une période relativement récente, et encore aujourd'hui, dans certains pays en développement, les pauvres endettés auprès d'un propriétaire ou d'un patron doivent travailler pour lui sans salaire. Certaines cultures – par exemple l'islam – jugent le prêt à intérêt immoral mais, dans le monde financiarisé d'aujourd'hui, on estime que l'intérêt rémunère le fait que le prêteur renonce temporairement à disposer de son argent et le risque qu'il prend de ne pas être remboursé.

Un prêt immobilier contracté par un particulier dans une banque, un bon du Trésor* émis par l'État français sur le marché obligataire, un emprunt du Mozambique à la Banque mondiale représentent différentes formes de dettes.

On nomme « dette publique » l'ensemble des emprunts et obligations financiers des États. Le marché des obligations est un marché de la dette. Les États-Unis, avec près de 10 000 milliards de dollars de dette publique, sont l'État le plus endetté du monde en valeur absolue mais non en proportion de leur richesse. Les citoyens américains sont également très endettés – peut-être parce qu'ils peuvent dans les cas limites bénéficier d'une « faillite personnelle » qui les dispense de rembourser.

La dette publique n'est pas inscrite au budget de l'État, seuls le sont les intérêts versés chaque année, qui représentent dans les pays très endettés le poste le plus lourd du budget. Le traité de Maastricht* fixe aux États un pourcentage maximal d'endettement (pas plus de 60 % de la production nationale). Avec environ 5 000 milliards de francs de dette publique, la France respectait tout juste, en 1998, ce maximum européen.

Le monde industriel a toujours été capable de rembourser sa dette, en utilisant l'épargne de la population locale, en empruntant sur les marchés nationaux ou internationaux, voire en ayant recours à l'inflation qui réduit la dette en termes réels.

Les États-Unis émettent régulièrement des bons du Trésor américain, réputés stables et sûrs, comme ceux des autres pays du G7*. Mais les pays du tiers-monde* contraints d'emprunter massivement à

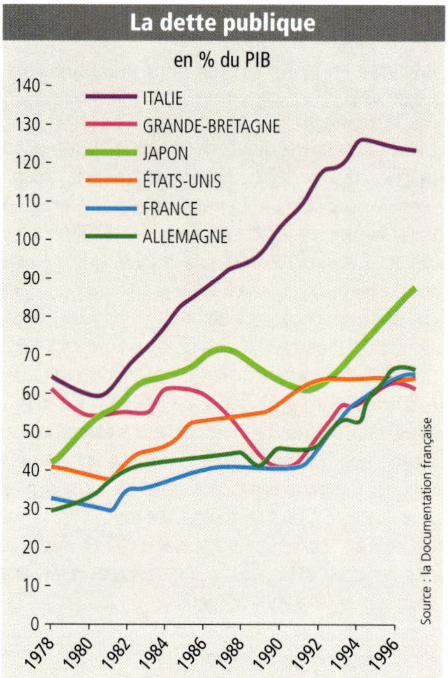

l'étranger, ne trouvant pas chez eux suffisamment d'épargnants ou de prêteurs, sont parfois dans l'incapacité de faire face aux remboursements, et doivent demander à leurs créanciers un réaménagement de leur dette. F. L.

➔ *Bons du Trésor, Club de Londres, Club de Paris, obligation*

Dévaluation (et réévaluation)

La dévaluation est une mesure de politique économique prise par les autorités monétaires et qui consiste à modifier la parité de la monnaie nationale en en diminuant la valeur. La réévaluation est une mesure symétrique de changement de parité qui consiste à modifier la parité en augmentant la valeur de la monnaie.*

Dans le cas d'une dévaluation, la monnaie nationale devient moins chère pour les étrangers. Les exportations bénéficient d'un surcroît de compétitivité*, alors que les importations deviennent plus chères et donc moins attractives. Les termes de dévaluation et de réévaluation ne peuvent être correctement utilisés que dans les régimes de change où les autorités monétaires définissent le prix de la monnaie nationale par rapport à une référence qui peut être l'or, une autre monnaie, plusieurs monnaies, un panier de monnaies (DTS*). Ainsi, de 1934 à 1971, la parité du dollar* était de 35 $ l'once d'or. La dévaluation de 1971 a porté la parité à 38 $. Aujourd'hui, toute référence à l'or* a été abandonnée, et seulement un nombre limité de pays, comme l'Argentine, définit une parité par rapport au dollar ou par rapport à une autre devise. Les pays qui ont lié leur monnaie nationale peuvent prévoir une **parité glissante**, c'est-à-dire une dévaluation périodique à un taux fixé à l'avance (par exemple : – 1,2 % par rapport au dollar tous les 15 de chaque mois) ou en fonction de l'évolution d'un indice.

Dans un régime de change flottant*, qui est aujourd'hui celui des grandes monnaies (dollar*, euro*, yen*, livre sterling*), les autorités monétaires ne définissent pas de parité. Elles ne peuvent donc ni dévaluer ni réévaluer leur monnaie, même si elles peuvent intervenir sur le marché des changes pour tenter d'en influencer le cours. On parle de dépréciation*, et non de dévaluation, lorsqu'une monnaie perd de sa valeur sur le marché des changes par rapport à une autre monnaie, et d'appréciation, plutôt que de réévaluation, dans le cas inverse. J.-M. S.

➔ *Change, dévaluation compétitive, devises, taux de change*

Dévaluation compétitive

Dévaluation qui vise à améliorer la compétitivité* de la production nationale pour favoriser la croissance, au détriment des pays partenaires.*

Supposons que, au cours de 1 $ = 5 FF, un Airbus exporté à 500 millions de francs soit vendu 100 millions de $ aux États-Unis. Si le FF est dévalué de 10 % (1 $ = 5,5 FF), l'avion pourra alors être facturé à 91 millions de $. L'avion européen sera plus compétitif par rapport à Boeing. Inversement, les avions Boeing seront plus chers en France, ce qui dissuadera les compagnies d'aviation de ce pays de choisir le constructeur américain.

Le pays qui mène cette politique espère ainsi accroître le volume de ses exportations* et diminuer celui de ses importations*, ce qui permet de relâcher la contrainte extérieure* et de mener une politique économique* plus expansionniste. Si la croissance et l'emploi sont stimulés dans le pays concerné, les effets pour les autres pays sont symétriques, ce qui peut les inciter à procéder à leur tour à une dévaluation compétitive. Ces réactions en chaîne ont aggravé la crise économique mondiale des années 1930. J.-M. S.

Développement

Transformation d'une société dans le sens d'un progrès global. Le développement a des aspects économiques (croissance, industrialisation, salarisation, hausse du niveau de vie), sociodémographiques (urbanisation, réduction de la fécondité, hausse du niveau d'éducation, politiques de santé), politiques et culturels (en matière de langue, de communication, etc.).

Même si le mot est parfois utilisé dans un autre contexte (développement local, recherche et développement d'un produit), il s'applique principalement à des pays dits « en voie de développement ». Il a été utilisé pour la première fois par le président **Harry Truman** en 1949 pour qualifier soit des pays depuis longtemps indépendants, mais s'engageant dans des transformations rapides (Amérique latine), soit des pays dont l'indépendance est récente (Inde, Indonésie). On l'a ensuite utilisé à propos de tous les pays décolonisés.
Dès l'origine, l'idée de développement a combiné deux aspects différents :
• la perspective d'une croissance économique accélérée, d'un rattrapage, ce qui pose des problèmes de financement, d'allocation et de formation de la main-d'œuvre et d'organisation par l'État de ce processus (politiques urbaines, mise en place d'infrastructures) ;
• un processus de « modernisation », qui implique aussi bien la destruction des solidarités communautaires, de nombreuses langues et de traditions, que la généralisation de l'éducation* (au moins primaire), des vaccinations ou de la très forte réduction de la fécondité.
Plusieurs stratégies de développement se sont succédé :
• la première, dominante dans les années 1960 et 1970, préconisait de se couper – au moins momentanément – de l'économie mondiale pour maîtriser le processus. Elle dénonçait l'« **extraversion** » (la soumission aux besoins des pays du Nord) des économies du tiers-monde, l'échange inégal*, le pillage des ressources naturelles, les guerres et les coups d'État, souvent menés ou commandités par les pays « du centre » ;
• les théories du développement autocentré, ou même de la déconnexion complète par rapport à l'économie mondiale ;
• le courant « structuraliste » (dès les années 1950), surtout en Amérique latine (développant les thèses de la **CEPAL** (Commission économique pour l'Amérique latine des Nations unies). Ce courant proposait la substitution de produits locaux aux importations provenant des pays développés (à travers le montage de grands projets industriels), mais y adjoignit, dès la fin des années 1960, une stratégie de promotion des exportations et d'insertion dans l'économie mondiale.

Nouvelle approche du problème dans une économie mondialisée

La thèse selon laquelle la démocratie est un luxe qu'on ne peut se permettre au stade initial du développement a été communément acceptée pendant des décennies. Le débat semble s'être clos, avec le ralliement de la Banque mondiale* et du FMI* à l'impératif démocratique vers 1990 et la promotion de la notion de « bonne gouvernance ».
À l'heure actuelle, la notion de « développement-rattrapage » a perdu beaucoup de terrain, surtout depuis les crises financières mexicaine et asiatique (1994 et 1997). Demeurent principalement la notion de « **développement humain** », qui fait référence à l'amélioration globale du bien-être* et qui est mesurée à partir de certains indicateurs* (revenu par tête, espérance de vie, alphabétisation), et celle de « **développement durable** » (ou soutenable), qui fait référence à la nécessité de rendre compatibles croissance économique et reproduction du milieu naturel. Le développement n'apparaît plus dans les objectifs de la Banque mondiale ou du FMI, qui mettent désormais l'accent sur la lutte contre la pauvreté et la nécessité de s'insérer dans l'économie mondiale. B. L.

➔ *Aide au développement, ajustement structurel, Banque mondiale, échange inégal, FMI, mondialisation, OMC, pays en voie de développement, tiers-monde*

Devises

Ensemble des moyens de paiement libellés en monnaie étrangère.

Le lent repli du rôle international du dollar

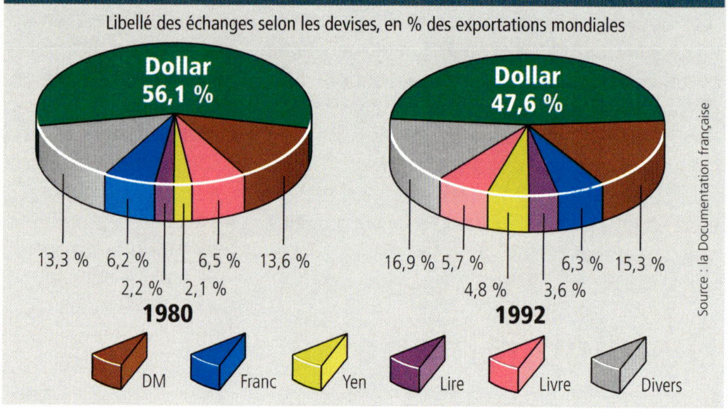

Les dollars américains détenus par des résidents non américains, sous forme de pièces, de billets ou de dépôts à vue, seront considérés comme des devises. Les réserves en devises détenues par une banque centrale* font partie de la masse monétaire. Elles permettent de financer les déficits extérieurs. En cas d'attaque spéculative contre la monnaie nationale, la vente de devises permet de soutenir le cours de la monnaie nationale sur le marché des changes*. J.-M. S.

➔ *Change, politique monétaire, taux de change*

Dichotomie

Terme désignant la distinction entre les phénomènes réels (production, consommation*, échanges) et monétaires (création monétaire, prix*).*

Pour certains économistes (classiques*, néoclassiques*, monétaristes*), la monnaie* n'est qu'un intermédiaire des échanges, neutre pour l'économie réelle. Il faut donc procéder en deux temps, en étudiant d'abord le fonctionnement d'une économie de troc*, avant de la recouvrir d'un voile monétaire qui n'altère pas la nature profonde des phénomènes économiques. P. L.

➔ *École classique, encaisse, illusion, (J. M.) Keynes, libéralisme économique, école néoclassique, neutralité, nominal, numéraire, thésaurisation*

Différentiel d'inflation

Écart entre les taux d'inflation de différents pays.

Le problème de la différence entre le rythme de l'inflation dans des pays en concurrence commerciale s'est surtout posé à partir du second choc pétrolier de 1979, qui a provoqué des augmentations de prix sensiblement différentes selon les pays : le taux d'inflation a dépassé les 14 % en France, en Italie, en Grande-Bretagne..., mais est resté inférieur à 8 % en Allemagne et au Japon, ce qui a affecté sensiblement la compétitivité des premiers pays. P. B.

Dirigisme

Doctrine économique qui s'oppose au libéralisme et prône l'intervention de l'État, en général dans le cadre de l'économie capitaliste.

La notion d'économie dirigée ou de dirigisme est proche de celle d'interventionnisme. Influente durant les années 1930 à 1950, elle désignait les diverses modalités de la planification* ou de la programmation économiques par l'État*, ou parfois une politique économique volontariste d'inspiration keynésienne. Le dirigisme peut être lié au collectivisme et à la socialisation des moyens de production sur le modèle des économies socialistes*. Mais il est compatible avec la propriété capitaliste et avec l'économie de marché, qui se trouve, dans cette conception, soumise à une direction consciente afin d'atteindre des objectifs sociaux. B. C.

➔ *Économies socialistes, État, marxisme, planification*

Discount

Rabais important pratiqué ouvertement sur un prix comme argument de vente. Par extension, mode de commerce fondé sur la pratique du rabais systématique. Variante extrême : hard-discount (en français : maxidiscompte).*

Vieille pratique de commerçant, le discount est devenu une forme de commerce à part entière à la fin des années 1950 avec le développement de la grande distribution* (Leclerc et Carrefour en France, Wal-Mart aux États-Unis…). Dans les années 1970, les « hard-discounters » ont fait leur apparition, notamment en Allemagne (Adli, Lidl), proposant un nombre beaucoup plus restreint de produits, aux prix les plus bas du marché. P. G.

Distribution

Activité de commerce visant à mettre à la disposition du plus grand nombre de consommateurs des produits et des services. Par extension, grande distribution, distribution sélective.

Dans le commerce* traditionnel il existe une relation entre le vendeur (le commerçant) et l'acheteur (le client). La transaction naît de la discussion. Dans la distribution, le client est seul décisionnaire : il prend ou ne prend pas les produits qui lui sont proposés dans les rayons du magasin.

Jusque-là plutôt réservé aux activités de commerce entre professionnels, de commerce de gros ou de logistique, le terme de « distribution » a été introduit dans le champ de la grande consommation en France, à la fin des années 1950, par **Édouard Leclerc**. Ses « centres distributeurs » pratiquaient la suppression des intermédiaires (grossistes, etc.) pour proposer des produits à prix cassés. Carrefour a ouvert l'ère du gigantisme en inventant l'hypermarché en 1963. En France, on appelle « supermarchés » les magasins à dominante alimentaire mesurant jusqu'à 2 500 m², « hypermarchés » au-delà.
La grande distribution, traditionnellement opposée au « petit commerce », a fait entrer le commerce dans l'ère industrielle, en favorisant l'essor de chaînes (ou enseignes) nationales (et désormais internationales) de magasins de grande dimension en libre-service. Disposant de leurs propres centrales d'achats, ces enseignes pèsent sur les fabricants, pour faire baisser les prix de leurs produits et/ou fabriquer des produits spécifiques, sous « marques de distributeurs » (par exemple « Tex » pour le textile de Carrefour, « Reflets de France » pour les produits du terroir de Promodès). Le plus grand hypermarché d'Europe est aujourd'hui le Carrefour de Portet-sur-Garonne (25 000 m²). Après sa fusion avec Promodès (enseignes Continent, Champion…), Carrefour détiendra 25 % du marché alimentaire français.

Un poids souvent hégémonique

La grande distribution se subdivise en deux catégories :

• distribution alimentaire ou généraliste (ex. : Carrefour, Auchan, Leclerc, Casino, Intermarché…) ;

L'irrésistible montée des grandes surfaces

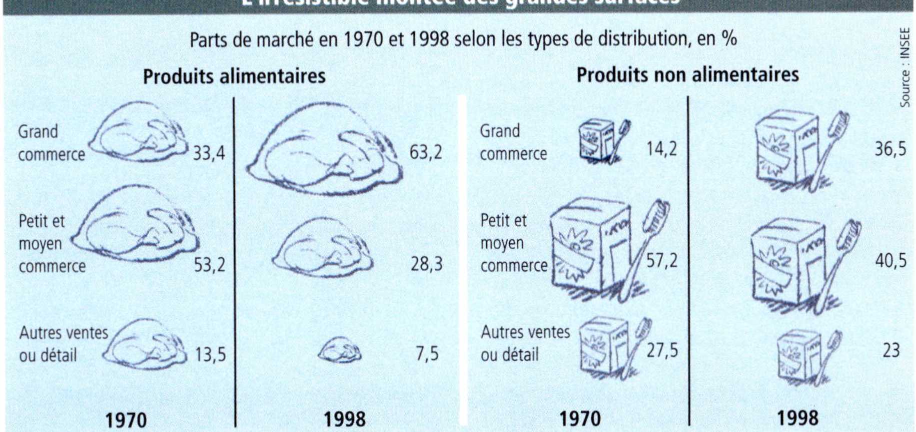

Distribution
Gérard Mulliez, le P-DG d'Auchan, applaudi par ses employés. Avec les familles Defforey (Carrefour) et Halley (Promodès), la famille Mulliez figure parmi les plus grosses fortunes de France.

• distribution spécialisée (ex. : Castorama pour le bricolage, Decathlon pour le sport, Ikea pour le meuble, Fnac pour les biens culturels, Kiabi pour les vêtements...).
La grande distribution est devenue prédominante, voire hégémonique, dans bien des domaines : les Français réalisent 63,2 % (en 1998, contre 59,7 cinq ans auparavant) de leurs achats alimentaires dans les grandes surfaces (y compris hard discount), et un automobiliste sur deux y fait le plein de sa voiture. 75 % des vélos sont achetés, en France, dans une grande surface, généraliste ou spécialisée.
La **distribution sélective et/ou exclusive** est dédiée à des produits ou des marques (luxe, parfum, automobile, pharmacie) pour lesquels le fabricant sélectionne, ou possède, les magasins qu'il juge seuls dignes de vendre ses produits (ou sa marque). Le client, dans ce type de magasin, aura un choix délibérément restreint par rapport à l'offre totale du marché. La législation européenne, qui institue le libre commerce des biens, tolère certaines restrictions à la libre concurrence prônée par le traité de Rome, signé en 1957 et instituant le Marché commun. Elle a prévu quelques exemptions réglementaires qui permettent l'existence de tels réseaux sélectifs/exclusifs, dès lors qu'ils ont une justification économique, technique ou de sécurité pour le consommateur. P. G.

➔ *Commerce, discount, franchise*

Dividende

Revenu d'une action, correspondant à la part des bénéfices versés aux actionnaires par une entreprise. Le dividende peut être payé en liquide ou en actions de la société.*

En achetant une action, l'épargnant espère un bon placement, sous deux formes.
• D'abord, il espère que les cours* de son action monteront et qu'il pourra ainsi, en la vendant, dégager un profit appelé plus-value*. De plus, tous les

ans, en fonction des résultats de l'entreprise, il espère se voir attribuer une partie des bénéfices sous la forme d'un dividende.

• À cela s'ajoute un avoir fiscal*, dont le montant est inférieur de moitié au dividende et qui vient en déduction de l'impôt du contribuable. Le rendement d'une action s'obtient en additionnant le dividende et l'avoir fiscal. Fait nouveau, un nombre croissant de sociétés décident la distribution de dividendes « exceptionnels ». Ces primes au montant très élevé s'ajoutent au dividende. Par ces techniques, les dirigeants veulent séduire leurs actionnaires et les fidéliser. D. G.

➔ *Actionnaire, avoir fiscal*

Division internationale du travail (DIT)

Processus par lequel les pays tendent à se spécialiser en dissociant la structure de production de la structure de consommation.

La spécialisation qui résulte de la DIT conduit à recourir aux importations* des produits pour lesquels l'offre nationale est inférieure à la demande, et aux exportations* dans le cas inverse. L'approfondissement de la DIT tend donc à accroître la part du commerce extérieur dans la production mondiale. Ainsi, les pays du Nord tendent à se spécialiser dans les services et biens industriels de haute technologie* (conception de logiciels, industrie des télécommunications, etc.). Les pays en développement se spécialisent dans les matières premières, les produits agricoles, les industries déclinantes et intensives en travail peu qualifié (habillement).

La division internationale du travail permettrait aux pays avancés de poursuivre leur développement en ne laissant aux pays en développement que des activités à faible valeur ajoutée* qui trouvent des débouchés sur des marchés déprimés ou instables.

Le déterminisme de la division internationale du travail connaît pourtant des contre-exemples. Certains pays développés sont spécialisés dans la production de matières premières (Australie, Canada, Norvège, etc.), d'autres dominent des productions agricoles comme les céréales ou la viande (États-Unis, Union européenne). Les pays industriels échangent souvent des produits voisins. En échangeant des automobiles contre d'autres automobiles, la France et l'Italie répondent ainsi à la préférence de leurs consommateurs en faveur de biens différenciés. Enfin, la division internationale du travail est fréquemment verticale car elle porte sur chaque étape du processus de production : la conception (logiciel, microprocesseur) peut être localisée dans un pays leader, certains composants (disque dur, mémoires, périphériques) seront produits dans un pays suiveur (Japon, Corée) ou émergent (Thaïlande, Hongkong) et l'assemblage, réalisé dans un pays en voie de développement (Viêt Nam). J.-M. S.

➔ *Avantages et coûts comparatifs, compétitivité, Heckscher-Ohlin-Samuelson*

Dollar

Nom de la monnaie ayant cours légal aux États-Unis depuis 1785, devenue l'une des devises centrales du Système monétaire international.

L'origine du mot dollar est européenne : à Joachimsthal, petite vallée de Bohême, on fabriquait au Moyen Âge des pièces de monnaie couramment appelées thaler. On retrouve le même mot en Slovénie (ancienne république yougoslave), dont la monnaie se nomme tolar.

Plusieurs pays (Canada, Hongkong, Nouvelle-Zélande, Australie, Singapour, Taïwan) ont une devise appelée dollar, toutes différentes du dollar américain.

L'appellation **zone dollar** a été donnée à un ensemble de pays qui ont longtemps utilisé le dollar américain comme référence, formant ainsi une zone monétaire informelle. On évoque parfois la **dollarisation** de l'économie mondiale ; le phénomène consiste pour un nombre grandissant de pays, et pour un nombre grandissant de transactions, à utiliser le dollar (en Amérique latine, par exemple). Les cours du pétrole, bien sûr, sont toujours exprimés en dollars. Plus récemment, la supré-

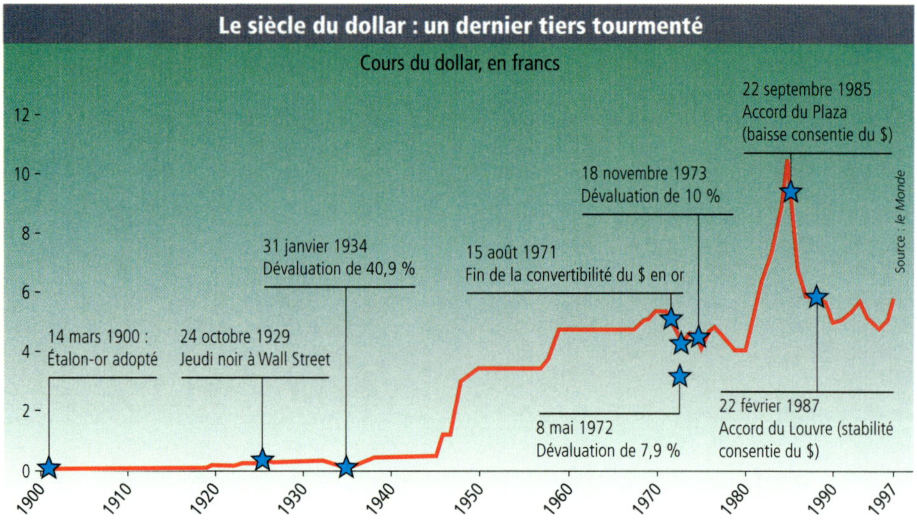

matie d'Internet a conduit le secteur informatique tout entier à se présenter en anglais et à se vendre en dollars.

La puissance du dollar, rendu convertible en 1879, a grandi au rythme des exportations américaines. La Première Guerre mondiale a renforcé le rôle international du dollar au détriment de la livre sterling, les belligérants européens s'étant massivement endettés auprès des États-Unis. La Seconde Guerre mondiale a consacré cette hégémonie. Le dollar, monnaie de la puissance économique dominante, est devenu après 1945 la référence principale du Système monétaire international, dit de Bretton Woods*. Système qui a éclaté le 15 août 1971, lorsque le président Nixon a annoncé que les États-Unis renonçaient à échanger le dollar en or, au cours de 35 dollars l'once.

Un instrument au service de la puissance américaine

Depuis l'instauration des changes flottants*, la devise américaine a connu des variations de grande ampleur : par exemple, elle est passée de 4,04 francs en janvier 1980 à 10,61 francs le 26 février 1985, à cause de la politique de taux d'intérêt élevés pratiquée à cette époque par les autorités monétaires américaines.

L'un des principaux reproches faits au dollar est que son cours influe sur les échanges, donc sur les économies, du monde entier. Comme 80 % des exportations de pays comme le Venezuela ou la Russie sont composées de pétrole (donc de dollars), toute chute du dollar représente pour eux une perte sèche. Or, les États-Unis sont accusés de pratiquer le ***benign neglect*** (négligence bienveillante) à propos de la valeur externe du dollar, celle-ci leur important peu.

Néanmoins, à partir de 1985, les dirigeants des principales économies (Groupe des sept ou G7) ont pris l'habitude d'agir ensemble quand le dollar leur paraissait trop fort ou trop faible, à la fois par des interventions coordonnées des banques centrales et en indiquant publiquement le sens dans lequel ils souhaitent voir évoluer le dollar.

En l'absence d'un nouveau système international, le dollar a donc conservé une place de choix dans l'économie mondiale. Les crises monétaires des pays émergents et, surtout, l'entrée en vigueur de l'euro* modifieront peut-être cette suprématie au XXIe siècle.

F. L.

➔ *Banque centrale, euro, or, SMI*

Dotation aux amortissements

Voir **Amortissement comptable**

Dow Jones

Indice composé de 30 valeurs permettant de mesurer l'évolution de la place new-yorkaise (Wall Street). Il doit son nom à Charles Dow et à Edward Jones, qui le créèrent en 1894.*

Chaque place boursière a plusieurs centaines de valeurs cotées quotidiennement. Pour connaître l'évolution moyenne des cours et dégager ainsi une tendance, ces places sont dotées chacune d'un ou de plusieurs indices qui sont composés d'échantillons d'actions à partir desquels est établie une moyenne. Le Dow Jones est le plus connu de ces indices. Il est devenu l'un des symbole du capitalisme*. **Charles Henry Dow** et **Edward Jones** ne se doutaient pas qu'ils connaîtraient une telle gloire posthume en créant voici plus d'un siècle le premier indice de la Bourse* de New York, publié dans *Customer's Afternoon Letter,* ancêtre du *Wall Street Journal*. Le Dow Jones, composé au départ de onze valeurs, en comprend désormais trente.

9 000 points en dix-sept ans

Une seule société de la liste initiale, General Electric, a résisté à l'épreuve du siècle : les autres ont disparu ou ont été absorbées par d'autres groupes. Tout récemment, deux jeunes et brillantes valeurs de l'industrie de haute technologie, Microsoft et Intel, ont été admises dans le club. L'indice a franchi la barre des 100 points le 12 janvier 1906. Il faudra attendre près de soixante-dix ans pour qu'il franchisse la barre des 1 000 points, en 1972. Depuis, le mouvement n'a fait que s'accélérer, le Dow Jones dépassant les 10 000 points au mois de mars 1999. Deux krachs boursiers ont marqué le siècle et sont illustrés par deux « journées noires » : le jeudi 28 octobre 1929, le Dow Jones perdait en une seule séance 38,33 points (13 %), déclenchant la crise mondiale des années 1930 ; le lundi 19 octobre 1987, il chutait d'un coup de 508 points (22,6 %), avec cette fois beaucoup moins de conséquences économiques. D. G.

➔ *Bourse, bulle financière, CAC 40, cours, crise économique*

Le Dow Jones, toujours plus haut

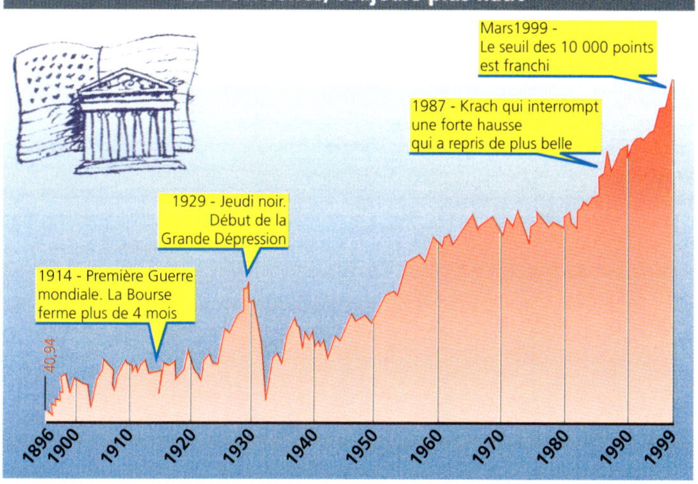

Dragons (asiatiques)

La littérature économique internationale qualifie de « dragons » asiatiques les quatre pays d'Asie du Sud-Est suivants : la Corée du Sud (47 millions d'habitants en 1999), Taïwan (22 millions), Hongkong (6 millions avant sa réintégration au sein de la Chine populaire le 1er juillet 1998) et Singapour (4 millions).

Ces quatre pays, qui étaient parmi les plus pauvres du monde au lendemain de la Seconde Guerre mondiale, ont connu, à partir du milieu des années 1970, un décollage économique spectaculaire, avec des rythmes de croissance proches de 10 % l'an. S'inspirant du modèle de croissance japonais – un État fort, une priorité à l'exportation, un marché intérieur protégé, un effort considérable d'épargne et d'éducation –, ces « dragons » sont passés, en moins d'une génération, de l'état de « pays sous-développés » à celui de « nouveaux pays industrialisés » (NPI), puis, plus récemment, à celui de « marchés émergents ». Pays dénués à l'origine de ressources naturelles, les deux cités-États de la région, Singapour et Hongkong, se sont ainsi rangées parmi les pays les plus riches du monde, avec à la fin des années 1990 un produit intérieur brut (PIB) par habitant proche de 30 000 dollars (contre 23 000 environ en France).

Alors qu'en cinquante ans, depuis 1953, le PIB annuel par habitant de la Corée du Nord est resté figé autour de 500 dollars, le pays souffrant encore à la fin des années 1990 de famine, celui de la Corée du Sud est passé de 500 à plus de 10 000 dollars. En décembre 1996, ce dernier pays est d'ailleurs devenu membre de l'OCDE* (Organisation de coopération et de développement économiques), organisation souvent qualifiée de « club des pays riches ». Revenant sur cette période, la Banque mondiale publiait, en 1997, une étude sur « le miracle économique » des petits pays d'Asie du Sud-Est. Ceux-ci ont été affectés par une violente crise monétaire à partir de l'été 1998 ; la plupart d'entre eux ont néanmoins retrouvé rapidement le chemin de la croissance.

Ces dragons sont aussi qualifiés parfois de tigres. Ils ont été suivis par les « bébé tigres », trois pays de la régio;n (la Thaïlande, la Malaisie et l'Indonésie) qui ont connu à leur tour un décollage de leur économie dans les années 1980. D'autres pays pourraient rejoindre cette famille animalière : le Viêt Nam, le Laos et le Cambodge. Surtout, on évoque désormais la montée en puissance des « lions » de la zone, la Chine et l'Inde, deux grandes puissances rugissantes qui connaissent à la fin du XXe siècle un développement économique rapide même s'il est parfois chaotique. É. I.

➔ *Corée du Sud, pays émergents*

Drogue

Le trafic de stupéfiants est la principale source d'« argent sale » dans le monde. Le chiffre d'affaires dégagé par ce secteur est évalué par l'ONU à 500 milliards de dollars par an, c'est-à-dire un tiers du PIB français et 8 % du commerce mondial. C'est plus que les ventes d'automobiles et à peu près autant que le chiffre d'affaires du textile à l'échelle mondiale.

Loin d'être une activité marginale de l'économie, la drogue est devenue un vecteur privilégié d'enrichissement dans de très nombreux pays en développement. Proliférant sur le terreau de la corruption et de la criminalité, le trafic de drogue ne profite pas qu'aux cercles mafieux traditionnels : dans bien des cas, comme en Russie, au Mexique, en Turquie, on observe « une alliance de moins en moins secrète entre les structures du crime organisé et des sphères de plus en plus élevées de l'État lui-même », comme l'indique l'Observatoire géopolitique des drogues (**OGD**).

On relève une globalisation croissante du marché de la drogue. Les organisations criminelles ne sont plus spécialisées dans la production d'une seule drogue et s'adonnent au « polytrafic », élargi à d'autres marchandises illicites. Quant à la géographie de la consommation, elle s'est étendue à la Russie* et à l'Europe centrale après la fin de la guerre froide. La distinction entre pays producteurs et pays consommateurs est désormais plus floue et les « routes » de la drogue sont de moins en moins claire-

Drogue
La somptueuse villa du trafiquant colombien Pablo Escobar. La drogue est devenue un vecteur privilégié d'enrichissement dans de nombreux pays du tiers-monde.

Combien coûte la drogue ?

Le coût de l'intervention publique en matière de drogue en France (hors collectivités locales), en %

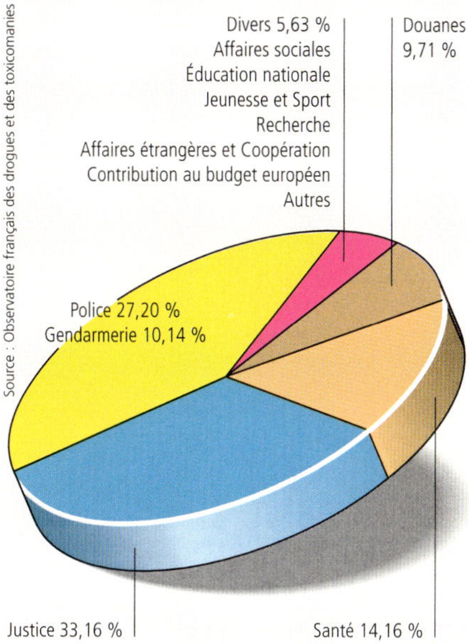

ment définies. Cette évolution va de pair avec la diffusion de plus en plus grande des « drogues de synthèse », comme les amphétamines et autres stimulants (ecstasy), produites en laboratoire dans tous les points du globe, aux dépens des drogues traditionnelles issues de plantations bien localisées (cocaïne, héroïne, cannabis). L. D.

Droits de douane

*Taxe prélevée à la frontière par les autorités douanières sur les produits importés. La taxe est un droit fixe dit « spécifique » (par exemple, 3 F par article importé) ou « **ad valorem** », c'est-à-dire proportionnel à la valeur déclarée en douane.*

À l'origine, les droits de douane avaient d'abord pour fonction de procurer des recettes fiscales aux États. Progressivement, le relèvement des droits de douane a été utilisé comme un instrument protectionniste au service de la promotion ou de la défense de secteurs concurrencés par les importations*. Comme la dévaluation compétitive*, le relèvement des droits de douane a également servi d'instrument de régulation conjoncturelle. Enfin, il sert d'instrument de représailles : l'interdiction européenne d'importer des veaux aux hormones a ainsi valu, en 1999, un tarif douanier de 100 % aux exportations françaises de roquefort ou de foie gras vers les États-Unis.

Le droit de douane est généralement considéré comme un instrument de protection qui affecte moins le bien-être que les instruments alternatifs (quotas, contingents, accords volontaires d'exportation). De plus, le droit de douane est transparent. Identique pour tous les pays, il n'est pas discriminatoire. Le droit de douane est ainsi, en principe, le seul instrument de protection autorisé par l'OMC*.

Les négociations commerciales multilatérales, ou Rounds, organisées depuis la Seconde Guerre mondiale, ont permis d'abaisser très fortement le montant des droits de douane appliqués par les pays membres de l'OMC. Ces droits restent néanmoins très élevés, voire prohibitifs, dans certains secteurs comme le textile-habillement* ou l'agriculture*. J.-M. S.

Droits de douane : toujours moins

Réduction de la protection tarifaire à la frontière, en %

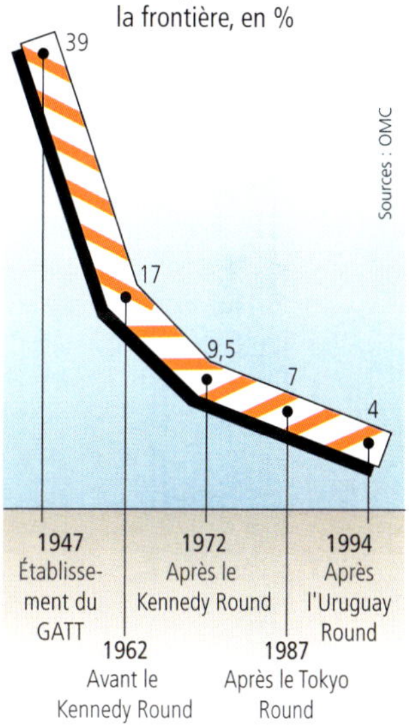

➔ *Importation, OMC, protectionnisme*

DTS
(droits de tirage spéciaux)

Actif de réserve créé par le FMI en 1969 et alloué aux pays membres.*

Ils représentent aujourd'hui environ 2 % des réserves* de change* en devises*. Leur utilisation est limitée aux transactions et aux opérations officielles entre les pays membres, avec le FMI* ou un certain nombre d'institutions désignées. Le DTS est l'unité de compte du FMI. Il peut être utilisé pour libeller des opérations financières privées ou fixer des taux de change. La valeur du DTS est calculée à partir des monnaies de cinq pays (Allemagne, États-Unis, France, Japon, Grande-Bretagne). J.-M. S.

Dualisme

Situation d'une économie caractérisée par l'opposition de deux parties (activités traditionnelles - activités modernes, monde rural - monde urbain, etc.).

La pensée dualiste est à l'origine de l'économie du développement*. Dans les années 1950, le modèle de Lewis* repose sur une opposition traditionnel-moderne, qui correspond largement à un clivage rural-urbain. Le dualisme des économies est vu à cette époque comme un facteur de développement, le secteur traditionnel offrant une réserve illimitée de main-d'œuvre et permettant de peser sur le niveau des salaires.

À partir des années 1970, la forme dominante du dualisme oppose, en milieu urbain, un « secteur formel » (économie déclarée) et un « secteur informel » (économie non déclarée). Ce dernier se caractérise par la petite taille des unités de production, le non-respect de la réglementation, le bas niveau technologique, etc.). Il est aujourd'hui principalement envisagé à partir de sa fonction sociale (lieu de formation de revenus et de création d'emplois pour les couches pauvres de la population) plutôt que comme « vivier » de petites entreprises destinées à croître et à se moderniser.

L'idée de dualisme bute sur la question de la délimitation des deux parties (les entreprises « formelles », par exemple, respectent rarement l'intégralité des lois, les entreprises informelles en respectent souvent une partie). De plus, le raisonnement dualiste perd toute pertinence dès lors qu'on admet que ce sont principalement les relations entre les deux parties de l'économie qui déterminent leur évolution (par exemple, la dépense des salariés formels détermine largement les revenus de l'économie informelle). Néanmoins, la vision dualiste reste dominante en économie du développement et se retrouve, en particulier, dans la littérature des organisations internationales. B. L.

➔ *Développement, Lewis*

Dualisme
Échoppe à Bombay. En Inde, comme dans de nombreux pays du tiers-monde, un vaste secteur informel voisine avec des poches d'activités très modernes.

Dumping commercial

Pratique illégale consistant à vendre sur des marchés étrangers un produit en dessous du prix pratiqué sur le marché du pays d'origine.

Le dumping est une pratique fréquente dans le commerce international, permettant à des entreprises exportatrices de s'implanter sur un marché nouveau, où les habitudes des consommateurs ne leur permettraient pas de vendre leurs produits s'ils étaient proposés au même prix que ceux de leurs concurrents locaux. Cela peut conduire à des ventes à un prix inférieur au prix de revient. Le dumping est interdit par l'OMC* (Organisation mondiale du commerce), car il est considéré comme une concurrence déloyale. P. B.

➔ *OMC*

Dumping social

Avantage concurrentiel dont bénéficient les pays aux coûts de travail faibles en raison des bas salaires qui y sont pratiqués et de l'absence de protection sociale.

Le « dumping social » provient d'un écart de développement et d'institutions sociales différentes selon les pays. Cette différence qui se répercute sur les coûts de production peut être entretenue ou aggravée par les autorités économiques des pays pauvres, qui refusent d'accorder à leurs salariés des rémunérations plus élevées ou des avantages sociaux qui réduiraient l'écart de leur coût salarial avec celui des pays riches et handicaperaient leurs exportations. Cela constitue une certaine forme de « concurrence déloyale », contraire aux directives du Bureau international du travail, voire à la Déclaration universelle des droits de l'homme : on estimait en 1998 à 250 millions le nombre d'enfants de moins de quatorze ans travaillant dans le monde, dans des conditions parfois proches de l'esclavage. P. B.

Duopole

Situation d'un marché où deux firmes se partagent la production.

On peut considérer que Coca-Cola et Pepsi-Cola forment un duopole, comme les couples Windows et Mac OS, ou Boeing et Airbus. Les deux entreprises peuvent s'entendre, même implicitement, pour se partager le marché et aboutir à un équilibre. Mais l'une ou l'autre peut avoir la tentation d'éliminer le concurrent pour régner seule sur le marché. Le prix* est l'un des moyens pour y parvenir ; l'entreprise qui possède les moyens financiers de tenir le plus longtemps décide de « casser les prix » en comptant que l'autre n'y résistera pas. Les autres moyens dépendent des produits en cause, de leurs qualités, de leurs caractéristiques. Imposer ses normes techniques, comme le tente Microsoft auprès des utilisateurs d'Internet*, peut ainsi dissuader d'acheter d'autres systèmes d'exploitation. F. E.

➔ *Concurrence, équilibre, marché, oligopole, prix*

Dupont de Nemours (Pierre Samuel)

Économiste français (1739-1817), adepte de la physiocratie et acteur de la révolution de 1789.

Disciple de Quesnay*, il forgea le terme de physiocratie* que l'on retrouve dans le titre de son premier ouvrage : *Physiocratie, ou Constitution naturelle du gouvernement le plus avantageux du genre humain* (1767). Il fit l'apologie de l'agriculture et de la liberté du commerce.
Proche de Turgot* et de Calonne*, député du tiers état dans le bailliage de Nemours, il contribua à l'élaboration des lois de 1791 pour organiser en France le libéralisme économique et fut emprisonné en 1792 pour ses idées royalistes. Après le coup d'État républicain de septembre 1797, il se rendit une première fois aux États-Unis, où il collabora avec le président Jefferson, et y retourna définitivement durant les Cent-Jours.
L'un de ses fils fonda aux États-Unis la grande entreprise qui porte leur nom. P. B.

Dynamique

Approche économique introduisant le temps dans l'analyse.

L'analyse dynamique s'oppose traditionnellement à l'analyse statique : cette dernière étudie un ensemble d'ajustements dits « instantanés » débouchant sur un équilibre « atemporel ». L'analyse dynamique envisage au contraire les effets des délais d'ajustement ou les effets cumulatifs consécutifs à une modification de la situation de départ : par exemple, les conséquences d'un investissement nouveau créant des vagues successives de dépenses et de revenus, et transformant les conditions ultérieures de production. P. B.

e

DOSSIERS

Échange

Action consistant à se déposséder d'un bien, d'un facteur de production, d'un droit de propriété ou d'un revenu pour obtenir en contrepartie l'un de ces éléments.

L'échange peut se faire sans utilisation d'un intermédiaire (monnaie ou numéraire) : il s'agit alors d'un troc*. Mais, avec le développement d'une production destinée à être vendue et non à satisfaire directement le besoin des producteurs, l'échange est devenu monétaire dès l'époque féodale*. On peut parler aujourd'hui d'économie d'échange monétaire généralisée, bien que dans divers pays du tiers-monde resurgisse une économie informelle parallèle à l'économie de marché.
Un grand problème en économie est l'étude du rapport d'échange qui s'établit entre les marchandises, c'est-à-dire leur prix*. Celui-ci peut être exprimé soit à l'aide d'un des deux biens échangés (une table vaut deux chaises), soit à l'aide d'une unité de compte (une table vaut cent kilogrammes de blé, une chaise vaut cinquante kilogrammes de blé), ou à l'aide d'une monnaie (une table vaut 200 francs et une chaise vaut 100 francs). P. B.

➔ *Capitalisme, prix, termes de l'échange, troc*

Échange inégal

Analyse des relations économiques entre les pays développés et ceux du tiers-monde, reposant sur des transferts de richesses des seconds vers les premiers.

Le fondement de cette analyse, approfondie par A. Emmanuel*, repose sur les écarts de salaires entre pays développés et pays du tiers-monde*, permettant aux premiers d'augmenter leurs richesses par le biais des échanges internationaux. Les pays développés à hauts salaires peuvent vendre plus cher leurs produits (très recherchés par les pays du tiers-monde qui ne peuvent pas les produire) contre des biens primaires abondants, vendus d'autant moins cher qu'ils nécessitent moins de capital, que les salaires sont bas et que la concurrence internationale est vive. Le processus s'opère même si le temps de travail nécessaire pour obtenir les biens échangés est le même : l'échange est donc « inégal ». De plus, il profite à

Échange inégal Chargement d'un navire sur le port d'Abidjan. Les pays du tiers-monde exportent des produits primaires vers le Nord développé, à qui ils achètent des produits à haute valeur ajoutée.

toutes les catégories sociales des pays développés : les entreprises peuvent continuer à exporter et à engranger des profits malgré leurs coûts importants ; les salariés peuvent bénéficier de revenus élevés leur permettant d'acheter facilement des produits primaires importés.

Cette théorie a suscité de nombreuses controverses dans les milieux marxisants, car elle laisse entendre que les travailleurs des pays développés participent à l'exploitation de ceux des pays pauvres. P. B.

➔ *Dépendance, (A.) Emmanuel, termes de l'échange*

Échéance

Date à laquelle un effet de commerce, une facture, un emprunt*, tout paiement sont impérativement dus d'après les conventions passées.* J. R.

Échéancier

Document où sont classés selon leur ordre d'échéance les effets, factures, etc.* J. R.

Échelle (économies d')

Voir **Rendements d'échelle**

École classique

Regroupement des principaux économistes britanniques et français de la période 1760-1848 autour de principes fondamentaux concernant la théorie des prix et la répartition des revenus.

Les économistes classiques n'ont pas formé une école au sens strict du terme, comme les physiocrates ont pu le faire au XVIIIe siècle en France. Ce terme de « classique » qualifie, sur une période d'un siècle environ, des auteurs qui diffèrent très souvent entre eux sur des points importants de la théorie économique : la valeur y est mesurée soit en termes de temps de travail (Ricardo*, Smith*), soit en tenant compte de la demande (Malthus*, Say*) ; la rente est soit un prix de monopole (Smith, Say), soit une rente différentielle (Malthus, Ricardo) ; la possibilité de crise générale est rejetée par certains (Say, Ricardo) et admise par d'autres (Malthus, Sismondi*). Cependant, ces différents économistes ont une parenté, que l'on peut attribuer à plusieurs causes :

• premièrement, ils étudient tous la formation d'un système économique nouveau, caractérisé par la montée du salariat et de la monétarisation de l'économie ;

• deuxièmement, ils accordent de l'importance à la notion de production, à la croissance de l'activité et aux conditions de reproduction du système économique en longue période ;

• troisièmement, ils sont généralement confiants dans les effets de la libre concurrence. P. S.

➔ *(T. R.) Malthus, marginalisme, (J. S.) Mill, (F.) Quesnay, (D.) Ricardo, (J.-B.) Say, (A.) Smith*

École néoclassique

Courant de pensée rompant partiellement avec les économistes classiques du début du XIXe siècle, mais autant attaché qu'eux au libéralisme* et constituant la nouvelle théorie économique dominante au XXe siècle.*

Le terme de néoclassique a d'abord été utilisé par T. Veblen* pour désigner péjorativement les auteurs libéraux et marginalistes* de la fin du XIXe siècle. Il a ensuite été revendiqué par ceux qui voulaient construire une théorie économique établissant une continuité entre classiques et marginalistes, puis, après la Seconde Guerre mondiale, par ceux qui acceptaient un certain apport keynésien.

À partir des années 1870, un certain nombre d'auteurs ont modifié l'approche « classique » des phénomènes économiques en les envisageant comme le résultat de comportements individuels (individualisme méthodologique), tournés vers la recherche d'un maximum de satisfaction (utilitarisme) et déterminés par l'appréciation des variations de petites quantités de biens produits ou consommés (marginalisme).

Certains de ces auteurs (A. Marshall*, en particulier) avaient le sentiment de prolonger la pensée classique en spécifiant l'origine de la demande des consommateurs, sans pour autant renoncer à l'idée que la valeur des biens dépend en longue période de leur coût de production. Mais la plupart d'entre eux (W. S. Jevons*, C. Menger*, L. Walras*, entre autres) insistèrent sur le fait que la valeur des choses dépend de l'utilité éprouvée par le consommateur et de leur rareté, contrairement à la pensée de Ricardo* ou de Marx*.

La libre concurrence comme point de convergence

La principale filiation entre classiques et néoclassiques réside finalement dans l'idée que la libre concurrence conduit à la meilleure situation possible. L. Walras, en particulier, reprit la vision de l'équilibre macroéconomique de J.-B. Say*, mais l'exprima sous la forme d'un modèle mathématique dit « d'équilibre général ». V. Pareto* définit les conditions pour que cet équilibre soit un optimum*.

La critique radicale que J. M. Keynes* formula à l'égard de la théorie néoclassique durant les années 1930 provoqua un clivage parmi les économistes. Certains (telle J. Robinson*) suivirent Keynes et refusèrent toute conciliation avec les néoclassiques. D'autres (comme J. Hicks* ou P. Samuelson*) revendiquèrent l'appellation néoclassique, tout en s'efforçant de concilier l'essentiel de cette théorie avec l'idée keynésienne de la nécessité de l'intervention de l'État dans la régulation de l'économie quand les mécanismes de marché sont défaillants (courant dit « de la synthèse »). F. E. et P. B.

➔ *(S.) Jevons, (J. M.) Keynes, (A.) Marshall, (C.) Menger, (V.) Pareto, (P.) Samuelson, (L.) Walras*

Économétrie

« L'économétrie est l'unification de la statistique, de la théorie économique et des mathématiques pour comprendre les relations quantitatives de la vie économique. »

Cette définition est de **Ragnar Frisch** (Nobel 1969), fondateur en 1930 de la Société économétrique puis de la revue *Econometrica*. L'objectif est de mesurer l'économie pour prévoir les évolutions macroéconomiques* ou les comportements microéconomiques* des agents afin d'enrichir la compréhension théorique et de prendre les mesures de politiques économiques adaptées. Ainsi, à partir de calculs de corrélation, il sera possible, par exemple, de connaître précisément l'évolution quantitative de la demande de café en fonction de son prix. L'économétrie est aujourd'hui un outil incontournable des économistes.

Le réalisme a remplacé le messianisme scientifique

L'économétrie naît véritablement en 1930 sous l'impulsion d'hommes nouveaux issus des sciences expérimentales et des mathématiques, qui désirent appliquer leurs méthodes à une science économique incapable de prévoir ni de traiter une crise comme celle de 1929. J. Tinbergen* (Nobel 1969) construit dès 1936 un modèle cherchant à expliquer l'ensemble du fonctionnement de l'économie des Pays-Bas. **Trygve Haavelmo** (Nobel 1989) introduit en 1943 la démarche probabiliste, éloignant l'économétrie moderne du déterminisme des premières tentatives. Cette approche est développée aux États-Unis au sein de la **Cowles Commission**, célèbre centre de recherche, avec des modèles à équations simultanées. Depuis la fin des années 1960, d'autres voies sont explorées, moins axées sur les grands modèles

macroéconomiques (comme le modèle DMS utilisé par l'INSEE*) et davantage sur des modèles partiels, insistant, par exemple, sur l'analyse des données, les séries chronologiques ou les anticipations rationnelles*. Les années 1970 et 1980 ont ainsi vu un second souffle pour l'économétrie, même si l'optimisme initial des fondateurs (comprendre pratiquement le fonctionnement de l'économie des nations et du monde) est oublié. E. L. H.

➔ *Prévision économique*

Économie (étymologie)

Discipline qui étudie la production, la consommation et la répartition des richesses existant en quantité limitée.

Le terme « économie » vient du grec *oikonomia* (terme issu lui-même de *oikonomos,* « administration de la maison »). Il désigne dans le langage courant ce qui conduit à réduire la quantité utilisée de ressources relativement rares dont on dispose : restreindre ses dépenses monétaires (« faire des économies ») ou énergétiques (« économiser ses forces »), économiser son temps, ses paroles... Dès l'Antiquité, cette notion fut étendue à la gestion des biens privés et déboucha sur celle d'« économie domestique », s'appliquant à l'administration des domaines et patrimoines privés : des traités d'économie domestique (tel celui du grec **Xénophon**, 430-335 av. J.-C.), font état des principes de saine gestion privée. Aristote* (384-322) traite quant à lui de *l'Économique,* ou science de la vie familiale, forme noble de la chrématistique (activité visant à l'acquisition de biens ou de richesses).

De la sagesse domestique à la gestion de collectivités

Le terme d'« économie politique », ou économie de la cité, s'applique aux mécanismes de fonctionnement d'un ensemble plus vaste, mettant en relation un grand nombre d'unités économiques interdépendantes. Il aurait été employé pour la première fois par Antoine de Montchrestien* au début du XVIIe siècle à propos des moyens à utiliser pour enrichir le royaume. Les grands auteurs classiques* (Ricardo*, Say*, Malthus*...) écrivirent des traités d'économie politique s'intéressant à l'origine de la valeur des marchandises, à la détermination des principales catégories de revenus, et à la meilleure façon de combiner les moyens dont on dispose pour satisfaire au mieux les besoins infinis des consommateurs.

Au XXe siècle, la diversification des problèmes concernant la réalité économique conduisit à l'abandon progressif des distinctions anciennes entre économie domestique et économie politique au profit des termes de « science économique* » et de « science de gestion* des entreprises ». P. B.

Économie d'endettement

Caractéristique d'un système financier dans lequel les entreprises se financent en priorité auprès des banques : s'oppose à économie de marchés financiers.

Depuis une contribution majeure de John Hicks* en 1974, les économistes distinguent les systèmes financiers dans lesquels prédominent les financements intermédiés, c'est-à-dire effectués par les banques (économies d'endettement), par opposition à ceux qui sont fondés sur les marchés de capitaux (économies de marchés financiers).

En économie d'endettement, les entreprises sont contraintes de trouver les financements nécessaires pour leurs investissements auprès des intermédiaires bancaires, étant donné que les marchés financiers sont peu accessibles.

Si aucune économie réelle ne correspond à un « type pur », jusqu'au début des années 1980 l'économie française était considérée comme une économie d'endettement (la part des crédits bancaires dans le total des financements externes des agents non financiers étant supérieure à 80 %). Avec l'intégration financière européenne et le développement progressif des marchés boursiers, le système financier français (et, dans un autre contexte, allemand) s'éloigne du type pur d'économie d'endettement, pour se rapprocher d'une économie financée par le marché financier. A. L.

Économie industrielle

Branche de l'analyse économique traitant des relations entre les marchés et les entreprises.

Appelée ***industrial organization*** dans les pays anglo-saxons, l'économie industrielle s'est attachée depuis les années 1930 à analyser les relations entre le degré de concentration* des marchés* et la rentabilité des entreprises*. Ces relations constituent le cœur du débat qui oppose les « comportementalistes » (école de Chicago*), attribuant la rentabilité élevée des entreprises à leur plus grande efficacité, et les « structuralistes » (partisans de la législation anti-trust), imputant cette rentabilité à une organisation anticoncurrentielle du marché. En Europe continentale, l'économie industrielle a été surtout associée à la justification de politiques soutenant le développement de « champions nationaux » (entreprises phares dans un domaine d'excellence du pays concerné et soutenues par l'État).
Depuis les années 1970, l'économie industrielle a été enrichie par l'étude des fondements de l'existence des entreprises à la suite des travaux de **Ronald Coase**, prix Nobel d'économie. Il s'agit d'expliquer pourquoi il existe des organisations au sein desquelles les relations sont régies par l'autorité et non par les prix, alors que, selon la théorie libérale, les mécanismes de marché sont réputés les plus efficaces. Il s'avère que les mécanismes de coordination régis par l'autorité ont une efficacité supérieure dans un certain nombre de situations (coûts de transaction, information imparfaite*, incertitude...). A. R.

➔ *Industrie, politique industrielle, jeux, trust*

Économie mixte

Système économique constitué d'un secteur privé* et d'un secteur public*. et dont le fonctionnement est régulé conjointement par le marché* et par les décisions de l'État*.*

Garant de l'intérêt collectif, l'État encadre et corrige le libre jeu des forces du marché*, respectueux des libertés individuelles. Dans un tel système, si la libre concurrence* peut régler au mieux la plupart des problèmes de coordination des activités individuelles par la flexibilité* des prix*, il n'en demeure pas moins des domaines pour lesquels le marché est défaillant, nécessitant leur prise en charge par l'État.
Plusieurs courants de pensée ont encouragé le développement de l'économie mixte au XXe siècle, jusqu'à sa remise en cause suscitée par les néolibéraux, sur fond de crise des finances publiques*, surtout après la fin des Trente Glorieuses*.
L'économie du bien-être*, issue du courant néoclassique*, a isolé trois problèmes non résolus par l'initiative individuelle : les biens collectifs*, les effets externes* (les nuisances à autrui comme la pollution), les monopoles* fondés sur des réseaux*. Il en résulte une première fonction dévolue à l'État, dite d'allocation des ressources*. Se substituant au marché, l'État doit affecter des ressources à la fourniture de services publics et de biens spécifiques (équipements collectifs, transport ferroviaire, eau, gaz, électricité), d'où le développement d'une sphère économique publique.
Ce courant a aussi justifié la prise en charge par l'État, à travers une fonction de redistribution* des revenus* et des patrimoines*, de la question de la justice sociale, que le marché ne peut régler tout seul. Lui correspond le développement de l'État providence* comme grand assureur social faisant jouer le principe de solidarité.
L'approche keynésienne a mis l'accent sur le chômage* comme défaillance majeure de la régulation par le marché, dont la résorption ne peut venir que de l'État. D'où une troisième fonction qui est attribuée à ce dernier, celle de régulation du niveau d'activité et d'emploi visant à maîtriser les déséquilibres* conjoncturels. P. L.

➔ *Chicago, inégalités, (J. M.) Keynes, keynésianisme, non marchand, politique économique, prélèvements obligatoires, protection sociale, Trente Glorieuses*

Économie de l'offre

Voir **Laffer (courbe de)**

Économie sociale

Ni secteur public ni secteur privé, l'économie sociale rassemble différentes activités organisées selon un mode de propriété collectif, mutualiste ou coopératif.

Ce concept typiquement français, popularisé par **Michel Rocard** dans les années 1970, regroupe le secteur mutualiste – les mutuelles de santé, les assurances mutuelles et les banques mutuelles ou coopératives –, mais également le mouvement coopératif, lui-même subdivisé en coopératives de consommateurs, coopératives d'achat et coopératives de production. S'y ajoutent enfin les associations. Hétéroclites, les différentes composantes de l'économie sociale présentent néanmoins des points communs. Qu'elles interviennent ou non dans le marché, elles reposent toutes sur des règles de fonctionnement démocratique, chaque membre possédant un droit de vote (« un homme, une voix »). Le bien y est collectif, « impartageable », et les adhérents ne sont pas des actionnaires. A. L.

➔ *Mutualiste*

Économies socialistes

Les économies socialistes répondent à sept critères : la propriété étatique des entreprises industrielles et des banques ; une agriculture collective, intégrée dans des fermes d'État et des coopératives ; la planification impérative de l'économie ; une stratégie de développement donnant la priorité à l'industrie lourde ; la volonté autarcique de limiter le commerce extérieur ; l'interdiction des investissements étrangers sur le territoire national ; le monopole d'un parti unique au pouvoir, d'inspiration marxiste-léniniste ou socialiste, contrôlant l'appareil d'État.*

La première économie socialiste se forme en URSS en 1917. Ses traits s'affirment à partir de 1928 avec le premier plan quinquennal, la collectivisation forcée de l'agriculture, engagée par **Staline** contre la paysannerie, l'industrialisation* accélérée des branches fabriquant des biens de production, le monopole de l'État* sur le commerce extérieur (interdit à tout autre agent économique) et la dictature du parti unique. Cette expérience s'étend aux pays de l'Europe de l'Est en 1945 et, avec des nuances, en Yougoslavie, en Chine* (1949), puis dans une quinzaine de pays du tiers-monde* lors de leur indépendance. En 1980, on comptait vingt-huit économies socialistes dans le monde.

L'élaboration du plan reposait sur les balances-matières, tableaux équilibrant emplois et ressources en quantités physiques pour chaque branche* prioritaire, et imputant les quantités à produire assignées à chaque branche en fonction de ses objectifs propres et des inputs* (facteurs de production) qu'elle devait fournir aux branches prioritaires (ex. : les branches charbon et minerai de fer devaient approvisionner la branche sidérurgie en quantités déterminées pour que celle-ci puisse atteindre son propre objectif quantitatif de production, en tonnes d'acier). Les branches non prioritaires étaient sacrifiées et ne recevaient pas d'objectifs propres. Pendant l'exécution du plan, leurs produits venaient donc à manquer et toutes les entreprises faisaient face à une incertitude de l'approvisionnement planifié. Elles se couvraient contre cet aléa du plan en gardant en réserve tous les inputs qu'elles pouvaient se procurer à tout moment, légalement ou non, y compris la main-d'œuvre. En outre, pour obtenir des ressources en pénurie, elles biaisaient l'information transmise aux autorités, développaient des relations interentreprises hors plan, se portaient acquéreurs sur les marchés parallèles et marchandaient avec leur ministère de tutelle les objectifs et les moyens de leur plan.

Une organisation de la pénurie

Les marchés et la monnaie* n'ont jamais disparu dans les économies socialistes (déjouant ainsi les pronostics de Marx*, d'Owen* et de **Lénine**). Sur les marchés officiels (biens de consommation, produits agricoles des coopérateurs, biens d'occasion), à prix fixés et à quantités rationnées par le plan, l'ajustement offre-demande se faisait par la longueur des files d'attente. Sur les marchés parallèles, l'ajustement se réalisait par la variation des

Économies socialistes
Une scène du film *l'Homme de marbre,* du cinéaste polonais Andrzej Wajda. Les économies socialistes reposaient à la fois sur une planification autoritaire et sur le paiement de faibles salaires en échange d'un travail peu intense. La propagande qui mettait en avant l'héroïsme de travailleurs supérieurement motivés ne correspondait pas à la réalité.

prix, apportant une solution partielle à la pénurie de l'économie officielle. Il s'agit des **marchés gris** (trocs d'intrants interentreprises, revente par les ménages de biens et de services mis à disposition à bas prix par l'État), **marrons** (vente de produits en forte pénurie à des clients privilégiés) et **noirs** (spéculation, devises étrangères, produits volés, stupéfiants, prostitution). La monnaie avait donc un pouvoir d'achat pour les ménages, surtout dans l'économie parallèle, approvisionnée, mais à prix élevés. Pour les entreprises, la monnaie dite « passive » consistait en écritures et en virements entre leurs comptes et ceux de la Banque unique d'État, et elle n'était qu'un moyen de contrôler l'affectation planifiée des biens matériels. Le salariat socialiste était spécifique : faibles salaires contre travail peu intense et peu discipliné. Cela était dû à la pénurie de main-d'œuvre hors des entreprises, aux sureffectifs dans l'entreprise et aux pénuries et aux ruptures d'approvisionnement désorganisant le travail.

Ces contradictions de l'économie socialiste ont engendré sa crise finale. Les symptômes de cette crise furent : chute continue des taux de croissance du produit national en Russie* et en Europe de l'Est ; incapacité de suppléer une croissance extensive (basée sur la mobilisation croissante des facteurs de production) par une croissance intensive (basée sur les gains de productivité), malgré plusieurs vagues de réformes entre 1957 et 1987 *(perestroïka) ;* montée de l'inflation, par allongement de la durée d'attente des produits, ou par inflation ouverte là où les prix ont été partiellement libérés (Hongrie, Pologne) ; déséquilibre commercial avec l'Ouest et dette extérieure croissante (Pologne en défaut de paiement en 1981) ; crise du travail, rejeté par les jeunes, et expansion du travail au noir dans l'économie parallèle. D'où la perte de légitimité du régime communiste, qui a précipité l'effondrement du système en 1989.

W. A.

➔ *Collectivisme, communisme, pays de l'Est, planification, Russie, socialisme, systèmes économiques*

Économie souterraine

Richesses produites à l'insu des pouvoirs publics, hors du circuit des impôts et des contributions sociales.

L'économie souterraine, parallèle ou « informelle », n'apparaît que depuis très récemment dans les chiffres du PIB* des pays développés, mais il s'agit forcément d'estimations très vagues. Elle n'est pas seulement un phénomène réservé aux pays en développement, où son poids est souvent supérieur à 30 % du PIB ; elle concerne aussi les pays riches, en particulier ceux de l'Europe occidentale, où le phénomène prend une ampleur de plus en plus grande. Avec la mondialisation économique, les législations nationales n'évoluent pas au rythme souhaité par les entreprises, qui ont besoin d'une « flexibilité » et d'une liberté d'action accrues. L'économie souterraine leur offre cette marge de manœuvre désirée, tout en sapant les bases de financement des prestations sociales et des services publics.

 Économie souterraine

Le **travail au noir**, défini comme toute activité rémunérée mais non déclarée aux pouvoirs publics, est l'une des principales composantes de l'économie souterraine. La Commission européenne estime que le travail au noir fait vivre 20 millions de personnes dans l'Union et représente 7 à 16 % du PIB européen, une fourchette large qui s'explique par le caractère opaque de ce sujet.

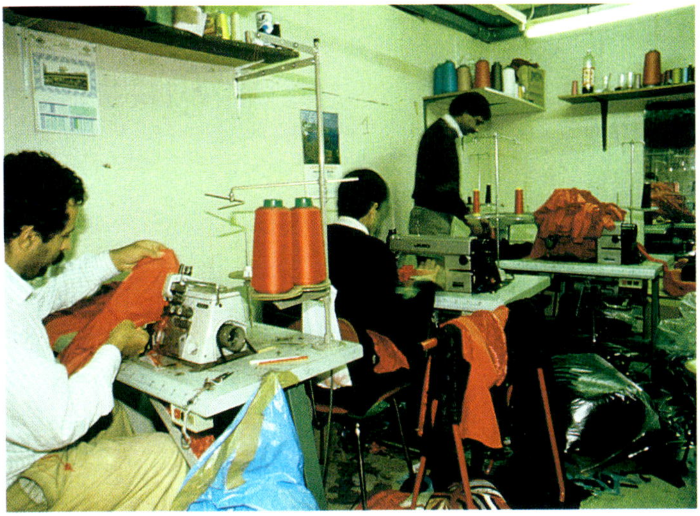

Économie souterraine
Un atelier clandestin dans le quartier du Sentier, à Paris. La confection est avec le bâtiment et les travaux agricoles un des secteurs privilégiés de l'économie souterraine.

L'économie souterraine est souvent déterminée par le niveau de la pression fiscale

La France se trouve dans la moyenne européenne. L'INSEE*, qui calcule autrement que Bruxelles, estime qu'environ 4 % de la richesse nationale en France est à mettre au compte de l'économie parallèle (mais ces chiffres ne prennent pas en compte les activités criminelles, comme le trafic de drogue*).

D'autres calculs font état d'un chiffre bien supérieur de 15 %. Partout, le travail illégal est répandu dans des secteurs comme le bâtiment, les travaux domestiques, l'hôtellerie, la réparation automobile ou la confection, avec des cascades de sous-traitants offrant leurs services à des prix battant toute concurrence.

Certains pays comme la Grèce et l'Italie sont des pays de référence en matière d'économie souterraine.

En Italie, on estime qu'un cinquième de la main-d'œuvre travaille au noir et qu'un quart du PIB italien échappe à tout contrôle du fisc. Après avoir été une valve de sécurité pour absorber les excédents de main-d'œuvre, le secteur informel est devenu une composante structurelle de l'économie italienne, permettant d'assurer une partie de la croissance du pays. Dans le cas de l'Italie, d'autres facteurs sont en jeu : certaines entreprises, notamment dans le sud du pays, paient déjà un tribut à la Mafia* et ne peuvent plus payer leurs impôts à l'État.

Globalement, le travail au noir est le plus fréquent dans les pays à fort taux de taxation et de prélèvements. Les États-Unis et la Suisse, où la pression fiscale et le poids des prélèvements sociaux sont relativement faibles, ont une économie clandestine moins développée que l'Europe des Quinze. L. D.

Le travail au noir : une affaire qui marche

Les activités non déclarées dans plusieurs pays de l'OCDE, en % du PIB, 1998

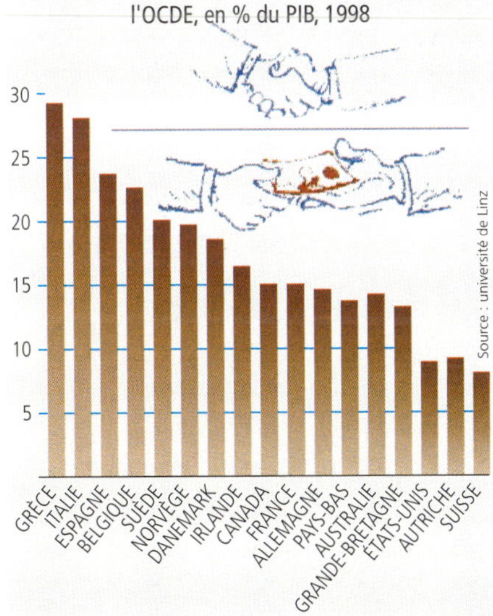

Économie du travail

Partie de la science économique traitant de l'analyse des relations qui se nouent autour de l'achat et de la vente des services du travail.

L'économie du travail s'interroge sur les facteurs qui déterminent les niveaux de l'emploi* et du chômage*, les salaires et leur structure, les conditions de travail, la durée du travail, etc. M. S.

Écu
(en anglais, European Currency Unit)

Nom donné à l'embryon de monnaie européenne à partir du lancement du Système monétaire européen (SME) en 1979. Il a officiellement disparu avec le lancement de l'euro, en 1999.

L'écu était l'unité de compte de la Communauté économique européenne, servant peu d'instrument de réserve ou d'échange. Il avait un cours quotidien sur les marchés, mais comme un simple panier de monnaies. Il n'existait ni pièces ni billets en écus. Lors de la création de la monnaie unique européenne, l'écu a été remplacé par l'euro. Le nom n'a pas été donné à l'euro notamment parce que, en allemand, écu signifie vache *(eine Kuh)*. F. L.

➔ *Euro, Union européenne*

Edison (Thomas)

Inventeur américain (1847-1931) du phonographe et de la lampe à incandescence.

Vendeur de journaux à l'âge de douze ans, Thomas Edison fit preuve d'un génie créatif exceptionnel : il inventa en 1864 un télégraphe permettant de faire passer simultanément deux messages de sens inverses sur un même fil, puis fonda son usine de matériel télégraphique en 1876. Il inventa le phonographe (parallèlement au Français **Charles Cros**), la lampe électrique à incandescence (1877), qui allait révolutionner l'éclairage domestique et créer une industrie nouvelle, et le Kinétoscope (1890), précurseur du cinématographe, que les frères Lumière mettront au point en 1895. En 1896, il fonda l'Edison Film Company, créa en 1908 un grand trust cinématographique (la Motion Pictures Patent Corporation) et avait déjà construit un véritable empire industriel dans ce secteur avant 1914. P. B.

Éducation
Voir dossier p. 216

Effet

Voir **Cliquet (effet de), externe (effet), levier (effet de), revenu (effet), substitution (effet), (T. B.) Veblen**

Effet de commerce

Document constituant une créance négociable et cessible par voie d'endossement (signature au dos). Les principaux effets de commerce sont la lettre de change (ou traite), le billet à ordre et le chèque*.*

• La **lettre de change** est représentative d'un échange de marchandises et fait intervenir trois parties : le tireur, qui donne l'ordre de payer, le tiré, qui reçoit généralement les marchandises et qui doit payer, et le bénéficiaire, qui livre les marchandises et reçoit en contrepartie la lettre en paiement. Dans la pratique, le bénéficiaire est aussi le tireur.

• Le **billet à ordre** est une promesse de payer à terme qui ne comporte que deux signatures : celle du débiteur (qui est à la fois tireur et tiré) et celle du bénéficiaire.

La lettre de change et le billet à ordre peuvent être conservés jusqu'à leur échéance, ou cédés, ou

Edison
Thomas Edison (1847-1931) dictant un ordre dans son laboratoire avec son téléscribe, en 1914. Inventeur de génie, il fut aussi un homme d'affaires avisé, figure parfaite du capitalisme américain.

encore escomptés (c'est-à-dire échangés auprès d'une banque contre des liquidités, moyennant le paiement d'un agio*).
Ce sont donc à la fois des instruments de règlement, de crédit et de trésorerie. Le chèque, par contre, n'est qu'un instrument de règlement, puisque celui qui le reçoit peut disposer immédiatement de liquidités, sans délai et sans frais, en le déposant à sa banque. J. R.

Efficacité marginale du capital

Terme désignant chez Keynes le taux de rendement* anticipé de l'investissement*.*

Ce taux est calculé en comparant le coût du projet d'équipement avec les revenus futurs prévus par l'entrepreneur. Ceux-ci doivent être « actualisés », c'est-à-dire exprimés en valeur de l'année où l'investissement a lieu, pour pouvoir les comparer au coût de cet investissement.
Le taux d'efficacité marginale du capital est donc sensible à l'état d'esprit plus ou moins optimiste des milieux d'affaires. Dans une logique d'arbitrage*, l'investissement n'est effectué que si son efficacité marginale est supérieure au taux d'intérêt*, car ce dernier représente soit le coût du financement externe de l'investissement si l'investisseur emprunte, soit ce qu'il pourrait gagner en plaçant son capital plutôt que d'acheter de nouveaux équipements productifs. P. L.

➔ *Accumulation, actualisation, anticipation, capital, incertitude, retour sur investissement*

Dossier

L'éducation des hommes apparaît comme l'un des ressorts essentiels du dynamisme économique. La hausse de la productivité du travail, permise par l'augmentation du niveau de formation des actifs, est facteur d'une meilleure compétitivité des entreprises au sein de l'espace économique mondial. Aussi l'État français consacre-t-il son plus gros budget aux dépenses d'éducation : près de 400 milliards de francs en 1999.*

Éducation

L'éducation peut être comparée à un investissement au service de la firme ou de l'économie nationale. Si l'investissement matériel sous la forme d'achat de machines autorise un développement des capacités de production, l'investissement dans la formation des hommes accroît l'efficacité du facteur travail.

Les économistes classiques*, fondateurs de l'économie politique, ne s'y sont pas trompés. Adam Smith*, dans ses *Recherches sur la nature et les causes de la richesse des nations,* effectue, dès la fin du XVIIIe siècle, une comparaison entre la formation du capital technique et l'instruction des hommes : « Un homme qui a dépensé beaucoup de temps pour se rendre propre à une profession qui demande habileté et expérience peut être comparé à une de ces dispendieuses ma-chines. » Aussi le fondateur de l'école classique anglaise recommandait-il la création d'une école dans chaque paroisse britannique.

L'éducation obéit aussi à un calcul économique

Plus proche de nous, l'économiste américain **Gary Becker**, né en 1930 et prix Nobel d'économie en 1992, développe la théorie du capital humain*. Le facteur travail peut être assimilé à un capital. L'éducation devient alors la base d'un investissement immatériel, ou investissement intellectuel, dont la finalité est de produire et de reproduire le « stock » de capital humain. Les dépenses de formation des hommes apparaissent alors comme l'une des composantes clés de l'augmentation de la productivité* des entreprises et, par consé-

Un milliard d'élèves dans le monde

Niveaux d'études, en millions d'individus

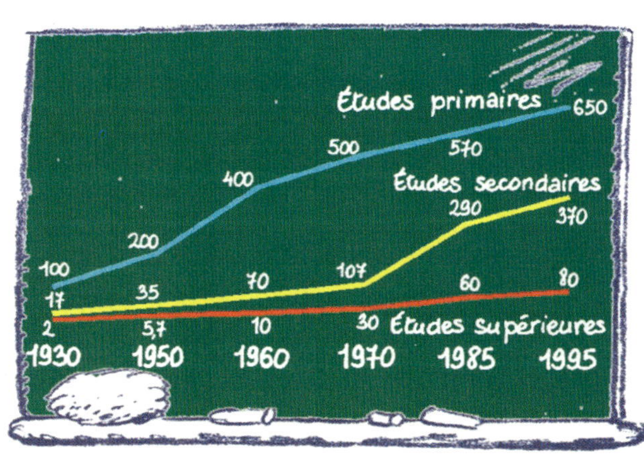

Baccalauréat : le niveau monte

Proportion de bacheliers dans une génération

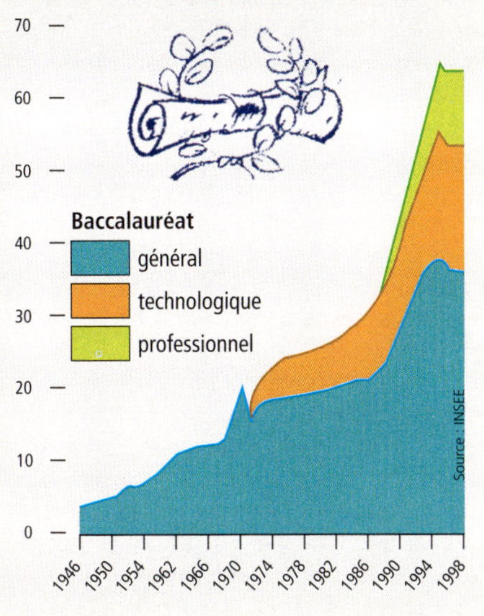

quent, de la compétitivité des économies nationales dans le cadre d'une économie aujourd'hui mondiale.

L'investissement en capital humain peut se définir comme l'ensemble des stratégies destinées à l'amélioration des performances des individus dans le cadre de l'exercice productif. Dans la plupart des cas, cet investissement est entendu en termes de formation, qu'il s'agisse de la formation initiale (la période scolaire et universitaire) ou de la formation professionnelle, qui prend place durant la période d'activité du salarié. En effet, dans une perspective individuelle, un individu peut prolonger ses études au-delà du seuil de scolarité obligatoire (fixé en France à 16 ans), afin d'obtenir les savoirs et les savoir-faire professionnels nécessaires à son insertion sur le marché de l'emploi. Dans un cadre collectif, les salariés d'une entreprise peuvent être invités à suivre des enseignements, dits de formation permanente, afin d'actualiser leurs connaissances dans leur domaine professionnel respectif. À un niveau encore plus large, cette fois macroéconomique, les responsables gouvernementaux peuvent juger utile d'accroître les budgets éducatifs, de façon à améliorer le niveau de compétences de la main-d'œuvre nationale, eu égard aux besoins présents et futurs des entreprises.

L'investissement en capital humain est déterminé par un calcul économique analogue à celui qui préside à l'investissement matériel. Lorsqu'un chef d'entreprise décide de se procurer de nouveaux biens de production, il effectue un calcul de rentabilité concernant le nouvel investissement. Pour que ce dernier puisse être productif, il est nécessaire que les profits escomptés soient, à terme, supérieurs aux coûts de l'investissement (achat de matériel, coût des emprunts). Il en va de même pour les investissements immatériels. Les dépenses sont mises en relation avec les gains futurs. Un étudiant, ou sa famille, acceptera le paiement de trois années de droits de scolarité dans une grande école dans la mesure où l'obtention d'un titre prestigieux confère à son détenteur une plus sûre insertion dans le marché du travail et un salaire qui viendra compenser les frais de scolarité engagés. Il en est de même pour l'entreprise qui accepte de financer un supplément de formation pour ses salariés.

Si les dépenses d'éducation apparaissent comme l'une des clés de la réussite sur le plan individuel ou dans le cadre de l'entreprise, la formation des hommes est un des facteurs de la croissance économique des économies nationales. Les études relatives aux origines de la croissance durant les Trente Glorieuses* mettent en avant l'importance de l'éducation dans le niveau de productivité atteint par le travail

Le coût de la rentrée, 1999

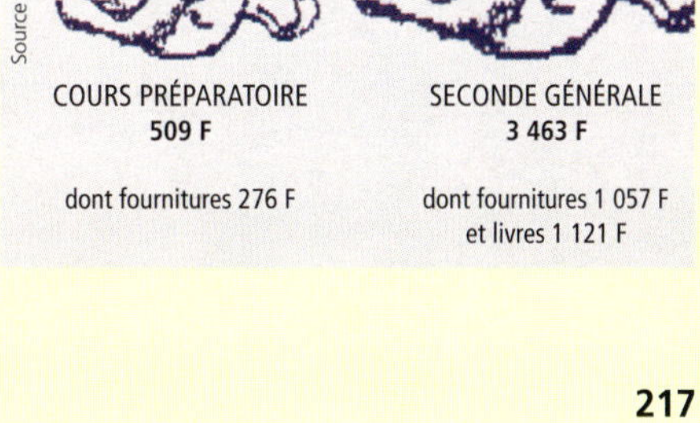

COURS PRÉPARATOIRE
509 F

dont fournitures 276 F

SECONDE GÉNÉRALE
3 463 F

dont fournitures 1 057 F
et livres 1 121 F

humain. L'Américain **Edward Denison**, dans *The Sources of Economic Growth in the United States* (1962), identifie les origines de la croissance économique américaine sur la période 1929-1957 à l'augmentation de la production due aux transformations quantitatives et qualitatives affectant les facteurs de production. En ce qui concerne le facteur travail, Denison ajoute aux variations quantitatives de la main-d'œuvre (augmentation de la population active) un paramètre qualitatif, mesuré par le niveau d'éducation. Plus récemment, certains économistes ont montré que la croissance économique était soutenue par l'intervention de l'État. Certains investissements publics, sous forme d'infrastructures, de dépenses d'éducation ou de recherches fondamentales, sont à l'origine d'une augmentation de la production nationale.

Un facteur décisif pour l'ensemble du processus de développement

De même que l'éducation concourt à la croissance économique des pays industrialisés, de même elle est l'une des sources du développement des nations du tiers-monde*. Le développement se définit comme l'ensemble des changements culturels et sociaux qui conditionnent la croissance des ressources, biens et services, nécessaires au bien-être des populations. Pour l'économiste français François Perroux*, le développement suppose de nourrir, de soigner et d'instruire les hommes. L'éducation constitue alors l'un des piliers du développement.

C'est à ce titre que l'indicateur de développement humain (**IDH**), qui permet le classement des nations en fonction de leur niveau de développement, retient comme variable essentielle le niveau d'instruction, défini par le taux d'alphabétisation des adultes et la moyenne des années d'études.

L'éducation agit sur le changement social en transformant les représentations collectives qui peuvent constituer un obstacle au développement économique. Ainsi, certains pays d'Afrique ayant mis en place des programmes de développement économique et social, fondés notamment sur la scolarisation des filles, connaissent une baisse de leur fécondité. Au Kenya, l'indicateur conjoncturel de fécondité (nombre moyen d'enfants par femme) est passé de 7,9 enfants par femme en 1977 à 5,4 en 1993. L'éducation est également à l'origine de la démocratisation des structures sociales, nécessaire au développement. L'élévation du niveau d'instruction moyen permet la mobilité professionnelle, géographique et sociale, qui, à son tour, entraîne l'économie vers le progrès. De surcroît, l'éducation des populations instaure les conditions nécessaires à l'émergence et à la durabilité de la démocratie politique. Il ne peut exister de démocratie pluraliste là où les populations ne peuvent manifester le droit de suffrage. J. - C. D.

➔ *Capital humain, croissance, développement, (F.) Perroux, PIB, productivité*

Éducation
Manifestation de lycéens à Paris en octobre 1999. Premier budget de l'État avec près de 24 % des dépenses, l'Éducation nationale demeure le ministère le plus en butte à la critique de ses administrés, élèves comme enseignants et parents.

Efficience

Utilisation optimale des facteurs de production.

Pour une entreprise, il existe en général plusieurs moyens de produire un bien donné, en utilisant des facteurs de production différents ou en les combinant de façons différentes. Produire de façon non efficiente implique un gâchis des disponibilités. Si une entreprise, en organisant autrement sa production, en affectant autrement les emplois ou après en avoir supprimé un certain nombre, parvenait à produire autant qu'avant, cela prouverait que la production n'était pas efficiente. On conclurait de même si elle avait pu augmenter la production en conservant les mêmes effectifs. F. E.

➔ *Facteur*

Élasticité

Degré de sensibilité d'une variable économique (par exemple, la demande d'un bien) par rapport à la modification d'une autre variable (par exemple, le prix de ce bien).

Si le prix du café augmente de 100 % et que la demande de café diminue de 50 %, on dira que l'élasticité de la demande de ce bien par rapport à son prix (égale à – 0,5) est forte. À l'inverse, au milieu des années 1970, lorsque le prix du pétrole a brutalement augmenté, on a constaté que les automobilistes français ne réduisaient que très faiblement leur consommation d'essence. On a pu dire alors que la demande de pétrole était peu élastique par rapport au prix.

La notion d'élasticité permet de déterminer le degré d'interdépendance des variables économiques : hausse de la consommation et des importations quand le revenu augmente, déplacement de la demande d'un bien vers un autre (par exemple, viande de porc plutôt que viande de bœuf) quand le prix d'un des deux biens change, etc. P. B.

➔ *Dévaluation, substituables*

Électricité

Forme d'énergie qui s'est développée dès la seconde moitié du XIXe siècle, permettant des gains de productivité incommensurables dans toutes les activités humaines.

L'accès à « tout le confort moderne » que permet l'électricité n'a été véritablement général dans les pays développés que vers le milieu du XXe siècle. Aujourd'hui encore, sur les six milliards d'humains, deux milliards n'ont pas accès à l'électricité et n'ont pour se chauffer et cuisiner que du bois ou des excréments d'animaux. À l'opposé, 20 % des habitants de la planète consomment 80 % de l'énergie produite.

L'électricité est considérée à juste titre comme stratégique. En disposer en quantités suffisantes et à bas prix est un élément fondamental du développement économique. Quelques pays comme la France et le Japon, n'ayant pas de ressources énergétiques, ont fait le choix du « tout nucléaire » après le premier choc pétrolier de 1973, qui avait démontré la fragilité de l'approvisionnement de leurs centrales thermiques. Pour réaliser ce programme, Électricité de France (EDF) a dépensé plus de 1 000 milliards de francs en vingt-cinq ans et dispose d'un parc de 58 réacteurs qui fournit plus de 80 % du courant. La France est devenue exportatrice nette de courant et certains considèrent même qu'elle est suréquipée. EDF, monopole parfois considéré comme un « État dans l'État », va de plus en plus devoir se plier à la concurrence imposée par la construction européenne, qu'elle aborde plutôt en position de force.

Les « électriciens » du monde entier doivent aujourd'hui tenir compte des préoccupations d'environnement* : l'opposition aux barrages géants est vive dans des pays comme l'Inde, le nucléaire est sous haute surveillance en raison des déchets toxiques à très longue durée de vie qu'il produit, et tous les pays sont confrontés au problème du rejet dans l'atmosphère du dioxyde de carbone (CO_2).

La production de courant étant essentiellement d'origine fossile et les centrales fonctionnant à partir du pétrole* (fuel), du charbon* et du gaz*,

elles représentent 40 % des émissions de gaz à effet de serre.

Le marché de l'électricité, qui restait très segmenté dans chaque pays, s'est ouvert progressivement à la concurrence. En Europe, l'ouverture a débuté en février 1999. D. G.

➔ *Charbon, environnement, gaz, pétrole*

Embargo

Mesure visant à entraver la libre circulation des biens, ou à isoler économiquement un pays.

À l'origine, le terme d'embargo (signifiant « séquestre » en espagnol) s'appliquait à la saisie des navires ennemis lors d'une déclaration de guerre. L'Angleterre y eut recours à diverses reprises au XVIIIe siècle. D'une façon plus générale, l'embargo désigne des interdits portant sur la fourniture de certains biens à un pays (tel que du matériel militaire) ou sur l'achat de produits exportés par un pays (comme l'achat de pétrole à l'Irak à partir de 1991). L'embargo généralisé conduit à imposer un blocus* au pays visé par ces mesures. P. B.

➔ *Blocus*

Emmanuel (Arghiri)

Économiste grec francophone (né en 1911) auteur de la théorie de l'échange inégal.*

Il a profondément remodelé la pensée marxiste sur le développement*. Les trois ouvrages qu'il a écrits ont suscité des débats tels qu'ils sont tous parus accompagnés d'une postface ou d'une préface rédigée par ses contradicteurs. *L'Échange inégal* (1969), son œuvre la plus connue, traduite dans toutes les grandes langues du monde, déclencha une controverse virulente au sein des théoriciens marxistes. En montrant que l'exploitation du tiers-monde* est le produit de l'écart salarial existant avec les nations développées, et qu'elle s'exerce au profit de l'ensemble de ses membres, classe ouvrière comprise, il remettait en cause le sacro-saint principe de l'« internationalisme pro-létarien ». Il a aussi publié *le Profit et les crises* (1974), où il conteste la « loi des débouchés » (loi de Say*) et explique les crises du capitalisme par l'inégalité entre la valeur de la production et le revenu qu'elle engendre, elle-même due au fait que le profit n'est disponible qu'une fois le produit écoulé. Enfin, dans *Technologie appropriée ou technologie sous-développée* (1981), il prend parti pour l'utilisation des technologies de pointe par les pays du tiers-monde, le plus souvent apportées par les firmes multinationales*, pourtant si décriées par le courant « tiers-mondiste ». J.- M. F.

➔ *Dépendance, échange inégal, périphérie*

Embargo
Boat people cubains cherchant à gagner les États-Unis. Ils sont les premières victimes de l'embargo américain prononcé contre le régime ultra-autoritaire de Fidel Castro.

Ce n'est pas qu'une coïncidence, mais la rencontre du chômage et de l'économie mondialisée a, depuis vingt-cinq ans, modifié le travail, dans son contenu autant que dans ses statuts. Entre l'absence d'emploi, les contraintes nées de la compétitivité et l'introduction des nouvelles technologies, un nouveau paysage se met en place où la précarité et la flexibilité deviennent les maîtres mots avec, pour conséquence, l'évidence de la gestion de l'incertitude, qui constitue une perspective redoutable sur le terrain social. Même si la thèse de la fin du travail paraît outrancière, le plein-emploi ne ressemblera pas non plus à ce qu'il a été. Pourtant, le lien social qu'assure le travail semble nécessaire à l'équilibre de nos sociétés.

Emploi, précarité, chômage

Dans le langage courant, l'emploi désigne à la fois l'exercice d'une activité rémunérée et le poste de travail. Les **emplois atypiques** sont les emplois à temps partiel, les emplois à durée déterminée et l'intérim. Est chômeur, au sens du Bureau international du travail, toute personne en âge de travailler qui ne l'a pas fait, ne serait-ce qu'une heure, pendant une semaine de référence, qui est disponible pour prendre un emploi dans les quinze jours et qui cherche activement un emploi.

Personne ne le nie, l'emploi est reparti. En France, sur le rythme atteint au premier semestre, soit une augmentation de 134 200 pour les effectifs salariés, les résultats de 1999 devront dépasser ceux de 1997 (+ 206 400) et peut-être ceux de 1998 (+ 265 000). Si l'industrie stagne ou continue de perdre un peu d'emplois, globalement, la construction s'est bien redressée et les secteurs des services enregistrent des scores triomphaux (+ 63 500 pour le seul deuxième trimestre de 1999, + 167 000 en un an). Sans aucun doute, le retour d'une croissance soutenue et jusqu'à présent durable explique ces bons résultats. D'autant que le seuil de déclenchement de la création d'emplois s'est sérieusement abaissé, ce qui fait dire que la croissance* est désormais plus riche en emplois.

Moins d'une personne sur deux au travail

Conjointement, le chiffre du chômage baisse, mais dans des proportions moindres, et il y avait encore près de 2,9 millions de deman-

Emploi
Agents d'ambiance dans le métro parisien. Le problème de l'emploi, notamment des jeunes, repose largement sur une inadéquation entre les formations dispensées par le système éducatif et les besoins de l'économie.

deurs d'emploi à la fin septembre 1999. Une vraie amélioration, qui reste toutefois insuffisante au regard d'un drame dont les prémices remontent à 1973. Tenter d'expliquer cette discordance, c'est déjà entrer dans une succession de phénomènes qui, depuis plus d'un quart de siècle, ont bouleversé le monde du travail et le rapport que nous entretenons avec le travail, source quasi exclusive du lien social, ainsi que le rappelle Robert Castel (*Métamorphoses de la question sociale*).

Chaque année, la population active augmente – de 277 000 en 1997, de 246 000 en 1998 –, autrement dit davantage que l'emploi salarié, le seul qui soit en progression puisque les effectifs non salariés sont en diminution constante du fait des agriculteurs, commerçants et artisans, même si le travail indépendant nouveau – le conseil, l'expertise – progresse. À terme, le vieillissement démographique devrait réduire puis supprimer cet écart, mais il reste des tendances de fond qui, elles, pèsent sur la présence au travail de la population française.

Toujours plus élevée, la population active* française (25,9 millions de personnes en 1997) ne représente qu'une part de la population totale, l'une des plus faibles des pays industrialisés, soit 54,4 %, chiffre désignant le taux d'activité. Mais si l'on retient non plus le taux d'activité mais le **taux d'emploi**, qui fixe le rapport entre la population totale et la population active occupée (donc, sans les chômeurs, 22,9 millions de personnes, dont 10,2 millions de femmes, en augmentation régulière), le pourcentage est encore plus mé-diocre : 48,2 % en 1998, moins d'un Français ou d'une Française sur deux.

Au regard du nombre de personnes en âge et susceptibles de travailler, la situation de la France n'a cessé de se dégrader. Se manifestent là des caractéristiques, dont certaines sont historiques ou culturelles, mais qui tiennent également aux politiques publiques. Ainsi, du fait de la poursuite de la scolarité, la tranche des 15-24 ans ne compte que 30 % d'actifs, le score le plus bas de tous les pays de l'OCDE*. À l'autre extrémité de l'éventail, et cette fois en raison des dispositifs de cessation anticipée d'activité, la génération des hommes de 55-64 ans ne comporte plus que 44 % d'actifs et la moyenne d'âge de l'arrêt du travail se situe à 58,5 ans.

La suite se devine aisément. Les 25-54 ans constituent le carré privilégié des actifs, le socle du travail à la française, au point que leur poids dans la population active est passé de 75 % en 1986 à 84 % en 1998. Tandis que les uns sont éloignés de l'emploi, ou écartés prématurément, les autres sont censés s'y consacrer totalement. Ce qui éclaire d'un jour différent le débat sur les 35 heures et donne encore plus de relief au sort des cadres*, qui, en 1995, dernière étude en date, effectuaient en moyenne 46 heures par semaine et ont vu le fossé se creuser avec les autres salariés depuis cinq ans.

La remise en cause du modèle « emploi unique, fixe, garanti et stable »

Observée dans le détail, la réalité est encore plus contrastée, car les chiffres globaux ne rendent pas compte de l'éclatement du travail et des formes d'emploi, sous l'effet, conjoint, de la précarité et de la flexibilité*. Indissolublement liés, ces deux phénomènes sont dus à la longue déstructuration du marché du travail, provoquée par le chômage, et aux besoins d'adaptation nés à la fois de la compétitivité exigée par la mondialisation de l'économie et de l'introduction, massive et simultanée, des nouvelles technologies. Une déferlante aux multiples causes, donc, qui a remis en cause bien des schémas établis pendant la période précédente, et dont l'ampleur ne cesse de façonner autrement la société de demain.

La croissance, mère des emplois

Évolution du PIB en volume et création d'emplois depuis 1990

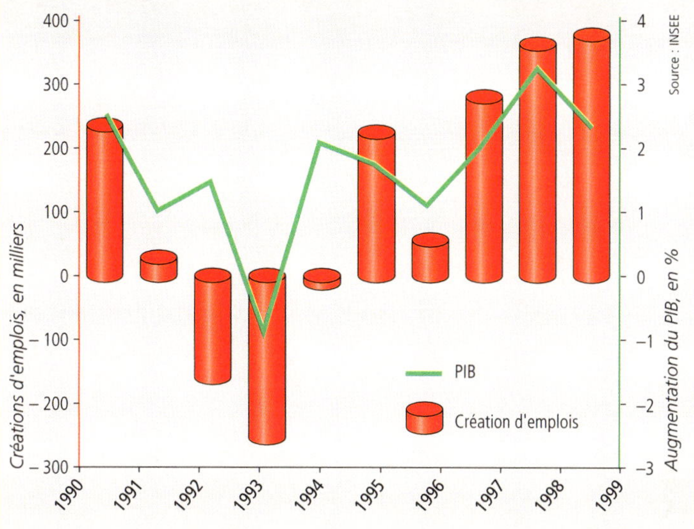

Avec la reprise de 1997-1999, le contrat à durée indéterminée (CDI*) a certes bénéficié d'un regain, puisqu'il y en a eu 2 % de plus en 1998, et, pour la première fois depuis cinq ans, le nombre de contrats à durée déterminée (CDD*) a enregistré une baisse. Mais ce ralentissement ne change en rien l'orientation : en début d'année, la part des contrats à durée déterminée dans les recrutements s'élevait à 68 % ; elle était encore de 66 % en janvier 1999. De même, l'**intérim** s'est développé à la faveur de la crise de l'emploi et le recours à cette forme particulièrement souple d'emploi s'est avéré être un moyen commode pour faire face aux fluctuations de l'activité. Quand la conjoncture faiblit, le volume du travail temporaire diminue ; quand l'économie paraît se redresser, la prudence des chefs d'entreprise les amène à embaucher d'abord des intérimaires, mais on constate aussi que de gros employeurs en conservent toujours un volant, précisément pour se prémunir de la prochaine difficulté.

Ce qui s'est passé ces dernières années est éclairant à ce propos. Alors qu'on comptait 287 000 intérimaires selon la photographie instantanée de l'en-quête emploi de mars 1995, on en dénombrait 447 000, selon la même méthode, en janvier 1999. Entre-temps, le secteur d'activité des agences d'intérim a connu des hausses annuelles de 20 à 30 % et, en 1998, plus de dix millions de missions ont été effectuées, pour une durée moyenne de quinze jours, qui ont fatalement concerné une population plus large que ne le laissent supposer les photographies instantanées. Depuis, et notamment au deuxième trimestre de 1999, un tassement semble se produire, comme si la poursuite de la croissance autorisait une prise de risque un peu plus forte.

Un mouvement identique s'observe à propos du **travail à temps partiel**, qui a connu une progression spectaculaire au début des années 1990 (pour se stabiliser quelque peu ensuite). Ce qu'on appelle le travail à temps partiel subi ou contraint, parce que les salariés qui le pratiquent auraient voulu travailler davantage et n'ont pas été en mesure de le faire, aurait en particulier marqué le pas, entraînant un léger recul du sous-emploi.

Une fois encore, la reprise économique peut justifier une telle inflexion, ainsi que la perspective des 35 heures. Il n'empêche que les exonérations de charges en faveur du temps partiel – fixées par **Pierre Bérégovoy** en 1992 à 50 % et maintenues, mais ramenées à 30 %,

Le travail précaire augmente plus vite que l'ensemble de la population active

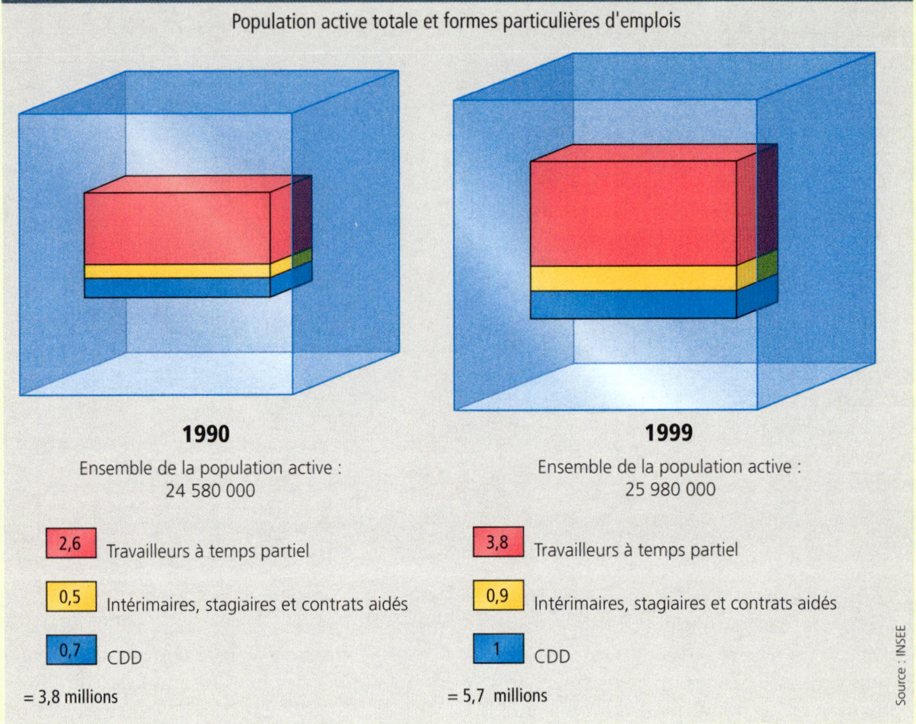

depuis, par **Édouard Balladur**, **Alain Juppé** et **Lionel Jospin** – ont servi de rampe de lancement. Jusqu'alors, en effet, la France se situait, sans parler du cas exceptionnel des Pays-Bas, dans le peloton de queue des pays qui utilisaient le travail à temps partiel, instrument de flexibilité s'il en est, notamment dans le secteur des services et, plus particulièrement, dans les domaines du commerce. Depuis, le retard a été largement comblé puisque 17,2 % des salariés travaillent à temps partiel, dont 31,7 % de femmes.

Contrats à durée déterminée, intérim et travail à temps partiel participent à l'évidence de la recomposition du marché du travail et à sa précarisation. Ils ne sont pas les seuls, tant et si bien que l'observation par le biais du prisme de l'emploi en équivalent temps plein – commode statistiquement –, et non celle des effectifs réellement employés pour des durées variables, ne rend plus compte des situations concrètement vécues. On peut travailler un minimum d'heures, être considéré comme un actif occupé, et pourtant disposer de revenus inférieurs au seuil de pauvreté. Le cas extrême des *working poors**, ou travailleurs pauvres, ne se constate pas qu'aux États-Unis, et tout le débat sur les minima sociaux, en France, témoigne du développement préoccupant de cette catégorie.

Autour du noyau dur du salariat à temps plein et à durée indéterminée, selon un modèle qui a bien fonctionné entre la Libération et le début des années 1970, pendant ce que Jean Fourastié a appelé les Trente Glorieuses*, se sont progressivement installées, en cercles concentriques, des formes plus ou moins dégradées d'emploi qui entretiennent une relation, distendue ou non, avec le travail. On y trouvera le travail indépendant, qui semble être le fait majoritaire des cadres ou experts en fin de carrière, mais également les statuts les plus précaires, stagiaires de la formation en alternance ou apprentis par exemple, ainsi que, au bout du bout, les bataillons secrets des travailleurs au noir.

Il est bien entendu délicat de mesurer l'étendue d'un tel bouleversement. À son propos, l'INSEE parle de l'emploi et de son « halo », que, faute de mieux, les chercheurs chiffrent entre 10 et 15 % de la population active.

Une panoplie de mesures variées pour tenter d'accompagner un mouvement irréversible

Quoi qu'il en soit, et parfois à leur corps défendant, les politiques publiques en faveur de l'emploi participent de la dynamique du mouvement en cours. Hors baisses des charges pour les bas salaires, les dépenses pour l'emploi interviennent pour 318 milliards de francs dans le budget de l'État (219 milliards de francs en 1990). En leur sein, 62 milliards ont été consacrés à l'emploi marchand aidé, ou à l'emploi non marchand aidé, correspondant à 2,26 millions de personnes en 1998.

Dans cet ensemble cohabitent la plupart des dispositifs inventés ces dernières années pour des publics ciblés, les contrats de la formation en alternance mais aussi les contrats de retour à l'emploi (**CRE**) ou les contrats d'initiative pour l'emploi (**CIE**), pour les chômeurs âgés, les contrats emploi solidarité (**CES**) et les contrats emploi consolidés (**CEC**), ainsi que les emplois de ville ou les emplois jeunes (160 000 depuis leur création). Au voisinage figurent les emplois familiaux, soutenus par une déduction fiscale attrayante et, moins perceptibles, les chômeurs qui travaillent plus de 78 heures dans le mois.

Ici, un arrêt s'impose. Parmi les actifs occupés figurent désormais, depuis une décision du Conseil d'État de 1995, des demandeurs d'emploi qui, non comptabilisés dans les statistiques du chômage, sont néanmoins inscrits régulièrement à l'ANPE. Sous double statut, plus précaires que les précaires et en nombre croissant, ils constituaient 14 % des listes de l'ANPE en 1998, contre 10 % en 1996, et, du fait de l'extrême volatilité de leur emploi, leur effectif se renouvelle d'un tiers chaque mois. En septembre 1996, ils étaient 320 000 et, en septembre 1999, 522 000...

Au total, c'est donc bien l'emploi qui a changé de nature et, sans doute, de façon durable. Si le plein-emploi doit revenir d'ici dix ans, comme l'espèrent les responsables gouvernementaux, ce ne sera pas sur les bases du passé. On comprend, dès lors, que la place de la valeur travail dans nos existences morcelées en vienne à être interrogée. L'incertitude qui en découle est d'autant plus difficile à supporter que le lien social qu'assure le travail est indispensable à nos sociétés. A. Le.

➔ *CDD, CDI, flexibilité, population active, temps de travail*

Employé

Salarié n'exerçant pas un travail manuel mais n'occupant pas non plus de fonctions d'encadrement ou de direction. Les employés sont parfois appelés « cols blancs », par référence au terme anglo-saxon de « white collar », et par opposition aux ouvriers, les « cols bleus ».

Parmi les fonctionnaires, les policiers et les militaires appartiennent à la catégorie des « employés », telle qu'elle est définie par l'INSEE*. Dans le secteur privé, les salariés travaillant dans les services administratifs, dans les « services directs aux particuliers » en font également partie.

Contrairement aux ouvriers, dont la part est en recul, les employés représentent une proportion légèrement croissante des emplois (près de 29 % du total en 1997, contre 26,05 en 1984). Sous ce vocable, on regroupe des professions très différentes (employés et agents civils de la fonction publique, employés de commerce), mais moins hétérogènes qu'autrefois. À côté de la catégorie des « employés », l'INSEE a créé celle des « **catégories intermédiaires** », qui lui est assez proche. On y retrouve les instituteurs, les techniciens, contremaîtres et agents de maîtrise et certains métiers de la santé. En fait, le mot « employé » est aujourd'hui de plus en plus souvent utilisé comme un terme générique permettant de classer les salariés n'apparaissant ni dans le groupe des ouvriers ni dans celui des cadres.

Parmi les salariés répertoriés par l'INSEE dans la catégorie des employés, on recense une très large majorité de femmes. Celles-ci représentent plus des trois quarts des effectifs, soit près de 6 millions de personnes. Cette prépondérance est particulièrement marquée parmi les employés administratifs d'entreprise et les employés de la fonction publique (plus de 80 %).

Pour l'essentiel, ces emplois sont localisés dans le secteur tertiaire, où se concentre une part essentielle des postes occupés par les femmes. J.-M. N.

➔ *Cadre, métier, ouvrier*

Emprunt

Somme d'argent obtenue à crédit.

En faisant un emprunt bancaire de 1 000 euros, un ménage obtient un crédit* remboursable auprès de sa banque, à une certaine échéance, moyennant le paiement d'un intérêt*. Comme les ménages, les entreprises recourent à l'emprunt bancaire. Les plus grandes entreprises émettent également des emprunts sur les marchés financiers, appelés emprunts obligataires, ou obligations. Toutefois, les plus gros emprunteurs obligataires restent les administrations publiques. A. L.

➔ *Endettement, obligation*

Encadrement du crédit

Instrument de politique monétaire par lequel la banque centrale exerce un contrôle administratif sur la quantité de crédit accordée par les banques.

Utilisée par la Banque de France comme instrument privilégié de la politique monétaire entre 1972 et 1986, cette procédure administrative fixait les normes annuelles d'octroi de crédit pour les banques commerciales. Par exemple, si la norme imposait une progression maximale de 2,5 % pour l'année *n*, une banque commerciale qui avait accordé 100 millions de francs de crédit à sa clientèle l'année *n* –1 ne pouvait pas octroyer plus de 102,5 millions de francs de crédit l'année *n*. Les normes étaient différentes selon les banques et les catégories de crédit. En cas de dépassement des normes, les banques étaient pénalisées par la Banque de France.

Au fil des années, l'encadrement du crédit s'est avéré lourd, complexe et inefficace. La Banque de France lui a substitué le taux d'intérêt* comme instrument de politique monétaire en 1987. A. L.

➔ *Banque, taux d'intérêt*

Encaisse

Somme de monnaie détenue par un agent* économique à un instant donné.*

On distingue l'encaisse nominale, correspondant à la **valeur faciale** (cours légal) des liquidités* détenues (inscrite sur les pièces et les billets), et l'encaisse réelle, qui en exprime le pouvoir d'achat* compte tenu du niveau général des prix*.

Cette détention de monnaie s'explique par la nécessité de disposer d'une encaisse préalable pour régler ses achats. Keynes* a aussi justifié son existence dans une logique d'arbitrage* financier rendant parfois la monnaie, dans sa fonction de réserve de valeur, plus attractive que les placements financiers (actions* ou obligations*).
À la suite de Pigou* et contre Keynes, les néoclassiques* ont estimé que la baisse des prix pouvait avoir un effet de relance* sur l'économie car elle accroît le pouvoir d'achat de l'encaisse réelle des agents et stimule leur demande. Mais, en pratique, cet effet positif d'encaisse réelle est trop faible pour faire sortir l'économie de la dépression* quand les prix baissent trop fortement. P. L.

➔ *Cash-flow, déflation, dichotomie, illusion, liquidité, préférence pour la liquidité, spéculation, thésaurisation*

Enclosures

Système de clôture des terres agricoles anglaises qui bouleversa l'organisation économique des campagnes.

La première vague d'enclosures se produisit en Angleterre durant le XVe siècle, en liaison avec l'essor de l'élevage du mouton. Après l'appropriation des terres d'Église par Henri VIII, dans les années 1540, les clôtures reprirent au XVIIe siècle, quand l'État vendit massivement ses domaines : les nobles et les paysans aisés qui les achetaient matérialisèrent ainsi leur propriété et développèrent à nouveau l'élevage du mouton, pour fournir la laine aux artisans du textile. Cela remettait en cause les vieilles pratiques médiévales de « vaine pâture », l'usage communautaire des sols liés aux *open fields* (champs ouverts), et réduisait ainsi les ressources de la petite paysannerie qui ne pouvait supporter le coût de la clôture.
Le mouvement s'amplifia encore du milieu du XVIIIe siècle jusqu'aux années 1820. Associé au remembrement des terres et aux investissements agraires réalisés par les « fermiers-capitalistes », il permit une hausse importante de la productivité agricole, mais acheva de ruiner les petits paysans : certains d'entre eux filèrent et tissèrent à domicile pour des marchands du textile, d'autres partirent chercher du travail dans les centres urbains. Cela explique l'essor du capitalisme industriel anglais à partir de la fin du XVIIIe siècle. P. B.

➔ *Grande-Bretagne*

Endettement

Opération financière consistant à emprunter une somme d'argent ; somme d'argent ainsi empruntée ; situation financière d'un emprunteur.

Les entreprises, mais surtout les ménages et l'État, financent leur déficit par endettement. L'endettement est bancaire lorsqu'il est effectué auprès d'une banque, et obligataire lorsque l'emprunteur émet un titre lui permettant d'obtenir des fonds qu'il devra rembourser mais qui est négociable sur un marché financier. Le traité d'Amsterdam* impose aux administrations publiques des États européens un taux d'en- dettement inférieur à 60 % du PIB. Le surendettement caractérise un emprunteur ayant des ressources insuffisantes pour rembourser sa dette. A. L.

➔ *Dette*

Ratios d'endettement au sein de l'Union européenne

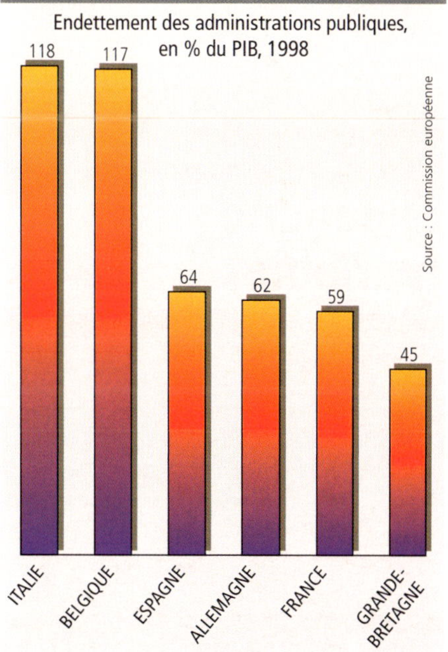

Le surendettement en France

Avec la suppression de l'encadrement du crédit en 1987, l'endettement des ménages français a fortement augmenté au cours des années suivantes. Cet essor s'est traduit pour certains ménages par une situation de surendettement, caractérisée par des ressources courantes insuffisantes pour faire face au remboursement des crédits passés. Au surendettement « actif » de consommateurs compulsifs et imprévoyants s'est ajouté un surendettement « passif », subi par des individus exposés au chômage, au divorce et, plus généralement, à une dégradation de leurs conditions de vie.

Devant cette situation, les pouvoirs publics ont souhaité protéger les ménages les plus fragiles. La **loi Neiertz**, adoptée en 1989, a institué des commissions de surendettement dans chaque département, placées sous l'égide de la Banque de France. Ces commissions établissent la recevabilité des dossiers et proposent le rééchelonnement des échéances de remboursement. En 1998 ont été déposés 118 000 dossiers devant ces commissions, le total sur huit années s'élevant à 730 000.

La loi de lutte contre les exclusions adoptée en 1998 a renforcé la protection des ménages surendettés les plus fragilisés (ceux dont les dettes sont liées aux dépenses vitales) : elle prévoit dans les « cas extrêmes » un effacement total ou partiel des dettes, et permet un rééchelonnement de la dette sur huit années, au lieu de cinq années auparavant.

Endogène (variable)

Variable dont la valeur est déterminée par le modèle qui l'utilise.

Une représentation mathématique de l'économie se compose par définition d'un certain nombre d'équations et d'un certain nombre de variables. Si on compte autant de variables que d'équations, on peut en général résoudre le système et trouver les valeurs de toutes les variables endogènes. Le plus souvent, malheureusement, on compte davantage de variables que d'équations. On considère alors que certaines variables sont exogènes, c'est-à-dire que leurs valeurs doivent être déterminées en dehors du modèle en question.

Un modèle macroéconomique* comporte en général comme variables endogènes les prix, les salaires, le PIB, les exportations, etc. Mais le taux de change, la durée légale du travail, le prix du pétrole, etc., sont généralement des variables exogènes. Leurs valeurs résultent soit d'autres modèles, soit de décisions politiques. F. E.

➔ *Mathématiques, modèle*

Énergie

Force utilisée, à partir des sources naturelles (charbon, gaz, pétrole) et des industries spécialisées (électricité, nucléaire, raffinage pétrolier, etc.), pour faire fonctionner les machines utiles aux individus et à l'industrie.

L'essor économique mondial est largement fondé sur l'utilisation de plus en plus forte des ressources énergétiques de la planète. À cet égard, le XXe siècle a été marqué par trois grandes périodes :

• 1900-1950 : la domination du charbon. À la base de la révolution industrielle en Europe, celui-ci représente encore 94 % de la consommation d'énergie au début du XXe siècle. Avec l'arrivée de l'automobile, il entame un déclin continu pour ne plus représenter que 40 % du total en 1950.

• 1950-1973 : c'est l'époque du pétrole (et du gaz), dont la consommation est multipliée par 5,4 (6,4 pour le gaz). Le choc pétrolier de 1973 met fin à cette phase du « tout pétrole ».

• 1973 et après : l'époque est à la diversification des sources d'énergie (la France jouera, pour sa part, la carte du « tout nucléaire » [84 % de sa production énergétique et 40 % de sa consommation]), mais aussi à l'économie et au respect de l'environnement.

La question est bien posée : le monde peut-il à la fois fournir l'énergie toujours croissante dont l'homme a besoin et supporter les effets sur la nature (réchauffement, effet de serre, pollution) que cette consommation implique ?

Au début du XXIe siècle, la consommation globale d'énergie dans le monde (hors bois de chauffe) était estimée à plus de 8 000 milliards de tonnes d'équivalent pétrole (tep : quantité de chaleur

L'explosion de la consommation d'énergie

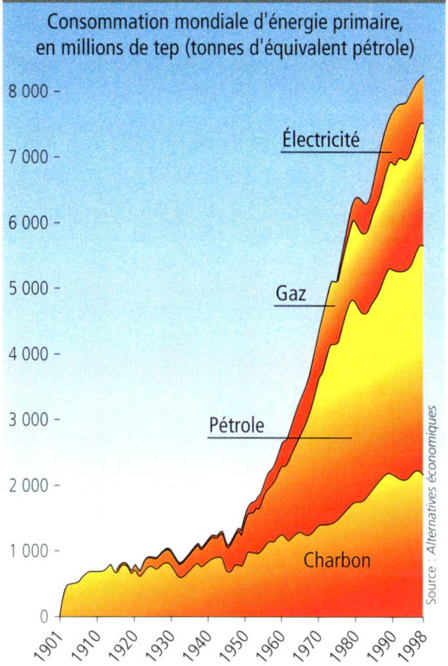

De 1 à 6 : un siècle de consommation d'énergie par habitant en France

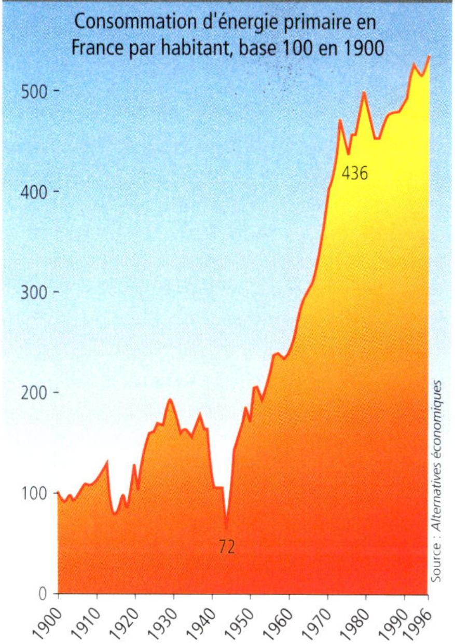

qu'il est possible de recueillir par la combustion parfaite de 1 tonne de pétrole brut). P. B.

➔ *Charbon, environnement, nucléaire, pétrole*

Entrepreneur

Acteur économique qui exerce les fonctions de création et de direction de l'entreprise dans une économie de type capitaliste. L'entrepreneur, ou chef d'entreprise, réunit des ressources, nommées facteurs de production (travail et capital), dans le but de réaliser un produit destiné à la vente sur un marché.

L'entrepreneur est-il devenu une star ? La récente médiatisation des grands chefs d'entreprise, tels Bill Gates* aux États-Unis ou Michel et Michel-Édouard Leclerc en France, a permis de mettre les patrons sur le devant de la scène économique. Juste retour des choses car, sans entrepreneurs, il ne peut exister de croissance économique comme l'avait fait remarquer l'économiste américain Walt Whitman Rostow* en 1960, dans *les Étapes de la croissance économique*.

Les entrepreneurs constituent un groupe social à part entière : ce sont ceux qui cherchent à faire triompher une idée, risquent leurs capitaux et sont animés justement par le fameux « esprit d'entreprise ».

Les fonctions de l'entrepreneur se situent au carrefour des diverses ressources du système économique (terre, travail, biens d'équipement) et des attentes des consommateurs sur le marché des biens et des services. L'entrepreneur réunit les divers facteurs de production au sein de son entreprise*, c'est-à-dire les diverses catégories de travailleurs (ouvriers, employés, cadres) auxquelles s'ajoutent les biens d'équipement (les machines). Il élabore les caractéristiques du produit avant de le commercialiser sur les marchés. Il préside à la réalisation technique du produit, c'est-à-dire qu'il dirige les travaux des agents salariés qui l'assistent dans la création de la production.

L'homme du changement économique

La fonction entrepreneuriale peut prendre des aspects variés. L'économiste français Jean-Baptiste Say* évoque l'existence d'entrepreneurs dans l'agriculture, tels le propriétaire foncier qui met lui-même en valeur son exploitation, ou le fermier, qui travaille la terre d'autrui. Il en est de même en matière commerciale : le négociant qui achète en

France, ou à l'étranger, des denrées pour les revendre sur le marché national est, pour Say, un entrepreneur d'industrie commerciale. La nature du métier d'entrepreneur n'est pas seulement liée à la transformation de matières brutes en produits finis.

L'économiste autrichien Joseph Alois Schumpeter* associe la fonction entrepreneuriale à l'innovation*. En fabriquant un produit nouveau, en introduisant une nouvelle méthode de production, en élargissant les débouchés de la firme, l'entrepreneur est à l'origine du progrès économique. On peut prendre l'exemple du Néerlandais **Anton Philips**, créateur de la célèbre firme d'électronique grand public, qui décida d'exploiter commercialement la lampe à incandescence de l'inventeur américain Thomas Edison*. En France, **Aristide Boucicaut**, fondateur du grand magasin *Au Bon Marché,* sera à l'origine de l'entrée libre dans les magasins. Aux Etats-Unis, Henry Ford* lance en 1908 l'automobile pour tous grâce au fameux modèle T. La fonction entrepreneuriale apparaît comme l'une des fonctions clés du système économique, notamment du système économique capitaliste fondé sur le régime de la libre entreprise. Selon Schumpeter, l'entrepreneur est l'homme du changement économique et l'artisan de la dynamique du système capitaliste. Cependant, l'innovation, entendue comme processus de « destruction créatrice », vient bouleverser les structures économiques existantes et, à ce titre, peut être génératrice de récession économique.

La condition d'entrepreneur n'est pas immuable

Les évolutions qui frappent le système économique capitaliste depuis la fin de la Seconde Guerre mondiale entraînent des transformations dans les structures décisionnelles des entreprises. Les fonctions qui, autrefois, relevaient du seul entrepreneur individuel sont maintenant réparties entre les mains d'un grand nombre de spécialistes. La dépersonnalisation et la bureaucratisation des structures remplacent l'initiative individuelle. L'économiste américain John Kenneth Galbraith*, dans *le Nouvel État industriel* (1967), évoque l'émergence de la technostructure* pour désigner les directeurs salariés de la grande entreprise moderne recrutés en fonction de leurs seules compétences techniques. Le concept de technostructure permet de souligner le passage d'une économie capitaliste, où le pouvoir du propriétaire se confond avec le pouvoir de gestion, à une économie néocapitaliste, caractérisée par la dissociation entre la détention du capital et le pouvoir de gestion. Dans les années 1990, les managers des grandes entreprises sont eux-mêmes de plus en plus soumis aux décisions des financiers, notamment des fonds de pension*, qui privilégient une rentabilité forte du capital (de l'ordre de 15 % annuels), parfois au détriment de stratégies industrielles à long terme et de l'emploi. J.-C. D.

➔ *Cycle économique, (T.) Edison, (H.) Ford, (J. K.) Galbraith, innovation, (J.-B.) Say, (J. A.) Schumpeter, technostructure*

Entreprise

Voir dossier p. 233

Environnement

Voir dossier p. 237

Épargne

Voir dossier p. 241

Équilibre

Situation dans laquelle les décisions des agents économiques sont compatibles entre elles (par exemple lorsque, pour un prix donné, la quantité offerte est égale à la quantité demandée), et qui peut donc se pérenniser.

Le concept a été introduit en économie par référence à la physique. Il est utilisé pour caractériser différentes situations :

• celle d'un **agent***, obtenue lorsque ses choix (en matière de consommation, d'épargne, de travail) peuvent être réalisés, compte tenu d'un niveau donné des prix*. Pour cela, l'agent doit équilibrer son budget, c'est-à-dire veiller au respect de l'égalité entre ses recettes et ses dépenses ;

• celle d'un **marché***, lorsque le prix d'un bien ou d'un service s'établit de façon à ajuster les quantités offertes et demandées. On parle alors d'équilibre par-

tiel marshallien, du nom du Britannique Alfred Marshall* qui a été le premier à développer cette analyse ;

• celle d'une **économie de marchés interdépendants**, quand le système de prix permet d'égaliser simultanément toutes les offres* et toutes les demandes* s'y présentant. C'est la notion d'équilibre général, dit walrasien, car étudié par le Français Léon Walras*.

La notion d'équilibre commune à ces différents cas suppose qu'il n'existe aucune force interne (endogène*, par exemple le niveau des prix ou des salaires) visant à modifier la situation établie, ce qui autorise sa persistance. Mais il s'agit d'un équilibre statique, relatif à un instant du temps.

Une notion centrale pour comprendre les fluctuations de l'économie

Dans un sens un peu différent, cette notion d'équilibre est aussi utilisée dans un cadre dynamique*. On fait référence notamment à la croissance* équilibrée pour désigner un développement harmonieux de l'économie dont toutes les composantes augmentent de façon bien accordée.

Par ailleurs, on distingue les équilibres stables et les équilibres instables selon qu'ils ont tendance ou non à se reformer après une perturbation extérieure (un choc exogène, par exemple une dévaluation). Dans certains cas en effet, une perturbation de l'équilibre peut mettre en jeu des forces qui tendent progressivement à instaurer un déséquilibre (si par exemple la baisse des prix provoque une hausse des quantités produites qui accentue cette baisse, comme dans l'agriculture).

Cette notion d'équilibre a surtout été utilisée par les libéraux pour montrer qu'une économie fondée sur l'initiative privée est viable grâce à la flexibilité* des prix assurant la coordination des choix des agents. Loin de déboucher sur le chaos ou sur l'exacerbation de contradictions internes, comme l'a prédit Marx*, une économie de marché* permettrait ainsi d'éviter l'instabilité connue au cours du XIXe siècle. Par la suite, Keynes* a voulu montrer qu'un équilibre pouvait s'établir sur tous les marchés en même temps sans garantir pour autant le plein-emploi. La notion d'équilibre reste centrale dans les raisonnements pour expliquer les déséquilibres* par rapport à cette situation de référence. P. L.

➔ *Budget des ménages, chômage, libéralisme économique, main invisible, science économique, (R.) Solow, (L.) Walras*

Érosion monétaire

Perte de la valeur d'une monnaie, causée par la hausse des prix.

L'une des fonctions de la monnaie est de constituer une réserve de valeur. Mais cela implique que le prix des marchandises qu'une monnaie donnée peut servir à acheter reste stable. Si ce prix augmente, et si globalement l'ensemble des prix augmentent, ce pouvoir d'achat est amputé d'autant : on parle alors d'érosion monétaire, conséquence de l'inflation*. P. B.

Esclavage

Statut social imposé à des personnes dépourvues de tout droit et soumis au bon vouloir de leur maître.

Le mot esclave vient de *slavus,* terme du latin médiéval désignant les prisonniers slaves vendus par l'empereur Otton Ier au Xe siècle.

Mais l'existence d'un tel droit de propriété exercé sur des individus réduits à l'état de marchandises et utilisables sans limites remonte à la plus haute antiquité. Au temps de l'Égypte pharaonique, des esclaves travaillaient dans les mines, dans les champs et dans les maisons des familles riches. En Grèce, l'essentiel de la production industrielle et agricole était le fait d'esclaves, également employés dans les villes à des travaux de voirie et comme main-d'œuvre par les petits artisans. À Rome, l'esclavage prit également une ampleur considérable, surtout à partir du IIIe siècle av. J.-C. Aux paysans insolvables réduits à l'esclavage pour dettes s'ajouta un nombre croissant d'ennemis vaincus transformés en *servus* (terme latin désignant cette catégorie d'individu sans droits). Les esclaves furent utilisés dans les grands domaines, dans les fabriques et sur les chantiers urbains. Il y aurait eu environ 400 000 esclaves à Rome au début du IIe siècle apr. J.-C.

Du servage au « bois d'ébène »

L'esclavage ne disparut totalement en Occident que durant le Xe siècle, au profit du servage, qui domina à l'époque féodale* (Xe-XVe siècles). Mais le terme de servage, dérivé de *servus,* indique que le serf était le descendant de l'antique esclave, bien qu'il disposât de la jouissance de la terre et de la protection de son seigneur et de l'Église.

L'esclavage réapparut dans les sociétés occidentales au XVIe siècle, quand les Espagnols imposèrent en

Esclavage
Scène du film *Amistad* de Steven Spielberg. Réapparu en Occident au XVIe siècle, l'esclavage a accompagné l'essor des grandes plantations tournées vers l'exportation aux États-Unis et dans les Caraïbes.

Amérique le travail forcé à la main-d'œuvre indigène, et surtout aux XVIIe et XVIIIe siècles dans le cadre du commerce triangulaire* : plusieurs millions de Noirs furent capturés en Afrique et transportés vers les Antilles et le continent américain pour y travailler dans les plantations de café, de coton, de tabac et de canne à sucre.
La traite des esclaves ne fut abolie qu'en 1807 par l'Angleterre et en 1815 par la France, et l'abolition de l'esclavage fut décrétée en 1833 par les Anglais et en mars 1848 par la France, à l'initiative de **Victor Schœlcher**. P. B.

Escompte

Opération financière par laquelle un banquier prête à un commerçant une somme d'argent contre la remise d'un effet de commerce. Le taux d'intérêt appliqué à cette opération est appelé taux d'escompte.

Un commerçant achète des marchandises à un fournisseur et lui remet un effet de commerce (appelé billet à ordre*) par lequel il s'engage à payer à une certaine échéance (par exemple 90 jours).
Si le fournisseur a un besoin urgent de liquidités, il endosse le billet à ordre (il signe au dos) et le présente à son banquier pour escompte. Le banquier lui remet des liquidités en prélevant un taux d'escompte qui couvre le coût de mise à disposition des liquidités, le coût administratif et le coût du risque.
Par l'escompte, le banquier devient détenteur du billet à ordre et demandera au commerçant émetteur du billet le remboursement du prêt à l'échéance.
L'escompte constitue une des sources de financement des entreprises à court terme. A. L.

➔ *Billet à ordre, crédit*

Dossier

Pivot de la vie économique, l'entreprise connaît des évolutions importantes à l'aube du XXIe siècle. Si les PME demeurent indispensables à la bonne santé du tissu économique des nations, les grandes entreprises sont de plus en plus touchées par la mondialisation, la concentration et le pouvoir des actionnaires collectifs.*

Entreprise

L'entreprise est un agent économique qui a pour fonction de produire des biens et des services* en vue de leur vente sur un marché pour obtenir un bénéfice. Il existe des entreprises de dimensions très différentes, des entreprises artisanales jusqu'aux groupes de sociétés à vocation mondiale. Le processus de mondialisation* auquel nous assistons se caractérise par un grand nombre de fusions* entre grands groupes afin d'atteindre une dimension à l'échelle planétaire.

Les entreprises se différencient les unes des autres par leur taille et par leur statut juridique, mais aussi par leur secteur d'activité, leurs performances, leur image de marque et leur culture interne (mode d'organisation, valeurs morales, formes et caractéristiques des produits, bref tout ce qu'on désigne sous le nom de « **culture d'entreprise** »).

Des entreprises artisanales aux multinationales

Les entreprises artisanales sont définies à partir de deux critères : les effectifs salariés et la nature de l'activité économique. Une entreprise artisanale ne doit pas compter plus de 10 salariés. Le chef d'entreprise, son conjoint, les membres de sa famille, de même que les apprentis, ne sont pas comptabilisés en tant que salariés. Le second critère porte sur la nature de l'activité économique et permet de différencier l'artisan du commerçant. La qualité d'artisan suppose l'exercice d'une transformation créatrice, alors que le commerçant revend une marchandise qu'il s'est procurée, sans en modifier les caractéristiques essentielles.

Les petites et moyennes entreprises (PME) ont des effectifs se situant entre 10 et 499 salariés. Les PME sont des entreprises de taille intermédiaire entre l'entreprise artisanale et les grandes entreprises. On évoque souvent, à propos de la PME, l'idée d'entreprise à « taille humaine ». Ce type d'unité de production se caractériserait par une bureaucratie plus réduite, par opposition avec la grande entreprise. Les PME bénéficient d'un certain nombre d'atouts dans la compétition économique, mais leur dimension peut représenter un obstacle à leur insertion dans la compétition mondiale.

Les grandes entreprises ont des effectifs supérieurs à 500 salariés. Elles sont caractérisées par la grande dimension (bénéfices,

Les entreprises championnes du monde

Les 500 premières entreprises mondiales, en nombre et en milliards de dollars, 1996

	Nombre d'entreprises	Chiffre d'affaires	Bénéfices
ÉTATS-UNIS	153	3 321	158
JAPON	141	3 985	30
Total mondial	500	11 378	323

Source : *Statistical Abstract of the United States*, 1996

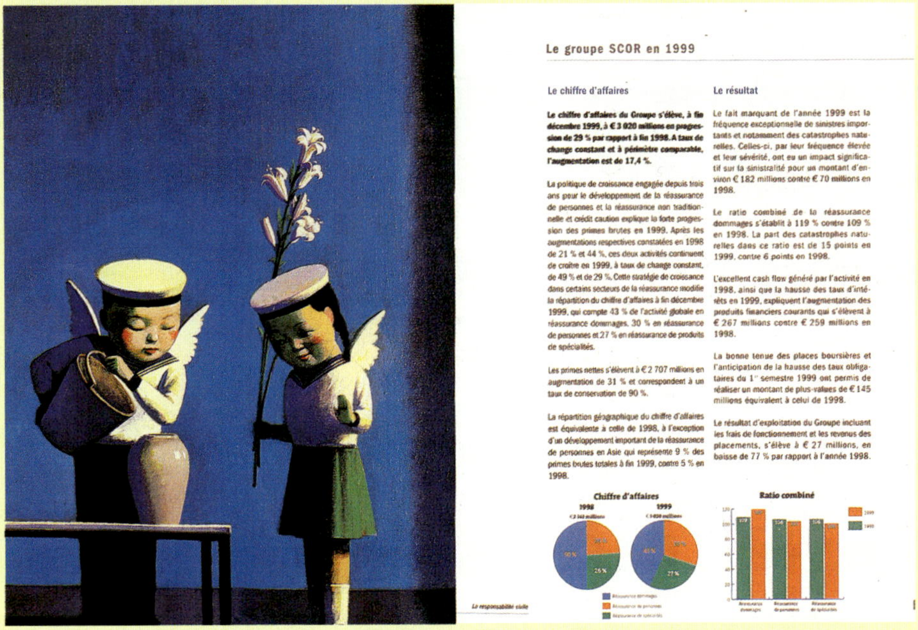

Le groupe SCOR en 1999

Le chiffre d'affaires

Le chiffre d'affaires du Groupe s'élève, à fin décembre 1999, à € 3 020 millions en progression de 29 % par rapport à fin 1998. A taux de change constant et à périmètre comparable, l'augmentation est de 17,4 %.

La politique de croissance engagée depuis trois ans pour le développement de la réassurance de personnes et la réassurance non traditionnelle et crédit caution explique la forte progression des primes brutes en 1999. Après les augmentations respectives constatées en 1998 de 21 % et 44 %, ces deux activités continuent de croître en 1999, à taux de change constant, de 49 % et de 29 %. Cette stratégie de croissance dans certains secteurs de la réassurance modifie la répartition du chiffre d'affaires à fin décembre 1999, qui compte 43 % de l'activité globale en réassurance dommages, 30 % en réassurance de personnes et 27 % en réassurance de produits de spécialités.

Les primes nettes s'élèvent à € 2 707 millions en augmentation de 31 % et correspondent à un taux de conservation de 90 %.

La répartition géographique du chiffre d'affaires est équivalente à celle de 1998, à l'exception d'un développement important de la réassurance de personnes en Asie qui représente 9 % des primes brutes totales à fin 1999, contre 5 % en 1998.

Le résultat

Le fait marquant de l'année 1999 est la fréquence exceptionnelle de sinistres importants et notamment des catastrophes naturelles. Celles-ci, par leur fréquence élevée et leur sévérité, ont eu un impact significatif sur la sinistralité pour un montant d'environ € 182 millions contre € 70 millions en 1998.

Le ratio combiné de la réassurance dommages s'établit à 119 % contre 109 % en 1998. La part des catastrophes naturelles dans ce ratio est de 15 points en 1999, contre 6 points en 1998.

L'excellent cash flow généré par l'activité en 1998, ainsi que la hausse des taux d'intérêts en 1999, expliquent l'augmentation des produits financiers courants qui s'élèvent à € 267 millions contre € 259 millions en 1998.

La bonne tenue des places boursières et l'anticipation de la hausse des taux obligataires du 1er semestre 1999 ont permis de réaliser un montant de plus-values de € 145 millions équivalent à celui de 1998.

Le résultat d'exploitation du Groupe incluant les frais de fonctionnement et les revenus des placements, s'élève à € 27 millions, en baisse de 77 % par rapport à l'année 1998.

Entreprise
Extrait du rapport annuel 1999 du groupe SCOR. Sous la pression des nouvelles règles de l'économie internationale et des marchés financiers, les entreprises soignent de plus en plus leur communication et l'information de leurs actionnaires.

chiffre d'affaires, capitaux investis) et sont, le plus souvent, présentes dans plusieurs pays : ce sont alors des firmes multinationales* (FMN). Les entreprises multinationales sont à l'origine de l'accroissement des échanges internationaux et participent au phénomène de mondialisation des économies.

Les entreprises selon le statut juridique

Les entreprises individuelles sont le cas de figure le plus fréquent pour les petites entreprises qui réunissent des facteurs de production (travail, capital) en dimension limitée. Il y a association du pouvoir de propriété et de décision. Le propriétaire-décideur est responsable des dettes contractées par l'entreprise : la responsabilité de l'entrepreneur individuel est illimitée. Cependant, pour assouplir la responsabilité financière de l'entrepreneur individuel, le législateur a créé en 1985 l'entreprise unipersonnelle à responsabilité limitée (**EURL**). Dans ce nouveau type juridique d'entreprise, l'entrepreneur individuel n'est responsable qu'à la hauteur de ses apports dans l'entreprise. Le capital minimal nécessaire à la création d'une entreprise unipersonnelle à responsabilité limitée est de 50 000 francs.

Les sociétés de personnes regroupent plusieurs formes juridiques, notamment les sociétés en nom collectif (**SNC**) et les sociétés à responsabilité limitée (**SARL**). Les apporteurs de capitaux sont associés, ils possèdent des parts sociales du capital de l'entreprise. La différence entre ces deux structures d'entreprise résident dans leur degré de responsabilité à l'égard des tiers en cas de faillite. Dans le cas de la société en nom collectif, la responsabilité des associés est illimitée et tous les associés sont solidaires. Dans le cadre de la SARL, la responsabilité des associés (de 2 à 50) est limitée à leurs apports.
Les sociétés de capitaux ont été créées pour réunir les capitaux nécessaires au financement de l'investissement dans des entreprises de grande dimension. Les sociétés de capitaux comprennent les sociétés en commandite par actions et les sociétés anonymes. La loi du 24 juillet 1867 consacre une place croissante à la société anonyme au détriment des sociétés en commandite par actions. En effet, elle supprime l'autorisation gouvernementale requise auparavant pour leur constitution. La société anonyme rassemble au moins sept actionnaires. La responsabilité est limitée aux apports de chaque actionnaire, c'est-à-dire à la valeur des

actions qu'il possède. Les actionnaires perçoivent un revenu, le dividende, qui est déterminé par les résultats de l'entreprise et par la stratégie du conseil d'administration de la firme. Les actionnaires peuvent, à tout moment, quitter la firme, en cédant leurs actions sur le marché financier.

La croissance des entreprises

Les entreprises peuvent accroître leur dimension par la **croissance interne** grâce à l'investissement*, qui permet de renouveler et d'augmenter les ressources en capital des entreprises. Cependant, la croissance des firmes s'opère aujourd'hui davantage par un processus de **croissance externe**, ou concentration, c'est-à-dire par l'achat d'entreprises déjà existantes. On distingue trois formes de concentration.

La **concentration horizontale** réunit des entreprises qui réalisent le ou les mêmes produits. L'année 1999 sera marquée par la fusion de deux grandes banques, la Banque nationale de Paris et Paribas. Aujourd'hui, BNP-Paribas est la sixième banque mondiale. L'objectif recherché, en matière de concentration horizontale, est l'augmentation de la position stratégique d'une entreprise par rapport à ses concurrents. Il s'agit de réduire les contraintes issues de la concurrence et d'acquérir une position dominante sur le marché mondial.

La **concentration verticale**, ou intégration, se caractérise par la réunion d'entreprises dont les activités se situent à des stades différents d'une même filière de production. Une entreprise de transformation cherchera à prendre le contrôle d'une autre entreprise spécialisée dans l'extraction ou le traitement des matières premières. La concentration verticale vise l'indépendance vis-à-vis des fournisseurs et des clients, et la réduction des coûts de production.

La concentration par diversification, ou **concentration conglomérale**, réunit et organise des entreprises dont les activités économiques n'ont aucun point commun d'un point

Créer une entreprise : un rêve difficile

Ensemble et % en 1998

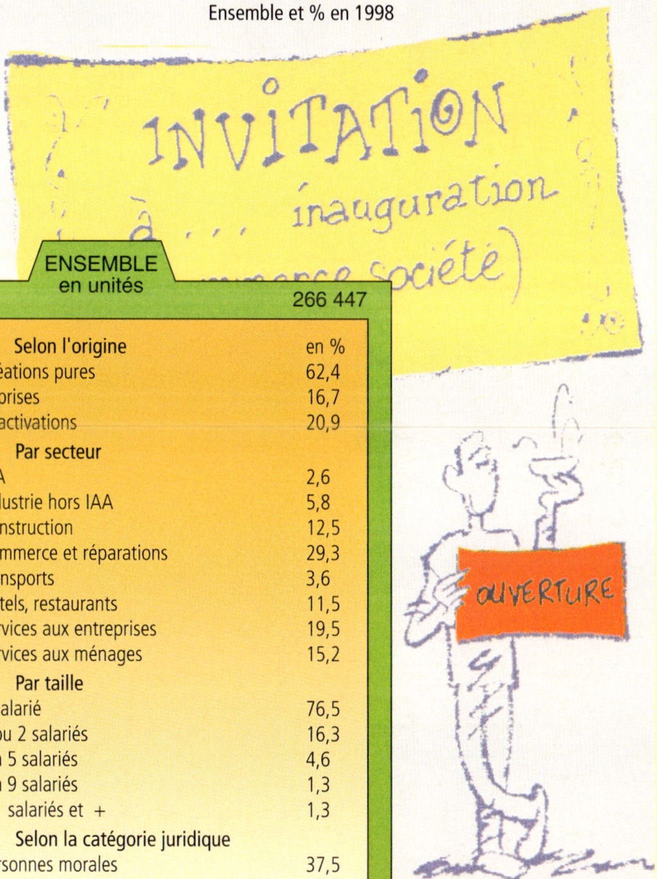

ENSEMBLE en unités	266 447
Selon l'origine	en %
Créations pures	62,4
Reprises	16,7
Réactivations	20,9
Par secteur	
IAA	2,6
Industrie hors IAA	5,8
Construction	12,5
Commerce et réparations	29,3
Transports	3,6
Hôtels, restaurants	11,5
Services aux entreprises	19,5
Services aux ménages	15,2
Par taille	
0 salarié	76,5
1 ou 2 salariés	16,3
3 à 5 salariés	4,6
6 à 9 salariés	1,3
10 salariés et +	1,3
Selon la catégorie juridique	
Personnes morales	37,5
Personnes physiques	62,5

L'hôtellerie, restauration en tête

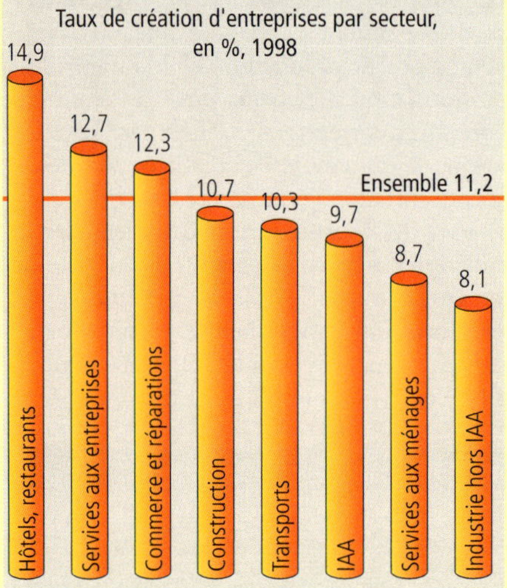

de vue technique. L'intérêt stratégique attaché à la formation de conglomérat est triple :

- accroître l'indépendance de la firme en évitant une spécialisation unique face à l'incertitude des marchés ;
- bénéficier d'une rentabilité différentielle dans la mesure où des pertes associées à la réalisation de certains produits peuvent être compensées par des bénéfices dans d'autres activités ;
- s'adjoindre des activités économiques dans les secteurs les plus rentables. Tel est le cas de Vivendi (ex-Générale des eaux). Cette entreprise, créée en 1853, a réussi à dépasser ce qui faisait le métier d'origine du groupe en se recentrant sur la communication : acquisition de 30 % du capital d'Havas (et donc premier actionnaire de Canal Plus), téléphonie mobile avec sa filiale Cegetel, seule entreprise qui puisse rivaliser avec France Télécom.

Le processus de concentration est à l'origine de la constitution de groupes de sociétés. Un groupe est un ensemble d'entreprises dont les principales décisions ou les grandes orientations stratégiques sont, ou peuvent être, coordonnées par un même centre de décision. Un groupe est constitué par une société mère (ou société dominante) détenant des participations dans d'autres sociétés, qui sont ses filiales lorsque la société mère possède plus de 50 % du capital de la société contrôlée. On parle de participation lorsque la société mère détient moins de 50 % du capital de l'entreprise contrôlée. Les participations d'un groupe peuvent être gérées par une société holding* dont l'activité est purement financière. J.-C. D.

➔ *Investissement, firmes multinationales, OPA*

Les modalités financières de la concentration des entreprises

La cession directe d'actions résulte d'une entente entre les dirigeants ou les principaux actionnaires de sociétés qui désirent réaliser un regroupement de leur patrimoine quelles que soient les techniques de regroupement sociétaire (fusion ou prises de participation).

L'offre publique d'achat (**OPA***) est une procédure boursière qui permet à une entreprise de prendre le contrôle total, ou partiel, d'une autre entreprise, déjà cotée sur le marché. L'entreprise acheteuse offre alors aux actionnaires de l'entreprise ciblée par l'OPA l'achat de leurs titres à un prix plus élevé que les derniers cours cotés. Il s'agit, bien évidemment, d'une très bonne opération pour les petits porteurs, qui sont dédommagés en espèces. L'offre publique d'échange (**OPE**) consiste à proposer aux actionnaires de la société ciblée par l'OPE l'échange de leurs actions contre celles de l'entreprise attaquante. Contrairement à l'offre publique d'achat, l'OPE repose, presque systématiquement, sur un consensus entre les états-majors des deux firmes.

Les 10 premiers groupes mondiaux (CA 1998, en milliards de dollars)

General Motors (États-Unis) automobile (161 315)
DaimlerChrysler (Allemagne) automobile (147 745)
Ford Motor (États-Unis) automobile (142 666)
Royal Dutch-Shell (Pays-Bas et Grande-Bretagne) pétrole (138 274)
Wal-Mart (États-Unis) distribution (137 634)
Exxon (États-Unis) pétrole (117 772)
Mitsui (Japon) conglomérat (107 228)
Mitsubishi (Japon) conglomérat (105 082)
Itochu (Japon) conglomérat (102 010)
General Electric (États-Unis) conglomérat (100 469)

Depuis une quinzaine d'années, la conscience écologique s'est installée comme une des principales structures mentales des sociétés modernes. Derrière les catastrophes qui se produisent à intervalles réguliers – marées noires, fuites de radioactivité, maladie de la « vache folle » –, l'opinion publique découvre l'ampleur des dégâts provoqués par notre mode de développement. Les grands équilibres de la biosphère sont rompus par l'action humaine : la couche d'ozone s'amincit, l'augmentation de l'effet de serre menace la planète d'un changement climatique, les milieux naturels sont détruits, la biodiversité se réduit. Les conditions de vie se dégradent du fait de la saturation des espaces par les productions humaines : les déchets s'accumulent, la pollution des eaux s'accroît, les embouteillages sont quotidiens, l'alimentation devient toxique.

Environnement

La prise en compte de l'environnement est un puissant facteur de transformation de l'économie. Elle entraîne l'extension de secteurs spécialisés dans les techniques de dépollution, favorise l'apparition de nouveaux marchés, modifie les marchés traditionnels en impulsant de nouveaux modes de gestion.

La première façon dont l'environnement influence l'économie est de rendre nécessaire la réparation des dommages commis. Cela nourrit l'essor d'une branche industrielle prospère. Au début des années 1990, le marché mondial des biens et des services environnementaux était évalué à environ 250 milliards de dollars, soit plus de 1 500 milliards de francs, et se situait, en importance, entre l'industrie pharmaceutique et le secteur des technologies de l'information. Il se développe à un rythme de 5 % par an.

En obligeant les industriels et les États à modifier, notamment, la production d'énergie, la préoccupation écologiste joue aussi le rôle d'un promoteur du progrès technique, en poussant à élaborer des matériels moins consommateurs d'énergie, donc en renouvelant les procédés. Quoique à un degré moindre que dans l'énergie, on retrouve le même phénomène dans tous les secteurs d'activité : automobile, chimie, agroalimentaire, travaux publics, pétrochimie, etc. Ils sont obligés de se « verdir » en amont, dans les conditions de leur production, comme en aval, devant l'émergence de la nouvelle sensibilité des consommateurs. L'environnement constitue donc une donnée stratégique nouvelle de l'activité industrielle.

L'environnement peut-il entrer dans la sphère du calcul économique et de l'analyse coûts-avantages ?

Cependant, un problème majeur de l'analyse économique est que, pour une bonne partie, les phénomènes écologiques ne donnent pas lieu à des échanges marchands, et qu'aucun mécanisme économique ne s'oppose à la destruction de l'environnement : l'air pur et l'eau propre n'ont pas de valeur perceptible jusqu'à ce qu'ils se raréfient et deviennent un bien précieux.

Pour un grand nombre d'économistes, la solution de ce problème dépend de la valorisation de l'environnement en termes monétaires. Le problème de l'évaluation monétaire de l'envi-

Environnement Plage et oiseau mazoutés en Loire-Atlantique. Largement victime de l'économie moderne et de la pollution, l'environnement peut être aussi un gisement d'activités et d'emplois, ne serait-ce que pour réparer les dommages subis.

ronnement est formalisé par le concept de coût externe – sous-entendu : externe à la sphère économique définie par les échanges marchands. Le **coût externe** (appelé aussi externalité ou coût social) est celui d'un effet provoqué par l'activité d'un agent, mais qui n'est pas supporté par lui et n'entre pas dans le prix du produit de son activité. Le coût externe sera supporté soit par un autre agent, soit par la collectivité. Par exemple, une usine qui pollue une rivière reporte le coût de la dépollution sur une industrie située en aval, qui devra épurer l'eau pour s'en servir. Symétriquement, des « bénéfices externes » ne sont pas payés par la collectivité : par exemple l'entretien des paysages, assumé gratuitement pendant des siècles par les agriculteurs.

Les externalités ont, du point de vue de la théorie économique dominante, un avantage qui justifie qu'on supporte les coûts qu'elles entraînent. Certaines d'entre elles permettent de faire entrer dans la sphère marchande des éléments qui ne lui appartiennent pas, et donc d'augmenter l'activité globale apparente (c'est-à-dire mesurée par la monnaie). La pollution de l'eau génère une activité de dépollution, la production d'emballages accroît la vente des objets qu'ils contiennent, l'élévation de la morbidité augmente la consommation médicamenteuse, la destruction de la nature favorise le développement de parcs de loisirs, etc. Tant que les coûts externes sont supportés directement par le consommateur, ils contribuent à alimenter le flux d'une nouvelle consommation. La destruction de l'environnement est donc un facteur de dynamisme économique ! C'est en partie pourquoi elle se poursuit avec efficacité, jusqu'à ce que l'importance des coûts externes impose d'y mettre un frein.

Les Français jettent beaucoup

Production annuelle de déchets urbains, en kilos par personne

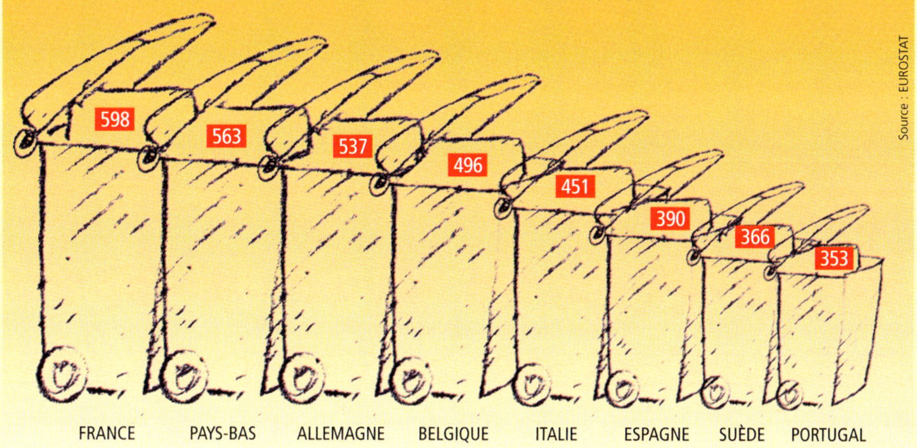

Les techniques de mesure des coûts externes visent à nourrir une analyse coûts-avantages, examinant si les bénéfices tirés de la réalisation d'un projet ayant des conséquences environnementales ne seront pas annulés par le coût écologique qu'il entraîne. L'évaluation contingente est la principale méthode utilisée : on demande aux personnes concernées par un projet combien elles sont prêtes à payer pour préserver le bien environnemental (un paysage intact, une eau pure, etc.) qu'il va altérer. Le marché est simulé : combien l'enquêté paierait-il si le marché de ce bien existait ? La moyenne des réponses fournit une évaluation du prix du bien non marchand. Les techniques de monétarisation appartiennent cependant encore au champ de la recherche économique, et peu de décisions économiques concrètes y recourent systématiquement.

L'irréversibilité des choix va à l'encontre d'une analyse économique classique

La démarche de valorisation monétaire de l'environnement est cependant critiquée : pour l'économiste **René Passet**, cela revient en effet à soumettre aux lois de la sphère économique l'ensemble de la biosphère. D'autre part, la monétarisation de l'environnement se heurte à la notion d'irréversibilité : les techniques de monétarisation expriment les préférences des individus d'aujourd'hui, mais rien ne dit que les générations futures les fixeront au même niveau. Or,

Environnement et énergie

L'impact de l'environnement sur l'économie ne se traduit pas seulement par la création de nouveaux marchés ou d'obstacles à la croissance. Il transforme aussi les structures industrielles, comme le montre le cas du secteur énergétique. Les barrages hydroélectriques, parce qu'ils détruisent les milieux naturels, sont de plus en plus difficiles à implanter. Le nucléaire ne se relève pas du choc de Tchernobyl – l'explosion de cette centrale soviétique, en 1986, reste le plus grave accident du nucléaire civil – et a du mal à convaincre que les déchets radioactifs ne posent pas une hypothèque sur les générations futures. Le charbon existe en quantité considérable (près de 300 ans de consommation), mais sa combustion, outre l'émission de gaz polluants, produit du CO_2 (gaz carbonique), l'agent le plus important de l'accroissement de l'effet de serre. La pression écologiste entraîne donc un changement des poids relatifs des sources énergétiques, en faveur du gaz (qui génère moins de CO_2 que le charbon ou le pétrole), du développement de techniques nouvelles (centrales à cycle combiné, récupération de pétrole assistée, gazéification du charbon) et des énergies « naturelles » (bois, soleil, vent, vagues, alcool végétal).

Les ordures coûtent cher

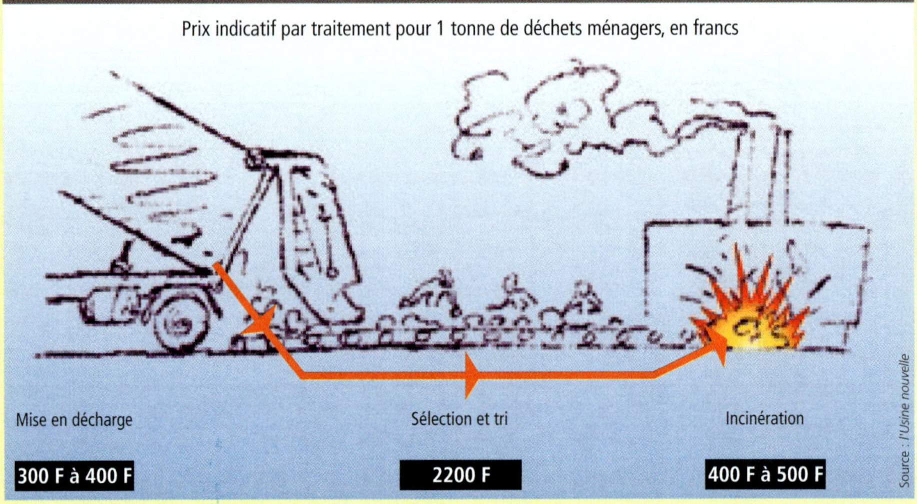

les actions humaines peuvent perturber l'écosystème de manière irréparable (ainsi la disparition de la forêt primaire) ou porter conséquence dans un temps qui échappe aux périodes habituelles du calcul économique (l'effet de serre). L'irréversibilité des choix humains acquiert un poids nouveau dès lors que, de plus en plus, les économistes réfléchissent en termes d'équilibre entre générations, le calcul économique devant non seulement satisfaire la rationalité des agents d'aujourd'hui, mais aussi celle de ceux de demain. D'où il découle, aux yeux de beaucoup, que la notion de rationalité économique doit être refondue.

Cette critique n'a cependant pas encore abouti à la construction d'un modèle de référence aussi cohérent que celui de la théorie néoclassique. Et les défenseurs de la valorisation de l'environnement parlent au nom de l'efficacité : elle est, à court terme, le meilleur moyen de peser sur les décideurs économiques. H. K.

➔ *Énergie, matière première, L'environnement, une nouvelle dimension de l'économie mondiale ?*

L'épargne a un rôle économique fondamental dans la mesure où elle permet de financer l'investissement. Au niveau macroéconomique, l'épargne nationale correspond à la somme de l'épargne des ménages, des administrations et des entreprises d'un pays. Le taux d'épargne nationale est mesuré par le rapport de l'épargne nationale sur le PIB.

Épargne

Partie du revenu non immédiatement consommée, l'épargne sert à la **thésaurisation** (réserve de sécurité, parfois appelée **épargne stérile**, dans la mesure où elle ne sert pas à accroître la production), à la constitution d'un capital (patrimoine), aux placements, au logement et à l'investissement (**épargne créatrice**). L'**épargne forcée** est une épargne imposée soit par l'État (impôt), soit par l'entreprise (autofinancement), soit par l'évolution de l'économie (inflation).

L'épargne des entreprises correspond à leur autofinancement, c'est-à-dire à la somme de l'amortissement et de la part des bénéfices nets non distribuée aux actionnaires sous forme de dividendes. Le taux d'épargne des entreprises est représenté par le rapport de l'épargne brute sur la valeur ajoutée.

L'épargne des ménages constitue la partie du revenu disponible qui n'est pas consommée. En France, elle représente la partie la plus importante de l'épargne nationale.

L'épargne des ménages a fortement augmenté depuis ces dernières années. Cet accroissement peut être attribué à la détérioration de la situation du marché du travail ainsi qu'aux incertitudes pesant sur les systèmes de protection sociale.

Les Français continuent de privilégier l'épargne

L'épargne des ménages se décompose en deux parties distinctes : l'épargne financière et l'épargne non financière.

• L'**épargne financière** correspond à l'acquisition de monnaie et de produits financiers par les ménages à partir de leur revenu. Les produits financiers sont composés de liquidités, de placements en titres et de produits d'épargne contractuelle.

Les liquidités représentent les moyens de paiement, le livret d'épargne et le Codevi. Les placements en titres sont composés des actions et des obligations, c'est-à-dire de produits dont la valeur fluctue en fonction de l'évolution du marché boursier. L'épargne contractuelle est représentée par les contrats d'assurance.

Le retour des fourmis

Évolution du taux d'épargne des ménages, en % du revenu disponible brut, en France

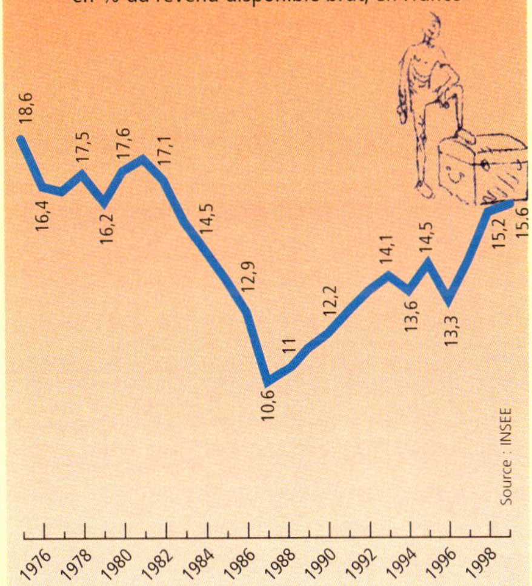

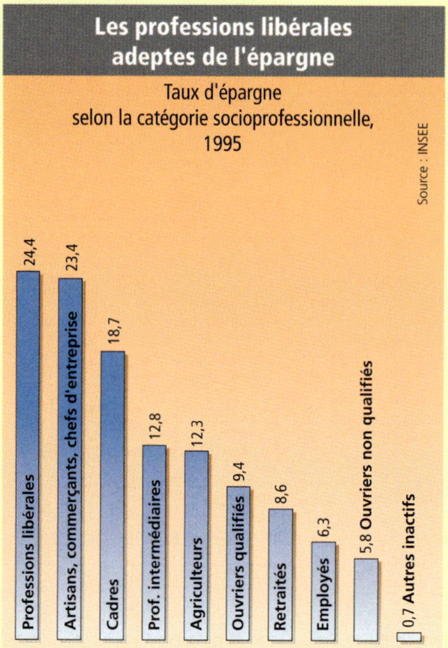

• L'**épargne non financière** est la partie du revenu qui permet de financer les investissements en logement.

Le **taux d'épargne des ménages** est représenté par le rapport de l'épargne brute sur le revenu disponible brut (c'est-à-dire net d'impôt, de primes d'assurances et d'intérêts sur les emprunts).

À l'inverse des Américains, qui ont souvent désépargné pour investir en bourse, les ménages français ont thésaurisé par crainte du chômage et des menaces pesant sur l'avenir des systèmes de protection sociale, et en particulier sur les systèmes de retraite. Ces contextes différents expliquent ces comportements contrastés. En effet, le risque de se retrouver au chômage ou de ne pas percevoir une pension de retraite suffisante peut encourager les ménages à se constituer une épargne de précaution en prévision de revenus futurs moins élevés.

L'épargne dans la théorie économique

La théorie économique apporte différentes explications à l'action d'épargner.

• Dans la théorie néoclassique, l'épargne représente un moyen de différer la consommation dans le temps. L'individu acceptera ainsi de renoncer à la consommation présente car l'épargne réalisée lui permettra d'accroître sa consommation future.

• Dans la théorie keynésienne, l'épargne est déterminée de manière résiduelle comme la partie non consommée du revenu. Si le revenu des ménages excède leurs dépenses de consommation, ceux-ci augmentent leur épargne au fur et à mesure qu'ils s'enrichissent. Aussi, les ménages détiennent de la monnaie ou thésaurisent dans des buts précis. On distingue ainsi trois motifs qui amènent les ménages à détenir une **épargne liquide**, c'est-à-dire une épargne immédiatement disponible. Ces motifs sont les transactions, la spéculation et la précaution.

1. **Le motif de transaction**

Ce motif correspond à la possibilité d'assurer les opérations courantes, les dépenses de consommation, les règlements d'impôts ou toute autre opération financière telle que les remboursements d'emprunts.

2. **Le motif de spéculation**

Ce motif correspond au fait que les individus sont amenés à détenir une partie de leur revenu sous forme liquide dans le but de saisir toutes les opportunités de placement afin de réaliser des gains.

3. **Le motif de précaution**

L'épargne de précaution est constituée en vue de faire face aux événements imprévus.

La théorie économique identifie une autre forme de motivation d'épargne des individus : l'épargne pour le financement de la retraite.

La **théorie du cycle de vie**, dans sa version simplifiée, indique que le financement de la retraite est le principal motif d'épargne des ménages.

Les individus épargnent durant leur vie active afin d'accumuler une épargne qui leur permettra de maintenir leur profil de consommation pendant leur période de retraite. En conséquence, après avoir épargné durant leur vie active, les ménages désépargnent ensuite pour consommer pendant leur retraite. Cette théorie prévoit donc une épargne plutôt faible au début du cycle de vie car les faibles revenus des jeunes ne leur permettent pas d'accumuler un patrimoine, puis une épargne importante en milieu de vie et ensuite une désépargne après le passage à la retraite. Cette évolution est représentée par une courbe en forme de U renversé. Au fur et à mesure que les individus se rapprochent de l'âge de la retraite, le taux d'épargne augmente. Il y a ainsi un lien positif entre la croissance démographique et l'épargne. Cette évolution est observée dans de nombreux pays. La Banque mondiale montre en effet dans des travaux récents que les niveaux élevés de taux d'épargne observés dans plusieurs pays résultent de la croissance démographique. C'est ainsi le cas en Asie, et particulièrement en Malaisie, en Corée, en Indonésie, en Thaïlande et en Chine, où le taux d'épargne représente généralement environ 35 % du PIB. N. E.-M.

➔ *Retraite*

Les placements de l'épargne des ménages en France

L'enquête sur le patrimoine des ménages réalisée par l'INSEE montre que les ménages détiennent principalement des actifs financiers.

Au début de l'année 1998, neuf ménages sur dix possèdent des actifs financiers, c'est-à-dire des valeurs mobilières, des livrets d'épargne et de l'assurance-vie. Les ménages sont de plus en plus nombreux à détenir des actions ou des parts de sociétés. Ainsi, un ménage sur huit possède des actions cotées. L'actionnaire type en France a plus de 40 ans et un actionnaire sur trois est retraité. Les professions indépendantes sont les catégories professionnelles les plus représentées parmi les actionnaires.

Les livrets d'épargne constituent le placement le plus répandu au sein des ménages : huit ménages sur dix détiennent un livret d'épargne tel que les livrets d'épargne de La Poste ou de l'Écureuil, le livret bleu ou les livrets d'épargne populaire (**LEP**).

En matière de logement, six ménages sur dix possèdent au moins un logement. L'épargne logement progresse surtout parmi les ménages de plus de 50 ans.

La détention de contrats d'assurance-vie a été en forte progression pendant plus de dix ans. Aujourd'hui, plus du tiers des ménages détiennent un produit d'assurance-vie en « cas de vie » ou en « cas de décès ». Ce sont les avantages fiscaux, les taux de rendement élevés mais aussi la crainte du chômage et le souci de préparer sa retraite qui ont favorisé le développement de ces produits (en raison des déséquilibres attendus des régimes de retraite publics). C'est pour ces mêmes motifs que l'épargne salariale se développe. Les formules collectives d'épargne salariale regroupent la participation aux bénéfices, l'intéressement aux résultats et les versements sur un plan d'épargne entreprise (**PEE**). Ainsi, 13 % des ménages déclarent détenir de l'épargne salariale issue des entreprises. Malgré cet intérêt croissant des ménages pour l'épargne, on observe en 1998 que les ménages ont privilégié la consommation. Ils ont en effet réduit leur taux d'épargne d'environ 1 %, soit 15,6 % en 1998 contre 16,4 % en 1997.

L'épargne salariale

En France, les salariés ont la possibilité de constituer une épargne en vue de leur retraite à travers des produits d'épargne salariale. Ces produits bénéficient d'exonérations fiscales. Les produits d'épargne salariale les plus courants sont les plans d'épargne entreprise et la **participation***.

Le plan d'épargne entreprise (**PEE**) est un dispositif d'épargne collective permettant aux salariés de se constituer un portefeuille de valeurs mobilières. L'employeur participe au financement du PEE. La mise en place d'un PEE est facultative et résulte d'un accord entre les salariés et l'employeur. Toutefois, elle peut être mise en place par l'employeur seul. La participation des salariés au PEE est libre et les versements effectués sur le PEE sont bloqués durant cinq ans. En contrepartie, le PEE est assorti d'un traitement fiscal préférentiel. L'entreprise, du fait de sa participation au financement du plan, bénéficie également d'avantages fiscaux.

La **participation** permet de fournir un complément de rémunération défiscalisé. Elle est mise en place dans l'entreprise à la suite d'une convention ou d'un accord collectif. Le capital est bloqué durant cinq ans. Les salariés et l'employeur, dans le cadre de la participation, bénéficient d'exemptions fiscales. L'épargne peut être placée dans l'entreprise ou gérée par une institution extérieure. Quand le placement s'effectue au sein de l'entreprise, le salarié devient actionnaire de son entreprise. Lorsque la gestion des capitaux est confiée à un organisme extérieur, les placements sont alors effectués en valeurs mobilières françaises ou étrangères.

Espagne

État le plus puissant d'Europe au milieu du XVIIe siècle, l'Espagne déclina rapidement face aux nations de l'Europe du Nord et connut une industrialisation tardive, au milieu du XXe siècle.

Après l'effondrement de l'Empire romain d'Occident (476), l'Espagne fut conquise par les Wisigoths (507) puis par les Arabes (entre 711 et 714), qui ne purent cependant s'emparer des petits royaumes chrétiens subsistant au nord de la péninsule Ibérique. C'est à partir d'eux que s'amorça à partir du XIe siècle une « reconquista » qui se termina en 1492 par la prise de Grenade, dernière possession arabe. Cette division et le déclin du monde musulman depuis le XIIIe siècle expliquent le retard économique de l'Espagne à la fin du XVe siècle, par rapport aux autres pays européens qui avaient connu plusieurs siècles d'essor agricole et industriel et de développement des échanges marchands.

De la splendeur à la décadence

L'Espagne bénéficia pourtant au début du XVIe siècle de circonstances particulièrement favorables : la découverte de l'Amérique par Christophe Colomb, en 1492, lui apporta des richesses métalliques considérables et l'élection de Charles Quint (prince de Habsbourg et roi d'Espagne depuis 1516) sur le trône impérial fit de l'Espagne le cœur du Saint Empire romain germanique. Mais ce règne fut marqué par des guerres incessantes dans les provinces allemandes et par des conflits récurrents contre la France. Le fils de Charles Quint, Philippe II, poursuivit une politique ruineuse en combattant sans succès la France, les Flamands révoltés et l'Angleterre : malgré l'afflux d'or et d'argent d'Amérique, l'État espagnol connut plusieurs banqueroutes.

Au début du XVIIe siècle, l'Espagne, vaincue militairement et dont les structures économiques étaient archaïques, vit son retard économique s'aggraver. Durant les XVIIIe et XIXe siècles, elle perdit ses colonies américaines et connut une instabilité politique interne expliquant l'absence de véritable révolution industrielle. Et, bien que n'ayant pas participé aux guerres mondiales, elle ne connut pas non plus d'essor économique significatif durant la première partie du XXe siècle (mis à part un début d'industrialisation dans les régions de Madrid, de Barcelone et le long de la côte atlantique nord). Le pays fut au contraire marqué par de graves conflits politiques et sociaux, culminant avec la guerre civile de 1936-1939.

Démocratie + Europe

Par contre, l'Espagne a connu un « démarrage » économique remarquable à partir de la fin des années 1950, avec un taux de croissance de 7,5 % par an entre 1959 et 1966, une augmentation de la production nationale de 20 % entre 1970 et 1973.

La démocratisation politique, avec l'accès au pouvoir du roi Juan Carlos en 1975, et l'entrée dans la CEE en 1986, lui ont permis de poursuivre son développement économique. L'Espagne est aujourd'hui l'un des dix pays les plus industrialisés du monde (le secteur automobile et celui des industries mécaniques et agroalimentaires étant particulièrement dynamiques), tout en conservant un grand secteur agricole exportateur. Ses infrastructures ferroviaires et routières ont été modernisées, les recettes du tourisme sont supérieures à 25 milliards de dollars par an, et les revenus moyens se rapprochent de la moyenne des autres pays européens.

L'Espagne connaît pourtant, à l'aube du XXIe siècle, un des taux

Espagne
L'Exposition universelle de Séville en 1992. Cette grandiose manifestation marqua le renouveau économique et social de l'Espagne, qui a suivi le retour du pays à la démocratie et son entrée dans l'Union européenne.

de chômage les plus élevés d'Europe (près de 19 % de la population active), son commerce extérieur est déficitaire et ses inégalités régionales restent préoccupantes. P. B.

➔ *Euro, Union européenne*

Espagne

Population : 39 630 000 hab.
PNB (1998) : 524,23 milliards de $
PNB/hab. : 14 490 $
Structure de la population active : agriculture 8,4 %, mines et industrie 30 %, services 61,7 %
Dette brute : 73,3 % du PIB
Taux de chômage : 18,8 %

Étalon-or

Système monétaire fondé sur l'or.*

Au sens strict, le système de l'étalon-or respecte les caractéristiques suivantes :

- l'unité monétaire nationale (par exemple, le franc) est définie par une quantité d'or ;
- la monnaie obéit aux règles de la convertibilité-or* ;
- la monnaie fiduciaire (billets) en circulation est proportionnée aux réserves en or de la Banque centrale ;
- l'or est librement frappé ;
- l'or peut être librement exporté et importé ;
- le taux de change* de deux monnaies qui respectent les conditions précédentes est déterminé par leur poids respectif en or.

Ce système monétaire a été dominant du XIXe siècle à 1914. Les tentatives pour le restaurer, même sous des formes atténuées, ont échoué aussi bien après la Première Guerre mondiale qu'après la Seconde. En réalité, même les pays qui, au XIXe siècle, se rattachaient à un régime d'étalon-or ont pris certaines libertés avec ses règles. Il fallut d'ailleurs attendre les années 1870 pour que le **bimétallisme** (or et argent) soit abandonné en Europe continentale.
Un des grands mérites accordés à l'étalon-or est sa capacité à favoriser les ajustements économiques sans inflation*. Tout choc interne, comme la hausse brutale des salaires, ou externe, comme l'augmentation du prix du pétrole, tend à provoquer une sortie d'or, et donc une contraction de la masse monétaire et du niveau général des prix qui rétablissent la compétitivité* du pays. Ces ajustements sont « automatiques » en ce sens qu'ils se réalisent sans intervention du gouvernement ou de la Banque centrale*. En réalité, ce système implique une flexibilité forte de l'ensemble des prix et, notamment, des salaires. À défaut, les ajustements se réalisent sur les quantités : baisse de la production, chômage.
La sujétion de l'émission monétaire au stock d'or, la brutalité et les imperfections des ajustements ont provoqué l'abandon universel de l'étalon-or. Le métal jaune a aujourd'hui perdu tous ses attributs monétaires. Certaines banques centrales et le FMI* ont vendu une partie de leurs réserves en or. Même la fonction traditionnelle de valeur refuge est aujourd'hui de moins en moins assurée. J.-M. S.

État

Voir dossier p. 253

État providence

L'État providence recouvre l'ensemble des systèmes d'assurance collective obligatoire destinés à couvrir les citoyens contre un certain nombre de risques, comme la vieillesse, la maladie et le chômage. L'État providence peut largement dépasser ces domaines pour s'étendre, par exemple, au logement ou aux études. Parce qu'elle est obligatoire, l'assurance collective implique une redistribution, de ceux qui se portent bien vers les malades, des jeunes vers les personnes âgées, des travailleurs vers les chômeurs.

C'est en France, sous la Révolution, que naît un projet d'État providence. L'article 21 de la Déclaration des droits de l'homme rappelle d'ailleurs que « les secours publics sont une dette sacrée. La société doit la subsistance aux citoyens malheureux, soit en leur procurant du travail, soit en assurant les moyens

d'exister à ceux qui sont hors d'état de travailler ». Mais il faut attendre la fin du XIXe siècle pour trouver un début de réalisation concrète de ce que sera l'État providence. À cette époque s'élabore en Europe cette conception nouvelle de l'intérêt public, qui intègre de manière très large les droits sociaux des citoyens. L'indigence, le paupérisme, l'insécurité ouvrière, les accidents du travail sont alors autant de maux auxquels les dispositifs existants (œuvres patronales ou ouvrières, mutualisme, etc.) n'arrivent pas à parer. Partout, en France, en Angleterre, en Allemagne, mais aussi aux États-Unis ou en Australie, se dessinent les premiers traits d'une protection sociale, dont les caractéristiques varient fortement d'un pays à l'autre. Les débats sont souvent violents, les opposants, nombreux. Mais, petit à petit, l'État providence s'impose : l'État doit s'occuper également du bien-être social des citoyens, et non plus seulement de la police, de battre monnaie, ou de gérer ses relations internationales et de faire la guerre.

De l'âge d'or à la remise en cause

Après la Seconde Guerre mondiale, le consensus sur la protection sociale s'élargit. Sous l'empire du keynésianisme*, les politiques sociales sont de mieux en mieux intégrées aux politiques économiques. Dans tous les pays européens, la Sécurité sociale* se généralise. La protection sociale, qui, avant la guerre, était orientée vers des groupes ciblés (les indigents, les ouvriers en dessous d'un certain niveau de revenus...), s'étend à toutes les couches de la population.

Une révolution qui doit beaucoup à **William Beveridge** : cet économiste britannique préconise dès le début des années 1940 un système de protection sociale généralisé, unifié et centralisé sous l'égide de l'État. Il recommande également la création d'un système de santé gratuit et ouvert à tous.

Les années 1980 marquent la fin de l'âge d'or de l'État providence. L'augmentation des dépenses publiques et la montée de la précarité ébranlent sa légitimité. L'ensemble des pays européens, qui restent très attachés à leurs systèmes de protection sociale, cherchent aujourd'hui à réformer leur État providence. V. M.

➔ *Déficits sociaux, État, Sécurité sociale, Les inégalités vont-elles s'aggraver ?*

États-Unis

Première puissance mondiale, les États-Unis d'Amérique n'étaient encore à la fin du XVIIIe siècle qu'un ensemble de colonies anglaises venant d'acquérir leur indépendance. Au XIXe siècle, leur essor fut rendu possible par la conquête territoriale et grâce au développement du capitalisme industriel intégrant les techniques de production les plus modernes. Au début du XXe siècle, ils dépassaient les nations européennes dans tous les domaines, et en particulier dans la production des biens nouveaux (comme l'automobile). Ces résultats s'expliquent principalement par la taille du marché intérieur, la richesse des ressources naturelles et par le dynamisme de la population.

À l'aube du XXIe siècle, le « modèle américain » semble hégémonique et sert de référence dans le monde, après l'échec des expériences d'économie dirigée et en raison de sa croissance retrouvée, associée à un quasi-plein-emploi. Mais cette prospérité ne doit pas faire oublier l'importance de la pauvreté et de la précarité, ni que les États-Unis connaissent un déficit extérieur considérable qui ne peut être toléré que parce que le dollar est accepté partout dans le monde comme monnaie de réserve et de transaction. L'émergence de l'euro peut remettre en cause ce privilège et changer au XXIe siècle les relations entre les États-Unis et le reste du monde.

La naissance des États-Unis

Au cours du XVIIe siècle, des immigrants anglais fondèrent le long de la côte est de l'Amérique du Nord les colonies de la « Nouvelle-Angleterre ». Un siècle plus tard, treize colonies étaient soumises à l'autorité anglaise et astreintes au pacte colonial leur interdisant tout commerce avec des pays tiers. Leur activité était essentiellement agricole, car la métropole imposait l'importation de ses produits industriels.

Après un soulèvement général en 1775 et la proclamation de l'indépendance (Philadelphie, 4 juillet 1776), la guerre entre les colonies américaines et la métropole anglaise se poursuivit jusqu'à ce que celle-ci reconnaisse l'indépendance des États-Unis par le traité de Paris (septembre 1783).

 États-Unis

États-Unis
Jonction des deux chantiers de la première liaison ferroviaire Atlantique-Pacifique en 1869. La conquête des riches terroirs de l'Ouest permit de nourrir les grandes concentrations humaines de l'Est et d'asseoir ainsi la prospérité américaine.

La conquête de l'Ouest et la guerre civile

Durant les trois premiers quarts du XIXe siècle, les États-Unis étendirent leur mainmise sur les terres de l'Ouest : ils achetèrent la Louisiane à la France (1803), s'emparèrent de la Floride espagnole (1819) et obligèrent le Mexique à leur céder le Texas, la Californie et d'autres territoires de l'Ouest après leur victoire militaire de 1846 ; ils mirent aussi la main sur les terres britanniques du Nord-Ouest (1846). Vers le milieu du siècle, ce territoire était loin d'être unifié. Le Centre et l'Ouest restaient surtout peuplés d'Indiens et de quelques colons aventuriers. Le Nord-Est connaissait un essor industriel important et fabriquait des produits textiles, des matériaux de construction et du matériel de transport, permettant la mise en place d'un réseau de voies ferrées dense dans le quart nord-est du pays (50 000 km en 1860). Les quinze États du Sud-Est étaient par contre essentiellement agricoles : ils produisaient du coton, du tabac et du riz, et ils utilisaient dans leurs plantations 4 millions d'esclaves noirs. Cependant, les grands propriétaires ne représentaient qu'une petite partie des 8 millions de Blancs ; le reste de la population était constitué de petits planteurs, de commerçants, d'habitants des villes...).

Mais ces trois grands ensembles étaient quasi indépendants les uns des autres : le Grand Ouest était difficilement accessible et encore hostile ; le Nord-Est industriel était protectionniste et avait besoin d'étendre ses débouchés ; le Sud-Est était libre-échangiste et exportait son coton et son tabac vers l'Europe, où il s'approvisionnait en produits industriels. Ce fut la principale cause de la guerre de Sécession, qui opposa les États capitalistes du Nord aux États confédérés esclavagistes du Sud de 1861 à 1865 : elle fit 620 000 morts et 460 000 blessés, et se termina par l'abolition de l'esclavage (décrétée en 1863) et par la destruction de l'économie agro-exportatrice du Sud, intégrée au Nord. Celui-ci put vendre ses produits au

États-Unis
Ronald Reagan et son épouse à Disneyworld dans les années 1980. L'ancien cow-boy d'Hollywood devenu président des États-Unis a largement modifié les règles de l'économie américaine, en diminuant les prélèvements fiscaux et en annulant de nombreuses réglementations.

Sud, y investir ses capitaux, et utiliser la main-d'œuvre noire dans ses usines.
La paix revenue, la conquête de l'Ouest put reprendre sur une grande échelle : il s'agissait de s'approprier les riches terres agricoles et les immenses pâturages permettant de fournir la nourriture des régions industrielles de l'Est, de dégager un surplus de denrées exportables vers l'Europe, d'exploiter un sous-sol très riche en minerais (cuivre, plomb, zinc, mercure, or et argent...). Pour transporter les hommes et les marchandises sur des milliers de kilomètres, il fallait aussi construire des lignes de chemin de fer*, qui fournissaient aux usines de l'Est un débouché essentiel pour leur production de fonte, d'acier, de poutrelles métalliques, de locomotives et de wagons. C'est sur cette complémentarité que reposa l'essor de l'économie américaine.
Mais, pour cela, il fallait expulser les populations indiennes vivant sur les terres situées à l'ouest du Mississippi, que le Congrès des nouveaux États-Unis avait considérées en 1787 comme appartenant aux Indiens. Revenant sur ses engagements, l'État fédéral déplaça de force les populations indiennes et finit par vaincre militairement les derniers soulèvements durant les années 1880. Un grand mouvement de population se produisit alors en direction de l'Ouest, accompagné d'une construction accélérée des voies ferrées : le réseau passa de 50 000 km en 1860 à 360 000 km en 1906, et 40 millions d'hectares de terres fédérales (sur 52,5 millions distribués) furent cédés aux compagnies de chemin de fer.

Le grand essor du capitalisme industriel (1870-1914)

À partir des années 1860-1870, le capitalisme industriel, commercial et financier bénéficia d'un vaste marché, de ressources naturelles et humaines considérables et d'immenses opportunités d'investissement. Il connut ainsi un développement spectaculaire. Le produit national brut* américain passa de 10 milliards de dollars vers 1870 (soit 170 dollars par habitant) à environ 40 milliards de dollars en 1914 (400 dollars par tête). La production industrielle fut multipliée par dix de 1865 à 1910, celle de la houille passa de 30 millions de tonnes en 1870 à 510 millions en 1913, et celle de l'acier passa de 1,2 million de tonnes en 1880 à 31,8 millions en 1913.
Durant cette période se constituèrent des empires industriels et financiers, dominés par d'audacieux chefs d'entreprise, dont les plus célèbres furent Carnegie (acier), Rockefeller* (pétrole), Morgan (banque), Edison* (électricité et cinéma), Ford* (automobile). Ces firmes réussirent à passer rapidement au stade de la production de masse et à améliorer la qualité des produits, grâce à une large utilisation du progrès technique (taylorisme*) et à la standardisation de la production (fordisme*). Cela ne fut possible qu'en raison de l'importance des moyens de financement accordés par les banques et de la concentration* de l'appareil de production américain, qui s'accéléra durant le dernier quart du siècle : formation de trusts*, de cartels* ou de holdings* malgré une législation s'efforçant d'éviter la disparition de la concurrence considérée comme l'aiguillon du développement économique. La **loi Sherman** (1890) et le **Clayton Act** (1912), visant à limiter les ententes entre les grandes firmes, furent peu efficaces. Effectuant de lourdes dépenses d'investissement, les entreprises géantes devaient éviter la concurrence par les prix qui rend aléatoires les profits, et contrôler les marchés pour écouler sans risque les biens fabriqués en grande quantité, condition nécessaire pour réduire les coûts unitaires de production.
Les entreprises industrielles (mais également les agriculteurs) bénéficièrent aussi de la politique protec-

 États-Unis

Un siècle de croissance américaine

PIB, en milliards de francs internationaux de 1990

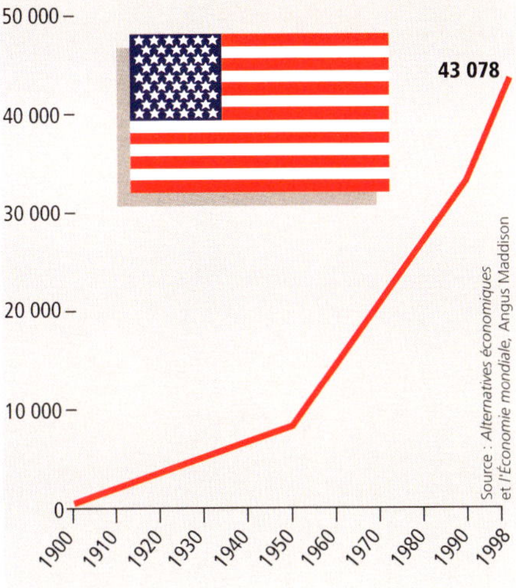

tionniste* menée par l'État fédéral, qui établit des droits de douanes élevés sur les importations (souvent supérieurs à 30 %), culminant en 1890 (tarifs Mac Kinley).

Face à ces grandes firmes se constituèrent des syndicats ouvriers (les Chevaliers du travail en 1869, l'**American Federation of Labor** en 1886), recrutant le plus souvent parmi les travailleurs qualifiés et qui menèrent des actions souvent violentes (à Chicago en 1886, à Pittsburgh en 1892...). Ils permirent à la classe ouvrière américaine d'obtenir des hausses de salaires et des lois sociales protectrices au début du XXe siècle.

L'entre-deux-guerres

La Première Guerre mondiale permit aux États-Unis d'accentuer leur avance sur les pays européens, durement touchés par le conflit et ayant perdu de nombreux marchés extérieurs au profit des Américains. Ceux-ci détenaient au sortir de la guerre la moitié du stock d'or mondial, et le dollar pouvait désormais rivaliser avec la livre sterling. Le rôle du dollar s'affirma d'autant plus que le **Gold Standard Act** de 1900 avait établit le monométallisme or (dollar convertible exclusivement en or), et que le Federal Reserve Act de 1913 avait créé une banque centrale américaine (le Federal Reserve Board), indépendante du pouvoir politique et régulant la création monétaire.

Les États-Unis connurent ainsi une nouvelle phase de croissance remarquable durant les années 1920, le secteur automobile jouant un rôle particulièrement entraînant : en 1910, 500 000 voitures avaient déjà été vendues, mais la production annuelle atteignit 1 million de véhicules en 1915 et 2 millions en 1920, Ford et General Motors se partageant le marché. La confiance dans l'avenir poussa des millions d'Américains à acheter des valeurs boursières, dont les cours ne cessaient de monter.

Mais le réveil fut brutal. En octobre 1929, la crise* éclata : 30 millions de titres furent vendus en une semaine, les porteurs étant subitement devenus pessimistes. En un mois, l'indice moyen du cours des actions passa de 469 à 220, ce qui représentait une perte de l'ordre de 30 milliards de dollars pour

La population des États-Unis

Aux États-Unis la population passa d'environ 35 millions d'habitants en 1865 à 100 millions en 1914. Cette croissance s'explique par un flux d'immigration important, s'élevant à 250 000 personnes en 1865, à environ 500 000 par an durant les années 1880, et à 1 million durant les années 1910. La population noire passa de son côté d'environ 4 millions de personnes en 1860 à 10 millions en 1910, essentiellement par accroissement naturel.

L'envolée américaine

Évolution du PIB réel américain depuis le premier trimestre 1970, en milliards de dollars de 1992

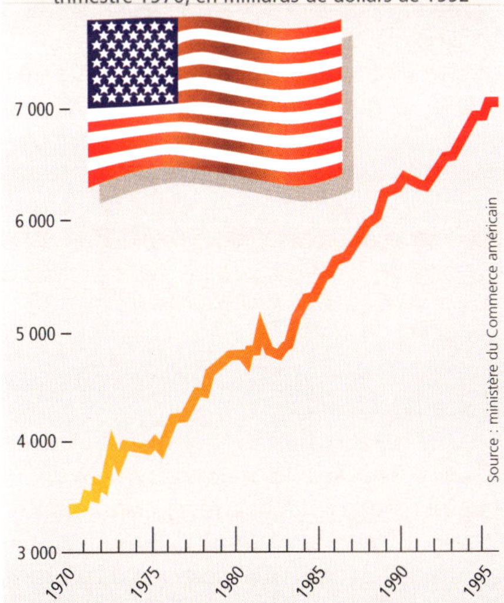

L'hégémonie américaine en recul

Évolution du PIB des principales puissances économiques de 1950 à 1995, en milliards de dollars

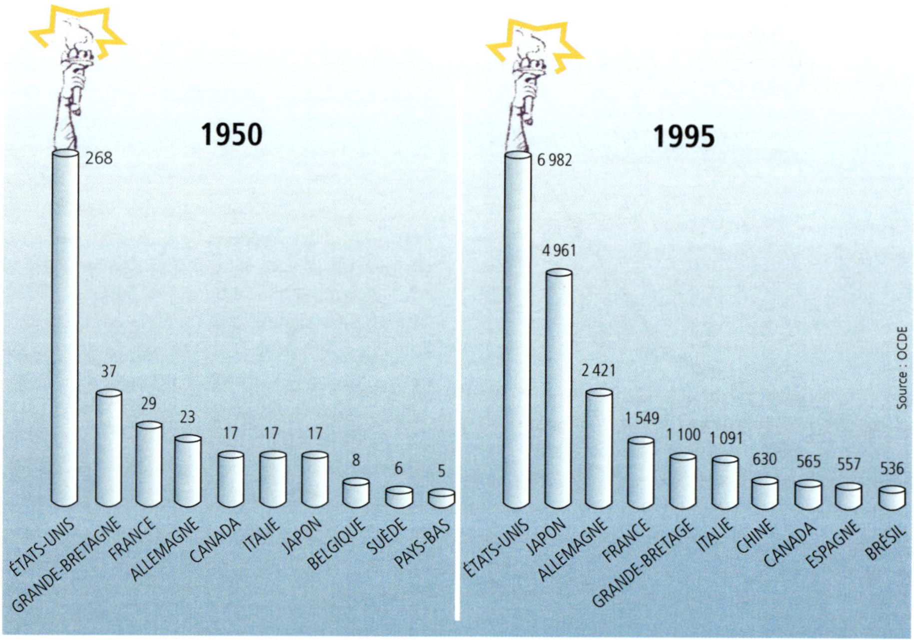

l'ensemble des actionnaires. Ces baisses brutales provoquèrent des retraits bancaires massifs, entraînant la faillite de nombreuses banques et une contraction brutale des crédits. La demande globale chuta, les prix et les profits diminuèrent, entraînant la baisse des investissements et de l'emploi : la crise se généralisa à toute l'économie.

La situation commença à se rétablir en 1933, à la suite de la dévaluation du dollar, qui relança les exportations, et du New Deal* mis en œuvre par le nouveau président **Franklin Roosevelt**, consistant à relancer l'activité par une politique de dépenses publiques et de grands travaux. Toutefois, en 1939, les États-Unis n'avaient toujours pas retrouvé leur niveau de production de 1929 et le chômage n'était pas résorbé.

Le second XXe siècle

Après la Seconde Guerre mondiale, les États-Unis étaient devenus une superpuissance économique et militaire s'engageant dans la course aux armements et dans la conquête de l'espace, qui constituèrent deux puissants moteurs du développement économique. La nouvelle révolution industrielle de l'ordinateur et de l'électronique de la fin du XXe siècle n'aurait sans doute pas eu lieu sans cela. D'autre part, la concurrence avec les pays communistes obligea les gouvernants à soutenir l'activité et l'emploi.

La croissance fut donc forte durant les Trente Glorieuses* (période 1945-1974), le taux d'inflation resta faible (environ 2 % par an en moyenne de 1960 à 1968, 5 % de 1968 à 1973) et les échanges extérieurs dégageaient un solde commercial positif. Par contre, les Américains plaçaient leurs capitaux dans le reste du monde.

Mais, au milieu des années 1970, une situation nouvelle apparut : ayant rompu avec la convertibilité en or du dollar en 1971, les Américains purent créer davantage de dollars (acceptés dans le monde comme monnaie de réserve et servant à régler une grande partie des échanges internationaux) et financer ainsi des importations plus élevées que leurs exportations. De plus, les dépenses de l'État fédéral excédaient les recettes, pour financer la guerre du Viêt Nam d'abord, puis pour relancer la machine économique après la récession de 1975.

Cela provoqua donc des « déficits jumeaux » (commercial et budgétaire), s'amplifiant encore

avec l'arrivée au pouvoir de **Ronald Reagan** en 1980. Celui-ci réduisit en effet les prélèvements fiscaux (sur les entreprises et sur les ménages) dans l'espoir de stimuler l'initiative individuelle. Mais, comme parallèlement les dépenses de l'État ne se réduisaient pas, le déficit budgétaire se creusa, et cette relance par la demande accrut les importations et le déficit extérieur : le déficit de la balance commerciale, égal à 28 milliards de dollars en 1981, atteignit 160 milliards en 1987. Des mesures rigoureuses furent alors prises pour réduire les dépenses, tandis que la reprise de la croissance durant les années 1990 dégageait progressivement un surcroît de recettes budgétaires. Ainsi, en 1997, le budget fédéral était excédentaire et il représentait en 1998 1,7 % du PIB.

Pour certains, cette réussite de l'économie américaine (croissance supérieure à 3 %, quasi-plein-emploi, inflation faible et excédent budgétaire) est le résultat d'une politique libérale* : baisse des taux d'imposition libérant l'esprit d'initiative, flexibilité et mobilité du travail permettant d'adapter structurellement et géographiquement l'offre et la demande, maîtrise des coûts salariaux réduisant l'inflation et incitant les entreprises à embaucher, déréglementation de diverses activités (tels les transports aériens). Mais d'autres économistes observent que ces résultats n'ont été obtenus qu'après vingt ans de déficit budgétaire « keynésien », finissant par provoquer la relance de l'économie, et parce que les États-Unis n'ont pas combattu leur déficit extérieur en freinant leur croissance, comme ont dû le faire les autres pays qui ne disposaient pas du « privilège dollar ». De plus, les Américains bénéficient d'un apport considérable de capitaux étrangers, compensant leur très faible taux d'épargne intérieure (les ménages américains n'ont épargné que 0,5 % de leur revenu en 1998, contre 14 % en France et au Japon). Parallèlement, les entreprises américaines s'endettent fortement pour investir, contrairement aux firmes françaises, en particulier.

Le dynamisme retrouvé de l'économie américaine et sa maîtrise des nouvelles technologies de pointe (ordinateurs, transmission de l'information, biotechnologie...), ce que l'on appelle la « nouvelle économie* », s'expliquent donc par un mélange

La déréglementation

À la fin des années 1970, les responsables de la politique économique américaine s'engagèrent dans la voie d'un désengagement accru de l'État, préconisé par les défenseurs du libéralisme économique intégral. Cette politique fut amplifiée quand **Ronald Reagan** accéda à la Maison-Blanche en 1981.

Elle consista à supprimer les réglementations publiques concernant l'activité de secteurs comme l'aviation civile, le fret aérien, l'exploitation du gaz naturel (dès 1977), les transports routiers, la télévision par câble, les normes antipollution dans l'automobile, le pétrole, la banque, etc. Dans ce dernier secteur, les établissements bancaires purent alors se livrer à toutes les innovations possibles, même les plus risquées pour l'époque, comme effectuer des opérations ne relevant pas de leur spécialisation.

Tout cela permit une concurrence plus vive, entraînant des gains de productivité, des baisses de prix et de vastes restructurations d'entreprises. Mais il s'ensuivit également des créations d'ententes anticoncurrentielles, la baisse globale des salaires, la fermeture de nombreux services, notamment dans le transport, peu rentables mais utiles au public, et des difficultés bancaires. L'État dut même intervenir pour éviter la faillite de plusieurs caisses d'épargne et réintroduire certaines réglementations, en particulier dans le secteur bancaire, pour interdire des pratiques trop risquées.

La pauvreté aux États-Unis

Aux États-Unis, 35 millions de personnes (13 % de la population) vivent en dessous du seuil de pauvreté (revenu annuel de 8 183 dollars pour un individu isolé, égal à trois fois le coût de la ration alimentaire de survie).

On compte également près de 3 millions de sans-logis et les écarts de revenus augmentent : les revenus moyens (après impôts) du cinquième le plus pauvre de la population américaine sont de l'ordre de 9 000 dollars en 1999, contre 10 000 dollars en 1977, alors que 2,7 millions de personnes (1 % de la population) ont un revenu total égal à celui des 100 millions d'Américains les plus pauvres (38 % de la population).

Cependant, ces données ne tiennent pas compte des prestations en nature, du travail au noir, des transferts familiaux, ni du patrimoine accumulé : 40 % des « pauvres » seraient propriétaires de leur logement, et beaucoup disposeraient des principaux éléments du confort domestique.

11 000 milliards de dollars

Ce chiffre fantastique représente la somme de ce que gèrent, à la fin des années 1990, les investisseurs institutionnels américains (fonds communs de placement, fonds de pension* et compagnies d'assurances). Ces « **zinzins** », parmi lesquels on peut citer **Calpers**, **Fidelity** ou **Vanguard**, gèrent désormais des fonds supérieurs à ceux déposés dans les banques traditionnelles.

Ce fantastique bond en avant s'explique notamment par la démographie. Les classes nombreuses d'après-guerre – les fameux « **baby-boomers** » – approchent désormais de l'âge de la retraite. Ils se soucient donc de leur pension à venir, sachant que le minimum vieillesse que leur versera le système public sera, en tout état de cause, fort maigre. En investissant massivement dans les « zinzins » américains, ils ont fait de ceux-ci les nouveaux maîtres du capitalisme mondial.

original d'instruments de gestion économiques « orthodoxes » et « hétérodoxes ». Mais ce rétablissement laisse subsister le grave problème de l'exclusion sociale (plus de 13 % de la population vit au-dessous du seuil de pauvreté). D'autre part, l'émergence d'une nouvelle monnaie concurrente, l'euro, peut à terme remettre en cause l'hégémonie du dollar, provoquer des sorties de capitaux déstabilisant l'économie américaine et obliger celle-ci à s'attaquer au problème de son déficit extérieur, devenu structurel. P. B.

➔ *Dollar, FED, fordisme, New Deal, nouvelle économie, taylorisme, Wall Street, Le modèle anglo-saxon va-t-il s'imposer partout ?*

États-Unis

Population : 278 357 000 hab.
PNB (1998) : 7 852,05 milliards de $
PNB/hab. : 29 080 $
Structure de la population active : agriculture 2,7 %, mines et industrie 23,9 %, services 73,4 %
Dette publique brute : 56,7 % du PIB
Taux de chômage : 4,5 %

Euro

Voir dossier p. 259

Eurodollar

Nom donné aux dollars détenus, ou empruntés, en dehors du territoire américain, en Europe surtout. Par extension, le préfixe « euro » a été accolé aux devises empruntées en dehors de leur territoire national, pour échapper aux législations nationales (cette appellation est entièrement distincte de l'euro, monnaie européenne existant depuis 1999).*

L'eurodollar, à partir des années 1950, permettait aux dollars « expatriés » d'échapper à la législation américaine (réserves obligatoires, plafond des taux d'intérêt...).

Un marché de l'eurodollar s'est ainsi développé en Grande-Bretagne. Des euromarks, eurofrancs, euroyens sont aussi apparus. Avec la forte hausse du pétrole dans les années 1970, les pays exportateurs de brut ont accumulé des masses de « pétrodollars », qu'ils ont placés dans les économies occidentales.

Le marché des euro-obligations est devenu une composante importante du marché international des capitaux. Les taux d'intérêt appliqués sur les eurodevises ou sur les euro-obligations sont déterminés par un certain pourcentage au-dessus du **LIBOR** (London Interbank Offered Rate), le taux d'intérêt que les banques pratiquent entre elles pour se prêter de l'argent à court terme (trois ou six mois).

Afin d'éviter de confondre un eurodollar avec un euro (la monnaie européenne), il est maintenant fait référence au marché obligataire international plutôt qu'à l'euromarché, sur lequel on peut bien sûr emprunter en euros. F. L.

➔ *Mouvements de capitaux*

L'État joue un rôle économique essentiel à travers les règles de droit qu'il impose à tous, sa politique monétaire et budgétaire, la redistribution* des revenus et la protection sociale, la défense de l'intérêt général et la prise en compte du long terme dans les grandes décisions économiques impliquant l'avenir de la nation.*

État

Autorité économique à compétence générale et imposant ses décisions à l'ensemble des membres d'une nation dans un cadre géographique délimité.

Même s'il est souvent dit que l'État national a perdu une grande part de ses moyens d'action sur l'économie, ses instruments d'intervention demeurent encore nombreux.

Les moyens et les formes de l'intervention de l'État

• La forme la plus générale de l'intervention de l'État dans l'économie consiste à fixer le cadre législatif de l'activité des agents : déterminer les dispositions du droit civil (droit de propriété, droits de succession...), du droit commercial, du droit des sociétés, du droit du travail..., réglementer les conventions collectives, imposer le financement social de certains « risques » (maladie, accident, chômage, vieillesse) par des cotisations obligatoires, imposer des normes de qualités concernant la fabrication des produits ou la fourniture de certains services, etc.

• Un des plus vieux pouvoirs que s'est arrogés l'État fut celui de « **battre monnaie** », c'est-à-dire de fabriquer la monnaie métallique et d'imposer sa circulation, personne ne pouvant la refuser en règlement de la vente de marchandises. Les responsables politiques prirent ensuite l'initiative de constituer de grandes banques nationales (création de la Banque d'Angleterre en 1694, de la Banque de France en 1800...), afin de procurer à l'État des moyens de financement. Ces établissements bancaires jouèrent au XIX siècle et surtout au XXe un rôle décisif dans la politique monétaire des États en s'octroyant le monopole de l'émission des billets et espèces métalliques et en contrôlant l'octroi de crédits par les banques (dites de second rang). L'État pouvait mener une politique monétaire tantôt expansionniste (consistant à accroître la masse monétaire afin de stimuler l'activité et la croissance), tantôt restrictive (consistant à réduire la masse monétaire quand l'inflation devenait trop importante).

• Depuis la fin des années 1980, la politique monétaire des États s'est transformée pour différentes raisons : l'évolution des techniques, qui a permis le déplacement quasi instantané de sommes d'argent considérables ; l'essor des marchés financiers (d'actions* et d'obligations*), qui réduisent le rôle du crédit bancaire dans le financement et donc les moyens de contrôle des États ; l'orientation libérale des États, qui renoncent aux politiques monétaires actives (exemple du traité de Maastricht* imposant l'indépendance des banques centrales vis-à-vis du pouvoir politique).

• Pour agir sur l'économie, les États modernes disposent d'un autre moyen constitué par le prélèvement fiscal, autorisant un flux régulier de dépenses publiques. Jusqu'à la fin du XIXe siècle, l'essentiel des ressources des États provenait des impôts dits indirects, frappant la consommation (vieille gabelle sur le sel, taxes diverses grevant l'achat de produits de consommation courante, droits de douane sur les

État

Promotion René Char (1993-1995) de l'École nationale d'administration. La promotion comptait 137 élèves, dont 36 étrangers venus de tous les continents, à l'exception de l'Amérique du Nord.

importations...). Mais à ceux-ci s'est ajouté au XXe siècle l'impôt sur les revenus (créé en 1914 en France), puis d'autres « prélèvements obligatoires » sont apparus en liaison avec le développement de la protection sociale (cotisation aux caisses d'assurance-maladie, de retraite, d'indemnisation du chômage...).

• La politique budgétaire de l'État influence l'économie en redistribuant les revenus des plus riches (plus lourdement imposés) vers les plus pauvres, qui bénéficient de plus d'allocations ou aides diverses (RMI en France, gratuité de certains services...). Cela modifie le partage macroéconomique entre consommation, épargne et investissement : en effet, l'impôt constitue une sorte d'épargne forcée, alors que les bénéficiaires de la redistribution des revenus sont davantage portés vers la consommation ; il permet à l'État de financer des investissements d'infrastructure ou de recherche qui n'auraient pas lieu sans lui. Enfin, en dépensant plus qu'il ne prélève (comme c'est le cas des grands pays industriels depuis les années 1970), l'État soutient l'activité.

Taux de prélèvement obligatoire (impôts + cotisations sociales, en % du PIB, 1996)

	Total	Dont impôts	Cotisations sociales
États-Unis	28,5 %	21,5 %	7 %
France	46 %	26 %	30 %
Suède	52 %	36,5 %	15,5 %

Source : Rapport sur les comptes de la nation, *INSEE, 1999.*

Le poids des « PO »

En 1997, l'ensemble des prélèvements obligatoires (impôts et cotisations sociales) représentaient 28,5 % du produit intérieur brut dans un pays libéral comme les États-Unis, 35,3 % en Grande-Bretagne, 37,5 % en Allemagne, 46,1 % en France et 53,3 % en Suède.

• L'État joue un rôle décisif en matière de relations économiques internationales, à travers la recherche de complémentarité avec d'autres pays (accords d'échange bilatéraux, intégration dans des ensembles multinationaux, tels l'Union européenne, l'ALENA*, le Mercosur*...) et à travers sa politique protectionniste* ou de libre-échange* : c'est ainsi que la Grande-Bretagne mena jusqu'au milieu du XIXe siècle une politique protectionniste lui permettant d'acquérir une suprématie maritime et industrielle avant d'opter pour le libre-échange. De même, les États-Unis pratiquèrent de hauts tarifs douaniers jusqu'au début du XXe siècle pour protéger leur industrie naissante de la concurrence anglaise.
À la fin du XXe siècle, la tendance est à l'ouverture totale des frontières, ce qui réduit les prérogatives des États nationaux. Ceux-ci conservent cependant un droit de regard sur certaines importations et sur certains investissements (comme en témoigne l'échec de l'Accord multilatéral sur les investissements), afin de sauvegarder des activité menacées de disparition par la concurrence mondiale.

Dépenses de l'État : d'abord payer les fonctionnaires

Répartition des charges du budget général de l'État, en % (base LFI 1999 : 1 670 600 MF)

Source : ministère de l'Économie, des Finances et de l'Industrie

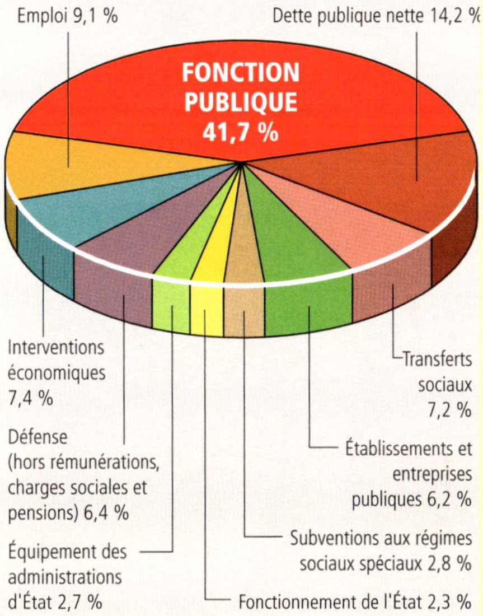

Les théories économiques de l'État

On peut distinguer trois principales analyses du rôle de l'État dans l'économie : celle des libéraux, celle des keynésiens et celle des marxistes.
• Les partisans du libéralisme économique* considèrent que l'intervention de l'État fausse les mécanismes autorégulateurs de l'économie de marché. En prélevant des impôts, l'État décourage les agents les plus productifs et détourne une partie des revenus de leur allocation spontanée, les individus ne pouvant ainsi révéler leurs réelles préférences par leur

Dépenses d'enseignement (en % du PIB, 1989)

	Publiques	Privées	Total
États-Unis	4,8 %	1,7 %	6,5 %
France	5,3 %	1,0 %	6,3 %
Suède	7,1 %	–	7,1 %

Source : Une éducation et une formation de qualité pour tous, *OCDE, 1992*

Répartition des sources de financement de l'enseignement (1992)

	Tous niveaux		Primaire et secondaire		Supérieur	
	Publiques	Privées	Publiques	Privées	Publiques	Privées
États-Unis	77,4 %	22,6 %	91 %	9 %	54,5 %	45,5 %
France	93,3 %	6,7 %	93,4 %	6,6 %	91,1 %	8,9 %
Suède	98,4 %	1,6 %	100 %	0 %	99,3 %	0,7 %

Source : Regards sur l'éducation, *OCDE, 1995, p. 110 à 112*

Le poids des administrations publiques multiplié par cinq

Part des impôts et des cotisations sociales dans le PIB, en %

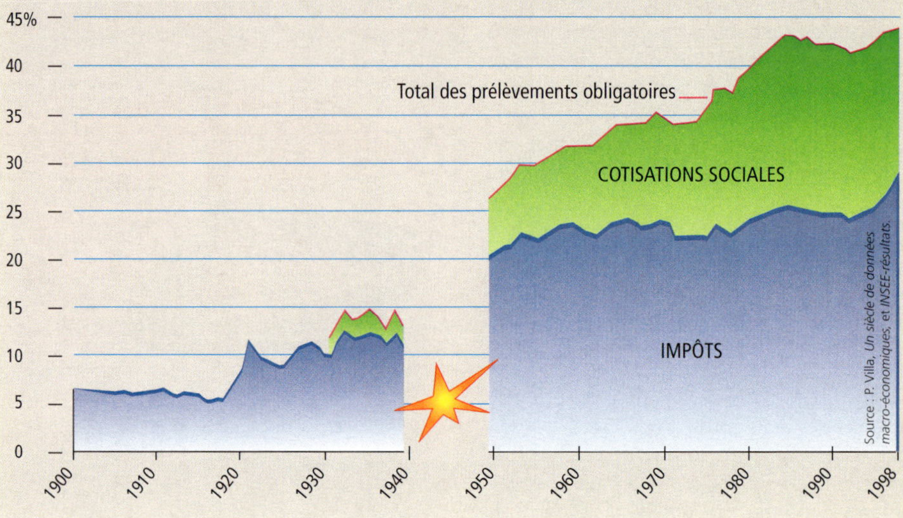

consommation. De plus, ces sommes prélevées par l'État sont, selon eux, mal utilisées : elles servent à financer des activités peu utiles (réalisations de prestige...) et à entretenir des fonctionnaires ou des entreprises peu productives (les entreprises publiques ne sont pas sanctionnées par le marché puisque leur déficit éventuel est couvert par l'État).

L'État aurait de plus tendance à dépenser plus qu'il ne prélève par l'impôt et à couvrir ce déficit en créant de la monnaie (source d'inflation), ou en empruntant auprès du public (« effet d'éviction » au détriment des entreprises privées, qui ont plus de mal à se financer). Les libéraux les plus radicaux (tel Jean-Baptiste Say*) préconisent un « **État minimal** », réduit à des fonctions de police et de justice. D'autres (comme Léon Walras*) attribuent à l'État un rôle de gardien de la libre concurrence (« **État gendarme** »), mais considèrent également que l'État doit intervenir quand la concurrence ne peut jouer (cas des richesses minières, limitées par la nature, ou des « biens collectifs », telle la défense nationale, ne pouvant faire l'objet

Dépenses de santé (en % du PIB et par habitant, 1987)

	Dépenses totales	Dépenses publiques	Par habitant (en dollars)
États-Unis	11,2 %	4,6 %	2 051
France	8,6 %	6,4 %	1 090
Suède	6,1 %	5,3 %	1 233

Source : les Systèmes de santé, *OCDE, 1990, p. 10 et 12*

Part des dépenses publiques de santé dans les dépenses totales de santé (1987)

États-Unis	41,4 %
France	74,8 %
Suède (1986)	90,1 %

Source : les Systèmes de santé, *OCDE, 1990, p. 145-146*

Prélèvements obligatoires et dépenses sociales

Un débat oppose dans de nombreux pays ceux qui souhaitent réduire l'importance des impôts et cotisations sociales, afin de permettre aux agents de disposer librement d'une part plus importante de leur revenu, à ceux qui désirent maintenir les moyens financiers dont dispose l'État pour mener une politique sociale.

Pour mieux saisir les enjeux, on peut opposer la situation des États-Unis, plus « libéraux », à des pays comme la France et surtout la Suède, où le rôle de l'**État providence*** est beaucoup plus marqué.

On s'aperçoit que, si les États-Unis consacrent globalement autant que les autres pays cités (en pourcentage de leur produit intérieur brut) aux dépenses d'éducation, et davantage qu'eux aux dépenses de santé, la part du financement privé y est beaucoup plus élevée, surtout en ce qui concerne l'enseignement supérieur d'un côté, et les soins médicaux de l'autre.

Un faible degré de prélèvements obligatoires a donc pour conséquence que ceux qui souhaitent apprendre et se soigner correctement doivent consacrer l'allégement de leur fardeau fiscal au paiement direct de ces prestations à des établissements privés.

Pour certains, cela a pour effet heureux de mettre chacun face à ses responsabilités et d'éviter le gaspillage propre au secteur public. Pour d'autres, la privatisation de l'enseignement et de la médecine conduit à augmenter l'inégalité entre riches et pauvres et à introduire des pratiques mercantiles au sein d'activités visant au mieux-être collectif.

d'un prix de marché car nécessairement consommés collectivement).

Cette vision du rôle de l'État a influencé les politiques suivies dans la plupart des pays depuis le milieu des années 1970, consistant à réduire la sphère publique (privatisation en Grande-Bretagne, en France et dans divers pays du tiers-monde), à diminuer le poids de la fiscalité (États-Unis) et de la dette publique (UEM, Union européenne monétaire), et à laisser les capitaux circuler librement.

• Selon J. M. Keynes* et ses disciples, l'État doit permettre le plein-emploi, qui n'est que le fruit du hasard dans les économies capitalistes, car aucun mécanisme ne conduit nécessairement à sa réalisation : tout dépend des anticipations* de profit* effectuées par les chefs d'entreprise, les poussant ou non à accroître le volume de l'emploi. Il appartient donc à l'État de soutenir la demande en augmentant les dépenses publiques et la quantité de monnaie en circulation, afin d'améliorer les perspectives de profit des entrepreneurs et de les inciter à produire plus. Sinon il existe un grand risque de faible croissance et de chômage involontaire.

• Marx* et les marxistes envisagent le rôle de l'État dans une perspective historique et conflictuelle. Pour Marx, à chaque moment de l'histoire, l'État représente l'intérêt de la classe* dominante. Dans la société capitaliste, les règles juridiques élaborées par « l'État bourgeois » et les moyens répressifs dont il dispose permettent aux propriétaires des moyens de production d'exploiter les prolétaires et de prendre les décisions économiques les plus appropriées pour accroître leur profit.

Les marxistes contemporains ont prolongé l'analyse en reliant l'évolution du rôle de l'État à celle du capitalisme : si celui-ci a pu dépasser ses crises (et s'il n'a pas connu d'explosion révolutionnaire), c'est selon eux parce que l'État a imposé des limites à l'exploitation de la classe ouvrière (en accordant des droits syndicaux, en limitant la durée du travail, en réglementant les conditions de travail, en imposant des salaires minimaux...). C'est aussi parce que l'État a pris à sa charge un ensemble de

Pourcentage de la population pouvant bénéficier des régimes publics d'assurance-maladie (1987)

	Soins hospitaliers	Soins ambulatoires	Pharmacie
États-Unis	40	25	–
France	99	98	92
Suède	100	100	100

Source : les Systèmes de santé, *OCDE, 1990, p. 98.*

dépenses (infrastructure, éducation, recherche fondamentale...) qui ont réduit les coûts des entreprises et accru leurs débouchés*. C'est enfin parce que les États ont mené des politiques protectionnistes qui ont permis aux entreprises de mieux résister à la concurrence extérieure ou qui les ont aidées à conquérir de nouveaux marchés.

Quel État pour demain ?

L'État doit-il s'effacer devant les « forces du marché » et se contenter de fixer quelques règles du jeu ? Ou doit-il au contraire conserver les rênes de l'économie pour stimuler la croissance, assurer le plein-emploi et réduire les inégalités ? Ce débat entre défenseurs et détracteurs du rôle de l'État dans l'économie n'est pas clos, comme en témoignent les incertitudes des gouvernants, soucieux à la fois de respecter l'initiative privée et d'assurer la cohésion sociale. La réponse à cette question dépasse sans doute le cadre de l'économie car elle met en jeu une réflexion plus générale sur la nature des institutions étatiques et les rapports entre l'individu et la collectivité. P. B.

➔ *L'État peut-il encore contrôler l'économie nationale ?, libéralisme économique*

Introduit le 1er janvier 1999, l'euro doit devenir en 2002 la seule monnaie de l'Union européenne ; le franc et les autres monnaies nationales disparaîtront alors. D'ici là, l'euro a vocation à rester une monnaie scripturale (permettant les paiements par chèque, les virements ou l'utilisation de cartes bancaires). L'euro est déjà l'une des principales monnaies mondiales (avec le dollar et le yen) et fluctue librement sur les marchés des changes.

Euro

Depuis le 1er janvier 1999, des taux fixes de conversion entre l'euro et les monnaies des principaux pays de l'UE sont utilisés (1 euro = 6,5597 francs). L'euro varie quotidiennement sur les marchés des changes vis-à-vis du dollar et des autres devises du monde. La Banque centrale européenne (BCE) est entrée en fonctions le 1er janvier 1999 depuis son siège de Francfort (Allemagne).

En 2002, l'euro pourrait intégrer les quinze membres de l'Union européenne (y compris le Royaume-Uni, le Danemark, la Grèce et la Suède), contre onze depuis le 1er janvier 1999 (on parle d'« Euroland à onze »). Les monnaies nationales disparaîtront le 1er juillet 2002 au plus tard (elles n'auront plus cours légal, c'est-à-dire que personne, dans aucun pays, ne sera tenu d'accepter des francs, par exemple). Au cours de la période de conversion (premier semestre 2002), euro et monnaies nationales des onze circuleront en parallèle, pour laisser le temps à la population de s'habituer à la nouvelle monnaie, mais pas aussi longtemps que lors du passage de l'ancien franc au nouveau franc, en 1960.
Les monnaies ne participant pas pour l'instant à l'euro sont intégrées depuis 1999 à un SME *bis* (équivalent du système monétaire européen – SME – qui a lié entre elles pendant vingt ans les monnaies de la Communauté européenne) ; elles peuvent fluctuer de plus ou moins 15 % par rapport aux cours pivots (centraux) définis vis-à-vis de l'euro, donc des autres monnaies.
Jusqu'à 2002, nombre de commerçants ou d'employeurs pratiquent le double affichage, c'est-à-dire qu'ils communiquent systématiquement le montant en euros. Un smicard (le SMIC, salaire minimum, est égal à 6 881 francs brut) sait d'ores et déjà qu'il perçoit mensuellement en théorie 1 049 euros, même si son salaire est pour l'instant payé en francs.
Sur les marchés financiers européens, les banques ont déjà commencé à utiliser le seul euro, et non plus les devises nationales, pour effectuer leurs transactions. Un établissement français, par exemple, en achetant en euros des actions hollandaises, n'a plus rien à craindre du taux de change franc-florin, le seul risque étant que les titres boursiers cèdent du terrain à la Bourse d'Amsterdam. Les entreprises, elles, bénéficient surtout de la suppression des

Euro
Le 1er janvier 2002, l'euro sera définitivement la seule monnaie de l'Union européenne. Jusqu'au 1er juillet, euro et monnaies nationales circuleront en parallèle pour laisser aux populations le temps de s'habituer. (Maquette de billet © Institut monétaire européen, 1997/ Banque centrale européenne, 1998.)

La Banque centrale européenne

Une monnaie comme l'euro, réunissant plusieurs États, ne pouvait se concevoir sans banque centrale unique. Une Banque centrale européenne (**BCE**) est donc entrée en fonctions le 1er janvier 1999. Son siège est situé à Francfort (Allemagne).

Le Néerlandais **Wim Duisenberg** est le premier président de la BCE. Son pouvoir est considérable, puisque la BCE est responsable de la création d'euros, de l'élaboration de la politique monétaire, de la conduite des opérations de change, et de la gestion des réserves de change.

• La mission principale de la BCE consiste à mettre en œuvre la politique monétaire de l'Euroland ; elle veille surtout à la stabilité des prix en maniant les taux d'intérêt à la hausse ou à la baisse.

• La BCE surveille aussi les taux de change : dollar contre euro, bien sûr, mais également toute parité qui influence l'équilibre mondial. Ainsi, la BCE a vendu du yen contre de l'euro, pour la première fois, en juin 1999, afin de contenir la hausse de la monnaie japonaise.

• Troisième mission, la BCE conserve les réserves de change ; l'or et le dollar sont moins utilisés qu'auparavant dans la constitution des réserves. La BCE a ainsi décidé que 15 % au maximum des réserves de change de l'UE seraient constitués d'or.

• En outre, le président de la BCE représente l'Union européenne (avec le président de la Commission européenne) dans les grandes instances économiques internationales, comme le G7* et le FMI*.

Le président de la BCE dirige aussi le conseil des gouverneurs de la BCE. Celui-ci, institué également par le **traité de Maastricht***, est composé d'un directoire, formé de six membres nommés par le Conseil européen. Par ailleurs, les banques centrales nationales ne disparaissant pas mais étant regroupées dans un organe à part, le **SEBC** (Système européen de banques centrales), les gouverneurs nationaux sont aussi représentés au conseil des gouverneurs.

Wim Duisenberg, président de la BCE, dirige le conseil des gouverneurs de l'institution de Francfort (6 + 11 = 17 membres au total). Cinq autres personnalités nommées au directoire l'accompagnent. **Jean-Claude Trichet**, gouverneur de la Banque de France, est l'un des onze membres du SEBC, présent au conseil des gouverneurs. Le SEBC jouit d'un pouvoir certain, ne serait-ce que parce que 65 000 personnes travaillent dans les banques centrales de tous les pays de l'Euroland à onze, contre moins de 1 000 à la BCE de Francfort.

La BCE tente de concilier indépendance (vis-à-vis des autorités politiques) et transparence (pour que les citoyens européens aient connaissance de ses actions). Pour l'instant, son indépendance est reconnue et appréciée. Mais on lui reproche volontiers son manque d'ouverture sur le monde extérieur : en Grande-Bretagne ou aux États-Unis, « les minutes » (comptes rendus exhaustifs) des discussions entre membres du conseil de politique monétaire *(open market policy)* sont publiées avec retard (six semaines aux États-Unis), mais régularité. En Europe, il faudra patienter pas moins de trente ans pour que le texte in extenso des rencontres soit publié, mais la BCE publie très rapidement des comptes rendus détaillés de ses discussions ainsi que des rapports trimestriels sur ses activités.

commissions de change, qui existaient par exemple lorsqu'un restaurant français achetait une livraison de pâtes en Italie, payable en lires. À l'extérieur de l'Union, un acheteur américain de vin n'a plus à s'interroger sur le **risque de change** de telle ou telle devise européenne par rapport au dollar puisque, quel que soit son choix, il règle son achat en euros. Il peut donc faire jouer la concurrence sur d'autres critères (prix, qualité, disponibilité...) pour choisir entre un vin de Bordeaux ou un chianti italien.

Un bouleversement autant politique qu'économique

Le poids de l'euro dans les échanges mondiaux augmente donc déjà presque automatiquement par le biais des transactions commerciales : les pays de l'Union européenne sont impliqués dans 30 % environ des échanges commerciaux dans le monde, et leurs établissements financiers sont déjà tenus de travailler en euros.

Reste à savoir si la politique monétaire pourra être décidée de façon harmonieuse pour l'Euroland à onze, qui inclut des pays aux situations économiques très différentes. À la fin du XXe siècle, l'Irlande, la Finlande, l'Espagne et le Portugal étaient en plein boom, alors que des poids lourds de l'Union, dont l'Allemagne et l'Italie, connaissaient des croissances médiocres. Pour la BCE, la fixation régulière de taux d'intérêt directeurs est, dans ce contexte, un exercice délicat. Et qu'en est-il du risque de **choc asymétrique** ? Celui-ci est un choc qui touche différentes régions de manière

Le match euro-dollar

En un an, de janvier 1999 à janvier 2000, la devise européenne avait perdu plus de 12 % de sa valeur face au dollar. Cette chute pouvait paraître paradoxale alors que l'économie de l'UE s'était bien comportée tout au long de ces douze mois. Certains incriminaient la presse économique anglo-saxonne, si influente auprès des milieux financiers, et culturellement hostile au processus d'unification européenne. Plus concrètement, d'autres mettaient en avant le très fort dynamisme américain, supérieur encore à celui du Vieux Continent, ainsi que les tensions inflationnistes dues notamment au renchérissement du prix du pétrole. Pourtant, les grands argentiers européens ne s'inquiétaient pas outre mesure en ce début de l'an 2000, persuadés que l'euro serait « plus stable que le mark ».

inégale : le financement des retraites, par exemple, n'affecte pas de la même manière l'Italie (généralement âgée, avec peu d'enfants) que l'Irlande (jeune et dynamique). Un tremblement de terre peut ravager une région précise, mais sans avoir de grandes conséquences sur l'économie européenne dans son ensemble.

Pour faire face à toutes les situations, les Onze ont signé un « pacte de stabilité et de croissance ». Ils s'engagent à maintenir les efforts qu'ils s'étaient imposés pour respecter les fameux « critères de Maastricht », donc à réussir l'examen de passage à l'euro : stabilité continue du taux de change, déficit budgétaire contenu à 3 % du PIB (produit intérieur brut), dette publique limitée à 60 % du PIB. Le pacte prévoit le paiement d'amendes en cas dépassement, mais autorise certains dérapages fiscaux en cas de récession particulièrement grave (une baisse d'au moins 2 % du PIB, un rythme que la France n'a pas connu depuis les années 1960 au moins).

De toute évidence, l'existence de l'euro ne crée pas en soi un nouveau système monétaire international puisqu'elle ne concerne pour l'instant que l'Euroland à onze. Elle modifie pourtant déjà beaucoup la donne monétaire mondiale. La première année de l'euro a été marquée par une nette baisse de la nouvelle monnaie par rapport au dollar, les deux grandes devises ayant fini l'année pratiquement à la parité de 1 pour 1. En janvier 2000, 1 euro valait 97 cents américains, contre 1,15 dollar un an plus tôt. F. L.

➔ *Amsterdam, dollar, L'euro, un concurrent pour le dollar ?, Maastricht, Union européenne*

L'euro contre le dollar : la devise européenne perd 12 % en un an

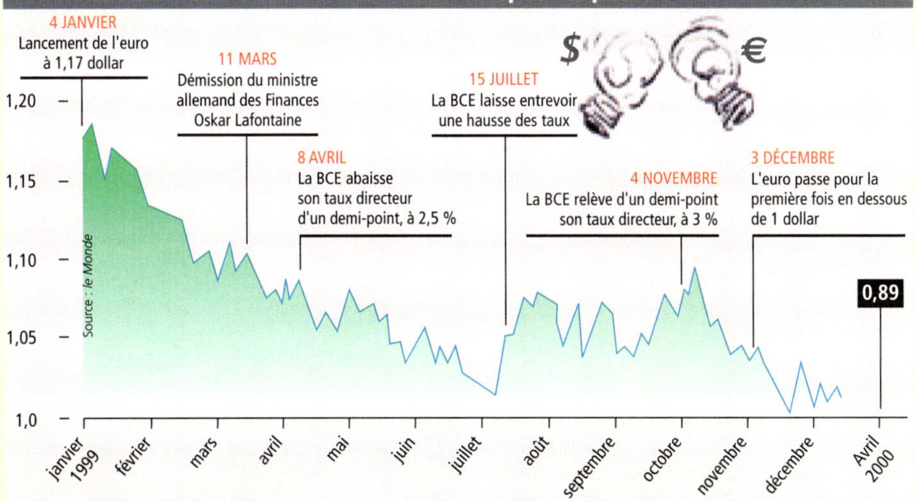

Évasion fiscale

Fait de parvenir à ne pas payer l'impôt auquel on est normalement assujetti.

Au sens strict, l'évasion fiscale consiste à minorer l'imposition en jouant sur une panoplie d'instruments licites. Elle ne doit pas être confondue avec la fraude fiscale, illégale. En fait, la notion d'évasion fiscale est souvent utilisée pour désigner la fraude fiscale à l'échelle internationale. L'évasion fiscale peut avoir l'apparence de la légalité puisqu'elle consiste, par exemple, à transférer de manière fictive le siège ou la filiale d'une société à l'étranger, par exemple dans un paradis fiscal.
Dans un rapport parlementaire rendu en septembre 1999, le député Jean-Pierre Brard rappelle qu'il est impossible d'évaluer précisément le montant de l'évasion comme de la fraude fiscales. Pour la France, les droits rappelés ont été de 73,3 milliards de francs en 1997, contre 67,2 milliards l'année précédente. Le montant total des ressources perdues par l'État correspondrait à des sommes allant jusqu'à 4 % du PIB.
Évasion et fraude fiscales progressent depuis une vingtaine d'années. À cela il y a plusieurs raisons : le développement du commerce international et des transactions qui lui sont liées, l'explosion du volume des mouvements de capitaux, les progrès réalisés dans les télécommunications, la réduction des coûts des transports internationaux qui permet d'établir plus aisément des relations d'affaires, enfin les débuts du commerce électronique. En remettant en cause l'égalité des citoyens devant l'impôt et en illustrant le peu de moyens de l'État face aux marchés, l'évasion fiscale nourrit la défiance à l'égard des institutions et encourage toutes les critiques qui sont faites à l'égard de la mondialisation économique et financière. L. D.

➔ *Fiscalité, mondialisation*

Ex ante

Locution s'appliquant à des objectifs ou résultats recherchés par des agents économiques mais qui ne seront pas nécessairement atteints.

On emploie ce terme pour opposer ce que souhaiterait faire un agent et ce qui se passera effectivement ex post*, c'est-à-dire après que son projet aura été réalisé : il peut par exemple envisager d'épargner 20 % de son revenu, mais s'apercevoir ex post que le montant de cette épargne n'est que de 10 % si la valeur de son placement a diminué durant la période. P. B.

Excédent brut d'exploitation

Approximation du profit brut des entreprises.

En comptabilité nationale*, l'excédent brut d'exploitation (EBE) est le solde du compte d'exploitation des agents produisant des biens ou services marchands : il s'agit du revenu qui leur reste après avoir payé les consommations intermédiaires* (matières premières diverses), rémunéré le travail de leurs salariés et versé les impôts* liés à la production (taxe professionnelle...). Dans le cas des entreprises, l'EBE mesure leur profit* brut, c'est-à-dire avant impôt sur les bénéfices et avant versement des frais financiers. P. B.

Excédent commercial

Surplus des exportations d'un pays par rapport à ses importations.

Les facteurs qui favorisent l'apparition d'un excédent sont le dynamisme à l'exportation*, la modération de la croissance intérieure (pour limiter les achats à l'étranger), une faible inflation* et une monnaie* qui ne s'apprécie pas fortement par rapport aux autres devises*. Un pays à excédent commercial fait des prêts, achète du capital à l'étranger et accumule des devises. B. G.

➔ *Balance commerciale, exportation, importation*

Exogène

Voir **Endogène (variable)**

Expansion

Phase d'essor de l'activité économique.

L'expansion économique est généralement mesurée par un indicateur* tel que le produit intérieur brut* d'un pays ou son revenu national*. Elle correspond à la phase ascendante d'un cycle économique, et s'oppose à la récession, qui en constitue la phase dépressive. Si l'expansion se poursuit, on parlera de croissance* économique, terme proche mais évoquant un phénomène de plus longue durée. P. B.

➔ *Croissance, cycle économique, récession*

Exportation

Vente à l'étranger de produits – marchandises ou services – de l'activité nationale.

L'exportation de marchandises donne lieu à un déplacement physique d'objets qui franchissent la frontière, alors que l'exportation de services correspond, pour l'essentiel, à des opérations immatérielles. Les exportations de marchan- dises sont, le plus souvent, comptabilisées au prix FAB* (franco à bord), prix qu'elles possèdent avant de quitter le territoire national, sans prise en compte du coût du transport depuis le pays exportateur vers les pays étrangers. B. G.

L'essor des échanges internationaux

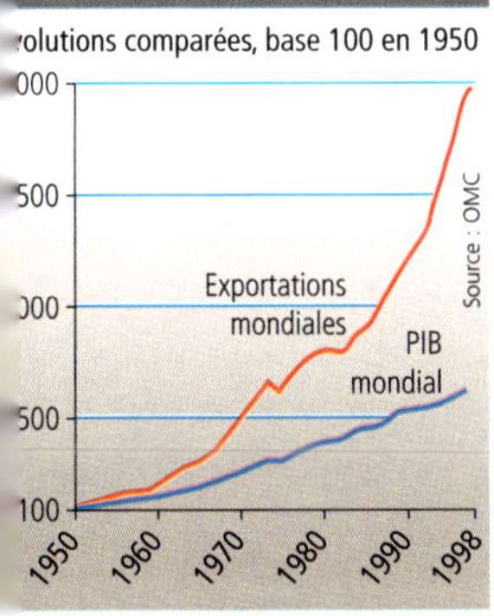

➔ *Balance commerciale, CAF, FAB*

Ex post

Locution s'appliquant aux résultats de décisions économiques effectivement réalisées.

Les résultats d'une décision économique peuvent différer de ceux espérés ex ante* : une entreprise a pu acheter des machines pour élever de 10 % sa productivité, et s'apercevoir ex post – c'est-à-dire après les avoir utilisées – que ses gains de productivité ne sont que de 5 %. P. B.

Externalisation

Forme particulière de la sous-traitance, l'externalisation consiste, pour une entreprise, à faire effectuer par un prestataire extérieur une activité jusqu'alors réalisée par l'entreprise elle-même.

Apparue à la fin des années 1960 dans les firmes américaines d'abord, l'externalisation, aussi appelée ***outsourcing***, s'est considérablement développée dans les années 1990. Elle est considérée par les entreprises comme un moyen de réduire leurs coûts et d'accroître leurs capacités d'adaptation.

Les entreprises ont d'abord cherché à faire faire par des sociétés extérieures les métiers les plus éloignés de leur activité principale (la restauration de leur personnel, la maintenance de leurs machines, le nettoyage ou le gardiennage de leurs locaux, etc.). L'externalisation affecte désormais toutes les fonctions de l'entreprise : la comptabilité, la gestion du personnel, l'informatique, etc. É. I.

➔ *Entreprise, sous-traitance*

Externe (effet)

Conséquences involontaires de l'activité d'un agent sur le bien-être des autres.

La décision d'un individu a toujours des conséquences économiques indirectes pour les autres. Une papeterie installée en amont d'une rivière nuit par exemple aux pêcheurs en aval car elle pollue l'eau : elle crée un effet externe négatif. L'apiculteur réjouit, en revanche, ses voisins horticulteurs en favorisant la pollinisation des fleurs : il s'agit alors d'un effet externe positif.

Les effets externes nuisent à l'efficacité générale de l'économie et on a imaginé plusieurs solutions pour y remédier. On peut ainsi « faire payer les pollueurs » et préciser selon quels critères : interdiction de dépasser tel niveau de pollution ; taxe proportionnelle au volume de produits polluants émis ; taxe au-delà d'un seuil à ne pas dépasser, etc. Il existe également des solutions moins administratives qui tentent de susciter un marché des « droits à polluer » : une entreprise qui désirerait continuer d'utiliser une technique polluante devrait indemniser celles qui accepteraient d'y renoncer. F. E.

➔ *Optimum, prix*

f

DOSSIERS

FAB
(franco à bord)

Prix des exportations au départ du pays exportateur.

La valeur des exportations de marchandises est mesurée à leur sortie du territoire français, c'est-à-dire en tenant compte de leur prix départ usine, majoré des coûts de transport jusqu'à la frontière, mais non des frais d'acheminement vers l'étranger au-delà de la frontière.
Le transport hors des frontières peut en effet être effectué par des transporteurs étrangers, et ne constitue donc pas un revenu d'exportation pour les agents nationaux. P. B.

➔ *CAF*

Facteur (de production)

Un bien constitue un facteur pour une entreprise quand il est utilisé dans le processus de production (on emploie souvent le terme anglais input).

On produit ainsi une voiture avec les facteurs suivants : de l'acier, des matières plastiques, de la peinture, des pneumatiques, du travail, des robots, etc. On regroupe parfois les facteurs en catégories plus générales comme le travail, les matières premières, les équipements durables.
Parfois, deux facteurs doivent s'utiliser dans des proportions fixes : pour chaque voiture, il faut un pneumatique par jante. On dit alors que les facteurs sont complémentaires. Parfois, on peut utiliser davantage celui-ci pour compenser l'utilisation moindre de celui-là : les facteurs sont alors substituables*.
Ainsi, quelques ordinateurs ont pu remplacer, mais pas complètement, le travail qu'effectuaient naguère des comptables, et des robots industriels ont remplacé une partie du travail des ouvriers à la chaîne. F. E.

➔ *Production*

Faillite

État de cessation de paiements pour une entreprise.

Depuis 1967 (loi du 13 juillet, réformée par la loi du 25 janvier 1985), le sort de l'entreprise en faillite est distingué de celui de ses dirigeants. Un redressement judiciaire ou une liquidation de biens sont prononcés en ce cas contre la première, tandis qu'une faillite personnelle (entraînant des interdictions d'exercer) l'est à l'encontre des seconds.

Le taux de survie des entreprises créées en France est compris entre 67 % (entreprises ne comprenant pas de salariés) et 87 % (entreprises de plus de 10 salariés) au bout de trois ans, et entre 51 % et 77 % au bout de cinq ans.

Par secteur, le commerce est le plus fragile, et l'industrie, le plus solide. P. B.

➔ *Entreprise*

FAO

(Organisation pour l'alimentation et l'agriculture ; en anglais, Food and Agriculture Organization)

Institution spécialisée des Nations unies, basée à Rome, chargée de superviser les problèmes mondiaux d'alimentation.

Depuis 1945, la FAO a pour objectif d'augmenter la production de produits agricoles dans le monde, d'assurer une meilleure distribution des productions et d'améliorer les conditions de vie dans les campagnes.

Parmi les interventions de la FAO, on compte, par exemple, la reforestation au Pérou ou l'amélioration de la culture du riz en Afrique. En 1994, la FAO a ainsi mis sur pied un programme spécial pour la sécurité alimentaire, dont quelque 80 États sont de potentiels bénéficiaires. Sur les 6 milliards d'habitants de la planète, elle estime que 800 millions de personnes environ, dont 200 millions d'enfants, souffrent de sous-alimentation chronique. F. L.

➔ *Agriculture, aide au développement*

Fed

(Federal Reserve System)

Banque centrale des États-Unis, présidée depuis 1987 par Alan Greenspan, l'une des personnalités américaines les plus importantes.

La Fed a réussi, depuis sa fondation en 1913, à maintenir la confiance nationale et internationale dans le dollar*, vite devenu la monnaie de référence mondiale. Parmi ses missions figurent non seulement le maintien de la stabilité des prix mais aussi la recherche du plein-emploi et de la croissance. Les objectifs de la Fed sont d'abord américains, mais ses choix ont une influence sur l'ensemble du système monétaire international. On l'a vu en 1971, lors de la cessation de la convertibilité-or du dollar, qui a inauguré l'ère des changes flottants au niveau mondial. Ou encore au début des années 1980, lorsque **Paul Volcker**, le président de l'institution, décida de laisser monter rapidement les taux d'intérêt pour lutter contre l'inflation, provoquant une forte appréciation du dollar... et la crise de la dette du tiers-monde*.

Deux instances principales participent à l'action de la Fed :

- le **conseil des gouverneurs** (ses sept membres sont nommés par le président des États-Unis) ;

Fed
Alan Greenspan, président de la Fed, est considéré comme un des grands artisans de la croissance ininterrompue des États-Unis depuis les années 1990. Au dosage politique budgétaire laxiste-politique monétaire restrictive pratiqué par son prédécesseur Paul Volcker et par le président Reagan, il a préféré, avec le président Clinton, un mélange de politique budgétaire stricte et de politique monétaire souple.

• la Commission de l'**Open Market** (les sept membres du conseil ainsi que cinq des douze présidents des banques de réserve régionales, qui constituent le Federal Reserve System).

La Fed est très indépendante par rapport aux autorités politiques et économiques, mais elle rend régulièrement compte de ses activités au Congrès (Parlement). Celui-ci, sur simple vote, peut modifier les statuts de la Fed ou émettre des demandes spécifiques. Les minutes (retranscriptions), publiées six semaines après la tenue des réunions de l'Open Market (chargé de la politique monétaire), sont étudiées de près sur les marchés financiers. F. L.

➔ *Banque centrale, dollar*

Féodalisme
La magnifique série des *Très Riches Heures* du duc de Berry (xve siècle) montre comment le féodalisme reposait sur la puissance des seigneurs et sur le travail des serfs, qui avaient gagné le droit de posséder un patrimoine.

Féodalisme

Système économique et social qui domina en Europe occidentale du xe au xve siècle, marqué par un essor important de l'agriculture, de l'artisanat, des villes et des échanges marchands.

À partir du xe siècle, l'action pacificatrice de l'Église et les nouveaux rapports sociaux s'imposant en Europe rendirent possible un véritable essor économique. Désormais, un seigneur tenait son territoire (fief) d'un suzerain dont il devenait le vassal et à qui il devait fidélité ; le seigneur tirait ses ressources non plus de la conquête et du pillage, mais des redevances en nature (part de la récolte), en travail gratuit (corvée) ou en argent (cens), que lui devaient ses serfs ou les habitants libres des villes situées sur ses terres.

Cette situation favorisa l'accroissement de la production agricole et artisanale. En effet, les serfs, à la différence des esclaves de l'Antiquité, avaient le droit de posséder un patrimoine et de conserver la production excédant les redevances seigneuriales.

La population des villes, quant à elle, ne devait au seigneur qu'un impôt solidaire et le paiement de taxes portant sur la circulation ou la vente des produits. On assista ainsi à une mutation du système productif (usage de charrues lourdes à soc métallique, substitution de l'assolement triennal à l'assolement biennal, etc.). L'augmentation de la production agricole rendit possible une croissance démographique inconnue jusque-là : l'Europe aurait compté de vingt à trente millions d'habitants vers l'an mille, et au moins soixante millions au début du xive siècle.

De l'exode rural au renforcement du pouvoir royal

Cela créa les conditions d'un exode rural qui fut progressif et qui permit un spectaculaire développement des villes (riches cités d'Italie du Nord, ports alle-

mands de la Hanse* teutonique, foires* de Champagne, Bruges et les cités de Flandre).
Mais, au XIVe siècle, ce développement connut un grave recul, qui s'explique par la baisse des rendements agricoles et par les rivalités entre cités industrielles – menacées par le travail à domicile effectué dans les campagnes – mais aussi par la terrible épidémie de peste qui décima à partir de 1348 un tiers de la population européenne.
Au XVe siècle, l'Europe sortit de cette crise profondément transformée : le pouvoir des féodaux fut remis en cause par le renforcement de l'autorité royale et par la disparition du servage. Dans ce nouveau cadre, une intense reprise de l'activité économique se produisit, permettant l'enrichissement de grands marchands-banquiers (les Fugger*, les Médicis*, Jacques Cœur*...) et reflétant l'évolution de la société européenne vers le capitalisme* marchand. P. B.

Fiduciaire (monnaie)

Au sens large, une monnaie est dite fiduciaire à partir du moment où ses utilisateurs ont confiance dans sa valeur d'échange.*
Au sens étroit, la monnaie fiduciaire désigne les moyens de paiement mis en circulation par la banque centrale, c'est-à-dire les billets de banque et la ***monnaie divisionnaire*** *(les pièces métalliques).*

La monnaie fiduciaire (du latin *fides,* « confiance ») désignait à l'origine les billets de banque convertibles en or. En dépit de la suppression de la convertibilité-or du billet de banque en 1936, les monnaies de la Banque de France conservent la confiance du public. Ce sont les seuls instruments monétaires qui ont cours libératoire illimité, c'est-à-dire qu'on ne peut les refuser en paiement. J.-C. D.

➔ *Banque de France, convertibilité, monnaie*

Filières (d'activité)

Ensemble des activités productrices dont l'enchaînement concourt à satisfaire un marché final donné (par exemple, la filière agroalimentaire).

La notion de filière évoque l'ensemble des opérations nécessaires entre la production d'une matière première brute et la vente d'un produit fini au consommateur. La satisfaction des besoins alimentaires, par exemple, fait non seulement appel aux agriculteurs, mais aussi aux entreprises de grande distribution (centrales d'achats, hypermarchés) qui commercialisent les fruits et légumes. Cette chaîne, ou « filière », comporte un autre maillon : les industries de transformation, qui fabriquent des produits élaborés (laitages, épicerie, surgelés...) à partir de produits agricoles. On distingue, dans une filière, les activités dites « d'amont » – celles qui fournissent la matière utilisée – des activités « d'aval », plus proches de la mise sur le marché. Le textile-habillement, le travail du bois ou l'automobile sont des activités à propos desquelles on peut parler de filières. A.-M. R.

➔ *Matière première*

Finance

Ensemble des professions et activités ayant rapport à l'argent et à la manipulation des capitaux.

Le « monde de la finance » désigne dans le langage courant tous ceux qui créent ou transmettent des moyens de paiement, ou servent d'intermédiaires entre épargnants et investisseurs (banquiers, agents de change*, courtiers*...).
La science financière désigne plus particulièrement la discipline traitant de la gestion des patrimoines privés ou des comptes de l'État, et des moyens appropriés pour obtenir les fonds nécessaires à l'activité des agents en empruntant de l'argent ou en émettant des titres*.
Les économistes distinguent le marché monétaire* des marchés financiers* où s'échangent des titres qui n'ont pas les attributs de la monnaie* (actions* et obligations*), car ils ne peuvent être utilisés pour acheter des biens et services courants. De ce point de vue, la sphère financière se limite à celle des marchés boursiers. P. B.

➔ *Bourse, financement, finances publiques, monnaie*

Financement

Opération par laquelle un agent apporte des fonds à un autre agent.

Lorsqu'un particulier, une entreprise ou l'État ont besoin d'argent pour financer leurs dépenses (achat d'une voiture, construction d'une usine ou d'un hôpital...), ils cherchent du financement. Par extension, le financement de l'économie représente l'ensemble des fonds engagés pour permettre l'activité économique d'un pays.

Les agents économiques disposent de trois modes de financement de leurs activités. Tout d'abord, l'autofinancement*, ou financement interne, est une somme prélevée sur ses propres revenus : une entreprise s'autofinance lorsqu'elle prélève sur ses profits les sommes nécessaires au financement de ses projets. Ensuite, une entreprise peut se financer en émettant des valeurs mobilières, actions* ou obligations*, auprès du public. Il s'agit d'un financement externe, en ce sens que les apporteurs de fonds sont extérieurs à l'entreprise. Enfin, il existe une dernière forme de financement, externe elle aussi, le financement bancaire, obtenu en empruntant auprès des banques. A. L.

➔ *Autofinancement*

Finances publiques

Finances de l'ensemble des administrations publiques : État, administrations sociales et collectivités locales.

Les finances publiques servent à financer aussi bien le fonctionnement de l'État que les priorités gouvernementales, l'aide sociale, l'assistance maladie ou encore la gestion des établissements scolaires. Pour faire face à leurs dépenses, les administrations publiques ont d'abord recours à la fiscalité*. Impôts, cotisations sociales, impôts locaux sont leurs instruments. Au total, pour 100 francs versés par un contribuable français en 1998, 46 francs sont destinés aux organismes de Sécurité sociale, 38 francs vont à l'État, 13 francs aux collectivités locales et 3 francs à l'Union européenne. Si cela ne suffit pas, les administrations publiques ont généralement recours à l'emprunt qui crée la dette*.

Les pays européens qui, comme la France ou l'Allemagne, ont décidé d'adopter l'euro* comme monnaie ont dû remplir certains critères de convergence – les critères de Maastricht* –, notamment en matière de finances publiques. Ainsi, les déficits publics devaient être inférieurs à 3 % du produit intérieur brut (PIB*) et la dette publique à 60 % du PIB. Aujourd'hui, tous les membres de la zone euro se dotent de programmes pluriannuels de finances publiques, qui encadrent leur politique économique : ils s'y engagent sur trois ans à remplir des objectifs précis en matière de dette, de déficit, de dépenses publiques et de prélèvements obligatoires. V. M.

➔ *État, fiscalité*

Firmes multinationales

Est multinationale toute firme ayant réalisé des investissements directs à l'étranger (IDE), et disposant donc de filiales localisées hors de son pays d'origine, ou ayant pénétré certains pays hôtes grâce à des alliances avec des entreprises étrangères.

Les premières firmes multinationales sont apparues au XIXe siècle. En 1914, elles détenaient dans le monde un stock d'IDE de 14 milliards de dollars. Ce stock est en 1997 de 3 540 milliards de dollars, à la suite de l'accélération des IDE à partir des années 1960. Le nombre de sociétés mères multinationales était de 6 000 en 1967, avec 27 000 filiales étrangères ; il était respectivement de 54 000 et de 449 000 en 1997. Les multinationales sont un phénomène économique parfaitement banal en cette fin de siècle. En 1997, 68 % des IDE sont localisés dans les pays développés, 17 % dans les nouveaux pays industriels, 13 % dans le tiers-monde et 2 % dans les pays de l'Est ; ils proviennent à 90 % de la Triade (Amérique du Nord, Europe, Japon*). En 1970, 45 % des IDE étaient réalisés dans l'industrie, 32 % dans le tertiaire et 23 % dans le secteur primaire ; à la fin des années 1990, le rapport était respectivement de 39 %, 50 % et 11 %. Les multinationales se développent surtout dans les services*.

Ces firmes utilisent trois moyens pour pénétrer dans un pays hôte :

• création d'une nouvelle **filiale** *(greenfield investment)* de toutes pièces ;

• **rachat** d'une entreprise existante du pays hôte ;

• recours à l'une des « **nouvelles formes d'investissement** » (terminologie OCDE) telles que sous-traitance internationale, assistance technique, livraison d'usine clés en main, accord de coproduction, de gestion, de cofinancement ou alliance stratégique (portant le plus souvent sur la recherche industrielle menée en commun) avec une firme étrangère.

Les multinationales ont plusieurs stratégies de base pour leurs IDE :

• la **stratégie d'approvisionnement**, où la filiale étrangère fournit des produits à la société mère ;

• la **stratégie de marché**, où l'IDE se substitue aux exportations de la société mère vers le pays hôte ;

• la **stratégie de rationalisation** de la production, où la société mère délocalise la fabrication de ses produits dans des pays à faibles coûts de production (dont un faible coût unitaire du travail) ;

• une nouvelle **stratégie, dite « globale »,** à laquelle quelques centaines de multinationales ont recours. La firme a alors une vision mondiale de la concurrence, des marchés et des avantages comparés entre pays ; elle localise ses activités là où elles sont le plus rentables à l'aide des nouvelles technologies d'information et de production flexibles, et organise en réseau ses filiales étrangères, qui peuvent être elles-mêmes liées avec d'autres sociétés mères multinationales. Ces firmes globales participent activement aux vagues de fusions entre firmes de pays différents (24 000 opérations en 1997, soit 1 500 milliards de dollars d'actifs dont la propriété a changé de mains).

La valeur des IDE dans le monde représente 12 % du produit mondial, et le chiffre d'affaires des 200 plus grandes multinationales, 28 %. Un tiers du commerce mondial est formé d'échanges entre les multinationales mères et leurs filiales ; un autre tiers se compose d'échanges entre elles et des firmes mononationales ; seul un tiers du commerce mondial échappe aux multinationales. Leur impact sur le commerce extérieur, l'emploi, le développement régional et le transfert de technologie a conduit tous les États du monde à prendre des mesures pour attirer les IDE. Les multinationales occupent une place originale dans la science économique*, à la croisée des théories de la firme, de l'économie internationale, de l'économie industrielle* et des analyses récentes de la mondialisation*. W. A.

La « World Company » est d'abord américaine

Les 50 premières entreprises mondiales, par pays. (nombre, capitalisation boursière et % du total, en 1999)

	Nombre d'entreprises	en millions de dollars	en %
ÉTATS-UNIS	33	4 901,2	71,8
GRANDE-BRETAGNE	5	591,6	8,7
JAPON	3	478	7
SUISSE	3	249	3,6
ALLEMAGNE	2	199,2	2,9
FRANCE	1	73,6	1,2
Autres	3	329,9	4,8
Total	50	6822,5	100

Source : *le Monde diplomatique*

➔ *Économie industrielle, entreprise*

Fiscalité

Voir dossier p. 271

Fisher (Irving)

Économiste américain (1867-1947), auteur de la formulation la plus classique de la relation entre monnaie et prix.

En proposant la formulation la plus aboutie à l'époque de la théorie quantitative de la monnaie*, qui explique l'inflation par la quantité excessive de monnaie en circulation, il est un précurseur du monétarisme*.
Plus généralement, il a œuvré au développement de l'économie quantitative par :

• son analyse des choix intertemporels entre consommation* et épargne* (celle-ci étant appréhendée comme une consommation différée) ;
• sa théorie du taux d'intérêt* comme résultante de l'impatience des épargnants (l'offre) et des opportunités d'investissement* (la demande). On lui doit une relation stipulant que, à l'équilibre*, le taux d'intérêt* nominal doit être égal au taux de profit* augmenté du taux d'inflation*.

La prise en compte des anticipations* de l'inflation lui a permis de rendre ces relations d'équilibre de long terme compatibles avec des déséquilibres conjoncturels d'origine monétaire, et d'en tirer un plaidoyer pour des politiques de stabilisation monétaire. P. L.

➔ *Dichotomie, illusion, marginalisme, mathématiques, école néoclassique, neutralité*

Flexibilité

Ensemble des mesures permettant d'assouplir les conditions d'emploi afin de les adapter aux exigences de compétitivité de l'entreprise, notamment à ses rythmes de production.

Engagé à partir des années 1980, cet assouplissement conduit à remettre en cause un certain nombre de pratiques et de garanties favorables aux salariés. La flexibilité peut concerner les formes d'emploi (moins de contraintes réglementaires sur les licenciements, recours à des contrats de travail à durée déterminée) mais aussi le temps de travail*. Les employeurs souhaitent organiser ce dernier sur une base non plus hebdomadaire mais annuelle afin de pouvoir moduler les horaires selon leurs besoins. Début 1999, lors des discussions engagées dans le cadre du passage aux 35 heures, la direction du groupe PSA (Peugeot-Citroën) a accepté une réduction des horaires en échange d'une banalisation du travail du samedi (jusqu'alors organisé sur la base du volontariat et rémunéré avec la majoration due au titre des heures supplémentaires).

L'introduction d'une dose de flexibilité est l'affaire du patronat* et des syndicats* mais aussi de la sphère politique. Partout en Europe, par exemple en Allemagne, la flexibilité est également un sujet de controverse. Selon ses partisans, elle permet de favoriser la croissance et constitue souvent le seul moyen de créer ou de sauvegarder des emplois. Ses détracteurs estiment qu'elle crée de l'exclusion et ne peut être envisagée que de manière équilibrée, sous forme de « donnant donnant ». J.-M. N.

➔ *CDD, compétitivité, patronat, rigidité, temps de travail*

FMI

Voir dossier p. 277

Foire

Lieu d'échange périodique se tenant dans un même lieu à des dates fixes.

Les foires ont eu un rôle essentiel aux temps féodaux (xe-xve siècle), à une époque où les espaces marchands permanents et la circulation des produits étaient encore limités. Aussi, de grands seigneurs ou des villes organisaient une ou plusieurs fois par an de grands rendez-vous attirant des marchands de contrées lointaines. Ils savaient pouvoir y vendre leurs produits, y acheter des denrées rares, être protégés et bénéficier du service de changeurs.
Les plus grandes foires féodales furent celles de Champagne (Troyes, Provins, Bar-sur-Aube...), de Lyon, de Saint-Denis, les foires flamandes (Ypres, Lille, Bruges), celles de Beaucaire, de Carcassonne, de Plaisance en Italie.
Aujourd'hui, de grandes foires-expositions internationales se tiennent encore annuellement, telles la Foire de Paris (qui a reçu en 1999 plus de 700 000 visiteurs), celle du Livre, à Francfort (attirant plus de cent pays et près de 300 000 visiteurs), celle de Leipzig (dans l'ancienne RDA), qui permettait un contact économique entre l'Occident et le monde communiste avant la réunification allemande, celles de Barcelone, de Hongkong, de Chicago... P. B.

Un système fiscal moderne comporte généralement des impôts directs sur le revenu et le patrimoine, des impôts indirects sur les échanges (consommation, achats d'actifs, importations), diverses taxes et redevances, et, à la marge du système fiscal, un mécanisme de financement de la protection sociale incarné notamment par les cotisations sociales. L'ensemble de ces charges constitue les prélèvements obligatoires auxquels sont soumis les contribuables. La France ne fait pas exception à la règle, même si elle se caractérise par un poids relativement faible de sa fiscalité directe, et par la complexité de son système fiscal, résultant d'une accumulation de réformes.

Fiscalité

La fiscalité est définie comme le système de perception des impôts (et taxes) et comme l'ensemble des lois qui s'y rapportent (Code général des impôts, loi de finances).

Le total des recettes fiscales nettes de l'État est, en France, supérieur à 1 500 milliards de francs, dont près de 40 % au titre des impôts directs et plus de 45 % pour la seule TVA*.

Impôts, taxes, taxes parafiscales : toujours plus et toujours plus complexe

L'impôt est une prestation pécuniaire requise, par l'autorité publique, des personnes physiques et morales, d'après leurs facultés contributives et sans contrepartie déterminée. Il sert principalement à financer les dépenses publiques. Il ne peut être institué que par la loi. Les **impôts directs** sont directement prélevés auprès du redevable. Ils sont donc les plus sensibles politiquement, d'autant qu'ils sont les seuls à permettre une certaine redistribution par l'application de barèmes progressifs, c'est-à-dire dont le taux augmente en fonction de la base imposable. L'impôt sur le revenu des personnes physiques (IRPP*) et l'impôt sur les sociétés sont les plus connus d'entre eux. Les impôts locaux, perçus au bénéfice des communes, des communautés urbaines, des districts, des départements et des Régions, font également partie de la fiscalité directe : il s'agit, en France, de la taxe professionnelle, de la taxe d'habitation, de la taxe foncière sur le bâti et le non-bâti. Enfin, les impôts sur le capital viennent compléter ce dispositif. En France, l'impôt de solidarité sur la fortune (ISF*) taxe la possession de patrimoine ; les droits de succession, de mutation et divers droits d'enregistrement et de timbre taxent sa transmission.

Les **impôts indirects** sont ceux qui sont payés par un contribuable légal, mais supportés en définitive par un tiers, généralement le consommateur. La TVA est le principal d'entre eux. Les droits sur les tabacs, l'alcool et les produits pétroliers en sont un autre exemple.

Alors que l'impôt est prélevé sans que soit offerte au contribuable une contrepartie déterminée, la **taxe**, elle, rémunère un service rendu ou, tout du moins, mis à la disposition du redevable. Elle est instituée par la loi et est due même si le contribuable n'utilise pas le service ainsi mis à sa disposition. La taxe d'enlèvement des ordures ménagères, en France, rentre dans cette catégorie. À l'inverse, les redevances, elles, ne sont dues que si le redevable utilise effectivement les prestations qui lui sont offertes en contrepartie. Ces redevances peuvent être instituées par voie réglementaire.

Il existe, en France, une autre catégorie de prélèvements, les **taxes parafiscales**, instituées par la voie réglementaire (décrets en Conseil d'État). Selon l'article 4 de l'ordonnance du 2 janvier 1959, elles sont « perçues dans un intérêt économique ou social au profit d'une personne morale de droit public ou privé autre que l'État, les collectivités territoriales et leurs établissements publics administratifs ». En pratique, elles sont le plus souvent établies au profit d'organismes corporatifs (de l'horlogerie, du textile et de l'habillement, du secteur céréalier, de la fonderie, etc.) : perçues sur les acteurs de certains secteurs, elles permettent de financer certaines actions collectives, comme la recherche ou la formation.

La TVA, première ressource de l'État

Répartition des recettes fiscales de l'État (base LFI 1999 : 1766 200 MF)

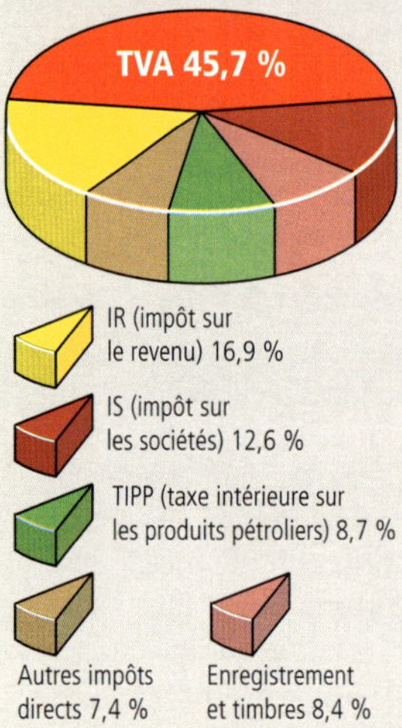

Source : ministère de l'Économie, des Finances et de l'Industrie

La lecture de l'annexe E des différents projets de loi de finances, où elles sont toutes énumérées, est édifiante. C'est là qu'on découvre que les fabricants de jus de tomate payent 0,035 franc par kilogramme pour financer la Société nationale interprofessionnelle de la tomate. Le vin, l'horticulture, les céréales, les fruits et légumes, le lait de vache, de brebis ou de chèvre, le cidre, le cognac, le champagne, mais aussi les produits de fonderie, la mécanique, les produits pétroliers et bien d'autres encore sont taxés dans cette même logique.

Enfin, les cotisations sociales* viennent encore alourdir les prélèvements obligatoires. Elles ne peuvent être assimilées à des impôts puisqu'elles sont perçues au profit des caisses de Sécurité sociale, des organismes certes chargés d'une mission de service public mais de statut privé. Les cotisations sociales ont longtemps vu leur taux fixé par décret. Elles n'étaient pas régies par les principes budgétaires d'annualité et d'universalité qui gouvernent l'impôt. La révision constitutionnelle du 22 février 1996 a modifié cet état de choses, en rajoutant un article par lequel les projets de loi de financement de la Sécurité sociale sont examinés au Parlement dans les mêmes conditions que le budget de l'État.

La lente affirmation du rôle de l'État central puis de la notion de progressivité

Le système fiscal français est le produit d'une histoire longue et chaotique. Cette histoire est étroitement liée à celle de la construction de l'État moderne. Le premier système fiscal relativement organisé est introduit par Rome. La chute de cet empire entraîne la désagrégation du système fiscal. L'impôt restera, et ce jusqu'à la Révolution, prélevé à quatre niveaux : le roi, les villes, l'Église, avec en particulier la dîme, et les possesseurs de fiefs (duchés et comtés). Du fait du recul de l'écrit qui caractérise cette période, le système relativement unifié établi par les Romains cède la place à des règles coutumières variables d'une région à une autre. Une ligne de partage importante s'installe entre le tiers méridional du pays, demeuré assez fidèle au droit romain écrit, et le Nord et le Centre, où le droit coutumier prévaut et favorise l'adoption de règles inspirées des traditions de l'Europe du Nord.

À partir du XIIIe siècle, les règles d'imposition commencent à être recodifiées, même si l'hétérogénéité demeure. Les prélèvements au profit du roi, qui vit de son domaine pour ses dépenses courantes, sont des contributions exceptionnelles. Elles sont consenties par ses vassaux, qui se tournent ensuite vers les leurs.

En 1314, pour la première fois, le roi négocie l'impôt avec les trois états (clergé, noblesse et peuple). Les besoins financiers de l'État ne cessent d'augmenter. Les guerres coûtent de plus en plus cher. L'État confisque donc à son profit certains droits de prélèvement seigneuriaux et invente de nouveaux impôts. La gabelle, impôt indirect perçu sur les ventes de sel, devient un monopole royal en 1343 ; la taille, elle, est réservée au roi par l'ordonnance d'Orléans en 1439. Il s'agit d'un tournant important : pour la première fois, l'impôt n'est plus consenti mais résulte d'un acte d'autorité. Le roi n'est donc plus le premier d'entre les pairs, mais, au-dessus des trois états, une incarnation de la nation.

L'Europe fiscale reste à faire

Structure des prélèvements obligatoires dans l'Union européenne, en % des recettes

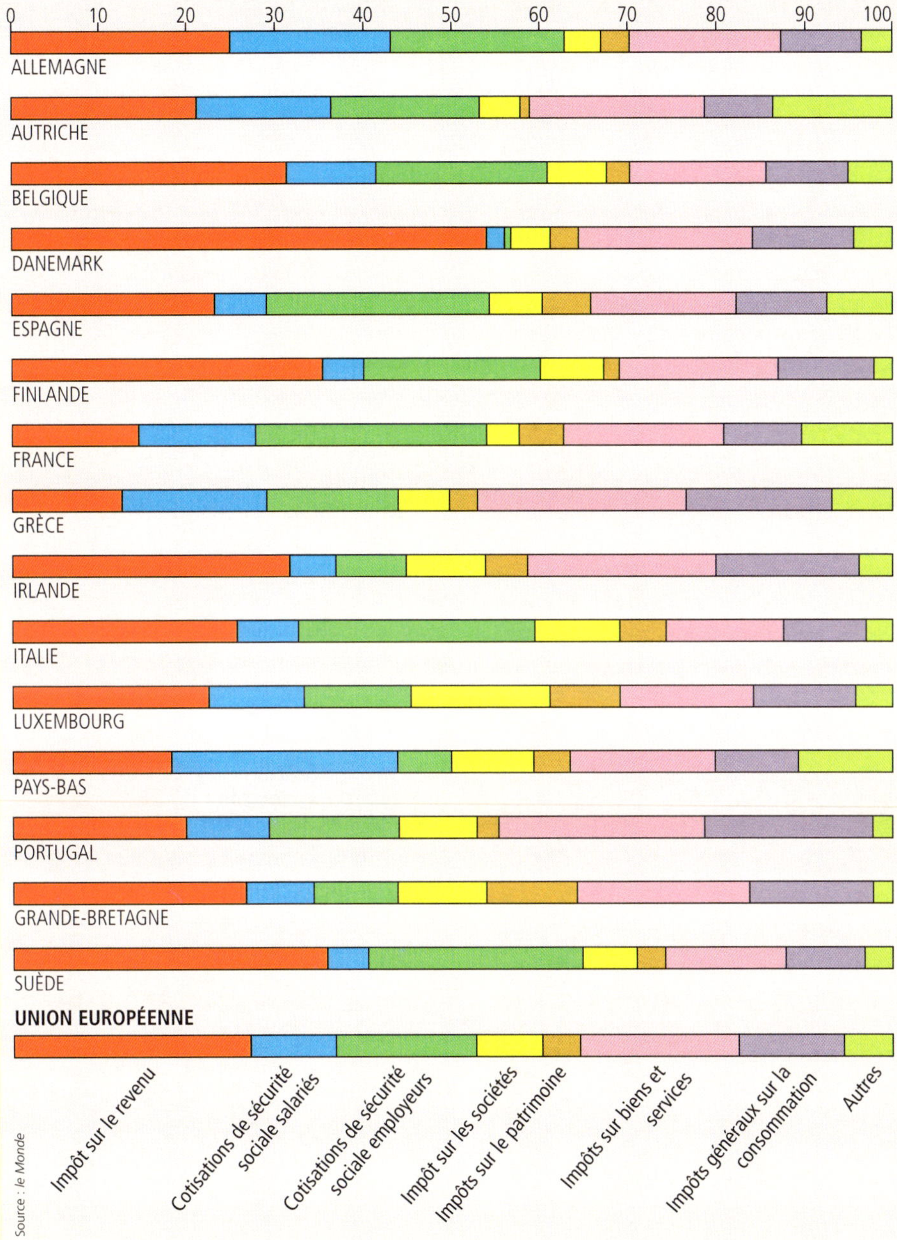

Les guerres coûteuses menées par Louis XIV accélèrent cette évolution : la capitation est créée en 1695, la dîme royale en 1699, le dixième en 1710. Les difficultés de paiement se multiplient. L'impôt est, dès cette époque, mal accepté. Pour en accroître le rendement, l'État s'attaque à la rationalisation de l'administration fiscale. La perception des impôts directs et indirects est fusionnée sous l'égide de la Banque générale de Law*.
À la fin de l'Ancien Régime, le système fiscal est basé sur quatre impôts directs : la taille, la capitation, le vingtième et le dixième. Les nombreux impôts indirects se composent de taxes sur la consommation, en particulier sur les boissons, de droits de douane et octrois, et de la gabelle. Les mécanismes de l'impôt sont injustes. Ainsi la noblesse et le clergé sont-ils exonérés du paiement de la taille. Dans ce contexte, la résistance à l'impôt ne cesse de s'accroître.
La Déclaration des droits de l'homme et du citoyen du 26 août 1789 jette à bas l'ensemble du système fiscal de l'Ancien Régime. « Les citoyens ont le droit de constater, par eux-mêmes et par leurs représentants, la nécessité de la contribution publique, de la consentir, de la consentir librement, d'en suivre l'emploi, et d'en déterminer la quotité, l'assiette, le recouvrement et la durée », décrit l'article 14. La Convention abolira définitivement le système de l'Ancien Régime, le 17 juillet 1793. Toute la question est alors de déterminer les bases sur lesquelles il faut reconstruire.
L'article 13 de la Déclaration de 1789 donne une première ligne directrice : « Pour l'entretien de la force publique, et pour les dépenses de l'administration, une contribution commune est indispensable ; elle doit être également répartie entre les citoyens, en raison de leurs facultés. » Condorcet défendra bien l'idée d'un prélèvement progressif qui « augmente plus qu'en proportion de la valeur imposée », mais il faudra attendre 1914 pour que les mentalités françaises soient mûres pour un impôt progressif (pesant d'autant plus sur les revenus que ceux-ci sont élevés), et que naisse l'impôt sur le revenu. Aujourd'hui, on considère en France que la progressivité de l'impôt a une valeur constitutionnelle. Dans une décision concernant l'adoption de la CSG* en 1990, le Conseil constitutionnel a en effet considéré que ce principe se déduisait de l'article 13 de la Déclaration de 1789.
Dans un premier temps, la Révolution sera une période d'anarchie fiscale. Par la suite, le Directoire va accomplir une œuvre législative solide et durable en matière fiscale. Au cœur du système, les impôts directs traditionnels, les fameuses « Quatre Vieilles » : la contribution mobilière, la contribution foncière, la patente et la taxe sur les portes et fenêtres. Les impôts locaux, eux, sont indiciaires, c'est-à-dire qu'ils représentent une fraction des impôts d'État. Par ailleurs, l'administration fiscale est renforcée. Une régie des droits d'enregistrement voit le jour. Tout comme une régie des douanes nationales, puis une direction générale des contributions. Des rôles et un cadastre sont confectionnés. Le Conseil d'État et la Cour des comptes stabilisent le système. Une organisation qui subsistera tout au long du XIXe siècle. Seuls changements durant cette période : le recours croissant aux impôts indirects pour faire face aux besoins de l'État, et la création d'un impôt sur le revenu des valeurs mobilières en 1872.

Du système fiscal au système de protection sociale : de 25 % à plus de 45 % du PIB

L'étape suivante du système fiscal français date de la création de l'impôt sur le revenu progressif et unifié. Léon Gambetta en 1876, Jean Jaurès en 1894 ou encore Paul Doumer en 1896 montent au créneau pour l'instituer. Sans succès. C'est à une proposition de **Joseph Caillaux**, en 1907, que l'on doit l'adoption d'un impôt sur le revenu. L'impôt sur le revenu version Caillaux combine un impôt progressif sur l'ensemble des revenus et un impôt cédulaire, proportionnel et propre à chaque type de revenu (fonciers, mobiliers, des professions libérales, salaires et traitements, retraites et rentes viagères). L'impôt général sera adopté en 1914 et l'impôt cédulaire en 1917. L'hostilité persistante du Sénat a limité la portée de la réforme, mais le principe d'un impôt progressif est acquis. Il ne sera plus remis en cause.

La loi du 31 décembre 1945 substitue le mécanisme du **quotient familial** (division du revenu imposable d'un foyer fiscal en un certain nombre de parts correspondant au nombre de personnes constituant ce foyer) à l'abattement forfaitaire pour charge de famille. L'impôt sur le revenu est unifié en 1959 : l'imposition cédulaire disparaît pour ne plus laisser place qu'à une imposition unitaire, sur le revenu global. En 1976, il inclut la taxation des plus-values*. Par ailleurs, l'impôt sur les sociétés est créé en 1948 et l'impôt sur les grandes fortunes, rebaptisé depuis impôt de solidarité sur la fortune (**ISF**), en 1982.

Avec l'instauration de l'impôt sur le revenu, les « Quatre Vieilles » sont abolies en tant qu'impôt d'État. La contribution mobilière et celle des patentes cessent d'être établies pour le compte de l'État en 1917, la contribution foncière en 1948. Mais ces impôts, à l'exception de la contribution des portes et fenêtres supprimée en 1926, subsistent en tant qu'impôts locaux. L'ordonnance de janvier 1959 modifie leur base d'imposition et les rebaptise : les contributions foncières deviennent la taxe foncière, la contribution mobilière devient la taxe d'habitation et la patente, la taxe professionnelle.

Pour ce qui est de la fiscalité indirecte, une taxe générale sur la consommation est mise en place de manière précipitée pour faire face aux dépenses occasionnées par la guerre. La TVA*, qui sera instaurée et progressivement généralisée à partir de 1954, viendra la relayer.

Enfin, le système fiscal proprement dit est complété après la Seconde Guerre mondiale par un système de protection sociale financé, pour l'essentiel, par des cotisations assises sur les salaires.

La nature de ce système s'infléchira progressivement : de l'idée de droits ouverts en contrepartie du travail, on passe à une protection ouverte à tous, dont le financement ne peut donc plus être basé uniquement sur les revenus du travail.

C'est ainsi qu'est créée, à partir de 1991, la contribution sociale généralisée (CSG*), assise sur tous les revenus, et pas seulement ceux du travail, pour mieux assurer le financement de la Sécurité sociale.

Les prélèvements obligatoires n'ont cessé d'augmenter depuis que le système fiscal français connaît sa forme actuelle : ils représentent aujourd'hui plus de 45 % du produit intérieur brut*, contre 25 % en 1950. La France est désormais un des champions européens de la pression fiscale. Ce sont les cotisations sociales qui ont le plus progressé ces dernières années, plus que les impôts d'État. V. M.

➔ *Assiette, CSG, impôt, IRPP, ISF, Peut-on baisser les impôts ?*

La gestion de l'impôt est plus coûteuse en France que dans les autres pays européens

Un rapport de l'Inspection générale des finances, publié en avril 1999, met en évidence le coût élevé de la gestion de l'impôt en France : 1,6 % des recettes collectées, contre 0,89 % en Espagne, ou encore 1,12 % en Grande-Bretagne. Seules l'Allemagne (1,71 %) et l'Italie (1,52 %) font aussi mal. Certains impôts, comme les impôts locaux, coûtent cher à l'État. De manière plus générale, la complexité et la multiplicité des impôts en France sont un facteur de surcoût. La France se caractérise également par la multiplicité des organisations qui s'occupent de l'impôt. Elle compte ainsi quatre administrations fiscales : la Direction générale des impôts, la comptabilité publique, les douanes et l'URSSAF. En dehors de l'Italie, tous les autres pays étudiés en comptent seulement une ou deux.

Enfin, souligne le rapport de l'Inspection générale des finances, partout, sauf en France et en Allemagne, ont eu lieu, depuis une dizaine d'années, des réorganisations de l'administration fiscale, qui se sont traduites par des baisses d'effectifs avec la montée en puissance de l'informatisation et des technologies de l'information. En France, les dépenses des administrations fiscales sont consacrées à 81 % au personnel, soit 13 points de plus que la moyenne de l'échantillon. À l'inverse, les dépenses informatiques sont deux fois moindres en France que dans les autres pays étudiés. Le gouvernement de Lionel Jospin a promis de mettre en œuvre une réforme du ministère de l'Économie, des Finances et de l'Industrie pour remédier à ces dysfonctionnements.

Fonctionnaire

Employé de l'Administration publique ou de certaines entreprises publiques.

La France compte actuellement 6,33 millions de fonctionnaires (y compris les non-titulaires), soit 27 % de la population active, ce qui la place au-dessus de la plupart des pays voisins. Les effectifs se répartissent entre l'État* et divers organismes d'administration centrale (2,91 millions), les collectivités locales (1,58 million), les organismes de sécurité sociale* (1,18 million, y compris le personnel des hôpitaux) et les entreprises publiques (859 600 hors secteur concurrentiel). La fonction publique française recrute par des concours qui vont de la catégorie A (les cadres) à la catégorie D (les ouvriers et les personnels faiblement qualifiés, une catégorie qui tend à disparaître au profit de la catégorie C, dont le niveau scolaire est plus élevé). Les plus hauts fonctionnaires sont souvent issus de l'ENA (École nationale d'administration), créée à l'issue de la Seconde Guerre mondiale. Bénéficiant de la sécurité de l'emploi, d'un avancement largement à l'ancienneté et d'un régime de retraite très avantageux, les fonctionnaires sont à la fois enviés et critiqués par les salariés du privé. Deux discours s'affrontent : celui qui les présente comme des bureaucrates moins productifs que le reste de la nation et toujours prêts à arracher des avantages en faisant grève ; et celui qui en fait des serviteurs tout dévoués au service public*, défenseurs en première ligne des droits sociaux de chacun. En novembre-décembre 1995, trois semaines de grèves des transports publics, rejoints par d'autres catégories, ont polarisé ces deux attitudes extrêmes. S. G.

➔ *État, service public*

Fondamentaux

Valeurs essentielles de l'économie réelle (productivité, rentabilité du capital, coût du travail, chômage, etc.) et traduisant ses conditions d'équilibre à long terme.

Les prix sur les différents marchés doivent donc traduire ces fondamentaux ; toutefois, à court terme, ils peuvent s'en éloigner, comme dans le cas des bulles spéculatives (immobilier à Paris au début des années 1990). E. L. H.

Toujours plus de fonctionnaires

Effectifs de la fonction publique, en milliers et en %, métropole et DOM

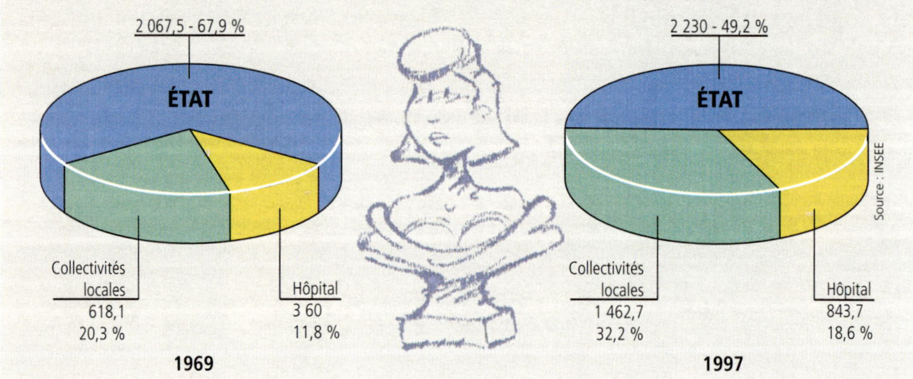

Le FMI est, avec la Banque mondiale, l'une des deux institutions jumelles créées en 1944 à l'issue de la réunion de Bretton Woods*. Sa mission d'origine, dans un régime mondial de changes fixes, était d'aider les États membres à équilibrer leur balance des paiements, afin d'obtenir et de préserver la convertibilité de leur monnaie. Après le flottement généralisé des monnaies, dans les années 1970, puis la libéralisation des mouvements de capitaux dans les années 1980, le FMI est désormais confronté à des crises financières massives et « contagieuses », comme celle du Mexique en 1994 ou la crise asiatique de 1997.*

FMI (fonds monétaire international)

Initialement chargé de veiller au bon fonctionnement du système monétaire international, le FMI assure la surveillance des politiques de change et l'octroi de crédits aux pays rencontrant des difficultés dans leur balance des paiements.

Le FMI est entré en activité en 1946, avec 35 membres seulement (le bloc des pays communistes refusait d'y participer et la décolonisation n'avait pas commencé). Il compte aujourd'hui 182 membres, soit quasiment le monde entier (hormis la Corée du Nord et Cuba).

Après guerre, la plupart des monnaies étaient inconvertibles, c'est-à-dire qu'elles ne pouvaient être échangées contre d'autres monnaies. Ainsi, jusqu'en 1958, un touriste français allant en Argentine ne pouvait acheter des pesos avant son voyage et, lorsqu'il rentrait à Paris, personne ne voulait lui échanger les pesos restants (censés d'ailleurs rester à l'intérieur des frontières argentines) contre des francs français. Les uns après les autres, les pays ont établi un niveau de réserves de change suffisant pour faire face aux offres et aux demandes de monnaie, que ce soit pour le tourisme, les échanges de marchandises ou les transactions sur les marchés financiers. Le franc français est devenu librement convertible en 1958.

Pour atteindre cet objectif de convertibilité et préserver l'équilibre du système monétaire international (SMI*), le FMI est amené à consentir des prêts. Ceux-ci permettent aux pays bénéficiaires de mieux équilibrer leur balance des paiements* (leurs échanges avec l'étranger), donc de continuer à participer à la vie économique internationale.

Le FMI est une sorte de banque coopérative internationale. Les prêts sont financés par les **quotes-parts** (les parts de capital) détenues par les membres du FMI (la Banque mondiale, au contraire, emprunte sur les marchés internationaux afin de prêter aux États). Le montant d'une quote-part (en anglais *quota*) est déterminé par la richesse du pays et par sa performance économique. Les États-Unis sont, bien sûr, le plus gros contributeur : sur l'énorme somme de 290 milliards de dollars de capital total, ils apportent 17,35 %. Ils sont suivis par le Japon (6,23 %), l'Allemagne (6,08 %), la France et la Grande-Bretagne (5,02 %) chacune. La plus petite quote-part (0,01 %) est apportée par l'île de Palau (Océanie), devenue membre en 1997.

De l'ère des changes fixes à celle des changes flottants

Le rôle du FMI a considérablement changé lorsque le système de change de Bretton Woods a été abandonné, c'est-à-dire lorsque

FMI
Manifestation anti-FMI lors d'une visite de Michel Camdessus, alors président de l'institution, à Bangkok. Pour certains, le FMI est jugé responsable de laxisme vis-à-vis des pays émergents, auxquels il impose ensuite des politiques drastiques d'ajustement structurel.

des taux de change flottants ont remplacé les taux fixes vis-à-vis du dollar. Les membres doivent depuis informer le Fonds du régime de change qu'ils ont choisi. Sous l'appellation « surveillance », le FMI étudie l'économie du pays en question (il effectue des « consultations », généralement annuelles) et constate si le régime de change est adapté ou non.

S'il le souhaite, un pays membre peut emprunter rapidement 25 % de sa quote-part, et doit ensuite rembourser le Fonds au plus vite. Mais si ses problèmes de balance des paiements ne s'arrangent pas, le pays peut alors négocier avec le Fonds un accord de confirmation (ou **accord stand-by**), grâce auquel le FMI verse de l'argent pendant dix-huit mois, ou encore une facilité élargie (***Extended Fund Facility***), qui dure généralement trois ans.

Ces possibilités sont largement utilisées depuis le démarrage de la crise de la dette, au début des années 1980. Mais les pays membres doivent se soumettre à la « conditionalité » des crédits du FMI, c'est-à-dire que leur politique est surveillée de près. D'où les protestations parfois véhémentes de la population locale, qui critique les contraintes de l'ajustement structurel (compressions massives des effectifs, réduction de la demande globale, etc.).

Un pays membre peut également utiliser d'autres formes de crédit créées au fil des ans, comme le « **financement compensatoire** », qui permet de faire face à une chute soudaine des exportations (par exemple si la récolte de café a été complètement détruite en Colombie).

Le FMI peut sembler riche, grâce aux contributions de tous ses pays membres.

Mais, d'une part, l'ampleur des dernières crises financières montre que les sommes à débloquer peuvent être considérables (25 milliards de dollars pour le Mexique début 1995), et, d'autre part, une large fraction du capital est

Une relation passionnelle avec la Russie

Depuis l'admission de la Russie au Fonds, en 1992, pratiquement tous les pays du monde sont représentés au FMI. En Russie, le Fonds a pu affiner sa pratique de l'ajustement structurel. Il a mis en œuvre des crédits considérables (20 milliards de dollars au total) mais n'a pu stopper les perversions du capitalisme : développement des mafias locales, enrichissement des « barons » du régime (anciens communistes et nouveaux riches), criminalité économique... La connaissance du FMI sur la transition du socialisme au capitalisme est malgré tout récente (le mur de Berlin s'est écroulé en novembre 1989), et la corruption en Russie a atteint des niveaux jugés jusque-là impensables. En outre, jamais la contradiction entre une aide « technique » (aide à la balance des paiements...) et un soutien politique n'avait été aussi visible.

Ainsi, en mai 1996, lorsque l'on reprochait au FMI d'avoir accordé un nouveau prêt à la Russie juste avant la tenue des élections présidentielles, donc d'apporter un soutien explicite au président Eltsine, **Michel Camdessus** répondait qu'on lui aurait reproché encore davantage de ne pas aider la Russie à un moment aussi crucial (risque de retour des communistes).

À l'été 1999, il a été révélé officiellement que la Russie détournait – entre autres – l'aide du FMI au profit de la famille Eltsine et de quelques « amis ». Les crédits ont été retrouvés en Suisse ou dans des paradis fiscaux antillais. L'affaire a fait éclater la contradiction au grand jour, et a précipité la réflexion sur la réforme du FMI. À court terme, l'argent du Fonds n'est plus alloué à la Banque centrale de Russie, mais transféré sur d'autres comptes du FMI.

quasiment inutilisable internationalement, car chaque pays peut verser jusqu'à 75 % de sa quote-part dans sa monnaie nationale. Haïti paie donc au FMI avec sa monnaie, la gourde, mais qui accepterait un prêt libellé en gourdes ? Le FMI a donc ressenti le besoin, en 1962, de créer un nouveau fonds financier, appelé accords généraux d'emprunt (**AGE**), qui lui permet d'emprunter à un ensemble de banques et de gouvernements des sommes qu'il rembourse lui-même. Le capital des AGE a été doublé en 1997.

Les prêts les plus importants accordés par le FMI dans ses cinquante ans d'existence ont concerné d'abord la Grande-Bretagne (durement éprouvée par la Seconde Guerre

La nouvelle architecture

Des expressions d'architecture sont souvent employées en matière monétaire. On parle d'un SMI droit « comme un jardin à la française », ou bien simplement de « nouvelle architecture », au cœur de laquelle se trouve le FMI.

Depuis 1971 et la disparition du système de **Bretton Woods***, la réflexion sur un nouveau SMI, sur des taux de change fixes ou flexibles, a peu progressé. En revanche, aux alentours du XXIe siècle, les crises financières du monde émergent se sont multipliées, tandis que la mondialisation progresse. Ces crises sont nettement plus coûteuses que par le passé : lorsqu'un pays épuise toutes ses réserves de change pour tenter de défendre le cours de sa monnaie, attaquée par les spéculateurs, le coût se chiffre souvent en milliards de dollars.

Rapidement diffusées d'un pays à l'autre, ces crises mettent en péril les autres pays émergents et même le monde industriel. Les capitaux internationaux peuvent se déplacer instantanément. Lorsque les gestionnaires de la Caisse de retraite de Californie ou d'autres fonds de pension constatent des difficultés au Brésil, ils ont tendance à se retirer de toute l'Amérique latine, voire du monde émergent tout entier.

Ces crises demandent un jugement politique aussi bien qu'une expertise économique et monétaire. Lorsque l'Indonésie (gros emprunteur) demande des fonds, le FMI, qu'il le veuille ou non, est forcé par ses actionnaires de porter un jugement sur l'action de Djakarta au Timor-Oriental. On a souvent reproché au Fonds de financer les dictateurs ou d'aider davantage les amis des États-Unis (1er actionnaire). Au comité intérimaire, instance politique du FMI, les pays industriels sont presque les seuls à être représentés (les autres membres leur sont associés, car ils leur donnent leurs droits de vote).

Afin qu'on cesse de lui reprocher d'être un agent des pays riches, exerçant un pouvoir totalitaire sur le monde en développement, le FMI participe au G20. Cette nouvelle instance associe des représentants des pays industriels (**G7***), de l'**Union européenne***, des porte-parole des géants du monde en développement (Chine, Russie, Inde, Brésil), du FMI et de la **Banque mondiale***.

mondiale), les pays du tiers-monde touchés par la crise de la dette, puis, à l'approche du XXIe siècle, le Mexique (1995), l'Indonésie (1997), la Russie (environ 20 milliards depuis 1996), la Corée du Sud (1997), le Brésil (1998). Le FMI supervise actuellement des programmes souscrits par plus de 90 pays, un record.

Au fil des années et des péripéties monétaires mondiales, le FMI a été jugé beaucoup plus comme un prêteur en dernier ressort que comme un coordinateur du système monétaire international. D'ailleurs, les **DTS** (droits de tirage spéciaux), embryon de monnaie internationale créé par le FMI dans les années 1960, sont très peu utilisés, même dans les relations entre le FMI et ses membres. Le DTS est un panier composé des cinq principales monnaies du monde (dollar, livre sterling, franc français, deutschemark, yen) : de fait, il n'est pas considéré comme un étalon monétaire, est rarement utilisé dans les réserves de change et n'existe, bien sûr, que sous forme scripturale*.

Les principaux experts critiquent la taille grandissante des crédits (le « paquet » brésilien de 1998 se montait à 40 milliards de dollars), ainsi que l'élargissement de l'ajustement structurel, loin de la macroéconomie, débordant sur les sphères politique et sociale. F. L.

➔ *Ajustement structurel, SMI*

Fonds communs de placement

Créé en 1979, le FCP est une copropriété de valeurs mobilières. Ce portefeuille de titres, possédé par plusieurs porteurs de parts, est géré par une société de gestion.

Si certains épargnants gèrent eux-mêmes leur portefeuille, nombreux sont ceux qui, ne comprenant rien à la Bourse*, s'en remettent à leurs banques. Ils choisissent la solution la plus facile – mais pas toujours la plus rentable – en achetant des titres d'organismes de placements collectifs en valeurs mobilières (OPCVM*), notion qui regroupe les sicav et les FCP.
Cette gestion collective est aussi une bonne façon de diversifier géographiquement un portefeuille, car il est plus compliqué d'acheter des valeurs étrangères en direct que des valeurs françaises. Les frais sont plus élevés si elles ne sont pas cotées à la Bourse de Paris.
Et il est plus difficile d'avoir des informations régulières. Si on achète des actions de sicav ou des parts de fonds communs de placement (FCP) investis en valeurs étrangères, c'est le gérant de la sicav ou du FCP qui fera ce travail. D. G.

➔ *Patrimoine, placement, portefeuille*

Fonds de pension

Terme désignant les actifs détenus par les caisses de retraite.

On identifie le fonds de pension à une caisse de retraite fonctionnant par capitalisation*. Ces caisses, mises en place par les entreprises privées et publiques au profit de leurs salariés, ont pour finalité de favoriser la constitution d'une épargne pour la retraite.
Les fonds de pension reçoivent des cotisations salariales et/ou patronales, les gèrent par capitalisation et versent des prestations à leurs affiliés (sous forme de rente ou de capital).
Dans les **fonds à prestations définies**, le commanditaire du fonds de pension, qui est le plus souvent l'employeur, s'engage à verser aux adhérents, lors de leur retraite, une pension souvent égale à un pourcentage de leur salaire. Ces fonds sont généralement financés par l'employeur. Dans les **fonds à cotisations définies**, le financement s'effectue souvent de façon mixte (cotisations salariales et patronales) et l'engagement ne porte que sur les cotisations.
Les fonds de pension sont développés dans la plupart des pays industrialisés, excepté en France.

Un poids et un rôle croissants dans les pays industriels

La richesse financière des fonds de pension américains est très élevée au sein des pays industriels (aux États-Unis, les fonds de pension ont été institués dès la fin du XIXe siècle). Toutefois, en proportion du PIB, les plus fortes capitalisations sont observées en Europe, notamment en Suisse, en Grande-Bretagne et aux Pays-Bas.
Par la masse des capitaux gérés, les fonds de pension représentent des acteurs importants sur les marchés

La puissance croissante des fonds de pension anglo-saxons

Évolution de la richesse financière des fonds de pension britanniques et américains (actifs rapportés au PIB, en %)

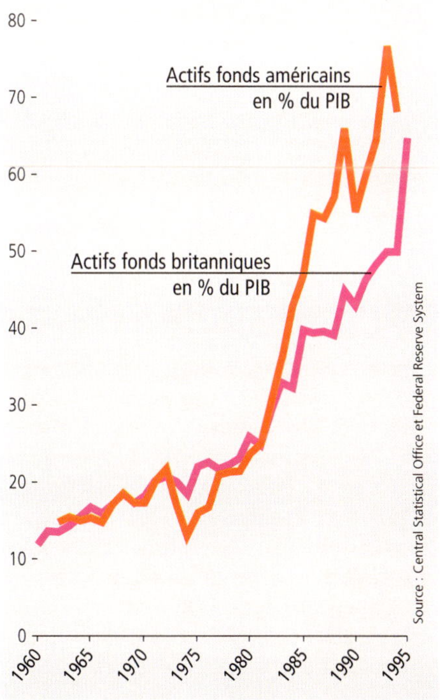

Les régimes de retraite par capitalisation en France

Dans le secteur public et le secteur privé français, il existe des quasi-fonds de pension. Prefon et Cref sont des régimes destinés aux fonctionnaires. La **Prefon**, créée en 1968, est le premier régime français fonctionnant par capitalisation. Mais son mécanisme est différent de celui des fonds de pension tels qu'ils existent dans les pays anglo-saxons, car les entreprises ne participent pas à son financement et le transfert des droits n'est pas possible. L'affiliation à ce régime est ouverte à tous les agents de l'État, des collectivités locales et des établissements publics. Ce régime est facultatif et bénéficie d'avantages fiscaux. Malgré ces avantages, la Prefon comptabilise très peu d'affiliés : en 1997, elle gère 20 milliards de francs et regroupe 190 000 adhérents, dont 40 000 retraités.

La participation est également faible dans les autres types de régimes. Fonpel, destiné aux élus locaux, gère 70 millions de francs d'actifs et regroupe 3 000 adhérents ; Cref gère 11 milliards de francs d'actifs.

Coreva est un régime du secteur privé destiné aux exploitants agricoles. Il comprend près de 80 000 adhérents et gère 1,28 milliard d'actifs. Il existe également des régimes pour les non-salariés. La loi n° 94-126 du 11 février 1994 sur l'entreprise individuelle, dite « loi Madelin », permet aux travailleurs non salariés de se constituer un complément de retraite. Les affiliés bénéficient de déductibilité fiscale sur leur revenu.

financiers*. Ils détiennent de fortes proportions des capitalisations boursières. Aux États-Unis et au Royaume-Uni, par exemple, ils possèdent un tiers de la capitalisation du marché boursier.

La participation financière des grands fonds de pension internationaux, tels que **Calpers** (California Public Employees Retirement System) qui gère à lui seul 103 milliards de dollars d'actifs, est, par ailleurs, de plus en plus significative dans les entreprises du monde entier ; leur intervention au sein des sociétés françaises soulève de nombreuses interrogations quant à leurs incidences sur la conduite des entreprises. Certains fonds ont pour objectif la maximisation de la rentabilité de leurs placements. À cet égard, ils sont très attentifs à la qualité de la gestion des entreprises dans lesquelles ils investissent et deviennent ainsi des acteurs majeurs de la discipline de marché. Si l'objectif de rentabilité n'est pas atteint, alors ils n'hésitent pas à intervenir dans le processus décisionnel des entreprises. Leur intervention peut être directe ou indirecte.

Certains fonds de pension cherchent, en effet, à influer sur la gestion des entreprises en intervenant directement auprès des dirigeants et en exerçant leur droit de vote au sein des assemblées générales. En cas de désaccord avec la stratégie de la firme, ils n'hésitent pas à solliciter le départ des membres de l'équipe dirigeante.

Durant le début des années 1990, les dirigeants de grands groupes américains tels qu'IBM, Kodak et General Motors ont ainsi été limogés par le fonds de pension américain Calpers. N. E.-M.

➔ *Capitalisation, Le modèle anglo-saxon va-t-il s'imposer partout ?, répartition, retraite*

Total des actifs des fonds de pension en milliards de dollars

Pays	Années	Total	En % du PIB
Allemagne	1993	250	15
Australie	1997	100	29
Canada	1997	200	29
Danemark	1997	30	17,5
Espagne	1997	10	2
États-Unis	1997	5 680	67
Irlande	1994	20	42
Italie	1994	20	2
Japon	1993	1 750	34
Norvège	1997	20	27
Pays-Bas	1995	350	89
Portugal	1997	10	9
Royaume-Uni	1997	900	71
Suède	1994	50	25
Suisse	1995	280	77

Source : OCDE, PDFM, CSO (ONS), EFRP et Federal Reserve Board.

Fonds propres

Ensemble des capitaux dont dispose une entreprise et qui n'ont pas d'échéance déterminée.

Les fonds propres se composent des capitaux propres* et des autres fonds propres. Les capitaux propres sont des capitaux avancés par les propriétaires de l'entreprise – actions ou parts du capital appartenant à un associé – qui ne sont remboursables qu'à la dissolution de l'entreprise (société*) après paiement des dettes ; les autres fonds propres sont juridiquement des dettes qui doivent être remboursées mais dont les caractéristiques d'émission les rapprochent économiquement des capitaux propres.

Parmi les exemples d'autres fonds propres, on peut citer :

- les **titres participatifs** (emprunts dont le remboursement est lié à l'initiative de l'emprunteur) ;
- les **avances conditionnées** (emprunts dont le remboursement est conditionné par l'aboutissement d'un projet) ;
- les **obligations remboursables en actions** (emprunts destinés à être incorporés au capital).

L'apparition d'un grand nombre de nouveaux instruments financiers aux caractéristiques intermédiaires entre celles des emprunts et celles des capitaux propres explique la création de la rubrique « autres fonds propres ». J. R.

➔ *Capitaux propres*

Fonds de roulement

Partie des capitaux permanents (capitaux propres plus dettes à long ou à moyen terme) qui excède les immobilisations (terrains, matériels, titres détenus à long terme, etc.) et permet le financement des* ***actifs circulants*** *nets (stocks, créances sur les clients, trésorerie moins les dettes fournisseurs).*

La nécessité d'un fonds de roulement (abrégé de « fonds pour la couverture des actifs de roulement ») découle d'une règle de gestion évidente : dans la mesure où les actifs circulants, constamment renouvelés, correspondent, tout comme les immobilisations, à un besoin de financement stable, mieux vaut les financer, du point de vue du risque, par des capitaux permanents que par des crédits à court terme. Le ratio de fonds de roulement, Fonds de roulement/Actifs circulants, est donc un bon indicateur de la sécurité de l'entreprise. J. R.

Ford (Henry)

Industriel américain (1863-1947), fondateur de la firme automobile du même nom.

Réparateur de machines agricoles puis ingénieur à la Edison Illuminating Company, Henry Ford construisit d'une façon artisanale une automobile assez rudimentaire au début des années 1890. En 1903, il créa la Ford Motor Company afin de fabriquer en grande série un modèle de voiture proposé à un prix abordable pour le grand public : grâce à la standardisation de la production et à l'utilisation de nouvelles méthodes de travail (le taylorisme*), la Ford T sera vendue 850 dollars, soit environ le salaire annuel d'un instituteur.

Dix ans plus tard, 75 000 véhicules étaient fabriqués par an, dont plusieurs milliers étaient exportés. En 1927, 15 millions de Ford T avaient été construites. L'entreprise Ford voyait cependant sa suprématie contestée par la General Motors (créée en 1908), qui prit la première place mondiale en 1926.

À la fin du xxe siècle, les deux firmes sont encore les deux premiers constructeurs du monde (avec une production annuelle de 7,5 millions de véhicules pour General Motors et 7,1 millions pour Ford). P. B.

➔ *Fordisme*

Fordisme

Système productif reposant sur une production de masse et sur des salaires élevés permettant de créer une demande correspondante.

Henry Ford défendit l'idée de salaires élevés dans l'industrie (compensés par une forte productivité*)

Fordisme
La Ford T de 1924. Cette voiture, qui tirait son nom de Tin Lizzie (« la petite Élisabeth en fer-blanc »), symbolisait les deux objectifs de Henry Ford : produire une voiture que le plus grand nombre pourrait s'offrir ; payer suffisamment ses employés pour qu'ils soient motivés au travail et qu'ils achètent ce qu'ils produisent.

afin de fournir des débouchés* à une production massive. Lui-même institua en 1914 la participation de ses employés aux bénéfices de l'entreprise et le crédit à long terme qui permettait à chacun de ses ouvriers de posséder une automobile.
Par généralisation, le « fordisme » désigne la période du capitalisme industriel où l'essor de la production est lié à la hausse des revenus salariaux et où le profit provient de l'importance des quantités vendues sur le marché intérieur, même si la marge de profit unitaire demeure réduite. P. B.

➔ *(H.) Ford*

Fouquet (Nicolas)

Ministre de Louis XIV (1615-1680).

Le destin de Nicolas Fouquet illustre l'absence de barrière claire entre des fonctions privées et publiques au sein du système financier de l'Ancien Régime.
Protégé de Mazarin, Fouquet exerça seul la charge de surintendant général des Finances à partir de 1659. Sa tâche consistait à régler les dépenses royales, mais l'obligeait souvent à avancer des sommes que les collecteurs d'impôt ne lui versaient qu'avec retard. Il devait donc emprunter auprès de financiers, mais réalisait de gros bénéfices sur l'ensemble de ces mouvements de fonds. Cela lui permit de se faire construire un château somptueux à Vaux-le-Vicomte, mais suscita la jalousie de **Colbert** et de **Louis XIV**, qui l'accuseront de malversation. Fouquet fut condamné en 1664 au bannissement et à la confiscation de ses biens, peine aggravée par Louis XIV en réclusion à perpétuité.
Il semble pourtant s'être moins enrichi personnellement que Richelieu ou Mazarin : ses dettes personnelles liées à sa fonction étaient aussi importantes que ses biens, qui constituaient une sorte de patrimoine privé gageant une dette publique. P. B.

Franc

Appellation donnée officiellement depuis 1795 à l'unité monétaire de la France, et plus tard à celle d'autres pays comme la Belgique, la Suisse et les pays de l'Afrique francophone.

Au Moyen Âge, les monnaies d'or en circulation s'appelaient généralement deniers, puis écus, comme l'écu d'or introduit par le roi **Saint Louis** en 1266. À des périodes ultérieures, les pièces d'or ont été appelées louis par référence aux rois dont elles portaient l'effigie. C'est lors de la grande réforme monétaire de 1360 que fut créé le premier franc-or qui portait l'expression latine *Franconium Rex* (« roi des Francs »). Lorsque les adolescents français d'aujourd'hui se plaignent de ne pas avoir de « thune », ils ne se doutent pas qu'ils utilisent un argot du XVIIe siècle désignant des pièces de monnaie en argent.
Pendant la Révolution, des assignats ont été émis ; ils étaient inconvertibles et garantis par les ventes futures de biens nationalisés. Mais l'existence de cette forme de papier-monnaie, insuffisamment garantie, abondamment émise, a provoqué un phénomène

Franc
Le franc germinal de 1803. Bonaparte institue cette monnaie pour rassurer les Français, traumatisés par l'épisode des assignats – monnaie de papier au cours forcé qui se dévalorisa très vite. Le franc était définitivement institué… jusqu'à l'euro.

d'hyperinflation. En 1803, **Napoléon Bonaparte**, alors Premier consul, a remplacé les assignats* par des francs dits « germinal », convertibles en or ou en argent. L'appellation franc ne devait plus changer par la suite.

Franc faible, franc lourd, euro

La stabilité monétaire du XIXe siècle ne résiste pas à la Première Guerre mondiale. Pour restaurer la confiance en la monnaie nationale Raymond Poincaré* dévalue le franc-or de 80 % en 1928. La crise des années 1930 apporte de nouvelles turbulences et, en 1936, le gouvernement du Front populaire de Léon Blum sort la monnaie du système de l'étalon-or, comme l'ont fait la Grande-Bretagne et les États-Unis quelques années plus tôt. L'après-guerre est marqué par des périodes d'inflation qui entraînent plusieurs dévaluations du franc. Après le gouvernement de « défense du franc » d'**Antoine Pinay** (1952), le général de Gaulle parvient à rétablir la convertibilité externe du franc en 1958. Surtout, il crée en 1960 le « franc lourd », supprimant deux zéros aux anciens francs.

Le franc a continué à être la victime périodique de vagues de spéculation sur le marché des changes, en dépit de la création du SME en 1979. En 1982, Paris a même dû imposer un contrôle des changes (les particuliers ne pouvaient pas échanger plus de 2 000 francs en devises) pour limiter les sorties de capitaux. Une nouvelle politique monétaire anti-inflationniste, dite du « franc fort », a été mise en œuvre à partir de mars 1983 (alors que la France avait failli quitter le SME) et n'a jamais été remise en cause depuis. D'autant que, pour être sélectionnée parmi les pays adhérant à la première vague de l'euro* en 1999, la France a dû respecter des critères fixes, imposant une certaine stabilité de la monnaie dans le SME, limitant l'endettement de l'État et le déficit budgétaire.

Au tournant du siècle, de nombreuses personnes âgées continuent à s'exprimer en anciens francs, disant par exemple « 10 000 francs » au lieu de 100 francs. Mais la même difficulté ne risque-t-elle pas de se produire après le passage à l'euro (1er janvier 2002) tant le taux de conversion est compliqué (6,55957 francs pour 1 euro) ? F. L.

➔ *France, or, SMI*

France

Aujourd'hui quatrième puissance industrielle du monde, la France fut partie prenante des grandes transformations économiques et sociales qu'ont connues les pays européens depuis mille ans. Elle suivit de près la Grande-Bretagne, engagée à la fin du XVIIIe siècle dans la révolution industrielle, et joua un rôle majeur dans les innovations du XIXe siècle. Après la Seconde Guerre mondiale, la France sut renouveler son appareil industriel et conserver son rôle pionnier dans divers domaines de haute technologie (transport, aéronautique, télécommunications).*

Comparée aux autres grands pays développés, la France possède deux originalités majeures. D'une part, son développement fut plus lent, mais aussi plus régulier. D'autre part, elle combina plus qu'ailleurs l'initiative privée et l'interventionnisme de l'État, comme à l'époque de Colbert ou de Napoléon et à celle des grands plans* de développement économique qui suivirent la Seconde Guerre mondiale.

Du féodalisme à la France « féodo-marchande » (XVe-XVIIIe siècle)

La France connut, du xe au xiiie siècle, un essor économique comparable à celui des autres royaumes européens, reposant sur un accroissement de la production agricole, un échange intense entre les villes et les campagnes, et des innovations techniques augmentant la productivité. L'augmentation du surplus agricole permit la croissance de la population :

France
Jean-Baptiste Colbert (1619-1683), contrôleur général des Finances de Louis XIV, aida les manufactures à se développer pour faire entrer l'or dans le royaume et reste comme un symbole de l'intervention de l'État dans la vie économique.

Au XVIe siècle, l'économie française connut, comme les autres pays européens, de graves difficultés, dues au plafonnement de la production agricole et à la hausse des prix (provoquée par l'afflux d'or et d'argent arrivant d'Amérique et circulant dans une Europe en guerre).

La situation s'améliora durant le règne d'Henri IV (1589-1610), en raison du retour de la paix civile et extérieure, et de l'action énergique du souverain s'appuyant sur des conseillers avisés et efficaces : Sully* allégea les impôts frappant les paysans, rénova les voies de communication et passa commande aux usines d'armement ; Barthélemy de Laffemas favorisa l'essor de l'industrie textile, attira les artisans étrangers et protégea la production nationale ; Olivier de Serres expérimenta de nouvelles méthodes d'assolement et introduisit de nouvelles espèces végétales (houblon, maïs, mûrier...).

comptant de 5 à 6 millions d'habitants aux environs de l'an mille, elle passa à une vingtaine de millions au début du XIVe siècle.

La France (comme le reste de l'Europe) traversa ensuite une grave crise* durant le XIVe siècle (disette, peste, soulèvements populaires...), aggravée par les effets de la guerre de Cent Ans (1340-1453). Pourtant, dès la fin du règne de Charles VII (1422-1461), la reconquête du royaume et les réformes entreprises par Jacques Cœur* contribuèrent à redresser la situation économique du pays. Louis XI (1461-1483) mena ensuite une politique « interventionniste » en améliorant les voies de communication, en attirant les marchands étrangers, en développant la production minière et en tentant de créer une industrie de la soie à Lyon et à Tours. Pour mener à bien cette politique, il développa la fiscalité royale (limitée auparavant au domaine royal proprement dit), objet de multiples oppositions et de soulèvements.

Mais le retour de la guerre et des lourds impôts durant les règnes de Louis XIII (1610-1643) et de Louis XIV (1643-1715) s'accompagna d'une nouvelle stagnation de l'économie française, qui dura jusqu'aux années 1720. L'inflation avait certes disparu, mais les prix fluctuaient au gré des aléas du climat et des guerres, provoquant pénuries et disettes.

La politique mercantiliste* menée par **Colbert** (entre 1661 et 1683) avait pourtant permis un essor important des manufactures et du commerce extérieur français, mais les durs épisodes guerriers des années 1690-1714 détruisirent en partie son œuvre, d'autant que l'agriculture était délaissée et que de terribles hivers éprouvaient la population et provoquaient un recul démographique.

La situation économique s'améliora durant le XVIIIe siècle grâce au retour de la paix, à des conditions climatiques plus clémentes et à un essor agri-

cole et industriel. Cependant, les mauvaises récoltes du milieu des années 1780, l'insoluble problème du déficit des finances royales et la concurrence commerciale anglaise conduisirent à la révolution de 1789.

France
Le général de Gaulle en visite à l'usine atomique de Pierrelatte. Un symbole du rôle de l'État dans la vie économique et comme moteur de l'innovation nationale.

Les effets économiques de la révolution de 1789 et de l'ère napoléonienne (1799-1814)

Durant la nuit du 4 août 1789 furent abolis les « droits féodaux personnels », qui pesaient encore sur une partie de la paysannerie. Le 26 août fut proclamée la Déclaration universelle des droits de l'homme et du citoyen, qui supprimait les inégalités de statut juridique et affirmait le caractère « sacré et inviolable » de la propriété, garantissant la liberté individuelle. Fin 1789, les terres d'Église furent « mises à la disposition de la nation » et vendues aux porteurs d'assignats*, nouveaux titres émis par l'Assemblée nationale.

Au printemps de 1791 furent promulguées les lois d'Allarde et de Le Chapelier*, fondatrices du libéralisme économique* français : elles supprimaient les corporations, interdisaient les coalitions et instituaient la totale liberté du commerce.

En 1800, **Napoléon Bonaparte** créa la Banque de France* et, en 1803, le franc germinal, défini par un poids d'or et d'argent qui restera quasiment inchangé jusqu'en 1914. Il élabora le droit écrit français : le Code civil fut promulgué en 1804, le Code de commerce en 1807 et le Code pénal en 1810. Il obligea les ouvriers à posséder un livret portant les observations patronales et mit en place des sanctions pénales pour fait de grèves.

C'est également durant cette période que l'on créa les bourses* et les chambres de commerce, ainsi que le cadastre permettant de mieux connaître les patrimoines fonciers, principales sources des impôts directs (la fiscalité sur l'ensemble des revenus ne sera instituée qu'à la veille de la Première Guerre mondiale).

Durant les années 1794-1814 furent également jetées les bases d'un système d'enseignement et de promotion du savoir qui permit à la France de former des savants, des techniciens et des chercheurs sans lesquels le développement industriel des deux siècles à venir n'auraient pas été possible. Napoléon, malgré une politique extérieure coûteuse en hommes et en matériel, contribua à cet essor en encourageant les scientifiques et les industriels, qui bénéficièrent de la politique protectionniste de l'Empereur (blocus continental, 1806).

L'économie française au XIXe siècle : le rôle des chemins de fer et le poids de l'agriculture

Le siècle qui s'écoula entre 1815 et 1914 fut celui de l'industrialisation, lente mais régulière, de l'économie française. Le taux de croissance du produit national par tête fut de l'ordre de 1,2 % par an en moyenne, excepté durant les années 1875-1890 (0,5 % par an), marquées, comme dans l'ensemble des pays industrialisés, par un net ralentissement de l'activité.

Les chemins de fer* jouèrent un rôle essentiel : le réseau ferré passa de 3 000 kilomètres en 1830 à 50 000 en 1913, ce qui reflétait la maîtrise des nouvelles machines à vapeur (locomotives de Marc

Seguin) et des techniques de construction des voies ferrées (ouvrages d'art, ponts métalliques, tunnels...). Ils entraînèrent l'essor de l'extraction minière, de la métallurgie, de la fabrication de rails, de wagons, de locomotives..., la construction de gares et l'aménagement du centre des villes. Toutes ces activités, fortement utilisatrices de main-d'œuvre, furent à l'origine du développement du travail salarié et d'une demande de biens de consommation agricoles et industriels, permettant l'entretien de la croissance. Le chemin de fer suscita également la création de nombreuses banques collectant l'épargne nécessaire au financement des compagnies (Crédit Lyonnais, Société générale, Crédit mobilier...).

L'agriculture française connut une évolution globalement moins favorable que l'industrie. Elle souffrit de la faible croissance de la demande nationale (la population française ne passant que de 36 millions d'âmes en 1851 à 40 millions en 1911). D'autre part, la plupart des exploitations agricoles étaient de petite taille et utilisaient des techniques de production vétustes. La productivité était donc faible, et les revenus étaient insuffisants pour permettre une modernisation des domaines. Mais le poids du secteur agricole restant important (75 % de la population vivait à la campagne en 1851), les gouvernants optèrent pour une politique protectionniste, renforcée vers la fin du siècle par les « tarifs Méline ».

Le maintien des prix agricoles permit la survie de la petite paysannerie, mais empêcha aussi la baisse des coûts salariaux (dépendant encore largement du prix des biens alimentaires), ce qui handicapa les exportations françaises : le solde du commerce extérieur français fut généralement négatif durant l'ensemble du siècle. Cependant, la France combla ce déficit par les revenus des investissements effectués à l'étranger (en 1914, la France détenait 8,7 des 44 milliards de dollars placés dans le monde). Mais ces sorties de capitaux ont réduit la capacité de financement de l'économie française et expliquent en partie que la France ait été dépassée à la fin du siècle par les États-Unis et l'Allemagne.

Vers 1900, la France restait néanmoins un lieu d'innovation et d'expérimentation exceptionnel : les inventeurs français participèrent à la naissance de l'automobile*, de l'aviation, de l'électrification, du cinéma, de l'industrie de l'aluminium et de la chimie moderne, de la télégraphie sans fil..., secteurs d'activité sur lesquels reposera la croissance économique du XXe siècle.

L'économie française durant l'entre-deux-guerres

La France fut durement touchée par le premier conflit mondial. Ses pertes humaines s'élevèrent à environ 1,4 million de morts, auxquels s'ajoutèrent près de 3 millions de blessés. Cependant, la diminution de la main-d'œuvre masculine fut compensée par un recours plus intensif à l'emploi féminin, par l'immigration (la population d'origine étrangère passant d'environ 1,2 million de personnes en 1911 à 2,7 millions en 1931) et par les gains de productivité permis par la mécanisation.

Dès 1920-1921, les effets directs de la guerre étaient effacés. Il n'en fut pas de même des conséquences financières du conflit.La France avait dû en effet accroître de 18 milliards de francs sa dette extérieure pour financer l'effort de guerre et elle avait perdu beaucoup de ses placements à l'étranger (en Russie en particulier).

De plus, l'inflation plus forte en France qu'à l'étranger gênait les exportations françaises. Il en résulta une perte de confiance dans le franc, dont la valeur se dégrada considérablement.

Aussi Raymond Poincaré* fut-il rappelé durant l'été 1926 pour rassurer les milieux financiers. Son retour suffit pour faire cesser la chute du franc. Deux ans plus tard, il définissait une nouvelle parité-or du franc fixée au cinquième de sa valeur d'avant la guerre (un franc valait désormais 65,5 mg d'or). Mais cette dévaluation par rapport à l'or était calculée de façon à stabiliser le franc relativement à la livre et au dollar.

La faiblesse du franc avait eu cependant un effet bénéfique sur les exportations puisqu'elle rendait les produits français bon marché pour les acheteurs étrangers, malgré la hausse des prix intérieurs français : entre 1920 et 1926, la valeur des exportations françaises doubla et le solde des échanges extérieurs devint même positif de 1924 à 1926. La plupart des branches industrielles exportaient une partie importante de leur production : le textile de 30 à 50 %, la sidérurgie 30 %, la chimie 25 %, l'automobile et le caoutchouc 15 %, les industries de luxe (bijouterie, parfumerie, mode...) plus de 50 %...

Cela explique le dynamisme industriel de la France durant les années 1920 : la production industrielle augmenta de 10 % par an de 1921 à 1929 ; celle des automobiles fut multipliée par 6 et celle de l'acier par 2,5...

Cependant, la crise de 1929 n'épargna pas la France, bien qu'elle la touchât d'une façon moins grave et

La France 11 fois plus riche en un siècle

Évolution du PIB marchand français, en milliards de francs 1993

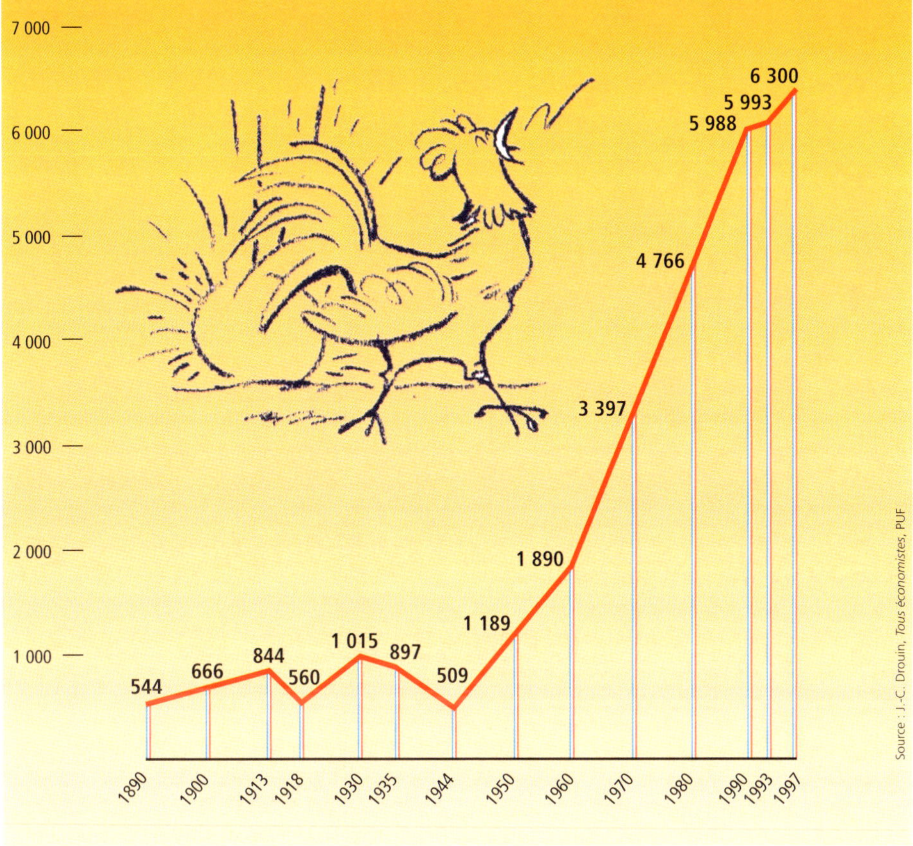

avec retard : elle y atteignit son maximum en 1935, après les dévaluations de la livre (1931) et du dollar (1933), qui affectèrent les exportations d'une France s'accrochant à la nouvelle parité-or du franc. En 1935, la baisse de l'activité et des prix était de l'ordre de 25 à 30 % par rapport à 1929. Le taux de chômage total ne s'élevait qu'à environ 4 % de la population active, mais 40 % des salariés étaient touchés par le chômage partiel. Si le taux de salaire horaire avait moins baissé que les prix, la diminution du nombre d'heures travaillées se traduisait pour les ouvriers par une baisse de leur salaire réel d'environ 20 % en 1934-1935.

Cela explique l'hostilité vis-à-vis de la politique déflationniste* pratiquée par **Pierre Laval** en 1935 (visant à réduire les prix français et le traitement des fonctionnaires) et la victoire du Front populaire en 1936. Les mesures prises par le gouvernement de **Léon Blum** sous la contrainte des événements (hausse des bas salaires et dévaluation du franc) contribuèrent à relancer la demande et à réduire le chômage. Mais la hausse des salaires, la semaine de 40 heures et les congés payés provoquèrent aussi des difficultés pour les petites entreprises peu productives, et l'inquiétude des épargnants provoqua de nouvelles fuites de capitaux à l'étranger.

La confiance des milieux industriels et financiers ne revint qu'après le retrait définitif de Léon Blum, en avril 1938. Les rentrées de capitaux furent massives entre octobre 1938 et juin 1939 (25 milliards de francs), et la production industrielle augmenta de 20 %. Le chômage diminua sensiblement, revenant au niveau de 1932. À la veille de la guerre, la France était sortie de la crise.

Les clients de la France

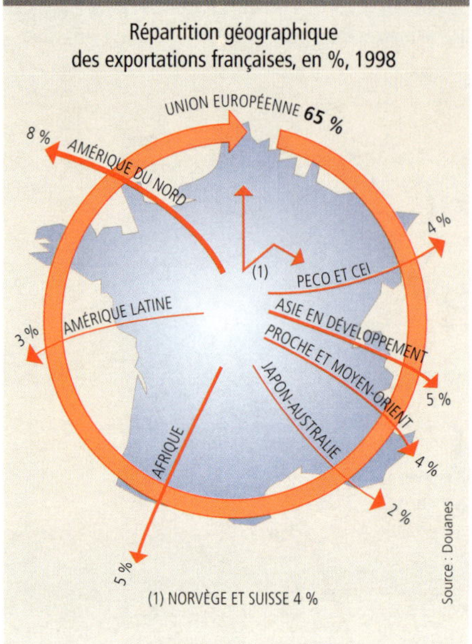

La reconstruction et les Trente Glorieuses : le triomphe du « modèle français »

La Seconde Guerre mondiale coûta la vie à environ 550 000 Français. La France dut également payer à l'Allemagne, de juillet 1940 à juin 1944, de lourdes indemnités de guerre s'élevant à 400 puis 500 millions de francs par jour. Elle fut privée de 2 millions d'actifs prisonniers de guerre et subit des prélèvements en nature (matières premières et produits alimentaires). À la fin de la guerre, les destructions causées par les combats et les bombardements touchaient de nombreuses voies de communication, nœuds ferroviaires, ports, ponts et centres industriels. Environ 45 % de la capacité de production française était détruite.

Pour reconstruire le pays, le **général de Gaulle** institua en janvier 1946, à l'instigation de **Jean Monnet**, un plan de modernisation et d'équipement. Qualifié d'« ardente obligation » par le général de Gaulle et d'« anti-hasard » par **Pierre Massé**, ce plan fixait les objectifs macroéconomiques à moyen terme et cherchait à assurer leur réalisation en associant les décisions d'investissements publiques et privées. L'État s'engageait pour sa part à contribuer au financement de l'économie, grâce à l'extension du secteur bancaire public (Banque de France, Société générale, Crédit Lyonnais, BNCI...), et à participer directement à l'essor productif en s'appuyant sur les entreprises industrielles nationalisées (Renault, Berliet, Charbonnages de France, SNECMA, Compagnie française des pétroles...). Cette **planification indicative** ne fut jamais contraignante pour le secteur privé, mais permit de réduire l'incertitude et d'orienter efficacement les investissements des entreprises.

En 1950, la France avait surmonté les conséquences de la guerre et construit les bases d'un développement économique solide reposant sur un secteur industriel modernisé et innovateur, une participation de l'État au financement de l'économie, de l'éducation et de la recherche, et une agriculture qui redeviendra bientôt ce que le président **Valéry Giscard d'Estaing** qualifiera de « pétrole vert ».

Durant le quart de siècle suivant, la France connut ainsi une croissance forte et régulière, au même titre que les autres grands pays industriels : de 1950 à 1973, le taux de croissance du produit intérieur brut* réel fut égal à environ 5 % en moyenne annuelle, et celui du PIB par habitant à plus de 4 %. Les gains de productivité dépassèrent généralement les 5 % par an. Le taux de chômage resta inférieur à 1,5 % de la population active jusqu'au milieu des années 1960, et à 2,7 % durant la décennie suivante.

En trente ans, la richesse nationale a triplé et l'ensemble des catégories sociales (ouvriers, paysans, classes moyennes, propriétaires d'actifs industriels ou immobiliers...) ont bénéficié de la croissance : même les moins favorisés ont eu accès à la consommation des biens d'équipement domestiques modernes, ont pu acquérir une automobile, bénéficier de la protection sociale et faire suivre à leurs enfants des études plus longues.

Malgré la permanence d'inégalités et de mécontentements (qui se cristallisèrent dans les mouvements de mai-juin 1968), la France a donc connu une période prospère et optimiste justifiant le terme de « Trente Glorieuses* » imaginé par **Jean Fourastié**.

La crise et la croissance lente du dernier quart de siècle

Les chocs pétroliers* de la fin de 1973 mirent brutalement fin à ces années favorables : le taux de croissance du PIB chuta de moitié en 1974, restant ensuite compris entre 2 et 3 % ; le taux de chômage, égal à 2,6 % entre 1968 et 1973, doubla à partir de 1976, atteignant les 11 % en 1990. Ce ralentisse-

ment de l'activité fut associé à partir de 1974 à une accélération très forte de l'inflation, dépassant les 10 % (stagflation*).

France
Pierre Bérégovoy et Jean-Charles Naouri. Le ministre des Finances de l'époque et son chef de cabinet contribuèrent largement à libéraliser l'économie française à partir de 1984. Ils sont à l'origine de la désintermédiation bancaire, c'est-à-dire du remplacement du financement quasi exclusif des entreprises par les banques au profit du recours à la Bourse.

De plus, le gonflement de la « facture pétrolière » entraîna un déficit considérable du commerce extérieur français : le solde négatif des échanges de produits énergétiques, inférieur à 15 milliards de francs jusqu'en 1972, atteignit 52 milliards en 1974 et 180 milliards en 1982. Malgré un solde positif des échanges de produits manufacturés et agricoles, l'ensemble du commerce extérieur français présentait un solde négatif de 35 milliards de francs en 1974 et de 136 milliards en 1982.

Cette situation délicate suscita la mise en œuvre d'une politique économique dite « de rigueur » à partir de 1983. Le gouvernement socialiste, constitué en 1981, qui avait fait de la lutte contre le chômage son objectif principal, s'orienta alors vers la désinflation*, afin de restaurer la compétitivité-prix des produits français.

Cette politique consista à maîtriser les coûts salariaux (après les hausses des bas salaires accordées en 1981), à réduire le déficit budgétaire (accru pour relancer l'économie en 1981-1982) et à restreindre la création monétaire. Les résultats de cette nouvelle logique économique, poursuivie depuis lors par tous les gouvernements, furent spectaculaires en ce qui concerne l'inflation et le commerce extérieur : le taux d'inflation baissa de 13,5 % en 1980 à 2,5 % dix ans après, et resta inférieur à 1,5 % à partir du milieu des années 1990. Le solde du commerce extérieur en biens (énergie comprise) devint positif en 1993 et dépassa 100 milliards de francs en 1996.

Parallèlement, la situation financière de la plupart des entreprises, fortement dégradée à la fin des années 1970, se redressa elle aussi (le taux de rendement du capital des entreprises industrielles passant de 10 % environ en 1980 à plus de 15 % en 1995).

Mais ce redressement de l'économie française ne fut que partiel : la croissance resta lente et le chômage

Les dix premiers groupes français (CA 1999, en milliards d'euros)

Total Fina Elf (pétrole)	75
Carrefour (distribution)	51,9
Vivendi (eau, communication)	41,6
PSA (automobile)	37,8
Renault (automobile)	37,6
EDF (énergie)	32
Suez-Lyonnaise (eau, communication)	31,5
France Télécom (télécommunication)	27,2
Alcatel (électronique, construction électrique)	23
Saint-Gobain (matériaux de construction)	22,9

Le commerce extérieur français

La France possède un solde commercial excédentaire depuis 1992, grâce à la politique de désinflation compétitive qui stimule les exportations et, en limitant la hausse des salaires, freine la consommation, donc les importations. Cet excédent global correspond à des déficits dans la branche énergétique, dans celle des métaux non ferreux, dans les secteurs traditionnels (textile, bois) et dans la filière électronique. Les autres filières industrielles et le secteur de l'agroalimentaire sont excédentaires. Les spécialisations françaises industrielles se situent dans les mêmes créneaux que l'Allemagne mais sont beaucoup moins marquées. Ainsi, la position de marché de la France (solde divisé par les exportations mondiales) dans la branche automobile en 1997 est de 1,1 %, alors que celle de l'Allemagne s'élève à 9,2 %. Cet écart, qu'on retrouve dans les filières de la chimie, de la mécanique ou du matériel électrique, révèle l'existence d'un moindre engagement de la France, par rapport à l'Allemagne, dans les secteurs de haute et moyenne technologie. La comparaison avec le Japon ferait apparaître des écarts encore plus importants. Par rapport à ces deux poids lourds du commerce mondial, la France donne l'image d'un pays plus diversifié, dont les excédents industriels sont plus modestes mais qui dépend moins de l'extérieur pour ses approvisionnements, notamment énergétiques.

Un capitalisme français « transnational ? »

En 1999, la part des étrangers (essentiellement anglo-saxons) dans la capitalisation de la Bourse de Paris atteignait 40 % (contre 10 % en 1985). Cette part était de l'ordre de 7 % à New York, de 10 % à Tokyo et Francfort et de 16 % à Londres. Comment en est-on arrivé là ?

• Les Français n'aiment pas la Bourse et n'y ont jamais été réellement incités par une fiscalité qui est toujours demeurée dissuasive par rapport aux pratiques étrangères.

• L'État était le principal émetteur de titres sur le marché français pour financer ses propres dépenses. L'épargnant français, culturellement rétif au risque, préférait confier son argent à la puissance publique sous forme de bons du Trésor et d'**OAT** (obligations assimilables du Trésor), par ailleurs favorisés fiscalement.

L'exception française, c'était aussi cela : une épargne très forte qui s'investit dans les placements de « bon père de famille » (épargne-logement, assurance-vie), en évitant les dangers de la Bourse et des actions. Les entreprises françaises devaient donc chercher leur financement ailleurs. Traditionnellement, elles avaient recours aux banques, elles-mêmes largement contrôlées par l'État. Depuis que le capitalisme « de guichet » a été remplacé par le capitalisme « de marché », il a fallu trouver l'argent en dehors des frontières.

Mais durant les années 1990 l'attirance pour la Bourse s'est développée en France, les plus-values boursières exceptionnelles (de l'ordre de 30 % par an) étant de nature à rassurer les épargnants et à susciter un nouvel esprit « boursicoteur ».

France

Population : 59 080 000 hab.
PNB (1998) : 1 403,97 milliards de $
PNB/hab. : 26 300 $
Structure de la population active : agriculture 4,5 %, mines et industrie 25,6 %, services 69,9 %
Dette publique brute : 66,5 % du PIB
Taux de chômage : 11,8 %

ne se réduisit que faiblement à la fin des années 1990. De plus, le développement du travail précaire, les départs en préretraite, les contrats de formation, le nombre important de bénéficiaires du RMI* (1 million de personnes) masquent une dégradation globale plus forte de la situation de l'emploi : aux 3 millions de chômeurs recensés en 1997-1998 s'ajoute un nombre sensiblement équivalent de « chômeurs cachés ».

Pourtant, la France reste à l'orée du XXIe siècle la quatrième puissance industrielle du monde, derrière les États-Inis, le Japon et l'Allemagne.

Sa capacité d'innovation dans le domaine industriel (automobile, industries mécaniques, espace), dans celui des transports (TGV, aéronautique), dans le secteur des télécommunications (téléphone, Minitel...), dans celui de la recherche fondamentale (médecine, physique, chimie, mathématiques...), ainsi que la tenue de sa monnaie au sein de la nou-

velle Union économique et monétaire européenne laissent à penser qu'elle peut continuer à occuper la place qui fut la sienne depuis les débuts de la révolution industrielle.
On peut toutefois se demander si la France gardera son originalité, constituée par une synthèse des pratiques libérales et interventionnistes. Après l'expérience socialiste à contre-courant de 1981-1982, illustrant une nouvelle fois la « spécificité française » et qui étendait la sphère des activités contrôlées par l'État, les dénationalisations effectués depuis 1986 et l'acceptation du jeu de la concurrence et de l'économie de marché peuvent conduire à « banaliser » le modèle français et à le rapprocher des autres économies engagées dans la voie de la mondialisation. P. B.

➔ *Banque de France, CAC 40, colbertisme, franc, INSEE, planification, Trente Glorieuses*

Franc fort

Appellation donnée à la politique monétaire qui visait à maintenir un cours de change ferme, ou en hausse, du franc sur les marchés des changes.

Cette politique a permis d'éviter à l'intérieur du SME (système monétaire européen) la poursuite des dévaluations, qui avaient marqué les années 1980, donc de maintenir un taux pivot inchangé face au mark* allemand à partir de mars 1987. Elle était menée grâce au maintien de taux d'intérêt élevés et au strict contrôle des dépenses publiques. Les collaborateurs du ministre **Pierre Bérégovoy** (1988-1993) étaient volontiers surnommés « ayatollahs de l'orthodoxie monétaire », en raison de l'importance donnée à la politique du franc fort. F. L.

➔ *France, politique monétaire, SMI*

Franchise

Système de commercialisation d'une marque ou d'un savoir-faire appartenant à une entreprise (le franchiseur) par un réseau d'opérateurs indépendants (les franchisés), dans le cadre d'un contrat.

Comme son nom est censé l'indiquer, la « franchise » repose sur un engagement contractuel franc et réciproque de deux types d'entrepreneurs. Le « franchiseur » met au point un savoir-faire (marques, produits, process), dont il confie l'exécution au « franchisé ». Le premier s'engage à développer sa marque, ses produits et sa notoriété, les seconds à tout mettre en œuvre pour en assurer la commercialisation dans le respect du concept défini par le franchiseur, qui perçoit en retour le versement de royalties.
La franchise n'est pas définie par un statut juridique particulier. De Coca-Cola et ses embouteilleurs à Benetton et ses boutiques, en passant par les restaurants McDonald's, les réseaux de concessionnaires automobiles (qui bénéficient, eux, d'un statut juridique précis) et les groupements ou coopératives de commerçants indépendants (type Leclerc ou Intermarché), les variations sur le thème de la franchise sont nombreuses, et les conflits courants entre des franchiseurs dictateurs et des franchisés rebelles. P. G.

➔ *Commerce*

Friedman (Milton)

Économiste américain (né en 1912), défenseur du monétarisme et du libéralisme*, prix Nobel* en 1976.*

Éditorialiste à *Newsweek*, conseiller de **Richard Nixon** en 1968, il a joué un rôle central dans la constitution de l'école de Chicago*.
Tous ses travaux ont visé à réhabiliter les idées libérales par une critique des bases microéconomiques de l'approche keynésienne, dans le but de saper les justifications de l'intervention publique. Il s'est d'abord attaqué à la consommation* par sa théorie du revenu permanent* pour montrer que l'augmentation des revenus n'avait pas d'effet de relance*. Il a ensuite proposé une reformulation de la demande de monnaie, constituant un retour à la théorie quantitative de la monnaie* et à l'idée ancienne selon laquelle « **l'inflation est partout et toujours un phénomène monétaire** ».
Enfin, il a remis en cause la possibilité d'un arbitrage entre inflation* et chômage* par sa critique de la courbe de Phillips* et en suggérant qu'il existe un taux naturel de chômage* contre lequel on ne peut

Friedman
Milton Friedman et son épouse. Le prix Nobel d'économie américain, chantre du monétarisme et d'une gestion très libérale de l'économie, pose malicieusement devant le symbole de ce qu'il combat : une banderole syndicale revendicative.

lutter durablement qu'au prix d'une accélération de l'inflation.
Il en résulte que l'objectif de la politique économique* ne doit pas être la lutte contre le chômage mais la lutte contre l'inflation, obtenue par une politique monétaire* restrictive que doit mener une banque centrale* indépendante. Friedman a joué ainsi un rôle essentiel dans la réorientation des politiques économiques depuis la fin des années 1970. P. L.

➔ *Désinflation, économie mixte, (I.) Fisher, (J. M.) Keynes, keynésianisme, libéralisme économique, microéconomie, NAIRU, stagflation*

Fugger (les)

Famille de marchands-banquiers allemands, ayant amassé une énorme fortune aux XVe et XVIe siècles.

Aux temps de son apogée, vers 1525, la maison Fugger était la plus riche et la plus célèbre d'Europe. Elle disposait de comptoirs commerciaux, de fabriques et de mines disséminés en Allemagne, en Italie, en Flandres et en Espagne, et entretenait des relations étroites avec l'empereur Charles Quint.
En 1367, Johannes Fugger s'était installé comme tisserand à Augsbourg. Son fils Jakob l'Ancien développa le commerce des draps, des soieries, des épices et des futaines de coton. Il devint fournisseur de la cour impériale et établit des comptoirs permanents à travers l'Europe. Le fils de Jakob l'Ancien, Jakob II le Riche (1459-1525), mit la main sur les mines d'argent et de cuivre du Tyrol et devint le banquier de Charles Quint, à qui il prêta l'argent qui lui permit d'être élu empereur en 1519.
Mais, en privilégiant les prêts à des souverains insolvables (banqueroutes de l'État espagnol en 1557 et en 1575...), les Fugger connaîtront de graves difficultés financières après 1550. La maison existera encore au début du XVIIe siècle, mais aura perdu toute influence. P. B.

➔ *Allemagne, Espagne*

Fusion

Fruit du rapprochement entre deux (ou plusieurs) entreprises qui décident de disparaître chacune et de se fondre dans une nouvelle unité.

Le développement d'une entreprise peut suivre deux voies, compatibles entre elles : la croissance interne et la croissance externe. Dans le premier cas, l'entreprise se développe par l'augmentation de son activité propre ; dans le second, elle étend son influence par l'acquisition de sociétés extérieures. Les fusions, la forme principale de la croissance externe, contribuent à renforcer la concentration des entreprises.
Une première grande vague de fusions a eu lieu dans la seconde moitié du XIXe siècle aux États-Unis : elle a donné naissance à des entreprises puissantes, des trusts*, dans des secteurs comme les chemins de fer (Vanderbilt), l'acier (Carnegie) ou le pétrole (Standard Oil). La position de certains de ces groupes, proche du monopole, a conduit le gouvernement américain à définir une « législation antitrust » très contraignante.
Une seconde vague de fusions géantes a déferlé, aux États-Unis d'abord, dans le reste du monde ensuite, dans les dernières années du XXe siècle, conduisant

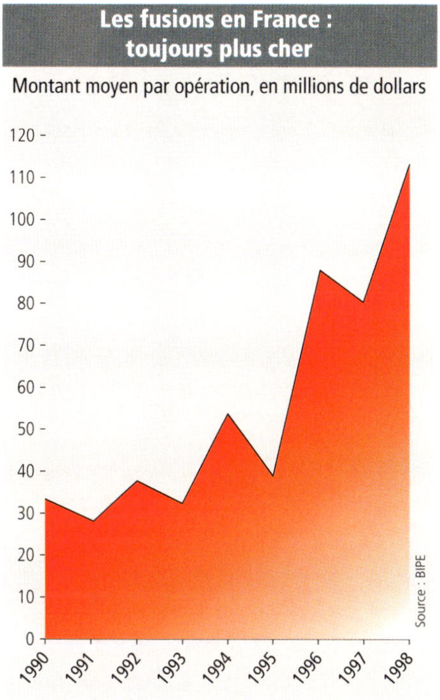

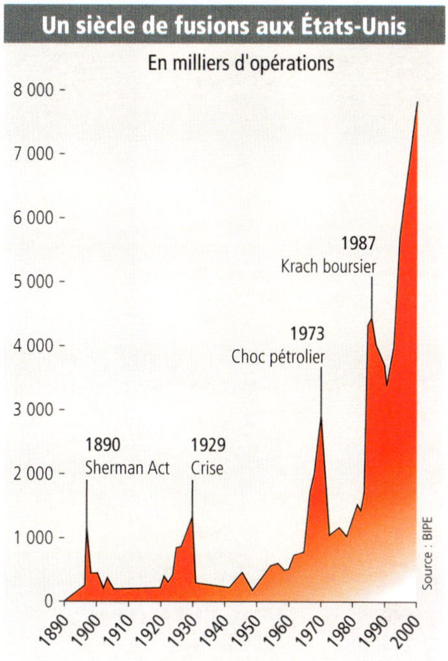

certains à évoquer une véritable *mega-merger-mania*, ou folie des fusions géantes.

Les dernières années du siècle ont en effet été marquées par des mariages entre grandes entreprises du même secteur et du même pays (dans le pétrole : Exxon-Mobil, Total-Elf, etc. ; dans la pharmacie : Sandoz-Ciba ; dans la banque : Chase-Chemical, Citicorp-Travelers, BNP-Paribas, etc.), mais aussi par des fusions transnationales, c'est-à-dire entre entreprises de pays différents (dans l'automobile : Daimler-Chrysler, General Motors - Volvo, etc. ; dans la pharmacie : Hoechst - Rhône - Poulenc, etc.).

Des mariages pas toujours réussis

Les fusions peuvent s'inscrire dans un processus de **concentration horizontale** : les sociétés qui se marient font le même métier, elles mettent en commun leurs moyens pour réaliser des économies d'échelle, par exemple dans l'assurance (AXA-UAP), dans l'aluminium (Alcan-Algroup, etc.). Elles sont souvent conduites à réduire leurs effectifs. Les fusions peuvent aussi relever d'un mouvement de **concentration verticale**, les sociétés qui se rapprochent cherchant à exploiter la complémentarité de leurs activités. Le mariage, en 1999, entre American On Line (AOL) et Time Warner permet au premier diffuseur mondial sur Internet de disposer des programmes du second (magazines, chaînes de télévision et films).

Les fusions, considérées à la fin des années 1990 par certains comme un effet de mode, peuvent être le fruit de rapprochements volontaires ou le résultat d'OPA inamicales. Leur succès n'est jamais acquis d'avance : les banquiers et consultants spécialisés dans l'activité de « M and A » *(Merger and Acquisition)* estiment que la grande majorité des mariages ne tiennent pas leurs promesses. Ils ne permettent que rarement de dégager les effets de synergie annoncés. Les échecs sont souvent liés à la difficulté de « fusionner » des cultures d'entreprise différentes. É. I.

Galbraith (John Kenneth)

Économiste américain (né en 1908), qui présente dans son œuvre, notamment dans le Nouvel État industriel (1967), une analyse critique du capitalisme contemporain.*

John Kenneth Galbraith souligne le caractère trop abstrait et parfaitement irréaliste des théories avancées par les économistes néoclassiques*, qui mettent en avant comme mécanismes régulateurs de l'activité économique le marché, la concurrence et la souveraineté du consommateur. Dans *le Nouvel État industriel,* il montre qu'en réalité le système économique américain est dominé par quelques très grandes firmes qui imposent leurs produits aux consommateurs à grand renfort de stratégie marketing et d'effets publicitaires. Les consommateurs perdent – en partie – leur libre arbitre : c'est ce que Galbraith appelle « la filière inversée ».
Galbraith évoque sous le terme de technostructure* les structures décisionnelles de la grande firme moderne. La technostructure est composée du personnel des états-majors des grandes entreprises, qui bénéficient d'une large autonomie par rapport aux propriétaires du capital, c'est-à-dire les actionnaires. J.-C. D.

➔ *École néoclassique, technostructure*

Gates (William H., dit Bill)

Homme d'affaires américain, né en 1955.

Cofondateur et « directeur technique » de Microsoft (il a abandonné son fauteuil de P-DG le 13 janvier 2000), premier éditeur mondial de logiciels, Bill Gates est l'homme le plus riche du monde au classement annuel du magazine économique *Forbes,* avec une fortune estimée à 90 milliards de dollars en 1999 (500 milliards de francs environ). Il est devenu la figure emblématique des entrepreneurs américains qui ont fait fortune dans les nouvelles technologies, après avoir créé, très jeunes, leur entreprise. Au sommet de sa puissance, Microsoft est accusé par le

département américain de la Justice et par vingt États américains de violation de la législation antitrust pour entrave à la concurrence. Le procès s'est ouvert le 19 octobre 1998. Un an plus tard, un premier avis de la justice défavorable à Bill Gates était émis et la bataille juridique se poursuivait.

Fils d'un avocat et d'une institutrice, Bill Gates a passé son enfance à Seattle, dans l'État de Washington. Entré à la célèbre université Harvard en 1973, il n'y reste pas longtemps et, dès 1975, crée Microsoft avec son ami d'enfance **Paul Allen**. En 1980, il met au point le système d'exploitation pour ordinateur PC, MS-DOS. Depuis, la firme s'est diversifiée, lançant toute une gamme de logiciels pour PC, des CD-ROM, des sites Internet, etc. Son chiffre d'affaires a atteint 14,48 milliards de dollars en 1998. Outre Microsoft, Bill Gates a également créé Corbis, une agence de photos en passe de détenir l'un des plus importants fonds au monde à la suite d'acquisitions successives, la dernière en date étant l'agence Sygma. Il est aussi actionnaire de Teledesic, société créée par **Craig McCaw**, et dont l'objectif est de mettre en place un réseau mondial de télécommunications par satellites. Il est également l'auteur de deux livres, *la Route du futur* et *le Travail à la vitesse de la pensée*. A. K.

➔ *Communication, trust*

Gates
Bill Gates en 1985. Juvénile et surdoué, il est alors en passe de devenir l'homme le plus riche du monde. Par son allure, sa décontraction apparente et sa façon de penser, il est typique de cette génération d'entrepreneurs de la communication, très individualistes et antihiérarchiques, privilégiant l'idée et la mobilité, tout à fait différents de la génération industrialiste de Henry Ford, qui avait fondé son empire sur une production lourde de masse.

GATT

(General Agreement on Tariffs and Trade, ou Accord général sur les tarifs et le commerce)

Accord entré en vigueur en 1948 et destiné à organiser le commerce international.

L'accord visait à libéraliser le commerce des biens entre les parties contractantes. Il impose des règles du jeu précises comme la clause de la nation la plus favorisée*, le principe du traitement national (une fois passée la douane, la marchandise importée doit être traitée comme un produit fabriqué localement). Le GATT organisait périodiquement des cycles de négociation multilatérale (**Rounds**) qui visaient à abaisser les droits de douane* ou à redéfinir les règles du jeu. Depuis 1995, le GATT est géré par l'OMC*. J.-M. S.

Gaz

Exploitée de longue date, cette ressource est présentée depuis le milieu des années 1990 comme une source d'énergie pleine d'avenir en raison de son faible coût.

Les avantages du gaz naturel sont au nombre de quatre : les ressources sont abondantes ; c'est une alternative au nucléaire ; des progrès technologiques permettent de hauts rendements énergétiques pour produire de l'électricité ; enfin, c'est un combustible peu polluant. Alors que c'était naguère une catastrophe pour une compagnie pétrolière de tomber sur une poche de gaz lorsqu'elle procédait à des forages, le sentiment est désormais inverse. Plus question de le brûler dans des torchères, tout est fait désormais pour l'utiliser.
À la différence du pétrole, concentré pour les trois quarts dans les pays du Golfe, les réserves gazières sont mieux réparties, principalement entre le Proche-Orient, la Russie et, dans une moindre mesure, les autres continents.
La part du gaz dans la consommation d'énergie française a presque doublé entre 1980 et 1998, pour atteindre 13,6 %.
L'augmentation de la part du gaz a tendance à s'accélérer avec l'ouverture progressive à la concurrence du marché européen de l'électricité depuis 1999. Dans son sillage, le marché du gaz s'est ouvert à la concurrence à l'été 2 000.
Depuis 1997, les études prouvent que les prix de l'électricité nucléaire et du gaz sont voisins, inférieurs aux 20 centimes le kilowattheure. Enfin, les défenseurs du gaz aiment le présenter comme « la moins polluante des énergies fossiles », les rejets de CO_2 étant minimes comparés à ceux du fuel et du charbon. D. G.

➔ *Charbon, électricité, pétrole*

Georgescu-Roegen (Nicholas)

Économiste américain (né en Roumanie en 1906) dont les travaux s'inscrivent en dissidence vis-à-vis des principales théories économiques.

Il s'est efforcé de construire une théorie capable de traiter de problèmes comme la répartition des ressources entre générations, les ressources non renouvables, l'énergie (*The Entropy Law and the Economic Process,* 1971). P. U.

Gestion

Ensemble de pratiques et de connaissances théoriques ou techniques relatives à la conduite des organisations, notamment des entreprises.

Les pratiques de gestion des entreprises sont très anciennes (certains articles montrent par exemple l'extraordinaire complexité de la gestion des grands domaines de l'Égypte des pharaons). Par contre, les manuels décrivant ces pratiques sont plus récents (*le Parfait Négociant,* écrit par **Jacques Savary** en 1675, semble être le premier) ; quant à la théorisation de ces connaissances, elle date probablement de la fin du XIXe siècle. L'histoire montre que ces pratiques, ces connaissances et ces théories évoluent sans cesse. Peut-être à cause de cette variété, la plupart des spécialistes de la question éprouvent beaucoup de mal à définir la gestion et à délimiter ses frontières par rapport à d'autres disciplines, notamment l'économie.
Au début du XXe siècle, Henri Fayol propose une lecture de la gestion à partir d'une analyse de ses spécialités. Selon cet auteur, qui reste toujours d'actualité, l'objet de la gestion fait d'abord référence aux fonctions de l'entreprise. Il distingue trois fonctions principales :

- la **fonction approvisionnement** (d'où la gestion des achats et des stocks de matières) ;
- la **fonction production** (d'où la gestion de la production et des équipements) ;
- la **fonction commerciale** (d'où la gestion commerciale, ou marketing*).

La mise en œuvre de ces trois fonctions nécessite également l'appui de fonctions auxiliaires telles que la **fonction administrative** (organisation des méthodes, gestion juridique et fiscale), la **fonction personnel** (gestion du personnel, gestion des ressources humaines), la **fonction recherche** (gestion de l'innovation*) et la **fonction comptable et financière** (comptabilité générale, comptabilité analytique, gestion financière, contrôle de gestion, audit*).
Cette analyse des tâches de la gestion reste la base du découpage de la discipline dans la pratique et l'enseignement ; cependant, elle ne rend pas bien compte des activités de gestion qui jouent un rôle d'intégration. C'est la raison pour laquelle un autre courant de la littérature se développe dans les années 1960-1970 pour mettre en évidence l'aspect « systémique » de l'entreprise et son influence sur la

gestion. Selon la théorie des systèmes, on peut distinguer trois types de systèmes dans toute organisation : des systèmes de finalisation, qui assurent l'orientation des activités (en font partie les centres qui dictent la stratégie des organisations) ; des systèmes d'organisation, qui déterminent les structures, les organes, les rôles, les activités et les procédures ; des systèmes d'animation, qui permettent de former, d'inciter, de contrôler et de sanctionner les membres de l'organisation.

Avec le développement des relations et des comparaisons internationales dans les années 1980, un troisième courant, dit de « gouvernement de l'entreprise* » *(**corporate governance**)*, contribue encore à modifier le regard sur la gestion. Des études montrent que les styles, les méthodes, les objectifs de la gestion sont profondément différents de pays à pays, même au sein du système capitaliste. Par exemple, la gestion des ressources humaines dans un pays comme l'Allemagne, caractérisée par le système de la cogestion*, est très différente de celle que l'on connaît aux États-Unis, où le rôle du personnel dans la gestion reste modeste au regard de celui des actionnaires*. D'une façon plus générale, la conception que l'on se fait des entreprises et des sociétés (simple contrat entre acteurs sociaux, institution où l'État définit les règles du jeu...) va exercer une influence considérable sur la gestion : c'est donc des gestions (au pluriel) et non de la gestion qu'il faudrait parler.

Les partisans des approches « fonctionnaliste » et « systémique » verront donc la gestion surtout sous son angle technique et auront souvent la tentation d'en montrer les constantes à travers le temps et l'espace. Les tenants de l'approche du gouvernement de l'entreprise souligneront au contraire la multiplicité des types de gestion. Les plus « radicaux » d'entre eux iront même jusqu'à dire que les pratiques gestionnaires et l'enseignement qui les accompagne ne sont que l'expression d'une idéologie dominante dans la conduite des organisations. J. R.

Gide (Charles)

Économiste français (1847-1932), cofondateur de l'école « coopératiste ».

Professeur d'économie politique à la faculté de droit de Paris et au Collège de France, Charles Gide prit une part prépondérante à la création de l'« école de Nîmes », défendant le « coopératisme ». Selon cette doctrine, l'organisation des consommateurs permettrait de réaliser une vraie révolution pacifique si les producteurs travaillaient uniquement en vue de satisfaire les commandes de coopératives de consommateurs. Ces derniers deviendraient les maîtres du marché et imposeraient les prix les plus bas aux producteurs, supprimant ainsi le profit des capitalistes, et le capitalisme lui-même.

C. Gide publia des *Principes d'économie politique* (1884), *les Sociétés coopératives de consommation* (1910), *les Institutions du progrès social* (1921) et, avec **Charles Rist**, *Histoire des doctrines économiques* (1904). P. B.

Glissement

Calcul d'évolution d'un phénomène sur douze mois.

Les évolutions sur douze mois, ou en glissement annuel, sont obtenues en rapportant un indice donné d'un mois à l'indice du même mois de l'année précédente. Le glissement annuel des prix pendant l'année *n* peut être calculé à partir de l'indice des prix de n'importe quel mois, par exemple de janvier de l'année *n* à janvier de l'année *n + 1* ou de décembre à décembre. N. E.-M.

Globalisation

Voir **Mondialisation**

Golden share

Titre de propriété particulier que s'attribue l'État au sein d'une société.

Inventée dans les années 1980 par le Premier ministre britannique **Margaret Thatcher**, alors qu'elle privatisait les grandes entreprises de son pays, la *golden share* donne aux pouvoirs publics, au-delà du droit de vote commun à toutes les

actions, la capacité d'exercer un droit de veto sur certaines décisions importantes (la cession de certains actifs, l'entrée de nouveaux actionnaires, la conclusion d'alliances, etc.).
Le gouvernement français avait eu recours, à partir de 1986, à ce procédé. Il s'était doté de telles actions lors de la mise sur le marché d'entreprises considérées alors comme stratégiques (Elf Aquitaine et Aerospatiale Matra notamment). Soucieux d'une égalité de traitement entre tous les actionnaires, les grands investisseurs internationaux dénoncent ces « actions privilégiées » ; ils sont soutenus dans leur combat par la Commission de Bruxelles. À la fin des années 1990, les *golden shares* étaient en voie de disparition.
É. I.

➔ *Privatisation*

Gouvernement d'entreprise

Mode de répartition du pouvoir dans l'entreprise entre les actionnaires, le conseil d'administration et les dirigeants.

Le ***corporate governance*** (gouvernement d'entreprise) a été imposé aux grandes sociétés cotées américaines par les investisseurs institutionnels à partir de la fin des années 1980. Il est constitué d'un ensemble de principes concernant le rôle de chacun des partenaires.
Les grands investisseurs américains ont tenté, au cours des années 1990, d'imposer dans le monde des règles communes de gouvernement d'entreprise ; ils n'y sont pas parvenus. Dans chaque pays, les professionnels ont mis en place des commissions ad hoc (Cadbury en Grande-Bretagne, Viénot en France, etc.) chargées de définir un code national de bonne conduite.
D'une manière générale, ces codes se retrouvent autour de la nécessité de respecter le principe d'égalité entre les actionnaires, d'intégrer dans le conseil d'administration des personnalités indépendantes et disponibles, et d'avoir des mécanismes de surveillance et de motivation à l'égard des dirigeants.
É. I.

➔ *Actionnaire, Bourse*

Grande-Bretagne[1]

La Grande-Bretagne a été à l'origine de la révolution industrielle transformant le capitalisme marchand, encore partiellement féodal*, en un capitalisme industriel et financier à vocation mondiale. « Atelier du monde » au cœur du XIXe siècle, elle a ensuite amorcé son déclin pour avoir négligé son industrie au profit des activités financières.*

L'Angleterre est considérée comme la mère du libéralisme économique*. C'est elle qui, au XIXe siècle, a fait du libre-échange* une règle d'or. C'est elle qui a montré la voie au néolibéralisme des années 1980-1990, avec sa Dame de fer **Margaret Thatcher**, s'attaquant à l'interventionnisme étatique et au pouvoir syndical. Mais ce libéralisme ne s'est imposé qu'après trois siècles de politique commerciale agressive et n'a pas empêché la Grande-Bretagne de constituer durant le XIXe siècle un vaste empire colonial, ni de connaître au XXe siècle une longue période keynésienne*.

Un mercantilisme* agressif

À la fin du XVe siècle, l'Angleterre était affaiblie : elle avait perdu ses possessions françaises et traversé une longue guerre civile (1455-1485). Mais grâce à l'action volontariste de souverains autoritaires, forçant la transformation de la société anglaise, elle devint une grande puissance économique et militaire, maîtresse des mers, et engagée irrésistiblement dans la voie du capitalisme marchand.
Au XVIe siècle, Henri VIII (1509-1547) mit la main sur les terres de l'Église catholique et les vendit à des « capitalistes agraires » qui rentabilisèrent leurs acquisitions foncières en constituant de grandes exploitations remembrées, en se spécialisant et en clôturant leurs terres. Ces enclosures* permirent un nouvel essor de l'élevage du mouton et alimentèrent la jeune industrie textile anglaise, mais elles ruinèrent la petite paysannerie, obligée de travailler à domicile pour les marchands du textile *(domestic system)*

(1) On emploie souvent indifféremment les termes d'« anglais » et de « britannique ». En réalité, l'Angleterre ne constitue qu'une partie de la Grande-Bretagne, qui comprend également l'Écosse et le pays de Galles, et forme, avec l'Irlande du Nord, le Royaume-Uni.

avant d'émigrer massivement vers les centres industriels (fin du XVIIIe siècle et début du XIXe), où elle travaillera durement pour des salaires de survie. Henri VIII créa aussi une flotte militaire et marchande sans laquelle l'Angleterre n'aurait pu jouer le rôle qui sera le sien. Durant le règne d'Élisabeth Ire (1558-1603), on assista à la naissance d'unités de production d'une dimension inconnue jusque-là, dans la métallurgie, la verrerie, la briqueterie, la brasserie... et Thomas Gresham* créa à Londres une Bourse pour les marchands (le Royal Exchange) tandis que débutait l'implantation anglaise en Amérique.

Durant le XVIIe siècle, la bourgeoisie marchande et financière, gagnée aux idées protestantes, s'empara du pouvoir après une guerre civile (1642-1648) et l'exécution du roi Charles Ier (1649). **Oliver Cromwell** exerça alors une sorte de dictature jusqu'en 1658. Il promulgua l'Acte de navigation* (1651), qui limitait l'accès des ports anglais aux navires étrangers et annonçait les tarifs protectionnistes (Corn Laws*), qui permirent l'essor de l'agriculture britannique, et il s'attaqua à l'Écosse et à l'Irlande, où des terres furent distribuées à des colons anglais protestants. En Amérique du Nord, les Anglais fondèrent des colonies, qui formeront la Nouvelle-Angleterre, et s'emparèrent en 1664 de La Nouvelle-Amsterdam hollandaise (rebaptisée New York), lieu privilégié du trafic avec l'Europe.

Au XVIIIe siècle, l'Angleterre joua le premier rôle dans le lucratif commerce triangulaire* reliant les ports anglais à l'Afrique occidentale et aux colonies américaines. Cette zone nord-américaine absorbait déjà 10 % des exportations de produits anglais au début du XVIIIe siècle et près de 60 % à la fin du siècle. Entretemps, les Anglais avaient chassé les Français du Canada.

En Asie, ils mirent la main sur le commerce des Indes orientales, dont ils évincèrent les Français. Cela leur permit de réaliser d'importants bénéfices, mais surtout d'importer beaucoup de coton, dont la transformation va nécessiter de nouvelles techniques de production : le secteur textile sera au cœur de la révolution industrielle* de la fin du XVIIIe siècle.

Un siècle de croissance britannique

PIB, en milliards de francs internationaux de 1990

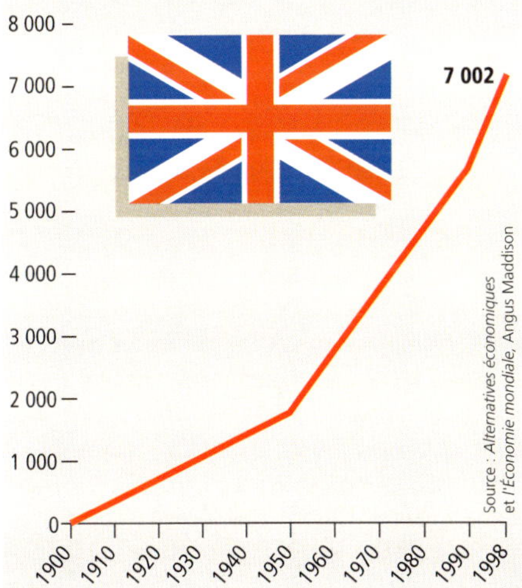

Le « libéral-impérialisme » anglais (fin XVIIIe- XIXe siècle)

Forte de sa nouvelle puissance industrielle, l'Angleterre se fit le champion du libéralisme économique* tout en continuant à pratiquer une politique colonialiste agressive.

Pour compenser la perte du marché américain après l'indépendance des États-Unis (1783), elle avait signé avec la France un traité de libre-échange* en 1786. Elle combattit ensuite la France napoléonienne, qui lui interdisait l'accès au marché européen (Blocus* continental, 1806), puis elle abolit en 1826 les Actes de navigation et démantela les Corn Laws* (1846 et 1849), afin de pouvoir disposer de denrées agricoles à des prix avantageux. Parallèlement, l'Angleterre imposait par la force à la Chine l'importation d'opium, soumettait l'Inde (1831-1854) et poursuivait la construction de son empire colonial.

L'attrait pour les richesses minières d'Afrique du Sud déboucha aussi sur la guerre des Boers (1900-1902), tandis qu'en 1900 la Nouvelle-Zélande et l'Australie rejoignaient le Canada au sein des « dominions » britanniques. À la fin du XIXe siècle, l'Angleterre exportait environ 40 % de sa production manufacturière, importait encore davantage de produits primaires (agricoles et industriels) et était le premier pays exportateur de capitaux, dont les revenus lui permettaient de financer le solde négatif de ses échanges de marchandises.

Le déclin britannique

Malgré ces atouts, la Grande-Bretagne commença à décliner face aux autres puissances industrielles : sa part dans la production manufacturière mondiale passa de 32 % environ en 1870 à 19 % en 1910, alors que celle des États-Unis passait de 23 % à 35 % et celle de l'Allemagne de 13,2 % à 16 %

Grande-Bretagne
Grève des mineurs anglais en 1984. Un véritable bras de fer avait opposé les mineurs et leur flamboyant leader syndical, Arthur Scargill, au Premier ministre d'alors, Margaret Thatcher, résolue à fermer les puits et à diminuer l'influence, jugée excessive, des syndicats dans l'économie britannique.

environ. C'est en Allemagne, en France et aux États-Unis (en non en Angleterre) que virent le jour l'automobile, l'aviation, le cinéma... qui bouleverseront la vie des hommes au XXe siècle.

Cela s'explique par le fait que, durant la seconde partie du XIXe siècle, la Grande-Bretagne a largement privilégié les investissements extérieurs, freinant ainsi la modernisation de son industrie : en 1914, elle détenait 18 des 44 milliards de dollars des créances mondiales. D'autre part, elle a négligé l'enseignement supérieur et la formation scientifique : en 1913, il n'y avait que 9 000 étudiants en Grande-Bretagne contre 60 000 en Allemagne. Enfin, la structure de l'appareil industriel a peu évolué, alors que se constituaient aux États-Unis, en Allemagne et au Japon des entreprises géantes s'endettant pour investir et pour produire en grande quantité des biens nouveaux aux coûts unitaires réduits.

L'industrie britannique, encore largement spécialisée dans la métallurgie traditionnelle et le textile, se trouva donc dépassée au début du XXe siècle.

Le processus se poursuivit durant l'entre-deux-guerres. La Grande-Bretagne se soucia moins de moderniser son appareil productif que de conserver sa place sur le plan financier. Sa principale préoccupation fut de défendre la parité de la livre face au dollar, alors que parallèlement sa monnaie s'appréciait face aux devises française et allemande : une livre valait en moyenne environ 25 francs en 1918, et 152 francs en 1926, ce qui était un handicap pour ses exportations.

Ainsi peut s'expliquer la crise des secteurs traditionnels (charbon, acier, coton, chantiers navals...), où le chômage toucha durant les années 1920 entre 1 million et 2,5 millions de travailleurs. Par contre, les industries modernes (automobile, outillage électrique, radio, appareils ménagers...) connaissaient un essor non négligeable assurant le sauvetage de l'industrie anglaise, qui tendait à se déplacer du nord vers la région de Londres et le sud-est du pays.

Pour compenser les effets pervers de sa monnaie forte, l'Angleterre mit en œuvre des politiques défla-

 Grande-Bretagne

tionnistes reposant sur la baisse des dépenses publiques et sur la maîtrise des coûts salariaux. Cependant, l'importance du chômage réduisait la croissance de la masse salariale, et donc celle de la demande intérieure. Cela explique la relative faiblesse du développement industriel anglais durant cette période.

La crise de 1929 et le redressement

La production industrielle baissa de 16 % environ entre 1929 et 1932 et l'on comptait plus de 2,7 millions de chômeurs en 1932. Les exportations britanniques chutèrent entre 1929 et 1931, et la balance des paiements, traditionnellement excédentaire, devint déficitaire.

Mais, dès 1931, la Grande-Bretagne changea de politique et se redressa rapidement : elle mit fin à la convertibilité de la livre en or, ce qui provoqua une baisse de la valeur de sa monnaie, et rendit plus compétitifs les produits anglais. Elle abandonna le libre-échange avec le reste du monde, mais le renforça avec ses dominions (accords d'Ottawa, en 1932, avec l'Australie, la Nouvelle-Zélande, l'Inde, le Canada...), ce qui permit le développement des exportations britanniques au sein de l'empire.

De plus, l'État amorça une politique d'intervention directe dans l'économie en aidant les secteurs en difficulté et en développant les dépenses d'assistance (retraites, assurance chômage, allocations familiales...), en garantissant les prix agricoles, en favorisant les restructurations industrielles dans le charbon, le textile, la sidérurgie, et en engageant un grand programme de construction de logements.

Aussi, le chômage régressa dès 1933 et la croissance du PNB britannique fut égale à 4,7 % par an en moyenne entre 1932 et 1937. De plus, cette croissance s'appuya sur des industries modernes (automobile, mécanique, électricité, chimie) bénéficiant d'innovations techniques qui se manifestèrent (avec retard) en Grande-Bretagne durant les années 1930.

La Grande-Bretagne depuis 1945

Le souvenir de la crise de 1929, les nécessités de la guerre et le triomphe des idées keynésiennes* eurent pour effet de renforcer l'interventionnisme public.

Entre 1946 et 1951 se produisirent de nombreuses nationalisations (Banque d'Angleterre, énergie, chemin de fer, ports, sidérurgie...), tandis que s'imposait l'idée d'un État providence* *(Welfare State),* assurant

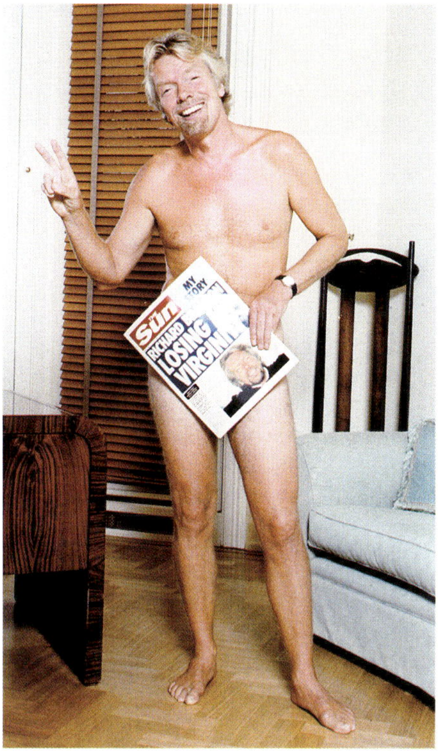

Grande-Bretagne
L'entrepreneur Richard Branson faisant à sa manière la promotion de son livre, en 1998. Le fondateur des disques Virgin, reconverti dans les transports, est typique d'une nouvelle génération de chefs d'entreprise outre-Manche.

l'aide aux plus pauvres, l'assistance sociale, la redistribution des revenus, modernisant la société industrielle et réaménageant le territoire. Parallèlement étaient mises en œuvre des politiques conjoncturelles d'obédience keynésienne, dites de *stop-and-go**, visant à guider la croissance.

Cette politique permit une croissance régulière (2,8 % en moyenne entre 1951 et 1973), un niveau de chômage relativement faible (moins de 600 000 chômeurs entre 1955 et 1970) et une élévation du pouvoir d'achat des salariés (+ 7,5 % en moyenne annuelle entre 1951 et 1973).

Mais les milieux libéraux considéraient que cette politique affaiblissait le pays en développant une mentalité d'assistés, en imposant une fiscalité excessive, en favorisant le clientélisme politique et en évitant les efforts nécessaires à la restructuration économique imposée par la concurrence mondiale. L'entrée de la Grande-Bretagne dans la CEE en 1973 rendit cette question plus aiguë et contribua à la victoire des conservateurs en 1979.

Margaret Thatcher prit alors le contre-pied de la politique suivie jusque-là. Elle chercha à rétablir

Nouveaux pauvres et « working poors* »

Dès le milieu des années 1970, la Grande-Bretagne adopte une politique économique de rigueur*, développée ensuite par Margaret Thatcher à partir de 1979. Il s'agit de combattre l'inflation en réduisant le coût salarial, de rendre plus dynamique l'économie britannique et de diminuer les dépenses de l'État.

Cette politique fut globalement couronnée de succès. Mais elle s'accompagna de l'appauvrissement d'une partie de la population et d'un développement des inégalités. On estime ainsi que 20 % des Britanniques vivent dans un état de pauvreté relative et que deux enfants sur cinq naissent dans une famille pauvre. Parallèlement, les revenus de la tranche la plus riche de la population ont plus que doublé entre 1979 et 1999, alors que ceux du cinquième le plus défavorisé n'ont augmenté que de 15 % durant a même période.

L'établissement d'un SMIC* horaire à partir de 1999 ne résout que partiellement le problème. Son niveau assez bas (environ 36 F brut de l'heure) et la multiplication des temps partiels confirment la tendance à l'augmentation du nombre des *working poors*, c'est-à-dire des personnes qui travaillent mais ne gagnent pas assez pour se hisser au-dessus du seuil de pauvreté.

Le social-libéralisme de Tony Blair

Leader du « néo- »Labour Party depuis 1994, il affiche davantage un souci de gestion réaliste et efficace de l'économie que de réformes sociales.

Les orientations principales de sa politique consistent en effet à lutter contre l'inflation et les déficits publics, à poursuivre le désengagement de l'État (privatisation des prisons, éventuellement du métro) et à s'appuyer sur le dynamisme des entreprises privées (baisse des impôts sur les sociétés).

Mais, tout en valorisant l'esprit de responsabilité, le goût de l'effort et le sens de la discipline, Tony Blair a conservé une partie de l'héritage travailliste consistant à corriger les « excès » du libéralisme : il a introduit un salaire minimal, imposé trois semaines de congés payés, signé le Chapitre social du traité d'Amsterdam*, mis en place un plan emploi pour les jeunes...

l'esprit d'entreprise en remettant en cause le *Welfare State :* elle amorça les privatisations, s'opposa aux hausses de salaires, allégea la pression fiscale sur les entreprises, favorisa les réductions d'effectifs... afin de permettre aux entreprises de retrouver leur compétitivité et leurs profits. Dans cette optique, la montée du chômage, des inégalités et de la pauvreté apparaît comme une conséquence inévitable de la modernisation économique.

Après la démission de Mrs. Thatcher, en novembre 1990, sa politique sera suivie par **John Major** et ne sera pas sensiblement infléchie après la victoire des travaillistes de **Tony Blair** (voir encadré) en 1997.

Cette politique semble avoir permis une amélioration de la situation économique britannique, après les difficultés des années 1970 (retour de la croissance, baisse du taux de chômage et de l'inflation, maîtrise de la dette publique...). Elle a aussi consolidé le succès de grandes entreprises dans les domaines de la chimie (ICI), des hydrocarbures (BP, Shell), de l'aéronautique (collaboration avec Airbus Industrie), de la communication, de la presse et de la grande distribution.

Cependant, elle comporte un coût social élevé : la déréglementation* et la grande flexibilité du travail accroissent la précarité* de l'emploi et des salaires, ainsi que les inégalités sociales et régionales. De plus, le redéploiement industriel reste limité, et la quasi-disparition du secteur automobile proprement anglais atteste de la fragilité de l'industrie anglaise.

D'autre part, les réticences britanniques devant les contraintes imposées par l'adhésion à l'Union économique et monétaire européenne montrent que des choix essentiels n'ont pas été faits : la question d'accepter ou non la monnaie unique, les exigences de l'Europe sociale et la perte de souveraineté divise encore plus les Britanniques que les autres peuples européens.

Même si le Premier ministre Tony Blair semble favorable à l'entrée de son pays dans l'euro, appuyé en cela par une partie importante du patronat britannique, l'opinion demeure très hostile à l'abandon de la livre. P. B.

➔ *Actes de navigation, Corn Laws, enclosures, keynésianisme, livre sterling, révolution industrielle, stop-and-go, thatchérisme*

Grande-Bretagne

Population : 58 830 000 hab.
PNB (1998) : 1 285,11 milliards de $
PNB/hab. : 20 870 $
Structure de la population active : agriculture 1,9 %, mines et industrie 26,9 %, services 71,3 %
Dette publique brute : 56,6 % du PIB
Taux de chômage : 6,2 %

Gresham (sir Thomas)

Financier anglais (1519-1579), dont le nom est associé à la loi selon laquelle « la mauvaise monnaie chasse la bonne ».

Fils d'un négociant lord-maire de la ville de Londres, Thomas Gresham dirigea des maisons de commerce locales, puis il partit pour Anvers comme « marchand du roi », au cœur d'un XVIe siècle voyant se développer les échanges marchands dans une Europe du Nord orientée vers le mercantilisme.
Devenu financier de la reine Élisabeth Ire, Gresham s'efforça de défendre la valeur de la monnaie anglaise et popularisa une observation selon laquelle, « lorsque dans un pays circulent deux monnaies dont l'une est considérée par le public comme bonne et l'autre comme mauvaise », cette dernière est utilisée pour les échanges et la première est thésaurisée. Thomas Gresham investit ses fonds personnels dans la construction d'une Bourse destinée aux marchands londoniens, le Royal Exchange, achevée en 1571. P. B.

➔ *Mercantilisme*

Grèves

Arrêt concerté et temporaire du travail par les salariés d'une organisation, destiné à faire pression sur ses dirigeants à propos des salaires, des conditions de travail et des licenciements.

Les grèves ont pour motif des revendications professionnelles, parfois la solidarité des grévistes avec d'autres travailleurs, ou encore des raisons politiques. Interdites lors de la Révolution par la **loi Le Chapelier** (1791), elles constituent un délit pénal jusqu'en 1864, puis une faute contractuelle. Le droit de grève est inscrit dans la Constitution depuis 1946 et figure dans la charte sociale européenne.
Il est aujourd'hui reconnu dans pratiquement tous les pays développés, y compris les pays postsocialistes. Certaines législations requièrent des tentatives de conciliation préalables avant toute grève, d'autres interdisent les grèves dans le secteur public ou les grèves politiques. L'imposition éventuelle d'un service minimal dans le cas de grèves dans les services publics demeure controversée en France.
Les types de grèves, leurs objectifs ainsi que leur durée varient considérablement selon les pays et les époques, selon le régime politique, la conjoncture économique et en fonction du rôle des syndicats. On distingue ainsi la **grève générale** (l'ensemble des salariés d'un pays), la **grève sur le tas** (avec occupation du lieu de travail), la **grève du zèle** (consistant à appliquer le règlement avec une telle minutie que cela bloque la production), la **grève sauvage** ou **grève surprise** (non précédée d'un préavis, généralement en dehors du contrôle des centrales syndicales), la **grève perlée** (succession d'arrêts de travail à différents postes de l'entreprise), la **grève tournante** (arrêts de travail affectant successivement certaines catégories du personnel ou certains secteurs de l'entreprise), etc.

Grèves : grand calme sur le front social

Nombre de journées individuelles non travaillées à l'occasion de conflits localisés et généralisés, en millions

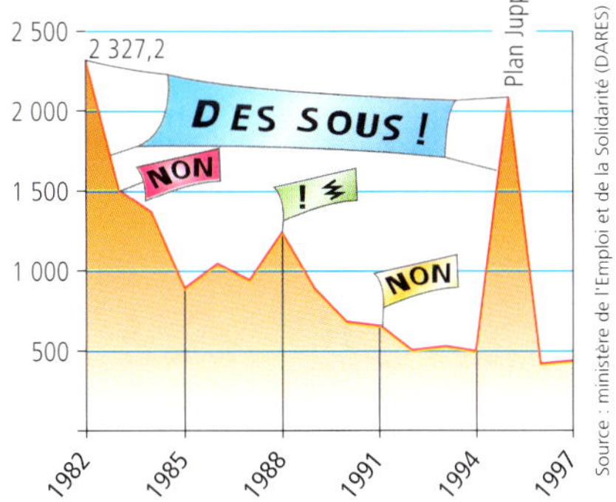

Les grèves de 1936

En mai 1936, à la suite de la victoire du Front populaire aux élections législatives, deux millions de salariés du secteur privé cessent le travail et, parfois, occupent leur entreprise. Le 8 juin, sous l'égide du président du Conseil **Léon Blum**, sont signés les « **accords Matignon** » prévoyant des hausses de salaires importantes et le développement des conventions collectives et du droit syndical. Les 20 et 22 juin sont votées ensuite des lois instituant deux semaines de congés payés annuels et la semaine de 40 heures.

Depuis les années 1970, notamment du fait de la crise économique, le nombre de grèves diminue tendanciellement en France. B. C.

➔ *Syndicat*

G7

Le groupe des sept principaux pays industriels (G7) est un organisme international informel. Il réunit chaque année depuis 1975 (sommet de Rambouillet) les chefs d'État ou de gouvernement des sept États qui le composent : le président de la République pour la France et les États-Unis, le Premier ministre pour le Japon, l'Allemagne, la Grande-Bretagne, l'Italie, et le Canada à partir de 1976. Depuis 1977 (sommet de Londres), le président de la Commission européenne participe aux discussions. En 1997, pour la première fois, le président de la Russie, Boris Eltsine, a participé à la partie politique du sommet de Denver, consacrant la transformation du groupe en G8.

De la causerie au coin du feu, imaginée en 1975 par le président français **Valéry Giscard d'Estaing** et le chancelier allemand **Helmut Schmidt**, à la grand-messe rituelle et médiatique des sommets annuels, le G7 a beaucoup évolué. Il avait dérivé vers un faste peu propice aux discussions de fond, notamment à Versailles (1982), mais ses membres ont tenté de revenir depuis à des proportions plus raisonnables.

Les réunions annuelles de juin traitent des questions les plus diverses, et débouchent sur deux textes officiels.

Le premier texte est une « déclaration politique », par exemple sur la crise des missiles soviétiques SS-20 (sommet de Williamsburg, 1983) ou la situation dans les Balkans (sommet de Cologne, 1999).

Le deuxième texte est un communiqué économique, lui aussi très éclectique : comment réagir à la hausse des prix du pétrole ? (sommet de Tokyo, 1979, en plein deuxième choc pétrolier), comment gérer l'aide financière à l'URSS ? (sommet de Houston, 1990)... En dehors de ces thèmes « d'actualité », le G7 aborde régulièrement certaines grandes questions transversales : lutte contre le terrorisme (sommet de Bonn, 1978), contre le sida (Venise, 1980)...

Le communiqué économique aborde aussi les thèmes du commerce international et de la réduction de la dette des pays les plus pauvres. C'est à Naples, en 1994, que la création de l'OMC* (Organisation mondiale du commerce) a été entérinée. Et les allégements successifs de la dette du tiers-monde ont emprunté leur nom aux villes de réunion : conditions de Naples (1994), d'Halifax (1995), de Lyon (1997), de Cologne (1999).

Le G7, devenu G8 avec la Russie, s'est démultiplié au fil des ans. En plus des grand-messes annuelles, les ministres des Finances et gouverneurs de banques centrales des Sept se retrouvent régulièrement, en général au moins à l'occasion des deux réunions annuelles du FMI : il s'agit du G7 finances. Certaines réunions sont également consacrées à des sujets particuliers : l'emploi, en 1994 ; le Kosovo, en 1999.

Ce « directoire des pays riches » qui s'est développé en dehors du cadre juridique international a souvent été critiqué, notamment dans les pays qui n'en sont pas membres. Mais, en améliorant la coordination des politiques entre l'Amérique du Nord, l'Europe et le Japon, il a constitué un facteur de stabilisation de l'économie mondiale dans le dernier quart du XXe siècle. F. L.

Guilde (ou gilde)

Association de marchands, à l'époque féodale.

Ce terme est d'origine néerlandaise et désignait aux XIe-XIIIe siècles une sorte de confrérie qui

G7
La réunion à Denver, en 1997, des sept chefs d'État et de gouvernement des pays les plus industrialisés de la planète, auxquels se sont joints le président russe, le président de la Commission européenne et le président en exercice de l'Union européenne. Souvent critiqué pour son impuissance, ce « directoire des pays riches » a cependant contribué à coordonner les politiques économiques entre l'Europe, l'Amérique du Nord et le Japon.

regroupait des marchands, des ouvriers ou des artistes exerçant une activité commune. Une des plus célèbres guildes françaises fut celle des « marchands de l'eau » parisiens, qui obtinrent dès la fin du XIe siècle le monopole du commerce sur la Seine. Elle devint une véritable puissance économique et laissa à Paris son emblème et sa devise, *Fluctuat nec mergitur*. P. B.

➔ *Féodalisme, Hanse*

Hanse

Association de marchands ou de villes marchandes engagés dans le commerce lointain, à l'époque féodale.

Le terme « hanse » vient de l'allemand *hansa,* désignant à l'origine une troupe, puis une organisation marchande. Cette association avait pour objectif l'entraide de ceux qui exerçaient une profession risquée et souvent mal considérée, et qui recherchaient la protection des princes et des monopoles commerciaux.

La plus célèbre des hanses médiévales fut la Hanse teutonique, créée par Lübeck et Hambourg au XIIIe siècle. Elle fédéra de nombreuses cités maritimes de la Baltique et posséda des comptoirs à Bruges et à Londres. La flotte hanséatique transportait du sel, des poissons, des grains et des vins, des draps et des soieries, du bois, des métaux, des fourrures, des épices. Les cités de la Hanse disposaient de hangars protégés, de lieux de change, de médiateurs résolvant les conflits..., et animèrent les échanges dans l'ensemble de l'Europe du Nord.

D'autres hanses jouèrent un rôle important durant les XIIe et XIIIe siècles : la Hanse de Londres, constituée par l'union des guildes* urbaines flamandes, réservait à une aristocratie de marchands le monopole de l'importation des laines anglaises ; la Hanse des XVII Villes organisait le commerce des draps entre les Pays-Bas, le nord de la France et les foires* de Champagne. P. B.

➔ *Allemagne, féodalisme*

Harrod-Domar (modèle de)

Le modèle de Harrod-Domar traite de la croissance économique et de sa stabilité à long terme.

Le Britannique **Roy Harrod** construisit en 1939 un modèle économique, complété après la guerre par l'Américain **David Domar**, visant à préciser les conditions d'une croissance équilibrée, c'est-à-dire avec plein-emploi des ressources, dans une économie capitaliste régie par le libre choix individuel.

Considérant que cet équilibre implique à la fois l'égalité entre l'épargne et l'investissement désirés par les agents, et celle entre le taux de croissance de la production nationale et le taux de croissance de la population active, les auteurs en concluent que la croissance équilibrée ne pouvait être que le fait du hasard. Une telle croissance se fait « sur le fil du rasoir », d'autant plus qu'une société qui se développe crée un surcroît d'épargne qui n'est pas nécessairement investie, et que l'investissement tend à accroître la productivité et à réduire le besoin de main-d'œuvre. Se plaçant dans une perspective keynésienne, Harrod et Domar attribuèrent à l'État* le rôle de préserver cette fragile « croissance équilibrée ». E. L. H.

➔ *Accumulation, (R.) Solow*

Hayek (Friedrich A. von)

Économiste britannique d'origine autrichienne (1899-1992), représentant éminent de l'école autrichienne marquée par le subjectivisme et les questions de méthode, prix Nobel en 1974.*

Fondateur de la Société du Mont-Pèlerin en 1947, il a consacré sa vie à la défense d'un ultralibéralisme. Nommé à la London School of Economics en 1931, il s'oppose sans succès à Keynes* et à Sraffa*, ainsi qu'aux partisans de la planification* socialiste. Il conçoit l'économie comme un problème de coordination des activités individuelles, résolu par un ordre spontané à travers l'information* véhiculée par le système des prix*. Les manipulations monétaires de l'État sont responsables des cycles économiques* par leurs effets sur les prix et sur la structure capitalistique de la production (le rapport capital/travail dans les différentes branches). L'expansion du crédit pousse, via la baisse des taux d'intérêt*, les entrepreneurs à investir et oriente l'emploi vers le secteur des biens d'équipement, d'où un surinvestissement par rapport au taux d'épargne. La consommation restant forte, les firmes sont obligées de revenir ensuite à une structure de la production moins capitalistique (utilisant moins de machines) et davantage orientée vers les biens de consommation, ce qui passe par une crise économique*. Ces manipulations monétaires doivent donc être bannies au profit d'un strict laissez-faire allant jusqu'à la privatisation de la monnaie*.
Il publie en 1944 *la Route de la servitude* pour dénoncer le socialisme rampant qui suit, selon lui, l'intervention publique. En poste à Chicago* à partir de 1950, il s'oriente vers la philosophie politique et juridique, préconisant l'adoption d'institutions interférant le moins possible avec l'initiative individuelle. P. L.

➔ *Contrat, économie mixte, (C.) Menger, (J. A.) Schumpeter, science économique, social-démocratie*

Hayek
Friedrich von Hayek (1899-1992) fut un partisan du libéralisme économique le plus radical, concevant l'économie avant tout comme un problème de coordination des activités individuelles. Il s'opposa résolument à l'intervention de l'État, jugé responsable de l'existence des cycles et des dépressions.

Heckscher-Ohlin-Samuelson (théorème de)

Un pays dispose d'un avantage comparatif dans les biens utilisant une quantité relativement importante des facteurs qui se trouvent être relativement abondants sur son territoire. La division internationale du travail* crée alors une tendance à la convergence du prix des facteurs entre les nations.*

Aux États-Unis, la part de la main-d'œuvre qualifiée est relativement plus élevée qu'en Malaisie. L'heure de travail qualifié devrait donc y être relativement moins chère, par exemple coûter 4 fois plus qu'une heure de travail non qualifié, contre 10 fois plus en Malaisie. Les États-Unis disposeront alors d'un avantage comparatif dans les secteurs où la part du travail qualifié est relativement forte (construction aéronautique, conception de logiciels, etc.), alors que la Malaisie devrait se spécialiser dans les industries intensives en travail non qualifié (habillement, assemblage, etc.). Mais ce mouvement conduit les producteurs américains à solliciter davantage la main-d'œuvre qualifiée au détriment de la main-d'œuvre non qualifiée, ce qui provoque la hausse de son prix relatif. Comme la Malaisie doit connaître l'évolution inverse, le prix des facteurs devrait converger, voire, à terme, s'égaliser. Ce théorème est néanmoins soumis à une multitude de conditions (notamment la concurrence pure et parfaite sur le marché des biens et des facteurs, etc.) qui rendent très incertaine la réalisation effective de toutes les prédictions du théorème. J.-M. S.

➔ *Compétitivité*

Hicks (John Richard)

Économiste anglais (1904-1989), prix Nobel en 1972 avec K. Arrow* pour « leurs contributions fondamentales à la théorie générale de l'équilibre économique et à la théorie du bien-être ».*

Tous ses travaux portent en effet sur le fonctionnement d'une économie de marché*. Dans *Valeur et Capital* (1939), il a développé l'approche de la demande* des consommateurs en insistant sur le fait qu'ils peuvent toujours substituer un bien à un autre lorsque leurs prix respectifs se modifient. Il a surtout introduit la pensée du Français Léon Walras* dans le monde anglo-saxon, en proposant une transcription de la théorie keynésienne toute récente dans un modèle composé de trois marchés interdépendants (biens et services, monnaie, capital). Ce modèle, dit modèle IS-LM dans le jargon des économistes, permet de voir comment l'équilibre de cette économie de marchés se trouve modifié selon les choix de politique économique monétaire ou budgétaire de l'État. Par la suite, il a appliqué son art de la synthèse à la théorie des fluctuations et de la croissance*. Il a joué un rôle important dans la distinction entre marchés à prix fixes et marchés à prix flexibles. Il a aussi proposé une théorie de l'histoire économique fondée sur le développement du marché. P. L.

➔ *Cycle économique, déséquilibre, équilibre, (J. M.) Keynes, keynésianisme, microéconomie, synthèse néoclassique, (L.) Walras*

Hirschman (Albert O.)

Économiste américain, d'origine allemande (né en 1915), dont les travaux, au-delà de l'économie, concernent également la philosophie et l'histoire des idées.

Travaillant d'abord sur les questions du développement, il a élargi sa réflexion à de multiples domaines. Il a notamment étudié la genèse de la notion d'intérêt (*les Passions et les Intérêts,* 1977) pour montrer que la rationalité économique n'est pas l'unique critère guidant les comportements. Il a aussi insisté sur la « prise de parole » *(voice)* comme moyen pour l'individu de manifester son refus d'une situation et son souhait de changement, ainsi que sur la loyauté, par opposition à la « défection » *(exit),* que privilégie la théorie néoclassique* (*Exit, Voice and Loyalty,* 1970). P. U.

Hobson (John Atkinson)

Économiste anglais (1858-1940), qui explique les crises du capitalisme par les inégalités de revenus.*

Selon Hobson, les plus riches épargnent trop, alors que la faiblesse des salaires limite la consommation des ouvriers, ce qui provoque une insuffisance de la demande. La crise pousse alors les pays capitalistes à trouver une solution dans la conquête impérialiste de marchés extérieurs. Hobson prolonge ainsi la

théorie de la sous-consommation de Malthus* et de Sismondi*, annonce celle de Keynes*, sans adhérer à la problématique de Marx*.
Il influença pourtant les théoriciens marxistes de l'impérialisme, Lénine et Rosa Luxemburg. Ses ouvrages principaux sont *l'Impérialisme* (1902), *le Système industriel* (1910) et *l'Économie du chômage* (1922). P. B.

Holding

Société dont l'objet est de contrôler d'autres sociétés, appelées filiales, en détenant des participations dans leur capital.

Ainsi, le holding Bouygues détient :
• 100 % de Bouygues Construction, qui possède à son tour 100 % de Bouygues Bâtiment et 100 % de Bouygues Travaux publics ;
• 73 % de la SAUR (Gestion de services publics), qui détient 100 % de SAUR International ;
• 40 % de TF1, qui détient 25 % du bouquet satellite TPS et 34 % d'Eurosport ;
• 21 % de Bouygues Télécom...
On appelle groupe l'ensemble formé par la société holding et ses filiales. Le holding peut n'être qu'un portefeuille de participations ou posséder une activité propre (gestion de ressources communes).
Un des objectifs principaux du recours au holding est de contrôler une société en minimisant les capitaux engagés. Pour prendre totalement le contrôle d'une société X, il suffit que son capital soit détenu à 51 % par un holding dont le repreneur détient seulement 51% des parts. Celui-ci contrôle la société X en détenant seulement 26 % de son capital (51 % x 51 %).
Le holding joue également le rôle de marché financier* interne en permettant une réallocation des fonds entre plusieurs sociétés selon les opportunités d'investissement. A. R.

➔ *Actionnaire, concentration, participation, portefeuille*

Homo oeconomicus

Individu rationnel et calculateur, sans passé et sans passions, tel que les économistes l'imaginent dans leurs raisonnements abstraits.

Cet individu cherche donc à maximiser son bien-être – s'il s'agit d'un consommateur – ou son profit – s'il s'agit d'un entrepreneur – et à minimiser ses dépenses ou ses coûts. L'hypothèse associée à l'« homo oeconomicus » suppose qu'il existe une rationalité économique universelle, identique quelles que soient les cultures et les époques, et que celle-ci repose sur le calcul du gain individuel. F. E.

➔ *Microéconomie*

Hyperinflation

Accélération incontrôlable de la hausse de l'ensemble des prix.

L'hyperinflation est un phénomène qui touche le plus souvent des pays du tiers-monde*, où le taux d'inflation* peut atteindre 100 ou 200 % durant une année.
Elle s'explique généralement par une création inconsidérée de moyens de paiement et par de fortes hausses des rémunérations, qui se traduisent par un déficit considérable des échanges extérieurs, car la production locale ne peut satisfaire cette demande excédentaire. Il s'ensuit une dépréciation de la valeur de la monnaie et une inflation importée, puisque la baisse de la valeur de la monnaie du pays enchérit le coût de ses importations.
L'Allemagne* a aussi connu l'hyperinflation en 1923 : la création monétaire importante des années de guerre et les réparations exigées par les vainqueurs provoquèrent une dérive inflationniste, entretenue par les autorités désireuses de prouver que l'Allemagne ne pouvait pas payer. Après l'occupation de la Ruhr par les troupes franco-belges, l'inflation atteignit en Allemagne des proportions astronomiques : un dollar qui valait 13 marks en 1921 en valait 4 200 milliards fin 1923 ! On revenait à une économie de troc, et le dollar remplaçait le mark pour les transactions importantes. Mais la situation se rétablit rapidement dès 1924-1925, grâce à l'émission d'une nouvelle monnaie gagée sur le patrimoine national, à une importante aide financière internationale et au départ des ministres socialistes. Cela redonna confiance aux milieux financiers et arrêta la spéculation contre le mark. P. B.
(V. ill. p. suiv.)

➔ *Allemagne, inflation, tiers-monde*

Hyperinflation
Commerce de légumes dans la république de Weimar. L'Allemagne du début des années 1920 connut une phase d'hyperinflation astronomique. Un dollar qui valait 13 marks en 1921 en valait 4 200 milliards deux ans plus tard. Pour faire leurs courses, les ménagères devaient emporter des paniers remplis de liasses de billets.

Hypothèque

Droit que possède un créancier sur le bien immobilier de son débiteur et lui permettant de faire vendre ce bien si ce dernier s'avère défaillant.

De nombreux prêts immobiliers sont accompagnés d'une hypothèque au profit de la banque prêteuse (surtout si l'apport initial de l'acheteur est faible).

Depuis 1966 (et la réforme de 1985), il existe un marché hypothécaire* permettant aux banques de se **refinancer** (procédures grâce auxquelles les banques, à partir des prêts qu'elles ont consentis, peuvent trouver des ressources sur le marché monétaire) avant l'arrivée à échéance des prêts hypothécaires. S. G.

➔ *Marché hypothécaire*

DOSSIERS

Illusion monétaire

Comportement irrationnel conduisant un agent à confondre la valeur nominale d'un montant monétaire (salaire*, encaisse*, loyer) avec son pouvoir d'achat* dépendant de l'évolution des prix*.*

Il y a illusion monétaire quand on préfère avoir un salaire de 10 000 F plutôt que de 5 000 F, même avec un niveau des prix deux fois plus élevé.

Les économistes pour lesquels la monnaie est neutre sur l'économie supposent l'absence d'illusion monétaire : les variations de valeur nominale affectant simultanément tous les prix (salaires et produits) sont sans effet sur les choix des agents. Un doublement du **salaire nominal** (salaire à prix courant, par opposition à **salaire réel**, salaire à prix constant) ne pousse pas les salariés à travailler plus si les prix doublent aussi.

Les agents économiques peuvent néanmoins avoir du mal à juger dans quelle mesure l'augmentation de leur revenu est supérieure ou inférieure à celle de tous les autres prix, ce qui pose le problème de l'imperfection de l'information*. P. L.

➔ *Dichotomie, encaisse, école néoclassique, neutralité, rationalité*

Immigration

Voir dossier p. 316

Immobilier

Voir dossier p. 320

Immobilisation

Élément des actifs d'une entreprise dont la consommation est lente (en général supérieure à un an).

Les immobilisations peuvent être de nature incorporelle (frais de recherche, brevets, etc.), corporelle (terrains, constructions, machines, etc.) ou financière (prêts, titres de participation, etc.). Elles s'opposent aux **capitaux circulants**, actifs de

durée d'utilisation courte, en général inférieure à un an (stocks, créances, etc.).

Mais la distinction immobilisations-capitaux circulants est conventionnelle : tous ces actifs circulent... plus ou moins lentement, et tous ces actifs sont à financer par des capitaux permanents.

On distingue également les immobilisations brutes (avant déduction des amortissements) des immobilisations nettes. J. R.

➔ *Bilan, fonds de roulement*

Impérialisme

Politique d'un État visant à intégrer par la force d'autres États ou peuples souverains dans un empire soumis à sa domination. Pour les marxistes, tendance expansionniste des pays capitalistes, qui s'opposent entre eux, ou qui cherchent à soumettre à leurs intérêts des sociétés moins avancées.

(sens courant)

L'Europe connut différents empires : les Empires romain et carolingien, le Saint Empire romain germanique, l'Empire napoléonien, les IIe et IIIe Reich allemands. La France et l'Angleterre conquirent aussi de vastes empires coloniaux durant le XIXe siècle. Ces grands ensembles ont en commun d'avoir été le résultat d'une action militaire menée par un « centre », ou « métropole », à des fins politiques mais aussi économiques (pillage, prélèvement fiscal, appropriation de richesses métalliques, établissement de colons...).

On a parlé également d'impérialisme à propos de l'expansionnisme soviétique en Europe centrale à l'issue de la Seconde Guerre mondiale, dans la mesure où divers pays furent intégrés de force au bloc de l'Est, et contrôlés politiquement, militairement et économiquement par l'ex-Union soviétique.

(théorie marxiste)

Selon **Lénine**, l'impérialisme consiste principalement dans la recherche par les pays capitalistes avancés de placements pour leurs capitaux dans le reste du monde. En effet, selon lui, la « baisse tendancielle du taux de profit » dans les vieux pays capitalistes rend moins attractif l'investissement, alors que les pays neufs permettent d'envisager une rentabilité plus élevée. Mais cela ne peut que conduire à des affrontements « interimpérialistes » débouchant sur la guerre.

Rosa Luxemburg défend une thèse différente. Selon elle, le capitalisme est par nature impérialiste, dès ses origines, parce que les revenus distribués aux salariés ne suffisent pas pour vendre toutes les marchandises produites. Les capitalistes doivent donc conquérir de nouveaux débouchés en forçant le reste du monde à acheter leurs produits et en détruisant les activités traditionnelles (artisanat, petite paysannerie). Mais, quand l'ensemble de l'économie mondiale sera devenue capitaliste, le système aura atteint ses limites. P. B.

➔ *Marxisme, surproduction*

Importation

Entrée dans un pays de produits – marchandises ou services – provenant de l'étranger.

L'importation de marchandises donne lieu à un déplacement physique d'objets qui franchissent la frontière, alors que l'importation de services correspond, pour l'essentiel, à des opérations immatérielles. Les importations de marchandises sont, le plus souvent, comptabilisées au prix CAF* (coût assurance fret), prix qu'elles ont en arrivant sur le territoire national, compte tenu du prix du transport depuis les pays étrangers vers le pays importateur et des frais d'assurance que l'acheteur supporte pour se couvrir contre le risque que les marchandises soient détruites ou endommagées. B. G.

➔ *Balance commerciale, CAF, FAB*

Impôt

Prélèvement obligatoire pesant sur les revenus, la consommation et le capital, et destiné à l'État ou aux collectivités locales.

L'impôt est l'une des sources du financement des dépenses publiques, au même titre que les cotisations sociales, les emprunts et, dans une moindre mesure, certaines ventes de services, les intérêts des prêts, ou encore le produit des amendes. Il obéit traditionnellement à plusieurs grands principes comme

la non-affectation des recettes aux dépenses. Dans la pratique, les exceptions se multiplient. Une part du produit de la TVA* est affectée au budget annexe des prestations sociales agricoles. La création de la contribution sociale généralisée (CSG*) en 1991, affectée à certaines dépenses de la Sécurité sociale, a amplifié ces phénomènes d'exception.

Le montant et l'assiette* de l'impôt sont votés par le Parlement, pour les impôts nationaux, ou par les assemblées délibératives des collectivités territoriales (communes, départements, Régions), pour les impôts locaux. Cela chaque année. On distingue traditionnellement deux types d'impôts : les impôts directs, qui sont supportés par les agents qui les paient, et les impôts indirects, qui sont répercutés par les contribuables concernés dans les prix des produits qu'ils vendent et qui sont donc supportés par le consommateur final.

• Au titre des impôts directs, on trouve l'impôt sur le revenu des personnes physiques (IRPP*), l'impôt de solidarité sur la fortune (ISF*), l'impôt sur les mutations, l'impôt sur les sociétés (IS), la taxe professionnelle, la taxe d'habitation ou encore les taxes foncières.

• La taxe à la valeur ajoutée (TVA) est le principal impôt indirect. Elle pèse sur tous les biens et services présentés sur le marché. Mais d'autres impôts indirects, comme les accises (droits sur alcool, tabac, essence), ne concernent que certains types de dépenses.

Le moyen privilégié de la politique économique

Traditionnellement, on classifie également les impôts selon qu'ils sont progressifs, proportionnels ou forfaitaires. L'IR (PP) et l'ISF appartiennent à la première catégorie : leur taux augmente avec la base imposable. Mais la multiplication des décotes, abattements et autres déductions permet d'en atténuer la progressivité. La TVA, l'impôt sur les mutations, l'IS ou la CSG sont proportionnels à la base imposable. Du côté des impôts forfaitaires (la même somme à payer pour tout le monde), on trouve par exemple la redevance télé ou la vignette automobile.

Les impôts, s'ils servent à financer la dépense publique, peuvent également être des instruments de politique économique*. Ainsi un gouvernement peut-il choisir d'inciter à l'épargne* ou à l'investissement immobilier en accordant des avantages en matière d'impôt sur le revenu. Dans une autre logique, il existe un crédit d'impôt emploi pour les entreprises qui embauchent. L'harmonisation européenne, en matière de fiscalité, devrait cependant, à long terme, limiter les possibilités des États membres en la matière. Mais, pour l'instant, elle n'en est qu'à ses balbutiements et leur laisse encore une large autonomie. V. M.

➔ *Assiette, CSG, fiscalité, IRPP, ISF, TVA, Peut-on baisser les impôts ?*

Impôt négatif

Ensemble des versements faits par les pouvoirs publics aux plus bas revenus.

Les économistes, dont le prix Nobel Milton Friedman*, ont inventé ce concept d'impôt négatif pour bien marquer la continuité qu'il y a entre les impôts qui sont payés aux pouvoirs publics et les transferts que les citoyens en reçoivent. L'impôt négatif existe quand un contribuable reçoit plus de transferts qu'il ne paie de contributions. S. G.

➔ *Impôt, revenu universel*

Imputation

Opération consistant à attribuer à un facteur de production une partie de la valeur du produit qu'il contribue à fabriquer.*

Chiffrons à 8 000 F la valeur d'un ordinateur : comment déterminer la valeur du clavier associé ? En lui « imputant », par exemple, 2 % de la production, on en déduira une valeur de 160 F.

En gestion*, plusieurs produits peuvent impliquer des coûts* communs et l'imputation consiste à établir ce qui revient à chacun d'eux. On imputera ainsi 20 % des frais de secrétariat d'un cabinet d'avocats à l'un d'entre eux si son chiffre d'affaires, ou son profit représentent 20 % du total.

Cette méthode permet de savoir quelles sont les activités les plus rentables, celles qu'il conviendrait de développer et quelles sont celles dont il faudrait se séparer. F. E.

➔ *Coût, facteur, production*

Dossier

Lois sur l'immigration, manifestations de « sans-papiers », difficultés d'intégration, afflux de réfugiés..., l'actualité nous renvoie quotidiennement des réalités présentées comme liées au phénomène de l'immigration, au risque de masquer le sens véritable de ce mot. Il désigne simplement le fait pour des personnes de quitter le pays où ils sont nés pour s'installer ailleurs, le plus souvent afin d'améliorer leur situation économique, de fuir l'oppression politique, voire la guerre. Après avoir « émigré » de leur pays d'origine, ces personnes deviennent des « immigrés » dans celui qui les accueille.

Immigration

Depuis plus d'un siècle, la France est devenue l'un des principaux pays d'immigration du monde. Aujourd'hui, elle compte 4,1 millions d'immigrés sur une population de 56,6 millions d'habitants, soit 7,3 % (recensement de 1990).

Le parcours individuel des immigrés et de leurs enfants tresse autant de liens entre la France et les pays d'origine. Enjeu politique et social en France, l'immigration est donc avant tout un phénomène international : les flux de populations migrantes traduisent les inégalités économiques mondiales et les soubresauts politiques de la planète. Cette intense circulation des hommes génère des relations humaines (mariages mixtes, musique, etc.) et se traduit aussi par d'importants transferts financiers, car les immigrés adressent à leurs familles restées au pays une partie de leur salaire, au moins au début de leur séjour. Ces fonds, s'ils sont orientés vers des dépenses productives créatrices d'activité pour les autochtones, peuvent aider au développement des pays pauvres.

Un phénomène séculaire lié à l'histoire et à l'activité économique du pays

La France, par sa situation géographique de carrefour en Europe, se trouve plus que jamais au cœur de ce système migratoire. Depuis la nuit des temps, le territoire qui correspond à l'Hexagone actuel se caractérise par l'accumulation et le mélange de populations venues du nord, de l'est et du sud. Mais la France n'est devenue un pays d'immigration au sens moderne du mot que depuis le milieu du

Un siècle de travail étranger en France

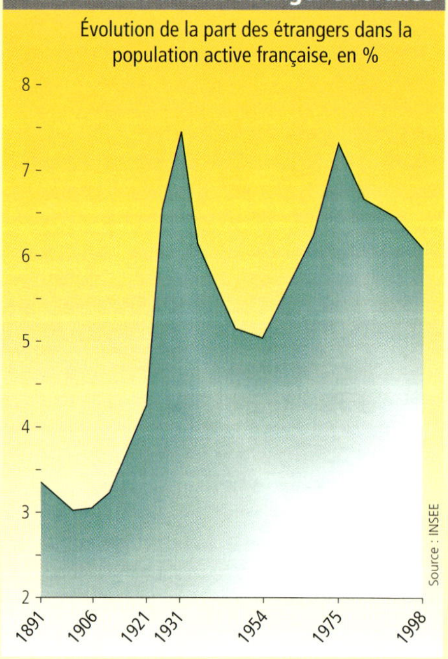

XIXe siècle, lorsque la révolution industrielle a provoqué un intense besoin de main-d'œuvre non qualifiée. Depuis lors, économie et immigration n'ont cessé d'être intimement liées : aux périodes de prospérité, favorables à l'afflux d'étrangers, ont succédé des années de crise, propices aux accès de xénophobie et aux politiques restreignant l'immigration.
Jusqu'à la Première Guerre mondiale (1914-1918), les immigrés viennent presque uniquement des pays immédiatement voisins de la France (Italie, Belgique, Allemagne, Espagne, Suisse). Mais l'appel à la main-d'œuvre et aux soldats coloniaux (Maghrébins, Africains et Indochinois) lors de la guerre de 1914-1918 donne le signal de migrations plus lointaines, qui viennent limiter les conséquences de la saignée humaine. Pendant l'entre-deux-guerres, Italiens, Polonais et Russes sont appelés en renfort pour reconstruire le pays ou fuient vers la France des régimes politiques honnis. La crise des années 1930 déclenche une vague de xénophobie et de racisme qui se traduit par le rapatriement forcé de nombreux étrangers et culmine sous l'occupation nazie.
Stoppée par la guerre, l'immigration reprend de plus belle durant les trente années de rapide expansion économique qui suivent la Libération (les Trente Glorieuses*). Avec l'arrivée de 4 millions de personnes, ce sera la vague la plus massive qu'ait connue la France. Pas un chantier, pas une usine où ils ne sont appelés pour moderniser le pays, prendre la relève des Français pour les tâches les plus pénibles. Nul problème de papiers à l'époque : les besoins de l'industrie sont si pressants que la régularisation s'effectue automatiquement dès l'arrivée en France. Aux Européens (Italiens, Espagnols, Polonais) se joignent bientôt les Algériens, puis les Marocains et les Tunisiens (à partir de la fin des années 1950), puis les Portugais (années 1970). Les Africains et les Asiatiques comptent parmi les derniers installés.

Immigration
Familles africaines, en France, réclamant un logement décent en occupant le trottoir d'une rue. Dans de nombreux pays européens, la question de l'intégration juridique et sociale des travailleurs immigrés se pose avec insistance. Depuis la fin des années 1990, plusieurs responsables politiques prédisent une réouverture à terme des frontières, étant donné la démographie et les besoins de l'économie en Europe.

Un débat où la réalité économique et sociale prime sur les principes

Le début de la crise économique provoque, en 1974, la décision de stopper l'immigration de travailleurs en France. Les arrivées sont freinées. Limitées, elles se poursuivent surtout par le biais du regroupement familial, processus qui donne droit aux travailleurs déjà installés de faire venir femme et enfants. Alors que les immigrés étaient surtout des travailleurs seuls jusqu'aux années 1970, l'arrivée des familles va transformer profondément leur image et leur fonction dans la société. Depuis les années

Un phénomène mondial

Quelque 100 millions de personnes dans le monde vivent hors du pays dont ils ont la nationalité, soit pour des raisons économiques (ce sont alors des immigrés), soit pour des motifs politiques (dans ce cas, ce sont des réfugiés). À ces expatriés s'ajoutent 30 millions de personnes déplacées dans leur propre pays.

Au total, 130 millions d'êtres humains – soit 2 % de la population de la planète – vivent éloignés de leur lieu de naissance. Les pays pauvres accueillent une large majorité d'entre eux. Tandis que l'Europe et l'Amérique du Nord en abritent chacune près de 15 millions, l'**Afrique*** en compte 35 millions rien qu'au sud du Sahara. Au total, 1 million de personnes émigrent définitivement chaque année, et un autre million demandent l'asile. L'évolution vers un marché unique planétaire entraîne la **mondialisation*** des flux humains. Les migrations ne sont plus seulement le prolongement des anciens liens coloniaux (du Maghreb ou de l'Afrique noire vers la France, d'Inde ou du Pakistan pour la Grande-Bretagne), mais se polarisent à l'échelle planétaire sur les zones d'intense activité économique internationale : traditionnellement l'Amérique du nord et l'Europe occidentale, et plus récemment les pays riches du Moyen-Orient et les **pays émergents*** de l'Asie du Sud-Est.

1980, les immigrés ne sont plus seulement considérés comme une force de travail provisoire, d'autant qu'ils comptent parmi les premières victimes du chômage (20 % en 1995 contre 12 % chez les Français). Ils forment une nouvelle composante de la population, plus ou moins bien acceptée.

Parmi les 4,1 millions d'immigrés que compte la France, tous ne sont pas des étrangers. Près d'un tiers d'entre eux ont acquis la nationalité française, soit par naturalisation, soit en se mariant avec un ou une Français(e). Chaque année, plus de 100 000 étrangers vivant en France deviennent français. Il faut avoir déjà vécu cinq ans sur le territoire, parler français, être autonome financièrement et ne pas avoir été condamné gravement par la justice pour obtenir sa naturalisation. D'autre part, en vertu de la loi de 1998, les enfants nés en France (« droit du sol ») de parents étrangers deviennent automatiquement français à leur majorité ou dès treize ans si leurs parents le souhaitent. Enfin, la France applique depuis 1851 le « double droit du sol » : est français de naissance quiconque est né en France si l'un de ses parents y est lui-même né. En vertu de cette règle, les enfants nés en France à partir de 1963 de parents algériens nés lorsque l'Algérie était française (jusqu'en 1962) sont français de naissance.

Depuis des décennies, ces règles assez libérales d'accès à la nationalité ont permis l'intégration des vagues successives d'immigrants. À tel point qu'aujourd'hui une personne sur cinq vivant en France a un parent ou un grand-parent étranger.

La crise économique récurrente depuis 1973 a exacerbé les oppositions politiques sur la question de l'immigration et favorisé la montée de l'extrême droite xénophobe jusqu'en 1999. Conséquence, les statistiques de l'immigration régulière ont enregistré une baisse des flux d'entrées au milieu des années 1990 (de 100 000 personnes par an à environ 50 000). Cependant, la difficulté d'obtenir des papiers n'a cessé de conduire de nouveaux « clandes-

Le travail des étrangers en Europe

Population active étrangère, en milliers et en % de la population active totale, 1997

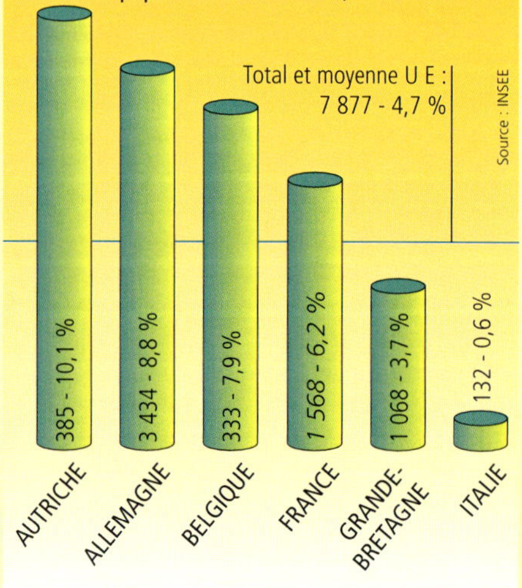

tins » fuyant la pauvreté, à vivre illégalement, sans sécurité sociale ni logement assurés. L'ampleur de ce phénomène et les détresses qu'il produit ont été révélées par la mobilisation des sans-papiers à travers des grèves de la faim et des occupations d'églises à partir de 1996. Cette situation a conduit le gouvernement français à accepter, en 1997, la régularisation de quelque 80 000 d'entre eux, sur les 160 000 qui se sont présentés dans les préfectures. Des opérations comparables ont été menées dans d'autres pays européens et aux États-Unis.
La persistance de ce volant d'immigration irrégulière en dépit des contrôles renforcés mis en place, notamment au niveau européen, témoigne de la vivacité des réseaux de passeurs et de la dépendance de certains secteurs économiques (bâtiment, restauration, confection, nettoyage) à l'égard d'une main-d'œuvre « au noir » peu coûteuse et corvéable à merci. Mais l'embellie de l'économie associée à la faiblesse démographique de l'Europe pose, depuis la fin des années 1990, la question d'un nouvel appel légal à des travailleurs étrangers.
Ainsi, qu'elle soit refusée, tolérée ou souhaitée, l'immigration apparaît comme une donnée du paysage mondial. L'aggravation du fossé Nord-Sud, la multiplication des liaisons aériennes et la diffusion planétaire des valeurs occidentales via les satellites et Internet* sont autant de facteurs incitant à migrer. Alors que la libre circulation des marchandises et des capitaux devient une réalité planétaire, seuls les citoyens des pays riches disposent de la même liberté. P. Ber.

L'immobilier est un secteur économique qui regroupe l'ensemble des activités liées à la construction, aux échanges et à la gestion d'immeubles d'habitation ou non. Si l'on suit l'acte de construire du foncier jusqu'à la maintenance du bien, font partie du secteur les lotisseurs, les promoteurs publics et privés, les constructeurs de maisons individuelles, les marchands de biens, mais aussi les foncières, les banques et assurances, les agents immobiliers, les administrateurs de biens et syndics, les architectes et bureaux d'études.

Immobilier

Outre le logement, le secteur regroupe l'immobilier d'entreprise – dans lequel on trouve aussi bien les bureaux, les entrepôts, que les commerces ou les usines... – et l'immobilier de loisirs (les opérations situées le plus souvent à la mer et à la montagne).

Il n'existe aucune statistique précise sur le poids économique du secteur, dont le chiffre d'affaires était estimé à 600 milliards de francs en 1996 (*la Promotion immobilière,* Alain Bechade, « Que sais-je ? », PUF). En revanche, le poids du bâtiment stricto sensu (construction et réhabilitation) est connu et s'élevait en 1998 à 463 milliards de francs.

L'immobilier est une activité éminemment cyclique. La France a traversé depuis la guerre plusieurs crises, notamment entre 1973 et 1976, ou 1981 et 1985, mais la dernière en date (1991-1998) a été particulièrement longue et cuisante car elle a touché tous les segments du marché et a ébranlé le système bancaire français. Le chiffre d'affaires de la promotion a été divisé par deux entre 1990 et 1993. Cet effondrement s'explique par le coup d'arrêt donné à la construction de bureaux, compte tenu des stocks énormes sur le marché (jusqu'à 4 millions de m² en Île-de-France).

Les grands secteurs

Le logement

À la fin de l'année 1996 (dernière enquête INSEE logement), la France comptait 23,3 millions de résidences principales et 2,7 millions de résidences secondaires. 54,3 % des Français sont propriétaires et les HLM accueillent 17,6 % des ménages. Il y a 2,231 millions de logements vides ; 63 % d'entre eux ont été construits avant la guerre (et même 44 % avant 1914). 71 % des rési-

Les hauts et les bas de l'immobilier

Prix moyen du mètre carré
à Paris et à Lyon, en francs constants

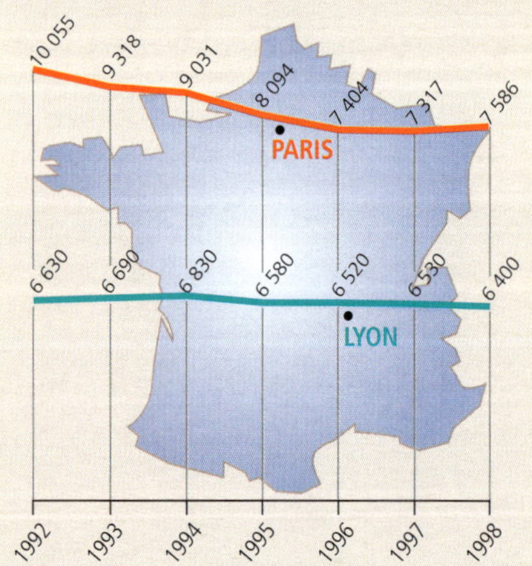

Sources : Chambres des notaires de Paris et de Lyon

dences principales achetées entre 1993 et 1996 étaient des logements de plus de quatre ans d'âge, entrant dans la catégorie « ancien ».

L'immobilier d'entreprise

Le secteur regroupe plusieurs compartiments.

• Les **bureaux**. Le marché des bureaux a traversé au début des années 1990 une crise sans précédent, précédée par un « boom » extraordinaire. Le pouvoir donné aux maires par les lois de décentralisation de délivrer les permis de construire et la suppression en 1985 de l'agrément exigé en Île-de-France préalablement à la construction de bureaux se sont combinés à la bulle spéculative des années 1980, jouant un rôle décisif dans le déroulement de cette crise. Le parc de bureaux en Île-de-France est ainsi passé de 25,5 millions de m^2 au début 1985 à 38,65 millions en 1994. Sur ces 13 millions de m^2, 11 furent lancés « en blanc », c'est-à-dire sans locataires ni propriétaires.

Les banques ont financé ces opérations parfois à 100 %, au mépris de tous les critères de prudence. Cette surproduction de locaux neufs incitera les entreprises à libérer les locaux anciens : les stocks gonflant, les prix s'effondrent. La crise économique de 1990-1991 donne le coup de grâce au marché, entraînant une cascade de faillites. La place choisit un traitement « en douceur » de la crise, cantonnant dans des structures ad hoc les actifs dévalorisés. Préservant le monde bancaire de quelques faillites retentissantes, cette politique fait traîner en longueur la sortie de crise. Celle-ci sera réelle en 1998 en Île-de-France, l'arrivée d'investisseurs étrangers se combinant avec la reprise économique et une pénurie de locaux neufs de grande taille. Aujourd'hui, les taux de vacance sont très bas sur ces produits, notamment sur un site très recherché comme celui de la Défense (0,6 % au 30 juin 1999).

• Les **commerces**. Ce secteur est un des postes les plus importants de l'immobilier, malgré le coup de frein mis par le gouvernement à la construction de grandes surfaces dans l'Hexagone (**loi Raffarin**, 1996) : entre 1989 et 1996, les surfaces mises en chantier sont en effet tombées de 4,2 à 2,23 millions de m^2. La France est le pays d'Europe comptant le plus grand nombre d'hypermarchés par habitants : 1,5 pour 100 000. L'idée prévaut donc que les grandes heures de la construction sont passées. Le marché du neuf est estimé à 10 milliards de francs et celui des travaux à 10 milliards également (estimations de la Fédération française du bâtiment).

• Les **locaux d'activité**. Ils regroupent les bâtiments industriels et de stockage (non agricole) et sont très dépendants de la conjoncture. Le chiffre d'affaires généré par les bâtiments industriels neufs (72,5 milliards de francs en 1998, selon le BEPS) représente 24 % du marché total des locaux non résidentiels pour 29 % des surfaces. Le stockage ne pèse que pour 5,6 milliards (soit 8 % du total) pour 19 % des surfaces.

L'immobilier de loisirs

Ce secteur a pris son envol dans les années 1960, avec le développement des loisirs et du tourisme. En 1962, le plan neige est lancé et, dans la foulée, l'aménagement de la zone littorale est décidé (à partir de 1963). Les grandes stations comme Tignes, Flaine, Avoriaz voient le jour à la montagne ; Baie des Anges, la Napoule, Port Deauville, à la mer. Après la remise en cause de ces grandes opérations touristiques, au début des années 1980, l'offre s'est diversifiée et de nouveaux produits sont apparus, se teintant parfois d'une composante hôtelière (par exemple les résidences de tourisme). Aujourd'hui, l'heure de la réhabilitation des premières grandes stations de sports d'hiver a sonné.

Les acteurs

Ils sont multiples. Les plus connus sont :

• Les **promoteurs-constructeurs**. Le rôle du promoteur privé est d'acquérir des terrains, de construire des immeubles et de les vendre. Il s'agit d'une activité à risque puisque, entre le lancement d'une opération et sa vente finale, il se passe de deux à trois ans, temps pendant lequel le marché peut se retourner. On l'a vu lors de la dernière crise de l'immobilier (1991-1998) qui s'est propagée à tout le système financier français. Selon la Fédération nationale des promoteurs-constructeurs (350 adhérents), la profession a réalisé en 1997 un chiffre d'affaires de 84 milliards de francs se ventilant entre le logement (64 milliards) et les bureaux (20 milliards).

Le tiercé gagnant des promoteurs regroupe : le groupe CGIS (Vivendi), 6,8 milliards de volume d'affaires en 1998 ; Bouygues Immobilier, 6,4 milliards ; Meunier Promotion, 4,2 milliards de francs.

• Les **constructeurs de maisons individuelles**. Sur les 168 000 maisons individuelles mises en chantier en 1998, 30 000 étaient des maisons en village ou en VEFA (vente en état futur d'achèvement), construites par des promoteurs. Le reste du marché – les maisons « en diffus », aussi appelé « individuel pur » – se partage entre plusieurs acteurs : les constructeurs pour 62 %, qui vendent des maisons clés en main dans le cadre de la loi du 19 décembre 1990; les concepteurs (16 %) et les artisans en direct (22 %). On dénombre 3 700 constructeurs et 260 promoteurs significatifs, dont 100 promoteurs HLM et Crédits immobiliers. Il s'agit de petites structures puisque le nombre moyen de ventes par constructeur est d'une vingtaine.

• Les **lotisseurs**. Ce sont les professionnels qui produisent des terrains à bâtir. Ils obtiennent l'autorisation de lotir, la division des propriétés, l'aménagement des lots (viabilité, équipement, raccordement aux réseaux), l'établissement du cahier des charges, la vente. Mais, dans la moitié des cas, les transactions sur les terrains à bâtir se font de particulier à particulier, sans l'intervention d'un professionnel.

• Les **marchands de biens**. Contrairement à d'autres professionnels, ils ne relèvent d'aucun statut juridique mais jouissent d'un statut fiscal spécifique. Leur activité est commerciale : ils achètent pour leur compte propre des immeubles qu'ils revendent ensuite, soit en bloc, soit au détail, généralement après les avoir réhabilités. Cette profession, dont un certain nombre de pratiques ont été très décriées dans les années 1980, a été décimée par la crise de l'immobilier.

• Les **agents immobiliers**. Réglementés par la loi Hoguet (1970), les agents immobiliers font soit de la gestion, soit de la transaction immobilière. On estime que 40 à 45 % des transactions passent par eux, le reste du marché se faisant directement entre particuliers. La **FNAIM** (Fédération nationale de l'immobilier) revendique 7 000 adhérents sur les 12 500 professionnels recensés par l'INSEE*. Dans l'immobilier d'entreprise, plusieurs groupes ont une notoriété internationale : Auguste-Thouard, Jones Lang Wootton, Bourdais, etc.

• Les **syndics**. Ils sont chargés d'exécuter les décisions du syndicat des copropriétaires, dont ils sont le représentant légal. Leurs honoraires, définis par contrat, sont votés par les copropriétaires et se divisent entre honoraires de gestion courante et prestations particulières, dont les frais pour travaux (en général un pourcentage du montant). La profession compte entre 4 000 et 6 000 membres. F. V.

➔ *Bâtiment*

Incertitude

État d'un événement futur dont la réalisation est aléatoire.

L'incertitude peut provenir de phénomènes naturels (la météorologie) ou de comportements* humains (la guerre). Depuis **Knight** et Keynes*, on distingue en économie les situations de risque, pour lesquelles toutes les réalisations possibles sont connues d'avance selon une probabilité objective mesurable (un jeu de loterie), et l'incertitude proprement dite, lorsque ces conditions ne sont pas remplies (les cours boursiers).
Keynes a reproché à l'école néoclassique* de raisonner dans un univers sans incertitude, alors qu'elle est inhérente à l'activité économique. Les comportements humains engageant l'avenir (production*, investissement*, placement*) sont affectés par l'incertitude, notamment par une préférence pour la liquidité* et par des anticipations* qui relèvent d'une psychologie changeante. Mais, si chacun croit en la même chose, l'incertitude est levée car les anticipations deviennent autoréalisatrices (cas d'une crise boursière attendue qui se produit car tout le monde vend ses actions). P. L.

➔ *Assurance, État providence, information, post-keynésiens, spéculation*

Inde

Avec la deuxième population de la planète, l'Inde expérimente depuis son indépendance (1947) un processus de développement économique original.

Dès 1951, le pays opte pour un modèle d'industrialisation particulier, inspiré de la stratégie soviétique de développement des secteurs lourds, mais en y associant le secteur privé et en favorisant, à côté des grandes entreprises industrielles, les petites entreprises et les ateliers par la sous-traitance. Cette première stratégie porte ses fruits : l'Inde élargit sa base industrielle et couvre une part croissante de ses besoins en produits industriels, tandis que, à partir du milieu des années 1960, l'agriculture connaît une moderni-

Inde
Ouvriers lavant leurs gamelles dans un ruisseau à proximité d'une usine sidérurgique.
Le développement du pays, reposant pour une part sur un secteur industriel moderne et des très bas salaires, rencontre peu à peu le problème des conditions de vie des travailleurs.

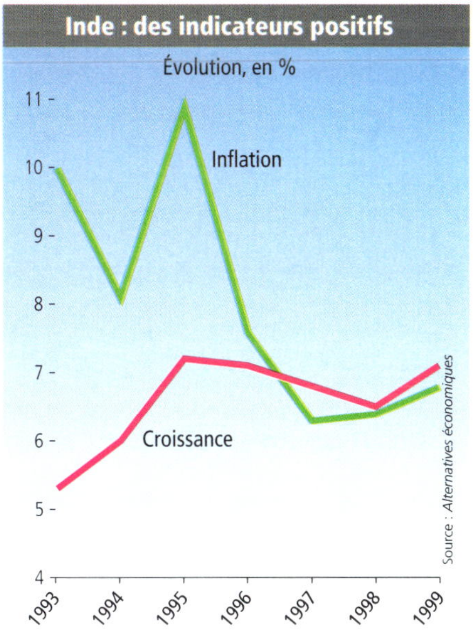

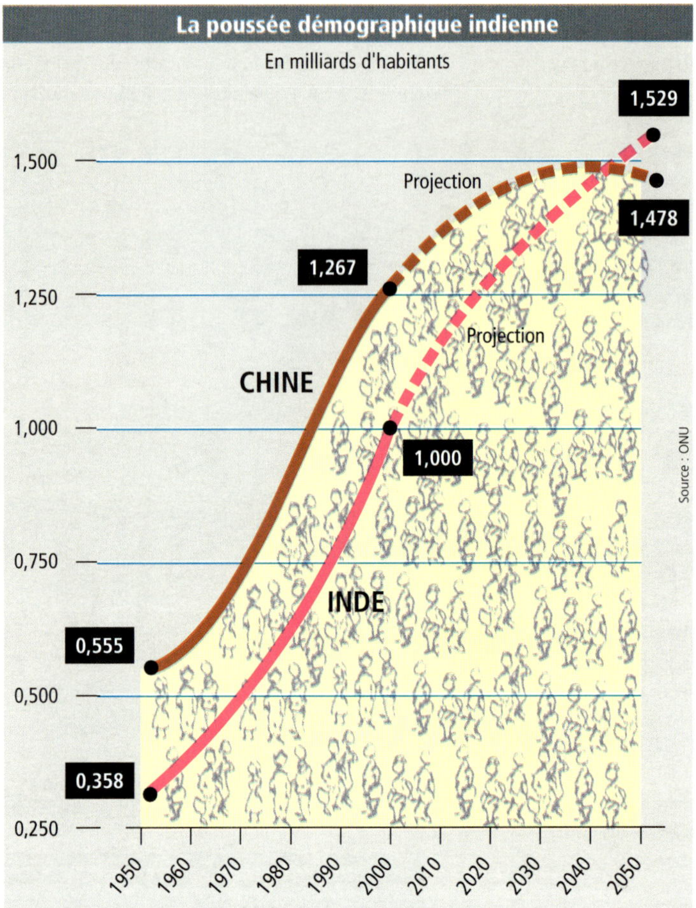

et d'une manière ouverte en 1991, l'Inde est soumise à des problèmes de financement extérieur. Pour attirer l'investissement international, porteur de modernisation, et rassurer les milieux financiers internationaux, elle s'engage, timidement dès 1985, puis de manière plus nette à partir de 1991, dans un processus de réformes libérales : diminution ou suppression des subventions, ouverture à l'investissement étranger, ouverture financière, désarmement douanier. La croissance repart à la hausse (5,5 % entre 1986 et 1996, aux alentours de 7 % depuis), mais le nouveau modèle économique est porteur de dangers. Pour pauvre qu'elle soit (52 % de la population indienne dispose de moins de 1 dollar par jour), l'Inde était un pays relativement égalitaire : les disparités de revenus y sont notablement plus faibles qu'en France. Or, sous le nouveau régime de croissance, les inégalités se creusent, la concurrence menace la petite industrie et les subventions aux plus pauvres diminuent, risquant de mettre à mal le tissu social et le fonctionnement traditionnel de la « plus grande démocratie du monde ». J.-M. F.

sation technique, la « révolution verte ». C'est la période de la « croissance à l'indienne » *(Hindu rate of growth) :* le PNB augmente lentement (3,5 % à 4 % par an) mais plus vite que la population (entre 1,8 et 2,3 % par an, selon les époques), et le PNB par tête s'élève peu mais régulièrement.

Les contradictions du modèle indien

Le modèle s'essouffle pendant les années 1970 et le début des années 1980 : l'industrie vit en circuit fermé et se modernise peu, l'intervention de l'État tourne à la routine tatillonne et étouffante et, alors que l'Inde et la Corée* se trouvaient à égalité de revenu par tête au début des années 1960, le contraste entre les deux pays devient criant. De plus, de manière latente en 1985,

➔ *Tiers-monde*

Inde

Population (1998) : 1 013 662 000 hab.
PNB : 379,06 milliards de $
PNB / hab. : 370 $

Indexation

Décision consistant à lier la variation d'une grandeur économique (salaire, loyer, etc.) à la valeur d'une autre grandeur prise comme référence (prix).

De nombreuses valeurs économiques sont indexées, par exemple le coût d'un emprunt sur le taux d'intérêt du marché monétaire. Le salaire minimum en France (SMIC*) est soumis à une double indexation dont les effets s'additionnent : indexation automatique sur l'indice INSEE* des prix à la consommation, relèvements gouvernementaux facultatifs en fonction de la croissance économique. Sa valeur est ainsi protégée contre la hausse du coût de la vie.
De nombreux économistes ont condamné l'indexation systématique des salaires sur les prix parce qu'elle est responsable d'une spirale inflationniste (les prix font monter les salaires, qui font monter les prix). Dans les années 1980, on a parlé en France à ce propos d'une politique de désindexation. E. L. H.

➔ *Actualisation, politique des revenus, pouvoir d'achat*

Indicateur

Chiffre significatif de la situation économique d'un pays.

Les principaux indicateurs sont le produit intérieur brut (PIB*), qui mesure la valeur globale de la production de biens et de services, le produit intérieur brut par habitant, l'indice des prix, dont l'évolution permet de saisir le rythme de l'inflation, le taux de chômage, le solde du commerce extérieur et celui du budget de l'État.
D'autres indicateurs plus qualitatifs sont utilisés dans le cas des pays moins avancés, tels le taux d'alphabétisation et de scolarisation, l'espérance de vie..., qui servent à construire un « indicateur de développement humain ». P. B.

➔ *Clignotant*

Indice

Rapport entre des quantités ou des prix, qui en montre l'évolution.

Les indices sont utilisés dans tous les domaines : pour mesurer des flux (revenu), des prix, des quantités, des activités (durée du travail), des inégalités de revenus, etc. L'indice CAC 40* mesure l'évolution du marché boursier français à partir des 40 titres les plus importants. Deux indices permettent souvent d'en définir un troisième plus complexe, comme le pouvoir d'achat, à partir des indices de revenus et de prix. L'indice des prix établi par l'INSEE* mesure mensuellement l'évolution du niveau général des prix à partir d'un échantillon comportant 265 postes (en 1999). E. L. H.

➔ *CAC 40, Dow Jones, indexation, inflation, pouvoir d'achat*

Industrialisation

Processus d'extension et d'intensification des activités industrielles, généralement associé au développement économique.

L'industrialisation fait suite à la révolution industrielle* qui se produisit en Grande-Bretagne* à la fin du XVIIIe siècle, avant de s'étendre aux autres pays européens puis aux États-Unis au milieu du XIXe siècle et au Japon après 1870.
Partie des secteurs textile et sidérurgique, l'industrialisation s'est développée au XIXe siècle grâce à l'essor des chemins de fer*, qui nécessita la production sur une grande échelle de fonte, de fer et d'acier, de poutrelles métalliques, de wagons et de locomotives, constituant ainsi le nouveau secteur industriel moderne.
Quelques données quantitatives permettent de mesurer l'ampleur du phénomène : la puissance des machines à vapeur fixes utilisées dans les grands pays européens (Grande-Bretagne, France*, Allemagne*) passa d'environ 400 000 chevaux-vapeur en 1840 à plus de 5 millions en 1890. En Grande-Bretagne, la production de houille passa de 6 millions de tonnes en 1790 à 290 millions en 1913. La production de fonte passa en Grande-Bretagne de 0,2 million de tonnes en 1800 à plus de 10 millions en 1913, et en Allemagne de 0,2 million de tonnes en 1840 à plus de 31 millions en 1913. La production industrielle

dépassa la production agricole en Grande-Bretagne vers le milieu du XIXe siècle, et en France vers 1875.

Le succès de l'industrialisation conduit… à la désindustrialisation

L'industrialisation du XIXe siècle s'accompagna d'une modification permanente des techniques de production (amélioration de la puissance des machines, nouveaux procédés de fabrication de l'acier…), de l'apparition de produits nouveaux (téléphone de Bell en 1876, lampe à incandescence d'Edison* en 1878, automobile à la fin des années 1880…) et de nouvelles sources d'énergie (pétrole, électricité…) qui modifièrent en profondeur les conditions de vie des populations européennes.

Le XXe siècle verra se poursuivre le processus d'industrialisation reposant en particulier sur l'automobile*, l'aviation, l'électrification et le développement considérable des industries de biens domestiques (réfrigérateur, radio, télévision, appareils ménagers…), surtout après la Seconde Guerre mondiale.

L'industrialisation s'est accompagnée pendant longtemps de gains de productivité importants, permettant une meilleure rémunération des employés du secteur industriel, une réduction du temps de travail nécessaire à la production des différents biens, et donc une baisse de leur prix. Elle a permis parallèlement d'occuper la main-d'œuvre à d'autres tâches, ce qui explique que le secteur industriel n'utilise plus, à la fin du XXe siècle, qu'environ 20 à 30 % de la population active dans les pays les plus développés. P. B.

Industrie

Terme désignant à l'origine toute activité économique puis, au XIXe siècle, les activités de transformation de matières premières en biens matériels, par opposition à l'agriculture et au commerce.

Après avoir constitué depuis la fin du XIXe siècle le principal secteur des économies développées, l'industrie a vu son poids se réduire depuis trente ans, surtout en termes d'effectifs (en France, 18 % des emplois en 1998, contre 30 % en 1968). Ainsi, en France, l'industrie emploie en 1998 1 500 000 personnes de moins qu'en 1978. Mais elle continue de contribuer fortement au PIB (22,2 % du PIB de la France en 1998) en raison d'une productivité plus élevée.

L'industrie a en outre des effets induits sur les autres secteurs en constituant un débouché pour les produits de l'agriculture (industries agroalimentaires) et en stimulant le développement des services aux entreprises. C'est pourquoi il est ambigu de parler d'économie postindustrielle.

Au sein de l'industrie, le poids relatif des secteurs a évolué dans les pays développés en raison du rythme inégal de progression de la demande et de la productivité, mais aussi de la concurrence des pays à plus bas salaires. En France, l'industrie automobile emploie maintenant plus de personnes (261 000 en 1998) que le textile-habillement (246 000), tandis que d'autres secteurs sont en forte croissance (les industries des composants et des équipements électriques et électroniques emploient déjà 400 000 personnes).

Simultanément, de nouveaux pays industriels (NPI, récemment rebaptisés « pays émergents ») sont apparus sur la scène internationale. En 1995, les 5 grands pays émergents (Brésil, Chine, Inde, Indonésie, Mexique), dont la croissance industrielle est 3 fois supérieure à la moyenne mondiale, représentaient près de 13 % de la production mondiale. A. R.

➔ *Délocalisation, économie industrielle, industrialisation*

Inégalités

Disparités dans la répartition des richesses (matérielles ou non) et dans la qualité des conditions de vie. L'existence de mécanismes de protection sociale et de minima sociaux – revenu minimum, SMIC – vise à réduire les inégalités ou, à tout le moins, à en limiter la portée.*

Selon l'INSEE*, les 10 % de Français les plus riches détiennent 53 % du patrimoine de l'ensemble du pays, évalué à 26 000 milliards de francs en 1997. À l'autre bout de l'échelle, on trouve des catégories défavorisées qui sont souvent soit des familles nombreuses (trois enfants et plus), soit des familles monoparentales, dont le revenu est inférieur de 40 % au

Inégalités : de 1 à 10 à 1 à 3

% du PIB possédés par les 20 % les plus riches et par les 20 % les plus pauvres dans neuf pays (1980-1994)

ÉTATS-UNIS	**51,705**	5,800
FRANCE	40,098	5,359
JAPON	38,738	8,987
GRANDE-BRETAGNE	38,164	**3,963**
ALLEMAGNE	37,963	6,594
BELGIQUE	35,172	7,718
SUÈDE	33,026	**7,160**
ESPAGNE	24,998	5,669
RÉP. TCHÈQUE	**15,764**	4,426

Sources : ONU, PNUD

revenu moyen des ménages (15 300 F avant impôts, en 1995). Cet écart est atténué d'environ un tiers grâce aux différents transferts sociaux (prestations sociales, pensions alimentaires, réductions d'impôt).

Les inégalités les plus visibles sont les inégalités de revenus. Des années 1960 au milieu des années 1980, les grandes disparités se sont resserrées grâce aux effets du SMIC, des prestations sociales accordées sous condition de ressources et de la fiscalité directe (l'impôt progressif, qui frappe proportionnellement plus les hauts revenus, est la principale source de redistribution). À partir des années 1990, les différences se sont de nouveau creusées, notamment sous l'effet du ralentissement de la hausse du SMIC. Cette aggravation des disparités apparaît également comme la conséquence du développement du travail à temps partiel (surtout lorsqu'il est « subi ») et de la précarité de l'emploi. L'INSEE observe également des variations géographiques. Entre 1984 et 1996, le pouvoir d'achat a stagné dans les banlieues ouvrières de la région parisienne alors qu'il progressait nettement dans les communes « bourgeoises ». En dehors de la région parisienne, les variations sont beaucoup moins nettes.

Une logique économique favorisant l'inégalité

Plus larges encore sont les inégalités liées au patrimoine*. En moyenne, celui-ci atteint 800 000 F par ménage. Pour 10 % des ménages, il ne dépasse pas 5 000 F mais, si l'on prend en compte les 20 % de ménages les plus favorisés, le patrimoine atteint presque 2 millions de francs par famille. Les patrimoines inférieurs à 100 000 F sont, pour l'essentiel, concentrés sur des livrets d'épargne, garantissant un revenu plancher, mais nettement moins rémunérateurs que les autres actifs financiers ou immobiliers. Or, les placements ont vu leur rendement s'améliorer considérablement. Entre 1995 et 1998, le cours des actions* françaises a doublé pour atteindre une rentabilité de 10 % par an.

Le creusement des inégalités tient à la croissance plus rapide des revenus non salariaux mais aussi aux conséquences de la politique fiscale. La défiscalisation grandissante des produits financiers et les allégements successifs de l'impôt sur le revenu à partir de 1984 ont contribué à augmenter les écarts. Depuis le milieu des années 1980, souligne une étude de l'INSEE, « **l'impôt contribue de moins en moins à réduire l'inégalité** ». Les inégalités ne s'expriment pas seulement en termes monétaires. Il existe aussi d'autres disparités, qu'il s'agisse de l'accès au savoir, à l'emploi, à la formation mais aussi dans le domaine de la santé. Ainsi, l'allongement de la durée de vie ne s'est pas répartie équitablement. En règle générale, les gens meurent plus jeunes à mesure que l'on descend dans la hiérarchie sociale. J.-M. N.

➔ *Précarité, protection sociale, richesse*

Les femmes en retard

Malgré la vieille revendication « à travail égal, salaire égal », les femmes continuent à gagner moins que les hommes. En moyenne, le salaire des femmes représentait en 1995 seulement 82 % de celui des hommes en France. Et il ne faut pas oublier que les calculs de l'INSEE ne se fondent que sur les salaires à temps plein, alors qu'on sait que les femmes représentent une part prépondérante des emplois à temps partiel, en expansion depuis dix ans et proportionnellement plus mal payés. Les cadres ne sont pas mieux lotis que les ouvrières en termes d'écart de salaire avec les hommes.

En Europe, le pays le plus égalitaire est la Suède, où le salaire féminin atteint 89 % du salaire masculin, les pays les plus inégalitaires étant les Pays-Bas et la Grèce (71 %). Toutefois, on constate un rattrapage progressif, car les salaires féminins augmentent légèrement plus vite.

Dossier

L'inflation désigne un phénomène inscrit dans la durée et touchant la plupart des prix des biens et des services. On ne saurait donc parler d'inflation s'il se produit une hausse de prix ponctuelle, même de forte importance. Il en est de même si cette hausse des prix provoque simplement une baisse de la demande des biens concernés et ne provoque pas d'effet en chaîne sur les autres prix.

Inflation

Hausse des prix généralisée et durable qui peut s'amplifier et devenir incontrôlable.

Les différentes formes d'inflation sont : l'**inflation par la demande** (excès de demande sur l'offre), l'**inflation monétaire** (croissance de la masse monétaire supérieure à la production réelle), l'**inflation importée** (augmentation du prix des produits primaires importés, comme le pétrole), l'**inflation par les coûts** (hausse des facteurs de production et/ou de commercialisation) et l'**inflation budgétaire** (déficit du budget de l'État financé par la création monétaire).

Le terme d'« inflation » implique donc l'existence d'un mécanisme de transmission des hausses de prix (des « relais inflationnistes ») qui fait que, de proche en proche, un grand nombre de prix de biens et de services et la plupart des revenus sont touchés. Cela se produit en particulier quand il existe des règles d'indexation des revenus sur les prix (instituées par l'État ou par des conventions collectives) prévoyant des hausses automatiques de

Inflation
Argentins faisant la queue devant une banque pour retirer leurs avoirs, au milieu des années 1980. L'inflation ne pénalise pas seulement les pensionnés et les actionnaires. Quand elle s'accélère, elle désorganise l'ensemble de la vie économique et sociale.

L'indice mensuel des prix à la consommation

Construit par les économistes de l'INSEE, il est constitué d'une moyenne pondérée des prix d'un panier de biens consommés par les ménages et regroupés en 265 postes de dépenses (l'alimentation représentant 22,1 % du total, l'habillement 6,9 %, le logement 11 %, les achats de mobiliers divers 8,3 %, la santé 9,5 %, les transports et télécommunications 19,3 %, les loisirs et l'enseignement 8,4 %, les autres biens et services 14,5 %).

D'autres indices mesurent l'évolution des prix de gros, des prix à la production, des prix du PIB... Ces indices servent également à corriger l'effet de la hausse des prix quand on cherche à mesurer l'évolution des revenus « réels » des agents ou celle de divers agrégats (comme le produit national brut) : ainsi, « déflater » la hausse des salaires nominaux par l'indice des prix à la consommation permet de connaître l'évolution du pouvoir d'achat des ménages.

rémunérations quand la hausse des prix devient supérieure à un taux plancher.

Le phénomène inflationniste est compatible avec la stabilité (voire la baisse) de certains prix, l'indicateur de l'inflation étant un indice qui mesure la variation du prix d'un « panier de biens » ordinairement consommés. Si le poids des biens dont le prix augmente l'emporte sur celui des biens dont le prix diminue, l'indice marquera une hausse du niveau moyen des prix, qui sera « inflationniste » si la hausse se poursuit et s'étend.

On parlera d'**inflation « rampante » ou « contenue »** quand la hausse des prix reste faible (moins de 2 % par an), d'**inflation « ouverte »** quand le taux d'inflation s'élève au-dessus de ce niveau, d'**inflation « galopante »** quand on atteint une inflation « à deux chiffres » et d'« **hyperinflation*** » quand l'inflation ne cesse de s'accélérer pour atteindre des niveaux incontrôlables.

50 ans d'inflation et de désinflation en France

Variation annuelle de l'indice des prix à la consommation depuis 1950, moyenne annuelle, en %

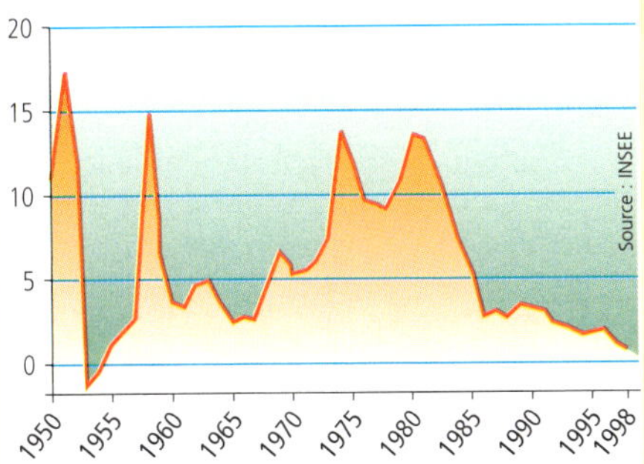

Les effets de l'inflation

Le terme d'« inflation » (étymologiquement du latin *inflare,* « enfler ») évoque un phénomène pathologique, anormal, qu'il conviendrait d'éliminer.

Une économie « saine » serait donc une économie sans inflation, la stabilité des prix reflétant une situation sans tension particulière, sans « excès », et permettant aux différents agents de pouvoir apprécier correctement leurs revenus réels actuels et futurs.

Un des effets pervers les plus importants de l'inflation, surtout quand celle-ci est instable, est de rendre difficile le calcul économique ainsi que les prévisions en général. Les agents sont alors amenés à anticiper des taux d'inflation (le plus souvent en extrapolant les taux récents) et, de ce fait, à se faire eux-mêmes les vecteurs de l'inflation. Ainsi, lors de négociations salariales, les syndicats intègrent dans leurs revendications la perte de pouvoir d'achat liée à la dépréciation attendue des salaires nominaux, et les prêteurs majorent leurs taux d'intérêt. Les anticipations inflationnistes tendent donc à devenir « autoréalisatrices ».

Mais ce processus, qui pourrait être « neutre » si tous les prix et tous les revenus augmentaient dans la même proportion, s'accompagne le plus souvent d'une distorsion des prix relatifs et d'une croissance inégale des revenus. En effet, les prix des différents biens et services n'augmentent jamais au même rythme, pour des raisons tenant soit aux mécanismes de transmission de l'inflation, soit au comportement des agents, ou aux différences de gains de productivité. De plus, les revenus nominaux et réels des différentes catégories sociales n'évo-

luent pas non plus de la même façon, suivant leur rôle dans l'économie, leur capacité de négociation et la nature même de leurs revenus. Ainsi, on considère que les « actifs » se protègent mieux de l'inflation que les retraités et les pensionnés, et que l'inflation qui s'accélère bénéficie aux emprunteurs, dont le poids de la dette s'allège au détriment des prêteurs.
L'inflation exerce un autre effet négatif sur l'économie d'un pays quand son taux s'écarte de celui de ses concurrents. Si ce « différentiel d'inflation*» devient important, il détériore en effet la compétitivité-prix des produits des pays les plus inflationnistes, autant à l'exportation que sur leur marché intérieur. La détérioration de la balance commerciale qui en résulte déprécie la monnaie du pays déficitaire, ce qui enchérit le coût de ses importations. Cette « inflation importée » accentue encore la hausse de ses prix intérieurs. C'est la raison pour laquelle la plupart des grands pays industriels se sont engagés après les chocs pétroliers des années 1973 et 1979 dans des politiques de rigueur*, dites de « désinflation* compétitive », pour s'aligner sur les taux d'inflation des pays les moins inflationnistes.

Les différentes explications de l'inflation

Plusieurs causes de l'inflation sont traditionnellement avancées, qui se combinent généralement quand le processus est engagé.

• L'excès de monnaie en circulation est souvent considéré comme la cause principale de l'inflation. Pour les tenants de la théorie quantitative de la monnaie* et du monétarisme*, dont Milton Friedman* est le chef de file, « l'inflation est toujours et partout un phénomène monétaire ». Selon lui, dans les sociétés modernes, l'inflation résulte du laxisme des autorités monétaires, qui cèdent aux pressions des « demandeurs de monnaie », par faiblesse ou démagogie, et qui créent ainsi un désajustement entre la masse monétaire en circulation et le volume des transactions qu'elle sert à assurer, ce qui entraîne une hausse des prix nominaux. Ce raisonnement s'appuie sur la vieille théorie quantitative de la monnaie (imaginée au XVIe siècle par Jean Bodin* et prolongée par David Ricardo* et Irving Fisher*).

Par conséquent, pour garantir une quasi-stabilité des prix, il faut et il suffit, selon les monétaristes, que la création de moyens de paiement soit faible – celle-ci pouvant être augmentée si la croissance de la production est plus forte que prévu.

• L'excès de la demande sur l'offre disponible est une autre cause de l'inflation. Si les monétaristes considèrent que l'inflation ne peut se produire que s'il y a création d'un surcroît de monnaie, d'autres économistes envisagent différentes situations où la demande peut exercer une tension inflationniste sans « laxisme monétaire ».
Cet accroissement de la demande peut se produire dans le cas d'une réduction de l'offre due à des insuffisances de la capacité de production, dans celui d'une augmentation de la propension à consommer*, d'une déthésaurisation, d'une entrée de revenus provenant de l'extérieur (afflux de capitaux étrangers, excédent commercial...). Il peut provenir aussi d'un retard dans l'offre globale, dû au fait que des investissements créateurs de dépenses immédiates ne permettront d'accroître la production, et donc l'offre, que dans l'avenir. Il peut également avoir pour origine un déficit budgétaire qui accroît la consommation immédiate en redistribuant les revenus au profit de catégories sociales dépensières.

• L'accroissement des coûts de production est la troisième principale cause de l'inflation. Pour exercer une pression inflationniste, cette hausse des coûts doit être supérieure aux gains de productivité du facteur de production considéré : si, par exemple, les salaires augmentent de 5 %, mais que la productivité du travail ne s'élève que de 3 %, le coût du travail par unité produite s'accroît de 2 %, et les entreprises auront tendance à augmenter leur prix de vente.
L'origine de la hausse des coûts peut provenir des revendications unilatérales des offreurs du facteur de production (pression des syndicats pour obtenir des hausses de pouvoir d'achat dans un contexte de plein-emploi, décision des pays producteurs de pétrole...), ou des détériorations des conditions de production (épuisement des matières premières, vieillissement des équipements productifs...). Elle peut aussi être due à une hausse des charges sociales

ou de la pression fiscale, du coût de l'endettement, de celui des importations...
La grande différence entre ces deux dernières explications et la théorie monétariste de l'inflation provient du fait qu'elles considèrent qu'une création monétaire ne sera inflationniste que si l'appareil de production ne peut répondre à l'augmentation de la demande, et que si les coûts de production unitaires s'élèvent. Si cela n'est pas le cas, l'accroissement de la quantité de monnaie en circulation se traduira par un surcroît de demande satisfait par un surcroît de production, et peut même conduire à des baisses de prix si l'on se trouve dans une zone de production à rendements croissants.

• Dans une autre approche, dite « régulationniste*», l'inflation apparaît comme liée à une phase de l'histoire du capitalisme, celle de la régulation monopoliste*.
L'inflation ne serait donc pas le fruit d'un dérèglement du système, mais au contraire un élément de régulation, dans la mesure où elle permet aux entreprises de répercuter la hausse de leurs coûts sur leurs prix de vente afin de maintenir leur profit. Cela serait rendu possible par l'atténuation de la concurrence, par la hausse de la demande d'origine salariale et par l'expansion des moyens de paiement garantie par les autorités monétaires en fonction des besoins de l'économie. L'inflation favoriserait ainsi la croissance et permettrait d'atténuer les tensions sociales, puisque la stabilité des profits pousserait les entreprises à investir et à embaucher, tandis que l'augmentation des coûts salariaux et du crédit à l'économie élargirait parallèlement les débouchés des entreprises. Cette situation correspond à la période d'inflation modérée allant de la fin de la Seconde Guerre mondiale au milieu des années 1970, durant laquelle une croissance forte et régulière avait assuré le quasi-plein-emploi et l'amélioration sensible du sort des salariés.

L'inflation dans l'histoire

L'inflation n'est pas un phénomène propre au XXe siècle. Au IIIe siècle de notre ère, alors que l'Empire romain connaissait une grave crise à la fois militaire, économique et monétaire, une forte inflation avait ébranlé la société. Elle était due à une pénurie de denrées, mais aussi à l'émission massive de « mauvaise monnaie ». Cela avait conduit en 301 l'empereur Dioclétien à décréter l'« édit du maximum » réglementant les hausses de prix et des revenus.

Évolution des prix en France de 1820 à 1940 (base 100 en 1901-1910)

	1820	1850	1870	1900	1914	1918	1920	1930	1940
Indice des prix alimentaires	140	95	133	93	120	325	532	624	926
Indice des prix industriels	165	123	133	103	116	446	635	608	1 089

Source : Alfred MARC, l'Évolution des prix depuis cent ans, PUF, Coll. « Que sais-je ? », n° 784, 1966.

Évolution des prix à la consommation dans quelques grands pays de l'OCDE (1953-1997)

	1953-1959	1960-1970	1971-1980	1981-1990	1991-1997
États-Unis	2,1	2,7	7,1	4,6	2,8
Japon	3,4	5,6	8,7	1,9	1,3
RFA	1,8	2,8	5,2	2,7	2,9
France	4,8	4,3	10,0	6,4	2,0
Royaume-Uni	3,4	3,9	13,3	6,0	3,1

Source : OCDE, Statistiques rétrospectives 1960-1983 et Perspectives économiques, juin 1998 ; Commission des Communautés européennes, Économie européenne, n° 54, 1993.

De nouvelles « poussées inflationnistes », largement dues aux guerres ou aux troubles intérieurs, se produisirent à la fin du XVIIIe siècle, en particulier en France durant les années révolutionnaires.
Le XIXe siècle, par contre, fut marqué par une tendance longue à la baisse des prix industriels et agricoles, due aux progrès techniques, à la concurrence et à l'absence d'organisation de la classe ouvrière, dont les revenus nominaux étaient très flexibles à la baisse. De plus, les États menaient des politiques monétaires restrictives, voire de déflation*.
Mais, dès les dernières années du XIXe siècle, ce phénomène s'inversa, pour laisser la place à une tendance séculaire à la hausse des prix, qui connut des périodes de forte accélération durant les deux guerres mondiales et les années 1974-1980. À l'exception des années qui précédèrent et qui suivirent le krach* de 1929, les prix nominaux furent constamment orientés à la hausse, même durant la période de désinflation* des années 1980 et durant la décennie 1990, alors que l'inflation est quasiment maîtrisée dans la plupart des grands pays industriels. Cette tendance à la hausse des prix eut plusieurs causes : la concentration des entreprises et la formation de cartels* cherchant à mettre fin à la meurtrière « concurrence par les prix » ; la rigidité* des coûts salariaux du fait de la pression exercée par les syndicats ouvriers ; les politiques publiques de financement des dépenses civiles et militaires, et celles de soutien de l'activité destinées à tendre vers le plein-emploi.
Mais le retour à une plus grande flexibilité des revenus, l'accentuation de la concurrence mondiale et les politiques monétaires restrictives menées depuis le milieu des années 1980 conduisent certains à envisager un retour de la déflation* au XXIe siècle. On peut cependant douter que la baisse des prix soit compatible avec la croissance économique et le plein-emploi P. B.

Information (parfaite, imparfaite)

Connaissance de la qualité et de la diversité des produits, de leur gamme de prix et des diverses façons de les obtenir.

L'information est affaire de degré, entre tout savoir et ne rien savoir. Elle n'est pas la même pour tous, d'où l'expression d'asymétrie d'information.

• L'**information parfaite** est celle qui permet d'éclairer une décision en renseignant exactement sur le prix et la qualité des biens que l'on est susceptible d'acheter.

• L'**information complète** va bien au-delà, en englobant ce qui explique le prix considéré : les goûts de tous les autres consommateurs ainsi que les technologies existantes.
Quand l'acheteur d'un véhicule d'occasion n'a qu'une idée imprécise de sa qualité, on dit que son information est imparfaite. Si la voiture est réellement bonne, son propriétaire, qui le sait parce que son information est parfaite, va en réclamer un prix élevé. Craignant le pire, l'acheteur refusera et tout le monde y aura perdu.
La même situation empêche un conducteur prudent, et qui le sait, de payer une faible prime d'assurance parce que son assureur ne le sait pas. Il en est de même quand un jeune chômeur demande un salaire d'embauche élevé, connaissant la valeur exacte de ses compétences et que son employeur, qui n'en a qu'une idée imprécise, refuse. Ces exemples illustrent les effets négatifs d'une « **asymétrie d'information** », c'est-à-dire d'une situation où l'un ne sait pas la même chose que l'autre.
Pour augmenter l'information de chacun, plusieurs solutions sont envisageables : on oblige en France les vendeurs de voitures d'occasion à produire un certificat qui en précise l'état ; certaines compagnies d'assurances proposent des primes dégressives à ceux qui s'avèrent bons conducteurs ; les entreprises disposent d'une période d'essai pour embaucher, le temps pour elles de mieux apprécier les qualités des salariés concernés et, le cas échéant, d'y renoncer sans coûts excessifs. F. E.

➔ *Consommation, prix*

Information/ médias

Texte, image ou son concernant un fait. L'information, sous toutes ses formes, est devenue un ingrédient essentiel de l'économie et de la société modernes, au point que nous serions entrés dans une « société de l'information ».

Lorsque l'information n'est pas transmise directement de l'émetteur vers le récepteur, mais que cette transmission passe par un intermédiaire, on dit qu'elle est médiatisée. Les très nombreuses innovations intervenues dans le domaine des télécommunications mettent désormais à la disposition des émetteurs toute une palette de moyens de transmission d'informations.
Le choix du média le plus approprié dépend de la nature même de l'information (écrite, visuelle,

Technologies de l'information : les Anglo-Saxons en tête

Dépenses relatives aux technologies de l'information en 1997, en % du PIB

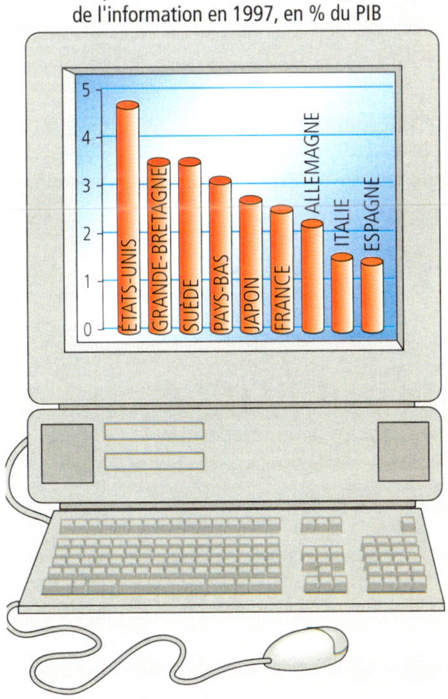

Source : Observatoire européen des technologies de la communication

sonore…), du prix accordé à une information, des délais dans lesquels elle doit être transmise, et de l'individu ou de la population ciblés.

Le prix de l'information est actuellement soumis à deux phénomènes dont les conséquences sont opposées. D'une part, la mondialisation* de l'économie, l'accélération des échanges, la réactivité des marchés financiers* ont, entre autres, contribué à apprécier la valeur de l'information. Pour réagir au plus vite, un trader* se doit ainsi d'avoir sous les yeux les dernières cotations de toutes les places boursières de la planète. Mais, parallèlement, la multiplication des canaux de transmission et la concurrence acharnée que se livrent les différents pourvoyeurs d'informations, sur Internet en particulier, ont fait baisser les prix, voire ont rendu gratuites des informations auparavant payantes. Certains journaux, payants dans leur version papier, sont ainsi gratuits sur Internet*. La valeur d'une information dépend aussi de sa durée de vie. Les informations ont des durées de vie plus ou moins longues. Par exemple : la météo du jour J n'a quasiment plus aucune valeur dès J + 1. En revanche, la température moyenne à Paris en juin depuis dix ans est une donnée dont la valeur va demeurer identique sur une longue période.

L'information est quantifiable. Une unité d'information est un bit (de l'anglais *binary digit*), c'est-à-dire un « 0 » ou un « 1 » en langage binaire. Mais on comprendra aisément que la quantité d'informations (le nombre de bits d'informations contenus dans un texte, une image, une émission télévisée, un site Internet) n'a que peu de relation avec la valeur de cette information.. A. K.

➔ *Communication, informatique, Internet*

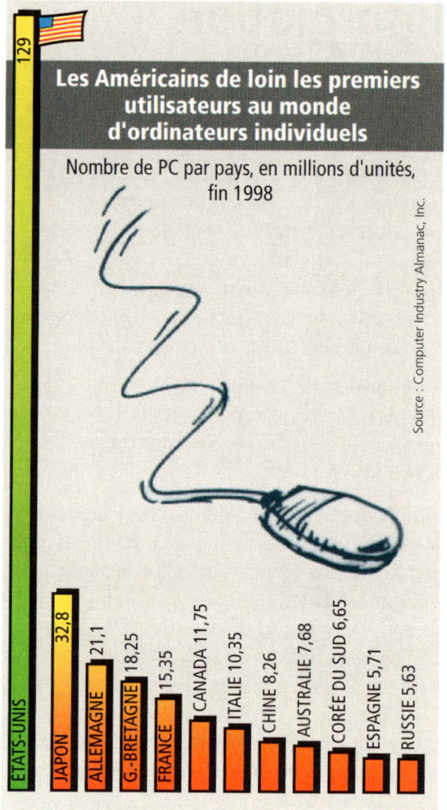

Informatique

Discipline englobant les technologies nécessaires au traitement électronique de l'information.

Celles-ci se subdivisent en deux grandes catégories :
- celles liées au matériel, à l'étude et à la conception des ordinateurs (*computer sciences* en anglais) ;
- celles liées au logiciel *(information technologies)*.

Le mot « informatique » a été proposé en 1962 par **Philippe Dreyfus** pour caractériser le traitement automatique de l'information. Ce terme a été accepté par l'Académie française en avril 1966, avec la définition suivante : « Science du traitement rationnel, notamment par machines automatiques, de l'information considérée comme le support des connaissances dans les domaines scientifique, économique et social. »

Mais l'informatique n'avait pas attendu d'avoir un nom français pour exister. Elle est née avec les ordinateurs, mot lui-même inventé par IBM France en 1955, pour qualifier une machine qui vit le jour en Grande-Bretagne en 1943. Le premier ordinateur s'appelait Colossus 1. Toutefois, sa notoriété resta très inférieure à celle de l'ENIAC, achevé en Pennsylvanie en 1946 par **John Mauchly** et **Prosper Eckert**, grâce aux financements de l'armée américaine.

Du calcul à la communication

Comme cela est souvent le cas, cette technologie née pour des applications militaires, puis longtemps cantonnée à des applications scientifiques, irrigue maintenant presque tous les domaines d'activité. L'ordinateur continue certes de servir à calculer mais il sert aussi et surtout à écrire des textes, à gérer une entreprise, à stocker et à transmettre des informations de toute nature. Les ordinateurs sont de plus en plus connectés entre eux par le biais de réseaux. L'informatique devient donc intimement liée aux télécommunications.

L'invention des micro-ordinateurs est à l'origine de cette banalisation. L'un des premiers micro-ordinateurs, le Micral, fut construit en France en 1975 par une petite société, R2E. Mais il ne connut pas de notoriété mondiale, à la différence des machines américaines Apple puis PC *(personal computer)* d'IBM. Selon le *Computer Industry Almanac*, le nombre total de PC utilisés dans le monde en 1998 était de 364 millions. Début 1999, Compaq était en tête de ce marché avec une part de 14,5 % ; il était suivi de Dell et d'IBM.

L'informatique est un secteur d'activité qui regroupe tant les fabricants d'ordinateurs ou de périphériques (imprimantes, lecteurs de disques durs, écrans...) que les éditeurs de logiciels. En matière de logiciels, on distingue les logiciels de base des logiciels d'application. Microsoft, premier éditeur mondial de logiciels, doit sa réussite à son premier produit, un logiciel de base, le **MS-DOS** (Microsoft Disk Operating System), logiciel d'exploitation des PC. Mais il s'est depuis diversifié en produisant de nombreux logiciels d'application (traitement de textes, tableurs, etc.).

Outre les éditeurs de logiciels, les sociétés de services et d'ingénierie en informatique (SSII, dire « SS2I ») créent des programmes sur mesure ou utilisent des logiciels du marché, créés par les éditeurs de logiciels, pour répondre aux besoins spécifiques de leurs clients dans les entreprises.

Dans une entreprise, le service informatique est celui qui gère le parc informatique, développe les applications nécessaires aux différents services. Il a de plus en plus recours à la sous-traitance, en confiant certains développements aux SSII ; certaines firmes vont jusqu'à confier toute la gestion de leur informatique à des sociétés spécialisées dites de *facilities management*.

De la conception au service

Pour pallier la baisse de leurs marges, due à l'intensification de la concurrence, les constructeurs d'ordinateurs réalisent de plus en plus de service informatique. IBM Global Service est ainsi la première société de service du monde, loin devant EDS et Cap Gemini. Ce phénomène a aussi poussé les SSII à redéfinir leurs frontières, en se développant sur le marché du conseil (définition de schéma directeur informatique, conseil en organisation). D'autant qu'à la programmation de logiciels sur mesure, génératrice de fortes marges, s'est de plus en plus substitué l'achat de logiciels standards (progiciels de comptabilité, de paie, etc.).

En France, le chiffre d'affaires total des SSII et éditeurs de logiciels a atteint 95,6 milliards de francs en 1998, en progression de 19,5 % sur l'exercice précédent.. A. K.

➔ *Communication, information/médias, réseaux*

Initié (délit d')

Un initié est une personne ayant connaissance d'informations confidentielles dans le cadre de son activité et qui en profite pour acheter ou vendre des titres de la société concernée avant tout le monde.

Il est interdit ainsi aux dirigeants d'une société d'acheter ou de vendre des actions de leur firme avant la publication des résultats. S'ils présentent un bénéfice en hausse, l'action a de fortes chances de grimper et s'ils achètent avant l'annonce officielle, ils profiteront mieux que les autres de la progression des cours. La fin des années 1980 a été marquée à l'échelon international par des scandales retentissants d'*insider trading* (délit d'initié, en anglais), liés à l'expansion des marchés financiers. En contrepartie se sont développées des politiques d'entraide entre les autorités boursières des différents pays comme la COB et la SEC américaine pour lutter contre les délits d'initié et les fraudes. Le plus célèbre des initiés fut, aux États-Unis, le financier **Michael Milken**. En novembre 1990, il a été condamné à dix ans de prison ferme et à 200 millions de dollars d'amende pour infractions graves à la réglementation boursière. D. G.

➔ *Bourse, COB*

Innovation

Mise en œuvre d'un procédé ou d'un produit nouveaux en vue de conquérir un marché.

La notion d'innovation recouvre des réalités variées. Toutes les innovations n'ont pas la même importance : certaines sont dites radicales (le micro-ordinateur), d'autres mineures car elles ne font qu'améliorer un dispositif existant (le changement de processeur sur un micro). L'innovation peut être technologique (un produit ou un procédé) ou organisationnelle (un nouveau système de financement ou de distribution des produits). Dans les services, les innovations importantes sont plutôt organisationnelles (l'hypermarché dans le commerce) et, dans l'industrie, plutôt technologiques.
La mondialisation* de la concurrence* et la rotation accélérée des produits font de l'innovation une condition de survie. En 1997, 25 % du chiffre d'affaires des entreprises industrielles est, en France, formé de produits ayant moins de 3 ans d'âge. Une entreprise sur deux a innové technologiquement entre 1994 et 1996 dans les services de télécommunications, d'informatique et d'ingénierie. Des secteurs sont plus innovants que d'autres : les entreprises sont moins innovantes en produit dans le textile-habillement (11,3 % des entreprises en 1997) que dans l'automobile ou les équipements du foyer (44, 2 % et 36,7 %). L'importance stratégique de l'innovation explique la focalisation du débat économique et des politiques publiques sur les conditions favorables à l'innovation.

L'innovation arrive rarement par hasard

Il y a d'abord les conditions propres à l'entreprise. L'innovation est une question de taille : les grandes entreprises innovent plus que les petites car elles ont la capacité d'investir dans la recherche et développement* (R&D) et de supporter le risque inhérent à l'innovation. C'est aussi une question d'organisation : le management est essentiel dans la capacité à articuler conception, production et marché en mobilisant des formes spécifiques d'organisation (pour produire la Twingo, Renault a mis en place une équipe projet rompant avec ses méthodes antérieures de conception).

Les raisons de ne pas innover

Résistances rencontrées par les entreprises innovantes, en % du nombre de sociétés

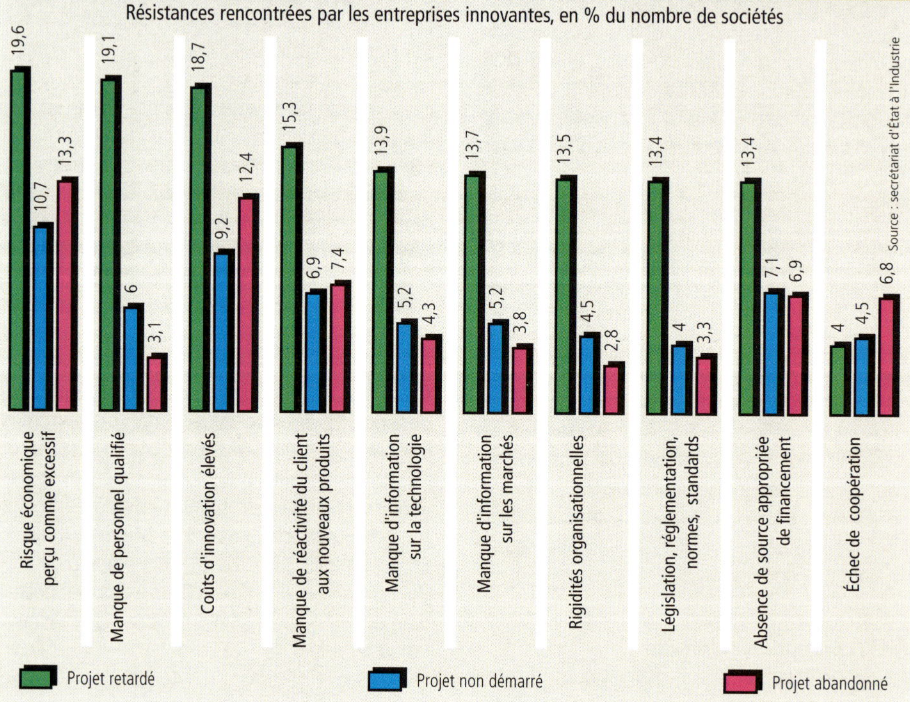

Source : secrétariat d'État à l'Industrie

D'autres conditions concernent l'environnement de l'entreprise sur lequel les politiques publiques peuvent agir.

Au plan financier, il s'agit de mettre en place des formes de capital-risque* adaptées à la couverture de ce risque particulier ainsi que des marchés spécifiques comme le NASDAQ* aux États-Unis (une Bourse spécialisée dans les entreprises nouvelles à fort potentiel de croissance comme Apple, Intel ou Yahoo !).

Plus largement, l'innovation est affaire de coopération entre des acteurs différents : les entreprises doivent coopérer entre elles sur une large échelle géographique mais aussi avec des laboratoires de recherche, des universités, des institutions publiques (centres de transfert ou de veille technologique par exemple). L'innovation dépend ainsi largement de la qualité des « systèmes d'innovation » existant dans chaque pays.

Elle est aussi fonction de la capacité à garantir juridiquement par des brevets les bénéfices de celui qui innove, mais sans cependant empêcher toute diffusion de l'innovation dans l'économie (durée ou couverture limitées du brevet).

L'innovation dépend enfin de son adoption par l'utilisateur. À cet égard, ce n'est pas toujours la meilleure technologie qui l'emporte. L'innovation se diffusant souvent largement par effet d'imitation (j'achète pour ne pas « être en retard »), la compétition entre technologies se joue sur la capacité à être le premier à atteindre un certain seuil d'utilisateurs. C'est pourquoi il importe autant d'avoir une politique marketing et de prix agressive que d'avoir la meilleure technologie. Le constructeur d'ordinateurs Apple l'a appris à ses dépens. On voit dès lors se développer une apparente « **économie de la gratuité** » : les opérateurs de téléphone mobile distribuent pour 1 F des terminaux qui en valent 1 500, Microsoft offre « gratuitement » son logiciel de navigation Internet Explorer pour contrecarrer le concurrent Netscape, etc. A. R.

➔ *Capital-risque, Internet, progrès technique, recherche et développement, (J. A.) Schumpeter*

Input

Voir **Facteur de production**

INSEE
(Institut national de la statistique et des études économiques)

Organisme public créé en 1946, ayant pour rôle principal de collecter, de traiter, d'analyser et de diffuser des données statistiques du pays dans le domaine économique et social.

L'INSEE est présent sur l'ensemble du territoire français et emploie environ 6 600 personnes. Il publie les indicateurs essentiels de l'économie nationale tels que les comptes de la nation et les indices de prix à la consommation.

L'institut organise le recensement de la population et effectue des enquêtes auprès des ménages et des entreprises. L'information, collectée puis traitée, permet à l'INSEE d'analyser la situation économique et sociale de la nation. L'ensemble des informations produites par l'INSEE est accessible à tous les individus.

L'institut assure également des fonctions d'enseignement supérieur et de recherche dans le cadre du Groupe des écoles nationales d'économie et statistique. Il enseigne et forme des spécialistes de la statistique, de l'économie et du traitement de l'information. N. E.-M.

➔ *Indicateur, prix, statistiques*

Institut d'émission

Voir **Banque centrale**

Institution financière

Voir **Banque**

Intégration

Regroupement d'activités au sein d'une même firme, ou d'un même groupe : synonyme de « concentration ». Le terme est aujourd'hui utilisé aussi et surtout pour désigner le rapprochement économique entre pays : on parle de l'intégration européenne.

Une entreprise peut pratiquer l'intégration horizontale, qui lui permet de se concentrer sur une étape précise du processus de production, ou l'intégration verticale, qui recherche une présence tout au long du processus de production.
L'intégration horizontale fait rechercher à la firme la plus forte part de marché possible pour un produit précis, pneus, logiciels ou hamburgers. L'intégration verticale, ou organisation en filière, est pratiquée par exemple par les compagnies pétrolières : TotalFinaElf fait de l'exploration pétrolière, creuse et exploite les puits de pétrole, raffine et vend de l'essence dans des stations à son nom...
À la fin du XXe siècle, l'intégration horizontale et verticale (ou concentration) augmente très vite avec la formation de conglomérats géants, dans des secteurs comme l'aéronautique (Aerospatiale Matra et DaimlerChrysler Aerospace ont formé EADS, European Aeronautic, Defense and Space Company), la chimie (Aventis, fusion de Rhône-Poulenc et de Hoechst) ou les nouvelles technologies (fusion de AOL et de Time Warner, en janvier 2000). F. L.

➔ *Filière, monopole*

Intérêt

Somme due par un emprunteur à un prêteur, en plus du capital prêté.

Le taux d'intérêt est le pourcentage d'intérêt rapporté au capital. Par exemple, si Pierre prête à Paul la somme de 100 euros à 5 % pour un an, le taux d'intérêt est 5 % et l'intérêt versé par Paul à Pierre sera égal à 5 euros dans un an. Il existe en réalité une multitude de taux d'intérêt, chacun rémunérant telle ou telle forme de placement : taux d'intérêt à court terme ou à long terme, taux d'intérêt fixe ou variable... Il existe en France un taux d'intérêt maximal au-delà duquel il est interdit de prêter, c'est le taux d'usure.
Pour les auteurs classiques, le taux d'intérêt est le prix de la renonciation à la consommation : les individus préfèrent épargner plutôt que consommer si le placement est rémunérateur. Pour les économistes keynésiens, il est le prix de la renonciation à la liquidité : les individus préfèrent conserver leur épargne sous forme liquide, c'est-à-dire immédiatement disponible, si le taux d'intérêt est faible. Il guide donc les choix de consommation et d'investissement. Variable clef dans l'accumulation du capital* et la croissance économique, le taux d'intérêt est surveillé, voire contrôlé, par les autorités monétaires. A. L.

➔ *Banque, épargne*

Intérim

Emploi effectué temporairement (remplacement, période de pointe) par une personne mise à la disposition d'une entreprise par une société spécialisée dans le travail temporaire.

Comme les autres formes de travail précaire, le travail par intérim se développe en France depuis une dizaine d'années : on comptait environ 180 000 travailleurs intérimaires en 1990, contre près de 450 000 neuf ans plus tard. On estime cependant qu'un intérimaire finit par trouver un emploi stable après en moyenne cinq missions d'intérim. S. G.

➔ *Chômage*

Internationalisation

Processus par lequel les relations économiques entre les nations tendent à s'intensifier à un rythme plus rapide que les relations économiques à l'intérieur des nations.

L'internationalisation concerne le commerce international*, les relations entre firmes multinationales*, les flux internationaux de monnaies et de capitaux financiers. Depuis la Seconde Guerre mondiale, le commerce international a augmenté environ deux fois plus vite que le PNB* mondial et, depuis vingt-cinq ans, le rythme d'augmentation des investissements directs, des prêts internationaux ou des place-

ments sur les marchés financiers est beaucoup plus important encore. Cette évolution est notamment le résultat d'un mouvement général de libéralisation qui a été amorcé après 1945 avec la création du GATT*, puis qui s'est trouvé amplifié dans les années 1970 par le ralliement de tous les pays développés, de certains pays émergents et du FMI* à la libéralisation financière.

Le concept d'internationalisation se distingue du concept de mondialisation* en reconnaissant la pertinence et la spécificité de la nation comme cadre d'analyse et comme centre de décision. J.-M. S.

Les courses sur l'écran

CA du commerce électronique en Amérique du Nord, en milliards de dollars, fin 1998

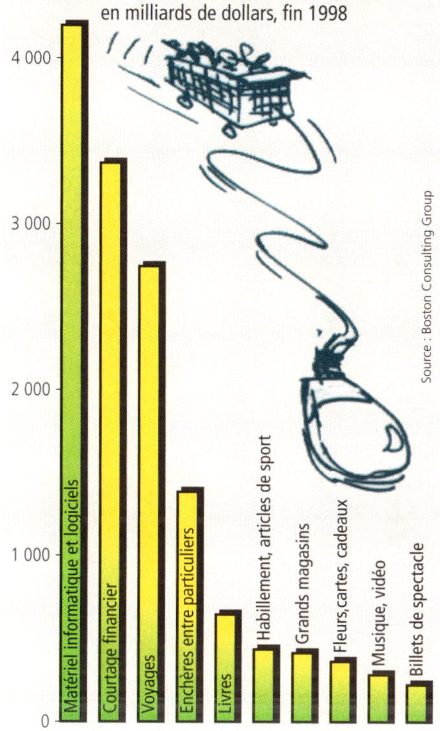

Internet

Réseau de réseaux d'ordinateurs.*
Il permet de faire communiquer entre eux tous les ordinateurs de la planète, quels que soient leur marque et leur système d'exploitation, par le biais du réseau téléphonique et en passant par les services d'un fournisseur d'accès.

Internet est essentiellement utilisé pour échanger des messages (courrier électronique, forums de discussion), pour publier et consulter des informations de toute nature (textes, images, son, vidéo) contenues dans les très nombreux sites web auxquels il donne accès, et, de plus en plus souvent, pour faire du commerce. Il est courant de faire remonter à 1974 la création d'Internet (abréviation de *Interconnection of Networks*) par **Vinton Cerf** et **Robert Kahn**, mais l'idée initiale aurait germé dès 1962 dans le cerveau de **Joseph Carl Robnett Licklider**, chercheur recruté par l'ARPA (Advanced Research Projects Agency), centre de recherche dépendant du Pentagone.

À ses débuts, Internet fut essentiellement utilisé par la communauté internationale des chercheurs pour échanger des messages et des fichiers, et participer à des forums de discussion. Mais, en 1990, la création du World Wide Web (la toile) par des chercheurs du Cern (Conseil européen pour la

Internet
Steve Case, patron d'AOL, premier fournisseur mondial d'accès à Internet, et Gerald Levin, président de Time Warner, numéro 1 mondial de la communication, se congratulent le 10 janvier 2000 après l'annonce de leur fusion. Cette fusion, à cette date la plus importante de l'histoire boursière (280 milliards de dollars), marque aussi la prise de contrôle d'Internet sur les médias.

À la fin du siècle, les internautes étaient d'abord des Nord-Américains

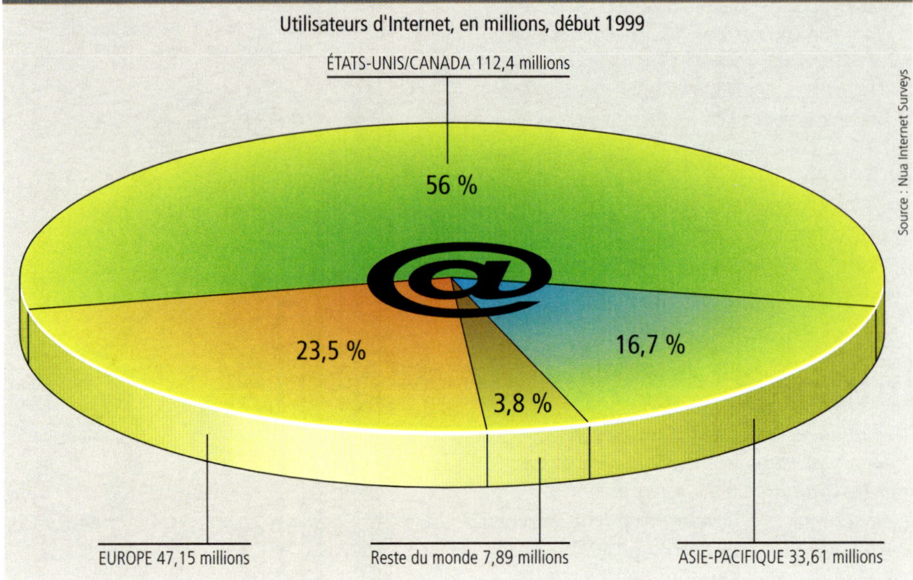

recherche nucléaire), à Genève, a donné à Internet un formidable essor. Grâce au web, la consultation mais aussi la création de pages d'informations devenaient beaucoup plus faciles, rendant le réseau des réseaux accessible au grand public et au personnel des entreprises, sans exiger de connaissance technique particulière.

En quelques années, le nombre d'internautes, c'est-à-dire d'utilisateurs d'Internet, a crû de façon exponentielle dans tous les pays développés. La France,

Les dix sites français les plus visités (février 2000)

Sites	Nombre de visites
Wanadoo	21 780 996
Caramail	16 401 856
Voila	10 176 706
Boursorama	9 746 452
Club Internet	8 241 684
Pages Jaunes	6 996 596
Les Échos	6 490 876
Nomade	4 648 551
Le Monde	2 297 399
TF1	1 973 564

Source : Médiamétrie

longtemps à la traîne, a maintenant rattrapé une grande partie de son retard, grâce, en particulier, à une forte impulsion gouvernementale.

Un acteur grandissant de l'économie moderne

Il est en effet maintenant admis par tous que le développement d'Internet et de ses usages représente désormais un moteur essentiel pour l'économie moderne, parce que sa fonction initiale est tout d'abord de faciliter les échanges d'informations, mais aussi parce qu'il favorise le développement du commerce électronique. Des entreprises traditionnelles ont été ainsi très fortement concurrencées par de nouvelles firmes créées pour commercer sur Internet. Un des exemples les plus connus est celui de la librairie en ligne Amazon.com, qui donne des sueurs froides à tous les libraires de la planète, y compris les plus grands. Internet doit donc être facilement accessible pour que les entreprises traditionnelles puissent l'utiliser à leur profit, mais aussi pour permettre l'éclosion de nouvelles firmes, actrices ou utilisatrices du Net.

La société d'études NUA estimait à 179 millions le nombre d'internautes dans le monde en juin 1999. Selon NetValue, 5 % des Français, soit près de 3 millions de personnes, se connectaient depuis leur domicile en mai 1999. Mais, globalement, 17,9 %

 Investissement

Le web décolle

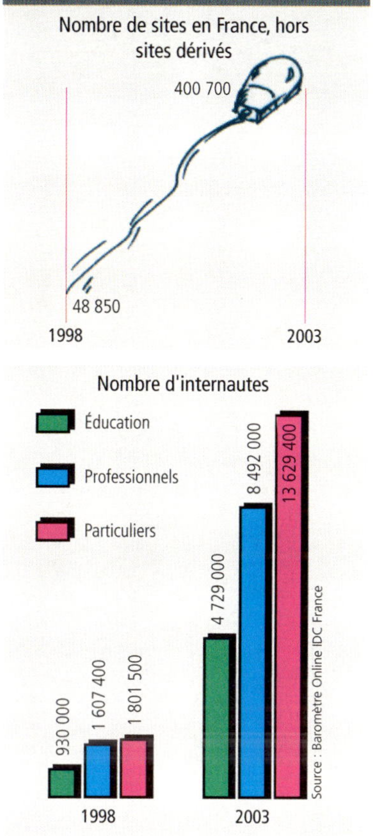

Investissements : les entreprises françaises accompagnent la croissance

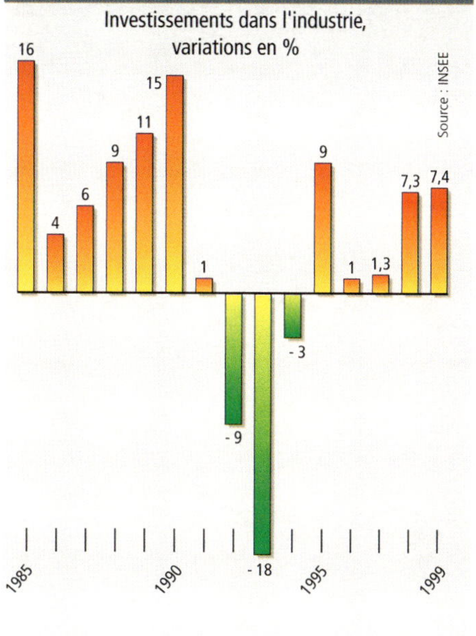

des Français utilisaient Internet, en intégrant ceux qui se connectent depuis leur lieu de travail (6,2 %) ou d'un autre lieu (11,7 %). Selon l'Aftel, le volume mondial d'achats sur Internet serait de l'ordre de 110 milliards de francs. Et, selon Médiangles, la part française s'élèverait à 3,3 milliards de francs. A. K.

➔ *Information/médias, informatique, réseaux*

Investissement

Part du revenu consacrée à l'achat de machines, d'immeubles ou à des placements financiers.

« Les investissements d'aujourd'hui sont les profits de demain et les emplois d'après-demain » : cette formule de l'ancien chancelier Helmut Schmidt illustre l'importance des dépenses d'investissement, qui constituent avec la consommation* l'une des deux composantes de la demande globale, et qui entraînent l'économie sur le chemin de la croissance*.

On considère traditionnellement que le préalable à l'investissement est l'épargne* : tout détenteur d'un revenu en utilise une partie pour acheter des biens de consommation servant à satisfaire des besoins immédiats, l'autre partie étant épargnée – soit thésaurisée, c'est-à-dire retirée du circuit économique (pièces de monnaie cachées dans un bas de laine), soit placée afin de procurer un revenu futur, c'est-à-dire investie.

L'investissement joue donc un double rôle essentiel. D'une part, il assure l'équilibre* macroéconomique, car si la partie épargnée du revenu (donc non consommée) n'est pas compensée par une dépense d'investissement équivalente, il y aura surproduction* de marchandises, baisse de prix et crise économique*. D'autre part, il est un facteur de croissance : il permet la modernisation de l'appareil productif, l'apparition de produits nouveaux, des gains de productivité permettant la baisse des prix, la hausse des revenus, la réduction du temps de travail... Si l'investissement est supérieur à l'épargne (dans le cas où les crédits bancaires sont plus élevés que les dépôts

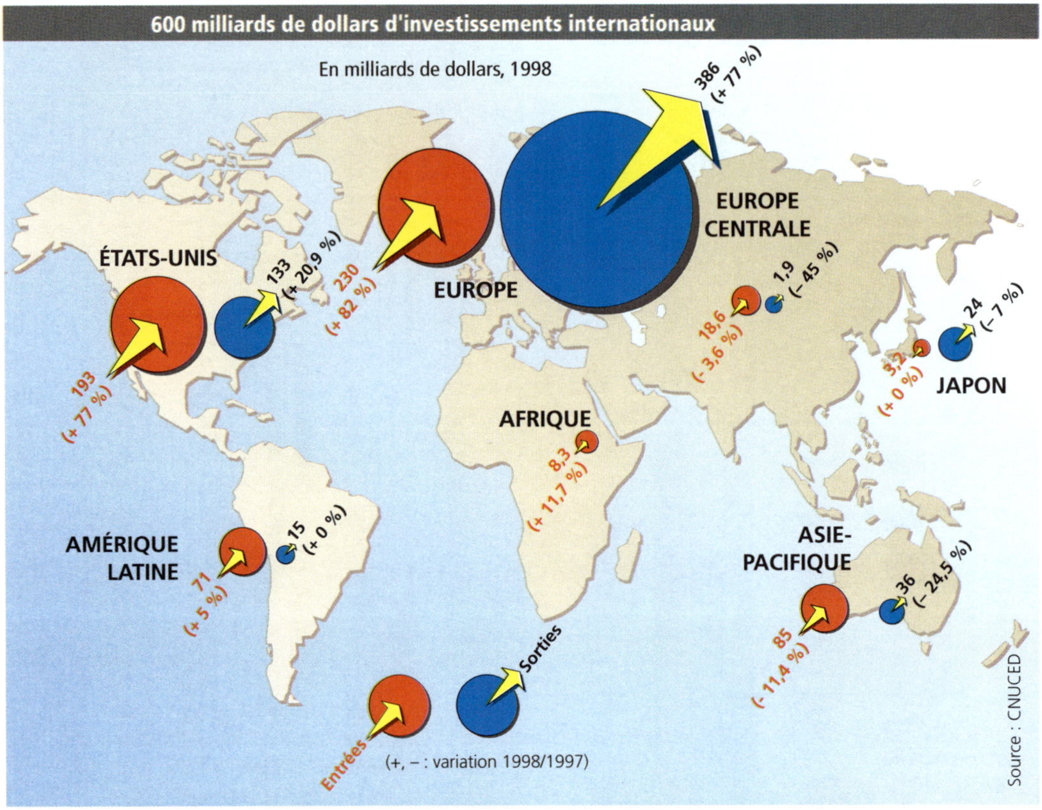

effectués par les épargnants), il se produit de plus un mouvement d'expansion de l'économie (phénomène du multiplicateur* analysé par Keynes*).

Les économistes se sont opposés sur la question des déterminants de l'investissement. Pour les « néoclassiques* », l'investissement augmente tant que la productivité* du capital (qui mesure ce que rapporte un investissement) est supérieure au taux d'intérêt* (qui représente ce que coûte ce même investissement). Keynes introduit un élément supplémentaire : pour que l'investissement s'accroisse, il faut que le taux de profit* espéré (qui dépend lui-même des perspectives de vente prévues par les investisseurs, et qu'il appelle le « taux d'efficacité marginale du capital ») soit supérieur au taux d'intérêt. Pour les marxistes, l'investissement constitue l'utilisation obligatoire de l'épargne croissante des capitalistes : ils ne peuvent utiliser leur épargne autrement qu'en achetant des machines, et ouvrent ainsi des débouchés* à ceux qui les fabriquent, ce qui permet le développement du système capitaliste. P. B.

IRPP
(impôt sur le revenu des personnes physiques)

Impôt direct et progressif pesant sur le revenu des personnes disposant des ressources suffisantes pour être imposées.

L'impôt sur le revenu est le seul impôt en France, avec l'impôt de solidarité sur la fortune (ISF*), à être progressif : son taux augmente avec les revenus, ce qui en fait un instrument fiscal redistributif. La moitié la moins aisée des Français y échappe. Les autres, selon leurs revenus, sont imposés à un taux qui varie entre 10,5 % et 54 % (par tranches progressives). Ces taux sont tempérés par les abattements successifs de 10 % et de 20 % pour les salariés et par le système de **quotient familial** pour les ménages avec enfants (les couples mariés sans enfant bénéficiant de deux parts). Au total, le taux moyen de l'impôt sur le revenu n'est pas plus lourd en France que dans les pays voisins, même si sa progressivité peut être plus forte. Il rapporte un peu plus de 300 milliards de francs par an.

L'impôt sur le revenu a été créé par la loi du 15 juillet 1914, après vingt ans de débats parlementaires orageux, opposant d'un côté les radicaux et les socialistes, favorables à cet impôt redistributif, et de l'autre les conservateurs, qui dressaient des tableaux apocalyptiques de ses effets. C'est **Joseph Caillaux**, radical et plusieurs fois ministre des Finances, qui en a dessiné les contours. V. M.

➔ *Fiscalité, impôt*

ISF
(impôt de solidarité sur la fortune)

Impôt direct taxant le patrimoine des contribuables les plus fortunés.

En 2000, pour faire partie de ce club très fermé – un peu moins de 200 000 contribuables –, il faut détenir un actif net de plus de 4,73 millions de francs. Cet impôt, dont le taux est progressif, rapporte à l'État quelque 13 milliards de francs par an. L'Espagne, les Pays-Bas, la Suède, le Luxembourg et la Finlande sont également dotés d'un instrument fiscal du type ISF. Les États-Unis n'en ont jamais eu et l'Allemagne y a récemment renoncé.

L'ISF trouve ses racines dans les « 110 déclarations » de **François Mitterrand**, qui l'ont mené à la présidence de la République le 10 mai 1981. L'impôt sur les grandes fortunes (IGF) entre en application le 1er janvier 1982. En arrivant à Matignon en 1986, **Jacques Chirac** le supprime. Revenus au pouvoir, les socialistes instaurent, le 1er janvier 1989, l'ISF, présenté comme un instrument de solidarité nationale destiné à financer le tout nouveau revenu minimum d'insertion (RMI*). V. M.

➔ *Fiscalité, impôt*

Italie

Cinquième puissance économique du monde dans la dernière décennie du XXe siècle, l'Italie est aussi le pays où ont germé, au cours de l'histoire, les ingrédients essentiels du capitalisme moderne.

À partir du IIe siècle av. J.-C., Rome étend progressivement son empire à toute la Méditerranée. Les réseaux de routes, les villes, l'organisation administrative, l'unité monétaire et fiscale, l'usage du latin et le droit romain structurent l'Europe. Après la chute de l'Empire, l'Église restaure en partie cette organisation, qui survivra par-delà les divisions politiques. Les villes italiennes, entre le XIIe et le XVe siècle, font naître l'économie moderne : les « Lombards » venus des centres marchands du nord de la péninsule diffusent dans toute l'Europe les nouvelles techniques financières – banque, taux d'intérêt, « capital-risque », comptabilité. Les Médicis* de Florence sont des banquiers, la première famille régnante de l'histoire à asseoir son pouvoir non sur le lignage mais sur la fortune. Venise est au XIVe siècle la première « économie-monde », selon l'expression de l'historien Fernand Braudel* ; elle domine la Méditerranée orientale, comme Gênes, patrie de Christophe Colomb, domine la Méditerranée occidentale.

À partir du XVIe siècle, l'Italie, ravagée par les guerres, occupée par des dynasties étrangères, s'assoupit peu à peu et c'est en Europe du Nord qu'éclôt la révolution industrielle. L'occupation napoléonienne, en balayant provisoirement des aristocraties fourbues, ouvre la voie au réveil national qui, en 1860 aboutit à l'unité italienne, sous la houlette de l'État le plus éclairé de la péninsule, le Piémont. L'unité est parachevée avec la prise de Rome, en 1870. « L'Italie est faite, il faut maintenant faire les Italiens », constate Camillo Cavour, le bâtisseur de cette unité. Cent quarante ans plus tard, cette partie-là n'est toujours pas gagnée.

L'instauration de la coupure Nord-Sud

En 1861, seul 20 % du commerce était « intra-italien ». La suppression des droits de douane, l'instauration d'une monnaie et d'une fiscalité uniques portent un coup très dur au Sud agraire. Au lieu de progresser, le Mezzogiorno régresse dans les premières décennies de l'Italie. Le libre-échange en vigueur jusqu'en 1878 tue dans l'œuf les industries naissantes. Les années 1880 voient le pays s'orienter, sous l'influence des milieux industriels, vers une politique protectionniste qui portera ses fruits en termes de croissance et de modernisation (surtout au Nord). Mais le pays manque de capitaux nationaux et une crise financière, doublée d'une crise agricole, provoque une vague d'émigration exceptionnelle : 2,8 millions d'Italiens partent pour les Amériques entre

Italie

Luciano Benetton devant son siège de Trévise. À la tête de son entreprise familiale de renommée mondiale, il fit partie de ceux qu'on a appelés les « nouveaux condottieres », aux côtés de Carlo De Benedetti ou de Silvio Berlusconi, lors du « second miracle italien », au cours des années 1980.

1891 et 1900, et le flux se poursuit, par centaines de milliers, jusqu'à la Première Guerre mondiale. Le capitalisme industriel prend son essor sur l'axe Gênes-Turin-Milan. Les grandes dynasties Agnelli (les automobiles Fiat), Pirelli (les pneus), Falck (la sidérurgie) et Olivetti (les machines à écrire) construisent alors leur fortune. Mais engagée en 1915 contre les empires centraux, l'Italie se coupe des capitaux germaniques. Ruinée, en proie au désordre, elle tourne le dos à la démocratie et, en 1922, tombe aux mains de Benito Mussolini.

Le régime fasciste durera vingt ans. Sur le plan politique, il invente un totalitarisme de plus en plus oppressant, mais sa doctrine économique est fluctuante : libéralisme, orthodoxie financière et répression syndicale jusqu'à la crise de 1929 ; puis développement d'un modèle dirigiste. Les capitaux sont orientés vers des grands travaux (construction d'autoroutes, assèchement des marais Pontins), les secteurs menacés de faillite sont nationalisés, l'autarcie devient la règle et l'industrie est incitée à produire des armes. L'expansion coloniale est un échec et l'Italie fasciste se lance dans la Seconde Guerre mondiale aux côtés d'Hitler. La chute de Mussolini en 1943 entraîne un changement d'alliance.

Du premier au deuxième « miracle »

Après la guerre, la présence du plus grand parti communiste d'Occident va valoir à l'Italie une haute surveillance américaine. Le plan Marshall* y sera généreux, permettant enfin le « décollage économique ». Un régime parlementaire dominé par la Démocratie chrétienne – mais associant les communistes aux décisions – met en place un État providence* modernisateur. Jusqu'aux années 1970, la grande industrie absorbe la main-d'œuvre venue des campagnes du Sud, des transferts massifs permettent de combler une partie du fossé qui sépare les niveaux de vie entre Centre-Nord et Mezzogiorno. Les chocs pétroliers frappent durement ce pays sans ressources énergétiques (et qui renonce par référendum au nucléaire). L'inflation, la crise de compétitivité et des tensions sociales culminant dans un terrorisme sanglant marquent les années 1975-1985. Néanmoins,

Deux Italie, ou trois ?

Italie du Nord riche et industrielle, Italie du Sud sous-développée et mafieuse. Ce cliché garde une part de vérité, mais doit être nuancé. Si les grandes industries implantées à coups de subventions n'ont guère prospéré dans le Sud, des poches d'activités très dynamiques s'y développent depuis dix ans. Le leader mondial du canapé en cuir, Natuzzi, est installé à Bari, l'usine Fiat de Melfi est la plus productive du groupe, le port de Gioia Tauro est devenu l'un des plus grands de Méditerranée pour les porte-conteneurs. Reste que le chômage dépasse 20 % dans le Sud alors que certaines zones du Nord sont en plein-emploi.

Les « trois Italie » ont été décrites par le sociologue Arnaldo Bagnasco : la première est la grande industrie traditionnelle du Nord-Ouest ; la seconde est celle des « districts industriels » qui, dans la plaine du Pô et les vallées du Nord-Est, ont créé un modèle original fait au départ de réseaux de PME familiales spécialisées dans des productions traditionnelles (textile, cuir, meubles, carrelages) et qui ont gagné l'ensemble de la péninsule ; la troisième est cette Italie de la communication, de la mode, du design, qui a son centre à Milan. Le pays compte 2 millions de petites entreprises, mais trop peu de grosses.

Italie : un effort d'assainissement financier pour intégrer l'euro

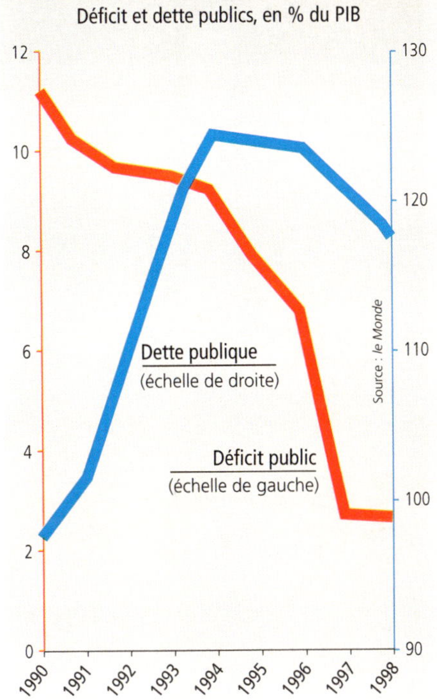

l'Italie a vite retrouvé un taux de croissance enviable. Son second « miracle » est porté par la demande intérieure – stimulée par un grand laxisme budgétaire – et par l'exportation, dopée par une lire « fondante ». L'enrichissement de l'Italie est tel – grâce notamment à un fort taux d'épargne – que son PIB dépasse en 1985 celui de la Grande-Bretagne. L'Europe découvre alors les « nouveaux condottieres » – tels le patron d'Olivetti, **Carlo De Benedetti** – ou le créateur des télévisions libres, **Silvio Berlusconi**, qui investissent hors d'Italie.

Une difficile remise en ordre des finances publiques

Le troisième « miracle » est plus amer : l'Italie doit mettre en ordre ses finances et s'ouvrir à la concurrence si elle veut participer au projet de monnaie unique européenne. Elle le fait sur fond de cataclysme politique : des juges milanais ont mis au jour les mécanismes d'une corruption généralisée, alimentée par les fonds publics. Les anciens partis se sabordent, le Nord est tenté par le séparatisme, mais une classe politique renouvelée va s'atteler au redressement budgétaire. Syndicats, patronat et pouvoirs publics tirent dans le même sens. Et, en six ans, au prix d'un effort colossal, l'Italie se qualifie pour l'euro*. Elle en est récompensée par une chute de ses taux d'intérêt, mais son économie a du mal à se remettre de la compression de la demande interne. Elle achève le siècle avec le taux de croissance le plus faible de la zone euro.

S. G.

➔ *Euro, Union européenne*

Italie

Population : 57 298 000 hab.
PNB (1998) : 1 134,39 milliards de $
PNB/hab. : 20 170 $
Structure de la population active : agriculture 6,8 %, mines et industrie 32 %, services 61,2 %
Dette publique brute : 119,9 % du PIB
Taux de chômage : 12,2 %

Japon

Deuxième puissance industrielle du monde à la fin du XXe siècle, le Japon était encore un siècle auparavant un pays féodal. Il a connu un développement économique exceptionnel grâce à une synthèse réussie entre ses traditions nationales et le modèle occidental, et en s'appuyant sur le dynamisme individuel mais aussi sur des vertus collectives insufflées par un puissant appareil d'État.

Après un XVIe siècle marqué par d'incessantes guerres civiles entre grands seigneurs féodaux (les daimyo) qui profitaient de la faiblesse de l'empereur, le pouvoir fut concentré entre les mains d'un petit aristocrate provincial, Tokugawa Iyeyasu, qui se proclama shogoun (généralissime) et parvint à unifier le Japon.

Durant la première partie du XIXe siècle, la situation économique se dégrada, les paysans accablés d'impôts se soulevèrent, et un mouvement favorable à la restauration de l'autorité impériale se manifesta dans le pays. Parallèlement, les pays occidentaux obtenaient sous la menace que le Japon s'ouvre au commerce international (expédition de l'amiral américain Perry, 1853-1854). Cela suscita des incidents anti-occidentaux, et les flottes britannique, française et américaine menèrent plusieurs actions militaires, qui discréditèrent les derniers shogouns. Ceux-ci furent vaincus par les partisans de l'empereur Mutsohito, porté au pouvoir fin 1867 à l'âge de quinze ans.

L'ère du Meiji (1867-1912)

Commence alors une période de bouleversement complet de la société japonaise, qui restera connue sous le nom de Meiji (« gouvernement éclairé »).

Le jeune empereur et ses conseillers entreprirent en effet une réorganisation de l'administration des campagnes, qui remettait en cause le découpage féodal et donnait la propriété de la terre aux paysans ; ils instituèrent le droit d'acheter et de vendre des terres, ainsi que la liberté du commerce intérieur et extérieur, modifièrent l'impôt foncier et le système des pensions, et créèrent des écoles, des universités et une nouvelle armée impériale.

Après avoir écrasé un soulèvement armé (1874-1877), l'empereur poursuivit ses réformes inspirées de l'Occident : en 1889, il promulgua une

Japon
Arrivée de l'escadre du commandant américain Matthew C. Perry dans la baie de Kurihama en 1853. Cette visite armée obligea le Japon à s'ouvrir au monde extérieur et détermina sa vocation pour le commerce international.

constitution qui instituait une Chambre des pairs (nommés) et une Chambre des représentants (élus). Le droit japonais fut réformé sur les modèles français et allemand. L'armée reçut des instructeurs européens.

Sur le plan économique, les transformations furent spectaculaires. L'État créa des entreprises publiques, rapidement privatisées, aida les firmes privées, les poussa à se concentrer et à investir dans tous les domaines : exploitation des mines, métallurgie, textile, matériel militaire, chantiers navals, construction de voies ferrées, électrification. L'industrie de la soie (1re exportation japonaise) se développa rapidement et fut mécanisée. L'État créa également la Banque du Japon en 1881 et adopta l'étalon-or en 1895. Un système bancaire moderne et concentré vit aussi le jour, lié aux grandes entreprises industrielles, donnant naissance aux Zaibatsu (conglomérats géants, tels Mitsui, Mitsubishi, Yasuda, Sumimoto...). Il était complété par un dense réseau d'environ 1 000 petits établissements bancaires.

À la mort de l'empereur Mutsohito, en 1912, le Japon était une puissance industrielle, comme l'attestent le poids de ses secteurs modernes et la victoire de ses armées contre la Chine (1895), la Russie (1905) et la Corée, colonisée entre 1905 et 1910 et fournissant du riz et des matières premières.

En voulant se doter d'une armée capable de résister aux pressions extérieures, le Japon était devenu une nation impérialiste qui tentera d'imposer son hégémonie sur le continent asiatique.

Le MITI

Le ministère du Commerce international et de l'Industrie (Ministry of International Trade and Industry), créé en 1949, a joué un rôle important dans la reconstruction de l'économie japonaise et dans l'essor des exportations du pays. Il contribua à définir les industries-clefs qu'il fallait développer en priorité, aida les industries naissantes et la restructuration des industries déclinantes, dans le cadre d'une planification souple de l'économie mise en œuvre par l'État.

La libéralisation de l'économie japonaise et son ouverture croissante vers l'extérieur ont réduit son influence, mais il continue à orienter l'évolution du pays en guidant en particulier l'insertion du Japon dans l'économie mondiale.

Le Japon au XXᵉ siècle

Le Japon participa à la Première Guerre mondiale aux côtés des Alliés et obtint de nouveaux droits sur la Chine et le contrôle des possessions allemandes du Pacifique.

Puis, de 1919 à 1931, le Japon connut une période de libéralisation interne et d'essor économique. La production industrielle se diversifia et le commerce extérieur japonais, excédentaire dès 1915, devint l'un des moteurs de la croissance.

Parallèlement s'affirmait le dualisme* caractéristique de l'économie japonaise : un secteur moderne constitué de grandes entreprises industrielles, bénéficiant d'importants moyens de financement qui leur permettent d'acquérir des techniques performantes et d'assurer la stabilité de l'emploi, sert de moteur principal de la croissance ; un second secteur, composé de petites entreprises utilisant peu d'employés, assure la production de biens traditionnels (textile, cuir, petite métallurgie...).

Durant l'entre-deux-guerres, le premier secteur dépendait principalement des commandes publiques, alors que le second, aux faibles coûts de production, était tourné vers l'exportation. Mais, après la Seconde Guerre mondiale, ce seront au contraire les grandes firmes innovatrices (automobile, appareils ménagers, industries de l'image et du son, électronique...) qui seront les fers de lance du dynamisme du commerce extérieur japonais, alors que les petites entreprises, travaillant souvent en sous-traitance, assureront le rôle de pourvoyeur du marché intérieur, de fournisseur d'emplois peu qualifiés et d'amortisseur des crises : en cas de difficultés économiques majeures, les grandes firmes, assurant l'emploi à vie et de hauts salaires à leurs employés, diminuent leurs demandes aux petites entreprises, qui réduisent leurs marges et ajustent leur niveau d'emploi et de rémunération.

Japon
Akio Morita (1921-1999). Spécialisé dans l'électronique et dans les transistors dont il a acheté le brevet aux Américains, il rebaptise en 1958 sa société Sony, en caractères occidentaux pour mieux conquérir les marchés mondiaux. Dans les années 1970, Sony connaît un développement fantastique grâce au Walkman, dont Morita a eu l'idée en jouant au golf. Un parcours exemplaire de la réussite à la nipponne.

Le rôle de l'État se renforça durant les années 1930, tant sur le plan intérieur (contrôle de l'industrie [lois de 1931], du secteur pétrolier [1934], du secteur de l'armement [1937]...) que sur le plan extérieur (occupation de la Mandchourie en 1932, invasion de la Chine en 1937, agression de Pearl Harbor en 1941...).

Cet activisme étatique s'expliquait par la faiblesse de la demande intérieure japonaise en raison de salaires restant peu élevés, d'un grand secteur agricole peu productif, et par le besoin d'importer des matières premières industrielles faisant largement défaut : il s'agissait à la fois de conquérir des marchés extérieurs de proximité et de mettre la main sur les richesses du sous-sol de pays voisins (Chine, Corée, puis reste du continent asiatique à partir de 1941).

L'échec dramatique de cette stratégie impérialiste, laissant un pays ruiné et traumatisé par les bombardements atomiques de 1945, conduisit le Japon à s'engager dans une voie nouvelle après la guerre.

Sous la contrainte américaine, les instructions japonaises furent démocratisées, le pays fut démilitarisé et l'effort de reconstruction, orienté vers des biens de consommation courante, permit au Japon de connaître un taux de croissance remarquable (de l'ordre de 10 % par an) durant les années 1950-1960.

S'appuyant sur le dualisme économique évoqué plus haut, sur une intégration rapide des techniques occidentales (achats massifs de brevets) bientôt dépassées dans différents domaines par le savoir-faire local, sur un grand effort éducatif, sur une recherche fondamentale performante, sur un essor démographique important (73 millions en 1940, 126 millions en 1996), sur une augmentation du pouvoir d'achat salarié et sur un système financier audacieux, le Japon s'affirma avant la fin du siècle comme la deuxième puissance économique du monde.

Il dispose même vis-à-vis des États-Unis d'un excédent commercial structurel, ce qui en fait le principal créancier de l'Amérique, les Japonais plaçant leurs revenus d'exportation en investissement aux États-Unis.

Un siècle de croissance japonaise

PIB, en milliards de francs internationaux de 1990

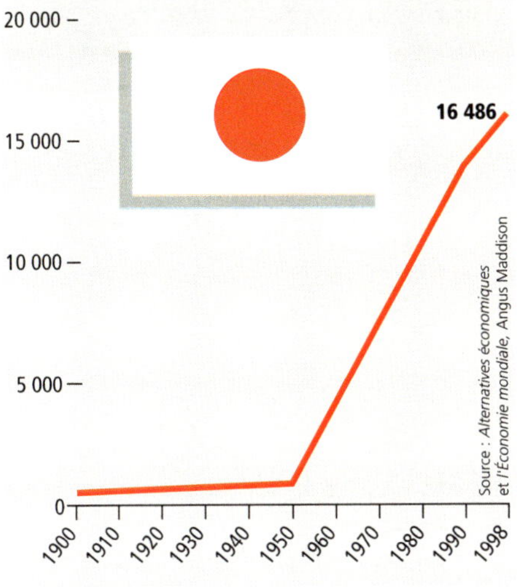

Mais la mondialisation récente conduit à s'interroger sur la capacité du Japon à maintenir un protectionnisme de fait (droits de douane sur les importations de produits alimentaires, nationalisme des consommateurs japonais), dénoncé par les Américains et par les nouveaux traités internationaux. La fin du protectionnisme* remettrait en cause le modèle japonais maintenant en vie des secteurs peu productifs (agriculture, services, petite industrie) qui permirent néanmoins au Japon de n'avoir qu'un faible taux de chômage durant les années 1980-1990 (2 à 3 % de la population active), et de conserver ses traditions et son équilibre social.

De plus, la crise financière qu'a traversée le Japon durant les années 1990 révéla le surendettement de nombreuses entreprises japonaises, les risques énormes pris par les établissements bancaires et la fragilité d'un système où l'État lui-même est fortement endetté. Or, dans le même temps, la récession frappa l'économie japonaise, malgré les plans de relance mis en œuvre par les autorités.

Le Japon risque donc d'avoir dans l'avenir à choisir entre l'orthodoxie économique, destinée à rassurer les détenteurs de capitaux et les milieux internationaux, et le maintien de son modèle, fait à la fois de tradition, de solidarité et d'originalité.

P. B.

Les « vieux sages » poussés vers la sortie

Depuis les années 50, les entreprises japonaises étaient largement dominées par les « **keiretsus** », vastes conglomérats industriels et financiers organisés souvent autour d'une famille, comme les Mitsubishi, Matsushita ou Toyota. S'est ainsi constitué un vaste système de participations croisées entre entreprises, banques, compagnies d'assurance, et des conseils d'administration souvent pléthoriques, dominées par des personnalités âgées représentant les différentes familles et institutions parties prenantes.

Ces équipes dirigeantes favorisaient la puissance et la stabilité.

- Puissance de l'entreprise, c'est-à-dire importance du chiffre d'affaires et volume des activités plutôt que rentabilité à court terme et profit net.
- Stabilité, c'est-à-dire maintien des emplois coûte que coûte, dans un pays culturellement très attaché à éviter le chômage.

La crise de l'économie japonaise depuis le milieu des années 1990, et particulièrement de son secteur bancaire, la mise au jour de liens de corruption entre milieux d'affaires et partis politiques, le poids croissant des étrangers dans l'économie nationale sont autant d'éléments qui contribuent à remettre en cause le modèle des « vieux sages » et du consensus nippon. M. Okuda, patron des patrons japonais, pouvait bien déclarer « Nous ne nous plierons pas à la logique qui exige de licencier pour améliorer le cours des actions et les dividendes », des grandes entreprises comme Japan Airlines, Sega ou Hitachi annonçaient en 1999 des plans de restructuration impliquant des milliers de licenciements.

Japon

Population : 126 714 000 hab.
PNB (1998) : 4 246,25 milliards de $
PNB/hab. : 38 160 $
Structure de la population active :
agriculture 5,3 %,
mines et industrie 33,1 %,
services 61,6 %
Dette publique brute : 97,3 % du PIB
Taux de chômage : 4,1 %

Jeux (théorie des)

Formalisation mathématique des comportements adoptés par des individus rationnels, quand chacun tient explicitement compte de ce que peuvent faire les autres.

La théorie des jeux se fonde sur les objectifs poursuivis par chacun, les informations dont on dispose et les moyens d'en acquérir davantage. Les questions que l'on se pose sont de ce type : quelle est la meilleure stratégie pour chacun des individus ? Quelle situation générale va-t-il en résulter ? Pourrait-on améliorer les choses en modifiant les règles du jeu ?

Un exemple d'application est celui de la négociation salariale entre un patron et le syndicat qui représente ses employés. Si, par exemple, le syndicat obtient beaucoup aujourd'hui, l'entreprise risque d'être fragilisée et les employés peuvent en pâtir demain. Si le syndicat n'obtient pas assez, il peut faire grève à condition qu'il ne lui en coûte pas trop et qu'il en coûte suffisamment au patron. En mathématisant ces différents éléments, la théorie des jeux détermine les solutions qui vont normalement prévaloir.

J. von Neumann et O. Morgenstern ont publié en 1944 l'ouvrage fondateur intitulé *Théorie des jeux et du comportement économique*. F. E.

➔ *Information, mathématiques, (J. von) Neumann*

Jevons (William Stanley)

Économiste britannique (1835-1882), co-inventeur avec Carl Menger et Léon Walras* de la théorie de lavaleur-utilité.*

Professeur de logique à Manchester puis à Londres, Jevons était déjà un économiste renommé lorsque parut en 1871 son principal ouvrage, *la Théorie de l'économie politique*. Ce livre marque le début des théories marginalistes* et utilitaristes*.

Selon Jevons, en effet, la valeur d'un bien dépend de sa rareté et elle « est mesurée par l'intensité du besoin que nous avons d'en avoir davantage » ; c'est ce qu'il appelle le « degré final d'utilité ». Jevons est également connu pour avoir développé l'usage des mathématiques et des statistiques en économie. Il rendit ainsi hommage aux Français **Dupuit** et Cournot*, mais se laissa entraîner ensuite dans des conclusions contestables : l'observation d'une corrélation entre les taches solaires et les cycles économiques l'amena à expliquer les seconds par les premières (via l'influence du Soleil sur la production agricole). F. E.

➔ *Marginalisme, école néoclassique, utilitarisme, valeur, (L.) Walras*

Joint-venture

Entreprise commune créée par deux partenaires en vue de réaliser, ensemble, une même activité.

Cette procédure permet à deux associés de mettre en commun au sein de leur « JV », selon l'expression utilisée dans certains pays, une partie de leurs moyens sans renoncer à leur indépendance. Pour acquérir un savoir-faire tout en préservant leur autonomie, de nombreux pays en développement n'ont d'abord autorisé les entreprises étrangères à investir chez eux que dans le cadre de joint-ventures avec des sociétés nationales. É. I.

Juglar (Clément)

Économiste français (1819-1905) à qui l'on doit la théorie de la périodicité des cycles économiques.

Médecin de formation, Clément Juglar publia en 1862 un ouvrage de référence concernant les cycles économiques* : *les Crises commerciales et leur retour périodique en France, en Angleterre et aux États-Unis*. Il fut le premier à mettre en évidence la périodicité des crises économiques, se produisant selon lui tous les huit à dix ans et constituant le « point de retournement » d'un cycle composé d'une phase d'expansion* et d'une phase de dépression*. P. B.

➔ *Crise économique, cycle économique*

Junior entreprise

Association regroupant des étudiants désireux d'exercer leur esprit d'entreprise pendant leur scolarité.

Réunies au sein d'une Confédération nationale, les « junior entreprises » françaises sont nombreuses sur les campus des écoles de commerce et d'ingénieurs, et se développent dans les universités. Leurs activités, généralement de nature commerciale, sont très variées. Leurs membres ont ainsi l'occasion d'affronter les réalités de la création et du développement d'entreprise. É. I.

Junk Bonds

Littéralement « obligations pourries ». Ces obligations à haut risque sont assorties de taux plus élevés que la normale pour attirer les investisseurs.

Pour l'émetteur, il s'agit de faire appel au marché en proposant des obligations* (des emprunts) qui versent un coupon très supérieur à celui qui est couramment distribué. En contrepartie, ces obligations sont risquées, car – et c'est le danger – l'émetteur peut être incapable de faire face à ses remboursements. Ce type d'obligation a été créé aux États-Unis au milieu des années 1980 pour permettre à certaines entreprises d'en racheter d'autres ; n'ayant pas l'argent nécessaire, elles proposaient des junk bonds. Il s'agissait dans ce cas d'un pari risqué dépendant du succès de l'acquisition future. La revente d'une partie de l'entreprise acquise, pour n'en conserver que la partie la plus intéressante, servait à rembourser les emprunts. Très rapidement, ces produits risqués ont eu une réputation sulfureuse et leur inventeur, **Michael Milken**, se retrouva en prison pour infractions à la loi boursière.

Une pratique en voie de normalisation

Les junk bonds sont réapparues à la fin des années 1990 sous un autre nom, **high yields**, obligations à haut rendement. Débarrassés de leur image négative, ces produits se développent depuis peu en Europe alors qu'ils sont déjà très répandus aux États-Unis. En France, des firmes comme Rémy Cointreau, Moulinex, Groupe André et Néopost ont été parmi les premières à les proposer. En Europe, une quarantaine d'opérations de ce type ont été mises en place en 1998, contre une quinzaine en 1997. D. G.

➔ *Bourse, COB, spéculation*

Kaldor (Nicholas)

Économiste britannique, né en Hongrie (1908-1986), l'un des principaux animateurs du courant post-keynésien.

Avec d'autres, comme Joan Robinson*, il refusa la récupération de Keynes par l'approche néoclassique*. Dans ses travaux, il s'est efforcé de transposer les conclusions keynésiennes sur l'importance de la demande à l'analyse de la croissance et de la répartition. À ce titre, il participa aux controverses qui, dans les décennies 1950 et 1960, opposèrent son courant à l'approche néoclassique* dans le domaine des théories de la croissance (*Essays on Economic Stability and Growth,* 1960).. P. U.

Kalecki (Michal)

Économiste polonais (1899-1970), qui élabora dès 1933 une théorie de la demande effective, proche de celle que formulera Keynes en 1936.

Sa démonstration repose cependant sur des bases différentes (inspiration marxiste, rôle de la concurrence imparfaite, etc.). Auteur de *Theory of Economic Dynamics* (1954), il participa au courant post-keynésien. Kaldor* résumait sa théorie de la répartition par la phrase suivante : « Les capitalistes gagnent ce qu'ils dépensent, les travailleurs dépensent ce qu'ils gagnent. ». P. U.

Keynes (John Maynard)

Économiste anglais (1883-1946) dont l'influence a été majeure au XXe *siècle par sa critique du laissez-faire et sa justification de l'intervention de l'État* dans la lutte contre le chômage*.*

Militant pacifiste, collectionneur d'art, ami de Virginia Woolf, de Bernard Shaw et de Ludwig Wittgenstein, il s'est engagé par son activité et ses écrits dans les débats autant théoriques que politiques de son temps, critiquant dans *les Conséquences économi-*

ques de la paix (1919) le montant excessif des réparations de guerre qui étaient exigées de l'Allemagne. Ses thèses ont accompagné le développement de l'économie mixte* après 1945 et influencé l'orientation de la politique économique*, au moins jusqu'à la crise des années 1970.

Une théorie centrée sur les évolutions de la demande

Élève d'Alfred Marshall*, il étudie tout d'abord les questions monétaires, développant l'analyse de son maître. Dans deux ouvrages importants (*A Tract on Monetary Reform* en 1923 et *A Treatise on Money* en 1930), il s'oppose toutefois au retour de son pays à l'étalon-or*, et à la théorie quantitative de la monnaie*. C'est en 1936 qu'il rompt définitivement ses liens avec l'orthodoxie en publiant *la Théorie générale de l'emploi, de l'intérêt et de la monnaie,* texte fondateur d'une révolution en macroéconomie*.

Dans ce livre, il veut justifier la prise en charge par l'État de la lutte contre le chômage, et la place centrale de l'arme budgétaire dans le dispositif de la politique économique. Au cœur de son analyse, on trouve le principe de la **demande effective** : la production* prenant du temps, les entrepreneurs doivent fixer leur volume d'activité avant que la demande* s'exprime. Celle-ci doit donc être anticipée. Mais, raisonnant dans le cadre d'une économie monétaire, où la vente de la production est essentielle, Keynes considère qu'elle n'est pas assurée du fait de la possibilité pour les agents de conserver leur épargne sous forme liquide (la thésaurisation) ; les agents épargnent en fonction de leurs anticipations sur la conjoncture financière (s'ils pensent que les taux d'intérêt vont augmenter, il peut être justifié pour eux de moins consommer et d'attendre cette hausse des taux pour effectuer des placements financiers). Cette thésaurisation constituant une fuite hors du circuit de la dépense, l'offre* ne crée plus nécessairement sa propre demande puisqu'une partie des revenus distribués est mise en attente. C'est cette possibilité d'une insuffisance de la demande qui, selon Keynes, expliquerait le chômage.

La demande peut néanmoins être soutenue par les dépenses d'investissement des firmes, qui se développent tant que le taux d'efficacité marginale du capital* (le taux de profit anticipé) est plus élevé que le taux d'intérêt, exprimant le coût du financement. L'État peut certes s'efforcer de réduire le taux d'intérêt* (par une politique monétaire appropriée), mais Keynes juge que ce moyen risque d'être trop peu efficace compte tenu des réactions spéculatives du public. Il en découle que seule la politique budgétaire de l'État, par le biais d'un accroissement des dépenses publiques à l'effet multiplicateur*, peut sortir l'économie du piège du chômage.

Dans le même temps et jusqu'à sa mort, Keynes a conseillé la puissance publique : dès 1929, il soutint les politiques de grands travaux et, en 1944, il représenta la Grande-Bretagne* à la conférence de Bretton Woods*, où il ne parvint pas à imposer son plan de réforme du système monétaire international (SMI*) face aux Américains. P. L.

➔ *Budget de l'État, circuit, débouchés, déséquilibre, école néoclassique, (M.) Friedman, (F. A. von) Hayek, (J. R.) Hicks, keynésianisme, libéralisme économique,*

Keynes
John Maynard Keynes (1883-1946). Cet économiste britannique devint célèbre en 1936 après la publication de son ouvrage *la Théorie générale de l'emploi, de l'intérêt et de la monnaie,* où il chercha à justifier le rôle de l'État dans la lutte contre le chômage et l'importance du budget public dans la vie économique. Très en vogue dans les années 1960, il exerce encore une grande influence dans les milieux sociaux-démocrates.

New Deal, (A. C.) Pigou, post-keynésiens, relance, (J.) Rueff, (P. A.) Samuelson, synthèse néoclassique

Keynésianisme

Courant d'idées inspiré par J. M. Keynes, dont le point commun est le rejet du libéralisme économique et l'appel à l'intervention de l'État*, dans le cadre d'une économie mixte*.*

Plusieurs lignées d'économistes se sont réclamées de Keynes après 1936, pour des emprunts de nature différente. D'un côté, les néo-keynésiens, ou keynésiens de la synthèse néoclassique*, ont surtout retenu du maître de Cambridge que l'intervention publique permettait le retour au plein-emploi*, tout en laissant au marché* son rôle de coordination des activités individuelles. D'un autre côté, les post-keynésiens* se veulent fidèles au projet théorique de Keynes d'élaborer un corpus analytique alternatif.

Sur le plan de la politique économique*, le keynésianisme tient à :

• une conception de l'État, garant de l'intérêt général, auquel il incombe de réguler l'économie,

• un objectif prioritaire, la lutte contre le chômage*, et, plus généralement, la stabilisation du niveau d'activité de plein-emploi,

• un instrument principal, la politique budgétaire qui permet un réglage fin de la conjoncture* en jouant sur la pression fiscale et le montant des dépenses publiques,

• la possibilité supposée de satisfaire à la fois l'exigence de l'efficacité économique et le souci de la justice sociale.

Si le New Deal* de Roosevelt en a été une préfiguration dans les années 1930, le keynésianisme a surtout été appliqué avec un succès certain durant les Trente Glorieuses*, faisant dire au président Richard Nixon : « Désormais, nous sommes tous keynésiens. ». P. L.

➔ *Budget de l'État, fiscalité, (J. M.) Keynes, libéralisme économique, macroéconomie, stop-and-go*

Kindelberg (Charles P.)

Économiste américain (né en 1910), spécialiste de l'histoire des questions monétaires et financières internationales.

Il a notamment fourni une interprétation de la crise des années 1930, mettant l'accent sur le transfert, de la Grande-Bretagne vers les États-Unis, du rôle de puissance hégémonique au plan mondial et sur les effets que cela a entraîné, en particulier du point de vue du système monétaire international (*la Grande Crise mondiale : 1929-1939,* 1973). Il est également l'auteur d'une *Histoire financière de l'Europe occidentale* (1984). P. U.

Kondratiev (Nikolas)

Économiste russe (1892-1930), qui analysa les cycles longs de l'activité économique.*

Au milieu des années 1920, N. Kondratiev étudia les mouvements longs des prix de gros et de détail, révélateurs, selon lui, des tendances de l'activité économique. Ainsi, depuis la fin du XVIIIe siècle, se seraient succédé des cycles longs d'activité d'une cinquantaine d'années, chaque cycle comprenant près de 25 ans de hausse de prix, suivi de près de 25 ans de baisse.

À partir de ces travaux, des historiens ont déduit l'existence de trois grands cycles du début des années 1790 à la Seconde Guerre mondiale : 1792-1850 (la hausse des prix se poursuivant jusqu'en 1815), 1850-1896 (hausse des prix jusqu'en 1873), 1896-1940 (hausse des prix jusqu'en 1920). Un quatrième cycle aurait commencé à la fin de la guerre, marqué par une forte croissance inflationniste jusqu'en 1974, et par une croissance lente, mais sans baisse de prix durant le dernier quart du XXe siècle. P. B.

➔ *Cycle économique, prix*

Konzern

Regroupement d'entreprises allemandes liées entre elles par des accords financiers.

Les konzerns se constituèrent en Allemagne* à la fin du XIXe siècle et se renforcèrent après la Première Guerre mondiale. Ils reposaient sur des ententes entre entreprises afin de permettre une intégration verticale (rapprochement d'entreprises complémentaires, fabriquant par exemple les unes de la fonte, les autres de l'acier) ou une intégration horizontale (entre divers producteurs d'acier) dans le but d'accroître la productivité et de réduire la concurrence.
L'un des plus célèbres konzerns fut constitué dans la Ruhr par Hugo Stinnes, et comptait en 1923 plus de 1 600 entreprises. La « cartellisation obligatoire » (décrétée par Hitler en juillet 1933) renforça encore la puissance des grands groupes industriels allemands à la veille de la Seconde Guerre mondiale. P. B.

➔ *Concentration*

Kornaï (Janos)

Économiste hongrois (né en 1928), ayant formulé une critique de l'équilibre général.

Avec son ouvrage *Anti-Equilibrium* (1971), il s'est imposé comme un théoricien reconnu à l'Est mais aussi à l'Ouest. Il a proposé le concept d'« **économie de la pénurie** » pour rendre compte du fonctionnement des économies centralement planifiées : n'ayant à subir qu'une contrainte budgétaire lâche, les entreprises adoptent des comportements de rétention des ressources productives, qui aboutissent à leur pénurie. P. U.

Krach

Effondrement soudain des cours boursiers ; faillite brutale d'une entreprise.

Le terme de krach désigne une courte période d'effondrement des cours de valeurs cotées en Bourse* (comme lors du « jeudi noir », le 24 octobre 1929, durant lequel 13 millions de titres furent vendus) ; elle débouche sur une crise* financière si elle se prolonge et n'est pas suivie d'un rétablissement de la confiance.
On emploie également ce terme dans le cas de la faillite d'un établissement (généralement bancaire) qui ne peut faire face aux demandes de remboursement de ses clients (krach de l'Union générale en France, en 1882). P. B.

➔ *Crise économique, faillite*

Kuznets (Simon S.)

Économiste américain, né en Russie (1901-1985), prix Nobel en 1971.

Dans la lignée de W.C. Mitchell, il mena, au *National Bureau of Economic Research,* de nombreux travaux statistiques sur les cycles économiques et les déterminants de la croissance (*Economic Growth of Nations,* 1971). P. U.

Laffer (courbe de)

Courbe représentant l'évolution du montant des impôts quand le taux d'imposition varie.

Vers 1980, l'économiste Arthur Laffer chercha à convaincre le président républicain des États-Unis, Ronald Reagan, que la hausse du taux d'imposition au-delà d'un maximum provoquait une baisse des revenus de l'État. En effet, beaucoup d'individus, parmi les plus dynamiques et les plus imposés, vont se demander : « À quoi bon travailler tant pour financer le gouvernement ? » Ils vont donc travailler moins et contribuer à ralentir la croissance. Les revenus auront davantage diminué que le taux d'imposition n'aura augmenté et le produit des impôts, paradoxalement, aura diminué.

La courbe de Laffer

Le taux d'imposition B est excessif car on pourrait, en choisissant A, le réduire et obtenir une recette fiscale identique

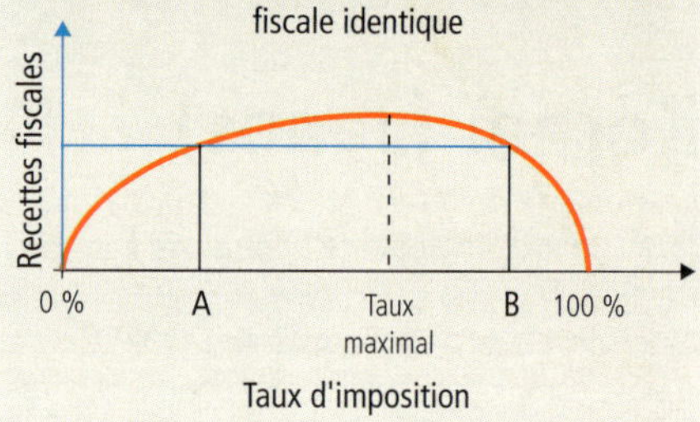

La solution serait de pratiquer exactement la politique inverse : baisser les taux d'imposition pour inciter à travailler davantage, à créer davantage de richesse, avec en prime des recettes fiscales plus élevées.
On dit que le président fut convaincu par ce raisonnement et par la courbe en cloche qui l'illustrait. Les vérifications expérimentales qui ont suivi ont pourtant établi que le taux d'imposition effectif restait en deçà du seuil critique.
Arthur Laffer demeure comme un des chefs de file de l'**économie de l'offre** *(supply-siders economics),* qui prône une augmentation de l'offre et une augmentation de la demande par une baisse généralisée des impôts pesant sur les entreprises et sur les consommateurs.. F. E.

➔ *Impôt*

Law
Le carrosse de John Law attaqué par des Parisiens mécontents qui assassinent au passage le malheureux cocher. En 1716, ce banquier écossais avait reçu l'autorisation du pouvoir royal de créer de la monnaie-papier gagée sur une compagnie de commerce international. Après une période d'euphorie, les épargnants qui avaient acheté des actions de cette compagnie demandèrent à être remboursés en or et ce fut la faillite.

Lange (Oskar)

Économiste polonais (1904-1965), défenseur de l'économie socialiste.

Une vive controverse l'opposa dès l'entre-deux-guerres aux théoriciens (Hayek*, von Mises*) qui affirmaient la supériorité du libéralisme. Son originalité fut d'utiliser la théorie de l'équilibre* général pour démontrer l'efficacité de la planification* centralisée (*On the Economic Theory of Socialism,* 1938). P. U.

Law (John)

Banquier écossais (1671-1729), qui, le premier, tenta de créer en France une monnaie-papier durant les années 1716-1720.

Au début du XVIIIe siècle, l'activité économique de la France était médiocre, les moyens de paiement (constitués de pièces métalliques) étaient insuffisants, et la monarchie devait recourir à l'emprunt pour

financer une partie de ses dépenses. Durant la minorité de Louis XV, John Law obtint du régent Philippe d'Orléans la création d'une Banque royale fabriquant du papier-monnaie afin de stimuler les affaires et de payer les dettes de l'État.
Pour faire accepter ces billets, Law créa la Compagnie d'Occident, bénéficiant du monopole du commerce avec la Louisiane, le Canada et les Antilles, et mit la main sur la Compagnie des Indes ; les actions de ces compagnies, payables en papier-monnaie, se vendaient rue Quincampoix.
Après une période d'euphorie spéculative faisant grimper la valeur de ces actions, la panique s'empara du public. Le cours des actions* s'effondra et, parallèlement, les détenteurs de billets demandèrent leur remboursement en or : la Banque et la Compagnie d'Occident firent faillite, Law s'enfuit à l'étranger, et la méfiance des Français vis-à-vis du papier-monnaie s'en trouva renforcée. P. B.

➔ *Actionnaire, banque, monnaie, spéculation*

LBO

Voir **RES**

Le Chapelier (Isaac René)

Avocat (1754-1794), rapporteur de la loi portant son nom et interdisant les associations ouvrières.

Avocat et député du tiers état en 1789, Le Chapelier rédigea avec Barnave le fameux serment du Jeu de paume et présida l'Assemblée nationale durant la nuit du 4 août 1789.
Le 14 juin 1791, il fit adopter une loi qui interdisait les coalitions de maîtres et d'ouvriers, c'est-à-dire la défense organisée d'individus exerçant le même métier ou la même activité. Cette loi complétait la loi abolissant les corporations, instituant le contrat libre et la liberté du commerce des grains, votée le 17 mars 1791 (loi d'**Allarde**) pour jeter les bases du libéralisme économique* en France.
Le Chapelier fut guillotiné en 1794, mais sa loi resta en vigueur jusqu'en 1864 (autorisation des coalitions par Napoléon III), et la totale liberté syndicale ne fut accordée qu'en 1884. P. B.

➔ *France, libéralisme économique, syndicat*

Leontief (Wassily)

Économiste américain d'origine russe (né en 1906), qui a obtenu le prix Nobel d'économie en 1973.

Wassily Leontief s'est rendu célèbre par ses travaux relatifs au **modèle input-output** (entrée-sortie), qui décrit les relations économiques à l'intérieur d'une nation. Le système économique est ici conçu comme un ensemble interdépendant de branches d'activité se livrant des produits (inputs) qui, une fois transformés, sont à l'origine d'autres produits (outputs). Ainsi, l'industrie sidérurgique livre des tôles d'acier (inputs) à la branche automobile, qui, à son tour, produit des automobiles (outputs). Les recherches de Leontief ont permis le développement des systèmes de comptabilité nationale*, notamment en France avec l'élaboration du tableau entrée-sortie (**TES**).
Wassily Leontief a également enrichi la vision néoclassique* de l'échange international. Il montre grâce à son célèbre paradoxe que l'échange entre les nations s'explique à la fois par les quantités de facteurs de production (travail, capital) attachées à chaque pays et par leurs caractéristiques qualitatives (progrès technique pour le capital, niveau d'instruction de la main-d'œuvre pour le facteur travail). J. C. D.

➔ *Branche, comptabilité nationale, facteur, école néoclassique, output, Nobel*

Leroy-Beaulieu (Pierre-Paul)

Économiste (1843-1916), ayant appartenu à l'école libérale française.

À la fin du XIXe siècle et au début du XXe, il fut, en France, l'un des principaux représentants de la tradition libérale, dont l'origine remontait à J.-B. Say* et qui avait compris également F. Bastiat* (*Traité théorique et pratique d'économie politique,* 1896). P. U.

Levier (effet de)

Mécanisme financier permettant d'augmenter la rentabilité financière d'une entreprise en augmentant son endettement.

La rentabilité économique d'une entreprise se définit par le ratio* exprimant le rapport entre le profit et les capitaux engagés (capitaux propres et capitaux empruntés). La rentabilité financière se définit quant à elle comme le ratio entre, d'une part, le profit diminué des intérêts sur les capitaux empruntés (les frais financiers) et, d'autre part, les capitaux propres. On appelle « levier » le ratio entre les capitaux empruntés et les capitaux propres.
Lorsque la rentabilité économique est supérieure au taux d'intérêt, il existe un effet de levier positif : plus l'endettement est important par rapport aux capitaux propres, plus le levier est élevé et plus la rentabilité financière est élevée. Inversement, si le taux d'intérêt sur la dette est supérieur à la rentabilité économique, alors le levier agit négativement. On dit que l'effet de levier se transforme en effet de massue.
Dans les années 1970, les entreprises françaises ont bénéficié d'un effet de levier. En effet, l'inflation allégeait considérablement leurs charges d'intérêt, de sorte que la rentabilité économique était très supérieure au taux d'intérêt. Avec la désinflation des années 1980, les entreprises ont connu des charges d'intérêt réelles croissantes. Pour ne pas être confrontées à un effet de massue, elles se sont désendettées. A. L.

➔ *Désinflation, inflation, ratio*

Lewis (modèle de)

Modèle dû à Arthur Lewis (né en 1915, à Sainte-Lucie, Petites Antilles, prix Nobel d'économie en 1979), expliquant la stagnation des salaires industriels dans les pays du tiers-monde par l'existence d'un surplus de main-d'œuvre agricole.*

L'existence de chômage « déguisé » (travailleurs en surnombre) dans le secteur agricole exerce une concurrence sur les salaires industriels : chaque travailleur qui s'embauche pourrait être remplacé par un paysan déraciné. Le marché du travail est donc « dual » – en « porte-à-faux » sur les deux secteurs – avec des salaires industriels inférieurs à la productivité des travailleurs. Ce « dualisme » facilite l'industrialisation naissante en ce sens que l'écart entre salaires et productivité permet l'accumulation de profits industriels qui, à leur tour, financeront l'investissement*. J.-M. F.

➔ *Dualisme*

Libéralisme économique

Doctrine prônant la liberté d'entreprendre et l'absence d'intervention de l'État dans l'économie.

La pensée libérale est née au XVIIIe siècle et s'imposa dans la plupart des pays industriels au XIXe siècle. Elle fut remise en cause au XXe siècle à la suite de la crise de 1929, puis revint au premier plan à la fin du siècle. Historiquement, l'apparition des premiers économistes libéraux du XVIIIe siècle (**D. Hume**, A. Smith*, D. Ricardo*, J.-B. Say*...) s'explique par l'émergence d'une philosophie individualiste et critique face à l'absolutisme du pouvoir politique.
Cette tendance s'était déjà manifestée en Grande-Bretagne au XVIIe siècle au moment des révolutions politiques débouchant sur la reconnaissance des droits des individus (Déclaration des droits de 1689). Parallèlement, sur le plan économique, se propagea l'idée que l'enrichissement de chacun conduit à la prospérité collective, et que le libre essor de l'échange marchand améliore la richesse nationale. Cela conduisit à la critique des politiques mercantilistes* et protectionnistes* menées depuis deux siècles.

La Révolution française associa libertés politiques et libertés économiques

En France, les mêmes idées se propagèrent parmi ceux qui dénonçaient les obstacles à la libre circulation des denrées, à l'intérieur comme à l'extérieur du pays, le poids excessif de la fiscalité royale (pesant de plus en plus sur les marchands et les agriculteurs productifs) et les réglementations de toutes sortes, héritages du système médiéval des corporations et du colbertisme*.

Libéralisme
Première page du *Financial Times.* Ce quotidien britannique est, avec *The Economist* et le *Wall Street Journal,* la bible des décideurs économiques internationaux, qui apprécient sa rigueur journalistique comme sa défense résolue du libéralisme, du libre-échange et de la désétatisation. Tiré à 400 000 exemplaires, il est le seul quotidien anglo-saxon à être dirigé, depuis 1999, par un Français, Olivier Fleurot.

WORLD BUSINESS NEWSPAPER

FINANCIAL TIMES

www.ft.com

Wednesday March 1 2000

Elections in Spain
Young voters could make the Galician Nationalist Bloc a big factor in parliament
Page 2

Religion and economics
Is individualism a prerequisite for growth?
Martin Wolf, Page 11

Special report
on the race for mobile access
in FT-IT
Separate section

WORLD NEWS

UN official shot as Kosovo tension continues to rise

BUSINESS NEWS

E&Y forced to sell stake in venture with Cap Gemini

EU LEADERS UNIMPRESSED BY DECISION OF FREEDOM PARTY LEADER TO STEP ASIDE

Austria hopes Haider move offers chance for new start

Murdoch hit by double blow to Asia ambitions

Dans les deux pays, le libéralisme finit par l'emporter : la Révolution française supprima les corporations, institua la liberté des échanges, la notion de liberté des prix et de contrats libres (lois d'**Allarde** et Le Chapelier*), tout en associant dans sa Déclaration des droits de l'homme et du citoyen les idées de liberté et de propriété individuelle. En Grande-Bretagne, les mesures protectionnistes (Actes de navigation*, Corn Laws*) furent abolies durant la première moitié du XIXe siècle et le pays resta libre-échangiste jusqu'à la crise de 1929.

Recul et retour en force du libéralisme au XXe siècle
La crise de 1929 accentua le protectionnisme des divers pays (la Grande-Bretagne elle-même y eut recours) tandis que les gouvernants intervenaient dans l'économie pour tenter de relancer l'activité et réduire le chômage (New Deal* aux États-Unis, hausse générale des salaires et essor des conventions collectives en France, mesures autoritaires en Allemagne et en Italie...).
Après la Seconde Guerre mondiale, le libéralisme fut encore plus rejeté, en raison de la place occupée par les institutions publiques dans la plupart des pays et du rôle de régulateur de l'activité joué par les autorités économiques. Mais la crise des années 1970 et l'inefficacité apparente des politiques de relance étatique permirent un retour en force du libéralisme économique. Celui-ci se traduisit par le recul du secteur public (privatisations en Grande-Bretagne et en France...), par la restriction de l'aide apportée aux entreprises en difficulté, par une politique de création monétaire moins active de la part des banques centrales, par la réactivation des marchés boursiers et par l'acceptation des règles de la concurrence internationale (baisse des protections douanières ou des quotas à l'importation, libre circulation des capitaux...). P. B.

➔ *École classique, école néoclassique, États-Unis, France, Grande-Bretagne, nouvelle économie, physiocratie*

Libre-échange

Mode d'organisation des relations commerciales internationales dans lequel les États ne mettent aucun obstacle à l'entrée de biens produits à l'étranger et destinés à être vendus ou transformés sur le territoire national, aux mêmes conditions fiscales et réglementaires que les produits nationaux.

La mise en œuvre d'une politique de libre-échange implique le démantèlement des mesures relevant du protectionnisme* : abolition des droits de douane*, suppression des barrières non tarifaires (quotas d'importation, normes discriminatoires, etc.).
Le libre-échange a été préconisé par les auteurs libéraux classiques comme Adam Smith* ou David Ricardo*. Mais il n'a vraiment commencé à être mis en place en Grande-Bretagne qu'avec l'abolition des Corn Laws* (1846) et le traité de libre-échange franco-britannique (1860). Cette orientation politique a pourtant été infléchie à la fin du XIXe siècle et inversée après la crise de 1929. Elle a été remise en selle après la Seconde Guerre mondiale avec la création du GATT*, qui a permis une baisse progressive,

mais spectaculaire, des droits de douane. Dans les années 1980 et 1990, la plupart des pays ont infléchi leur politique commerciale dans le sens du libre-échange, y compris des pays émergents, en développement ou ex-socialistes, auparavant très protectionnistes.

L'impératif de la réciprocité

Le libre-échange doit conduire les pays à se spécialiser dans les productions où ils disposent d'un avantage comparatif*. Pour le même effort fourni, cette division internationale du travail* permet donc, en principe, de produire davantage de valeur et de consommer des produits moins chers, mieux adaptés aux besoins et de meilleure qualité. Le libre-échange doit donc d'abord bénéficier aux consommateurs et aux producteurs qui importent des biens intermédiaires et des biens d'équipement, mais il pénalise les autres producteurs, qui doivent restaurer leur compétitivité* ou disparaître.

Si le libre-échange est mutuel, le fait d'accepter les productions étrangères permet aux firmes nationales de vendre davantage sur les marchés étrangers, ce qui stimule la croissance économique et favorise le plein-emploi des ressources. Les exportations* induites par la libéralisation des échanges exercent alors un effet multiplicateur.

Les négociations commerciales organisées au sein du GATT jusqu'en 1994, et de l'OMC* depuis, sont ainsi fondées sur un principe de réciprocité : les pays n'acceptent d'ouvrir davantage leur marché intérieur que dans la mesure où les autres pays accordent des concessions équivalentes et où les entreprises nationales peuvent accéder à de nouveaux marchés à l'exportation. J.-M. S.

➔ *Avantages et coûts comparatifs, commerce international, le libre-échange, jusqu'où ?*

Liquidité

Capacité d'un bien à être utilisé comme moyen de paiement : monnaie.

Les biens économiques sont plus ou moins liquides. Par définition, la monnaie a une liquidité maximale. Lorsqu'on donne 0,5 euro contre une baguette, on éteint instantanément sa dette vis-à-vis du boulanger. Une action a une liquidité moindre. Certes, on ne peut acheter son pain en payant avec des actions. Mais, parce qu'il existe des marchés boursiers, on peut vendre ses actions contre de la monnaie, puis utiliser cette monnaie pour acheter son pain. En transformant ses actions en monnaie, on risque de perdre de son capital, c'est-à-dire de revendre ses actions à un prix plus faible que leur prix d'achat. Pour cette raison, les actions sont transformables en monnaie avec un certain coût. Enfin, certains biens sont illiquides : ainsi, du fait qu'il n'existe pas de marché de l'occasion pour les pantoufles, on ne peut pas revendre ses pantoufles contre de la monnaie.

Par extension, la liquidité de l'économie, appelée également masse monétaire, est l'ensemble des moyens de paiement mis à la disposition des agents économiques, à un moment donné, dans un pays donné, par le système bancaire. A. L.

➔ *Monnaie*

List (Friedrich)

Économiste allemand (1789-1846), défenseur du protectionnisme éducateur permettant l'essor industriel des pays moins avancés.*

Dans son *Système national d'économie politique* (publié en 1840), List affirme qu'un pays en retard d'industrialisation (comme l'Allemagne au début du XIXe siècle) ne peut se développer que s'il se protège de la concurrence extérieure par des droits de douane* élevés, compensant la différence entre les coûts de production intérieurs et ceux des produits importés.

Le protectionnisme permet en effet de produire des biens essentiels pour la mise en place des structures industrielles (telles qu'usines sidérurgiques, fabriques de matériels de chemin de fer, etc.). Un secteur moderne peut ainsi voir le jour, combler son retard face aux pays plus industrialisés et devenir ensuite compétitif. Il sera temps alors de réduire les droits de douane, car, selon List, le libre-échange reste le but ultime.

Ce protectionnisme défensif fut appliqué dans la plupart des pays, en Allemagne*, mais aussi aux États-Unis* ou au Japon* et dans les pays du tiers-monde* jusqu'à une période très récente. P. B.

➔ *Libéralisme économique, protectionnisme*

Livre sterling

Monnaie ayant cours légal en Grande-Bretagne.

Le mot « livre » (*pound* en anglais) s'inspire du poids physique du métal. La livre sterling écossaise a un taux de change fixe par rapport à la livre anglaise, mais les billets sont distincts.
Plusieurs pays ont donné à leur monnaie un nom dérivé de la livre : l'Irlande *(punt)*, l'Égypte, la Syrie, la Turquie.
La livre a adhéré au SME (système monétaire européen) en 1990, mais en est sortie en septembre 1992 au terme d'une folle bataille sur les marchés des changes, qui coûta plusieurs milliards de livres à la Banque d'Angleterre, au profit de George Soros et autres spéculateurs ; elle avait alors tenté en vain de racheter des livres sterling sur les marchés afin de maintenir la livre à l'intérieur du SME, et avait épuisé ses réserves de change.
La Grande-Bretagne a choisi de ne pas faire partie de la première étape de l'Union économique et monétaire de l'Europe, en 1999. Mais le gouvernement travailliste de Tony Blair, arrivé au pouvoir en 1997, est nettement plus favorable à l'euro* que ne l'était son prédécesseur. F. L.

➔ *Euro, Grande-Bretagne*

Lobby

Groupe de pression – formel ou informel – représentant les intérêts d'une profession, d'un secteur, d'une région ou de tout autre acteur économique ou social face aux institutions.

Le mot vient de l'anglais, par référence aux solliciteurs qui se pressaient dans les couloirs (lobby) du Parlement. L'expression « faire du lobbying » est récente, mais la pratique est ancienne : les producteurs de vin et d'alcool sont notoirement très écoutés par les parlementaires français, ce qui explique peut-être la timidité des lois réprimant l'alcoolisme.
En France, les élus étant censés défendre uniquement l'intérêt général, l'expression d'intérêts locaux ou professionnels a longtemps été tenue en suspicion : de ce fait, le lobbying s'y exerçait de façon détournée et peu transparente. Dans le modèle américain, les lobbies les plus variés ont des représentations officielles à Washington, et se sentent pleinement légitimes en tant que défenseurs des intérêts minoritaires face à la majorité et à l'État central, souvent soupçonnés de visées hégémoniques. Avec la construction européenne, les institutions communautaires fonctionnent de plus en plus « à l'américaine » : une foule de lobbys sont installés à Bruxelles, des céréaliers français aux transporteurs routiers espagnols, en passant par la mécanique allemande ou les pêcheurs portugais. Les intérêts extra-communautaires sont également bien représentés.

Une pratique rendue plus nécessaire du fait de la complexité croissante des enjeux
L'activité de lobbying, exercée dans le respect de la déontologie, n'a rien d'inavouable. Des quantités de normes et de règlements sont adoptés chaque jour dans tous les domaines ; destinés à régler un problème, il arrive fréquemment qu'ils en créent un autre. Par exemple, la France a opté pour une politique ambitieuse d'incinération des déchets, pour éviter la multiplication des décharges ; mais on s'est aperçu que les fumées d'incinérateurs sont une source majeure de dioxine. Face à des questions de plus en plus techniques et imbriquées, les décideurs publics ont besoin d'entendre les acteurs concernés, de tenir compte de leurs arguments et des informations qu'ils font remonter. Le système s'équilibre du fait qu'un lobby doit toujours contrer d'autres lobbys. S. G.

Maastricht (traité de)

Traité signé à Maastricht (Pays-Bas) le 7 février 1992 et instituant l'Union européenne. Le traité est relatif à la réalisation d'une Europe politique et de l'Union économique et monétaire (UEM), articulée notamment autour d'une monnaie unique.*

DOSSIER
Mondialisation p. 385

Le traité de Maastricht comprend deux volets : un volet politique et un volet économique. L'Europe politique repose sur la définition d'une politique étrangère et de sécurité commune (**PESC**) ainsi que sur une coopération interétatique dans le domaine de la justice et des affaires intérieures. Le traité instaure en outre une citoyenneté européenne. Ses aspects plus proprement économiques prévoient la création d'une union économique et monétaire en Europe autour d'une monnaie unique : l'euro. Le passage à l'UEM est articulé en trois phases. Inaugurée en 1990, la réalisation de l'UEM devrait être achevée en 2002.

• La première phase (1990-1993) a engagé le processus d'union monétaire. Elle s'est caractérisée par la libre circulation des capitaux en Europe et par l'interdiction du financement des déficits publics (budget des États) en recourant à la création monétaire, c'est-à-dire à des avances de la Banque centrale.

• La deuxième phase (1994-1998) reposait sur le rapprochement des pays candidats, en matière de **cadrage macroéconomique** (politique économique). L'entrée dans l'UEM suppose que chaque pays candidat respecte un cahier des charges en matière de fondamentaux* macroéconomiques portant sur la maîtrise de l'inflation*, du déficit budgétaire et de la dette* publique, de même que sur la recherche de la stabilité de la monnaie et sur la modération du niveau des taux d'intérêt. Durant cette deuxième phase, les banques centrales nationales deviennent indépendantes des gouvernements afin de pouvoir constituer le Système européen des banques centrales (**SEBC**).

• La troisième phase (1999-2002) aboutit à la création de la monnaie unique. Le SEBC entre en fonction sous l'égide de la Banque centrale européenne (**BCE**). Les parités entre monnaies euro-

péennes sont fixées de manière irrévocable. Le 1er janvier 2002, les billets et les pièces libellés en euro circuleront, dans un premier temps, conjointement avec les anciennes monnaies nationales.
Enfin, le 1er juillet 2002, les anciennes monnaies nationales disparaîtront au profit de l'euro, qui deviendra la seule monnaie légale. J. - C. D.

➔ *Euro, Amsterdam (traité d'), Union européenne*

Machine à vapeur

La première véritable machine à vapeur permettant un usage industriel fut élaborée par James Watt durant les années 1780-1785.

Les premières réflexions et expériences sur l'usage de la vapeur remontent à la fin du XVIIe siècle : en 1687, le Français **Denis Papin** décrivit le principe du fonctionnement d'une machine à vapeur atmosphérique. Puis, en 1705, les Anglais Newcomen et Savery construisirent une machine utilisant la force ascendante de la vapeur pour élever un piston et permettre de remonter une charge à l'aide d'un système de poulie.
Mais l'apport de **James Watt** (1736-1819) fut décisif. Réparant en 1763 une machine de Newcomen, il chercha à en modifier le principe. Entre 1780 et 1785, il réussit à faire agir la vapeur sur les deux faces du piston en inventant le « tiroir » de distribution, puis à obtenir un mouvement continu grâce à un « volant » de fonte et à un « régulateur à boules ». Sa machine fournissait ainsi une source d'énergie pouvant actionner les nouveaux métiers mécaniques du textile qui venaient de voir le jour en Grande-Bretagne. La première étape de la révolution industrielle était née.
Une deuxième utilisation de la machine à vapeur, aux effets économiques encore plus considérables, allait suivre une vingtaine d'années plus tard avec la construction des premières locomotives à vapeur. P. B.

➔ *Chemin de fer, Grande-Bretagne, industrialisation, révolution industrielle*

Machlup (Friedrich E.)

Économiste américain, né en Autriche (1902-1983), dont la contribution porte sur de nombreux domaines de l'analyse économique.

Spécialiste de méthodologie économique, il a fait valoir que la description réaliste de l'entreprise n'entrait pas dans les objectifs de la théorie néoclassique*, ce qui rendait nécessaire le recours à d'autres approches pour fonder une théorie de la firme (*Methodology of Economics and Other Social Sciences*, 1978). P. U.

Macroéconomie

Domaine de l'analyse concernant le fonctionnement du système économique considéré globalement.*

Alors que la microéconomie* étudie les comportements individuels, la macroéconomie analyse les phénomènes globaux liés à la production* (niveau d'activité, technologie*, chômage*, croissance*), à la distribution des richesses (répartition*) et à leur utilisation (consommation*, investissement*, épargne*), mais aussi les questions monétaires et financières (inflation*, taux de change*, taux d'intérêt*, balance des paiements*). Le terme est d'invention récente, mais son objet, plus ancien, a émergé avec l'économie politique (XVIIIe siècle). Si l'on a privilégié jusqu'à présent le cadre national, l'internationalisation* des relations économiques conduit à raisonner en économie ouverte, intégrant les échanges extérieurs, voire à passer au niveau mondial.
L'analyse macroéconomique s'intéresse aux relations existant entre variables économiques globales, les agrégats* (par exemple l'influence de la masse monétaire sur le PIB* et l'emploi*). Elle utilise pour cela les données de la comptabilité nationale* et les techniques de l'économétrie* lorsqu'il s'agit de tester certaines hypothèses ou d'effectuer des prévisions économiques*. Elle joue un rôle central dans les débats de politique économique*, dont la conduite peut être assistée par les simulations de scénarios alternatifs envisagés dans les modèles macroéconométriques. D'où les nombreuses controverses qui jalonnent son histoire, et le rôle de conseiller de la puissance publique souvent joué par le macroéconomiste.

La différence de nature entre la logique individuelle et la logique collective

Cependant, les économistes dont l'analyse repose sur le concept de rationalité de l'*Homo oeconomicus** considèrent que les phénomènes globaux ne sont que le résultat agrégé de comportements individuels. Utilisant la notion d'agent représentatif, ils élaborent une théorie des marchés et des prix qui repose sur des fondements microéconomiques.

Par contre, Keynes* a critiqué cette vision des choses en renouant avec l'approche macroéconomique du circuit* déjà présente chez Quesnay*, approche qui analyse les conditions d'un ajustement global entre flux de revenus et flux de dépenses. On considère dans cette perspective qu'on ne peut étendre au niveau global ce qui est valable au niveau individuel (l'épargne peut être une vertu privée mais un vice public parce qu'elle décourage la production) ; il faut donc envisager le fonctionnement du système global, dont l'un des principes de base est que la dépense des uns constitue le revenu des autres, et se poser notamment la question du bouclage du circuit (c'est-à-dire en particulier celle des conditions de l'équilibre entre l'épargne globale et l'investissement). P. L.

➔ *Collectivisme, crise économique, État, inflation, keynésianisme, libéralisme économique, marxisme, mondialisation, nouvelle école classique, physiocratie, protectionnisme, régulation, science économique, (L.) Walras*

Mafia

Au sens strict, la Mafia (du toscan maffia, qui signifie « misère », ou de l'arabe mu-afah, signifiant « protection des faibles ») désigne le crime organisé en Sicile, alors que la Camorra s'applique au banditisme napolitain, et la Ndrangheta, à la formule calabraise du même phénomène.

Tous les pays du monde ont leurs mafias, souvent très anciennes (yakusas au Japon, triades en Chine, etc.). La particularité récente du crime organisé est qu'il s'appuie sur des ressources financières extrêmement puissantes : argent de la drogue, réseaux internationaux de prostitution ou de trafic d'armes...

On assiste à l'institutionnalisation de réseaux mafieux partout dans le monde. Les mafias se sont enrichies en sachant se rendre indispensables dans la distribution de produits de première nécessité, comme dans beaucoup de pays d'Afrique, ou en prêtant main-forte à la lutte contre les guérillas d'extrême gauche, comme en Amérique latine ou en Thaïlande. Souvent présentes au sommet des États, elles généralisent le détournement des ressources publiques au profit de leurs intérêts privés.

Le racket n'est plus qu'une maigre partie des revenus financiers de la mafia. Celle-ci dirige ses affaires au moyen d'instruments financiers sophisti-

Mafia
Scène du film de Francis Ford Coppola *le Parrain*. Désignant originellement l'organisation criminelle sicilienne, le terme « mafia » est utilisé depuis pour toute forme de banditisme organisé à grande échelle. Que ce soit aux États-Unis, en Russie ou à Hongkong, les mafias utilisent aussi bien la violence que des instruments financiers sophistiqués.

qués, notamment le blanchiment d'argent. La corruption, la violence physique et le culte du secret sont les instruments privilégiés dont se sert la mafia pour parvenir à ses fins : l'enrichissement de quelques-uns au détriment du plus grand nombre.

Avec la fin de la guerre froide, la Russie est devenue l'un des principaux terrains d'élection des pratiques mafieuses en tous genres. Interpol évalue à 10 000 le nombre de groupes mafieux installés en Russie*, qui contrôleraient 40 000 sociétés et plus du tiers des banques. La mafia russe est très différente de la Mafia italienne. Plus récente puisqu'elle a pris son envol après la chute du régime soviétique, elle n'est pas organisée autour d'un clan familial ou villageois mais autour d'un patron enrichi par les privatisations sauvages et le délit d'initié à grande échelle. L. D.

Main invisible

Mécanisme par lequel la recherche de l'intérêt particulier permet de satisfaire au mieux l'intérêt général.

Cette formule, utilisée à une seule reprise par Adam Smith*, désigne une procédure selon laquelle la recherche de l'intérêt privé par les agents conduit ces derniers à des actions qui produisent, par leur agrégation, le bien collectif. Ce résultat n'est pas recherché par ces agents, et il ne serait sans doute pas atteint s'ils se le donnaient explicitement comme objectif : ils y sont menés comme par « une main invisible ». P. S.

Malinvaud (Edmond)

Économiste français (né en 1923), spécialiste de l'économie mathématique et de l'économétrie.

Polytechnicien, directeur général de l'INSEE* de 1974 à 1987, professeur au Collège de France, E. Malinvaud est connu par ses contributions à diverses théories : allocation des ressources, croissance, risque, déséquilibres macroéconomiques. Il a élaboré en particulier la théorie du déséquilibre, qui se propose de donner des fondements microéconomiques aux analyses keynésiennes et d'étudier les équilibres de sous-emploi avec chômage involontaire.

Il a également participé à l'étude des politiques économiques au Commissariat général du Plan*, au ministère des Finances et à la Commission européenne. N. E.-M.

➔ *INSEE, mathématiques*

Malthus (Thomas Robert)

Économiste et sociologue anglais (1766-1834), surtout connu pour son pessimisme démographique, qui fut aussi un théoricien des crises du capitalisme*.*

C'est dans son *Essai sur le principe de population* (1803) que Malthus développa la célèbre « loi » selon laquelle la « race humaine croît selon la progression 1, 2 ,4, 8, 16... [c'est-à-dire suivant une progression géométrique], tandis que les moyens de subsistance croissent selon la progression 1, 2, 3, 4, 5... [c'est-à-dire suivant une progression arithmé- tique] ». Ainsi, selon lui, « au bout de deux siècles, la population et les moyens de subsistance seront dans le rapport de 256 à 9 ».

Face à ce problème, Malthus préconisa la restriction des naissances, grâce au mariage tardif, à l'éducation morale et à la suppression de l'aide aux plus pauvres (pratiquée alors en Grande-Bretagne), afin de les inciter à avoir moins d'enfants.

Il fut critiqué pour son cynisme et son erreur d'appréciation sur les progrès techniques agricoles. Cependant, les problèmes contemporains des pays du tiers-monde ont réactualisé sa pensée : des mesures autoritaires de contrôle des naissances ont été mises en œuvre dans divers pays (Chine, Inde...), et l'on estime qu'à la fin du XXe siècle plus de la moitié de la population mondiale souffre de carences alimentaires. Le « malthusia- nisme » s'exprime également à pro-

pos de la croissance industrielle dévoreuse d'énergie et destructrice d'environnement, que certains écologistes souhaiteraient ralentir (travaux du « club de Rome » – club d'experts qui, dans les années 1970, souhaitaient ralentir la croissance économique).
Malthus fit aussi œuvre d'économiste en critiquant vivement le libéralisme* et l'optimisme de Smith*, de Ricardo* et de Say*, dans ses *Principes d'économie politique* (1820). Selon lui, le libre-échange* tend à faire baisser les prix, ce qui dissuade les agriculteurs d'accroître la production. Mais, surtout, le capitalisme risque de connaître de graves crises de surproduction* du simple fait que les capitalistes épargnent une partie importante de leurs revenus et ne consomment pas les biens qu'ils produisent. P. B.

➔ *Démographie, population*

Management

Voir **Gestion**

Manufacture

Lieu de production où un nombre important d'ouvriers sont employés pour effectuer un travail manuel.

Étymologiquement, une manufacture est un établissement où le travail se fait à la main, donc à l'aide de techniques de production constantes, contrairement à l'usine capitaliste qui repose sur l'emploi de machines augmentant sans cesse la productivité* du travail. Mais, à la différence des échoppes artisanales de l'époque féodale, les manufactures utilisèrent des locaux de grande dimension et souvent plusieurs centaines d'ouvriers. Elles appartenaient à l'État (Manufactures royales), qui voulait en faire le moteur de l'essor industriel et des exportations du pays, ou à des entrepreneurs privés ayant engagé des capitaux importants, et qui étaient propriétaires des marchandises fabriquées par les ouvriers. Cela fit de la manufacture une étape vers l'usine propre au capitalisme industriel.
Les plus célèbres manufactures françaises furent celles créées par Colbert durant les années 1660-1670 : celles des Gobelins (tapisserie), de Sèvres (porcelaine), de Saint-Étienne (armes), etc. P. B.

➔ *Colbertisme, révolution industrielle*

Marché

Lieu où se confrontent les offres et les demandes d'un bien particulier.

Le marché du parfum réunit les offres des entreprises Dior, Chanel, Lancôme, etc., et les demandes de millions de consommateurs potentiels. Le marché du dollar réunit ceux qui veulent en acheter et ceux qui veulent en vendre. Dans un cas, la confrontation s'effectue directement dans l'ensemble des magasins spécialisés ; dans l'autre, le marché se situe plus abstraitement dans l'ensemble des salles de marché des banques du monde entier, réunies par des réseaux électroniques.
Une caractéristique essentielle du marché est le prix* de vente du produit considéré. Le prix est d'autant plus élevé que les acheteurs sont attachés au produit et ont les moyens de se le procurer ; il est d'autant plus bas que les producteurs savent le produire de façon efficace, ou que la demande en est faible.

Malthus
Thomas Robert Malthus (1766-1834). Ce pasteur anglican anglais est passé à la postérité en estimant que l'on allait à la catastrophe puisque la progression démographique était de nature géométrique, et celle des richesses, seulement arithmétique. Depuis, toute mesure économique impliquant une restriction, du contrôle des naissances aux 35 heures, peut, à un degré ou à un autre, être considérée comme « malthusienne ».

Une logique universelle

Mathématiquement, le prix est ce qui égalise l'offre et la demande globales, en vertu du mécanisme suivant : supposons, par exemple, un prix fixé si bas que la demande excède l'offre. Certaines entreprises vont alors augmenter leur prix et leur production pour profiter de l'aubaine ; de plus, la hausse du prix diminuera la demande. Inversement, si le prix initial est tel que la demande est inférieure à l'offre, le prix va diminuer pour séduire davantage les acheteurs. Dans tous les cas, le déséquilibre initial va donc se résorber et cela jusqu'à égaliser les offres et les demandes.

En théorie, les mécanismes des marchés s'avèrent identiques, qu'il s'agisse de biens matériels comme des parfums, ou du travail, ou de services comme ceux que rendent les avocats, ou d'activités illicites comme le commerce de la drogue. On parlera donc d'offres et de demandes dans chaque cas, avec un prix d'équilibre qui tend à les égaliser en vertu des mêmes mécanismes spontanés. F. E.

➔ *Équilibre, marché (économie de), prix*

Marché (économie de)

Système économique dominé par des relations marchandes selon lesquelles la plupart des biens sont directement accessibles, et les conditions de vente, fixées librement par les acheteurs et les vendeurs.

Le troc*, notamment dans les sociétés primitives, constitue un premier contre-exemple parce que les biens ne s'y achètent pas toujours contre de la monnaie. Les économies planifiées fournissent un deuxième contre-exemple, la plupart des prix étant déterminés par des administrations et non pas par des marchés.

Une pure économie de marché, totalement exempte de normes gouvernementales ou religieuses et d'interventions politiques diverses, n'a jamais existé. La plupart des économistes n'ont jamais cru qu'un tel système pourrait efficacement fonctionner, mais ils ont utilisé cette fiction pour mieux comprendre les mécanismes réels qu'ils observaient et pour établir les meilleures façons de concourir à l'intérêt général. F. E.

➔ *Marché, planification, prix*

Marché captif

Situation où un vendeur bénéficie d'une demande que lui seul peut satisfaire.

On parlera de marché captif dans le cas d'un professeur imposant l'acquisition de son ouvrage à ses étudiants, ou dans le cas d'une entreprise contrôlant l'offre d'un produit complémentaire à celui qu'elle fabrique (disquette non standard adaptée à une marque précise d'ordinateur, même s'il existe une concurrence sur le marché des ordinateurs). P. B.

Marché des changes

Lieu sur lequel se rencontrent les offres et les demandes de devises, donc où naissent les taux de change, point d'équilibre entre l'offre et la demande.

Près de 2 000 milliards de dollars s'échangent quotidiennement sur les marchés des changes du monde entier. Le principal marché est à New York, suivi par Londres, très loin devant Paris. Les cambistes* sont les opérateurs sur le marché des changes. Le nom « agent de change » fait, lui, référence à la Bourse de Paris (jusqu'en 1988).

Sur les marchés des changes, les contrats **au comptant**, c'est-à-dire les ventes ou achats immédiats consacrés à la transaction physique de biens (par exemple l'achat de dollars dans le but de régler une facture aux États-Unis), sont minoritaires par rapport aux contrats à terme (« futures » et options) et à la spéculation*. Ces contrats **à terme** reflètent la croyance du marché dans la valeur future de telle ou telle devise, à une échéance (date) donnée. Ainsi, l'industriel qui sait qu'il aura besoin de dollars trois mois plus tard a intérêt à acheter du dollar à terme s'il pense que le cours va baisser, et si, sur le marché des changes, le dollar – 3 mois est effectivement

moins cher qu'au comptant. C'est une façon de gérer aujourd'hui le risque de change.
Les taux de change fixes suppriment de fait l'intérêt du marché des changes puisque le cours futur est connu et que le risque de change est nul. Les systèmes semi-rigides, comme l'était le SME (système monétaire européen), n'interdisent pas la spéculation : la lire italienne ou la livre britannique en ont été victimes en 1992, par exemple. F. L.

➔ *Euro, spéculation, taux de change*

Marché commun

Voir **Union européenne**

Marché hypothécaire

Marché de billets à ordre garantis par des hypothèques* (garanties que prend un créancier sur un bien immobilier).*

Créé en France en 1966 et réformé en 1985, il permet aux banques* qui prêtent de l'argent aux particuliers pour financer leur logement de se procurer les liquidités en émettant des billets à ordre garantis par des hypothèques sur ces logements (billets hypothécaires). Ces billets peuvent être négociés auprès d'agences spécialisées pour se refinancer (être échangés contre de l'argent immédiatement disponible) sans attendre l'échéance des prêts. J. R.

➔ *Hypothèque, refinancement*

Marché monétaire

Marché sur lequel s'échangent uniquement des capitaux à court et moyen terme, c'est-à-dire des crédits interbancaires ou des titres financiers d'une durée généralement inférieure à un an.
Les placements et les emprunts à long terme, eux, s'effectuent sur le marché financier. Le marché des capitaux regroupe le marché monétaire et le marché financier.*

Le marché monétaire englobe la quasi-totalité du marché des changes*, les billets de trésorerie émis par les entreprises et les certificats de dépôt émis par les banques. Les obligations* lui échappent, de même que les crédits bancaires à long terme car leur échéance (durée de vie) est trop longue (jusqu'à trente ans). Les obligations s'échangent sur le marché obligataire, qui fait partie du marché financier. Quant aux actions*, ce sont des fractions du capital d'une société, négociées en Bourse.
Le marché monétaire permet aux banques (mais aussi aux grandes entreprises, qui y recourent désormais de préférence aux emprunts bancaires) d'ajuster leurs positions en liquidités, c'est-à-dire d'emprunter ou de prêter des sommes à court terme afin d'équilibrer leur trésorerie. Jusqu'à l'entrée en fonction de la Banque centrale européenne, le marché monétaire permettait également à la Banque de France de maîtriser le niveau des taux d'intérêt dans l'économie, ainsi que la quantité de monnaie en circulation. Depuis 1999, la politique monétaire unique est rendue possible par le réglage de la liquidité bancaire en euros. Les interventions sur les marchés monétaires de la zone euro sont décidées par la Banque centrale européenne, et exécutées, essentiellement par voie d'appels d'offres hebdomadaires, de manière identique par toutes les banques centrales de la zone euro. F. L.

➔ *Banque de France, obligation*

Marché noir

Voir **Économie souterraine**

Marchés financiers

Marchés où sont émises et échangées des valeurs mobilières servant au financement des entreprises et aux placements des épargnants à long terme.

Les marchés financiers sont des marchés de capitaux à long terme, par opposition au marché monétaire*, qui est un marché où s'échangent des capitaux à court terme.
Les marchés financiers, appelés également bourses des valeurs mobilières, ont deux fonctions. D'une

Marchés financiers

Scène du film d'Oliver Stone *Wall Street*. Depuis les années 1980, les boursiers défraient la chronique. À côté des « traders » et des « start-up », on parle des « raiders » (qui absorbent les entreprises), des « maîtres nageurs » (qui enseignent l'art de flotter en Bourse), des « venture capitalists » (qui recherchent le risque et la belle affaire), des « business angels » (qui placent leur propre argent dans des petites entreprises prometteuses), etc.

part, ils contribuent au financement des entreprises et de l'État qui émettent des titres, ou valeurs mobilières, en échange de liquidités apportées par les épargnants ; c'est leur fonction primaire. D'autre part, ils permettent la négociation des valeurs mobilières émises sur le marché primaire ; c'est leur fonction secondaire.

La Bourse* parisienne a été créée en 1724. Jusqu'au début des années 1980, les échanges de valeurs mobilières se tenaient dans un lieu précis, le palais Brongniart. Les agents de change qui exécutaient les ordres de leurs clients s'y rencontraient autour d'une corbeille à grand renfort de gestes et de bruits. Aujourd'hui, ce folklore a disparu. Les intervenants sur les marchés financiers « se rencontrent » à travers leurs écrans d'ordinateur.

Sur le **marché primaire**, c'est-à-dire le marché des émissions nouvelles, les demandeurs de capitaux peuvent émettre deux catégories de titres, les actions et les obligations. Les actions* sont des titres représentatifs d'un droit de propriété sur le capital des entreprises, donnant droit à dividende, lorsque l'entreprise fait des bénéfices, et droit de vote dans les assemblées générales d'actionnaires. Les obligations* sont des titres représentatifs d'un droit de créance, donnant droit à intérêt. Pour pouvoir émettre des titres sur le marché primaire, il faut respecter un certain nombre de critères de taille, de notoriété, de montant minimal de capital... En France, il existe un **premier marché**, accessible aux grandes entreprises ; le **second marché**, destiné aux PME*, a été créé en 1986 ; le **nouveau marché**, réservé aux entreprises à fort potentiel de croissance, a été créé en 1996.

Sur le **marché secondaire**, c'est-à-dire le « marché de l'occasion », les acheteurs et les vendeurs s'échangent les titres financiers. Le prix des titres, également appelé « cours », est coté tous les jours ouvrables, de manière continue entre 9 heures et 17 heures. Ce cours égalise à chaque

instant l'offre et la demande. Lorsque l'offre devient supérieure à la demande, le cours baisse, et inversement.
En raison des sommes que ces marchés drainent et de leur influence sur l'économie, ils sont étroitement encadrés et surveillés en France par la Commission des opérations de Bourse et le Conseil des marchés financiers. A. L.

➔ *Bourse, COB*

Marché du travail

Procédé d'affectation des travailleurs (offreurs de travail) à des emplois ouverts par des firmes qui proposent un poste de travail et une rémunération.

Par extension, ensemble des acheteurs (entreprises), des vendeurs (travailleurs) de travail d'une qualification particulière, dans un lieu particulier, et des règles régissant cet échange. Le marché sera plus ou moins « libre » selon l'autonomie accordée par les règles du marché aux entreprises pour déterminer le niveau des salaires proposés, les conditions d'embauche et de licenciement ainsi que les conditions de travail et la définition des postes.
Le marché externe est à l'origine de l'embauche de travailleurs extérieurs à l'entreprise en vue de pourvoir un poste. L'entreprise est un marché interne pour certains postes quand ces postes sont pourvus par recours à la promotion ou à la mutation au sein de l'entreprise. Par exemple, le marché des ingénieurs informaticiens de la région parisienne, celui des ouvriers qualifiés de l'agglomération lilloise sont des marchés externes ; l'ensemble des ouvriers qualifiés susceptibles de devenir agents de maîtrise dans une entreprise donnée constitue un marché interne.
Les marchés ont des structures différentes : un marché sera concurrentiel s'il est constitué par un grand nombre de firmes et de travailleurs sans influence sur le salaire de ce marché (par exemple, le marché des services des gens de maison). On est en situation de monopsone* quand une ou plusieurs entreprises sont les seules à acheter un certain type de travail (par exemple, Michelin à Clermont-Ferrand) ; il y a monopole quand un groupement de salariés occupe une position dominante (exemple, le syndicat CGT du livre).
Quand le marché du travail est concurrentiel, il s'analyse par l'interaction entre l'offre et la demande des différentes formes de travail.
• L'**offre de travail** est le nombre de travailleurs prêts à offrir leurs services pour un salaire donné. En général, la relation est croissante : plus le salaire est élevé, plus le nombre de travailleurs prêts à travailler sur le marché est grand.
• La **demande de travail** donne le nombre de travailleurs que les firmes d'un marché sont prêtes à employer pour un salaire donné. Elle émane d'entreprises qui agissent au mieux de leurs intérêts : elles emploieront des travailleurs tant que ceux-ci leur rapportent plus qu'ils ne leur coûtent.
L'équilibre du marché du travail se définit comme la combinaison de salaires et du nombre de travailleurs employés qui satisfait simultanément les travailleurs et les firmes. Les lois du marché ou de l'offre et de la demande indiquent comment se modifie l'équilibre quand se déplacent l'offre ou la demande. Par exemple, à l'approche de l'an 2000 et du fameux « bug », la demande d'informaticiens s'est fortement accrue ; l'offre étant fixée à court terme (former des informaticiens prend du temps), leur salaire sur le marché a fortement augmenté.
Le marché du travail est fortement réglementé : des conventions collectives par secteur d'activité établissent des rémunérations minimales selon le niveau de qualification des travailleurs et précisent les conditions de travail. Le salaire minimum interprofessionnel de croissance (SMIC*) est le niveau de rémunération horaire minimum autorisé en France. Il est depuis le 1er juillet 1999 de 40,72 francs brut par heure, soit 6 881,68 francs pour 169 heures par mois. M. S.

Marge

Différence entre un prix de vente (ou le chiffre d'affaires d'une entreprise) et un coût observé au cours d'une période donnée.

Une entreprise, au cours d'une année, a réalisé un chiffre d'affaires de 1 000, a acheté (et consommé) des matières premières pour 500, a payé de la main-d'œuvre pour 300 et a eu des charges d'amortissement de 100. On peut, par exemple, calculer les différentes marges suivantes :
• marge sur coût d'achat des matières premières : 500 (1 000 – 500),

• marge sur coûts variables de production :
200 (1 000 – 500 – 300),
• marge sur coût complet de production :
100 (1 000 – 500 – 300 – 100).
Il existe donc une grande variété de marges.
Les rapports d'une marge à un chiffre d'affaires (**taux de marge**) peuvent donner des informations intéressantes sur la politique commerciale ou industrielle d'une entreprise, mais ils ne constituent que des indicateurs de **profitabilité** (rapport d'un résultat aux ventes) et non de rentabilité (rapport d'un résultat à une masse de capitaux). J. R.

➔ *Rentabilité*

Marginalisme

Théorie économique reposant sur un raisonnement « à la marge », c'est-à-dire portant sur les variations de petites quantités offertes et demandées, et non plus principalement sur les quantités globales produites ou échangées.

Cette approche de l'économie est apparue dans les années 1870 simultanément en Angleterre avec W. S. Jevons*, en Autriche avec C. Menger* et en France avec L. Walras*, auteurs également qualifiés de néoclassiques*.
La notion d'utilité marginale* est au cœur de leur analyse : il s'agit de supplément d'utilité qui provient de la possession d'une unité supplémentaire de biens. Ces auteurs considèrent en effet que chaque individu accroît la demande d'un bien tant que l'utilité marginale procurée par l'acquisition d'une unité supplémentaire de ce bien est supérieure à la perte d'utilité provoquée par la dépossession de ce que l'on donne en échange (un autre bien, du temps de travail...).

Le prix des facteurs de production tend vers leur productivité marginale

Les marginalistes affirment, d'autre part, que la rémunération des facteurs de production (le travail en particulier) tend à être égale à la productivité marginale* de ces facteurs. Ainsi, le salaire tend vers la productivité marginale en valeur du travail (c'est-à-dire la valeur produite par la dernière unité de travail utilisée), car l'employeur augmentera la quantité de travail qu'il utilise tant que le salarié rapporte plus qu'il ne coûte, et cela jusqu'à ce que la dernière heure de travail ne lui procure plus de profit : le salaire est alors égal à la productivité marginale du travail, et le profit marginal est nul.
On peut globalement associer le marginalisme à l'élaboration de la théorie microéconomique telle qu'elle s'enseigne encore aujourd'hui. F. E. et P. B.

➔ *(W. S.) Jevons, (C.) Menger, microéconomie, utilité, (L.) Walras*

Mark

Unité monétaire de l'Allemagne et de différents autres pays d'Europe.

Le mot *mark* se réfère à la marque autrefois gravée sur les pièces afin d'indiquer leur poids exact de métal précieux. La marque a disparu, mais non l'appellation de la monnaie, qui reste utilisée par plusieurs pays, exprimée en différentes langues. Depuis 1998, le mot *marka* a été choisi par la Banque centrale de Bosnie-Herzégovine pour remplacer officiellement le dinar yougoslave. Le taux de change du marka bosniaque est fixe par rapport au mark allemand. La devise de la Finlande est le markka.
L'Allemagne de l'Est avait également conservé l'appellation *Mark* depuis sa création en 1949, mais la valeur des Ost-marks était bien inférieure à celle des Marks de l'Ouest. L'union monétaire de l'Allemagne intervint en juillet 1990, date à laquelle il fut déclaré que les deux monnaies auraient la même valeur et que le mark de l'Est cesserait d'être utilisé.
Traumatisée par l'expérience d'hyperinflation* qu'elle a vécue au début des années 20 et par l'instabilité prévalant jusqu'à la réforme monétaire de 1948, l'Allemagne a toujours fait son possible pour avoir une monnaie forte et refusé d'avoir une monnaie internationalisée, comme le dollar*, susceptible d'être victime de péripéties à l'étranger. La population allemande a difficilement accepté l'abandon prochain du mark au profit de l'euro.
En fait, le mark a toujours été la devise centrale du SME (système monétaire européen), réévaluée plusieurs fois, notamment contre le franc français. La monnaie allemande est aussi largement utilisée en Europe centrale et orientale. F. L.

➔ *Allemagne, euro*

Marketing

Discipline de la gestion qui a pour objet de promouvoir les qualités réelles ou imaginaires d'une personne, d'un produit, d'une organisation ou d'une institution, confrontés à une concurrence sur un marché.

Le marketing (qui vient de l'anglais *market,* « marché ») est une discipline qui ne s'est imposée que tardivement. Avant 1930, il était conçu comme l'appendice de la fonction production : à l'ère des ingénieurs-producteurs, il ne servait qu'à organiser la distribution.

Les premières ébauches d'une autre conception du marketing apparaissent avec la crise de 1929 et, surtout, vers la fin des Trente Glorieuses*, au tournant des années 1960-1970 : la disparition de débouchés stables va alors contraindre les entreprises à élaborer une nouvelle fonction marketing dont l'objectif est double :

• identifier les besoins des consommateurs et concevoir les produits sur la base de l'analyse de ces besoins ;

• promouvoir l'offre des produits sur le marché.

Le marketing l'emporte dès lors sur la fonction production. Il se place en amont, au moment de la définition du produit et des moyens d'action sur le marché, c'est-à-dire du fameux « **marketing mix** » (combinaison optimale produit-prix-distribution- communication) : il tend déjà à influencer l'ensemble de la politique de l'entreprise.

C'est à cette époque que le marketing diversifie ses moyens de recherche : il va de plus en plus s'intéresser aux techniques d'analyse du comportement du consommateur, plus particulièrement à la psychologie.

Avec le développement de l'économie « consumé-rale » (fondée sur les aspirations du consommateur), le marketing devient un moyen actif de persuasion dans des domaines extrêmement variés :

• au niveau de l'entreprise, il prend différentes formes : marketing d'achat (comment sélectionner les fournisseurs) ; marketing du travail (comment gérer ses relations avec le personnel, et plus particulièrement les cadres) ; marketing de la finance (comment attirer des actionnaires), etc. ;

• en dehors de l'entreprise, il gagne toutes les sphères économiques : on peut parler dès la fin des années 1970 d'un marketing des organismes

Marketing
Scène de la vie quotidienne à l'université Harvard, aux États-Unis.
La Harvard Business School est considérée comme un des temples de la gestion et du marketing modernes.
Ses diplômes constituent un sésame très apprécié pour bien des futurs cadres dirigeants, américains, européens, comme asiatiques.

publics, des organismes à but non lucratif et même tout simplement de l'individu – marketing de sa propre personne en situation de recherche de travail. Un nouvel état d'esprit est né : il faut savoir se vendre ! J. R.

Marshall (Alfred)

Économiste anglais (1842-1924), le plus influent de son temps, qui a fondé l'école de Cambridge, dominante jusqu'à Keynes.*

Sa conception de l'économie est opérationnelle car elle vise à appliquer la rigueur du raisonnement analytique à la résolution de problèmes concrets, toujours changeants.

Dans son principal ouvrage, *Principes d'économie*, publié en 1890 et très souvent réédité, il propose une synthèse entre l'approche néoclassique* et la tradition classique* en distinguant la courte période, dominée par la demande* et l'utilité (l'offre n'ayant pas le temps de s'adapter), et la longue période, où l'offre imprime sa marque (elle crée sa propre demande) et où les prix sont fondés sur les coûts de production.

Il a élaboré une version particulière de la théorie quantitative de la monnaie*, dite « par les encaisses* », qui met l'accent sur la demande de monnaie. Même si ses vues n'ont été que tardivement publiées dans *Money, Credit and Commerce* en 1923, il a ouvert la voie à une analyse monétaire des fluctuations et du chômage*, que Keynes a menée à son terme par la suite.

Ses visées réformistes s'expriment dans son plaidoyer en faveur d'un système de taxation-subvention apte à accroître le bien-être collectif. P. L.

➔ *Cycle économique, dynamique, école néoclassique, marginalisme, (A. C.) Pigou, utilitarisme, valeur*

Marx (Karl)

Philosophe, sociologue et économiste allemand (1818-1883), qui a proposé une théorie de l'évolution du capitalisme et préconisé la voie révolutionnaire pour lui substituer une société sans classes.

Marx
Karl Marx (1818-1883), au côté de Friedrich Engels à la rédaction du *Nouveau Journal du Rhin*. Considéré comme le père du communisme, cet économiste et philosophe allemand fut aussi un observateur passionné du capitalisme, dont il fut autant un des théoriciens les plus avisés que l'adversaire le plus résolu.

Marx fit d'abord des études de philosophie et de droit. Influencé par son compatriote Hegel, il substitua à sa vision idéaliste de l'histoire le « matérialisme historique » : selon lui, l'histoire des sociétés est bien déterminée par le jeu des forces contraires qui s'y manifestent (comme chez Hegel), mais ce sont les éléments matériels, et plus précisément économiques, qui sont déterminants.
Cela l'amena à s'intéresser à l'économie politique et à se consacrer intégralement (après 1850) à l'analyse du capitalisme*. Pour Marx, ce système économique repose sur l'exploitation de la classe ouvrière et connaît des crises* de plus en plus graves en raison de ses contradictions. Il finira par être remplacé par une société sans classes, à la suite de l'appropriation collective des principaux moyens de production et d'échange.

Une conception sociologique et politique de l'économie

Mais la classe capitaliste n'était pas disposée à se laisser déposséder. Marx considéra donc que ce changement de société impliquait la prise du pouvoir par la classe ouvrière. Organisée et guidée par un parti communiste révolutionnaire, celle-ci devait imposer la « dictature du prolétariat », phase nécessaire (mais provisoire) de mise en place de la société communiste. Marx pensait que cela nécessiterait sans doute une action violente, mais il envisagea la possibilité d'une évolution pacifique dans les nations démocratiques les plus industrialisées.
Il influença considérablement le mouvement socialiste européen (allemand, français et russe, en particulier) et participa en 1864 à la création de l'Association internationale des travailleurs (Ire Internationale). Mais le marxisme* ne se développa vraiment qu'avec la création du Parti social-démocrate allemand (1875), avec celle de la IIe Internationale ouvrière (à Paris, en 1889), avec le rôle joué en France par Jules Guesde à la fin du siècle et surtout avec le prolongement de la pensée économique et politique de Marx par Lénine en Russie.
Les principaux ouvrages économiques de Marx, écrits en collaboration avec Friedrich Engels qui l'aida financièrement, sont : *Contribution à la critique de l'économie politique* (1859), *Salaires, prix et profits* (1865), et surtout *le Capital* (1867 pour le livre I, 1885 et 1894 pour les livres II et III, publiés par Engels après la mort de Marx). P. B.

➔ *Classe sociale, impérialisme, marxisme*

Marxisme

Théorie élaborée par Karl Marx, analysant la nature et les contradictions du capitalisme*.*

Les principales origines du marxisme sont la philosophie allemande (celle de Hegel en particulier), la pensée socialiste française (Cabet*, **Fourier**, Proudhon*, Louis Blanc*...) et l'économie politique anglaise (Smith*, Ricardo*...) : la première amena Marx à envisager le capitalisme dans son histoire et à en étudier les forces antagonistes ; la deuxième le sensibilisa à la misère ouvrière, attribuée à la propriété privée des moyens de production ; la troisième l'initia à la théorie économique de la valeur, des prix et des revenus.
Selon Marx, le capitalisme connaît une opposition irréductible entre deux classes : la bourgeoisie, propriétaire des usines, et le prolétariat, ne possédant que sa seule « force de travail », dont l'utilisation est la cause unique de la valeur des marchandises. La bourgeoisie « exploite » le prolétariat en lui extorquant une « plus-value* », qui rémunère les propriétaires du « capital* ». En effet, selon Marx, les capitalistes versent à leurs ouvriers un salaire qui leur permet juste de « reproduire » leur force de travail (c'est-à-dire acheter de quoi se nourrir, se vêtir, se loger...), salaire inférieur à la valeur des marchandises qu'ils produisent.
Marx pense que le capitalisme est miné par plusieurs contradictions.

- Il considère que l'accumulation* du capital s'accompagne d'une augmentation de la part des machines par rapport à celle du travail (afin d'accroître la productivité*) ; mais, comme la plus-value ne provient que du seul usage de la force de travail, le taux de profit* rémunérant le capital (rapport entre la plus-value et le capital engagé) tend à diminuer. Ce processus peut être freiné par la baisse des salaires (mais ils ne peuvent être inférieurs au niveau de subsistance) ou par des gains de productivité (mais ceux-ci provoquent aussi la baisse de la valeur des marchandises produites, puisqu'elles nécessitent moins de temps de travail).

Cette « **loi de la baisse tendancielle du taux de profit** » condamne à terme le capitalisme, car les entrepreneurs finiront par ne plus investir si le taux de profit devient trop faible, ou ils chercheront à réduire encore les salaires et provoqueront un soulèvement ouvrier.

• Une autre contradiction menace le capitalisme. Elle provient de l'écart croissant entre la valeur totale des marchandises produites et l'ensemble des salaires distribués.

Marqué par cette double contradiction, le capitalisme ne peut, pour les marxistes, que traverser des crises de plus en plus violentes, dont la classe ouvrière supporte l'essentiel des effets, à travers la hausse du chômage et l'instabilité de ses revenus. Cela devrait conduire à la remise en cause du système et à son remplacement par une société sans classes, où l'essentiel des moyens de production et d'échange aurait été collectivisé. P. B.

➔ *Capitalisme, classe sociale, économies socialistes, plus-value, profit*

Massé (Pierre)

Haut fonctionnaire français (né en 1898), auteur de travaux théoriques en économie et l'un des principaux initiateurs de la politique française de planification après la Seconde Guerre mondiale.

Ingénieur de formation, il a publié des travaux d'analyse économique sur la gestion optimale des ressources face à un avenir aléatoire, préoccupation que l'on retrouve dans la planification française à laquelle il a considérablement collaboré, en particulier en tant que commissaire au Plan (1959-1966). P. U.

➔ *Planification*

Mathématiques (et économie)

L'économie mathématique consiste à utiliser des outils mathématiques pour exprimer, pour étayer ou pour tester certaines idées économiques.

Certains outils mathématiques relèvent de la statistique*. On quantifie les variables, on trace leurs évolutions sur des graphiques, on les analyse par des techniques statistiques. Petty mesura ainsi la population de l'Angleterre au XVIIe siècle ; des indices mensuels de prix furent établis dans ce pays depuis 1873 jusqu'à la généralisation de la comptabilité nationale*, après la Seconde Guerre mondiale. En France, l'INSEE* est depuis cette époque la principale source des données statistiques et de leur exploitation.

Le deuxième outil mathématique qu'on utilise en économie prend la forme de modèles sans chiffres. Il s'agit de représenter une partie de la réalité au moyen d'un nombre limité de variables et d'équations. On peut ainsi s'assurer de la cohérence de l'ensemble des idées qu'on a cherché à représenter ; on peut surtout démontrer certaines propositions que le raisonnement littéraire ne permettrait pas d'obtenir. Les principaux modèles de ce type furent obtenus par les Français Augustin Cournot* et Léon Walras*, respectivement en 1838 et 1874, et par le Franco-Américain Gérard Debreu* en 1959.

Depuis 1945, l'économie mathématique est la forme dominante de la science économique. Presque tous les lauréats du prix Nobel d'économie, depuis sa création en 1969, sont des économistes-mathématiciens. Le plus souvent, ils ont utilisé les deux méthodes que nous avons citées, en bénéficiant des progrès de l'économétrie*. Les modèles théoriques étaient donc estimés et testés à l'aide de données statistiques et, inversement, certaines études empiriques suggéraient des explications que des modèles théoriques se chargeaient de justifier. F. E.

➔ *Comptabilité nationale, (A. A.) Cournot, (G.) Debreu, économétrie, indice, INSEE, modèle, (L.) Walras*

Matière première

Matériau d'origine naturelle faisant l'objet d'une transformation et d'une utilisation économique.

L'expression « matière première » fait référence à l'état brut d'un produit comme les minerais, les métaux ou le pétrole. Elle sous-entend une absence d'élaboration. En anglais, matière première se traduit par *commodity*, du latin *commo-*

dus (ce qui est pratique, utile, avantageux). Le terme anglais *commodity* désignait à l'origine des objets utiles à la vie. Il s'est peu à peu étendu aux matières premières. Mais, très vite, il a acquis une signification dynamique pour désigner moins un produit qu'un marché, particulièrement instable, pour vendre et acheter ce produit.

Jusque vers 1950, en raison de la stabilité du système financier et de l'organisation des producteurs en cartel, les matières premières étaient loin d'être toutes des **commodités**. Les premiers marchés de matières premières sont apparus aux États-Unis à la fin du XIXe siècle, à l'initiative des négociants de grains et des agriculteurs américains soucieux de préserver leur récolte du risque climatique. Quelques marchands ont tenté de parer le risque météo en créant, à partir de 1850, des **Bourses de commerce**. Les déséquilibres ponctuels entre l'offre et la demande, les difficultés de transport et de stockage aboutissaient à des situations chaotiques qui se répercutaient sur les producteurs et les négociants. L'idée naquit alors de conclure des transactions pour livraison différée. Par exemple, un négociant s'engageait à acheter en mars une récolte de blé, dont la moisson était prévue en août, à un prix fixé d'avance. Agriculteurs ou utilisateurs prenaient l'habitude de se protéger contre l'incertitude de la récolte future sur le marché en la vendant ou en l'achetant à l'avance. Ces premiers marchés, en se codifiant et en se sophistiquant, sont devenus les premiers marchés à terme pour les céréales à Chicago ou à Paris, pour les produits tropicaux à New York et à Londres, pour le sucre à Hambourg. Le principe a été retenu pour les marchés dérivés.

Matières et dérivés

Le commerce mondial des matières premières a atteint 5 515 milliards de dollars en 1995-1996 et 1 260 milliards de dollars pour les échanges de services. Quant aux encours qui ont été mobilisés par les marchés de commodités (changes, taux, énergie, agriculture, métaux, indices boursiers et actions), ils ont représenté 16 600 milliards de dollars en 1995 pour 1 930 millions de contrats conclus. L'ensemble des marchés dérivés ont mis en jeu des volumes financiers proches des 65 000 milliards de dollars en 1995.

Des matières premières de moins en moins chères

Moyenne en termes réels, hors inflation

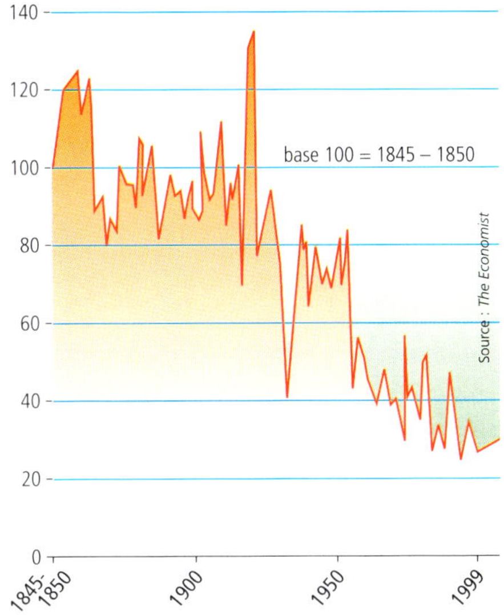

La spéculation comme premier régulateur

Deux types d'intervenants opèrent sur ces marchés.

• Tout d'abord, les professionnels qui cherchent à se protéger des fluctuations de cours. Pour bon nombre de transformateurs, de négociants, les marchés à terme permettent de sécuriser les approvisionnements contre les débordements de prix.

• Dans la deuxième catégorie figurent les spéculateurs qui viennent retirer un profit entre un cours d'achat et un cours de vente. La présence des spéculateurs est essentielle pour le bon fonctionnement d'un marché à terme. C'est elle qui donne au marché son ampleur, sa liquidité et qui lui permet de ne pas réagir de manière trop brutale à de gros arbitrages physiques. La spéculation sur les marchés à terme est aujourd'hui dominée par les ordinateurs et des programmes très sophistiqués d'aide à la décision. Cependant, il n'existe pas d'instrument statistique qui permette de situer les échanges de commodités au sein des échanges mondiaux, ni de statistiques permettant de distinguer les produits de base non élaborés des produits de base industriels. Nombre de produits industriels, par exemple les puces électroniques, sont des commodités, mais bien des produits de base n'en sont pas, en particulier dans le domaine alimentaire. Le vin rouge de table est une commodité, mais pas le champagne. Du fait de la politique agricole commune, la plupart des produits agricoles européens ne sont pas traités comme des commodités. En revanche, beaucoup de services* sont devenus des commodités : le fret maritime, par exemple, en dehors des lignes régulières. On estime aujourd'hui que le tiers des services commercialisables au plan international sont devenus des commodités. D. G.

➔ *MATIF, produits dérivés*

MATIF
(Marché à terme international de France)

Marché où se négocient les instruments financiers permettant de se protéger contre les fluctuations des taux d'intérêt, du cours des actions, des taux de change et du prix de certaines matières premières.

Ce sont bien les **contrats à terme**, et non les biens, qui font l'objet d'échanges sur le MATIF Cette pratique de produits dérivés* est inspirée du marché agricole au XIXe siècle où le marché à terme a accompagné l'essor du commerce et du négoce de grains aux États-Unis. Un négociant s'engage en mars à acheter, à un prix fixé d'avance, la récolte de blé d'un agriculteur prévue en août. L'acheteur doit acheter la moisson, qu'elle soit bonne ou mauvaise. Ce pari, qui peut être gagnant, devient négociable en tant que tel jusqu'au moment où la moisson est faite.
Le besoin de contrats à terme (**futures**) s'est imposé dans le monde de la finance au début des années 1970, après la suppression des taux de change fixes (qui entraîna une fluctuation générale des monnaies). Le contrat vedette est le « notionnel* » qui permet de réagir à l'évolution des taux d'intérêt à long terme.
Deux types d'investisseurs opèrent sur ce marché réservé aux professionnels : le spéculateur, qui fait un pari, et le gestionnaire, qui protège les placements de son entreprise. Créé en 1986, rivalisant avec les marchés américain et britannique, le MATIF est menacé par son concurrent germano-suisse, Eurex, depuis l'apparition de l'euro* en 1999. D. G.

➔ *Matière première, MONEP, notionnel, produits dérivés*

Meccano industriel

Expression souvent utilisée dans la presse – par allusion à un jeu d'assemblage célèbre chez les enfants des années 1950-1960. Elle désigne le fait de regrouper des activités industrielles appartenant jusque-là à des ensembles séparés.

Le Meccano industriel désigne tout particulièrement le mode d'intervention de certains gouvernements dans la vie des entreprises, en vue de constituer des « filières » cohérentes. La mondialisation a en grande partie mis fin à cet interventionnisme public, qui a culminé en France entre les années 1960 et 1980. Le « Plan calcul » (1969), visant à créer une industrie informatique française, ou encore le « Plan filière électronique » (1982) ont illustré cette politique dont les résultats ont souvent été décevants. A.-M. R.

➔ *Filières, politique industrielle*

Médicis (les)

Famille de marchands et de banquiers florentins ayant joué un rôle actif dans la Renaissance artistique du XVe siècle.

À la fin du XIVe siècle, deux membres de la famille Médicis mirent sur pied à Florence une compagnie bancaire possédant des filiales à Rome, à Venise, à Bruges...
Puis Cosme l'Ancien (1389-1464), héritant de la maison en 1429, développa la fabrication de draps fins, la vente de tissus, de soieries, d'orfèvreries..., parallèlement à des activités bancaires lucratives (virements de fonds au service du Saint-Siège, des rois de France et d'Angleterre...). Il embellit Florence et fonda l'Académie platonicienne, réunissant les premiers philosophes humanistes.
Pierre le Goutteux (1416-1469) obtint du pape en 1466 le monopole de l'exploitation des mines d'alun du Latium et ouvrit de nouvelles antennes commerciales (à Lyon, à Naples, à Pise...). Mais son successeur, Laurent le Magnifique (1469-1492), délaissa le commerce et la banque au profit du seul mécénat artistique, et mena grande vie. Le déclin de la maison

s'amorça alors. En 1494, les Médicis furent chassés de Florence et ne devaient plus jamais retrouver leur prospérité passée. P. B.

➔ *Italie*

Ménage

Personne seule ou ensemble de personnes partageant un même logement (foyer) et mettant en commun tout ou partie de leurs revenus.

La notion de ménage est très utilisée pour l'établissement des statistiques économiques et fiscales. De 1962 à 1998, le nombre des ménages en France est passé de 14,6 millions à 24 millions. On note l'augmentation des familles monoparentales, des célibataires et des couples sans enfant. En 1995, la proportion des ménages d'une seule personne était de 29,2 % de l'ensemble, contre 34,4 % en Allemagne et 12,7 % en Espagne. P. B.

➔ *Comptabilité nationale*

Menger (Carl)

Économiste autrichien (1840-1921), professeur d'économie à la faculté de droit de Vienne, il fut l'un des fondateurs du marginalisme.*

Il tarda à être reconnu en raison de la domination d'autres courants économiques à cette époque en Allemagne et en Autriche, puis il fonda une véritable école comprenant plusieurs générations de disciples jusqu'à l'entre-deux-guerres.
L'utilité marginale de la dernière unité possédée expliquait la valeur de chaque bien de consommation, les valeurs des autres biens se déduisaient par imputation, selon leur contribution à la production de ces biens de consommation.
Menger refusa d'utiliser la méthode mathématique*, tout en développant les méthodes d'analyse dites marginalistes. Celles-ci analysaient chaque comportement de production, d'achat ou de vente, en considérant qu'on obtiendrait une situation moins bonne si on augmentait très légèrement la production ou les achats, etc. L'ouvrage dans lequel il expose sa méthode fut publié en 1871 sous le titre *les Fondements de l'économie politique*. F. E.

➔ *Marginalisme, utilité, (L.) Walras*

Médicis
Cosme l'Ancien (1389-1464), tableau de Pontormo. Héritier de la banque familiale, il la développa considérablement et élargit les activités de la maison florentine vers le textile et le commerce. Sa fortune considérable lui permit de devenir un grand mécène et fit de la famille Médicis une des figures emblématiques des grandes villes marchandes italiennes, berceaux de l'économie moderne.

Mercantilisme

Doctrine économique visant à enrichir une nation par le commerce extérieur.

Le mercantilisme ne constitue pas une théorie économique à proprement parler, mais un ensemble de réflexions et de pratiques qui s'affirmèrent en Europe aux XVIe et XVIIe siècles. Les mercantilistes assimilaient richesse réelle et richesse monétaire, et cherchaient à attirer et à conserver l'or* et l'argent afin de stimuler l'activité et de donner au souverain les moyens de sa puissance. Cela s'explique par le contexte de cette période : au XVIe siècle, des quantités importantes de métal précieux furent pillées en Amérique par les Espagnols. Celles-ci se répandirent dans toute l'Europe, en contrepartie des importations espagnoles et par l'intermédiaire des dépenses militaires : les guerres étaient cause et conséquence du besoin d'argent.

Le mercantilisme fut différent selon les pays. Les Espagnols tentèrent (vainement) d'empêcher les sorties de monnaie qui alimentaient la richesse de leurs rivaux. On qualifia ce mercantilisme de « **bullioniste** » (de l'anglais *bullion,* « lingot »). En France, le mercantilisme fut « industrialiste » : à l'époque de Sully*, de Richelieu, et surtout du colbertisme*, les souverains menèrent une politique industrielle active destinée à promouvoir les exportations et à faire entrer le métal dans le royaume. En Angleterre, les autorités pratiquèrent un mercantilisme commercial : l'Acte de navigation* de 1651 réserva le commerce extérieur aux navires anglais. Les exportations de marchandises furent aidées et les importations (de céréales en particulier) furent taxées plus lourdement (Corn Laws*) ; le pacte colonial fut imposé aux colonies anglaises, qui ne pouvaient commercer qu'avec la métropole, et dans les conditions fixées par elle. P. B.

➔ *France, Grande-Bretagne, (A. de) Montchrestien*

Mercosur
(Marché commun des pays du « cône sud »)

Marché commun regroupant depuis 1995 l'Argentine, le Brésil, le Paraguay et l'Urugay (soit 230 millions d'habitants). Le Chili et la Bolivie sont membres associés.

L'Union européenne, premier partenaire du MERCOSUR

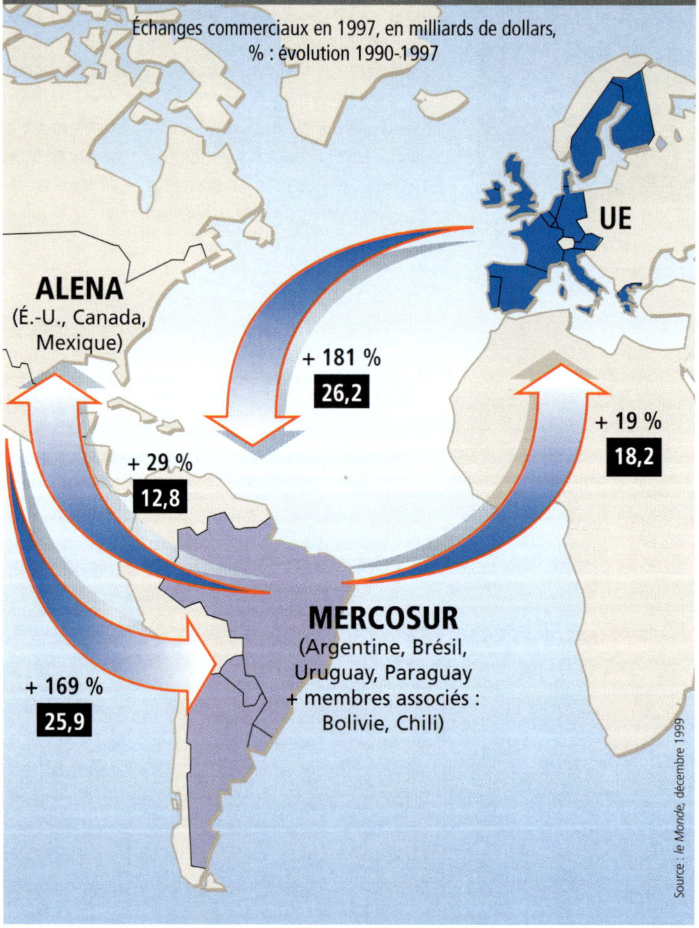

L'Amérique latine a tissé depuis longtemps des liens étroits avec les États-Unis, mais le Mercosur (Mercado común del Sur) lui donne l'occasion de redéployer ses échanges régionaux et de s'ouvrir à d'autres régions du monde.

En juin 1999 s'est tenue à Rio de Janeiro la première rencontre entre responsables de l'UE et du Mercosur. L'Espagne et le Portugal souhaiteraient augmenter les liens commerciaux avec l'Amérique latine. Mais d'au- tres pays sont hésitants, telle la France, qui, malgré ses déclarations de bonne volonté, veut avant tout protéger ses propres agriculteurs. Le Mercosur (surtout le Brésil) voudrait limiter sa dépendance vis-à-vis des États-Unis. Il souffre aussi de son manque d'unanimité. Les régimes des changes sont différents (fixes en Argentine, flottants au Brésil), il n'existe pas d'instance de règlement des conflits entre membres... F. L.

➔ *Amérique latine*

Métier

Activité professionnelle clairement identifiée et reconnue, notamment par la formation qui permet de l'exercer. Ce terme est également utilisé pour désigner les diverses activités (les « métiers ») d'une entreprise ou des sociétés appartenant à un même groupe.

Certains métiers ne sont exercés qu'à l'intérieur d'une branche professionnelle distincte (celui de maçon, dans le bâtiment, ou de journaliste, dans la presse), d'autres (celui de chauffeur ou d'informaticien, par exemple) peuvent se rencontrer dans de multiples secteurs.
Les métiers recouvrent des professions extrêmement diverses. Sans prétendre à l'exhaustivité, les guides spécialisés en recensent couramment plus de trois cents. La nomenclature des « Professions et catégories socioprofessionnelles » de l'INSEE* répartit les emplois en distinguant tout d'abord six grandes catégories : agriculteurs exploitants, artisans-commerçants-chefs d'entreprise, cadres et professions intellectuelles supérieures, professions intermédiaires, employés et ouvriers. Ces grands groupes sont ensuite éclatés en de multiples postes. Difficiles à répertorier, les métiers ont également un caractère très évolutif. Sous l'effet des nouvelles technologies, certains d'entre eux disparaissent progressivement (les caristes, qui alimentent en pièces les lignes de montage dans les usines automobiles, par exemple) alors que d'autres émergent pour répondre à de nouveaux besoins (les techniciens chargés des télécommunications). J.-M. N.

➔ *Cadre, employé, ouvrier*

Un réservoir d'emplois

De 1983 à 1998, les créations d'emplois ventilées par métiers donnent des résultats contrastés. Globalement, 48 familles professionnelles représentant 57 % de l'emploi total (salarié et non-salarié) ont vu leurs effectifs croître de 3 275 000, soit une croissance de 27 %. À l'inverse, 35 familles professionnelles ont perdu 2 440 000 postes (– 26 %), qui se situaient plutôt dans l'industrie, l'agriculture ou la construction et correspondaient à des emplois d'ouvriers non qualifiés et même qualifiés. En tête du classement positif, la tendance est favorable aux emplois de cadres* (14 familles en croissance moyenne de 34 %, soit 956 000 créations) et aux métiers qualifiés du tertiaire. Mais il y a aussi quelques grosses surprises. En volume comme parfois en pourcentage, les assistantes maternelles, les aides-soignantes, les agents d'entretien et les cuisiniers dépassent ou rivalisent avec les informaticiens, les formateurs et recruteurs, les professionnels de l'action socioculturelle et sportive, les cadres administratifs, comptables et financiers et les enseignants.

Microéconomie

Branche de la science économique étudiant les comportements individuels des agents économiques.

On considère que chaque agent agit au mieux de ses intérêts, compte tenu des contraintes qui s'imposent à lui, comme le fait de ne pas dépenser plus qu'il ne gagne, le fait de ne pas travailler plus que la durée maximale du travail, le fait de payer tel impôt selon telle règle, etc. On en déduit des relations mathématiques qui traduisent les comportements des différents agents.
D'autres relations expriment davantage la nature institutionnelle de l'économie que l'on cherche à étudier. Par exemple, s'il s'agit d'une économie de marché, on écrira que l'offre et la demande globale de chaque bien sont égales, que le gouvernement peut ou non financer ses dépenses en empruntant et à quel taux, etc.
Le modèle qui résulte de toutes ces équations comporte en général des paramètres dont les valeurs sont considérées comme données. Fondamentalement, la microéconomie considère trois données : les valeurs des « **dotations initiales** » (il existe tant de surface cultivable) ; les goûts des individus (untel aime les pommes et pas l'autre) ; et les techniques de production (on sait produire

tant de pommes avec tant d'hectares et tant de travail).

Une étude pratique de l'économie qui ne se confond pas avec l'économie de l'entreprise

Les autres variables sont en principe calculables en résolvant le modèle. En général, il ne s'agit pas de résolution au sens numérique mais d'études qualitatives, montrant par exemple que tel prix augmenterait si tel impôt était établi, que le bien-être général en serait néanmoins augmenté, etc.

La microéconomie peut ainsi démontrer que les assurances automobiles sont plus efficaces quand elles proposent des systèmes de bonus-malus, et elle peut en préciser les valeurs ; elle peut calculer les valeurs normales des différents actifs financiers et les comparer aux valeurs effectives pour en prévoir l'évolution ; elle peut établir quel système de régulation il conviendrait d'instaurer pour les industries des télécommunications ainsi que les principes de tarification.

La microéconomie ne se confond donc pas avec l'économie de l'entreprise, qui relève davantage des sciences de la gestion (comptabilité, marketing, gestion financière...) et de la recherche opérationnelle (choix des investissements, détermination des procédés optimaux...).

La microéconomie n'est pas la seule approche économique possible, essentiellement parce que ses modèles mathématiques s'avèrent trop complexes et que certains problèmes se laissent mal ramener à quelques équations simples. F. E.

➔ *Comportement, mathématiques, modèle*

Mill (John Stuart)

Dernier grand économiste classique anglais (1806-1873).

Formé aux sciences sociales par son père, disciple de Ricardo* et de Bentham*, il se fait d'abord connaître par un *Système de logique* (1843) dans lequel il propose pour la première fois de concevoir l'économie politique comme la science qui s'occupe des comportements rationnels orientés vers la richesse. Influencé par A. Comte et les saint-simoniens, il explique dans ses *Principes d'économie politique* (1848), le dernier grand ouvrage de l'école classique*, que les lois de la production sont comparables à celles des sciences de la nature, alors que les lois de la répartition ne peuvent atteindre cet idéal car elles dépendent des institutions (État, entreprises, syndicats) dont se dotent les sociétés. Finalement, dans les années 1860, Mill défend le rôle de la liberté politique dans une série d'essais *(On Liberty, On Representative Governments)* devenus, depuis, des classiques de la pensée politique. P. S.

➔ *École classique, répartition*

Mises (Ludwig von)

Économiste libéral autrichien (1881-1973).

Contre les défenseurs du socialisme, comme Lange*, il réfuta l'idée d'une supériorité de la planification sur le marché concurrentiel (*le Socialisme,* 1922). P. U.

Mobilité sociale

Caractère d'une société relatif à la possibilité pour ses membres de changer de situation sociale, de s'élever dans la hiérarchie sociale en termes de richesse, de prestige ou de pouvoir.

Une façon de la mesurer consiste, par exemple, à évaluer la probabilité qu'un fils ou une fille se retrouvent dans le même groupe social que leur père. On parle alors de mobilité intergénérationnelle, alors que la mobilité intragénérationnelle mesure la probabilité pour un individu de se retrouver dans le même groupe entre le début et la fin de sa carrière professionnelle. On observe généralement que la mobilité ascendante l'emporte sur la mobilité descendante, mais aussi que la probabilité pour un fils de se retrouver dans la même catégorie que son père est élevée. L'éducation* est un facteur de mobilité dont l'importance ne doit cependant pas être surestimée aujourd'hui, lorsque des proportions importantes de chaque classe d'âge ont accès à l'enseignement supérieur. M. S.

Modèle

Représentation simplifiée mais complète d'une organisation économique, prenant ou non la forme mathématique.

Un modèle économique a pour objectif de présenter les caractéristiques principales d'une économie réelle, et les relations les plus significatives entre ses éléments fondamentaux (relation entre revenu et consommation, entre taux d'intérêt et investissement, par exemple).

La réflexion porte alors sur ce modèle abstrait, sorte de maquette dont l'économiste étudie les propriétés ; il analyse les effets de la variation de telle ou telle variable (le revenu, le taux d'intérêt...) sur les autres composantes du modèle, et non plus sur l'économie réelle, jugée trop complexe.

Cette démarche pose la question de la sélection des éléments jugés significatifs (prix, salaires, profits, investissement, consommation, épargne, préférence des agents, taux d'intérêt...) et des relations de causalité à établir entre eux : par exemple, l'épargne est-elle simplement la partie du revenu qui reste à la disposition des agents après avoir consommé, ou est-elle fonction du niveau des taux d'intérêt qui incitent plus ou moins les agents à placer leur argent ?

Le choix des éléments et les relations causales reposent donc sur des hypothèses théoriques qui expliquent la grande diversité des modèles économiques. Celle-ci provient aussi de l'utilisation plus ou moins poussée du langage mathématique.

Modèles politiques et modèles mathématiques

Ainsi, on peut parler de « modèle libéral » ou de « modèle socialiste » pour désigner des organisations économico-sociales ayant des principes de fonctionnement différents (le primat du marché libre dans le premier cas, le contrôle étatique dans le second), sans pour autant recourir aux mathématiques. On peut également parler de « modèle keynésien » pour évoquer une vision de l'économie (principalement dépendante du montant de la demande globale) qui ne repose que sur un langage mathématique sommaire. On distingue aussi un « **modèle rhénan** », soit le type du capitalisme allemand où l'État et les négociations sociales jouent un rôle plus important qu'ailleurs.

Par contre, le modèle walrassien est composé d'un système d'équations dont la résolution mathématique définit les conditions de l'équilibre macroéconomique. Plus généralement, les économistes du XXe siècle ont largement utilisé l'outil mathématique pour construire des modèles leur permettant de tester la cohérence de leur raisonnement, identifier clairement les variables explicatives et les variables expliquées, ou pour déterminer les conditions de l'équilibre* micro- ou macroéconomique.

Une autre variété de modèle économique est constituée par des modèles économétriques, comprenant un grand nombre de variables et d'équations qui sont les unes et les autres chiffrées, selon les résultats de l'observation, contrairement aux modèles purement théoriques. Il s'agit dans ce cas d'effectuer des prévisions à partir des faits, ou de « tester » une théorie en comparant les résultats obtenus par le modèle à la réalité. P. B. et F. E.

➔ *Macroéconomie, microéconomie, économétrie, mathématiques*

Mondialisation

Voir dossier p. 385

MONEP

(Marché des options négociables de Paris)

Marché d'échange des options sur une cinquantaine de valeurs françaises et sur l'indice CAC 40.

Ce ne sont pas les titres qui sont négociés sur le MONEP, mais les options, autrement dit des engagements d'achats futurs sur les titres : il s'agit donc de « produits dérivés* ». L'idée est venue des États-Unis, de Chicago, en 1973. L'Europe a suivi avec Amsterdam (1978), Londres (1979) puis Paris (1987). Le mécanisme de ce marché dérivé est très simple s'il est ramené à la vie courante. Si vous désirez acheter un appartement, mais que vous n'êtes pas sûr de

vous, estimant que vous pourriez changer d'avis, ou tout simplement que vous n'êtes pas sûr d'avoir les ressources suffisantes, vous préférez le réserver avant de vous engager. Vous prenez une option d'achat auprès du vendeur en déposant une somme d'argent avec, pour principe, de verser le reste dans les deux mois. Passé ce délai, soit vous confirmez votre acquisition et vous apportez le complément, soit vous renoncez et vous perdez votre avance.

Sur le MONEP, on parle de ***call*** pour une option d'achat, de ***put*** pour une option de vente, de « **prix d'exercice** » pour le tarif à l'échéance et de « **prime** » ou « **premium** » pour le prix de l'option. D. G.

➔ *CAC 40, produits dérivés*

Monétarisme

Courant de pensée, développé dans les années 1960 autour de Milton Friedman, dont l'objectif est de restaurer les idées libérales face à l'interventionnisme keynésien.*

Composante essentielle de l'école de Chicago*, le monétarisme situe sa critique sur le plan macro-économique* et propose un renversement complet de la politique économique* menée après la guerre. Les monétaristes se sont attachés à montrer que :

• la lutte contre le chômage*, chère aux keynésiens, était vaine du fait de l'existence d'un taux de chômage naturel* ;

• la monnaie* était une cause majeure d'instabilité de l'économie, responsable notamment de l'inflation* dont la maîtrise doit être l'objectif prioritaire.

À partir d'une histoire monétaire des États-Unis* et d'une reformulation de la théorie quantitative de la monnaie*, Friedman a élaboré une analyse selon laquelle l'inflation est partout et toujours un phénomène monétaire. En cas de variation de la masse monétaire, l'économie s'ajuste à terme par des variations de même sens des prix*, mais en passant par une phase transitoire ayant un impact sur le niveau d'activité et d'emploi*. En préconisant une relance* de l'activité par création monétaire, les politiques keynésiennes n'ont d'efficacité qu'à court terme et sont responsables en fin de compte d'une dérive inflationniste.

L'État ne peut agir que sur le court terme

Avec son approche de la consommation* en termes de revenu permanent* (stricte proportionnalité entre consommation et revenu) et sa critique de la courbe de Phillips* fondée sur l'existence d'un taux de chômage naturel, Friedman a renforcé l'idée que l'intervention de l'État ne peut modifier les choix réels des individus que de façon transitoire, donc sans effet durable sur la situation économique.

À l'opposé de la conception keynésienne de la politique économique, Friedman propose :

• une politique monétaire restrictive, visant la stabilité des prix, et non plus une politique budgétaire expansionniste de plein-emploi ;

• une politique de nature systématique (suivant une règle simple de croissance de la masse monétaire à un taux prédéfini) menée par une banque centrale* indépendante, et non plus discrétionnaire (c'est-à-dire menée par les autorités publiques au gré de la conjoncture*).

L'influence du monétarisme a été très forte sur l'orientation de la politique économique à partir des années 1970, ses prescriptions étant largement mises en œuvre dans les pays occidentaux, au prix, selon les keynésiens, d'un gonflement du chômage et d'autres conséquences sociales dont Friedman s'est toujours affirmé peu préoccupé. P. L.

➔ *Agrégats monétaires, illusion monétaire, keynésianisme, libéralisme économique, neutralité, stagflation*

Monétique

Ensemble des moyens et techniques utilisés pour automatiser les transactions bancaires et monétaires.

La monétique assure notamment la gestion des cartes bancaires (distributeurs de billets, cartes de retrait de billets, cartes de paiement, cartes de crédit ou porte-monnaie électronique) ainsi que les systèmes électroniques de transferts d'informations ou de fonds. S. F.

La mondialisation est un processus par lequel la production et les échanges tendent à s'affranchir des contraintes imposées par les frontières et la distance. On peut ainsi parler d'un marché mondial des composants électroniques, du café, de la construction aéronautique. La mondialisation implique non seulement les biens mais également les services, les titres financiers, les techniques, la main-d'œuvre. Elle a pour conséquence de dissoudre la nationalité des agents économiques et, notamment, des entreprises. Une firme française, détenue à 50 % par des investisseurs non résidents, qui organise sa production sur une échelle mondiale et réalise 70 % de son chiffre d'affaires à l'étranger, est-elle toujours française ?

Mondialisation

Le terme de « mondialisation » ne doit pas être confondu avec celui d'internationalisation*. Le premier décrit une évolution historique qui annonce une « fin de l'histoire » comprise (dans l'optique de Hegel, de Marx ou du philosophe américain **Francis Fukuyama**) comme l'aboutissement d'une histoire longue qui serait, en l'occurrence, et fondée sur la généralisation des marchés, l'extinction des nations et la mise en place d'instances « mondiales » de régulation. L'internationalisation, au contraire, reconnaît par définition la pertinence des frontières politiques, sas d'entrée et de sortie des marchandises, des services, des hommes et des capitaux.

Dès lors que les contours du marché débordent des frontières nationales, les régulations des États deviennent inopérantes. La mondialisation peut donc avoir pour conséquence de laisser aux marchés mondiaux le soin d'assurer leur propre régulation ; ils sont néanmoins en concurrence avec différentes formes d'organisation. La coordination entre les États peut conduire à l'adoption d'une norme internationale comme le ratio Cooke*. Les États peuvent également déléguer une part de leur souveraineté à des organisations internationales comme le FMI* ou l'OMC*.

La mondialisation est-elle un mythe ?

Le processus de mondialisation a-t-il commencé avec la civilisation ? Pendant l'Antiquité et à l'époque des foires médiévales, les échanges commerciaux se réalisaient quasi librement et les métaux précieux équivalaient à une monnaie commune. Au Moyen Âge, le latin était une langue savante et administrative qui permettait à la pensée et au droit de circuler partout. La main-d'œuvre s'affranchissait aisément des frontières. L'économie-monde (Fernand Braudel*) s'affirme au XVe siècle avec les grandes découvertes. Même au début du XXe siècle, le processus de mondialisation apparaissait, à certains égards, plus avancé qu'aujourd'hui. Les historiens économiques, comme Angus Maddison, ont mis en évidence le fait que les pays de l'Europe occidentale n'ont retrouvé que dans les années 1980 leur **taux d'ouverture** (échanges commerciaux/PNB) d'avant 1914. Sur ce critère, le Japon est aujourd'hui moins ouvert qu'il ne l'était au début du siècle ! Dans certains domaines, la mondialisation a plutôt régressé. Le stock d'investissements directs détenus à l'étranger par les pays européens est plus faible, relativement au PNB, qu'au début du siècle. Les États contrôlent davantage les flux migratoires que dans les époques antérieures.

Mondialisation
La mondialisation financière a permis aux investisseurs d'accéder à de nouvelles opportunités de gains liés à la spéculation, comme aux gouvernements de financer leurs déficits en puisant dans l'épargne mondiale plutôt que dans la seule épargne nationale. Un financier comme George Soros (ci-contre) a ainsi acquis une puissance considérable, s'attirant parfois les foudres de certains gouvernements.

L'expansion des flux commerciaux et, dans certains cas, des investissements directs peut d'ailleurs être interprétée comme un substitut à la libre circulation du travail. L'ALENA*, accord commercial entre les États-Unis, le Canada et le Mexique, n'avait-il pas pour fonction de fixer les travailleurs mexicains au-delà du Rio Grande ? Certains secteurs restent à l'abri de la mondialisation. L'agriculture est aujourd'hui moins ouverte qu'au XIXe siècle et, dans ce secteur, la part de la production qui fait l'objet d'échanges est très faible. Les industries d'armement restent exemptées des mesures de libéralisation.

L'accélération du processus de mondialisation est donc, en partie, une illusion d'optique. Dans une perspective historique longue, c'est moins la mondialisation qui apparaît exceptionnelle que certains « accidents » historiques du XXe siècle. Le plus important est la régression spectaculaire de la mondialisation entre 1914 et 1945. Le processus a certes été réamorcé à la fin de la Seconde Guerre mondiale, mais sous la tutelle très stricte des États et des organisations internationales. Il laissait de côté les monnaies arrimées à une parité fixe par rapport au dollar* et les mouvements financiers restaient sévèrement contrôlés. Il n'associait ni les pays socialistes ni la plupart des pays en développement. La concurrence du communisme avait d'ailleurs poussé les pays capitalistes à renforcer les prérogatives économiques des États (développement du secteur public, interventions sur les prix, mise en place d'un État providence), ce qui imposait des limites à la mondialisation. Le processus ne sera donc véritablement relancé que dans les années 1970 avec la libéralisation financière, la généralisation du flottement des monnaies et la déréglementation. Mais, si la mondialisation a rattrapé et, sans doute, aujourd'hui dépassé le niveau déjà atteint au début du siècle, va-t-elle continuer à s'accélérer et jusqu'où ?

Quoi de neuf dans la mondialisation ?

Si la mondialisation n'est pas un phénomène nouveau, surtout pour les pays européens, voire pour certains pays asiatiques, elle apparaît inédite pour un certain nombre de pays : les pays en développement*, notamment de l'Amérique latine, mais aussi et surtout la puissance devenue dominante au XXe siècle : les États-Unis. Dans ce pays, l'ouverture au commerce extérieur et les investissements directs à l'étranger ne progressent réellement qu'à partir des années 1960 et 1970.

Par ailleurs, l'accélération de la mondialisation depuis vingt ans est d'abord due à la dilatation de la sphère financière, conséquence d'une libéralisation qui a provoqué une forte expansion des mouvements de capitaux : investissements directs, investissements de portefeuille, transactions sur les marchés des changes. Si, dans les années 1980-1990, le commerce international a augmenté environ deux fois plus vite que le PNB* mondial, l'investissement direct des firmes multinationales et les prêts bancaires ont augmenté encore plus vite. Mais les évolutions les plus spectaculaires ont été constatées sur les marchés des changes et les marchés financiers, où les volumes traités ont augmenté 8 à 10 fois plus vite. La libéralisation financière a rendu possible le recyclage des pétrodollars dans les années 1970, le financement des déséquilibres des balances des paiements* et des déficits budgétaires. Si la mondialisation financière a permis aux investisseurs privés de diversifier leurs portefeuilles et d'accéder à de nouvelles opportunités de gains liés à la spéculation*, les gouvernements ont pu financer leurs déficits en puisant dans l'épargne mondiale plutôt que dans la seule épargne nationale. De ce point de vue, la mondialisation a donné immédiatement aux firmes et aux États des marges de manœuvre nouvelles même si, aujourd'hui, ils sont tenus de conformer leurs objectifs aux normes des marchés financiers. Les firmes et les États sont en concurrence pour attirer l'épargne* mondiale.

Une autre caractéristique de la phase actuelle de mondialisation est qu'elle accompagne une nouvelle révolution industrielle, fondée sur le développement de techniques et de produits nouveaux qui, comme Internet*, favorisent eux-mêmes la mondialisation en réduisant l'obstacle de la distance. Davantage, peut-être, que les précédentes révolutions industrielles*, fondées sur l'énergie, la sidérurgie*, l'automobile*, les industries de la communication* au sens large, de l'audiovisuel aux logiciels, exigent l'accélération de la mondialisation pour se développer. La mondialisation tend donc à s'autoentretenir.

La finance ignore les frontières

Opérations transnationales sur actions et obligations, en % du PIB

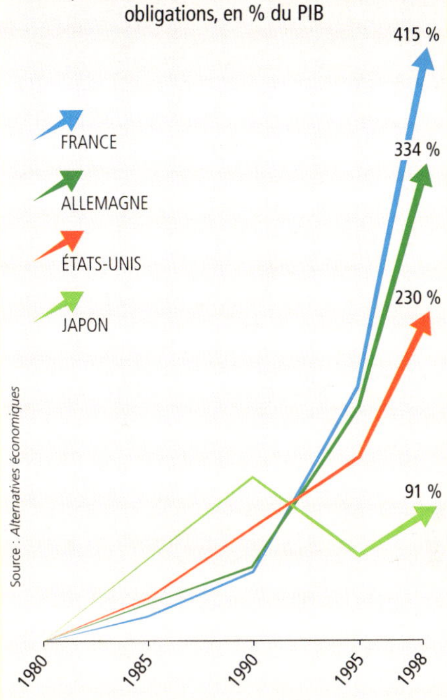

La mondialisation conduit-elle à l'uniformisation ?

La mondialisation est un processus qui n'a pas éliminé la hiérarchie des nations. Les grands pays conservent un pouvoir d'intervention relativement autonome même si celui-ci transite par le marché. Les États-Unis continuent à bénéficier du statut privilégié du dollar*, et les marchés financiers réagissent différemment à un déficit de la balance des paiements* courants américains et à un déficit thaïlandais. Ils bénéficient de pouvoirs de négociation plus

importants. Les « grands » pays disposent d'un pouvoir de menaces et de représailles inaccessible aux petits pays.
La mondialisation n'est-elle pas alors une autre façon de rendre compte d'un processus d'uniformisation qui verrait le ralliement de l'ensemble du monde au système de valeurs de la puissance dominante, les États-Unis ? La défense de la langue, l'exception culturelle et peut-être, demain, l'exception alimentaire ne seraient-elles pas une forme de résistance à ce nouvel impérialisme ?
Ces inquiétudes rendent certainement compte d'une part de la vérité : *Titanic* est le plus grand succès cinématographique de tous les temps, McDonald's ouvre dans le monde plusieurs restaurants par jour, l'anglais s'impose progressivement comme une langue véhiculaire exclusive, les normes techniques sont fixées par Intel et Microsoft, et les marchés – notamment, les marchés financiers – tendent à sanctionner les pays qui s'écarteraient des normes imposées par les fonds d'investissement anglo-saxons.
Pourtant, cette homogénéisation atteint rapidement ses limites. Elle se heurte à la préférence des individus pour la différence. Le Big Mac n'expulse pas la quiche lorraine, la pizza napolitaine ni le riz cantonais, que la mondialisation tend à rendre accessibles partout. Celle-ci permet alors aux spécificités locales de mieux défendre leur particularité. C'est parce qu'elle peut accéder au monde entier, et pas seulement à l'Espagne castillane, que la Catalogne s'offre aujourd'hui le luxe de revenir à une langue qui fut longtemps considérée comme condamnée. Et qui croit vraiment que McDonald's et Coca-Cola évinceront un jour le foie gras et le sauternes dans les réveillons de la Saint-Sylvestre ? J. -M. S.

➔ *Délocalisation, division internationale du travail, libre-échange*

Monnaie

Bien demandé par tous, pour répondre au besoin général d'échange des produits. Sans monnaie, il est nécessaire de procéder au troc, c'est-à-dire à l'échange direct d'un produit contre un autre, ce qui est souvent impossible.
Pièce de métal à l'origine (souvent d'or), la monnaie s'est largement dématérialisée, et le mot regroupe aujourd'hui un ensemble d'instruments financiers.*

On trouve le mot « monnaie » dans nombre d'expressions de la langue courante. Il peut s'agir de rendre à quelqu'un « la monnaie de sa pièce » (équivalent d'une vengeance). On utilise l'expression « monnaie de singe » pour désigner une monnaie sans valeur, et l'on parle de « monnaie d'échange » à propos d'un otage.
On distingue traditionnellement trois fonctions de la monnaie : elle est un instrument de compte – pour calculer la valeur d'un bien –, d'échange – pour effectuer la transaction –, et de réserve – par mesure de précaution et pour pouvoir acheter plus tard.
L'usage de la monnaie s'est répandu d'abord sous forme métallique (lingots, pièces de monnaie). La définition de la monnaie par un certain poids de métal précieux – l'or et/ou l'argent – avait pour défaut de faire dépendre la quantité de monnaie en circulation, et donc l'activité économique marchande, de la production de métal. Pendant des siècles, faire rentrer dans les caisses d'un pays un maximum d'or a été la seule règle financière comprise des dirigeants.
Petit à petit, pourtant, la monnaie s'est dématérialisée, prenant la forme de reçus sur papier émis et gérés par les banques (la Chine a inventé une forme de papier-monnaie au IXe siècle, près de cinq cents ans avant l'Occident). Ces reçus étaient parfois appelés « **lettres de change** ». Un particulier, par exemple, pouvait déposer des pièces d'or dans une banque, obtenir des reçus signés signifiant que cette banque détenait bien à ce nom un certain poids d'or. Ainsi, le commerçant payé par un tel reçu savait qu'il pourrait obtenir de l'or en échange ou bien l'utiliser autrement.
Progressivement, il est devenu obligatoire d'accepter les reçus. Ces billets, gagés par l'État, avaient « **cours légal** » (tous, sur un même territoire, étaient contraints de les accepter, sans pouvoir en demander la conversion en or). Après la généralisation du papier-monnaie dans la seconde moitié du XIXe siècle sont apparues des formes toujours plus immatérielles de monnaie : les chèques et les virements de compte à compte, puis les cartes de crédit.
L'un des avantages de la monnaie, c'est d'être immédiatement disponible (les experts disent liquide, ou fongible, d'où l'expression « **liquidités** »). La monnaie fait référence à des éléments distincts (pièces nationales ou étrangères, virements bancaires, prêts, obligations...). L'un des moyens commodes pour la quantifier et la classifier est l'utilisation des agrégats monétaires*, qui classent la monnaie depuis son appellation la plus étroite (M1) jusqu'à la plus large (M4).

Comment naît la monnaie ?

Si l'on veut être riche, peut-on imprimer des billets qui, en circulant, permettront d'acheter de nombreux produits de luxe et donneront l'impression que la masse monétaire a augmenté ? Non, malheureusement, car avant même que l'on voie que les billets sont faux, on s'apercevra que cette « monnaie » n'a pas de « **contrepartie** ».
Sous cette appellation, on fait référence à l'ensemble des créances qui permettent la création monétaire. Seules, les banques commerciales, la Banque de France et le Trésor public peuvent faire de la création monétaire.
Si, par exemple, une banque commerciale consent un prêt immobilier à une famille pour l'achat d'un appartement à Paris, elle peut présenter cette créance (la promesse de remboursement du prêt), avec toutes les autres qu'elle détient, à la Banque de France. Muni de ces « contreparties », l'institut d'émission (la Banque de France) transférera à la banque une masse de billets qui approvisionneront les distributeurs dans la rue et seront consolidés (gérés) par les institutions financières. Lorsque la famille aura fini de rembourser son prêt immobilier, la créance disparaîtra. Il y aura alors une « destruction monétaire ».
Les banques centrales peuvent être tentées de faire marcher la « **planche à billets** », c'est-à-dire d'émettre des billets de banque sans contreparties suffisantes. Mais l'opération se solde par une hyperinflation et un dérèglement de l'économie, car il y a rapidement trop de transactions par rapport à l'activité réelle dans le pays.

La formule magique MV = PT

L'un des outils centraux de réglage des économies est appelé « vitesse de circulation de la monnaie ». Cet outil est calculé en utilisant une équation magique, inventée au début du siècle : M x V = P x T (M est la masse monétaire, V la vitesse de circulation de la monnaie, P le niveau général des prix et T le volume des transactions. Pour un pays donné, V doit être constante et pas trop élevée, sinon une ou plusieurs autres variables doivent augmenter afin de préserver l'équilibre : soit M, la quantité de monnaie offerte sur le marché ; soit P, les prix (donc inflation) ; soit T, les transactions (donc risque de surchauffe de l'activité). Plus concrètement, la vitesse de circulation mesure la vitesse à laquelle un billet de banque donné (par exemple un billet de 500 francs) effectue un nombre de transactions différentes. Si cette vitesse est trop rapide, c'est un signe d'inflation ; si elle est trop lente, cela peut être un signe de l'atonie d'une économie. F. L.

➔ *Agrégats monétaires, Banque centrale, Banque de France, monétarisme, Trésor public*

Monométallisme

Système monétaire gagé sur un seul métal précieux.

L'étalon-or* est le plus connu des systèmes monométallistes, puisque les principales monnaies convertibles aux XIXe et XXe siècles ont été gagées sur l'or. Auparavant, l'Europe du Sud (l'Espagne, les cités italiennes…) puis la Grande-Bretagne étaient fermement monométallistes-or, alors que de nombreux États de l'Europe centrale et de l'Europe du Nord pratiquaient le **bimétallisme** (leurs monnaies étant gagées sur l'or et l'argent), voire utilisaient comme référence seulement l'argent. La France jouait souvent d'intermédiaire entre les deux systèmes. À la fin du XIXe siècle, le rapport du prix de l'argent et de l'or se détériora au profit de l'or, et le bimétallisme disparut. F. L.

➔ *Or, SMI*

Monopole

Situation où une seule entreprise approvisionne un marché.

Ainsi, je suis obligé d'en passer par la SNCF si je veux voyager en train de Paris à Toulouse ou par La Poste pour acheter un timbre. On peut citer comme autres exemples de monopole le médicament de marque Viagra ou le fromage de Beaufort.

Ces exemples montrent qu'il n'existe pas de monopole absolu parce que tout produit possède des substituts plus ou moins proches auxquels on peut recourir. Je peux prendre l'avion si le train est trop cher ou trop lent ; je peux recourir au courrier électronique au lieu d'acheter un timbre ; je peux piler de la corne de rhinocéros ; je peux manger du Boursin.

Une entreprise monopolise une branche dans trois cas :

- si l'État en interdit l'accès aux autres (c'est le cas pour la SNCF et en partie pour La Poste) ;
- si un brevet d'invention en protège l'accès (Viagra) ;
- si la nature n'en permet pas la concurrence (beaufort).

On a étudié le comportement du monopole pour déterminer à quel prix il va proposer son produit. Celui-ci sera plus cher qu'en situation concurrentielle puisque les acheteurs ne pourront pas facilement se passer de ses services, mais il ne devra pas être trop cher non plus car des produits de substitution pourraient en profiter, et des entreprises pourraient s'implanter dans la branche et vendre le même produit moins cher.

Il arrive que des raisons techniques justifient qu'une seule entreprise accapare une branche, appelée alors « monopole naturel ». Le transport de l'électricité en est un exemple : il serait absurde de multiplier les poteaux et les fils électriques sur le territoire, ce qui justifie le fait que EDF soit un monopole public. Mais on a objecté que la concurrence pourrait rendre la production plus efficiente. On cherche alors, comme pour la SNCF, le transport aérien et les télécommunications, à attribuer les réseaux à des monopoles, mais à en garantir l'accès à d'autres entreprises, sous certaines conditions de tarifs et d'agréments techniques. F. E.

➔ *Concurrence, marché, optimum, prix, substituables*

Monopsone

Marché où un agent est seul à acheter un produit particulier.

La SEITA est ainsi la seule cliente en France des fabricants de tabac ; Airbus est le seul client de ses fournisseurs de trains d'atterrissage. Les producteurs de fruits se plaignent régulièrement d'être à la merci d'un supermarché régional qui leur achète l'essentiel de leurs produits.

Il est tentant pour un monopsone d'imposer un prix d'achat aussi bas que possible, mais ses fournisseurs, d'une part, doivent pouvoir survivre et, d'autre part, peuvent changer leurs produits pour satisfaire d'autres clients. F. E.

➔ *Concurrence, marché, prix, substituables*

Montchrestien (Antoine de)

Économiste français (1575-1621) qui fut le premier auteur moderne à utiliser le terme d'« économie politique ».

Fils d'apothicaire, il connut un destin aventureux : exilé en Angleterre en 1605 à la suite d'un duel au cours duquel il tua son adversaire, il revint en France en 1611 pour fonder une aciérie à Châtillon-sur-Loire. En 1621, il participa à une insurrection protestante en Normandie, et fut assassiné dans une hôtellerie.

Il écrivit un *Traité de l'économie politique*, publié en 1615, dans lequel il dressa un tableau de la situation économique de la France au début du XVIIe siècle et développa des idées mercantilistes*. On considère qu'il fut l'initiateur du terme d'« économie politique » – comme discipline étudiant les mécanismes de production de la richesse d'une nation –, qui sera largement repris par les économistes classiques (tels Say*, Ricardo* et Malthus*). P. B.

➔ *Économie*

Moratoire

Décision de suspendre pour un temps l'exécution d'une obligation ou d'une partie de cette obligation.

L'exemple classique de moratoire est celui qui consiste pour un prêteur à permettre à son débiteur de suspendre provisoirement les remboursements de sa dette (tout en conservant celui des intérêts). J. R.

Morgenstern (Oskar)

Économiste américain d'origine allemande (1902-1977), cofondateur de la théorie des jeux.

Avec le mathématicien J. von Neumann*, il a élaboré une théorie de l'interaction stratégique entre individus rationnels, nommée théorie des jeux*, qui influence désormais beaucoup l'analyse économique, voire d'autres sciences sociales (*Theory of Games and Economic Behavior*, avec von Neumann, 1944). P. U.

Morishima (Michio)

Économiste japonais (né en 1923), spécialiste d'économie mathématique, qu'il appliqua notamment à la pensée de Marx.

Il refusa de considérer les théories de Marx* et de Walras* comme inconciliables et prit une part active à la controverse relative à la transformation des valeurs en prix dans la théorie marxienne (*Valeur, exploitation et croissance : Marx à la lumière de la théorie économique contemporaine*, 1978). P. U.

Mouvements de capitaux

Entrées et sorties de monnaie dans une économie (également appelées « flux de capitaux »).

Au sein de la balance des paiements* de la France, la balance des capitaux comprend d'un côté les entrées – les investissements étrangers directs en France (**IED**, par exemple un achat de parts d'une usine), les investissements de portefeuille (un achat d'actions à Paris), les crédits bancaires consentis par des établissements étrangers – et, de l'autre, les sorties – investissements français à l'étranger, prêts accor-

dés à un gouvernement étranger, investissements de portefeuille à l'étranger, etc. Un déséquilibre durable entre les deux flux met un pays en danger : à court de devises étrangères, il peut se retrouver incapable d'honorer ses obligations financières envers l'étranger.

Il existe une grande inégalité entre pays receveurs des mouvements de capitaux. Les États-Unis reçoivent chaque année près de 200 milliards de dollars d'IED et bien davantage encore d'investissements de portefeuille attirés par les performances de l'économie et de la Bourse américaines. Parmi les « pays émergents », seuls quelques-uns, notamment en Asie, reçoivent des sommes considérables, tandis que des régions entières sont presque abandonnées. L'Afrique attire moins de 5 % des investissements directs étrangers dans le tiers-monde*.

Le total des mouvements de capitaux privés vers tous les pays en développement est passé de 10 milliards de dollars environ en 1988 à pas moins de 300 milliards en 1996, puis à environ 190 milliards en 2000. Cette instabilité s'explique par la grande mobilité des capitaux à très court terme, qui se retirent en bloc au moindre signe de crise.
F. L.

➔ *Balance des paiements, tiers-monde*

Moyens de paiement

Ensemble des instruments permettant de transférer des fonds : chèques, virements, mandats postaux, effets de commerce (lettres, de change, relevés), avis de prélèvement, titres interbancaires de paiement (TIP), télépaiement, cartes bancaires. Conformément à la loi bancaire du 24 janvier 1984, ils ne peuvent être mis à disposition et gérés que par des institutions bancaires.

Il existe deux types de moyens de paiement : la monnaie fiduciaire* (billets et pièces) et la monnaie scripturale*, créée à partir des comptes bancaires ou postaux. La France est, après les États-Unis, le pays développé qui présente le plus fort taux d'utilisation des paiements scripturaux. En 1998, le nombre d'opérations de paiement scriptural transitant par le secteur bancaire a atteint 8,7 milliards. Le moyen de paiement le plus utilisé est le chèque bancaire (près de 45 % des paiements scripturaux en 1998). Viennent ensuite les paiements par cartes (un quart des paiements) : 34 millions de cartes sont en circulation en France, ce qui signifie que plus de deux ménages sur trois en sont munis. De nouveaux moyens de paiement électroniques devraient connaître un essor rapide : le porte-monnaie électronique, qui repose sur l'utilisation d'une carte à puce sur laquelle une somme prépayée est enregistrée, ou encore le porte-monnaie virtuel, qui utilise la mémoire de l'ordinateur.

Activité très déficitaire pour les banques, la gestion des moyens de paiement représente un tiers de leurs charges.
S. F.

Le match chèques - cartes de paiement

Les moyens de paiement utilisés par les Français, en % du nombre d'opérations, 1988

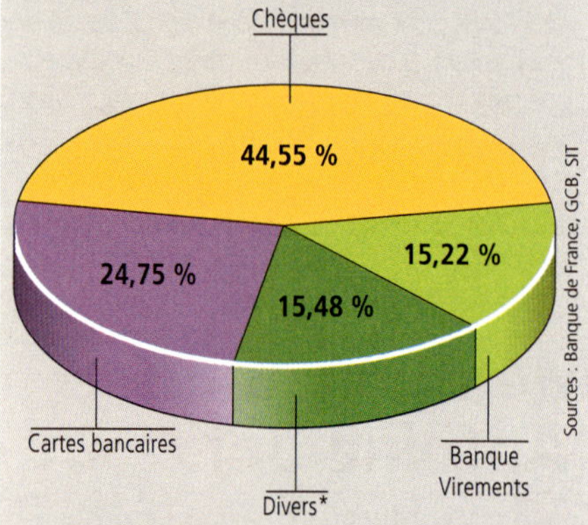

* Effets de commerce, avis de prélèvement, titres interbancaires de paiement (TIP).

➔ *Chèque*

Multinationales

Voir **Firmes multinationales**

Multiplicateur

Terme désignant une succession d'accroissements de revenu faisant suite à une dépense initiale.

Le mécanisme du multiplicateur a été mis en avant par Keynes* pour montrer l'importance de la demande* dans la détermination du niveau d'activité et d'emploi*. Il est fondé sur une logique simple de circuit* macroéconomique selon laquelle la dépense d'une catégorie d'agents engendre un revenu* pour une autre catégorie, qui à son tour en dépense une partie. Chez Keynes, toute demande dite autonome (investissement* nouveau, solde positif du commerce extérieur, surcroît de dépenses publiques*) induit une augmentation de l'activité et des revenus, qui à son tour alimente une hausse de la demande de consommation*, donc à nouveau de l'activité et des revenus. Par vagues successives, ce processus dynamique* permet de générer une augmentation du revenu global qui est un multiple de la dépense initiale. C'est sur cet effet multiplicateur que Keynes a fondé son plaidoyer en faveur des dépenses publiques pour lutter contre le chômage*. P. L.

➔ *Macroéconomie, (J. M.) Keynes, plein-emploi*

M1, M2, M3

Voir **Agrégats monétaires**

Musgrave (Richard A.)

Économiste américain (né en Allemagne en 1910), d'inspiration keynésienne et spécialiste de l'économie publique.

Son nom reste attaché à l'identification des trois responsabilités qu'il a attribuées à l'État, à savoir la prise en charge des biens publics (défense...), la redistribution* des revenus et la stabilisation de la conjoncture* (*The Theory of Public Finance*, 1959). P. U.

Mutualiste (secteur)

Une société mutualiste est un organisme de droit privé sans but lucratif, offrant à ses adhérents un système d'assurance.

Né au XIXe siècle de la volonté de corriger les excès de l'ère industrielle, le mouvement mutualiste s'est imposé comme un secteur particulier et fait partie intégrante de ce qu'on appelle l'économie sociale.

Son identité s'est sans doute brouillée par rapport à ses origines, mais son influence est considérable. Les mutuelles de santé comptent en France plus de 25 millions de sociétaires et effectuent des remboursements ou délivrent des prestations pour près de 37 milliards de francs par an. Dans l'agriculture, la Mutualité sociale agricole dépense 139 milliards pour la protection sociale (maladie, retraite) et les Assurances mutuelles agricoles ont un chiffre d'affaires de 32 milliards. Dans le domaine des assurances, dix-sept mutuelles, dont la **MACIF** (Mutuelle assurance pour les commerçants et industriels de France) et la **MAIF** (Mutuelle assurance des instituteurs de France), regroupent 13 millions de sociétaires et détiennent des parts de marché significatives dans les contrats automobiles ou le logement. Si l'on y ajoute les banques – le Crédit agricole, le Crédit mutuel, les Banques populaires, etc. –, qui sont des coopératives de crédit, presque chaque Français est, quotidiennement, en relation avec une entreprise du secteur.

Intégrées dans l'économie de marché, peu ou pas capitalistes, parfois sans but lucratif, ces différentes entités ont pour point commun le respect de principes qui se retrouvent dans des cadres juridiques précis, dont la loi de 1945 sur le Code de la mutualité.

Elles sont censées reposer sur le volontariat et le fonctionnement démocratique : « Un homme, une voix. » A. Le.

Myrdal (Karl Gunnar)

Économiste suédois (1898-1987), précurseur de J. M. Keynes.

Myrdal publia en 1931 son ouvrage majeur, *l'Équilibre monétaire*, où il développe l'analyse des causalités cumulatives (cercles vicieux ou vertueux*). Son approche dynamique* (distinction des variables ex ante* et ex post*, importance des anticipations*) l'éloigna de la pensée néoclassique* orthodoxe qui

dominait alors et prépara le terrain à la critique keynésienne.

Professeur à l'université de Stockholm, en 1934, ministre du Commerce et responsable du Plan, il enseigna aux États-Unis et devint expert international auprès des Nations unies après la Seconde Guerre mondiale. Il posa alors le problème du sous-développement, s'intéressa à l'Asie du Sud-Est (*An Asian Drama,* 1968), et prôna la constitution d'un « Monde providence » faisant contrepoids au nationalisme de l'État providence*, défendu par les keynésiens.

Sa carrière fut couronnée en 1974 par le prix Nobel des sciences économiques, qu'il partagea avec F. von Hayek. Son épouse, **Alva Myrdal**, reçut le prix Nobel de la paix en 1982. E. L. H.

➔ *Développement, État providence, (J. M.) Keynes*

NAIRU

(Non Accelerating Inflation Rate of Unemployment, ou taux de chômage n'accélérant pas l'inflation)

Concept théorique définissant un taux de chômage correspondant à un taux d'inflation constant.

La relation négative entre le pourcentage de hausse du salaire nominal et le taux de chômage a été découverte empiriquement par Phillips en 1958 : on observe que, plus le taux de chômage est élevé, moins les salaires ont tendance à augmenter. Cette régularité statistique disparaît dans les années 1970 et 1980.

La version moderne de la courbe de Phillips* lie le taux de chômage à l'accélération de l'inflation, c'est-à-dire au rythme du changement dans le taux d'inflation. Le NAIRU est alors le taux de chômage qui correspond à un taux d'inflation constant. La courbe de Phillips ainsi décrite dans le court terme illustre le dilemme auquel est confrontée la politique économique : la baisse du chômage se paie par une reprise de l'inflation. À long terme, le taux de chômage effectif reviendrait progressivement au niveau du NAIRU. Depuis le début des années 1970, le NAIRU a augmenté en Europe, passant de 3,7 % en 1972 à 6,2 % en 1981, date depuis laquelle il aurait peu varié, alors qu'il aurait tendance à baisser aux États-Unis. M. S.

➔ *Chômage, Phillips*

NASDAQ

(National Association of Security Dealers Automated Quotation System, ou système automatique de cotation de l'association américaine des négociateurs de valeurs mobilières)

Bourse électronique créée en 1971 aux États-Unis, spécialisée dans la cotation des jeunes entreprises à forte croissance.

Cette bourse n'a véritablement pris son envol qu'à partir du début des années 1990 avec le développement des valeurs de haute technologie, dans des secteurs variés comme la communication (informatique*, Internet*) et la santé (biotechnologie). En quelques années, ce marché boursier s'est affirmé comme un concurrent sérieux pour la première place mondiale, le New York Stock Exchange, plus connu sous le nom de Wall Street*. La rivalité ne porte pas uniquement sur la taille mais aussi sur le type d'entreprises négociées qui sont devenues les valeurs phares de la nouvelle économie. Le NASDAQ détient le double de valeurs (6 000 entreprises) de sa grande sœur new-yorkaise, mais a une capitalisation boursière de plus de 3 300 milliards de dollars, contre 10 578 milliards de dollars (en 1999) pour son aînée. L'année 1999 a été marquée par un record d'introductions en Bourse avec 332 nouveaux arrivants, et par la volonté des dirigeants du NASDAQ de tisser tout un réseau de connections avec d'autres places du même type de par le monde. L'engouement pour les valeurs Internet, comme Microsoft, Apple, Sun, Intel, Cisco ou Yahoo, s'est confirmé. L'année 2000 a débuté par une offre publique d'échange (OPE)

NASDAQ et Dow Jones : 5 ans de hausse... avant la correction

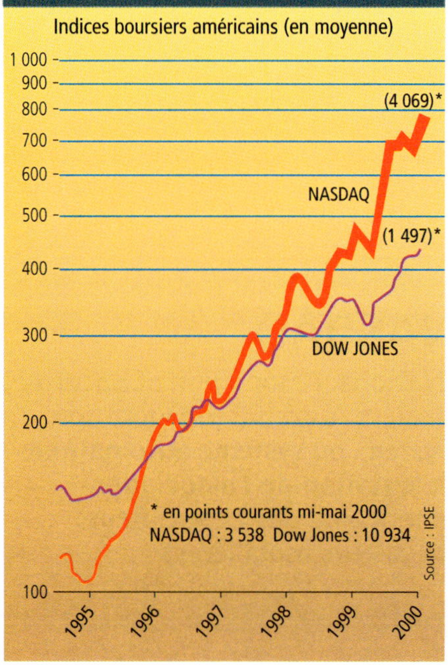

lancée en janvier par AOL, premier fournisseur d'accès à Internet, sur le groupe de communication et de médias Time Warner. Cette transaction estimée à 280 milliards de dollars (1 800 milliards de francs), la plus importante jamais réalisée en Bourse, est également le premier raid d'une entreprise cotée au NASDAQ sur une autre entreprise négociée à Wall Street. Le 4 avril 2000, le marché baisse d'un coup de 13,6 % avant de se reprendre. La nouvelle économie* a rejoint la normalité boursière. D. G.

➔ *Bourse, Internet, technologie*

Nationalisation

Transfert d'une partie ou de la totalité du capital d'une entreprise du secteur privé au secteur public.

Les nationalisations en France sont traditionnellement présentées en trois grandes phases : les nationalisations du Front populaire, celles de la Libération et celles de 1981-1982, lors de l'arrivée de **François Mitterrand** à la présidence de la République. Les nationalisations de 1936 se limitent à quelques entreprises dont notamment, pour des raisons stratégiques, les industries d'armement. On assiste également à la création de la SNCF.

Les nationalisations de la Libération sont d'une plus grande ampleur. Il faut rapidement reconstruire le pays après la guerre et surtout industrialiser la France. Ainsi, les secteurs clefs de l'économie comme l'énergie sont nationalisés : création des Houillères nationales et d'Électricité de France-Gaz de France (avril et mai 1946). La loi du 2 décembre 1945 nationalise la Banque de France* et les quatre plus grandes banques de dépôts ; on peut y ajouter la nationalisation des assurances (loi du 25 avril 1946). On assiste également à des nationalisations « répressives » qui venaient sanctionner des sociétés accusées de collaboration avec l'ennemi, comme les usines Renault en janvier 1945.

La troisième vague de nationalisations se déroule en 1981-1982. Prévues par le Programme commun de l'Union de la gauche, elles concernent, entre autres sociétés, cinq grands groupes industriels (CGE, Pechiney, Rhône-Poulenc, Saint-

Gobain et Thomson), deux compagnies financières (Paribas et Suez) et trente-neuf banques qui jusqu'alors étaient restées entre les mains du secteur privé.

Des motivations autant politiques qu'économiques

La nationalisation d'entreprises obéit à des impératifs à la fois économiques et politiques. Les nationalisations de la Libération prennent place après la grande crise des années 1930, l'économie de guerre et la diffusion des idées keynésiennes*, qui ont réduit la légitimité des mécanismes spontanés du marché et de la libre entreprise. Parallèlement, la nécessité d'une reconstruction rapide et surtout la volonté de moderniser la France par l'industrialisation supposaient le recours à la nationalisation des secteurs clefs de l'économie française. Les nationalisations de 1981-1982 étaient inspirées d'une démarche économique et sociale. Pour **Pierre Mauroy**, Premier ministre de 1981 à 1984, le programme de nationalisation avait pour objectif de permettre une meilleure allocation des ressources, de renouer avec la croissance* économique, de développer l'investissement* et le progrès social dans l'entreprise. En revanche, le désengagement progressif de l'État pendant les années 1980 conduira à la réduction de la dimension du secteur public par des politiques de privatisation*. J. C. D.

➔ *Banque de France, croissance économique, investissement, privatisation*

Necker (Jacques)

Banquier suisse (1732-1804), chargé plusieurs fois par Louis XVI de la gestion des impôts et des finances.

Installé à Paris, il abandonna ses activités financières en 1772 pour se consacrer à la rédaction de textes hostiles aux physiocrates* et pour défendre l'œuvre de **Colbert**.

Après la disgrâce de Turgot*, Necker devint directeur général des Finances en 1777. Confronté au vieux problème du déficit des finances royales, aggravé par la participation française à la guerre d'Indépendance américaine, il tenta (vainement) d'améliorer les entrées fiscales, réduisit les dépenses de la cour, mais dut émettre de nouveaux emprunts qui augmentèrent encore la dette publique.

Contraint à la démission en 1781, il fut rappelé en août 1788 et tenta d'obtenir des États généraux la possibilité de lever de nouveaux impôts et de lancer de nouveaux emprunts, tout en cherchant à abolir les privilèges fiscaux de la noblesse et du clergé. Il fut alors renvoyé par le roi le 11 juillet 1789, puis rappelé le 16 sous la pression populaire. Mais Necker ne parvint pas à rétablir la situation financière du pays et se retira définitivement en septembre 1790. P. B.

Négoce

Ensemble des opérations liées aux activités commerciales.

Le terme de négoce vient du latin *negotium,* signifiant « occupation ». Son sens moderne s'apparente davantage à celui de *negotiari,* qui signifiait « faire du commerce » et qui introduit l'idée de transaction et de recherche d'un compromis satisfaisant les parties prenantes d'un échange commercial. P. B.

Néoclassique (théorie)

Voir **École néoclassique**

Neumann (Johannes von)

Mathématicien et économiste américain (1903-1957) d'origine hongroise.

Après avoir écrit avec Oskar Morgenstern* une *Théorie des jeux et des comportements économiques* (1944), von Neumann publie en 1946 une article intitulé *Un modèle d'équilibre général* se proposant de définir la meilleure façon d'utiliser les techniques de production disponibles pour atteindre les taux de croissance les plus élevés possible. P. B.

Neutralité (de la monnaie)

Conception selon laquelle l'activité économique est indépendante de la quantité de monnaie en circulation.*

Dire que la monnaie est neutre signifie que les phénomènes réels et les choix des agents* (production, consommation,…) ne sont pas affectés par l'utilisation de la monnaie, qui n'est qu'un simple intermédiaire facilitant les échanges.
L'idée de la neutralité de la monnaie est un corollaire de la loi de Say*, affirmant l'impossibilité d'une insuffisance des débouchés* (« **toute offre crée sa propre demande** ») : en effet, elle suppose qu'il n'existe pas de thésaurisation, et que tout revenu* distribué à l'occasion de la production d'un bien se transforme en demande d'un montant équivalent.
Dans cette perspective « **dichotomique** » (supposant l'existence de deux mondes différents, celui de l'activité réelle et celui des phénomènes monétaires), la monnaie ne peut influencer que le niveau des prix exprimés en monnaie, mais elle ne modifie pas les choix des agents puisque, si la quantité de monnaie en circulation augmente ou diminue, tous les prix sont censés varier dans les mêmes proportions.
P. L.

➔ *École classique, dichotomie, (I.) Fisher, (M.) Friedman, (F. A. von) Hayek, (J. M.) Keynes, libéralisme économique, moyens de paiement, nominal, numéraire, troc*

New Deal

Nom donné à une politique volontariste de redressement économique proposée en 1933 aux Américains par le président ***Franklin Delano Roosevelt****, au plus fort de la crise déclenchée par le krach d'octobre 1929. L'expression, souvent traduite par « nouvelle donne », signifie aussi « nouveau contrat ».*

New Deal
Eleanor Roosevelt, épouse du président américain, pose un insigne de la NRA (National Recovery Act), vaste opération de relance économique ayant pour objet de mobiliser les entrepreneurs dans la lutte contre la crise économique et le chômage. (Keystone).

En mars 1933, quand le président élu en novembre 1932 prête serment, plus de 12,5 millions d'Américains, le quart de la population active, sont sans travail et sans ressources, et les banques sont fermées dans vingt-deux États de l'Union. Le 31 mars est créé le Civilian Conservation Corps, qui regroupe des jeunes chômeurs dans des camps forestiers pour travailler au reboisement ; ils seront jusqu'à 500 000 à être nourris, indemnisés et formés dans ce cadre. Le 10 avril 1933, la Tennessee Valley Authority obtient carte blanche pour aménager les 1 500 kilomètres du fleuve Tennessee : une quinzaine de barrages seront construits, permettant d'électrifier et de doubler la production agricole dans sept États. Parallèlement est lancé, fin juin, le National Industrial Recovery Act (**NIRA**), vaste entreprise de planification industrielle qui fera long feu. La situation tardant à s'améliorer, l'État prend lui-même en charge la Civil Works Administration, qui emploiera jusqu'à 4,2 millions de personnes à la construction de routes, de ponts ou d'écoles, mais aussi à des travaux culturels (faire fonctionner théâtres et bibliothèques frappés par la crise). Le « second New Deal », à partir de 1937, est moins dirigiste et plus « keynésien » : on admet que les finances publiques peuvent être utilisées pour stimuler la demande intérieure, quitte à faire du déficit. Les résultats les plus probants sur le chômage datent de ce moment : le nombre de chômeurs tombe à 7,2 millions en 1937, avant de remonter à 10 millions avec la récession de 1938. Le New Deal n'aura finalement ni vraiment résorbé le chômage, ni relancé la croissance, mais il aura changé l'Amérique, la préparant pour l'essor de la seconde moitié du XXe siècle. S. G.

➔ *Chômage, États-Unis*

Niche

Segment de marché étroit, mais économiquement viable car répondant à la demande d'une certaine catégorie de clientèle.

La stratégie de « niche » – on disait autrefois « créneau » – consiste à proposer un produit original à un public ciblé, par opposition aux productions de masse destinées à satisfaire le plus grand nombre. Les constructeurs automobiles, par exemple, sortent des modèles correspondant à des usages particuliers : véhicules tout terrain, petites voitures citadines, monospaces. Ils s'adressent à des consommateurs lassés de l'uniformité et disposés à payer plus pour un produit mieux adapté à leurs goûts. A.-M. R.

Nikkei

Indice de la Bourse de Tokyo.

Cette place, appelée également **Kabuto Cho** (nom du quartier où elle est implantée), s'est dotée d'un indice après la Seconde Guerre mondiale. Elle a créé le Nikkei Dow Jones*, fruit de l'association du quotidien *Nihon Keizai*, dont Nikkei est la contraction, avec le groupe de presse américain Dow Jones. L'échantillon retenu comprend 225 valeurs. À Londres, l'initiative est revenue au quotidien britannique *Financial Times* avec le **FT 30** (30 valeurs) ou FT 100 (cent valeurs). Paris et Francfort utilisent des initiales cachant des termes techniques : **DAX 30** (Deutsche Aktienindex) pour les Allemands et CAC 40 (cotation assistée en continu) pour les Français. D. G.

➔ *CAC 40, cotation, Dow Jones*

Nobel

Distinction décernée par l'Académie des sciences suédoise en vue de distinguer des travaux scientifiques dans le domaine des sciences économiques. Le premier prix Nobel d'économie fut attribué en 1969.

• 1969 **Ragnar Frisch** (Norvège) et **Jan Tinbergen*** (Pays-Bas)
Travaux relatifs à l'économie du développement, aux modèles macroéconomiques.
• 1970 **Paul-Anthony Samuelson*** (États-Unis)
Recherches sur les phénomènes dynamiques en économie.
• 1971 **Simon Kuznets** (États-Unis)
Travaux sur la croissance économique.
• 1972 **John-Richard Hicks*** (Grande-Bretagne) et **Kenneth Arrow*** (États-Unis)
Théorie de l'équilibre économique.
• 1973 **Wassily Leontief*** (États-Unis)
Analyse des échanges interindustriels (modèle input-output*).
• 1974 **Friedrich August von Hayek*** (Grande-Bretagne) et **Gunnar Myrdal*** (Suède)
Analyse du rôle de la création monétaire dans les fluctuations économiques.
• 1975 **Leonid Kantorovich** (Union soviétique) et **Tjalling Koopmans** (États-Unis)
Théorie de l'allocation optimale des ressources économiques.
• 1976 **Milton Friedman*** (États-Unis)
Théorie de la consommation et contributions à la théorie monétaire (analyse dite monétariste).
• 1977 **Bertil Ohlin** (Suède) et **James Meade** (Grande-Bretagne)
Théorie des échanges internationaux.
• 1978 **Herbert Simon** (États-Unis)
Analyse des processus décisionnels au sein de l'organisation économique.
• 1979 **Theodore Schultz** (États-Unis) et **Arthur Lewis** (Grande-Bretagne)
Travaux sur le développement économique.
• 1980 **Lawrence Klein** (États-Unis)
Construction de modèles économétriques.

• 1981 **James Tobin*** (États-Unis)
Analyse des marchés financiers dans leurs rapports avec les variables réelles de l'économie (production, prix, emploi).
• 1982 **George Stigler** (États-Unis)
Études sur les marchés.
• 1983 **Gérard Debreu*** (États-Unis)
Reformulation de la théorie de l'équilibre général (équilibre entre l'offre et la demande sur tous les marchés).
• 1984 **Richard Stone** (Grande-Bretagne)
Élaboration de systèmes de comptabilité nationale.
• 1985 **Franco Modigliani** (États-Unis)
Études sur les fondements de l'épargne et sur les marchés financiers.
• 1986 **James Buchanan*** (États-Unis)
Théorie de l'économie publique (les systèmes politiques et les administrations sont appréhendés à l'aide du concept de marché).
• 1987 **Robert Solow*** (États-Unis)
Théorie de la croissance économique.
• 1988 **Maurice Allais*** (France)
Travaux sur la théorie des marchés.
• 1989 **Trygve Haavelmo** (Norvège)
Fondements probabilistes de la méthodologie économétrique et analyse des équations simultanées.
• 1990 **Harry Markowitz**, **Merton Miller** et **William Sharpe** (États-Unis)
Théorie de la firme et de la gestion de portefeuilles.
• 1991 **Ronald Coase** (États-Unis)
Travaux sur les coûts de transactions et les droits économiques.
• 1992 **Gary Becker** (États-Unis)
Élargissement du calcul économique à l'ensemble des comportements humains.
• 1993 **Robert Fogel** et **Douglass North** (États-Unis)
Application des concepts et des modèles économiques aux sciences historiques.
• 1994 **John Harsanyi**, **John Nash** et **Reinhard Selten** (États-Unis)
Théorie des jeux non coopératifs.

Nobel
Remise des prix Nobel en décembre 1998 à Stockholm. L'économiste indien Amartya Sen est assis au bout à droite, juste devant la reine Silvia. En 1999, sur les 44 lauréats depuis l'instauration du prix d'économie en 1969, on comptait 28 Américains, 6 Britanniques et 3 Canadiens. Une écrasante domination anglo-saxonne...

• 1995 **Robert Lucas** (États-Unis)
Analyse des conséquences des anticipations rationnelles sur les politiques économiques.
• 1996 **William Vickrey** (Canada) et **James Mirrlees** (Grande-Bretagne)
Théorie des incitations économiques.
• 1997 **Robert Merton** (États-Unis) et **Myron Scholes** (États-Unis)
Étude des produits financiers dérivés (options sur actions, indices boursiers).
• 1998 **Amartya Sen*** (Inde)
Théorie du développement économique.
• 1999 **Robert Mundell** (Canada)
Travaux sur les politiques économiques et le système monétaire et financier international. J. C. D.

Nominal

Valeur inscrite sur un titre lors de son émission.*

Cette valeur n'est pas forcément égale au prix payé pour obtenir le titre : dans le cas d'un emprunt obligataire, la société émettrice peut faire payer moins que le nominal, puis rembourser le titre au nominal pour procurer un avantage (prime) au souscripteur. Dans le cas de l'émission d'actions au cours de la vie d'une société, le prix d'émission est généralement supérieur à la valeur nominale car les nouveaux actionnaires doivent verser un supplément (prime d'émission) de façon à payer la valeur des réserves accumulées par la société depuis sa fondation.
On sait que la valeur boursière d'une obligation* ou d'une action* est encore différente puisqu'elle dépend de la fluctuation des cours liée aux variations de l'offre et de la demande. Longtemps, l'État a réglementé le niveau maximal de la valeur nominale pour éviter que certaines sociétés n'émettent des titres trop chers et découragent certaines catégories d'épargnants ; maintenant, ce niveau est fixé librement. J. R.

➔ *Actionnaire, Bourse, obligation*

Non marchand

Activité tournée vers la satisfaction de besoins personnels, ou service proposé gratuitement au public.

Dans les économies capitalistes développées, l'essentiel des biens et services produits fait l'objet d'un échange marchand puisque les producteurs cherchent à réaliser un profit monétaire. Il subsiste cependant un certain nombre d'activités non marchandes : production agricole destinée à satisfaire les besoins des agriculteurs eux-mêmes, activités sportives d'« amateurs » et, surtout, production de services par des institutions privées (syndicats, partis politiques...) ou publiques (enseignement, police, hôpitaux...).
Ces services étant mis à disposition gratuitement, ou ne faisant l'objet que d'un versement partiel qui ne couvre qu'une partie des dépenses engagées pour les fournir (cas des redevances universitaires ou des timbres fiscaux...), les comptables nationaux mesurent la valeur de cette « production non marchande » par le coût de fonctionnement des administrations (salaires versés, coût des consommations intermédiaires*, dépenses d'investissements...).
Le produit intérieur brut (PIB*) non marchand représentait en France environ 17,5 % du PIB total (marchand et non marchand) à la fin des années 1990, soit environ 1 413 milliards de francs en 1997 sur un PIB total d'environ 8 137 milliards. P. B.

Nord-Sud

Division de l'ensemble des pays formant l'économie mondiale en deux parties relativement homogènes : les pays industrialisés situés, pour l'essentiel, dans les zones tempérées de l'hémisphère Nord ; les pays moins avancés localisés dans les zones tropicales et équatoriales.

La terminologie Nord-Sud a pris le pas, dans les années 1990, sur des expressions comme pays développés-pays sous-développés ou en voie de développement, centre-périphérie, ou tiers-monde*. La référence géographique, bien qu'imparfaite (l'Australie et la Nouvelle-Zélande font partie du Nord ; les pays de l'ex-bloc soviétique ont une place imprécise), permet de gommer les oppositions entre deux blocs (politiques) : Nord et Sud sont les deux grandes composantes d'une économie mondiale unique mais différenciée.
Alors que les termes « centre-périphérie » par exemple faisaient référence à une opposition d'intérêts, Nord-Sud fait appel à l'idée de coopération (plutôt

Vivre longtemps est un privilège

Au Japon, l'espérance de vie moyenne à la naissance est de 80 ans, et la probabilité de mourir avant 60 ans, de 8 %. Au Togo, ces chiffres sont respectivement de 48,8 ans et de 59 %

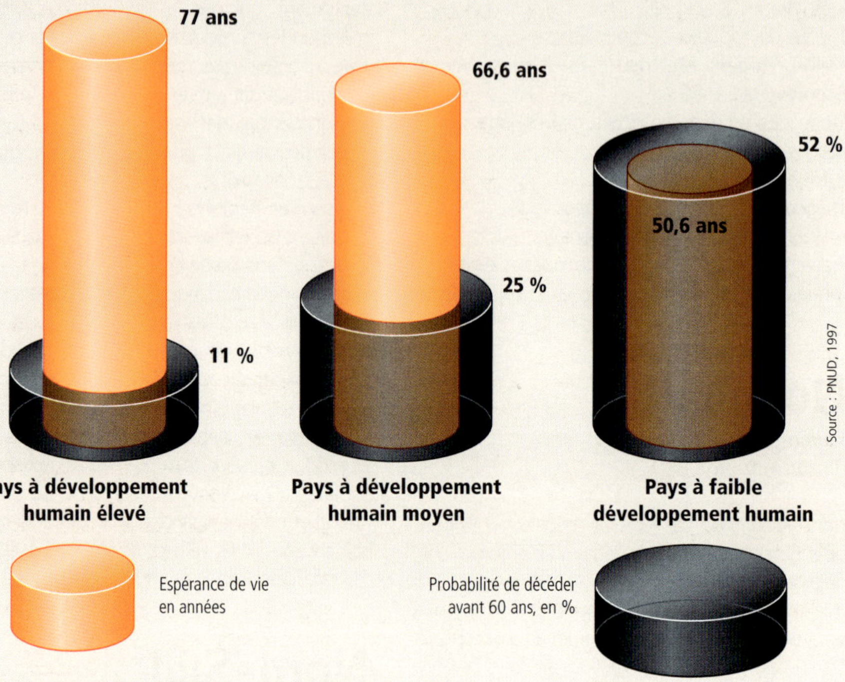

que d'aide) entre des nations d'économies (production de biens sophistiqués/production de biens primaires), de cultures et de statuts différenciés, mais non hiérarchisés. Cette rhétorique, qui imprègne largement le discours des organisations internationales, tend à promouvoir un modèle unique de coopération, concentrée sur trois domaines : l'intégration au marché mondial, la lutte contre la pauvreté et l'accès à la **bonne gouvernance** (démocratie, rigueur financière, lutte contre la corruption*). B. L.

➔ *Aide au développement, développement, pays émergents, tiers-monde*

North (Douglass C.)

Historien américain (né en 1920), à l'origine de la nouvelle histoire économique. Prix Nobel de sciences économiques 1993.

Ses travaux ont importé en histoire la méthodologie et les concepts issus de la théorie économique néoclassique*. S'intéressant notamment aux institutions, il les a analysées à travers les concepts de droits de propriété et de coûts de transaction (*Institutions, Institutional Change and Economic Performance*, 1990). P. U.

➔ *(O. E.) Williamson*

Notation

Les agences de notation (en anglais, rating) sont des sociétés donnant des notes sur la qualité des emprunts émis par des personnes morales (qui peuvent être des États, des villes ou des entreprises).

Ces notes donnent aux souscripteurs potentiels des informations sur le niveau de risque qu'ils prennent.

Les trois agences les plus connues sont les deux américaines **Standard & Poor's** et **Moody's** et l'européenne **Fitch-IBCA**. Elles mesurent les risques de plus de 10 000 emprunts lancés par des entreprises ou des États. Les investisseurs intéressés, ne pouvant faire un choix devant la multiplicité des emprunts, se réfèrent aux notes attribuées par les agences.

Le pouvoir de ces firmes de notation a grandi en parallèle avec la croissance ininterrompue des transactions sur les marchés financiers, qui avoisinent quotidiennement les 1 300 milliards de dollars. Les décisions de la centaine de gérants des plus grands fonds de placement* internationaux (américains, japonais, britanniques, suisses, allemands et français) se prennent à partir de ces notes. Lors de la crise asiatique de l'été 1997, il a été reproché aux agences de **rating** (notation) d'avoir donné, sur la foi des performances passées, des notes flatteuses à des emprunteurs, par exemple thaïlandais, qui se sont révélés fragiles. D. G.

Notionnel

Contrat phare du MATIF, permettant de réagir à l'évolution des taux d'intérêt à long terme.*

C'est un emprunt fictif à taux fixe, constitué sur la base d'un panier de différentes obligations du Trésor. Un contrat à terme est un engagement à acheter ou à vendre une quantité d'instruments financiers (bons du Trésor, taux de change...) dont la livraison est différée dans le temps (selon des échéances trimestrielles), à un prix convenu d'avance. D. G.

➔ *Bons du Trésor, MATIF*

Nouvelle école classique

Courant de pensée développé dans les années 1970 et visant à prolonger le renouveau libéral au-delà du monétarisme.*

Le chef de file de cette école, **Robert Lucas**, héritier de Milton Friedman*, a été récompensé par le prix Nobel* en 1995. Revisitant la macroéconomie* avec l'hypothèse d'anticipations rationnelles*, les nouveaux classiques veulent faire apparaître les déséquilibres* apparents de l'économie (chômage*, cycle*) comme le résultat de choix individuels rationnels, seulement soumis à un problème d'imperfection de l'information*.

Avec la théorie du cycle réel et la théorie de la croissance endogène*, les nouveaux classiques proposent une nouvelle analyse de la dynamique* économique. Selon eux, les chocs réels sur l'économie (telle l'innovation technologique) permettent de rendre compte de la trajectoire des économies sans faire intervenir une responsabilité de la monnaie*, comme l'avaient fait Fisher*, Hayek* ou Friedman.

La critique des nouveaux classiques porte surtout sur la politique économique*. L'interventionnisme keynésien est remis en cause par le fait que les réactions des agents privés aux plans de relance* annoncés par l'État leur ôtent toute efficacité (une relance budgétaire, signifiant un creusement du déficit public, conduit les ménages à épargner plus en prévision des impôts futurs pour éponger la dette publique). De plus, ces politiques discrétionnaires (c'est-à-dire voulant corriger les déséquilibres conjoncturels) poseraient des problèmes de crédibilité et de cohérence des décisions dans le temps.

Par contre, l'État* pourrait jouer un rôle favorable à la croissance* en aidant les investissements*. P. L.

➔ *Économie mixte, (J. M.) Keynes, keynésianisme, (F. A. von) Hayek, libéralisme économique, rationalité, jeux*

Nouvelle Économie

Nom donné à la situation caractérisant l'économie américaine à l'approche du XXIe siècle.

La croissance ininterrompue de l'économie américaine depuis plus de neuf ans intrigue les économistes. Elle semble en effet contredire la théorie classique sur plusieurs points. Primo, contrairement au passé, aucun cycle de récession ne semble se profiler après ce cycle de croissance exceptionnellement long. Secundo : le taux de chômage très bas – inférieur au NAIRU* (Non Accelerating Inflation Rate), qu'on situait à 5 % – n'a pas entraîné d'augmentation de l'inflation.

Pour certains économistes, cette situation implique qu'une « nouvelle économie » est en train de se mettre en place, obéissant à de nouvelles règles. Elle est due à la production de biens et de services issus des nouvelles technologies, mais aussi et surtout à leur utilisation généralisée, à l'origine de très forts gains de productivité.

Bond technologique ou situation conjoncturelle ?

Pour d'autres théoriciens (tels **Anton Brender** et **Florence Pisani** dans *le Nouvel Âge de l'économie américaine,* éditions Economica), cette situation ne remet pas en cause les modèles existants. Des raisons conjoncturelles en ont favorisé l'émergence. La politique d'**Alan Greenspan** tout d'abord. Le président de la Réserve fédérale américaine (FED*) a su très habilement réguler la politique monétaire des États-Unis et résister à la tentation de hausser les taux d'intérêt, à des périodes où nombreux étaient ceux qui redoutaient les effets inflationnistes d'une surchauffe de l'économie. Cette attitude a eu pour effet de favoriser un cercle vertueux, sans provoquer pour autant de tension sur les salaires ni sur les prix. Une situation rendue possible grâce, notamment, à la baisse du prix du pétrole et de tous les produits informatiques. Une des autres raisons expliquant cette situation apparemment paradoxale est liée à la part croissante de sources de revenus pour les ménages autres que les salaires, telles les stock-options* et autres plus-values* sur actions. Il est à noter que cet autre cercle vertueux (économie florissante entraînant la hausse des cours de Bourse) a également été un facteur d'accroissement des inégalités.

Par glissement sémantique, la Nouvelle Économie caractérise également les entreprises qui ont le plus contribué à l'amélioration de la productivité de l'économie américaine : firmes travaillant ou utilisant les nouvelles technologies de l'information* et de la communication*, et plus particulièrement celles qui se développent grâce à Internet*.

Observée tout d'abord aux États-Unis, la Nouvelle Économie gagne la plupart des pays développés, qui tirent parti de l'exemple américain pour l'adapter à leur contexte. Reste à savoir si ce nouveau cadre théorique sera capable d'intégrer un ralentissement, voire une récession. A. K.

➔ *Communication, États-Unis, information, Internet*

NPF

Voir **Clause de la nation la plus favorisée**

Nucléaire

Énergie obtenue par la fission de l'uranium ou du plutonium dans un réacteur.

Les pays occidentaux se sont massivement engagés dans le nucléaire après le premier choc pétrolier de 1973. Cette option était présentée comme la seule réponse à l'explosion des coûts du pétrole sous la pression de l'Organisation des pays exportateurs de pétrole (OPEP*). Pauvre en ressources énergétiques, la France (déjà dotée de l'atome militaire) choisit le tout-nucléaire et se propose de construire six réacteurs de 1 000 mégawatts par an. Un quart de siècle plus tard, à la veille de l'an 2000, elle possède un parc de 58 réacteurs, sur les 440 en service dans le monde.

Électricité de France (EDF) aura dépensé plus de 1 000 milliards de francs pour ces équipements. La part du pétrole*, qui représentait 70 % de la consommation nationale au début des années 1970, est tombée aujourd'hui sous les 40 %.

Une source d'énergie remise en cause

Économies d'énergie et production nucléaire représentent l'équivalent de 100 millions de tonnes de pétrole par an, soit la production pétrolière du Koweït ! Le parc de réacteurs produit 80 % de l'électricité nationale et l'exportation de courant représente le quatrième poste du commerce extérieur. Le paysage a cependant changé. D'abord en 1979, avec la catastrophe de la centrale américaine de Three Miles Island (Pennsylvanie), dont le cœur fond à la suite d'erreurs répétées de l'équipe de conduite. La question lancinante de la sécurité nucléaire est à nouveau posée. Et, comme le pétrole est moins rare, nombre de programmes nucléaires sont ralentis, voire revus à la baisse. La France continue, tout comme le Japon et l'Union soviétique. Le 26 avril 1986, nouveau coup de tonnerre, le réacteur numéro 4 de la centrale ukrainienne de Tchernobyl explose et répand sa radioactivité sur toute l'Europe. Le doute s'amplifie. En 1998, avec l'arrivée au pouvoir en Allemagne de **Gerhard Schröder**, allié aux écologistes, ce pays décide d'arrêter progressive-

La France continue de jouer la carte du nucléaire

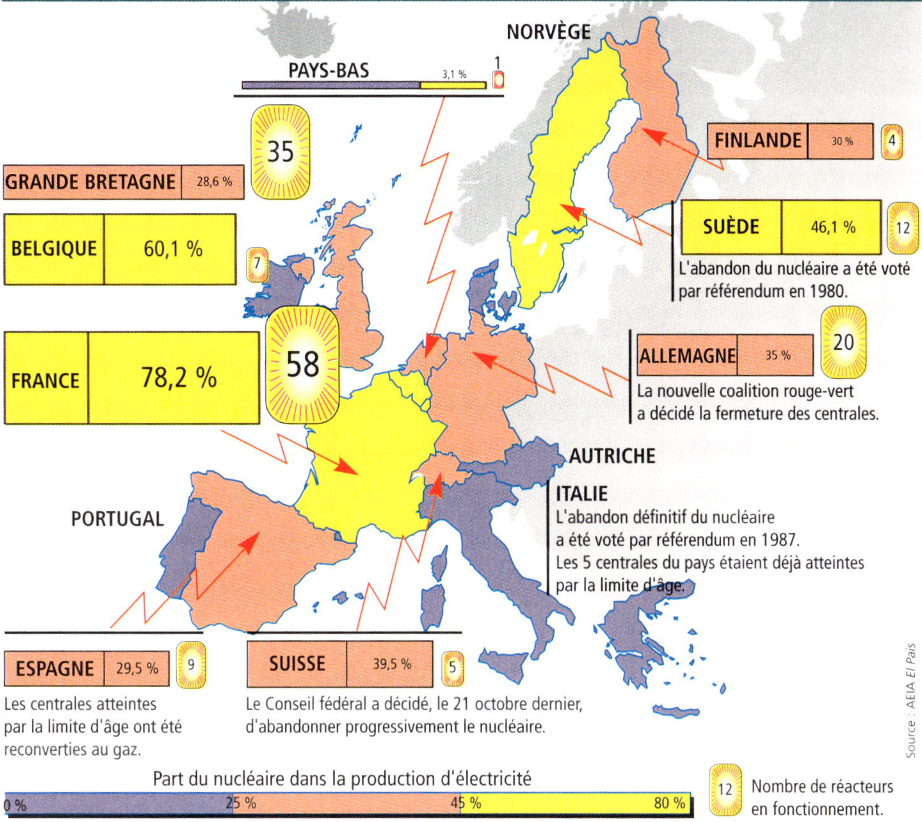

ment l'exploitation de ses centrales. En France, le gouvernement de Lionel Jospin, dont les Verts font aussi partie, a fait arrêter le surrégénérateur Superphénix, un prototype coûteux qui n'a jamais fonctionné de façon satisfaisante. La construction du parc nucléaire étant achevée, la question de son renouvellement à l'horizon 2015 se pose. Dans les pays occidentaux, les inquiétudes concernent moins la sûreté des installations que les déchets issus de la combustion de l'uranium, qui restent radioactifs pour des siècles. Plusieurs options se présentent pour l'aval du cycle, allant du retraitement à l'enfouissement des déchets une fois vitrifiés. D. G.

➔ *Énergie*

Numéraire

Appellation générique donnée à la devise d'un pays, utilisée lorsqu'il s'agit d'espèces qui, seules, ont cours légal.

Un banquier canadien peut informer un client que le numéraire de la France est le franc français, et lui proposer de lui vendre des coupures de 100 francs contre des dollars canadiens, numéraire du Canada. Les documents administratifs français font référence à des versements « en numéraire » (avec des liquidités), par exemple au sujet d'un investissement dans le capital d'une entreprise. F. L.

Obligation

Nom donné à des titres de dette ayant un terme supérieur à un an et porteurs d'un intérêt précis, spécifié au départ.

L'obligation est une part d'emprunt (qui donne lieu à remboursement avec intérêt), alors que l'action* est une part de propriété (qui donne lieu à versement d'un bénéfice, ou dividende).

Un particulier désireux d'acheter des titres sur le marché obligataire doit savoir que son obligation aura une durée de vie précise et un intérêt annuel précis : par exemple, un titre de 100 euros, rémunéré à 5,5 % par an, échéance 2015. Mais il pourra vendre son titre avant ; les obligations sont cotées quotidiennement, pour un prix qui varie de façon inversement proportionnelle au taux d'intérêt proposé. Si la Bourse baisse brutalement, tous les investisseurs cherchent à se désengager des actions : le prix d'achat des obligations va alors monter sous l'ampleur de la demande.

Les obligations sont émises par l'État lui-même (pour financer le déficit budgétaire), par les entités qui lui sont rattachées (les collectivités locales) ou par les grandes entreprises.

Le risque est généralement évalué pour chaque emprunt par une poignée d'agences de notation financière (**Standard and Poor's**, **Moody's**, **ICBA**...). La plupart des pays industriels reçoivent ainsi une « note d'investissement », allant jusqu'au prestigieux AAA. En revanche, une entreprise mal notée peut proposer des taux d'intérêt très élevés pour être certaine de trouver des prêteurs. La pratique est connue sous l'appellation *junk bonds** (obligations pourries).

Les obligations sont souvent moins rémunératrices que les actions, mais leur risque est limité puisque le taux d'intérêt* « facial » (rendement) est connu à l'avance. Lorsqu'un opérateur constitue un portefeuille financier, il réalise généralement un mélange d'actions, d'obligations et de liquidités. F. L.

➔ *Actionnaire, dette, taux d'intérêt*

OCDE
(Organisation de coopération et de développement économiques)

Basée à Paris, l'OCDE regroupe les principaux pays industriels et leur sert d'instance de réflexion commune en matière de politique économique et sociale.

L'OCDE ressemble davantage à un laboratoire de recherches en économie qu'à une organisation internationale ayant une force de contrainte sur les États ou le pouvoir de leur conférer des crédits. Il n'en reste pas moins que, avec les trois principales économies mondiales (États-Unis, Europe, Japon) parmi ses actionnaires, l'OCDE « pèse » plus de la moitié de l'économie mondiale.
Ses rapports et ses recommandations ont donc du poids. Il s'agit notamment des *Perspectives économiques,* analyse de conjoncture publiée deux fois par an, ainsi que des études régulières consacrées à l'économie de chaque pays membre. Les perspectives à court terme qui y sont dessinées aident généralement les gouvernements et les acteurs des marchés financiers à concevoir leur stratégie.
L'organisation a été créée en 1960, sur les bases de l'**OECE** (Organisation européenne de coopération économique). Celle-ci avait été chargée, dans l'immédiat après-guerre, d'administrer l'aide financière apportée par les États-Unis aux pays européens dans le cadre du plan Marshall*. Son soutien à l'économie de marché ouverte et au pluralisme démocratique en faisait, de fait, une institution alliée des États-Unis en période de guerre froide. D'ailleurs, aux vingt membres fondateurs (la plupart des États d'Europe de l'Ouest, le Canada et les États-Unis, ces derniers fournissant à eux seuls le quart du budget de l'organisation) se sont simplement ajoutés le Japon, la Finlande, l'Australie, la Nouvelle-Zélande, dans les années 1960 et 1970. Une nouvelle vague d'adhésions, à partir de 1994, a profité au Mexique, puis à des pays issus du bloc de l'Est (République tchèque, Hongrie, Pologne), et enfin à la Corée du Sud en 1996. Les autres membres de l'ancienne Europe communiste sont, dans leur majorité, aux côtés de « poids lourds » du monde en développement (Chine, Brésil...), accueillis dans le Centre de coopération avec les pays non membres (**CCNM**), d'où ils peuvent accéder aux services et aux infrastructures de l'OCDE elle-même.

Une fonction et un mode de fonctionnement remis en cause
L'Organisation fonctionne sur la base de comités (constitués d'économistes et d'autres spécialistes) et s'adjoint au besoin les services d'agences spécialisées spécifiques. Ainsi, l'aide financière apportée par les pays riches au monde en développement est-elle gérée par le **CAD** (Comité d'aide au développement). Celui-ci met régulièrement en exergue la générosité des pays scandinaves, ou bien pointe du doigt les régions qui consacrent une part démesurée de l'aide reçue à des dépenses militaires.
Par ailleurs, en 1974, au moment du premier choc pétrolier, l'OCDE a créé l'Agence internationale de l'énergie (**AIE**), afin de mieux coordonner les politiques énergétiques, par exemple prévoir des systèmes de répartition de l'énergie en cas d'urgence.
Tout comme la plupart des autres institutions multilatérales, l'OCDE se trouve actuellement à un tournant de son existence. Sa vocation de promotion de l'économie libre de marché a beaucoup perdu de son sens depuis la chute de l'empire soviétique. Son mode de fonctionnement, basé sur le travail en comités et le vote par consensus, fait aussi perdre de la force à ses recommandations. Enfin la notion de pays industrialisé a moins de sens dans l'économie d'aujourd'hui, dominée par les services. Deux des membres nouvellement admis à l'OCDE ont subi peu après des crises économiques graves (le Mexique et la Corée du Sud).
L'OCDE sert parfois de terrain d'affrontement à de grandes querelles économiques internationales. Ainsi, en 1998, a été discuté, puis rejeté, un projet d'inspiration américaine de garantie des investissements étrangers (l'AMI*, ou accord multilatéral sur les investissements), qui opposait en fait deux visions de la mondialisation. F. L.

Offre

Décision d'une entreprise de proposer tant de produits et à tel prix.

Produire beaucoup peut impliquer des coûts très élevés parce qu'il faudra installer une nouvelle usine, réorganiser les équipes, etc. Est-on par ailleurs sûr que le marché pourra absorber toute cette production ? Produire peu suscite des interrogations symétriques. Par ailleurs, vendre à bas prix permet d'augmenter la clientèle, mais ceci compensera-t-il cela ? Et comment les concurrents vont-ils réagir ?
Il existe des réponses meilleures que les autres à ces questions, qui dépendent du contexte, de la façon dont le marché fonctionne, du type de produit qu'on y vend. On appelle plus précisément **fonction**

d'offre la relation entre le prix de vente et le volume de la production qu'une entreprise souhaite écouler. Le prix de vente lui-même est parfois imposé par le marché si celui-ci est parfaitement concurrentiel. Il est déterminé par l'entreprise dans les autres cas.

Quand un individu propose ses services à une entreprise ou à un particulier, on dit qu'il offre son travail (le langage courant dit plutôt dans ce cas que c'est l'entreprise qui offre des emplois). L'offre de travail dépend essentiellement de la rémunération correspondante, taux de salaire ou honoraires ; on consent d'autant plus à faire des heures supplémentaires que celles-ci sont mieux rémunérées. F. E.

➔ *Production, prix*

Offre (économistes de l')

Courant de pensée qui préconise, depuis les années 1970, d'encourager l'offre plutôt que la demande pour stimuler l'activité économique.

Cette politique est d'abord une critique de la relance keynésienne par injection de pouvoir d'achat aux ménages. Il faut inciter les entreprises à produire davantage en augmentant les bénéfices qu'elles peuvent en attendre et non en les accablant d'impôts afin de financer les dépenses de l'État.

Pour encourager les entreprises, il faut diminuer leurs charges fiscales et sociales, et contribuer à diminuer les taux d'intérêt ; la perspective de profits plus élevés les conduira à embaucher, à s'équiper sans plus attendre, à prendre davantage de risques, etc., ce qui impliquerait un cercle vertueux* sans menace inflationniste. F. E.

➔ *Impôt, Laffer*

Off shore

Zone extraterritoriale.

Les centres off shore sont devenus un des symboles de la mondialisation financière. Parfois qualifiés de « trous noirs de la régulation internationale », ces territoires présentent la caractéristique d'offrir des facilités considérables aux entreprises soucieuses d'échapper au cadre réglementaire de leur pays d'origine.

Ces facilités ne sont pas seulement de nature fiscale, ce qui distingue les centres « off shore » des « paradis fiscaux » (même si les deux sont de facto très proches).

Une société dite « off shore » peut être créée par une entreprise désirant contourner le droit du travail d'un pays donné et qui souhaite employer des travailleurs sur des missions ponctuelles à l'étranger. L'objectif est de diminuer les coûts salariaux et le poids des prélèvements obligatoires.

Tous les dirigeants occidentaux plaident pour une régulation plus efficace des centres off shore, par où transitent des sommes énormes, qu'elles proviennent ou non de sources « sales ». Parmi les noms le plus communément cités, on trouve Jersey, Guernesey et les îles Caïmans, toutes sous souveraineté britannique. L. D.

➔ *Paradis fiscal*

Off shore
Une banque aux îles Caïmans. Parfois qualifiés de « trous noirs de la régulation internationale », les territoires off shore remettent en cause les législations fiscales et sociales des États souverains.

Oligopole

Situation d'un marché contrôlé par un petit nombre d'entreprises qui se partagent les quantités offertes.

Les chaînes de télévision hertziennes françaises forment un oligopole, de même que les compagnies aériennes long courrier mondiales ou les fabricants d'eaux minérales gazeuses.

La question intéressante est de déterminer un comportement type des entreprises dans tous ces cas, en particulier concernant le prix* de vente de leur produit. On montre que ce comportement est en général intermédiaire entre celui d'un monopole*, qui peut agir à sa guise sans se soucier de la concurrence*, et celui d'une entreprise concurrentielle, qui adopte passivement le prix que le marché lui impose.

Imaginons qu'une des entreprises baisse son prix. D'un côté, elle va gagner une clientèle plus nombreuse, encore que les concurrents ne resteront pas passifs, mais la baisse réduira ses bénéfices unitaires. S'il s'avère que le bilan est négatif, et si le fait d'augmenter les prix n'améliore pas davantage la situation, c'est que le prix initial de la firme était le meilleur pour elle. En raisonnant ainsi pour chaque firme, on détermine un équilibre avec les prix qui vont finalement prévaloir. Ces prix seront plus élevés que si la concurrence régnait dans la branche, mais moins élevés que si une seule firme pouvait y imposer sa loi.

Les pays producteurs de pétrole se sont fédérés en 1960 en quasi-monopole sous le nom d'OPEP* ; un prix élevé fut décidé en commun, avec des quotas de production par pays. Mais beaucoup d'entre eux ont ensuite consenti discrètement des rabais pour pouvoir augmenter leur production ; apprenant cela, les autres pays ont fait de même, aboutissant à un équilibre de type oligopolistique. F. E.

➔ *Concurrence, marché, prix, substituables*

OMC
(Organisation mondiale du commerce)

Organisation internationale créée à la suite des accords de Marrakech (avril 1994) et mise en place en janvier 1995. Elle a pour fonction d'administrer les accords commerciaux contractés par les États membres, d'organiser les négociations commerciales multilatérales et de mettre en œuvre une procédure de règlement des différends.

OMC
Manifestation anti-OMC (en anglais WTO) à Seattle, en novembre 1999. L'ampleur de la mobilisation populaire a obligé les responsables économiques et politiques à réfléchir sur les conséquences sociales et culturelles de la mondialisation, même si le principe d'une régulation internationale est toujours fermement maintenu.

L'OMC administre ainsi l'accord sur le commerce des marchandises (GATT*), des services (GATS), les droits de propriété intellectuelle, les investissements liés au commerce et une multitude d'accords spécialisés sur les mesures antidumping, les subventions, les produits sanitaires et phytosanitaires, etc. Ces accords fixent des normes qui fondent une loi commerciale internationale ; les pays membres sont tenus de la respecter. Dans le prolongement des principes du GATT, les règles reposent sur la non-discrimination et, notamment, la clause de la nation la plus favorisée*.

L'OMC est chargée d'organiser des négociations commerciales multilatérales (NCM ou « **Rounds** »), qui s'étalent sur plusieurs années. Visant à préciser les règles du jeu ou à en définir de nouvelles, ces négociations doivent aboutir au démantèlement de barrières tarifaires ou non tarifaires.

L'OMC dispose également d'une procédure de règlement des différends, qui vise à trancher les conflits entre les États portant sur le respect des accords multilatéraux et des engagements de chaque nation. Un groupe spécial (panel) peut demander à un État de corriger des pratiques jugées « illégales ». À la suite, le cas échéant, d'un appel qui confirmerait les prescriptions du panel, l'OMC peut autoriser le pays plaignant à lever des sanctions. En 1999, l'Union européenne* a ainsi été sanctionnée pour son régime d'importations de bananes, jugé discriminatoire, et pour son interdiction d'importer des viandes traitées aux hormones, considérée comme injustifiée.

L'OMC, comme d'autres organisations internationales (FMI*, OCDE*, etc.), est placée au centre des discussions sur la mondialisation et la perte de souveraineté des États qui en résulterait. Cette remise en cause générale n'empêche pas une réflexion en cours sur l'extension des compétences de l'OMC aux investissements directs (projet AMI*), aux politiques de la concurrence, à l'environnement, aux normes de travail, à la corruption, etc. J.-M. S.

➔ *Libre-échange, protectionnisme*

ONG
(organisation non gouvernementale ; en anglais NGO)

Association privée, sans but lucratif, engagée dans des actions de défense de la société civile ou de la nature au niveau national et, de plus en plus souvent, international.

En économie, les ONG interviennent surtout pour soulager les maux du tiers-monde* (lutte contre la pauvreté, éducation, santé, etc.) ou pour défendre des causes particulières, par exemple dans les domaines des impôts ou de la finance internationale (comme l'ATTAC qui réclame la taxation des mouvements internationaux de capitaux à court terme).

Parmi les ONG, on trouve bien sûr la Croix-Rouge internationale, ou encore la nébuleuse d'associations financées en Europe de l'Est par le financier d'origine hongroise **George Soros**.

Certaines ONG sont très institutionnalisées, comme la britannique Oxfam, interlocuteur de longue date de la Banque mondiale et du Fonds monétaire international.

Protestant contre les désastres provoqués dans le monde en développement par la mondialisation, plusieurs centaines d'ONG se sont retrouvées fin novembre 1999 à Seattle, aux États-Unis, où se tenait la réunion de lancement du « cycle du millénaire » du commerce international, sous l'égide de l'OMC (Organisation mondiale du commerce). La pression des ONG sur les représentants des États a contribué à l'échec de cette réunion, ce qui a consacré ces associations comme un nouvel acteur politique au niveau international. F. L.

➔ *Commerce international, environnement, Tobin (taxe)*

OPA
(offre publique d'achat)

Opération lancée par une entreprise ou par une personne sur une société pour en prendre le contrôle en achetant ses actions à la Bourse, à un prix attractif, supérieur au dernier cours. L'offre est dite amicale si elle est faite en accord avec la société achetée, et inamicale ou hostile dans le cas contraire.

À côté de ce mode de rachat existe une autre formule, l'**OPE** (offre publique d'échange). Quand une entreprise veut prendre le contrôle d'une autre entreprise, elle peut le faire soit en indemnisant les actionnaires (OPA), soit en leur proposant de ses actions en échange de leurs titres (OPE). L'OPE peut être soit amicale, soit hostile. En France, une entreprise a l'obligation de lancer une OPA ou une OPE dès qu'elle franchit la barre des 33 % dans le capital. En cas de

succès, l'acquéreur peut lancer une offre publique de retrait (OPR) pour détenir l'intégralité du capital, à condition de posséder 95 % de la société ; il peut alors lancer une OPR sur les 5 % restants afin de la retirer de la cote.

À la fin des années 1990, une frénésie d'achat a saisi les groupes industriels, qu'ils soient américains ou européens. En France, au cours de l'année 1999, la BNP a tenté d'absorber la Société générale et Paribas pour créer le premier établissement mondial (à l'issue d'une bataille boursière avec la Société générale, la BNP a emporté Paribas) ; Renault a pris le contrôle du japonais Nissan ; le pharmacien Rhône-Poulenc s'est marié avec l'allemand Hoechst pour créer Aventis, le deuxième groupe mondial de santé ; TotalFina a lancé une OPE sur Elf, se hissant au quatrième rang de son secteur.

La prépondérance des actionnaires

À l'origine de ces fusions*, il y a la recherche d'une position prépondérante sur la scène internationale ou mondiale. Les entreprises visent à acquérir des parts commerciales tout en profitant de l'effet de taille pour réaliser des économies de production et de distribution. L'instauration de l'euro* et d'un vaste espace économique européen en 1999 a accéléré ce mouvement de restructuration. Le but de ces fusions est aussi de créer plus de valeur pour les actionnaires au nom du *corporate governance* (gouvernement d'entreprise*), très en vogue depuis le milieu des années 1980. Le gouvernement d'entreprise a pour objectif de redonner plus de pouvoir aux actionnaires. Dans ce cadre, les réorganisations ont pour but d'augmenter les bénéfices et, de ce fait, les dividendes versés aux détenteurs de titres. Une fusion réussie doit aussi se traduire par une progression des cours en Bourse*. Pour satisfaire ces impératifs, ces mariages conduisent à d'importantes réductions d'effectifs et de fermetures de sites. La nouvelle entité n'est pas pour autant rentable et plus facile à gérer. Le plus délicat reste l'intégration des différentes équipes dans un même ensemble. D. G.

« Mergermania »

La vague de fusions de la fin des années 1990 correspond-elle à une crise de « mergermania », manie des fusions, qui saisit régulièrement les places boursières ? Elle est en tout cas d'une ampleur inédite. En 1998, les achats à travers le monde ont dépassé les 2 500 milliards de dollars (2 125 milliards d'euros), soit 50 % de plus que l'année précédente. Le problème est que les résultats sont souvent en deçà des espoirs. Si l'OPA ou l'OPE est mal préparée, les conséquences peuvent être désastreuses. Certaines d'entre elles ont échoué en raison d'incompatibilité entre les dirigeants, et d'autres, pour avoir été lancées à la hâte, sans préparation suffisante. Car, une fois l'accord signé, rien ne dit que la fusion réussisse. Les consultants estiment à 50 % le taux d'échec.

➔ *Fusion*

OPCVM
(organisme de placement collectif en valeurs mobilières)

Expression générique incluant principalement les FCP (fonds communs de placement) et les* ***sicav*** *(société d'investissement à capital variable).*

En 1998, la France comptait 6 295 OPCVM, composés de plus de 5 000 FCP et de 1 200 sicav. La valeur globale est estimée à 3 505 milliards de francs, soit plus de deux fois le budget de la France. Ces montants considérables placent l'Hexagone au premier rang européen de l'industrie de la gestion collective et au deuxième rang mondial derrière les États-Unis. D'une gestion administrative plus simple, les FCP sont créés chaque année en plus grand nombre que les sicav. Celles-ci sont apparues voici plus de trente ans, se substituant aux sociétés d'investissement fermées. Elles s'inspirent des modèles américain (Mutual Funds) et britannique (United Trusts). Elles investissent en Bourse* leurs liquidités. Leur capital varie continuellement selon les sorties et les entrées des actionnaires*. D. G.

➔ *Placement, portefeuille*

OPEP
(Organisation des pays exportateurs de pétrole ; en anglais OPEC, Organization of Petroleum Exporting Countries)

Cartel de pays producteurs de pétrole.*

Le pétrole et la crise

C'est un tournant qui remonte à plus d'un quart de siècle. Le 16 octobre 1973, dix jours après le début de la guerre du Kippour entre Israël et ses voisins arabes, les membres de l'Organisation des pays exportateurs de pétrole (OPEP), réunis à Koweït, décident de fixer eux-mêmes le prix officiel du brut, arrêté jusque-là par les compagnies pétrolières. Le lendemain, 17 octobre, les pays producteurs arabes vont encore plus loin en réduisant leur production pour forcer Israël à se retirer des territoires occupés. Embargo et pénurie organisée aidant, les prix du baril augmentent alors brutalement de 70 %, passant de 3 dollars à 5,12 dollars, puis, en décembre, à 11,6 dollars. Ils n'avaient pratiquement pas augmenté en termes réels depuis... les années 1930 ! La stratégie de fermeture du robinet réussit pendant des années et s'accompagne d'une reprise en main des concessions et d'une politique de nationalisation. Cette flambée des prix a été le déclencheur d'une crise économique en Europe et aux États-Unis qui marque en fait la fin des **Trente Glorieuses***.

Ce club pétrolier a été fondé à Bagdad, en 1960, par cinq pays producteurs : Arabie saoudite, Irak, Iran, Koweït et Venezuela, rejoints ensuite par huit autres pays : Algérie, Émirats arabes unis, Gabon, Indonésie, Libye, Nigeria, Qatar et Équateur. Après les retraits de l'Équateur (1992) et du Gabon (1995), ce cartel compte onze pays, qui contrôlent près de 40 % de la production mondiale, mais détiennent dans leurs sous-sols les deux tiers des réserves d'hydrocarbures. L'Arabie saoudite est le premier producteur mondial. Les objectifs de l'OPEP sont de coordonner les politiques pétrolières des différents pays membres, d'assurer un niveau élevé des prix pour sauvegarder les revenus des pays pétroliers.

Un pouvoir fluctuant

Le pouvoir de l'OPEP s'est affirmé à l'occasion d'une crise politique déclenchée par la guerre israélo-arabe d'octobre 1973. En restreignant d'un coup sa production, le cartel dominé par des pays arabes a provoqué le premier choc pétrolier : la vive remontée des cours a révélé la vulnérabilité en matière énergétique des pays riches. Le deuxième choc pétrolier, en 1979-1980, a marqué l'apogée du pouvoir de l'OPEP, qui s'est maintenu jusqu'au milieu des années 1980. Par la suite, l'indiscipline de ses membres, conjuguée à la diversification des gisements pétroliers et aux progrès techniques permettant de forer dans de nouvelles régions et en mer, a réduit son influence.

Le cartel a eu un sursaut en 1999. Voulant enrayer une chute des prix car le baril était retombé à 10 dollars, son niveau de 1973, l'OPEP – en association avec d'autres pays non membres de l'organisation (Mexique, Norvège et Russie) – a réduit son débit, ce qui a permis une remontée des prix autour des 30 dollars le baril (unité de mesure qui contient 159 litres). En un an, de mars 1999 à mars 2000, les cours ont quasiment triplé.

D. G.

➔ *Pétrole*

Optimum

Situation économique qui permet de générer le maximum de bien-être à partir d'un volume donné de ressources.

Les situations d'optimalité sont donc celles qu'il convient de favoriser du fait qu'elles évitent un gaspillage des ressources, c'est-à-dire une utilisation qui n'en tirerait pas tous les bénéfices possibles en termes de bien-être. Ainsi, on peut dire qu'il est optimal pour Paul de ne pas consommer immédiatement tout le blé disponible et d'en « investir » une partie en le semant, en vue d'une récolte future qui lui procurera davantage de bien-être.

Cette notion d'optimum a surtout été utilisée par les économistes néoclassiques* pour démontrer les vertus d'une économie de marchés concurrentiels, qui permettrait de générer le maximum de satisfaction pour tous les membres de la collectivité. Cependant, une difficulté reconnue par V. Pareto* tient au fait que des répartitions différentes des ressources de la collectivité entre ses différents membres conduisent à autant de situations optimales. Dès lors, on ne peut établir une hiérarchie entre celles-ci qu'en introduisant un critère de choix collectifs, inévitablement fondé sur des jugements de valeur (qu'il s'agisse d'une prépondérance accordée à certaines catégories de la population selon leur âge, leur sexe, leur revenu ou leur droit de vote, ou qu'il s'agisse d'un strict égalitarisme). Par ailleurs, les tenants de l'économie du bien-être* ont admis l'incapacité du marché à générer un optimum dans certains cas de figure (effets externes*, biens

collectifs, rendements croissants), d'où la nécessité d'une certaine dose d'intervention de l'État pour suppléer le marché. P. L.

Or

Réputé être le plus précieux des métaux, l'or a très tôt servi à fabriquer des pièces de monnaie. Placé au cœur du système monétaire international dit de l'étalon-or, il a longtemps joué un rôle clé dans les réserves de change et les échanges internationaux.*

Le « métal jaune » a toujours fasciné l'homme. La légende veut que Crésus, roi d'Asie Mineure, tire sa richesse de paillettes d'or charriées par la rivière Pactole ; l'or a même donné son nom à la contrée mythique d'Eldorado.

Il était donc naturel que, dès la haute Antiquité, ce métal inoxydable et facile à travailler serve de monnaie d'échange. Le système monétaire international de l'étalon-or a officialisé ce rôle dans le monde moderne. Les taux de changes étaient fixes, et des transports physiques de métal précieux servaient à solder les balances des échanges entre pays.

Mais, depuis l'éclatement du système dit de Bretton Woods*, en 1971, la « relique barbare » (nom donné par l'économiste J. M. Keynes*) a progressivement perdu son rôle de référence monétaire. Aujourd'hui, l'or ne joue même presque plus son rôle de « valeur refuge ». Certes, sa valeur augmente sur les marchés à chaque crise internationale. Mais l'or retrouve rapidement sa courbe de base, fondamentalement baissière. À 250 dollars l'once environ (1 once troy = 31,103 grammes), le cours de l'or se situait à l'été 1999 à son plus bas niveau depuis vingt ans, très loin des 850 dollars atteints en 1980, après l'invasion de l'Afghanistan par les troupes soviétiques.

Vers la banalisation du métal jaune

Les États mettront probablement de longues années à considérer l'or comme un simple métal à usage industriel, dont les principaux producteurs mondiaux sont l'Afrique du Sud, les États-Unis et l'Australie. À l'heure actuelle, environ 80 % d'une production annuelle sont utilisés par la bijouterie et l'industrie de précision. Les banques centrales, elles, détiennent environ 35 000 tonnes de métal précieux dans leurs coffres, l'équivalent de treize années de production. Quelques-unes d'entre elles, Grande-Bretagne et Belgique en tête, ont commencé à vendre une partie de leur stock d'or sur les marchés, dont le principal est le **Gold Bullion** (= lingot) **Market** de Londres. De même, le FMI* a fait connaître son intention de céder une petite fraction de ses

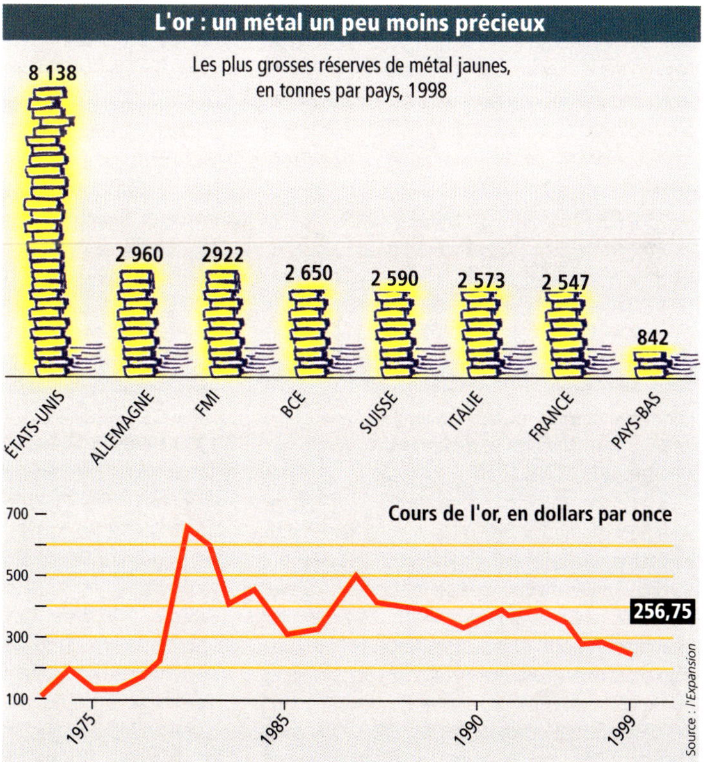

Or
Mine d'or en Afrique du Sud. Même si les banques centrales belge et britannique ont revendu une partie de leurs lingots, les États mettront probablement de longues années à considérer l'or comme un simple métal à usage industriel.

réserves d'or afin de financer une partie de ses opérations dans le tiers-monde*... avant de différer ce projet, inquiet des conséquences sur les économies des pays pauvres africains, dont certains, comme le Ghana, figurent parmi les premiers producteurs mondiaux.
Consacrant ce déclin, la Banque centrale européenne a choisi de détenir en or seulement 15 % de ses réserves officielles (405,15 millions d'onces). F. L.

Ordres

Regroupements d'individus en fonction de leur statut social et de leurs droits spécifiques.

Sous l'Ancien Régime, les sujets du roi étaient membres de la noblesse, du clergé ou du tiers état, qui constituaient les trois ordres de la société française. Les deux premiers ordres étaient privilégiés, car exemptés d'impôt, la noblesse bénéficiant de plus d'un accès réservé aux plus hautes fonctions civiles et militaires.
Les ordres furent abolis de fait en 1789, quand les États généraux (constitués de députés représentant chaque ordre) se transformèrent en Assemblée nationale et quand la Déclaration des droits de l'homme et du citoyen (août 1789) affirma que les hommes naissent libres et égaux en droit. P. B.

Output

Terme anglais qu'on utilise à la place de « produit », désignant ce qui est issu du processus de production.

Une jante automobile est un output pour un équipementier, mais c'est un input pour une entreprise d'automobile. La monoproduction est rare, ce qui signifie qu'une entreprise fabrique en général plusieurs outputs ; on dit aussi que la pluriproduction est la règle. Ainsi, une maison d'édition ne se contente pas de produire un seul ouvrage. F. E.

➔ *Production*

Ouvrier

Travailleur manuel, qui participe directement à la production de biens matériels, le plus souvent dans le secteur industriel ou le bâtiment. Les ouvriers constituent une catégorie spécifique, reconnue dans les classifications et les conventions collectives des entreprises ainsi que lors des élections professionnelles.

On distingue les « ouvriers professionnels » (**OP**), souvent titulaires d'un baccalauréat de l'enseignement technique, et les ouvriers non qualifiés, baptisés « **OS** » (ouvriers spécialisés) dans les années 1960-1970 et appelés désormais « agents de production » chez Renault ou « opérateurs » chez Peugeot.
Au XIXe siècle, les ouvriers, dont le nombre ne cesse de grandir à mesure que se développe l'industrie, sont synonymes de pauvreté et d'exploitation. Au début du XXe siècle, la « classe ouvrière » devient, sous l'influence du marxisme*, le groupe social de référence. Le mouvement ouvrier se veut porteur, à travers l'action syndicale et sur le plan politique, d'une nouvelle organisation de la société fondée sur la solidarité. Dans la seconde partie du XXe siècle, la

catégorie des ouvriers perd de sa prépondérance face aux nouveaux salariés du secteur tertiaire et au développement de professions qualifiées (cadres, techniciens, agents de maîtrise). Les ouvriers, qui représentaient 40 % des emplois dans les années 1950, n'en totalisent plus que 29 % en 1996. Frappés de plein fouet par les restructurations, plus souvent victimes du chômage et de la précarité de l'emploi que les autres salariés, ils bénéficient également d'avantages sociaux (indemnités en cas de licenciement ou de maladie, notamment) moins importants. L'évolution du salaire minimum (SMIC*) détermine pour une large part l'évolution de leur rémunération.
Parallèlement aux mesures destinées à réduire les effectifs des ouvriers (licenciements, préretraites), des efforts de formation ont été engagés afin de répondre aux évolutions technologiques (automatisation, robotisation) qui réclament également un élargissement des capacités d'initiative. J.-M. N.

➔ *Cadre, capitalisme, employé, industrie, pauvreté, SMIC*

Owen (Robert)

Entrepreneur et réformateur anglais (1771-1858), à l'origine de la pensée socialiste et du syndicalisme ouvrier.

Fils de modestes paysans, il ouvrit en 1800 une filature de coton en Écosse. Il accumula une fortune considérable qu'il voulut utiliser dans un but social. Frappé par la misère et la détresse morale des ouvriers, il s'efforça d'améliorer leur sort, mais se

Ouvrier
Ouvrier du bâtiment américain dans les années 1930. L'introduction massive des robots et de l'informatique dans les processus de production a largement remis en cause les savoir-faire spécifiques qui faisaient la fierté du monde ouvrier, quand ils n'ont pas purement et simplement supprimé les postes de travail.

Les employés et les cadres remplacent les ouvriers

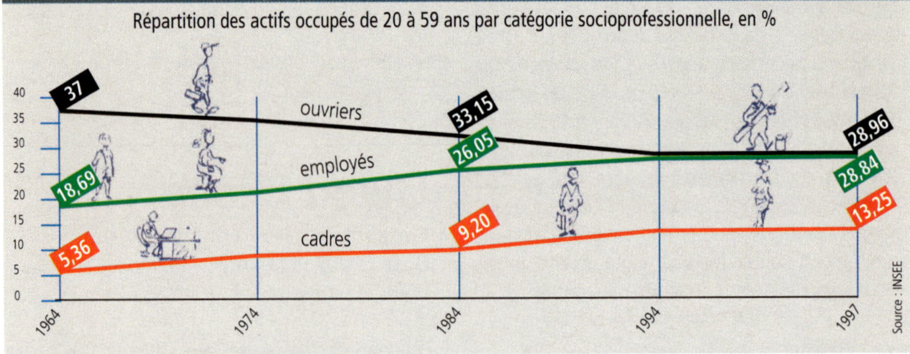

D'abord se nourrir, puis se loger

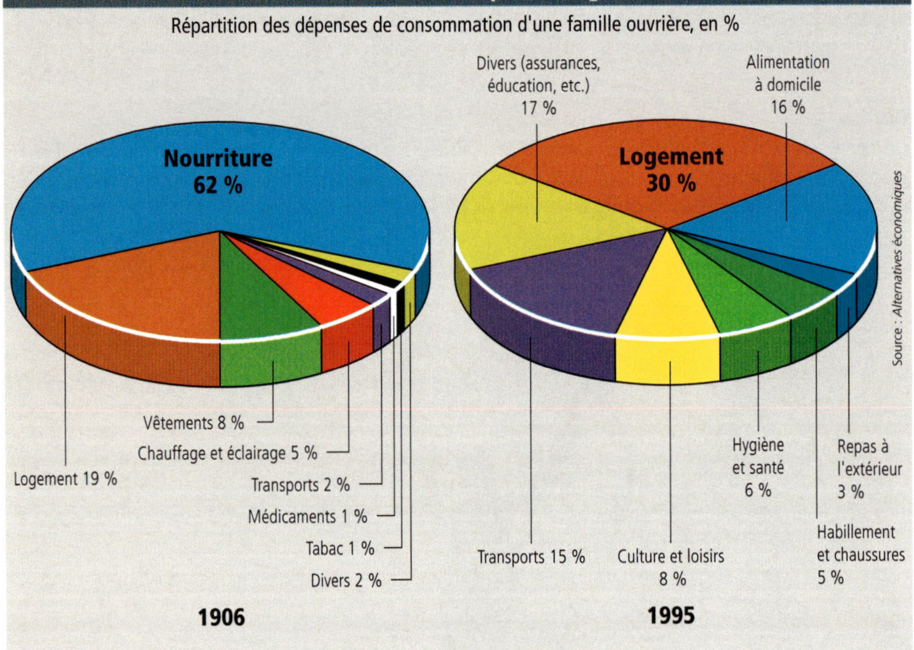

rendit compte que les lois de la concurrence rendaient impossible une action isolée.

Pour convaincre ses contemporains, il publia les *Observations sur les effets du système manufacturier* (1815) et *le Livre du nouveau monde moral* (1836), dans lesquels il exposait les principes d'une société ayant banni la propriété individuelle et assurant à tous l'égalité dans l'accès aux richesses et à l'éducation.

Il voulait également supprimer le salariat, le mariage et la religion afin de créer « un homme nouveau ».

Owen partit aux États-Unis en 1819 et fonda dans l'Indiana une colonie « socialiste », la New Harmony, qui fut un échec.

Revenu en Grande-Bretagne en 1828, il créa une banque populaire, des coopératives ouvrières et une confédération de métiers, qui ne résisteront pas devant les problèmes d'organisation et l'hostilité des milieux industriels.

Pourtant, ses idées seront reprises par les penseurs socialistes du XIXe siècle et par les fondateurs du syndicalisme ouvrier.

P. B.

p

DOSSIERS

PAC
(politique agricole commune)

Désigne les procédures d'intervention économique en faveur de l'agriculture de l'Union européenne, dont elle représente depuis quarante ans le plus gros budget.*

Ses buts sont de moderniser l'agriculture, de réduire les déficits en produits alimentaires et de soutenir les revenus des paysans. On a misé pour cela sur le maintien de prix relativement élevés, dans un marché européen décloisonné et protégé de la concurrence extérieure. La PAC a réussi dans le sens où l'Europe est devenue aujourd'hui une grande puissance agricole. Mais les mécanismes bureaucratiques et les largesses financières ont eu des effets pervers : surplus coûteux, pollutions, agriculteurs déresponsabilisés.

En matière agricole, la plupart des décisions commerciales, financières, sanitaires et vétérinaires font l'objet de compromis élaborés à Bruxelles, d'abord par l'Europe des Six puis par celle des Douze, enfin plus récemment par celle des Quinze, ne laissant parfois qu'une faible marge de manœuvre aux gouvernements nationaux.

Une réforme permanente objet de nombreux marchandages

La PAC est périodiquement mise à jour et réformée, en fonction des évolutions du marché mondial, des impératifs budgétaires, des progrès scientifiques, des préoccupations relatives à l'environnement* ou à la sécurité alimentaire.

La dernière grande réforme date du 25 mars 1999. Elle couvre la période 2000-2006 et s'inscrit dans la ligne de celle de 1992, prévoyant à terme une baisse des prix garantis européens pour la viande bovine, les céréales et le lait. La baisse du prix du lait (– 15 %) interviendra en 2005 et les quotas créés en 1984 (qui ont permis une maîtrise de la production et le mantien d'un niveau de prix correct pour les producteurs) ne seront supprimés qu'en 2007. Pour la viande de bœuf, les prix diminueront de 20 % en trois étapes et la baisse de revenu pour les éleveurs sera compenséee à 85 %. Quant aux grandes cultures (blé, oléagineux, protéagineux), une baisse de 15 % a été décidée en deux étapes, la compensation ne couvrant que 50 % du manque à gagner. Un taux de jachère obligatoire de 10 % (pour éviter que ne se forment des surplus) sera en vigueur de 2002 à 2006.

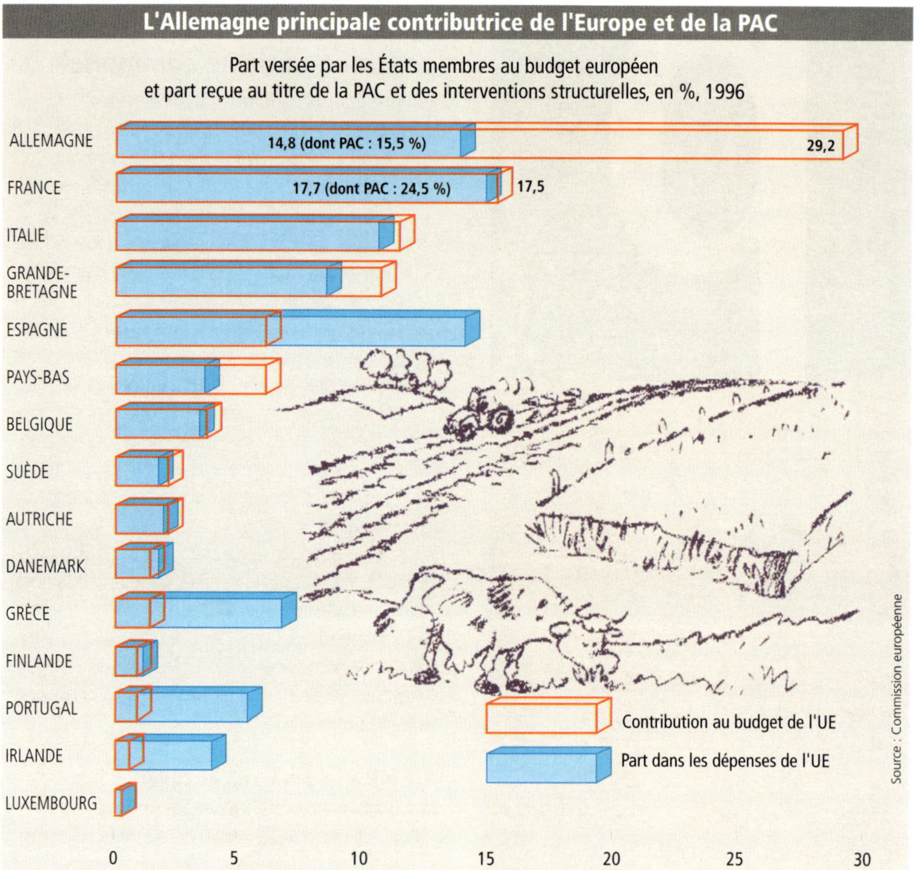

Les Quinze ont aussi décidé de limiter à 40,5 milliards d'euros par an le plafond des dépenses agricoles – des dépenses communautaires qui, jusqu'à maintenant, ont surtout profité à la France et à l'Allemagne, principaux producteurs agricoles de l'Union. Une enveloppe de 14 milliards d'euros sur la période a été prévue pour l'aménagement des territoires ruraux, à l'instigation de la France. F. G.

➔ *Agriculture, subvention, Union européenne*

Pair

Valeur d'une action au moment de la création d'une société.

On parle aussi de **valeur nominale** ou **valeur faciale**. Une entreprise est créée avec un capital de 10 000 francs, décomposé en 1 000 actions* d'une valeur nominale (ou pair) de 10 francs. Le raisonnement est identique pour les obligations*, qui sont des emprunts émis par une entreprise ou une collectivité. D. G.

➔ *Actionnaire*

Paradis fiscal

Pays ou place financière faisant bénéficier d'avantages fiscaux les personnes qui y font des opérations, des dépôts, etc.

Les paradis fiscaux sont-ils, comme le pense un juge français spécialisé dans les affaires financières, « les nouveaux maîtres du monde » ? Si tous les pays offrent des facilités fiscales aux personnes qui ne

Paradis fiscal
Le gouverneur de l'île de Man en grand apparat. On peut considérer comme paradis fiscal aussi bien le Liechtenstein, l'Irlande ou Malte que des territoires sous souveraineté britannique mais bénéficiant d'un statut d'« extra-territorialité », comme Jersey, l'île de Man ou les Bermudes. Ils constituent des territoires accueillants pour échapper au fisc ou pour blanchir l'argent de la drogue.

Les paradis fiscaux dans le monde

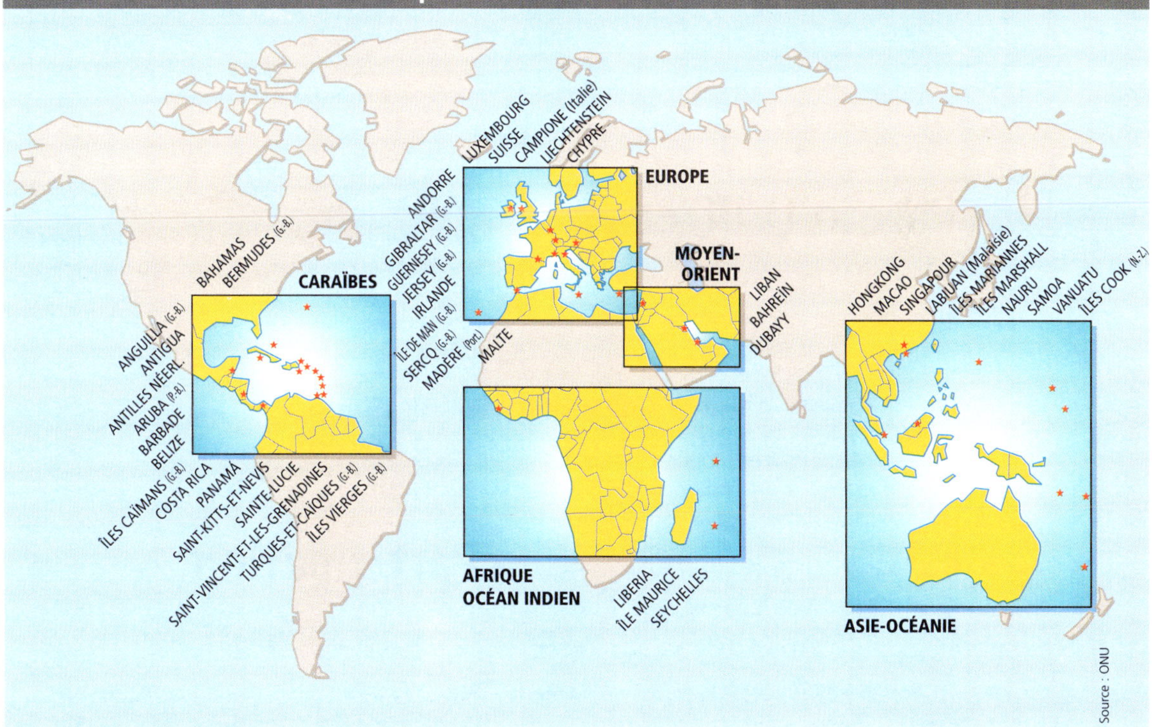

résident pas sur leur territoire, quelques-uns poussent cette logique très loin et proposent une faible fiscalité, un secret bancaire absolu, la préservation de l'anonymat des propriétaires de sociétés, une coopération fiscale et judiciaire réduite, voire inexistante, avec d'autres pays.
En l'absence d'une définition précise, l'estimation du nombre de paradis fiscaux varie beaucoup. On peut y trouver aussi bien le Luxembourg, le Liechtenstein, l'Irlande ou Malte que des territoires sous souveraineté britannique mais bénéficiant d'un statut d'« extraterritorialité », comme Jersey, l'île de Man, les îles Caïmans, les Bermudes.
La communauté internationale multiplie les initiatives, depuis le début des années 1990, pour mieux contrôler ces places où ne s'appliquent pas les règles financières communément admises. Mais il est très difficile d'instaurer efficacement une meilleure « traçabilité » des flux financiers. Les paradis fiscaux servent en effet de plaques tournantes du blanchiment d'argent et attirent une partie considérable des flux financiers liés à la fraude fiscale ou au trafic de drogue. Ces flux représenteraient entre 2 et 5 % du produit intérieur brut mondial par an, selon une évaluation du directeur général du Fonds monétaire international*. En fait, aucun calcul sérieux n'a jamais pu être fait quant aux sommes réellement en jeu, dont on sait seulement qu'elles sont considérables. L. D.

➔ *Off shore*

Pareto (Vilfredo)

Ingénieur, sociologue et économiste italien (1848-1923), représentant majeur du courant néoclassique.*

Successeur de Léon Walras* comme professeur à Lausanne, il présente la fonction d'utilité* de façon plus rigoureuse, la mettant à l'abri des critiques que l'on avait opposées à ses premières formalisations. On appelle aujourd'hui « **optimum de Pareto** » une situation à laquelle nulle autre n'est préférable. Pareto avait esquissé la démonstration mathématique selon laquelle un tel optimum correspondait à une économie concurrentielle de marché*.
Comme sociologue surtout, comme économiste à l'occasion, celui-ci prône la lutte par tous les moyens contre le socialisme et se brouille pour cette raison avec Walras.
Il a étudié la distribution statistique des revenus, donnant son nom à une loi de distribution dont il pensait qu'elle convenait de façon universelle. F. E.

➔ *École néoclassique, optimum, revenu*

Parité des pouvoirs d'achat (PPA)

Principe selon lequel le taux de change devrait tendre à égaliser le pouvoir d'achat des monnaies.

Si 1 000 FF permettent d'acheter un certain panier de biens en France et que le même panier coûte 150 $ aux États-Unis, le taux de change PPA devrait être de 1000/150, soit 6,67 FF pour un dollar.
Pour que les taux de change reflètent la PPA, il faudrait d'abord que l'ensemble des biens puisse être importé des pays dont la monnaie est sous-évaluée en termes de PPA ; or cet arbitrage est coûteux (coûts de transport, tarifs douaniers, etc.) et certains biens ne sont pas échangeables (services aux particuliers). Il faudrait ensuite que les flux internationaux soient limités aux biens ; or les taux de change sont aujourd'hui principalement déterminés par les flux financiers.
Néanmoins, le taux de change PPA est une référence utile, notamment pour évaluer la prime de compétitivité dont bénéficient les pays à monnaie sous-évaluée. Par ailleurs, les organisations internationales (notamment l'OCDE* et la Banque mondiale*) convertissent les PNB* nationaux (ou les PNB par habitant) à partir d'un taux de change PPA, ce qui permet des comparaisons plus significatives entre les pays. J.-M. S.

➔ *Dévaluation, taux de change*

Participation

Système dans lequel les salariés sont associés aux profits de l'entreprise.

Participation et intéressement ont beau être cousins, ils ne sauraient être confondus. Vieille idée gaulliste,

la participation naît en 1967 et s'applique obligatoirement, depuis 1990, aux entreprises de plus de 50 salariés qui devront cependant signer un accord. Dès lors que le bénéfice net dépasse 5 % des capitaux propres, une partie est affectée au personnel pour constituer une réserve spéciale de participation (RSP), dont le montant minimal est fixé par la loi. Ces sommes, placées, ne sont pas disponibles pendant cinq ans, sauf cas prévus de déblocage. Plus ancienne, la prime d'intéressement date de 1959, mais elle est régie par des textes qui ont été souvent modifiés depuis, notamment en 1990 puis en 1994.
Des différences notables caractérisent chacun des deux systèmes. Facultatif, le plan d'intéressement définit des critères d'attribution qui peuvent intégrer des paramètres variables, tels que des objectifs de productivité. Dans certaines limites, le montant en est modulé en fonction du niveau de salaire. Les sommes acquises par les salariés peuvent être abondées (versement complémentaire) par l'employeur, si elles sont versées à un plan d'épargne entreprise (**PEE**), qui peut comprendre des actions* de l'entreprise.
Sinon, et à ces conditions, l'un et l'autre dispositif sont exonérés de charges sociales et d'impôt sur le revenu.
En 1997, on comptait 5,5 millions de salariés couverts par l'un des deux systèmes ; 4,4 millions d'entre eux se sont vu attribuer près de 35 milliards de francs l'année suivante. A. Le.

Partie double

Technique utilisée par les comptables et qui permet d'enregistrer simultanément l'origine et la destination des capitaux.*

Supposons qu'un comptable désire enregistrer une opération d'emprunt de fonds d'un montant de 1 000 auprès d'une banque. Avant l'invention du système de la partie double (XIIIe siècle), notre comptable ne disposait que du système dit de la partie simple, par lequel seules les entrées (ou les sorties) des éléments d'actif liquide étaient enregistrées ; dans le cas de l'emprunt, le comptable aurait donc ouvert un compte « caisse » et enregistré du côté positif l'entrée de fonds de 1 000.
Avec le développement du crédit*, notamment bancaire, cette technique est devenue insuffisante car elle ne permettait pas de savoir l'origine des fonds reçus (emprunt bancaire, augmentation de capital, crédit fournisseur...) ni de contrôler les dettes. Les comptables de l'Italie du Nord ont donc instauré la partie double, qui fait systématiquement jouer deux comptes : l'un pour désigner la destination (ou l'emploi) des capitaux et l'autre pour rappeler leur origine (source ou ressource).
Dans le cas de l'exemple ci-dessus, le comptable ouvrira donc deux comptes : non seulement le compte d'actif « caisse » mais également le compte de dettes « emprunt », affectés chacun d'un montant de 1 000. J. R.

➔ *Compte, comptabilité*

Pasinetti (Luigi)

Économiste italien (né en 1930), l'un des principaux animateurs du courant post-keynésien.

Aux côtés de Joan Robinson* à Cambridge (Grande-Bretagne), il s'opposa aux théoriciens néoclassiques* de Cambridge (Massachussetts) : l'enjeu de la controverse, portant sur la façon dont on définit et mesure le capital, était la validité de la théorie néoclassique de la répartition entre les revenus du travail et ceux du capital (*Growth and Income Distribution*, 1974). P. U.

Passif (en comptabilité)

Ensemble des dettes (au sens large) de l'entreprise : dettes (ou plutôt quasi-dettes) à l'égard des propriétaires et dettes à l'égard des créanciers. J. R.

➔ *Bilan, comptabilité, compte*

Patrimoine

Voir dossier p. 422

Tous les ans, l'Institut national de la statistique et des études économiques (INSEE) publie une étude détaillée du patrimoine des Français. À la fin de l'année 1997, le patrimoine brut était en moyenne de 801 000 F par ménage. L'écart est important : il s'échelonne entre 5 000 F pour les 10 % des ménages les plus pauvres et 1,995 million en moyenne pour les 20 % les plus riches. Les disparités ne cessent de se creuser.

Patrimoine

Patrimoine : ensemble des biens mobiliers et immobiliers dont dispose une personne. Cela va du portefeuille financier aux placements boursiers en passant par les logements, les terres agricoles et même les œuvres d'art et les lingots ou pièces d'or. L'analyse de la situation patrimoniale des Français indique, outre des différences sociales nettes, une situation évolutive en fonction de l'âge et une réticence par rapport à la Bourse plus forte que chez les voisins européens.

L'année 1998 a été très bonne pour les détenteurs de patrimoine les plus fortunés. Durant ces douze mois, « tous les types de placement ont permis de gagner de l'argent », affirme l'INSEE*. Les actions françaises ont progressé de 30 %, les obligations de 10 %, les terres et les logements de 6 et 7 %.

Au fil des études, l'INSEE confirme l'intérêt grandissant des Français pour les placements financiers. Ce changement concerne surtout les plus de cinquante ans. La part de l'assurance-vie dans le patrimoine des Français a d'ailleurs nettement progressé entre 1994 et 1997, au détriment des autres familles de placement. L'assurance-vie représentait 17,4 % du patrimoine des Français en 1997 contre 12,7 % en 1994. La montée en puissance de l'assurance-vie s'est faite principalement au détriment de l'immobilier, dont la part est passée de 20,6 % en 1994 à 17,9 % en 1997. Un ménage sur deux, surtout parmi les plus de cinquante ans, a désormais de l'épargne en Bourse*, soit autant que le nombre de ménages propriétaires de leur logement principal. Il y a vingt ans, 10 % des ménages ne possé-

Le patrimoine des Français : 10 % possèdent 53 %

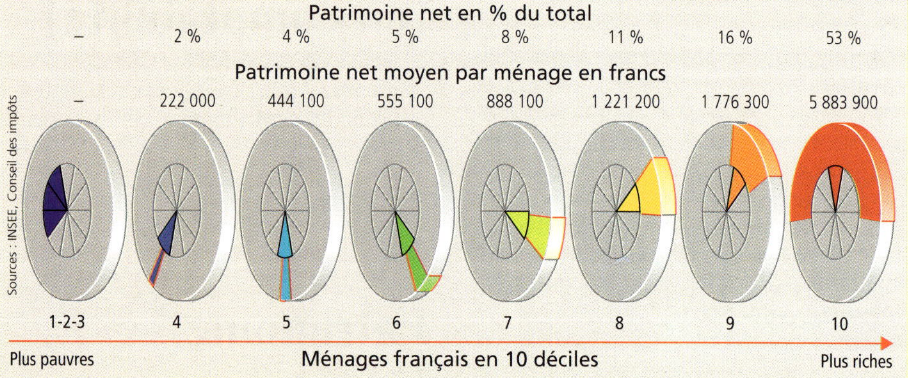

daient ni actifs financiers ni logement, un chiffre aujourd'hui ramené à 6 %.

Cependant, l'INSEE montre que le fameux « ascenseur social », qui veut qu'une génération soit plus aisée que la précédente, est en panne depuis le début des années 1980 : les générations d'avant 1945 disposent d'un niveau de revenus et d'un patrimoine supérieurs à celui des générations précédentes, ce qui n'est pas vrai des générations nées après la Seconde Guerre mondiale. À l'inverse des années 1970, où la croissance des revenus concernait toutes les tranches d'âge, on assiste à un changement depuis près de vingt ans : « Pour les plus âgés, le revenu poursuit sa progression, tandis qu'il cesse de croître pour les plus jeunes. » Autrement dit, les ménages de 25-35 ans ont à la fin du siècle le même revenu (par unité de consommation et en francs constants) que ceux qui avaient le même âge il y a dix ou vingt ans.

À chaque âge son patrimoine

L'âge constitue un élément essentiel dans l'évolution d'un bilan patrimonial :

• **25-35 ans** : la situation est simple. La carrière professionnelle commence, les revenus sont plutôt modestes, on vit encore seul ou en concubinage plus ou moins stable, au moins jusqu'à la naissance d'enfants. On se préoccupe surtout de se loger, de se meubler, d'acquérir un véhicule ou d'en changer. De nombreux conseils préconisent de placer en Bourse à cet âge, parce que c'est très rentable sur dix ou vingt ans et que les jeunes ont du temps. D'autres préconisent l'achat d'un studio.

• **35-45 ans** : cette période de relative stabilité familiale et professionnelle permet également d'épargner. La préoccupation est tournée vers l'acquisition de la résidence principale. On veut également disposer de ressources financières suffisantes pour préparer les études des enfants. Le temps vient pour certains de souscrire une assurance-vie.

• **45-55 ans** : c'est le moment d'évaluer le futur niveau de retraite, de fixer ses objectifs de transmission, ses garanties décès ou dépendance, souscrites dans le cadre professionnel de préférence, ou sinon à titre personnel.

• **55 et 65 ans** : le temps vient d'aider financièrement les enfants à s'installer dans la vie, d'acheter un logement ou une voiture, tout en confortant les placements financiers en vue d'avoir un complément de retraite.

• **Au-delà de 65 ans** : les premières années de la retraite permettent de profiter du temps libre, de s'occuper de sa santé et de son épargne. Vient également le temps de préparer sa succession et la transmission de ses biens par donation pour éviter de trop lourds prélèvements fiscaux. Il ne faut cependant pas se dessaisir au profit d'un héritier.

Prudence française vis-à-vis de la Bourse

Échaudés au début du siècle par les emprunts russes, qui ont ruiné des familles entières, les Français restent encore très prudents face aux placements boursiers. Ils se montrent plus réticents en préférant avant tout le placement immobilier dans la constitution de leur patrimoine. Concernant le volet financier, ils privilégient les plans d'épargne aux actions. Pourtant, toutes les études montrent que, sur le long terme, les actions rapportent plus que les autres placements, qu'ils soient obligataires, monétaires ou en or. L'hypothèse, si elle ne manque pas d'intérêt, n'en reste pas moins théorique : elle suppose que l'épargne investie a été définitivement bloquée pendant quarante-deux ans ! Ce n'est pas exactement le comportement d'un ménage moyen.

Les très riches toujours plus riches

Une étude menée en 1999 a révélé que plus de 6 millions de personnes dans le monde évaluaient leur fortune à plus de 1 million de dollars (6,1 millions de francs, 0,94 million d'euros 1999). Selon le rapport réalisé par la banque d'investissement Merrill Lynch et Gemini Consulting, les individus les plus riches ont continué à s'enrichir : leur fortune globale a crû de 12 %, atteignant 21 600 milliards de dollars (20 300 milliards d'euros 1999). En 2003, selon les simulations, leur fortune devrait atteindre 32 700 milliards de dollars.

Contraste européen

À la différence de leurs voisins européens, les Français sont moins attirés par la Bourse. L'année 1997 a été spectaculaire : les placements en actions des ménages ont enregistré un flux négatif de plus de 5 milliards de francs (0,76 milliard d'euros), ceux-ci préférant verser leurs économies sur les plans d'épargne. Cette distribution contraste avec celle des autres pays. Les investissements en actions ont constitué 80 % des flux de placements en Italie, 71 % en Espagne, 35 % en Belgique, 32 % au Portugal, 24 % en Allemagne et 20 % en Grande-Bretagne.

Autre signe de cette prudence : l'image des marchés financiers. En mars 1999, selon un sondage commandé à Taylor Nelson Sofres par Paris Europlace, l'association chargée de la promotion de la place financière parisienne, 51 % des Français interrogés ont une image « positive » du secteur financier et 84 % des Français l'estiment utile au développement de l'économie. Autre enseignement de l'étude : il n'existe pas de clivage gauche-droite puisque 85 % des électeurs de gauche et 88 % des électeurs de droite jugent l'industrie financière utile, la séparation se faisant plus selon l'âge : 93 % des 18-24 ans partagent cette opinion contre 71 % des sondés.

Toutefois, l'image de l'industrie financière reste « négative » pour un Français sur deux, notamment auprès des diplômés de l'enseignement supérieur (58 %) et auprès des cadres et des professions libérales (56 %). Plusieurs explications sont invoquées par les 47 % des Français qui ont une image négative de cette industrie : « le manque de confiance », « la loi de l'argent », « l'accen-tuation des inégalités », le fait qu'elle « profite aux plus riches ». De plus, les Français se montrent très prudents quant à l'utilisation directe des marchés financiers pour leur propre usage. Moins de la moitié d'entre eux pensent avoir recours à l'industrie financière pour gérer leur patrimoine. Seulement 49 % des personnes interrogées sont prêtes à recourir aux placements financiers (actions*, épargne-retraite, emprunts) dans les années à venir. Mais les jeunes affichent vis-à-vis de la Bourse une attitude plus positive que leurs aînés. D. G.

➔ *Bourse, inégalités*

Les 5 premières fortunes mondiales en 1999 (en milliards de dollars)

1	Bill Gates	États-Unis	informatique	90
2	Warren Buffet	États-Unis	finance	36
3	Paul Allen	États-Unis	communication	30
4	Steven Ballmer	États-Unis	informatique	19,5
5	Philip Auschutz	États-Unis	communication	16,5

Les 10 premières fortunes européennes en 1999 (en milliards de dollars)

1	Liliane Bettencourt	France	cosmétiques	13,9
2	Famille Albrecht	Allemagne	distribution	13,6
3	Famille Haniel	Allemagne	maison de commerce	12,4
4	Famille Engelhorn	Allemagne	chimie	12
5	Famille Quandt	Allemagne	automobile	9,9
6	Famille Mulliez	France	distribution	9,8
7	Gad Rausing	Suède	emballage	9
8	Silvio Berlusconi	Italie	bâtiment, communication	8
9	Famille Boehringer	Allemagne	pharmacie	7,1
10	Dieter Schwarz	Allemagne	distribution	7,1

Patronat

Ensemble des chefs d'entreprises privées, regroupés au sein d'organisations pour défendre leurs intérêts face aux pouvoirs publics et aux syndicats de salariés.

Le patron est un acteur du jeu économique et social, au côté du syndicaliste et du capitaliste : il mobilise le travail et le capital pour produire un bien ou un service et dégager une marge bénéficiaire. L'expression « patronat » recouvre la collectivité des entrepreneurs qui exercent une autorité sur des salariés. Les analyses socialistes lui ont donné une connotation péjorative en faisant du patronat l'ennemi du prolétariat et, par extension, de tous les salariés. En réalité, le terme de « patronat » confond plusieurs sortes d'entrepreneurs qui n'ont pas les mêmes intérêts. Parmi les 3 millions de chefs d'entreprise français, il n'y a pas grand-chose de commun entre les P-DG de l'assureur AXA ou du sidérurgiste Usinor, qui emploient des milliers de personnes, et ceux de petites sociétés d'une vingtaine de personnes spécialisées dans l'imagerie électronique ou dans le bâtiment. Tous ont droit à l'appellation de « patrons ». Pourtant, les « grands » patrons (plus de 500 employés) sont considérés par les « moyens » (de 50 à 500) et les « petits » (moins de 50) comme des quasi-salariés, car ils n'engagent pas leurs biens personnels dans l'aventure entrepreneuriale. Il ne faut pas oublier les 900 000 patrons appartenant au monde des artisans, viscéralement attachés à leur liberté.

Cogestion ou lobbying

Depuis la fin de la Seconde Guerre mondiale et avec l'accroissement de l'intervention étatique dans l'économie, le patronat s'est organisé dans tous les pays pour défendre ses intérêts face aux projets gouvernementaux ainsi qu'aux revendications des syndicats. Dans les pays européens ou asiatiques, où le dirigisme s'est le plus développé, le patronat s'est structuré à l'échelon national. C'est le cas en France avec le **MEDEF** (Mouvement des entreprises de France, anciennement CNPF), la **CGPME** (Confédération générale des petites et moyennes entreprises) et l'**UPA** (Union professionnelle artisanale), en Allemagne avec le BDI et le BDA, en Italie avec la Confindustria et au Japon avec le Keidanren. Ces organismes prennent place autour des tables de négociation pour dire leur mot sur les projets fiscaux, la législation du travail ou la hausse des salaires. Ils signent des accords au niveau national ou au niveau des branches qui s'imposent aux chefs d'entreprise. Ils cogèrent avec les syndicats les systèmes paritaires de protection sociale (retraites, santé, accidents du travail). Ils financent des organismes de formation. Les chambres de commerce et d'industrie, qui fédèrent localement les entrepreneurs, gèrent des équipements publics comme des aéroports ou encore des écoles de commerce.

Aux États-Unis et en Grande-Bretagne, les organismes patronaux se cantonnent dans un rôle de lobbying en faveur du secteur professionnel qu'ils représentent ; par exemple, les chimistes ou les pétroliers uniront leurs efforts pour éviter une réglementation qu'ils jugeront dangereuse. Les salaires et les conditions de travail restent de la compétence exclusive de chaque entreprise. A. F.

➔ *Artisanat, bénéfice, lobby, PME*

Patronat
Ernest-Antoine Seillière, président du MEDEF, et son vice-président, Denis Kessler. En changeant le nom de leur organisation, de CNPF en MEDEF, ils veulent aussi engager le patronat français dans une voie plus libérale, en rupture avec la tradition française de la négociation tripartite – État, entreprises, syndicats.

Pauvreté

État d'insuffisance manifeste de revenus et non-satisfaction d'un certain nombre de besoins élémentaires. Cette notion est relative : la pauvreté est probablement moins dure à vivre dans un pays européen que dans un pays d'Amérique latine ou d'Afrique, où les systèmes de protection sociale sont inexistants. Néanmoins, certains indicateurs permettent de procéder à des comparaisons internationales. Outre la dimension monétaire, la notion de pauvreté doit prendre en compte des éléments tels que l'espérance de vie ou le niveau d'instruction.

On estime que 32 % des habitants des pays en voie de développement vivent en dessous du seuil de 1 dollar (environ 6 F) par jour, ce qui représente 1,7 milliard d'individus. Huit cents millions d'êtres humains, sur un total de quelque 6 milliards souffrent de la faim. Le *Rapport mondial sur le développement humain*, publié en 1997 par le Programme des Nations unies pour le développement (PNUD*), a également introduit un « indicateur de la pauvreté humaine ». Cette approche s'efforce d'évaluer le pourcentage d'individus risquant de mourir avant 40 ans, d'adultes analphabètes, de personnes n'ayant pas accès aux services de santé ou à l'eau potable, et d'enfants de moins de 5 ans victimes de malnutrition. La Banque mondiale* utilise un critère particulier pour les « pays en transition » (Russie et anciens pays communistes de l'Est européen, par exemple), dont l'économie est en pleine restructuration. Dans ce cas, le seuil de pauvreté est fixé à 4 dollars par jour.

La lutte contre la pauvreté ne passe pas seulement par une croissance économique forte et durable. D'après les experts en développement, une économie doit croître deux à trois fois plus vite que la population pour avoir un impact significatif sur le niveau de vie des plus défavorisés. Selon le PNUD, l'écart entre les 20 % les plus pauvres et les 20 % les plus riches est de 1 à 32 au Brésil, de 1 à 26 en Tanzanie et de 1 à 20 en Afrique du Sud, mais de 1 à 8,9 aux États-Unis, de 1 à 7,5 en France et de 1 à 5,8 en Allemagne. Dans ces conditions, une récession économique est beaucoup plus durement ressentie dans les pays en voie de développement, où les inégalités de revenus sont les plus criantes. L'aide publique au développement apportée par les pays les plus riches a sensiblement baissé. Au cours de la décennie 1990, le recul est évalué à 40 %.

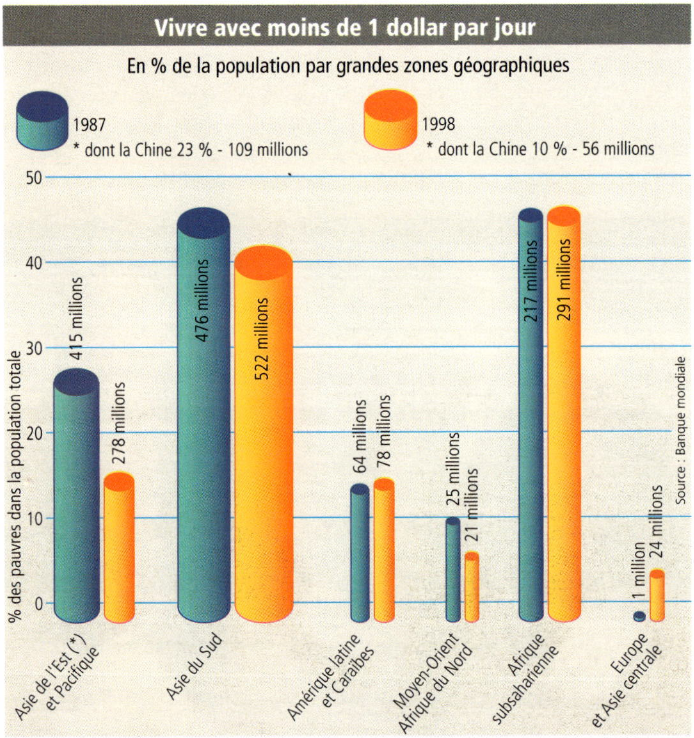

Des besoins toujours plus grands pour des situations de détresse nouvelles

Avec la montée du chômage, les pays industrialisés sont eux aussi confrontés à l'apparition de nouvelles formes de pauvreté, liées aux phénomènes d'exclusion. En France, quelque 500 000 personnes sont sans-abri ou vivent dans des logements de fortune, alors qu'il n'existe que 15 000 places d'hébergement d'urgence. En Grande-Bre-

Vivre avec moins de 110 F par jour

Le seuil de pauvreté est défini comme la demi-médiane du revenu médian des Français, 1997

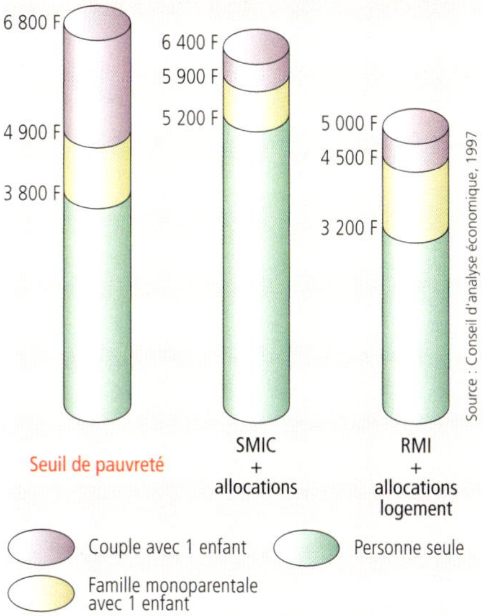

tagne, un quart des enfants vivent dans des familles pauvres et aux États-Unis, malgré près d'une décennie de croissance, la proportion des pauvres reste proche de 20 %. On a vu apparaître une catégorie nouvelle, celle des *working poors** qui, bien qu'ils aient du travail, n'arrivent pas à échapper à la pauvreté.

Les mécanismes traditionnels de protection sociale, introduits dans les années 1950 et développés dans les années 1960 et 1970, n'ont pas été conçus pour faire face à la montée de la précarité de l'emploi et ne sont pas adaptés à des réalités telles que la multiplication des familles monoparentales ou le vieillissement démographique. Les victimes de la pauvreté tendent à se différencier de la « clientèle » habituelle des services sociaux. Mal insérées sur le marché du travail, travailleurs à temps partiel ou appartenant à des foyers surendettés, ces personnes échappent au « filet de sécurité » de l'État providence*. Devant ce constat, on a créé dans certains pays des formules de revenu minimum* assurant une aide financière et un suivi social non plus selon le statut social (chômeur, chef de famille monoparentale) de l'intéressé mais en fonction de sa situation concrète. J.-M. N.

➔ *Inégalités, précarité, protection sociale, revenu minimum, working poors*

Pays émergents

Pays en développement présentant un fort taux de croissance du PIB, un niveau relativement élevé d'industrialisation et d'exportation de produits industriels, un fort degré d'ouverture à l'extérieur et un marché intérieur en expansion.

Ce terme s'est peu à peu substitué dans les années 1990 à celui de « nouveaux pays industrialisés » (NPI) ; il est à la fois plus large et plus imprécis. Aux NPI des années 1980 (Mexique, Argentine, Brésil en Amérique latine, Corée, Taïwan, Hongkong, Singapour en Asie) se sont ajoutés des pays asiatiques en forte croissance (Philippines, Thaïlande, Indonésie) ainsi que le Chili.

Le mot « émergent » fait référence à l'existence d'opportunités d'investissements profitables et à une intégration rapide dans le marché mondial (des biens et des capitaux). Des pays socialistes, comme la Chine et le Viêt Nam, sont de plus en plus considérés à ce titre comme « émergents », alors que l'Inde ne l'est que rarement.

La fragilité des pays émergents mais aussi leurs capacités de récupération rapide, ont été révélées lors de crises financières récentes : Mexique, fin 1994 ; Asie orientale, mi-1997. B. L.

Pays de l'Est
(Europe centrale et orientale)

Après quarante-cinq ans d'économie socialiste, les pays de l'Europe centrale et orientale (PECO) représentent sept économies en transition ayant signé un accord d'association avec l'Union européenne (UE) : Bulgarie, Hongrie, Pologne, République tchèque, Roumanie, Slovaquie, Slovénie, auxquels on joint souvent les États baltes (Estonie, Lettonie, Lituanie).*

Une vision large inclut les pays non associés des Balkans : Albanie, Bosnie-Herzégovine, Croatie, Macédoine et Yougoslavie.

La transition est inégalement avancée et démocratique selon les pays. Issue de la crise finale des économies socialistes*, la priorité de la transition est un programme de stabilisation : réduction de l'inflation*, du déficit budgétaire et des déséquilibres extérieurs. Réalisé avec l'aide du FMI*, et en suivant ses recommandations, ce programme comporte : une dévaluation initiale de la monnaie, une libéralisation du commerce extérieur, la liberté des prix et des salaires, des politiques monétaire* et budgétaire restrictives. La stabilisation de l'économie s'est accompagnée d'un effondrement de la production et de l'apparition d'un chômage de masse. Après 1993, les PECO ont retrouvé la croissance économique, mais seule la Pologne a déjà rejoint le niveau de son produit intérieur brut* de 1989.

Changer les institutions a consisté à abolir celles de l'économie socialiste (comité d'État du plan*, banque unique d'État, ministères sectoriels), puis à créer les institutions de l'économie de marché : entreprise privée en tant que société commerciale (loi sur les sociétés), Code de commerce, loi sur les faillites et législation sur la concurrence* (antitrust), marché des capitaux (Bourse des valeurs), régulation du marché du travail (agences pour l'emploi, allocations chômage), système bancaire à l'occidentale (banques commerciales et banque centrale indépendante) et fiscalité rénovée (TVA, impôts sur les bénéfices et sur les revenus des personnes physiques).

Croissance convergente à l'Est

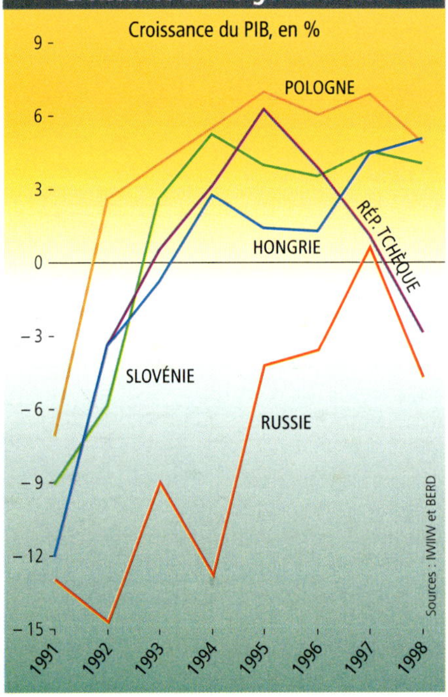

La théorie de la transition vers le capitalisme reste à inventer

La privatisation* des entreprises a été réalisée, en Hongrie et en Estonie surtout, en vendant les actifs à des investisseurs privés, souvent étrangers. Ceux-ci ont restructuré les firmes privatisées, désormais compétitives. Dans les autres PECO, on a privilégié des méthodes « non standard » de privatisation : remise de l'entreprise à ses employés et/ou managers, privatisation de masse (distribution gratuite à toute la population de coupons échangeables contre des actions des firmes à privatiser), restitution des actifs aux anciens propriétaires. Ces méthodes ont le plus souvent conduit au maintien du contrôle des anciens managers sur l'entreprise, y compris sur la base de délits d'initiés*. Ces managers adoptent des comportements de survie et de recherche de rente de situation, au lieu de maximiser le profit*, la compétitivité* et la concurrence*. Les restructurations sont alors beaucoup moins avancées.

La transition comporte de forts coûts sociaux : chômage, extrême inégalité des revenus, pauvreté, dégradation de l'éducation et de la santé, réapparition de maladies naguère éradiquées, détérioration de certains indicateurs démographiques. Une seconde phase de la transition est nécessaire. Ses priorités consistent à améliorer la régulation du marché du travail, à développer la protection sociale hors des entreprises, à réformer le système des retraites*, à mieux appliquer les nouvelles lois, à renforcer le rôle de l'État*, à lutter contre la corruption*, très répandue, et à créer une administration fiscale efficace dans la collecte des impôts. En outre, il faut promouvoir le contrôle des firmes par les actionnaires, accélérer les restructurations et la concurrence, assainir le nouveau système bancaire (criblé de créances irrécouvrables) et réguler les marchés financiers émergents des PECO (notamment affectés par la crise russe de 1998). Une théorie complète de la transition du socialisme au capitalisme reste à bâtir.

L'insertion des PECO dans l'économie mondiale est passée par la réorientation de leur commerce vers l'Ouest, surtout vers l'UE*, remplaçant une partie de leur ancien commerce mutuel et avec l'ex-URSS.

W. A.

➔ *BERD, économies socialistes, Russie, système économique, Union européenne*

Pays en voie de développement

Pays s'engageant dans un processus d'industrialisation et de modernisation.

Cette appellation (ou sa version simplifiée de « pays en développement ») a remplacé petit à petit, depuis les années 1970, celles de « pays sous-développés » et de « tiers-monde* ». Elle est très liée aux visions du développement des années 1950 et 1960 en termes de croissance accélérée et de rattrapage.

À cette époque, les pays désignés (une grande partie des pays d'Afrique*, d'Amérique latine* et d'Asie hors URSS), malgré leur diversité, connaissaient un processus effectif de développement, plus ou moins rapide. Depuis la crise financière de 1982 (puis celle de 1994-1997), et l'ajustement structurel* qui a suivi, la situation est beaucoup plus hétérogène. Certains pays, où le revenu par tête était déjà bas et le niveau d'industrialisation faible, ont connu une régression sur tous les plans : baisse du revenu, poids accru du service de la dette, baisse de l'emploi formel et montée de l'économie informelle, effondrement des investissements industriels, d'infrastructures, mais aussi sociaux (éducation, santé). Ces pays, qualifiés par euphémisme de « **PMA** » (pays les moins avancés) ou de « pays les plus pauvres », sont pour leur majorité situés en Afrique équatoriale et tropicale, mais on y inclut quelques pays d'Amérique latine (Haïti, Bolivie) ou d'Asie (Népal, Laos, Cambodge, Afghanistan...). L'annulation de leur dette est en négociation.

À l'opposé, certains pays ont été qualifiés de « nouveaux pays industrialisés » dans les années 1980 ; ils étaient pour l'essentiel situés en Asie orientale (les « dragons » : Hongkong, Singapour, Taïwan, Thaïlande) et en Amérique latine (Brésil, Argentine, Chili, Mexique). Dans les années 1990, le vocable de « pays émergent* » s'impose, sans être exactement un synonyme. Les crises des années 1994 (Mexique) et 1997 (Asie) ont montré la fragilité du processus de croissance de ces pays.

Un concept flou pour des réalités contrastées

Dans leur majorité, les pays en voie de développement n'appartiennent à aucune des deux catégories précédentes. Ils connaissent une croissance lente, mais réelle, du revenu par tête. Les menaces de famine sont écartées (sauf dans les cas de conflits armés) non seulement dans les grands pays asiatiques mais aussi en Afrique. La croissance industrielle n'est forte et continue que dans des pôles exportateurs, bénéficiant souvent du statut de zone franche. La plus grande menace sur le processus de développement dans ces pays provient, d'une part, de l'accroissement de la dépendance alimentaire et, d'autre part, de la baisse, voire de l'arrêt, depuis une quinzaine d'années des investissements « sociaux » (logement, santé, éducation, infrastructures urbaines).

L'emploi des termes « pays en voie de développement » est délicat car ses limites sont floues. D'une part, l'appartenance des pays (asiatiques surtout) issus de l'ex-URSS à cet ensemble ne fait pas l'unanimité. D'autre part, certains pays (Corée, Singapour, Émirats arabes unis et Arabie saoudite) revendiquent le statut de pays développés. Aussi, l'expression est utilisée par commodité dans le langage politique et journalistique, mais sa pertinence est contestée, à cause de l'hétérogénéité de l'ensemble, mais aussi de la remise en cause de la notion de développement*.

Les pays en voie de développement ont tenté à plusieurs reprises (conférence de Bandung en 1955, fondation de la **CNUCED** [Conférence des Nations unie pour le commerce et le développement] et du « Groupe des 77 » en 1964) de présenter un front commun pour sortir de la logique des « blocs ». La divergence des intérêts politiques et géostratégiques, mais aussi économiques (comme lors de la crise pétrolière de 1973-1974), a fait avorter ces tentatives. B. L.

➔ *Développement, Nord-Sud, pays émergents, tiers-monde*

PECO

Voir **Pays de l'Est**

Pension

Somme d'argent versée à un bénéficiaire par un organisme social ou par l'État. La pension s'adresse aux personnes qui ont subi un événement durant leur vie. Elle est conçue comme une prestation régulière et durable destinée à garantir un revenu minimal à ceux qui en bénéficient.

La pension est destinée, par exemple, aux retraités (pension de retraite), aux personnes qui sont dans l'obligation de changer de catégorie socioprofessionnelle à la suite d'un accident du travail ou d'une maladie et qui subissent une perte de revenu (pension d'invalidité). Son attribution est cependant subordonnée, dans certains cas, à des conditions, par exemple la durée de cotisation (pour la retraite).
Le montant de la pension est également lié à un certain nombre de caractéristiques. Ainsi, la personne qui est affiliée à une caisse de retraite fonctionnant à prestations définies percevra une pension au montant fixe et garanti ; par contre, s'il s'agit d'une caisse fonctionnant à cotisations définies, le montant de la pension de retraite sera lié aux fluctuations des rendements financiers et à l'inflation. N. E.-M.

➔ *Fonds de pension, retraite*

PER
(Price Earning Ratio)

Rapport entre le cours d'une action et le bénéfice par action.

Ce ratio* sert aux analystes financiers pour comparer des valeurs d'un même secteur entre elles. Si, dans l'automobile, le PER de Renault est inférieur à celui de Peugeot, on dit que la valeur n'est pas chère. Il faut en acheter. À l'inverse, si le PER est très élevé, il peut s'agir d'un signal de vente. Les analystes ont longtemps estimé qu'une valeur était à son prix lorsque le cours de Bourse représentait dix fois le bénéfice par action. Mais ce niveau peut évoluer en fonction de la situation économique. Exemple : une société cotée 1 000 francs et dont le bénéfice par action est de 100 francs a un PER de 10. D. G.

➔ *Actionnaire*

Pereire (Jacob Émile)

Homme d'affaires français (1800-1875), innovateur en matière de financement industriel.

Secondé par son frère Isaac, il fut influencé comme lui par la pensée de Saint-Simon* faisant l'apologie de l'esprit d'entreprise mis au service de l'intérêt général. Il joua un rôle actif dans les débuts du chemin de fer* français.
Voulant acquérir leur indépendance financière et recueillir des dépôts du public (alors que la « haute banque » prêtait à partir de ses capitaux propres), les Pereire fondèrent le Crédit mobilier (1852). Il s'ensuivit une lutte ouverte avec la banque Rothschild.
Les Pereire créèrent aussi la Compagnie générale transatlantique et s'associèrent à des sociétés immobilières participant à la révolution urbaine de Napoléon III. Mais des investissements maladroits et les manœuvres de leurs adversaires provoquèrent la faillite du Crédit mobilier en 1867. P. B.

Périphérie

Définition des économies du tiers-monde dans l'optique de la dépendance.*

Notion popularisée par Samir Amin*. Les économies périphériques sont caractérisées par leur dépendance financière (déficits récurrents), commerciale (dégradation des termes de l'échange*) et technique. Structures sociales dominées et extraverties, elles présentent fréquemment des caractères dualistes (coexistence, au sein d'une même économie, d'un secteur développé et d'un secteur sous-développé). J.-M. F.

➔ *(S.) Amin, dépendance*

Perroux (François)

Économiste français (1903-1987), fondateur de l'Institut de science économique appliquée (ISEA) en 1944.

L'apport principal de François Perroux à la réflexion économique a été de promouvoir les méthodes de mesure quantitative de l'activité économique, d'intégrer l'histoire des faits économiques et sociaux dans le champ de l'économie politique, et de s'interroger sur les conditions du développement économique.
F. Perroux a montré que l'économie réelle est dominée par des rapports de force entre groupes sociaux et que la croissance économique met en jeu de multiples facteurs extra-économiques, dont le rôle des institutions et des motivations humaines.

Professeur au Collège de France en 1955, il fit de l'ISEA un centre d'études de la réalité de l'économie française et internationale, à une époque où la comptabilité nationale* n'était encore qu'à un premier stade d'élaboration. P. B.

➔ *Comptabilité nationale*

Pétrole

Huile minérale naturelle, mélange d'hydrocarbures liquides que l'on trouve en abondance dans le golfe Persique mais aussi en Amérique du Nord et du Sud, en Afrique, en mer du Nord et en mer Caspienne.

La qualité varie selon les gisements. Comme toutes les matières premières, le pétrole est coté sur les marchés à Londres et à New York. L'unité est le baril, qui contient 159 litres. La qualité de référence en Europe est le Brent. Il s'agit d'un brut léger provenant à l'origine du gisement **Brent**, découvert en 1971 au large d'Aberdeen, en mer du Nord britannique. Le pétrole occupe une position dominante dans la production d'énergie du globe et devrait la maintenir au début du XXIe siècle. En 1990, selon le Conseil mondial de l'énergie (**CME**), organisation non politique regroupant des représentants d'entreprises et d'organisations professionnelles de cent pays, les approvisionnements en combustibles fossiles commerciaux couvraient plus des trois quarts des besoins d'énergie de la planète, avec une prédominance pour le pétrole (31,8 %), le charbon* (26,1 %) et le gaz naturel (19,3 %). L'énergie « traditionnelle » non commerciale (comme le bois et les excréments) représentait 10,2 % de la demande, l'énergie nucléaire 4,5 %, l'hydroélectricité 5,7 % et les nouvelles énergies renouvelables 2,3 %. Dans le futur, les combustibles fossiles (charbon, gaz et pétrole) resteront dominants dans tous les scénarios, représentant entre 80 et 75 % du total. Le nucléaire et les autres énergies renouvelables progresseront de manière modeste. Aussi, les émissions de gaz carbonique, dues principalement à la houille et au pétrole, vont s'amplifier. Selon les estimations de l'IPCC (Commission intergouvernementale sur les changements climatiques), les volumes de CO_2 augmenteront de 1,5 % par an et encore plus rapidement dans les pays en voie de développement.

Réserves et pollution : deux grandes controverses

Le risque de modification du climat, par aggravation de l'effet de serre, est bien réel. Conscients de ce

Pétrole
Réunion des pays de l'OPEP à Vienne. Même si les pays industrialisés ont su répliquer aux grandes hausses du prix du brut des années 1970, le pétrole demeure encore un enjeu important. D'autant que plusieurs experts estiment que les réserves sont moins importantes qu'on avait pu le penser et très largement concentrées dans la région du Golfe.

Prix et consommation de pétrole : des courbes croisées

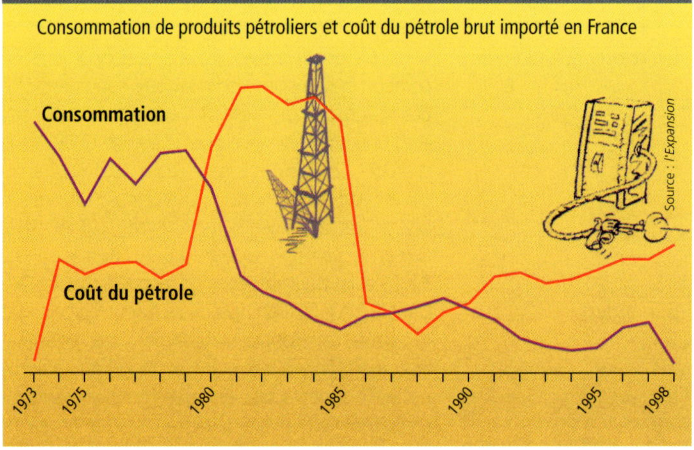

risque, les pays ont décidé lors du sommet de Kyoto, au Japon, en 1997 de contenir les rejets de gaz dans l'atmosphère pour lutter contre le réchauffement de la planète. L'engagement pris est de réduire en moyenne de 5,2 % les rejets de gaz nocifs à effet de serre d'ici à 2012. Les réserves d'énergies fossiles sont limitées. Elles sont estimées à quarante-cinq ans de consommation actuelle pour le pétrole, à soixante-cinq ans pour le gaz et à plus de deux cents ans pour le charbon.

Ce thème des réserves est toujours controversé. En mai 1999, un géologue américain a affirmé que les réserves pétrolières mondiales (1 000 milliards de barils) seront épuisées en 2036 et que la production commencera à décliner dans vingt ans. Craig Hatfield, de l'université de Toledo (Ohio), estime qu'on découvrira beaucoup moins de pétrole que les 550 milliards de barils prévus. Les réserves de pétrole sont pour les trois quarts enfouies dans les sables des pays du Golfe, et principalement dans ceux de l'OPEP*. Le premier pays producteur mondial est l'Arabie saoudite, suivie par les États-Unis.

D. G.

➔ *Charbon, matière première, OPEP*

Le pétrole : pas plus cher qu'au début du siècle

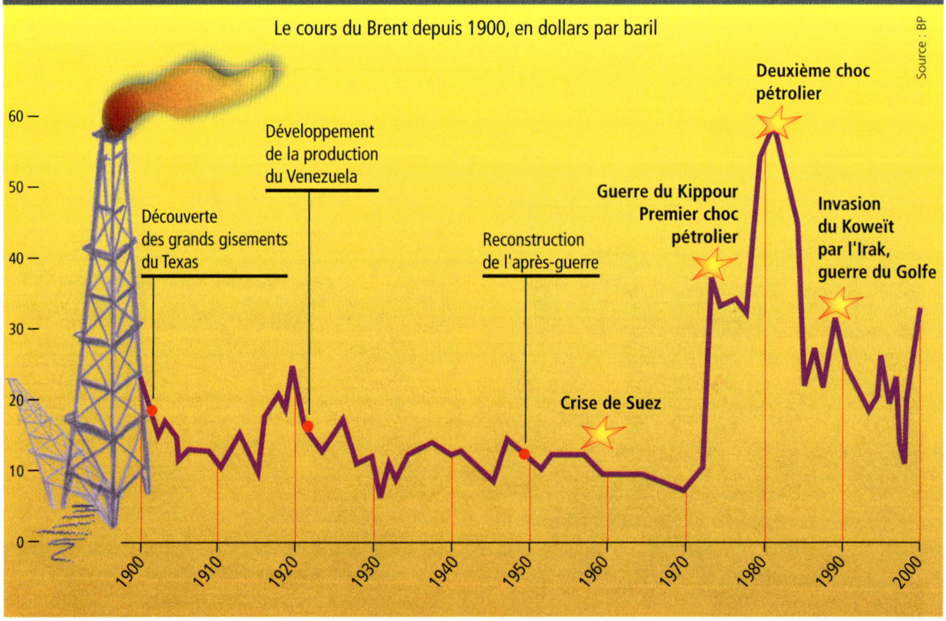

Petty (William)

Économiste anglais (1623-1687), précurseur des études quantitatives en économie et initiateur de divers concepts originaux.

Il entreprit une estimation de la richesse de son pays, la première du genre, en tentant de mesurer sa population et son patrimoine, et considéra que l'origine de la valeur des biens provient du travail.
Parallèlement, il avança l'idée – audacieuse pour l'époque – d'une émission de billets supérieure à l'encaisse or en réserve, de façon à accroître la masse monétaire en fonction des besoins de l'économie.
Il défendit également la liberté du commerce extérieur (comme plus tard Adam Smith* et Ricardo*), et proposa que l'État développe des travaux d'intérêt général pour donner du travail aux chômeurs (comme le fit Keynes* au XXe siècle). P. B.

Pharmacie

Science des médicaments, de leur composition et de leur préparation.

À la fin du XXe siècle, l'industrie pharmaceutique mondiale est entrée dans une phase de restructuration et de concentration. En l'espace de six ans, entre 1993 et 1999, la vague de restructurations, partie des États-Unis, a rapidement gagné l'Europe, d'abord la Grande-Bretagne avec la fusion Glaxo-Wellcome, puis l'Allemagne avec le rachat par Hoechst de l'américain Marion. La déferlante a affecté même la très prudente Suisse, où Sandoz et Ciba constituaient Novartis ; leur compatriote Roche a pris le contrôle de l'allemand Boehringer Mannheim.
L'industrie française n'a pas échappé à ce mouvement, avec la fusion entre Rhône-Poulenc et Hoechst, pour créer le numéro trois mondial, Aventis, suivie quelques semaines plus tard par le mariage de Sanofi et de Synthélabo. Les montants des transactions n'ont cessé de battre des records.

Trois raisons ont provoqué ce mouvement :
- le durcissement par les gouvernements du monde entier des politiques de santé, devenues trop chères ;
- le coût de plus en plus élevé de la recherche pharmaceutique ;
- la nécessité d'avoir une présence mondiale.

Le « krach pharmaceutique » s'est produit en 1993, lorsque les États-Unis ont décidé de mieux maîtriser leurs dépenses de santé. Cette décision volontariste du président Clinton, même si elle n'est pas allée au bout de sa logique, a été reprise à leur compte par les pays européens. Ces politiques mettaient fin à la hausse constante des prix des médicaments, qui progressaient de 10 % l'an jusqu'alors. Ces prix suivent désormais le rythme de l'inflation.

Innover et vendre en masse

Conscients d'une baisse potentielle de leurs revenus, les laboratoires se sont trouvés écartelés entre deux impératifs contradictoires : continuer à innover et augmenter leur présence dans les **médicaments génériques**, ces copies de médicaments appelées à se développer car elles sont vendues à des prix plus bas que la « molécule » originale, dont le brevet est tombé dans le domaine public. Ils ont dû se concentrer sur la recherche pour disposer d'importantes ressources financières et focaliser leurs programmes sur quelques axes thérapeutiques en raison de l'ampleur des investissements. Il faut aujourd'hui dépenser environ 300 millions de dollars (1,8 milliard de francs) pour découvrir une molécule et la mettre sur le marché, avec seulement trois chances sur dix de récupérer la mise de départ. Sur cent molécules découvertes, seules trois peuvent devenir des médicaments vedettes. La taille du laboratoire et l'importance des budgets améliorent les chances de succès. Découvrir ne suffit pas, il faut aussi pouvoir assurer la commer-

Les géants de la pharmacie

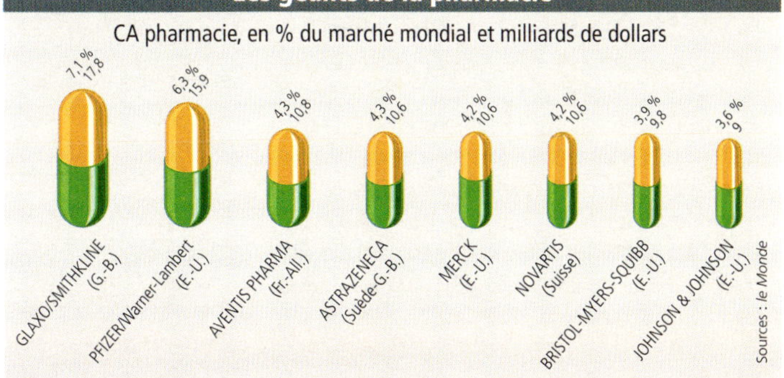

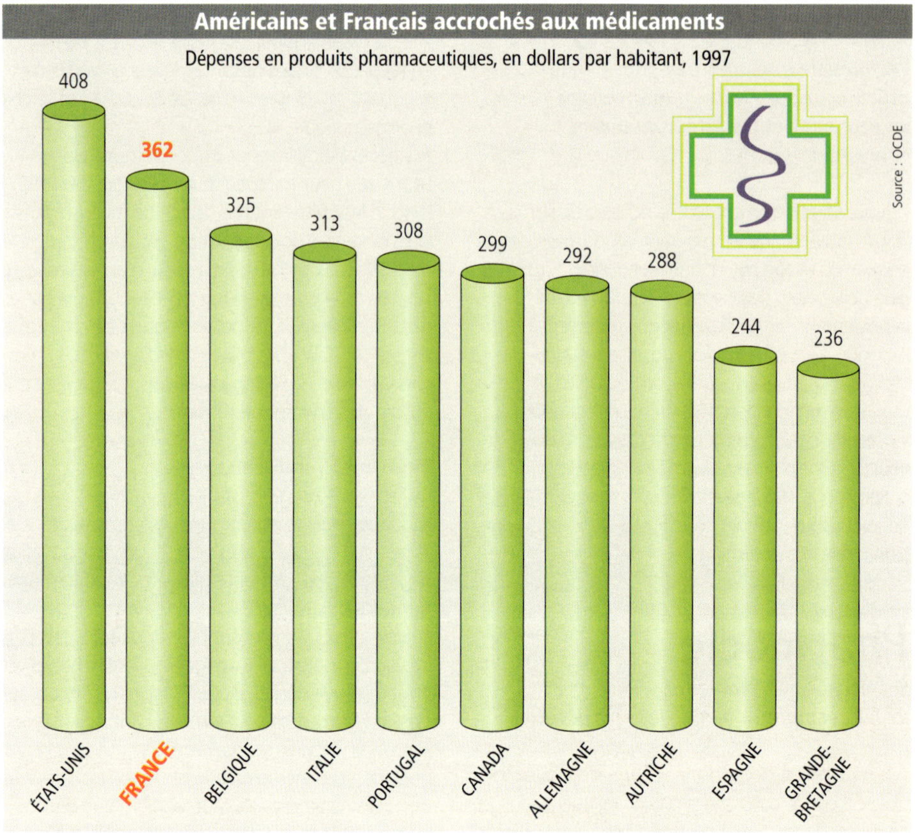

cialisation du médicament sur les principaux marchés que sont les États-Unis (36,1 % du marché mondial) et l'Europe (29 %). Les laboratoires n'ont qu'une dizaine d'années pour bénéficier de la protection de leurs brevets. Le médicament tombe ensuite dans le domaine public et est très vite concurrencé.
Malgré les concentrations, cette industrie reste très morcelée. Les dix premiers groupes mondiaux détiennent moins de 30 % du marché mondial, estimé à 295 milliards de dollars. Aux côtés de ces groupes fleurissent une multitude de petites entreprises de biotechnologie, des *start up**, qui se développent principalement aux États-Unis et en Grande-Bretagne ; elles naissent de la maîtrise d'une idée ou d'une technologie, selon les experts. Ces firmes espèrent devenir dans la pharmacie les Microsoft de demain concurrençant IBM dans l'informatique. En 1998 on en dénombrait près de 1 000 aux États-Unis et 350 en Europe. D. G.

➔ *Chimie, fusion, santé*

Phelps (Edmund S.)

Économiste américain (né en 1933), qui fut parmi les premiers à s'intéresser aux fondements microéconomiques de la macroéconomie.

Il fut, en même temps que M. Friedman*, à l'origine du concept de « taux de chômage naturel », traduisant l'idée que la politique économique ne peut espérer réduire durablement le chômage en deçà d'un certain seuil, alors qu'elle peut avoir pour effet pervers d'accélérer l'inflation (*Microeconomic Foundations of Employment and Inflation Theory,* 1972). Il mit l'accent sur l'importance des phénomènes de recherche d'emploi *(job search),* présentés comme résultant d'un arbitrage réalisé par les chômeurs entre le gain que représente l'obtention d'un emploi conforme à leurs attentes et le coût occasionné par la recherche d'un tel emploi. P. U.

Phillips (courbe de)

Relation inverse entre le taux de chômage et le taux d'inflation*, formant une courbe décroissante, découverte en 1958 par A. W. H. Phillips.*

À l'origine, la « courbe de Phillips » mettait en relation les variations des salaires et celles du chômage* observées en Grande-Bretagne entre le milieu du XIXe siècle et les années 1950. Elle montrait que les salaires augmentent d'autant plus que le taux de chômage est faible, et qu'ils peuvent baisser quand le chômage est élevé.

Moyennant l'hypothèse que le taux d'inflation est fonction de l'importance des hausses de salaire, cette relation a été interprétée comme signifiant que l'inflation augmente quand le taux de chômage diminue. Durant les Trente Glorieuses*, la politique économique* a consisté à choisir l'un ou l'autre de ces deux objectifs antinomiques, la lutte contre le chômage ou celle contre l'inflation. Un consensus influencé par les idées keynésiennes a prévalu alors pour donner la priorité au plein-emploi*, défini en fait comme le taux de chômage le plus faible possible compatible avec un rythme de hausse des prix* modéré (soit un chômage estimé à 4 % aux États-Unis en 1962).

Représentation de la courbe de Phillips

Selon certains économistes, les nouvelles données de l'économie empêchant les baisses de salaire et la déflation, le taux de chômage doit être plus élevé pour limiter les hausses de prix : il faudrait par exemple qu'il atteigne 10 % pour que les prix ne s'élèvent que de 2 % par an

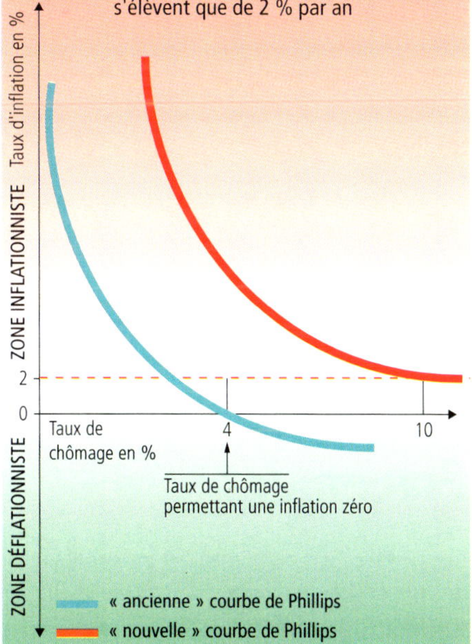

Le lien entre inflation et plein-emploi remis en cause

À partir de la fin des années 1960, l'augmentation simultanée de l'inflation et du chômage a contredit la relation de Phillips, ce que Milton Friedman* a interprété comme la démonstration des méfaits du keynésianisme*, qui ne peut selon lui que relancer l'inflation sans pour autant réduire durablement le chômage. Selon Friedman, la seule alternative est la lutte contre l'inflation et l'acceptation d'un taux naturel de chômage*. En cela, il est à la base du retournement des politiques économiques occidentales, donnant la priorité à la maîtrise de l'inflation. Mais la désinflation s'accompagna néanmoins d'un chômage accru, la courbe de Phillips fut de ce fait réhabilitée : ses défenseurs considèrent que la courbe s'est déplacée, c'est-à-dire qu'il faut désormais un taux de chômage beaucoup plus élevé pour contenir l'inflation, du fait que les taux de salaire ne connaissent plus de baisse comme au XIXe siècle.

P. L.

➔ *Économie mixte, monétarisme, NAIRU, politique monétaire, (P. A.) Samuelson, (R.) Solow, stagflation, stop-and-go, synthèse néoclassique*

Physiocratie

Apparue sous le règne de Louis XV, cette école mit l'accent sur le gouvernement (kratos) de la nature (phusis).

À partir du début des années 1760, autour de François Quesnay*, se constitue un groupe de réformateurs, surnommé la « secte des philosophes économistes », visant à mettre l'agriculture au centre de la politique économique. En effet, selon les physiocrates, le surplus* économique est uniquement produit par le secteur agricole lorsque les prix sont fixés par la libre concurrence internationale. La liberté des échanges permet alors de déterminer des prix rémunérateurs pour le cultivateur (prix supérieur au coût de production), pour le propriétaire foncier (qui

touche le surplus sous forme de rente), pour l'État (qui prélève l'impôt à partir de la rente) et pour les consommateurs (qui bénéficient de prix plus stables et d'un approvisionnement mieux assuré).
Très novatrice, cette théorie économique met en cause beaucoup d'avantages acquis de l'Ancien Régime (immunité fiscale des propriétaires nobles, protectionnisme accordé aux négociants, rôle des financiers), et souligne les effets bénéfiques de la liberté des échanges. Elle commence à être mise en œuvre dans les années 1764-1770, puis sous le ministère de Turgot (1774-1776). Elle disparaît ensuite du devant de la scène, mais reste influente par l'impact qu'elle a eu sur la pensée économique de la génération suivante, notamment sur les constituants français. P. S.

PIB
(produit intérieur brut)

Agrégat mesurant la production de biens et de services dans un pays durant une période donnée.*

Le PIB (dit « au prix du marché ») se définit de trois façons ayant la même valeur globale. Il est égal :
• à la **somme des valeurs ajoutées*** des différents agents (nationaux ou étrangers) opérant sur le territoire national, augmentée du montant de la TVA et des droits de douane perçus lors de l'entrée des marchandises étrangères. La valeur ajoutée est la différence entre la valeur des biens et services que les agents ont vendus (autrement dit, leur chiffre d'affaires) et la valeur de leur consommation intermédiaire* (matières premières utilisées pour produire) : on appréhende ainsi la contribution effective des agents à la production ;
• à la **somme des différentes utilisations** des biens et services produits : consommation finale, formation brute de capital fixe (achat de matériel de production...), variation de stock, augmentées du solde du commerce extérieur (exportations moins importations). On appréhende ainsi la production non plus sous l'angle de son coût mais sous l'angle de sa destination ;
• à la **somme des revenus distribués** à l'occasion de la production : rémunération des salariés, bénéfices des entreprises, impôts, autres revenus divers.
Le PIB se décompose en PIB marchand (correspondant aux biens et services vendus durant la période) et en PIB non marchand* (représentant les services assurés par les administrations et fournis au public gratuitement, tels que enseignement, police, défense nationale...).
En 1998, le PIB s'élevait en France à environ 8 565 milliards de francs (dont plus de 82 % pour le PIB marchand). P. B.

➔ *Agrégat*

Pigou (Arthur Cecil)

Économiste anglais (1877-1959), influencé par Alfred Marshall dont il a prolongé l'approche dans l'économie du bien-être*.*

Il a cherché à circonscrire les cas dans lesquels l'intervention de l'État* est favorable à la collectivité. Dans *The Economics of Welfare*, publié en 1920, il a proposé un système de taxation-subvention pour régler le problème des effets externes* (nuisances ou bienfaits apportés à autrui).
D'autre part, il considérait que les revendications syndicales et le salaire* minimum étaient responsables du sous-emploi. Le chômage* pouvait être réduit selon lui par la baisse des prix, qui exerce un effet de relance en augmentant le pouvoir d'achat des avoirs monétaires, favorable à une augmentation des dépenses (c'est l'effet Pigou, ou effet d'encaisse* réelle). Vivement critiqué par Keynes* selon qui la baisse des prix et des salaires réduirait encore plus l'activité et l'emploi, Pigou se rapprocha de son point de vue, en admettant la possibilité d'un équilibre de sous-emploi. P. L.

➔ *École néoclassique, plein-emploi, relance, SMIC*

Placement

Argent investi dans un titre (action*, obligation*), un bien immobilier, des terres, une œuvre d'art, dans l'espoir d'en tirer un bénéfice sous forme de rendement ou de plus-value.*

Pour savoir si un placement est bon ou mauvais, il faut tenir compte non seulement du rendement ou de la plus-value* bruts, en termes nominaux, mais aussi déduction faite de l'inflation*, c'est-à-dire en termes réels. D'autre part, un placement doit être estimé non seulement sur le court terme, mais aussi dans la durée. Par exemple, en 1990-1991, les placements immobiliers semblaient extrêmement attractifs, avec une hausse moyenne du mètre carré de 15 % l'an à Paris. En 1992, les prix ont entamé une baisse qui a duré six ans. Ce type de désillusion est fréquent après les phases de spéculation.

Les Français boudent le risque

Ils apprécient moins les placements boursiers que leurs voisins européens, selon une étude réalisée par le Bureau d'informations et de prévisions économiques (**BIPE**) et le Centre de recherche sur l'épargne (**CREP**). Ils préfèrent aux marchés d'actions des placements moins rémunérateurs, mais moins risqués. En 1997, alors que l'indice CAC 40 de la Bourse de Paris gagnait 29,5 %, les placements en actions des ménages français ont enregistré un flux négatif de plus de 5 milliards de francs (0,76 milliard d'euros). Cette année-là, les produits à taux réglementés ont, en revanche, connu un grand succès : les ménages français ont versé 46 milliards de francs (7 milliards d'euros) sur le plan d'épargne populaire, 129 milliards de francs (19,66 milliards d'euros) sur le plan d'épargne logement et 55 milliards de francs (8,4 milliards d'euros) sur les livrets fiscalisés. L'assurance-vie a également bénéficié d'un flux important de 455 milliards de francs (69,4 milliards d'euros).
Cette répartition contraste avec celle observée en Europe. Les investissements en actions ont constitué 80 % des flux de placements en Italie, 71 % en Espagne, 35 % en Belgique, 32 % au Portugal, 24 % en Allemagne. Et, si la part des actions a reculé de 14 % en Grande-Bretagne en 1997, l'étude rappelle que dans ce pays les placements en actions y sont à un niveau très élevé (environ 20 % du patrimoine des ménages). D. G.

➔ *CAC 40, patrimoine, portefeuille*

Plan

Voir **Planification**

Planification

La planification est un mode de coordination de l'économie nationale par l'État visant à rendre cohérentes entre elles, et dans la durée, les activités individuelles autour d'un projet (liste d'objectifs et de moyens de les réaliser). La planification était impérative dans les économies socialistes et indicative dans les économies de marché.

La planification se différencie du marché*, et entend en corriger certaines défaillances, en affectant à l'avance, de façon consciente et volontaire, des ressources* à des objectifs déterminés, macroéconomiques* (consommation*, production*, etc.) ou sectoriels. À l'opposé, l'allocation des ressources par le marché est involontaire, résultant des décisions spontanées de l'ensemble des agents économiques. Dans les économies socialistes*, dites « centralement planifiées », l'élaboration du plan, en quantités physiques (tonnes, unités, etc.), était confiée à un Comité d'État. Le plan était transmis pour exécution impérative à des ministères sectoriels, chargés de décomposer et de répartir les objectifs sectoriels et les moyens entre les entreprises placées sous leur tutelle administrative. L'exécution des plans d'entreprise était soumise à un contrôle central tatillon. La planification impérative a disparu avec les économies socialistes après 1989. Certaines économies occidentales ont adopté une **planification indicative** après 1945. Ainsi, en France, le plan fut considéré comme un « réducteur d'incertitudes » ou une étude de marché généralisée, et réalisé pour toute l'économie sur le moyen terme (5 ans). La préparation du sixième et du septième plan (1971-1975 et 1976-1980) introduisit des modèles économétriques servant à faire des projections, à prévoir ce que serait l'économie à la fin du plan, et à calculer des variantes en modifiant les variables et les hypothèses (exemple : effets de la hausse ou de la baisse du prix de l'énergie sur l'économie et l'équilibre extérieur). Depuis les années 1980, on note un recul de la planification : les objectifs à moyen terme s'effacent derrière les exigences de stabilisation à court terme (retour rapide aux grands équilibres macroéconomiques) à la suite des chocs et des contraintes extérieurs (de la globalisation*). W. A.

➔ *Économies socialistes, marché (économie de)*

Plan Marshall

Nom usuel du European Recovery Program, aide massive accordée à partir de 1948 par les États-Unis à seize pays d'Europe occidentale ruinés par la guerre, pour permettre leur redressement économique.

Le 5 juin 1947, le général **George Catlett Marshall** prononce un discours à l'université Harvard : « Les États-Unis, dit-il, doivent faire tout ce qu'ils peuvent pour aider à rétablir la santé économique du monde, sans laquelle la stabilité politique et la paix sont impossibles. » La situation est en effet alarmante. Deux ans après la fin de la Seconde Guerre mondiale, l'Europe ne parvient pas à se relever. Elle manque de produits de première nécessité, de devises pour importer, de capitaux pour investir et financer la reconstruction. La mainmise communiste s'affirme de plus en plus dans les pays sous contrôle soviétique et les États-Unis craignent une contagion à l'Ouest. À l'issue d'une conférence euro-américaine convoquée au mois de juin 1947 à Paris, les besoins européens sont estimés à 22 milliards de dollars. Le Congrès américain réduira ces prétentions et, à partir d'avril 1948, ce sont en fait 13 milliards de dollars qui seront distribués.

Le premier acte de la guerre froide

L'Union soviétique a rejeté l'offre américaine – ce qu'escomptait d'ailleurs Washington –, entraînant dans son sillage ses satellites est-européens : la rupture Est-Ouest est alors consommée. Les seize pays bénéficiaires du plan Marshall recevront une aide multiforme, des denrées alimentaires, des équipements clés en main et, surtout, des dollars permettant d'acheter au seul fournisseur alors valide : les États-Unis. En aidant vainqueurs et vaincus, ceux-ci évitent l'erreur commise après la Première Guerre et jettent les bases de l'unification européenne avec l'OECE (Organisation européenne de coopération économique, devenue ensuite OCDE). L'organisation est présidée par le Français **Robert Marjolin** et a pour mission de lutter contre l'inflation en supprimant les goulots d'étranglement, de relancer les échanges en abaissant les droits de douane et de rééquilibrer les balances des paiements. Le plan Marshall marque le début du redressement de l'Europe, même si certains ont dénoncé l'américanisation qu'il apporte. S. G.

Plan Marshall
Jeunes femmes en costumes folkloriques fêtant l'arrivée de chargements du plan Marshall dans le port du Havre, en décembre 1947. Après la Grande-Bretagne, la France fut la principale bénéficiaire de cette aide américaine à la reconstruction de l'Europe.

Les bénéficiaires du plan Marshall

Les 13 milliards de dollars de l'aide Marshall sont constitués à plus de 90 % de dons. Les plus gros bénéficiaires en sont la Grande-Bretagne (3,166 milliards), la France (2,630 milliards), l'Italie (1,435 milliard), l'Allemagne (1,317 milliard), les Pays-Bas (1,08 milliard). Viennent ensuite l'Autriche (654 millions), la Grèce (628 millions), la Belgique (547 millions), le Danemark (266 millions), la Norvège (242 millions), six autres pays se partageant 515,4 millions de dollars.

Plein-emploi

Objectif de politique économique proclamé comme essentiel par lord Beveridge dans son célèbre ouvrage « Du travail pour tous dans une société libre » (1942).

Dans une économie active, il y a un niveau de chômage incompressible. Lorsque ce niveau est atteint, l'économie est en situation de plein-emploi. Selon **William Beveridge**, le plein-emploi est atteint quand le nombre de chômeurs est égal au nombre de vacances d'emplois. Depuis, d'autres définitions ont été proposées : pour certains, le plein-emploi prévaut quand le chômage est compatible avec des taux d'augmentation des salaires et des prix stables (il est alors égal au NAIRU*) ; pour d'autres, il est atteint lorsque tout accroissement de la demande finale ne provoquerait plus de baisse du chômage, ou encore quand le taux de chômage ne se modifie pas et que les flux d'entrée et de sortie du chômage sont jugés normaux. M. S.

➔ *Chômage, emploi*

Plus-value

Augmentation de la valeur d'un titre financier ou d'un bien immobilier. Pour les marxistes, surcroît de valeur produit par l'utilisation de la force de travail des ouvriers.

(sens courant)

On parle de plus-value boursière ou de plus-value immobilière quand la valeur d'une action* ou d'une obligation*, ou celle d'un terrain ou d'un immeuble, s'élève entre la date d'acquisition et celle de la vente, en raison de l'augmentation de la demande de ces titres ou de ces biens.

Sur le plan fiscal, ces plus-values sont imposables, mais, dans le cas d'une plus-value immobilière, les dépenses éventuelles effectuées par le vendeur, et qui expliqueraient tout ou partie de cette hausse du prix, sont déductibles.

(théorie marxiste)

Selon Marx*, les capitalistes (propriétaires des usines et des machines) « exploitent » les salariés en les faisant travailler durant un temps supérieur à celui qui serait nécessaire pour qu'ils produisent l'équivalent de leur salaire. Par exemple, si les salariés travaillent 8 heures par jour et qu'ils produisent en 6 heures l'équivalent de leur salaire quotidien, ils effectuent 2 heures de travail gratuit, durant lesquelles ils produisent un surcroît de valeur, ou plus-value, appropriée par leur employeur. Cette plus-value sera transformée en profit monétaire après la vente des marchandises. P. B.

➔ *Marxisme, profit*

PME

L'acronyme PME désigne les petites et les moyennes entreprises, c'est-à-dire les entreprises juridiquement indépendantes et dont les effectifs sont inférieurs à 500 salariés.

La définition de la PME se fonde généralement sur le niveau des effectifs, qui ne doit pas excéder 500 salariés. La France compte plus de 2 millions d'entreprises de ce type. On distingue la moyenne entreprise (de 500 à 50 salariés), la petite entreprise (de 50 à 10 salariés) et la très petite entreprise (de 10 à 0 salariés). Dans cette dernière catégorie, qui regroupe à elle seule près de 1,9 million d'entreprises, il est difficile de distinguer les entreprises artisanales, les sociétés unipersonnelles et les vraies PME.

Jusqu'au XVIIIe siècle, la petite entreprise était le mode de production quasi exclusif. La généralisa-

tion de la machine a imposé une concentration des moyens de production et rendu les PME moins performantes que les grandes « fabriques », car moins capables de réduire leurs coûts et d'innover. Pourtant, la PME demeure un acteur essentiel des économies modernes.
En France, elle emploie environ 63 % des effectifs salariés, contre 26 % pour les très petites entreprises et 11 % pour les grandes entreprises (plus de 500 salariés). On estime que les PME stricto sensu réalisent 45 % du chiffre d'affaires des entreprises de l'industrie, du commerce et des services, et la moitié de leur valeur ajoutée. Ces pourcentages sont comparables à ceux des autres pays industrialisés. Considérée jusqu'à la décennie 1970 comme mal adaptée aux économies modernes, la PME connaît une nouvelle jeunesse. Le monde des services a connu un développement spectaculaire et les petites structures s'y révèlent plus opérationnelles que les grandes. La fin de la croissance rapide qui privilégiait les organisations tayloriennes a rendu indispensable une grande souplesse des structures pour laquelle les PME sont mieux outillées que les mastodontes. Enfin, la réduction des effectifs des grands groupes a conduit beaucoup de leurs anciens salariés à créer leur propre petite entreprise.

De la boutique à la start-up

Les PME sont défendues en France par des organisations patronales comme la **CGPME** (Confédération générale des petites et moyennes entreprises), l'**UPA** (Union professionnelle artisanale) et les chambres de commerce et d'industrie qui font valoir leur grande fragilité. En effet, leur petite taille, la modicité de leurs fonds propres et souvent le manque de formation de leurs dirigeants font qu'une PME sur deux disparaît dans les cinq ans suivant sa création. L'esprit « poujadiste » est assez répandu chez les petits entrepreneurs, notamment commerçants, qui sont tentés de se réfugier dans une attitude passéiste face aux évolutions économiques et techniques. Le grand nombre des PME fait que les gouvernements de droite comme de gauche sont sensibles à leurs revendications, même s'il n'y a pas de commune mesure économique, sociale ni même psychologique entre une PME start-up* spécialisée dans la fabrication de logiciels et une vénérable PME du bâtiment. A. F.

➔ *Artisanat, patronat*

PNB
(produit national brut)

Valeur de la production de biens et de services effectuée par les agents économiques nationaux.

Le produit national brut (PNB) s'obtient en ajoutant au produit intérieur brut (PIB*) la valeur de la production des agents nationaux effectuée à l'extérieur du territoire national, et en retranchant celle des agents étrangers effectuée à l'intérieur de ce même territoire.
Cet agrégat* est aujourd'hui peu utilisé parce qu'il est difficile de connaître exactement ces deux valeurs en raison de l'interpénétration des économies. P. B.

➔ *PIB*

PNUD
(Programme des Nations unies pour le développement ; en anglais UNDP)

Programme de l'ONU, chargé depuis 1965 de stimuler le développement des pays, de réduire la pauvreté et d'améliorer l'environnement.

Le siège du PNUD est à New York, mais ses bureaux locaux sont nombreux et diversifiés. Le PNUD travaille avec la population de la Palestine depuis 1949. Il participe depuis 1998 à un programme de lutte contre la malaria en Afrique.
Il intervient également dans les secours d'urgence, qu'il s'agisse de catastrophes naturelles ou de conflits armés.
L'ONU estime que les pays du tiers-monde* consacrent en moyenne chaque année moins de 1 dollar par habitant à la lutte contre la pauvreté, mais 135 dollars pour les dépenses militaires.
Comme le reste des Nations unies, le PNUD est touché par les problèmes budgétaires de l'organisation. F. L.

➔ *Développement, population*

Poincaré (Raymond)

Homme politique français (1860-1934), qui stabilisa le franc en 1926-1928.

Président de la République de 1913 à 1920 et président du Conseil de 1922 à 1924, il fut rappelé aux affaires en 1926 pour rassurer les milieux financiers et pour lutter contre l'effondrement du franc. Il opta en 1928 pour une dévaluation officielle du franc, défini par un poids d'or (égal à 65,5 mg) cinq fois inférieur à celui d'avant la guerre, mais qui correspondait à la nouvelle valeur du franc sur le marché des changes. On parle donc de « dévaluation-stabilisation ». P. B.

Point mort (ou seuil de rentabilité)

Niveau d'activité minimal à partir duquel une entreprise fait des bénéfices.

Soit une entreprise qui vient d'être créée ; le niveau global annuel de ses charges fixes prévisionnelles (amortissements, coûts d'encadrement, etc.) est estimé à 10 000. Elle fabrique un seul produit dont chaque unité supplémentaire engendre des **coûts variables** (matières premières, personnel, énergie, etc.) de 100. Le prix* de vente unitaire sur le marché est de 150.
D'après ces données, la marge sur coût variable unitaire est égale à 50 (= 150 – 100) ; pour couvrir les charges fixes globales, il faudra donc vendre au minimum 200 unités, appelé **point mort en quantités**.
D'une manière générale, le point mort est donc égal au rapport entre les charges fixes globales (F) et la marge unitaire sur coût variable (m). J. R.

➔ *Marge, prix, rentabilité*

Poison pill

Mécanisme financier par lequel les dirigeants cherchent à protéger leur entreprise de toute prise de contrôle par des agents extérieurs.

Très diverses, les poison pills (pilules empoisonnées) visent à décourager toute attaque en augmentant le prix d'achat de l'entreprise pour ses acquéreurs éventuels. Nées aux États-Unis, ces techniques ont été considérées, dès les années 1980, par les grands investisseurs institutionnels comme une arme utilisée par les managers aux dépens de l'entreprise et de ses actionnaires, et ont été, à ce titre, combattues. É. I.

➔ *OPA*

Polanyi (Karl)

Économiste hongrois (1886-1964), l'un des principaux représentants de l'anthropologie économique.

Dans son ouvrage majeur (*la Grande Transformation,* 1944), il donne une explication du processus historique par lequel l'idée de marché s'est imposée dans les sociétés capitalistes en surmontant une série de résistances : partant d'une situation où l'économique était « encastré » *(embedded)* dans le social, l'idée de marché a progressé et a abouti à autonomiser l'économique vis-à-vis des règles permettant de garantir la cohésion sociale. P. U.

Policy mix

Dosage macroéconomique des politiques budgétaire et monétaire.*

La monnaie et le budget sont les deux ingrédients d'un cocktail qui donne, dans un pays donné, plus ou moins de dynamisme à l'activité économique : le dosage entre ces deux armes macroéconomiques, la politique monétaire* d'une part, la politique budgétaire de l'autre, constitue le *policy mix*. Depuis que l'expression a été utilisée pour la première fois en 1962 par le Canadien **Robert Mundell**, le prix Nobel d'économie 1999, dans un document de travail du Fonds monétaire international (FMI*), elle a donné lieu à une riche littérature. Les économistes s'interrogent sur la combinaison optimale entre ces deux composantes de la politique macroéconomique : ils débattent alors du « meilleur *policy mix* ».

Pendant longtemps, les économistes ont considéré que la politique monétaire n'avait pour objectif que la stabilité des prix, et la politique budgétaire, que la régularité de la croissance. À partir des travaux du professeur Mundell, ils ont été amenés à réfléchir sur la combinaison la plus efficace entre ces deux politiques pour parvenir à une croissance sans inflation. L'une des difficultés pour réaliser ce mariage optimal provient de ce que ces deux politiques ne relèvent plus, dans la plupart des pays développés, d'une même instance : c'est désormais, dans la quasi-totalité des cas, une banque centrale indépendante qui est chargée de la gestion de la monnaie, alors que le budget relève des instances politiques – du gouvernement donc.

Option américaine, option européenne

Au début des années 1990, les États-Unis et l'Europe ont adopté des *policy mix* radicalement différents. Pour sortir de la récession de 1990-1991, l'Amérique a eu recours à un assouplissement de sa politique monétaire, qu'elle a accompagné d'un vigoureux effort de rigueur budgétaire. Une monnaie faible, un crédit facile et un budget serré ont permis aux États-Unis de sortir rapidement de la crise et de s'engager sur une longue période de croissance. En Europe au contraire, et à l'initiative de l'Allemagne, alors en pleine réunification, une monnaie forte, un crédit rare et un budget plutôt généreux ont contribué à une longue période de stagnation.

À la fin des années 1990, l'Europe a procédé, à l'occasion du lancement de l'euro* le 1er janvier 1999, à un rééquilibrage de son *policy mix* et accepté une monnaie moins forte, un crédit plus accessible et une contrainte moins lourde sur les finances publiques. Cette stratégie « à l'américaine » a contribué à la reprise de la croissance.

Les onze pays membres de l'euro se trouvent cependant dans une situation radicalement nouvelle : ils sont soumis à une seule politique monétaire, définie par une institution fédérale indépendante, la Banque centrale européenne ; ils continuent, chacun de leur côté, à gérer leur budget national. Une monnaie, onze budgets : pour la définition du *policy mix* optimal, au problème de la coordination entre la banque centrale et le gouvernement s'ajoute, dans le cas de l'Union européenne*, celui de la coordination des politiques budgétaires entre les onze gouvernements. É. I.

➔ *Macroéconomie*

Politique économique

Ensemble des actions de l'État visant à modifier la situation économique.*

Les actions de l'État peuvent revêtir de multiples formes selon les objectifs poursuivis et les instruments mis en œuvre. Depuis l'émergence du libéralisme* au XVIIIe siècle, les choix de politique économique font l'objet de débats renouvelés entre partisans du laissez-faire et promoteurs de l'intervention publique.

L'orientation d'une politique économique passe d'abord par le choix d'objectifs qui peuvent concerner :

• la **croissance*** réelle de l'économie, mesurée par l'augmentation du PIB* ;

• le **plein-emploi*** des facteurs de production (main-d'œuvre et machines), pour réduire les gaspillages ;

• la **stabilité des prix**, pour éviter les distorsions de revenus* et la perte de compétitivité qui accompagnent l'inflation* ;

• l'**équilibre des échanges extérieurs**, pour éviter un appauvrissement du pays causé par les transferts de revenus à l'étranger en cas de solde négatif de ces échanges.

À ces objectifs strictement économiques, constitutifs du carré magique*, peuvent être ajoutés des objectifs sociaux ou politiques touchant à l'inégalité* des revenus et des conditions de vie, à la santé* publique ou à l'indépendance nationale.

L'État dispose de différents instruments pour atteindre ces objectifs :

• la **politique budgétaire**, comprenant à la fois la fiscalité* et les dépenses publiques* ;

• la **politique monétaire*** et financière, relative au volume et au coût des liquidités* et aux structures de financement* de l'économie ;

• la **politique de taux de change***, consistant à choisir un régime de change* fixe ou flexible et le cours de la devise* ;

• la **politique industrielle***, agissant sur les structures productives (fusions*, concentrations, nationalisations*, privatisations*) et le développement de filières de production ;

• la **politique des revenus***, visant la réduction des inégalités* dans la croissance des rémunérations ;

• la **politique de réglementation**, touchant à la concurrence ou à certaines activités spécifiques.

Les mesures de politique économique peuvent varier selon leur envergure, macroéconomique* ou sectorielle.

Parmi les politiques d'ensemble, on distingue traditionnellement les plans conjoncturels, visant à résorber des déséquilibres* de court terme (inflation, chômage*, déficit budgétaire), et les mesures structurelles, dont l'effet recherché est plus durable (gestion des biens collectifs*, développement industriel, aménagement du territoire, structures de financement). Par ailleurs, les politiques sectorielles visent certaines branches d'activité (aéronautique, agriculture, etc.).

Les débats de politique économique opposent les libéraux, partisans d'une intervention minimale restreinte à la stabilité monétaire et aux règles de la concurrence*, et les keynésiens, favorables à une intervention plus directe et permanente de l'État pour lutter contre le chômage. Les libéraux recommandent de plus une pratique de la politique économique dite systématique, devant suivre une règle stricte pour en limiter le caractère déstabilisant, tandis que les keynésiens préfèrent les politiques discrétionnaires, c'est-à-dire modifiables selon les besoins de la conjoncture. P. L.

➔ *Ajustement structurel, budget de l'État, colbertisme, conjoncture, contrainte extérieure, déréglementation, désinflation, dirigisme, économie mixte, État providence, finances publiques, (J. M.) Keynes, keynésianisme, monétarisme, (A. de) Montchrestien, New Deal, planification, relance, secteur public, stop-and-go, thatchérisme*

Politique industrielle

Ensemble de mesures prises par les pouvoirs publics pour agir sur les structures industrielles et les comportements des entreprises.

La politique industrielle traditionnelle a pour objectif de soutenir l'industrie* nationale au travers de mesures spécifiques à un secteur ou à des entreprises. Jusqu'aux années 1980, l'objectif était de soutenir la formation de champions nationaux (entreprises phares d'un pays) dans le contexte d'économies s'ouvrant à la concurrence internationale. En France, l'État* a impulsé de grands projets techno-industriels dans le transport aérien, l'espace, le nucléaire, le téléphone, le pétrole, soutenu la concentration dans certaines branches (automobile, banque...) et développé des plans de restructuration dans les filières* en crise (textile*, machine-outil, bois, construction navale...). Le Japon* a développé un réseau très étroit de relations entre les grandes entreprises, les banques et les administrations, sous la houlette du célèbre **MITI** (ministère du Commerce), tandis que, en Allemagne*, les interventions se faisaient surtout au niveau des Länder. Enfin, les États-Unis* ont fortement soutenu leur industrie par les commandes publiques liées à la course aux armements et au programme spatial.

La politique industrielle a changé dans les années 1990. D'autres niveaux d'intervention sont apparus : infranational avec les régions, supranational avec l'Union européenne, qui a soutenu de grands projets de recherche scientifiques et technologiques. La concentration tend à s'opérer directement par le marché au travers des OPA* et des **OPE**. Enfin, les autorités chargées du respect de la concurrence limitent le pouvoir d'intervention des États. La politique industrielle a dès lors pris de nouvelles formes : la réglementation des activités, le soutien à l'innovation et des politiques scientifique et technologique actives. A. R.

➔ *Concentration, filière, industrie, innovation, Japon, OPA*

Politique monétaire

Composante de la politique économique utilisant les instruments monétaires pour atteindre les objectifs finaux choisis dans le carré magique* (emploi, inflation, croissance, échanges extérieurs).*

Sous le contrôle direct de la puissance publique, les instruments de la politique monétaire agissent soit sur la quantité de crédits* accordés à l'économie (encadrement du crédit, mesures sélectives), soit in-

La Banque centrale européenne suit une politique relativement indépendante de celle de la Fed américaine

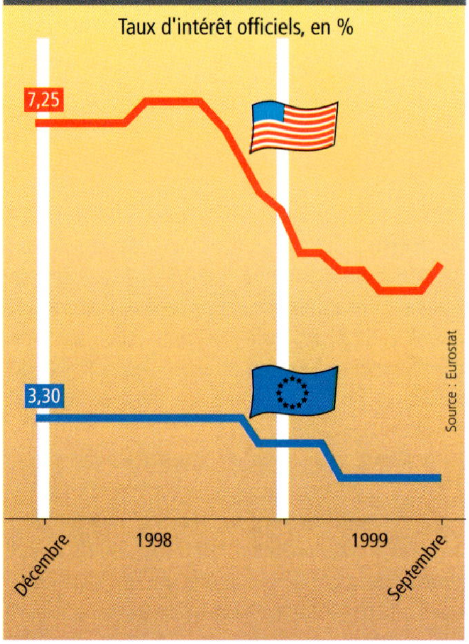

directement sur le coût du crédit (réescompte*, réserves obligatoires, intervention sur le marché monétaire*). Dans le contexte de libéralisation financière de la fin du xxe siècle, on privilégie les seconds sur les premiers, faisant ainsi appel à une régulation monétaire par les taux d'intérêt* plutôt que par le montant de liquidités* fournies à l'économie.

Pour mesurer l'efficacité des instruments mis en œuvre et adapter la politique monétaire, on définit des objectifs intermédiaires : niveau et structure des taux d'intérêt, taux de change*, progression des agrégats monétaires*. Ainsi, la Banque centrale européenne, dont l'objectif est la stabilité des prix, a décidé en novembre 1999 de remonter le taux d'intérêt directeur de 2,5 % à 3 %, jugeant que la croissance de la masse monétaire (5,9 % sur un an) et l'augmentation des taux d'intérêt à long terme témoignaient de tensions inflationnistes.

Les débats sur la politique monétaire concernent d'abord ses objectifs, avec une opposition entre libéraux, donnant la priorité à la lutte contre l'inflation* selon les préceptes du monétarisme*, et keynésiens, mettant en avant la lutte contre le chômage* à travers une baisse des taux d'intérêt. Mais on discute également des canaux de transmission, à la fois pour prévoir l'efficacité des différents instruments disponibles et pour préciser les objectifs assignables à la politique monétaire. P. L.

➔ *Banque centrale, déflation, désinflation, dévaluation compétitive, économie d'endettement, érosion monétaire, étalon-or, financement, (M.) Friedman, hyperinflation, (J. M.) Keynes, keynésianisme, libéralisme économique, marchés financiers, monnaie*

Politique des revenus

Politique économique visant à assurer un partage jugé équitable des fruits de la croissance.

Les autorités économiques françaises ont tenté, durant les années 1960, d'associer les responsables patronaux et salariaux aux décisions concernant les augmentations des salaires, calculées de façon à ne pas créer d'inflation*.

Il s'agissait, dans le contexte d'une croissance de la richesse nationale relativement élevée (de l'ordre de 5 % par an), de permettre à tous les salariés de bénéficier d'une augmentation à peu près égale de leurs revenus.

Une croissance des salaires plus forte que celle des gains de productivité* provoquant une hausse des coûts salariaux considérée comme inflationniste, cette hausse des rémunérations devait être globalement égale (à l'échelle du pays) à celle de la productivité.

Mais, les gains de productivité étant sensiblement différents suivant les branches* de l'économie, cela impliquait que certaines catégories de salariés voient leur rémunération augmenter moins vite qu'ils pouvaient l'espérer, pour permettre à d'autres de bénéficier de hausses de salaires du même type alors que leur activité était moins productive.

Cette politique échoua en raison de l'opposition du patronat (refusant des normes étatiques contraignantes) et des syndicats de salariés (n'acceptant pas de devoir limiter leurs revendications). P. B.

La population est une variable économique : plus de gens produisent plus, donc accroissent la richesse d'un pays et consomment plus ; il faut les nourrir, ce qui signifie aussi, dans une économie moderne, leur fournir des emplois. Depuis fort longtemps, le décompte des hommes a été associé à celui des biens et des moyens de production. Les tablettes sumériennes du IIIe millénaire av. J.-C., qui figurent parmi les plus anciens documents écrits connus, dénombrent à la fois les hommes, les terres et les animaux. Le nombre fait le prestige et la fortune du souverain.

Population

La population légale est celle que définissent les recensements, qui ont lieu tous les cinq ou dix ans, selon les pays. En comptabilité nationale, la population totale est définie comme l'ensemble des personnes physiques résidant dans le pays, quelle que soit leur nationalité.

C'est à la naissance de l'économie politique, au XVIe siècle, que la relation entre la prospérité et le nombre des hommes est théorisée, préfigurant les débats d'aujourd'hui. « Il n'est de richesse que d'hommes », écrit Jean Bodin (1530-1596). La baisse de la population provoquée par les guerres est dommageable à l'économie : elle fait « cesser l'agriculture, le trafic et tous les arts mécaniques ». Deux siècles plus tard, les physiocrates*, qui étudient l'agriculture* et le commerce des céréales, conservent cette vision, en dépit des disettes passées. « L'accroissement de la population augmente la consommation ; une plus grande consommation augmente de plus en plus la culture, les revenus des terres et la population, car l'augmentation des revenus augmente la population et la population augmente les revenus », explique François Quesnay* (1694-1774) dans l'article « Grains » de l'*Encyclopédie.*

La rupture malthusienne

La rupture intervient avec le pasteur Thomas Robert Malthus* (1766-1834). Dans son *Essai sur le principe de population,* en 1798, il invite à renverser le paradigme, car, explique-

Le banquet malthusien

Thomas Robert Malthus*, dans son *Essai sur le principe de population,* expose le mécanisme et les effets de la surpopulation à travers la parabole d'un banquet : « Tout homme qui est né dans un monde déjà possédé, s'il ne peut obtenir de ses parents la subsistance qu'il peut justement demander et si la société n'a pas besoin de son travail, n'a aucun droit de réclamer la plus petite portion de nourriture. Il est de trop au grand banquet de la nature ; il n'y a pas de couvert mis pour lui. La nature lui recommande de s'en aller et elle mettra promptement ses ordres à exécution s'il ne peut recourir à la compassion de quelques-uns des convives du banquet.
Si ces convives se serrent et lui font place, d'autres intrus se présentent immédiatement demandant la même faveur. Le bruit qu'il existe des aliments pour tous ceux qui arrivent remplit la salle de nombreux réclamants. L'ordre et l'harmonie des festins sont troublés et le bonheur des convives est détruit par le spectacle de la misère et de la gêne qui règnent en toutes parties de la salle et par la clameur importune de ceux qui sont justement furieux de ne pas trouver les aliments sur lesquels on leur avait appris à compter... »

t-il, « les hommes politiques ont pris l'effet pour la cause et se sont figuré que la population forme la base de la prospérité, alors que c'est la prospérité qui produit la population ». La population ayant tendance cependant à s'accroître plus vite (en progression géométrique) que les ressources agricoles (en progression arithmétique), l'équilibre est rétabli par les épidémies, les famines et les guerres, qui déciment les populations, ou par la pauvreté, qui prive d'aliments les plus démunis. L'aide sociale ne peut améliorer le sort des pauvres car, en augmentant leur revenu et leur consommation, elle fait monter les prix. Le seul moyen d'éviter les catastrophes réside dans la « contrainte morale » pour réduire les descendances : chasteté et retard du mariage.

L'analyse malthusienne a été vivement contestée par Marx*, qui souligne que les conditions sociales de l'exploitation capitaliste sont davantage responsables de la pauvreté que la croissance démographique. Mais elle a structuré le débat sur les relations entre le mouvement de l'économie et celui de la population jusqu'à nos jours. Pour les malthusiens, la croissance démographique entraîne une baisse de la superficie des exploitations, provoque des dégâts écologiques, accroît la pression sur la population d'âge actif, diminue le revenu par tête, réduit les possibilités d'épargne et d'investissement productif. Pour les anti-malthusiens, elle stimule l'innovation et les rendements, pousse à l'investissement et à la création d'entreprises, tandis que la jeunesse de la population facilite les adaptations.

La discussion implique historiens, démographes et économistes. Alfred Sauvy*, comme Keynes*, dénonce la logique de stagnation du malthusianisme ; il tente de montrer qu'il n'y a pas de corrélation entre augmentation de la population et baisse du niveau de vie. Sur le plan historique, le « piège malthusien » pourrait mieux rendre compte de la situation de l'Ancien Régime que de celle de la révolution industrielle. La croissance de la population entamée après la Peste noire et la fin de la guerre de Cent Ans a fini par dépasser les possibilités de production agricole, entraînant un retour des famines et des épidémies et une rechute démographique à la fin du XVIIe siècle. Mais, déjà du temps de Malthus, le développement des manufactures apporte de nouveaux emplois, et le progrès agricole va devenir plus rapide que la croissance de la population – malgré des « accidents » notables, comme la crise agricole et démographique qui fera chuter d'un tiers la population de l'Irlande au milieu du XIXe siècle.

L'« explosion » du tiers-monde

L'« explosion » démographique du tiers-monde* à partir des années 1950-1960 a relancé le débat. Elle a suivi le déroulement classique de la « transition démographique » : le passage du régime « archaïque » de fécondité et de mortalité élevées au régime de fécondité et de mortalité basses s'accompagne d'une forte croissance de la population en raison du décalage dans le temps entre la baisse de la mortalité et celle de la fécondité. Mais le phénomène a pris une dimension inouïe. Entamée dès l'entre-deux-guerres en Amérique latine, la baisse de la mortalité dans le tiers-monde s'est accélérée à partir de 1945 grâce à des politiques sanitaires énergiques et à des innovations scientifiques (médicaments, pesticides et insecticides). Une campagne de lutte contre la malaria a fait gagner au Sri Lanka douze années d'espérance de vie en deux ans. En trente-six ans, la Chine en a gagné autant (vingt-neuf années) que les États-Unis en plus d'un siècle.

La baisse de la fécondité ne commence qu'une quinzaine d'années plus tard. Résultat : l'accroissement « naturel » de la population, qui n'avait jamais dépassé 1,5 % par an en Europe, bondit à 2,5 % dans les pays en développement*. Il est retombé à 1,6 % aujourd'hui, car en une trentaine d'années la fécondité a presque diminué de moitié dans le tiers-monde, une chute d'une rapidité inconnue jusque-là. Aujourd'hui, la plus grande partie de la planète – y compris désormais une partie de l'Afrique* – est entrée dans la « transition », à des niveaux divers. La Chine*, là encore, a été un des grands précurseurs, avec la même

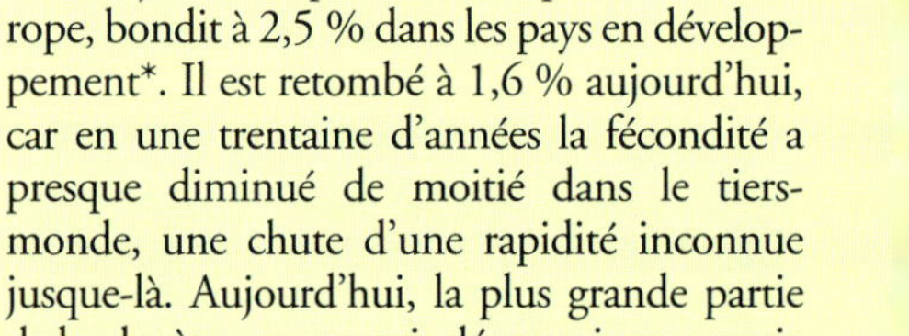

6 milliards d'habitants sur la Terre

Accroissement de la population mondiale de 400 av. J.-C. à nos jours, en millions d'habitants

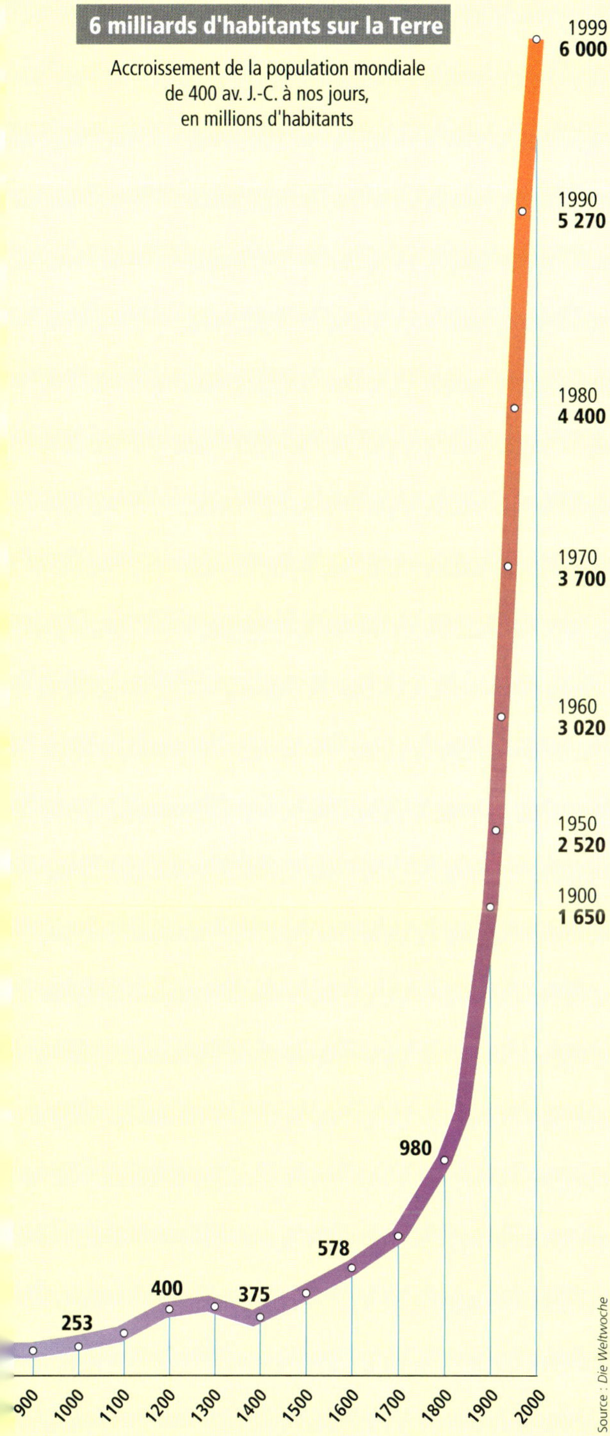

Source : *Die Weltwoche*

détermination que pour la lutte contre la mort. Le second géant, l'Inde, après de vaines tentatives, parvient maintenant à limiter les naissances.

Cette baisse de la fécondité est due à un ensemble de phénomènes de « modernisation » sociale, notamment la scolarisation des femmes, le retard concomitant de l'âge au mariage, le travail hors du foyer. Elle a été favorisée par le développement des services de santé : la baisse de la mortalité infantile, à son tour, dissuade les couples de multiplier les enfants pour assurer leur descendance. L'urbanisation y a contribué en élevant le coût d'éducation des enfants. L'évolution a été évidemment accélérée par les programmes de contrôle des naissances lancés par les gouvernements avec l'appui de diverses ONG* et d'organisations internationales, notamment l'ONU (qui a créé un Fonds pour les activités de population).

L'élan acquis maintient cependant la croissance pour plusieurs décennies, car des générations toujours plus « larges » arrivent maintenant à l'âge d'avoir des enfants. Les 6 milliards d'êtres humains ont été atteints en octobre 1999, et l'on attend 7,8 milliards en 2025. Mais le ralentissement est de plus en plus marqué. « L'explosion démographique est derrière nous », disait dès 1995 le démographe **Jean-Claude Chesnais**. L'accroissement annuel de la population du globe se réduit progressivement : 75 millions de personnes par an aujourd'hui, contre 86 millions à la fin des années 1980. Les statisticiens de la division de la population de l'ONU ne cessent de réviser à la baisse leurs projections.

L'« explosion » a réveillé des craintes sur les limites des ressources

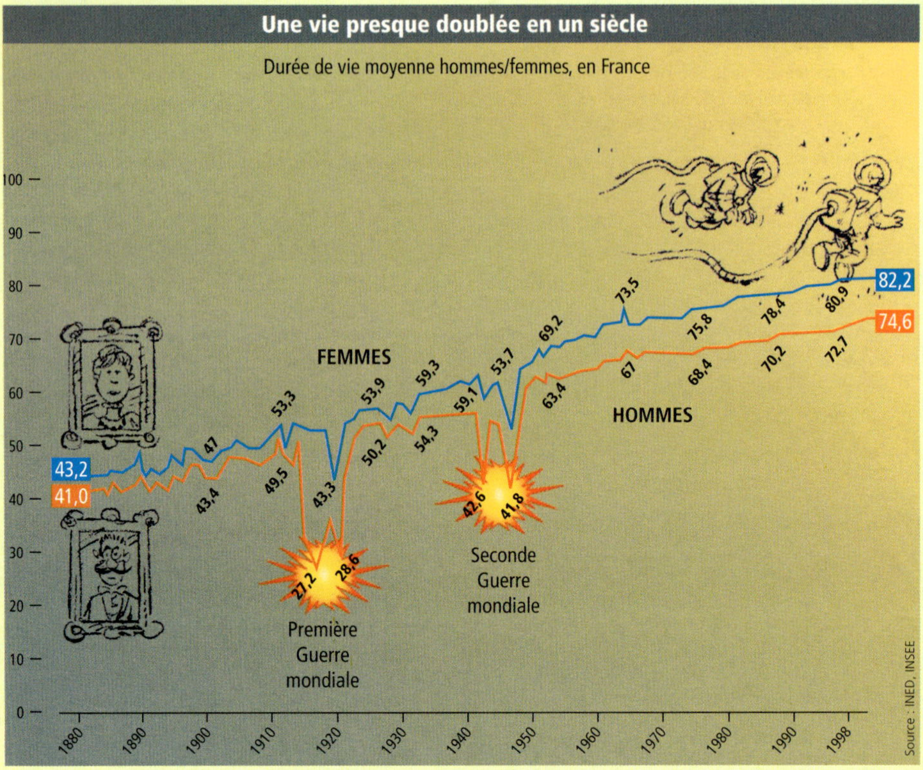

naturelles et la dégradation de l'environnement, qui se sont étendues du monde industrialisé au tiers-monde : les cris d'alarme de **Lester Brown** ont relayé le rapport Meadows de 1972 sur *les Limites de la croissance.* Les chercheurs explorent de nouveaux modèles de corrélation (positive ou négative) entre le mouvement de la population et la croissance économique. Sans plus de certitudes. Les données macroéconomiques* sur les pays en développement, notamment les plus pauvres, sont sujettes à caution (en raison de l'économie informelle ou non monétaire).

De nouvelles théories, comme la « croissance endogène* », l'analyse de l'épargne sur le cycle de vie, la prise en compte du capital humain, peuvent changer les approches. Du côté démographique, on a été amené à distinguer les effets de la mortalité et ceux de la fécondité, à tenir compte de la structure par âge (baisse de la mortalité infantile et allongement de la vie des personnes âgées n'ont pas les mêmes effets).

Les problématiques ambiguës du vieillissement

Des problématiques plus complexes émergent. On a été amené à s'interroger sur le rôle des structures sociales. Une même situation démographique peut constituer une stimulation à la croissance dans une société et un frein dans une autre. Ainsi, la pression des besoins (selon le modèle de la « pression créatrice » de l'économiste danoise **Ester Boserup**) a favorisé la « révolution verte » (modernisation de l'agriculture) en Asie, mais pas en Afrique, en raison de modes d'exploitation des terres différents, d'une répartition différente des tâches agricoles entre les sexes, la polygamie aggravant encore cet effet. De même, le rôle de la famille élargie allège le coût de l'éducation* de l'enfant pour les parents et peut amortir les effets des difficultés économiques. Concrètement, le ralentissement voulu de la croissance démographique peut alléger le fardeau des pays en développement dans les décennies à venir, comme cela s'est déjà produit en Asie du

Sud-Est : moins d'enfants à soigner, à scolariser et, plus tard, moins d'emplois à créer pour les jeunes. Mais cela ne jouera qu'avec le temps.
De surcroît, le soulagement sera temporaire. Car la réduction du nombre de naissances entraîne mécaniquement un vieillissement de la population, c'est-à-dire une augmentation de la proportion de personnes plus âgées. Dans cinquante ans, les plus de 65 ans pourraient ainsi former 20 % de la population mondiale – contre 6 % aujourd'hui –, soit le niveau actuel dans les pays industrialisés. Le changement interviendra encore plus tôt là où la baisse de la fécondité a été rapide, par exemple en Chine – comme en France après le baby-boom, ou au Japon depuis les années 1970. En Chine, la proportion de personnes âgées devrait doubler d'ici à 2025. En Amérique latine, la montée s'amorcerait un peu plus tard, vers 2010. Ce changement amène des générations plus réduites à prendre en charge des générations nombreuses. Que cette prise en charge soit individuelle ou collective, le poids sur les « actifs » s'accroît.
L'allongement de la vie humaine aggrave le problème. Dans les pays développés, les dépenses de santé, qui croissent avec l'âge, vont augmenter, notamment en raison de la présence d'un nombre important de personnes très âgées : en France, le nombre de plus de 85 ans devrait sans doute doubler dans les vingt ans à venir. Même si la durée de vie sans incapacité s'allonge plus rapidement que la durée de vie totale, la proportion de personnes « dépendantes » va augmenter.
Dans les pays industrialisés, toutefois, les comportements des personnes âgées peuvent minorer l'impact économique du vieillissement : les retraités réduisent peu leur consommation et la réorientent plutôt ; ils ne « désépargnent » pas ; ils aident les adultes, directement (en assurant la garde de jeunes enfants, par exemple) ou par des prêts. Des incertitudes existent aussi sur les

Population
Retraitées américaines pratiquant la gymnastique. Dans les pays industrialisés, le vieillissement général de la population pousse à s'interroger sur l'âge souhaitable de la cessation d'activités et sur la pertinence du postulat selon lequel le vieillissement est forcément synonyme de perte de capacité physique et d'esprit d'initiative.

La « transition démographique »

La théorie de la transition démographique décrit le passage d'une situation où la fécondité et la mortalité sont fortes, et l'accroissement de la population faible, à une deuxième phase marquée par une baisse de la mortalité, ce qui entraîne une forte augmentation de la population, puis à une troisième phase où la fécondité baisse jusqu'au niveau de remplacement des générations. Trois données caractérisent cette baisse de la fécondité : elle suit la baisse de la mortalité (en particulier infantile) ; elle correspond à un changement des comportements lié à une modernisation économique et sociale ; elle peut intervenir en l'absence de techniques contraceptives modernes. Cette théorie a été formulée sous le terme de « révolution démographique » par le démographe français **Adolphe Landry** en 1934. Pour celui-ci, le « régime primitif » de fécondité et de mortalité cède la place à un « régime intermédiaire » lorsque apparaît le souci d'éviter des charges familiales excessives – d'où mariage tardif et célibat fréquent ; enfin le « régime contemporain » est caractérisé par « la pratique généralisée de la restriction des naissances ».

Des démographes américains, notamment **Frank Notestein** et **Kingsley Davis**, ont généralisé cette analyse à l'ensemble de la planète sous le nom de « transition démographique ».

effets du vieillissement de la population active ; on admet généralement qu'il réduit le dynamisme et la capacité d'adaptation des travailleurs et la compétitivité. Mais quelle est là-dedans la part des modes de gestion du personnel des entreprises, notamment des politiques de formation et de rémunération ? En tout cas, le vieillissement oblige à reconsidérer certaines pratiques comme la tendance à abaisser l'âge de fin d'activité. G. H.

➔ *Démographie, immigration*

Population active

Ensemble des personnes qui occupent un emploi ou en cherchent un.

La population active représente l'ensemble des ressources en main-d'œuvre d'un pays. En France, elle n'a cessé d'augmenter au cours des dernières décennies, passant de 21,7 millions de personnes en 1975 à 25,6 millions en 1997. Cette hausse est due à l'arrivée sur le marché du travail de générations plus nombreuses (celles du « baby-boom » de l'après-guerre) et, plus encore, des femmes. La croissance a néanmoins été freinée par l'allongement de la durée des études et l'abaissement de l'âge de la retraite. L'évolution de la population active dépend de facteurs démographiques mais aussi sociaux et politiques (l'âge de la scolarité obligatoire et celui de la retraite sont fixés par la loi). Le taux d'activité (proportion d'« actifs » parmi les personnes de 15 à 64 ans) en France (68 %) est inférieur à celui du Danemark (79,6 %), de la Suède, de la Finlande, de la Grande-Bretagne, des Pays-Bas, de l'Allemagne et de l'Autriche.
Si la définition générale de la population active est simple, la réalité est plus complexe. En France, sont comptés dans la population active en effet, outre les personnes qui occupent un emploi (les « actifs occupés »), les chômeurs, les stagiaires, les militaires du contingent. Sont considérés comme « **inactifs** » les femmes au foyer, les lycéens et étudiants, les retraités qui ne recherchent pas un emploi. D'autre part, nombre de personnes se présentent sur le marché du travail lorsque les perspectives d'emploi sont favorables, mais renoncent lorsque, en période de crise, les chances de trouver un emploi leur paraissent très faibles, sortant ainsi de la population active. Enfin, la notion d'« activité » a pris parfois un sens nouveau ces dernières années. Certains en effet veulent y inclure toute occupation socialement utile, comme le travail bénévole, au nom d'une conception plus large de l'utilité sociale ou en raison d'une vision pessimiste de l'évolution du chômage de masse, qui ne croit possible qu'une société de « pleine activité » à défaut de plein-emploi. G. H.

Portefeuille

Ensemble des titres représentant des valeurs (actions, obligations*, bons du Trésor*, etc.) et détenus par une personne.*

Les **valeurs mobilières** (actions et obligations) continuent de représenter la plus grosse partie du portefeuille moyen des Français avec 37,2 % (contre

Jeunes et vieux : la place est prise par les 25-49 ans

Taux d'activité par sexe et âge, en %

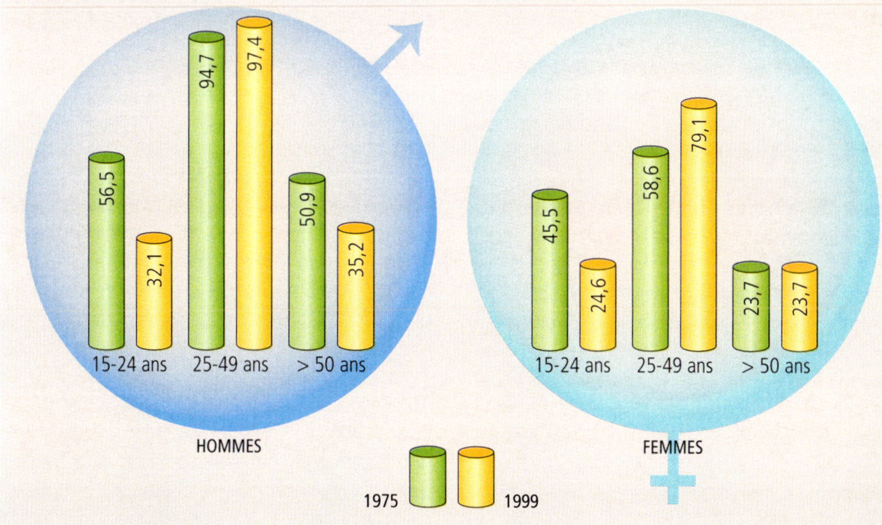

Source : INSEE

38,7 % en 1994), suivies par l'épargne liquide avec 27,5 % (contre 28 % en 1994). Le patrimoine* des Français représentait au total 15 552 milliards de francs en 1997 contre 13 033 milliards en 1994. Les revenus courants générés par ces placements ont atteint 555 milliards en 1997.
Si la détention directe d'actions n'est le fait que d'un ménage sur huit, en revanche la moitié des ménages français possèdent des valeurs mobilières, notamment par l'intermédiaire de sicav ou d'assurance-vie. Ce mouvement est allé de pair avec une plus grande diversification des placements.
L'offre de plus en plus importante de produits financiers et le désir de constituer une « épargne* de précaution », dans un contexte de chômage et d'inquiétude pour les retraites, ont conduit de nombreux ménages à se constituer un portefeuille, même modeste. D. G.

➔ *OPCVM, patrimoine, placement*

Post-keynésiens

Le courant post-keynésien regroupe les économistes qui cherchent à prolonger le message théorique de Keynes.
Il se distingue des nouveaux keynésiens, qui acceptent une synthèse avec la théorie néoclassique.

Une première génération de post-keynésiens, regroupés à l'université de Cambridge, chercha durant les années 1950 à généraliser la théorie de J. M. Keynes et à y introduire une perspective de long terme. Ils s'inspirèrent pour cela de Ricardo*, de Marx* ou de Kalecki*. Les principaux représentants de ce courant furent R. Harrod, N. Kaldor*, R. Kahn et J. Robinson*. À partir des années 1970, une seconde génération, plus nord-américaine, répondit aux critiques monétaristes en réfléchissant à nouveau au problème du court terme, mais en renouvelant la démarche de Keynes, principalement sur les thèmes de la monnaie et du financement, de l'incertitude et du circuit économique.
Le *Journal of Post-Keynesian Economics* regroupe les travaux de ces économistes. Citons, entre autres, P. Davidson, J. Kregel, M. Lavoie, H. Minsky et le Français A. Barrère.

Une approche tenant compte des institutions, des rapports de force et du temps
Dans tous les cas, un état stable de plein-emploi ou une croissance équilibrée apparaissent comme des cas exceptionnels. Les anticipations des entrepreneurs en situation d'incertitude, l'absence de neutralité de la monnaie, les inégalités de pouvoir entre les différents types d'agents tiennent une place essentielle. Comparée à la théorie économique dominante postulant l'équilibre atemporel, l'approche est plus réaliste et plus historique. La place des institutions et des organisations est essentielle, contrairement à l'individualisme méthodologique des néoclassiques. Mais, surtout, l'élément central est l'analyse d'une économie monétaire de production et non celle d'une économie d'échange où la monnaie n'aurait aucun rôle actif.
Toutefois, les post-keynésiens passent en général plus de temps à attaquer l'orthodoxie qu'à essayer de construire des ponts entre eux. D'où une mosaïque d'interprétations qui nuit à la cohérence de ce courant de pensée. E. L. H.

➔ *Circuit, Harrod-Domar, incertitude, préférence pour la liquidité*

Pouvoir d'achat

Quantité de biens et de services que permet d'obtenir, pour une unité de base donnée (individu, famille, etc.), une somme d'argent déterminée.

En raisonnant à prix constants (l'inflation étant éliminée), on mesure le pouvoir d'achat d'un revenu. Si on prend un revenu nominal fixe, on mesure alors le pouvoir d'achat de la monnaie. On obtient ainsi la formule : indice du pouvoir d'achat = indice du revenu nominal/ indice des prix x 100.
Il est également possible de mesurer le pouvoir d'achat par rapport à un seul bien. Une bicyclette représentait ainsi près de 1 400 salaires horaires (heures) d'ouvrier à la fin du XIXe siècle, 420 en 1910, 113 en 1950 et seulement 37 en 1980. Entre 1950 et 1980 (les Trente Glorieuses*), le pouvoir d'achat du gain horaire ouvrier moyen français a été multiplié par 3,3, grâce essentiellement aux progrès de la productivité. Ce calcul

En 50 ans, un pouvoir d'achat multiplié par 3,5

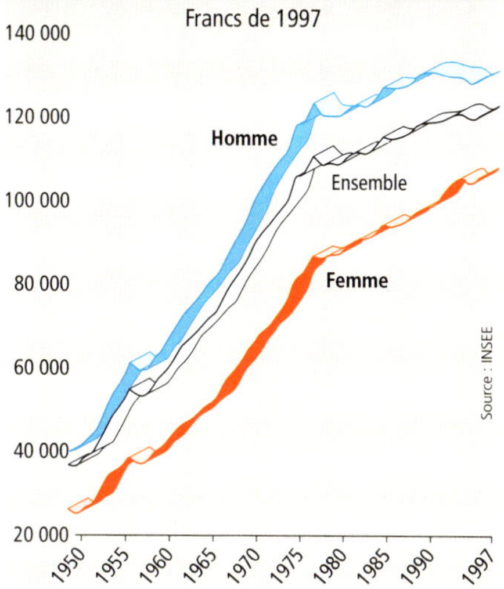

En un siècle, trois fois moins de temps de travail pour acheter une baguette et neuf fois moins pour 1 km en train

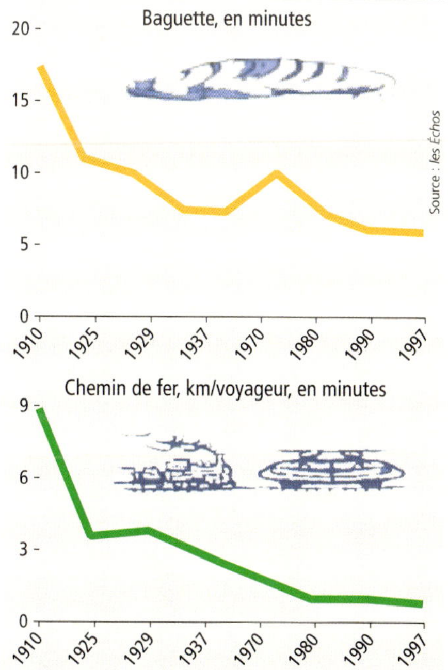

donne pour chaque bien ou service un chiffre différent. Le choix des articles est donc central dans la construction des indices de prix. L'INSEE* les construit à partir de 303 postes. E. L. H.

➔ *Indexation, inflation, parité des pouvoirs d'achat*

PPA

Voir **Parité des pouvoirs d'achat**

Prebisch (Raúl)

Économiste argentin (1901-1986), ayant occupé divers postes de responsabilité dans des organismes internationaux (CEPAL, CNUCED).

Spécialiste du développement, il fut à l'origine du courant nommé l'« école de la dépendance », selon lequel le sous-développement ne relève pas d'un retard mais d'une soumission des pays de la « périphérie » à l'égard des intérêts de ceux du « centre », plus développés (*Capitalismo periférico*, 1981). P. U.

Précarité

Formes d'emploi ne garantissant pas une présence à long terme ou permanente dans l'entreprise. Le terme est utilisé plus généralement pour décrire la situation de ménages dont les revenus ou le logement sont incertains et fluctuants.

Contrairement aux emplois statutaires et aux contrats à durée indéterminée (CDI*), les emplois précaires constituent un volant de main-d'œuvre auquel on fait appel lorsque l'activité se développe et dont on se sépare facilement si les besoins de l'entreprise le réclament. Depuis le début des années 1980, les emplois précaires sont en constante augmentation.

Des salariés de plus en plus précaires

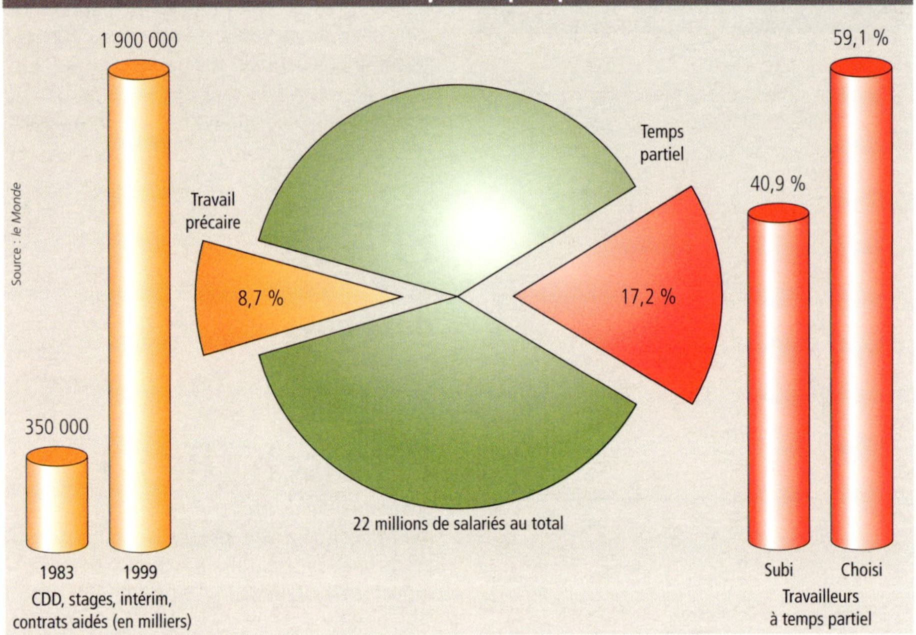

La notion de précarité regroupe les contrats à durée déterminée (CDD*), l'intérim, les stages (en formation alternée, par exemple) et les contrats aidés (contrats emploi-solidarité, notamment). En 1999, l'INSEE* estimait que les emplois précaires représentaient au moins 10 % des effectifs salariés (soit un total de 1,7 million de personnes) contre 3 % en 1983, et le quart des créations d'emploi. Le terme « recruter » n'a plus tout à fait le sens qu'il avait auparavant : dorénavant, 90 % des recrutements concernent des contrats à durée déterminée et des contrats d'intérim.

La précarisation de l'emploi, liée à l'accroissement de la concurrence et aux politiques libérales destinées à lutter contre les « rigidités », a sensiblement modifié le marché du travail.

De 1985 à 1999, le recours à ces formes d'emploi a été multiplié par 2,7 et ce sont, en premier chef, les jeunes qui sont concernés : 47 % des emplois des 15-24 ans sont considérés comme « précaires ». Cette réalité touche également les jeunes diplômés. Alors que l'intérim et les CDD doivent, en principe, permettre à l'entreprise de faire face à un besoin de personnel pour une durée limitée dans le temps, les entreprises tendent de facto à les utiliser comme des outils de gestion permanents. D'après les estimations, on considère qu'un peu moins d'un tiers des jeunes en stage finissent par être recrutés en contrat à durée indéterminée à l'issue d'un statut « précaire ».

Une situation en voie d'extension

La précarisation de l'emploi, qui tend à retarder le moment de l'autonomie financière, contribue aussi à différer le départ des jeunes adultes du domicile parental. Par ailleurs, certains chercheurs s'inquiètent des répercussions sur la santé – physique et psychique – des salariés « précaires », en particulier les hommes.

Le temps partiel, encouragé par les mesures d'allégement des charges patronales, coïncide souvent avec des formes d'emploi précaire. Dans le secteur privé, le temps partiel concerne près de 20 % des salariés (majoritairement des femmes), mais il s'agit de moins en moins d'une formule volontairement choisie : la proportion de ces salariés qui souhaiteraient travailler davantage est passée de 28 % en 1991 à 38,5 % en 1998.

L'extension de ces formes d'emploi est de moins en moins réservée aux jeunes ou aux non-diplômés. L'âge ainsi que le niveau de qualification des personnes travaillant en intérim ou avec un contrat à durée déterminée s'élèvent de façon régulière depuis 1990, se rapprochant de la structure de l'ensemble de la population active. De même, la fonction publique n'est pas à l'abri des formes de précarité. Les vacataires et autres non-titulaires sont largement présents dans les services de l'État mais aussi dans les hôpitaux et les collectivités locales. J.-M. N.

➔ *CDD, flexibilité, pauvreté, qualification*

Préférence pour la liquidité

Comportement privilégiant la détention des actifs financiers les plus liquides (c'est-à-dire immédiatement disponibles).*

Par ce principe, Keynes* a expliqué qu'il est rationnel de préférer conserver de la monnaie et des actifs liquides (livret A, épargne-logement) peu rémunérés plutôt que des actifs mieux rémunérés mais moins liquides, dont la valeur risque de baisser lorsque le taux d'intérêt* augmente (le cours* des obligations à 5 % baisse si de nouvelles obligations sont émises à 6 %). P. L.

➔ *Agrégats monétaires, arbitrage, dépréciation, finance, incertitude, liquidité, moyens de paiement, placement, plus-value, spéculation*

Prélèvements obligatoires

Voir dossier p. 456

Prestations sociales

Avantages financiers ou en nature, versés en compensation des cotisations de sécurité sociale.

Les prestations sociales sont conçues pour protéger la population de « risques » tels que la maladie, le chômage, la vieillesse, l'invalidité.
Les allocations familiales en font également partie. L'usage tend à inclure dans les prestations sociales les aides au logement, à la garde d'enfants ou de personnes âgées, voire le revenu minimum d'insertion* (RMI). Le terme devient alors synonyme de transferts*. S. G.

➔ *Protection sociale, transferts sociaux*

Prévision économique

Ensemble d'études mettant en œuvre les théories économiques, les données statistiques, des sondages, les modèles économétriques, les conditions extra-économiques (climat, politique...) afin de prévoir à court (moins de deux ans), à moyen ou à long (plus de cinq ans) terme les évolutions macro- ou microéconomiques

« Il n'y a de sciences que là où existent des régularités susceptibles d'être analysées et d'être prédites » (M. Allais*, prix Nobel de sciences économiques en 1989).
Face à l'incertitude, les économistes ont toujours cherché à prévoir le futur. Les analyses de conjoncture sont utilisées aussi bien par l'État pour établir le budget que par les entreprises pour déterminer leur niveau d'investissement et de production. Pour Airbus Industrie, par exemple, les prévisions sur le niveau du dollar à 5 ans sont essentielles puisque ses coûts de production sont en euros*, alors que les recettes de la vente des avions sont en dollars. Il existe de très nombreux centres de recherche se consacrant à la prévision économique, qui reste un art très difficile : INSEE*, OFCE, OCDE*... E. L. H.

➔ *Anticipation, conjoncture, cycle économique, INSEE*

Dossier

Les partisans d'une baisse drastique des prélèvements obligatoires utilisent souvent cette image : les Français travaillent pour l'État la moitié de la semaine, et ils ne commencent à le faire pour eux-mêmes que le mercredi après-midi. En clair, 50 % de leurs ressources seraient prélevées par l'État et les organismes sociaux.

Prélèvements obligatoires

Les « PO » sont constitués par l'ensemble des cotisations sociales, des taxes et des impôts* (y compris ceux qui sont reversés aux collectivités locales et à l'Union européenne*) auxquels les entreprises, les salariés et les ménages sont assujettis. Le taux des prélèvements obligatoires est le rapport de ces prélèvements au produit intérieur brut (PIB).

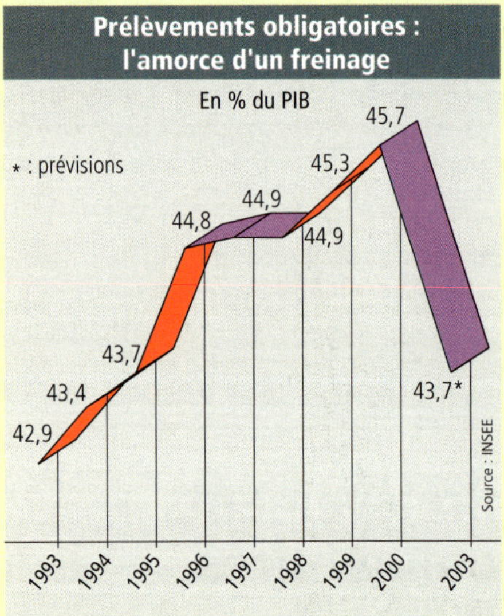

Un constat n'est pas discutable : les prélèvements obligatoires n'ont cessé de progresser au cours des dernières décennies, surtout en raison de la progression des dépenses sociales (retraites*, maladie, chômage*), et ils situent la France dans les pays où les prélèvements sont les plus importants. En 1970, ceux-ci représentaient 35,1 % du produit intérieur brut (PIB*) et 41,7 % dix ans plus tard, selon l'Institut national de la statistique et des études économiques (INSEE*). En 1998, leur taux a atteint 44,9 % et ils représentaient une somme de 3 848 milliards de francs. En 1999, il devait battre un record (45,3 %) en raison de bonnes rentrées fiscales liées à une activité économique soutenue.

En trente ans, l'augmentation continue des prélèvements s'est accompagnée d'un changement dans leur structure : la part des cotisations a progressé, reflétant l'accroissement de l'effort social de la nation ; celle des impôts s'est stabilisée (si l'on excepte la montée en puissance de la CSG). Entre 1973 et 1984, le taux des fameux « PO » passe de 35,1 % à 44,6 %, et la quasi-totalité de la hausse est imputable aux cotisations sociales : en 1970-1975, les impôts représentaient 59,2 % des prélèvements, les cotisations sociales, 39 %, et

Le palmarès des prélèvements obligatoires : du simple au double

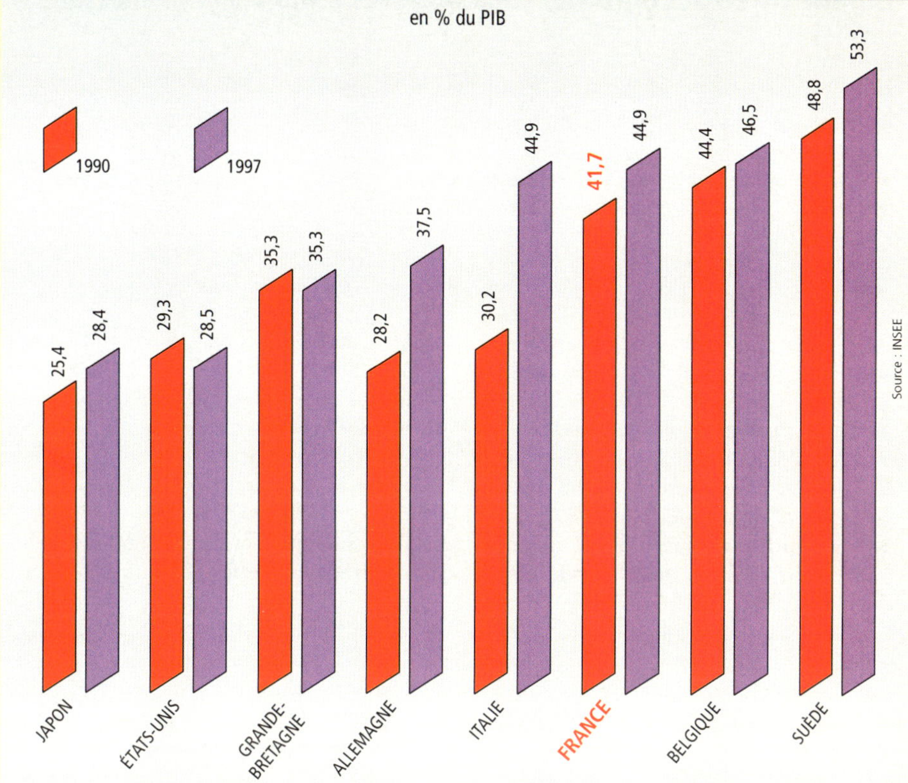

le prélèvement au profit de l'Europe, 1,8 % ; en 1995, les parts sont respectivement de 51,5 %, 46,2 % et 2,3 %. Dans son ouvrage *Politiques sociales* (Presses de Sciences po et Dalloz, 1997), **Marie-Thérèse Join-Lambert** rappelle que les gouvernements de gauche et de droite ont « fait porter l'ajustement à la hausse des cotisations davantage sur les revenus des ménages que sur les capacités de financement des entreprises ».

La notion de prélèvements obligatoires doit être maniée avec précaution : dans certains pays, des dépenses sociales prises en charge par les entreprises ne sont pas comptabilisées dans les prélèvements obligatoires, alors qu'en France l'essentiel de ces dépenses est socialisé et inclus dans les prélèvements obligatoires. Cette notion est également ambiguë, puisqu'elle recouvre deux types de prélèvements, aux objectifs et aux effets économiques différents : les impôts (sauf la CSG*) servent à financer des dépenses courantes de l'État et des collectivités territoriales (armée, éducation, police, aide sociale, etc.), et des investissements publics (routes, équipements militaires...) ; à l'inverse, cotisations sociales et CSG sont immédiatement redistribuées sous forme de pensions, de remboursements de frais médicaux, d'allocations familiales ou d'indemnités chômage, ces prestations représentant plus du tiers (36 %) du revenu total des ménages français.

Les fluctuations du débat sur la « baisse des PO »

Le taux de pression fiscale et sociale n'en est pas moins très fort. Le débat sur la baisse des prélèvements obligatoires a pris corps dès 1973, avec le premier choc pétrolier. « Dans une période où le problème des coûts était relativement second par rapport au problème

Comment se décomposent les prélèvements obligatoires en 1998 ?

Les prélèvements obligatoires, qui ont atteint 3 848 milliards de francs en 1998, sont affectés à quatre grands postes de dépenses :
• les **administrations publiques** centrales, dont l'État, qui ont reçu 1 540 milliards de francs en 1998 (40 % du total) pour financer les dépenses (éducation nationale, armées, équipements, justice, police, remboursement de la dette publique etc.) ;
• les **collectivités locales** (communes, départements, Régions), qui ont reçu 493 milliards de francs (12,8 %) ;
• la **sécurité sociale** (caisses d'assurance-maladie, de retraite, d'allocations familiales), qui a reçu 1 763 milliards de francs (45,8 %) ;
• les institutions de l'**Union européenne** (Commission de Bruxelles, Parlement de Strasbourg), qui ont touché 52 milliards de francs (1,4 %).

de la demande, l'augmentation régulière des prélèvements obligatoires n'était pas dangereuse pour l'évolution de l'économie et avait même plutôt un effet positif dans la mesure où elle obligeait l'économie à une espèce de fuite en avant permanente, quitte à ce que cela se fasse aux dépens de la stabilité des prix », résumait **Jean-Baptiste de Foucauld**, alors commissaire adjoint au Plan, dans la revue *Droit social* (mars 1990). « Au contraire, depuis 1973, nous sommes dans une situation complètement différente : pour produire, il faut produire moins cher et mieux que les autres. Dans un tel contexte, l'élément coût du prélèvement obligatoire devient beaucoup plus important que l'élément soutien de la demande. »
La baisse des prélèvements obligatoires ne fait plus vraiment débat dans le monde politique. La droite est acquise depuis longtemps à cette idée, qui fait partie de sa doctrine économique. Alors président de la République, **Valéry Giscard d'Estaing** assurait que, en passant la barre des 40 % de prélèvements sur la richesse créée, la France basculerait dans le socialisme. Tout en se montrant plus mesurée, la gauche s'est peu à peu convertie à l'idée d'une réduction de la pression fiscale et sociale. Dans sa déclaration de politique générale, le 19 juin 1997, **Lionel Jospin** avait promis la « stabilisation » des PO. Le Premier ministre envisageait même – « si la croissance le permet », précisait-il – de « les diminuer ». Le ministre de l'Économie et des Finances a réaffirmé, au cours de l'année 1999, qu'il souhaitait réduire les impôts directs (impôt sur le revenu et taxe d'habitation). Le gouvernement envisageait de baisser d'abord la taxe d'habitation dès l'automne 2000.
Si elle est moins « grand public » que la baisse des impôts, celle des prélèvements sociaux, assis pour l'essentiel sur les revenus du travail, a dominé le débat économique au cours des années 1990. La progression de ces prélèvements a conduit à l'ouverture d'un débat sur l'élargissement de l'assiette des cotisations prélevées sur les salaires qui, en alourdissant le coût du travail, pèserait sur la compétitivité des entreprises, freinerait les créations d'emplois et maintiendrait le chômage à un haut niveau.
La baisse des cotisations assises sur les salaires a été la priorité du gouvernement de Lionel Jospin : en 1998, il a quasiment supprimé la cotisation maladie des actifs et des retraités pour la remplacer par la CSG, prélevée sur tous les revenus (salaires, pensions, capital). M. Jospin a aussi maintenu les « ristournes » de cotisations sociales sur les bas salaires (jusqu'à 1,3 fois le SMIC*), instaurées par le gouvernement d'Alain Juppé, et qui coûtent 43 milliards de francs au budget de l'État. Dans un second temps, il a opté pour des baisses ciblées de TVA* (travaux d'entretien des logements), désormais acceptées par l'Union européenne, et des droits de bail payés par les locataires.
En prônant la stabilisation, voire la réduction des prélèvements, M. Jospin ne fait que mettre ses pas dans ceux de **François Mitterrand**. Dès novembre 1982, dans un entretien au *Monde*, celui-ci annonçait que « des dispositions seront prises, dès le budget de 1984, pour que le pourcentage total des prélève-

Comparaisons internationales

Le taux des prélèvements obligatoires ainsi que leur répartition entre impôts et cotisations sociales sont très différents suivant les pays, selon les données de l'Organisation de coopération et de développement économiques (OCDE). Avec environ 45 % de prélèvements obligatoires, la France est l'un des pays industrialisés où la pression fiscale et sociale est la plus forte, derrière la Suède, le Danemark et la Belgique. Il reste que les comparaisons sont très difficiles à faire.

La Suède bat les records, avec un taux global (moyenne de la seconde partie des années 1990) de 52 % : 36,5 % pour les impôts et 15,5 % pour les cotisations.

L'Allemagne a un taux de 38,1 %, assez équilibré entre les impôts (22,6 %) et les cotisations (15,5 %).

Le Royaume-Uni a un taux de 36 %, et l'impôt domine très nettement (29,8 %) par rapport aux cotisations (6,2 %).

Les États-Unis ont un taux de 28,5 %, dont 21,5 % pour l'impôt et 7 % pour les cotisations.

Le Japon a un taux de 28,4 %, dont 18,1 % pour les impôts et 10,4 % pour les cotisations.

ments fiscaux et sociaux soit au moins stabilisé avant d'amorcer la décrue ». Ceux-ci représentaient alors 44,7 % du PIB, un seuil jugé « insupportable » par M. Mitterrand. Cette perspective était loin de faire l'unanimité à gauche.

Progressivité de l'impôt et dégressivité des cotisations

La droite propose régulièrement de ramener le taux marginal de l'impôt sur le revenu de 54 % à environ 40 %, et de diminuer plus massivement les cotisations sociales sur les bas salaires. « **Trop d'impôt tue l'impôt** », soulignait Jacques Chirac en février 1995, trois mois avant son élection à la présidence de la République, en paraphrasant Arthur Laffer*. L'économiste américain juge que, passé un certain niveau d'impôt, plusieurs effets pervers se cumulent : les agents économiques ne sont plus incités au travail, les prélèvements freinent l'activité, la fraude se développe. Au total, le ralentissement économique entraînerait une baisse du rendement de ces prélèvements.

Toute réforme des « PO » doit s'accompagner d'une réflexion sur les finalités du système fiscal et social : impact économique, progressivité et effets redistributifs... Les impôts et les cotisations doivent-ils être d'autant plus lourds que les revenus sont élevés ? Globalement, le système français est peu progressif dans ses prélèvements ; il l'est davantage si l'on tient aussi compte des prestations. Mais le caractère dégressif des cotisations sociales compense largement la forte progressivité de l'impôt sur le revenu. En préconisant désormais une baisse de l'impôt sur le revenu, qui est très concentré sur les revenus élevés, et en utilisant à plein l'arme de la CSG (prélèvement proportionnel sur le revenu, même s'il touche aussi les revenus du capital et du patrimoine), la gauche semble avoir pris son parti de cette réalité..

Les économistes ne sont pas capables de définir avec précision le seuil optimal de prélèvements permettant une juste redistribution des richesses sans freiner le dynamisme des acteurs économiques. Aborder la question, c'est se demander s'il y a incompatibilité entre compétitivité économique et cohésion sociale (le maintien du SMIC relevant du même registre). C'est aussi reposer le rôle de l'État, et notamment de l'État providence* constitué depuis la Libération. Mais, derrière la dénonciation de l'excès de prélèvements, il y a surtout, de la part des économistes libéraux, une critique du rôle régulateur de l'État dans l'économie. J.-M. B.

➔ *CSG, (A.) Laffer, protection sociale, Sécurité sociale*

Privatisation

Opération de transfert d'une partie ou de la totalité du capital d'une entreprise du secteur public au secteur privé. La privatisation apparaît comme l'opération inverse de la nationalisation.*

Le mouvement de privatisation débute dans les années 1980 dans les pays anglo-saxons, notamment en Grande-Bretagne avec l'arrivée, en 1979, du Premier ministre conservateur **Margaret Thatcher**. Ce mouvement s'est ensuite élargi à l'ensemble des pays industrialisés. Selon la Banque mondiale, plus de 15 000 entreprises ont été privatisées depuis 1990, dont la majorité dans l'ex-RDA.

La France allait suivre, un peu plus tardivement, le même mouvement lors de la nomination de **Jacques Chirac** comme Premier ministre en 1986. Celui-ci présente un programme ambitieux de dénationalisation (loi du 6 août 1986) : quatorze groupes sont ainsi privatisés de 1986 à 1988, parmi lesquels Saint-Gobain, Paribas, Havas, la Société générale et TF1. Ce programme est interrompu par le krach boursier de 1987 et surtout par la réélection de François Mitterrand à la tête de l'État en mai 1988. De 1988 à 1992, le processus de privatisation est arrêté, c'est la politique du « ni, ni », c'est-à-dire ni privatisations, ni nationalisations.

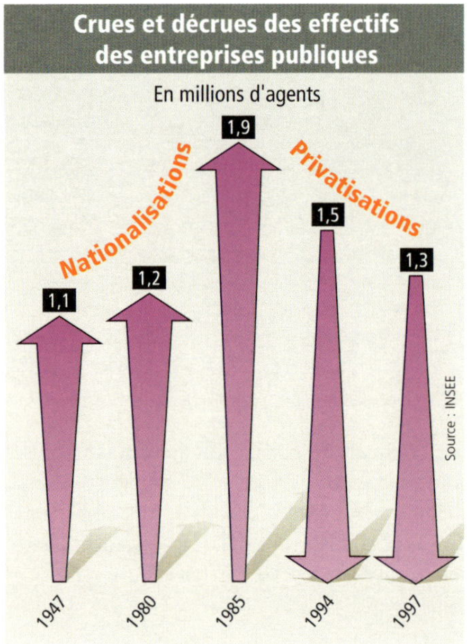

Une seconde vague de privatisations intervient lors de l'installation d'Édouard Balladur à Matignon (loi du 19 juillet 1993). Elle concerne sept grands groupes comme la BNP, Rhône-Poulenc, Elf-Aquitaine ou l'UAP, qui quittent le secteur public pour rejoindre le secteur privé. Le processus se poursuit avec **Alain Juppé**, puis avec **Lionel Jospin** (France Télécom, Air France, le Crédit Lyonnais).

Privatisation
Publicité pour la privatisation de Paribas en 1987. Initié au début des années 1980 dans les pays anglo-saxons, le mouvement de privatisation arrive en France en 1986 et ne s'arrêtera plus depuis, même si les modalités et les appellations se modifient au gré des changements de majorité politique.

Une logique libérale de désengagement de l'État

Techniquement, les privatisations se déroulent par cession du capital de l'État, qui prend la forme d'une offre publique de vente (OPV) sur le marché financier. L'offre de titres sur le marché correspond, en général, à 70 % du capital. Quant aux 30 % restants, ils sont cédés à des actionnaires sélectionnés par le ministre de l'Économie et des Finances. Ces derniers constituent ce qu'on appelle un « groupement d'actionnaires stables » (GAS), dont la mission consiste à garantir la durabilité de l'actionnariat.

Les opérations de privatisation s'inscrivent dans une perspective libérale. Elles ont pour finalité, avec les stratégies de déréglementation*, de désengager l'État* vis-à-vis de l'économie. Les privatisations sont nées d'une volonté politique de rompre avec le « social-étatisme », de retrouver la liberté économique et la régulation par les mécanismes du marché. Les privatisations ont également pour objectif d'alléger le poids des déficits permanents de certaines entreprises publiques et de trouver, entre autres, les moyens financiers nécessaires à la réduction de la dette de l'État. Par ailleurs, le traité de Maastricht*, défendant les principes de la libre concurrence, impose la disparition des entreprises publiques appartenant au secteur concurrentiel. J.-C. D.

➔ *Déréglementation, dette, libéralisme économique, nationalisation*

Prix

Quantité de monnaie qu'un agent doit céder pour obtenir une unité d'un bien.

Un prix ainsi défini est un **prix absolu** ; on lui oppose des **prix relatifs**, qui sont des rapports des prix de deux biens. Par exemple, supposons que le prix absolu d'une voiture soit actuellement de 10 000 euros et que je gagne 5 000 euros par mois ; dans 10 ans, le prix de cette même voiture sera de 7 000 euros, grâce au progrès technique, et je gagnerai 7 000 euros par mois, grâce à ma compétence grandissante. On dira que le prix relatif de la voiture est passé de 2 (= 10 000/5 000) à 1 (= 7 000/7 000), donc qu'il a diminué de moitié pour moi. Autrement dit, il me faudra travailler deux fois moins de temps pour me l'offrir.
On peut calculer des rapports inverses, en divisant ce que je gagne par la valeur moyenne des prix des produits que je consomme ; on obtiendra un autre prix relatif, appelé **salaire réel**, qui désigne ce que mon salaire me permet réellement d'acheter (tant de chaussures, de bijoux, de semaines de ski, etc.).

Les prix ne sont jamais tout à fait libres

Le prix d'une chose se détermine soit par le marché*, soit de façon politique. Le prix des skis est un prix de marché, il ne dépend que du désir des skieurs de s'en procurer et de l'habileté des fabricants à les fabriquer. Le prix des places à l'Opéra est un prix politique, il dépend un peu du désir des amateurs d'art lyrique et beaucoup de l'intérêt que le ministre de la Culture lui manifeste. Beaucoup de prix sont dans des situations intermédiaires, déterminés en partie par la confrontation des acheteurs et des vendeurs, et en partie par la volonté de l'État de favoriser ou non le produit correspondant. Nul produit ne peut s'abstraire absolument de l'État, ne serait-ce qu'en raison de la fiscalité* qui le concerne ; nul ne peut s'abstraire du marché car on ne pourrait pas obliger des spectateurs à assister à des représentations d'opéra, même gratuites, contre leur gré.
Chaque bien n'a pas nécessairement le même prix pour tous ses acheteurs : des compagnies de transport aérien peuvent ainsi proposer des « tarifs jeunes » sur des lignes régulières, et EDF pratique des prix plus bas pour les entreprises les plus consommatrices d'énergie électrique. Ces discriminations doivent être justifiées par des considérations particulières pour ne pas déroger aux lois qui régissent la libre concurrence*. F. E.

➔ *Concurrence, marché, pouvoir d'achat*

Production

Activité consistant à transformer des facteurs de production en de nouveaux produits.

On parle généralement de production quand des biens sont matériellement transformés pour en donner d'autres ; on produit ainsi une voiture avec de l'acier, des matières plastiques, des pneumatiques, du travail, des robots, etc.
Le terme de production peut cependant s'appliquer à des activités d'une autre nature, concernant le transport, les services ou la vente au détail : acheter une cagette d'huîtres à Cancale et la vendre à Clermont-Ferrand revient à produire un bien qu'on pourrait appeler la cagette-disponible-à-Clermont-Ferrand, à ne pas confondre avec cet autre bien qui est la cagette-de-Cancale. Recruter sept comédiens, acheter quelques accessoires et réserver une salle de théâtre à Levallois revient à produire un bien appelé « représentation théâtrale ».
Au sens strict comme au sens large, la production nécessite en général du temps, des quantités de travail de différentes qualifications, des matières premières et des équipements durables, que l'on peut appeler du capital. Le profit* est la différence entre la valeur de la production et les coûts correspondants. Il est donc d'autant plus grand que les procédés tech-

niques utilisés sont efficaces, que les facteurs utilisés sont bon marché et que le produit peut se vendre à haut prix. F. E.

➔ *Facteur, output*

Productivité (d'un facteur)

Rapport entre la production permise par l'utilisation d'un facteur (travail ou capital) et la quantité utilisée de ce facteur.

On définit généralement deux types de productivité : la productivité moyenne et la productivité marginale.

• La **productivité moyenne** mesure la production totale par unité de facteur utilisée : la productivité moyenne du travail est égale à 5 dans le secteur de l'automobile si 1 million d'ouvriers fabriquent 5 millions de voitures par an. Il s'agit là d'un indice grossier de la productivité globale, qui ne vaut que si les techniques de fabrication sont à peu près les mêmes partout.

• La **productivité marginale** est le surcroît de production provenant de l'utilisation d'une petite quantité supplémentaire de facteurs : par exemple, le nombre de kilogrammes de minerai extraits grâce à 1 heure de travail supplémentaire. F. E.

Productivité marginale (d'un facteur)

Accroissement de la production quand la quantité de l'un des facteurs augmente d'une unité.

Dans une entreprise automobile, quand la productivité marginale du travail vaut 2, cela signifie que 1 homme de plus permettrait de produire 2 voitures en plus par an, ce qui ne sera évidemment possible qu'en surveillant mieux certains robots, qu'en les envoyant plus rapidement au service de réparation en cas de panne, etc.

On admet en général que la productivité marginale d'un facteur diminue quand le niveau de production augmente. Embaucher un deuxième homme sera sans doute moins productif parce que les tâches les plus urgentes auront été affectées à l'homme précédemment embauché.

Quand une entreprise maximise son profit, on démontre qu'elle égalise la productivité marginale d'un facteur à son coût. Supposons dans l'exemple précédent qu'un salarié de plus coûte à l'entreprise 25 000 F par mois et que les deux voitures produites en plus lui rapportent 30 000 F. Il est clair qu'il conviendra alors d'embaucher. Le raisonnement ne peut pas se poursuivre indéfiniment en raison de la baisse de la productivité marginale ; celle-ci finira donc par compenser exactement les 25 000 F d'un salarié nouvellement embauché.

En France, l'écart entre la productivité du travail et son coût est le plus fort pour les salariés les moins qualifiés, ce qui expliquerait leur taux de chômage élevé. La solution (théorique) serait de diminuer le coût du travail correspondant, en diminuant soit les salaires, soit les charges sociales. F. E.

➔ *Facteur, production*

Produit

Voir **Output**

Produit financier

Voir **Placement**

Produits dérivés

Titres négociables qui représentent non un bien existant mais une déclinaison financière de ce bien. Par exemple, en prenant une option d'achat sur une action, on crée un produit dérivé (l'option) à partir d'un bien existant (l'action).*

Ces marchés « au second degré » ont été importés des États-Unis en Europe au début des années 1980. Il s'agit de conclure maintenant une transaction qui se réalisera (ou non) dans le futur, à trois mois, six

mois ou neuf mois, ce nouveau « papier » faisant à son tour l'objet d'échanges et de cotations. L'intérêt d'un tel mécanisme réside dans son effet de levier (en anglais *leverage*) : il permet, en investissant peu d'argent au départ (le prix de l'option ne représente qu'une fraction de celui de l'action), d'avoir des gains importants à l'arrivée. Mais il peut y avoir aussi des pertes. Certains de ces contrats peuvent donner lieu à un paiement immédiat ou à aucun paiement du tout.

Ces produits financiers nouveaux (futures, swaps*, options...) correspondent à un besoin réel des entreprises. Ils permettent de couvrir certains risques sur les changes ou les approvisionnements en matières premières.

Des instruments décriés

Le développement des marchés dérivés est sans commune mesure avec le développement des marchés « réels » qui cotent les actions et les obligations. Selon les statistiques de l'International Swaps and Derivatives Association (**ISDA**), le montant des contrats dérivés de gré à gré est passé de 4 449,4 milliards de dollars en 1991 à 28 733,4 milliards de dollars au premier semestre 1997. Dès le milieu des années 1990 ces instruments financiers ont été décriés en raison de leur caractère spéculatif et des accidents qu'ils ont provoqués, allant jusqu'à la faillite de banques comme la vénérable britannique Barings. En dépit de multiples études et recommandations, les institutions financières internationales et les banques centrales paraissent souvent impuissantes devant l'envolée d'un tel marché sur lequel elles n'ont aucune prise. Les défenseurs des produits dérivés soulignent que, s'il ne faut pas sous-estimer les conséquences de prises de position imprudentes sur les marchés, les opérations de crédit banales sont tout aussi dangereuses. D. G.

➔ *MATIF, MONEP, spéculation*

Profit

Revenu provenant de la propriété industrielle ou d'une activité commerciale ou financière.

Le profit d'une entreprise*, appelé bénéfice* dans le langage courant, correspond à la part des recettes qui lui reste après avoir effectué toutes les dépenses liées à la production (achats de matières premières, paiement des salaires et des cotisations sociales...), et après avoir versé des intérêts à ses prêteurs. Une partie de ce profit est ensuite prélevée par l'État au titre de l'impôt* sur les bénéfices.

Le profit net restant est lui-même en partie distribué aux propriétaires de l'entreprise (les actionnaires) sous forme de dividendes*, et en partie conservé pour accroître la capacité de production (autofinancement*).

Aujourd'hui, en France, le profit net des entreprises représente approximativement 15 % du produit intérieur brut, les salaires représentent 60 %, et les recettes fiscales de l'État, 25 %.

Les théories du profit

Le profit est envisagé différemment par les diverses théories économiques. Pour certains, il est une récompense normale du risque lié à toute avance ou immobilisation de capital* ; aussi, plus le risque est grand, plus le temps est long entre le moment où l'investissement* est effectué et celui où la mise de fonds est récupérée, plus le profit doit être élevé. Pour d'autres, le profit est un revenu éphémère, provenant d'un excès de la demande sur l'offre. Si la concurrence joue pleinement, le profit attire de nouveaux producteurs qui vont accroître l'offre ; cela tendra à faire baisser les prix jusqu'au niveau des coûts de production et éliminera le profit. Pour les marxistes, au contraire, le profit est nécessaire au bon fonctionnement du capitalisme puisqu'il constitue la finalité de tout investissement ; mais il provient de l'exploitation de la force de travail des prolétaires, qui créent une plus-value* se transformant en profit lors de la vente des marchandises.

L'existence d'un profit élevé ne conduit pas nécessairement à des créations d'emplois ou à des investissements importants, comme le montre le comportement des entreprises durant les années 1990. En effet, après la réduction des profits durant les années 1980 (en raison de coûts de production élevés et d'une conjoncture mondiale défavorable), leur rétablissement durant la décennie suivante s'est fait en grande partie grâce à la baisse du nombre des employés. Depuis, les grandes entreprises ont adopté une stratégie visant à poursuivre la compression de leurs effectifs et du coût salarial, considéré par les marchés financiers* comme une garantie de profits importants pour l'avenir.

Parallèlement, de nombreuses entreprises ont choisi de distribuer des dividendes importants à leurs actionnaires*, plutôt que de privilégier l'autofinancement* et l'accroissement de leur capacité de production : cela explique la hausse du cours des actions* mais aussi la stagnation des investissements* des entreprises industrielles (en France, en particulier durant les années 1990), qui peut menacer leur croissance à long terme. P. B.

➔ *Capitalisme, plus-value*

Progrès technique

Accroissement des connaissances appliquées aux conditions de production.

Le progrès technique est une des principales sources de la croissance*. Sans lui, celle-ci serait limitée car elle résulterait d'un simple accroissement quantitatif du travail et du capital*.

Depuis l'essor du capitalisme* industriel au milieu du XIXe siècle, le progrès technique a surtout pris la forme de machines qui se substituent aux tâches effectuées par les hommes (progrès technique dit ***labour-saving***) et accroissent la productivité* de la main-d'œuvre employée. À leur tour, les machines sont remplacées par d'autres plus performantes : le progrès technique est dit « incorporé » au capital. La fameuse « **loi de Moore** » (un des fondateurs d'Intel) en est une illustration spectaculaire : la puissance des microprocesseurs double en moyenne tous les 18 mois depuis leur apparition. Le progrès technique est aussi « incorporé » au travail car il suppose une élévation générale du niveau de l'instruction.

Le progrès technique n'est pas linéaire : à des phases d'innovations mineures succèdent des périodes de rupture technologique qui recomposent les bases techniques du système productif. Les gains de productivité issus des révolutions technologiques n'apparaissent pas immédiatement car ils impliquent des réorganisations profondes du système productif. Ce fut le cas hier de l'électricité, c'est aujourd'hui le cas de l'ordinateur.

Le progrès technique a des effets controversés sur la qualification des emplois. Certains soutiennent qu'il

Progrès technique

Enfants finlandais posant avec des téléphones portables Nokia. En matière de progrès technique, on assiste de plus en plus à la réalisation effective de la « loi de Moore » (un des fondateur d'Intel) : la puissance des microprocesseurs double en moyenne tous les 18 mois.

tend à déqualifier le travail en le polarisant entre une minorité de qualifiés et une majorité de non-qualifiés ; d'autres pensent qu'il substitue du travail qualifié au travail déqualifié et engendre ainsi l'exclusion des non-qualifiés du marché du travail. A. R.

➔ *Accumulation, automatisation, compétitivité, croissance endogène, innovation, qualification, recherche et développement, (J. A.) Schumpeter, technologie*

Propension à consommer

Intensité du désir de consommer des ménages, mesurée par le rapport entre la consommation et le revenu*.*

Ce concept a été introduit par Keynes* pour mesurer l'impact de l'augmentation du revenu sur la consommation globale, et l'effet de relance* de celle-ci sur l'activité et l'emploi*. Selon Keynes, la propension à consommer diminue quand le revenu augmente, car les besoins principaux peuvent être satisfaits avec une part plus faible du revenu. Pour relancer l'activité, il convient donc d'élever surtout les bas revenus, dont les détenteurs ont une propension à consommer plus forte. P. L.

➔ *Budget des ménages, épargnc, rcvcnu permanent*

Propriété (droits de)

Ensemble des règles juridiques spécifiant les relations entre les individus à propos de l'usage des biens.*

La théorie économique des droits de propriété, issue des travaux de **Ronald Coase**, montre que les décisions des agents* (achat de certains biens, techniques de production utilisées, etc.) dépendent du type de droits concédés aux individus. Ces droits déterminent en effet la répartition des coûts* et bénéfices* des actions possibles. Ainsi, selon qu'elle a ou non à supporter le coût de la pollution engendrée par ses procédés de production, une firme va faire des choix techniques différents ; selon que les voisins ont ou non le droit de passage sur un terrain, son propriétaire choisira ou non d'y construire sa résidence.
Pour cette approche libérale, la propriété privée est le régime juridique le plus incitatif (car chacun supporte tous les coûts de ses actions en même temps qu'il en perçoit tous les bénéfices), d'où la supériorité de ce régime sur la propriété collective.
L'État* doit donc favoriser la définition complète des droits de propriété, c'est-à-dire spécifier la répartition entre les individus des usages permis à chacun. P. L.

➔ *Bien collectif, (J.) Buchanan, Chicago, collectivisme, contrat, libéralisme économique, (G.) Tullock*

Protectionnisme

Politique commerciale, opposée au libre-échange, et qui vise à protéger les producteurs nationaux de la concurrence des productions étrangères.*

Le protectionnisme peut être tarifaire (droits de douane*) ou non tarifaire (contingents d'importation, tracasseries administratives, normes dissuasives, etc.).
Le protectionnisme avantage les producteurs nationaux et, le cas échéant, l'État, qui perçoit les droits de douane. Mais il désavantage les consommateurs, qui doivent payer leurs biens plus cher et donc, dans certains cas, y renoncer. De plus, la mise en œuvre de politiques protectionnistes par certains pays risque d'entraîner des représailles qui nuiraient à l'ensemble des pays.
Le protectionnisme a néanmoins été défendu pour favoriser le développement d'industries « dans l'enfance », incapables d'être immédiatement compétitives. Il peut également être utilisé par les grands pays (États-Unis, Union européenne) pour déprimer la demande mondiale, et donc le prix d'importation, ce qui améliore les termes de l'échange* du pays protecteur. Le protectionnisme peut aussi être défendu au nom de la souveraineté nationale : défense d'industries stratégiques, exception culturelle, etc. Enfin, un pays attaché à un système de change fixe*, comme l'Argentine en 1999, peut être conduit à mettre en œuvre des mesures protection-

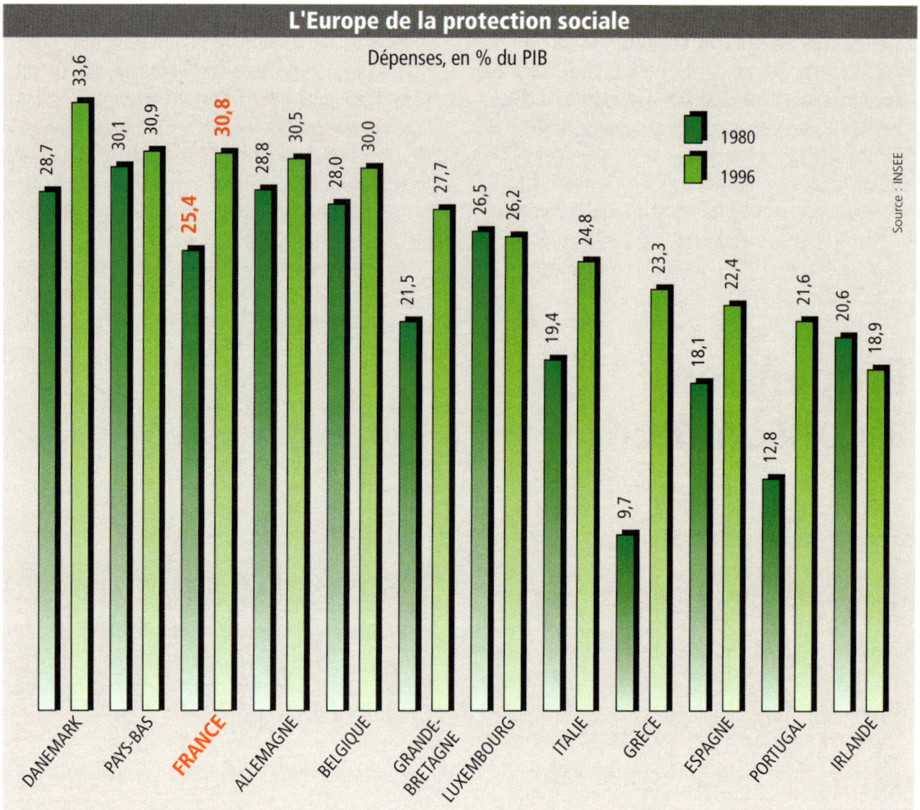

nistes pour favoriser l'ajustement de sa balance des paiements. J.-M. S.

➔ *Droits de douane*

Protection sociale

Ensemble des aides sociales (en nature ou en espèces), financées par des cotisations ou des impôts, qui sont destinées à protéger les individus contre certains risques majeurs de la vie (maladie, chômage) ou à leur fournir des revenus de remplacement (retraite) ou complémentaires (allocations familiales, allocations logement).

Le système français de protection sociale, qui englobe notamment la Sécurité sociale* proprement dite, est composé de plusieurs sous-systèmes. Le ministère de l'Emploi et de la Solidarité en distingue plusieurs :

- les **assurances sociales**, qui regroupent à la fois la Sécurité sociale de base (assurance-maladie, assurance-vieillesse, allocations familiales, accidents du travail), les régimes de retraite complémentaire obligatoires (ARRCO, AGIRC…) et l'assurance-chômage (ASSEDIC*) ;
- les **aides en faveur des personnes âgées dépendantes**, des handicapés, des victimes de guerre, des enfants en difficulté, des plus démunis et des mal-logés, financées par l'État, les départements et les communes ;
- les **régimes d'employeurs**, qui versent des aides facultatives pour abonder la retraite de leurs salariés, développer la prévoyance (invalidité, décès) ou améliorer leur couverture maladie ;
- les **mutuelles** et les assurances, qui assurent les remboursements complémentaires d'assurance-maladie de 85 % des Français.

La part des cotisations dans les ressources du système n'a cessé de diminuer : de 71,2 % en 1981, elle est tombée à 64,5 % en 1997. À l'inverse, impôts et taxes affectées sont passés de 2,1 % à 8,5 %, en raison de la réduction de la part des cotisations des employeurs et de la montée en puissance de la contribution sociale généralisée (CSG). En 1997 (derniers chiffres connus), le montant global des prestations versées par l'ensemble des régimes de protection sociale a atteint 2 426 milliards de francs, soit 29,8 % du produit intérieur brut (PIB). En 1999, les comptes de la protection sociale (régime général) affichaient, selon le gouvernement, un solde positif de 500 millions de francs.

Entre 1990 et 1997, les dépenses de protection sociale ont progressé de 4,5 % en moyenne par an (en francs courants), passant de 1 774 milliards de francs à 2 426 milliards de francs en 1997. À elles seules, les pensions de retraite représentent 37,1 % du total, suivies par les dépenses de santé (25,4 %), les prestations familiales (13,8 %), l'invalidité (6,1 %), la survie (6,3 %) et l'indemnisation du chômage (5,2 %). Le solde est constitué par les autres prestations sociales (accidents du travail, inadaptation professionnelle, maternité...).

L'influence allemande

La protection sociale a une histoire déjà ancienne. Cette notion prend corps au XIXe siècle, quand les solidarités des travailleurs commencent à s'organiser autour des caisses de secours mutuel. De leur côté, des patrons créent des caisses de retraite et de prévoyance ; on en compte environ deux cents (couvrant cent mille personnes) à la fin du XIXe siècle. Mais le jeu des forces sociales (patronat, syndicats, mutuelles) ne permet pas toujours de donner naissance à des garanties solides pour les travailleurs, et l'État va prendre l'initiative de bâtir pièce par pièce, avec les partenaires sociaux, l'édifice de la protection sociale. S'inspirant de l'Allemagne de **Bismarck**, la France commence, à la fin du XIXe siècle, à mettre en place une législation sociale, qui accompagne la montée du salariat.

La loi de 1898 sur les accidents du travail marque la véritable naissance de la protection sociale moderne dans la mesure où elle institue la notion de risque social et organise sa prise en charge automatique. Cette notion sera, par la suite, étendue à la maladie et à la retraite. Suivra la législation sur les retraites ouvrières et paysannes (1910), qui institue une assurance obligatoire en dessous d'un certain seuil de revenus. L'année 1930 voit la consécration de l'obligation d'assurance avec la création des assurances sociales (retraite, maladie, maternité, invalidité, décès...), complétées en 1932 par une loi sur les allocations familiales.

Cet ensemble de mesures a été renforcé par l'ordonnance du 4 octobre 1945 portant création de la Sécurité sociale. Les gouvernements successifs ne sont pas parvenus à unifier le système en faisant taire les revendications catégorielles : agriculteurs, travailleurs indépendants (commerçants, artisans, professions libérales), agents des entreprises publiques et cadres ont voulu des caisses de retraite et d'assurance-maladie distinctes de celles des salariés. Les difficultés actuelles du régime général proviennent largement de cet état de fait. J.-M. B.

➔ *CSG, santé, Sécurité sociale, transferts sociaux*

Proudhon (Pierre Joseph)

Socialiste anarchiste français (1809-1865), opposé au marxisme révolutionnaire.

Modeste typographe ayant fréquenté les milieux fouriéristes à Besançon, Proudhon vint suivre des études de droit à Paris. Il publia en 1840 un mémoire intitulé *Qu'est-ce que la propriété ?* où se trouve sa célèbre réponse : « La propriété, c'est le vol. » Proudhon voulait réformer la société en constituant des groupements volontaires de travailleurs, égaux et solidaires, aidés par une « banque d'échange » prêtant gratuitement aux associations ouvrières. Il souhaitait parallèlement un État fédérateur au pouvoir limité et s'opposa ainsi à l'idée marxiste d'un État autoritaire imposant la dictature du prolétariat. Cela suscita de vives polémiques entre lui et Marx.

Proudhon resta un théoricien isolé, mais il exerça une grande influence au sein de la Ire Internationale ouvrière et, après sa mort, sur le socialisme français antiétatiste (s'exprimant en particulier durant la Commune de Paris de 1871) et sur les syndicalistes de la Confédération générale du travail. P. B.

Provisions (en comptabilité)

Sommes inscrites dans un bilan pour tenir compte de manques à gagner ou de pertes éventuelles.*

Il existe en comptabilité* deux types de provisions :
• les provisions pour dépréciation* réduisant l'actif d'un bilan, qui sont des pertes de valeur potentielles (non définitives),
• les provisions pour charges et risques, inscrites au passif, qui sont des dettes potentielles (non définitives). J. R.

Publicité

Ensemble des moyens de communication (visuels ou audiovisuels) destinés à faire connaître un produit (bien ou service) aux consommateurs.

La publicité s'est installée au cœur de la vie quotidienne et ses slogans sont dans toutes les têtes : « Avec Carrefour, je positive » ou le « Just do it ! » de Nike. La publicité a pour objectif de convaincre les consommateurs de devenir utilisateurs du produit dont on vante l'image. L'information est toujours sélective, l'objectif essentiel étant de faire vendre. La publicité est une activité économique qui met en présence quatre catégories d'intervenants : les annonceurs (entreprises ou services publics), qui ont recours au message publicitaire pour faire connaître leurs produits ; les agences conseil en communication, qui créent les messages publicitaires pour le compte des annonceurs ; les médias, qui vont diffuser le message publicitaire auprès du public, comme la presse, les chaînes de télévision, les radios et désormais l'Internet* ; enfin, les consommateurs auxquels est destiné le produit publicitaire. Sur le marché publicitaire, les annonceurs achètent la communication d'entreprise réalisée par les agences. Les agences achètent des espaces dans les médias et les consommateurs sanctionnent par leurs achats, ou leur absence d'achat, les produits auxquels la publicité fait allusion.

Une fonction économique d'ajustement entre l'offre et la demande

La publicité, née au XIXe siècle, se développe surtout à la faveur de la société de production et de consommation de masse issue du modèle fordiste*. Elle constitue l'un des vecteurs de la régulation du système économique dans la mesure où elle contribue à la diffusion des produits. Elle établit un lien indispensable entre l'offre* des entreprises* et la demande* des consommateurs, par-

La pub sur le Web

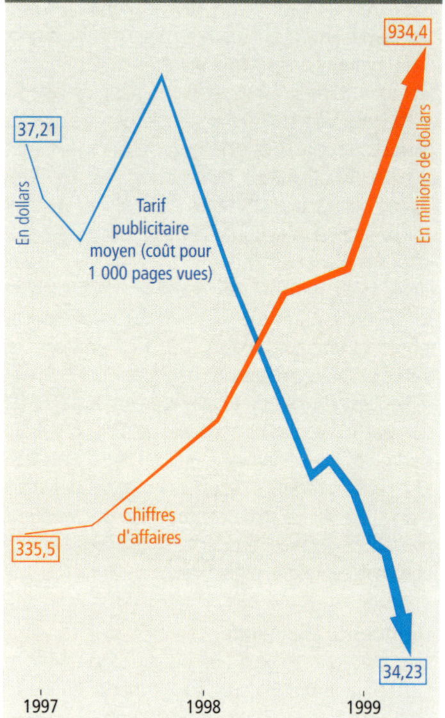

Sources : *le Monde*, Acknowledge eAnalytics et Internet Advertising Bureau

Pub : le journal avant la télé

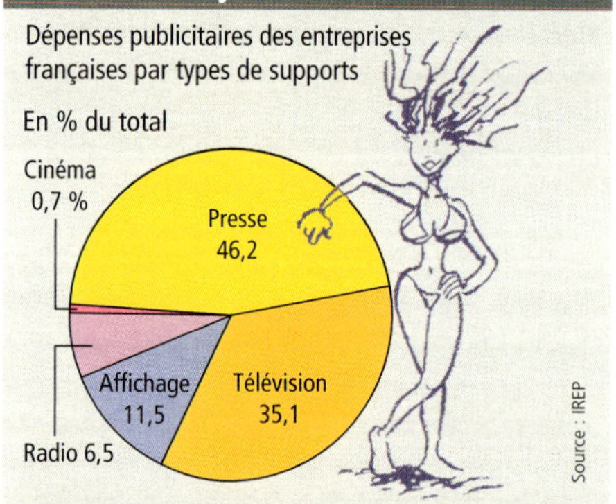

En millions de francs

Cinéma	369
Radio	3 566
Affichage	6 340
Télévision	19 384
Presse	25 439
Total	55 098

Publicité
Publicité pour la publicité. Du point de vue de la théorie économique, la « pub » constitue le moyen d'adapter l'offre à la demande et d'améliorer l'information des consommateurs... quand elle ne travestit pas trop la réalité.

ticipe à la concurrence* entre les firmes et concourt ainsi au développement de l'innovation*. La publicité est aussi une activité économique à part entière, dont l'existence apparaît indispensable, notamment pour permettre le financement des médias (presse et télévision).
En revanche, on peut considérer que la publicité est un instrument de manipulation des consommateurs. Comme le souligne l'économiste américain John Kenneth Galbraith* dans *le Nouvel État industriel,* en 1967, la grande entreprise moderne cherche à manipuler la demande des consommateurs par le recours au message publicitaire. Il évoque alors l'idée d'une filière inversée : les consommateurs ne sont plus souverains sur le marché. Ils sont les victimes aveugles des stratégies publicitaires déployées par les grandes firmes à la recherche du plus grand profit possible. J.-C. D.

➔ *Consommation, (J. K.) Galbraith*

Les 10 premiers annonceurs en France, en millions de francs, 1998

1	Renault	1 303
2	Nestlé	1 240
3	Peugeot	959
4	France Télécom	950
5	PolyGram	929
6	Carrefour	895
7	Procter & Gamble	858
8	Citroën	823
9	Ford	733
10	Henkel	659

Qualification

Ensemble de capacités professionnelles qui sont nécessaires soit pour exercer un métier, soit pour occuper un poste donné.

Au lendemain de la Libération, les grilles Parodi – du nom de leur concepteur, Alexandre Parodi – ont permis d'organiser les classifications entre les différentes catégories de salariés, au sein des conventions collectives. Elles ont beaucoup vieilli depuis et peinent à suivre l'évolution des métiers. À l'intérieur de chaque groupe sont également déterminées les différentes qualifications propres à chaque profession, mais le plus souvent sous l'angle des salaires ou d'un coefficient.

Les conventions collectives peuvent établir un rapport entre un niveau de qualification et un diplôme professionnel. Mais la qualification effective, définie à l'embauche en rapport direct avec le poste auquel le salarié est affecté, est essentiellement contractuelle. Si l'employeur ne peut sous-classer le salarié pour un poste précis, il peut toujours le surclasser, même sans diplôme. Dans l'économie moderne, la demande de travail qualifié ne fait que croître, tandis que les travailleurs faiblement qualifiés sont les premières victimes du chômage. A. Le.

➔ *Chômage, inégalités, SMIC*

Quesnay (François)

Médecin et économiste français (1694-1774), fondateur et théoricien de la physiocratie.*

Chirurgien, puis médecin, Quesnay entre à l'Académie des sciences et devient, à la Cour, le médecin personnel de Mme de Pompadour, favorite de Louis XV. Passé cinquante ans, il s'intéresse exclusivement aux questions économiques pour proposer une théorie très hardie selon laquelle l'origine du surplus économique vient du seul secteur agricole. Il élabore une représentation très brillante de l'économie d'Ancien Régime dans un *Tableau économique* (1759-1760) où il décrit l'entrelacement des dépenses monétaires existant entre les trois classes sociales qui composaient la société française d'alors. Bien introduit auprès du contrôleur général des Finances (Bertin), il plaide pour une politique de liberté des échanges intérieurs et

extérieurs. Entre 1760 et 1770, entouré de quelques jeunes disciples (Le Mercier de la Rivière, Dupont de Nemours), il écrit ou fait rédiger de nombreuses publications destinées à promouvoir les théories et les réformes conformes à son approche économique et politique de la société. P. S.

➔ *Physiocratie*

Les métiers qui gagnent

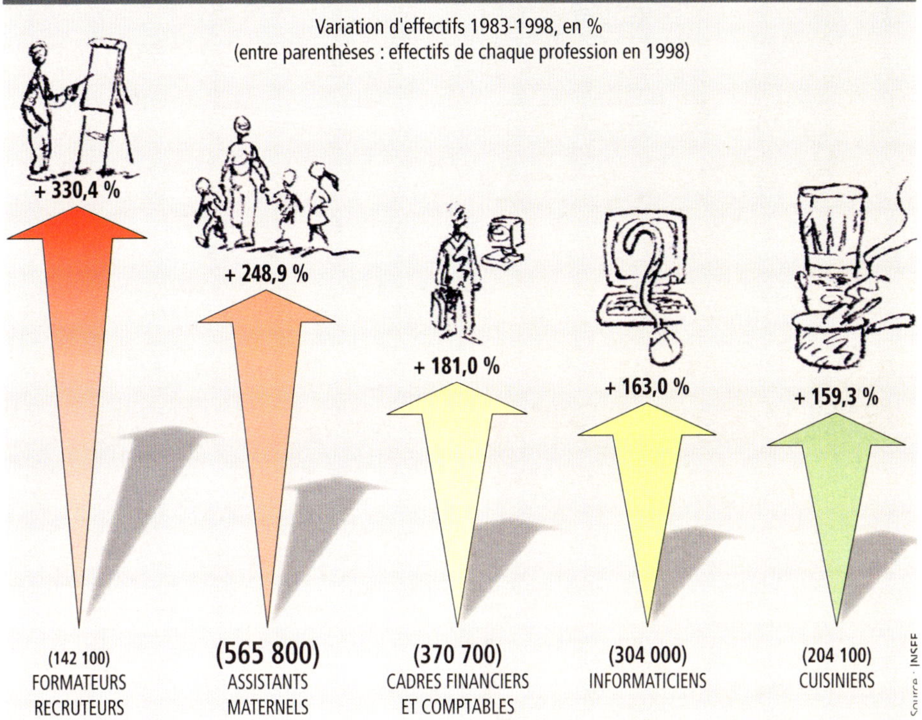

r

DOSSIERS

Raider

Mot anglais signifiant « prédateur » et désignant un investisseur qui cherche à prendre le contrôle d'une entreprise.

En termes boursiers, un raider est un investisseur financier qui se lance à l'assaut d'une entreprise pour généralement la revendre ensuite, entièrement ou par morceaux afin de dégager un maximum de profits. Ces spécialistes de coups boursiers sont en permanence à l'affût des sociétés « sous-cotées », qu'ils espèrent acheter à bas prix pour les céder à un coût plus élevé.

Les années 1990 ont été marquées par des figures mythiques comme **Kirk Kerkorian**. En 1995, à 77 ans, ce milliardaire californien partait à l'assaut du constructeur automobile Chrysler. Celui que les journaux américains surnomment « Capi-taine Kirk » est l'archétype du capitaliste-aventurier, du raider dans la grande tradition, du joueur de poker avec des mises de centaines de millions de dollars. Et il gagne ! Il a réussi le tour de force de vendre deux fois sa compagnie aérienne (Trans International Airlines) et trois fois le célèbre studio hollywoodien Metro Goldwyn Mayer (MGM). D. G.

➔ *Bourse, chevalier blanc, fusion, OPA*

Rareté

Degré de disponibilité d'un bien par rapport aux besoins qu'on en a.

Les œuvres de Picasso sont rares par rapport à ceux qui aimeraient en posséder, et l'uranium est rare par rapport aux besoins des centrales électronucléaires.

Le bon sens prétend que « ce qui est rare est cher ». Ce qui expliquerait qu'un diamant soit plus cher que l'eau alors que celle-ci est plus nécessaire à la vie que celui-là. Mais comment définir rigoureusement ce qui est cher et ce qui ne l'est pas ? Il vaut mieux se contenter de l'affirmation suivante : « Plus c'est rare et plus c'est cher. » En effet, « plus c'est rare » signifie que l'offre* est plus faible et on sait alors, si la demande* est inchangée, que le prix va augmenter.

Mais si la demande changeait, par exemple à la suite d'un discrédit concernant les œuvres de Picasso ou d'une montée de l'angoisse envers l'électricité nucléaire, il faudrait s'attendre à une baisse du prix du bien rare concerné. F. E.

➔ *Prix*

Ratio

Rapport, exprimé en pourcentage, entre deux grandeurs économiques ou financières.

Ce terme est surtout utilisé en analyse financière. Le ratio le plus significatif de l'activité d'une entreprise est celui de rentabilité* financière, qui est égal au rapport entre le résultat net d'une entreprise (revenant aux actionnaires) et les capitaux propres* de l'entreprise. P. B.

➔ *Comptabilité, rentabilité*

Ratio Cooke

Norme de prudence que toutes les banques doivent respecter, et qui doit son nom à son inventeur, un ancien banquier central britannique. Aussi appelé ratio de solvabilité, le ratio Cooke oblige les établissements de crédit à adapter en permanence leur prise de risques au montant de leurs fonds propres.

Ce ratio se définit comme le rapport entre le montant des fonds propres de la banque et celui des engagements figurant à son bilan (les crédits ou participations) ou pris hors bilan (les cautions données ou les risques de marché), pondérés en fonction de leur degré de risque. Il doit être au minimum de 4 % ou 8 % selon la définition des fonds propres retenue. Élaboré sous l'égide de la Banque des règlements internationaux (BRI*), qui organise la coordination internationale en matière de réglementation financière et bancaire, ce ratio est entré en vigueur à la fin de 1992. Plus le ratio Cooke d'un établissement de crédit est élevé, plus cet établissement est réputé solvable et solide. S. F.

➔ *Banque, BRI, ratio*

Rationalité

Comportement tendant à l'obtention du bien-être maximal au moindre coût.

Cette hypothèse est généralement évoquée dans les modèles mathématiques qui représentent les comportements des individus. On peut formuler deux objections :
- d'une part, certains n'achètent pas ce qui leur conviendrait le mieux et ils le regrettent d'emblée ;
- d'autre part, certains ne comprennent pas qu'ils ne peuvent pas dépenser plus qu'ils ne possèdent, ce qui implique des chèques sans provision, des procès, des saisies par des huissiers, etc.

Plus compliquée est la prise en compte du temps dans le choix de la meilleure décision. S'il me faut trente heures de lecture de catalogues pour choisir mon téléviseur, mieux vaut demander conseil à mon frère, connaisseur en la matière, et acheter, dans le pire des cas, un poste qui ne serait pas tout à fait celui qui me conviendrait le mieux.
Encore plus compliquée est la prise en compte de l'incertitude dans la définition de la rationalité. Mon compte en banque est vide, mais j'ai en poche un ticket de Loto dont je crois qu'il va me rapporter 100 000 F demain. J'emprunte donc 100 000 F à ma banque et j'achète une auto. Par chance, mon numéro de Loto était gagnant, je peux rembourser ma dette et conduire heureux. Me suis-je pour autant comporté de façon rationnelle ? Sans doute pas, car la probabilité d'une telle issue heureuse était extrêmement faible. F. E.

➔ *Comportement, contrainte budgétaire, microéconomie*

Réaliser

Transformer en monnaie une créance, une marchandise, un droit, etc.*

Réaliser un titre*, c'est le vendre et percevoir son équivalent monétaire. J. R.

Récession

Phase de contraction de l'activité économique.

La récession constitue la phase de recul de l'activité lors d'un cycle économique, succédant à la phase d'expansion*. Elle se mesure par la diminution du produit intérieur brut*, d'une ampleur cependant limitée (un ou deux points du PIB). Si la récession est plus sévère et si elle se prolonge, on parlera de dépression* ; si elle s'accompagne d'un blocage plus profond des mécanismes de la croissance*, on parlera de crise*. P. B.

Recette marginale

Supplément de recette qui résulte, pour une entreprise, de l'accroissement d'une unité de sa production.

Selon la théorie microéconomique, une entreprise détermine son niveau de production en fonction du profit maximal qu'elle peut en tirer. Pour cela, elle compare sa recette marginale à son coût marginal (coût de la dernière unité produite). Si la recette marginale prévue est supérieure au coût marginal, il s'avère profitable d'augmenter la production et de répéter l'opération tant que la recette marginale excède le coût marginal. F. E.

Recherche et développement

Secteur de l'activité économique (ou département de l'entreprise) qui regroupe les personnes et les équipements en charge de l'élaboration de nouveaux produits et services.

Dans une firme automobile, l'équipe de « R et D » est celle qui va mettre au point un nouveau moteur moins polluant, par exemple. Dans un laboratoire pharmaceutique, elle va développer de nouvelles molécules permettant de mettre sur le marché de nouveaux médicaments.

Classiquement, les équipes de R et D travaillaient de façon relativement isolée par rapport au reste de l'entreprise. Elles mettaient au point un nouveau produit, dont elles passaient ensuite le dossier aux équipes de développement chargées de réaliser des prototypes, puis au bureau d'études qui en étudiait la faisabilité industrielle et en évaluait le prix, avant de transmettre lui-même ses résultats aux équipes de marketing ; celles-ci regardaient alors s'il existait ou non un marché et une demande pour ce produit à un prix rentable pour l'entreprise. Il y avait évidemment beaucoup de déperdition dans ce processus.

L'impératif de la rentabilité

Les crises économiques consécutives et l'intensification de la concurrence ont contraint les services de R et D (à l'instar de l'entreprise en général) à améliorer leur productivité. Les frontières entre équipes de R et D et les autres services se sont estompées. Des « équipes projet » ont été constituées, regroupant chercheurs, spécialistes de marketing, ingénieurs, commerciaux. Il devient de plus en plus fréquent que

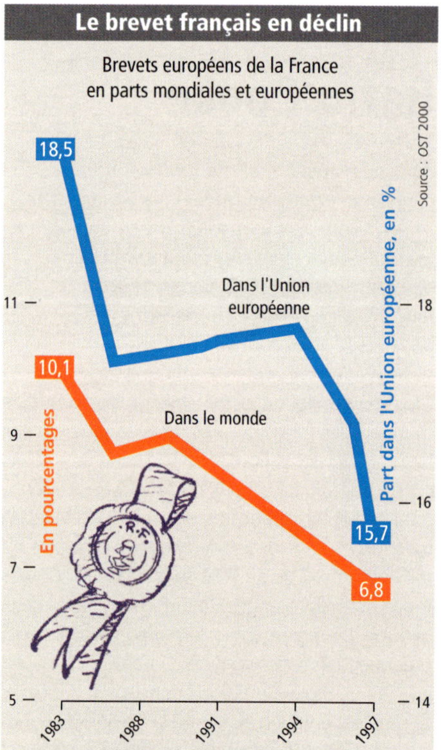

La recherche : la France en bonne position

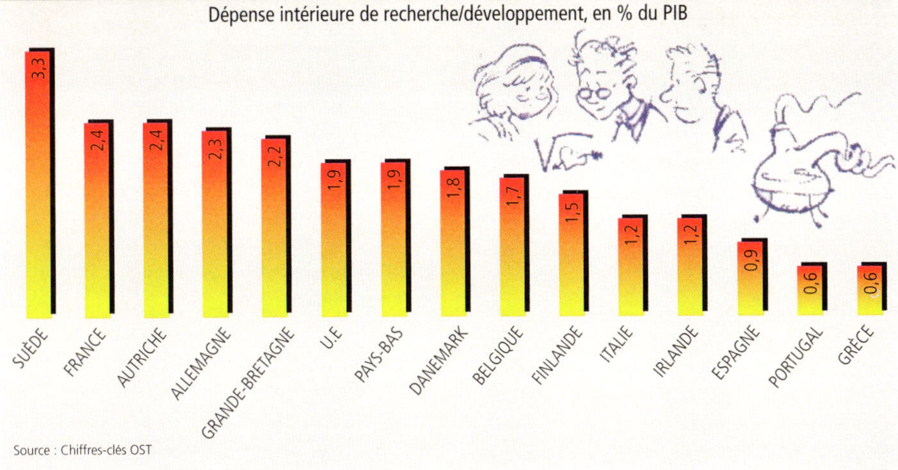

Source : Chiffres-clés OST

des chercheurs poursuivent leur carrière avec celle des produits incorporant leur recherche, pour mieux transmettre leur savoir-faire.

En outre, les services de R et D se doivent aussi de coopérer au maximum avec leurs homologues d'autres entreprises sur une base internationale, pour être sûrs de ne pas perdre de l'énergie à réinventer ce qui l'a déjà été ailleurs. Le label *not invented here* n'est plus une marque d'infamie. Les laboratoires publics et privés tentent de collaborer davantage.

Au plan national, la **DIRD** (dépense intérieure de recherche et développement) est un indicateur couramment utilisé pour évaluer l'effort de recherche global d'un pays. Elle mesure la dépense affectée à l'ensemble des travaux de recherche exécutés dans un pays, qu'ils soient financés par des institutions de ce pays ou par des institutions étrangères. A. K.

➔ *Compétitivité, industrie*

Redistribution

Politique économique de l'État consistant à transférer des revenus entre agents ou catégories sociales.*

Le principal moyen dont dispose l'État pour redistribuer les revenus est celui des finances publiques. La partie du revenu des contribuables que l'État prélève sous forme d'impôt est en effet utilisée d'une façon différente de ce qu'elle serait si l'État s'abstenait d'effectuer cette ponction : il y a donc redistribution de fait quand, par exemple, l'État rétribue des enseignants ou investit dans l'infrastructure routière (alors que certains contribuables n'ont pas d'enfant ou pas de voiture).

La redistribution des revenus peut avoir des objectifs plus précis.

• Aider des catégories sociales en difficulté, ayant un revenu trop faible pour vivre décemment (personnes

Le rôle croissant de la redistribution

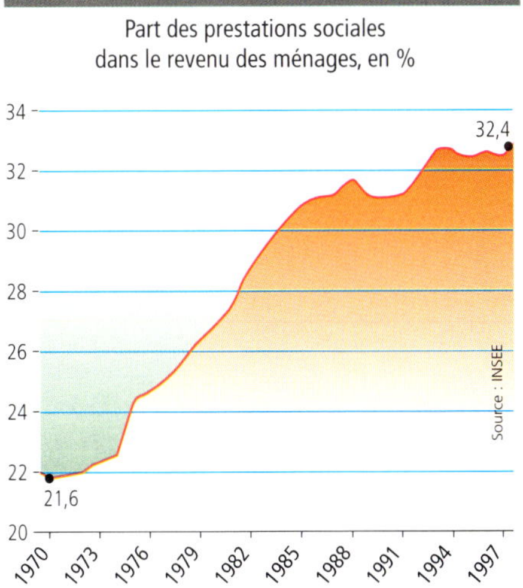

handicapées, personnes âgées, chômeurs...), ou imposer une couverture collective du risque maladie par des cotisations obligatoires. Il s'agit donc dans ce cas d'œuvrer pour une solidarité collective qui n'est pas spontanée.

• Chercher plus de « justice sociale » en ponctionnant fortement les catégories sociales à haut revenu et en exemptant d'impôt les détenteurs de faibles revenus. Cela permet à ces derniers de bénéficier gratuitement de certains services assurés par l'État (maintien de l'ordre, défense nationale, enseignement.).

• Modifier le partage entre l'épargne* et la consommation* des agents, puisque les prélèvements obligatoires (impôts et cotisations sociales) constituent une « épargne forcée » : l'État peut augmenter le taux d'imposition pour réduire la consommation des agents dans un contexte d'inflation*, ou au contraire le réduire (en baissant par exemple certains taux de TVA) pour relancer la consommation quand la demande est trop faible. Dans ce cas, il y a redistribution au profit des secteurs produisant les biens de consommation dont le taux de TVA* baisse le plus.

On peut considérer que la redistribution est d'autant plus importante que le pourcentage de prélèvements obligatoires par rapport au produit intérieur brut est élevé : c'est ainsi que la redistribution est plus forte en Suède (qui a un taux de prélèvement de 50 %) et en France (45 %) qu'au Japon (27 %) et aux États-Unis (26 %). P. B.

Réduction du temps de travail

Politique volontariste du gouvernement français depuis 1997 tendant à faire passer la durée moyenne du travail de 39 heures à 35 heures hebdomadaires.

Le temps de travail hebdomadaire légal est passé de 39 heures à 35 heures le 1er février 2000 dans les entreprises de plus de vingt salariés. Après les « 40 heures » en 1936 et les « 39 heures » en 1982, la gauche a instauré les 35 heures pour les 14 millions de salariés du privé. Elle est beaucoup plus réticente pour étendre cette réforme aux 5,4 millions de fonctionnaires de l'État, des collectivités locales et des hôpitaux. J.-M. B.

➔ *Productivité, temps de travail*

Réescompte

Opération financière par laquelle une banque centrale prête des liquidités à une banque commerciale, contre la remise d'effets de commerce escomptés au préalable par la banque commerciale.

Une banque commerciale a escompté des effets de commerce provenant d'un ou de plusieurs commerçants. En présentant ces effets au réescompte auprès de la banque centrale, la banque commerciale obtient des liquidités moyennant le paiement d'un taux de réescompte.

Reposant sur une procédure rigide et administrée, le réescompte a cessé d'être un instrument prioritaire de la politique monétaire française en 1971. A. L.

➔ *Escompte, refinancement*

Réévaluation

Voir **Dévaluation**

Refinancement

Ensemble des techniques financières qui permettent à un emprunteur d'obtenir le remplacement d'un de ses engagements financiers par une autre dette présentant des caractéristiques différentes, notamment une échéance différente.

Les banques utilisent ces techniques (notamment l'escompte* ou la pension d'actifs) pour combler chaque jour le décalage entre leurs ressources (leurs fonds propres, les dépôts de leurs clients, les emprunts) et les crédits qu'elles consentent. La banque centrale* a alors un rôle majeur, car elle répond aux besoins des banques en réescomptant leurs titres et en fournissant ou en retirant des liquidités sur

le marché monétaire. Le refinancement peut aboutir à la création de monnaie. S. F.

➔ *Banque centrale*

Régionalisation

Réforme transférant des pouvoirs de l'État central aux régions dans le but d'améliorer l'efficacité de l'action publique.

La France, pays traditionnellement jacobin et centralisé, à la différence par exemple de l'Allemagne, de la Suisse ou des États-Unis, s'est lancée en 1982 dans la voie, pour elle quasi révolutionnaire, de la décentralisation. Plusieurs dizaines de lois et de décrets depuis quinze ans ont contribué à édifier un édifice juridique nouveau, qui se traduit par un allégement des contrôles de l'État sur l'action des collectivités locales et par un élargissement considérable du champ des compétences, notamment économiques, de ces dernières. En même temps, un effort a été fait pour que les pouvoirs gouvernementaux et administratifs concentrés à Paris soient « déconcentrés » au niveau des préfets, en particulier des préfets de région, pour les grandes opérations d'équipement.
Ce sont surtout les régions – collectivités beaucoup plus récentes que les communes ou les départements – qui auront bénéficié de cette nouvelle orientation, et cela essentiellement depuis 1986, date des premières élections des conseils régionaux au suffrage universel. Leurs budgets ont beaucoup grossi depuis cette date, atteignant près de 70 milliards de francs en 1997, contre 12 en 1983. Ceux des communes restent beaucoup plus importants (428 milliards et 209 milliards), mais la montée en puissance des régions a été beaucoup plus remarquable d'autant plus que leurs dépenses sont essentiellement des investissements.

Le clivage est-ouest

On voit se constituer des ensembles suprarégionaux comme l'arc atlantique (de Porto à l'Écosse en passant par Bordeaux et Nantes), l'euro-région Lille-Bruxelles-Londres grâce au tunnel sous la Manche, ou – autre ensemble à une plus petite échelle – la communauté de travail du Jura entre la Franche-Comté et le canton suisse voisin. L'objectif de ces regroupements au-delà des frontières est à la fois de cimenter des solidarités géographiques, historiques, voire ethniques, et de faire pression sur les autorités de Bruxelles, qui, à travers les fonds structurels dotés de moyens financiers importants, peuvent orienter les politiques d'équipement, de grands travaux transfrontaliers et de création d'emplois.
La « grande peur » des régions françaises situées à l'ouest d'une ligne Lille-Toulouse reste cependant de se retrouver « marginalisées » à cause de leur situation périphérique, qui ne ferait que s'accentuer avec l'entrée dans l'Union européenne des pays d'Europe centrale et des rives de la Baltique. F. G.

➔ *Régions*

Régions

Voir dossier p. 478

Règlement mensuel

Compartiment de la cote officielle où sont négociées les valeurs les plus actives de la Bourse. Son nom vient du fait que le règlement et la livraison des titres n'interviennent pas au moment de la négociation, mais à la fin de chaque mois boursier.*

Ce marché draine les plus grandes valeurs de la Bourse, dont celles du CAC 40*. L'autre compartiment de la cote officielle de Paris est le comptant. À coté il existe, pour les PME, le second marché créé en 1983 et, pour les jeunes entreprises innovantes, le nouveau marché lancé en 1996. Le « RM », particularité de la Bourse de Paris, va cependant être remis en cause par le projet de Bourse européenne, qui devrait voir huit Bourses européennes, dont Paris, interconnecter leurs réseaux informatiques à l'horizon de novembre 2000. D. G.

➔ *Bourse, CAC 40*

Dossier

Les Régions ont un poids démographique, une taille, un budget, une équipe de fonctionnaires et d'experts différents. L'Île-de-France, avec ses 10 millions d'habitants, n'est guère comparable au Limousin ou à la Corse (qui bénéficie depuis 1992 d'un statut particulier).

Régions

Les Régions françaises – 22 en métropole et 4 outre-mer – ont une existence administrative depuis le début des années 1950 mais elles n'ont acquis leur reconnaissance juridique entière en tant que collectivités territoriales (au même titre que les communes ou les départements) qu'en 1982-1983. C'est à ce moment en effet que, sous l'impulsion de Gaston Defferre, alors ministre de l'Intérieur, et de la décentralisation, furent votées des lois qui leur permettent d'organiser leurs services à leur guise ou de fixer leurs ressources fiscales en quasi-liberté.

En Europe, selon qu'elles sont situées à la périphérie (Poitou-Charentes, Bretagne) ou au cœur d'un espace dynamique, ou encore proches de ce que les géographes appellent la « banane bleue » – ce croissant allant de Londres à Milan en passant par

De l'Île-de-France au Languedoc-Roussillon, un rapport de 1 à 2

Le PIB par habitant dans les régions

En milliers de francs		Rang français
198,8	ÎLE-DE-FRANCE	1
130,9	ALSACE	2
130,4	HAUTE-NORMANDIE	3
122,8	RHÔNE-ALPES	4
113,3	CHAMPAGNE-ARDENNES	5
112,5	PROV.-ALPES-CÔTE D'AZUR	6
112,4	CENTRE	7
112,2	FRANCHE-COMTÉ	8
111,7	PAYS DE LA LOIRE	9
110,9	AQUITAINE	10
109,8	BASSE-NORMANDIE	11
109,5	BOURGOGNE	12
107,8	LORRAINE	13
105,1	MIDI-PYRÉNÉES	14
104,4	NORD-PAS-DE-CALAIS	15
103,9	BRETAGNE	16
103,5	PICARDIE	17
102,0	AUVERGNE	18
101,7	POITOU-CHARENTES	19
99,3	LIMOUSIN	20
98,5	CORSE	21
97,2	LANGUEDOC-ROUSSILLON	22

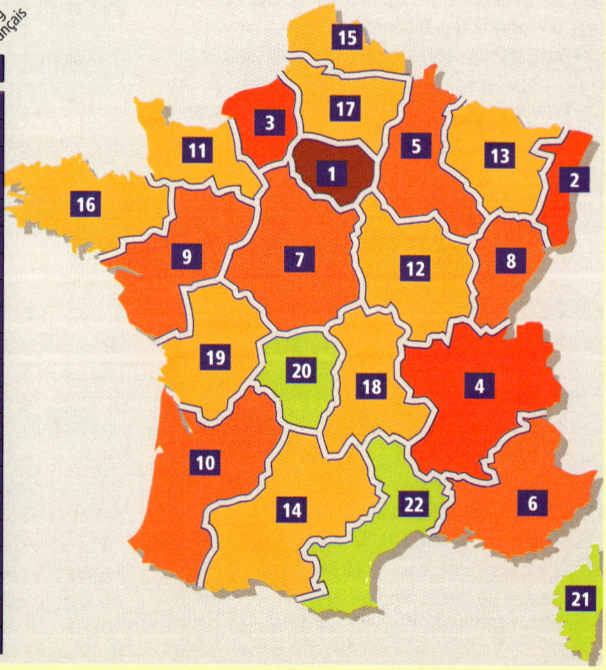

Aménagement du territoire : horizons 2020

La France **centralisée,** hiérarchie spatiale monocentrée

L'héritage avec lequel on veut rompre :
une France en étoile où tout converge vers Paris

La France **éclatée :**
Les métropoles concentrent toutes les activités

Le scénario de grandes villes concentrant l'ensemble des activités est peu à peu délaissé

La France **intégrée à l'Europe**
dans ses diverses dimensions

L'avenir : l'intégration à l'Europe passe par la notion de réseaux de villes capables d'atteindre conjointement des niveaux de compétence plus efficients.

La France **maillée**
par l'organisation des systèmes urbains

Le credo de la Datar :
une France équilibrée autour des grandes aires urbaines polycentriques qui contribuent le plus à la croissance démographique peut se constituer en vingt ans.

Source : *le Monde*

Bruxelles, Francfort et se prolongeant vers Barcelone –, les régions auront plus ou moins de chance d'attirer des activités, des centres de recherche d'entreprises multinationales, des grands congrès internationaux. Par exemple, si Disneyland s'est installé à l'est de Paris, dans le périmètre de la ville nouvelle de Marne-la-Vallée, c'est non seulement parce que les gouvernements ont facilité – financièrement et administrativement – l'arrivée de la firme multinationale mais aussi à cause de la situation géographique elle-même : proximité de l'aéroport de Roissy, gare d'interconnexion TGV, bonne desserte en autoroutes, vivier démographique (donc de visiteurs) important.

La dimension européenne des Régions

Quand on établit un classement européen des 196 entités régionales, on note que l'Île-de-France est, en termes de richesse produite, au premier rang européen devant la Lombardie (capitale Milan) et le Grand Londres. Le PIB* (produit intérieur brut) de la région parisienne est deux fois celui de l'Autriche. C'est l'Épire, en Grèce, qui est en queue de peloton. Mais, en France, pour une moyenne européenne de 100, le Languedoc-Roussillon est à 81 (ce qui est 2,4 fois moins que l'État de Hambourg), et la Corse ou le Limousin ne sont pas beaucoup mieux lotis dans ce classement comparatif.

La vie économique du continent européen se concentre sur une zone comprise dans un cercle de 500 km autour de Bruxelles. Cette zone, qui couvre seulement 8 ou 9 % du territoire européen, compte 65 millions d'habitants mais détient plus de la moitié de son potentiel industriel. Surtout – et même si les statistiques ne sont pas à prendre au pied de la lettre pour exprimer le progrès et le bien-être –, le PIB par habitant y est supérieur de 21 % à la moyenne communautaire. Au vu des premiers résultats du recensement de la population, diffusés en juillet 1999, il apparaît que les régions qui se placent en tête dans la course sont celles où des métropoles solides structurent l'espace : des villes comme Toulouse, Lyon, Montpellier, Nantes, Lyon, Rennes ou Strasbourg se développent souvent en « aspirant » la population rurale environnante et celle des petites villes proches. En revanche, l'Île-de-France et Paris connaissent un déclin relatif, dû aux départs de plus en plus nombreux de Franciliens vers la province.

Une bonne partie de l'avenir des régions dépend, bien sûr, de leur propre potentiel, de la stratégie des entreprises qui y ont fait souche, des initiatives plus ou moins dynamiques des forces économiques, sociales, culturelles, techniques qui s'y expriment, mais aussi de décisions des pouvoirs publics : par cette expression « pouvoirs publics », il faut entendre l'État, mais aussi les collectivités locales, notamment les conseils régionaux et les grandes villes, ainsi que les autorités européennes, qui, à travers les fonds structurels, peuvent injecter beaucoup de crédits dans l'économie régionale.

Le poids de l'État et des collectivités locales

Par sa politique de localisation universitaire, de définition des priorités dans le tracé des autoroutes ou les investissements portuaires, l'État influe directement sur l'avenir des régions. Par exemple, en décidant de donner son feu vert au projet « Port 2000 », qui consiste à rendre Le Havre accessible aux très grands navires transocéaniques en 2004, l'État rend un fier service à la Haute-Normandie et aux zones périphériques (Honfleur, basse Seine). Il prend parfois en main, de manière directe, de grandes opérations interrégionales ou d'intérêt national comme le plan Loire (2000-2006) ou le rétablissement du caractère maritime du Mont-Saint-Michel, menacé par l'envasement. En revanche, en décidant de construire le futur Synchrotron, appelé aussi « projet Soleil », en commun avec les Britanniques et non en Île-de-France ou dans le Nord-Pas-de-Calais comme l'avaient demandé ces Régions, le ministre français de la Recherche contrarie d'une certaine manière la politique de ces dernières.

L'État est aussi, par sa politique militaire, directement au cœur de l'aménagement du territoire. Quand il décide de réorienter sa stratégie navale par exemple, il plonge dans l'inquiétude des grands ports comme Brest, Cherbourg ou Lorient, mais il met en place une politique soutenue d'aides aux reconversions. Quand le plan de charge des manufactures d'armes ou de chars s'étiole, c'est Tarbes, Tulle, Bourges ou Roanne qui sont touchées, ainsi que les localités environnantes qui vivaient de la sous-traitance. La problématique et l'impact sont les mêmes à propos de l'arrêt des essais nucléaires en Polynésie.

Le rôle des collectivités locales est lui aussi majeur. Ici elles donneront un coup de pouce déterminant à un essor : ainsi, la Région Champagne-Ardenne et le conseil général de la Marne ont mis beaucoup d'énergie et de crédits dans le projet du pôle logistique de Vatry, sur un ancien aérodrome. Strasbourg et l'Alsace ont dépensé des centaines de millions pour faire de la préfecture du Bas-Rhin une ville européenne de plein droit. En 1998, l'installation de Toyota près de Valenciennes, avec l'aide de crédits de l'Europe, de l'État et des collectivités, en bordure de l'autoroute Paris-Bruxelles est une carte maîtresse de la politique de reconversion industrielle du Nord-Pas-de-

L'Aménagement du territoire

La notion d'aménagement du territoire a été inventée au début des années 1950, dans le cadre de la reconstruction de la France après la Seconde Guerre mondiale et de la mise en place de la planification. Mais elle n'a pris un sens officiel qu'en février 1963 avec la création de la **DATAR** (Délégation à l'aménagement du territoire et à l'action régionale), qui était à l'époque – et qui est encore aujourd'hui – un service du Premier ministre.

L'aménagement du territoire consiste, pour l'État, à concevoir et à appliquer des politiques de correction des déséquilibres géographiques, y compris par des moyens réglementaires ou législatifs, tantôt contraignants, tantôt incitatifs par des primes ou des allégements fiscaux. Il s'agit d'essayer de mieux répartir les activités économiques, les centres de recherche, les grands équipements structurants, et de définir sur des cartes – en accord avec les autorités communautaires de Bruxelles – des zones prioritaires pour les créations d'emplois nouveaux. Depuis 1997, l'aménagement du territoire est « couplé » avec l'environnement sous la houlette du même ministère.

Calais, jadis charbonnier, sidérurgique, mécanique ou textile.

Les **contrats de plan** (une procédure initiée en 1983), qui couvrent une période de cinq à sept ans, sont la pierre de touche de l'action commune entre l'État et les collectivités, essentiellement les Régions.

Chaque partenaire fixe les grandes priorités dans une Région donnée et les moyens à dégager pour les atteindre. Ces contrats portent sur des sommes importantes. Pour la période 2000-2006, l'État prévoit de consacrer quelque 120 milliards de francs à des investissements divers (infrastructures de transport, de désenclavement, aides à l'emploi et à la formation, entretien de l'environnement, agriculture, rénovation urbaine, lutte contre l'exclusion...). Les Régions verseront une somme sensiblement équivalente. Pour montrer que des Régions méritent, au titre de la solidarité nationale, un effort spécifique, l'État a décidé que sa contribution serait plus forte ici que là. Ainsi le Limousin, considéré comme en retard de développement, recevra de l'État 2 442 francs par habitant, le Centre, 1 194 francs, Rhône-Alpes, 1 121 francs. Outre-mer, c'est la Guyane la mieux lotie : 5 607 francs par habitant. L'Agriculture, l'Équipement et les Transports, et surtout l'éducation nationale, sont les principaux ministères impliqués (et contributeurs) dans ces contrats de plan. F. G.

➔ *Régionalisation*

Régulation (école de la)

Groupe d'économistes français du dernier quart du XXe siècle (Michel Aglietta, Robert Boyer*, Alain Lipietz, Jean-Paul Benassy, Rose-Marie Gelpi...), ayant analysé les grandes périodes du capitalisme* et insisté sur leur cohérence interne.*

Bien qu'inspirés par le marxisme* et le keynésianisme*, ces auteurs s'opposent à Keynes, en plaçant l'histoire au cœur de leur analyse, et à Marx*, en insistant sur la capacité du capitalisme à surmonter ses difficultés.
Selon eux, le capitalisme connut différentes époques, caractérisées par l'articulation de plusieurs « formes institutionnelles » : rapport salarial (droit du travail), système monétaire, concurrence.
Les auteurs définissent ainsi deux principaux « modes de régulation » du capitalisme. Au XIXe siècle aurait dominé le mode de régulation concurrentiel, caractérisé par l'existence d'une concurrence généralisée (entre entreprises et sur le marché du travail, les salariés ne disposant d'aucun droit collectif), par la flexibilité de tous les revenus, et par un État s'abstenant d'intervenir directement dans l'économie.

De la régulation monopolistique à la régulation transnationale
Au XXe siècle (et surtout après la Seconde Guerre mondiale) aurait prévalu un « mode de régulation monopoliste » : les prix ont été contrôlés par de grands groupes industriels peu nombreux, alors que de nouvelles relations employeurs-employés s'établissaient dans le cadre de conventions collectives permettant l'augmentation des rémunérations salariales ; l'État est intervenu en permanence et a veillé en particulier à créer suffisamment de monnaie et de revenus pour éviter les crises. Ainsi s'expliqueraient la croissance forte et régulière des Trente Glorieuses* mais aussi l'inflation du XXe siècle, s'opposant à la baisse des prix qui avait caractérisé le XIXe siècle.
Mais, depuis la fin des années 1970, cette régulation monopoliste est remise en cause par la mondialisation* des économies, rendant plus difficile l'intervention de l'État, et par la mise en place de politiques plus « libérales » visant à restaurer la concurrence et à remettre en cause les droits acquis par les salariés. Une nouvelle régulation (« transnationale » ?) serait donc en gestation.. P. B.

➔ *Capitalisme, Trente Glorieuses*

Relance

Politique économique de l'État visant à retrouver un taux de croissance* satisfaisant.*

La relance de l'économie (retour de l'expansion* après une période de récession* ou de stagnation de l'activité) est liée à une intervention de l'État, palliant l'absence de reprise spontanée de la croissance, ou visant à accélérer une croissance insuffisante pour assurer le plein-emploi. La relance peut se faire en augmentant les dépenses publiques ou la masse monétaire en circulation. P. B.

Religion et capitalisme

Divers auteurs (dont en particulier M. Weber et W. Sombart) ont cherché à montrer l'influence des religions protestante et juive dans l'origine du capitalisme.

Ce type d'interrogation est surtout le fait de sociologues et d'historiens, refusant d'admettre la démarche des économistes qui se réduit à l'analyse du seul jeu des forces matérielles.
Le plus célèbre de ceux-ci est l'Allemand **Max Weber**, qui publia en 1905 *l'Éthique protestante et l'esprit du capitalisme,* où il prit le contre-pied de l'analyse marxiste faisant de la religion le reflet des forces économiques . Pour Weber, au contraire c'est l'éthique des protestants, et en particulier la morale luthérienne du « Beruf » (ou vocation) et la croyance calviniste au dogme de la prédestination, qui aurait poussé les Réformés à modifier leur comportement économique : les protestants, inquiets pour le salut de leurs âmes, auraient cherché dans l'exercice d'un métier et dans la réussite matérielle le signe de leur élection divine. De plus, le devoir de respecter sur terre un « ascétisme séculier », c'est-à-dire de vivre dans le monde d'une façon aussi austère que les moines dans leurs monastères, poussait à modérer les dé-

penses de consommation et à augmenter la part de l'épargne permettant de financer les investissements propres au capitalisme.
Élève et compatriote de Weber, **Werner Sombart** adopta une approche similaire, mais identifia dans la religion juive les éléments favorables à l'essor du capitalisme, en considérant que l'extrême intellectualisme du judaïsme favoriserait le calcul économique et l'esprit spéculatif. Il fut critiqué par ceux qui pensent que c'est pour des raisons sociales que les Juifs ont souvent été au Moyen Âge des marchands et des usuriers – ils ne pouvaient faire autre chose – et qu'ils ont perdu ce rôle au moment où le capitalisme proprement dit s'est développé, à l'initiative des marchands et des financiers chrétiens. P. B.

➔ *Capitalisme*

Religion et capitalisme
Banque en Arabie saoudite. Le protestantisme est-il la religion la plus favorable au développement du capitalisme et l'islam, avec sa proscription de principe du prêt à intérêt, constitue-t-il un frein à la pratique des affaires ? Depuis longtemps, les sociologues de la religion se posent de telles questions, sans vraiment trancher.

Rendement

Revenu que rapporte annuellement une valeur mobilière, action ou obligation*, exprimé en pourcentage.*

Dans le cas d'une action, le rendement net ne tient pas compte de l'avoir fiscal* ni du crédit d'impôt, mais le rendement global l'intègre. Si une action vaut 100 francs et que le dividende versé, c'est-à-dire la part du bénéfice attribué à chaque titre, est de 3 francs, le rendement net du titre est le rapport de 3/100, soit 3 %. Soit une obligation de 1 000 francs rémunérée à 10 %, son rendement de 10 % suscite un revenu de 100 francs.
À la fin des années 1990, les investisseurs institutionnels comme les grands fonds de pension* exigent un rendement – ou rentabilité – de 15 % sur leurs placements, chiffre sans doute trop élevé pour être durable. D. G.

➔ *Avoir fiscal, dividende, fonds de pension*

Rendements d'échelle

Productivité d'une entreprise en fonction de l'importance de sa production.

On dit d'une entreprise que ses rendements (d'échelle) sont décroissants quand la production est d'autant plus difficile que la production est importante. La chose se vérifie généralement dans l'agriculture* et dans les mines, avec des coûts moyens croissants. On explique ainsi que, pour extraire davantage de charbon*, il faut le chercher plus loin, à un coût supérieur.
Les rendements (d'échelle) sont croissants quand la production est d'autant plus facile qu'elle est importante, ce qui signifie que les coûts moyens sont décroissants. Dans la plupart des industries, la croissance des rendements s'explique par le fait que les coûts fixes pèsent d'autant moins que la production est grande, et par une meilleure organisation, que la taille de l'entreprise rend possible ; c'est ce que l'on appelle des « économies d'échelle ».
Enfin, les rendements constants caractérisent les activités de service, avec un coût moyen qui ne dépend presque pas du volume de la production ; il en coûte tant pour fabriquer un nouveau logiciel de jeux, quel que soit le nombre de jeux déjà inventés.
Ces notions sont importantes car on démontre que, dans les branches à rendements constants ou décroissants, la concurrence* permet de satisfaire au mieux l'intérêt général, alors que, dans les branches à rende-

ments croissants, il conviendrait, en théorie, que ne subsiste qu'une seule entreprise, la plus efficace ; c'est ce qu'on appelle un « monopole naturel ». F. E.

➔ *Concurrence, coût, monopole, production*

Rentabilité

En comptabilité : rapport comportant au numérateur un revenu obtenu au cours d'une période donnée et au dénominateur les capitaux engagés pendant la même période pour obtenir ce revenu. En gestion financière, le « taux interne de rentabilité » (TIR) d'un investissement est le taux d'actualisation* qui permet d'égaler le capital investi dans une entreprise aux flux de trésorerie qu'il lui procure.*

(en comptabilité)

Selon le revenu et les capitaux considérés, il existe des expressions diverses de la rentabilité, variant en fonction du système économique et des acteurs considérés. Dans le système capitaliste, l'expression la plus connue de la rentabilité est la rentabilité des capitaux propres (ces derniers sont, pour l'essentiel, la somme du capital* et des réserves), souvent appelée rentabilité « financière » : c'est une mesure de la performance du point de vue des propriétaires de l'entreprise, égale au rapport entre le résultat (net d'impôt) qui leur revient et les capitaux propres qu'ils ont engagés.
Il est fréquent en France de calculer un indice extrêmement général de rentabilité en comparant la valeur ajoutée dégagée par l'entreprise à la masse de capitaux engagés. Toute dégradation de ce ratio* influe a priori sur la situation de toutes les parties prenantes de l'entreprise (salariés, propriétaires, prêteurs, État).
Dans l'ensemble, l'augmentation du taux de rentabilité financière (des propriétaires) reste l'objectif principal des entreprises.

(en gestion financière)

Supposons qu'au début de l'année N on investisse une somme de 1 000 dans une entreprise donnée ; supposons que cet investissement dure un an et que, au bout de cette période, il génère un flux de trésorerie égal à 1 100. Le TIR est le taux d'actualisation qui permet d'égaler 1 100 à 1 000, ou encore le taux de placement du capital de 1 000 qui permet de générer un revenu net égal à 100, soit 10 %. Un comptable aurait obtenu le même taux en comparant le bénéfice de la période (100) au capital investi (1 000).
L'identité du TIR et du taux de rentabilité comptable est plus difficile à établir quand il y a plusieurs périodes, mais elle reste vraie. La rentabilité comptable et le TIR calculé par les financiers participent donc de la même philosophie sous des formes différentes. J. R.

Rente

Revenu perçu par le propriétaire d'un bien rare, dont le prix ne dépend pas de l'effort fourni par son détenteur pour le mettre en valeur, ni du risque encouru.

Initialement, le terme de rente a caractérisé le revenu des propriétaires du sol, ressource dont la quantité disponible ne se réduit pas avec son usage et ne peut être augmentée si son prix s'élève, contrairement aux autres biens ou services.
On a ensuite étendu l'usage de ce terme à tout élément (lieux particulièrement bien situés, talent naturel, entreprise bénéficiant d'un monopole*...) apportant à son détenteur un revenu provenant de sa rareté.
On parle alors de « rente de situation », laquelle peut cependant s'avérer temporaire (quasi-rente) si, par exemple, un monopoleur voit naître une firme concurrente.

« La mise en Pinay précède de peu la mise en bière »

La rente désigne aussi dans le langage courant le revenu d'un titre* émis par une entreprise ou par l'État* (« rente Pinay ») : elle est constituée alors d'une série d'annuités* de remboursements comprenant le montant des intérêts déterminés à l'avance. Dans le cas des rentes d'État, les revenus sont généralement élevés et assortis de garanties diverses (indexation sur l'or, exonération fiscale, transmissibilité aux héritiers sans frais...), qui en font des placements de « pères de famille », lucratifs et sans risques.
Dans la théorie économique classique*, la rente joue un rôle particulier. Selon D. Ricardo*, il existe une

Que représente la rente aujourd'hui en France ?

Mesurer la rente n'est pas chose aisée, car elle dépend du sens que l'on donne à ce terme, et n'est pas appréhendée en tant que telle par la comptabilité nationale*.

Si on limite la rente aux revenus perçus par les propriétaires du sol (terrains et gisements), celle-ci s'élèverait à moins de 30 milliards de francs en 1997 (soit moins de 0,4 % du produit intérieur brut* total).

Par contre, les revenus que les ménages* perçoivent en louant des logements représentaient la même année environ 166 milliards de francs (soit environ 2 % du PIB).

On peut ajouter à ces revenus ceux qui sont procurés par la détention de titres peu risqués (comme les obligations*), par des dépôts sur des comptes « sur livret », ou encore par les intérêts relatifs aux contrats d'assurance-vie... Leur montant était de l'ordre de 350 milliards de francs en 1997 (soit environ 4,3 % du PIB).

Mais on peut aussi considérer que, dans une certaine mesure, il existe également une « rente financière » touchée par les agents qui reçoivent des dividendes en tant que propriétaires d'actions*. Ceux-ci ont certes pris le risque d'acheter des titres au revenu incertain, mais la plupart se contentent de toucher passivement des dividendes sans participer à la gestion des entreprises ni se préoccuper de leur développement. En 1997, les dividendes reçus par les différents détenteurs d'actions s'élevaient à 734 milliards de francs (soit près de 9 % du PIB).

Ces chiffres peuvent paraître modestes, comparés au montant de la rémunération des salariés (environ 4 200 milliards en 1997, soit 51 % de la valeur ajoutée). Mais l'ensemble des revenus pouvant être considérés comme une rente au sens large représente tout de même plus de 15 % du PIB. P. B.

« rente différentielle » qui dépend de la fertilité plus ou moins grande du sol : les propriétaires des meilleurs sols peuvent alors exiger une rente d'autant plus élevée que le besoin de terres cultivables augmente. La part de la rente foncière augmente ainsi à long terme dans le revenu national, au détriment des profits et donc, selon l'auteur, de la croissance économique, car l'accumulation du capital se ralentit. P. L.

➔ *Rentier, (D.) Ricardo*

Rentier

Bénéficiaire d'une rente, liée à la propriété d'une ressource rare, dont le revenu ne dépend pas du travail de son propriétaire ni du risque encouru.

Un propriétaire foncier qui détient la terre et la loue à des fermiers, l'héritier d'un terrain qui le vend à un promoteur immobilier, le détenteur de titres* financiers qui se contente de toucher passivement des intérêts ou des dividendes*... sont des rentiers.
J. M. Keynes* préconisa « l'euthanasie des rentiers », dont le comportement parasitaire ou spéculatif réduit selon lui la part des revenus consacrés à l'investissement* productif de richesses et d'emplois. P. B.

➔ *Rente*

Répartition (système par)

Technique de financement des systèmes de retraite et de prévoyance.*

Cette technique consiste à répartir les cotisations de l'ensemble des membres actifs du groupe (régime de retraite, système d'assurance) entre les retraités (ou victimes de sinistres) du groupe, sans proportionnalité directe avec le montant des sommes cotisées par ceux-ci. Le système de répartition s'oppose au système par capitalisation*. Il est actuellement pratiqué par le régime de retraites français. S. G.

➔ *Capitalisation (système par), retraite*

Répartition des revenus

Analyse de la place occupée par différentes catégories de revenus dans une économie nationale.

• La **répartition fonctionnelle des revenus** désigne la part des salaires, des profits, des impôts, etc., au sein du revenu national. Chacune de ces catégo-

ries correspond à un facteur de production (travail, capital, ressources naturelles, etc.) dans une optique macroéconomique.

• La **répartition personnelle des revenus** indique combien d'individus ou de ménages ont des revenus compris entre telle et telle valeur. Pour permettre des comparaisons entre plusieurs pays et à des dates variables, on raisonne en pourcentage du revenu, total ou moyen, et en pourcentage d'individus concernés dans le total de la population. On dira ainsi que 7 % des individus gagnent chacun entre 1,5 et 1,7 fois le revenu moyen, ou que 5 % des individus gagnent à eux tous 14 % des revenus totaux.

Ces différentes mesures montrent que les revenus se répartissent le long d'une courbe en cloche dissymétrique : une proportion assez grande d'individus gagnent très peu, la majorité gagne moyennement et un très petit nombre gagne beaucoup. On constate que cette répartition varie relativement peu d'un pays à l'autre au sein du monde occidental et d'une décennie à la suivante. Ce résultat est paradoxal car on pourrait s'attendre à des répartitions dépendant beaucoup plus des systèmes fiscaux nationaux ou de la couleur politique des gouvernements. F. E.

➔ *(V.) Pareto, revenu*

Report

On peut définir le report de trois manières différentes :

(en Bourse)

Action, pour un opérateur à terme, de décaler son engagement (règlement du titre acheté) jusqu'à la liquidation suivante.

(en matière de change)

Écart positif entre le cours d'une devise et le prix d'achat de cette devise (il y a déport si l'écart est négatif).

(en comptabilité)

Poste d'attente au passif du bilan qui indique soit des bénéfices en instance d'affectation (pour lesquels la décision de mise en réserve ou de distribution n'a pas encore été prise), soit des pertes non encore déduites des réserves antérieures. J. R.

Reprise

Phase d'un cycle économique amorçant le retour de l'expansion*.*

La reprise économique correspond au passage d'une phase de récession* ou de stagnation de l'activité (taux de croissance négatif ou nul) à une phase de croissance, mesurée par une augmentation du produit intérieur brut*. Elle peut être « spontanée » (changement de comportement des agents, augmentant par exemple leur consommation) ou provenir de mesures de relance* étatique (budgétaire ou monétaire). P. B.

RES
(Reprise d'une entreprise par ses salariés)

Reprise d'une entreprise par le personnel avec le recours au levier d'endettement.

Tirée de la technique américaine du **LBO** (leverage buy-out), la RES consiste en la création par le personnel d'une holding* (société détenant des actions d'autres sociétés) qui prend le contrôle d'au moins 50 % du capital de la société. Cette technique permet aux salariés de s'endetter sans perdre pour autant le contrôle de leur entreprise. P. B.

Réseaux

Systèmes facilitant la mise en relation d'individus ou d'objets.

Les réseaux peuvent reposer sur des infrastructures physiques, comme le réseau ferroviaire ou le réseau téléphonique, ou relationnelles, comme le réseau des énarques ou des polytechniciens.

On dit aussi d'une entreprise qu'elle fonctionne en réseau lorsqu'elle a mis en place des relations durables avec d'autres entreprises (clients ou sous-traitants).

Internet* est souvent appelé « réseau de réseaux » dans la mesure où il met en relation des réseaux d'ordinateurs. L'organisation en réseaux serait la principale caractéristique de la société développée du XXIe siècle. A. K.

Réserves

Le poste du bilan « réserves » représente la somme des bénéfices accumulés par une entreprise depuis sa création, c'est-à-dire la somme des bénéfices obtenus diminués des bénéfices distribués (dividendes).

Soit une entreprise faisant durant une première année un bénéfice de 100, dont 40 est distribué sous forme de dividendes ; durant une deuxième année, elle fait un bénéfice de 150, dont 30 est distribué, et, durant une troisième année, un bénéfice de 120 (non encore affecté). À la fin de la troisième année, ses réserves correspondent aux bénéfices non distribués des années 1 et 2 (60 + 120), l'affectation du bénéfice de la troisième année n'étant pas connue.
Les réserves ne se confondent pas avec les bénéfices car une entreprise peut décider ou non de distribuer beaucoup de bénéfices : elles ne sont donc pas un indicateur de la rentabilité, mais de l'autofinancement* de l'entreprise. J. R.

Ressource

Revenu ou richesse dont dispose un agent économique.

La comptabilité nationale* établit les comptes des divers agents économiques en « emploi » (partie gauche), catégorie qui correspond à des dépenses, et en « ressource » (partie droite), catégorie qui appréhende les revenus de ces agents. Par exemple, les « ressources » du compte de production des entreprises sont constituées par la valeur de la production de biens et services marchands, et les « emplois » de ce compte, par les consommations intermédiaires (achats de matières premières), la différence entre les ressources et les emplois étant définie comme la valeur ajoutée* des entreprises. P. B.

Restauration-hôtellerie

Branche économique appartenant au secteur des services. La restauration regroupe les cafés, les restaurants et les cantines. L'hôtellerie rassemble les hôtels mais également les auberges de jeunesse et les campings.

Les activités économiques de la branche* « Hôtels, Cafés, Restaurants » (HCR) ont augmenté dans la plupart des pays industrialisés depuis la fin de la Seconde Guerre mondiale. Cette croissance a pour origine l'augmentation des revenus des consommateurs. La part du budget des ménages consacrée aux repas et aux boissons pris à l'extérieur et aux voyages s'accroît en général plus que proportionnellement à l'augmentation du revenu. L'hôtellerie et la restauration bénéficient de la manne touristique, domaine où la France possède un avantage comparatif* évident. La France est le premier pays en termes de destination touristique dans le monde. Selon l'Organisation mondiale du tourisme (OMT), plus de 70 millions de touristes étrangers sont venus dans l'Hexagone en 1998.
En France, en 1997, un peu plus de 800 000 personnes travaillaient dans la branche « Hôtels, Cafés, Restaurants », soit 3,5 % de l'emploi total, nettement moins qu'aux États-Unis (6,6 % de l'emploi total). Si la France avait autant d'emplois par habitant dans l'hôtellerie-restauration, il y aurait un million d'emplois supplémentaires en France. J. C. D.

➔ *Branche*

Restructuration

Réorganisation d'une entreprise ou d'un secteur industriel en vue d'améliorer ses résultats financiers. Par extension, plan comportant des suppressions d'emploi.

La notion de restructuration s'est longtemps appliquée à des secteurs industriels traditionnels confrontés à un nouvel environnement : évolution des marchés, prix des matières premières, apparition de concurrents employant une main-d'œuvre bon marché. De ce fait, les restructurations ont souvent été perçues comme des réactions tardives et parfois désespérées face à des mutations qui n'avaient pas été repérées à temps. Elles sont dans l'opinion publique synonymes de suppressions d'emploi, même si elles comportent généralement d'autres volets (industriels, technologiques, commerciaux). Les baisses d'effectifs, souvent sous forme de départs massifs en retraite anticipée, sont largement financées par l'État.

Le cas Moulinex

Autrefois champion incontesté du petit électroménager, Moulinex apparaît désormais dans l'actualité par ses plans de restructuration successifs : 2 400 emplois supprimés en 1996, près de 2 000 quatre ans plus tard. Entreprise produisant des biens dégageant une faible valeur ajoutée mais nécessitant une main-d'œuvre abondante, Moulinex se retrouve devant l'obligation de disparaître ou de délocaliser. Pourtant, le grand concurrent national de l'entreprise, Seb-Téfal, a réussi à échapper pour une part à cette alternative en innovant fortement sur ses produits. Et que dire de Thomson Multimédia, estimée un temps à un franc symbolique, et qui est devenu depuis une des coqueluches de la Bourse de Paris après avoir orienté sa production sur les tubes cathodiques et les produits nouveaux liés à la télévision numérique ?

Des traumatismes durables

L'inconscient collectif français a gardé en mémoire la douloureuse restructuration de la sidérurgie, qui se trouvait en quasi-faillite au début des années 1980 (plus de 120 000 emplois perdus en vingt ans). Mais bien d'autres secteurs ont fait l'objet de mesures identiques, notamment l'automobile*, l'informatique* ou encore l'industrie textile.

Aujourd'hui, des restructurations sont parfois engagées par des entreprises en excellente santé. L'annonce, en septembre 1999, par le fabricant de pneumatiques Michelin, de 7 500 suppressions d'emploi en Europe, au moment où le groupe présentait des bénéfices en hausse, a provoqué une vive polémique en France. Le débat porte sur la légitimité de tels plans, courants aux États-Unis, dont l'objectif affiché est de préserver la compétitivité future de l'entreprise. A.-M. R.

➔ *Compétitivité, sidérurgie*

Retour sur investissement

Synonyme de rentabilité d'un investissement. J. R.

➔ *Rentabilité*

Retraite

Voir dossier p. 489

Reuters (agence)

Agence de presse internationale, fondée au début du XIXe siècle par Julius Reuter à Londres.

L'information financière est devenue depuis vingt ans l'activité principale du « fil » Reuters, qui dessert 57 700 sociétés et organismes dans le monde et emploie 17 000 personnes, dont 2 000 journalistes couvrant 157 pays. Reuters produit quotidiennement 7 000 dépêches en 23 langues, et ses informations sont scrutées en temps réel par tous les opérateurs boursiers de la planète. Dans les années 1990, un concurrent américain, **Bloomberg**, est venu inquiéter Reuters. Mais l'agence anglaise a d'autres cordes à son arc : elle est le premier fournisseur d'informations sur Internet*. S. G.

➔ *Bourse, information*

Revenu

Somme d'argent que reçoit un agent à l'occasion d'une activité de production, d'échange* ou de redistribution*.*

On peut distinguer trois principales catégories de revenus individuels :

• les revenus issus du travail, rémunérant l'activité d'un salarié ou de quelqu'un qui exerce une profession libérale ;

• les revenus issus de la propriété, rémunérant la possession du capital*. On parle de profit* quand le capital est investi, par exemple sous la forme d'actions ; on parle d'intérêt* quand il est prêté, par exemple sous la forme d'obligations ; on parle de rente foncière quand la rémunération provient de la propriété de la terre ;

• les transferts, qui sont des prestations reçues, comme des retraites, dont on déduit les cotisations et les impôts payés, par exemple les cotisations sociales et l'impôt sur le revenu. F. E.

➔ *Capital, emploi, profit, rente, répartition des revenus*

Dossier

Compte tenu du vieillissement de la population mondiale, un problème de financement de la retraite se pose. Afin de garantir l'équilibre économique des systèmes de retraite, un certain nombre de mesures sont favorisées, telles que le recul progressif de l'âge de la retraite. Est également préconisé le développement de dispositifs d'épargne, tels que les fonds de pension, afin de fournir un complément de financement de la retraite.*

Retraite

Situation d'un agent économique ayant cessé son activité professionnelle. Elle correspond pour le salarié au fait qu'il ait atteint un certain âge à partir duquel il se retire du marché du travail. L'âge légal de cessation d'activité en France est fixé à 60 ans. Il s'agit là d'un droit et non d'une obligation. Dès 60 ans, l'individu peut ainsi percevoir une pension de retraite. L'âge légal de la retraite au Royaume-Uni est de 60 ans pour les femmes et de 65 ans pour les hommes. Aux États-Unis et en Allemagne, il est de 65 ans.

Au 1er janvier 1998, en France, le salarié ne peut percevoir une pension de retraite à taux plein (c'est-à-dire calculée sur la base de 50 % du salaire annuel moyen) que s'il a cotisé au régime de retraite général pendant 155 trimestres.

La France championne de la répartition

Le régime général de la Sécurité sociale* est le régime de base obligatoire pour tous les salariés du secteur privé. Ce régime fonctionne par répartition*, c'est-à-dire que les cotisations vieillesse sont prélevées chaque année sur les revenus des actifs pour financer les pensions de retraite des anciens salariés. Ce mécanisme repose ainsi sur la solidarité entre les générations. Chaque salarié doit obligatoirement cotiser au régime général. Les cotisations sont prélevées sur le salaire. Les employeurs reversent ces cotisations salariales et leurs propres cotisations (cotisations patronales) à l'URSSAF (union régionale de recouvrement). En 1997, le régime général compte 9 181 892 retraités et 14 114 329 cotisants.

Il existe toutefois des régimes de retraite fondés sur la capitalisation*, où chaque actif cotise pendant sa période d'activité auprès d'un

Retraites : le big bang des «baby-boomers»

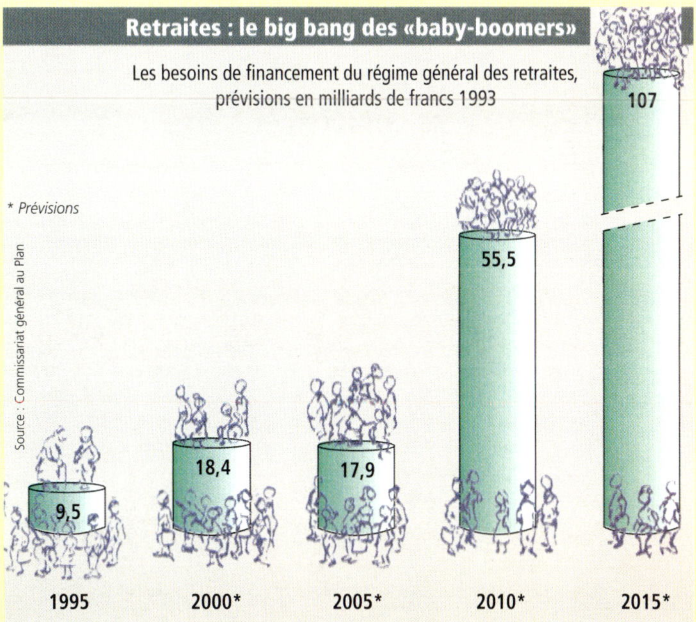

Les retraites : en moyenne plus de 10 % du PIB

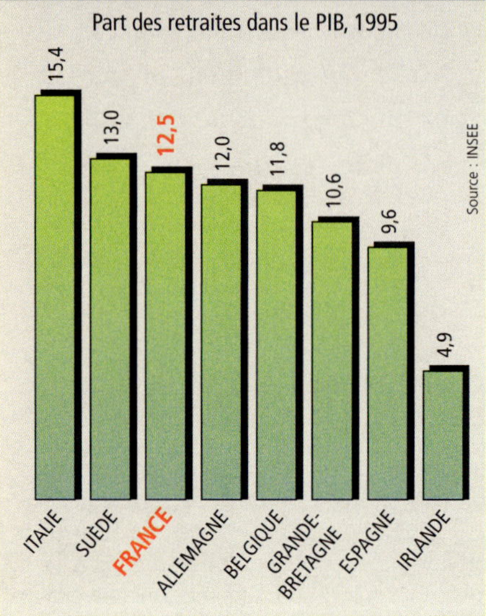

fonds privé pour financer sa retraite. Selon le type de fonds, le montant de la pension de retraite est calculé en fonction du rendement des marchés financiers ou des salaires. Les fonds de pension fonctionnent par capitalisation. Contrairement à la France, la capitalisation joue un rôle important dans le fonctionnement des systèmes de retraite de nombreux pays étrangers (États-Unis, Royaume-Uni, Allemagne, Suisse, Pays-Bas).

Le modèle allemand et le modèle britannique

Les systèmes d'assurance sociale en Europe relèvent soit du **modèle bismarckien**, soit du **modèle béveridgien**.

En Allemagne, **Bismarck** fait voter le 22 juillet 1889 la première loi sur l'assurance-vieillesse-invalidité, qui entrera en vigueur le 1er janvier 1891. Cette loi permet aux ouvriers âgés de 70 ans de percevoir une pension de retraite dès lors qu'ils ont cotisé trente ans. Le système qui gère ces pensions fonctionne de manière paritaire et est financé à la fois par les salariés et par les employeurs. En France, le régime général de la Sécurité sociale, institué par l'ordonnance du 4 octobre 1945, fait référence au modèle bismarckien.

Au Royaume-Uni, dans un rapport datant de 1942, lord **Beveridge** met en avant le principe de prestations uniformes pour tous les individus. Sont ainsi qualifiés de béveridgiens les systèmes de retraite financés par une cotisation forfaitaire et garantissant des pensions de retraite qui ne sont pas liées aux salaires d'activité. Le système de protection sociale du Royaume-Uni, de l'Irlande, des Pays-Bas, du

Les retraites complémentaires

En France, les pensions de retraite sont versées par la Caisse nationale d'assurance vieillesse (**CNAV**). Les pensions de base sont complétées par des prestations provenant de régimes complémentaires fonctionnant par répartition. Il existe l'Association générale des institutions de retraite des cadres (**AGIRC**), destinée aux cadres, et l'Association des régimes complémentaires de retraite des salariés du Régime général (**ARRCO**) pour les autres catégories socioprofessionnelles. Ces régimes complémentaires sont les plus importants et ne concernent que les salariés du secteur privé. Ils ont été instaurés, respectivement en 1947 et 1961, afin de compléter les prestations de retraite du régime général jugées insuffisantes. Ils sont obligatoires. Ces régimes fonctionnent selon un système par points. Les cotisations sont converties en points et, lors de la retraite, la pension reçue est proportionnelle au nombre total de points accumulés au cours de l'activité professionnelle. Le montant des cotisations à verser varie selon les régimes complémentaires. Les formalités d'affiliation sont effectuées par l'employeur.

Parmi les autres types de régimes de base importants, il existe : le régime de la Fonction publique d'État, géré par le service des Pensions, le régime non salarié de la Mutualité agricole (**MSA**) et le régime des fonctionnaires territoriaux et hospitaliers, géré par la Caisse nationale de retraite des agents des collectivités locales (**CNRACL**).

Un retraité peut cumuler plusieurs pensions de retraite provenant de caisses différentes. Cela tient au fait que, ayant exercé des activités professionnelles variées, il peut bénéficier de pensions provenant de régimes divers.

Dans de nombreux pays, les retraites complémentaires, qu'elles soient obligatoires ou facultatives, fonctionnent en capitalisation (États-Unis, Royaume-Uni, Allemagne, Suisse, Japon et Chili).

Danemark, de la Norvège, de la Suède et de la Finlande font référence à ce type de modèle.

Le vieillissement de la population entraîne-t-il la généralisation des fonds de pension ?

En 1995, parmi les pays de l'Union européenne, l'Italie et la France sont les grands pays qui consacrent la part la plus importante de leur PIB aux dépenses de retraite, respectivement 15,4 % et 12,5 %. À l'opposé, l'Irlande et le Portugal sont ceux dont la part des retraites dans le PIB est la plus faible, respectivement 8 % et 4,9 %. Ces parts sont susceptibles d'évoluer fortement. En effet, en France comme dans la plupart des pays développés, les régimes de retraite par répartition vont être confrontés au problème du vieillissement de la population, c'est-à-dire à l'accroissement de la proportion de la population âgée de 60 ans et plus. Cette évolution reflète l'allongement de la durée de la vie, la baisse de la mortalité ainsi que la baisse de la population active.

L'OCDE prévoit que, ces 25 prochaines années, le nombre des personnes en âge de prendre leur retraite augmentera de 70 millions alors que la population d'âge actif ne progressera que de 5 millions.

Afin de faire face à ces déséquilibres financiers, la plupart des pays développés ont engagé des réformes de leurs systèmes de retraite. Ces réformes prévoient la hausse de l'âge de la retraite, la baisse des pensions de retraite, la hausse des cotisations et la constitution de fonds de réserves afin de couvrir une partie des dépenses futures liées au choc démographique. En France, les règles du régime général de la Sécurité sociale ont été modifiées en 1993. La durée de cotisation donnant droit à une pension de retraite à taux plein est passée de trente-sept ans et demi à quarante ans et la pension est calculée sur la base des 25 meilleures années salariales de référence au lieu des 10 meilleures années. Ces mesures risquent toutefois d'être affaiblies par la montée du chômage, le développement des emplois précaires et des contrats à durée déterminée, lesquels contribuent à une baisse des salaires, et ainsi des cotisations. D'autres mesures, telles que le développement de la retraite par capitalisation, sont mises en avant pour tenter de remédier aux problèmes de financement des systèmes de retraite. Le développement d'une épargne-retraite capitalisée au sein d'un fonds de pension pourrait constituer un supplément de retraite aux régimes publics. Ces mécanismes, peu développés en France, sont préconisés pour régler le problème du financement des régimes de retraite. N. E.-M.

➔ *Cotisations sociales, fonds de pension, prestations sociales*

Le vieillissement de la population mondiale

En France, les projections démographiques réalisées par l'INSEE montrent que, en raison du vieillissement accéléré à partir de 2006, la population âgée de 60 ans et plus va croître deux fois plus vite dès cette date en raison de l'arrivée à la retraite des générations nombreuses du baby-boom. À partir de 2020, la pension de retraite d'une personne de plus de 60 ans devra être prise en charge par deux personnes d'âge actif (de 20 à 59 ans) alors qu'en 1995 ce ratio était de l'ordre de un pour trois. Aussi en 2040, un Français sur trois aura plus de 60 ans. Les travailleurs seront donc de moins en moins nombreux pour subvenir aux besoins de retraités de plus en plus importants.

Ce phénomène du vieillissement de la population s'observe dans la plupart des pays développés. Ainsi, au Japon, il est prévu 1,2 actif pour un retraité en 2040, contre 3,2 en 1990 ; aux États-Unis, 1,7 actif pour un retraité en 2040, contre 3,3 en 1990 ; au Royaume-Uni, 1,5 actif pour un retraité en 2035, contre 2,6 en 1990 ; en Allemagne, 1,2 actif pour un retraité en 2030, contre 2,9 en 1990 ; en Italie, 1,1 actif pour un retraité en 2040, contre 2,7 en 1990.

La hausse du nombre de pensionnés par rapport à celui du nombre de cotisants va, en conséquence, dégrader la situation financière des systèmes publics de retraite. Ainsi, dans le cas de la France, les prévisions effectuées par le Commissariat général du Plan font état, pour le régime général, d'un déficit de 56 milliards de francs en 2010 et de 107 milliards de francs en 2015.

Revenu (effet)

Phénomène décrivant comment et pourquoi un consommateur modifie son comportement lorsqu'un prix varie.

Si, par exemple, le prix d'un bien diminue, on commence toujours par souhaiter en acheter plus, au détriment des biens qui lui sont substituables : c'est l'effet substitution*. Mais, réalisant que tout se passe comme si l'on était devenu plus riche, on modifie ses choix selon la nature des biens : c'est l'effet revenu.

En réalité, on n'observe que la résultante de ces deux effets fictifs. Cette façon de raisonner se généralise à toute décision individuelle : offre de travail, choix du niveau de l'épargne, achat de titres, etc.

Si le prix des œufs de lump diminuait, je devrais certes en acheter plus et acheter moins de caviar que précédemment (c'est l'effet substitution). Mais, étant plus riche du fait que mes achats coûtent globalement moins cher, je pourrais peut-être délaisser les œufs de lump (ce serait ici un effet revenu négatif). La marchande se contente de constater la somme de ces deux effets : il se peut que je lui demande davantage ou, paradoxalement, moins d'œufs de lump. Il existe d'autres paradoxes semblables provenant de l'effet revenu : je peux souhaiter travailler moins si le taux de salaire augmente, je peux décider d'épargner moins si le taux de l'intérêt augmente. Pourtant, dans les deux cas cités, on pourrait croire que l'offre (ici de travail et d'épargne) croît quand la rémunération associée augmente. F. E.

➔ *Demande, prix, substituables*

Revenu minimum

Allocation versée aux personnes dont les moyens d'existence sont inférieurs à un certain seuil de ressources.

En France, le revenu minimum d'insertion (RMI) a été instauré en 1988. C'est une allocation différentielle, ce qui signifie que, en pratique, la somme versée représente l'écart entre les ressources dont disposent déjà les bénéficiaires (allocations diverses au titre du logement ou de la politique familiale, par exemple) et le niveau effectif de revenu qui leur est garanti. Cette allocation est calculée en fonction du nombre de personnes se trouvant à la charge de l'allocataire (conjoint, enfants). Pour une personne seule, le RMI est de l'ordre de 2 500 francs. Le montant moyen du RMI, perçu à condition de résider en France et d'être âgé d'au moins 25 ans, était de 1 950 francs par mois en 1998.

Introduit en France plus tard que dans la plupart des autres pays développés, le revenu minimum concernait un million d'individus (deux millions en comptant les membres de leur famille) et représentait un coût budgétaire de quelque 26 milliards de francs en 1998. Les personnes isolées constituent la moitié de l'effectif. Ce sont souvent des chômeurs de longue durée. Un individu sur 25 est sans domicile fixe. À peine plus de 50 % du million de bénéficiaires font l'objet d'un « **contrat d'insertion** ». Toutefois, entre 1988 et 1998, il y a eu 3,4 millions de personnes qui sont entrées dans ce dispositif et 2,3 millions qui en sont sorties (pour retrouver un emploi, dans 60 % des cas). De même, plusieurs études ont mis en évidence que le versement du RMI ne dissuade pas de retrouver un emploi rémunéré au SMIC*. Certaines propositions visent à créer un « revenu minimum d'existence » qui serait accordé, notamment aux plus jeunes, sous des conditions moins restrictives. J.-M. N.

➔ *Pauvreté, protection sociale*

Revenu national

Somme des revenus reçus par l'ensemble des agents économiques d'un pays.

Le revenu national d'un pays se compose de grands types de revenus perçus par les divers agents économiques (salaires, profits et impôts principalement). En comptabilité nationale française, le revenu national* (dit au prix du marché) s'obtient en soustrayant du produit intérieur brut* (égal au montant des revenus distribués à l'intérieur du territoire national) la consommation de capital fixe (mesurant l'usure des moyens matériels de production durant la période), les impôts versés aux institutions européennes, et en ajoutant les revenus nets du travail, de la propriété et de l'entreprise reçus du reste du monde. P. B.

Revenu permanent

Revenu moyen prévu par un individu pour le futur et lui servant de référence pour déterminer son niveau de consommation.*

Ce concept a été introduit par M. Friedman* pour critiquer l'approche keynésienne de la consommation*. Toute injection de revenus par l'État* n'aurait pas l'effet de relance* escompté par les keynésiens car cette hausse des revenus, étant transitoire et imprévisible, n'est pas intégrée dans le calcul du revenu permanent. N'ayant pas prévu ces revenus supplémentaires, les ménages les consacrent à l'épargne et non à la consommation. P. L.

➔ *Épargne, (J. M.) Keynes, propension à consommer, richesse*

Revenu universel

Revenu versé sans conditions à tous les membres d'une société, indépendamment de leur travail.

L'idée de verser à chaque citoyen un revenu qui corresponde simplement à son appartenance à une société riche, et non au fait de travailler ou de souffrir d'un handicap social (vieillesse, maladie, chômage), existe depuis longtemps. Au XVIIIe siècle, **Thomas Paine** avait déjà formulé une proposition de ce genre. Appelé aussi revenu d'existence, allocation universelle ou impôt négatif (et en anglais *basic income*), ce transfert social fait l'objet de réflexions poussées, y compris chez des économistes qui n'ont rien d'utopistes rêveurs. L'État providence* a en effet montré ses limites : malgré l'enrichissement constant des économies, il n'a pas empêché entre 10 et 20 % de la population de végéter dans la pauvreté. En versant une allocation inconditionnelle, on éviterait aux plus faibles de rester coincés dans le « piège du chômage » faisant qu'un titulaire du RMI qui reprend un emploi perd des avantages sociaux. Le coût du revenu universel est cependant dissuasif : donner 1 600 francs par mois à chaque Français représenterait 14 % du PIB, quatre fois plus que le total des allocations actuelles. S. G.

➔ *Impôt négatif, pauvreté, revenu minimum*

Révolution industrielle

Période décisive de transformation des techniques de production et des rapports sociaux, constituant la première étape du développement du capitalisme moderne.*

Le terme de révolution industrielle désigne généralement les transformations profondes que connut la Grande-Bretagne à la fin du XVIIIe siècle. Durant les années 1780-1830, en effet, celle-ci fut le lieu de diverses innovations techniques, qui touchèrent d'abord le secteur textile (construction de nouveaux métiers à filer et à tisser, puis utilisation de la machine à vapeur mise au point par Watt en 1782) et le travail des métaux (substitution du charbon de terre au charbon de bois pour la fabrication de la fonte, « puddlage » breveté par **Henry Cort** en 1784 pour améliorer la qualité de l'acier...). L'invention de la locomotive à vapeur et le développement du chemin de fer* permirent ensuite à l'industrialisation* d'entrer dans une phase nouvelle de développement continu.

Parallèlement, les rapports sociaux changèrent de nature. Auparavant, la production « industrielle » s'effectuait grâce au travail artisanal réalisé dans de petites échoppes familiales, au filage et au tissage domestiques effectués souvent dans les campagnes et dans les manufactures* réunissant sur le même lieu de travail des ouvriers payés à la tâche. La révolution industrielle provoqua l'emploi massif de travailleurs salariés (anciens paysans ou artisans ruinés), qui n'étaient plus propriétaires ni de leur outil de travail ni du produit de leur travail : le capitalisme* industriel voyait le jour.

Durant le XIXe siècle, l'opposition s'accentuera entre les détenteurs du capital* (chefs d'entreprise ou acheteurs d'actions émises en Bourse) et le nombre croissant des ouvriers, dont les moins qualifiés ne recevaient qu'un salaire de subsistance les contraignant à faire travailler leurs enfants, et dont les conditions de travail n'étaient réglementées par aucune disposition légale. Il faudra attendre le troisième tiers du siècle pour que la révolution industrielle devienne réellement porteuse d'une amélioration des conditions de vie pour l'ensemble des populations.

Révolution ou évolution continue ?

Pour certains historiens, il y aurait eu auparavant d'autres « révolutions industrielles » : selon **Jean**

Gimpel, il se serait produit à l'époque féodale une évolution substantielle des techniques agricoles et industrielles (rôle des moulins...) ; de même, **John Nef** parle de révolution industrielle anglaise fin XVIe-début XVIIe siècle. On emploie aussi ce terme à propos de l'apparition de l'électricité, de l'automobile, de l'atome, aujourd'hui de l'ordinateur ou de nouvelles techniques de communication.
D'autres historiens minimisent l'importance des phénomènes apparus à la fin du XVIIIe siècle : ils considèrent que les transformations structurelles des économies européennes avaient commencé plus tôt dans le siècle, et qu'elles se poursuivront d'une façon quasi permanente au XIXe et au XXe siècle. La révolution industrielle serait donc un processus ininterrompu, connaissant cependant des phases d'accélération et des phases de ralentissement. P. B.

➔ *Capitalisme, Grande-Bretagne, manufacture*

Ricardo (David)

Financier, homme politique et économiste britannique (1772-1823).

Ricardo est d'abord un courtier opérant sur le marché financier de Londres : il y bâtit sa fortune, notamment en plaçant les emprunts d'État anglais destinés à financer la guerre contre la France. Peu après la fin des guerres napoléoniennes, il se retire des affaires et devient un membre du Parlement écouté en matière financière, monétaire et économique.
Dès 1810, il se fait connaître du public par une série d'articles sur le haut prix des lingots d'or ; il y donne une formulation rigoureuse de la théorie quantitative de la monnaie*, selon laquelle les niveaux de prix dépendent de la quantité de monnaie en circulation. Dans son ouvrage majeur, *Des principes de l'économie politique et de l'impôt*, il développe une théorie de la valeur travail dont s'inspirera K. Marx*. Ce livre contient aussi des démonstrations originales sur la rente* différentielle, les avantages offerts par l'échange international (la théorie des coûts comparatifs montre que deux pays ont intérêt à se spécialiser et à échanger même si l'un d'entre eux est plus productif que l'autre dans les deux biens produits) ou l'impact du machinisme sur le travail des ouvriers. P. S.

Ricardo
D'abord homme d'affaires avisé, David Ricardo (1772-1823) demeure l'un des économistes anglais les plus célèbres, chef de file de l'école classique. Il énonça une loi de la hausse de la rente foncière, liée aux rendements décroissants en agriculture, et une théorie de la valeur fondée sur le travail. Il militera pour l'ouverture toujours plus grande de la Grande-Bretagne au libre-échange.

➔ *École classique, (T. R.) Malthus, rente, (A.) Smith*

Richesse

La richesse d'un individu ou d'un pays exprime, généralement en termes monétaires, ses revenus mais aussi l'accumulation de ceux-ci sous forme de patrimoine.*

La richesse n'est pas seulement un état, c'est aussi un flux. Telle ou telle activité est « créatrice de richesses » lorsqu'elle contribue à la croissance économique, par exemple par le développement des exportations. Produire de la valeur ajoutée, c'est créer de la richesse. Le produit intérieur brut (PIB*), qui exprime l'ensemble de la valeur ajoutée* d'un pays (salaires, revenus du capital), est souvent synonyme de « richesse nationale ».
La richesse peut se mesurer de diverses manières. Selon les critères utilisés, les résultats peuvent être sensiblement différents. Ainsi, en 1998, l'INSEE* a établi un classement des 196 régions d'Europe en se fondant sur leur produit intérieur brut. En tête de ce hit-parade figurait l'Île-de-France (2 178 milliards de francs) devant la Lombardie et le Grand Londres. Cependant, si l'on s'intéresse au PIB par tête, autrement dit à la richesse nationale rapportée au nombre d'habitants, l'Île-de-France apparaît en sixième

position, loin derrière le Luxembourg, qui se place en tête. Pour faciliter les comparaisons entre ses membres, l'Union européenne a mis au point le SPA (standard de pouvoir d'achat), qui prend en considération les écarts de prix des biens et des services.

Des fourchettes de 1 à 85

L'origine des richesses a beaucoup évolué au cours de l'histoire économique. Dans les sociétés traditionnelles, celles-ci étaient largement fondées sur la terre et la production agricole, les échanges marchands et les savoir-faire artisanaux. Au début de la révolution industrielle*, ce sont les gisements de matières premières qui sont apparus comme les fondements du développement économique. Aujourd'hui, ces « richesses naturelles » ne semblent plus jouer un rôle aussi essentiel. L'accumulation de capital*, grâce à l'investissement, et le progrès technique* contribuent très fortement à la création de richesse ; les échanges internationaux y participent aussi, de même que l'évolution continue du niveau de formation et d'éducation de la population. L'exemple du Japon*, pays sans richesses naturelles devenu en trente ans la deuxième puissance économique du monde, illustre cette mutation.

La problématique de la richesse porte non seulement sur sa création mais aussi sur sa répartition. Elle est très inégalitaire au niveau mondial. Selon l'économiste **Angus Maddison**, l'écart entre le pays le plus riche et le pays le plus pauvre, qui était de 1 à 3 en 1820, se situe aujourd'hui dans une fourchette de 1 à 72. Si l'on s'intéresse aux ménages français, on constate que les écarts varient de 1 à 6 pour les revenus mais vont de 1 à 85 si l'on prend en compte le patrimoine*.

Reste à savoir si la richesse d'un pays ou d'une communauté humaine doit forcement et uniquement s'exprimer en termes monétaires strictement mesurables. Depuis les années 1970, on essaie de mettre au point des indicateurs pour mesurer des dimensions plus qualitatives, comme la répartition des revenus, la participation des citoyens à la vie publique ou la qualité du lien social. La sociologie a mis en évidence que la richesse d'un individu est aussi constituée d'atouts immatériels comme la culture, l'accès à l'information et le réseau relationnel. J.-M. N.

➔ *Inégalités, patrimoine, pauvreté, (A.) Smith*

Rigidité

Caractéristique d'une variable ou d'une institution difficile à modifier.

Depuis la Seconde Guerre mondiale, les salaires monétaires sont dits « rigides à la baisse », car ils n'ont plus jamais diminué dans les pays industriels. Les économistes libéraux considèrent que cette rigidité explique les difficultés d'adaptation de ces pays aux nouvelles données de l'économie mondiale.

On parle aussi de rigidité à propos d'organisations défendant des avantages acquis (« rigidité syndicale »), ou de systèmes productifs à évolution lente en raison de leur complexité (« rigidité technologique »). P. B.

Rigueur

Se dit d'une politique économique visant à défendre ou à rétablir les grands équilibres macroéconomiques.

Après avoir mené en 1981-1982 une politique de relance de l'activité pour lutter contre le chômage, le gouvernement français adopta à partir de 1983 une politique dite de rigueur : elle consista à limiter la hausse des salaires et la création monétaire pour réduire l'inflation*, et à tenter de réduire le déficit budgétaire et celui du commerce extérieur. Quatre ans auparavant, **Margaret Thatcher** avait lancé, pour sa part, une politique encore plus rigoureuse en Grande-Bretagne. P. B.

➔ *Carré magique, thatchérisme*

Risque

Imprévu qui vient empêcher la poursuite normale de l'activité d'un ou de plusieurs agents économiques.

En économie, le risque est souvent confondu avec l'incertitude. La différence est que le risque est probabilisable et quantifiable (c'est à la base un concept qui vient de l'assurance), alors que l'incertitude ne l'est pas. La couverture des risques a d'abord concerné les biens (risque de vol, d'incendie), puis les

personnes (assurances dommages corporels, décès, prestations de sécurité sociale liées aux risques comme la vieillesse, la maladie, le chômage). Dans le domaine financier, traditionnellement, le risque s'exprime par le taux d'intérêt : plus l'argent est immobilisé longtemps, plus le taux est élevé ; plus l'emprunteur est jugé solide et fiable, plus le taux est bas. Les opérateurs financiers ont trouvé, outre les différents types d'assurance, d'autres moyens de couvrir leurs risques : les contrats à terme (ou ***futures***), les options et autres produits dérivés qui permettent d'équilibrer les risques de fluctuation à la hausse ou à la baisse des produits achetés, ou des devises utilisées.
Les « grands risques » sont ceux qui concernent une société au sens large : marées noires, accidents chimiques ou nucléaires, épidémies comme la « vache folle » ou le sida, catastrophes climatiques ou séismes, révolutions ou guerres. On parle aussi de « **risque systémique** » quand la faillite d'une très grosse entreprise, ou d'une banque, le défaut d'un grand pays mettent en danger l'ensemble du système financier international. La couverture de ces risques collectifs implique généralement les pouvoirs publics. S. G.

➔ *Assurance*

RMI

Voir **Revenu minimum**

Robinson (Joan)

Économiste britannique (1903-1983), défendant et prolongeant la théorie keynésienne.

Professeur à l'université de Cambridge, elle attaqua vivement dès 1931 la théorie d'Alfred Marshall*, maître à penser des économistes néoclassiques. Puis ses analyses déterminantes au sein du Circus, groupe de jeunes économistes disciples de Keynes*, aidèrent celui-ci à formuler sa *Théorie générale*. Elle entama ensuite une collaboration avec le Polonais Michal Kalecki*, qui la fit se rapprocher de la pensée de Marx*. Après la guerre, elle s'intéressa à la croissance et à l'accumulation du capital. Elle chercha en 1953 à généraliser la *Théorie générale* de Keynes en y intégrant une analyse du long terme, critiquant les visions néoclassiques de la nature du capital et de la répartition des revenus (controverse des deux Cambridge). Elle resta fidèle au message radical de Keynes.
Son franc-parler et ses formules assassines lui valent tout à la fois respect et inimitiés. Rare femme économiste, elle demeure un symbole de l'hétérodoxie. E. L. H.

➔ *Concurrence, (J. M.) Keynes*

Rockefeller (John Davison)

Entrepreneur américain (1839-1937), ayant amassé une immense fortune dans l'industrie pétrolière.

Il fut le premier à pressentir l'avenir de cette industrie et fonda dès 1862 (à vingt-trois ans) une première entreprise pétrolière, puis il créa en 1870 la Standard Oil Company. Il s'associa ensuite avec les entreprises de raffinage de Cleveland, passa des accords secrets avec des compagnies de chemin de fer* pour obtenir des tarifs de transport plus faibles que ses concurrents, contrôla les grandes raffineries de Pittsburgh, de Philadelphie, de New York et de Baltimore, ainsi que la plupart des compagnies de transport du pétrole.
Il fut condamné en 1892, en application des lois antitrust, mais refusa de céder. Il fallut un second jugement, en 1899, pour qu'il accepte l'éclatement de la Standard Oil, qui ne sera effectif qu'après un troisième arrêt de la Cour suprême, en 1911. P. B.

➔ *Trust*

ROE
(Return on investment, en français retour sur investissement)

Ratio exprimant le rendement du capital employé.

Notion utilisée depuis les années 90, le ROE exprime la montée de la « création de valeur pour

l'action-naire », en d'autres termes, l'importance croissante du financement des entreprises par la Bourse*. Comme l'écrit **Érik Izraelewicz** (in *le Capitalisme zinzin,* 1999), « chaque projet d'investissement (d'une société) est évalué à partir de la valeur qu'il est susceptible de créer, de son rendement par rapport au capital qu'il mobilisera ». P. B.

➔ *Bourse, entreprise*

Rostow (Walt Whitman)

Économiste américain (né en 1916), inventeur du concept de take-off, étape selon lui décisive du développement économique.

Dans son principal ouvrage, *les Étapes de la croissance économique* (1960), W.W. Rostow considère que les pays aujourd'hui développés ont connu cinq étapes dans leur histoire.

- La première étape fut celle de la société traditionnelle essentiellement agricole et « pré-newtonienne », car ne connaissant aucun essor des sciences et des techniques.
- Durant la deuxième étape s'accumulèrent les conditions préalables au démarrage : les mentalités évoluèrent, de nouvelles techniques émergèrent, l'État améliora les infrastructures, des entrepreneurs apparurent...
- La troisième étape fut celle du take-off*, ou décollage : l'économie put amorcer son développement grâce à un taux d'investissement supérieur à 10 % du revenu national, et à des industries motrices aux effets entraînants pour le reste de l'économie (coton, chemin de fer...).
- La quatrième étape fut celle de la marche vers la maturité : la technologie moderne se généralisa, de nouvelles industries apparurent, le secteur agricole devint secondaire.
- La cinquième étape est celle de la consommation de masse, durant laquelle les besoins essentiels de la population sont satisfaits, et où l'État providence* peut orienter une partie des ressources nationales vers l'amélioration du bien-être collectif. On tendrait ainsi vers une ère de l'opulence.

Selon Rostow, tous les pays pourraient connaître une telle évolution, y compris ceux du tiers-monde*. Pour les marxistes, auxquels Rostow voulait s'opposer, cette analyse n'explique pas l'émergence du capitalisme* et nie le rôle joué par l'impérialisme* dans son développement. Divers historiens contestent d'autre part l'existence d'une courte période de décollage, le développement économique étant à leurs yeux le produit d'un processus long et régulier. P. B.

➔ *Capitalisme, féodalisme, révolution industrielle*

Rotation

Mesure du poids des capitaux par rapport aux ventes de la période considérée.

À taux de **profitabilité** (bénéfice sur ventes) constant, l'augmentation de la rotation des capitaux augmente la rentabilité. Si deux entreprises A et B ont des capitaux d'une même valeur globale égale à 1 000, si les ventes de A sont égales à 1 000 et celles de B à 2 000, la rotation des capitaux de l'entreprise A est égale à 1, et celle de B, à 2. On peut dire que tout se passe comme si les capitaux de B étaient transformés en ventes deux fois plus vite que ceux de A : leur rotation est double.

La mesure de la rotation des capitaux est une des composantes essentielles de celle de la rentabilité. Toute chose égale par ailleurs, plus la rotation est rapide, plus la rentabilité est élevée ; en effet, la rentabilité est le produit de la profitabilité (**taux de marge**) par la rotation : Rentablité [Résultat/Capitaux] = Profitabilité [Résultat/Ventes] x Rotation [Ventes /Capitaux]. J. R.

Rothschild (famille)

Famille de banquiers d'origine allemande, ayant joué un rôle majeur en Europe au début du XIXe siècle.

Le fondateur de la dynastie, Meyer Amschel (1743-1812), fripier et ferrailleur à Francfort-sur-le-Main, obtint la confiance du prince Guillaume de Hesse-Cassel et devint son banquier.

Durant les guerres napoléoniennes, il fit fortune en plaçant habilement les avoirs du prince en exil, en recrutant des mercenaires pour le compte des États en guerre contre Napoléon, et en faisant entrer clandestinement des marchandises provenant d'Angleterre durant le Blocus* continental. Il établit également ses cinq fils dans les grandes villes européennes : Londres, Vienne, Naples et Paris. Les Rothschild prêtèrent aux souverains et aux États, participèrent au financement des compagnies de chemin de fer et achetèrent des titres publics et privés, revendus ensuite dans le public avec de fructueux bénéfices.
Avec le développement des grandes banques d'affaires et de dépôt (à partir du milieu du XIXe siècle), les Rothschild perdirent leur place privilégiée au sein de la haute banque, tout en restant à la tête d'établissements financiers encore prestigieux à la fin du XXe siècle. P. B.

Rueff (Jacques)

Économiste français (1896-1978), défenseur de la convertibilité des monnaies en or.

Après sa participation à la réforme monétaire de Poincaré* en 1926, il a été directeur du Trésor (1936-1939) et vice-gouverneur de la Banque de France (1939-1940). Après la guerre, il a dirigé l'Agence pour les réparations de guerre avant d'être nommé à la Cour européenne de justice en 1958. Fervent libéral, il est connu pour son analyse de la situation britannique dans l'entre-deux-guerres, qu'il explique par les rigidités* à la baisse des salaires* et l'existence d'un salaire minimum, perturbant le fonctionnement du marché du travail*.
Il a critiqué le régime d'étalon de change-or utilisé dans le système monétaire international* hérité de Bretton Woods*, dont le fonctionnement serait biaisé au profit du dollar qui devient équivalent de l'or (« Dollar as good as Gold »). Son projet alternatif de retour à l'étalon-or, ramenant le dollar au même statut que les autres monnaies, a reçu l'appui du **général de Gaulle**. P. L.

➔ *Chômage, emploi, franc, France, Grande-Bretagne, libéralisme économique, revenu minimum, SMIC*

Russie

La Fédération de Russie est le principal État successeur de l'URSS, désintégrée en 1991. Elle s'est engagée dans un processus de transition vers l'économie de marché et la démocratie, qui est moins avancé et plus chaotique que dans les pays de l'Est (PECO). Les effets pervers de la transition donnent à la Russie les traits d'une économie – ni socialiste ni capitaliste – ne respectant pas les règles du marché.*

La Russie a hérité de l'ex-URSS : son appareil d'État, son armée, sa monnaie, sa banque centrale, ses dettes, 150 (de ses 287) millions d'habitants. Elle a regroupé onze anciennes républiques de l'URSS au sein de la Communauté des États indépendants (CEI) : Arménie, Azerbaïdjan, Belarus, Géorgie, Kazakhstan, Kirghizistan, Moldova, Ouzbékistan, Tadjikistan, Turkménistan, Ukraine. La transition n'y a commencé qu'en 1992, inégalement.
Le programme de stabilisation russe adopté en

Russie
Boris Bererovski, ancien mathématicien, proche de Boris Eltsine et l'un des hommes d'affaires les plus riches de Russie. Il est jugé très représentatif d'une nouvelle classe d'entrepreneurs, très actifs et souvent situés aux frontières, quand ce n'est pas bien au-delà, de toute légalité.

Russie
Tableau d'honneur à l'usine Staline de Novokramatorsk. Une immense littérature a été consacrée au passage du capitalisme au socialisme. Les publications sur le trajet inverse sont beaucoup plus rares, et c'est le problème de la Russie contemporaine.

1992 est beaucoup moins complet et cohérent que dans les PECO. Centré sur la libération des prix, son impact inflationniste a appauvri une grande partie de la population. Il est abandonné au bout d'un an pour une politique économique plus fluctuante dans un contexte de moins en moins démocratique (assaut du Parlement par les forces armées, guerre en Tchétchénie). Un nouveau programme de 1995, basé sur la stabilisation du rouble dans une bande de fluctuation prédéterminée par rapport au dollar, finit par maîtriser l'inflation* en 1997, mais il n'interrompt pas une chute de la production, qui dure depuis dix ans.

Un déficit budgétaire persistant, entretenu par des recettes fiscales défaillantes (évasion et fraude fiscales), a conduit l'État russe à pratiquer la séquestration budgétaire (gel des dépenses et arriérés de paiement), à se financer par l'émission de bons du Trésor (**GKO**) à taux d'intérêt très élevés, attirant d'importants capitaux spéculatifs. Le financement monétaire du déficit, la baisse du prix du pétrole et des réserves de change, et la crise asiatique, mettent fin à la confiance des investisseurs, notamment étrangers, qui quittent le marché des GKO. En août 1998, l'État russe, incapable d'honorer ses engagements, dévalue puis laisse flotter le rouble, impose un moratoire sur les prêts qu'il a contractés et, pour éviter la faillite de tout le système bancaire (qui a spéculé sur les GKO et le rouble), déclare la faillite de plusieurs banques et en renfloue quelques autres. Des enquêtes sont ouvertes depuis lors sur les délits d'initiés* de divers responsables russes impliqués dans cette spéculation.

En 1993-1994, la Russie a appliqué un programme de privatisation de masse : des coupons d'une valeur faciale (légale) de 10 000 roubles ont été distribués gratuitement à toute la population. Perdant

Le rouble en chute continue

Cours officiel du dollar en roubles (échelle inversée)

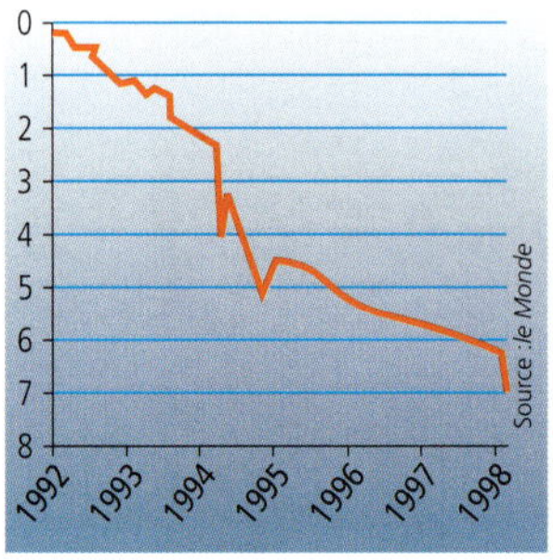

très vite de leur valeur du fait de l'inflation et étant cessibles, nombre de ces coupons sont alors vendus par leurs titulaires à des managers d'entreprises privatisables. Il en résulte une concentration de l'actionnariat aux mains des anciens managers, qui empêche toute restructuration. Après juin 1994, on entre dans la phase de privatisation monétaire : elle ne peut plus se réaliser que par la vente des actifs ou des actions, ce qui en ralentit le rythme. Cette phase marque une redistribution partielle des actions détenues par les managers vers des actionnaires extérieurs aux entreprises *(outsiders)* : « nouveaux riches », *businessmen* (souvent anciens dirigeants du parti, de l'État, des services secrets), oligarques et banques. Celles-ci acquièrent des actions de firmes endettées auprès d'elles, dans un échange « titres contre dettes » très avantageux en 1995. Ainsi se forment les groupes industriels-financiers russes, dont certains résultent aussi de la transformation d'anciennes directions des ministères sectoriels en sociétés par actions. Leur présence réduit la concurrence, remplacée alors par des réseaux de relations personnelles au sein de l'élite.

L'instauration durable d'un système « désinstitué »

La transition russe a également pour effets pervers les impayés (arriérés de paiement entre entreprises, arriérés de salaires, arriérés d'impôt), la prolifération du troc, la dollarisation des transactions, l'expansion de l'économie informelle (15 % du produit intérieur brut* en 1990, 42 % en 1995), de la corruption, de l'activité économique criminelle et de la mafia* ; plus largement, on ne respecte plus ni la discipline des contrats ni les règles édictées par un État affaibli.

La Russie et les pays de la CEI (à la différence des PECO) montrent qu'une économie de marché n'est pas l'issue automatique de la transition. Ce peut être un système économique plus ou moins stable, oligarchique, non concurrentiel, où un État* faible est mis au service de groupes d'intérêts privés et où le troc*, le non-paiement et le délit économique déjouent les règles du marché. La théorie d'un tel système « désinstitué », en transition durable, reste à faire.

W. A.

➔ *Économies socialistes, pays de l'Est, système économique*

Russie

Population : 146 934 000 hab.
PNB (1997): 437,78 milliards de $
PNB/hab. : 2 680 $

S

DOSSIERS

Saint-Simon (Claude Henri de Rouvroy, comte de)

Écrivain contestataire français (1760-1825), à l'origine d'un courant « industrialiste » qui a inspiré de nombreux entrepreneurs du XIXe siècle.

Saint-Simon se rend célèbre en affirmant que, pour réaliser le progrès économique et social, il faut mettre en place un « système industriel » visant à améliorer le sort de la classe* la plus pauvre et la plus nombreuse, reposant sur la complémentarité des intérêts de tous les « productifs », et encadré par un État veillant à satisfaire l'intérêt général.
Saint-Simon fit de nombreux adeptes, dont les plus célèbres furent Prosper Enfantin, Michel Chevalier, ministre de **Napoléon III** (lui-même sensible aux idées de Saint-Simon), le banquier Laffitte, les frères Pereire* et **Ferdinand de Lesseps**. Saint-Simon fit également œuvre de prophète en appelant le « rassemblement des peuples de l'Europe en un seul corps politique, conservant à chacun son indépendance nationale », ce qui est en cours de réalisation à l'aube du XXIe siècle. P. B.

➔ *France, industrialisation*

Salaire

Rémunération versée par un employeur à un employé en contrepartie de l'utilisation d'un certain temps de travail mis à la disposition du premier par le second.

Le salaire peut être versé en nature (nourriture, hébergement...), mais il prend généralement une forme exclusivement monétaire dans les sociétés marchandes. Il peut faire l'objet d'un simple accord particulier entre l'employeur et l'employé, ou être réglementé dans le cadre de conventions collectives fixant la grille des rémunérations en fonction d'un degré de qualification reconnu nationalement, et être de ce fait au moins égal à un minimum légal. Le **salaire nominal** est calculé à prix courant ; le **salaire réel**, à prix constant.

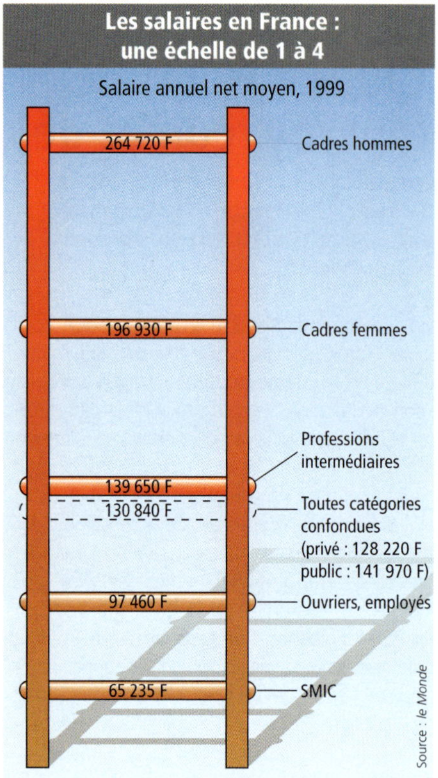

Naissance et développement du salariat

Le salariat s'est développé historiquement avec le capitalisme* industriel, c'est-à-dire à partir de la fin du XVIIIe siècle. Auparavant, le travail était rémunéré indirectement à travers l'achat de produits façonnés à domicile ou dans de petits ateliers urbains. Le salariat existait cependant (mais d'une façon marginale) dans le cadre de l'artisanat urbain : un maître artisan, propriétaire de son échoppe et de ses instruments de travail, employant un ou plusieurs compagnons ou apprentis, payés partiellement sous forme monétaire et partiellement en nature (nourriture, hébergement...). Mais la révolution industrielle* bouleversa les techniques de production et les rapports sociaux. La mécanisation et le développement de l'industrie impliquèrent l'utilisation sur une grande échelle d'une main-d'œuvre salariée à temps complet. Celle-ci est désormais rémunérée pour le temps passé à produire des marchandises.

Durant le XIXe siècle, l'essor du capitalisme industriel et des grandes unités de production s'accompagna de l'essor du salariat, qui s'étendit encore plus au XXe siècle avec la croissance des activités de services et des administrations publiques, et le déclin concomitant de l'artisanat et de la petite agriculture.

Les théories du salaire

Dans la théorie classique* anglaise, le salaire des ouvriers correspond à la rémunération nécessaire à la simple survie d'une famille ouvrière, la concurrence entre ouvriers empêchant les salaires de s'élever durablement au-dessus de ce niveau. Pour Marx*, le salaire est fonction des conditions sociales de « reproduction de la force de travail », mais aussi du rapport de force entre « bourgeoisie » et « prolétariat ». Selon les théoriciens néoclassiques*, le salaire est le « prix du facteur travail » et fluctue en fonction de l'offre et de la demande de ce facteur. Sous l'effet de la concurrence, il tend à correspondre à la productivité marginale* en valeur du travail (c'est-à-dire ce que rapporte la dernière unité de travail utilisée), puisque la demande de travail (et donc le salaire) augmente tant que la productivité du travail est supérieure au coût salarial, et qu'inversement la demande de travail diminue si le coût salarial excède la productivité du travail.

Analyse du salaire

En deux siècles, la part des salariés dans l'ensemble de la population active est passée d'environ 15 % à plus de 80 % aujourd'hui. On distingue les **salaires bruts** (comprenant les cotisations sociales supportées par les salariés et retenues par les employeurs qui les versent aux organismes de protection sociale), les **salaires nets**, effectivement perçus par les employés, et (en comptabilité nationale française) la **rémunération des salariés**, versée par les employeurs, qui englobe les salaires et l'ensemble des cotisations sociales à la charge des employeurs et des employés.

Le salaire aujourd'hui

En France, les salaires nets moyens étaient en 1993 égaux à 14 000 francs environ pour les hommes et de 10 200 francs pour les femmes travaillant en Île-de-France, de 9 900 francs pour les hommes et de 7 700 francs pour les femmes travaillant en province. Le salaire minimum horaire brut était quant à lui égal à environ 40 francs en 1998, soit environ 7 000 francs brut par mois pour 175 heures travaillées.

La part des salaires dans la valeur ajoutée globale de l'économie française, qui était de l'ordre de 60 % en 1970 et qui avait atteint environ 70 % au début des années 1980, est revenue à son niveau de 1970 au milieu des années 1990. Cela s'explique par des politiques salariales relativement restrictives, destinées à lutter contre l'inflation et à restaurer la compétitivité et la rentabilité des entreprises. P. B.

➔ *(T. R.) Malthus, marxisme, répartition des revenus, (D.) Ricardo, SMIC, (A.) Smith, valeur ajoutée*

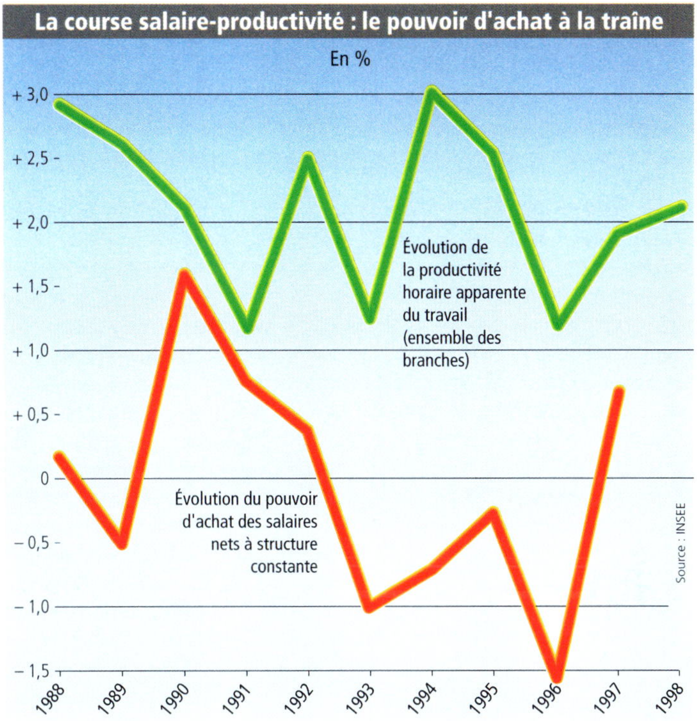

Salaire d'efficience

Théorie selon laquelle le salaire exerce un effet incitatif sur l'effort productif des travailleurs, dont la productivité* augmente avec la rémunération.*

Le salaire n'est plus seulement un coût* pour les firmes mais aussi un facteur d'efficacité. Dans un cadre de concurrence* et d'information* imparfaites, les employeurs ne peuvent pas vraiment connaître les qualités des salariés. Aussi, certaines entreprises proposent des salaires plus élevés qu'ailleurs pour attirer une main-d'œuvre compétente, éviter une rotation du personnel trop fréquente, coûteuse en termes de formation, et pour dissuader les comportements de « tire-au-flanc ». Elle fait ainsi du licenciement une menace plus coûteuse par la perte de revenu qui en découlerait.

Cette théorie est utilisée en macroéconomie* pour expliquer comment la concurrence* ne conduit pas au niveau de salaire qui assurerait l'équilibre entre offre et demande de travail. Le salaire d'efficience étant supérieur au salaire qui assurerait le plein-emploi, l'offre de travail excède alors la demande des entreprises, réticentes à embaucher à ce taux. D'où résulte le chômage. P. L.

➔ *Contrat, déséquilibre, emploi, marché du travail, qualification, rigidité*

Samuelson (Paul Anthony)

Économiste américain (né en 1915), professeur au Massachusetts Institute of Technology (MIT), conseiller du président Kennedy et prix Nobel 1970.*

Il est, avec Robert Solow*, l'un des principaux artisans de la synthèse néoclassique*. Dans le cadre du court terme, il a attribué la responsabilité des cycles économiques* à l'« oscillateur » d'investissement*, qui combine les effets multiplicateur et accélérateur : l'investissement stimule l'activité économique (effet multiplicateur) ; quand l'activité est soutenue, la demande est forte et stimule l'investissement (effet accélérateur). S'appuyant sur la courbe de Phillips*, il a soutenu que la politique économique* doit arbitrer entre inflation* et chômage*. Dans les annés 1970, il a démontré que les économies des pays industrialisés combinaient la libre concurrence et le contrôle étatique.

Il est l'auteur de deux livres importants :

• *Foundations of Economic Analysis* (1947), qui expose la théorie néoclassique* sous sa forme moderne de l'économie mathématique*, utilisée aussi pour analyser le commerce international* et les biens collectifs* ;

• son manuel *Economics,* qui a été un succès mondial depuis sa parution en 1948, donnant lieu à 15 éditions. P. L.

➔ *(A.) Aftalion, keynésianisme*

Santé

Voir dossier p. 505

Sauvy (Alfred)

Économiste et démographe français (1898-1990), inventeur du terme « tiers-monde ».

« Car, enfin, ce tiers-monde*, ignoré, exploité, méprisé, comme le tiers État, veut lui aussi être quelque chose » (*l'Observateur politique, économique et littéraire,* le 14 août 1952).

Personnalité multiple (économiste, statisticien, historien, journaliste, écrivain, essayiste, professeur, conseiller du prince), Alfred Sauvy a été l'un des fondateurs de la science conjoncturelle en France, mais c'est surtout pour son renouvellement de la démographie qu'il est connu. Il fonde, en 1945, l'Institut national d'études démographiques (INED) et crée la revue *Population,* qui ouvre la démographie aux autres sciences sociales, notamment l'histoire. Farouche antimalthusien, il élabore notamment le concept d'« optimum de population ». Journaliste, il collabore au *Monde* jusqu'à sa mort. Parmi ses nombreux ouvrages, on note particulièrement *Théorie générale de la population* (1954) et *Histoire économique de la France entre les deux guerres* (1965). J.-M. F.

➔ *Démographie, (T. R.) Malthus*

Say (Jean-Baptiste)

Économiste français (1767-1832), qui fut l'un des principaux fondateurs du libéralisme et fut à l'origine de l'idée d'équilibre macroéconomique.*

J.-B. Say se situe dans la continuité des penseurs libéraux du XVIIIe siècle, et en particulier d'Adam Smith* dont il introduisit les idées en France, après un séjour à Londres en 1796.

Hostile au dirigisme et au protectionnisme* de Napoléon, il quitta ses fonctions au Tribunat pour fonder une usine textile employant 400 ouvriers, avant de créer un enseignement d'économie au Conservatoire national des arts et métiers en 1820 et au Collège de France en 1831. Dans son *Traité d'économie politique* (1803), son *Catéchisme d'économie politique* (1815) et ses *Cours complets d'économie politique* (1828-1829), il dépassa la pensée de ses prédécesseurs.

Selon lui, une économie respectant les principes de la libre concurrence* ne saurait connaître de crise de surproduction, car toute nouvelle production s'accompagne de la distribution de revenus supplémentaires d'une valeur équivalente : **l'offre crée sa propre demande**. Cette **loi des débouchés** (à laquelle Ricardo* rendra hommage) a pour corollaire que **la monnaie n'est qu'un voile** car elle n'est pas thésaurisée : tout revenu monétaire est soit utilisé à acheter des biens de consommation, soit prêté à un autre agent désireux de consommer lui-même ou d'investir. Tout se passe comme si les produits s'échangeaient contre d'autres produits. Et, si un bien est moins demandé et que son prix baisse, cela signifie qu'un autre bien est davantage demandé, ce qui fera augmenter son prix et attirera de nouveaux producteurs. L'État doit donc laisser le marché réguler l'économie et se contenter de remplir des fonctions de police ou de justice, d'améliorer les voies de communication... pour créer un environnement favorable aux entreprises privées.

J.-B. Say contribua aussi à fonder la théorie de la « valeur utilité », selon laquelle la valeur des biens échangés dépend de la satisfaction éprouvée par les consommateurs (et non du temps de travail utilisé pour les produire, comme le pensaient Smith* ou Ricardo*). P. B.

➔ *Libéralisme économique*

Dossier

L'état de santé de la population n'a cessé de s'améliorer, tout particulièrement au cours du XXe siècle. En 1900, l'espérance de vie moyenne en France était inférieure à cinquante ans ; elle approche aujourd'hui de quatre-vingts ans. Si ces résultats doivent beaucoup à l'amélioration de l'hygiène, de l'alimentation, du logement et des conditions de travail, les progrès de la médecine, conjugués à un effort financier croissant de la collectivité depuis 1945, ont permis de pérenniser ces gains au fil du temps.

Santé

La France n'ayant pas de définition officielle de la santé, les experts retiennent celle de l'Organisation mondiale de la santé (**OMS**) : « un état complet de bien-être physique, mental et social ». Pour s'approcher de cet idéal, la France dépense près du dixième de sa richesse nationale en soins divers. Ce qui amène à tenter un bilan coûts-avantages.

La France compte 250 000 professionnels de santé libéraux (dont 113 000 médecins libéraux), soit 424 pour 100 000 habitants. Près de 1 million de personnes travaillent dans les hôpitaux. Au total, le secteur de la santé (soins, recherche, industrie pharmaceutique) emploie 1,7 million de personnes (+ 20 % entre 1982 et 1992). Par ailleurs, il existe 500 000 lits d'hospitalisation (chiffres 1998) dans le secteur public et les cliniques, dont la moitié pour des soins de courte durée (médecine, chirurgie, obstétrique).

En 1996, la France a consacré 9,6 % de sa richesse nationale aux dépenses de santé, selon l'Organisation de coopération et de développement économiques (OCDE*). Même s'il convient d'être prudent sur les comparaisons internationales, les pays n'ayant pas la même définition des dépenses de santé, la France arrive dans les tout premiers rangs mondiaux, derrière les États-Unis (14,2 %). La moyenne des pays de l'OCDE est de 7,8 %.

Plus de 700 milliards pour se soigner

Consommation médicale totale des ménages français, en % du total, 1997

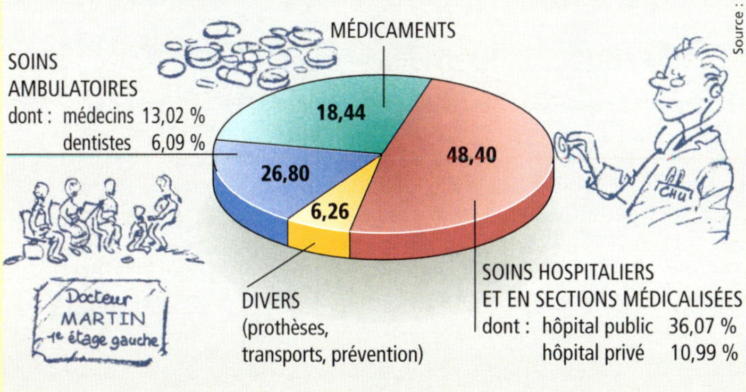

Source : INSEE

Un système en butte à des dysfonctionnements

Les Français ont longtemps cru qu'ils bénéficiaient du « meilleur système de santé au monde ». Or, plusieurs rapports récents ont mis en évidence les résultats sanitaires moyens de ce système : il fonctionne mal, ses coûts

La santé, ça n'a pas de prix... ou presque

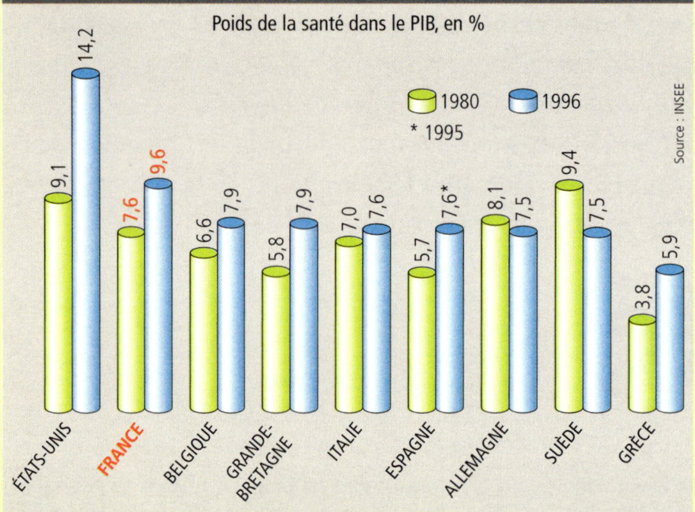

des réseaux d'établissements de soins les plus denses du monde. Mais la répartition en lits, en équipements et en personnels est profondément inégalitaire. Si l'on voulait qu'il y ait partout la même densité de chirurgiens, il faudrait en retirer à l'Île-de-France 2 464, soit 43 % de l'effectif, a calculé Élias Coca.

L'état de santé de la population n'est pas le même dans toute la France, alerte régulièrement le Haut Comité de la santé publique : la Bretagne, le Nord-Pas-de-Calais et l'Alsace continuent à accuser une surmortalité relative des hommes de 10 %. La fréquence des cancers de l'estomac est plus grande en Bretagne et en Normandie, celle des cancers du poumon en Corse, et celle du sida, en Île-de-France et en PACA.

Ces écarts se doublent d'inégalités sociales. Selon le Centre de recherche, d'étude et de documentation en économie de la santé (**CREDES**), 23 % des assurés sociaux ont dû renoncer au cours de leur vie à certains soins (dentaires, optiques et prothèses). De plus, si l'espérance de vie progresse dans toutes les couches de la population, les classes aisées en profitent plus que les catégories modestes : à

échappent à tout véritable contrôle, l'évaluation de la qualité des soins reste balbutiante et de graves inégalités persistent.

Ces inégalités sont d'abord géographiques. L'assurance-maladie dépense pour chaque habitant de l'Île-de-France 43 % de plus que pour chaque habitant du Poitou-Charentes, souligne Élias Coca, auteur de deux enquêtes de référence sur *les Inégalités entre hôpitaux* (Berger-Levrault).

L'installation des cabinets médicaux étant totalement libre, il y a 380 médecins pour 100 000 habitants en Île-de-France, alors qu'ils ne sont que 225 en Picardie, selon une étude du secrétariat d'État à la Santé.

Avec 1 064 hôpitaux publics et 3 128 cliniques privées (en 1998), la France dispose d'un

Que consomme le Français moyen ?

Selon le rapport 1999 de la commission des comptes de la santé, la consommation médicale totale des Français (soins, biens médicaux, prévention) a atteint 742,7 milliards de francs en 1998, et chaque habitant a dépensé 12 268 francs pour se soigner, qu'il s'agisse des dépenses engagées par les caisses d'assurance-maladie, les mutuelles, l'État ou les ménages eux-mêmes. La consommation de soins hospitaliers en a représenté près de la moitié (5 684 francs par habitant). La médecine de ville a coûté 1 563 francs par habitant ; les dentistes ont représenté 695 francs, les auxiliaires médicaux (kinésithérapeutes, infirmiers...), 616 francs, les laboratoires d'analyses, 274 francs. À elle seule, la consommation de médicaments a atteint 142 milliards de francs (2 346 francs par habitant). Les prothèses optiques et orthopédiques, et les véhicules pour handicapés physiques ont représenté 28 milliards. La prévention ne représente qu'une part très minime : 16,6 milliards de francs, soit 275 francs par personne.

Des assurés mal remboursés

Les Français sont de moins en moins bien remboursés par les caisses d'assurance-maladie : la **Sécurité sociale***, qui prenait en charge 76,5 % des dépenses de santé en 1980, n'en rembourse plus que 75,5 % en 1998, alors que les dépenses ont plus que doublé. Cette baisse est notamment liée à la réduction de 5 % du remboursement des consultations et des prescriptions des médecins en août 1993. Elle avait été précédée, au cours des années 1980, par l'instauration du secteur à honoraires libres pour les médecins libéraux (1980), par celle d'un forfait journalier à l'hôpital (71 francs) et par une baisse de la prise en charge de nombreux médicaments. Dans le même temps, de plus en plus de Français ont accédé à une mutuelle complémentaire. Mutuelles, compagnies d'assurances et institutions de prévoyance remboursent 12 % du total des dépenses. 85 % des Français ont une couverture complémentaire. Les caisses de la Sécurité sociale ne veulent plus être des « payeurs aveugles ». D'ici à la fin 2000, toute la pharmacopée aura été passée au peigne fin. Les produits à l'efficacité thérapeutique faible ou nulle ne seront plus remboursés, ou ils le seront plus mal. Une première liste de 1 100 produits (cardio-vasculaires, nutrition et métabolisme, rhumatologie et psychiatrie) a déjà été passée au crible par l'Agence française de sécurité sanitaire des produits de santé. Conclusion : un quart d'entre eux (270), parfois parmi les plus prescrits, n'ont pas fait la preuve de leur efficacité.

35 ans, les cadres hommes et les membres des professions libérales ont une espérance de vie moyenne de 44,5 ans, alors qu'elle n'est que de 37 ans pour les ouvriers non qualifiés. Enfin, l'inégalité hommes-femmes devant la mort ne recule pas.

Les morts prématurées liées au tabac et à l'alcool (environ 100 000 par an) ainsi qu'aux accidents de la route et aux suicides ne reculent pas. Le Haut Comité de la santé publique estime qu'une amélioration de la prévention et une réduction des conduites à risques permettraient de diminuer de 50 % le nombre de ces décès prématurés.

La couverture vaccinale s'est étendue à la quasi-totalité de la population, les techniques médicales (échographie, scanner, procréation médicalement assistée...) et les médicaments innovants (ciclosporine, trithérapies anti-sida...) ont connu une large diffusion et l'« espérance de vie sans incapacité » s'est accrue. Le poste « santé » des ménages est celui qui a le plus augmenté depuis la fin des années 1980.

Pourtant, une part importante des dépenses médicales des ménages français demeure à leur charge, la Sécurité sociale ne remboursant plus que 75,5 % des dépenses de santé (89,7 % pour les dépenses hospitalières et 65,7 % pour les soins de ville). Celles-ci ont atteint près de 730 milliards de francs en 1997.

Une réforme nécessaire mais difficile

La rationalisation du système de soins aura un coût, notamment en termes d'emplois. « L'excédent d'offres de soins commence à pouvoir être chiffré de façon sérieuse par secteur : environ 230 000 emplois ne correspondent pas à une utilité médicale », écrit **Gilles Johanet** dans *Sécurité sociale : l'échec et le défi* (Seuil, 1998). Fermer les lits d'hôpitaux excédentaires, c'est une suppression nette de 130 000 emplois. Éliminer de la gamme des médicaments les produits qui ne méritent pas ce nom entraînera la disparition de 25 000 emplois. Réduire le nombre de prati-

Gérer un hôpital

Répartition d'un budget hospitalier et dotations

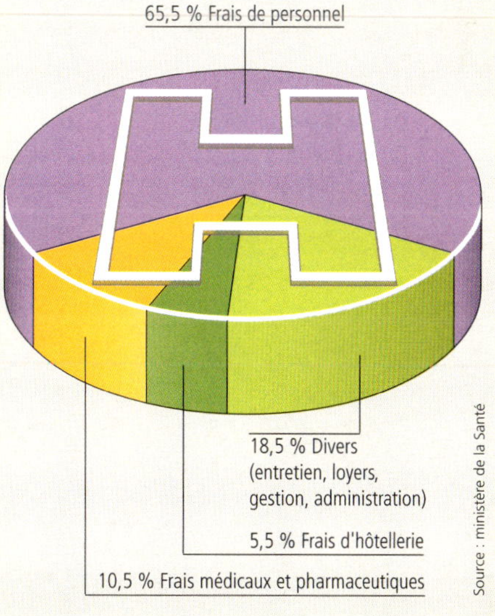

La forte concentration des dépenses de santé

Les dépenses de santé sont très concentrées. Dans une étude publiée en août 1999 sur la base d'un échantillon de 4 517 personnes (*Concentration des dépenses et grands consommateurs de soins médicaux*), le Centre de recherche, d'étude et de documentation en économie de la santé (CREDES) indique qu'en 1995 le quart de la population avait absorbé 80 % des dépenses médicales et que 5 % des assurés étaient responsables de 47 % de ces dépenses. En 1995, les grands consommateurs (10 % des assurés) dépensaient en moyenne 48 300 francs par personne et par an. Dans le groupe correspondant aux 5 % des plus grands consommateurs, l'« ordonnance » pouvait atteindre 669 146 francs pour une seule année.

ciens libéraux en excès d'environ 20 000 actuellement supprimera 30 000 emplois. L'assurance-maladie elle-même, qui a déjà supprimé près de 10 000 emplois de 1984 à 1993, en supprimera autant avec l'informatisation.

Le vieillissement de la population impose de développer la prise en charge des handicaps, de la dépendance, des maladies chroniques et des soins palliatifs (traitement de la douleur, aide aux malades en fin de vie...). Enfin, il est urgent de réduire les inégalités sociales par des politiques très ciblées en direction des populations les plus défavorisées. Au système de soins, où le curatif est très largement dominant, doit se substituer un système de santé au sens plein du terme. Autrement dit, un système dans lequel la prévention – peu reconnue dans la culture médicale française – aurait toute sa place.

J.-M. B.

➔ *Consommation, déficits sociaux, protection sociale, Sécurité sociale*

Schacht (Horace Greeley Hjalmar)

Homme politique allemand (1877-1970), ayant notamment été l'initiateur de la politique économique du régime national-socialiste.

À la tête de la banque centrale allemande en 1923, le « Docteur Schacht » a stabilisé le mark après l'épisode d'hyperinflation. Ralliant le parti national-socialiste dans les années 1930, il inspira et mit en œuvre la politique économique hitlérienne, l'objectif étant de remédier au chômage et de restaurer la puissance économique et politique de l'Allemagne à travers une prise de contrôle de l'économie par l'État (réarmement, autarcie, politique colonisatrice...). P. U.

Schumpeter (Joseph Alois)

Économiste autrichien (1883-1950), qui a analysé les cycles longs de l'économie et le rôle joué par les entrepreneurs à travers l'innovation.*

Dans sa *Théorie de l'évolution économique* (1912), il a cherché à dépasser le cadre de l'économie statique pour comprendre la complexité de la dynamique* interne du capitalisme*. Pour cela, il a mis l'accent sur les facteurs individuels et subjectifs, et sur le rôle des « grappes d'innovations »* constituant un processus de destruction créatrice. Par le recours au crédit*, l'entrepreneur, doté d'une psychologie qui n'est pas simplement celle de l'*Homo oeconomicus**, est le seul agent* de ce changement, qui suit un processus discontinu.

Schumpeter a étendu l'analyse du cycle économique* qui en résulte dans son ouvrage *Business Cycles* (1939), en précisant le processus de diffusion de l'innovation propre au capitalisme. Il a aussi voulu tirer les conséquences de long terme de cette dynamique de l'innovation dans *Capitalisme, Socialisme et Démocratie* (1942). Estimant qu'il en résulte de façon inéluctable une socialisation croissante du capital*, il a prédit la disparition du capitalisme* et l'avènement du socialisme.

Schumpeter
L'économiste autrichien Joseph Schumpeter (1883-1950), après avoir été ministre des Finances de son pays, chercha à comprendre la dynamique interne du capitalisme et des processus d'innovation en mettant l'accent sur le rôle central de l'entrepreneur. Il prédit une victoire inéluctable du socialisme.

Il est aussi l'auteur d'une monumentale *Histoire de l'analyse économique*, publiée après sa mort. P. L.

➔ *Croissance, (F. A. von) Hayek, (C.) Menger, progrès technique, (W. W.) Rostow*

Science économique

Selon E. Malinvaud, « l'économie est la science qui étudie comment des ressources rares sont employées pour la satisfaction des besoins des hommes vivant en société : elle s'intéresse d'une part aux opérations essentielles que sont la production, la distribution et la consommation des biens, d'autre part aux institutions et aux activités ayant pour objet de faciliter ces opérations. »*

Cette définition est une synthèse de conceptions différentes proposées tout au long du développement de l'économie* comme discipline autonome. Elle a lentement émergé d'un savoir englobant la réflexion économique dans un questionnement plus général, d'ordre à la fois philosophique (sur la valeur*) et pratique (sur la bonne administration des ressources). La discipline a d'abord été instituée sous la forme de doctrines économiques, de l'Église ou du mercantilisme*. Marquées par des jugements de valeur qui en limitent le pouvoir explicatif, ces doctrines ont été rejetées au profit d'une réflexion plus analytique dans laquelle les recommandations pratiques, adressées à la puissance publique, sont fondées sur des théories censées rendre compte de la réalité observée. C'est le temps de l'économie politique comme science morale et politique, dont l'heure de gloire a commencé à la fin du XVIIIe siècle avec A. Smith* et s'est achevée un siècle plus tard. Si le libéralisme classique et le socialisme ont été développés dans ce cadre, leur contenu normatif a suscité le projet d'une science neutre (de tout jugement de valeur) à la fin du XIXe siècle. La révolution du marginalisme* est à ce titre le fruit d'un travail collectif de refondation du libéralisme sur des bases qui se veulent scientifiques.

Science pure, science sociale ou programme politique ?

Dans cette conception moderne de l'économie comme science, seule la partie analytique de la réflexion, faisant œuvre de connaissance, mérite l'attention des économistes. Les phénomènes étudiés étant de nature quantitative, les tenants de cette conception soutiennent qu'on peut élaborer une science économique sur le modèle des sciences expérimentales, et entre autres de la physique. Si l'expérimentation est impossible en économie, sauf quelques études de comportement* en laboratoire, la méthode scientifique générale serait quand même applicable aux phénomènes économiques. Partant de l'observation des faits, qui fait appel à l'histoire économique et à la statistique*, l'économiste formule une hypothèse explicative, une théorie dont la rigueur interne peut être améliorée par le recours à l'économie mathématique*. Enfin, la véracité de l'explication peut être évaluée par l'économétrie* et des tests empiriques portant notamment sur les prédictions qu'elle engendre.

Cette conception dominante est rejetée par des auteurs d'horizons opposés comme le libéral Hayek* ou les économistes marxistes, qui en récusent le scientisme : pour le premier, l'économie serait une discipline qualitative et non quantitative, car elle dépend de la subjectivité humaine et relèverait du domaine spécifique des sciences sociales ; pour les seconds, les phénomènes économiques dépendent du système dans lequel on se situe, et du rapport de force entre les classes sociales. P. L.

➔ *(A. A.) Cournot, école néoclassique, (A. de) Montchrestien, Nobel, (V.) Pareto, politique économique, (J. A.) Schumpeter, (L.) Walras*

Scripturale (monnaie)

Ensemble de moyens de paiement autres que les billets de banque et les pièces de monnaie, qui circulent par des jeux d'écriture.

La monnaie scripturale sert de moyen de paiement. Elle peut ainsi consister en un virement inscrit sur un compte bancaire. Le chèque (ou le virement, ou la carte bleue) est l'instrument qui permet de la faire circuler. Ainsi, la monnaie scripturale est un dépôt à vue versé sur un compte d'institution financière (une banque, une caisse d'épargne, un compte chèques postal...). L'expression « **à vue** » signifie que l'argent est immédiatement disponible. F. L.

➔ *Fiduciaire (monnaie), monnaie*

Second best

Une situation est dite « de second best » (en français « de second rang ») si elle est obtenue en acceptant une contrainte qui rend impossible un optimum satisfaisant au mieux l'intérêt de chacun.*

C'est le cas si je subis des nuisances nocturnes de la part de mon voisin et que je décale mes heures de sommeil, à défaut de convaincre le gêneur que sa vie serait aussi agréable s'il faisait moins de bruit : cela correspondrait à une solution « optimale ».

Cette notion désigne plus généralement dans la théorie néoclassique* une situation qui est la meilleure compte tenu de phénomènes (tels les effets externes*) faussant les mécanismes de la libre concurrence censés déboucher sur un optimum de premier rang. P. L.

➔ *Optimum, (V.) Pareto, école néoclassique*

Secteur

Grande subdivision de l'activité économique. Les secteurs sont eux-mêmes divisés en branches et en sous-branches.

C'est à l'économiste anglais Colin Clark* *(les Conditions du progrès économique)* qu'on doit le découpage désormais classique entre secteurs primaire (activités extractives), secondaire (activités manufacturières) et tertiaire (activités de services). Le sociologue américain **Daniel Bell** a proposé de définir un secteur quaternaire (commerce et finance) et un secteur quinaire (santé, éducation). Le mot « secteur » est aussi employé par référence au statut juridique de l'activité, secteur public s'opposant à secteur privé et à secteur associatif. S. G.

➔ *Secteur primaire, secteur secondaire, secteur tertiaire*

Secteur primaire

Ensemble des activités économiques fondées sur l'exploitation d'une ressource naturelle, avant toute transformation.

La récolte de la gomme d'hévéa, par exemple, est une activité primaire, mais sa transformation en pneus de caoutchouc est une activité secondaire, et la commercialisation des pneus est une activité tertiaire. On classe généralement dans le secteur primaire l'agriculture, l'exploitation minière, la pêche et la sylviculture. Dans les économies traditionnelles, le secteur primaire représente une part prépondérante de la production et emploie l'essentiel de la main-d'œuvre. Ce sont les surplus dégagés par ces activités, dans certaines circonstances historiques, qui rendent possible le développement économique, comme l'explique **Colin Clark** dans *les Conditions du progrès économique* (1947). Plus une économie se développe, plus la part du secteur primaire diminue en proportion. Ce qui ne signifie pas qu'il reste en dehors de la modernisation. Dans un pays comme la France, le secteur primaire représente moins de 5 % des emplois, mais, en Grèce, le pourcentage est encore de 20 %. S. G.

➔ *Agriculture, matière première, secteur*

Secteur privé

Ensemble des activités, marchandes ou non lucratives, réalisées par des particuliers, des associations ou des sociétés n'appartenant pas à la sphère de l'État.

Le modèle capitaliste libéral qui s'est imposé mondialement depuis une quinzaine d'années repose sur l'initiative privée ; la part de la richesse produite par le secteur privé est désormais majoritaire dans tous les pays. Le secteur privé dispose de plus de libertés que le secteur public, par exemple dans la gestion de ses effectifs, mais il a aussi des obligations de rentabilité et de transparence qui lui sont propres. S. G.

➔ *Capitalisme, privatisation, secteur public*

Secteur public

Ensemble des administrations ainsi que des entreprises publiques et parapubliques exerçant des missions d'intérêt général.

Dans certains pays s'y ajoutent des entreprises commerciales possédées par l'État ou d'autres collectivités publiques (par exemple les banques nationalisées). Outre les fonctions « régaliennes » comme la

Entre un tiers et les deux tiers de la richesse nationale pour l'État

Dépenses courantes des administrations publiques, en % du PIB, 1997

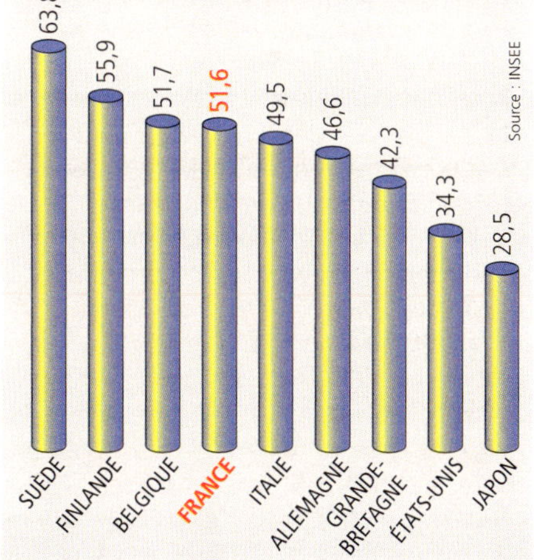

défense, la justice ou le fisc, l'éducation* et la santé* relèvent généralement du secteur public, au moins partiellement. Dans les économies socialistes de type soviétique, le secteur public est allé jusqu'à représenter pratiquement 100 % de la production ; à l'inverse, dans certains pays très libéraux, ce secteur (pour sa partie entreprises publiques) ne dépasse pas 10 % du PIB (6 % en Grande-Bretagne). En France, le secteur public au sens large (administration + entreprises publiques) regroupait en 1985 près de 30 % de la population active salariée ; au sens étroit (entreprises publiques seulement), le secteur public, qui est soumis pour sa partie non commerciale à un droit particulier (le droit administratif) et dont les employés sont protégés par un statut avantageux, a représenté jusqu'à 9 % de l'emploi salarié au milieu des années 1980, pour revenir depuis les privatisations des dix dernières années à environ 5,5 % dans les années 1990. S. G.

➔ *Fonctionnaire, nationalisation, privatisation, secteur privé*

Secteur secondaire

Ensemble des activités économiques visant à transformer des matières premières en produits élaborés.

L'extraction du minerai de bauxite est une activité primaire, mais sa transformation en aluminium brut, puis par exemple en barquettes pour l'alimentation, relève du secteur secondaire, c'est-à-dire de l'industrie. Le secteur secondaire est généralement subdivisé en branches* de production (comme la métallurgie), en filières (la filière bois-papier). Historiquement, le développement économique a coïncidé avec une forte croissance du secteur secondaire, du moins pour les pays qui ont suivi le modèle de la révolution industrielle : Angleterre, France, Allemagne, États-Unis, Russie, Japon, notamment. Dans la phase de grande industrialisation, l'industrie est le secteur le plus dynamique en termes de production de richesses et de croissance des emplois. Mais, dans les phases ultérieures du développement, le secteur secondaire tend à être supplanté par les activités de services, ou secteur tertiaire. Après la Seconde Guerre mondiale, les services creusent l'écart. Aujourd'hui, seuls 18 millions d'Américains sur une population active de 126 millions travaillent dans l'industrie (15 %), alors qu'il y a vingt-cinq ans ils étaient 20 millions sur une population active de 77 millions (26 %). Les effectifs industriels décroissent aussi en France depuis 1975.. S. G.

➔ *Filière, industrie, secteur*

Secteur tertiaire

Ensemble des activités économiques visant à fournir des services (par opposition à la production de biens).*

Dans ce vaste secteur, on classe aussi bien les hôpitaux que les écoles, les hôtels, les banques, les hypermarchés, les maisons de retraite, les pressings ou les clubs de tennis. Le développement et la diversification des activités tertiaires sont le propre des économies avancées. Désormais, plus de 70 % de la main-d'œuvre y est employée (on dit que les « cols blancs » ont progressivement remplacé les « cols bleus »). Mesurer la productivité des services est problématique, la plupart des instruments de calcul ayant été conçus pour appréhender la production et l'échange de biens physiques. L'exemple classique du coiffeur, qui, malgré tous les progrès techniques, a toujours besoin de vingt minutes pour faire une coupe, est trompeur. Car il semble clair que les technologies de l'information sont en train de révolutionner la plupart des métiers de services, qui réclament des niveaux de qualification de plus en plus élevés. L'idée du sociologue **Daniel Bell**, auteur de *la Société postindustrielle,* est que la notion de « secteur tertiaire » ne suffit pas à décrire la complexité des services : il propose de nommer « secteur quaternaire » l'ensemble des activités commerciales et financières, et « secteur quinaire » les activités comme l'éducation*, la formation, la santé* (cette dernière représente à elle seule près de 10 % du produit intérieur brut). S. G.

➔ *Commerce, services*

Sécurité sociale

Ensemble des organismes chargés de mettre en œuvre le système de protection sociale obligatoire.

CMU : soigner les plus démunis

La couverture maladie universelle (CMU) s'est mise en place au cours de l'année 2000. La loi, votée le 30 juin 1999, permet à environ 150 000 per- sonnes de bénéficier de la Sécurité sociale (de base) et, surtout, à 6 millions de personnes d'accéder gratuitement à une mutuelle complémentaire – à condition, toutefois, qu'elles disposent d'un revenu mensuel inférieur à 3 500 francs (pour une personne seule), alors que le seuil de pauvreté est de 3 800 francs. Les bénéficiaires de la CMU n'ont pas d'avance de frais à faire s'ils choisissent un médecin référent, formule d'abonnement annuel chez un généraliste de leur choix. Coût pour l'État : 9 milliards de francs, selon le gouvernement ; sensiblement plus pour de nombreux experts.

J.-M. B.

Le gouffre de la « Sécu » : vers le retour à l'équilibre pour le régime général

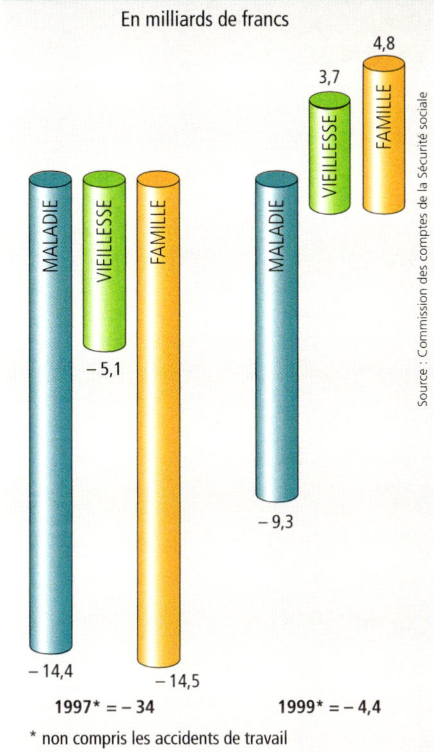

La Sécurité sociale a été créée par l'ordonnance du 4 octobre 1945. Elle est organisée autour de trois grandes branches : la maladie, la vieillesse et la famille (auxquelles s'ajoutent les accidents du travail).

Le budget général de l'institution est supérieur à 1 250 milliards de francs (comparable aux 1 670 milliards du budget de l'État). Les caisses sont administrées, sous le contrôle de l'État, par les organisations syndicales (statutairement majoritaires au sein des conseils d'administration), le patronat (entre 20 et 25 % des sièges) et des représentants des associations et des organismes spécialisés.

Le déficit du régime général de la Sécurité sociale est une question récurrente, même s'il est en diminution depuis quelques années. Il s'élevait à 67,3 milliards de francs en 1994, contre un excédent de 200 millions cinq ans plus tard. La branche maladie demeure la plus lourdement déficitaire.

Le poids de la Sécurité sociale

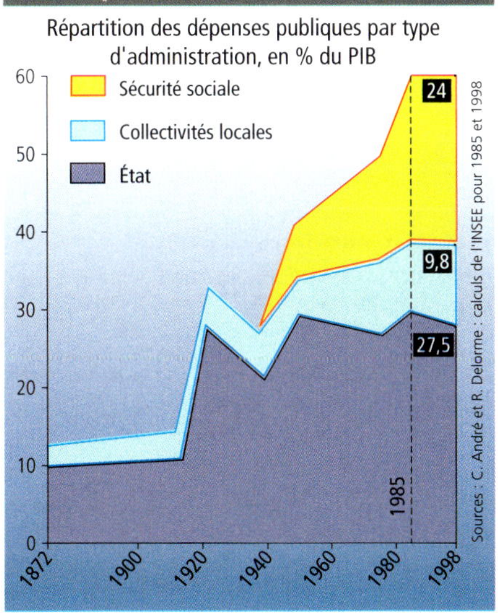

L'absence d'unification du système, source du déficit

Les gouvernements successifs ne sont pas parvenus à unifier le système en faisant taire les revendications catégorielles : à la Libération, agriculteurs et travailleurs indépendants (commerçants, artisans, professions libérales) ont voulu des caisses de retraite et d'assurance-maladie distinctes de celles des salariés ; les agents des entreprises publiques (EDF-GDF, SNCF) ont, eux aussi,

revendiqué leur autonomie, car ils bénéficiaient déjà de régimes avantageux ; les cadres ont réclamé un régime de retraite complémentaire spécifique, créé en 1947…
Cela explique l'éclatement du système de protection sociale. Ainsi, on dénombre plus de 500 caisses de retraite. On compte près de 20 régimes d'assurance-maladie de base, aux cotisations et aux prestations différentes. La complexité du système tient aussi à la volonté de répondre à tous les besoins sociaux : les caisses d'allocations familiales versent, par exemple, 25 aides différentes (allocation de parent isolé, allocation parentale d'éducation, complément familial, allocation de rentrée scolaire, allocation logement, RMI, allocation aux adultes handicapés…). S. G.

➔ *Déficits sociaux, protection sociale*

Sen (Amartya)

Économiste indien (né en 1933), lauréat du prix Nobel d'économie 1998.

Professeur au prestigieux Trinity College de Cambridge et professeur invité à Harvard, il est entouré d'une aura particulière. D'abord parce qu'il est originaire d'un pays du tiers-monde*, ensuite parce qu'il a su concilier dans ses études théoriques les calculs les plus exigeants et l'approche éthique et humaniste. Il s'est fait connaître dans les années 1970 par ses travaux sur « bien-être et choix collectif », dans la lignée de Kenneth Arrow*, puis s'est penché dans les années 1980 sur les questions de pauvreté* et de développement*.
Il a montré que les famines peuvent se produire sans qu'il existe de véritable pénurie, le problème essentiel étant celui des droits (*entitlement*). Il est à l'origine d'une nouvelle mesure de la pauvreté, fondée sur des critères non uniquement monétaires.
Le PNUD (Programme des Nations unies pour le développement) s'en inspire pour son *Rapport sur le développement humain,* publié chaque année. Amartya Sen, qui enseigne aussi la philosophie, a publié au début des années 1990 un ouvrage intitulé *Éthique et économie*. S. G.

➔ *(K. J.) Arrow, développement*

Sentier d'expansion

Graphique qui représente comment évoluent les quantités de facteurs utilisés quand la production varie.

À mesure qu'une entreprise augmente le volume de sa production, elle utilise des facteurs de production dans des proportions qui peuvent changer soit pour des raisons techniques, soit pour mieux minimiser la dépense. Il faut ainsi une guitare de six cordes et 1 heure 30 de travail pour donner un concert ; la même guitare, plus deux cordes neuves, et 3 heures de travail pour donner deux concerts, etc. La proportion travail/guitare a donc beaucoup augmenté dans cet exemple.
Si on représente sur un graphique l'évolution du couple travail et guitare quand le nombre de concerts augmente, on obtient une courbe ascendante, appelée sentier d'expansion. F. E.

➔ *Facteur, production*

Serres (Olivier de)

Agronome français (1539-1619), qui contribua au redressement de l'agriculture française durant le règne d'Henri IV.

Dans sa « ferme modèle » du domaine du Pradel, il pratiqua des cultures alternées en substituant des prairies artificielles à l'ancienne jachère. Il importa la garance de Flandre, le houblon d'Angleterre, le maïs et le mûrier d'Italie. Il écrivit plusieurs ouvrages sur l'élevage du ver à soie, suscitant l'intérêt du roi qui voulait développer en France l'industrie de la soie. P. B.

Dossier

Le service public en France concerne aussi bien l'action de l'État dans les domaines qui sont directement les siens (justice, sécurité, enseignement) que les prestations qu'il contrôle sans les produire, sans les distribuer ou sans les gérer comme c'est le cas pour le transport (SNCF), l'énergie (EDF, GDF), la poste, les télécommunications. Dans tous les cas, le service est dit « public » parce qu'il est fourni à tous dans les mêmes conditions de qualité et de prix (l'électricité, par exemple), ou de gratuité s'il est financé par l'impôt (l'éducation nationale). Une autre caractéristique du service public est la continuité puisqu'il ne peut pas être interrompu, doit être permanent et régulier, même si ce principe essentiel est parfois battu en brèche par le droit de grève reconnu en France aux agents de l'État, contrairement aux pratiques de la plupart des pays étrangers, où cette liberté est le plus souvent strictement encadrée (obligation du service minimal notamment).

Service public

Pour les libéraux, le service public regroupe les services mis à la disposition du public, sans distinguer ceux qui appartiennent à l'État de ceux qui relèvent du secteur privé. Pour les jacobins, partisans d'une nation forte et centralisée, il incarne le domaine géré par l'État. Mais, dans toutes les définitions du service public qui peuvent être fournies, la notion d'intérêt général est prédominante.

Le service public repose sur l'idée que le marché ou l'initiative privée ne peuvent pas satisfaire dans de bonnes conditions des besoins aussi essentiels que la sécurité intérieure, la défense nationale, la protection de l'environnement, la cohésion sociale et territoriale, ou, plus généralement, les libertés de base. L'égalité des citoyens ne signifierait pas grand-chose si, malgré le droit de vote reconnu à tous, certains Français, ne pouvant téléphoner, se déplacer ni se chauffer normalement, se sentaient « exclus » par des tarifs trop élevés ou par l'insuffisance des équipements et des infrastructures (habitations non raccordées au réseau téléphonique du fait de leur isolement, par exemple). La « péréquation » des tarifs publics, qui consiste à fixer des prix égaux pour différentes catégories d'usagers, indépendamment des coûts de revient, rend possible l'égalité au quotidien et donne un sens aux libertés fondamentales.

Bien au-delà de la simple satisfaction des besoins individuels, le service public a donc aussi pour mission de répondre à des besoins d'intérêt général, comme le sentiment d'appartenir à une nation et d'y être citoyen à part entière quels que soient son revenu, ses diplômes ou son lieu d'habitation. De même, il permet théoriquement une meilleure utilisation des ressources humaines et matérielles du pays grâce au réseau ferré, à la poste, aux hôpitaux, à l'état civil, au contrôle aérien, à l'enseignement. Ces « biens communs » facilitent les initiatives individuelles, l'activité des entreprises et, finalement, la croissance économique et l'emploi. Les enjeux sont là tellement importants qu'ils relèvent de l'autorité publique et échappent au droit privé pour tomber en tout ou partie dans le champ des règles administratives. C'est d'ailleurs la puissance publique, et plus précisément le législateur, qui décide en France quelles activités sont des services publics.

Un besoin universel de remédier aux carences du privé

On parle souvent de service public « à la française » comme si les besoins d'intérêt général étaient mieux pris en compte dans l'Hexagone que dans les autres pays. S'il est vrai qu'il existe une véritable doctrine française du service public, élaborée au début du siècle par des juristes comme Léon Duguit et qui assimilait pratiquement le service public à l'administration, s'il est vrai aussi que dans beaucoup de pays étrangers cette notion n'a pas d'autre sens que celui édicté par la pratique et la jurisprudence, à peu près partout, en revanche, on retrouve le même souci de corriger les imperfections du marché. Les économistes anglo-saxons, pourtant favorables au libre jeu de l'offre et de la demande, dénoncent sous le terme de ***market failures*** l'exclusion des pauvres en cas de non-paiement, les hausses de prix si la demande est forte, la prise en compte insuffisante du long terme et de la sécurité parce que les actionnaires des sociétés privées attendent des dividendes et, donc, des retours rapides sur investissements...

Malgré son efficacité reconnue, le marché doit ainsi parfois être corrigé, complété ou compensé, et dans tous les pays, même les plus libéraux, un certain consensus s'est réalisé sur ce point. C'est pourquoi les pouvoirs publics interviennent depuis longtemps au nom de l'intérêt général aussi bien à l'étranger qu'en France. En Grande-Bretagne, l'expression ***public utilities*** désigne les services de base (transport, eau, gaz, électricité, télécommunications, poste) servant – au-delà des besoins particuliers – l'intérêt général.

S'il n'est pas une préoccupation propre à la France, le service public y est-il de meilleure qualité qu'à l'étranger ? Les Français qui se déplacent en TGV, se chauffent et s'éclairent avec l'énergie fournie par les centrales nucléaires ont tendance à le penser d'autant plus que EDF, la SNCF, la RATP... fournissent des prestations de haute qualité, comparées à celles dont bénéficient les Britanniques dans le domaine des transports en commun et des transports ferroviaires maintenant privatisés. Mais les prouesses techniques poussent à mélanger pêle-mêle bons et mauvais arguments dans une même louange du « service public à la française », confusion qui perturbe les réformes à entreprendre et retarde la construction européenne dans le domaine de la concurrence.

Aussi excellents soient-ils, les services publics français doivent être réformés pour des raisons à la fois techniques, financières et européennes. On le voit avec les télécommunications dont les sauts technologiques imposent à chaque pays de s'ouvrir à la concurrence. Mais on le voit aussi avec la SNCF que l'État – lui-même endetté – ne pourra pas continuer de subventionner indéfiniment. Enfin l'Europe qui, depuis quarante ans, a permis aux marchandises et aux capitaux de circuler librement, doit maintenant ouvrir ses portes aux « services » européens, qu'ils soient publics ou privés : les fournitures de gaz et d'électricité, les transports ferroviaires, aériens et routiers, dans une moindre mesure la poste elle-même... vont être soumis à la concurrence au fur et à mesure que les monopoles publics vont disparaître. Les pays de l'Union européenne s'y sont engagés. D'une façon plus fondamentale, la question se pose de savoir si l'État comme entrepreneur n'est pas une proie trop facile pour les groupes d'intérêt qui « capturent » ses services publics afin de servir des intérêts ne correspondant pas, ou pas complètement, à l'intérêt général. C'est ainsi que, sous la pression d'EDF et de ses ingénieurs épris de technologie, la France a largement surdimensionné son parc de centrales nucléaires et vendu aux usagers mal informés un « tout électrique » coûteux.

Les bonnes et les mauvaises raisons de la « défense du service public »

Dans le combat mené par Paris pour protéger ses « services publics », deux dangers opposés menacent. Le premier serait de mener bataille pour de mauvaises causes, perdues d'avance ou ruineuses pour le pays. Le second serait de plier, sans faire d'examen approfondi, aux nouvelles règles européennes ou mondiales de la concurrence, fortement influencées par les habitudes anglo-saxonnes.

Les mauvaises causes d'abord. Il faut savoir et dire ce que l'on défend : le service public lui-même, qui, sous la IIIe République, a fondé toute une école de philosophie juridique et dont une loi de 1995 sur l'aménagement du territoire dit encore – dans la plus pure tradition républicaine – qu'il concourt à l'unité et à la solidarité nationales ; ou bien le monopole public, qui, dans certains cas où les investissements en infrastructures sont considérables, peut être collectivement plus efficace que des entreprises se faisant concurrence : une ligne de chemin de fer, des lignes haute tension (les économistes parlent dans ce cas des rendements croissants ou des coûts décroissants propres aux « monopoles naturels »)... Ou bien faut-il défendre le domaine du droit public dans lequel s'exerce le service public et qui a donné naissance – entre autres – à des statuts du personnel plus avantageux que le droit commun, en matière de retraites et de garantie de l'emploi notamment ? Est-ce enfin l'entreprise publique qui doit être défendue contre les privatisations parce qu'elle a permis de développer à grands frais pour l'État, sous couvert de service public, ce que l'économiste **Élie Cohen** appelle « colbertisme high-tech » : Airbus, France Télécom, Arianespace, TGV, centrales nucléaires... ? En quelque sorte, l'industrie de pointe financée par les contribuables plus que par les clients. On voit bien l'ambiguïté de certaines protestations qui permettent à des intérêts corporatistes de se dissimuler sous le manteau de l'intérêt général.

Une chose est sûre : les thèses des juristes de la IIIe République qui assimilaient services publics et administration ne rendent plus compte de la réalité. Car, de même que toutes les entreprises administratives ne sont pas des services publics, de même de nombreux services publics ne sont pas gérés par des organismes publics, comme la distribution d'eau, concédée au secteur privé. Certains services restent publics tout en prenant un caractère industriel et commercial, à l'instar d'Électricité de France qui vend ses prestations, recherche le profit et fait des bénéfices. On est alors assez loin des services publics proprement administratifs ou encore « régaliens », héritage du noyau dur de la puissance d'État qui levait l'impôt, assurait la sécurité (police) et rendait la justice, avant de reprendre à l'Église la charge de l'enseignement et de l'aide sociale.

C'est l'intérêt général qui devrait le mieux définir le caractère de service public et inspirer le législateur dans ses définitions. Malheureusement, il n'existe pas de service public par nature : « Le domaine du service public est variable selon les époques et les conceptions des hommes au pouvoir », rappelait le professeur André de Laubadère. À l'origine instrument de la toute-puissance d'État, le service public est progressivement devenu, à partir de la Révolution, prestataire de services, producteur de richesse, puis, avec l'apparition de la notion d'« État providence* », protecteur des travailleurs et enfin de l'ensemble de la population (couverture maladie universelle, par exemple). En créant un État de droit, le service public limite l'arbitraire de l'État. Il est « le fondement et la limite du pouvoir gouvernemental », disait Léon Duguit en 1921.

Une remise en cause par l'Union européenne

Il n'y a pas d'ambiguïté en revanche sur ce qu'impose l'Europe en matière de concurrence : c'est bien le marché qui doit gouverner l'économie parce que, en règle générale, il le fait mieux que l'État. Les textes fondateurs sont clairs : les obstacles à la libre circulation des services doivent être abolis et la concurrence ne doit pas être faussée (article 3 du traité de Rome) ; les entreprises ne doivent ni restreindre ni fausser le jeu de la concurrence (article 85) ; l'abus d'une position dominante est condamnable (article 86).

Les textes européens ne se contentent pas d'énoncer des principes philosophiques libéraux : ils sont très précis en ce qui concerne les monopoles nationaux présentant un caractère commercial, dont il est dit qu'ils devront être aménagés progressivement afin que disparaissent toutes discriminations entre États membres. En clair, EDF, GDF, la SNCF devront tôt ou tard, comme l'a fait France Télécom, accepter la compétition avec des entreprises privées et étrangères. Libéralisation qui ne concerne en revanche pas du tout le secteur administratif, financé par l'impôt et qui ne vend pas ses services : armée, police, justice, enseignement...

Les textes ne confondent pas privatisation et libéralisation : s'ils imposent la concurrence,

Bruxelles, instrument d'une politique libérale ?

À partir du début des années 1990, une série de directives européennes va petit à petit libéraliser des secteurs aussi protégés que ceux de l'électricité, du gaz, du transport aérien et ferroviaire, des télécommunications, de la poste. Le transport aérien communautaire est libéralisé depuis le 1er avril 1997. En matière de transport ferroviaire, une directive du 29 juillet 1991 distingue l'infrastructure du service de transports, à laquelle la concurrence ne peut s'appliquer, et son exploitation pour laquelle la concurrence est renforcée. Les États doivent donc séparer, au moins sur le plan comptable, les activités de transport et de gestion de l'infrastructure lorsque celles-ci relèvent d'une entreprise unique. C'est ce que fait la SNCF en créant, en 1997, Réseau ferré de France, pour le développement et l'entretien des infrastructures. Une directive du 18 décembre 1996 fixe également les principes et les conditions de la création progressive d'un marché intérieur européen de l'électricité. La directive du 22 juin 1998 fixe des conditions voisines pour le gaz. Dans le domaine des télécommunications, une directive du 13 mars 1996 libéralise la téléphonie vocale et les infrastructures au 1er janvier 1998. Une autre directive, du 16 janvier 1996, ouvre pleinement le marché de la communication mobile à la concurrence. V. M.

ils laissent aux États la liberté de ne pas privatiser leurs entreprises publiques (article 222 du traité de Rome). Cette neutralité quant au régime de la propriété est restée la règle malgré la philosophie très libérale qui a longtemps prévalu à Bruxelles, sous l'influence notamment de la Grande-Bretagne. En revanche, le traité de Rome ne parlait pratiquement pas des services publics, évoqués à l'article 77 concernant les transports. Le traité était également très discret sur l'idée d'intérêt général, rappelant seulement que les entreprises qui en sont dépositaires peuvent en certains cas échapper à la concurrence (notamment certaines activités de la poste, comme cela a été décidé par la suite). Après avoir bataillé ferme à Bruxelles, Paris a finalement obtenu que le traité d'Amsterdam*, signé en octobre 1997, mentionne expressément la « cohésion économique et sociale » parmi les principaux objectifs de la Communauté.

« Les services d'intérêt général sont au cœur du modèle européen de société », assure la Commission de Bruxelles. Une façon de rappeler que la concurrence n'est pas le seul fondement de l'Europe, qu'il y a aussi la cohésion sociale et territoriale. Reste que la Commission, les traités de Rome et d'Amsterdam, les pays membres de l'Union usent de vocabulaires différents. Et parmi eux, les « services d'intérêt général », notion communautaire très large qui recouvre aussi bien les services régaliens (sécurité, défense) visant à la cohésion sociale et politique que les services marchands ; les « services d'intérêt économique général », qui ne visent que des prestations marchandes, les seules à être concernées par l'ouverture à la concurrence ; les « missions de service public », notion française imposant l'égalité de traitement des usagers, la continuité de la fourniture, la transparence des tarifs, la sécurité des approvisionnements, la cohésion sociale et territoriale ; le « service universel », notion communautaire, correspondant au minimum à fournir à prix abordable (le téléphone, par exemple) pour entretenir le lien social et assurer l'exercice des libertés fondamentales (rapport de la mission Denoix de Saint-Marc, 1995).

Des deux piliers sur lesquels se bâtit l'Europe, celui du marché et de la concurrence est le plus solide. Le second, celui des services publics, gage de cohésion sociale et territoriale, devra être mieux étayé. Reste à savoir quelles prestations relèvent de l'intérêt général, dans quelles conditions les fournir et à quels prix. Entre l'État, qui ne peut être à la fois juge et partie, et les chefs d'entreprise, qui visent avant tout la réussite technique et le profit, des offices indépendants de « régulation » vont avoir la tâche difficile de défendre tout à la fois l'efficacité économique et l'égalité de service entre usagers. A. V.

Services

Ensemble des activités destinées non pas à fabriquer des biens matériels mais à fournir des prestations aux personnes ou aux entreprises.

Plus une économie se développe et plus la part des services devient importante dans la création de richesses et dans l'emploi : ils représentent désormais plus de 70 % du produit intérieur brut des pays avancés.

La comptabilité nationale française distingue plusieurs catégories de services : les **services marchands non financiers**, les **services financiers**, les **services non marchands**.

• La première catégorie regroupait en 1997 quelque 590 000 entreprises employant 3,4 millions de personnes. Les services marchands sont divisés en services aux entreprises (du nettoyage au conseil en informatique en passant par la logistique et le transport), et services aux particuliers (agences de voyages, pressings, coiffure ou pompes funèbres). L'audiovisuel, l'immobilier, les postes et télécommunications, les transports sont comptabilisés à part.

• Les services financiers regroupent les établissements de crédit (banques et institutions financières spécialisées), les compagnies et courtiers d'assurances, les sociétés de Bourse.

• Les services non marchands recouvrent pour l'essentiel les activités administratives, mais aussi une partie de la santé et le secteur associatif.

À votre service

Répartition des emplois par secteur, en %

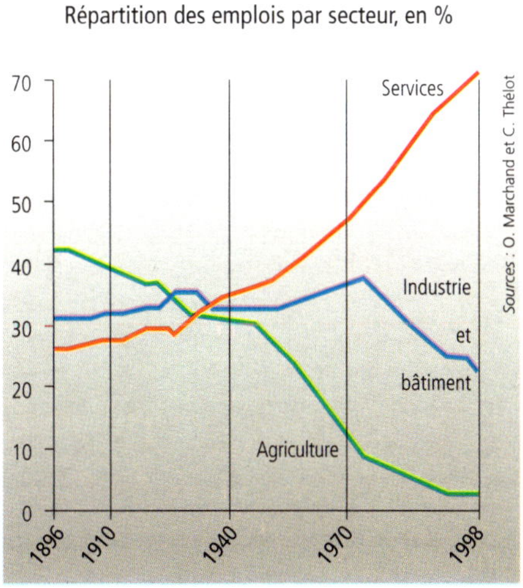

Nos sociétés sont saturées d'objets – pratiquement tous les ménages sont équipés en automobiles, téléviseurs, électroménager, les armoires sont pleines de vêtements et de jouets – et l'on atteint le seuil où le seul accroissement possible est lié au renouvellement des équipements usés et à l'achat de produits de meilleure qualité ou plus à la mode. En revanche, il semble que les services offrent des possibilités de développement sans limites : on peut toujours être mieux éduqué, mieux soigné, mieux informé et diverti de davantage de façons. Le financement des services aux personnes – par exemple l'aide aux personnes dépendantes –, considérés comme un gisement d'emplois important, reste une question mal résolue.

L'irruption des nouvelles technologies a, en revanche, ouvert tout un monde de services que personne n'aurait imaginé il y a une quinzaine d'années : à l'époque, a raconté Peter Drucker, spécialiste américain du management, on pensait que l'informatique allait tuer le papier, on n'aurait jamais envisagé que l'Internet ferait la fortune d'Amazon.com, une librairie en ligne qui vous envoie par la poste de bons vieux livres.

S. G.

➔ *Communication, Internet, secteur tertiaire*

Seuil

Voir **Point mort**

Sidérurgie

Activité industrielle consistant à transformer du minerai de fer en acier. Ce métal peut être doté de caractéristiques et de formes diverses en fonction de sa destination (par exemple, tôles, poutrelles, rails, fils métalliques, ronds à béton).

Depuis 1740, grâce à une série d'innovations technologiques, la sidérurgie a occupé une place centrale dans la révolution industrielle. Implantée dans les régions productrices de minerai de fer et de charbon (le coke servant à faire fondre le métal dans les hauts-fourneaux), cette industrie s'est particulièrement développée en Europe – au Royaume-Uni, en Belgique, en Allemagne et en France, avec pour berceau le Nord et la Lorraine. Toutes les régions productrices d'acier ont été lourdement affectées, à partir de la fin des années 1970, par la décrue de l'emploi dans ce secteur, en quête de gains de productivité et de spécialisation face à de nouveaux concurrents mondiaux.

Restructurations et redressement

En France, la création, en 1948, de la société Usinor (Union sidérurgique du Nord), regroupant les Forges et aciéries du Nord et de l'Est et Denain-Anzin, a inauguré une longue série de concentrations entre les anciens « maîtres de forge », qui s'achèveront en 1987 par la fusion d'Usinor et de Sacilor. Surendettée, insuffisamment productive malgré la création d'une Communauté européenne du charbon et de l'acier (CECA) en 1951, la sidérurgie française est nationalisée en 1981 et restructurée à marche forcée, au prix de nombreuses fermetures d'usines. Privatisée en 1995, Usinor compte aujourd'hui 22 000 salariés, contre 160 000 en 1974.

Sur le plan économique, la sidérurgie française s'est redressée et occupe une position enviable. En 1998, Usinor était le deuxième fournisseur mondial, avec un chiffre d'affaires de 16,2 milliards d'euros (106,2 milliards de francs) et une production de 22,9 millions de tonnes, presque à égalité avec le numéro un, le japonais Nippon Steel (16,3 milliards d'euros, pour 28,1 millions de tonnes). Les trois autres grands producteurs mondiaux sont l'allemand Thyssen-Krupp, le sud-coréen Posco et le britannique British Steel. Les principaux secteurs consommateurs d'acier sont le bâtiment* (41 % des débouchés de la sidérurgie en Europe), l'automobile* (17 %), l'équipement et les transports (36 %), l'électroménager (3 %) ou encore l'emballage (3 %). A.-M. R.

➔ *Révolution industrielle*

Silicon Valley

Région des États-Unis située au sud de San Francisco, en Californie, où se sont implantées de très nombreuses entreprises d'électronique.

Parmi les entreprises les plus célèbres, on peut citer le constructeur d'ordinateurs Apple ou le fabricant de composants Intel. Cette région doit son nom au silicium, composant essentiel à la fabrication des circuits intégrés.

La Silicon Valley s'est développée au début des années 1950. Elle peut être considérée comme un modèle de technopole*. On trouve sur son territoire de nombreuses universités, dont les prestigieuses Stanford et Berkeley, ainsi que des laboratoires de recherche privés, dont le célèbre PARC (Palo Alto Research Center) de la firme Xerox, à l'origine de nombreuses innovations tels la souris et le multifenêtrage qu'Apple sut populariser avec le Macintosh. Des entreprises devenues grandes y côtoient une multitude de firmes naissantes dont l'éclosion est facilitée par la présence de nombreuses sociétés de capital-risque.

Silicon Valley devient un terme générique s'appliquant à toute zone concentrant des firmes de haute technologie* sur son sol. A. K.

➔ *Informatique, technopole*

Simiand (François)

Économiste et sociologue français (1873-1935), qui étudia plus particulièrement la formation des salaires.

Il élabora des statistiques de référence pour les années 1800-1930 (*le Salaire, l'évolution sociale et la monnaie,* 1932), et enseigna l'histoire du travail au Collège de France (1932-1935). P. B.

Simon (Herbert A.)

Économiste américain (né en 1946), prix Nobel en 1978, spécialiste de nombreux champs scientifiques (psychologie, informatique, sciences politiques, etc.).

Ses travaux portent sur la prise de décision dans les entreprises ou organisations (*les Organisations,* 1958, avec J. G. March). Il met en valeur les limites qui, dans la réalité, restreignent la mise en œuvre d'une rationalité telle que la conçoit la théorie néoclassique* : les individus ne disposent pas de la totalité de l'information ni de la capacité de traiter celle-ci de façon exhaustive et doivent donc prendre la décision la plus satisfaisante sans être sûrs que ce soit la meilleure (*Models of Bounded Rationality,* 1982). P. U.

Sismondi (Jean de)

Économiste suisse (1773-1842), qui s'opposa aux auteurs libéraux optimistes en mettant en avant le risque de « sous-consommation » ouvrière.

Pour Sismondi, le problème majeur du capitalisme* est la concentration des capitaux, qui amène à fabriquer en grande quantité des biens que la population ouvrière, recevant un salaire de subsistance, ne peut intégralement acheter. Cette sous-consommation ne peut selon lui que conduire à une crise générale, à défaut de pouvoir compter sur des ventes à l'étranger, toujours incertaines.

Sismondi se rangea donc, aux côtés de Malthus* et de Hobson*, dans le camp des économistes pessimistes, critiquant les thèses optimistes de Say* et de Ricardo* qui niaient l'existence d'un problème de débouchés*.

Son principal ouvrage, *Nouveaux Principes d'économie politique,* fut publié en 1819. P. B.

SME

Voir dossier Euro p. 259

SMI
(système monétaire international)

Le système monétaire international (SMI) organise les échanges monétaires à l'échelon mondial. Il permet à deux détenteurs de monnaies (devises) différentes de s'échanger des biens sans recourir au troc. Depuis l'abandon du système dit de Bretton Woods*, en 1971, il n'existe plus de SMI formel, mais les relations entre monnaies sont régies par une série d'arrangements informels, privilégiant les changes flottants par rapport aux changes fixes. Les pays de l'Union européenne*, après vingt ans d'efforts pour stabiliser les changes en Europe, ont créé de toutes pièces une monnaie unique, l'euro*.*

Les Indiens d'Amérique, n'ayant jamais émis de monnaie, étaient contraints de céder des objets précieux de leur fabrication en échange des produits occidentaux transportés par les colons européens. Une telle forme de troc pour les échanges internationaux est révolue. Grâce à l'existence d'un système monétaire international (SMI), la monnaie (devise) sert à financer la circulation des produits entre pays. Dans ce rôle, la monnaie utilise ses trois fonctions traditionnelles : elle est un instrument de compte – pour calculer la valeur d'un bien –, d'échange – pour effectuer la transaction –, et de réserve – en prévision de besoins ultérieurs du pays. Lorsque la France achète du pétrole* à l'Arabie saoudite, le prix en est fixé grâce au cours quotidien du baril sur le marché de Londres, par exemple. Paris convertit alors des francs en dollars (nécessaires pour payer le pétrole), transfère ces dollars à Riyad via Londres, pendant que le pétrole est acheminé vers la France depuis l'Arabie saoudite. Libre à cette dernière d'utiliser les dollars gagnés pour acheter un avion, des produits de luxe, ou simplement les placer dans ses coffres. La réalité est bien plus complexe (les compagnies pétrolières françaises passent des contrats pluriannuels avec l'Arabie saoudite, elles achètent du dollar à terme, le cours du dollar fluctue fortement...), mais cette transaction serait impossible sans l'utilisation d'une monnaie.

Le monde a fait jusqu'à présent l'expérience de trois SMI distincts

• L'étalon-or* a été en vigueur jusqu'aux lendemains de la Première Guerre mondiale. Les monnaies de chaque pays avaient un poids fixe en or. Les parités entre deux monnaies étaient déterminées puis, pour solder les échanges entre deux pays, des « points d'or » étaient établis, et des transports physiques de métal précieux étaient effectués.

• Un nouveau système dit « étalon de change-or » a été établi à la conférence internationale de Gênes, en 1922, car l'étalon-or s'était avéré trop compliqué à gérer : transports physiques de métal précieux, inégale répartition des réserves d'or dans le monde... Les pays étaient incités à utiliser des monnaies dites « de réserve », la livre sterling, puis le dollar, plutôt que l'or lui-même. Par la suite, la crise économique des années 1930 a entraîné une chute de 60 % environ de la valeur du commerce international, des milliers de faillites d'établissements bancaires... La convertibilité des monnaies en or, souvent ardue à imposer, est devenue impossible à maintenir et les monnaies de réserve ont été dévaluées.

• Le système de Bretton Woods* a été mis en œuvre après la Seconde Guerre mondiale. Entre 1945 et le 15 août 1971, le dollar a été librement convertible en or, au taux de change fixe de 35 dollars l'once. Toutes les principales monnaies du monde étaient ainsi échangeables en dollars, et donc en or. Le franc français a retrouvé en 1958 sa convertibilité, suspendue entre les deux guerres : sa valeur en dollars/or était garantie par la Banque de France.
Au fil des ans, les États-Unis, devenus le centre du SMI, ont dû faire face à une demande d'or bien trop importante pour leurs réserves – notamment de la part de la France du général de Gaulle – et durent renoncer à la convertibilité (décision du président Nixon en août 1971), ce qui prouva que le dollar n'était pas tout à fait « *as good as gold* ».

Système libéral et système social-démocrate
Il existe, pour résumer, deux types de système : les changes fixes* et les changes flottants*. Les économistes de l'école libérale sont généralement favorables aux changes flottants, et les keynésiens, aux changes fixes. Après la fin de Bretton Woods (changes fixes), le monde ne s'est pas orienté vers des changes totalement flottants, car les États interviennent si les cours des monnaies fluctuent au-delà des limites jugées acceptables : le flottement pur concerne un très petit nombre de devises, presque toutes les autres ayant ressenti le besoin de se rattacher à une devise jugée plus stable, ou à un groupe de monnaies plus vaste. Le dollar continue d'exercer une influence prépondérante dans le monde, tout en étant la monnaie d'un seul pays (les États-Unis). D'où l'accusation fréquente de pratique du « ***benign neglect*** » (indifférence bienveillante) à l'égard du cours du dollar dans les pays tiers.
Pour faire face aux conséquences néfastes des fortes fluctuations du dollar, les grands pays industriels, par l'intermédiaire du G7*, ont pris l'habitude de discuter ensemble de son cours : ils l'ont fait baisser, en 1985, lorsque le billet vert valait plus de 10 francs (accord du Plaza), puis l'ont stabilisé, en 1987 (accord du Louvre), car il glissait trop.
Quant aux pays européens, ils ont opté en 1979 en faveur du SME (système monétaire européen), un système de taux de change stables mais ajustables. Ils ont ensuite (1991) décidé la création de l'euro. F. L.

➔ *Dollar, euro*

SMIC
(salaire minimum interprofessionnel de croissance)

Salaire minimum en vigueur en France.

Successeur du SMIG (salaire minimum interprofessionnel garanti), créé en 1950, le SMIC est né de la loi du 2 janvier 1970. Comme son nom l'indique, il s'agit du salaire minimum en dessous duquel un salarié, en France, ne peut être payé. Son montant, de 40,72 francs brut au 1er juillet 1999, correspond à un taux horaire dont la valeur mensuelle est de 6 881,68 francs brut pour 169 heures travaillées dans le mois. Ce qui fait que de nombreuses personnes (un peu plus de 15,1 % des salariés) ont un revenu inférieur au SMIC mensuel, principalement celles qui occupent un emploi à temps partiel, dont une majorité de femmes.

11 % des salariés au SMIC

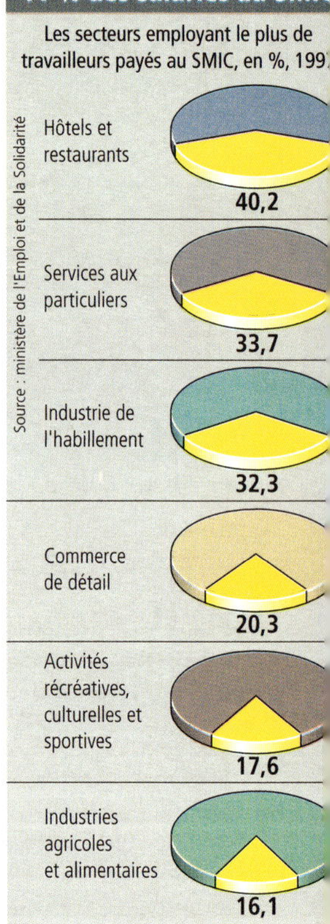

À l'origine, le salaire minimum avait pour objectif de limiter les risques de **dumping* social** (surenchère de conditions de travail à la baisse), qui pouvaient, par exemple, fausser les règles de soumission aux marchés publics. Il servait aussi à définir un seuil qui n'est pas celui de la pauvreté mais qui garantissait au travailleur un niveau de vie constant par rapport à l'évolution des prix. En se transformant en SMIC, il s'est vu attribuer pour fonction complémentaire d'intervenir comme un outil destiné à limiter les inégalités salariales. Dès lors conçu pour permettre à tous les salariés, y compris les moins bien rémunérés, de bénéficier des fruits du progrès économique, il fait l'objet de revalorisations périodiques pour tenir compte de la croissance et, par conséquent, il suit la progression des salaires.

Jusqu'en 1968, et avant son changement de nom, il avait accumulé un tel retard qu'il dut être relevé de 35 %. Depuis, son taux est révisé à chaque fois que l'on constate une augmentation de 2 % de l'indice des prix. Tous les ans, chaque 1er juillet, une hausse est en outre annoncée afin que son pouvoir d'achat ne soit jamais inférieur à la moitié du salaire horaire ouvrier. À cette occasion, le gouvernement peut décider d'un « coup de pouce » plus ou moins important. François Mitterrand, Jacques Chirac et Lionel Jospin ont eu recours à cette possibilité à leur arrivée au pouvoir. A. L.

➔ *Ouvrier, revenu minimum, salaire*

Smith (Adam)

Philosophe et économiste écossais (1723-1790), considéré comme le fondateur de l'économie politique moderne.

Professeur de philosophie morale à l'université d'Édimbourg puis de Glasgow, Smith se fait d'abord connaître par sa *Théorie des sentiments moraux* (1759) dans laquelle il discute les points de vue de D. Hume et de A. Ferguson sur l'origine de la morale. Son *Enquête sur la nature et les causes de la richesse des nations* (1776) le place au sommet de la réflexion économique du XVIIIe siècle. Cet ouvrage est d'abord célèbre pour l'exposé des effets bénéfiques de la division du travail ; il l'est aussi pour l'analyse de la détermination de l'équilibre sur un marché et des relations entre capital, épargne et investissement.

Smith
D'abord professeur de philosophie morale, l'Écossais Adam Smith (1723-1790) contribua à fonder l'économie moderne en estimant que l'origine de toute richesse résidait dans le travail de l'homme.
Il démontra que la prospérité des nations était spontanément obtenue si l'État laissait agir librement les agents économiques.

Contre les pratiques mercantilistes de l'Angleterre de son temps et contre les doctrines quelque peu rigides des physiocrates, Smith préconise une économie de marché régie par la concurrence*, qui permet d'atteindre le bien collectif en laissant à chacun la liberté de chercher son intérêt privé.
L'œuvre économique de Smith se répand largement en Europe et devient l'ouvrage de référence de tous les économistes du XIXe siècle, même si son interprétation a fait l'objet d'âpres et longs débats. P. S.

➔ *École classique, main invisible*

Social-démocratie

Mouvement politique successivement favorable à l'instauration d'un système socialiste par des voies démocratiques, puis à la réforme du capitalisme en insistant sur la dimension sociale.*

À la fin du XIXe siècle, le mouvement social-démocrate allemand, influencé par Marx*, se partage entre une approche « évolutionnaire », représentée par Bernstein, et un courant révolutionnaire, qui se veut fidèle à la vision de l'auteur du *Capital*. Les deux tendances divergent quant à l'analyse des tendances économiques effectives du capitalisme (comme les concentrations d'entreprises) et quant aux formes d'action nécessaires, mais partagent l'objectif socialiste d'une société plus égalitaire, organisée sur la base d'une collectivisation de la propriété. Après la révolution russe de 1917 s'opère une rupture au sein des partis socialistes : les partis communistes, issus de l'aile radicale de la social-démocratie, adhèrent à la IIIe Internationale fondée à Moscou, et vont défendre l'Union soviétique, son régime politique et son organisation économique et sociale ; les partis socialistes vont s'opposer à la voie violente de transformation sociale, critiquer le système soviétique et prôner une stratégie de réformes.

Un réformisme à l'heure de la mondialisation

La référence au collectivisme et à l'interventionnisme caractérise, avec l'appui au parlementarisme et à la démocratie politique, la doctrine social-démocrate durant la première moitié du XXe siècle. À partir des années 1950, cette doctrine est graduellement amendée dans le sens d'une réforme du capitalisme, qui atténue, jusqu'à la faire disparaître, la référence au socialisme comme un système économique alternatif et progressif. Dans les vingt dernières années du XXe siècle, marquées par la mise en cause du keynésianisme*, l'effondrement du communisme, la crise de l'État providence* et la mondialisation*, la plupart des partis regroupés dans l'Internationale socialiste évoluent vers une social-démocratie qui cherche à conjuguer le libéralisme économique*, la défense d'une mondialisation tempérée et le maintien d'un certain niveau de protection sociale dans les économies capitalistes. B. C.

➔ *Marxisme*

Société

Association résultant d'un contrat passé entre deux ou plusieurs personnes pour affecter leurs biens ou leur industrie à une entreprise commune, en vue de partager le bénéfice ou de profiter de l'économie qui pourrait en résulter.

Cette définition, héritée du Code Napoléon, diffère de celle qui prévaut au XXe siècle, voyant dans une société une institution réglementée par l'État et visant à organiser l'entreprise pour assurer l'intérêt social de l'ensemble des parties prenantes. La réalité de la société peut s'appréhender à partir de plusieurs questions.

Première question : les associés sont-ils propriétaires de leur apport ?

Depuis la fin du XIXe siècle, la jurisprudence a admis que toutes les sociétés ont une personnalité morale et que, lors de leur création, elles devenaient propriétaires des biens ; les associés ne sont donc propriétaires que de parts sociales leur donnant certains droits.

Deuxième question : les associés ont-ils le pouvoir ?

Au stade du capitalisme* « managerial », le pouvoir ne tire sa source ni de la propriété des actifs, ni même de la propriété des parts sociales, mais du contrôle des voix qui s'expriment lors des conseils d'administration : on peut contrôler une société sans être majoritaire.

Mais ce pouvoir, y compris celui des managers, est restreint par toute une série de dispositions législatives ou jurisprudentielles particulières qui organisent la reconnaissance de certains intérêts catégoriels :

- droit du personnel à l'information et à la consultation,
- protection des associés minoritaires et des créanciers (interdiction pour les dirigeants d'abuser du pouvoir ou des biens sociaux pour favoriser leurs intérêts),
- reconnaissance d'une notion d'intérêt social : l'exercice du pouvoir ne doit pas être contraire à l'intérêt général de la société, et notamment ne pas compromettre la poursuite de l'activité sociale.

Troisième question : quel est le but d'une société ?

Avec le développement de l'industrie au XIXe siècle, le droit français a été tenté à plusieurs reprises de réserver l'utilisation du terme de société aux seules activités visant un gain matériel. Mais il admet aujourd'hui non seulement les sociétés civiles et commerciales instituées en vue de partager des bénéfices, mais également les sociétés coopératives et mutualistes dont l'objet est de faire faire des économies à leurs membres ; la notion de bénéfice est donc comprise au sens large.

Quatrième question : quel est le risque encouru par les sociétaires ?

Depuis l'Empire romain jusqu'à la Renaissance, les sociétés étaient essentiellement à risques illimités : cela signifie que tous les associés répondent des pertes vis-à-vis des créanciers, non seulement sur les biens de la société mais aussi sur leurs biens personnels.

Ce type de société, représentée actuellement par la **société en nom collectif** (SNC) et (partiellement) par la **société en commandite**, est devenue minoritaire. Au terme de l'évolution du capitalisme, la plupart des sociétés sont à responsabilité limitée, comme sont la **SARL** et la **SA** (société anonyme).

Dans toutes ces sociétés, les associés ne peuvent perdre, au maximum, que le capital qu'ils ont investi sur leurs économies antérieures. J. R.

➔ *Capitalisme, entreprise, profit*

Solde (comptable)

Différence entre les montants comptabilisés aux deux côtés (débit et crédit) d'un compte. J. R.

➔ *Comptabilité, compte, crédit, débit, emploi, ressource*

Solow (Robert)

Économiste américain (né en 1924), professeur au Massachusetts Institute of Technology (MIT), prix Nobel en 1987 pour ses travaux sur la croissance* économique.*

Très proche de Paul Samuelson*, il est partisan comme lui de l'économie mixte* qu'il a contribué à développer en étant conseiller, dans les années 1960, des présidents **J. Kennedy** et **L. Johnson**. Adepte de la synthèse néoclassique*, qui combine les idées keynésiennes dans le court terme aux préceptes libéraux dans le long terme, il expose dans un article de 1956 ce qui est devenu le modèle canonique néoclassique de croissance. C'est la flexibilité* des combinaisons entre capital* et travail qui rend possible une croissance équilibrée, dont la source se trouve dans le progrès technique*. Il est le promoteur, avec Samuelson, de l'utilisation de la courbe de Phillips* pour guider la politique économique* consistant à choisir entre inflation* et chômage*. P. L.

➔ *Croissance endogène, équilibre, keynésianisme, libéralisme économique*

Sous-développement

Voir **Tiers-monde**

Sous-traitance

Opération par laquelle un entrepreneur (le donneur d'ordre) confie à un autre entrepreneur (le sous-traitant) la réalisation d'une partie du travail destiné à ses propres clients.

Une entreprise sous-traitante est liée par contrat à son donneur d'ordre, et exécute le travail qui lui est demandé en fonction de ses directives. Pour la construction d'un bâtiment, par exemple, l'entrepreneur chargé des travaux peut sous-traiter certaines parties de son chantier (la plomberie, l'électricité...) à une société spécialisée.
La sous-traitance peut intervenir de façon ponctuelle ou permanente. Dans l'automobile*, par exemple, les constructeurs réalisent eux-mêmes les pièces sensibles (souvent les moteurs) ainsi que l'assemblage des véhicules, mais les autres parties (sièges, essuie-glaces, systèmes de freins) sont fabriquées par des sous-traitants selon les spécifications reçues.
Les sous-traitants sont traditionnellement des entreprises petites ou moyennes. Très dépendants de leurs puissants donneurs d'ordres, ils n'ont guère les moyens de négocier leurs prix, ce qui peut peser sur leur rentabilité. Mais la situation évolue. Les constructeurs d'automobiles ont, ces dernières années, demandé d'importants efforts de productivité à leurs sous-traitants, qui se sont regroupés afin de constituer des ensembles industriels capables de réaliser des économies d'échelle ; on les qualifie alors d'équipementiers, car leur production représente une partie importante du véhicule à construire.
Une grande partie du tissu industriel est constitué d'entreprises sous-traitantes. Tous secteurs confondus, environ 18 % de la production européenne serait réalisée en sous-traitance. A.-M. R.

➔ *PME*

Spéculation

Pari sur l'évolution à la hausse ou à la baisse d'un actif financier ou d'un bien matériel.

Les investisseurs misent, par exemple, sur la flambée de l'immobilier*, sur l'engouement pour les œuvres d'art, ou tout autre bien susceptible d'être échangé. Sur les marchés boursiers et financiers, la spéculation s'est amplifiée au milieu des années 1980, dopée par le développement des produits dérivés, qui permettent avec une mise de départ faible d'engranger des bénéfices conséquents mais aussi de subir des pertes importantes.
L'excès de spéculation débouche souvent sur un krach*. Le premier krach des Temps modernes s'est déroulé à Amsterdam en février 1637, et il concer-

nait le marché... des tulipes. Le mécanisme n'a guère changé depuis. Au départ, ces fleurs exotiques importées de Turquie avaient séduit un public restreint d'amateurs fortunés. Mais ce plaisir élitiste allait bientôt déboucher sur un mouvement de mode, qui entraîna à son tour une spectaculaire explosion de la demande, doublée d'une envolée de la courbe des prix, portée par la spéculation. Les spéculateurs se mirent à revendre au plus offrant leurs bulbes qui fleurissaient plusieurs années de suite. Avec leurs bénéfices, ils réinvestirent aussitôt, dans l'espoir de réussir un nouveau coup, et la hausse des prix s'accéléra. Ne pouvant répondre à la demande, ils inventèrent une nouvelle technique, le contrat pour livraison future, équivalent aujourd'hui du **contrat à terme**, ou « **future** ». L'euphorie collective culmina. Subitement, les banquiers réalisèrent que les prix étaient déconnectés de la valeur réelle de la tulipe, qu'il s'était créé ce qu'on appelle aujourd'hui une bulle financière*, risquant alors d'exploser. Voulant sortir les premiers, ils se mirent à vendre. Ce mouvement, amplifié par des rumeurs alarmistes, provoqua la panique. Les prix s'effondrèrent. Au final, des milliers de fortunes édifiées en quelques mois furent balayées en quelques heures, et des centaines de milliers d'épargnants perdirent toutes leurs économies. Ce fut le cas notamment d'un jeune peintre, un certain Rembrandt.

La faillite comme moyen de sécurité

Actuellement, face à la surévaluation manifeste des marchés financiers, les autorités de supervision s'avouent incapables de réguler le phénomène. Or, les crises financières de 1997 en Asie et de 1998 en Russie, avec leurs répercussions sur les marchés de produits dérivés américains, ont montré que la spéculation faisait désormais courir un risque à tout le système financier international, et que les spéculateurs, le sachant, prenaient tous les risques, persuadés qu'ils seraient sauvés de la faillite en cas de krach. Cette situation dangereuse est appelée en anglais ***moral hazard*** (traduit par « aléa moral » en français).

Parmi les solutions envisagées, l'idée de la taxe imaginée dans les années 1970 par l'économiste américain James Tobin* – qui proposait d'introduire un petit grain de sable dans les rouages de la spéculation internationale, sous la forme d'une taxe de 0,01 % prélevée sur les mouvements de capitaux – semble difficile à mettre en pratique. D. G.

➔ *Bulle financière, MATIF, MONEP, (J.) Tobin*

Sport (économie du)

Depuis les années 1970, les activités physiques et sportives – pratique du sport, spectacles sportifs, loisirs sportifs – attirent de plus en plus d'argent. L'économie du sport analyse les sources de financement de ces activités, les marchés créés par les fonds drainés vers le sport, et l'organisation spécifique du sport professionnel.

Les quatre sources principales de financement du sport sont :

• le budget de l'**État** (15 % du total en France), surtout de certains ministères : Jeunesse et Sports, Éducation nationale, Défense ;

• les **collectivités locales**, communes, départements, Régions (29 %), qui versent des subventions aux clubs sportifs et financent la majorité des équipements sportifs (piscines, stades, etc.) sur leur territoire ;

• les **ménages** (49 % du total), qui achètent des biens – vêtements et articles de sport, produits de la presse sportive – et des services – cotisations pour l'adhésion à un club, location de matériel, leçons données par des professeurs de sport, entrées dans

Les comptes du football professionnel français (1997-1998)

Le budget total de la division 1 représente une somme globale de 1,798 milliard de francs (0,337 pour la D2). Les recettes proviennent pour 28,2 % des droits de télévision, 24,5 % des droits de transfert de joueurs, 13,6 % des sponsors et de la publicité, 7,9 % des subventions publiques et 12,6 % de sources diverses. Les principales charges sont constituées par les salaires (45,1 %) et les indemnités de transfert (25,7 %).

Les budgets des clubs français demeurent modestes par rapport à ceux de leurs principaux concurrents européens : le CA du PSG, le club français le plus richement doté, se chiffrait (saison 1996-1997) à 303 millions de francs, contre 843 millions pour Manchester United ou 564 millions pour Barcelone. Par ailleurs, on estime à plus de 700 millions de francs le total des dettes du Real Madrid.

financement ou du matériel sportif ou ses propres produits à la partie sportive signataire du contrat de sponsoring. Les retours attendus de cet investissement publicitaire sont une notoriété accrue, une image de dynamisme (liée au sport), des ventes en hausse et une fréquence d'apparition du nom du sponsor à la télévision (sur les tenues des sportifs, sur les banderoles de départ ou d'arrivée, etc.), tout cela à moindre coût, comparé aux tarifs publicitaires des chaînes de télévision.

Sport
Robert Louis-Dreyfus, président d'Adidas et de l'OM, assis à côté de Jean-Claude Gaudin, maire de Marseille.
En France, comme dans de nombreux autres pays, hommes d'affaires hommes et politiques soutiennent activement le sport, tant les retombées en image sont importantes pour eux.

des équipements de loisir sportif (clubs de gymnastique, remontées mécaniques, etc.), paris sportifs, prix acquitté pour assister aux spectacles sportifs, abonnements à des chaînes de télévision spécialisées dans le sport ;

• les **entreprises** (7 %), qui financent le sport à travers les sections sportives d'entreprise et les clubs corporatifs ; les entreprises du secteur des médias (télévision) versent des droits de retransmission aux organisateurs de spectacles sportifs pour pouvoir diffuser ceux-ci ; des firmes paient aussi l'usage du sport comme support publicitaire.

Le **sponsorisme** (ou *sponsoring*) est l'action publicitaire d'une entreprise associant son produit, sa marque ou son image à celle d'un sportif de haut niveau, d'un club sportif ou d'un événement sportif, de préférence s'ils sont médiatisés par la télévision. En contrepartie, l'entreprise fournit un

Une exigence croissante de rentabilité économique

Sur les marchés du sport s'échangent des biens et des services très divers : des pratiques sportives

Le sport, premier des loisirs

Dépenses culturelles et de loisirs des Français, en %, 1998
Total 375 milliards

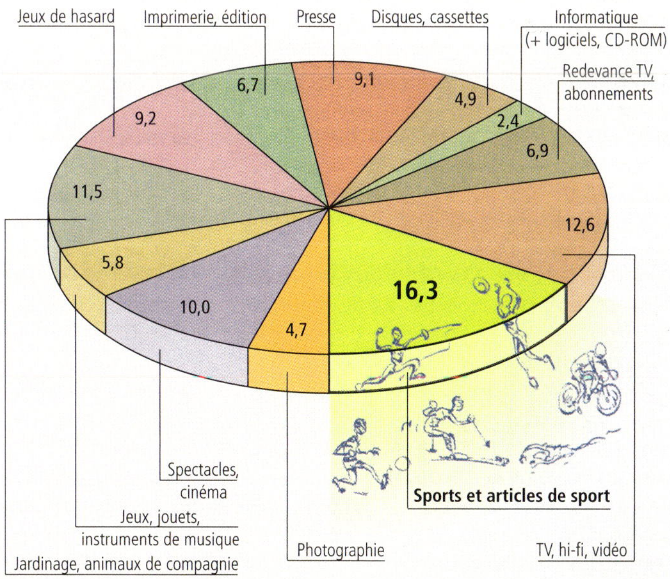

Les profits du sport

En 1999, les revenus globaux des trois sportifs les mieux payés du monde s'élevaient à 69 millions de dollars pour le basketteur américain Michael Jordan, à 38 millions pour le pilote de F1 allemand Michael Schumacher et à 27 millions pour le golfeur américain Tiger Woods.

Si les sportifs les mieux payés du monde ne sont pas des footballeurs, le ballon rond draine cependant des sommes considérables. À cet égard, le championnat espagnol est exemplaire. Alors qu'ils dominent les coupes européennes en l'an 2000, les clubs ibériques sont pris dans une véritable spirale de l'argent. En trois ans, les sommes que les 20 clubs de D1 ont dépensées en transferts de joueurs ont augmenté de 300 % pour atteindre en 1999 le total vertigineux de 2,11 milliards de francs. À lui seul le transfert de l'attaquant français Nicolas Anelka s'est monté à 220 millions de francs.

offertes par les clubs et les fédérations, et demandées par les pratiquants, au prix d'une cotisation ; des articles de sport offerts par une industrie spécialisée (Adidas, Nike, etc.) et payés par les consommateurs ; des spectacles offerts par leurs organisateurs (clubs, fédérations) contre un prix au guichet payé par les spectateurs ; des retransmissions offertes par ces organisateurs à des chaînes de télévision contre le versement de droits ; des supports publicitaires offerts par le sport et demandés par des annonceurs et des sponsors.

Le sport professionnel attire, en outre, d'autres fonds : *merchandising* (vente de produits variés à l'image du club), crédit bancaire et émission d'actions dans les pays où les clubs peuvent être des sociétés par actions (États-Unis, Grande-Bretagne, Italie, Espagne).

Sur le marché du travail sportif, les clubs professionnels se procurent les talents des joueurs, rémunérés par des salaires très inégaux, au profit des « vedettes » ou des « stars » (bénéficiant de plus de fortes primes de transfert).

L'économie du sport représente entre 0,5 % et 2 % du produit intérieur brut* dans les pays européens, et elle crée des emplois : entre 0,5 % et 3 % de la population active. Elle mobilise un important travail bénévole non rémunéré. Son existence oppose l'éthique sportive désintéressée à la logique économique de rentabilité. W. A.

Sraffa (Piero)

Économiste italien (1898-1983), qui s'est inspiré de Ricardo et de Marx*.*

Installé en Grande-Bretagne à partir de 1927 et proche de Keynes et des auteurs post-keynésiens*, il développa néanmoins une théorie très personnelle (notamment dans son ouvrage majeur, *Production de marchandises par des marchandises*, 1960) : faisant une critique de la théorie néoclassique* de l'équilibre* pour les incohérences logiques qu'il y décelait, il lui opposa une synthèse des théories de Ricardo et de Marx, dans le but de définir un étalon de mesure de la valeur. Il est, à ce titre, considéré comme le fondateur du courant post-ricardien. P. U.

Stackelberg (Heinrich von)

Économiste allemand (1905-1946), auteur de travaux théoriques sur la concurrence imparfaite.

Au sein de la théorie néoclassique*, il a formulé une théorie du duopole* (exposée notamment dans sa thèse d'habilitation, *Marktform und Gleichgewicht*, 1934), à une époque où **Chamberlin** (1933) et J. Robinson* (1934) publiaient également les résultats de travaux sur la concurrence imparfaite, mais plus en rupture avec l'approche néoclassique. P. U.

Stagflation

Situation où coexistent inflation et absence de croissance* économique.*

Le terme de « stagflation » fit son apparition au milieu des années 1970, quand la croissance forte des années 1945-1974 fit place à une récession en 1975, puis à une croissance lente de l'activité, associée à la montée du chômage et à un taux d'inflation dépassant les 10 % par an.

Cette nouvelle situation suscita la réflexion des économistes, qui considéraient traditionnellement que

l'inflation ne s'élève que lorsque la croissance s'accélère et que le chômage est quasi inexistant.. P. B.

➔ *Phillips, crise économique*

Start-up
(jeune pousse)

Jeune entreprise à fort potentiel de croissance.

La start-up est une invention américaine de la fin du XXe siècle. Apparu d'abord dans la presse des États-Unis pour désigner ces petites sociétés de haute technologie nées, selon la légende, au fond d'un garage, d'une idée et d'un homme dans la Silicon Valley*, – la fameuse vallée de Californie d'où sont originaires les Apple, Intel et autres Hewlett-Packard –, le terme est désormais utilisé partout dans le monde pour qualifier les petites entreprises tout juste créées mais aux capacités de développement jugées considérables.

Véritable pépinière de start-up, la Silicon Valley est considérée par beaucoup d'experts comme un modèle économique nouveau. La réunion en un seul lieu d'énormes capacités d'enseignement et de recherche d'une part (les universités de Los Angeles et de San Francisco) et d'une puissante industrie financière de l'autre (de nombreux investisseurs en capital-risque) y a favorisé la création d'entreprises par des étudiants, des chercheurs et des professeurs, entreprises à l'origine du renouveau de l'industrie américaine dans les années 1990. É. I.

➔ *Capital-risque, informatique*

La nouvelle économie : la France aussi

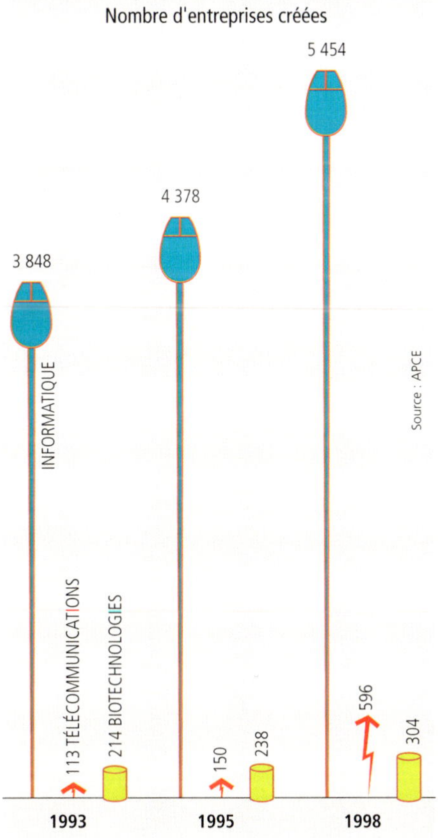

Statistiques

On distingue généralement la statistique (singulier) et les statistiques (pluriel).
La statistique représente un ensemble de méthodes permettant d'analyser différentes informations. Ce sont ces informations qui sont qualifiées de statistiques.
Les statistiques sont dès lors un ensemble de données qualitatives et quantitatives, un recueil d'observations relatives à un groupe d'individus ou d'unités.

En France, l'INSEE* élabore des statistiques dans un but d'analyse et de prévision. Cet organisme public produit, par exemple, des statistiques démographiques, des statistiques économiques et des statistiques sur l'emploi.

La **statistique descriptive** et la statistique mathématique représentent les méthodes statistiques principales.

• La **statistique descriptive** consiste en l'étude d'informations statistiques quantitatives et qualitatives.

• La **statistique mathématique** permet, en revanche, l'analyse d'informations statistiques obtenues grâce à un modèle aléatoire.

Ces méthodes s'appliquent à différents domaines d'analyse. Elles ont des applications autant dans le domaine de l'économie, de la démographie que de la biologie. N. E.-M.

Stock

Somme de biens accumulés.

En gestion et en économie, un stock peut désigner toute quantité d'actif existant à un moment donné : machines, titres, liquidités. En comptabilité, ce terme a un sens plus restreint car il ne peut désigner que les quantités non vendues de marchandises, de matières, de produits en cours de fabrication ou de produits finis, mesurées en valeur.
La notion de stock s'oppose à celle de flux, qui désigne des revenus ou des produits circulants. J. R.

Stock-option
(option sur titre)

Une stock-option, ou « option de souscription d'actions », est un droit, accordé par une société (que celle-ci soit cotée ou non) à l'un de ses salariés, d'acheter une action de l'entreprise à un prix déterminé et dans un délai donné.

Ce complément de rémunération, accompagné généralement d'avantages fiscaux, est variable : il est lié à l'évolution de la valeur de l'action. Son bénéficiaire n'en tire profit qu'à l'issue d'une période plus ou moins longue (trois à cinq ans) fixée d'avance. Ce n'est qu'alors qu'il peut « lever » son option – c'est-à-dire acheter l'action au prix d'origine, la revendre au prix du moment et réaliser ainsi un éventuel bénéfice.
Réservées de facto en France aux cadres dirigeants (1 % seulement des salariés des quarante principales entreprises cotées à la Bourse de Paris en bénéficiaient en 1999), les stock-options sont souvent distribuées à l'ensemble des membres du personnel dans les sociétés américaines.
Elles sont, pour l'entreprise, un outil de motivation et de fidélisation, qui associe l'intérêt du salarié à celui des actionnaires. Elles ont d'abord été utilisées par les jeunes sociétés en forte croissance qui, bien souvent, ne disposent pas des moyens financiers pour attirer chez elles les cadres et les ingénieurs dont elles ont besoin. Les plans d'options sur actions ont connu ensuite, dans les années 1980, un rapide développement dans les grandes entreprises plus traditionnelles (Toys R Us, Pepsico, Marriott, Morgan Stanley, etc.). À la fin des années 1990, 8 millions d'Américains étaient titulaires de stock-options – 8 % de la main-d'œuvre du secteur privé non agricole, plusieurs milliers d'entre eux étant ainsi des millionnaires potentiels.
Afin de favoriser la création de sociétés dans les nouvelles technologies, le gouvernement français a créé, en 1998, pour les entreprises de croissance âgées de moins de quinze ans une famille nouvelle de stock-options, les « bons de souscription de parts de créateurs d'entreprise » (**BSPCE**). Ceux-ci bénéficient d'avantages fiscaux particuliers.
Les stock-options ne concernent réellement en France qu'environ 25 000 cadres dirigeants. Cependant, en 2000, le groupe Vivendi a annoncé le versement symbolique de dix stock-options à chacun de ses salariés. É. I.

➔ *Bourse*

Les stock-options et la gauche

Alors que l'opinion s'indignait, à l'automne 1999, du montant des stock-options (230 millions de francs) que recevait l'ex-P-DG d'Elf Aquitaine, **Philippe Jaffré**, à l'occasion de son départ de l'entreprise, le président socialiste de la commission des Finances de l'Assemblée nationale, Augustin Bonrepaux, proposait un amendement tendant à faire passer l'impôt sur les plus-values supérieures à 500 000 francs de 40 % à 50 %. Craignant une fuite des cadres supérieurs des entreprises françaises, le ministre des Finances de l'époque, **Dominique Strauss-Kahn**, obtenait le retrait de l'amendement en promettant une refonte complète du système. En avril 2000, **Laurent Fabius**, nouveau ministre des Finances, proposait un compromis : les stock-options générant des plus-values supérieures à un million de francs devraient être taxées au taux de 50 % si elles sont vendues au bout de quatre années de détention. Si, par contre, elles sont conservées jusqu'à six ans et plus, ce taux passerait à 40 %. Pour les plus-values inférieures à un million, le taux serait de 26 %.

Stop-and-go

Politique keynésienne consistant à ralentir ou à relancer la croissance économique en fonction du niveau de l'emploi et de l'évolution des prix.*

En période de surchauffe* (pleine utilisation des capacités de production), un plan de rigueur* ou de refroidissement (stop) évite les dérapages inflationnistes, dus à une demande* excessive, par des hausses fiscales et de taux d'intérêt*. En période de ralentissement de l'activité et de montée du chômage, la faiblesse de la demande est combattue par un plan de relance* (go) reposant sur une hausse des dépenses publiques* (ou une baisse d'impôt) et une baisse du coût* du crédit*. P. L.

➔ *Budget de l'État, conjoncture, fiscalité, keynésianisme, Phillips (courbe de), politique économique, politique monétaire*

Structure

Ensemble de caractères relativement stables d'un système économique à une période donnée.

La notion de structure s'oppose à celle de conjoncture*, qui porte sur des relations économiques instables et de courte durée. On parlera de structure de l'appareil productif national pour désigner les parts de l'agriculture, de l'industrie et des services, qui évoluent lentement ; on évoquera la structure industrielle pour décrire le poids relatif des grandes branches de production (automobile, textile, etc.), ou bien la structure de la demande à propos de la préférence des consommateurs pour tel ou tel type de biens ou de services. B. C.

Substituables (biens)

Deux biens sont substituables si l'on peut remplacer sans dommage l'un par l'autre pour satisfaire un besoin particulier.

En cas de nécessité, je peux ainsi me passer d'eau de Vittel et boire de l'eau d'Évian. Plus techniquement, on dit que deux biens sont substituables quand la demande de l'un augmente à la suite d'une augmentation du prix de l'autre. Si le prix de l'eau d'Évian augmente, les ventes de Vittel augmenteront, mais pas celles de véhicules de marque Renault, parce que Évian et Renault ne sont pas deux biens substituables. Plus un bien possède des substituts et moins il est possible d'en augmenter le prix sans perte de clientèle. F. E.

➔ *Demande, élasticité*

Substitution (effet)

Lorsque le prix d'un bien augmente, on commence par souhaiter en acheter moins, au profit des biens qui lui sont substituables : c'est l'effet substitution. Puis, réalisant que l'on est plus pauvre, on modifie ses choix en conséquence : c'est l'effet revenu.

En réalité, on n'observe que la résultante de ces deux effets fictifs. Cette façon de raisonner se généralise à toute décision individuelle : offre de travail, choix du niveau de l'épargne, achat de titres, etc.
Si, par exemple, le prix des œufs de lump diminuait, j'aurais une première raison d'acheter davantage de caviar que précédemment (c'est l'effet substitution). Étant plus riche du fait que mes achats coûtent globalement moins cher, j'aurais une deuxième raison de choisir le caviar (c'est l'effet revenu). La marchande se contente de constater que je demande davantage de caviar, elle ignore si c'est pour illustrer tel ou tel effet. F. E.

➔ *Demande, prix, substituables*

Subvention

Aide financière ou en nature accordée en vue de faciliter une activité économique – consommation, bâtiment, transport, production, investissement...

Pour inciter une entreprise à s'installer dans sa commune, un maire peut par exemple lui offrir le terrain, tandis que l'État accordera des dégrèvements de charges sociales pour les emplois créés et une exemption temporaire d'impôt : autant de formes différentes de subventions. Ce sont en général les collectivités publiques comme l'État*, les municipalités, l'Union européenne*, qui distribuent des subventions, mais il peut s'agir aussi de grandes entre-

prises – lorsqu'elles fournissent des biens ou des services à leurs salariés gratuitement ou à tarif réduit. Les subventions font souvent partie de l'action sociale : les prix des cantines scolaires, des transports urbains, des logements sociaux sont abaissés, et la collectivité prend en charge la différence entre le tarif payé par l'usager et le coût de revient.
Les subventions sont aussi un instrument de politique industrielle* pour développer certaines productions de pointe (par exemple la filière aéronautique) ; elles servent enfin à soutenir des secteurs comme l'agriculture*, les transports* ou la culture*, activités à la fois indispensables et difficiles à rentabiliser. Sans subventions, la Suisse ne produirait plus de gruyère, la France ne pourrait pas s'enorgueillir de ses TGV et les places de théâtre y seraient inabordables. La question des subventions, notamment en matière agricole, est âprement débattue entre les différents pays.

Une efficacité parfois négative

Les subventions, en modifiant les prix, créent à la longue des distorsions qui nuisent à l'efficacité du système économique : les gens ne consomment pas comme ils le feraient en l'absence de subventions, les producteurs n'investissent pas là où existe une véritable demande, et il en résulte un gaspillage de ressources rares. En URSS, le prix du pain était maintenu si bas que les paysans avaient intérêt à donner à leurs bêtes du pain plutôt que du foin.
Les États ont tendance à multiplier les subventions pour orienter l'activité économique. En France, il existe ainsi 70 types d'aides aux entreprises* (aides à l'emploi, à l'aménagement du territoire, à l'investissement, à la recherche-développement, au commerce extérieur, à la restructuration des secteurs en difficulté…). Le coût total en est estimé à 170 milliards de francs, dont l'efficacité est difficile à évaluer. S. G.

➔ *Politique économique, politique industrielle*

Sully (Maximilien de Béthune, duc de)

Surintendant des Finances d'Henri IV. Sully (1560-1641) contribua au redressement économique de la France à la fin du XVIe siècle.

Sully fut chargé de restaurer la prospérité du royaume, épuisé par une longue crise économique et un siècle de guerres civiles et extérieures. Il réforma les impôts afin de rééquilibrer les finances royales. Il fit reconstruire les routes et les ponts, et aménager des voies navigables. Il développa l'agriculture, avec l'aide de l'agronome Olivier de Serres* (« Pâturage et labourage sont les deux mamelles de la France »), l'industrie textile et celle des produits de luxe, limita les importations d'articles étrangers et les exportations de matières premières utiles à la production nationale.
Ce nouveau rôle joué par l'État permit une amélioration sensible de l'économie française et annonça les politiques mercantilistes* de Richelieu et de Colbert suivies au XVIIe siècle. P. B.

➔ *Colbertisme, France, mercantilisme*

Surchauffe

Phase de croissance inflationniste provenant d'une pleine utilisation de la capacité de production.

Il s'agit d'une situation où, en raison de revenus excessifs, la demande intérieure excède l'offre, limitée par le plein-emploi et la pleine utilisation des machines disponibles. Cela débouche sur un « dérapage inflationniste » poussant les autorités à ralentir la croissance. P. B.

Surplus

Part de la production qui n'est pas absorbée par la reconstitution des moyens de production, notamment les salaires.

Cette notion, développée par l'école classique et par Marx*, vise à préciser les conditions de reproduction et d'accumulation* d'un système économique. Elle est particulièrement pertinente pour l'analyse des processus de développement*, dans la mesure où l'appropriation du surplus par les propriétaires terriens ou par des industriels entraînera un pays dans des voies opposées : dans le premier cas, il sera surtout consommé, dans le second, il servira davantage à accroître les moyens de production. J.-M. F.

Surproduction

Situation caractérisée par un excès de marchandises produites par rapport à la demande solvable.

Il y a surproduction quand l'accroissement de la production est plus important que celui des revenus distribués (les salaires en particulier). Elle se traduit par une baisse des prix, qui réduit les profits et pousse les entreprises à diminuer leur production, mais aussi l'emploi et les investissements. Selon plusieurs auteurs, la surproduction explique les crises économiques*. P. B.

➔ *(J. A.) Hobson, (T. R.) Malthus, marxisme, (J. de) Sismondi*

Swap

Mot anglais signifiant « échange ». Appelé également « contrat d'échéance », ce produit dérivé permet de se prémunir contre les évolutions défavorables de l'actif dont il dépend.*

Les swaps de taux d'intérêt et de devises sont les plus courants. Deux sociétés peuvent choisir d'échanger le coût d'une dette à taux fixe contre celui d'une dette à taux variable.
Dans un swap de devises, les deux parties se livrent mutuellement, lors de la conclusion du contrat d'échange, des montants en capital libellés en deux monnaies différentes et se les remboursent ultérieurement à des conditions définies d'avance. Permettant de se protéger du risque d'un taux d'intérêt variable, le swap constitue un des moyens privilégiés pour les relations financières entre banques ou entreprises. D. G.

➔ *Produits dérivés*

Syndicat

Voir dossier p. 535

Synthèse néoclassique

Principal courant de pensée de la macroéconomie de l'après-guerre, cherchant une conciliation entre les idées interventionnistes de Keynes* et celles des libéraux.*

Dans cette approche, les prix* sont supposés rigides à court terme et ne permettent pas l'ajustement de l'offre* à la demande*, qui est obtenu par des variations des quantités produites, donc du niveau d'activité et d'emploi. Le fonctionnement de l'économie est alors de nature keynésienne, le chômage* s'expliquant par la rigidité* des prix. D'où la nécessité pour l'État* de lutter contre le chômage en jouant sur le niveau de la demande.
Dans le long terme, la flexibilité des prix et l'intervention de l'État permettent d'atteindre le plein-emploi*. Dès lors, le libre jeu des forces de marché* permet la coordination des activités individuelles et, au-delà, la croissance* économique à travers le progrès technique*.
Hicks*, Samuelson*, Solow* et Tobin*, tous récompensés par le prix Nobel*, ont effectué cette synthèse néoclassique en développant de nouveaux outils d'analyse devenus très standards, comme la courbe de Phillips* ou le modèle de croissance de Solow. P. L.

➔ *Économie mixte, keynésianisme, main invisible, marché (économie de)*

Système économique

Ensemble interdépendant d'institutions (droit, propriété) encadrant les activités et les comportements économiques, en général dans l'espace national.

L'analyse systémique définit un système comme un ensemble d'éléments en relation réciproque et en rapport avec son environnement. Elle insiste sur les notions d'interdépendance, de cohérence, de permanence à travers les changements et l'évolution.

Elle prolonge la thèse d'Aristote* selon laquelle le tout est davantage que la somme des parties qui le composent.

Dans le domaine de l'économie, le concept de système s'applique à de nombreux niveaux. L'organisation ou la firme, un ensemble local ou régional d'activités, une branche* ou un secteur, l'économie nationale ou même mondiale peuvent être analysés en termes de système. Ces différents niveaux peuvent être considérés à la fois dans leur autonomie relative et leurs interdépendances, un système se décomposant en sous-systèmes, et ainsi de suite.

Deux grands ordres historiques modernes ont été analysés comme des systèmes économiques.

• Le **capitalisme*** est caractérisé par la propriété privée, la coordination par le marché, le salariat (K. Marx*) ou le rôle de l'entrepreneur (J. Schumpeter*).

• Le **socialisme** est défini par la propriété d'État, le plan ou la coordination verticale, l'économie de pénurie. L'approche en termes de système considère les liens entre les institutions, les comportements et les tendances évolutives dans les grands ensembles économiques. Elle cherche à relier l'analyse économique et la démarche historique.

La primauté du modèle anglo-saxon

Les systèmes économiques nationaux constituent le niveau essentiel pris en compte dans l'étude historique comparative des différentes économies. Les systèmes britannique au XIXe siècle et américain au XXe ont souvent servi de référence implicite aux modèles du système capitaliste en général, comme l'a fait le système soviétique par rapport au système socialiste en général.

Mais la diversité historique et contemporaine des systèmes économiques nationaux conduit plutôt à analyser le capitalisme et le socialisme comme des familles de systèmes nationaux. La variété des trajectoires institutionnelles observée dans les différentes économies nationales au XIXe et au XXe siècle sera-t-elle effacée par une convergence des systèmes nationaux vers le modèle anglo-saxon (qui est à la fois un modèle économique libéral et un modèle culturel), consécutive à l'extinction du socialisme et à la mondialisation capitaliste ? La question demeure controversée. B. C.

➔ *Le modèle anglo-saxon va-t-il s'imposer partout ?*

Système monétaire international

Voir SMI

Dossier

Les syndicats constituent une instance de négociation face aux détenteurs du pouvoir dans l'entreprise et dans les administrations publiques. À cet égard, l'existence et le développement des syndicats semblent indispensables pour limiter les prérogatives des technostructures administratives au service des actionnaires et pour introduire ainsi la « démocratie » dans l'entreprise.*

Syndicat

Les associations syndicales de salariés sont considérées par les politologues (spécialistes des sciences politiques) comme des groupes de pression. Comme ce terme l'indique, leur fonction consiste à exercer une pression sur les autorités décisionnelles (patronat, gouvernement) de façon à orienter les choix collectifs dans un sens conforme aux intérêts de leurs adhérents (salaires, conditions de travail, promotion sociale).

Depuis plusieurs années, en France notamment, le rôle des syndicats est remis en question : d'une part, du fait du taux très faible de syndicalisation des salariés (hors secteur public) ; d'autre part, du fait de la remise en cause du « modèle français » qui se caractérisait par l'importance du secteur public (où les syndicats ont toujours été puissants) et par un système de gestion tripartite (État, patronat, syndicats) des relations sociales.

D'abord une fonction de consensus ou, du moins, de régulation des relations de travail

Pour appuyer les desiderata des salariés, les organisations syndicales peuvent avoir recours à différents moyens (grèves, pétitions, déclarations de presse afin de sensibiliser l'opinion publique). Or, si les syndicats doivent défendre les intérêts professionnels et matériels de leurs membres, ils contribuent efficacement à la régulation des conflits sociaux dans un sens favorable à la reconduction du consensus social et politique. Contrairement à une vision réductionniste fortement répandue, les associations syndicales n'exercent pas de fonctions dysfonctionnelles à l'endroit de l'entreprise ou de la société globale, mais contribuent à réduire les tensions et les oppositions structurelles qui naissent du partage de la valeur ajoutée* entre les travailleurs et les propriétaires du capital (actionnaires). Comme l'atteste sa

La présence syndicale dans l'entreprise

• Les délégués du personnel (DP) sont élus depuis 1936 (accords Matignon) dans les entreprises de plus de 10 salariés. Leur rôle est de servir d'intermédiaires entre l'employeur et l'ensemble des salariés. Ils présentent les revendications individuelles ou collectives à la direction de l'entreprise. Ils peuvent saisir l'inspecteur du travail en cas de différend.

• Les délégués syndicaux, au nombre de 1 à 5 dans les entreprises de plus de 50 salariés, ont pour mission de représenter le syndicat auprès du chef d'entreprise.

• Les comités d'entreprise, ou comités d'établissement (CE), créés en 1945, existent dans les entreprises d'au moins 50 salariés. Ils doivent être consultés sur les questions relatives à l'organisation, à la gestion et à la bonne marche de l'entreprise. Les comités d'entreprise ont également pour fonction de gérer les œuvres sociales (restaurants d'entreprise, bibliothèques, colonies de vacances).

Le régime général des syndicats demeure régi par les lois du 21 mars 1884 et du 12 mars 1920.

Syndicat
Scène du film *F.I.S.T.*, où Sylvester Stallone campe un syndicaliste américain obligé de composer avec la Mafia qui contrôle les organisations de travailleurs. Une illustration, parmi d'autres, des difficultés de l'action syndicale.

naissance, le syndicalisme français est né de la volonté politique et patronale d'institutionnaliser les conflits sociaux et, plus particulièrement, les conflits du travail. Il s'agissait d'éviter le recours à la violence et la montée du socialisme, qui menaçait l'ordre social libéral et le système de la libre entreprise. C'est ainsi que la loi de 1864 autorise le droit de grève, et la loi de 1884 (loi Waldeck-Rousseau), la création des syndicats. L'encadrement des ouvriers apparaît alors nécessaire pour résoudre les conflits d'une façon protocolaire par la négociation collective et non par l'action politique violente.
Les traditions syndicales varient d'un pays à l'autre. Ainsi, dans l'Europe du Nord, les syndicats demeurent liés aux partis socialistes, tandis qu'aux États-Unis l'AFL a longtemps privilégié une action plus corporatiste.

Une remise en cause quasi générale dans un environnement social complètement transformé

En dépit de leur fonction au service du consensus social et politique, les syndicats connaissent une chute de leurs effectifs. Le **taux de syndicalisation** (rapport entre les adhérents des syndicats et la population active salariée) ne cesse de diminuer depuis les années 1970 dans la plupart des pays développés. Aux États-Unis, la main-d'œuvre syndiquée ne représente qu'un peu plus de 14 % des actifs contre 30 % dans les années 1950. Aussi la principale centrale, l'AFL-CIO (American Federation of Labor - Congress of Industrial Organizations), qui regroupe 80 % des syndiqués américains, multiplie-t-elle les campagnes de recrutement. Les effectifs des centrales ont également baissé en Grande-

La Confédération européenne des syndicats (CES)

La Confédération européenne des syndicats (**CES**) a été créée le 9 février 1973. Elle regroupe 67 confédérations de 29 pays et 15 fédérations professionnelles européennes représentant près de 60 millions de salariés. La CES s'est élargie, en 1995, à certains pays de l'Europe de l'Est (Bulgarie, République tchèque, Hongrie, Pologne, Roumanie et Slovaquie). Le congrès de la CES se réunit tous les quatre ans et élit le secrétaire général. Le comité exécutif réunit quatre fois par an les représentants des confédérations et des fédérations.

Cinq syndicats français sont représentés à la CES : la CGT, la CFDT, Force ouvrière, la CFTC et l'UNSA.

Bretagne et en Allemagne. Mais le taux de syndicalisation le plus bas concerne la France, où il a diminué de plus de la moitié entre 1970 et 1990, passant de 20 % des actifs à seulement 9 %.

En faisant abstraction du Danemark et de la Suède, où le taux de syndicalisation atteint le sommet de 91 %, le recul du mouvement syndical est quasi général dans les pays de l'OCDE. Selon le Bureau international du travail (**BIT**), la baisse des effectifs syndicaux s'explique par la désindustrialisation qui frappe les pays qu'on avait coutume d'appeler industrialisés et qui le sont de moins en moins. On assiste au déclin des « cols bleus » et à la montée des « cols blancs », en rapport avec la tertiarisation des activités économiques. Cette grande transformation suppose une régression des catégories ouvrières qui ont toujours constitué l'épine dorsale du syndicalisme.

Par ailleurs, l'organisation du travail et les processus de production se sont modifiés sous l'influence du progrès technique. Ces transformations dans l'organisation du travail se sont traduites par une plus grande autonomie de l'opérateur humain. C'est ainsi que l'on assiste à une réduction des relations de solidarité qui animaient les ouvriers, voire les employés, dans les entreprises et qui pouvaient conduire à l'action collective. Parallèlement, la structure des actifs s'est considérablement diversifiée. La montée du taux d'activité féminin, l'arrivée de jeunes travailleurs moins politisés, la cassure entre les personnels hautement qualifiés et les travailleurs précaires réduiraient la participation syndicale.

Le chômage et les formes atypiques d'emploi (temps partiel, intérim, CDD*) ne poussent guère les salariés à la syndicalisation dans la mesure où le lien avec l'entreprise n'est pas suffisamment durable pour que les travailleurs puissent s'investir dans l'action syndicale. De surcroît, en période de chômage et de précarité de l'emploi, le rapport de force entre employeurs et salariés tourne à l'avantage des premiers, qui auront toujours tendance – au mépris de la loi – à favoriser les travailleurs non syndiqués.

En outre, les années 1980 auraient été marquées par de profondes mutations au sein des systèmes de représentation. On assiste à un retour des valeurs individuelles par rapport aux valeurs collectives. Il s'en serait suivi un désengagement vis-à-vis des groupes secondaires, tels que les partis politiques et les syndicats, au profit de groupes de sociabilité plus restreints en dimension comme la famille.

Le besoin d'une réflexion en profondeur

De nombreuses critiques ont été adressées aux centrales syndicales, notamment en France. Les syndicats sont perçus comme des appareils bureaucratiques sans véritables rapports avec les problèmes rencontrés par les salariés sur le terrain professionnel. Les syndicats apparaissent souvent aux yeux de l'opinion comme des structures de défense des intérêts acquis, dont le seul souci reste la pérennité de privilèges catégoriels. Par ailleurs, les syndicats n'apporteraient guère de propositions constructives face aux problèmes sociaux qui retiennent l'attention de la population : chômage, exclusion sociale ou problèmes des banlieues. À tous égards, les grandes centrales syndicales, souvent menacées par l'apparition de nouvelles structures concurrentes, doivent poursuivre un effort profond de réflexion, qu'il s'agisse de leur fonctionnement interne, de l'intégration de la dimension européenne ou de la mondialisation.

J.-C. D.

➔ *Cogestion, mondialisation, ouvrier*

Tableau économique

Voir **Quesnay**

Take-off

Étape de décollage des économies industrialisées, selon W. Rostow.*

Cette période serait celle des années 1783-1802 pour la Grande-Bretagne, 1830-1860 pour la France, 1843-1860 pour les États-Unis, 1850-1873 pour l'Allemagne, 1878-1900 pour le Japon. P. B.

(V. schéma p. suiv.)

➔ *Capitalisme, industrialisation, révolution industrielle, (W. W.) Rostow*

Taux d'intérêt

« Prix de l'argent » ou « loyer de l'argent », exprimé en pourcentage sur une certaine durée, qui s'ajoute à la somme empruntée au départ. Il rémunère le créancier pour le service qu'il rend au débiteur et pour le risque qu'il prend de ne pas être remboursé.

Si un particulier prête 1 000 francs à un autre (le capital), qui promet de lui rembourser 1 100 francs au bout d'un an (100 francs d'intérêt), le taux d'intérêt est de 10 % l'an. Les économistes distinguent le **taux d'intérêt nominal**, celui qui figure dans le contrat de prêt, et le **taux d'intérêt réel**, qui tient compte de la hausse des prix. Avec une inflation de 3 %, un taux d'intérêt nominal de 10 % représente, en termes réels, 7 %.

Dans une économie donnée, les taux d'intérêt pratiqués varient généralement en fonction de l'inflation*, du risque encouru par le prêteur et de la qualité de l'emprunteur. On se doute qu'un pays comme la France remboursera toujours ses emprunts (elle n'a fait défaut qu'une fois, pendant la Révolution). Le taux d'intérêt de ses titres est donc assez bas. Mais qu'en est-il d'un petit entrepreneur qui peut faire faillite ? On risque gros en lui prêtant, risque compensé par un taux d'intérêt élevé.

Le take-off

Les étapes de la croissance économique des grandes puissances industrielles

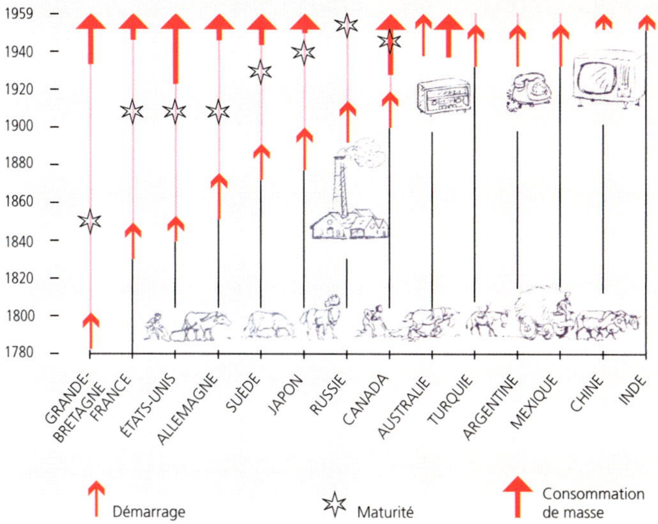

Source : *Les Étapes de la croissance économique*, W.W. Rostow, «Points», Le Seuil, 1970

Le taux d'intérêt peut être fixe tout au long de la période de remboursement, ou bien flexible (indexé par exemple sur le taux d'inflation). Parmi les principaux taux d'intérêt, on trouve :

• le **taux zéro** : le taux d'intérêt est nul. Il peut être pratiqué entre proches, ou pour une opération promotionnelle pré-cise : crédit gratuit consenti par un magasin pour l'achat d'une chaîne hi-fi, prêt à taux zéro proposé par le gouvernement pour stimuler les achats d'appartements... ;

• le **taux bonifié** : le taux d'intérêt est inférieur aux taux de marché lorsqu'il s'agit d'opérations précises, par exemple de travaux permettant de futures économies d'énergie. Les pays les plus pauvres bénéficient ainsi de taux bonifiés ;

• le **taux Refi** : c'est le principal taux directeur utilisé par la Banque centrale européenne. Il sert à fournir des liquidités aux banques commerciales, avec une fréquence hebdomadaire et une échéance de deux semaines. Ces liquidités sont accordées en contrepartie de valeurs mobilières apportées par les banques, comme les anciens appels d'offres et **prises en pension** (rachat d'effets de commerce associé à une revente à terme à une date convenue) de la Banque de France. Le taux Refi sert de base à tous les autres taux dans l'Union européenne : il peut être abaissé pour stimuler l'économie, ou au contraire relevé pour freiner l'activité ;

• le **taux interbancaire** est celui que pratiquent les banques pour se prêter de l'argent à court terme. Le taux **EURIBOR** (Euro Interbank Offered Rate) est un taux interbancaire ;

• le **taux de base bancaire** est celui que proposent les banques à leurs meilleurs clients ;

• le **taux de l'usure** : *usuria* signifie en latin « intérêt de l'argent » ; le mot est souvent employé avec une connotation négative. L'usure est généralement une pratique informelle entre un emprunteur et un prêteur, qui s'entendent sur un taux d'intérêt très supérieur aux taux de marché. Pour éviter les abus, la Banque de France définit régulièrement un taux de l'usure, au-delà duquel le prêteur est dans l'illégalité.

F. L.

➔ *Banque, marché monétaire*

Taux de change

Prix d'une devise exprimé en une autre devise.

En régime de taux de change fixes*, le taux (ou le cours) de change ne varie pas, mais peut être périodiquement réajusté. En régime de changes flottants*, en revanche, le taux de change fluctue quotidiennement en fonction de l'offre et de la demande pour telle ou telle devise sur le marché des changes. Les États-Unis ont opté pour les changes flottants en 1971, faisant peu de cas des conséquences des mouvements du dollar* sur les autres économies. C'est ce qui a incité les pays européens à stabiliser leurs taux de change, d'abord grâce au système monétaire européen, puis en se dotant d'une monnaie commune, l'euro*.

On dit qu'une devise s'apprécie ou se déprécie, selon que son taux de change monte ou baisse. L'offre et la demande pour cette devise sont influencées par l'évolution de la situation économique et politique dans la zone concernée, mais peuvent aussi faire l'objet d'une spéculation : par exemple, le dollar évolue à la hausse lors de l'annonce de bonnes nouvelles pour l'économie américaine. La livre sterling*, en revanche, a été brutalement poussée à la baisse par les cambistes prévoyant une dévaluation et une sortie du SME à l'automne 1992.

Le Big Mac comme valeur de référence universelle

Lorsque le taux de change d'une devise s'éloigne nettement du taux jugé d'équilibre, on dit de cette devise qu'elle est surévaluée ou sous-évaluée. Ainsi plusieurs pays asiatiques, comme la Thaïlande, avaient-ils choisi d'amarrer le cours de leur monnaie à celui du dollar américain (donc de maintenir un taux de change stable, grâce à des ventes de dollars contre des bahts thaïlandais de la part de la Banque centrale) ; au fil du temps, les réserves de change se sont épuisées, et les autorités monétaires ont alors été contraintes de dévaluer considérablement leur monnaie.

Il existe une mesure, dite de PPA (parité de pouvoir d'achat*), qui tente d'évaluer la quantité de biens pouvant être obtenue dans des pays déterminés, avec une monnaie précise, pour juger si elle est surévaluée ou sous-évaluée. C'est, en quelque sorte, le prix international d'une coupe de cheveux ou, selon le magazine britannique *The Economist*, l'**indice Big Mac** (bien dont le prix peut être comparé dans le monde entier, ou presque). La PPA se traduit par un gonflement du poids économique du tiers-monde dans l'économie mondiale. Ainsi mesurée, la Chine devient la deuxième économie du monde, après les États-Unis.

Certaines devises jouent également un rôle de valeur refuge. Ainsi le dollar ou le franc suisse s'orientent-ils généralement à la hausse en cas de tensions internationales. F. L.

➔ *Marché des changes, SMI*

Taxe

Ponction fiscale ou administrative perçue en contrepartie d'un service rendu aux administrés.

La taxe se distingue de l'impôt* car elle est censée rémunérer une prestation. Ainsi, la taxe piscicole conférant le droit de pêcher sur les eaux du domaine public finance le travail du Conseil supérieur de la pêche, qui gère cette activité. Cependant, la distinction entre taxe et impôt devient de plus en plus floue, car bien des taxes correspondent largement à des impôts (elles sont perçues sur **rôles**, c'est-à-dire sur la base de listes et de documents adressés au contribuable) et ne correspondent pas à un service spécifique, comme la TVA. P. B.

➔ *Impôt*

Taxe sur la valeur ajoutée

Voir **TVA**

Taylorisme

Processus d'analyse et de décomposition méthodique du travail, fondé sur le chronométrage des tâches et la séparation du travail de conception de celui d'exécution pour augmenter la productivité globale.

L'ingénieur américain **Frederick Winslow Taylor** (1856-1915) a développé ses vues sur l'organisation scientifique du travail (OST) au début du siècle, lors de l'avènement des grandes entreprises et de la production de masse. Il s'agissait d'éliminer la « **flânerie ouvrière** », c'est-à-dire la résistance à l'intensification du travail, résistance que représentait la maîtrise des ouvriers sur leur métier. Les tâches sont simplifiées et les gestes pour les accomplir efficacement sont étudiés et codifiés sous forme de normes de travail. La préparation du travail est retirée aux ouvriers pour être confiée à un bureau des méthodes. Des systèmes de primes récompensent les ouvriers selon leurs performances.

Cette méthode d'organisation du travail a favorisé l'automatisation en simplifiant les tâches et entraîné le recours au travail en équipes pour accroître le temps d'utilisation de l'outillage. Elle a préparé l'avènement du fordisme*, c'est-à-dire de la chaîne de

Taylorisme
Chaîne de montage des boîtes de vitesse aux usines Renault à la fin des années 1930. Au début du siècle, l'ingénieur américain Taylor avait proposé une organisation scientifique du travail, dont l'objectif premier était d'éliminer la « flânerie ouvrière », à savoir la résistance des ouvriers à l'intensification du travail, résistance que rendait possible la maîtrise de leur métier, c'est-à-dire leur qualification, qu'il s'agit dès lors de remplacer par des gestes standardisés.

production reliant les postes de travail taylorisés, dès avant la Première Guerre mondiale dans l'industrie automobile aux États-Unis.
Introduit plus tardivement en Europe, le taylorisme s'est généralisé à de nombreuses branches après la Seconde Guerre mondiale sans cependant s'appliquer à toutes les branches d'activité. Il est encore largement répandu en dépit du développement de nouvelles formes de travail fondées sur l'autonomie et la polyvalence des travailleurs. La diffusion des technologies de l'information dans les services (employés travaillant sur ordinateur) fournit parfois la base d'une taylorisation du travail administratif jusqu'ici relativement peu touché par ces méthodes intensives. A. R.

➔ *Automatisation, fordisme, productivité*

Technologie

Étymologiquement, ce terme signifie « étude des techniques », mais on l'utilise de plus en plus souvent dans le sens même de « techniques ».

On distingue ainsi les industries à moyenne ou basse intensité technologique – c'est-à-dire les industries n'utilisant que des techniques traditionnelles – des industries à haute intensité technologique, qui font appel en général à l'électronique et aux technologies de l'information, ou aux biotechnologies. Mais attention : un secteur traditionnel (par exemple la sidérurgie) peut très bien utiliser des nouvelles technologies. Certaines technologies sont dites « diffusantes », c'est-à-dire qu'elles peuvent être utilisées

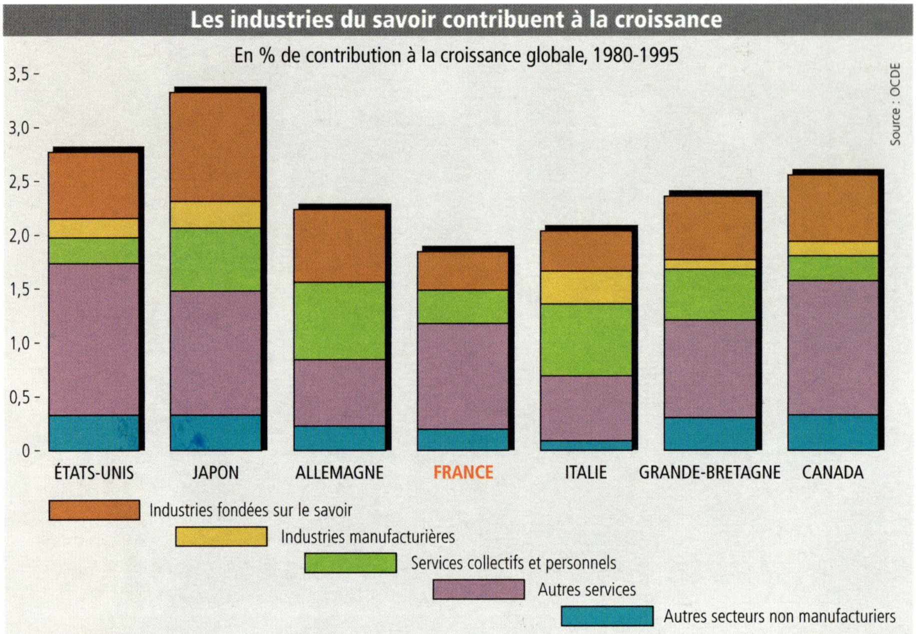

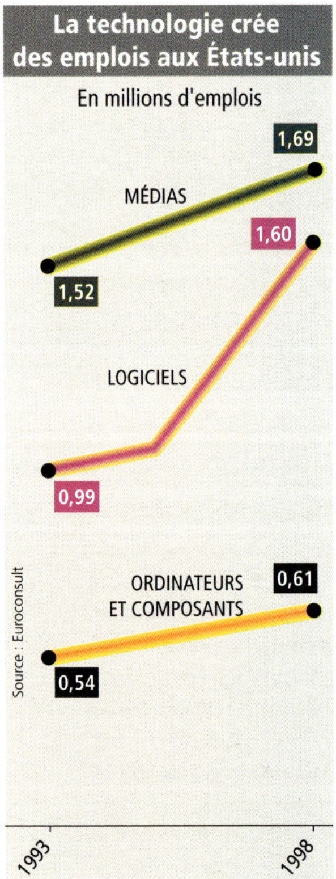

dans plusieurs secteurs industriels (cas de l'électronique, utilisée aussi bien dans l'automobile que dans la sidérurgie ou la fabrication d'ordinateurs) ; d'autres sont spécifiques lorsqu'elles ne sont utilisées que par un seul industriel.

Les technologies de l'information* ont connu un développement spectaculaire depuis le début des années 1980 et leur contribution positive à la croissance est désormais communément admise.

Pour les économistes du département du Commerce américain, cette contribution a augmenté de façon extraordinaire depuis le milieu des années 1990 avec le développement d'Internet* ; ils estiment que les seules technologies de l'information ont été responsables de plus de 40 % de la croissance du revenu intérieur brut (Gross Domestic Income) en 1995. Depuis, ce taux a décliné pour atteindre un peu plus de 25 % en 1997, « en raison de la très bonne tenue du reste de l'économie », peut-on lire dans *The Emerging Digital Economy,* ouvrage de référence sur le sujet. Dans l'absolu, la valeur ajoutée des entre-

Les Français frileux ?

Les Français sont sous-équipés en matière de technologies de l'information* par rapport à la moyenne européenne. Selon une enquête réalisée durant le dernier trimestre 1998 par le réseau Inra (réseau mondial de sociétés d'études marketing) et TMO pour la France, les Français utilisent moins d'ordinateurs, de téléphones portables, de lecteurs de CD-ROM, d'antennes paraboliques, de modems, de télécopieurs que la moyenne des Européens. Ils se connectent également moins à Internet et utilisent moins les services du câble. Les Français se situent néanmoins au-dessus de la moyenne européenne pour l'utilisation de magnétoscopes et pour certains équipements spécifiques comme les décodeurs TV (Canal +) et, bien sûr, le Minitel.

prises du secteur a poursuivi sa croissance, pour atteindre 680 milliards de dollars (618 milliards d'euros) en 1998, soit le double du chiffre atteint en 1990. A. K.

➔ *Développement, industrie, recherche et développement*

Technopole

Zone réunissant en un même lieu laboratoires de recherche et entreprises petites ou grandes pour favoriser la « fertilisation croisée », c'est-à-dire les échanges de savoir entre chercheurs et industriels.

Une technopole est toujours créée à l'initiative de collectivités locales. La première technopole française, Sophia-Antipolis, fut créée en 1972, dans l'arrière-pays cannois, par **Pierre Lafitte**, sénateur des Alpes-Maritimes.
Les technopoles françaises hébergeaient en 1998 plus de 5 000 entreprises, 2 000 centres de recherche, 200 établissements d'enseignement supérieur, 60 pépinières d'entreprises innovantes. A. K.

➔ *Industrie, recherche et développement, Silicon Valley, technologie*

Technostructure

Organisation décisionnelle de la grande firme moderne, qui réunit les directeurs salariés de l'entreprise.

La notion de technostructure est issue des travaux de l'économiste américain John Kenneth Galbraith*. La croissance de la dimension de l'entreprise (chiffre d'affaires, effectifs salariés, volume des investissements) de même que la complexité de son organisation et de sa gestion nécessitent le recrutement de directeurs hautement qualifiés. Selon Galbraith, les membres de la technostructure bénéficient d'une large marge de manœuvre par rapport aux propriétaires, c'est-à-dire les actionnaires, qui perdent ainsi les prérogatives attachées au droit de propriété.
La notion de technostructure rencontre aujourd'hui un certain nombre de limites. Le capitalisme familial n'a pas disparu (Michelin, Peugeot, Ford...). Par ailleurs, les actionnaires, et notamment les actionnaires majoritaires et les fonds de pension*, exercent une forte contrainte sur la technostructure. En cas de doute sur l'efficacité de la gestion ou de baisse du cours de l'action de la firme, les membres de la technostructure peuvent être limogés, comme ce fut le cas pour le numéro un d'IBM, John Akers, en avril 1993. J.-C. D.

➔ *Fonds de pension, (J. K.) Galbraith*

Temps de travail

Le Code du travail définit la durée de travail effectif comme « le temps pendant lequel le salarié est à la disposition de l'employeur et doit se conformer à ses directives sans pouvoir vaquer librement à ses occupations personnelles ».

En France, la durée hebdomadaire légale est de 35 heures dans les entreprises de plus de vingt salariés depuis le 1er janvier 2000 (1er janvier 2002 pour les entreprises de moins de vingt salariés).
La notion de durée du travail n'apparaît vraiment qu'à la fin du XVIIIe siècle, en Angleterre, avec le début de l'industrialisation. Au XIXe siècle, elle prend une importance particulière avec le développement du salariat. Il faut attendre les enquêtes menées par **Louis René Villermé** en France (1840) et **Friedrich Engels** en Angleterre (1845) pour que les pouvoirs publics commencent à prendre conscience qu'une durée du travail de douze heures par jour, voire plus, est intolérable, notamment pour les enfants.
Depuis un siècle et demi, le temps de travail n'a cessé de se réduire : de 2 945 heures par an en 1870, il est passé à 1 745 heures en moyenne pour les salariés à temps complet (1 540 heures si l'on tient compte des salariés à temps partiel). Le temps de travail s'est réduit dans tous les pays du monde, même si la réduction a été moins forte au Japon et aux États-Unis. Les durées du travail sur le cycle de vie professionnelle diffèrent beaucoup, selon une étude réalisée par le gouvernement français en 1997 : elle est de 44 501 heures en moyenne en Italie, 49 507 heures en France, 51 642 heures en Allemagne, 56 918 heures au Royaume-Uni, 61 343 aux États-Unis et 71 123 au Japon.

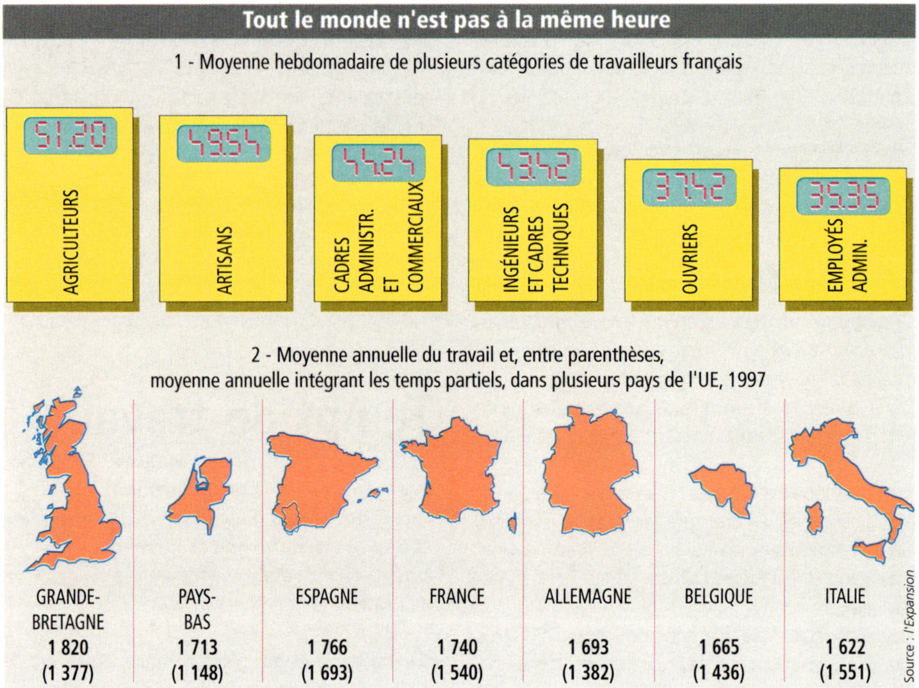

Des chiffres et des situations contrastés

Les chiffres recouvrent cependant de fortes disparités, selon l'Institut national de la statistique et des études économiques (INSEE*). Les salariés du privé et du public (hors enseignants) travaillent en réalité 41 heures en moyenne : on compte 44 heures 45 pour les cadres et professions intellectuelles et 40 heures 20 pour les employés et ouvriers.

Depuis le début des années 1980, l'organisation du temps de travail s'est diversifiée. Le temps partiel s'est développé et concernait, en 1999, 18 % des salariés (et 30 % des femmes), soit 3,5 millions de personnes. L'**annualisation**, qui permet à l'entreprise de moduler les horaires de travail en fonction de ses carnets de commandes, s'est développée à partir de 1982 et a pris son essor au début des années 1990, les entreprises pouvant porter le temps de travail hebdomadaire à 46 heures pendant douze semaines consécutives ; la seconde loi sur les 35 heures a ramené cette durée à 44 heures sur douze semaines. Les horaires hebdomadaires ne peuvent excéder 48 heures.

Le calcul du temps de travail sur l'année (et non plus sur la semaine) va se généraliser avec les 35 heures. Cet élément de flexibilité* est, en effet, une des contreparties, pour l'entreprise, à la baisse des horaires de travail. Certains responsables patronaux demandent que l'on supprime toute référence à la durée hebdomadaire et que le temps de travail fasse l'objet d'une simple clause dans le contrat individuel liant le salarié à l'employeur. Les syndicats* s'opposent à une telle réforme. J.-M. B.

➔ *Flexibilité, réduction du temps de travail*

Terme

Nom courant largement utilisé dans le vocabulaire économique pour désigner la longueur d'une période, et évoquer la date de sa fin (son échéance).

Les instruments financiers ayant une durée de vie précise, tels les prêts bancaires ou les titres de dettes, ont un terme défini : court terme sur le marché monétaire (de quelques jours à un an), moyen terme (titres expirant dans un délai de cinq ans par exemple) ou long terme (emprunts immobiliers à quinze, vingt ou trente ans). Les actions, bien sûr, n'ont pas de terme, puisque leur détenteur peut les conserver aussi longtemps qu'il le souhaite. Les comptes-chèques ne sont pas non plus des comptes à terme, mais des comptes à vue, la banque conservant (sans verser d'intérêts, en France) indéfiniment les sommes qui lui sont remises, des salaires par exemple.

En période normale, les taux d'intérêt s'élèvent du court terme au très long terme, une obligation à dix ans étant mieux rémunérée qu'un titre à six mois. Mais cette courbe des taux est parfois inversée, notamment lorsque le pays souffre d'une forte inflation.

Le marché des changes utilise beaucoup les **contrats à terme**, qui dissocient la date de la négociation et du paiement des titres de celle de la livraison ; en achetant du dollar à trois mois, par exemple, on paie dans l'instant, mais au moins on connaît le prix des billets (on est « long » en dollars) que l'on recevra dans un trimestre. À cette date, soit le dollar aura baissé (on aurait mieux fait d'attendre), soit il aura augmenté (heureusement qu'on a payé à l'avance).

« **À long terme, nous serons tous morts** », aimait à dire l'économiste britannique John Maynard Keynes* pour indiquer son mépris pour la thésaurisation et l'esprit rentier. En macroéconomie*, court terme est synonyme de conjoncture*. F. L.

➔ *Dette, marché des changes*

Termes de l'échange

Rapport de l'indice des prix à l'exportation sur l'indice des prix à l'importation d'un pays ou d'un groupe de pays.

Lorsque **TN** (termes nets de l'échange, ou simplement termes de l'échange) augmente entre deux dates, l'évolution peut apparaître comme favorable puisque les produits exportés ont un prix relatif qui s'accroît par rapport aux biens importés. Mais le fait de vendre plus cher à l'étranger peut dégrader le solde commercial et engendrer du sous-emploi. La relation entre l'évolution de TN et le bien-être d'un pays est donc complexe. L'amélioration de TN aura des effets plus favorables pour un pays qui est spécialisé dans des biens pour lesquels il détient un monopole que pour un pays qui exporte des marchandises où la concurrence par les prix est élevée.

H. W. Singer et R. Prebisch* affirment que, durant la première moitié du XXe siècle, les termes nets de l'échange des pays exportateurs de biens primaires se sont abaissés fortement. Pour ces auteurs, cette évolution correspond à un appauvrissement et repose sur des différences dans les effets du progrès technique selon le degré de développement du pays. Cette thèse a fait l'objet de nombreuses critiques, tant sur le plan statistique qu'analytique. Les recherches postérieures aboutissent à des résultats plus nuancés. Dans la période qui va de l'après-guerre au début des années 1980, les termes nets des pays en développement se dégradent, à condition d'exclure le pétrole. Sur le très long terme (1900-1982), on relève une tendance à la détérioration des termes des pays producteurs de biens primaires, mais l'ampleur de cette tendance dépend des auteurs et des méthodes : le résultat varie entre – 0,1 % et – 1,7 % par an. B. G.

➔ *Commerce international, échange inégal, Nord-Sud*

Textile-habillement

Ensemble d'activités industrielles concernant la fabrication des tissus (filature, tissage, production de fibres synthétiques) et celle des vêtements (confection, couture, prêt-à-porter).

L'industrie du textile et de l'habillement, l'une des plus anciennes du monde, a été, particulièrement à partir du Moyen Âge, un facteur d'intensification du commerce international. Les noms des étoffes que les négociants devaient se procurer pour les vendre à leurs riches clients évoquent souvent leur origine géographique (indienne, madras, mousseline de Mossoul en Irak, ottoman de Turquie, gaze de Palestine, organdi du Turkestan...). Ce commerce haut en couleur a aujourd'hui laissé place à une industrie mondialisée, où l'ensemble des producteurs de la planète sont en concurrence, la plupart des freins aux échanges (quotas, droits de douane élevés) ayant disparu. Cette compétition est avivée par la sensibilité des ventes de produits textiles à la conjoncture économique. Le secteur vit au rythme des crises et n'a, en ce qui concerne le marché français, renoué

avec la croissance qu'en 1997, après six années consécutives de baisse du chiffre d'affaires.

Un secteur phare de la mondialisation

Le secteur du textile, bien qu'il ait connu des phases de mécanisation poussée (introduction de la machine à tisser, etc.) et des révolutions technologiques parfois inachevées (développement des fibres synthétiques), reste une industrie de main-d'œuvre. En Europe, les effectifs de la filière textile-habillement (2,2 millions de salariés) représentent encore 10 % de l'emploi dans les industries manufacturières. Les entreprises y sont, par conséquent, particulièrement sensibles à la concurrence des pays à bas salaires, tels que la Turquie, le Mexique, la Tunisie ou la Chine. Cette dernière est devenue le premier exportateur mondial d'habillement, devant l'Italie et Hongkong (la France occupant le septième rang).

Les importations massives en provenance de ces pays conduisent à une érosion continue de l'emploi en Europe, notamment en France, où la filière reste très émiettée (3 400 sociétés de plus de 20 personnes). À ce premier phénomène s'ajoute un mouvement de délocalisation des usines de la part des entreprises européennes, tentées, pour survivre, de transférer leur production dans les pays à bas salaires. Au total, en France, les industries du textile et de l'habillement perdraient actuellement 2 500 postes par mois (sur un total d'environ 278 000), tandis que, dans l'ensemble de l'Union européenne*, 52 000 emplois auraient disparu au cours de la seule année 1998. A.-M. R.

➔ *Coton, délocalisation*

Thatchérisme

Politique économique néolibérale inspirée par celle suivie par Margaret Thatcher, Premier ministre de Grande-Bretagne de 1979 à 1990.

La politique mise en œuvre par M. Thatcher en Grande-Bretagne* consista à réactiver les mécanismes de marché, en s'attaquant aux syndicats qui revendiquaient le maintien d'« avantages acquis » en matière de salaires et de garantie d'emploi, en privatisant des entreprises publiques et en réduisant les dépenses de l'État. Son objectif était de « moderniser » l'économie britannique en acceptant la disparition des secteurs d'activité déficitaires et en obligeant les entreprises publiques et privées à s'adapter aux nouvelles formes de la concurrence mondiale.

Cette politique est tout simplement conforme aux principes du libéralisme économique*. Mais le nom de **Margaret Thatcher** lui est associé, car elle fut le premier chef de gouvernement à oser l'appliquer avec fermeté (d'où son surnom de « Dame de fer ») ; elle alla plus vite et plus loin que Raymond Barre* en France* (Premier ministre de 1976 à 1981) et que **Ronald Reagan** (président des États-Unis* de 1981 à 1988), qui, pourtant, s'engagèrent eux aussi dans la voie du néolibéralisme économique P. B.

➔ *Grande-Bretagne, libéralisme économique*

Thatchérisme
Premier ministre conservateur de Grande-Bretagne de 1979 à 1990, Margaret Thatcher, surnommée la « Dame de fer », défendit un programme résolument libéral et favorable au désengagement de l'État de la vie économique. Elle s'opposa frontalement aux syndicats, dont elle estimait le poids trop lourd dans la vie des entreprises.

Thésaurisation

Mise hors du circuit économique d'une partie des revenus.

Conserver des pièces de monnaie dans un « bas de laine » ou les cacher sous son matelas constituaient les formes les plus courantes de la thésaurisation.

Étymologiquement, thésauriser signifie « amasser des richesses pour constituer un trésor ». Aujourd'hui, la thésaurisation désigne la partie du revenu qui n'est ni dépensée, ni prêtée, mais conservée par-devers soi. Il s'agit donc d'une fuite du circuit économique. Mais la thésaurisation, qui pouvait avoir une certaine importance quand circulait de la monnaie d'or et d'argent, est négligeable au XXe siècle. P. B.

Thünen (Johann Heinrich von)

Économiste allemand (1783-1850), l'un des premiers à avoir mathématisé le raisonnement économique.

S'intéressant aux questions de l'agriculture, il a étudié notamment la localisation des producteurs et les coûts de transport (*Der isolierte Staat in Beziehung auf Landwirtschaft und Nationalökonomie*, trois tomes, 1826-1863). P. U.

Tiers-monde

Ensemble des nations qui n'appartenaient ni au bloc des pays capitalistes occidentaux, ni à celui des pays communistes.

L'expression « tiers-monde » apparaît dans un article d'Alfred Sauvy*, en 1952. Sauvy insiste sur le fait qu'on oublie trop souvent que, outre « les deux mondes en présence » (l'Ouest et l'Est), il en existe un troisième « ignoré, exploité, méprisé comme le tiers état » qui devient l'enjeu géostratégique majeur. Le mot se diffusa rapidement en France dans les années 1950, puis dans le reste du monde ; quasi synonyme de « pays sous-développés », la notion se révéla imprécise (la Chine ou Cuba en font-elles partie ?), et favorisa un amalgame entre pays très différents. Elle est cependant le support du tiers-mondisme (ensemble de doctrines visant à mettre en lumière et à défendre les intérêts du tiers-monde face aux pays développés), qui s'alimente des critiques de l'échange inégal* et des guerres coloniales et néocoloniales.
Le mot de tiers-monde continue à être utilisé dans le langage courant après la chute du mur de Berlin (qui lui ôte son sens initial), même si le tiers-mondisme connaît un fort déclin. Le vocabulaire des gouvernements et des institutions internationales lui préfère l'expression « pays en voie de développement », moins connotée mais aussi imprécise. B. L.

➔ *Développement, Nord-Sud, pays émergents, pays en voie de développement*

Tinbergen (Jan)

Économiste néerlandais (1903-1994), à l'origine de l'économétrie moderne et de l'État providence.*

Après des études de physique à l'université de Leyde, Jan Tinbergen travailla au Bureau central de statistiques des Pays-Bas, où il construisit le premier modèle macroéconométrique, qu'il développa ensuite pour la Société des Nations (1936-1938). Il voulait devenir un « ingénieur social » afin de prévenir les crises comme celle de 1929. En 1945, il devint directeur du nouveau Bureau central de planification à La Haye et s'intéressa à la politique économique. Véritable théoricien de l'État providence* et de la social-démocratie*, il jugea nécessaire l'intervention publique pour la réalisation du bien-être social. Il montra que, pour réussir une politique économique, il faut disposer d'autant d'instruments qu'il y a d'objectifs (règle de Tinbergen). Après 1955, il s'intéressa au développement*, cherchant à concilier équité et efficacité économique, bien-être social et individuel. De 1966 à 1975, il présida le Comité des Nations unies pour la planification et le développement. Il reçut en 1969 le premier prix Nobel* de sciences économiques, avec **Ragnar Frisch**, autre fondateur de l'économétrie. E. L. H.

➔ *Économétrie*

Titre

Part de propriété ou d'emprunt, matérialisée par un document et négociable.

Les actions* de sociétés cotées en Bourse, les obligations*, les bons du Trésor* sont des titres. Avec le développement de nouveaux instruments financiers, on a assisté à une « titrisation* » croissante : des parts d'immeubles ou de terres agricoles, des

contrats d'assurance, des stocks de cacao, des dettes décotées ont été transformés en titres pouvant être négociés sur des marchés financiers. S. G.

➔ *Bourse, titrisation*

Titrisation

Moyen de refinancement des actifs sur le marché.*

Le principe est de transformer des créances (dettes) en titres pouvant être négociés. Il existe au moins deux systèmes de titrisation. Le premier consiste à transférer les dettes d'un établissement dans une structure séparée, appelée fonds commun de créances (**FCC**).
Ce FCC émet des titres, ou parts, qui s'apparentent à des obligations* et qui sont vendus à des investisseurs institutionnels ou à des particuliers. L'autre système consiste, pour un établissement, à céder tout ou partie de son portefeuille de prêts à une autre firme. Cette technique, venue des États-Unis et arrivée en France en 1988, permet à une entreprise ou à une banque d'obtenir des moyens financiers supplémentaires. D. G.

➔ *Refinancement*

Tobin (James)

Économiste américain (né en 1918), prix Nobel en 1981, qui a traité des questions monétaires et financières.

Il a notamment été à l'origine d'un ratio* (dit « q de Tobin ») mettant en rapport la valeur boursière d'une entreprise et sa valeur comptable : une entreprise prend la décision d'investir si le ratio est positif (dans le cas inverse, il est plus rentable de placer ses fonds dans l'achat de titres).
De façon plus anecdotique, il a également proposé l'instauration d'une taxe sur les mouvements internationaux de capitaux de façon à limiter la spéculation (*Réflexions sur la théorie macroéconomique contemporaine*, 1980). P. U.

➔ *Tobin (taxe)*

Tobin (taxe)

Projet de l'économiste américain James Tobin, visant à taxer les opérations monétaires internationales, avec l'espoir que les transactions purement spéculatives seront ainsi découragées.

James Tobin est surtout connu pour avoir précisé la théorie keynésienne au sujet des relations entre économie réelle (demande globale, emploi...) et économie financière. Au détour de ses recherches, il a formulé, en 1978, l'idée de la « taxe Tobin ». Il s'agit d'un impôt qui serait prélevé lors de la circulation internationale des capitaux. Une manière de décourager la spéculation internationale en la rendant trop onéreuse pour les opérateurs, même si son montant (entre 0,01 % et 0,025 % du capital investi) reste faible. La taxe n'a jamais été appliquée. Seul le Chili, vedette du monde émergent, avait mis en place, en 1991, un système de dépôt obligatoire et non rémunéré pour les capitaux entrant dans le pays.
La taxe Tobin a gagné en popularité depuis la crise financière de l'Asie du Sud-Est de 1997-1998, au cours de laquelle les monnaies de plusieurs pays (Thaïlande, Malaisie, Indonésie, puis Brésil) ont dû être dévaluées, vaincues par la spéculation. En France, un groupe de pression nommé **ATTAC** (Association pour une taxation des transactions financières pour l'aide aux citoyens) a même été constitué. Mais les opposants à cette taxe font valoir que, pour être efficace, un tel impôt devrait être appliqué par tous les pays, sans exception. Un objectif peu réalisable. F. L.

➔ *Marché des changes, spéculation*

Tourisme

Ensemble des activités réalisées par des personnes au cours de leurs voyages et de leurs séjours dans des lieux situés en dehors de leur environnement habituel, à des fins récréatives, professionnelles, familiales, éducatives, sportives, culturelles ou thérapeutiques.

Le tourisme est un secteur d'activité important depuis le XXe siècle. Le succès de l'automobile, la construction d'avions de grande capacité et le déve-

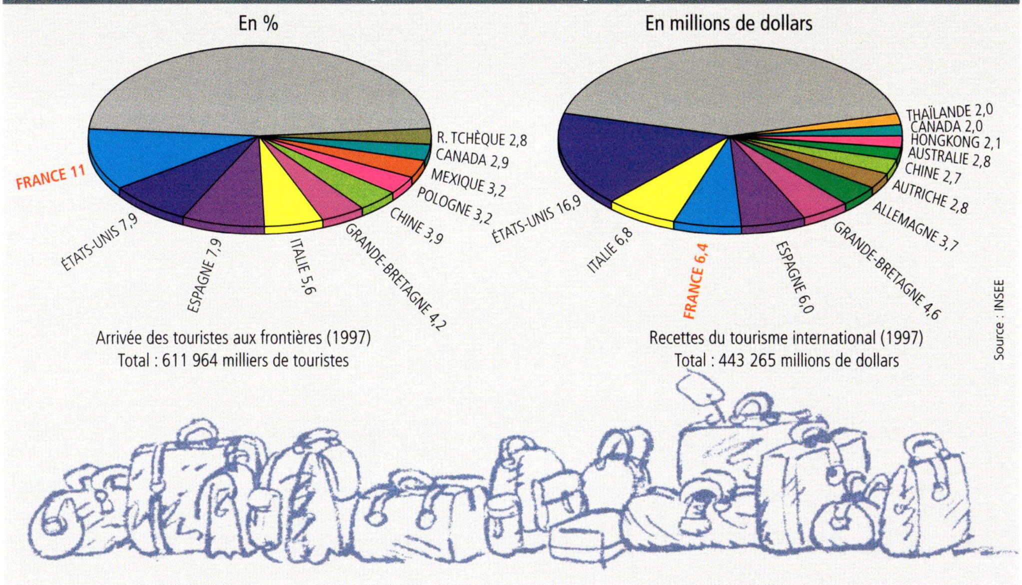

La France la plus visitée, l'Amérique la plus rentable

loppement du temps libre ont multiplié le déplacement de foules à l'intérieur de chaque pays et au-delà des frontières : le site touristique français le plus visité, Disneyland Paris, attire 12 millions de visiteurs par an, et la tour Eiffel, 6 millions.
Pour accueillir ces touristes motivés par la beauté des sites, les richesses culturelles ou les obligations professionnelles, plusieurs métiers nouveaux sont apparus tels que les agents de voyages, les gestionnaires de villages de vacances, les loueurs de bateaux ou de skis, les guides en tout genre. Des secteurs existants ont crû fortement, comme l'hôtellerie, la restauration, les transporteurs.

Un secteur clé de l'économie

Avec plus de 70 millions de touristes étrangers en 1999, la France est le pays qui accueille le plus de visiteurs au monde, devant l'Espagne (48 millions) et les États-Unis (46 millions). Selon le classement effectué à partir des recettes générées par les visiteurs étrangers (hors dépenses de transport), ce sont les États-Unis qui occupent la première place avec 71 milliards de dollars (72 milliards d'euros), devant l'Italie (30,4 milliards de dollars ou 31 milliards d'euros) et la France (29,7 milliards de dollars ou 30,3 milliards d'euros). Les recettes dues aux arrivées d'étrangers dans l'ensemble des pays approchent 440 milliards de dollars (448 milliards d'euros).

Le poids économique du tourisme ne cesse de croître en raison de la multiplication des départs en vacances ou en voyage. En vingt ans, le pourcentage des Français quittant au moins une fois leur domicile chaque année est passé de 60 % à 75 %. De 1992 à 1997, les effectifs salariés comptabilisés en France dans l'ensemble des professions touristiques sont passés d'environ 528 301 à 597 123. La réduction du temps de travail prévisible et la baisse du prix des transports devraient confirmer cette tendance séculaire.

A. F.

➔ *Services, transports*

Trader

Acheteur ou vendeur de titres (actions et obligations*), de devises*, de produits dérivés*, qui travaille dans une société de Bourse* ou une banque*.*

Les traders sont installés dans des salles de marché dont les plus grandes peuvent contenir jusqu'à 500 terminaux informatiques. Ces opérateurs passent leur journée à intervenir sur les marchés, l'œil rivé sur les écrans, l'oreille collée au téléphone, à l'écoute de la moindre information ou rumeur qui pourrait faire varier les cours. L'histoire boursière évoque souvent les *golden boys*, ces traders portant bretelles et chemises rayées, qui ont fait fortune, avant, pour certains, de sombrer. D. G.

➔ *Bourse, courtier*

Transferts sociaux

Mouvement de redistribution des prélèvements sociaux entre les différents acteurs économiques, et notamment des ménages aisés vers les ménages modestes. Il ne prend pas la forme d'un salaire direct, mais de prestations (remboursements de frais médicaux, indemnités de chômage, retraites, allocations familiales, etc.).*

La part de ces transferts dans l'économie n'a cessé de s'accroître au cours des dernières décennies : en 1960, l'ensemble des prestations sociales ne représentait que 14 % du produit intérieur brut (PIB*) ; avec la montée du chômage et de la précarité, la

Les transferts sociaux atténuent la pauvreté

Proportion de personnes situées sous le « seuil de pauvreté » avant et après octroi des transferts sociaux hors pensions, en %

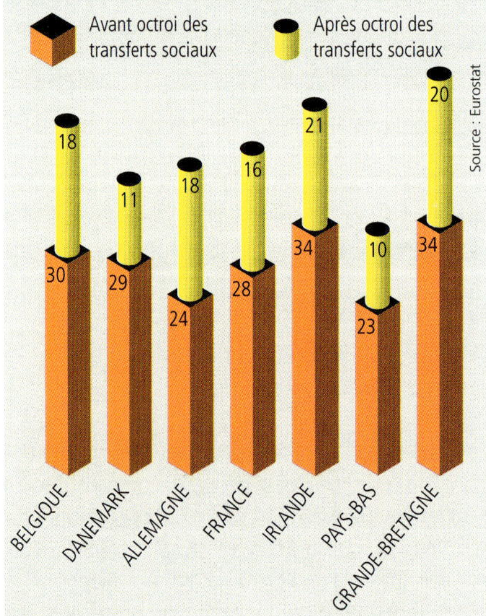

multiplication des prestations familiales (vingt-cinq), l'accroissement du nombre de retraités et le développement de la couverture maladie, leur part atteint désormais 30 % du PIB.

Les revenus de transferts s'ajoutent aux revenus primaires (salaires, revenus du capital). En 1998, plus du tiers (36 %) des revenus des ménages était constitué par ces revenus de transferts (allocations, aides, indemnités et pensions des organismes sociaux). J.-M. B.

➔ *Déficits sociaux, protection sociale, Sécurité sociale*

Transports

Secteur des moyens affectés au déplacement de personnes ou de marchandises d'un endroit à un autre.

On distingue les transports terrestres (train, métro, tramway, téléphérique, auto, bus, camion, moto), fluviaux (péniche, cargo fluvio-maritime), maritimes (paquebot, cargo) et aérien (fusée, avion, hélicoptère). Selon la taille des véhicules, on parle de transports individuels (auto, moto) ou collectifs (train, métro, bus, avion, paquebot).

Autrefois dépendantes de la puissance publique, les infrastructures de transport (routes, pistes d'atterrissage, canaux, ports) sont de plus en plus confiées à des entreprises privées, alors que marchandises et passagers sont pris en charge par des professionnels de droit privé comme de droit public.

Dominants jusqu'à l'invention de la machine à vapeur et du moteur à explosion au XIXe siècle, les transports fluviaux et maritimes ont cédé du terrain à l'auto et au camion.

Ceux-ci sont les modes de transport les plus utilisés pour les personnes comme pour le fret (75 % des marchandises françaises empruntent la route), car plus souples et moins coûteux, quoique plus polluants.

La part du train recule dans un marché des transports en perpétuelle expansion. Et ce malgré la création des trains à grande vitesse pour les passagers (300 km/h) et pour les marchandises (200 km/h) en Europe et en Asie. Le transport aérien se développe et achemine 2 milliards de passagers par an. Les transports en commun urbains, qui évitent l'asphyxie

La route privilégiée par rapport au rail

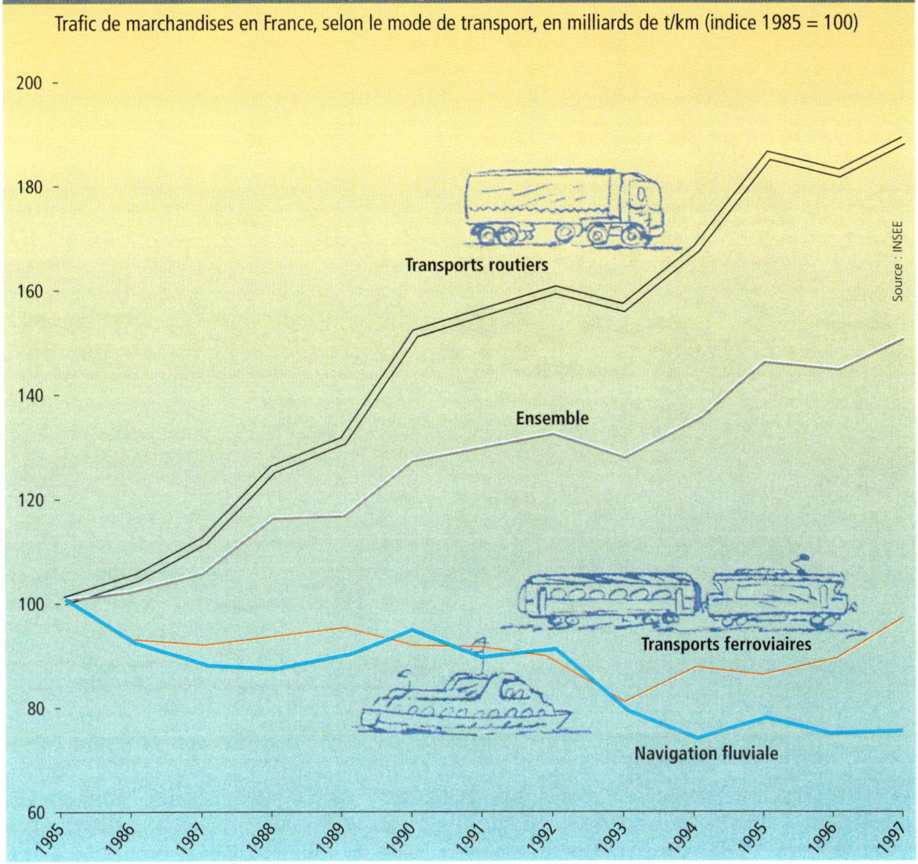

des centre-villes, se multiplient bien qu'ils soient déficitaires dans tous les pays. A. F.

➔ *Chemin de fer, services*

Travail

Voir **Emploi, précarité, chômage**

Trente Glorieuses

Période de croissance forte et régulière des grands pays industriels de 1945 à 1974.*

De la fin de la Seconde Guerre mondiale au premier choc pétrolier de 1974, la plupart des pays industriels ont connu la croissance de leur produit intérieur brut* la plus forte de leur histoire (5 % environ en moyenne annuelle), certains d'entre eux atteignant même des taux encore supérieurs (9,7 % pour le Japon de 1950 à 1973, 6 % pour l'Allemagne fédérale).

Une croissance aussi forte et aussi longue représente environ un quadruplement de la richesse de ces pays. De plus, cette croissance fut accompagnée d'un taux de chômage faible (inférieur en général à 3 % de la population active) et de courte durée. Confiants dans l'avenir, les chefs d'entreprise n'hésitaient pas à s'endetter pour investir, tandis que les salariés faisaient de même pour acheter un logement, s'attendant à une augmentation de leur revenu futur et à un allégement de la dette réelle en raison d'une inflation*

quasi permanente (mais restant modérée et inférieure à la hausse des rémunérations).

Trente Glorieuses
Publicité des années 1950. Les Trente Glorieuses (1945-1974) correspondent à une période d'expansion économique continue et de diffusion à la quasi-totalité de la population des objets de grande consommation, comme le réfrigérateur, l'aspirateur, l'automobile ou la télévision.

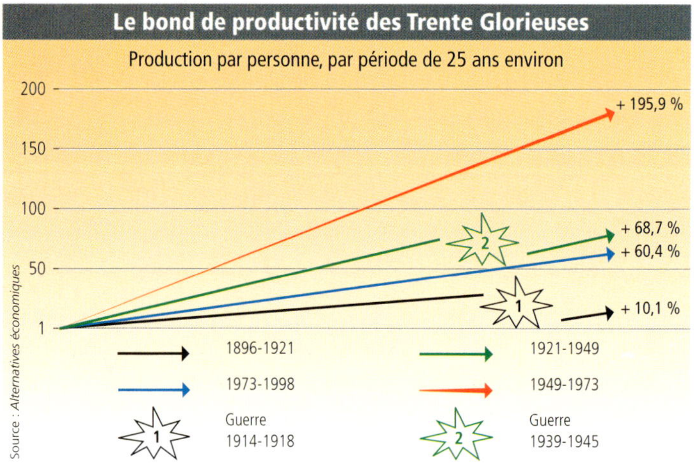

Progrès social et intervention de l'État

L'augmentation du pouvoir d'achat concerna la plupart des catégories sociales, ce qui explique l'accès de l'ensemble des populations à la consommation d'une gamme étendue de produits (radio, télévision, équipement ménager, automobile...). L'État veilla à assurer la croissance par une politique économique appropriée, développant les diverses infrastructures (routes, chemin de fer, adduction d'eau, téléphone...), l'instruction publique, le système sanitaire (Sécurité sociale, hôpitaux publics...), la sécurité collective (assurances, prévention, retraite...).

Cette période de prospérité exceptionnelle a conduit l'économiste Jean Fourastié à utiliser l'expression « Trente Glorieuses » (en souvenir des Trois Glorieuses de juillet 1830), qui est désormais passé dans le langage courant. Il ne faut cependant pas oublier que le début de cette période fut difficile dans les pays très touchés par la guerre (comme la France* et l'Allemagne*), que des poches de pauvreté y subsistèrent longtemps (sans-abri, dont l'abbé Pierre s'est fait le défenseur en 1954) et que la répartition des fruits de la croissance ne fut pas équitable aux yeux de tous (comme le montrent les événements de 1968). P. B.

➔ *Croissance, France*

Trésorerie

Ensemble des moyens de paiement liquides ou réalisables à très court terme dont dispose une entreprise.

Elle comprend généralement l'encaisse (solde* positif des comptes caisse, banque et chèques postaux) et les titres* de placement mobilisables immédiatement.
Pour affiner l'appréciation de la situation de trésorerie d'une entreprise, il est d'usage de calculer la trésorerie « nette » en déduisant de la trésorerie brute les montants de découverts bancaires figurant à son passif* (qui peuvent faire l'objet d'une demande de remboursement immédiat de la part des banques).
L'utilisation du concept de trésorerie est délicate car l'importance de la trésorerie ne permet pas, à elle seule, de juger de la solvabilité d'une entreprise. Une entreprise qui a de la trésorerie à un moment donné peut très bien se trouver en difficulté (ses ventes stagnent ou baissent, elle ne paie plus ses fournisseurs ni ses emprunts) ; inversement, une entreprise dynamique qui investit beaucoup peut avoir une crise passagère de trésorerie. J. R.

➔ *Bilan, cash-flow, comptabilité, compte, entreprise*

Trésor public

Organisme de gestion des finances de l'État.

C'est au Trésor public que l'on paie ses amendes et ses impôts. Avec ces sommes, celui-ci gère le budget de la France, en transférant l'argent des impôts aux différents ministères. Il est par ailleurs responsable de l'émission et de la gestion de la monnaie divisionnaire (la fabrication des pièces de monnaie), par l'intermédiaire de sa Direction des monnaies et médailles. Si le Trésor public ne dispose pas d'assez d'argent pour boucler les comptes de la France, il emprunte sur les marchés financiers. Pour cela, il émet des bons du Trésor* (à court terme) et des **OAT** (obligations assimilables du Trésor, à long terme, jusqu'à trente ans). La dette publique (limitée par Maastricht à 60 % du PIB) s'alourdit alors immédiatement.
Les opérateurs qui, au sein des établissements financiers, sont spécialisés dans la gestion des titres de dette publique sont appelés SVT (spécialistes en valeurs du Trésor). En juillet 1999, le ministre de l'Économie et des Finances **Dominique Strauss-Kahn** a proposé la création, au sein du Trésor, d'une nouvelle structure, appelée « France Trésor », chargée de gérer la dette publique de la France, en s'appuyant sur les SVT et sur des experts en matière monétaire (investisseurs, économistes, universitaires). F. L.

➔ *Bons du Trésor, dette*

Troc

Échange direct de biens ou de services sans l'intermédiaire d'une monnaie.

Le troc caractérise les échanges au sein des sociétés primitives, mais il n'exclut pas la possibilité d'échanges marchands d'une certaine importance. Il implique cependant l'existence d'une double correspondance entre la production et les besoins des coéchangistes. Cette exigence disparaît quand les biens sont échangés contre de la monnaie, permettant de se procurer ultérieurement et/ou auprès d'un tiers les biens désirés par celui qui a accepté d'être payé en monnaie.
Le troc peut cependant exister dans des sociétés développées dans le cas d'une hyperinflation* altérant la confiance dans la monnaie, ou dans celui d'accords internationaux entre pays voulant éviter totalement ou partiellement l'usage de la monnaie. Des échanges de ce type eurent lieu entre pays à économie planifiée, entre l'ex-Union soviétique et les pays occidentaux (gaz contre produits industriels) ou, plus récemment, entre l'Irak et les pays occidentaux (pétrole contre denrées alimentaires). P. B.

Trust

Nom donné aux États-Unis à la fin du XIXe siècle à de grandes entreprises dominant leur secteur d'activité.

Désignant à l'origine une technique juridique anglaise (consistant à confier la gestion d'intérêts à

un ***trustee***, homme ou société de confiance) utilisée pour procéder à la concentration* d'entreprises indépendantes, le mot qualifie désormais la tendance à la monopolisation d'une industrie par une entreprise. La Standard Oil de Rockefeller* détenant au début du XXe siècle un quasi-monopole du raffinage du pétrole et des oléoducs a constitué le premier modèle de trust, suivi d'autres exemples comme l'US Steel, Alcoa, United Fruit ou la compagnie de téléphone ATT.
Le développement d'entreprises dominant leur marché a suscité très tôt l'émergence d'un contre-pouvoir. Inaugurée par le **Sherman Act** (loi) de 1890, la tradition de la législation antitrust est très vivace aux États-Unis. Elle a conduit au démantèlement de la Standard Oil en 1911 et à celui d'ATT en 1984, et menace aujourd'hui Microsoft, auquel ses concurrents et le département de la Justice ont intenté un procès pour avoir voulu étendre son quasi-monopole des systèmes d'exploitation des micro-ordinateurs aux systèmes de navigation sur Internet*. A. R.

➔ *Concentration, économie industrielle, (B.) Gates, holding, konzern, monopole*

Tullock (Gordon)

Économiste américain (né en 1922), l'un des fondateurs de la théorie du public choice.

Avec J. Buchanan*, dans les années 1960, il a appliqué à la prise de décision publique le modèle du calcul rationnel de la microéconomie*. Il a ainsi fourni une analyse libérale de la bureaucratie et de la politique, voyant dans cette dernière un marché où se confrontent des offres et des demandes d'intervention publique (*le Marché politique,* 1976). P. U.

Turgot (Anne Robert)

Économiste et homme politique français (1727-1781), qui tenta des réformes libérales durant les règnes de Louis XV et de Louis XVI.

Turgot fut influencé par les idées libérales des physiocrates*. Il publia en 1766 des *Réflexions sur la formation et la distribution des richesses,* mettant l'accent sur la nécessité de stimuler la production agricole, et faisant, avant A. Smith*, l'apologie de la liberté économique débloquant l'initiative individuelle et conduisant au mieux-être collectif.
Devenu contrôleur général des Finances en 1774, il tenta de supprimer les taxes, de réduire les dépenses publiques, de libérer les échanges intérieurs, d'abolir les corporations (1776), et de développer l'industrie. Mais ces mesures impopulaires ou mal comprises ainsi que les mauvaises récoltes de 1775, entraînant un vif mécontentement populaire, provoquèrent sa disgrâce. P. B.

TVA
(taxe sur la valeur ajoutée)

Impôt indirect portant sur tout bien ou service vendu sur le marché.

C'est le consommateur final qui paie cet impôt indirect (conçu par **Maurice Lauré** et institué en 1954), calculé à partir du prix de vente hors taxes du produit ou service concerné. Les entreprises encaissent la TVA à chaque vente et la reversent à l'État. Mais elles récupèrent, par un mécanisme de déduction, la TVA qu'elles ont elles-mêmes dû payer en achetant des biens et services nécessaires à leur activité.
Une directive européenne du 19 octobre 1992 encadre les taux de TVA en Europe : une majorité des produits sont taxés au taux dit « normal », qui ne doit pas être inférieur à 15 %, tandis qu'une liste précise de biens et de services – énumérés dans l'annexe H à la sixième directive européenne – peuvent bénéficier d'un taux de TVA dit « réduit », qui ne peut, lui, être inférieur à 5 %. C'est le cas des denrées alimentaires, de la distribution d'eau ou encore des livres. Toutefois, Bruxelles a autorisé les États membres qui, au 1er janvier 1991, appliquaient des taux inférieurs à 5 % à les maintenir.
C'est ainsi qu'en France on compte trois taux différents : un taux normal de 19,6 %, supérieur à la moyenne européenne (19,4 %), un taux réduit de 5,5 %, inférieur à la moyenne européenne (7,7 %), et un taux de 2,1 % pour quelques très rares biens comme les médicaments. La TVA représente aujourd'hui la principale recette de l'État français : au total, elle rapporte un peu moins de 700 milliards de francs. V. M.

➔ *Fiscalité, impôt, Peut-on baisser les impôts ?*

u

DOSSIER
Union européenne p. 557

Union européenne

Voir dossier p. 557

URSSAF

(Union de recouvrement des cotisations de sécurité sociale et d'allocations familiales)

Organisme chargé de collecter les cotisations sociales.

Tous les employeurs de France connaissent cette institution, créée en 1960. Sur chaque fiche de paie figurent des prélèvements proportionnels – cotisations maladie, vieillesse, chômage, famille, CSG* –, que l'employeur ou le travailleur indépendant doivent verser à l'URSSAF pour financer la Sécurité sociale*, une part représentant leur propre cotisation, une autre part, celle du salarié. L'URSSAF, organisme de droit privé géré par les partenaires sociaux, est une administration d'une efficacité redoutable : avec 13 500 employés, elle collecte un peu plus de 1 300 milliards de francs (chiffres de 1996) et se targue d'obtenir 98 % des sommes qui lui sont dues avant le 31 décembre de chaque année – par comparaison, le fisc avec 80 000 agents collecte 1 700 milliards de recettes fiscales. Cet argent provient des 5 millions de cotisants des entreprises du secteur privé (83 % des recettes), des entreprises publiques (11 %), des travailleurs indépendants (2,5 %), le reste provenant des employeurs de personnel de maison, des praticiens de santé et des assurés volontaires. S. G.

➔ *Charges sociales, Sécurité sociale*

Utilitarisme

Philosophie élaborée par le Britannique Jeremy Bentham (1748-1832).

D'une part, chaque individu doit s'occuper de son bonheur propre, en multipliant les plaisirs et en évitant les peines. D'autre part, l'objectif du gouver-

nement est de maximiser la somme des utilités individuelles en recherchant « le plus grand bonheur pour le plus grand nombre ». Cette philosophie ne prônait pas la quête égoïste du bonheur au moyen de plaisirs frivoles. Elle proposait une vision individualiste et laïque de la société, tout en comptant sur le gouvernement pour que le plus grand nombre en soit le bénéficiaire.

Pour ces raisons, l'utilitarisme exerça une grande influence parmi les économistes britanniques. James Mill, Stuart Mill*, Jevons*, Edgeworth en furent des adeptes ou des sympathisants jalonnant tout le XIXe siècle.

Quelques marginalistes britanniques ont additionné les fonctions d'utilité individuelles pour obtenir une utilité collective, conformément aux préceptes utilitaristes, mais ce procédé s'est finalement révélé incapable de mesurer l'intérêt général. F. E.

➔ *Marginalisme, utilité collective*

Utilité

Mesure de la satisfaction qui résulte, pour un individu, de la possession de certaines quantités de biens, indépendamment de la valeur marchande de ces biens.

Les utilités individuelles ne peuvent pas se mesurer en pratique. Mais il suffit, pour analyser la plupart des situations, de supposer que ces utilités existent et que chacune d'elles vérifie certaines propriétés – par exemple le fait qu'elles augmentent quand on procure davantage de biens à l'individu correspondant (un jeu de clefs est plus utile pour le bricolage qu'une clef unique). F. E.

➔ *Marginalisme, utilité marginale*

Utilité collective

L'utilité collective mesure, en fonction des utilités de chacun des individus d'une collectivité, le bien-être global qui en résulte pour la collectivité.

En fait, l'hypothèse qu'il existe une utilité collective n'est utilisée qu'à titre technique dans certains modèles économiques pour étudier si certaines décisions publiques ou certaines règles fiscales sont contraires ou conformes à l'intérêt général.

Imaginons que les riverains d'un aéroport craignent le bruit que feront les avions quand ils auront le droit de survoler leurs maisons à 1 heure du matin, au point d'être prêts à payer ensemble 1 million d'euros pour jouir du calme à partir de minuit.

L'arbitrage devra se faire si une étude de marché montre que les voyageurs sont prêts à payer ensemble 1,2 million d'euros pour qu'on ne limite plus les heures de décollage des avions. Admettre qu'il existe une fonction d'utilité collective implique généralement qu'on tranchera en faveur des voyageurs, en concluant que l'intérêt général est amélioré de cette façon. F. E.

➔ *Bien-être, utilitarisme, utilité*

Utilité marginale

Surcroît d'utilité qui résulte de l'acquisition d'une unité supplémentaire d'un bien.

On admet en général que cette utilité marginale est décroissante. Admettons, en effet, que l'on m'offre de jouer une heure de tennis supplémentaire par semaine sur terre battue, en plus des trois heures habituelles ; je choisirai le meilleur jour, le meilleur moment et grande sera mon utilité marginale.

On m'offre alors une autre heure supplémentaire gratuite ; je suis certes plus heureux mais pas autant que précédemment. Autrement dit, l'utilité marginale de la cinquième heure est plus petite que celle de la quatrième.

Si, par ailleurs, j'avais choisi de ne louer que trois heures de court et non quatre, c'était que l'utilité marginale de la quatrième heure était inférieure au prix de la location d'une heure de court. Ce raisonnement permet d'établir que la valeur d'une chose est proportionnelle à l'utilité marginale qu'elle procure. F. E.

➔ *Marginalisme, prix, utilité*

L'Europe est une idée ancienne. En 1929, Aristide Briand proposait déjà à la Société des Nations (SDN) un projet pour les États-Unis d'Europe, articulé autour d'un lien fédéral entre les peuples et d'une coopération économique. Il faudra cependant attendre les lendemains de la Seconde Guerre mondiale pour assister, dans le cadre du plan Marshall, à la création de l'Organisation européenne de coopération économique (OECE).*

Union européenne

L'Union européenne est avec les États-Unis et le Japon l'un des trois pôles de la Triade, selon l'expression du Japonais Kenichi Ohmae. Forte d'une population de 366 millions d'habitants, l'Union européenne constitue un bloc régional, dont l'origine s'inscrit dans le cadre d'un processus d'intégration économique inauguré aux lendemains de la Seconde Guerre mondiale. L'intégration repose sur la volonté politique d'un groupe de nations de développer un système de préférences commerciales auquel s'ajoutent progressivement des politiques économiques communes.

Le plan Monnet, forgé autour de la réconciliation franco-allemande, donne naissance par le traité de Paris, le 18 avril 1951, à la Communauté européenne du charbon et de l'acier (**CECA**). La CECA prend la forme d'une union douanière fondée sur la disparition des droits de douane entre pays membres. Elle comprend les six États fondateurs de l'Europe économique : la Belgique, la France, l'Italie, le Luxembourg, la République fédérale d'Allemagne et les Pays-Bas.

Les grandes étapes de la construction européenne

Le 25 mars 1957, les Six signent le traité de Rome, qui institue la Communauté européenne pour l'énergie atomique (Euratom) et la Communauté économique européenne (**CEE**, ou Marché commun). Les principes de l'union douanière sont élargis à tous les produits. Les droits de douane doivent disparaître progressivement entre les pays de la CEE et un tarif extérieur commun (TEC) est défini concernant le commerce entre les pays européens et le reste du monde. Il faudra cependant attendre le 1er juillet 1968 pour que la disparition des droits de douane soit totale. Le 14 janvier 1962 débute la mise en place des premiers règlements relatifs à la politique agricole commune (**PAC***). Les grands principes de la PAC sont articulés autour de l'élaboration annuelle de prix uniques à l'intérieur de la CEE. Parallèlement apparaît la « préférence Communautaire » qui aboutit à des prélèvements (taxes) sur les produits importés de pays extérieurs à la Communauté. Les 27 et 28 février 1986, les Douze ratifient l'Acte unique européen dont l'objectif est de réaliser un grand marché unique pour le 1er janvier 1993. Voulu par **François Mitterrand** et **Helmut Kohl** afin de relancer la construction européenne, l'Acte unique favorise l'émergence d'un marché unique non seulement pour les marchandises, mais aussi pour les personnes, les services et les capitaux. L'**Acte unique** modifie les procédures décisionnelles au sein du Conseil européen : les décisions pourront être prises à la majorité qualifiée et non plus à l'unanimité. Le traité de Maastricht*, signé le 7 février 1992, instaure l'Union européenne et définit le calendrier de l'union monétaire autour de la monnaie unique : l'euro*. Le 2 octobre 1997 est signé le traité d'Amsterdam*, qui vient compléter le dispositif politique et institutionnel de l'Union.

Europe : qui gagne, qui perd ?

Différence entre versements au budget communautaire et retours, en millions d'euros, 1998

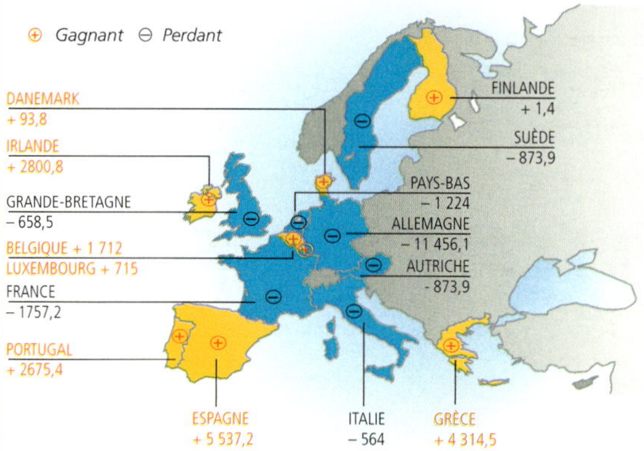

Les dépenses communautaires, en milliards d'euros

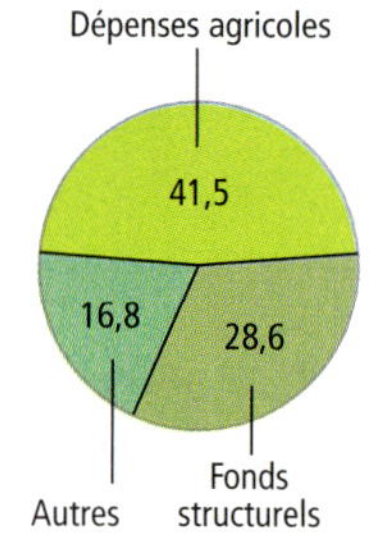

Total = 86,9 milliards d'euros

Source : Union européenne

Les institutions de l'Union européenne

• Le **Conseil européen** détermine les grandes orientation de la construction européenne. Il réunit les 15 chefs d'État et de gouvernement, ainsi que le président de la Commission européenne, au moins deux fois par an.

• Le **Conseil des ministres** réunit les ministres des Quinze en rapport avec leur domaine de compétence. Ainsi le Conseil « économie finances » rassemble les ministres de l'Economie. Le Conseil « agricole » réunit les ministres de l'Agriculture. Le Conseil des ministres a pour fonction de négocier et d'adapter la législation communautaire avec le Parlement. Il définit la coopération intergouvernementale en matière de politique étrangère et de sécurité commune (PESC), en matière de justice et d'affaires intérieures.

• La **Commission européenne** est composée de 20 commissaires nommés par les États membres pour une durée de cinq ans. Cinq grands pays sont représentés par deux commissaires (Allemagne, France, Grande-Bretagne, Italie, Espagne). Le président de la Commission est choisi par les chefs d'État ou de gouvernement après consultation du Parlement européen. La Commission, véritable instance exécutive de l'Union, a pour fonction de concevoir le développement des politiques communautaires. Elle veille au respect des traités et représente l'UE dans les négociations avec les pays tiers. Elle prépare et exécute le budget annuel.

• Le **Parlement européen** est composé de 626 députés élus pour cinq ans au suffrage universel dans chaque pays membre. Le Parle-

Le processus de l'intégration européenne

L'Europe économique a d'abord pris la forme d'une union douanière, en 1951, avec la création de la CECA. L'union douanière est fondée sur la suppression des tarifs douaniers entre pays membres, à laquelle s'ajoute un tarif extérieur commun (TEC) vis-à-vis de l'extérieur.

En 1957, le **traité de Rome** créait déjà un marché commun pour les marchandises. L'adoption de l'Acte unique européen, en 1986, allait beaucoup plus loin avec la création du grand marché intérieur européen. Le Marché commun prend comme base l'union douanière (politique douanière commune) à laquelle s'ajoute, dans la perspective d'un espace économique unique, la libre circulation des biens, des services, des capitaux et des personnes.

Les Européens se sont engagés sur la voie de l'**UEM** (Union économique et monétaire) en février 1992, lors de l'adoption du **traité de Maastricht*** qui en définit le calendrier et les principes. L'union économique est fondée sur un marché commun, une monnaie unique et sur une harmonisation des politiques économiques des États membres (politique monétaire et politique budgétaire).

Les institutions monétaires européennes

Les instances monétaires de l'Europe reposent sur un système fédéral. Le Système européen de banques centrales (**SEBC**) est composé de la Banque centrale européenne (BCE) et des banques centrales nationales (BCN). Les instances décisionnelles du SEBC et de la BCE sont au nombre de trois :

• le **Conseil des gouverneurs** est l'organe de décision du SEBC. Il réunit les gouverneurs des BCN des pays participant à l'Union monétaire et les membres du directoire de la BCE. Le Conseil des gouverneurs définit lapolitique monétaire et fixe les taux d'intérêt directeurs dans l'Union monétaire ;

• le **directoire** comprend le président, le vice-président et quatre autres membres. Il est chargé de la mise en œuvre au quotidien de la politique monétaire élaborée par le Conseil des gouverneurs. Il a autorité dans la distribution d'instructions auprès des BCN ;

• le **Conseil général** réunit le président, le vice-président et les gouverneurs des BCN participant et ne participant pas à l'Union. Le rôle du Conseil est de renforcer la coopération et la coordination des politiques monétaires des pays européens.

Quant aux banques centrales nationales, telle la Banque de France, elles mettent en œuvre les décisions de politique monétaire prises en commun. Celles-ci sont exécutées dans le cadre décentralisé de chacune des onze nations qui constituent la zone euro en l'an 2000. Les BCN des États membres de l'Union européenne mais qui n'appartiennent pas à l'Union monétaire (Royaume-Uni, Suède, Danemark et Grèce) poursuivent leur politique monétaire nationale.

ment siège en session plénière une semaine par mois. Il exerce trois types de prérogatives : la fonction législative (il adopte la législation communautaire) ; la fonction budgétaire, qu'il partage avec le Conseil, pour voter le budget ; le contrôle politique des institutions européennes, par l'investiture de la Commission, l'approbation de son programme et la possibilité de voter une motion de censure.

Trois autres institutions complètent le dispositif européen.

• La **Cour des comptes**, composée de 15 membres nommés pour six ans par le Conseil européen, contrôle la finalité des comptes de l'Union.

• La **Cour de justice** comprend 15 juges et 9 avocats généraux, chargés de veiller au respect de la législation communautaire et de régler les litiges entre les États membres, les institutions communautaires, les associations et les entreprises, les particuliers et les juridictions nationales.

• Enfin, le **Comité économique et social**, qui réunit 222 membres issus des milieux économiques et sociaux, exerce une mission de conseil auprès des instances européennes.

Les enjeux de l'Union européenne

Les origines de la construction européenne sont liées à la réconciliation franco-allemande et à la nécessité de créer un espace commun de solidarité et de coopération diplomatique. Très vite, il s'avère que la construction d'une Europe économique peut concourir à la croissance économique et au plein-emploi. L'intensification des échanges par la suppression des droits de douane, les économies d'échelle* attachées à un grand marché permettent aux entreprises de développer leur dimension. Seulement, l'existence d'un tel marché ne peut s'accommoder d'une pluralité de monnaies nationales. Dès 1969, le plan Barre apparaît comme le point de départ de l'Union économique et monétaire, qui ne sera

De l'Europe des Six à l'Europe des Quinze

1951 : la Belgique, la France, l'Italie, le Luxembourg, les Pays-Bas et l'Allemagne fédérale signent le traité de Paris instituant la CECA (Europe des Six).
1957 : les Six créent le Marché commun.
1973 : la Grande-Bretagne, l'Irlande et le Danemark adhèrent à la Communauté économique européenne (Europe des Neuf).
1981 : la Grèce rejoint la Communauté économique européenne (Europe des Dix).
1985 : entrée de l'Espagne et du Portugal (Europe des Douze).
1995 : l'Autriche, la Finlande et la Suède adhèrent à l'Union européenne (Europe des Quinze).

L'élargissement futur de l'Union européenne

Treize pays ont déposé leur candidature à l'entrée dans l'Union :
- **dix pays de l'Europe centrale et orientale** (la Bulgarie, l'Estonie, la Hongrie, la Lettonie, la Lituanie, la Pologne, la République tchèque, la Roumanie, la Slovaquie et la Slovénie) ;
- **trois nations de l'Europe méditerranéenne** (Chypre, la Turquie et Malte).

L'admission au sein de l'Union suppose le respect de quelques grandes conditions : disposer d'institutions politiques stables qui garantissent le fonctionnement effectif de la démocratie, respecter les droits de l'homme et des minorités, assurer le développement d'une économie de marché et accepter l'acquis communautaire de l'Union.

institutionnalisée que treize ans plus tard avec le traité de Maastricht.

L'avenir de l'Europe communautaire se joue sur la réussite de l'Union monétaire, qui crée un système fédéral entre les différents membres de l'Union. Le projet européen est fondé sur une construction « à l'envers », le monétaire d'abord, le politique ensuite. La volonté de créer un marché unique ne peut que générer l'existence d'une monnaie unique et – à terme – une union politique. Le succès de l'euro comme monnaie de réserve à part entière permettra à la fois de consolider le destin de la « Grande Europe » et de rééquilibrer l'espace des relations économiques et financières internationales. J.-C. D.

➔ *Amsterdam, euro, Maastricht*

Union européenne
Signature du traité de Rome le 25 mars 1957 entre les six pays fondateurs du Marché commun.
Ce fut le début d'un grand projet d'unification de l'Europe, dont le succès même, au début du XXIe siècle, pose de nombreuses questions. Pourra-t-on conserver à vingt-huit pays membres les mêmes ambitions qu'à six, douze ou quinze, ou se limitera-t-on à une simple zone de libre-échange ?

Valeur (théories de la)

Explications de l'origine de la valeur absolue ou relative des choses.

On distingue depuis Aristote* la **valeur d'usage**, correspondant à l'utilité d'un bien, et la **valeur d'échange**, relative au pouvoir d'achat* que confère ce bien. On a surtout étudié cette seconde dans le cadre d'une économie de marché, en la distinguant du prix*, qui n'en serait que l'expression monétaire. On oppose la théorie de la valeur-travail des classiques* et de Marx* à la théorie de la valeur-utilité des néoclassiques*. La première est une théorie objective qui fait du temps de travail nécessaire à la production* d'un bien l'origine et la mesure de sa valeur. Mettant l'accent sur les coûts de production, elle oriente l'analyse vers l'offre*. La seconde théorie, subjective, fonde la valeur d'échange d'un bien sur sa valeur d'usage, son utilité pour l'acquéreur, qui est à la base de sa demande*. La loi de l'offre et de la demande permet de réconcilier ces deux explications, le prix d'un bien dépendant alors à la fois de ses coûts de production et de son utilité. P. L.

➔ *Dichotomie, marginalisme, (A.) Marshall, (C.) Menger, utilitarisme, (L.) Walras*

Valeur actualisée

Voir **Actualisation**

Valeur ajoutée

Différence entre la valeur des biens ou des services vendus par un agent et celle des biens et des services qu'il a consommés pour les fabriquer (ses consommations intermédiaires).*

La comptabilité nationale* définit la valeur ajoutée comme le solde du compte de production des sociétés financières et non financières, des entrepreneurs individuels et des ménages qui vendent

Capital et travail : le partage de la valeur ajoutée

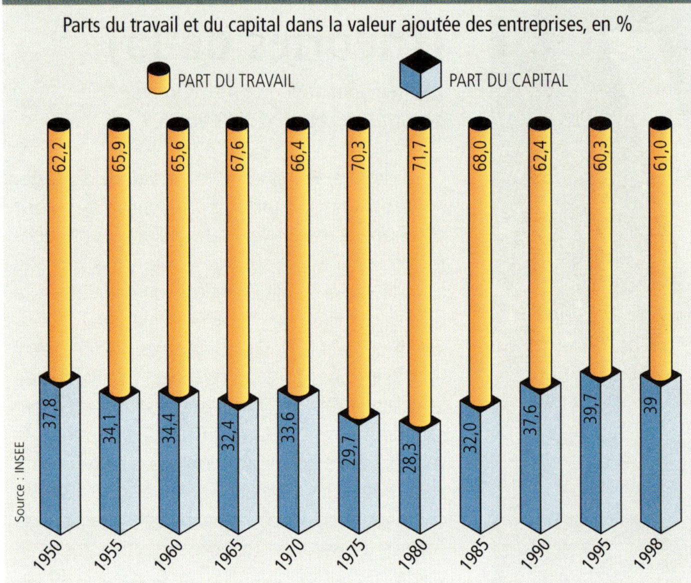

un service de logement ; elle représente la valeur créée par un agent quand il transforme des produits ou des pièces détachées achetés à ses fournisseurs (par exemple de la tôle, des sièges et des pneus) en un produit fini (une automobile).

La valeur ajoutée par l'ensemble des agents économiques pendant une période se compose principalement du revenu des salariés, de celui des propriétaires du capital, des impôts prélevés par l'État et des frais financiers versés aux institutions financières, c'est-à-dire du revenu de tous ceux qui ont contribué au processus productif. La somme des valeurs ajoutées, augmentée du montant des droits de douane et de la TVA*, est égale au produit intérieur brut*. P. B.

Vauban (Sébastien Le Prestre de)

Maréchal de France (1633-1707), qui proposa une audacieuse réforme de la fiscalité.

Surtout connu pour ses formidables forteresses, Vauban dénonça à la fin du règne de Louis XIV la misère dont souffraient la plupart des Français. Pour fournir à l'État les moyens de redresser l'économie et d'améliorer le sort des plus pauvres, il publia en 1707 son *Projet d'une dîme royale :* il y proposait la création d'un impôt en nature variant entre un dixième et un vingtième du revenu de tous les sujets du roi, en fonction des besoins de celui-ci et des ressources de chacun. La noblesse et le clergé, ne payant pas d'impôts, dénoncèrent ce projet et firent saisir l'ouvrage. Vauban, déjà malade, fut disgracié et mourut peu de temps après. P. B.

Veblen (Thorstein Bunde)

Économiste et sociologue américain (1857-1929), qui a critiqué les inégalités de la société capitaliste.

T. Veblen est surtout connu pour sa dénonciation de la « **classe de loisir** », qui vit de revenus essentiellement financiers, adopte un mode de vie de rentier*, s'adonne aux arts et au sport, mais constitue finalement une classe parasite (in *la Théorie de la classe de loisir,* 1899).

Avant J. K. Galbraith*, il a analysé l'essor de la technostructure* dans la grande entreprise et l'essor de la société de consommation. Il a insisté en particulier sur la consommation ostentatoire, qui pousse les individus à acheter un bien parce que son prix est élevé (« effet Veblen »), contrairement à la théorie microéconomique*, qui considère que la demande d'un bien diminue quand son prix augmente. P. B.

Villermé (Louis René)

Médécin français (1782-1863), auteur d'un Tableau de l'état physique et moral des ouvriers dans les fabriques de coton, de laine et de soie, publié en 1840, qui constitue l'étude la plus complète sur la condition ouvrière durant la Restauration.

Chargé en 1837 par l'Académie des sciences morales et politiques d'enquêter sur le sort des ouvriers du textile, il constata que, si un ouvrier très qualifié pouvait gagner plus de 10 francs par jour et accumuler une épargne non négligeable, les enfants de 5 à 6 ans gagnaient alors environ 0,30 franc par jour, les femmes entre 0,50 et 1 franc, et les hommes non qualifiés entre 1 et 2 francs. Aussi les familles les plus pauvres parvenaient-elles à peine à survivre. Il décrivit également les difficiles conditions de travail de ces ouvriers, et l'insalubrité de leurs logements.

Le docteur Villermé avait peu d'espoir d'améliorer le sort des adultes, aux mœurs trop corrompues, mais il préconisa de protéger les enfants en réglementant leur travail et en leur permettant d'avoir accès à l'instruction. Enfin, après de longs débats, il fut entendu par le Parlement : en 1841 fut votée la première loi sociale française. Elle interdisait le travail des enfants de moins de 8 ans dans les manufactures employant plus de vingt ouvriers, limitait à 12 heures par jour la durée du travail des enfants de 8 à 12 ans et instituait le repos du dimanche pour les enfants de moins de 16 ans. P. B.

Wall Street

Nom donné à la Bourse de New York, du nom de la rue où est sis l'immeuble du New York Stock Exchange (NYSE) depuis 1903.*

Ce nom vient de la palissade que le gouverneur hollandais Peter Stuyvesant, le fondateur de New York, avait édifiée pour protéger les colons des Indiens au XVIIe siècle. Ce mur fut abattu en 1699 et remplacé par une rue : Wall Street, en français la « rue du mur ».

La Bourse de New York a vu le jour le 17 mai 1792, lorsque vingt-quatre petits investisseurs américains, qui avaient coutume de se retrouver sous un platane *(buttonwood)* au bas de Manhattan, jetèrent les bases de ce qui allait devenir la première place mondiale : en signant le Buttonwood Agreement, ils se mettaient d'accord sur les taux de commissions fixes liées à l'échange de titres.

En 1992, Wall Street fêtait avec faste son bicentenaire.

« Nous sommes passés en deux cents ans du courtage sous un platane aux transactions électroniques », déclarait avec fierté **James Brady**, le secrétaire d'État au Trésor, en portant le NYSE au rang de symbole mondial du libre-échange. Wall Street et Dow Jones* sont devenus indissociables, le second étant l'indice de référence du premier. Le NYSE, avec plus de 3 000 sociétés cotées et une capitalisation boursière de près de 10 600 milliards de dollars (en 1998), est la première place du monde, d'une taille dix fois supérieure à celle de Paris.

Cette Bourse a cependant un concurrent aux États-Unis, le Nasdaq* (National Association of Securities Dealers Automated Quotation), un jeune marché où les transactions sont entièrement électroniques, contrairement à Wall Street où elles se font à la criée.

Fondé en 1971, le Nasdaq cote certes le double de valeurs (6 000 entreprises), mais a une capitalisation boursière de 2 000 milliards de dollars. Cette Bourse s'est spécialisée dans le créneau de la haute technologie avec des valeurs comme Microsoft, Sun, Intel, Cisco ou Yahoo ! Dans cette lutte, le NYSE, surnommé également Big Board (« grand tableau »), revendique la cotation de la majorité des ***blue chips***, c'est-à-dire des valeurs vedettes américaines. D. G.

➔ *Bourse, CAC 40, Dow Jones, Nikkei*

Wall Street
Cette rue de New York, où siège la Bourse, tire son appellation de la palissade que le gouverneur hollandais Peter Stuyvesant, fondateur de la ville, avait édifiée pour protéger les colons des Indiens au XVIIe siècle.

Walras (Léon)

Économiste français (1834-1910), ancien élève de l'École des mines de Paris, il fut, parmi les pères fondateurs du marginalisme, le plus résolument favorable à la méthode mathématique.

Il rédigea sous cette forme des *Éléments d'économie politique pure* en 1874, alors qu'il professait l'économie à la faculté de droit de Lausanne, et chercha à intégrer dans un même modèle mathématique les principales variables économiques : les prix, les salaires, les facteurs de production, les produits, les consommations individuelles, la monnaie*, le crédit*. Ce projet original et grandiose prit la forme d'une quantité impressionnante de variables et d'équations dont l'élégance n'était pas le principal mérite. Il en résulta un système d'équilibre général sur l'ensemble des marchés et entre l'ensemble des agents qui y participaient. L'idée d'interdépendance des marchés était certes ancienne en économie, mais on ne l'avait jamais auparavant illustrée de façon aussi convaincante.

Quelques rares économistes, mais de premier plan, furent favorablement impressionnés et reprirent ce projet à leur compte. Les autres étaient soit hostiles aux mathématiques, soit découragés par l'usage qu'on en faisait. Walras demeura persuadé que ses idées finiraient par triompher, ce en quoi il avait raison.

Plus précisément, on a retenu de Walras la modélisation de l'ensemble des phénomènes économiques en supposant que les marchés étaient de type concurrentiel.

Cependant, tout en prônant le libre-échange* chaque fois que la concurrence est possible, Walras affirma que l'État devait intervenir quand il existe des « monopoles naturels » (terre, mines, chemin de fer…), ce qui lui valut paradoxalement le qualificatif de « socialiste » de la part des économistes libéraux de l'époque. F. E.

➔ *Marginalisme, mathématiques, modèle*

Wicksell (Knut)

Économiste suédois (1851-1926), réformateur social, partisan d'un socialisme de marché et de l'État providence.*

Sa contribution, reconnue tardivement, touche différents domaines. Dans *Value, Capital and Rent* (1893), Wicksell propose une théorie de la répartition* d'après laquelle tout facteur* de production doit être rémunéré selon sa productivité marginale* (le supplément de production qu'il permet). Il a surtout expliqué, dans *Interest and Prices* (1898), que l'évolution des prix* dépend de l'écart entre taux d'intérêt* (r) et taux de profit* (π) : si $\pi > r$, il est rentable de s'endetter pour investir, mais cela fait augmenter les prix en injectant des liquidités supplémentaires dans l'économie. Un processus cumulatif se déclenche alors, la hausse des prix incitant les firmes à s'endetter pour produire toujours plus. Cette dynamique ne peut être stoppée que par une action des banques* qui doivent adapter leur taux d'intérêt au taux de profit qui peut varier, notamment du fait du progrès technique. P. L.

➔ *Économie mixte, levier, marché (économie de), (K. G.) Myrdal, neutralité, transferts sociaux, (L.) Walras*

Wieser (Friedrich von)

Économiste autrichien (1851-1926), l'un des principaux représentants de l'école marginaliste de Vienne (fin du XIXe siècle).*

Il fut extrêmement influent de son vivant, bien que ses travaux soient aujourd'hui moins reconnus que ceux de ses contemporains Menger* et Böhm-Bawerk* (*Der natürliche Wert,* 1889). P. U.

Williamson (Oliver E.)

Économiste américain (né en 1932), l'un des principaux initiateurs de la nouvelle économie institutionnelle.

Il a emprunté à Coase, en la développant, la notion de coûts de transaction, qui rend compte des coûts engagés pour conclure un contrat sur un marché (recherche du produit et du partenaire économique adéquats, etc.). Il a présenté la firme comme une solution alternative au marché, du fait des possibilités qu'elle offre de minimiser les coûts de transaction, fournissant ainsi une théorie explicative des raisons pour lesquelles les entreprises souhaitent s'agrandir (*les Institutions de l'économie,* 1985). P. U.

Working poors

En français, « travailleurs pauvres ». Cette catégorie désigne les gens qui, tout en ayant un emploi, vivent au-dessous du seuil de pauvreté.

De très faibles salaires horaires ou des emplois à temps partiel très mal rémunérés créent ce genre de situation, souvent chez des personnes isolées ou des familles monoparentales. Le concept est tiré directement de l'anglais car de telles situations se retrouvent plus fréquemment dans les pays anglo-saxons. S. G.

➔ *Pauvreté, précarité*

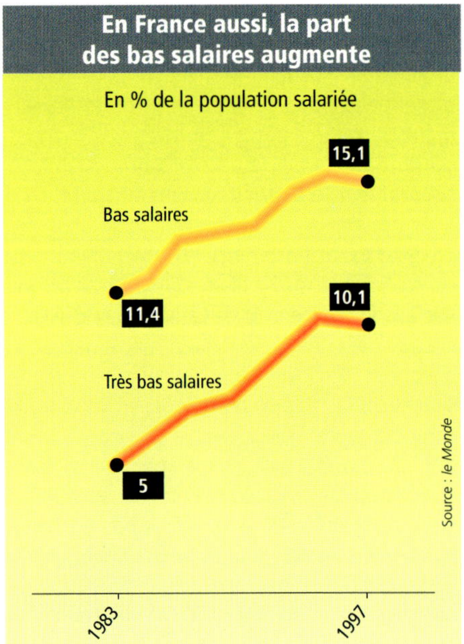

Yen

Unité monétaire du Japon.

Monnaie de la deuxième économie mondiale, il est souvent considéré comme le troisième pilier du système monétaire international*, malgré le choix souvent fait par les pays asiatiques d'amarrer leur monnaie au dollar plutôt qu'au yen.

Le yen est une devise récente, puisque jusqu'à l'ère Meiji, qui commence en 1868 et marque le lancement des réformes économiques, plusieurs monnaies (ryo, hansatsu, Dajokan satsu) se faisaient concurrence. Le New Currency Act de 1871 consacre un système monétaire proche des modèles européens. Le système décimal est retenu, il divise le yen en sen et en rin. Les pièces de monnaie arrondies font irruption dans le pays. Le système de l'étalon-or est adopté (la convertibilité sera suspendue en 1931, à la même époque que celle des principales devises du monde, victimes de la « Grande Dépression »).

Au fil du redressement économique du Japon (le pays a subi une période d'hyperinflation juste après la défaite de 1945), le yen s'est considérablement raffermi sur les marchés des changes.

De 360 yens pour 1 dollar* après la Seconde Guerre mondiale, la monnaie américaine a chuté jusqu'à moins de 100 yens dans les années 1980. Accumulant les réserves de change (puisque les exportations sont le plus souvent réglées en dollars), la Banque centrale doit gérer un problème permanent de surévaluation du yen. Si on se base sur les échanges commerciaux, le yen est utilisé pour la facturation de 7 % d'entre eux à peine (contre plus de 40 % pour l'euro* et 40 % pour le dollar).

La bonne tenue du yen s'explique aussi par l'excédent structurel du commerce extérieur japonais, facteur d'appréciation d'une monnaie nationale. F. L.

➔ *Japon, SMI*

Zone franche

Territoire géographique strictement délimité, situé à l'intérieur d'un pays et bénéficiant d'une défiscalisation ou d'une réglementation dérogatoire dans le but de soutenir le développement économique de la zone concernée.

En général, les zones franches bénéficient d'une exonération des taxes à l'importation ou à l'exportation, ce qui favorise l'importation de produits, transformés et assemblés sur place pour être réexportés. Ces franchises ont parfois favorisé les activités financières. Les zones franches peuvent également bénéficier d'avantages fiscaux (exonération de taxes indirectes comme la TVA, d'impôt sur les bénéfices ou les plus-values, etc.) et s'exonérer de certaines contraintes en matière, notamment, de droit des sociétés ou de droit du travail.
Les zones franches sont généralement situées dans des grands ports (par exemple, « zone spéciale » de Shenzhen en Chine) ou à proximité des frontières *maquiladoras* à la frontière américano-mexicaine). J.-M. S.

➔ *Off shore*

Zone de libre échange (et union douanière)

Regroupement de pays qui décident une libéralisation réciproque de leur commerce par la baisse ou l'élimination des tarifs douaniers.

La mise en place d'un tel accord peut être progressive et exempter certains secteurs. Les pays de la zone conservent leur régime commercial vis-à-vis des pays extérieurs à la zone. L'union douanière est une zone de libre-échange qui mène une politique commerciale commune vis-à-vis des pays tiers, ce qui signifie la mise en place d'un tarif extérieur commun.
Ainsi, dans l'ALENA*, qui est une zone de libre-échange*, le Mexique et les États-Unis peuvent appliquer un droit de douane* différent pour les importa-

tions* de produits alimentaires français. Au contraire, dans l'Union européenne*, qui est une union douanière, la France et l'Allemagne devront appliquer le même régime d'importation aux téléviseurs coréens. Ces accords régionaux constituent une exception à la clause de la nation la plus favorisée*.

Au XIXe siècle, l'intégration économique allemande s'est faite autour de la Prusse, après la création du **Zollverein**, union douanière regroupant les États de l'Allemagne du Nord, à l'exclusion de l'Autriche. J.-M. S.

Zone monétaire

Association, formelle ou informelle, réunissant des États ayant choisi une devise commune.

Parmi les zones monétaires informelles, on trouve surtout la zone dollar (le dollar américain et toutes les monnaies qui lui sont liées). Parmi les zones formelles figurent principalement la zone franc (en Afrique centrale et occidentale), la zone sterling et, surtout, la zone euro, nouvelle forme de zone monétaire.

Dans la **zone franc**, les mêmes obligations monétaires ne sont pas demandées à la France, dont la monnaie sert de référence, et aux autres pays. Le Trésor français finance régulièrement le maintien d'un taux de change fixe entre franc français et franc CFA* (1 F CFA = 0,01 FF depuis 1994).

La **zone euro** a un fonctionnement différent, car elle réunit des partenaires aux économies comparables, auxquels les mêmes efforts sont demandés. Elle est conforme en cela à la théorie des zones monétaires optimales, qui montre que les chances de réussite sont plus grandes entre économies concurrentes qu'entre économies complémentaires. L'économiste canadien Robert Mundell a reçu en 1999 le prix Nobel de sciences économiques pour son travail sur ce sujet. En revanche, cette théorie dit aussi que, pour bien fonctionner, c'est-à-dire pour éviter des déséquilibres insupportables à l'occasion d'une crise localisée (un « **choc asymétrique** », disent les économistes), il faut que le capital et le travail circulent à l'intérieur de la zone, ou que le budget central compense les déficits du pays touché. Or, les citoyens européens ne sont guère mobiles (les chômeurs français ne vont pas chercher du travail en Irlande), et le budget européen ne saurait opérer des transferts de l'ampleur nécessaire, ce qui éloigne la zone euro de l'optimum théorique. F. L.

➔ *Euro, CFA, SMI*

L'ÉCONOMIE PRATIQUE

Le contrat de travail

Le contrat est la preuve du statut d'un salarié. Que vous ayez un contrat à durée indéterminée (CDI), un contrat à durée déterminée (CDD) ou un contrat temporaire, c'est un élément déterminant de votre statut de salarié. Il peut vous être utile en cas de litige avec votre employeur.

Les éléments du contrat de travail

Le contrat établi par l'employeur doit être conforme à la loi et à la convention collective du secteur d'activité dans lequel vous travaillez.

La forme du contrat

Le contrat de travail à durée indéterminée (CDI) à temps complet est le seul à n'être pas obligatoirement écrit. Vos bulletins de paie, la déclaration préalable à l'embauche ou les courriers de votre employeur prouvent à eux seuls l'existence de votre contrat.
Les contrats de travail très réglementés (durée déterminée, temps partiel, travail temporaire…) doivent nécessairement être écrits, rédigés en français et signés par vous et par votre employeur.

Le contenu du contrat

Le contrat doit être conclu librement et réciproquement entre votre employeur et vous. Si vous avez « signé » par erreur – que vous ayez été trompé ou qu'on vous ait extorqué un accord sous la violence –, votre contrat n'est pas valable. Il ne peut pas non plus avoir pour objet une activité interdite par la loi (produire des drogues ou fabriquer des objets de contrebande), contraire aux bonnes mœurs ou à l'ordre public. Si votre travail requiert une compétence ou un diplôme spécifique (médecin, infirmier, avocat…) que vous ne possédez pas, votre contrat n'est pas valable. Votre employeur et vous-même êtes libres d'inclure des dispositions particulières dans le contrat, par exemple une clause de non-concurrence.

Différents types de contrats réglementés

- à durée déterminée
- de travail temporaire
- avec un travailleur à domicile
- d'adaptation
- d'apprentissage
- à temps partiel
- initiative-emploi
- emploi-solidarité
- conclu avec un groupement d'employeurs
- de qualification
- d'orientation

La période d'essai

La période d'essai précède l'engagement définitif d'un salarié. C'est la première phase du contrat de travail, au cours de laquelle votre employeur et vous-même pouvez décider de vous séparer sans préavis ni indemnité de rupture. La durée de la période d'essai pour les CDI varie de 1 mois pour un employé à 6 mois pour un cadre supérieur. Pour les CDD de plus de 6 mois, elle ne peut dépasser 1 mois. Enfin, elle varie entre 2 et 5 jours pour les contrats de travail temporaire. Vos droits (ancienneté, etc.) sont comptabilisés dès le début de votre période d'essai.

Différents types de contrats

Dans la loi, « le contrat de travail à durée indéterminée est la forme normale du contrat de travail ». L'entreprise peut recourir exceptionnellement à des contrats à durée limitée pour effectuer une tâche précise, par exemple pour assurer le remplacement d'un salarié absent. Elle ne peut y avoir recours pour effectuer des travaux dangereux, ni pour remplacer un salarié gréviste ou ayant fait l'objet d'un licenciement économique.

Le contrat à durée indéterminée (CDI)

En CDI, vous effectuez pour le compte d'un employeur un travail dont la durée n'est pas limitée. Votre employeur et vous-même pouvez rompre le contrat en respectant des règles particulières. Vos tâches et vos missions sont durables et permanentes. Vous bénéficiez de congés (vacances, événements familiaux, formation…), vous pouvez vous faire élire délégué du personnel ou du comité d'entreprise ou profiter des équipements collectifs de l'entreprise d'accueil (transport, restaurants, crèche…).

Le contrat à durée déterminée (CDD) et le contrat de travail temporaire

En CDD, vous effectuez pour le compte d'un employeur un travail dont la durée et les caractéristiques (rémunération, qualification, renouvellement…) sont fixées préalablement dans un contrat écrit. En intérim, vous êtes embauché et rémunéré par une entreprise de travail temporaire (ETT), ou agence d'intérim, qui vous met provisoirement à la disposition

Comment embaucher un employé de maison ?

Demandez à l'URSSAF de votre lieu de résidence de vous envoyer un « imprimé unique ». Ce document vous permet à la fois de déclarer votre employé, de demander l'allocation de garde d'enfant à domicile ou une exonération pour l'aide à domicile des personnes âgées. L'URSSAF vous communiquera par écrit votre numéro d'immatriculation.

d'une entreprise utilisatrice. Il faut établir un contrat de mise à disposition, entre l'ETT et l'entreprise d'accueil, et un contrat de mission, entre l'ETT et vous.

La durée

Les contrats conclus avec une date d'échéance précise ne peuvent excéder 18 mois, renouvellement inclus, sauf dans des cas exceptionnels, par exemple pour un emploi saisonnier.
Ils sont renouvelables une seule fois. Les contrats qui n'ont pas de date d'échéance précise doivent mentionner la durée minimale de la mission. En principe, votre contrat ne peut être interrompu avant son terme et vous ne pouvez pas être licencié.

Les droits

En intérim comme en CDD, vos droits et votre rémunération doivent être identiques à ceux d'un salarié de l'entreprise à un poste équivalent. En outre, vous avez droit à une indemnité de précarité payée en fin de mission.

Le contrat de travail à temps partiel

Vous pouvez effectuer pour le compte d'un employeur un travail à temps partiel, qu'il s'agisse d'un contrat à durée déterminée ou d'un contrat à durée indéterminée. Ce contrat écrit doit mentionner le mode d'organisation du temps partiel.

La durée

À temps partiel, vous ne pouvez travailler plus de 32 heures par semaine ni plus de 136 heures par mois. Vous pouvez organiser votre temps partiel en répartissant vos heures sur la semaine ou le mois. Vous pouvez aussi répartir votre travail sur l'année. Si vous souhaitez travailler à temps partiel, faites une demande à votre employeur. Il vous proposera en priorité les postes créés à temps partiel et ne pourra refuser votre demande sans raison valable. Si vous avez été gravement malade, vous pouvez demander un mi-temps thérapeutique.
Dans le cadre d'un congé parental, vous pouvez demander de travailler à temps partiel pendant un an, durée prolongeable deux fois (de 16 heures au minimum à 32 heures au maximum par semaine). En revanche, votre employeur ne peut pas vous obliger à travailler à temps partiel.

Les droits

Vous avez les mêmes droits qu'un salarié à temps plein : ainsi votre ancienneté est calculée selon les mêmes modalités que si vous étiez à temps complet. Les heures que vous effectuerez au-delà du temps partiel sont des heures complémentaires payées au taux normal. Elles ne peuvent dépasser 10 % du temps de travail.

Le contrat de travail intermittent

Vous êtes travailleur intermittent si vous alternez des périodes travaillées et des périodes non travaillées, pour le compte d'un ou de plusieurs employeurs et dans des secteurs très spécialisés, comme le spectacle, la télévision…
Par exemple, vous effectuez des montages audiovisuels pour des émissions de télévision. En fait, la loi a abrogé cette notion de travail intermittent, sauf lorsque, dans certains secteurs d'activité, il y a eu des accords collectifs avantageux pour le salarié. Vous bénéficiez dans ce cas d'un contrat écrit à durée indéterminée prenant en compte les alternances entre les périodes creuses et les périodes de travail.

Les droits

Vous avez les mêmes droits que les salariés à temps complet.

La modification du contrat de travail

Un employeur peut remettre en cause certains éléments du contrat de travail. Si ces modifications sont mineures, il est conseillé de les accepter car, dans le cas contraire, vous pouvez être licencié pour faute. En revanche, si ces modifications portent sur des éléments essentiels du contrat comme le salaire, les horaires, le lieu de travail, vous pouvez les refuser. Toutefois, ce refus, notifié par écrit dans un délai de un mois, est susceptible d'enclencher une procédure de licenciement économique ou personnel, suivant le cas.
Si votre employeur change (fusion, vente…), le nouvel employeur peut modifier les contrats pour réorganiser l'entreprise. Si vous refusez ces modifications, votre licenciement vous donne droit à des indemnités de licenciement.

Les aides à l'emploi

La perte d'un emploi et la difficulté de retrouver rapidement du travail entraînent souvent de grandes difficultés psychologiques et financières. Le droit au travail étant un droit fondamental du citoyen, l'État doit l'aider à trouver un emploi... N'hésitez pas à vous renseigner sur les aides spécifiques qui peuvent faciliter votre réinsertion.

Le régime de solidarité

Financé par l'État, le régime de solidarité a pour but d'aider les demandeurs d'emploi qui n'ont pas droit à l'assurance-chômage à se réinsérer dans le monde professionnel.

Les allocations

Quand tous vos droits à l'assurance-chômage sont épuisés, vous pouvez bénéficier du régime de solidarité. L'allocation de solidarité spécifique (ASS) est destinée aux chômeurs de longue durée. L'allocation d'insertion (AI) est réservée à ceux qui ont insuffisamment travaillé pour avoir droit à l'assurance-chômage. Pour en bénéficier, vous devez être inscrit à l'ANPE et déposer une demande à l'ASSEDIC.

Les aides à la mobilité géographique

Une réinsertion professionnelle induit souvent des frais de déplacement, voire de déménagement. Certaines ANPE accordent des aides à la mobilité (aides au déplacement quotidien ou au déménagement).

Les aides à l'emploi

Les entreprises, les artisans, les particuliers... peuvent bénéficier d'avantages fiscaux pour créer des emplois et embaucher des personnes qui ont plus de difficultés que les autres à trouver un emploi.

Les mesures d'incitation à la création d'emploi

Pour les entreprises ou les particuliers qui créent un emploi ou qui embauchent des jeunes, l'État offre des réductions ou des exonérations de cotisations patronales, des primes de développement...

Les différents contrats d'aide à la réinsertion professionnelle

Leur objectif est de favoriser l'embauche des jeunes ou des demandeurs d'emploi qui se trouvent en situation difficile. Ils reposent sur l'établissement d'un contrat de travail écrit à durée déterminée ou indéterminée, qui peut prévoir une formation.

Le contrat de formation en alternance (pour les jeunes de moins de 26 ans)

Il permet à votre employeur de bénéficier d'avantages financiers. Des organismes ont été mis en place pour vous aider à résoudre vos problèmes d'emploi, comme les permanences d'accueil, d'information et d'orientation (PAIO) de votre commune ou les missions locales.

Le contrat emploi-solidarité et le contrat initiative-emploi

Ces contrats sont destinés aux chômeurs de longue durée et de plus de 50 ans, mais ils sont ouverts à tous ceux qui rencontrent des difficultés particulières pour trouver un emploi, comme les jeunes, les travailleurs handicapés, les bénéficiaires du RMI, les femmes isolées, les anciens détenus...

Les contrats en alternance

- le contrat d'apprentissage
- le contrat d'adaptation
- le contrat d'orientation
- le contrat de qualification

Bénéficiaires des différents contrats d'aide à la réinsertion professionnelle

Contrat d'adaptation	Jeunes de moins de 26 ans ayant une qualification
Contrat d'orientation	Jeunes de moins de 22 ans sans qualification
Contrat de qualification	Jeunes de moins de 26 ans sans ou avec qualification
Contrat d'apprentissage	Jeunes entre 16 et 25 ans (par dérogation, jeunes de moins de 15 ans)
Contrat emploi-solidarité	Jeunes de 18 à 26 ans ; bénéficiaires du RMI ; chômeurs de plus de 50 ans ou de longue durée ; handicapés
Contrat initiative-emploi	Chômeurs de longue durée et de plus de 50 ans ; handicapés ; bénéficiaires du RMI ; Jeunes de 18 à 26 ans sans qualification

La rémunération

La rémunération est la somme qui est perçue en contrepartie d'un travail fourni. Le salarié reçoit un salaire, l'artisan ou le commerçant se rétribue à partir du produit de sa vente, le médecin qui exerce une profession libérale perçoit des honoraires.

La rémunération du salarié

Sur quelle base votre employeur fixe-t-il votre salaire ? Quels sont les éléments de votre rémunération ? Comment vous y retrouver dans les colonnes de votre bulletin de paie ? Comment négocier une augmentation ?

Le salaire

Le salaire comprend les prestations monétaires ou en nature qui sont versées en contrepartie de votre travail pour le compte de votre employeur.

Le SMIC : une base horaire

Le salaire minimum interprofessionnel de croissance (SMIC) est le salaire horaire en dessous duquel aucun salarié ne peut être payé. Le SMIC est revalorisé automatiquement le 1er juillet de chaque année. Le gouvernement peut aussi décider à tout moment de l'augmenter.

Les jeunes âgés de moins de 18 ans, les apprentis ou les jeunes en formation par alternance, ainsi que les travailleurs handicapés, touchent un SMIC à taux réduit.

Le salaire de base

Votre salaire de base est la contrepartie directe de votre travail. Son montant, fixé dans le cadre de votre convention collective, correspond à votre fonction précise dans l'entreprise et dépend de votre niveau de qualification, de vos diplômes, etc. À votre salaire de base peuvent s'ajouter d'autres éléments qui font partie intégrante du salaire dès lors qu'ils sont soumis à l'impôt et aux charges sociales.

Les compléments de salaire

Les primes et certaines gratifications versées régulièrement et qui s'adressent collectivement à un ensemble de salariés – comme les primes de rendement, de pénibilité, d'ancienneté – sont des compléments fixes. Il faut y ajouter les avantages en nature – tel que le logement pour les concierges – ou l'indemnité de transport pour les salariés de la région parisienne. Les compléments de salaire variables ne s'intègrent pas au salaire de base et peuvent être remis en cause chaque année. Ce sont des primes de résultat et des bonus, telles, par exemple, les commissions que perçoivent les commerciaux.

L'intéressement et la participation des salariés aux résultats de l'entreprise

Ils ne figurent pas sur votre bulletin de paie et ne sont pas forcément disponibles immédiatement, mais ils font partie de votre rémunération globale.

La participation

Ce système, obligatoire si votre entreprise compte au moins 50 salariés, vous permet d'obtenir une somme proportionnelle aux bénéfices de votre entreprise. Si vous justifiez d'au moins six mois d'ancienneté, vous avez droit à une réserve de participation à chaque fois que le bénéfice de l'entreprise après impôt dépasse 5 % du montant des capitaux propres. Si vous la percevez immédiatement, elle est soumise à l'impôt sur le revenu. Si elle est bloquée pendant 3 ans, vous avez droit à une exonération fiscale de 50 %, et si elle est bloquée pendant 5 ans, l'exonération fiscale est totale.

L'intéressement

Contrairement à la participation, l'intéressement n'est pas obligatoire. C'est une rémunération distribuée à tous les salariés de l'entreprise en fonction des résultats de l'entreprise ou des améliorations de productivité. Il peut éventuellement être versé sur votre plan d'épargne entreprise si vous souhaitez bénéficier d'avantages fiscaux. Vous pouvez cumuler votre intéressement et les sommes obtenues avec la participation.

Le plan d'épargne entreprise

Vous pouvez alimenter votre plan d'épargne comme vous le souhaitez, soit en y versant les sommes perçues dans le cadre de la participation ou/et de l'intéressement, soit en y consacrant une fraction de votre salaire annuel. Votre entreprise peut aussi financer votre plan d'épargne dans la limite de 15 000 F (exceptionnellement, 22 500 F). Les sommes épargnées sont bloquées durant 5 ans. Pendant ce temps, elles peuvent être investies en actions d'entreprise. Les frais de gestion sont pris en charge par l'entreprise.

Le bulletin de paie

Le bulletin de paie est obligatoire et votre salaire doit vous être versé directement. Mais sachez que vous pouvez faire des réclamations jusqu'à 5 ans après avoir perçu les sommes. Le bulletin de paie est un élément fondamental de preuve de votre contrat de travail.

Brut et net

- **salaire brut** : salaire global avant déduction des cotisations sociales (salaire + compléments de salaire + cotisations sociales)
- **salaire net** : salaire perçu après déduction des cotisations sociales (salaire + compléments de salaire – cotisations sociales)

La forme et le contenu du bulletin de paie

L'identité

Dans la partie supérieure, votre bulletin de paie doit comporter les informations relatives à votre identité (nom, adresse, numéro de Sécurité sociale...), à votre poste, à votre niveau ou coefficient hiérarchique et à l'identité de votre employeur (nom, adresse, numéro de Siret et code APE), ainsi que le nom et l'adresse de l'URSSAF (à laquelle sont versées les cotisations sociales) et la mention de la convention collective dont vous dépendez.

La rémunération

Au centre du bulletin de paie, vous trouvez le montant de votre salaire brut. Il est calculé sur la base forfaitaire de 169 heures correspondant à la durée légale du travail et comprend votre salaire de base majoré de vos compléments de salaire (primes, gratifications, etc.). On y ajoute aussi les heures supplémentaires éventuellement effectuées.
Au bas du bulletin, on indique le salaire net et le net imposable (ou net fiscal, qui est la somme soumise à l'impôt sur le revenu).

Les cotisations sociales

Sur votre bulletin de paie, vous trouverez le détail des cotisations sociales dues par le salarié, et qui sont déductibles de votre salaire brut. Votre employeur les prélève sur votre salaire et les reverse aux organismes sociaux. Parmi ces cotisations, certaines vous permettent de bénéficier du régime général de la Sécurité sociale, des indemnités d'assurance-chômage, des prestations de retraite ; d'autres, comme la CSG (contribution sociale généralisée), ont été créées par l'État dans un but de solidarité.

Les cotisations patronales

Les charges patronales sont calculées à partir de votre salaire brut. Ce sont les cotisations de Sécurité sociale, d'assurance-chômage et de retraite complémentaire.

Les augmentations de salaire

Les salaires les plus bas sont automatiquement réévalués en fonction du SMIC.
Si vous bénéficiez déjà d'une rémunération supérieure, c'est à vous de négocier individuellement votre augmentation lors des entretiens annuels.

Les augmentations de salaire collectives

Chaque fois que le SMIC est réévalué, tous les salaires qui sont inférieurs au nouveau montant du SMIC augmentent. Les augmentations de salaire générales sont prévues lors de la négociation annuelle des salaires entre l'entreprise et les organisations syndicales. Leur but est de maintenir le pouvoir d'achat.

Les augmentations de salaire individuelles

Les augmentations accordées lors de l'entretien annuel dépendent beaucoup des usages, de la taille de votre entreprise et des résultats obtenus.

Le chèque emploi-service

Le chèque emploi-service a pour but de favoriser la création d'emplois familiaux ou domestiques en allégeant les démarches administratives. Il a valeur de contrat de travail. Il peut être utilisé pour les emplois qui n'excèdent pas 8 heures par semaine. L'employeur obtient ces chèques dans l'établissement où il détient un compte bancaire. Il remet ce chèque au salarié au cours du mois durant lequel il a travaillé, et renvoie le volet social au Centre national de traitement du chèque-service. Ce centre calcule les cotisations dues par l'employeur, puis en prélève directement le montant tous les mois sur son compte bancaire. Les employeurs bénéficient d'une réduction d'impôt (les employeur de plus de 70 ans sont exonérés du paiement des cotisations patronales).

« À travail égal, salaire égal », le Code du travail impose :

- l'égalité de salaire entre un homme et une femme effectuant le même travail ;
- l'égalité de salaire entre un titulaire de CDD ou de contrat temporaire et un salarié en CDI ayant la même qualification ;
- l'égalité proportionnelle de la rémunération entre un salarié à temps partiel et un salarié à temps complet ;
- l'égalité de salaire entre un Français et un étranger effectuant le même travail ;
- le paiement de tous les éléments du salaire et de tous les avantages à un salarié dispensé d'effectuer son préavis ;
- l'interdiction de prendre en compte les activités syndicales dans la mise en place du salaire ;
- l'interdiction de prendre des sanctions sur le salaire d'un salarié gréviste.

Créer son entreprise

Si vous avez une idée, de l'énergie, l'envie d'être indépendant ou si c'est pour vous la seule façon de retrouver une activité, vous pouvez créer votre entreprise. Avant de vous lancer, prenez le temps de bâtir votre projet, au besoin en obtenant des conseils ou en acquérant des compétences supplémentaires.

Obtenir des conseils et des aides financières

Bâtir un projet d'entreprise est parfois long et difficile. N'hésitez pas à rencontrer des experts pour vous guider.

Les conseils

Si vous êtes demandeur d'emploi, renseignez-vous auprès de votre conseil régional ou de l'Aide aux chômeurs créateurs ou repreneurs d'entreprise (ACCRE). Vous pouvez aussi consulter l'un des 600 « points chance » de l'Agence pour la création et le développement des nouvelles entreprises (APCE). Ils permettent notamment de se repérer dans les systèmes d'aide : allégements fiscaux, prêts à conditions avantageuses, subventions, avances remboursables sans intérêt...

Les aides financières

Vous pouvez solliciter une subvention pour votre projet de création auprès de votre conseil régional (prime régionale à l'emploi, prime régionale à la création d'entreprise...) ou auprès d'organismes spécialisés comme l'Association pour le droit à l'initiative économique (ADIE) pour les demandeurs d'emploi. Dans tous les cas, prenez garde à la qualité de votre dossier financier.

Le congé pour création d'entreprise

Vous pouvez le demander, si vous êtes salarié, pour vous consacrer pendant un an à l'entreprise que vous créez. À l'issue de cette période, si besoin est, vous retrouvez un emploi équivalent.
Pour bénéficier de ce congé, vous devez justifier d'une ancienneté de 36 mois au moins.
Il est renouvelable une fois et peut succéder à un congé sabbatique.

Le chômage

Si vous vous retrouvez sans travail à la suite d'un licenciement ou de l'expiration de votre contrat de travail à durée déterminée ou si vous avez démissionné, sous certaines conditions, vous avez droit à une indemnisation. Les fonctionnaires et certains dirigeants d'entreprise ne sont pas concernés par ce système ; ne le sont pas non plus ceux qui n'ont jamais travaillé, donc jamais cotisé à l'assurance-chômage, comme les jeunes à la recherche de leur premier emploi.

Les conditions à remplir

Pour percevoir une allocation de chômage, vous devez d'abord être inscrit auprès de l'ASSEDIC.

S'inscrire au chômage

Depuis un arrêté du 13 janvier 1997, il faut vous rendre à l'ASSEDIC du ressort de votre domicile dans un délai de 12 mois (sauf en cas de maladie, d'invalidité...) à compter du jour où vous pouvez bénéficier d'une indemnisation. L'inscription prend effet le jour où vous retirez votre dossier, à condition de le rapporter dans les cinq jours dûment rempli et avec les documents demandés.

Rechercher activement un emploi

Vous devez obligatoirement justifier d'une recherche de travail pour être indemnisé. Vous serez à ce titre régulièrement contrôlé par l'ASSEDIC, qui vous demandera par exemple de remplir un questionnaire ou de fournir des justificatifs de lettres et de CV envoyés à des entreprises. Vous êtes dispensé de cette obligation si vous avez 57 ans et 6 mois et que vous touchez l'AUD

Vos interlocuteurs

ASSEDIC
- *inscription des demandeurs d'emploi*
- *versement des allocations*

ANPE
- *offres d'emploi*
- *information*
- *conseil*
- *orientation*

APEC
(Association pour l'emploi des cadres)
- *offres d'emploi*
- *conseil pour l'orientation*
- *proposition de stages*

ou si vous avez 55 ans et que vous percevez l'allocation de solidarité spécifique. D'autre part, vous pouvez être radié de l'ASSEDIC si vous n'avez pas envoyé votre déclaration mensuelle, ou si vous avez refusé un emploi ou une formation.

Votre indemnisation

Le calcul des allocations dépend de la moyenne des rémunérations perçues pendant la période de référence. Cette période varie elle-même de 4 à 12 mois, en fonction de la période pendant laquelle vous avez travaillé.

L'allocation unique dégressive (AUD)

L'AUD est un revenu de remplacement qui correspond à un pourcentage de votre salaire journalier. L'allocation est versée à taux plein pendant plusieurs mois, puis elle diminue par palier tous les 6 mois. Un différé de 8 jours après la rupture du contrat est pris en compte, auquel s'ajoute parfois ce que vous avez perçu au titre de votre indemnité de congés payés et éventuellement de votre prime de départ, de vos indemnités...
Pendant toute la durée de votre indemnisation, vous conservez votre protection sociale. Pour bénéficier de l'AUD , vous devez avoir perdu involontairement votre emploi, être inscrit comme demandeur d'emploi et avoir cotisé pendant une durée minimale. Toutefois, vous pouvez cumuler un travail à temps partiel (pas plus de 136 heures par mois) et votre allocation pendant 18 mois au maximum.
Vous pouvez aussi conserver une activité dont la rémunération ne dépasse pas 70 % de votre salaire brut antérieur. Si vous n'êtes pas physiquement apte au travail, que vous soyez chômeur saisonnier ou que vous ayez atteint l'âge de la retraite, renseignez-vous auprès de votre ASSEDIC.

Les situations particulières

Dans certains cas qui ne relèvent pas du salariat à proprement parler, le bénéfice du régime d'assurance-chômage fait l'objet d'aménagements de la part de l'ASSEDIC.
Si vous êtes gérant d'une entreprise, vous devrez établir la preuve que vous êtes aussi titulaire d'un contrat de travail, par exemple pour vos fonctions de directeur commercial. Si vous travaillez à l'étranger, vous avez droit au chômage à condition que le siège de votre entreprise soit située en France métropolitaine. Vous bénéficiez, dans ce cas, du statut d'expatrié.
En tant que stagiaire, votre droit au chômage dépend de l'existence d'un contrat de travail et d'un salaire.
Enfin, si vous êtes licencié pendant un congé individuel de formation, vous pouvez bénéficier de l'allocation formation-reclassement (AFR).
Pour tout renseignement complémentaire, contactez la Direction départementale du travail, de l'emploi et de la formation professionnelle.

Les cas indemnisés selon des règles spécifiques

- marins du commerce et marins pêcheurs
- ouvriers dockers
- travailleurs intérimaires, intermittents
- interprètes de conférence
- travailleurs à domicile
- concierges
- travailleurs handicapés des ateliers protégés
- personnel de production cinématographique et audiovisuelle
- VRP, journalistes, navigants de l'aviation civile
- bûcherons tâcherons, agents rémunérés à la commission
- expatriés et frontaliers
- artistes ou techniciens du spectacle
- employés de maison, assistantes maternelles, employés au pair
- anciens titulaires d'un CDD en congé individuel de formation

Le montant et la durée de votre indemnisation				
Vous avez travaillé pendant	Vous êtes âgé de	AUD à taux plein durée	AUD à taux dégressif durée	AUD à taux dégressif taux
4 mois au cours des 8 derniers mois	Tous âges	4 mois		
6 mois au cours des 12 derniers mois	Tous âges	4 mois	3 mois	– 15 %
8 mois au cours des 12 derniers mois	moins de 50 ans 50 ans et plus	4 mois 7 mois	11 mois 14 mois	– 17 % – 15 %
14 mois au cours des 24 derniers mois	25 à 49 ans 50 ans et plus	9 mois 15 mois	21 mois 30 mois	– 17 % – 15 %
27 mois au cours des 36 derniers mois	50 à 54 ans 55 ans et plus	20 mois 27 mois	25 mois 33 mois	– 15 % – 8 %

L'impôt sur le revenu

*Toute personne est redevable de l'**impôt sur le revenu** (IR). En sont exonérés les contribuables dont les revenus sont modestes. L'impôt à payer est calculé en fonction de votre revenu global, mais aussi du nombre de parts qui dépend de votre situation (marié, divorcé, célibataire, veuf) et de vos charges de famille.*

La déclaration de revenus

Vous êtes obligé de remplir une déclaration de revenus, si votre domicile fiscal se trouve en France et si vous avez perçu des revenus imposables. Pour déclarer vos revenus la première fois, vous devez vous procurer un formulaire de déclaration auprès d'un centre des impôts. Ensuite, vous recevrez automatiquement, chaque année, la déclaration à remplir, à votre domicile. La déclaration de revenus est à produire au plus tard le 15 mars de chaque année et à déposer ou à envoyer au centre des impôts (CDI) du lieu de votre domicile.

Le domicile fiscal

Vous êtes considéré comme domicilié en France, quelle que soit votre nationalité, si :

- votre foyer se trouve en France, c'est-à-dire que vous ou votre famille (conjoint et/ou enfants) y résidez en permanence ou au minimum plus de 183 jours par an, même à l'hôtel ou hébergé chez des proches ;
- votre foyer ne se trouve pas en France mais vous y exercez votre activité professionnelle, ou le siège de votre société se trouve en France ;
- vous résidez en France alors que vous travaillez à l'étranger (par exemple vous êtes frontalier).

Quelle déclaration remplir ?

Le formulaire de base que tout le monde doit remplir porte le numéro 2042 et s'appelle « déclaration des revenus ». Il existe en deux versions : la déclaration n° 2042 simplifiée (S) et la déclaration n° 2042 normale (N).

La déclaration simplifiée

Elle vous permet de déclarer vos revenus sur quatre pages au lieu de six.

Cette déclaration simplifiée comporte les rubriques : salaires, pensions et rentes viagères, revenus des capitaux mobiliers, charges à déduire et certaines réductions d'impôt.

Elle est adressée au domicile des personnes qui ont une situation fiscale simple.

La déclaration normale

Elle est plus complète que la déclaration simplifiée et comporte six pages. Elle comprend toutes les catégories de revenus à déclarer, de plus-values, de charges et de réductions d'impôt. Elle est principalement utilisée par les 6 millions de foyers qui perçoivent des revenus non salariaux (commerçants, professions libérales, artisans, agriculteurs) et par ceux qui encaissent des revenus fonciers et des revenus provenant d'un pays étranger.

> **Époux et concubins**
> *L'administration fiscale vous considère aujourd'hui sur un plan d'égalité : un enfant compte une demi-part, qu'il soit naturel ou légitime. Il est déclaré soit par le père, soit par la mère.*

Les déclarations « spéciales »

Pour déclarer certains types de revenus, vous devez utiliser des déclarations spéciales qui permettent de détailler le revenu imposable. Les résultats de ces déclarations spécifiques doivent être reportés sur la déclaration de revenus n° 2042.
Des formulaires spécieux doivent être utilisés pour déclarer les revenus suivants :

- revenus fonciers (formulaire n° 2044) ;
- plus-values immobilières (formulaire n° 2049) ;
- revenus encaissés hors de France (formulaire n° 2047) ;
- plus-values mobilières (formulaires n°s 2074 et 2045).

Toutes ces déclarations spéciales sont à déposer en même temps que la déclaration de revenus (n° 2042).

Combien de déclarations faut-il remplir ?

L'imposition se calcule pour le foyer fiscal. Celui-ci comprend les époux mariés et leurs enfants à charge.

Vous êtes marié

Quel que soit votre régime matrimonial, vous devez faire une déclaration commune avec votre conjoint(e). La déclaration est établie au nom de Monsieur et Madame X, suivi du prénom du mari.
C'est uniquement dans les cas suivants que les époux doivent souscrire chacun une déclaration personnelle :

- mariage en cours d'année : chacun des conjoints remplit une déclaration pour les revenus qu'il a perçus du 1er janvier jusqu'à la date du mariage. Pour la période allant de la date du mariage au 31 décembre de l'année, les deux époux remplissent une déclaration conjointe. Il y a donc au total trois déclarations ;
- divorce ou séparation : c'est la situation inverse. Il faut remplir une déclaration comportant les revenus des conjoints pour la période du 1er janvier jusqu'à la date du divorce ou de la séparation. Pour la période qui va de la date de la rupture au 31 décembre, chacun des conjoints rédige sa propre déclaration ;
- abandon du domicile commun par l'un des conjoints : on procède comme en cas de divorce, mais à condition que chacun des époux dispose de revenus propres ;
- décès : il faut remplir une déclaration comportant les revenus des conjoints du 1er janvier jusqu'à la date du décès et une déclaration au nom du conjoint survivant mentionnant ses revenus, du décès au 31 décembre. La déclaration de revenus est à produire dans les 6 mois suivant le décès.

Vous n'êtes pas ou plus marié

Votre foyer fiscal se limite à une seule personne si vous êtes célibataire, divorcé(e) ou veuf(e) sans aucune personne à charge.
Si vous vivez seul(e) et que vous avez des enfants à charge, le foyer fiscal comprend vous-même et vos enfants à charge.
Enfin, si vous vivez en concubinage ou en union libre, le fisc vous considère chacun comme célibataire, veuf(ve) ou divorcé(e), selon votre situation. Chacun de vous doit établir sa propre déclaration et y mentionner, le cas échéant, ses propres enfants à charge.

Que faut-il déclarer ?

Tous les revenus doivent être déclarés, sauf ceux qui sont expressément exonérés d'impôt par la loi fiscale. Ainsi, quelle que soit votre situation, votre déclaration doit indiquer tous les revenus imposables perçus par l'ensemble des membres de votre foyer fiscal du 1er janvier au 31 décembre de l'année d'imposition.

Le quotient familial

Le système fiscal français est basé sur le principe du quotient familial, qui consiste à attribuer des demi-parts ou des parts entières à ceux qui sont chargés de famille.
Plus le quotient familiale est élevé, plus l'impôt diminue. Par exemple, deux personnes ayant strictement le même revenu, mais un nombre de parts différent ne vont pas payer le même montant d'impôt (adulte : une part ; enfant : une demi-part ; une part à partir du troisième enfant).
À titre exceptionnel, un enfant donne droit à une part entière s'il est le premier enfant à charge d'un parent isolé, c'est-à-dire ne vivant pas en concubinage.
L'enfant de plus de 18 ans peut être compté à charge si, au 1er janvier de l'année d'imposition, il se trouve dans l'une des situations suivantes :

- il est âgé de moins de 21 ans, quelle que soit sa situation (salarié, chômeur, RMIste, étudiant, inactif) ;
- il est étudiant de moins de 25 ans ;
- Il effectue son service national, quel que soit son âge ;
- il est handicapé, quel que soit son âge.

Si l'enfant majeur est dans le besoin, vous avez le choix entre le compter à votre charge ou lui verser une pension alimentaire et la déduire de vos revenus imposables. L'enfant marié ou chargé de famille peut demander son rattachement à votre foyer fiscal (ou à celui de ses beaux-parents) sous les mêmes conditions que l'enfant non marié. Ce rattachement ne donne pas de parts supplémentaires, mais vous fait bénéficier d'un abattement sur vos revenus, dépendant du nombre de personnes rattachées (trois fois le montant de l'abattement, si le couple a un enfant).

Le rattachement au foyer fiscal des parents

L'enfant doit notamment :
- être majeur ;
- en faire la demande sur la déclaration de revenus de ses parents ;
- déclarer tous ses revenus, même s'ils sont faibles.

Le quotient familial

Votre situation	Votre nombre de parts
Célibataire, divorcé, veuf(ve) sans enfant à charge	1
Célibataire, divorcé, veuf(ve) sans charge de famille, mais ayant élevé un enfant majeur (imposé séparément) ou ayant élevé un enfant décédé après l'âge de 16 ans ou titulaire de certaines pensions ou titulaire d'une carte d'invalidité ou âgé de plus de 75 ans et titulaire de la carte d'ancien combattant	1,5
Marié sans enfant à charge	2
Célibataire ou divorcé ayant un enfant à charge et ne vivant pas en concubinage	2
Célibataire ou divorcé ayant un enfant à charge et vivant en concubinage	1,5
Marié ou veuf ayant un enfant à charge (1)	2,5
Célibataire ou divorcé ayant deux enfants à charge et ne vivant pas en concubinage	2,5
Célibataire ou divorcé ayant deux enfants à charge et vivant en concubinage	2
Marié ou veuf(ve) ayant deux enfants à charge (1)	3
Célibataire ou divorcé ayant trois enfants à charge et ne vivant pas en concubinge	3,5
Célibataire ou divorcé ayant trois enfants à charge et vivant en concubinage	3
Marié ou veuf(ve) ayant trois enfants à charge (1)	4
Célibataire ou divorcé ayant quatre enfants à charge et ne vivant pas en concubinage	4,5
Célibataire ou divorcé ayant quatre enfants à charge et vivant en concubinage	4
Marié ou veuf(ve) ayant quatre enfants à charge (1)	5

(1) *Le veuf (la veuve) ayant à sa charge au moins un enfant issu de la (du) conjoint(e) décédé(e) conserve le même nombre de parts que s'il était marié. Le veuf (la veuve) dont aucun enfant n'est issu de la (du) conjoint(e) décédé(e) est assimilé à un célibataire. Son nombre de parts est différent selon qu'il vit ou non en concubinage.*

L'épargne

*Pour placer votre **épargne**, vous avez le choix entre une multitude de possibilités. Le choix doit se faire en fonction de vos objectifs et de votre situation. Si vous épargnez en vue d'acquérir un logement un jour, vous ne choisirez pas le même produit que si vous cherchez à vous assurer un complément de retraite. Mais il faut savoir que le placement miracle n'existe pas. Un produit dont la rentabilité est très élevée comporte obligatoirement des risques importants...*
Certains produits d'épargne échappent à l'impôt sur le revenu, mais ils sont néanmoins soumis à la contribution sociale généralisée (CSG) et à la contribution au remboursement de la dette sociale (CRDS).

Les produits bancaires

Comme leurs noms l'indiquent, ils sont proposés par les établissements bancaires et La Poste et offrent une grande sécurité.

Les livrets d'épargne

Il existe différents livrets d'épargne vous permettant, selon votre âge et vos moyens, de tirer profit de vos économies.

Le livret A ou livret bleu

Appelé livret A lorsqu'il est délivré par La Poste et la Caisse d'épargne, et livret bleu s'il est délivré par le Crédit mutuel, il est ouvert à tous, y compris aux mineurs.
Il suffit de 10 F pour ouvrir un livret A, 100 F pour ouvrir un livret bleu. On peut y recevoir des virements réguliers (allocations de chômage, familiales, salaires, remboursements de la Sécurité sociale) ou autoriser des prélèvements. Ces livrets rapportent 2 % d'intérêt annuel. La somme déposée sur un livret A ou un livret bleu est limitée à 100 000 F. L'épargne peut être retirée à tout moment.

Le Codevi

Il est réservé aux personnes salariées ayant plus de 18 ans, mais on peut ouvrir deux Codevi par foyer, un par conjoint. L'épargne est disponible et peut être retirée à tout moment. L'ouverture d'un Codevi ne nécessite aucun versement minimum et vous pouvez y verser les sommes que vous voulez. Le Codevi rapporte 2,25 % d'intérêts par an, non soumis à l'impôt sur le revenu. Les intérêts sont versés annuellement, mais ils sont calculés par quinzaine. Le dépôt maximal est égal à 30 000 F par Codevi.

Le livret d'épargne populaire (LEP)

Il est réservé aux personnes non imposable ou qui paient un impôt sur le revenu faible (environ 4 000 F maximum). Pour l'ouvrir, il faut présenter la dernière attestation fiscale (avis d'imposition ou de non-imposition) et une somme minimale de 200 F. Vous pouvez ouvrir deux LEP par foyer, l'un pour vous, l'autre pour votre conjoint.
Le LEP rapporte 4 % l'an, non soumis à l'impôt. Le dépôt maximal est fixé à 50 000 F.

Le livret jeune

Il s'adresse aux jeunes de 12 à 25 ans, quelle que soit leur situation (écoliers, étudiants, chômeurs, actifs, sans activité...). Il est clôturé le 31 décembre de l'année du 25e anniversaire. Une somme minimale de 100 F suffit pour l'ouvrir. Son plafond est de 10 000 F et sa rémunération est fixée au taux de 3,25 %, non soumis à l'impôt.

Dépôt ou retrait sur les livrets d'épargne

Les intérêts sont calculés par quinzaine, Vous avez donc intérêt à effectuer :
- les versements avant le 16 ou le 1er du mois,
- les retraits après le 15 ou le 30 du mois

Les comptes à terme (CAT)

D'un fonctionnement très simple, les comptes à terme (CAT) permettent de bloquer une somme d'argent pendant une période fixée à l'avance avec le banquier, entre un mois et deux ans. En contrepartie de l'immobilisation de votre capital, la banque vous verse une rémunération, déterminée au moment de l'ouverture du CAT. Les taux de rémunération sont librement fixés et varient d'un établissement à l'autre. Le CAT peut être ouvert par toute personne majeure avec un minimum de 50 000 F. Les intérêts du CAT sont imposables.

Le plan d'épargne logement (PEL)

Conçu à l'origine pour les personnes qui présentaient un projet immobilier, il est souvent utilisé aujourd'hui comme un simple produit de placement car il cumule sécurité et rentabilité. Les enfants, même mineurs,

peuvent ouvrir un PEL. Un minimum de 1 500 F est exigé pour l'ouverture ; ensuite, il faut s'engager à y verser au moins 300 F par mois. Les sommes figurant sur le PEL rapportent des intérêts de 3,60 % l'an, prime d'État comprise. En outre, le montant des intérêts accumulés permet d'obtenir un prêt immobilier à un taux réduit, destiné à financer l'achat ou la construction d'une résidence principale, d'un appartement ou des travaux de réparation et d'amélioration. Le montant du prêt dépend des intérêts cumulés et de la durée du plan.
En échange de ces avantages, le PEL doit rester indisponible pendant 4 ans. Une fermeture anticipée du PEL est cependant possible, mais les intérêts sont alors recalculés. Le capital déposé sur un PEL ne doit pas dépasser 400 000 F. Les droits à prêts peuvent être cédés entre les membres d'une même famille.
À titre d'exemple, si vous avez engrangé des droits à prêts sur votre PEL, vous pouvez les donner à votre enfant, à condition qu'il possède aussi un PEL.
Enfin, si vous avez ouvert un PEL pour votre enfant mineur sans intention de lui confier le capital, sachez que, dès 18 ans, il peut, sans avoir à obtenir votre autorisation, clôturer le plan et disposer des fonds.

Le compte épargne logement (CEL)

Il est nettement moins avantageux que le PEL, puisqu'il rapporte seulement 1,50 %. Mais il offre l'avantage d'être toujours disponible.
Vous pouvez y retirer librement des fonds. Pour ouvrir un CEL, il faut verser un minimum de 2 000 F. Les intérêts du CEL permettent également d'obtenir un prêt immobilier. Ils peuvent se cumuler avec les intérêts de votre PEL.

Les placements financiers

Qu'il se présente sous forme d'OPCVM (organisme de placements collectifs en valeurs mobilières), d'obligations, de bons du Trésor, d'actions ou d'assurance-vie, chaque placement doit correspondre à un objectif financier déterminé en fonction du budget de chacun.

Les OPCVM monétaires

Les OPCVM (fonds communs de placement, sicav...) ont longtemps été un placement idéal cumulant la sécurité, une bonne rentabilité et une parfaite liquidité.
Mais leur rendement a nettement baissé. Sur le plan fiscal, les OPCVM monétaires de distribution (sicav actions) suivent le même régime que les actions. En revanche, les OPCVM monétaires de capitalisation sont soumis à un régime fiscal très strict, puisque les plus-values réalisées sur ces produits sont imposables quel que soit le montant des cessions.

La gestion de votre compte titres

Comme dans toutes les professions, il existe de bons et de mauvais gestionnaires
- soyez vigilants
- n'attendez pas de subir de grosses pertes sur votre portefeuille.
- réagissez vite

Les obligations

En achetant une obligation, vous prêtez de l'argent à une société privée ou publique, voire à l'État. Et en échange de ce prêt, un intérêt dont le taux est fixé à l'avance vous est versé. Le prêt est consenti pour une durée précisée dès l'émission de l'obligation. Celle-ci est souvent de 3 ans, 8 ans, 10 ans ou 12 ans, rarement plus. Chaque année, vous recevez la rémunération prévue. À échéance, le capital que vous avez prêté vous est remboursé. Depuis quelques années, on peut souscrire des obligations assimilables du Trésor (OAT). Il s'agit d'emprunts émis par l'État pour une durée de 4 à 10 ans. Comme les autres obligations, les OAT font l'objet d'une cotation en Bourse. Elles sont particulièrement recherchées puisqu'elles sont garanties par l'État. Les obligations rapportent entre 4 % et 5, 50 %.

Les bons du Trésor

On peut souscrire des bons du Trésor auprès des trésoreries (appelées perceptions), de La Poste et des Caisses d'épargne. En souscrivant un bon du Trésor, vous prêtez de l'argent à l'État, pendant une période plus ou moins longue, souvent de 6 à 12 ans.
En échange, vous recevez une rémunération qui se situe actuellement entre 4,5 et 6 %. La valeur d'un bon du Trésor est de 1 000 F, 5 000 F ou 10 000 F selon les cas. Les intérêts sont imposables, mais selon le régime très doux du prélèvement libératoire.

Les actions

Une action est un titre de propriété représentant une fraction du capital d'une société.
La détention d'actions vous ouvre le droit de participer aux assemblées générales de la société dont vous possédez des titres et celui de percevoir des bénéfices (dividendes) en cas de distribution.
En détenant une action, vous vivez au rythme des affaires de la société. Quand elles sont bonnes, le cours de l'action est susceptible de progresser. Lorsqu'elles sont mauvaises, le cours de l'action peut baisser. Les actions des grandes sociétés sont cotées

Les associations qui protègent l'épargnant

Les associations de défense des actionnaires minoritaires de sociétés cotées en Bourse sont très actives dans la défense de leurs adhérents. Elles peuvent notamment agir en justice si les intérêts des minoritaires ont été lésés. Elles peuvent aussi alerter le public via la presse sur des pratiques incorrectes de sociétés cotées.

en Bourse. Les actions constituent un investissement de long terme. Il ne faut pas s'attendre à engranger des gains très rapidement.

Vos achats et ventes d'actions doivent être réalisés par un intermédiaire financier.

Le plus simple est de vous adresser à votre banque. Elle va vous ouvrir un compte titres sur lequel seront réalisés vos achats et ventes.

La gestion du portefeuille

Posséder un portefeuille d'actions nécessite un suivi. Pour la gestion de votre portefeuille, trois solutions s'offrent à vous.

La gestion libre

Vous constituez et gérez vous-même votre portefeuille ; le banquier se contente d'exécuter vos ordres. Il achète et vend ce que vous lui indiquez et au prix que vous fixez. Gérer soi-même un portefeuille demande des connaissances techniques et du temps libre. Pour vous informer, vous pouvez consulter les journaux économiques qui vous fournissent la cote et les analyses des spécialistes boursiers. Les sociétés dont vous détenez des actions publient également des notes d'information et des rapports. Avec cette formule, vous payez uniquement les commissions que l'intermédiaire prélève à l'occasion de vos achats et ventes de titres.

La gestion déléguée

Le banquier (ou autre intermédiaire financier) se charge de tout (achats, ventes, arbitrages entre les titres...). Cette formule n'est intéressante que si vous avez un portefeuille important. Vous devrez payer les frais de gestion du portefeuille, variables d'un établissement à l'autre. Si vous possédez seulement 50 000 F ou 60 000 F de titres, la gestion déléguée est inutilement coûteuse.

La gestion assistée

Le professionnel vous apporte ses conseils rémunérés mais c'est vous qui faites les différents arbitrages et prenez les décisions. C'est la plus mauvaise formule retenue, car l'intermédiaire va vous prélever des frais de garde de titres.

Le plan d'épargne en actions (PEA)

Le PEA n'est pas à proprement parler un placement financier. C'est une « enveloppe » qui permet d'investir en Bourse dans un cadre fiscal très avantageux.

Sous certaines conditions, les gains réalisés dans le cadre d'un PEA sont exonérés d'impôt sur le revenu.

Le PEA n'est pas un produit que l'on achète. On l'ouvre auprès d'une banque, d'une société de Bourse ou de La Poste. L'ouverture d'un PEA nécessite de verser 100 F. Vous n'avez pas d'obligation d'y effectuer des versements réguliers.

Les placements possibles

Tous les placements ne peuvent pas être « logés» dans un PEA. La loi énumère les produits pouvant être affectés à un PEA : actions de sociétés françaises cotées en Bourse, sicav détenant au moins 60 % d'actions françaises, fonds communs de placement possédant au moins 75 % d'actions françaises, actions ou certificats d'investissement non cotés, parts de SARL (y compris SARL familiales), titres de coopératives.

On peut placer jusqu'à 600 000 F par PEA, soit 1 200 000 F pour un couple.

À l'intérieur du PEA, vous pouvez abriter votre portefeuille, c'est-à-dire acheter et vendre des titres à votre gré. Tous les gains, à savoir les dividendes et les plus-values encaissés dans le cadre du PEA sont exonérés d'impôt sur le revenu.

Mais, en contrepartie de cette exonération d'impôt, la loi vous impose certaines contraintes. Ainsi, vous devez impérativement conserver votre PEA pendant 5 ans au minimum et ne faire aucun retrait même partiel durant cette période.

Si vous retirez tout ou partie des titres avant la fin des 5 ans, vous perdez les avantages fiscaux.

Sortir du PEA

Vous avez le choix entre une sortie en capital et une sortie en rentes viagères.

Dans une sortie en capital, vous récupérez en une seule fois le capital et les gains figurant sur votre PEA.

Dans une sortie en rentes, vous touchez une somme mensuelle ou trimestrielle, pendant une période déterminée.

Pour des raisons d'incertitude sur la fiscalité future, choisissez de préférence une sortie en capital, quitte à réinvestir aussitôt ces sommes ailleurs.

Les assurances vie et décès

Les assureurs offrent également des produits de placement. De plus en plus, les banques proposent des contrats d'assurance-vie, qui sont soit des produits spécifiques à ces établissements, soit des produits créés conjointement avec une compagnie d'assurances.

La gamme des formules d'assurance est très large. Il faut lire attentivement le contrat et en vérifier la rentabilité avant de signer.

Contrats d'assurance-vie

L'assuré paie des primes pendant une durée fixée à l'avance. S'il est en vie à l'échéance (par exemple à 60 ans, à 65 ans, etc.), l'assureur lui verse un capital en une seule fois, ou des rentes viagères mensuelles ou trimestrielles, selon son choix.

Ce contrat est parfois assorti d'une clause supplémentaire prévoyant que, si l'assuré n'est pas en vie à l'âge convenu, le capital ou la rente sera versé à tel ou tel bénéficiaire décidé préalablement.

Contrats d'assurance-décès

Ces contrats prévoient de constituer une épargne devant bénéficier à des proches (conjoint, enfants, concubin...). En cas de décès de l'assuré, les personnes désignées dans le contrat recevront un capital. Ces contrats sont souvent appelés «contrats prévoyance».

Les contrats d'épargne retraite

L'épargne retraite est destinée à procurer un supplément de revenus à l'assuré lorsqu'il sera à la retraite. Il épargne sous forme de primes pendant un certain nombres d'années, et, lorsqu'il sera à la retraite, il percevra une rente mensuelle ou trimestrielle.

Le crédit à la consommation

La loi du 10 janvier 1978, dite « loi Scrivener », réglemente l'ensemble des crédits à la consommation. Les formules de crédit proposées par les établissements financiers sont nombreuses. Souvent, il suffit d'un appel téléphonique pour obtenir en quelques jours un crédit. Mais soyez prudent, ne multipliez pas les crédits. Attendez d'avoir remboursé le crédit en cours avant d'en demander un autre. Empruntez raisonnablement, et uniquement en fonction de vos revenus. Dans l'idéal, le montant de vos remboursements mensuels ne doit pas excéder 25 ou 30 % de vos revenus.

Le choix du crédit

Un crédit à la consommation ne doit pas dépasser 140 000 F. En principe, la banque ne demande pas de garanties spécifiques pour vous accorder un crédit à la consommation. Mais rien ne l'empêche de le faire. Ainsi, elle peut demander que l'un de vos proches se porte caution pour vous, c'est-à-dire s'engage à payer à votre place si vous ne respectez pas votre engagement de rembourser.

Il existe deux grands types de crédits à la consommation : les crédits affectés et les crédits non affectés. Un crédit est dit « affecté » lorsque l'emprunteur indique à quoi il le destine. C'est le cas des crédits destinés à l'acquisition d'un bien de consommation précis : voiture, lave-linge, ordinateur... Souvent, ce crédit est proposé par les magasins qui vous font signer la demande de crédit en même temps que le bon de commande de l'article que vous souhaitez acheter.

Le crédit est dit « non affecté » lorsque vous n'indiquez pas à quoi vous le destinez.

Le crédit revolving

Il vous est généralement accordé par le biais d'une carte qui vous permet de faire des achats dans les magasins. Mais il peut aussi vous être versé sous forme de chèques et de virements. Il est proposé par les banques mais aussi par les établissements de crédit.

Après acceptation du dossier, une ligne de crédit est ouverte avec un plafond à ne pas dépasser, que vous reconstituez au fur et à mesure de vos remboursements. Ce qui vous permet d'emprunter de nouveau la somme remboursée. Cependant, malgré la baisse générale des taux d'intérêt, le crédit revolving reste très cher : son taux est proche de 14 %.

Le crédit personnel

Vous vous adressez à votre banque ou à un établissement de crédit et vous lui demandez de vous consentir un crédit. Une fois qu'il vous est accordé, vous l'utilisez comme bon vous semble.

Généralement, un crédit personnel est un peu plus difficile à obtenir qu'un crédit revolving, mais son taux est souvent plus bas. Comparez les propositions de plusieurs établissements, car certaines banques pratiquent des taux élevés, tandis que d'autres proposent des taux plus faibles pour encourager les crédits personnels.

La protection de l'emprunteur

Pour vous éviter de signer des crédits trop précipitamment, la loi a mis en place un mécanisme destiné à

Le découvert sur un compte bancaire

- Il est considéré comme un crédit personnel.
- Il est soumis aux mêmes règles de fonctionnement.

vous obliger à respecter une période de réflexion. En outre, elle vous protège en cas de difficultés liées à la livraison du bien commandé.

L'offre préalable

La banque ou l'établissement de crédit doit vous remettre un document appelé « offre préalable », qui doit être rédigé clairement et comporter certaines précisions, comme le taux effectif global du crédit (TEG), le montant des frais, celui des échéances, etc.

Il existe différentes formes d'offres préalables, notamment l'offre préalable de prêt personnel, l'offre préalable de vente (ou de prestation de service) à crédit. Cette dernière formule est utilisée lorsque vous commandez un bien à crédit dans un magasin. Dans ce cas, le vendeur doit obligatoirement mentionner sur l'offre la nature du bien que le crédit doit financer. Cette précaution peut se révéler extrêmement utile. Ainsi, tant que la livraison du bien n'a pas eu lieu, l'établissement de crédit n'a pas le droit de vous demander de commencer à rembourser le crédit.

Ne signez pas à la chaîne...

En signant le bon de livraison, vous vous engagez à payer votre crédit. Autant être prudent pour éviter de tomber dans le piège qui consiste à vous faire signer ce bon, en le glissant discrètement parmi d'autres documents que vous signez à la chaîne. Ensuite, le vendeur disparaît, et vous vous retrouvez face à la société de crédit, qui exige le remboursement : elle a versé l'argent au vendeur en échange du bon – signé par vous – indiquant que la livraison a bien eu lieu.

Le droit de rétractation

La loi vous donne un délai de sept jours pour réfléchir et revenir sur votre engagement de crédit.

Si vous ne souhaitez plus acheter le bien, vous avez le droit de vous rétracter et de refuser le crédit. Dans ce cas, la vente se trouve automatiquement annulée.

L'offre de crédit comporte un bordereau détachable de rétractation mentionnant la date jusqu'à laquelle vous pouvez exercer ce droit. Il suffit de le remplir et de le renvoyer à l'organisme de crédit, en recommandé avec accusé de réception.

Le délai de réflexion de sept jours commence le lendemain du jour de la signature du contrat. Si le dernier jour est un samedi, un dimanche ou un jour férié, il est prolongé jusqu'au premier jour ouvrable suivant. Pendant ce délai, on ne doit pas vous demander d'argent. Si, toutefois, vous avez déjà versé un acompte, il vous sera entièrement remboursé si vous vous rétractez. Le remboursement des sommes que vous avez versées doit intervenir dans les huit jours qui suivent la réception de votre rétractation. À défaut, l'établissement doit vous verser des intérêts de retard.

Si vous souhaitez une livraison plus rapide de votre commande, la loi permet de ramener le délai de rétractation à trois jours.

Sachez que vous ne pourrez pas ensuite changer d'avis et réclamer l'application d'un délai de réflexion normal.

La loi vous protège

- Refusez d'antidater les documents que l'on vous demande de signer et de dater.
- Utilisez pleinement le délai de réflexion (7 jours) avant de vous engager pour un crédit à la consommation.

Les difficultés de remboursement

Si vous ne pouvez plus faire face à vos échéances de remboursement, prenez immédiatement contact avec la société de crédit pour tenter de trouver des solutions : un rééchelonnement du crédit avec diminution des mensualités, une prolongation de la durée du crédit, un remboursement en plusieurs fois de l'arriéré...

De même, si un huissier vous présente une sommation de payer, au nom d'une société de crédit, n'attendez pas. Allez le voir ou écrivez-lui pour lui proposer un remboursement mensuel.

Enfin, si on vous refuse des délais de paiement, vous pouvez saisir le tribunal d'instance, qui peut vous accorder jusqu'à 24 mois de délai. Si vous êtes surendetté et ne savez plus comment vous sortir de cette situation, vous pouvez saisir la commission de surendettement de votre département.

Le crédit immobilier

L'acquisition d'un logement, d'un appartement ou d'une maison individuelle met en scène plusieurs acteurs :
- *le vendeur et l'acquéreur,*
- *le notaire, qui rédige les actes (promesse de vente, contrat de vente) et qui se charge des formalités de publicité auprès de la conservation des hypothèques du lieu de l'immeuble – ceci entraîne évidemment des frais, qu'il faudra comptabiliser dans le coût de l'acquisition,*
- *la banque, organisme prêteur.*

Plusieurs étapes sont nécessaires pour réaliser au mieux cette acquisition.

Le contrat de vente immobilière

Après avoir prospecté et fait une mise au point sur votre budget, la décision d'achat est prise : il convient alors de signer une promesse de vente avec le vendeur, en versant une somme qui doit être déposée sur un compte bloqué, appelé « compte séquestre », au sein de l'étude notariale. Parallèlement, il faut commencer, auprès de votre banque, les démarches de demande de crédits immobiliers. Lorsque les crédits sont accordés, la vente se réalise. Cependant, il arrive que ces crédits soient refusés. Dans le passé, le futur acquéreur perdait alors l'acompte versé. La loi est donc intervenue pour le protéger.

La condition suspensive

La loi prévoit que tout contrat immobilier est obligatoirement conclu sous la condition suspensive de l'obtention du ou des crédits.

Autrement dit, cette clause s'applique même si l'agent immobilier ou le notaire omet d'indiquer que le contrat est conclu sous cette condition.

Ainsi, en cas de refus par la banque du ou des prêts, l'acquéreur est en droit d'obtenir le remboursement de l'acompte qu'il a versé et de se dégager de sa promesse d'achat sans avoir à verser d'indemnité. Le refus de remboursement de l'acompte par le vendeur ou le constructeur est sanctionné par une amende pouvant atteindre 200 000 F.

Toutefois, la condition suspensive ne bénéficie pas à l'acquéreur qui a écrit de sa main qu'il réalisait l'achat sans recourir à un prêt. Il a toutefois droit à un délai de réflexion de sept jours pour tout contrat signé sans le concours d'un notaire, en vue de concrétiser l'achat ou la construction d'un logement neuf.

Attention : la loi a prévu le mécanisme de la condition suspensive pour vous protéger. N'y renoncez pas, quelles que soient les « bonnes » raisons qu'on peut vous donner.

Le choix du crédit immobilier

La gamme des crédits immobiliers est pratiquement illimitée : prêts à taux fixe, à taux variable, à remboursements constants, à remboursements progressifs ou semi-progressifs...

À vous de trouver la formule qui vous convient le mieux.

Préférez un crédit avec remboursements constants (le montant du remboursement est le même pendant toute la durée du prêt). Évitez les remboursements progressifs ou semi-progressifs qui deviennent vite insupportables si vos revenus baissent ou n'augmentent pas dans les mêmes proportions. De même, préférez des taux fixes, vous éviterez les mauvaises surprises des taux variables. La durée de remboursement dépend de vos capacités financières.

Il est préférable de retenir une durée de remboursement plus longue, plutôt que d'avoir à supporter des mensualités qui dépassent vos moyens. En outre, il existe des prêts réglementés ou aidés (par l'État) et des prêts dits « libres », dont les banques fixent librement les conditions.

Les crédits aidés ou réglementés

Le prêt à 0 % du ministère du Logement est une avance que l'État vous consent, sans aucun intérêt, pour vous aider à acheter votre résidence principale, qu'il s'agisse d'une habitation neuve ou ancienne. Dans ce cas, les travaux de rénovation doivent représenter un pourcentage minimal du prix d'achat. Le prêt à 0 % peut être considéré comme étant votre apport personnel. Son montant va de 70 000 à 180 000 F ; il dépend de la composition de votre foyer, du revenu et de la zone géographique. On retient le revenu net imposable (c'est-à-dire le montant restant dû de l'impôt après application des déductions et abattements). Le revenu de référence est augmenté s'il y a des enfants à charge. Si vous remplissez les conditions, vous pouvez demander ce prêt à votre banque. Vous devrez lui remettre une copie de votre avis d'imposition de l'avant-dernière année précédant celle où le prêt est demandé. Le remboursement ne commence qu'au bout de 17 ans ou à l'issue de la durée du prêt le plus long ; si cette durée est inférieure à 15 ans, vous commencerez à rembourser le prêt à 0 % à partir de la seizième année.

Le prêt à l'accession sociale (PAS)
Il est attribué sous conditions de ressources et permet de financer l'acquisition d'un logement neuf ou ancien, avec ou sans travaux. Son taux est, en principe, inférieur à celui du marché. Pour obtenir un PAS, votre logement doit remplir certaines conditions de confort, de surface et de prix.

Le prêt conventionné
C'est un prêt à taux modéré, accordé sans conditions de ressources à tout emprunteur qui le demande. Mais des conditions de surface et de prix sont exigées. Il peut financer jusqu'à 90 % du prix du logement et il est remboursable sur une durée de 20 à 25 ans.

Les prêts du 1 % logement
Si votre entreprise emploie au minimum dix salariés, vous pouvez bénéficier d'un prêt au titre du 1 % logement. Ce prêt est consenti à un taux très faible, voire nul le plus souvent. Les cotisations dues par les entreprises sont versées à divers organismes collecteurs bénéficiant d'une habilitation, les plus importants étant les comités interprofessionnels du logement (CIL).
La demande de prêt doit être formulée auprès de votre employeur (ou du comité d'entreprise s'il existe) qui se charge de la transmettre à l'organisme collecteur.

Le prêt locatif aidé
Il est consenti par l'État aux particuliers qui souhaitent acquérir ou construire un logement en vue de le louer à titre de résidence principale. S'il s'agit de logements anciens, des normes d'habitabilité (confort) doivent être remplies. Le coût des travaux prévus doit représenter au moins 20 % du prix du logement.

Les prêts d'épargne logement
Si vous avez fait un effort régulier d'épargne dans le cadre d'un plan d'épargne logement (PEL) ou d'un compte d'épargne logement (CEL), vous avez droit à un prêt avec un taux d'intérêt privilégié. Ce prêt d'épargne logement doit permettre l'acquisition d'une résidence principale (neuve ou ancienne) ou d'un logement destiné à la location, à condition qu'il soit la résidence principale du locataire. Il peut également être utilisé pour financer des travaux d'amélioration, de rénovation ou d'agrandissement, ou encore l'achat d'une résidence secondaire neuve. Ce prêt peut aussi financer l'acquisition d'un parking, à condition que l'emprunteur soit déjà propriétaire de sa résidence principale et que l'emplacement soit situé au maximum à 1 kilomètre de cette dernière. La durée de ce prêt va de 5 à 15 ans. Le montant dépend de deux paramètres : les intérêts capitalisés sur le plan et /ou le compte d'épargne logement et la durée du prêt. Ainsi, avec un montant d'intérêts identique, celui qui choisit une durée de remboursement plus courte peut emprunter davantage que celui qui choisit une période de remboursement plus longue. De nombreux établissements proposent des formules combinant un prêt logement avec un prêt libre. Dans certaines formules, le remboursement du prêt libre ne débute que lorsque le prêt logement est entièrement remboursé. Cela permet d'éviter des échéances mensuelles trop lourdes.

Les prêts libres
Les banques proposent de multiples formules de prêts. Il est donc difficile de décrire chacun des crédits proposés par le marché. Renseignez-vous auprès de votre banque.

Prêts d'épargne logement
La demande de prêt doit être déposée au plus tard dans une période de 1 an suivant la date de clôture du plan.

Des prêts complémentaires
De nombreux petits prêts spécifiques peuvent être obtenus, notamment auprès des caisses de retraite complémentaire (les caisses des cadres sont très généreuses) pour compléter un prêt principal.

Les taux des prêts
Le taux du prêt doit être librement discuté entre vous et l'établissement financier. Les taux avantageux sont réservés aux « bons » clients, c'est-à-dire ceux qui ont en plus du compte chèques des produits d'épargne et qui n'ont pas connu d'incidents de paiement. N'hésitez pas à comparer les taux de plusieurs établissements. L'expérience montre que, lorsque vous trouvez moins cher, votre banque s'aligne presque toujours sur le taux du concurrent. Notez que, plus la durée de remboursement est longue, plus le taux a tendance à s'élever.

Le taux constant
Il est fixé une fois pour toutes : vos remboursements n'augmentent pas, vous remboursez la même somme mensuelle pendant toute la durée du prêt.

Le taux variable
Comme son nom l'indique, le taux variable est appelé à changer en fonction de certains paramètres. Il peut diminuer ou augmenter. C'est pourquoi il est préfé-

rable de n'accepter un taux variable que si celui-ci est assorti d'un butoir, c'est-à-dire d'une limite qu'il ne pourra pas franchir.

Cession des droits à prêts

Entre les membres d'une même famille (mais pas entre concubins), les droits à prêts peuvent être cédés. Mais pour cumuler les droits à prêts de plusieurs plans d'épargne logement (PEL), celui qui cède ses droits, tout comme celui qui en bénéficie, doit avoir ouvert son PEL depuis au moins trois ans.

Le tableau d'amortissement

Connu sous le nom d'« échéancier », le tableau d'amortissement fixe le montant et la durée de vos remboursements. À chaque échéance, il doit mentionner le capital restant dû avant le paiement de l'échéance, le montant de l'échéance, décomposant distinctement le capital remboursé, les intérêts et la fraction correspondant aux frais, et enfin le capital restant dû après paiement de l'échéance.

Le remboursement anticipé

Rembourser par anticipation consiste à rembourser tout ou partie du prêt avant la date finale prévue sur le contrat. Le prêteur ne peut refuser un remboursement anticipé, sauf si le remboursement proposé est égal ou inférieur à 10 % du montant du capital restant dû. Le prêteur peut cependant vous faire payer une pénalité de remboursement anticipé si elle a été prévue dans le contrat de prêt. Son montant ne peut pas dépasser 3 % du capital restant à rembourser. Mais le tribunal d'instance peut la réduire s'il la juge excessive.

La protection de l'emprunteur

La loi du 13 juillet 1979, dite « loi Scrivener », protège l'emprunteur. Cette loi, qui se trouve dans le Code de la consommation (article L 312-2 à L 313-I), établit un lien juridique entre le contrat de crédit et le contrat d'accession immobilière pour que l'acquéreur qui ne peut pas obtenir le crédit demandé puisse résilier son engagement sans perdre les sommes qu'il a pu verser pour réserver le logement. Mais d'autres aspects de la loi protègent les différentes étapes du processus devant conduire à l'acquisition d'un bien immobilier. La loi s'applique à tous les crédits qui financent l'une des opérations immobilières suivantes : achat d'un terrain destiné à la construction, achat d'un bien immobilier, travaux dont le montant est supérieur à 140 000 F. Les travaux d'un montant inférieur à ce chiffre relèvent de la loi sur le crédit à la consommation.

La bonne foi dans la recherche du crédit immobilier

Longtemps les tribunaux ont protégé les emprunteurs aveuglément. Puis ils se sont aperçus que certains particuliers s'engageaient sans réfléchir dans un achat immobilier, et invoquaient ensuite la clause suspensive pour dégager leur responsabilité. Désormais, l'emprunteur ne peut pas se contenter d'affirmer qu'il n'a pas obtenu les crédits. Il doit prouver sa bonne foi et démontrer qu'il a bien effectué les démarches dans des délais rapides et fourni les pièces nécessaires à l'étude de son dossier par le banquier. Ainsi, il engage sa responsabilité s'il interrompt les démarches avant la réponse du prêteur, s'il ne fait pas sa demande rapidement, ou refuse le crédit sans raison. Si le juge estime que l'emprunteur n'a pas joué le jeu loyalement, il lui refusera le droit de récupérer son acompte versé lors de la promesse de vente.

Le délai de réflexion

La banque, ou tout autre établissement prêteur que vous aurez pu trouver, doit vous remettre une offre de prêt comportant un certain nombre d'informations (montant, taux, frais, durée...). L'offre de prêt est valable pendant une durée de trente jours.
La loi impose un délai de réflexion de dix jours durant lesquels l'emprunteur ne peut pas accepter l'offre. La loi impose ce délai pour éviter une acceptation trop précipitée par l'emprunteur. Ce délai ne peut pas être réduit.

L'interdépendance des prêts

Il est souvent nécessaire de recourir à plusieurs prêts pour financer une acquisition immobilière. Dans ce cas, à condition que vous l'ayez signalé au moment de vos demandes, le refus d'un crédit vous permet de vous désister des autres crédits.

L'assurance perte d'emploi

Les organismes prêteurs vous proposent des assurances contre la perte de votre emploi. Elles sont toutefois devenues très restrictives et très chères.

La retraite

La retraite *approche et une foule de questions vous viennent à l'esprit : à quel moment peut-on prendre sa retraite ? Que suppose une préretraite ? Quelles sont les formalités à remplir ? Quel sera le montant de la pension ? Combien de trimestres de cotisation doit-on prendre en compte ? Peut-on travailler tout en étant à la retraite ... Sans pouvoir répondre dans le détail à toutes ces interrogations, voici quelques points de repère pour vous aider à bien franchir cette étape importante.*

Le moment de la retraite

Vous pouvez cesser votre activité à tout moment. Mais, pour percevoir vos droits à la retraite, vous devez respecter un certain nombre de conditions liées à votre âge et au nombre de trimestres de cotisation à un régime d'assurance-vieillesse. Si c'est vous qui décidez de prendre votre retraite, on parle de « départ volontaire à la retraite » ; si l'initiative vient de l'employeur, il s'agit alors d'une « mise à la retraite ».

L'âge normal de la retraite

C'est à partir de 60 ans que l'on peut faire liquider sa retraite de sécurité sociale à taux plein. Toutefois, certains régimes spécifiques d'assurance-vieillesse comme ceux des cheminots, des mineurs, des policiers ou de certains agents EDF permettent un départ en retraite à l'âge de 55 ans. Pour les professions libérales, 65 ans correspond à la norme.

Le nombre de trimestres de cotisation

Pour bénéficier à partir de 60 ans d'une pension de retraite à taux plein (soit 50 % de votre salaire annuel moyen), il faut avoir cotisé entre 150 et 160 trimestres à une caisse d'assurance-vieillesse. Le nombre de trimestres est fonction de votre année de naissance. Cette règle s'applique aux assurés du régime général de la Sécurité sociale, aux salariés agricoles, aux artisans, aux industriels et aux commerçants. Si vous dépendez d'un autre régime d'assurance-vieillesse, renseignez-vous auprès de votre caisse.

Nombre de trimestres insuffisant

Si vous prenez votre retraite sans avoir le nombre de trimestres requis, le taux de 50 % normalement appliqué sera minoré : il sera soustrait de ce taux plein autant de fois 1,25 % qu'il manque de trimestres, soit par rapport au nombre de trimestres nécessaires pour avoir le taux de 50 %, soit par rapport à l'âge de 65 ans. C'est la solution la plus favorable à l'assuré qui est retenue. Le taux ne peut descendre en dessous de 25 %.

Peuvent bénéficier d'une retraite à taux plein dès 60 ans :

- Les anciens combattants
- Les prisonniers de guerre
- Les anciens déportés
- Les ouvrières mères de 3 enfants au moins
- Les invalides
- Les personnes inaptes au travail

Départ volontaire ou mise à la retraite ?

Vous pouvez quitter librement votre emploi dès que vous avez atteint l'âge normal de la retraite. Il vous faut

Conditions pour bénéficier d'une retraite à taux plein dans le cadre du régime général

Vous êtes né en	Vous avez 60 ans en	Nombre de trimestres de cotisation nécessaires	Nombre d'années prises en compte dans le calcul du salaire moyen
1938	1998	155	15
1939	1999	156	16
1940	2000	157	17
1941	2001	158	18
1942	2002	159	19
1943	2003	160	20

cependant en aviser votre employeur dans les délais prévus dans votre convention collective ou, à défaut, 1 mois avant votre départ en retraite si vous avez entre 6 mois et moins de 2 ans d'ancienneté, ou 2 mois avant, si vous avez au moins 2 ans d'ancienneté.
Votre employeur ne peut, quant à lui, mettre fin à votre contrat si vous n'êtes pas en mesure de bénéficier d'une retraite à taux plein. Il s'agirait alors d'un licenciement. En revanche, si vous remplissez les conditions d'ouverture du droit à taux plein, votre employeur peut décider une mise à la retraite sans avoir besoin de motiver sa décision.

L'indemnité de départ à la retraite

En cas de départ volontaire

Si vous partez volontairement à la retraite et si vous avez plus de 10 ans d'ancienneté, une indemnité vous sera versée par votre employeur.
Celle-ci est calculée sur votre salaire moyen des 12 derniers mois, ou sur celui des 3 derniers mois si ce calcul est plus avantageux. L'indemnité est fonction de votre ancienneté dans l'entreprise : 1/2 mois de salaire à partir de 10 ans d'ancienneté ; 1 mois à partir de 20 ans ; 2 mois de salaire si vous avez plus de 30 ans d'ancienneté. Si votre convention collective ou votre contrat de travail prévoient des dispositions plus favorables, ce sont ces dernières qui s'appliqueront.

En cas de mise à la retraite

L'employeur doit en général vous verser une indemnité de départ à la retraite équivalant à celle d'un licenciement. Cette indemnité suit le régime fiscal et social de l'indemnité de licenciement. Cependant, si d'autres dispositions sont prévues dans votre convention collective ou votre contrat de travail, celles-ci s'appliqueront.

La préretraite

Il y a préretraite lorsque le salarié prend l'initiative de cesser son activité (ou une partie de celle-ci) alors qu'il n'a pas encore atteint l'âge normal de la retraite. Aucune forme de préretraite ne peut donc vous être imposée. Sachez aussi que, durant votre préretraite, seuls les salaires versés par votre employeur seront pris en compte pour le calcul de votre pension de retraite : l'allocation de préretraite, elle, n'y entre pas.
Trois situations peuvent vous permettre de cesser votre activité avant l'âge normal de la retraite : la préretraite contre embauche, la préretraite progressive, la préretraite licenciement, également appelée préretraite totale.

La préretraite contre embauche

Si vous avez moins de 60 ans et si vous avez déjà cotisé durant 40 ans (160 trimestres) à l'assurance-vieillesse, vous pouvez vous arrêter de travailler, en contrepartie de l'embauche de demandeurs d'emploi ou de celle de nouveaux agents pour la fonction publique. Pour cela, vous devez retirer un dossier de demande d'allocation auprès de l'ASSEDIC dont dépend votre employeur, qui vous remettra une « demande de cessation anticipée d'activité » à remplir et à remettre à votre employeur, qui est libre de refuser. Si votre demande est acceptée, vous devez quitter l'entreprise dans les 2 mois, et vous percevrez, jusqu'à 60 ans, une allocation de remplacement pour l'emploi (ARPE), qui sera égale à 65 % de votre ancien salaire brut.

La préretraite progressive

La préretraite progressive vous offre la possibilité, à partir de 55 ans, d'exercer votre activité à temps partiel (40 à 50 % du temps plein antérieur) en percevant une partie de votre salaire et une allocation, versée par l'ASSEDIC, égale à 30 % du salaire pour la part allant jusqu'au plafond de la Sécurité sociale, et à 25 % pour la part excédant ce plafond.
Ne confondez pas la préretraite progressive avec la retraite progressive.

La préretraite-licenciement

Appelée aussi préretraite totale, elle peut vous être proposée si vous êtes l'objet d'un licenciement économique, et si vous êtes âgé d'au moins 57 ans. Vous percevrez alors une allocation spéciale, égale à 65 % de votre ancien salaire brut, dans la limite du plafond de la Sécurité sociale et, pour la part excédant ce plafond, à 50 % de votre salaire.
Cette allocation vous est versée jusqu'à ce que vous puissiez toucher une retraite à taux plein (60 ans au plus tôt, 65 ans au plus tard).

Préretraite-licenciement : les conditions à remplir

- être en licenciement économique
- avoir entre 57 ans et 65 ans (ou plus de 56 ans et 2 mois
- sur dérogation)
- avoir 10 ans d'affiliation à un régime de la Sécurité sociale
- avoir 1 an d'ancienneté dans l'entreprise
- ne pas exercer d'autre activité professionnelle

Prendre sa retraite après l'âge normal

Prendre sa retraite à 65 ans

Si vous décidez de prolonger votre travail jusqu'à l'âge de 65 ans, parce que vous n'avez pas obtenu le nombre de trimestres requis pour bénéficier d'une retraite à taux plein, sachez que, à partir de 65 ans, vous bénéficiez automatiquement du taux plein. En revanche, le montant de votre pension sera calculé en fonction du nombre de trimestres pour lesquels vous avez cotisé au régime général.

Prendre sa retraite après 65 ans
Si vous avez moins de 150 trimestres validés, vous pouvez retarder la date de votre départ en retraite. Votre durée d'assurance est alors majorée de 2,5 % par trimestre écoulé après vos 65 ans.
Exemple : vous êtes âgé de 66 ans et 4 mois, et vous avez cotisé 136 trimestres au régime général. Vous avez dépassé de 5 trimestres l'âge de 65 ans. La majoration est de 2,5 % multiplié par 5 = 12,50 %. Vous gagnez 17 trimestres (136 multiplié par 12,50 %), et vous comptez donc 153 trimestres de cotisation.

Le minimum vieillesse

Les personnes démunies qui n'ont jamais travaillé et qui ne sont pas prises en charge par un organisme susceptible de leur servir une pension de retraite ont droit à une allocation spéciale dite « minimum vieillesse », à condition d'être français et de résider en France.
Ce revenu minimum s'obtient – sauf exception (ancien combattant, prisonnier de guerre ou mère de famille ouvrière) – à partir de 65 ans en en faisant la demande auprès de la caisse du régime général ou à la mairie de son lieu de résidence.

La pension de retraite

Quelle que soit votre situation , il vous faut envisager une baisse de revenus. Si chaque cas est spécifique, il importe de comprendre comment s'effectue le calcul d'une pension, et de savoir où s'adresser pour mieux s'y retrouver.

Le montant de la retraite

Votre retraite se composera de la pension versée par le régime général de la Sécurité sociale, à laquelle s'ajoutera une pension supplémentaire versée par la caisse de retraite complémentaire et obligatoire.
Pour les cadres s'y ajoute la pension de retraite des cadres (obligatoire elle aussi). Les cotisations sociales sont prélevées sur la totalité des pensions, mais sachez que ce ne sont pas celles-ci qui vous donnent droit au remboursement de vos frais de soins, mais le fait de percevoir une retraite versée par un régime de sécurité sociale de salarié ou de non-salarié.

Calcul du montant de la pension du régime général

Le montant de la pension dépend de 3 éléments :
• le salaire de base
• le taux
• la durée d'assurance au régime général.
Le calcul se fait selon la formule suivante :
[salaire de base x taux x durée d'assurance] / 150

Le salaire de base
Les salaires annuels sur lesquels vous avez cotisé à l'assurance-vieillesse sont d'abord revalorisés. Ils servent ensuite à calculer votre salaire de base. Le salaire de base est la moyenne des meilleurs salaires des x années, en fonction de votre année de naissance. Le nombre d'années retenues varie selon votre année de naissance. Si vous êtes né après 1948, le salaire de base sera calculé sur les 25 meilleurs salaires annuels revalorisés.

Le taux
Le taux maximal appliqué au salaire de base est de 50 %.
Pour obtenir ce taux, vous devez justifier d'un nombre précis de trimestres d'assurance, tous régimes de retraite confondus. Certaines périodes sont reconnues équivalentes (PRE) : le service national, certaines périodes militaires accomplies en Afrique du Nord pendant la guerre d'Algérie, les congés de maternité, les périodes de chômage…

La durée d'assurance
Pour déterminer le nombre de trimestres intervenant dans le calcul de votre retraite, la durée d'assurance accomplie dans le régime général qui est prise en compte, le nombre de trimestres ne pouvant excéder 150. Il existe trois cas de majoration de durée d'assurance. Une majoration de 2 années (8 trimestres) est accordée aux femmes pour chaque enfant élevé pendant 9 ans avant son 16e anniversaire. La durée effective du congé parental, avec un maximum de deux ou trois ans, peut-être accordée aux hommes et aux femmes assurés. Si vous avez plus de 65 ans et moins de 150 trimestres validés, votre durée d'assurance est majorée de 2,5 % par trimestre écoulé après vos 65 ans.

Les majorations

La retraite de base peut être complétée par certains avantages :

Majoration pour enfants
Elle est égale à 10 % de la pension, à condition d'en avoir eu ou élevé 3 au moins.

Majoration pour tierce personne

Délivrée sous certaines conditions quand une aide est nécessaire pour effectuer les tâches quotidiennes. Son montant est revalorisé deux fois par an, en même temps que la retraite.

Majoration pour conjoint à charge

Cette majoration est attribuée, pour un montant annuel de 4 000 F, sous certaines conditions de ressources, et si le conjoint est âgé de plus de 65 ans ou s'il est reconnu inapte au travail entre 60 et 65 ans. Peuvent en bénéficier les salariés du régime général, les salariés (mais pas les exploitants) agricoles, les professions libérales.

En ce qui concerne les commerçants et les artisans, cette majoration n'est attribuée que pour les périodes d'assurance postérieures à 1972, date d'alignement de leur régime sur celui des salariés.

Les retenues sur les pensions

Quels que soient les régimes, les retraités doivent contribuer au financement de la protection sociale. Sur chacune des pensions, y compris les pensions de réversion, sont prélevées la contribution sociale généralisée (CSG) et la contribution au remboursement de la dette sociale (CRDS). Depuis le 1er janvier 1998, la cotisation d'assurance-maladie est basculée sur la CSG.

La CSG

Elle est directement prélevée sur le montant brut des retraites et de la pension de réversion par la caisse de retraite. Subissent également ce prélèvement la majoration pour conjoint à charge, la majoration pour tierce personne et la majoration de 10 % pour enfants. Sont exonérés de la CSG les bénéficiaires de l'allocation minimum vieillesse et les personnes exemptées de l'impôt sur le revenu. Pour la retraite du régime général, le taux de la CSG (y compris l'assurance-maladie) est de 6,2 % (au 1er janvier 1998).

La CRDS

Cette contribution doit être prélevée sur le montant de votre retraite personnelle, que vous soyez imposé ou non.

Elle s'applique sur les majorations pour enfants et pour conjoint à charge (mais pas sur la majoration pour tierce personne).

Les retraites complémentaires

Le montant correspondra approximativement au nombre de points que vous avez accumulés pendant votre vie professionnelle, multiplié par la valeur du point (le calcul est en fait assez complexe).

La revalorisation de votre pension

La loi garantit l'indexation des pensions de la Sécurité sociale sur l'indice des prix à la consommation. Une indexation prévisionnelle est calculée chaque année au 1er janvier. En cas d'écart entre le taux prévisionnel et le taux réel d'évolution des prix, on procède à un ajustement positif ou négatif. Une compensation rétablit la différence entre ce qui est perçu et ce qui aurait dû être perçu. À ce jour, aucune compensation négative n'a été appliquée malgré une inflation moins forte que prévu depuis 2 ans.

La pension de réversion

À la disparition d'un des époux, survenue durant son activité professionnelle ou pendant sa retraite, le survivant peut bénéficier d'une partie de la retraite de son conjoint, même s'ils étaient divorcés. La réversion s'applique pour la pension de base et pour la retraite complémentaire.

Ses conditions d'attribution sont variables selon les régimes de retraite et s'effectuent sur demande, car les droits ne sont jamais attribués automatiquement. La pension de réversion ne s'applique pas aux concubins.

Salariés du régime général ou salariés agricoles

Pour obtenir une pension de réversion, vous devez être âgé d'au moins 55 ans, avoir été marié avec l'assuré au moins 2 ans ou bien avoir eu un enfant ou plusieurs de cette union, et posséder de faibles ressources personnelles.

La pension est égale à 54 % de la retraite principale du conjoint décédé, mais risque d'être diminuée en cas de retraite personnelle. Si votre ancien conjoint s'était remarié après votre divorce, les droits sont partagés en fonction de la durée respective de chaque mariage. La réversion des retraites complémentaires des salariés s'effectue de façon plus souple, sans conditions de ressources ni de durée minimale de mariage, ni de cumul.

Fonctionnaires

Il n'y a pas de condition d'âge ou de ressources pour obtenir la réversion d'une pension civile ou militaire, mais il faut avoir été marié au moins 2 ans avant la cessation d'activité du conjoint, ou 4 ans avant son décès, ou avoir eu un enfant de cette union. La pension de la veuve est égale à 50 % de celle dont aurait bénéficié l'assuré.

De quelle caisse de retraite dépendez-vous ?

Vous êtes	Retraite de base	Retraite complémentaire obligatoire
SALARIÉS		
Industrie-commerce-service Non cadres	Régime général de la Sécurité sociale	ARRCO
Cadres	Régime général de la Sécurité sociale	ARRCO + AGIRC
Agents non titulaires de l'État	Régime général de la Sécurité sociale	IRCANTEC
Fonctionnaires et salariés du secteur public et parapublic	Régimes spéciaux de la Sécurité sociale	Régimes spéciaux de la Sécurité sociale
NON SALARIÉS		
Exploitants agricoles	MSA	COREVA
Artisans	CANCAVA	
Commerçants et industriels	ORGANIC	ORGANIC complémentaire
Professions libérales	CNAVPL CNBF (avocats)	

AGIRC : Association générale des institutions de retraites des cadres.
ARRCO : Association des régimes de retraites complémentaires.
CANCAVA : Caisse autonome nationale de compensation de l'assurance-vieillesse artisanale.
CNAVPL : Caisse nationale d'assurance-vieillesse des professions libérales.
CNBF : Caisse nationale des barreaux français.
COREVA : Complément de retraite volontaire agricole.
IRCANTEC : Institution de retraite complémentaire des agents non titulaires de l'État et des collectivités publiques.
MCA : Mutualité sociale agricole.
ORGANIC : Organisation autonome nationale de l'industrie et du commerce.

La pension de réversion des fonctionnaires est supprimée s'il y a remariage, mais peut être rétablie s'il y a dissolution de la nouvelle union.

Commerçants, artisans ou industriels

La pension de réversion peut être versée au conjoint dès 55 ans au taux de 54 %. Elle est portée à 75 % à partir de 65 ans à condition que le mariage ait duré au moins 2 ans. Ces droits sont cumulables avec une retraite personnelle si l'assuré avait cotisé au moins 15 ans.

Professions libérales

Pour prétendre à une pension de réversion, il faut être âgé de 65 ans. Les droits équivalent à 50 % de la retraite de base du conjoint. En cas de remariage, tout ou partie de cette pension peut être supprimé.

Exploitants agricoles

La pension de réversion, égale à 54 %, est versée au conjoint survivant à partir de 55 ans.
Depuis 1995, le cumul entre pension personnelle et pension de réversion est rendu possible dans certaines limites.

Succession et héritage

La loi impose toutes les règles de succession. Cependant, rédiger un testament, faire une donation, avantager votre conjoint, favoriser un héritier, désigner un tuteur pour votre enfant... sont des atouts dont vous pouvez bénéficier si vous préparez votre succession. En tant qu'héritier, il vous faut accepter ou refuser une succession, savoir évaluer les conséquences et le coût de l'héritage qui vous est proposé.

Que dit la loi ?

C'est la loi qui fixe les règles de succession et les droits de chaque héritier. Elle laisse cependant une certaine marge de manœuvre à tous ceux qui prennent des dispositions de leur vivant.

Qui sont les héritiers ?

Dans certains pays, chacun peut disposer librement de son patrimoine, il peut le donner de son vivant ou bien le transmettre à son décès, à qui bon lui semble. En France, c'est la loi qui fixe la liste stricte de ceux qui ne peuvent jamais être déshérités.

Ainsi, il est interdit de déshériter ses enfants et ses parents. En effet, pour la loi française, les héritiers par le cœur – conjoints et concubins – n'ont pas une place de choix et se situent derrière les héritiers par le sang. Le conjoint survivant n'a que des droits très limités, qui peuvent lui être retirés lorsque est rédigé un testament qui le défavorise.

Quant au concubin, jusqu'à l'adoption en 1999 du pacte civil de solidarité (PACS), la loi refusait de reconnaître son existence, en le considérant comme un étranger vis-à-vis du défunt. Dorénavant, deux personnes « pacsées » depuis plus de deux ans bénéficieront d'un abattement de 30 000 francs sur les droits de succession (contre 10 000 francs seulement pour un couple de concubins).

S'il n'existe aucun héritier, si les héritiers demeurent introuvables, ou encore s'ils refusent la succession, c'est l'État qui hérite. Dans ce cas, les Domaines sont chargés de la succession.

Le classement des héritiers

Dans le Code civil, il existe 4 catégories d'héritiers, appelées « ordres ». Le premier ordre comprend les héritiers les plus proches du défunt ; le quatrième, les plus éloignés. Chaque ordre exclut le suivant. Autrement dit, si les héritiers du premier ordre sont tous vivants, ceux du second ordre n'ont droit à rien et ne seront pas héritiers. À l'intérieur de chaque ordre, il existe un classement préférentiel très précis. Le conjoint survivant est rattaché au quatrième ordre, mais il peut bénéficier d'avantages étendus lorsqu'il existe une disposition en sa faveur (donation entre époux ou testament).

La clause d'emploi ou de remploi

Cette clause vise à protéger l'un des époux mariés sous le régime de la communauté de biens lorsque celui-ci utilise de l'argent personnel pour acquérir, seul ou avec son conjoint, un logement ou tout autre bien immobilier. Cette clause est importante à l'occasion du décès du conjoint ou d'un divorce.

Exemple : un homme vend pour 800 000 F un logement qu'il possédait avant son mariage, ou dont il a hérité, pour acheter avec sa femme une maison. S'il ne prend pas de précautions, ces 800 000 F sont censés être fournis par la communauté, et, à la dissolution de celle-ci, il ne pourra reprendre qu'une somme de même montant en capital non réactualisé. Le mari a donc intérêt à demander au notaire d'indiquer dans l'acte d'achat une clause de remploi permettant de prouver que l'achat avec son épouse a été financé en partie par une somme d'argent qui lui appartient en propre. Cette somme évolue comme le bien auquel elle est attachée.

La solution est semblable si cet homme reçoit une somme de ses parents et qu'il l'utilise pour acquérir un bien avec sa femme. Dans ce cas, le notaire prévoit une clause d'emploi.

Les enfants, les petits-enfants...

Le premier ordre comprend les enfants, les petits-enfants, les arrière-petits-enfants, etc., soit les descendants du défunt, qu'ils soient légitimes, naturels simples ou adultérins. Il y a égalité complète entre les garçons et les filles, qui ont les mêmes droits.

Si les enfants sont vivants, les petits-enfants sont exclus de la succession. En revanche, si un enfant décède, c'est son propre (ou ses) enfant(s) – c'est-à-dire le petit-fils ou la petite-fille du défunt – qui hérite(nt) à sa place. C'est ce que la loi appelle la « représentation ». Lorsqu'un parent est décédé, son (ou ses) enfants(s) le représente(nt) et hérite(nt) à sa place.

Lorsque tous les enfants du défunt sont vivants, le partage se fait « par tête ».

Exemple : Marthe, veuve, décède et laisse 2 filles et 1 garçon.
L'héritage est partagé en 3 parts égales, c'est-à-dire 1/3 pour chaque enfant.
Lorsque tous les enfants du défunt sont décédés, le partage entre les petits-enfants s'effectue alors « par souche », et non plus par tête.
Exemple : Maurice, veuf, a eu 2 enfants, Laura et Christophe, décédés avant lui.
Laura a laissé une fille, Nathalie, et Christophe, 3 fils.
Il y a ici 2 souches (une du côté de Christophe et l'autre du côté de Laura) ; on fait donc 2 parts égales, une pour chacune des deux souches :
- la moitié de l'héritage pour Nathalie, seule héritière de Laura ;
- l'autre moitié est partagée entre les 3 fils de Christophe, qui reçoivent 1/3 chacun de la part qui aurait dû revenir à leur père.

En principe, l'enfant adultérin (né d'un parent marié et qui a été conçu avec une personne autre que son père ou sa mère) peut hériter du parent qui l'a légalement reconnu. Mais le Code civil limite ses droits de moitié s'il existe des enfants légitimes issus du mariage au cours duquel l'adultère a été commis.

Les parents, les frères et sœurs

Le deuxième ordre comprend les parents (ascendants privilégiés) et les frères et sœurs (collatéraux privilégiés). Cet ordre n'hérite que si le défunt ne possède ni enfants ni petits-enfants, c'est-à-dire aucun héritier du premier ordre. Mais, dans ce cas, ascendants privilégiés et collatéraux privilégiés ne s'excluent pas les uns les autres, ils partagent ensemble la succession.
Exemple : Patrick, célibataire, sans enfants, décède en laissant ses 2 parents ainsi que 3 sœurs.
Le partage de l'héritage se fait ainsi :
- la moitié va aux parents (1/4 chacun) ;
- l'autre moitié est versée aux 3 sœurs (1/6 de l'héritage chacune).

Si seule la mère de Patrick est en vie, elle reçoit un quart de l'héritage tandis que la part du père (un quart) va aux sœurs de Patrick.
Autre exemple : Stéphane, divorcé, décède en laissant un fils, David, ses 2 parents et 3 frères.
L'héritage de Stéphane est transmis en totalité à son fils unique David (seul héritier du premier rang) ; ses parents et ses frères n'ont droit à rien.

Les grands-parents, les arrière-grands-parents…

Les grands-parents paternels et maternels, les arrière-grands-parents et les trisaïeuls font partie du troisième ordre. Ils héritent uniquement lorsqu'il n'existe personne du premier et du deuxième ordre. Dans cette situation, c'est le système de la « fente » qui s'applique. C'est-à-dire que la succession se « fend » (se divise) en 2 parts égales. L'une est attribuée à la branche maternelle du défunt, et l'autre à la branche paternelle.
Exemple : enfant unique, Michel, célibataire, décède en laissant sa mère, Yvette, et ses grands-parents paternels, Louise et Albert. La succession de Michel se divise en 2 parts : l'une pour sa mère (branche maternelle) et l'autre pour ses grands-parents (branche paternelle).

Les oncles, les tantes, les cousins et cousines

Le quatrième ordre se compose du reste de la famille (collatéraux ordinaires), c'est-à-dire les oncles, tantes, cousins, cousines, et le conjoint. Ces derniers n'héritent que si le défunt n'a ni enfants ni petits-enfants, ni ascendants, ni frères ni sœurs. Comme pour les grands parents, lors de la succession, c'est le système de la fente (division) qui s'applique.

Le conjoint

Contrairement à une idée répandue en France, les époux ne sont pas héritiers l'un par rapport à l'autre, même si la loi accorde une petite part au survivant du couple. Le conjoint n'est pas un héritier réservataire, ses droits ne sont pas protégés par la loi ; ils vont dépendre du régime matrimonial, mais aussi de la composition de la famille. Des dispositions en sa faveur peuvent cependant être prises.

La succession et les régimes matrimoniaux

Suivant le régime matrimonial choisi, les époux sont plus ou moins avantagés lors du décès de leur conjoint.

Les époux mariés sans contrat de mariage

Au moment du mariage, si les époux n'ont pas signé de contrat de mariage devant un notaire, la loi les soumet automatiquement au régime légal (c'est-à-dire soit au régime de la communauté des biens meubles et acquêts s'ils se sont mariés avant le 31 janvier 1966, soit au régime de la communauté réduite aux acquêts s'ils se sont mariés après le 1er février 1966).
Au décès du conjoint, le survivant a le droit de :
- reprendre, sans payer d'impôt, ses biens propres (effets personnels) et les biens meubles (en cas de mariage après le 1er février 1966) et immeubles (quelle que soit la date du mariage) qu'il possédait avant le mariage ou qu'il a reçus par donation ou héritage après le mariage ;
- conserver, de plein droit, la moitié des bien qui composent la communauté (biens achetés pendant le mariage) sans avoir à payer de droits de succession.

Pour le reste, la part du conjoint survivant dépend de l'existence d'autres héritiers et de l'ordre auquel ces

> **Les concubins vivent dangereusement**
> *Pour le Code civil, les concubins (hétérosexuels ou homosexuels, n'ayant pas contracté un pacte civil de solidarité, ou PACS) sont étrangers l'un pour l'autre. À la disparition de l'un d'entre eux, l'autre n'hérite de rien, si le défunt n'a pris aucune disposition en sa faveur. Ainsi des concubins se retrouvent parfois sans toit après de longues années de vie commune avec le défunt. Si le logement appartient au défunt, ses héritiers peuvent en expulser le concubin survivant. Si le logement a été acheté par le couple, le concubin ne peut le conserver que s'il a les moyens financiers de racheter aux héritiers l'autre moitié du logement, qui fait partie de la succession du défunt.*

derniers appartiennent, ainsi que des dispositions particulières qui ont pu être prises entre époux (donation ou testament).

Les époux sous la séparation de biens

En se mariant, les époux ont signé un contrat de mariage devant un notaire précisant que leurs biens présents et futurs allaient être séparés. Dans ce régime matrimonial, chaque époux possède un patrimoine distinct de celui de son conjoint. Cependant, les meubles et objets mobiliers qui se trouvent dans le logement des époux sont supposés leur appartenir en indivision, pour moitié chacun, sauf si les époux peuvent apporter la preuve du contraire. La succession porte sur les biens du défunt et sur la moitié des meubles et objets mobiliers. En l'absence de dispositions testamentaires du défunt, le survivant a droit à un quart en usufruit des biens qui composent le patrimoine du défunt. C'est le régime matrimonial qui protège le moins le conjoint survivant. Une donation entre époux peut cependant être signée pour étendre les droits du conjoint survivant.

Les époux mariés sous le régime de la communauté universelle

Les époux mariés sous ce régime peuvent apporter à cette communauté tous les biens meubles et immeubles que chaque époux possède au jour du mariage ou qu'ils recevront par succession ou donation. Les biens qu'ils acquerront ensemble seront communs. Les couples l'ignorent souvent, mais il existe deux formes de communauté universelle : la communauté universelle simple et la communauté universelle avec attribution intégrale.

Si les époux sont mariés sous le régime de la communauté universelle simple, le conjoint survivant conserve la moitié des biens, sans payer de droits de succession. Sur l'autre moitié, il a droit à un usufruit de un quart. Lorsque les époux sont mariés sous le régime de la communauté universelle avec attribution intégrale, le conjoint survivant est très bien protégé. Au décès de l'un des époux, l'autre conserve l'intégralité des biens en pleine propriété sans aucun droit de succession à payer. Les enfants n'héritent donc pas au décès du premier parent.

Les personnes qui ne peuvent pas être déshéritées

La loi fixe de façon très précise la liste des héritiers possibles, et elle distingue les personnes qui ne peuvent jamais être privées de leurs droits à hériter et celles qui peuvent en être privées.

Les enfants sont des héritiers « réservataires »

Ils ne peuvent, sous aucun prétexte, être privés de leur héritage. Précisément, vous ne pouvez pas déshériter vos enfants même si vous jugez que vous auriez eu de bonnes raisons de le faire.

La réserve héréditaire

Une partie des biens du père et de la mère est obligatoirement réservée à leurs enfants. Il s'agit de la « réserve héréditaire ». Même de son vivant, un parent ne peut porter atteinte à la réserve héréditaire en faisant, par exemple, donation de ses biens à des tiers ou même à un seul enfant, alors qu'il en a plusieurs.

Le patrimoine diminué de la réserve héréditaire s'appelle la « quotité disponible ». Celle-ci peut être librement donnée ou transmise par les parents, à qui bon leur semble : soit à l'un des enfants sans que les autres enfants puissent la réclamer, soit au conjoint survivant ou au concubin, soit à une personne n'appartenant pas à la famille (ami, gouvernante, employé…).

Le règlement de la succession

Face au décès d'un parent ou d'un proche, on se retrouve le plus souvent démuni. Malgré la douleur et l'émotion, il faut effectuer sans tarder certaines démarches administratives. Il vous faut également chercher à connaître les dernières volontés du défunt, prendre connaissance de son testament, s'il en existe un. Mais, dans tous les cas, vous devez contacter un notaire (celui de la famille, celui du défunt…), auquel vous remettrez un extrait d'acte de décès ou une copie de cet acte. C'est le notaire qui

Les droits du conjoint survivant

En plus du conjoint, le défunt laisse :	
un ou plusieurs enfants	**Part maximale du conjoint en cas de donation ou de testament (trois options)** – tous les bien en usufruit – 1/4 des biens en pleine propriété et 3/4 en usufruit – la quotité disponible en pleine propriété selon le nombre d'enfants : 1/2 si un enfant 1/3 si deux enfants 1/4 si trois enfants et plus **Part du conjoint en l'absence de disposition testatmentaire** 1/4 en usufruit quel que soit le nombre d'enfants
des ascendants des deux lignes (père et mère par exemple)	**Part maximale du conjoint en cas de donation ou de testatment** 1/2 des biens en pleine propriété et 1/2 en nue-propriété **Part du conjoint en l'absence de disposition testamentaire** 1/2 en usufruit
des ascendants dans une seule ligne (père et mère par exemple)	**Part maximale du conjoint en cas de donation ou de testament** 3/4 des biens en pleine propriété et 1/4 en nue-propriété **Part du conjoint en l'absence de disposition testamentaire** 1/2 des biens en pleine propriété
des oncles, tantes, cousins(es) [collatéraux ordinaires]	**Part maximale du conjoint en cas de donation ou de testament** Totalité des biens en pleine propriété **Part du conjoint en l'absence de disposition testamentaire** Totalité des biens en pleine propriété

effectuera toutes les démarches relatives au bon règlement de la succession : authentifier le testament, contacter (voire rechercher) les héritiers, faire appliquer ce que prévoit le régime matrimonial…

L'héritage : la transmission des biens et des dettes

L'héritage comprend les biens (actif) du défunt, mais aussi les dettes (passif) qu'il laisse. On ne peut pas accepter les biens et refuser les dettes ; l'héritage est un tout.
Pour déterminer la masse de biens à partager entre les héritiers, il faut d'abord se pencher sur le régime matrimonial du défunt, dans la mesure où il laisse un conjoint survivant. Mais ce n'est pas parce que la loi a fait de vous un héritier, ou encore parce que le défunt vous a désigné dans son testament comme légataire, que vous êtes obligé d'accepter.
L'héritier qui est appelé à une succession a le choix entre trois possibilités : l'acceptation pure et simple de la succession, l'acceptation sous bénéfice d'inventaire ou le refus pur et simple de l'héritage.

L'acceptation pure et simple de la succession

Sans aucune hésitation, vous acceptez la succession et la responsabilité qu'impose cette décision.
Cependant, faites attention et sachez que toute utilisation d'un bien est considérée comme une acceptation tacite de la succession. À titre d'exemple, utiliser le compte bancaire ou vendre la voiture du défunt équivalent juridiquement à une acceptation de son héritage. Vous serez dans l'impossibilité de renoncer par la suite à celui-ci, et vous devrez payer sur vos biens les dettes du défunt si la succession ne permet pas de les assumer.

L'acceptation sous bénéfice d'inventaire

Avant d'accepter la succession, vous désirez connaître, en détail, le contenu de ce que l'on vous propose. Dans ce cas, il faut demander rapidement à un notaire

L'attribution préférentielle

Dès l'ouverture de la succession, tout héritier, y compris le conjoint, peut demander « l'attribution préférentielle » d'un bien.
Ainsi, le conjoint survivant peut demander l'attribution du logement qu'il (elle) occupe , à charge pour lui de rembourser leurs parts
aux autres héritiers. Si plusieurs héritiers désirent l'attribution d'un même bien, le juge doit trancher.

assisté d'un commissaire-priseur de faire l'inventaire des biens du défunt. Et si, après cet inventaire, qui portera sur l'actif comme sur le passif de la succession, vous décidez de renoncer à celle-ci, il faut le faire dans les 3 mois et 40 jours qui suivent le décès au greffe du tribunal de grande instance dans l'arrondissement duquel la succession s'est ouverte.

Le refus de la succession

Si vous décidez de renoncer à une succession, vous devez explicitement et clairement dire que vous renoncez à l'héritage. La renonciation ne peut être que totale.
Vous devez faire connaître votre refus dans les 30 ans qui suivent le décès. Dans ce cas, il faut rédiger une déclaration sur un registre spécial tenu par le greffe du tribunal de grande instance (TGI) du lieu où est ouverte la succession.

Si vous renoncez à la succession, celle-ci est dévolue aux autres héritiers, qui peuvent être vos enfants. Eux-mêmes auront à accepter ou à refuser la succession.

L'indivision

Si une personne est seule héritière, l'intégralité de la succession lui est attribuée. Dans le cas contraire, dès le décès, tous les biens du défunt appartiennent jusqu'au partage à l'ensemble des héritiers. On dit que ces derniers sont en indivision.
En principe, l'indivision est une étape transitoire, qui cesse dès que le partage de la succession a eu lieu.

Comment demander le partage ?

Nul n'est tenu de rester dans l'indivision, et le partage peut donc être demandé par chaque indivisaire à tout moment. Dans ce cas, les autres indivisaires lui rachètent sa quote-part. S'ils ne le peuvent pas ou ne le veulent pas, celui qui désire quitter l'indivision peut demander au juge d'ordonner la vente du bien. On peut procéder à un partage amiable si tous les héritiers sont d'accord et majeurs. Quand il y a un enfant mineur parmi les héritiers, le partage peut être amiable, mais il doit être homologué par un juge du tribunal de grande instance, qui vérifie si les intérêts de l'enfant ont été respectés.
Exemple : Avec vos deux sœurs, vous avez hérité d'une maison. Elles souhaitent la conserver, tandis que vous préférez récupérer votre part. Si elles ne vous rachètent pas votre part, vous pouvez exiger en justice la mise en vente de la maison.

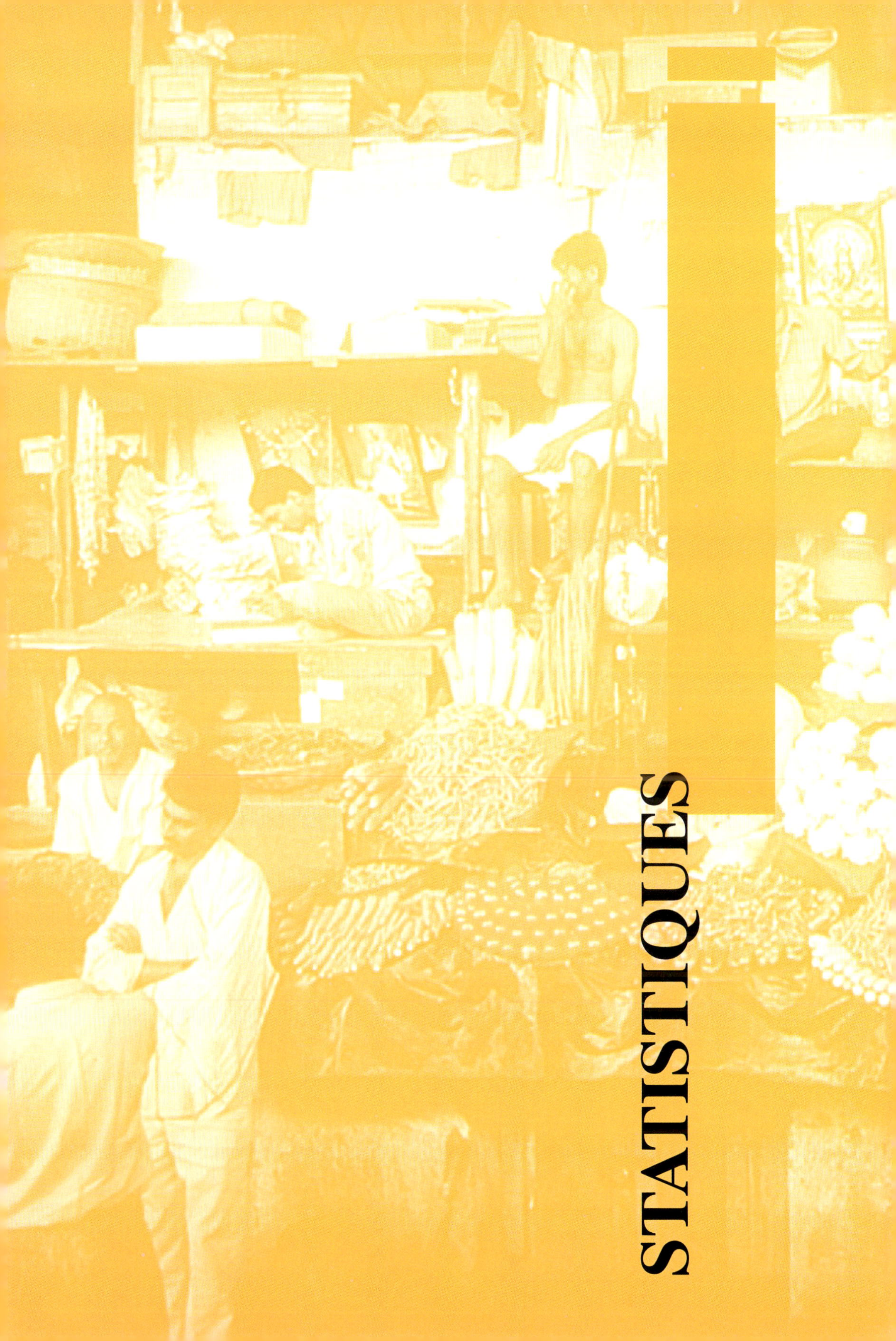

STATISTIQUES

Statistiques

Dans cette partie statistique, l'ensemble des 192 pays souverains du monde est représenté. Des données plus nombreuses sont fournies pour un certain nombre de pays : les quinze pays de l'Union européenne, les pays du G8 hors Union européenne : Canada, États-Unis, Japon, Russie, ainsi que les pays suivants : Brésil, Chine, Inde et Suisse.

Les chiffres de population et de démographie proviennent de l'ONU, Division de la population : World Population Prospects 1950-2050 (The 1998 Revision).

Les données économiques proviennent de la Banque mondiale : World development indicators, complétées le cas échéant par le Fond Monétaire International : statistiques financières internationales et l'OCDE, l'Observateur : l'OCDE en chiffres. Les données de défense sont reprises de The international institute for strategic studies : The military balance.

Valeur PPA : parité du pouvoir d'achat. C'est un taux de change fictif prenant en compte les différences de prix à la consommation entre les pays.

AFGHANISTAN

Capitale : Kaboul
Superficie : 650 000 km²
Nombre d'habitants (2000) : 22 720 000 (les Afghans) soit 34 hab./km²
Monnaie : afghani
Langues officielles : pachto, dari
Religion principale : islam
Nature du régime : n.d
Accroissement naturel (1995-2000) : 30,74 ‰
P.I.B. : n.d
P.N.B./hab. valeur P.P.A. : n.d
Dette extérieure : n.d
Taux de croissance annuelle : n.d
Budget militaire : n.d

AFRIQUE DU SUD

Capitales : Pretoria (siège du gouvernement), Le Cap (constitutionnelle)
Superficie : 1 221 000 km²
Nombre d'habitants (2000) : 40 377 000 (les Sud-Africains) soit 33 hab./km²
Monnaie : rand
Langues officielles : zoulou, xhosa, venda, tswana, tsonga, swazi, sotho, pedi, ndebele, anglais, afrikaans
Religions principales : protestantisme, Églises indigènes, animisme
Nature du régime : république à régime parlementaire
Accroissement naturel (1995-2000) : 14,87 ‰
P.I.B. (1997) : 129,09 milliards de $
P.N.B./hab. valeur P.P.A. (1997) : 7 190 $
Dette extérieure (1997) : 25 222 millions de $
Taux de croissance annuelle (1997) : 1,7 %
Budget militaire (1998) : 1,5 % du P.I.B

ALBANIE

Capitale : Tirana
Superficie : 29 000 km²
Nombre d'habitants (2000) : 3 113 000 (les Albanais) soit 107 hab./km²
Monnaie : lek
Langue officielle : albanais
Religions principales : islam, christianisme
Nature du régime : république à régime parlementaire
Accroissement naturel (1995-2000) : 15,06 ‰
P.I.B. (1997) : 2,46 milliards de $
P.N.B./hab. valeur P.P.A. (1997) : 2 170 $
Dette extérieure (1997) : 706 millions de $
Taux de croissance annuelle : n.d
Budget militaire (1998) : 2,3 % du P.I.B

ALGÉRIE

Capitale : Alger
Superficie : 2 380 000 km²
Nombre d'habitants (2000) : 31 471 000 (les Algériens) soit 13 hab./km²
Monnaie : dinar algérien
Langue officielle : arabe
Religion principale : islam
Nature du régime : république à régime semi-présidentiel
Accroissement naturel (1995-2000) : 23,61 ‰
P.I.B. (1997) : 47,07 milliards de $
P.N.B./hab. valeur P.P.A. (1997) : 4 250 $
Dette extérieure (1997) : 30 921 millions de $
Taux de croissance annuelle (1997) : 1,3 %
Budget militaire (1998) : 3,8 % du P.I.B

ALLEMAGNE

Capitale : Berlin
Superficie : 357 000 km²
Nombre d'habitants (2000) : 82 220 000 (les Allemands) soit 230 hab./km²
Monnaies : euro, Deutsche Mark
Langue officielle : allemand
Religions principales : protestantisme, catholicisme
Nature du régime : république à régime parlementaire
Accroissement naturel (1995-2000) : - 1,56 ‰
P.I.B. (1997) : 2 092,32 milliards de $
P.N.B./hab. valeur P.P.A. (1997) : 21 170 $
Origine du P.I.B. par secteur (1997) : 1,1 % pour l'agriculture, 29,1 % pour l'industrie, 69,8 % pour les services
Taux de croissance annuelle (1997) : 1,7 %
Taux d'inflation (1997) : 1,75 %
Exportations (1997) : 510 570 millions de $
Importations (1997) : 434 861 millions de $
Balance commerciale (1997) : 75 709 millions de $
Balance des paiements courants (1997) : - 2 774 millions de $
Population active occupée (1997) : 3,2 % dans le secteur primaire, 36,5 % dans le secteur secondaire, 60,2 % dans le secteur tertiaire
Part des femmes dans la population active (1996) : 42,09 %
Chômeurs et inactifs (1998) : 11,2 % de la population active totale
Dépenses de santé (1995) : 10,3 % du P.I.B
Budget militaire (1998) : 1,2 % du P.I.B
Forces armées (1998) : 322 800 hommes

ANDORRE

Capitale : Andorre-la-Vieille
Superficie : 465 km²
Nombre d'habitants (1999) : 75 113 (les Andorrans) soit 161 hab./km²
Monnaies : peseta espagnole, peseta andorrane, franc français
Langue officielle : catalan
Religion principale : catholicisme

Nature du régime : régime parlementaire
Accroissement naturel : n.d
P.I.B. : n.d
P.N.B./hab. valeur P.P.A. : n.d
Dette extérieure : n.d
Taux de croissance annuelle : n.d
Budget militaire : n.d

ANGOLA

Capitale : Luanda
Superficie : 1 246 700 km²
Nombre d'habitants (2000) : 12 878 000 (les Angolais) soit 10 hab./km2
Monnaie : kwanza
Langue officielle : portugais
Religions principales : protestantisme, catholicisme
Nature du régime : république à régime semi-présidentiel
Accroissement naturel (1995-2000) : 29,62 ‰
P.I.B. (1997) : 7,66 milliards de $
P.N.B./hab. valeur P.P.A. (1997) : 820 $
Dette extérieure (1997) : 10 160 millions de $
Taux de croissance annuelle (1997) : 7,6 %
Budget militaire (1998) : 5,6 % du P.I.B

ANTIGUA-ET-BARBUDA

Capitale : Saint John's
Superficie : 442 km²
Nombre d'habitants (1999) : 67 203 (les Antiguais et Barbudiens) soit 152 hab./km²
Monnaie : dollar des Caraïbes orientales
Langue officielle : anglais
Religion principale : protestantisme
Nature du régime : monarchie constitutionnelle à régime parlementaire
Accroissement naturel (1997-0) : 12 ‰
P.I.B. : n.d
P.N.B./hab. valeur P.P.A. (1997) : 8 650 $
Dette extérieure : n.d
Taux de croissance annuelle (1996) : 5,76 %
Budget militaire (1998) : 0,6 % du P.I.B

ARABIE SAOUDITE

Capitale : Riyad
Superficie : 2 150 000 km²
Nombre d'habitants (2000) : 21 607 000 (les Saoudiens) soit 10 hab./km²
Monnaie : riyal saoudien
Langue officielle : arabe
Religion principale : islam
Nature du régime : monarchie
Accroissement naturel (1995-2000) : 29,64 ‰
P.I.B. (1997) : 140,37 milliards de $
P.N.B./hab. valeur P.P.A. (1997) : 10 540 $
Dette extérieure : n.d
Taux de croissance annuelle (1997) : 1,9 %
Budget militaire (1998) : 13,8 % du P.I.B

ARGENTINE

Capitale : Buenos Aires
Superficie : 2 780 000 km²
Nombre d'habitants (2000) : 37 032 000 (les Argentins) soit 13 hab./km²
Monnaie : peso argentin
Langue officielle : espagnol
Religion principale : catholicisme
Nature du régime : république à régime semi-présidentiel
Accroissement naturel (1995-2000) : 11,94 ‰
P.I.B. (1997) : 325,01 milliards de $
P.N.B./hab. valeur P.P.A. (1997) : 10 100 $
Dette extérieure (1997) : 123 221 millions de $
Taux de croissance annuelle (1997) : 8,6 %
Budget militaire (1998) : 1,0 % du P.I.B

ARMÉNIE

Capitale : Erevan
Superficie : 29 800 km²
Nombre d'habitants (2000) : 3 520 000 (les Arméniens) soit 118 hab./km²
Monnaie : dram arménien
Langue officielle : arménien
Religion principale : Église arménienne
Nature du régime : république à régime semi-présidentiel
Accroissement naturel (1995-2000) : 5,67 ‰
P.I.B. (1997) : 1,62 milliards de $
P.N.B./hab. valeur P.P.A. (1997) : 2 540 $
Dette extérieure (1997) : 666 millions de $
Taux de croissance annuelle (1997) : 3,1 %
Budget militaire (1998) : 3,4 % du P.I.B

AUSTRALIE

Capitale : Canberra
Superficie : 7 700 000 km²
Nombre d'habitants (2000) : 18 886 000 (les Australiens) soit 2 hab./km²
Monnaie : dollar australien
Langue officielle : anglais
Religions principales : protestantisme, catholicisme
Nature du régime : monarchie constitutionnelle à régime parlementaire
Accroissement naturel (1995-2000) : 5,86 ‰
P.I.B. (1997) : 393,51 milliards de $
P.N.B./hab. valeur P.P.A. (1997) : 19 510 $
Taux de croissance annuelle (1997) : 1,7 %
Budget militaire (1998) : 1,7 % du P.I.B

AUTRICHE

Capitale : Vienne
Superficie : 84 000 km²
Nombre d'habitants (2000) : 8 211 000 (les Autrichiens) soit 97 hab./km²
Monnaies : euro, schilling
Langue officielle : allemand
Religion principale : catholicisme
Nature du régime : république à régime semi-présidentiel
Accroissement naturel (1995-2000) : 0,300 ‰
P.I.B. (1997) : 206,23 milliards de $
P.N.B./hab. valeur P.P.A. (1997) : 22 010 $
Origine du P.I.B. par secteur (1996) : 1,4 % pour l'agriculture, 30,4 % pour **l'industrie, 68,2 % pour les services**
Taux de croissance annuelle (1997) : 4 %
Taux d'inflation (1997) : 1,33 %
Exportations (1997) : 57 684 millions de $
Importations (1997) : 62 638 millions de $
Balance commerciale (1997) : - 4 954 millions de $
Balance des paiements courants (1997) : - 4 564 millions de $
Population active occupée (1997) : 6,8 % dans le secteur primaire, 30,3 % dans le secteur secondaire, 63,8 % dans le secteur tertiaire
Part des femmes dans la population active (1996) : 40,57 %
Chômeurs et inactifs (1998) : 6,4 % de la population active totale
Dépenses de santé (1995) : 7,8 % du P.I.B
Budget militaire (1998) : 0,8 % du P.I.B
Forces armées (1998) : 40 500 hommes

AZERBAÏDJAN

Capitale : Bakou
Superficie : 87 000 km²
Nombre d'habitants (2000) : 7 734 000 (les Azerbaïdjanais) soit 88 hab./km²
Monnaie : manat azerbaïdjanais
Langue officielle : azéri
Religion principale : islam chiite
Nature du régime : république à régime présidentiel
Accroissement naturel (1995-2000) : 10,04 ‰
P.I.B. (1997) : 4,39 milliards de $
P.N.B./hab. valeur P.P.A. (1997) : 1 520 $
Dette extérieure (1997) : 504 millions de $
Taux de croissance annuelle (1997) : 3,2 %

Budget militaire (1998) : 2,8 % du P.I.B

BAHAMAS

Capitale : Nassau

Superficie : 13 900 km2

Nombre d'habitants (2000) : 307 000 (les Bahamiens) soit 22 hab./km^2

Monnaie : dollar des Bahamas

Langue officielle : anglais

Religion principale : protestantisme

Nature du régime : monarchie constitutionnelle à régime parlementaire

Accroissement naturel (1995-2000) : 17,82 ‰

P.I.B. (1995) : 3,459 milliards de $

P.N.B./hab. valeur P.P.A. (1996) : 10 180 $

Dette extérieure : n.d

Taux de croissance annuelle : n.d

Budget militaire (1998) : 0,6 % du P.I.B

BAHREÏN

Capitale : Manama

Superficie : 660 km2

Nombre d'habitants (2000) : 617 000 (les Bahreïniens) soit 934 hab./km^2

Monnaie : dinar de Bahreïn

Langue officielle : arabe

Religion principale : islam

Nature du régime : monarchie

Accroissement naturel (1995-2000) : 16,9 ‰

P.I.B. (1997) : 6,09 milliards de $

P.N.B./hab. valeur P.P.A. (1996) : 13 970 $

Dette extérieure : n.d

Taux de croissance annuelle (1996) : 3,1 %

Budget militaire (1998) : 4,8 % du P.I.B

BANGLADESH

Capitale : Dacca

Superficie : 143 000 km^2

Nombre d'habitants (2000) : 129 155 000 (les Bangladais) soit 903 hab./km^2

Monnaie : taka

Langue officielle : bengali

Religion principale : islam

Nature du régime : république à régime parlementaire

Accroissement naturel (1995-2000) : 17,98 ‰

P.I.B. (1997) : 41,41 milliards de $

P.N.B./hab. valeur P.P.A. (1997) : 1 090 $

Dette extérieure (1997) : 15 125 millions de $

Taux de croissance annuelle (1997) : 5,9 %

Budget militaire (1998) : 1,8 % du P.I.B

BARBADE

Capitale : Bridgetown

Superficie : 431 km^2

Nombre d'habitants (2000) : 270 000 (les Barbadiens) soit 626 hab./km^2

Monnaie : dollar de la Barbade

Langue officielle : anglais

Religion principale : protestantisme

Nature du régime : monarchie constitutionnelle à régime parlementaire

Accroissement naturel (1995-2000) : 4,59 ‰

P.I.B. (1995) : 1,74 milliards de $

P.N.B./hab. valeur P.P.A. (1996) : 10 510 $

Dette extérieure (1997) : 644 millions de $

Taux de croissance annuelle : n.d

Budget militaire (1998) : 0,4 % du P.I.B

BELGIQUE

Capitale : Bruxelles

Superficie : 30 500 km^2

Nombre d'habitants (2000) : 10 161 000 (les Belges) soit 333 hab./km^2

Monnaies : euro, franc belge

Langues officielles : néerlandais, français, allemand

Religion principale : catholicisme

Nature du régime : monarchie constitutionnelle à régime parlementaire

Accroissement naturel (1995-2000) : 0,16 ‰

P.I.B. (1997) : 242,52 milliards de $

P.N.B./hab. valeur P.P.A. (1997) : 23 090 $

Origine du P.I.B. par secteur (1997) : 1,1 % pour l'agriculture, 27,6 % pour l'industrie, 71,3% pour les services

Taux de croissance annuelle (1997) : 2,9 %

Taux d'inflation (1997) : 1,63 %

Exportations (1997) : 165 725 millions de $

Importations (1997) : 151 973 millions de $

Balance commerciale (1997) : 13 752 millions de $

Balance des paiements courants (1997) : 13 650 millions de $

Population active occupée (1997) : 2,3 % dans le secteur primaire, 26 % dans le secteur secondaire, 73% dans le secteur tertiaire

Part des femmes dans la population active (1996) : 40,27 %

Chômeurs et inactifs (1998) : 11,7 % de la population active totale

Dépenses de santé (1995) : 8,2 % du P.I.B

Budget militaire (1998) : 1,1 % du P.I.B

Forces armées (1998) : 41 750 hommes

BELIZE

Capitale : Belmopan

Superficie : 23 000 km^2

Nombre d'habitants (2000) : 241 000 (les Béliziens) soit 10 hab./km^2

Monnaie : dollar de Belize

Langue officielle : anglais

Religion principale : catholicisme

Nature du régime : monarchie constitutionnelle à régime parlementaire

Accroissement naturel (1995-2000) : 27,03 ‰

P.I.B. (1997) : 0,64 milliards de $

P.N.B./hab. valeur P.P.A. (1997) : 4 080 $

Dette extérieure (1997) : 383 millions de $

Taux de croissance annuelle (1997) : 2,6 %

Budget militaire (1998) : 1,3 % du P.I.B

BÉNIN

Capitale : Porto-Novo

Superficie : 113 000 km^2

Nombre d'habitants (2000) : 6 097 000 (les Béninois) soit 53 hab./km^2

Monnaie : franc CFA

Langue officielle : français

Religions principales : catholicisme, animisme

Nature du régime : république à régime présidentiel

Accroissement naturel (1995-2000) : 28,36 ‰

P.I.B. (1997) : 2,14 milliards de $

P.N.B./hab. valeur P.P.A. (1997) : 1 260 $

Dette extérieure (1997) : 1 624 millions de $

Taux de croissance annuelle (1997) : 5,6 %

Budget militaire (1998) : 1,3 % du P.I.B

BHOUTAN

Capitale : Thimbu

Superficie : 47 000 km^2

Nombre d'habitants (2000) : 2 124 000 (les Bhoutanais) soit 45 hab./km^2

Monnaies : roupie indienne, ngultrum

Langue officielle : tibétain

Religion principale : bouddhisme

Nature du régime : monarchie

Accroissement naturel (1995-2000) : 27,89 ‰

P.I.B. (1997) : 0,38 milliards de $

P.N.B./hab. valeur P.P.A. (1995) : 1 260 $

Dette extérieure (1997) : 89 millions de $

Taux de croissance annuelle (1996) : 6,37 %

Budget militaire : n.d

BIÉLORUSSIE

Capitale : Minsk

Superficie : 208 000 km^2

Nombre d'habitants (2000) : 10 236 000 (les Biélorusses) soit 49 hab./km^2

Monnaie : rouble biélorusse

Langues officielles : russe, biélorusse

Religion principale : orthodoxie

Nature du régime : république à régime semi-présidentiel

Accroissement naturel (1995-2000) : -3,4 ‰

P.I.B. (1997) : 22,62 milliards de $
P.N.B./hab. valeur P.P.A. (1997) : 4 820 $
Dette extérieure (1997) : 1 162 millions de $
Taux de croissance annuelle (1997) : 10,4 %
Budget militaire (1998) : 0,9 % du P.I.B

BIRMANIE

Capitale : Rangoon
Superficie : 678 000 km²
Nombre d'habitants (2000) : 45 611 000 (les Birmans) soit 67 hab./km²
Monnaie : kyat
Langue officielle : birman
Religion principale : bouddhisme
Nature du régime : n.d
Accroissement naturel (1995-2000) : 11,84 ‰
P.I.B. : n.d
P.N.B./hab. valeur P.P.A. : n.d
Dette extérieure (1997) : 5 074 millions de $
Taux de croissance annuelle (1997) : 4,63 %
Budget militaire (1998) : 2,1 % du P.I.B

BOLIVIE

Capitales : La Paz (siège du gouvernement), Sucre (constitutionnelle)
Superficie : 1 100 000 km²
Nombre d'habitants (2000) : 8 329 000 (les Boliviens) soit 7 hab./km²
Monnaie : boliviano
Langues officielles : quechua, espagnol, aymara
Religion principale : catholicisme
Nature du régime : république à régime présidentiel
Accroissement naturel (1995-2000) : 24,13 ‰
P.I.B. (1997) : 7,97 milliards de $
P.N.B./hab. valeur P.P.A. (1997) : 2 810 $
Dette extérieure (1997) : 5 247 millions de $
Taux de croissance annuelle (1997) : 4,2 %
Budget militaire (1998) : 2,1 % du P.I.B

BOSNIE-HERZÉGOVINE

Capitale : Sarajevo
Superficie : 51 100 km²
Nombre d'habitants (2000) : 3 972 000 (les Bosniaques) soit 77 hab./km²
Monnaie : mark convertible
Langue officielle : serbo-croate
Religions principales : orthodoxie, islam, catholicisme
Nature du régime : république à régime semi-présidentiel
Accroissement naturel (1995-2000) : 3,05 ‰
P.I.B. : n.d
P.N.B./hab. valeur P.P.A. : n.d
Dette extérieure (1996) : 815,4 millions de $
Taux de croissance annuelle : n.d
Budget militaire (1998) : 4,6 % du P.I.B

BOTSWANA

Capitale : Gaborone
Superficie : 570 000 km²
Nombre d'habitants (2000) : 1 622 000 (les Botswanais) soit 2 hab./km²
Monnaie : pula
Langue officielle : anglais
Religions principales : protestantisme, animisme
Nature du régime : république à régime parlementaire
Accroissement naturel (1995-2000) : 19,12 ‰
P.I.B. (1997) : 5,06 milliards de $
P.N.B./hab. valeur P.P.A. (1997) : 7 430 $
Dette extérieure (1997) : 562 millions de $
Taux de croissance annuelle (1997) : 6,9 %
Budget militaire (1998) : 4,2 % du P.I.B

BRÉSIL

Capitale : Brasília
Superficie : 8 512 000 km²
Nombre d'habitants (2000) : 170 115 000 (les Brésiliens) soit 19 hab./km²
Monnaie : réal
Langue officielle : portugais
Religion principale : catholicisme
Nature du régime : république à régime présidentiel
Accroissement naturel (1995-2000) : 13,07 ‰
P.I.B. (1997) : 820,38 milliards de $
P.N.B./hab. valeur P.P.A. (1997) : 6 350 $
Origine du P.I.B. par secteur (1997) : 8,09 % pour l'agriculture, 35,2 % pour l'industrie, 56,6% pour les services
Dette extérieure (1997) : 193 663 millions de $
Taux de croissance annuelle (1997) : 3,2 %
Taux d'inflation (1997) : 6,93 %
Exportations (1997) : 52 478 millions de $
Importations (1997) : 65 074 millions de $
Balance commerciale (1997) :-12 596 millions de $
Balance des paiements courants (1997) : - 33 840 millions de $
Population active occupée (1995) : 27,3 % dans le secteur primaire, 18,3 % dans le secteur secondaire, 54,3 % dans le secteur tertiaire
Part des femmes dans la population active (1996) : 34,65 %
Chômeurs et inactifs : n.d
Dépenses de santé : n.d
Budget militaire (1998) : 1,7 % du P.I.B
Forces armées (1998) : 291 000 hommes

BRUNEI

Capitale : Bandar Seri Begawan
Superficie : 5 765 km²
Nombre d'habitants (2000) : 328 000 (les Brunéiens) soit 56 hab./km²
Monnaie : dollar de Brunei
Langue officielle : malais
Religion principale : islam
Nature du régime : monarchie
Accroissement naturel (1995-2000) : 19,11 ‰
P.I.B. (1995) : 4,99 milliards de $
P.N.B./hab. valeur P.P.A. : n.d
Dette extérieure : n.d
Taux de croissance annuelle (1997) : 4 %
Budget militaire (1998) : 7,3 % du P.I.B

BULGARIE

Capitale : Sofia
Superficie : 111 000 km²
Nombre d'habitants (2000) : 8 225 000 (les Bulgares) soit 74 hab./km²
Monnaie : lev
Langue officielle : bulgare
Religions principales : orthodoxie, islam
Nature du régime : république à régime semi-présidentiel
Accroissement naturel (1995-2000) : - 4,72 ‰
P.I.B. (1997) : 10,08 milliards de $
P.N.B./hab. valeur P.P.A. (1997) : 3 870 $
Dette extérieure (1997) : 9 858 millions de $
Taux de croissance annuelle : n.d
Budget militaire (1998) : 2,2 % du P.I.B

BURKINA

Capitale : Ouagadougou
Superficie : 275 000 km²
Nombre d'habitants (2000) : 11 937 000 (les Burkinabés) soit 43 hab./km²
Monnaie : franc CFA
Langue officielle : français
Religions principales : islam, animisme
Nature du régime : république à régime semi-présidentiel
Accroissement naturel (1995-2000) : 27,42 ‰
P.I.B. (1997) : 2,39 milliards de $
P.N.B./hab. valeur P.P.A. (1997) : 1 000 $
Dette extérieure (1997) : 1 297 millions de $

Taux de croissance annuelle (1997) : 5,5 %
Budget militaire (1998) : 2,3 % du P.I.B

BURUNDI
Capitale : Bujumbura
Superficie : 28 000 km^2
Nombre d'habitants (2000) : 6 695 000 (les Burundais) soit 239 hab./km^2
Monnaie : franc du Burundi
Langues officielles : kirundi, français
Religions principales : catholicisme, animisme
Nature du régime : n.d
Accroissement naturel (1995-2000) : 22,38 ‰
P.I.B. (1997) : 0,95 milliards de $
P.N.B./hab. valeur P.P.A. (1997) : 620 $
Dette extérieure (1997) : 1 066 millions de $
Taux de croissance annuelle (1997) : 0,4 %
Budget militaire (1997) : 5,6 % du P.I.B

CAMBODGE
Capitale : Phnom Penh
Superficie : 181 000 km2
Nombre d'habitants (2000) : 11 168 000 (les Cambodgiens) soit 61 hab./km^2
Monnaie : riel
Langue officielle : khmer
Religion principale : bouddhisme
Nature du régime : monarchie constitutionnelle à régime parlementaire
Accroissement naturel (1995-2000) : 21,66 ‰
P.I.B. (1997) : 3,04 milliards de $
P.N.B./hab. valeur P.P.A. (1997) : 1 290 $
Dette extérieure (1997) : 2 129 millions de $
Taux de croissance annuelle (1997) : 1 %
Budget militaire (1998) : 4,1 % du P.I.B

CAMEROUN
Capitale : Yaoundé
Superficie : 475 000 km^2
Nombre d'habitants (2000) : 15 085 000 (les Camerounais) soit 31 hab./km^2
Monnaie : franc CFA
Langues officielles : français, anglais
Religions principales : protestantisme, catholicisme, animisme
Nature du régime : république à régime semi-présidentiel
Accroissement naturel (1995-2000) : 26,93 ‰
P.I.B. (1997) : 9,11 milliards de $
P.N.B./hab. valeur P.P.A. (1997) : 1 770 $
Dette extérieure (1997) : 9 293 millions de $
Taux de croissance annuelle (1997) : 5,1 %
Budget militaire (1998) : 1,6 % du P.I.B

CANADA
Capitale : Ottawa
Superficie : 9 975 000 km^2
Nombre d'habitants (2000) : 31 147 000 (les Canadiens) soit 3 hab./km2
Monnaie : dollar canadien
Langues officielles : français, anglais
Religions principales : protestantisme, catholicisme
Nature du régime : monarchie constitutionnelle à régime parlementaire
Accroissement naturel (1995-2000) : 4,47 ‰
P.I.B. (1997) : 607,74 milliards de $
P.N.B./hab. valeur P.P.A. (1997) : 21 750 $
Origine du P.I.B. par secteur (1993) : 2,4 % pour l'agriculture, 26 % pour l'industrie, 71,6% pour les services
Taux de croissance annuelle (1997) : 5,4 %
Taux d'inflation (1997) : 1,62 %
Exportations (1997) : 211 961 millions de $
Importations (1997) : 195 039 millions de $
Balance commerciale (1997) : 16 922 millions de $
Balance des paiements courants (1997) : - 9 261 millions de $
Population active occupée (1997) : 3,9 % dans le secteur primaire, 23,2 % dans le secteur secondaire, 73 % dans le secteur tertiaire
Part des femmes dans la population active (1996) : 45,14 %
Chômeurs et inactifs (1998) : 8,3 % de la population active totale
Dépenses de santé (1995) : 9,9 % du P.I.B
Budget militaire (1998) : 1,0 % du P.I.B
Forces armées (1998) : 60 600 hommes

CAP-VERT
Capitale : Praia
Superficie : 4 000 km2
Nombre d'habitants (2000) : 428 000 (les Cap-Verdiens) soit 107 hab./km^2
Monnaie : escudo du Cap-Vert
Langue officielle : portugais
Religion principale : catholicisme
Nature du régime : république à régime semi-présidentiel
Accroissement naturel (1995-2000) : 25,83 ‰
P.I.B. (1997) : 0,42 milliards de $
P.N.B./hab. valeur P.P.A. (1997) : 2 950 $
Dette extérieure (1997) : 220 millions de $
Taux de croissance annuelle (1997) : 3 %
Budget militaire (1998) : 1,6 % du P.I.B

CENTRAFRICAINE (RÉPUBLIQUE)
Capitale : Bangui
Superficie : 620 000 km^2
Nombre d'habitants (2000) : 3 615 000 (les Centrafricains) soit 5 hab./km^2
Monnaie : franc CFA
Langue officielle : français
Religions principales : protestantisme, catholicisme, animisme
Nature du régime : république
Accroissement naturel (1995-2000) : 18,98 ‰
P.I.B. (1997) : 1,01 milliards de $
P.N.B./hab. valeur P.P.A. (1997) : 1 310 $
Dette extérieure (1997) : 885 millions de $
Taux de croissance annuelle (1997) : 5,1 %
Budget militaire (1998) : 3,7 % du P.I.B

CHILI
Capitale : Santiago
Superficie : 757 000 km^2
Nombre d'habitants (2000) : 15 211 000 (les Chiliens) soit 20 hab./km^2
Monnaie : peso chilien
Langue officielle : espagnol
Religion principale : catholicisme
Nature du régime : république à régime présidentiel
Accroissement naturel (1995-2000) : 14,29 ‰
P.I.B. (1997) : 77,08 milliards de $
P.N.B./hab. valeur P.P.A. (1997) : 12 240 $
Dette extérieure (1997) : 31 440 millions de $
Taux de croissance annuelle (1997) : 7,1 %
Budget militaire (1998) : 2,6 % du P.I.B

CHINE
Capitale : Pékin
Superficie : 9 600 000 km^2
Nombre d'habitants (2000) : 1 277 558 000 (les Chinois) soit 133 hab./km^2
Monnaie : yuan
Langue officielle : chinois
Religions principales : taoïsme, confucianisme, bouddhisme
Nature du régime : république, régime socialiste
Accroissement naturel (1995-2000) : 9,26 ‰
P.I.B. (1997) : 901,98 milliards de $
P.N.B./hab. valeur P.P.A. (1997) : 3 070 $
Origine du P.I.B. par secteur (1997) : 18,6 % pour l'agriculture, 49,1 % pour l'industrie, 32,1 % pour les services

Dette extérieure (1997) : 146 697 millions de $
Taux de croissance annuelle (1997) : 8,8 %
Taux d'inflation (1997) : 2,81 %
Exportations (1997) : 182 792 millions de $
Importations (1997) : 142 370 millions de $
Balance commerciale (1997) : 40 422 millions de $
Balance des paiements courants (1997) : 29 718 millions de $
Population active occupée (1996) : 49,1 % dans le secteur primaire, 19,5 % dans le secteur secondaire, 31,3 % dans le secteur tertiaire
Part des femmes dans la population active (1996) : 45,09 %
Chômeurs et inactifs (1997) : 3 % de la population active totale
Dépenses de santé : n.d
Budget militaire (1998) : 1,1 % du P.I.B
Forces armées (1998) : 2 480 000 hommes

CHYPRE

Capitale : Nicosie
Superficie : 9 251 km²
Nombre d'habitants (2000) : 786 000 (les Chypriotes) soit 84 hab./km²
Monnaie : livre chypriote
Langues officielles : turc, grec
Religions principales : islam, christianisme
Nature du régime : république
Accroissement naturel (1995-2000) : 6,95 ‰
P.I.B. (1997) : 8,2 milliards de $
P.N.B./hab. valeur P.P.A. (1996) : 20 490 $
Dette extérieure : n.d
Taux de croissance annuelle (1996) : 1,9 %
Budget militaire (1998) : 5,6 % du P.I.B

COLOMBIE

Capitale : Bogotá
Superficie : 1 140 000 km²
Nombre d'habitants (2000) : 42 321 000 (les Colombiens) soit 37 hab./km²
Monnaie : peso colombien
Langue officielle : espagnol
Religion principale : catholicisme
Nature du régime : république à régime présidentiel
Accroissement naturel (1995-2000) : 18,7 ‰
P.I.B. (1997) : 95,74 milliards de $
P.N.B./hab. valeur P.P.A. (1997) : 6 570 $
Dette extérieure (1997) : 31 777 millions de $
Taux de croissance annuelle (1997) : 3,1 %
Budget militaire (1998) : 2,8 % du P.I.B

COMORES

Capitale : Moroni
Superficie : 1 900 km²
Nombre d'habitants (2000) : 694 000 (les Comoriens) soit 365 hab./km²
Monnaie : franc des Comores
Langues officielles : français, arabe
Religion principale : islam
Nature du régime : république
Accroissement naturel (1995-2000) : 27,16 ‰
P.I.B. (1997) : 0,19 milliards de $
P.N.B./hab. valeur P.P.A. (1997) : 1 530 $
Dette extérieure (1997) : 197 millions de $
Taux de croissance annuelle : n.d
Budget militaire : n.d

CONGO (RÉPUBLIQUE DÉMOCRATIQUE DU)

Capitale : Kinshasa
Superficie : 2 345 000 km²
Nombre d'habitants (2000) : 51 654 000 (les Congolais) soit 22 hab./km²
Monnaie : franc congolais
Langue officielle : français
Religions principales : protestantisme, Églises indigènes, catholicisme
Nature du régime : n.d
Accroissement naturel (1995-2000) : 31,45 ‰
P.I.B. (1997) : 6,1 milliards de $
P.N.B./hab. valeur P.P.A. (1997) : 760 $
Dette extérieure (1997) : 12 330 millions de $
Taux de croissance annuelle (1995) : 1,57 %
Budget militaire (1998) : 4,5 % du P.I.B

CONGO

Capitale : Brazzaville
Superficie : 342 000 km²
Nombre d'habitants (2000) : 2 943 000 (les Congolais) soit 8 hab./km²
Monnaie : franc CFA
Langue officielle : français
Religions principales : protestantisme, catholicisme
Nature du régime : n.d
Accroissement naturel (1995-2000) : 27,82 ‰
P.I.B. (1997) : 2,29 milliards de $
P.N.B./hab. valeur P.P.A. (1997) : 1 290 $
Dette extérieure (1997) : 5 071 millions de $
Taux de croissance annuelle : n.d
Budget militaire (1998) : 3,0 % du P.I.B

CORÉE DU NORD

Capitale : Pyongyang
Superficie : 120 500 km²
Nombre d'habitants (2000) : 24 039 000 (les Nord-Coréens) soit 199 hab./km²
Monnaie : won nord-coréen
Langue officielle : coréen
Religion principale : bouddhisme
Nature du régime : république, régime socialiste
Accroissement naturel (1995-2000) : 15,56 ‰
P.I.B. : n.d
P.N.B./hab. valeur P.P.A. : n.d
Dette extérieure : n.d
Taux de croissance annuelle : n.d
Budget militaire (1998) : 9,2 % du P.I.B

CORÉE DU SUD

Capitale : Séoul
Superficie : 99 000 km²
Nombre d'habitants (2000) : 46 844 000 (les Sud-Coréens) soit 473 hab./km²
Monnaie : won
Langue officielle : coréen
Religion principale : bouddhisme
Nature du régime : république à régime semi-présidentiel
Accroissement naturel (1995-2000) : 8,7 ‰
P.I.B. (1997) : 442,54 milliards de $
P.N.B./hab. valeur P.P.A. (1997) : 13 430 $
Taux de croissance annuelle (1997) : 5,5 %
Budget militaire (1998) : 3,1 % du P.I.B

COSTA RICA

Capitale : San José
Superficie : 51 000 km²
Nombre d'habitants (2000) : 4 023 000 (les Costaricains) soit 78 hab./km²
Monnaie : colón costaricain
Langue officielle : espagnol
Religion principale : catholicisme
Nature du régime : république à régime présidentiel
Accroissement naturel (1995-2000) : 19,51 ‰
P.I.B. (1997) : 9,52 milliards de $
P.N.B./hab. valeur P.P.A. (1997) : 6 510 $
Dette extérieure (1997) : 3 548 millions de $
Taux de croissance annuelle (1997) : 3,2 %
Budget militaire (1998) : 0,6 % du P.I.B

CÔTE D'IVOIRE

Capitale : Yamoussoukro
Superficie : 322 000 km²
Nombre d'habitants (2000) : 14 786 000 (les Ivoiriens) soit 45 hab./km²
Monnaie : franc CFA
Langue officielle : français
Religions principales : islam, christianisme, animisme
Nature du régime : république à régime présidentiel

Accroissement naturel (1995-2000) : 21,17 ‰
P.I.B. (1997) : 10,25 milliards de $
P.N.B./hab. valeur P.P.A. (1997) : 1 690 $
Dette extérieure (1997) : 15 609 millions de $
Taux de croissance annuelle (1997) : 6 %
Budget militaire (1998) : 1,0 % du P.I.B

CROATIE
Capitale : Zagreb
Superficie : 56 500 km^2
Nombre d'habitants (2000) : 4 473 000 (les Croates) soit 79 hab./km^2
Monnaie : kuna
Langue officielle : croate
Religion principale : catholicisme
Nature du régime : république à régime semi-présidentiel
Accroissement naturel (1995-2000) : - 0,91 ‰
P.I.B. (1996) : 19,08 milliards de $ soit 3 999 $ par hab
P.N.B./hab. valeur P.P.A. (1997) : 4 930 $
Dette extérieure (1997) : 6 842 millions de $
Taux de croissance annuelle : n.d
Budget militaire (1998) : 5,9 % du P.I.B

CUBA
Capitale : La Havane
Superficie : 111 000 km^2
Nombre d'habitants (2000) : 11 201 000 (les Cubains) soit 100 hab./km^2
Monnaie : peso cubain
Langue officielle : espagnol
Religion principale : catholicisme
Nature du régime : république, régime socialiste
Accroissement naturel (1995-2000) : 6,08 ‰
P.I.B. : n.d
P.N.B./hab. valeur P.P.A. : n.d
Dette extérieure : n.d
Taux de croissance annuelle : n.d
Budget militaire (1998) : 2,7 % du P.I.B

DANEMARK
Capitale : Copenhague
Superficie : 43 000 km^2
Nombre d'habitants (2000) : 5 293 000 (les Danois) soit 123 hab./km^2
Monnaie : couronne danoise
Langue officielle : danois
Religion principale : protestantisme
Nature du régime : monarchie constitutionnelle à régime parlementaire
Accroissement naturel (1995-2000) : 0,51 ‰
P.I.B. (1997) : 170,03 milliards de $
P.N.B./hab. valeur P.P.A. (1997) : 23 450 $
Origine du P.I.B. par secteur (1995) : 3,6 % pour l'agriculture, 24,3 % pour l'industrie, 72,1% pour les services
Taux de croissance annuelle (1997) : 3,3 %
Taux d'inflation (1997) : 2,18 %
Exportations (1997) : 48 793 millions de $
Importations (1997) : 44 472 millions de $
Balance commerciale (1997) : 4 321 millions de $
Balance des paiements courants (1997) : 883 millions de $
Population active occupée (1997) : 3,7 % dans le secteur primaire, 26,8 % dans le secteur secondaire, 69,5 % dans le secteur tertiaire
Part des femmes dans la population active (1996) : 46,33 %
Chômeurs et inactifs (1998) : 6,3 % de la population active totale
Dépenses de santé (1995) : 6,6 % du P.I.B
Budget militaire (1998) : 1,5 % du P.I.B
Forces armées (1998) : 24 300 hommes

DJIBOUTI
Capitale : Djibouti
Superficie : 23 000 km^2
Nombre d'habitants (2000) : 638 000 (les Djiboutiens) soit 27 hab./km^2
Monnaie : franc de Djibouti
Langues officielles : français, arabe
Religion principale : islam
Nature du régime : république à régime présidentiel
Accroissement naturel (1995-2000) : 22,27 ‰
P.I.B. (1997) : 0,5 milliards de $
P.N.B./hab. valeur P.P.A. : n.d
Dette extérieure (1997) : 284 millions de $
Taux de croissance annuelle (1997) : 0,5 %
Budget militaire (1998) : 5,1 % du P.I.B

DOMINICAINE (RÉPUBLIQUE)
Capitale : Saint-Domingue
Superficie : 48 400 km^2
Nombre d'habitants (2000) : 8 495 000 (les Dominicains) soit 175 hab./km^2
Monnaie : peso dominicain
Langue officielle : espagnol
Religion principale : catholicisme
Nature du régime : république à régime présidentiel
Accroissement naturel (1995-2000) : 18,82 ‰
P.I.B. (1997) : 15,03 milliards de $
P.N.B./hab. valeur P.P.A. (1997) : 4 690 $
Dette extérieure (1997) : 4 239 millions de $
Taux de croissance annuelle (1997) : 8,2 %
Budget militaire (1998) : 0,4 % du P.I.B

DOMINIQUE
Capitale : Roseau
Superficie : 751 km^2
Nombre d'habitants (1999) : 70 736 (les Dominiquais) soit 94 hab./km^2
Monnaie : dollar des Caraïbes orientales
sLangue officielle : anglais
Religion principale : catholicisme
Nature du régime : république à régime parlementaire
Accroissement naturel (1997-0) : 15 ‰
P.I.B. (1997) : 0,24 milliards de $
P.N.B./hab. valeur P.P.A. (1997) : 4 020 $
Dette extérieure (1997) : 98 millions de $
Taux de croissance annuelle (1997) : 1,9 %
Budget militaire : n.d

ÉGYPTE
Capitale : Le Caire
Superficie : 1 000 000 km^2
Nombre d'habitants (2000) : 68 470 000 (les Égyptiens) soit 68 hab./km^2
Monnaie : livre égyptienne
Langue officielle : arabe
Religion principale : islam
Nature du régime : république à régime semi-présidentiel
Accroissement naturel (1995-2000) : 19,54 ‰
P.I.B. (1997) : 75,6 milliards de $
P.N.B./hab. valeur P.P.A. (1997) : 3 080 $
Dette extérieure (1997) : 29 849 millions de $
Taux de croissance annuelle (1997) : 5,5 %
Budget militaire (1998) : 2,4 % du P.I.B

ÉMIRATS ARABES UNIS
Capitale : Abu Dhabi
Superficie : 80 000 km^2
Nombre d'habitants (2000) : 2 441 000 (les Émiriens) soit 30 hab./km^2
Monnaie : dirham
Langue officielle : arabe
Religion principale : islam
Nature du régime : monarchie
Accroissement naturel (1995-2000) : 15,62 ‰
P.I.B. (1995) : 39,11 milliards de $
P.N.B./hab. valeur P.P.A. (1996) : 17 000 $
Dette extérieure : n.d
Taux de croissance annuelle : n.d
Budget militaire (1998) : 8,0 % du P.I.B

ÉQUATEUR
Capitale : Quito
Superficie : 270 670 km^2
Nombre d'habitants (2000) : 12 646 000 (les Équatoriens) soit 46 hab./km^2
Monnaie : sucre
Langue officielle : espagnol
Religion principale : catholicisme
Nature du régime : république à régime présidentiel
Accroissement naturel (1995-2000) : 19,67 ‰
P.I.B. (1997) : 19,76 milliards de $
P.N.B./hab. valeur P.P.A. (1997) : 4 700 $
Dette extérieure (1997) : 14 918 millions de $
Taux de croissance annuelle (1997) : 3,4 %
Budget militaire (1997) : 2,0 % du P.I.B

ÉRYTHRÉE
Capitale : Asmara
Superficie : 120 000 km^2
Nombre d'habitants (2000) : 3 850 000 (les Érythréens) soit 32 hab./km^2
Monnaie : nakfa
Langues officielles : tigrigna, arabe
Religions principales : islam, Église copte éthiopienne
Nature du régime : république à régime parlementaire
Accroissement naturel (1995-2000) : 26,35 ‰
P.I.B. (1997) : 0,65 milliards de $
P.N.B./hab. valeur P.P.A. (1997) : 1 040 $
Dette extérieure (1997) : 76 millions de $
Taux de croissance annuelle (1997) : 7,9 %
Budget militaire (1998) : 23,9 % du P.I.B

ESPAGNE
Capitale : Madrid
Superficie : 505 000 km^2
Nombre d'habitants (2000) : 39 630 000 (les Espagnols) soit 78 hab./km^2
Monnaies : euro, peseta espagnole
Langue officielle : espagnol
Religion principale : catholicisme
Nature du régime : monarchie constitutionnelle à régime parlementaire
Accroissement naturel (1995-2000) : 0,19 ‰
P.I.B. (1997) : 532,03 milliards de $
P.N.B./hab. valeur P.P.A. (1997) : 15 690 $
Origine du P.I.B. par secteur (1994) : 3,5 % pour l'agriculture, 25,6 % pour l'industrie, 70,9% pour les services
Taux de croissance annuelle (1997) : 3,7 %
Taux d'inflation (1997) : 1,97 %
Exportations (1997) : 101 228 millions de $
Importations (1997) : 118 478 millions de $
Balance commerciale (1997) : -17 250 millions de $
Balance des paiements courants (1997) : 2 486 millions de $
Population active occupée (1997) : 8,4 % dans le secteur primaire, 30 % dans le secteur secondaire, 61,7% dans le secteur tertiaire
Part des femmes dans la population active (1996) : 36,11 %
Chômeurs et inactifs (1998) : 18,8 % de la population active totale
Dépenses de santé (1995) : 7,4 % du P.I.B
Budget militaire (1998) : 1,0 % du P.I.B
Forces armées (1998) : 186 500 hommes

ESTONIE
Capitale : Tallinn
Superficie : 45 000 km^2
Nombre d'habitants (2000) : 1 396 000 (les Estoniens) soit 31 hab./km^2
Monnaie : couronne estonienne
Langue officielle : estonien
Religion principale : protestantisme
Nature du régime : république à régime parlementaire
Accroissement naturel (1995-2000) : -4,66 ‰
P.I.B. (1997) : 4,68 milliards de $
P.N.B./hab. valeur P.P.A. (1997) : 5 090 $
Dette extérieure (1997) : 658 millions de $
Taux de croissance annuelle (1997) : 11,4 %
Budget militaire (1998) : 1,1 % du P.I.B

ÉTATS-UNIS
Capitale : Washington
Superficie : 9 364 000 km^2
Nombre d'habitants (2000) : 278 357 000 (les Américains) soit 29 hab./km2
Monnaie : dollar des États-Unis
Langue officielle : anglais
Religions principales : protestantisme, catholicisme
Nature du régime : république à régime présidentiel
Accroissement naturel (1995-2000) : 5,53 ‰
P.I.B. (1997) : 7 834,03 milliards de $
P.N.B./hab. valeur P.P.A. (1997) : 29 080 $
Origine du P.I.B. par secteur (1996) : 1,8 % pour l'agriculture, 26,8 % pour l'industrie, 71,4% pour les services
Taux de croissance annuelle (1997) : 6,9 %
Taux d'inflation (1997) : 2,34 %
Exportations (1997) : 637 505 millions de $
Importations (1997) : 894 995 millions de $
Balance commerciale (1997) : - 257 490 millions de $
Balance des paiements courants (1997) : - 155 375 millions de $
Population active occupée (1997) : 2,7 % dans le secteur primaire, 23,9 % dans le secteur secondaire, 73,4% dans le secteur tertiaire
Part des femmes dans la population active (1996) : 45,87 %
Chômeurs et inactifs (1998) : 4,5 % de la population active totale
Dépenses de santé (1995) : 14,1 % du P.I.B
Budget militaire (1997) : 3,2 % du P.I.B
Forces armées (1998) : 1 371 500 hommes

ÉTHIOPIE
Capitale : Addis-Abeba
Superficie : 1 100 000 km^2
Nombre d'habitants (2000) : 62 565 000 (les Éthiopiens) soit 56 hab./km^2
Monnaie : birr éthiopien
Langue officielle : amharique
Religions principales : islam, Église copte éthiopienne
Nature du régime : république
Accroissement naturel (1995-2000) : 24,8 ‰
P.I.B. (1997) : 6,38 milliards de $
P.N.B./hab. valeur P.P.A. (1997) : 500 $
Dette extérieure (1997) : 10 078 millions de $
Taux de croissance annuelle (1997) : 5,6 %
Budget militaire (1998) : 2,2 % du P.I.B

FIDJI
Capitale : Suva
Superficie : 18 300 km^2
Nombre d'habitants (2000) : 817 000 (les Fidjiens) soit 44 hab./km^2
Monnaie : dollar fidjien
Langue officielle : anglais
Religion principale : protestantisme
Nature du régime : république à régime parlementaire
Accroissement naturel (1995-2000) : 17,47 ‰
P.I.B. (1997) : 2,1 milliards de $
P.N.B./hab. valeur P.P.A. (1997) : 3 860 $
Dette extérieure (1997) : 213 millions de $
Taux de croissance annuelle : n.d
Budget militaire (1998) : 1,3 % du P.I.B

FINLANDE
Capitale : Helsinki
Superficie : 338 000 km^2
Nombre d'habitants (2000) : 5 176 000 (les Finlandais) soit 15 hab./km^2

Monnaies : euro, mark finlandais
Langues officielles : suédois, finnois
Religion principale : protestantisme
Nature du régime : république à régime semi-présidentiel
Accroissement naturel (1995-2000) : 1,67 ‰
P.I.B. (1997) : 119,83 milliards de $
P.N.B./hab. valeur P.P.A. (1997) : 19 660 $
Origine du P.I.B. par secteur (1996) : 3,5 % pour l'agriculture, 30,2 % pour l'industrie, 66,3% pour les services
Taux de croissance annuelle (1997) : 6,3 %
Taux d'inflation (1997) : 1,19 %
Exportations (1997) : 40 933 millions de $
Importations (1997) : 30 991 millions de $
Balance commerciale (1997) : 9 942 millions de $
Balance des paiements courants (1997) : 6 494 millions de $
Population active occupée (1997) : 7,1 % dans le secteur primaire, 27,5 % dans le secteur secondaire, 65,5 % dans le secteur tertiaire
Part des femmes dans la population active (1996) : 47,76 %
Chômeurs et inactifs (1998) : 11,4 % de la population active totale
Dépenses de santé (1995) : 7,9 % du P.I.B
Budget militaire (1998) : 1,5 % du P.I.B
Forces armées (1998) : 31 700 hommes

FRANCE
Capitale : Paris
Superficie : 549 000 km^2
Nombre d'habitants (1999) : 60 186 177 (les Français) soit 107 hab./km^2
Monnaies : euro, franc français
Langue officielle : français
Religion principale : catholicisme
Nature du régime : république à régime semi-présidentiel
Accroissement naturel (1995-2000) : 2,94 ‰
P.I.B. (1997) : 1 392,5 milliards de $
P.N.B./hab. valeur P.P.A. (1997) : 22 210 $
Origine du P.I.B. par secteur (1997) : 2,3 % pour l'agriculture, 26,2 % pour l'industrie, 71,5% pour les services
Taux de croissance annuelle (1997) : 2,4 %
Taux d'inflation (1997) : 1,2 %
Exportations (1997) : 282 944 millions de $
Importations (1997) : 266 165 millions de $
Balance commerciale (1997) : 16 779 millions de $
Balance des paiements courants (1997) : 39 470 millions de $
Population active occupée (1997) : 4,5 % dans le secteur primaire, 25,6 % dans le secteur secondaire, 69,9 % dans le secteur tertiaire
Part des femmes dans la population active (1996) : 44,39 %
Chômeurs et inactifs (1998) : 11,8 % de la population active totale
Dépenses de santé (1995) : 9,7 % du P.I.B
Budget militaire (1998) : 2,1 % du P.I.B
Forces armées (1998) : 317 300 hommes

GABON
Capitale : Libreville
Superficie : 268 000 km^2
Nombre d'habitants (2000) : 1 226 000 (les Gabonais) soit 4 hab./km^2
Monnaie : franc CFA
Langue officielle : français
Religions principales : protestantisme, catholicisme
Nature du régime : république à régime semi-présidentiel
Accroissement naturel (1995-2000) : 21,51 ‰
P.I.B. (1997) : 5,15 milliards de $
P.N.B./hab. valeur P.P.A. (1997) : 6 560 $
Dette extérieure (1997) : 4 284 millions de $
Taux de croissance annuelle (1997) : 4,1 %
Budget militaire (1998) : 2,0 % du P.I.B

GAMBIE
Capitale : Banjul
Superficie : 11 300 km^2
Nombre d'habitants (2000) : 1 305 000 (les Gambiens) soit 115 hab./km^2
Monnaie : dalasi
Langue officielle : anglais
Religion principale : islam
Nature du régime : république à régime semi-présidentiel
Accroissement naturel (1995-2000) : 23,14 ‰
P.I.B. (1997) : 0,4 milliards de $
P.N.B./hab. valeur P.P.A. (1997) : 1 440 $
Dette extérieure (1997) : 430 millions de $
Taux de croissance annuelle (1997) : 5,4 %
Budget militaire (1998) : 3,5 % du P.I.B

GÉORGIE
Capitale : Tbilissi
Superficie : 70 000 km^2
Nombre d'habitants (2000) : 4 968 000 (les Géorgiens) soit 70 hab./km^2
Monnaie : lari
Langue officielle : géorgien
Religion principale : orthodoxie
Nature du régime : république à régime présidentiel
Accroissement naturel (1995-2000) : 4,61 ‰
P.I.B. (1997) : 5,24 milliards de $
P.N.B./hab. valeur P.P.A. (1997) : 1 980 $
Dette extérieure (1997) : 1 446 millions de $
Taux de croissance annuelle (1997) : 11 %
Budget militaire (1998) : 1,2 % du P.I.B

GHANA
Capitale : Accra
Superficie : 240 000 km^2
Nombre d'habitants (2000) : 20 212 000 (les Ghanéens) soit 84 hab./km^2
Monnaie : cedi
Langue officielle : anglais
Religions principales : islam, christianisme, animisme
Nature du régime : république
Accroissement naturel (1995-2000) : 27,92 ‰
P.I.B. (1997) : 6,88 milliards de $
P.N.B./hab. valeur P.P.A. (1997) : 1 610 $
Dette extérieure (1997) : 5 982 millions de $
Taux de croissance annuelle (1997) : 4,2 %
Budget militaire (1998) : 0,9 % du P.I.B

GRANDE-BRETAGNE ET IRLANDE DU NORD
Capitale : Londres
Superficie : 253 500 km^2
Nombre d'habitants (2000) : 58 830 000 (les Britanniques) soit 232 hab./km^2
Monnaie : livre sterling
Langue officielle : anglais
Religions principales : protestantisme, anglicanisme
Nature du régime : monarchie constitutionnelle à régime parlementaire
Accroissement naturel (1995-2000) : 1,1 ‰
P.I.B. (1997) : 1 286,48 milliards de $
P.N.B./hab. valeur P.P.A. (1997) : 20 710 $
Origine du P.I.B. par secteur (1995) : 1,7 % pour l'agriculture, 27,5 % pour l'industrie, 70,8 % pour les services
Taux de croissance annuelle (1997) : 3,5 %
Taux d'inflation (1997) : 3,13 %
Exportations (1997) : 278 784 millions de $
Importations (1997) : 305 074 millions de $
Balance commerciale (1997) : -26 290 millions de $
Balance des paiements courants (1997) : 7,92 millions de $
Population active occupée (1997) : 1,9 % dans le secteur primaire,

26,9 % dans le secteur secondaire, 71,3 % dans le secteur tertiaire
Part des femmes dans la population active (1996) : 43,5 %
Chômeurs et inactifs (1998) : 6,2 % de la population active totale
Dépenses de santé (1995) : 6,9 % du P.I.B
Budget militaire (1998) : 2,7 % du P.I.B
Forces armées (1998) : 212 400 hommes

GRÈCE
Capitale : Athènes
Superficie : 132 000 km^2
Nombre d'habitants (2000) : 10 645 000 (les Grecs) soit 80 hab./km^2
Monnaie : drachme
Langue officielle : grec
Religion principale : orthodoxie
Nature du régime : république à régime parlementaire
Accroissement naturel (1995-2000) : - 0,33 ‰
P.I.B. (1996) : 122,94 milliards de $ soit 11 737 $ par hab
P.N.B./hab. valeur P.P.A. (1997) : 12 540 $
Origine du P.I.B. par secteur (1995) : 12 % pour l'agriculture, 20,1 % pour l'industrie, 67,9% pour les services
Taux de croissance annuelle (1995) : 1,4 %
Taux d'inflation (1997) : 5,54 %
Exportations (1997) : 10 788 millions de $
Importations (1997) : 25 191 millions de $
Balance commerciale (1997) : - 14 403 millions de $
Balance des paiements courants (1997) : - 4 860 millions de $
Population active occupée (1997) : 20,3 % dans le secteur primaire, 22,9 % dans le secteur secondaire, 56,9 % dans le secteur tertiaire
Part des femmes dans la population active (1996) : 36,54 %
Chômeurs et inactifs (1998) : 10,1 % de la population active totale
Dépenses de santé (1995) : 6,9 % du P.I.B
Budget militaire (1998) : 3,2 % du P.I.B
Forces armées (1998) : 165 670 hommes

GRENADE
Capitale : Saint George's
Superficie : 344 km^2
Nombre d'habitants (1999) : 93 387 (les Grenadiens) soit 271 hab./km^2
Monnaie : dollar des Caraïbes orientales
Langue officielle : anglais
Religion principale : catholicisme
Nature du régime : monarchie constitutionnelle à régime parlementaire
Accroissement naturel (1997-0) : 23 ‰
P.I.B. (1996) : 0,29 milliards de $ soit 2 977 $ par hab
P.N.B./hab. valeur P.P.A. (1997) : 4 760 $
Dette extérieure (1997) : 105 millions de $
Taux de croissance annuelle : n.d
Budget militaire : n.d

GUATEMALA
Capitale : Guatemala
Superficie : 109 000 km^2
Nombre d'habitants (2000) : 11 385 000 (les Guatémaltèques) soit 104 hab./km^2
Monnaie : quetzal
Langue officielle : espagnol
Religion principale : catholicisme
Nature du régime : république à régime présidentiel
Accroissement naturel (1995-2000) : 29,2 ‰
P.I.B. (1997) : 17,77 milliards de $
P.N.B./hab. valeur P.P.A. (1997) : 4 060 $
Dette extérieure (1997) : 4 086 millions de $
Taux de croissance annuelle (1997) : 4,3 %
Budget militaire (1998) : 0,7 % du P.I.B

GUINÉE
Capitale : Conakry
Superficie : 250 000 km^2
Nombre d'habitants (2000) : 7 430 000 (les Guinéens) soit 29 hab./km^2
Monnaie : franc guinéen
Langue officielle : français
Religions principales : islam, animisme
Nature du régime : république
Accroissement naturel (1995-2000) : 24,63 ‰
P.I.B. (1997) : 3,88 milliards de $
P.N.B./hab. valeur P.P.A. (1997) : 1 790 $
Dette extérieure (1997) : 3 520 millions de $
Taux de croissance annuelle (1997) : 4,8 %
Budget militaire (1997) : 1,5 % du P.I.B

GUINÉE ÉQUATORIALE
Capitale : Malabo
Superficie : 28 100 km^2
Nombre d'habitants (2000) : 453 000 (les Équato-Guinéens) soit 16 hab./km^2
Monnaie : franc CFA
Langue officielle : espagnol
Religion principale : catholicisme
Nature du régime : république
Accroissement naturel (1995-2000) : 24,96 ‰
P.I.B. (1997) : 0,48 milliards de $
P.N.B./hab. valeur P.P.A. (1996) : 2 690 $
Dette extérieure (1997) : 283 millions de $
Taux de croissance annuelle (1997) : 76,1 %
Budget militaire (1998) : 1,1 % du P.I.B

GUINÉE-BISSAU
Capitale : Bissau
Superficie : 36 125 km^2
Nombre d'habitants (2000) : 1 213 000 (les Bissau-Guinéens) soit 33 hab./km^2
Monnaie : franc CFA
Langue officielle : portugais
Religions principales : islam, animisme
Nature du régime : république
Accroissement naturel (1995-2000) : 22,11 ‰
P.I.B. (1997) : 0,26 milliards de $
P.N.B./hab. valeur P.P.A. (1996) : 1 030 $
Dette extérieure (1997) : 921 millions de $
Taux de croissance annuelle (1997) : 5 %
Budget militaire (1998) : 2,8 % du P.I.B

GUYANA
Capitale : Georgetown
Superficie : 215 000 km^2
Nombre d'habitants (2000) : 861 000 (les Guyaniens) soit 4 hab./km^2
Monnaie : dollar de la Guyana
Langue officielle : anglais
Religions principales : protestantisme, hindouisme, anglicanisme
Nature du régime : république à régime parlementaire
Accroissement naturel (1995-2000) : 14,54 ‰
P.I.B. (1997) : 0,78 milliards de $
P.N.B./hab. valeur P.P.A. (1997) : 2 800 $
Dette extérieure (1997) : 1 611 millions de $
Taux de croissance annuelle : n.d
Budget militaire (1998) : 0,7 % du P.I.B

HAÏTI
Capitale : Port-au-Prince
Superficie : 27 750 km^2
Nombre d'habitants (2000) : 8 222 000 (les Haïtiens) soit 296 hab./km^2
Monnaie : gourde
Langues officielles : français, créole
Religions principales : vaudou, catholicisme
Nature du régime : république à régime semi-présidentiel
Accroissement naturel (1995-2000) : 19,43 ‰
P.I.B. (1997) : 2,81 milliards de $

P.N.B./hab. valeur P.P.A. (1997) : 1 260 $
Dette extérieure (1997) : 1 057 millions de $
Taux de croissance annuelle (1997) : 1,1 %
Budget militaire (1998) : 1,3 % du P.I.B

HONDURAS

Capitale : Tegucigalpa
Superficie : 112 000 km^2
Nombre d'habitants (2000) : 6 485 000 (les Honduriens) soit 57 hab./km^2
Monnaie : lempira
Langue officielle : espagnol
Religion principale : catholicisme
Nature du régime : république à régime présidentiel
Accroissement naturel (1995-2000) : 28,07 ‰
P.I.B. (1997) : 4,49 milliards de $
P.N.B./hab. valeur P.P.A. (1997) : 2 260 $
Dette extérieure (1997) : 4 698 millions de $
Taux de croissance annuelle (1997) : 4,5 %
Budget militaire (1998) : 0,6 % du P.I.B

HONGRIE

Capitale : Budapest
Superficie : 93 000 km^2
Nombre d'habitants (2000) : 10 036 000 (les Hongrois) soit 107 hab./km^2
Monnaie : forint
Langue officielle : hongrois
Religions principales : protestantisme, catholicisme
Nature du régime : république à régime parlementaire
Accroissement naturel (1995-2000) : - 3,78 ‰
P.I.B. (1997) : 45,72 milliards de $
P.N.B./hab. valeur P.P.A. (1997) : 6 970 $
Taux de croissance annuelle (1997) : 4,6 %
Budget militaire (1998) : 1,3 % du P.I.B

INDE

Capitale : New Delhi
Superficie : 3 268 000 km^2
Nombre d'habitants (2000) : 1 013 662 000 (les Indiens) soit 310 hab./km^2
Monnaie : roupie indienne
Langues officielles : hindi, anglais
Religions principales : islam, hindouisme
Nature du régime : république à régime parlementaire
Accroissement naturel (1995-2000) : 16,57 ‰
P.I.B. (1997) : 381,56 milliards de $
P.N.B./hab. valeur P.P.A. (1997) : 1 660 $
Origine du P.I.B. par secteur (1997) : 25,2 % pour l'agriculture, 30,1 % pour l'industrie, 44,5 % pour les services
Dette extérieure (1997) : 94 404 millions de $
Taux de croissance annuelle (1997) : 5,2 %
Taux d'inflation (1997) : 7,16 %
Exportations (1997) : 32 201 millions de $
Importations (1997) : 36 293 millions de $
Balance commerciale (1997) : - 4 092 millions de $
Balance des paiements courants : n.d
Population active occupée : n.d
Part des femmes dans la population active (1996) : 31,82 %
Chômeurs et inactifs : n.d
Dépenses de santé : n.d
Budget militaire (1998) : 2,1 % du P.I.B
Forces armées (1998) : 1 173 000 hommes

INDONÉSIE

Capitale : Jakarta
Superficie : 1 900 000 km^2
Nombre d'habitants (2000) : 212 107 000 (les Indonésiens) soit 111 hab./km2
Monnaie : rupiah
Langue officielle : indonésien
Religion principale : islam
Nature du régime : république
Accroissement naturel (1995-2000) : 15,18 ‰
P.I.B. (1997) : 214,99 milliards de $
P.N.B./hab. valeur P.P.A. (1997) : 3 390 $
Dette extérieure (1997) : 136 174 millions de $
Taux de croissance annuelle (1997) : 4,9 %
Budget militaire (1998) : 0,9 % du P.I.B

IRAN

Capitale : Téhéran
Superficie : 1 650 000 km^2
Nombre d'habitants (2000) : 67 702 000 (les Iraniens) soit 41 hab./km^2
Monnaie : rial iranien
Langue officielle : persan
Religion principale : islam
Nature du régime : république à régime semi-présidentiel
Accroissement naturel (1995-2000) : 16,55 ‰
P.I.B. : n.d
P.N.B./hab. valeur P.P.A. (1997) : 5 690 $
Dette extérieure (1997) : 11 816 millions de $
Taux de croissance annuelle (1996) : 5,89 %
Budget militaire (1998) : 3,0 % du P.I.B

IRAQ

Capitale : Bagdad
Superficie : 434 000 km^2
Nombre d'habitants (2000) : 23 115 000 (les Irakiens) soit 53 hab./km^2
Monnaie : dinar irakien
Langue officielle : arabe
Religion principale : islam
Nature du régime : république
Accroissement naturel (1995-2000) : 27,96 ‰
P.I.B. : n.d
P.N.B./hab. valeur P.P.A. : n.d
Dette extérieure : n.d
Taux de croissance annuelle : n.d
Budget militaire : n.d

IRLANDE

Capitale : Dublin
Superficie : 70 000 km^2
Nombre d'habitants (2000) : 3 730 000 (les Irlandais) soit 53 hab./km^2
Monnaies : euro, livre irlandaise
Langues officielles : gaélique, anglais
Religion principale : catholicisme
Nature du régime : république à régime semi-présidentiel
Accroissement naturel (1995-2000) : 5,78 ‰
P.I.B. (1997) : 75,02 milliards de $
P.N.B./hab. valeur P.P.A. (1997) : 17 420 $
Origine du P.I.B. par secteur (1995) : 5,1 % pour l'agriculture, 39,3 % pour l'industrie, 55,6 % pour les services
Taux de croissance annuelle (1997) : 10 %
Taux d'inflation (1997) : 1,44 %
Exportations (1997) : 53 258 millions de $
Importations (1997) : 39 192 millions de $
Balance commerciale (1997) : 14 066 millions de $
Balance des paiements courants (1997) : 1 984 millions de $
Population active occupée (1997) : 10,4 % dans le secteur primaire, 28,4 % dans le secteur secondaire, 61,7 % dans le secteur tertiaire
Part des femmes dans la population active (1996) : 33,39 %
Chômeurs et inactifs (1998) : 7,7 % de la population active totale
Dépenses de santé (1995) : 7,9 % du P.I.B
Budget militaire (1998) : 1,0 % du P.I.B
Forces armées (1998) : 11 500 hommes

ISLANDE

Capitale : Reykjavík
Superficie : 103 000 km^2
Nombre d'habitants (2000) :

281 000 (les Islandais) soit
2 hab./km^2
Monnaie : couronne islandaise
Langue officielle : islandais
Religion principale : protestantisme
Nature du régime : république à régime semi-présidentiel
Accroissement naturel (1995 - 2000) : 9,15 ‰
P.I.B. (1996) : 7,28 milliards de $ soit 26 976 $ par hab
P.N.B./hab. valeur P.P.A. (1996) : 21 710 $
Taux de croissance annuelle (1997) : 5 %
Budget militaire (1998) : 1,2 % du P.I.B

ISRAËL

Capitale : Jérusalem (selon la Knesset)
Superficie : 21 000 km^2
Nombre d'habitants (2000) :
6 217 000 (les Israéliens) soit
296 hab./km^2
Monnaie : shekel
Langues officielles : hébreu, arabe
Religions principales : judaïsme, islam
Nature du régime : république à régime parlementaire
Accroissement naturel (1995-2000) : 13,59 ‰
P.I.B. (1997) : 98,08 milliards de $
P.N.B./hab. valeur P.P.A. (1997) : 17 680 $
Dette extérieure : n.d
Taux de croissance annuelle (1997) : 2,2 %
Budget militaire (1998) : 6,7 % du P.I.B

ITALIE

Capitale : Rome
Superficie : 301 000 km^2
Nombre d'habitants (2000) :
57 298 000 (les Italiens) soit
190 hab./km^2
Monnaies : euro, lire italienne
Langue officielle : italien
Religion principale : catholicisme
Nature du régime : république à régime parlementaire
Accroissement naturel (1995-2000) : - 1,37 ‰
P.I.B. (1997) : 1 145,56 milliards de $
P.N.B./hab. valeur P.P.A. (1997) : 20 100 $
Origine du P.I.B. par secteur (1997) : 2,6 % pour l'agriculture, 30,5 % pour l'industrie, 66,9% pour les services
Taux de croissance annuelle (1997) : 1,5 %
Taux d'inflation (1997) : 2,04 %
Exportations (1997) : 238 161 millions de $
Importations (1997) : 204 098 millions de $
Balance commerciale (1997) : 34 063 millions de $
Balance des paiements courants (1997) : 33 425 millions de $
Population active occupée (1997) : 6,8 % dans le secteur primaire, 32 % dans le secteur secondaire, 61,2% dans le secteur tertiaire
Part des femmes dans la population active (1996) : 37,8 %
Chômeurs et inactifs (1998) : 12,2 % de la population active totale
Dépenses de santé (1995) : 8,3 % du P.I.B
Budget militaire (1998) : 1,5 % du P.I.B
Forces armées (1998) : 265 500 hommes

JAMAÏQUE

Capitale : Kingston
Superficie : 11 425 km^2
Nombre d'habitants (2000) :
2 583 000 (les Jamaïquains) soit
226 hab./km^2
Monnaie : dollar de la Jamaïque
Langue officielle : anglais
Religion principale : protestantisme
Nature du régime : monarchie constitutionnelle à régime parlementaire
Accroissement naturel (1995-2000) : 16,03 ‰
P.I.B. (1997) : 4,13 milliards de $
P.N.B./hab. valeur P.P.A. (1997) : 3 330 $
Dette extérieure (1997) : 3 913 millions de $
Taux de croissance annuelle : n.d
Budget militaire (1998) : 0,8 % du P.I.B

JAPON

Capitale : Tokyo
Superficie : 373 000 km^2
Nombre d'habitants (2000) :
126 714 000 (les Japonais) soit
339 hab./km^2
Monnaie : yen
Langue officielle : japonais
Religions principales : shintoïsme, bouddhisme
Nature du régime : monarchie constitutionnelle à régime parlementaire
Accroissement naturel (1995-2000) : 1,97 ‰
P.I.B. (1997) : 4 190,23 milliards de $
P.N.B./hab. valeur P.P.A. (1997) : 24 400 $
Origine du P.I.B. par secteur (1996) : 1,9 % pour l'agriculture, 37,9 % pour l'industrie, 60,2% pour les services
Taux de croissance annuelle (1997) : 0,8 %
Taux d'inflation (1997) : 1,71 %
Exportations (1997) : 420 492 millions de $
Importations (1997) : 337 501 millions de $
Balance commerciale (1997) : 82 991 millions de $
Balance des paiements courants (1997) : 94 350 millions de $
Population active occupée (1997) : 5,3 % dans le secteur primaire, 33,1 % dans le secteur secondaire, 61,6% dans le secteur tertiaire
Part des femmes dans la population active (1996) : 40,75 %
Chômeurs et inactifs (1998) : 4,1 % de la population active totale
Dépenses de santé (1995) : 6,9 % du P.I.B
Budget militaire (1998) : 0,9 % du P.I.B
Forces armées (1998) : 236 300 hommes

JORDANIE

Capitale : Amman
Superficie : 92 000 km^2
Nombre d'habitants (2000) :
6 669 000 (les Jordaniens) soit
72 hab./km^2
Monnaie : dinar jordanien
Langue officielle : arabe
Religion principale : islam
Nature du régime : monarchie constitutionnelle à régime parlementaire
Accroissement naturel (1995-2000) : 30,17 ‰
P.I.B. (1997) : 7,01 milliards de $
P.N.B./hab. valeur P.P.A. (1997) : 3 350 $
Dette extérieure (1997) : 8 234 millions de $
Taux de croissance annuelle (1997) : 1,7 %
Budget militaire (1998) : 5,3 % du P.I.B

KAZAKHSTAN

Capitale : Astana
Superficie : 2 717 000 km^2
Nombre d'habitants (2000) :
16 223 000 (les Kazakhs) soit
5 hab./km^2
Monnaie : tenge
Langue officielle : kazakh
Religions principales : orthodoxie, islam
Nature du régime : république à régime semi-présidentiel
Accroissement naturel (1995-2000) : 9,81 ‰
P.I.B. (1997) : 22,16 milliards de $
P.N.B./hab. valeur P.P.A. (1997) : 3 530 $
Dette extérieure (1997) : 4 278 millions de $
Taux de croissance annuelle (1997) : 1,7 %
Budget militaire (1998) : 1,1 % du P.I.B

KENYA

Capitale : Nairobi
Superficie : 583 000 km^2
Nombre d'habitants (2000) :
30 080 000 (les Kenyans) soit
51 hab./km^2
Monnaie : shilling du Kenya
Langue officielle : swahili
Religions principales : protestantisme, catholicisme, animisme
Nature du régime : république

Accroissement naturel (1995-2000) : 22,09 ‰
P.I.B. (1997) : 10,24 milliards de $
P.N.B./hab. valeur P.P.A. (1997) : 1 160 $
Dette extérieure (1997) : 6 486 millions de $
Taux de croissance annuelle (1997) : 2,1 %
Budget militaire (1998) : 2,0 % du P.I.B

KIRGHIZISTAN

Capitale : Bichkek
Superficie : 199 000 km²
Nombre d'habitants (2000) : 4 699 000 (les Kirghiz) soit 23 hab./km²
Monnaie : som
Langue officielle : kirghiz
Religion principale : islam
Nature du régime : république
Accroissement naturel (1995-2000) : 18,12 ‰
P.I.B. (1997) : 1,76 milliards de $
P.N.B./hab. valeur P.P.A. (1997) : 2 180 $
Dette extérieure (1997) : 928 millions de $
Taux de croissance annuelle (1997) : 9,9 %
Budget militaire (1998) : 1,6 % du P.I.B

KIRIBATI

Capitale : Tarawa
Superficie : 900 km²
Nombre d'habitants (1999) : 82 206 (les Kiribatiens) soit 91 hab./km²
Monnaie : dollar australien
Langue officielle : anglais
Religions principales : protestantisme, catholicisme
Nature du régime : république à régime semi-présidentiel
Accroissement naturel : n.d
P.I.B. (1997) : 0,05 milliards de $
P.N.B./hab. valeur P.P.A. : n.d
Dette extérieure : n.d
Taux de croissance annuelle (1997) : 3 %
Budget militaire : n.d

KOWEÏT

Capitale : Koweït
Superficie : 17 800 km²
Nombre d'habitants (2000) : 1 972 000 (les Koweïtiens) soit 110 hab./km²
Monnaie : dinar koweïtien
Langue officielle : arabe
Religion principale : islam
Nature du régime : monarchie
Accroissement naturel (1995-2000) : 19,9 ‰
P.I.B. (1997) : 30,37 milliards de $
P.N.B./hab. valeur P.P.A. (1995) : 23 790 $
Dette extérieure : n.d
Taux de croissance annuelle (1995) : 1,03 %
Budget militaire (1998) : 10,6 % du P.I.B

LAOS

Capitale : Vientiane
Superficie : 236 800 km²
Nombre d'habitants (2000) : 5 433 000 (les Laotiens) soit 22 hab./km²
Monnaie : kip
Langue officielle : lao
Religion principale : bouddhisme
Nature du régime : république, régime socialiste
Accroissement naturel (1995-2000) : 26,12 ‰
P.I.B. (1997) : 1,75 milliards de $
P.N.B./hab. valeur P.P.A. (1997) : 1 300 $
Dette extérieure (1997) : 2 320 millions de $
Taux de croissance annuelle (1997) : 6,5 %
Budget militaire (1997) : 3,8 % du P.I.B

LESOTHO

Capitale : Maseru
Superficie : 30 355 km²
Nombre d'habitants (2000) : 2 153 000 (les Lesothans) soit 70 hab./km²
Monnaie : loti
Langues officielles : sotho, anglais
Religions principales : protestantisme, catholicisme
Nature du régime : monarchie
Accroissement naturel (1995-2000) : 23,15 ‰
P.I.B. (1997) : 0,95 milliards de $
P.N.B./hab. valeur P.P.A. (1997) : 2 490 $
Dette extérieure (1997) : 660 millions de $
Taux de croissance annuelle (1997) : 8 %
Budget militaire (1998) : 2,5 % du P.I.B

LETTONIE

Capitale : Riga
Superficie : 64 000 km²
Nombre d'habitants (2000) : 2 357 000 (les Lettons) soit 36 hab./km²
Monnaie : lats letton
Langue officielle : letton
Religions principales : protestantisme, orthodoxie, catholicisme
Nature du régime : république à régime parlementaire
Accroissement naturel (1995-2000) : -5,25 ‰
P.I.B. (1997) : 5,52 milliards de $
P.N.B./hab. valeur P.P.A. (1997) : 3 970 $
Dette extérieure (1997) : 503 millions de $
Taux de croissance annuelle (1997) : 6,6 %
Budget militaire (1998) : 0,6 % du P.I.B

LIBAN

Capitale : Beyrouth
Superficie : 10 400 km²
Nombre d'habitants (2000) : 3 282 000 (les Libanais) soit 315 hab./km²
Monnaie : livre libanaise
Langue officielle : arabe
Religions principales : islam, christianisme
Nature du régime : république à régime parlementaire
Accroissement naturel (1995-2000) : 17,37 ‰
P.I.B. (1997) : 14,96 milliards de $
P.N.B./hab. valeur P.P.A. (1997) : 6 090 $
Dette extérieure (1997) : 5 036 millions de $
Taux de croissance annuelle : n.d
Budget militaire (1998) : 3,6 % du P.I.B

LIBERIA

Capitale : Monrovia
Superficie : 110 000 km²
Nombre d'habitants (2000) : 3 154 000 (les Libériens) soit 28 hab./km²
Monnaie : dollar libérien
Langue officielle : anglais
Religions principales : christianisme, animisme
Nature du régime : république
Accroissement naturel (1995-2000) : 27,76 ‰
P.I.B. : n.d
P.N.B./hab. valeur P.P.A. : n.d
Dette extérieure (1997) : 2 012 millions de $
Taux de croissance annuelle : n.d
Budget militaire : n.d

LIBYE

Capitale : Tripoli
Superficie : 1 760 000 km²
Nombre d'habitants (2000) : 5 605 000 (les Libyens) soit 3 hab./km²
Monnaie : dinar libyen
Langue officielle : arabe
Religion principale : islam
Nature du régime : république
Accroissement naturel (1995-2000) : 24,51 ‰
P.I.B. : n.d
P.N.B./hab. valeur P.P.A. : n.d
Dette extérieure : n.d
Taux de croissance annuelle : n.d
Budget militaire (1998) : 1,9 % du P.I.B

LIECHTENSTEIN

Capitale : Vaduz
Superficie : 160 km²
Nombre d'habitants (1999) : 32 439 (les Liechtensteinois) soit 202 hab./km²

Monnaie : franc suisse
Langue officielle : allemand
Religion principale : catholicisme
Nature du régime : monarchie constitutionnelle à régime parlementaire
Accroissement naturel : n.d
P.I.B. : n.d
P.N.B./hab. valeur P.P.A. : n.d
Dette extérieure : n.d
Taux de croissance annuelle : n.d
Budget militaire : n.d

LITUANIE

Capitale : Vilnius
Superficie : 65 000 km2
Nombre d'habitants (2000) : 3 670 000 (les Lituaniens) soit 56 hab./km^2
Monnaie : litas lituanien
Langue officielle : lituanien
Religion principale : catholicisme
Nature du régime : république à régime semi-présidentiel
Accroissement naturel (1995-2000) : -1,64 ‰
P.I.B. (1997) : 9,58 milliards de $
P.N.B./hab. valeur P.P.A. (1997) : 4 140 $
Dette extérieure (1997) : 1 540 millions de $
Taux de croissance annuelle (1997) : 5,7 %
Budget militaire (1998) : 1,4 % du P.I.B

LUXEMBOURG

Capitale : Luxembourg
Superficie : 2 586 km2
Nombre d'habitants (2000) : 431 000 (les Luxembourgeois) soit 166 hab./km2
Monnaies : euro, franc luxembourgeois
Langues officielles : luxembourgeois, français, allemand
Religion principale : catholicisme
Nature du régime : monarchie constitutionnelle à régime parlementaire
Accroissement naturel (1995-2000) : 2,73 ‰
P.I.B. (1997) : 17,5 milliards de $ soit 38 616 $ par hab
P.N.B./hab. valeur P.P.A. (1997) : 34 460 $
Origine du P.I.B. par secteur (1995) : 1 % pour l'agriculture, 24 % pour l'industrie, 75% pour les services
Taux de croissance annuelle : n.d
Taux d'inflation (1997) : 1,37 %
Exportations (1996) : 5 788 millions de $
Importations (1996) : 7 668 millions de $
Balance commerciale (1996) : - 1 880 millions de $
Balance des paiements courants : n.d
Population active occupée (1997) : 2,6 % dans le secteur primaire, 25,6 % dans le secteur secondaire, 71,8% dans le secteur tertiaire
Part des femmes dans la population active (1996) : 36,93 %
Chômeurs et inactifs (1997) : 3,3 % de la population active totale
Dépenses de santé (1995) : 6,7 % du P.I.B
Budget militaire (1998) : 0,6 % du P.I.B
Forces armées (1998) : 768 hommes

MACÉDOINE

Capitale : Skopje
Superficie : 25 700 km^2
Nombre d'habitants (2000) : 2 024 000 (les Macédoniens) soit 78 hab./km^2
Monnaie : denar
Langue officielle : macédonien
Religion principale : orthodoxie
Nature du régime : république à régime semi-présidentiel
Accroissement naturel (1995-2000) : 8,04 ‰
P.I.B. (1997) : 2,2 milliards de $
P.N.B./hab. valeur P.P.A. (1997) : 3 180 $
Dette extérieure (1997) : 1 542 millions de $
Taux de croissance annuelle (1997) : 1,5 %
Budget militaire (1998) : 4,8 % du P.I.B

MADAGASCAR

Capitale : Antananarivo
Superficie : 587 000 km^2
Nombre d'habitants (2000) : 15 942 000 (les Malgaches) soit 27 hab./km^2
Monnaie : franc malgache
Langues officielles : malgache, français
Religions principales : protestantisme, catholicisme, animisme
Nature du régime : république à régime semi-présidentiel
Accroissement naturel (1995-2000) : 29,61 ‰
P.I.B. (1997) : 3,54 milliards de $
P.N.B./hab. valeur P.P.A. (1997) : 900 $
Dette extérieure (1997) : 4 105 millions de $
Taux de croissance annuelle (1997) : 3,6 %
Budget militaire (1998) : 1,1 % du P.I.B

MALAISIE

Capitale : Kuala Lumpur
Superficie : 330 000 km^2
Nombre d'habitants (2000) : 22 244 000 (les Malaisiens) soit 67 hab./km^2
Monnaie : dollar de la Malaisie
Langue officielle : malais
Religion principale : islam
Nature du régime : monarchie constitutionnelle à régime parlementaire
Accroissement naturel (1995-2000) : 20,17 ‰
P.I.B. (1997) : 98,47 milliards de $
P.N.B./hab. valeur P.P.A. (1997) : 7 730 $
Dette extérieure (1997) : 47 228 millions de $
Taux de croissance annuelle (1997) : 7,8 %
Budget militaire (1998) : 2 % du P.I.B

MALAWI

Capitale : Lilongwe
Superficie : 118 000 km^2
Nombre d'habitants (2000) : 10 925 000 (les Malawites) soit 92 hab./km^2
Monnaie : kwacha
Langue officielle : anglais
Religions principales : protestantisme, catholicisme, animisme
Nature du régime : république à régime présidentiel
Accroissement naturel (1995-2000) : 24,37 ‰
P.I.B. (1997) : 2,51 milliards de $
P.N.B./hab. valeur P.P.A. (1997) : 700 $
Dette extérieure (1997) : 2 206 millions de $
Taux de croissance annuelle (1997) : 5,1 %
Budget militaire (1998) : 1,2 % du P.I.B

MALDIVES

Capitale : Malé
Superficie : 300 km^2
Nombre d'habitants (2000) : 286 000 (les Maldiviens) soit 953 hab./km^2
Monnaie : rufiyaa
Langue officielle : divehi
Religion principale : islam
Nature du régime : république à régime semi-présidentiel
Accroissement naturel (1995-2000) : 27,77 ‰
P.I.B. (1997) : 0,34 milliards de $
P.N.B./hab. valeur P.P.A. (1997) : 3 340 $
Dette extérieure (1997) : 160 millions de $
Taux de croissance annuelle (1997) : 6,2 %
Budget militaire : n.d

MALI

Capitale : Bamako
Superficie : 1 240 000 km^2
Nombre d'habitants (2000) : 11 234 000 (les Maliens) soit 9 hab./km^2
Monnaie : franc CFA
Langue officielle : français
Religions principales : islam, animisme
Nature du régime : république à régime semi-présidentiel
Accroissement naturel (1995-2000) : 30,97 ‰
P.I.B. (1997) : 2,53 milliards de $
P.N.B./hab. valeur P.P.A. (1997) : 720 $

Dette extérieure (1997) : 2 945 millions de $
Taux de croissance annuelle (1997) : 6,7 %
Budget militaire (1998) : 1,6 % du P.I.B

MALTE
Capitale : La Valette
Superficie : 316 km²
Nombre d'habitants (2000) : 389 000 (les Maltais) soit 1 231 hab./km²
Monnaie : livre maltaise
Langues officielles : maltais, anglais
Religion principale : catholicisme
Nature du régime : république à régime parlementaire
Accroissement naturel (1995-2000) : 5,19 ‰
P.I.B. (1997) : 3,32 milliards de $
P.N.B./hab. valeur P.P.A. (1997) : 13 380 $
Dette extérieure (1997) : 1 034 millions de $
Taux de croissance annuelle (1997) : 2,9 %
Budget militaire (1998) : 0,8 % du P.I.B

MAROC
Capitale : Rabat
Superficie : 710 000 km²
Nombre d'habitants (2000) : 28 351 000 (les Marocains) soit 39 hab./km²
Monnaie : dirham marocain
Langue officielle : arabe
Religion principale : islam
Nature du régime : monarchie constitutionnelle à régime parlementaire
Accroissement naturel (1995-2000) : 18,89 ‰
P.I.B. (1997) : 33,51 milliards de $
P.N.B./hab. valeur P.P.A. (1997) : 3 210 $
Dette extérieure (1997) : 19 321 millions de $
Taux de croissance annuelle : n.d
Budget militaire (1998) : 4,0 % du P.I.B

MARSHALL (ÎLES)
Capitale : Majuro
Superficie : 181 km²
Nombre d'habitants (1999) : 62 235 (les Marshallais) soit 343 hab./km²
Monnaie : dollar des États-Unis
Langue officielle : anglais
Religion principale : protestantisme
Nature du régime : république
Accroissement naturel : n.d
P.I.B. (1997) : 0,09 milliards de $
P.N.B./hab. valeur P.P.A. : n.d
Dette extérieure : n.d
Taux de croissance annuelle : n.d
Budget militaire : n.d

MAURICE
Capitale : Port Louis
Superficie : 2 040 km²
Nombre d'habitants (2000) : 1 158 000 (les Mauriciens) soit 567 hab./km²
Monnaie : roupie mauricienne
Langue officielle : anglais
Religions principales : islam, hindouisme, catholicisme
Nature du régime : république à régime parlementaire
Accroissement naturel (1995-2000) : 9,87 ‰
P.I.B. (1997) : 4,39 milliards de $
P.N.B./hab. valeur P.P.A. (1997) : 9 230 $
Dette extérieure (1997) : 2 472 millions de $
Taux de croissance annuelle (1997) : 5 %
Budget militaire (1998) : 0,3 % du P.I.B

MAURITANIE
Capitale : Nouakchott
Superficie : 1 080 000 km²
Nombre d'habitants (2000) : 2 670 000 (les Mauritaniens) soit 2 hab./km²
Monnaie : ouguiya
Langue officielle : arabe
Religion principale : islam
Nature du régime : république à régime semi-présidentiel
Accroissement naturel (1995-2000) : 27,23 ‰
P.I.B. (1997) : 1,09 milliards de $
P.N.B./hab. valeur P.P.A. (1997) : 1 650 $
Dette extérieure (1997) : 2 453 millions de $
Taux de croissance annuelle (1997) : 4,5 %
Budget militaire (1998) : 2,6 % du P.I.B

MEXIQUE
Capitale : Mexico
Superficie : 1 970 000 km²
Nombre d'habitants (2000) : 98 881 000 (les Mexicains) soit 50 hab./km²
Monnaie : peso mexicain
Langue officielle : espagnol
Religion principale : catholicisme
Nature du régime : république à régime présidentiel
Accroissement naturel (1995-2000) : 19,55 ‰
P.I.B. (1997) : 402,96 milliards de $
P.N.B./hab. valeur P.P.A. (1997) : 8 110 $
Taux de croissance annuelle (1997) : 7 %
Budget militaire (1998) : 0,5 % du P.I.B

MICRONÉSIE (ÉTATS FÉDÉRÉS DE)
Capitale : Palikir
Superficie : 707 km²
Nombre d'habitants (1999) : 116 351 (les Micronésiens) soit 164 hab./km²
Monnaie : dollar des États-Unis
Langue officielle : anglais
Religion principale : christianisme
Nature du régime : république
Accroissement naturel : n.d
P.I.B. (1997) : 0,21 milliards de $
P.N.B./hab. valeur P.P.A. : n.d
Dette extérieure : n.d
Taux de croissance annuelle : n.d
Budget militaire : n.d

MOLDAVIE
Capitale : Chisinau
Superficie : 34 000 km²
Nombre d'habitants (2000) : 4 380 000 (les Moldaves) soit 128 hab./km²
Monnaie : leu moldave
Langue officielle : roumain
Religion principale : orthodoxie
Nature du régime : république à régime semi-présidentiel
Accroissement naturel (1995-2000) : 2,5 ‰
P.I.B. (1997) : 1,87 milliards de $
P.N.B./hab. valeur P.P.A. (1997) : 1 450 $
Dette extérieure (1997) : 1 040 millions de $
Taux de croissance annuelle (1997) : 1,3 %
Budget militaire (1998) : 0,9 % du P.I.B

MONACO
Capitale : Monaco
Superficie : 2 km²
Nombre d'habitants (1999) : 33 247 (les Monégasques) soit 16 623 hab./km²
Monnaie : euro, franc français
Langue officielle : français
Religion principale : catholicisme
Nature du régime : monarchie constitutionnelle
Accroissement naturel : n.d
P.I.B. : n.d
P.N.B./hab. valeur P.P.A. : n.d
Dette extérieure : n.d
Taux de croissance annuelle : n.d
Budget militaire : n.d

MONGOLIE
Capitale : Oulan-Bator
Superficie : 1 565 000 km²
Nombre d'habitants (2000) : 2 662 000 (les Mongols) soit 1 hab./km2
Monnaie : tugrik
Langue officielle : khalkha
Religion principale : bouddhisme
Nature du régime : république à régime semi-présidentiel
Accroissement naturel (1995-2000) : 16,47 ‰
P.I.B. (1997) : 0,86 milliards de $

P.N.B./hab. valeur P.P.A. (1997) : 1 490 $
Dette extérieure (1997) : 718 millions de $
Taux de croissance annuelle (1997) : 3,3 %
Budget militaire (1998) : 2,3 % du P.I.B

MOZAMBIQUE

Capitale : Maputo
Superficie : 785 000 km2
Nombre d'habitants (2000) : 19 680 000 (les Mozambicains) soit 25 hab./km2
Monnaie : metical
Langue officielle : portugais
Religions principales : catholicisme, animisme
Nature du régime : république à régime semi-présidentiel
Accroissement naturel (1995-2000) : 24,74 ‰
P.I.B. (1997) : 2,75 milliards de $
P.N.B./hab. valeur P.P.A. (1997) : 690 $
Dette extérieure (1997) : 5 991 millions de $
Taux de croissance annuelle (1997) : 12,4 %
Budget militaire (1998) : 1,9 % du P.I.B

NAMIBIE

Capitale : Windhoek
Superficie : 825 000 km^2
Nombre d'habitants (2000) : 1 726 000 (les Namibiens) soit 2 hab./km^2
Monnaie : dollar namibien
Langue officielle : anglais
Religion principale : protestantisme
Nature du régime : république à régime semi-présidentiel
Accroissement naturel (1995-2000) : 22,32 ‰
P.I.B. (1997) : 3,28 milliards de $
P.N.B./hab. valeur P.P.A. (1997) : 5 100 $
Dette extérieure : n.d
Taux de croissance annuelle (1997) : 1,8 %
Budget militaire (1998) : 2,6 % du P.I.B

NAURU

Capitale : Yaren
Superficie : 21 km2
Nombre d'habitants (1999) : 11 309 (les Nauruans) soit 538 hab./km2
Monnaie : dollar australien
Langues officielles : nauruan, anglais
Religion principale : protestantisme
Nature du régime : république à régime parlementaire
Accroissement naturel : n.d
P.I.B. : n.d
P.N.B./hab. valeur P.P.A. : n.d
Dette extérieure : n.d
Taux de croissance annuelle : n.d
Budget militaire : n.d

NÉPAL

Capitale : Katmandou
Superficie : 140 000 km^2
Nombre d'habitants (2000) : 23 930 000 (les Népalais) soit 170 hab./km^2
Monnaie : roupie népalaise
Langue officielle : népalais
Religion principale : hindouisme
Nature du régime : monarchie constitutionnelle à régime parlementaire
Accroissement naturel (1995-2000) : 23,53 ‰
P.I.B. (1997) : 4,92 milliards de $
P.N.B./hab. valeur P.P.A. (1997) : 1 090 $
Dette extérieure (1997) : 2 398 millions de $
Taux de croissance annuelle (1997) : 4 %
Budget militaire (1998) : 0,8 % du P.I.B

NICARAGUA

Capitale : Managua
Superficie : 148 000 km2
Nombre d'habitants (2000) : 5 074 000 (les Nicaraguayens) soit 34 hab./km^2
Monnaie : córdoba oro
Langue officielle : espagnol
Religion principale : catholicisme
Nature du régime : république à régime présidentiel
Accroissement naturel (1995-2000) : 30,26 ‰
P.I.B. (1996) : 1,97 milliards de $ soit 438 $ par hab
P.N.B./hab. valeur P.P.A. (1997) : 1 820 $
Dette extérieure (1997) : 5 677 millions de $
Taux de croissance annuelle (1997) : 5,12 %
Budget militaire (1997) : 1,3 % du P.I.B

NIGER

Capitale : Niamey
Superficie : 1 267 000 km^2
Nombre d'habitants (2000) : 10 730 000 (les Nigériens) soit 8 hab./km^2
Monnaie : franc CFA
Langue officielle : français
Religion principale : islam
Nature du régime : république à regime semi-présidentiel
Accroissement naturel (1995-2000) : 31,79 ‰
P.I.B. (1997) : 1,85 milliards de $
P.N.B./hab. valeur P.P.A. (1997) : 830 $
Dette extérieure (1997) : 1 579 millions de $
Taux de croissance annuelle (1997) : 3,4 %
Budget militaire (1998) : 1,3 % du P.I.B

NIGERIA

Capitale : Abuja
Superficie : 924 000 km^2
Nombre d'habitants (2000) : 111 506 000 (les Nigérians) soit 120 hab./km^2
Monnaie : naira
Langue officielle : anglais
Religions principales : protestantisme, islam, Églises indigènes, catholicisme
Nature du régime : république
Accroissement naturel (1995-2000) : 24,15 ‰
P.I.B. (1997) : 39,85 milliards de $
P.N.B./hab. valeur P.P.A. (1997) : 860 $
Dette extérieure (1997) : 28 455 millions de $
Taux de croissance annuelle (1997) : 3,9 %
Budget militaire (1996) : 1,2 % du P.I.B

NORVÈGE

Capitale : Oslo
Superficie : 325 000 km^2
Nombre d'habitants (2000) : 4 465 000 (les Norvégiens) soit 13 hab./km^2
Monnaie : couronne norvégienne
Langue officielle : norvégien
Religion principale : protestantisme
Nature du régime : monarchie constitutionnelle à régime parlementaire
Accroissement naturel (1995-2000) : 2,98 ‰
P.I.B. (1997) : 153,36 milliards de $
P.N.B./hab. valeur P.P.A. (1997) : 24 260 $
Taux de croissance annuelle (1997) : 3,4 %
Budget militaire (1998) : 2,3 % du PIB

NOUVELLE-ZÉLANDE

Capitale : Wellington
Superficie : 270 000 km^2
Nombre d'habitants (2000) : 3 862 000 (les Néo-Zélandais) soit 14 hab./km^2
Monnaie : dollar néo-zélandais
Langue officielle : anglais
Religions principales : protestantisme, catholicisme
Nature du régime : monarchie constitutionnelle à régime parlementaire
Accroissement naturel (1995-2000) : 7,47 ‰
P.I.B. (1997) : 64,57 milliards de $
P.N.B./hab. valeur P.P.A. (1997) : 15 780 $
Taux de croissance annuelle (1997) : 2,4 %
Budget militaire (1998) : 1,4 % du P.I.B

OMAN

Capitale : Mascate
Superficie : 212 000 km^2
Nombre d'habitants (2000) : 2 542 000 (les Omanais) soit 11 hab./km^2

Monnaie : rial omanais
Langue officielle : arabe
Religion principale : islam
Nature du régime : monarchie
Accroissement naturel (1995-2000) : 31,21 ‰
P.I.B. (1996) : 12,1 milliards de $
P.N.B./hab. valeur P.P.A. (1996) : 8 680 $
Dette extérieure (1997) : 3 602 millions de $
Taux de croissance annuelle (1996) : 3,53 %
Budget militaire (1998) : 11,9 % du P.I.B

OUGANDA

Capitale : Kampala
Superficie : 237 000 km^2
Nombre d'habitants (2000) : 21 778 000 (les Ougandais) soit 91 hab./km^2
Monnaie : shilling ougandais
Langue officielle : anglais
Religions principales : catholicisme, animisme, anglicanisme
Nature du régime : république à régime semi-présidentiel
Accroissement naturel (1995-2000) : 29,41 ‰
P.I.B. (1997) : 6,58 milliards de $
P.N.B./hab. valeur P.P.A. (1997) : 1 160 $
Dette extérieure (1997) : 3 708 millions de $
Taux de croissance annuelle (1997) : 5,4 %
Budget militaire (1998) : 2,0 % du P.I.B

OUZBÉKISTAN

Capitale : Tachkent
Superficie : 447 000 km^2
Nombre d'habitants (2000) : 24 318 000 (les Ouzbeks) soit 54 hab./km^2
Monnaie : soum ouzbek
Langue officielle : ouzbek
Religion principale : islam
Nature du régime : république
Accroissement naturel (1995-2000) : 21,38 ‰
P.I.B. (1997) : 25,04 milliards de $
P.N.B./hab. valeur P.P.A. (1996) : 2 450 $
Dette extérieure (1997) : 2 760 millions de $
Taux de croissance annuelle (1997) : 5,4 %
Budget militaire (1998) : 0,8 % du P.I.B

PAKISTAN

Capitale : Islamabad
Superficie : 803 000 km^2
Nombre d'habitants (2000) : 156 483 000 (les Pakistanais) soit 194 hab./km^2
Monnaie : roupie pakistanaise
Langues officielles : ourdou, anglais
Religion principale : islam
Nature du régime : république à régime parlementaire
Accroissement naturel (1995-2000) : 28,34 ‰
P.I.B. (1997) : 61,66 milliards de $
P.N.B./hab. valeur P.P.A. (1997) : 1 580 $
Dette extérieure (1997) : 29 664 millions de $
Taux de croissance annuelle (1995) : 4,4 %
Budget militaire (1998) : 5,1 % du P.I.B

PALAU

Capitale : Koror
Superficie : 487 km^2
Nombre d'habitants (1999) : 18 972 (les Palauans) soit 38 hab./km^2
Monnaie : dollar des États-Unis
Langues officielles : palauan, anglais
Religion principale : christianisme
Nature du régime : république
Accroissement naturel : n.d
P.I.B. : n.d
P.N.B./hab. valeur P.P.A. : n.d
Dette extérieure : n.d
Taux de croissance annuelle : n.d
Budget militaire : n.d

PANAMA

Capitale : Panamá
Superficie : 77 000 km^2
Nombre d'habitants (2000) : 2 856 000 (les Panaméens) soit 37 hab./km^2
Monnaie : balboa
Langue officielle : espagnol
Religion principale : catholicisme
Nature du régime : république à régime présidentiel
Accroissement naturel (1995-2000) : 17,39 ‰
P.I.B. (1996) : 8,24 milliards de $ soit 3 083 $ par hab
P.N.B./hab. valeur P.P.A. (1997) : 6 890 $
Dette extérieure (1997) : 6 338 millions de $
Taux de croissance annuelle (1997) : 4,42 %
Budget militaire (1998) : 1,3 % du P.I.B

PAPOUASIE-NOUVELLE-GUINÉE

Capitale : Port Moresby
Superficie : 463 000 km^2
Nombre d'habitants (2000) : 4 807 000 (les Papouans-Néo-Guinéens) soit 10 hab./km^2
Monnaie : kina
Langue officielle : anglais
Religions principales : protestantisme, catholicisme, animisme
Nature du régime : monarchie constitutionnelle à régime parlementaire
Accroissement naturel (1995-2000) : 22,2 ‰
P.I.B. (1997) : 4,63 milliards de $
P.N.B./hab. valeur P.P.A. (1996) : 2 820 $
Dette extérieure (1997) : 2 272 millions de $
Taux de croissance annuelle : n.d
Budget militaire (1998) : 0,7 % du P.I.B

PARAGUAY

Capitale : Asunción
Superficie : 407 000 km^2
Nombre d'habitants (2000) : 5 496 000 (les Paraguayens) soit 13 hab./km^2
Monnaie : guarani
Langues officielles : guarani, espagnol
Religion principale : catholicisme
Nature du régime : république à régime semi-présidentiel
Accroissement naturel (1995-2000) : 25,88 ‰
P.I.B. (1997) : 10,17 milliards de $
P.N.B./hab. valeur P.P.A. (1997) : 3 860 $
Dette extérieure (1997) : 2 052 millions de $
Taux de croissance annuelle (1997) : 3,5 %
Budget militaire (1998) : 1,0 % du P.I.B

PAYS-BAS

Capitale : Amsterdam
Superficie : 34 000 km^2
Nombre d'habitants (2000) : 15 786 000 (les Néerlandais) soit 464 hab./km^2
Monnaies : euro, florin néerlandais
Langue officielle : néerlandais
Religions principales : protestantisme, catholicisme
Nature du régime : monarchie constitutionnelle à régime parlementaire
Accroissement naturel (1995-2000) : 2,9 ‰
P.I.B. (1997) : 360,27 milliards de $
P.N.B./hab. valeur P.P.A. (1997) : 21 300 $
Origine du P.I.B. par secteur (1995) : 3,1 % pour l'agriculture, 27,1 % pour l'industrie, 69,8 % pour les services
Taux de croissance annuelle (1997) : 3,4 %
Taux d'inflation (1997) : 2,16 %
Exportations (1997) : 184 295 millions de $
Importations (1997) : 162 155 millions de $
Balance commerciale (1997) : 22 140 millions de $
Balance des paiements courants (1997) : 21 242 millions de $
Population active occupée (1997) : 3,7 % dans le secteur primaire, 22,2 % dans le secteur secondaire, 74,1% dans le secteur tertiaire
Part des femmes dans la population active (1996) : 39,9 %

Chômeurs et inactifs (1998) : 4,2 % de la population active totale
Dépenses de santé (1995) : 8,9 % du P.I.B
Budget militaire (1998) : 1,9 % du P.I.B
Forces armées (1998) : 56 380 hommes

PÉROU

Capitale : Lima
Superficie : 1 285 000 km^2
Nombre d'habitants (2000) : 25 662 000 (les Péruviens) soit 19 hab./km^2
Monnaie : sol
Langues officielles : quechua, espagnol
Religion principale : catholicisme
Nature du régime : république à régime semi-présidentiel
Accroissement naturel (1995-2000) : 18,45 ‰
P.I.B. (1997) : 63,84 milliards de $
P.N.B./hab. valeur P.P.A. (1997) : 4 580 $
Dette extérieure (1997) : 30 496 millions de $
Taux de croissance annuelle (1997) : 7,2 %
Budget militaire (1998) : 1,2 % du P.I.B

PHILIPPINES

Capitale : Manille
Superficie : 300 000 km^2
Nombre d'habitants (2000) : 75 967 000 (les Philippins) soit 253 hab./km^2
Monnaie : peso philippin
Langue officielle : tagal
Religion principale : catholicisme
Nature du régime : république à régime présidentiel
Accroissement naturel (1995-2000) : 22,76 ‰
P.I.B. (1997) : 82,15 milliards de $
P.N.B./hab. valeur P.P.A. (1997) : 3 670 $
Dette extérieure (1997) : 45 433 millions de $
Taux de croissance annuelle (1997) : 5,2 %
Budget militaire (1998) : 1,5 % du P.I.B

POLOGNE

Capitale : Varsovie
Superficie : 313 000 km^2
Nombre d'habitants (2000) : 38 765 000 (les Polonais) soit 123 hab./km^2
Monnaie : zloty
Langue officielle : polonais
Religion principale : catholicisme
Nature du régime : république à régime semi-présidentiel
Accroissement naturel (1995-2000) : 1,19 ‰
P.I.B. (1997) : 135,65 milliards de $
P.N.B./hab. valeur P.P.A. (1997) : 6 510 $
Taux de croissance annuelle (1997) : 6,9 %
Budget militaire (1998) : 2,1 % du P.I.B

PORTUGAL

Capitale : Lisbonne
Superficie : 92 000 km2
Nombre d'habitants (2000) : 9 875 000 (les Portugais) soit 107 hab./km^2
Monnaies : euro, escudo portugais
Langue officielle : portugais
Religion principale : catholicisme
Nature du régime : république à régime semi-présidentiel
Accroissement naturel (1995-2000) : - 0,109 ‰
P.I.B. (1997) : 102,13 milliards de $
P.N.B./hab. valeur P.P.A. (1997) : 14 180 $
Origine du P.I.B. par secteur (1995) : 3,9 % pour l'agriculture, 35,2 % pour l'industrie, 60,9% pour les services
Taux de croissance annuelle (1997) : 4 %
Taux d'inflation (1997) : 2,16 %
Exportations (1997) : 23 510 millions de $
Importations (1997) : 34 338 millions de $
Balance commerciale (1997) : -10 828 millions de $
Balance des paiements courants (1997) : -1 877 millions de $
Population active occupée (1997) : 13,7 % dans le secteur primaire, 31,5 % dans le secteur secondaire, 54,8% dans le secteur tertiaire
Part des femmes dans la population active (1996) : 43,42 %
Chômeurs et inactifs (1998) : 5 % de la population active totale
Dépenses de santé (1995) : 7,6 % du P.I.B
Budget militaire (1998) : 1,5 % du P.I.B
Forces armées (1998) : 49 700 hommes

QATAR

Capitale : al-Dawha
Superficie : 11 400 km2
Nombre d'habitants (2000) : 599 000 (les Qatariens) soit 52 hab./km2
Monnaie : riyal du Qatar
Langue officielle : arabe
Religion principale : islam
Nature du régime : monarchie
Accroissement naturel (1995-2000) : 14,33 ‰
P.I.B. (1995) : 7,61 milliards de $
P.N.B./hab. valeur P.P.A. (1996) : 16 330 $
Dette extérieure : n.d
Taux de croissance annuelle : n.d
Budget militaire (1998) : 10,9 % du P.I.B

ROUMANIE

Capitale : Bucarest
Superficie : 237 000 km^2
Nombre d'habitants (2000) : 22 327 000 (les Roumains) soit 94 hab./km^2
Monnaie : leu
Langue officielle : roumain
Religion principale : orthodoxie
Nature du régime : république à régime semi-présidentiel
Accroissement naturel (1995-2000) : - 2,26 ‰
P.I.B. (1997) : 34,84 milliards de $
P.N.B./hab. valeur P.P.A. (1997) : 4 270 $
Dette extérieure (1997) : 10 442 millions de $
Taux de croissance annuelle : n.d
Budget militaire (1998) : 2,3 % du P.I.B

RUSSIE

Capitale : Moscou
Superficie : 17 075 000 km^2
Nombre d'habitants (2000) : 146 934 000 (les Russes) soit 8 hab./km^2
Monnaie : rouble russe
Langue officielle : russe
Religion principale : orthodoxie
Nature du régime : république à régime semi-présidentiel
Accroissement naturel (1995-2000) : - 4,24 ‰
P.I.B. (1997) : 446,98 milliards de $
P.N.B./hab. valeur P.P.A. (1997) : 4 280 $
Origine du P.I.B. par secteur (1997) : 7,9 % pour l'agriculture, 36,7 % pour l'industrie, 55,3% pour les services
Dette extérieure (1997) : 125 645 millions de $
Taux de croissance annuelle (1997) : 0,8 %
Taux d'inflation (1997) : 14,6 %
Exportations (1997) : 87 368 millions de $
Importations (1997) : 67 619 millions de $
Balance commerciale (1997) : 19 749 millions de $
Balance des paiements courants (1997) : 3 336 millions de $
Population active occupée : n.d
Part des femmes dans la population active (1996) : 48,74 %
Chômeurs et inactifs : n.d
Dépenses de santé : n.d
Budget militaire (1998) : 3,0 % du P.I.B
Forces armées (1998) : 1 004 100 hommes

RWANDA

Capitale : Kigali
Superficie : 26 338 km^2
Nombre d'habitants (2000) : 7 733 000 (les Rwandais) soit 293 hab./km^2

Monnaie : franc rwandais
Langues officielles : rwanda, français, anglais
Religions principales : protestantisme, catholicisme, animisme
Nature du régime : république
Accroissement naturel (1995-2000) : 22,31 ‰
P.I.B. (1997) : 1,86 milliards de $
P.N.B./hab. valeur P.P.A. (1997) : 650 $
Dette extérieure (1997) : 1 111 millions de $
Taux de croissance annuelle (1997) : 10,9 %
Budget militaire (1998) : 6,1 % du P.I.B

SAINT-KITTS-ET-NEVIS

Capitale : Basseterre
Superficie : 261 km^2
Nombre d'habitants (1999) : 38 752 (les Kittitiens et Néviciens) soit 148 hab./km^2
Monnaie : dollar des Caraïbes orientales
Langue officielle : anglais
Religion principale : protestantisme
Nature du régime : monarchie constitutionnelle à régime parlementaire
Accroissement naturel (1997-0) : 12 ‰
P.I.B. (1996) : 0,24 milliards de $ soit 6 049 $ par hab
P.N.B./hab. valeur P.P.A. (1997) : 7 770 $
Dette extérieure (1997) : 62 millions de $
Taux de croissance annuelle (1996) : 5,76 %
Budget militaire : n.d

SAINT-MARIN

Capitale : Saint-Marin
Superficie : 61 km^2
Nombre d'habitants (1999) : 26 198 (les Saint-Marinais) soit 429 hab./km^2
Monnaie : euro, lire italienne
Langue officielle : italien
Religion principale : catholicisme
Nature du régime : république
Accroissement naturel : n.d
P.I.B. : n.d
P.N.B./hab. valeur P.P.A. : n.d
Dette extérieure : n.d
Taux de croissance annuelle : n.d
Budget militaire : n.d

SAINT-VINCENT-ET-LES GRENADINES

Capitale : Kingstown
Superficie : 388 km^2
Nombre d'habitants (1999) : 113 167 (les Saint-Vincentais-et-Grenadins) soit 291 hab./km^2
Monnaie : dollar des Caraïbes orientales
Langue officielle : anglais
Religion principale : protestantisme
Nature du régime : monarchie constitutionnelle à régime parlementaire
Accroissement naturel (1997-0) : 15 ‰
P.I.B. (1995) : 0,26 milliards de $
P.N.B./hab. valeur P.P.A. (1997) : 4 060 $
Dette extérieure (1997) : 258 millions de $
Taux de croissance annuelle (1996) : 0,9 %
Budget militaire : n.d

SAINTE-LUCIE

Capitale : Castries
Superficie : 616 km^2
Nombre d'habitants (1999) : 152 294 (les Saint-Luciens) soit 247 hab./km^2
Monnaie : dollar des Caraïbes orientales
Langue officielle : anglais
Religion principale : catholicisme
Nature du régime : monarchie constitutionnelle à régime parlementaire
Accroissement naturel (1997-0) : 19 ‰
P.I.B. (1996) : 0,59 milliards de $ soit 3 787 $ par hab
P.N.B./hab. valeur P.P.A. (1997) : 5 030 $
Dette extérieure (1997) : 152 millions de $
Taux de croissance annuelle : n.d
Budget militaire : n.d

SALOMON (ÎLES)

Capitale : Honiara
Superficie : 30 000 km^2
Nombre d'habitants (2000) : 444 000 (les Salomonais) soit 14 hab./km^2
Monnaie : dollar des îles Salomon
Langue officielle : anglais
Religion principale : protestantisme
Nature du régime : monarchie constitutionnelle à régime parlementaire
Accroissement naturel (1995-2000) : 31,36 ‰
P.I.B. (1997) : 0,37 milliards de $
P.N.B./hab. valeur P.P.A. (1997) : 2 270 $
Dette extérieure (1997) : 135 millions de $
Taux de croissance annuelle : n.d
Budget militaire : n.d

SALVADOR

Capitale : San Salvador
Superficie : 21 000 km^2
Nombre d'habitants (2000) : 6 276 000 (les Salvadoriens) soit 298 hab./km^2
Monnaie : colón salvadorien
Langue officielle : espagnol
Religion principale : catholicisme
Nature du régime : république à régime présidentiel
Accroissement naturel (1995-2000) : 21,62 ‰
P.I.B. (1997) : 11,26 milliards de $
P.N.B./hab. valeur P.P.A. (1997) : 2 860 $
Dette extérieure (1997) : 3 282 millions de $
Taux de croissance annuelle (1997) : 4 %
Budget militaire (1998) : 0,9 % du P.I.B

SAMOA

Capitale : Apia
Superficie : 2 842 km^2
Nombre d'habitants (2000) : 180 000 (les Samoans) soit 63 hab./km^2
Monnaie : tala
Langues officielles : samoan, anglais
Religion principale : protestantisme
Nature du régime : monarchie
Accroissement naturel (1995-2000) : 23,53 ‰
P.I.B. (1997) : 0,19 milliards de $
P.N.B./hab. valeur P.P.A. (1997) : 3 570 $
Dette extérieure (1997) : 156 millions de $
Taux de croissance annuelle (1997) : 4 %
Budget militaire : n.d

SÃO TOMÉ ET PRÍNCIPE

Capitale : São Tomé
Superficie : 964 km^2
Nombre d'habitants (1999) : 143 900 (les Santoméens) soit 149 hab./km^2
Monnaie : dobra
Langue officielle : portugais
Religion principale : catholicisme
Nature du régime : république à régime semi-présidentiel
Accroissement naturel : n.d
P.I.B. (1997) : 0,04 milliards de $
P.N.B./hab. valeur P.P.A. : n.d
Dette extérieure (1997) : 261 millions de $
Taux de croissance annuelle (1997) : 1 %
Budget militaire : n.d

SÉNÉGAL

Capitale : Dakar
Superficie : 197 000 km^2
Nombre d'habitants (2000) : 9 481 000 (les Sénégalais) soit 48 hab./km^2
Monnaie : franc CFA
Langue officielle : français
Religion principale : islam
Nature du régime : république à régime semi-présidentiel
Accroissement naturel (1995-2000) : 26,97 ‰
P.I.B. (1997) : 4,54 milliards de $
P.N.B./hab. valeur P.P.A. (1997) : 1 690 $
Dette extérieure (1997) : 3 671 millions de $
Taux de croissance annuelle (1997) : 5,2 %
Budget militaire (1998) : 1,4 % du P.I.B

SEYCHELLES

Capitale : Victoria
Superficie : 410 km²
Nombre d'habitants (1999) : 76 629 (les Seychellois) soit 186 hab./km²
Monnaie : roupie des Seychelles
Langues officielles : français, créole, anglais
Religion principale : catholicisme
Nature du régime : république à régime semi-présidentiel
Accroissement naturel : n.d
P.I.B. (1997) : 0,53 milliards de $
P.N.B./hab. valeur P.P.A. : n.d
Dette extérieure (1997) : 149 millions de $
Taux de croissance annuelle (1997) : 4,3 %
Budget militaire (1998) : 1,8 % du P.I.B

SIERRA LEONE

Capitale : Freetown
Superficie : 72 000 km²
Nombre d'habitants (2000) : 4 854 000 (les Sierra-Léonais) soit 67 hab./km²
Monnaie : leone
Langue officielle : anglais
Religions principales : islam, animisme
Nature du régime : n.d
Accroissement naturel (1995-2000) : 20,63 ‰
P.I.B. (1997) : 0,82 milliards de $
P.N.B./hab. valeur P.P.A. (1997) : 410 $
Dette extérieure (1997) : 1 149 millions de $
Taux de croissance annuelle : n.d
Budget militaire (1998) : 0,6 % du P.I.B

SINGAPOUR

Capitale : Singapour
Superficie : 618 km²
Nombre d'habitants (2000) : 3 567 000 (les Singapouriens) soit 5 771 hab./km²
Monnaie : dollar de Singapour
Langues officielles : tamoul, malais, chinois, anglais
Religion principale : taoïsme
Nature du régime : république à régime semi-présidentiel
Accroissement naturel (1995-2000) : 9,93 ‰
P.I.B. (1997) : 96,31 milliards de $
P.N.B./hab. valeur P.P.A. (1997) : 29 230 $
Dette extérieure : n.d
Taux de croissance annuelle (1997) : 7,8 %
Budget militaire (1998) : 4,5 % du P.I.B

SLOVAQUIE

Capitale : Bratislava
Superficie : 49 000 km²
Nombre d'habitants (2000) : 5 387 000 (les Slovaques) soit 109 hab./km²
Monnaie : couronne slovaque
Langue officielle : slovaque
Religion principale : catholicisme
Nature du régime : république à régime parlementaire
Accroissement naturel (1995-2000) : 1,21 ‰
P.I.B. (1997) : 19,46 milliards de $
P.N.B./hab. valeur P.P.A. (1997) : 7 860 $
Dette extérieure (1997) : 9 989 millions de $
Taux de croissance annuelle (1997) : 6,5 %
Budget militaire (1998) : 2,0 % du P.I.B

SLOVÉNIE

Capitale : Ljubljana
Superficie : 20 200 km²
Nombre d'habitants (2000) : 1 986 000 (les Slovènes) soit 98 hab./km²
Monnaie : tolar
Langue officielle : slovène
Religion principale : catholicisme
Nature du régime : république à régime semi-présidentiel
Accroissement naturel (1995-2000) : - 0,949 ‰
P.I.B. (1997) : 18,2 milliards de $
P.N.B./hab. valeur P.P.A. (1997) : 11 880 $
Dette extérieure (1996) : 4 031,1 millions de $
Taux de croissance annuelle (1997) : 3,8 %
Budget militaire (1998) : 1,1 % du P.I.B

SOMALIE

Capitale : Muqdisho
Superficie : 638 000 km²
Nombre d'habitants (2000) : 10 097 000 (les Somaliens) soit 15 hab./km²
Monnaie : shilling somalien
Langues officielles : somali, arabe
Religion principale : islam
Nature du régime : n.d
Accroissement naturel (1995-2000) : 33,8 ‰
P.I.B. : n.d
P.N.B./hab. valeur P.P.A. : n.d
Dette extérieure (1997) : 2 561 millions de $
Taux de croissance annuelle : n.d
Budget militaire : n.d

SOUDAN

Capitale : Khartoum
Superficie : 2 506 000 km²
Nombre d'habitants (2000) : 29 490 000 (les Soudanais) soit 11 hab./km²
Monnaie : dinar soudanais
Langue officielle : arabe
Religions principales : islam, animisme
Nature du régime : république à régime semi-présidentiel
Accroissement naturel (1995-2000) : 21,55 ‰
P.I.B. (1997) : 10,22 milliards de $
P.N.B./hab. valeur P.P.A. (1997) : 1 370 $
Dette extérieure (1997) : 16 326 millions de $
Taux de croissance annuelle (1997) : 4,6 %
Budget militaire (1998) : 3,1 % du P.I.B

SRI LANKA

Capitale : Colombo
Superficie : 66 000 km²
Nombre d'habitants (2000) : 18 827 000 (les Sri Lankais) soit 285 hab./km²
Monnaie : roupie de Sri Lanka
Langues officielles : tamoul, cinghalais
Religions principales : hindouisme, bouddhisme
Nature du régime : république
Accroissement naturel (1995-2000) : 12,05 ‰
P.I.B. (1997) : 15,09 milliards de $
P.N.B./hab. valeur P.P.A. (1997) : 2 460 $
Dette extérieure (1997) : 7 638 millions de $
Taux de croissance annuelle (1997) : 6,4 %
Budget militaire (1998) : 4,3 % du P.I.B

SUÈDE

Capitale : Stockholm
Superficie : 450 000 km²
Nombre d'habitants (2000) : 8 910 000 (les Suédois) soit 19 hab./km²
Monnaie : couronne suédoise
Langue officielle : suédois
Religion principale : protestantisme
Nature du régime : monarchie constitutionnelle à régime parlementaire
Accroissement naturel (1995-2000) : - 0,890 ‰
P.I.B. (1997) : 227,63 milliards de $
P.N.B./hab. valeur P.P.A. (1997) : 19 010 $
Origine du P.I.B. par secteur (1994) : 2 % pour l'agriculture, 27,5 % pour l'industrie, 70,5% pour les services
Taux de croissance annuelle (1997) : 1,2 %
Taux d'inflation (1997) : 0,52 %
Exportations (1997) : 81 057 millions de $
Importations (1997) : 62 854 millions de $
Balance commerciale (1997) : 18 203 millions de $
Balance des paiements courants (1997) : 7 301 millions de $
Population active occupée (1997) : 2,8 % dans le secteur primaire, 26 % dans le secteur secondaire, 71,3 % dans le secteur tertiaire

Part des femmes dans la population active (1996) : 47,79 %
Chômeurs et inactifs (1998) : 6,5 % de la population active totale
Dépenses de santé (1995) : 7,7 % du P.I.B
Budget militaire (1998) : 2,1 % du P.I.B
Forces armées (1998) : 53 100 hommes

SUISSE

Capitale : Berne
Superficie : 41 293 km^2
Nombre d'habitants (2000) : 7 386 000 (les Suisses) soit 178 hab./km^2
Monnaie : franc suisse
Langues officielles : italien, français, allemand
Religions principales : protestantisme, catholicisme
Nature du régime : république
Accroissement naturel (1995-2000) : 2,36 ‰
P.I.B. (1997) : 255,26 milliards de $
P.N.B./hab. valeur P.P.A. (1997) : 26 580 $
Origine du P.I.B. par secteur (1991) : 3 % pour l'agriculture, 33,5 % pour l'industrie, 63,5% pour les services
Taux de croissance annuelle (1997) : 1,7 %
Taux d'inflation (1997) : 0,48 %
Exportations (1997) : 75 999 millions de $
Importations (1997) : 75 747 millions de $
Balance commerciale (1997) : 252 millions de $
Balance des paiements courants (1996) : 20 470 millions de $
Population active occupée (1997) : 4,7 % dans le secteur primaire, 26,8 % dans le secteur secondaire, 68,6 % dans le secteur tertiaire
Part des femmes dans la population active (1996) : 39,95 %
Chômeurs et inactifs (1998) : 3,9 % de la population active totale
Dépenses de santé (1995) : 9,6 % du P.I.B
Budget militaire (1998) : 1,3 % du P.I.B
Forces armées (1998) : 27 670 hommes

SURINAME

Capitale : Paramaribo
Superficie : 163 265 km^2
Nombre d'habitants (2000) : 417 000 (les Surinamiens) soit 2 hab./km^2
Monnaie : florin de Suriname
Langue officielle : néerlandais
Religions principales : islam, hindouisme, catholicisme
Nature du régime : république à régime parlementaire
Accroissement naturel (1995-2000) : 14,21 ‰
P.I.B. (1995) : 0,33 milliards de $
P.N.B./hab. valeur P.P.A. (1996) : 2 630 $
Dette extérieure : n.d
Taux de croissance annuelle : n.d
Budget militaire : n.d

SWAZILAND

Capitale : Mbabane
Superficie : 17 363 km^2
Nombre d'habitants (2000) : 1 008 000 (les Swazi) soit 58 hab./km^2
Monnaie : lilangeni
Langues officielles : swazi, anglais
Religions principales : protestantisme, animisme
Nature du régime : monarchie
Accroissement naturel (1995-2000) : 28,79 ‰
P.I.B. (1997) : 1,31 milliards de $
P.N.B./hab. valeur P.P.A. (1997) : 3 690 $
Dette extérieure (1997) : 368 millions de $
Taux de croissance annuelle (1997) : 3,7 %
Budget militaire : n.d

SYRIE

Capitale : Damas
Superficie : 185 000 km^2
Nombre d'habitants (2000) : 16 125 000 (les Syriens) soit 87 hab./km^2
Monnaie : livre syrienne
Langue officielle : arabe
Religion principale : islam
Nature du régime : république à régime parlementaire
Accroissement naturel (1995-2000) : 25,55 ‰
P.I.B. (1997) : 17,89 milliards de $
P.N.B./hab. valeur P.P.A. (1997) : 3 000 $
Dette extérieure (1997) : 20 865 millions de $
Taux de croissance annuelle (1997) : 4 %
Budget militaire (1998) : 8,3 % du P.I.B

TADJIKISTAN

Capitale : Douchanbe
Superficie : 143 000 km^2
Nombre d'habitants (2000) : 6 188 000 (les Tadjiks) soit 43 hab./km^2
Monnaie : rouble tadjik
Langue officielle : tadjik
Religion principale : islam
Nature du régime : république à régime présidentiel
Accroissement naturel (1995-2000) : 24,92 ‰
P.I.B. (1996) : 2,03 milliards de $ soit 343 $ par hab
P.N.B./hab. valeur P.P.A. (1997) : 1 100 $
Dette extérieure (1997) : 901 millions de $
Taux de croissance annuelle : n.d
Budget militaire : n.d

TAÏWAN

Capitale : Taipei
Superficie : 36 000 km^2
Nombre d'habitants (1998) : 21 700 000 (les Taïwanais) soit 602 hab./km^2
Monnaie : dollar de Taïwan
Langue officielle : chinois
Religion principale : bouddhisme
Nature du régime : république à régime semi-présidentiel
Accroissement naturel : n.d
P.I.B. : n.d
P.N.B./hab. valeur P.P.A. : n.d
Dette extérieure : n.d
Taux de croissance annuelle : n.d
Budget militaire (1998) : 2,9 % du P.I.B

TANZANIE

Capitale : Dar es-Salaam
Superficie : 940 000 km^2
Nombre d'habitants (2000) : 33 517 000 (les Tanzaniens) soit 35 hab./km^2
Monnaie : shilling tanzanien
Langues officielles : swahili, anglais
Religions principales : islam, catholicisme, animisme
Nature du régime : république
Accroissement naturel (1995-2000) : 25,8 ‰
P.I.B. (1997) : 6,91 milliards de $
P.N.B./hab. valeur P.P.A. (1997) : 620 $
Dette extérieure (1997) : 7 177 millions de $
Taux de croissance annuelle (1997) : 4,1 %
Budget militaire (1998) : 1,2 % du P.I.B

TCHAD

Capitale : N'Djamena
Superficie : 1 284 000 km^2
Nombre d'habitants (2000) : 7 651 000 (les Tchadiens) soit 5 hab./km^2
Monnaie : franc CFA
Langues officielles : français, arabe
Religions principales : protestantisme, islam, catholicisme, animisme
Nature du régime : république à régime semi-présidentiel
Accroissement naturel (1995-2000) : 26,29 ‰
P.I.B. (1997) : 1,6 milliards de $
P.N.B./hab. valeur P.P.A. (1997) : 950 $
Dette extérieure (1997) : 1 026 millions de $
Taux de croissance annuelle (1997) : 6,5 %
Budget militaire (1998) : 4,0 % du P.I.B

TCHÈQUE (RÉPUBLIQUE)

Capitale : Prague
Superficie : 79 000 km^2

Nombre d'habitants (2000) : 10 244 000 (les Tchèques) soit 129 hab./km^2
Monnaie : couronne tchèque
Langue officielle : tchèque
Religions principales : protestantisme, catholicisme
Nature du régime : république à régime parlementaire
Accroissement naturel (1995-2000) : - 2,16 ‰
P.I.B. (1997) : 52,03 milliards de $
P.N.B./hab. valeur P.P.A. (1997) : 10 380 $
Taux de croissance annuelle (1997) : 1 %
Budget militaire (1998) : 1,9 % du P.I.B

THAÏLANDE
Capitale : Bangkok
Superficie : 514 000 km^2
Nombre d'habitants (2000) : 61 399 000 (les Thaïlandais) soit 119 hab./km^2
Monnaie : baht
Langue officielle : thaï
Religion principale : bouddhisme
Nature du régime : monarchie constitutionnelle à régime parlementaire
Accroissement naturel (1995-2000) : 9,96 ‰
P.I.B. (1997) : 153,9 milliards de $
P.N.B./hab. valeur P.P.A. (1997) : 6 490 $
Dette extérieure (1997) : 93 416 millions de $
Taux de croissance annuelle (1995) : 8,6 %
Budget militaire (1998) : 1,5 % du P.I.B

TOGO
Capitale : Lomé
Superficie : 56 600 km^2
Nombre d'habitants (2000) : 4 629 000 (les Togolais) soit 81 hab./km2
Monnaie : franc CFA
Langue officielle : français
Religions principales : catholicisme, animisme
Nature du régime : république à régime semi-présidentiel
Accroissement naturel (1995-2000) : 26,22 ‰
P.I.B. (1997) : 1,474 milliards de $
P.N.B./hab. valeur P.P.A. (1997) : 1 460 $
Dette extérieure (1997) : 1 339 millions de $
Taux de croissance annuelle (1997) : 4,7 %
Budget militaire (1998) : 2,2 % du P.I.B

TONGA
Capitale : Nukualofa
Superficie : 700 km^2
Nombre d'habitants (1999) : 98 271 (les Tonguiens) soit 140 hab./km^2
Monnaie : pa'anga
Langues officielles : tonga, anglais
Religion principale : protestantisme
Nature du régime : monarchie
Accroissement naturel : n.d
P.I.B. (1997) : 0,18 milliards de $
P.N.B./hab. valeur P.P.A. : n.d
Dette extérieure (1997) : 61 millions de $
Taux de croissance annuelle : n.d
Budget militaire : n.d

TRINITÉ-ET-TOBAGO
Capitale : Port of Spain
Superficie : 5 128 km^2
Nombre d'habitants (2000) : 1 295 000 (les Trinidadiens) soit 252 hab./km2
Monnaie : dollar de Trinité-et-Tobago
Langue officielle : anglais
Religions principales : protestantisme, catholicisme
Nature du régime : république à régime parlementaire
Accroissement naturel (1995-2000) : 8,21 ‰
P.I.B. (1997) : 5,89 milliards de $
P.N.B./hab. valeur P.P.A. (1997) : 6 460 $
Dette extérieure (1997) : 2 161 millions de $
Taux de croissance annuelle (1997) : 3,2 %
Budget militaire (1998) : 1,4 % du P.I.B

TUNISIE
Capitale : Tunis
Superficie : 164 000 km^2
Nombre d'habitants (2000) : 9 586 000 (les Tunisiens) soit 58 hab./km^2
Monnaie : dinar tunisien
Langue officielle : arabe
Religion principale : islam
Nature du régime : république
Accroissement naturel (1995-2000) : 13,87 ‰
P.I.B. (1997) : 18,93 milliards de $
P.N.B./hab. valeur P.P.A. (1997) : 5 050 $
Dette extérieure (1997) : 11 323 millions de $
Taux de croissance annuelle (1997) : 5,4 %
Budget militaire (1998) : 1,7 % du P.I.B

TURKMÉNISTAN
Capitale : Achgabat
Superficie : 488 000 km^2
Nombre d'habitants (2000) : 4 459 000 (les Turkmènes) soit 9 hab./km^2
Monnaie : manat
Langue officielle : turkmène
Religion principale : islam
Nature du régime : république à régime semi-présidentiel
Accroissement naturel (1995-2000) : 21,34 ‰
P.I.B. (1996) : 4,31 milliards de $ soit 937 $ par hab
P.N.B./hab. valeur P.P.A. (1997) : 1 410 $
Dette extérieure (1997) : 1 771 millions de $
Taux de croissance annuelle : n.d
Budget militaire (1996) : 0,4 % du P.I.B

TURQUIE
Capitale : Ankara
Superficie : 780 000 km^2
Nombre d'habitants (2000) : 66 591 000 (les Turcs) soit 85 hab./km^2
Monnaie : livre turque
Langue officielle : turc
Religion principale : islam
Nature du régime : république à régime parlementaire
Accroissement naturel (1995-2000) : 15,62 ‰
P.I.B. (1997) : 189,87 milliards de $
P.N.B./hab. valeur P.P.A. (1997) : 6 470 $
Taux de croissance annuelle (1997) : 7,7 %
Budget militaire (1998) : 1,4 % du P.I.B

TUVALU
Capitale : Funafuti
Superficie : 24 km^2
Nombre d'habitants (1999) : 11 415 (les Tuvaluans) soit 475 hab./km^2
Monnaie : dollar australien
Langue officielle : anglais
Religion principale : protestantisme
Nature du régime : monarchie constitutionnelle à régime parlementaire
Accroissement naturel : n.d
P.I.B. : n.d
P.N.B./hab. valeur P.P.A. : n.d
Dette extérieure : n.d
Taux de croissance annuelle : n.d
Budget militaire : n.d

UKRAINE
Capitale : Kiev
Superficie : 604 000 km^2
Nombre d'habitants (2000) : 50 456 000 (les Ukrainiens) soit 83 hab./km^2
Monnaie : hryvnia
Langue officielle : ukrainien
Religion principale : orthodoxie
Nature du régime : république à régime semi-présidentiel
Accroissement naturel (1995-2000) : - 4,26 ‰
P.I.B. (1997) : 49,67 milliards de $
P.N.B./hab. valeur P.P.A. (1997) : 2 170 $
Dette extérieure (1997) : 10 901 millions de $
Taux de croissance annuelle : n.d
Budget militaire (1998) : 1,4 % du P.I.B

URUGUAY
Capitale : Montevideo
Superficie : 177 500 km^2
Nombre d'habitants (2000) : 3 337 000 (les Uruguayens) soit 18 hab./km^2
Monnaie : peso uruguyen
Langue officielle : espagnol
Religion principale : catholicisme
Nature du régime : république à régime semi-présidentiel
Accroissement naturel (1995-2000) : 8,23 ‰
P.I.B. (1997) : 19,97 milliards de $
P.N.B./hab. valeur P.P.A. (1997) : 9 110 $
Dette extérieure (1997) : 6 652 millions de $
Taux de croissance annuelle (1997) : 5,1 %
Budget militaire (1998) : 1,3 % du P.I.B

VANUATU
Capitale : Port-Vila
Superficie : 12 200 km^2
Nombre d'habitants (2000) : 190 000 (les Vanuatuans) soit 15 hab./km^2
Monnaie : vatu
Langues officielles : français, bishlamar, anglais
Religion principale : protestantisme
Nature du régime : république à régime parlementaire
Accroissement naturel (1995-2000) : 26,25 ‰
P.I.B. (1997) : 0,25 milliards de $
P.N.B./hab. valeur P.P.A. (1997) : 3 230 $
Dette extérieure (1997) : 48 millions de $
Taux de croissance annuelle (1997) : 2,7 %
Budget militaire : n.d

VATICAN
Superficie : 0,44 km^2
Nombre d'habitants (1998) : 1 000 soit 2 272 hab./km^2
Monnaie : euro, lire italienne
Langue officielle : italien
Religion principale : catholicisme

VENEZUELA
Capitale : Caracas
Superficie : 912 050 km^2
Nombre d'habitants (2000) : 24 170 000 (les Vénézuéliens) soit 26 hab./km^2
Monnaie : bolívar
Langue officielle : espagnol
Religion principale : catholicisme
Nature du régime : république à régime semi-présidentiel
Accroissement naturel (1995-2000) : 20,21 ‰
P.I.B. (1997) : 87,48 milliards de $
P.N.B./hab. valeur P.P.A. (1997) : 8 660 $
Dette extérieure (1997) : 35 541 millions de $
Taux de croissance annuelle (1997) : 5,1 %
Budget militaire (1998) : 1,3 % du P.I.B

VIÊT NAM
Capitale : Hanoi
Superficie : 335 000 km^2
Nombre d'habitants (2000) : 79 832 000 (les Vietnamiens) soit 238 hab./km^2
Monnaie : dông
Langue officielle : vietnamien
Religions principales : catholicisme, bouddhisme
Nature du régime : république, régime socialiste
Accroissement naturel (1995-2000) : 15,55 ‰
P.I.B. (1997) : 24,84 milliards de $
P.N.B./hab. valeur P.P.A. (1997) : 1 590 $
Dette extérieure (1997) : 21 629 millions de $
Taux de croissance annuelle (1997) : 8,8 %
Budget militaire (1997) : 9,1 % du P.I.B

YÉMEN
Capitale : Sanaa
Superficie : 485 000 km^2
Nombre d'habitants (2000) : 18 112 000 (les Yéménites) soit 37 hab./km^2
Monnaie : rial yéménite
Langue officielle : arabe
Religion principale : islam
Nature du régime : république à régime semi-présidentiel
Accroissement naturel (1995-2000) : 37,31 ‰
P.I.B. (1997) : 5,65 milliards de $
P.N.B./hab. valeur P.P.A. (1997) : 720 $
Dette extérieure (1997) : 3 856 millions de $
Taux de croissance annuelle (1997) : 5,4 %
Budget militaire (1998) : 6,5 % du P.I.B

YOUGOSLAVIE
Capitale : Belgrade
Superficie : 102 200 km^2
Nombre d'habitants (2000) : 10 640 000 (les Yougoslaves) soit 104 hab./km^2
Monnaie : dinar yougoslave
Langue officielle : serbe
Religions principales : orthodoxie, islam, catholicisme
Nature du régime : république à régime parlementaire
Accroissement naturel (1995-2000) : 3,27 ‰
P.I.B. : n.d
P.N.B./hab. valeur P.P.A. : n.d
Dette extérieure (1997) : 15 107 millions de $
Taux de croissance annuelle : n.d
Budget militaire (1998) : 6,2 % du P.I.B

ZAMBIE
Capitale : Lusaka
Superficie : 746 000 km^2
Nombre d'habitants (2000) : 9 169 000 (les Zambiens) soit 12 hab./km^2
Monnaie : kwacha
Langue officielle : anglais
Religions principales : protestantisme, catholicisme, animisme
Nature du régime : république à régime semi-présidentiel
Accroissement naturel (1995-2000) : 22,48 ‰
P.I.B. (1997) : 3,86 milliards de $
P.N.B./hab. valeur P.P.A. (1997) : 910 $
Dette extérieure (1997) : 6 758 millions de $
Taux de croissance annuelle (1997) : 3,5 %
Budget militaire (1998) : 1,5 % du P.I.B

ZIMBABWE
Capitale : Harare
Superficie : 390 000 km^2
Nombre d'habitants (2000) : 11 669 000 (les Zimbabwéens) soit 29 hab./km^2
Monnaie : dollar du Zimbabwe
Langue officielle : anglais
Religions principales : protestantisme, catholicisme, animisme
Nature du régime : république à régime parlementaire
Accroissement naturel (1995-2000) : 14,16 ‰
P.I.B. (1997) : 8,9 milliards de $
P.N.B./hab. valeur P.P.A. (1997) : 2 240 $
Dette extérieure (1997) : 4 961 millions de $
Taux de croissance annuelle (1997) : 3,2 %
Budget militaire (1998) : 3 % du P.I.B

Bibliographie

Quelques manuels de référence

Albertini, Jean-Marie
Les Rouages de l'économie nationale, les Éditions ouvrières, 39e édition, 1993.

Barre, Raymond, et Teulon, Frédéric
Économie politique, PUF, collection Thémis (tome I, 15e édition, 1997 et tome II, 11e édition, 1997).

Flouzat, Denise
Économie contemporaine, 2 vol., PUF, 14e édition, 1997.

Phelps, Edmond S.
Économie politique, Fayard, 1990.

Samuelson, Paul A.
L'Économique, 2 vol., Armand Colin, 11e édition, 1982-1983.

Quelques ouvrages d'histoire économique et sociale

Bairoch, Paul
Victoire et déboires. Histoire économique et sociale du monde, du XVIe siècle à nos jours, 3 vol., Gallimard, 1997.

Beaud, Michel
Histoire du capitalisme, de 1500 à 2000 , Le Seuil, 5e éd., 2000.

Braudel, Fernand, et Labrousse, Ernest (sous la direction de)
Histoire économique et sociale de la France, 5 volumes, PUF, coll. Quadrige, 1993.

Léon, Pierre (sous la direction de)
Histoire économique et sociale du monde, 6 volumes, Armand Colin, 1977-1978.

Rasseul Jacques
Histoire des faits économiques, A. Colin, coll. U, 2 vol. , 1997-1998.

Des collections fort utiles

⇨ Collection MEMO (Le Seuil), avec en particulier :

- *La Monnaie et la politique monétaire,* J.-P. Faugère.
- *Le Commerce international,* F. Teulon.
- *Les Politiques économiques,* I. Généreux.

⇨ Collection Repères (La Découverte), avec en particulier :

- *Introduction aux théories économiques,* F. Dubœuf.
- *Le Chômage,* J. Freyssinet.
- *L'Économie de la drogue,* P. Kopp.
- *Le FMI,* P. Lenain.
- *L'Organisation mondiale du commerce,* M. Rainelli.

⇨ Collection CIRCA (Nathan), avec en particulier :

- *Histoire des idées économiques,* 2 vol., J. Boncœur et H. Thouément.
- *L'Économie keynésienne : un projet radical,* L. Orio et J.-J. Quilès.
- *Le Système financier et monétaire international,* J.-P. Faugère et C. Voisin.
- *L'Europe financière et monétaire,* D. Perrut.
- *Crises d'hier, crise d'aujourd'hui : 1873, 1929, 1973…,* B. Marcel et J. Taïeb.

⇨ Collection CURSUS (Armand Colin), avec en particulier :

- *Économie du travail,* G. Ferréol et P. Deubel.
- *Économie industrielle,* J.-P. Olsem.
- *Introduction à l'analyse économique,* A. Sicem.
- *La Pensée économique,* 2 vol., D. Martina.
- *L'Économie mondiale,* J.-M. Siroën.

⇨ Collection J. BRÉMOND (Hatier), avec en particulier :

- *Keynes et les keynésiens aujourd'hui,* J. Brémond.
- *Le Dollar, monnaie américaine ou monnaie mondiale ?,* M. Giacobbi et J.-P. Roux.
- *La Bourse, temple de la spéculation ou marché financier ?,* B. Belletant.
- *Les Économistes classiques,* J. Brémond.
- *Les Économistes néoclassiques,* J. Brémond.

MULTIMÉDIA

Bonnes adresses sur Internet.

Des centaines de sites économiques et financiers de qualité existent sur Internet.

Cette sélection ne recense que les sites gratuits.

International

www.cbs.nl/en/services/links/default.asp
L'Institut de statistiques néerlandais répertorie une centaine d'adresses donnant des statistiques économiques classées par pays.

www.worldbank.org/data/
La Banque mondiale analyse la situation économique, les po-

litiques de développement mises en œuvre dans les pays dans lesquels elle intervient.

www.wto.org/index.htm
L'Organisation mondiale du commerce : statistiques, agenda, rapports ; et tout sur la Conférence de Seattle.

www.fao.org/debut.htm
L'Organisation des Nations unies pour l'alimentation et l'agriculture. Nombreuses statistiques sur l'agriculture, l'alimentation, la pêche, la forêt, par année et par pays.

www.odci.gov/cia/publications/factbook/index.html
Le *Worldfact Book* de la CIA. Annuaire géopolitique.

www.iea.org/stats/files/glance.htm
L'Agence internationale de l'énergie. Séries statistiques sur la production et la consommation d'énergie de 1971 à 1997. Indicateurs par pays en 1997.

www.who.int/whosis/index.html
Les statistiques de l'Organisation mondiale de la santé.

www.un.org/depts/unsd/demog/ctry.htm
La population de toutes les villes de plus de 100 000 habitants (ONU).

www.ocde.org/statistics/index-fr.htm
Statistiques de l'OCDE. Mais pointent parfois vers des séries payantes.

europa.eu.int/en/comm/eurostat/servfr/home.htm
L'organisation de statistiques de l'Union européenne.

www.miti.go.jp/index-e.html
Le ministère du Commerce international et de l'Industrie (MITI) du Japon. Rapports officiels et nombreux liens vers d'autres sites économiques japonais.

www.whitehouse.gov/fsbr/esbr.html
Statistiques sur l'économie américaine (production, emploi, prix, taux d'intérêt, etc.) ainsi que sur le commerce international.

France

www.insee.fr
Indicateurs (chômage, indice des prix, consommation des ménages, etc.). Enquêtes mensuelles de conjoncture pour l'année écoulée. Calendrier des publications d'indices. Les résultats du recensement de mars 1999.

www.finances.gouv.fr
Le site officiel de Bercy. Indicateurs économiques et financiers, comparaisons internationales. Liens vers le site du commerce extérieur (réglementations à l'export) et celui de l'industrie (tableau de bord, aides aux entreprises).

www.kompass.fr
Portail des entreprises. Informations sur 1,5 million d'entreprises et sur 2,7 millions de dirigeants, rapports annuels des entreprises cotées en Bourse, revue de presse.

www.pros21.com/fr/index.html
Annuaire de l'entreprise et des affaires ; répertoire de sites utiles pour les entreprises, les chercheurs et les étudiants s'intéressant au monde de l'entreprise et du commerce.

www.banque-France.fr
Le site de la Banque de France

Finance

www.dowjones.com
Informations financières et actualités des entreprises sur ce site du groupe Dow Jones, propriétaire, entre autres, du fameux *Wall Street Journal*.

www.qualisteam.com
Liens vers 3 000 sites bancaires et financiers dans le monde. Offres d'emplois dans la banque et la finance. Forums et listes de diffusion pour financiers.

www.finance-net.com
Liens vers de nombreuses banques, des clubs d'investissement, glossaire de termes financiers, cotations, forums, actualités.

finance.yahoo.fr
Actualités financières ; cours des valeurs échangées sur les Bourses de Paris, Londres et Francfort. Informations sur les sociétés fournies par Coface Scrl pour la France. Liens vers les équivalents dans le monde.

www.latribune.fr
Les résumés des articles de *la Tribune*, les cours de la Bourse, etc.

www.lesechos.fr
Résumés des articles des *Échos*, cours de la Bourse ; chiffres clés de l'économie, annuaires professionnels, etc. Mais il faut être abonné pour accéder à l'intégralité du site.

www.lemonde.fr/bourse/index.html
Les valeurs du CAC 40, une sélection d'articles économiques et financiers et des dossiers d'actualité. Fiches d'informations sur les sociétés en partenariat avec Companynews.

Index

Les mots et les folios en gras renvoient aux entrées du dictionnaire

a

b

C

d

n

O

P

q

r

s

t

U

V

W

xyz

Crédits photos

p. 13 © EuroRSCG • p. 15 © EuroRSCG • p. 17 © J. Witt/R. Meigneux-SIPA Press • p. 19 © Gamma • p. 23 © Warner Bros • p. 24 © F. Demange/Gamma • p. 30 © De Noblet/Gamma • p. 34 © M. Huet/Hoaqui • p. 38 © Gamma • p. 41 © Sygma • p. 44 © Meigneux/Sipa • p. 46 © Meigneux/Sipa • p. 55 © R. Frankenberg • p. 61 © Keystone • p. 62 © AFP • p. 64 © Sipa Press • p. 72 © Josse • p. 76 © T Kitanura/AFP • p. 84 © Chamussy/Sipa • p. 86 © Meigneux/Sipa • p. 89 © L'illustration-Sygma • p. 99 © Sipa Image • p. 102 © Gastaud/Sipa Press • p. 103 © UPI-Corbis -Bettmann/Sipa • p. 114 © Rue des Archives • p. 120 © D.R. • p. 127 © Keystone • p. 128 © P. Jordan/Gamma • p. 132 © PPCM • p. 140 © coll. Kharbine-Tapahor • p. 142 © Dagli Horti • p. 149 © T. Coex/AFP • p. 155 © Corbis/Sygma • p. 163 © Grazia Neri/Cosmos • p. 169 © Keystone • p. 174 © Sipa Press • p. 178 © Mettler/Sipa Press • p. 181 Meigneux/Sipa Press • p. 183 © F. Lochon/Gamma • p. 198 © Sipa Press • p. 202 © T. Ross/REA • p. 204 © P. Hahn/REA • p. 207 © Le Moine/Sipa Press) • p. 212 © Coll. Christophe L. • p. 213 © Jobard/Sipa Press • p. 215 © Boyer-Viollet • p. 218 © O. Coret/O. Jobard/Sipa Press • p. 220 © Rivière/Sipa Press • p. 222 © N. Nascimento/REA • p. 232 © coll. Christophe L. • p. 235 © DR • p. 238 Coret/Niko/Sipa Press • p. 244 © Chan/Nicolas/Sipa Press • p. 247 © J.-L. Charmet • p. 248 © Oxley/Sipa Press • p. 254 © ABC Photo • p. 259 © Institut monétaire européen, 1997/Banque centrale européenne, 1998 • p. 265 © Trippett/Sipa Press • p. 266 © Photo Josse • p. 278 © P. Kittiwongsakul/AFP • p. 284 © Corbis-Bettmann/Sipa Press • p. 285 © Lanchère • p. 286 © Photo Josse • p. 287 © Keystone • p. 291 © Maous/Gamma • p. 294 © Dalban/Sipa • p. 297 © Rich Frishman/REA • p. 302 © Malanca/Sipa Press • p. 303 *The Sun*/Sipa • p. 307 © Meigneux-Sipa • p. 309 © Maous/Gamma • p. 312 © Harlingue/Viollet • p. 317 © R. Orsini/Sipa Press • p. 323 © G. Boutin/Hoaqui • p. 328 © Holmann/Gamma • p. 339 © S. Honda/AFP Photo • p. 344 © Moggi/Sipa Press • p. 347 © D.R. • p. 348 © Chesnot/Sipa Press • p. 353 © Harlingue-Viollet • p. 357 © coll. Kharbine-Tapabor • p. 360 © D.R. • p. 365 © Kobal/Paramount/PPCM • p. 367 © Larousse • p. 370 © Kobal/20th Century Fox/PPCM • p. 373 © Peterson/Saba-REA • p. 374 © Larousse • p. 379 © Scala • p. 386 © Mettler/Sipa • p. 398 © Keystone • p. 400 © J. Collsioo/AFP Photo • p. 408 © V. Macon/REA • p. 409 © G. Bartoli/Maxppp • p. 414 © Durand/Sipa Press • p. 415 © L'Illustration-Sygma • p. 419 © Frilet/Sipa Press • p. 425 © J. Saget/AFP • p. 431 © E. Walter/Sipa Press • p. 438 © Keystone • p. 449 © Katz Pictures/REA • p. 460 © Paribas • p. 464 © Lehtikuva/Sipa Press • p. 469 © Avenir • p. 483 © L. Vab Der Stockt/Gamma • p. 494 © Mary Evans Picture Library • p. 498 © Magnum Photos • p. 499 © coll. PPP-archives Photeb • p. 509 © Harlingue-Viollet • p. 523 © The Bridgeman Art Library • p. 527 © Sipa • p. 536 © United Artists/Kobal/PPCM • p. 541 © Rue des archives • p. 546 © M. Birt • p. 552 © J-L Charmet • 560 © AFP • p. 565 © Sipa Image • p. 571 © J-L Charmet • p. 601 © P. Hahn/REA

Achevé d'imprimer en août 2000 par Gráficas Estella à Pampelune (Espagne).
N° de projet 100 68 462-26-CDM 90